NUEVA
ENCICLOPEDIA
CUMBRE

NUEVA ENCICLOPEDIA CUMBRE

VOLUMEN 7

GOBIERNO – INSCRIPCIÓN

CARIBE GROLIER

PUERTO RICO

IMPRESO EN 2002

gobierno. Acción y efecto de gobernar o gobernarse; orden de regir y gobernar una nación, provincia, ciudad, institución, etcétera. También se designa con el nombre de gobierno el conjunto de los ministros superiores de un estado. En cualquier sociedad, en la más pequeña como en la más grande, se distingue a los que gobiernan o dirigen y a los gobernados o dirigidos. Los primeros constituyen el gobierno. En sentido más estricto, se llama gobierno al conjunto de los poderes de un país. Su estructura varía de acuerdo con el pueblo que debe regirse y según las circunstancias.

Sociabilidad, autoridad y gobierno son tres ideas inseparables por su naturaleza. Ciertas necesidades propias del hombre, sus irresistibles propensiones, la intensidad y variedad de sus afectos y el don de comunicar sus pensamientos son pruebas de que nació para vivir en sociedad.

Ahora bien, quien dice sociedad, dice igualmente dirigentes y dirigidos, gobernantes y gobernados. A los primeros corresponde el mando o gobierno, el poder; a los segundos, la obediencia. El ejercicio de ese poder es la obligación imperiosa de los que lo poseen y la organización que de esto nace es lo que constituye el gobierno.

Por lo tanto, donde quiera que existe el hombre en sociedad, hay una persona o un grupo de personas que hace las leyes, las impone, verifica su cumplimiento y conduce los asuntos de la comunidad correspondiente, sea una aldea, ciudad, estado o nación.

Gobierno primitivo. Una teoría sociológica considera que, en el principio, no existía la distinción entre gobernantes y gobernados. El gobierno, en vez de ser ejercido por ciertos individuos, permaneció difuso en el interior del grupo. En esta situación, todos, sin distinción, obedecían a los principios generales considerados como impuestos por la colectividad entera. Posteriormente, algunos miembros del grupo se atribuyeron el poder de encauzar esos principios generales, que sin embargo siguieron siendo considerados como impuestos por la colectividad.

Tal poder así ejercido fue ampliando, paulatinamente, el radio de su acción y dio lugar a los primeros estados de que nos habla la historia: Egipto, Sumeria y la India primitiva. Mucho después surgieron otros, como los de Babilonia, Asiria, Canaán e Israel.

Cuando la historia empieza, presenta naciones ya formadas y establecidas cada cual con su gobierno propio; por consiguiente, sólo cabe suponer que la antiquísima autoridad patriarcal hereditaria (que existía ya en el pueblo hebreo) predominó en las primeras épocas de las naciones más antiguas. En algunas de ellas no existió el patriarcado, sino que se elegía a una

autoridad por medio de un pacto común, es decir, que cierto número de hombres se sometían, espontánea y voluntariamente, a aquel en quien reconocían las cualidades de valor, probidad e inteligencia necesarias para gobernarlos y hacerlos felices. El hombre siempre ha tendido al gobierno ideal.

Desde los primeros ensayos de gobierno, las diferentes condiciones de los pueblos en que se formaron les impusieron su propio sello. En un sistema de vida sedentario y tranquilo o en la placidez de los pueblos pastores, las relaciones de familia debieron constituir los núcleos de más amplias asociaciones; el padre ascendió a patriarca y el patriarca a caudillo o rey. Pero, al mismo tiempo, en otros pueblos –los nómadas o cazadores–, cada hombre podía hacer uso de su voluntad para elegir el régimen que le conviniera. En la tribu que se reúne para una cacería, todos necesitan quien los dirija. Se fijan para tal fin, en el más diestro, valiente y experimentado y lo nombran su jefe y guía, obedeciéndole ciegamente para que el fin común propuesto se vea logrado de la manera más perfecta y rápida posible. Una vez establecido el hábito de obedecer, el gobierno gana realidad. Tal vez esta doctrina no esté de acuerdo con la superioridad del hombre sobre lo creado; tal vez sería más adecuado suponer ya formadas y extendidas a todas las familias las nobles ideas que sólo son el producto del raciocinio y del sentimiento; pero, según muestra la historia, no fueron siempre el genio, el saber o la virtud los que se sobrepusieron al uso de la fuerza o la voluntad del tirano.

Gobierno antiguo. Desarrollo e influencias sobre el moderno. De acuerdo con lo expuesto, desde que los hombres viven en la ciudad debió haber alguna forma de gobierno. En las distintas épocas, debido a los factores históricos que las han caracterizado, dicha forma ha ido variando. No han sido los hechos inesperados o los factores circunstanciales los que mayor influencia han tenido en esa transformación. Los gobiernos primitivos de los patriarcas o de las tribus evolucionaron rápidamente a medida que se multiplicaba y extendía la humanidad. En esta evolución pueden distinguirse tres fases principales: los grandes imperios despóticos de Egipto, Asiria, Persia y Macedonia; las ciudades–estados de Asia Menor y el Mediterráneo; por último, el ejemplo único de Roma, una ciudad–estado que se convirtió gradualmente, en el centro de un imperio y que, en el proceso de su crecimiento, cambió el primitivo sistema republicano por el aristocrático, dentro del cual apenas sobrevivieron algunas tradiciones e instituciones de la etapa anterior.

Los primeros déspotas apenas si ejercieron influencia sobre el desarrollo de las formas de gobierno; pero la correspondiente a las ciudades–estados del Mediterráneo, no puede pasarse por alto. Si bien es verdad que en el sentido estricto de la palabra su influencia sobre la historia y desarrollo de las instituciones gubernativas fue muy leve, ello se debe a la enorme diferencia existente entre una ciudad–estado antigua y una nación moderna o al tiempo transcurrido desde la desaparición de la ciudad-estado hasta el nacimiento del estado moderno. Tanto Grecia como Roma –una a causa de sus ideas políticas y la otra debido a su sistema legal– han ejercido una

Vista aérea del parlamento canadiense, Ottawa, Canadá.

gobierno

Corel Stock Photo Library

Arco en honor del emperador Séptimo Severo en el Foro de Roma.

profunda influencia en el desarrollo del gobierno. La aparición de un gran número de ciudades–estados independientes en Grecia, Asia Menor y, posteriormente, en los dominios griegos del Mediterráneo (Sicilia, el sur de Italia) dio lugar a los primeros debates sobre las cuestiones fundamentales de la política; es decir, sobre la naturaleza y fin del Estado, el significado de la justicia, el ideal político, sus fines y su estructura.

La descripción y clasificación de las diversas teorías aparecidas en aquellos tiempos, así como la apreciación de sus respectivos méritos, es el asunto principal de la literatura política iniciada por los filósofos griegos Platón y Aristóteles. Este último en su *Política* reduce las formas de gobierno a las tres principales: *monarquía*, *oligarquía* y *democracia* o *república*, cuyas deformaciones dan origen, respectivamente, a la *tiranía*, la *aristocracia* y la *demagogia*.

Según los tratadistas griegos, los fundamentos de un régimen de verdadera democracia consisten en la implantación y el ejercicio de la *isonomía*, la *isotimía* y la *isegoría*. La *isonomía* significa la igualdad del ciudadano ante la ley, sin distinción de clases, condición social o estado económico. La *isotimía* representa la igualdad de derechos de los ciudadanos para ejercer funciones de gobierno y cargos públicos. La *isegoría* consiste en la libertad de expresión para todos los ciudadanos, lo que lleva implícito la libertad de palabra, de reunión y de asociación.

Las ideas políticas de los filósofos griegos han servido de fuente a los teorizantes políticos hasta hoy. A la ciudad-estado griega –particularmente Atenas– debe el mun-

do moderno la idea de comunidad con gobierno propio, en el que predominan las reglas de la ley, los ciudadanos comparten el poder político y dominan los destinos del Estado, y los funcionarios son responsables ante el conjunto de los ciudadanos por el ejercicio de las funciones que les han sido confiadas.

La influencia de Roma tiene otro carácter. A pesar de que los escritos y sistemas legales romanos reproducen las ideas sus-

tentadas por los griegos, su fuerza está en la realización. Por eso vemos que la idea de la soberanía del Estado, definitiva e inconmovible para todos sus ciudadanos, aparece ya en los pensadores griegos, pero ha pasado al moderno pensamiento político a través de los canales romanos. La influencia directa de Roma se ve, palpablemente, en el efecto producido por el concepto de un Imperio Universal sobre el pensamiento de la Edad Media y, lo que es todavía más importante, en la decisiva influencia ejercida por las leyes romanas sobre los sistemas jurídicos de todo el mundo moderno. Los sistemas jurídicos de Francia, Alemania, Italia, España, Holanda, Bélgica y todas las repúblicas de la América Hispana descansan sobre fundamentos romanos. Por cierto que éstos no tienen rival, a no ser en las leyes tradicionales inglesas, adoptadas por Estados Unidos, que después se extendieron a los diversos dominios británicos, aunque no sea poco lo que dichas leyes deben a las romanas.

Periodo medieval. Nacimiento de la nación. Desde el siglo V hasta el X, las tribus bárbaras procedentes del norte de Europa, invadieron el Occidente, trastornándolo todo. Las condiciones del gobierno también se vieron afectadas por este acontecimiento y se inició un periodo confuso, del cual surgió, poco a poco, el estado moderno. Por una parte, los nuevos reinos bárbaros estaban formados por tribus extendidas sobre vastos territorios y su carácter era más bien rural que civil. Con su aparición en Occidente se disolvió la ciudad-estado antigua y aun cuando la vida ciudadana lle-

Vista aérea del palacio real de España en Madrid.

Corel Stock Photo Library

gó a tener más importancia que la rural durante los últimos años de la Edad Media, nunca fue, como antaño, un centro de vida política independiente, sino más bien un sector incorporado a las vastas zonas del reino. Por otra parte, la teoría del dominio universal, procedente del imperio romano, perduró en el pensamiento político de la Edad Media y se plasmó en la supremacía titular del sacro imperio romano, cosa que impidió el nacimiento de los estados territoriales nacionales e independientes. Los pontífices romanos eran universalmente obedecidos y el sistema de gobierno de la Iglesia estaba tan perfectamente organizado que, de hecho, era Roma la que administraba el mundo cristiano.

Sólo a principios del siglo XIII comenzó a tomar forma en Alemania –debido a las rebeliones contra el sacro imperio–, lo que habría de ser el Estado nacional, al par que el sentimiento o la fuerza de la nacionalidad. Tal movimiento empezó a destacarse en todo el mundo conocido, pero se dejó sentir particularmente en Inglaterra y Francia. Con el naciente sentimiento de nacionalidad y el crecimiento simultáneo de la clase media, que por entonces comenzó a destacarse, los reyes adquirieron la fuerza suficiente para luchar contra la nobleza feudal. La gran revolución religiosa del siglo XVI puso al desnudo la necesidad de crear el Estado nacional que exigía el pueblo y así fue como en los reinos protestantes de Inglaterra, Suecia y Dinamarca fueron repudiadas las reclamaciones de universalidad del pontífice romano y, aun en los estados sujetos al catolicismo, el poder secular creció en autoridad. Asimismo, las últimas épocas de la Edad Media aportaron contribuciones importantes al desarrollo del gobierno con el establecimiento del sistema representativo. En todos los estados–reinos, a partir del siglo XIII, estaban representados la nobleza, el clero y los comunes o pueblo en general. A medida que tal sistema se difundió, rápidamente, por toda Europa y el poder del pueblo fue creciendo, desaparecieron –gracias a ello– las trabas del feudalismo, lo que, a su vez, permitió el nacimiento del estado-nación en el siglo XVI.

Clasificación de los gobiernos. Al entrar en la Edad Moderna, la historia del gobierno resulta confusa porque ninguna nación se vale del mismo sistema, siendo innumerables los tipos gubernativos que se crean y que se pueden clasificar de muy diversas maneras. Asimismo, la variedad de ideas políticas y su difusión alcanzaron el punto máximo.

La historia del gobierno moderno puede dividirse en dos periodos: el primero va desde el nacimiento de la nación, en el siglo XVI, hasta la Revolución francesa; el segundo, desde ese momento hasta nuestros días.

Corel Stock Photo Library

Vista del Capitolio en Washington, D.C., edificio donde se alberga el poder legislativo de los EE. UU.

En su forma primitiva, el estado-nación fue, al principio, autócrata y dinástico en todo el mundo; es decir, que, por consentimiento general, un solo individuo o un grupo muy reducido ejercía un poder sin límites, a veces sólo restringido por el temor a una sublevación del pueblo. Los ejemplos de tal estado de cosas son numerosos en el siglo XVI. Tanto en Francia como en España, Austria, Prusia, Rusia y todos los nuevos Estados, entre los años 1600-1789 no había más voluntad, que la del rey o los consejeros elegidos por él; el deseo o la voluntad de los gobernados no tenía ningún medio legal de expresión. Por aquella época, sólo Inglaterra y Holanda gozaban de un sistema político en que el gobierno estaba en relación con los ciudadanos para realizar sus deseos y voluntades; pero, aun en esas dos naciones, el número de ciudadanos legalmente autorizados para expresar su opinión política era ridículamente exiguo.

La Revolución francesa y las guerras de independencia americanas derribaron la muralla que separaba al mundo de la autocracia del moderno estado–nación democrático.

Contemplada en conjunto, la historia del gobierno durante los siglos XIX y XX se distingue netamente por la creciente tendencia al constitucionalismo, por el continuo ensanchamiento de la base política con vistas a que el mayor número de ciudadanos intervengan en el gobierno. En toda Europa se redactaban constituciones que concedían derechos políticos a la clase media y a los trabajadores, artesanos y campesinos. Por otra parte, la tendencia hacia el liberalismo y la democracia cundió rápida-

mente y cruzó el mar para extenderse y afianzarse en América.

En Asia, Japón siguió el camino de una democracia limitada al adoptar un sistema parlamentario restringido; China se convirtió en república y la India se amoldó al sistema. Bajo la égida de Gran Bretaña, Canadá, Australia y Nueva Zelanda se convirtieron en grandes estados-naciones democráticos. Sin embargo, desde que comenzó este movimiento general hacia el gobierno democrático, se vieron reacciones contra él. Al terminar la Primera Guerra Mundial, no tardaron en surgir, en Alemania, Italia, Japón y Rusia, teorías extremistas y totalitarias tales como el fascismo, nazismo y comunismo.

Sistemas de gobierno. Ante la variedad que ofrecen las modernas democracias, para exponer los diversos sistemas y tipos de gobierno puede tomarse como base la antigua división que hicieron los filósofos griegos: *monarquía* cuando el poder está en manos de un solo individuo; *oligarquía*, cuando son varios los que lo comparten, y *democracia*, cuando el pueblo tiene la facultad de elegir a quienes deban gobernarlo. Dentro de esos tres órdenes entran todos los tipos conocidos, siendo múltiples las diferencias de forma y concepción, a veces pequeñísimas, que se originan en la práctica.

Monarquía y república. La monarquía puede ser electiva o hereditaria, según la forma en que el monarca obtenga el poder, y absoluta o limitada, si el monarca en ejercicio está o no limitado en su posición por una serie de principios establecidos y bien definidos o por la acción de otros funcionarios gubernativos elegidos popularmen-

gobierno

te. Pero, dentro de la monarquía, caben aún otras divisiones, como la de aristocrática y democrática, según que sean elegidos los miembros del gobierno por los méritos de su rango, educación y riqueza, o bien por el pueblo, de una manera más o menos directa. Si el pueblo delega sus poderes soberanos en cierto número de funcionarios elegidos por él y ante él responsables, el gobierno así establecido se llama democracia representativa o república. Ésta, a su vez, presenta diversos matices o clases. Por gobierno republicano se entiende aquel en que el poder corresponde a los representantes elegidos por el pueblo. Difiere, por un lado, de la democracia porque, en ella, el pueblo o la comunidad organizada ejerce los poderes soberanos; se opone, por otro, a la monarquía o régimen de un solo individuo (rey, emperador, zar o sultán). Desde cierto punto de vista, la monarquía verdaderamente constitucional podría considerarse como una especie de república, puesto que, en ella, el monarca sólo ejerce el poder moderador o, muy limitadamente, el ejecutivo, mientras que el legislativo corresponde totalmente al pueblo. Sin embargo, la forma republicana de gobierno no puede aceptar la monarquía porque surgió de la revolución, destinada, precisamente, a terminar con las formas monárquicas y aristocráticas para fundar la república, en la que no sólo los representantes del pueblo son los que hacen las leyes y sus funcionarios o agentes los que las administran, sino que él mismo elige también al jefe del poder ejecutivo, directa o indirectamente.

La Constitución. Con el desarrollo del gobierno popular, que llegó a identificarse con la democracia, prosperó el sistema constitucional, que se distingue de las otras formas porque la actividad del jefe de Estado –monarca o presidente– está delimitada o encuadrada por una constitución o conjunto de principios generales que determinan la organización gubernativa de un Estado y fijan la competencia legal de sus diversos órganos, agentes y funcionarios. En este sentido, cada Estado tiene una constitución, cuyos principios y normas determinan su carácter específico y la amplitud o forma de ejercicio de sus poderes. La constitución ampara a los ciudadanos contra toda acción arbitraria por parte de sus gobernantes; su letra y sus principios no se pueden anular, pues para enmendar cualquiera de sus cláusulas hay que cumplir una serie muy complicada de formalidades y requisitos. Esto requiere decir que en un gobierno constitucional la autoridad de los gobernantes está perfectamente determinada y que las libertades existentes no habrán de cambiar más que en ciertas condiciones especiales, pues para ello hay que contar de antemano con el pleno consentimiento del pueblo. La característica principal de esta forma de gobierno es que tiene delimitada la forma en que el Estado ejerce sus poderes; pero su desarrollo progresivo le ha impuesto otra característica, la cual consiste en que las diferentes funciones políticas se distribuyen entre distintos organismos sin que ninguno de ellos tenga poder suficiente para asumir una actitud autocrática o despótica. En este sistema, que distribuye entre varias manos las tareas de hacer, interpretar e imponer leyes, el ejecutivo se ve privado del poder necesario para emprender una acción legal

cualquiera sin autorización del legislativo. Además, los actos de ambos poderes están sujetos a revisiones y censuras que se verifican por parte de los tribunales de justicia.

Flexibilidad y rigidez. Las constituciones son flexibles o rígidas si, de acuerdo con ellas, se puede cambiar la forma de gobierno por los procesos legislativos ordinarios o bien por un método más laborioso y complicado. Por ejemplo, en Inglaterra se cambiaron las bases del gobierno aristocrático por las del democrático tan sólo mediante un acta autorizada por el Parlamento, como cualquier otra medida gubernativa.

En la mayoría de los otros países, un cambio en la constitución o forma de gobierno requiere una larga serie de procedimientos especiales y muy difíciles. En Estados Unidos la constitución no puede ser enmendada sin el consentimiento de las dos terceras partes de los miembros del Congreso y las tres cuartas partes de los del Senado; en Australia, una enmienda constitucional requiere una mayoría absoluta en ambas cámaras del Parlamento, además de un referéndum popular por todo el país, en el que deben votar la mayoría de los electores. El grado de rigidez varía considerablemente de unos estados a otros.

Estados unitarios y federales. El estado unitario se distingue porque está dotado de una legislatura capaz de hacer leyes con valor imperativo para los ciudadanos o súbditos de todo un país y un poder ejecutivo capaz de aplicar un sistema judicial unificado que interprete las leyes y las imponga. A este tipo pertenecen, entre otros, los gobiernos de Francia, Inglaterra, Bélgica e Italia.

El estado federal, por el contrario, está constituido por varias entidades individualizadas que mantienen, en principio, su soberanía interior, disponen de leyes propias y gobierno propio, aunque, en cierta forma, dependan del gobierno central y la nación entera comprenda a la población total de los mismos. En el gobierno federal los poderes de la autoridad central están limitados, generalmente, por la misma constitución; además, cada división del país goza de un gobierno con poderes propios, ligado al central por vínculos nacionales.

El parlamento ejecutivo. Aún se da otra división en los modernos gobiernos democráticos que distingue, en los estados unitarios y federales, a los que tienen un parlamento ejecutivo de los que no lo tienen. El gobierno de Inglaterra es el modelo de los primeros, porque los ministros, que tienen a su cargo las oficinas, agencias o departamentos del ejecutivo, se eligen de entre los miembros del poder legislativo y son responsables ante él. Esto no es siempre cierto, pues algunas veces son designados para dicho cargo personas ajenas al parlamento. Tanto las designaciones de los ministros como las de miembros del par-

Parlamento inglés.

Congreso Constituyente de México de 1917.

lamento son el resultado de una competencia entre partidos políticos antagónicos; la cámara baja del parlamento (Cámara de los Comunes en Inglaterra) distribuye sus asientos entre los diversos partidos, con mayoría para el grupo vencedor en las elecciones y minoría para el opositor. La agrupación política que goza de la mayoría designa "primer ministro" a su dirigente o jefe, quien a su vez, elige, de entre sus colegas, a los ministros del gabinete. El conjunto de los ministros o gabinete es directamente responsable de todos sus actos ante la cámara baja. Cualquier voto de censura de ésta contra alguno de los ministros equivale a la renuncia o deposición del mismo. El sistema parlamentario ha sido adoptado por todos los dominios británicos e imitado por Francia y otras naciones de Europa.

Gobierno presidencial. En contraste con el sistema expuesto se halla el del ejecutivo no parlamentario o presidencial, que separa con toda claridad al poder ejecutivo del legislativo y otorga al presidente prerrogativas y poderes suficientes para evitar que el legislativo traspase los límites a él atribuidos por la constitución. El presidente, supremo poder ejecutivo, es elegido por distintos términos y diferentes procedimientos, con o sin la intervención de las dos cámaras del poder legislativo (Cámara de Senadores y Cámara de Diputados o Representantes) que forman el Congreso. El presidente elige a sus ministros, pidiendo, para ello, al Senado una autorización que nunca le niega. Ni el presidente ni los

ministros tienen responsabilidad alguna por sus actos de gobierno ante las cámaras del Congreso; los ministros responden de sus actos ante el presidente, que puede separarlos de su cargo cuando así lo desea. El Congreso, por su parte, discute libremente los actos del presidente y sus ministros. Si acaso se produce una votación adversa a cualquiera de ellos, tal hecho puede provocar la modificación de la política que seguían y, en ciertos casos, la renuncia del censurado. Este sistema de gobierno, cuyo modelo es el de Estados Unidos, dificulta un tanto las funciones del legislativo; pero permite, en cambio, amplias discusiones de todos los asuntos en ambas cámaras del Congreso, aunque la decisión final queda en manos del presidente.

Suiza. De modo muy especial, hay que mencionar al gobierno suizo porque ofrece un tipo intermedio que participa de los dos antes mencionados. Su poder ejecutivo pertenece al tipo parlamentario puesto que es elegido por el legislativo; pero éste no tiene –como en el caso de Inglaterra– posibilidad de designar el gobierno en pleno o a uno de sus miembros. Cada uno de los ministros es responsable ante el poder legislativo por el funcionamiento del departamento a su cargo; pero la política que debe seguir la establece la Asamblea General de la Federación, ante la cual todos los ministros deben explicar su conducta administrativa y tratar todos los asuntos legales correspondientes a los departamentos a su cargo.

Italia, Alemania y Rusia. Desde la terminación de la Primera Guerra Mundial surgió en estos tres países un nuevo tipo de gobierno, revolucionario, que podría incluirse entre los autocráticos u oligárquicos de la clasificación aristotélica. A pesar de que los prejuicios y los diversos criterios políticos tienden a separar los tres sistemas de gobierno para incluirlos en casilleros distintos, es indudable que los tres pertenecen a la misma clase. Desde cualquier punto de vista que se consideren, el fascismo, el nacismo y el comunismo, se les encontrarán características comunes. Los tres repudian abiertamente los derechos que corresponden a los partidos políticos, pues de una manera u otra han acabado con las organizaciones respectivas para funcionar en régimen de partido único.

Una y dos Cámaras. La división del poder legislativo en una o dos cámaras distingue también a los Estados. La gran mayoría de las modernas democracias, ya sean unitarias o federales, funcionan en sistema bicameral. Sólo algunos países poseen una sola cámara, pero las teorías políticas en que apoyan este sistema son muy firmes y están muy difundidas. Las ventajas que se le atribuyen son facilitar las tareas de la legislación y desarrollarlas dentro de un espíritu más democrático, puesto que –según afirman sus teorizantes– una cámara basta para elaborar los proyectos de ley o exponer las cuestiones de gobierno que después deberán someterse directamente al criterio del pueblo mediante el referén-

El Presidente de Estados Unidos, William Clinton, en un acto oficial.

Corel Stock Photo Library

dum. Los partidarios de una sola cámara señalan, asimismo, que la segunda no se reconcilia con la idea y espíritu democráticos, porque, o bien es idéntica a la primera y representa la opinión del pueblo, en cuyo caso es inútil, o bien se opone a los deseos populares y es perjudicial. En una federación, la segunda cámara comprende, sobre todo, a los representantes de los Estados que la componen, teniendo cada uno, sin distinción de tamaño e importancia, el mismo número de representantes; en la otra cámara, por el contrario, se sigue el principio de la soberanía popular y cada uno de sus miembros representa a un número igual de ciudadanos, sin distinción de Estado, provincia o cualquier otra circunscripción. En el Estado unitario o centralizado no sería necesaria más que una cámara, pero se tiene también una segunda para discutir en ella, dentro de un ambiente más reposado y frío, los asuntos de gobierno considerados en la otra cámara desde un punto de vista más popular y superficial, si se quiere, por estar bajo la aparente influencia directa de la opinión pública.

Consideraciones finales. El gobierno popular y constitucional democrático que actualmente rige en la mayor parte de los países civilizados, aun cuando no ha resuelto el problema, parece ser el mejor posible porque responde a una condición indispensable en torno de la cual pueden formarse muchas combinaciones, todas igualmente sensatas y aceptables, según las circunstancias y las peculiaridades de la familia humana en que se establezcan. La diversidad de sistemas adoptados por las diferentes naciones del globo prueban que el gobierno es el resultado de muchos y variados influjos colaterales. No puede haber instituciones sólidas a no ser que se apoyen en los conocidos fundamentos de la tradición, clima, localidad, historia y, sobre todo, de los hábitos nacionales, de la acción lenta pero eficaz que ejercen las impresiones diarias, las prácticas populares y las diversas aplicaciones del trabajo productivo. Una institución defectuosa se modifica por la acción del tiempo o la fuerza de la opinión pública; estos agentes van limándola y puliéndola hasta despojarla de sus defectos y ponerla de acuerdo con las necesidades de la nación. Es entonces cuando el gobierno liga estrechamente al individuo con el Estado.

Dos grandes pueblos, Roma en la antigüedad e Inglaterra en los tiempos modernos, alcanzaron tan alto nivel en este orden que puede servir de modelo y de ejemplo porque tanto en una como en otra de esas dos naciones tuvieron que resolverse los problemas más importantes de

Gobio.

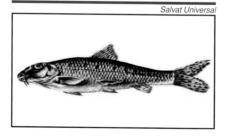

Salvat Universal

la legislación y del gobierno, debido a lo cual descubrieron todos los resortes que pueden contribuir a su perfeccionamiento. Se ve que tanto en Roma como en Inglaterra el individuo llegó a formar parte del Estado tan íntimamente que donde quiera que se le trasladase llevaba consigo una porción de él. Cada municipio, cada colonia de Roma –a orillas del Danubio, como en Siria o en Baviera–, tenía sus senadores, censores, prefectos, tribunos y ediles. En las colonias inglesas, aun en las que se han formado sin la intervención directa de la legislatura y el gobierno, nunca faltan las viejas instituciones británicas: el jurado, el médico forense, el gobierno parroquial, el *habeas corpus*, las justicias de paz y la responsabilidad escrupulosa de todo empleado público. Cuando las instituciones se amalgaman de tal modo con la existencia del hombre que llegan a constituir una necesidad imperiosa sin cuya satisfacción su bienestar no puede ser completo, se habrá dado la mejor prueba de su excelencia y la mejor garantía de su estabilidad.

En el siglo en que vivimos y después de los grandes experimentos a que ha sido sometida la humanidad, así como los adelantos que se han hecho en todas las ramas del saber y la razón, el amor a la libertad está en la conciencia pública, formando parte esencial de la civilización que gozamos. El goce de los derechos políticos constituye una ampliación de las más nobles facultades del hombre. Su práctica da al individuo la conciencia de su superioridad, lo identifica con la causa pública y, sobre todo, le aporta una garantía moral que falta en los Estados despóticos, porque, en éstos, el único instrumento de obediencia y subordinación es el miedo al castigo, móvil degradante y envilecedor, incompatible con un ser dotado de voluntad y libre albedrío. *Véanse* CIENCIAS SOCIALES; CIVISMO; COMUNIDAD; COMUNISMO; CONGRESO; CONSEJO; CONSTITUCIÓN; DEMOCRACIA; DERECHO; DERECHOS HUMANOS; IMPERIALISMO; LEGISLATURA; LIBERTAD; PARTIDO POLÍTICO; POLÍTICA; SUFRAGIO; TOTALITARISMO; VOTACIÓN.

gobio. Género de peces teleósteos, de la familia de los góbidos. La más conocida de sus especies es la del negro o común. Pececillo de apenas diez o doce centímetros de longitud, oscuro, listado de negro en las aletas dorsales y caudal y mucho más claro en el vientre. Habita en el mar, entre las rocas, donde constituye sus moradas. Abunda en el Mediterráneo y en el Mar del Norte, existiendo también en el Canal de la Mancha y en el Atlántico.

Godard, Jean-Luc (1930-). Cineasta francés, uno de los más importantes de esa nacionalidad. Fue iniciador del movimiento conocido como *nueva ola* en la década de los sesenta; su cine se distingue por una visión radical del arte y la política; así como por una técnica que desafía los moldes convencionales. Su primera película fue *Sin aliento* (1959); entre sus obras más importantes *Alphaville* (1965), *Masculino-femenino* (1966) y *Yo te saludo, María* (1985) que causó una una gran polémica por tocar el tema de la sexualidad de Jesús. A partir de *Hecho en USA* (1966) Godard cambió su técnica vanguardista de usar cámaras subjetivas, cortes dramáticos y brincos abruptos en la continuidad, por cuadros estáticos en los cuales enmarcó tramas didácticas de corte marxista. Esto causó una disminución perceptible en su audencia.

Entre sus últimos trabajos destacan *Tout va bien* (1972), *Carmen* (1983) que ganó el premio a la mejor mejor película en el Festival de Venecia y *El Rey Lear* (1988) que no gustó a los críticos.

Goddard, Robert Hutchings (1882-1945). Físico estadounidense, considerado el padre de la tecnología moderna de lanzamiento de cohetes al espacio. Primero con sus propios medios, y después financiado por diversas instituciones públicas y privadas, construyó y probó cohetes cada vez más grandes y poderosos, tanto de combustible sólido como de combustible líquido. Durante la Segunda Guerra Mundial participó en la producción de unidades de cohete para propulsión de aviones, porque el gobierno se mostró poco interesado en las posibilidades bélicas de los cohetes, hasta que las bombas V-2 alemanas demostraron lo contrario. Sus investigaciones resultaron fundamentales para la exploración espacial.

Godiva, lady (1040-1080). Dama inglesa, esposa de Leofric, conde de Mercia y señor de Coventry. Según la leyenda, en la que se admite debe haber algo de verdad, lady Godiva se hizo eco ante su esposo de las quejas del pueblo por los altos impuestos, solicitando que fueran rebajados. Leofric prometió acceder bajo una condición que ella cumplió: sobre un corcel blanco, desnuda y sólo envuelta en su larga cabellera, cruzar las calles de la ciudad, después de pedir que nadie saliera de su casa durante su peregrinación. Leofric satisfizo la demanda y Godiva fue una heroína.

Godofredo de Bouillon (1060-1100). Duque franco y uno de los jefes de la primera cruzada. Hijo de Eustaquio II de Boloña, defendió la causa del emperador de Alemania Enrique IV y tomó parte en las guerras emprendidas contra el papa Gregorio VII y en la expedición a Roma, siendo el primero en asaltar las murallas de la ciudad pontificia, lo que le valió el ducado de la Baja Lorena. Atacado de grave enfermedad, creyó ver en ello un castigo de Dios por haber hecho armas contra el papa e hizo promesa de no emplear su espada sino para defender el Santo Sepulcro. En efecto, vendió sus castillos, tomó la cruz y se dirigió a Tierra Santa, incorporándose a la primera cruzada, con un ejército de franceses y alemanes rigurosamente disciplinados para evitar crueldades y pillajes. Con estas fuerzas asistió a la toma de Nicea e inclinó a favor de los cruzados la batalla de Dorilea. En 1098, después de fatigas sin cuento, se apoderó de Antioquía y el 15 de julio del año siguiente de Jerusalén. Fue el primero que escaló los muros de la ciudad, que supo defender contra los ataques de los egipcios, a los que derrotó en Ascalón. Fue proclamado rey de Jerusalén, pero sólo aceptó el título de *Defensor del Santo Sepulcro*.

godos. Pueblos germánicos, dotados de un gran espíritu bélico, que en el siglo IV a. C., vivían a orillas del Mar Báltico. Doscientos años más tarde, destruido su imperio por los hunos, se dividieron en dos grupos: visigodos o godos occidentales, y ostrogodos o godos orientales. Los visigodos, en número de 200 mil, atravesaron el Danubio y fueron a refugiarse, con el permiso del emperador Valente, en la provincia romana de Tracia. Descontentos, sin embargo, con el trato que recibían de los gobernadores romanos, y al mando del rey Alarico, en el año 395 marcharon sobre Grecia y arrasaron y saquearon diversas ciudades, y en 410 invadieron Italia. Muerto Alarico, sus sucesores fundaron diversos reinos en España y Francia.

En España, uno de esos reyes, Recaredo, se convirtió al catolicismo y unió su pueblo con el hispanorromano. La Iglesia logró ejercer sobre ellos una autoridad decisiva, sobre todo en los reinados de Eurico y Egica. Witiza cambió esa política y organizó varias persecuciones religiosas, pero fue vencido por Rodrigo. Este rey, el último de los visigodos, murió en la batalla del Guadalete peleando contra los moros (711).

El reino de los ostrogodos comprendía, en tiempo de Teodorico, su rey más famoso, Italia, Sicilia y Provenza. Su imperio se extinguió cuando en la batalla de Cumas (553), los griegos bizantinos vencieron y dieron muerte al rey ostrogodo Teya. *Véanse* BÁRBAROS; INVASIÓN.

Godoy, Armando (1880-1947). Poeta francés nacido en La Habana, Cuba. En su juventud escribió algunas poesías en español y más tarde, viviendo ya en París, dio a la imprenta sus obras poéticas en francés, entre ellas *Triste et tendre* (1927), *Le carnaval de Schumann*, *Le drama de la passion* y *Les litantes de la Vierge* (1930).

Godoy, Dagoberto (1896-1960). Aviador chileno que fue el primero en cruzar la cordillera de los Andes, en ambas direcciones entre Chile y Argentina, en diciembre de 1918.

Godoy, Emma (1918-1984). Poetisa y dramaturga mexicana, autora también de ensayos sobre filosofía, estética y moral. Dedicó esfuerzos al mejoramiento en las condiciones de vida de los ancianos; por iniciativa suya se creó en México el Instituto Nacional de la Senectud.

Godoy, Manuel (1767-1851). Militar y político español. A los 17 años, se dirigió a Madrid e ingresó en la Guardia de Corps de palacio. Consiguió decisiva influencia en el abúlico rey Carlos IV especialmente por la estrecha amistad y la protección de su esposa la reina María Luisa. Descollando por sobre las figuras de Pedro de Aranda, José de Floridablanca y los políticos de entonces, se encumbró en el poder y obtuvo fácilmente importantes cargos civiles y militares y títulos nobiliarios, entre ellos los de Príncipe de la Paz y de Basano. Sus primeros esfuerzos como ministro se inclinaron a salvar al rey francés Luis XVI, pero después tuvo la amistad de Napoleón, quien pretendía servirse de sus influencias como en el caso de tantos príncipes y ministros de Europa.

Esta amistad costó a España la derrota de Trafalgar y el Tratado de Fontainebleau, que permitió a los ejércitos franceses ocupar ventajosas posiciones en la península, con lo que España quedaba virtualmente en manos de Napoleón. Los desaciertos de la política de Godoy, incitaron sobre él el odio del pueblo, que en el motín de Aranjuez (1808) asaltó su palacio, destrozó el mobiliario y faltó poco para que le quitara la vida.

Godoy Cruz, Tomás (1791-1852). Político argentino oriundo de Mendoza, provincia a la que representó en el Congreso emancipador de 1816. Colaboró con San Martín en la organización del ejército libertador de Chile, llegando hasta donar su casa para que en ella se instalase una fábrica de pólvora.

Goebbels, Joseph Paul (1897-1945). Político alemán, ministro de Propaganda del Estado nazi. Utilizó la propaganda como vehículo de captación y preparación de los pueblos con un fin de política determinada. Se doctoró en filosofía; era periodista y fundó el diario *Der Angriff*, órgano del partido nazi, en el que militó desde un principio. Partidario de la expansión germana, fue uno de los principales colaboradores de Hitler. Tras envenenar a sus seis hijos, se suicidó con su esposa pocos días antes de la capitulación alemana.

Goering, Hermann

Museo de Goethe, Düsseldorf, Alemania

Detalle de un retrato realizado por Enrique Cristóbal Kolbe en donde Goethe aparece condecorado, destacando la roseta de Francia.

Goering, Hermann (1893-1946). Militar y político alemán. Durante la Primera Guerra Mundial, sirvió en el arma de aviación. Después del conflicto prestó servicios como aviador civil en Suecia. Se incorporó al nacionalsocialismo desde los primeros momentos, tomando parte en el golpe nazi de Munich (1923). Entre los numerosos cargos y puestos que desempeñó, figuraron los de diputado del Reichstag y presidente del mismo; primer ministro de Prusia y ministro del Interior; jefe de la Fuerza Aérea Alemana; mariscal de la *Werhmacht*, etcétera. En 1939, Hitler lo nombró su sucesor. Fue el reorganizador de la aviación alemana durante la Segunda Guerra Mundial, y el inspirador y realizador de la guerra aérea total. Juzgado por el tribunal de Nuremberg, fue condenado a muerte, pero se suicidó dos horas antes de su ejecución.

Goeritz, Mathias (1915-1990). Arquitecto y escultor mexicano, nacido en Danzig, Alemania. Se doctoró en la Universidad de Friedrich-Wilhelms en Berlín. Emigró a México, donde alcanzó renombre, sobre todo como escultor. Montó múltiples exposiciones de sus trabajos en el Museo de Arte Moderno de México, en el Museo Riverside de Nueva York y en el Kunsthalle de Hamburgo. Entre sus obras más notables se cuentan las torres de Ciudad Satélite, en la zona metropolitana del Distrito Federal, en México.

GOES. Serie de satélites geoestacionarios de operación ambiental (GOES, por sus siglas en inglés) ubicados en órbitas geosincrónicas; constituyen un programa de la Administración Nacional Oceánica y Atmosférica de Estados Unidos (NOAA, por sus siglas en inglés). Los satélites envían fotografías día y noche. El *GOES 1* fue puesto en órbita el 16 de octubre de 1975, el *GOES 2*, el 16 de junio de 1977, y el *GOES 3*, el 16 de junio de 1978. El *GOES 4* fue lanzado el 9 de septiembre de 1980, envía perfiles verticales de vapor de agua y temperatura atmosférica, al igual que los *GOES* subsecuentes. Los *GOES 5*, *GOES 6*, *GOES 7* y *GOES 8* fueron puestos en órbita el 22 de mayo de 1981, el 28 de abril de 1983, el 26 de febrero de 1987 y el 13 de abril de 1994, respectivamente. Los dos últimos siguen en funcionamiento. El *GOES 7* fue el primer satélite climático geosincrónico en SARSAT (programa internacional para la rápida localización y rescate de vehículos aéreos, marítimos o terrestres en situación de emergencia). El *GOES 8*, un modelo mejorado de alta resolución, vira constantemente hacia la Tierra y puede proveer imágenes y perfiles climáticos, simultáneamente.

Goes, Damián de (1502-1574). Historiador y humanista portugués. Estudió en la corte del rey don Manuel. Más tarde llevó a cabo diversas misiones diplomáticas, lo que le dio ocasión de conocer a diversas figuras de la Reforma. Tuvo que sufrir un proceso inquisitorial, del que salió libre, pero, posteriormente, fue denunciado otra vez por sus ideas religiosas y condenado a cadena perpetua.

Goethe, Johann Wolfgang (1749-1832). Poeta y escritor alemán, considerado como el genio más representativo de la intelectualidad alemana. Nacido en la ciudad de Francfort, inició serios estudios bajo la dirección de su padre, abogado severo. Queriendo imponerle su propia vocación, el padre lo envió a estudiar derecho a Leipzig y luego a Estrasburgo. El joven prosiguió y concluyó tal carrera, pero además, y sobre todo, frecuentó la sociedad universitaria, absorbió los sentimientos románticos nacientes y se impuso pronto por sus primeras poesías y su atractiva personalidad. En Estrasburgo, bajo el influjo de Johann Herder, vio abrirse un mundo de nuevas perspectivas: el pueblo alemán y su arte gótico, la poesía del norte con Osián y con Homero la del claro mediodía, las profundidades poéticas de William Shakespeare y la Biblia. Con este bagaje regresó al hogar y en un rapto inspirado compuso *Goetz de Berlinchingen*, drama en prosa.

Pero su renombre lo debió a una novela autobiográfica, escrita casi al mismo tiempo y basada en el recuerdo de amores desdichados: *Las penas del joven Werther*, obra que alcanzó notoriedad universal.

Como un llamado del destino, el joven Goethe recibió entonces una invitación de los duques de Weimar para trasladarse a su ciudad, orgullosa protectora de artistas y poetas. Llegó como huéspēd al ambiente que sería el suyo para siempre, que dominaría como consejero secreto y haría famoso con su renombre, que sería punto obligado de peregrinaje para sus infinitos admiradores. Un viaje a Italia precipitó una nueva fase de su evolución: el arte clásico lo atrajo entre las ruinas de Roma y el deslumbramiento del Mediterráneo. Para la compañía teatral que él mismo creó en Weimar escribió dramas cada vez más clásicos y ceñidos: *Egmont, Tasso* y, en especial, *Ifigenia en Táuride*. Por la misma senda guió a su nuevo amigo el dramaturgo Friedrich Schiller. Él mismo ha dicho que toda poesía es poesía de circunstancias, "fragmentos de una inmensa confesión", y la plenitud de su arte y su experiencia se vierten en los canales de la novela *Wilhelm Meister*, en que seguimos la educación del joven héroe, su desencanto ante la cultura europea y sus sueños de un futuro americano; y *Las afinidades electivas*, uno de los relatos más civilizados de todos los tiempos. Como creación poética de esta época: *Herman y Dorotea* y el conjunto lírico llamado *El diván oriental-occidental*, pretendida imitación del poeta persa Hafiz.

Pero la sublimación de su obra se halla en las dos partes del *Fausto*, donde confiere sentido universal a la vieja leyenda del que vendió su alma al diablo por afán de poder y sabiduría. A través de los conflictos napoleónicos (de él dijo el emperador después de una única entrevista: "He ahí a un hombre") y a pesar de sus deberes oficiales, continúa el glorioso anciano sus estudios de mineralogía y física, escribe su *Teoría de los colores*, contra la doctrina de Isaac Newton, y *Poesía y verdad*. Un reflejo de su personalidad nos traen asimismo sus cartas, en especial las intercambiadas con Schiller, y los recuerdos de sus contemporáneos, sin olvidar las *Conversaciones* con su secretario Johann Eckermann, quien pinta de él un admirable retrato. Hombre universal como los del Renacimiento, unidad indisoluble de vida y creación fecundas, bien dijo Hugo von Hofmannsthal que es el único autor que puede constituir el equivalente cultural de toda una educación.

Gog y Magog.

Figura meramente literaria, de tipo apocalíptico que se refiere a los poderes enemigos del pueblo de Dios. Magog parece significar el "país de Gog". Se ha tendido a relacionar Gog con ciertos reyes o pueblos al norte de Palestina (los hititas, *los habitantes de Gad*, en el Mar Negro, etcétera.). Gog y Magog aparecen muchas veces como designación única. En la Biblia (Ezequiel 38-39) se menciona a Gog como gobernante de la tierra de Magog, quien será destruído al tratar de invadir Israel (símbolo del bien). En Apocalip-

sis 20,8, Gog y Magog representan el mal como agentes de Satán.

Gogol, Nikolai

(1809-1852). Escritor ruso. Hijo de un autor dramático y de una mujer muy religiosa, se educó en un ambiente confuso de literatura y devoción. Concluidos sus estudios trató en vano de conseguir trabajo como actor. Se dedicó entonces a escribir, pero su primera novela fue recibida con tales burlas, que destruyó, avergonzado, todas las copias. Sus libros siguientes *Veladas en una granja cerca de Dikanka* y *Mirogorod*, de temas folclóricos, fueron francamente elogiados por el poeta Pushkin. Su comedia *El inspector*, sátira de la burocracia provincial, fue considerada por el mismo emperador Nicolás I una lección necesaria. Su obra maestra es la novela *Almas muertas*, de la que sólo se conoce la mitad. También son famosos sus relatos cortos de denuncia social como: *El retrato, La Perspectiva Nevski* y *Taras Bulba*.

Goiania.

Ciudad de la república del Brasil, moderna capital del estado de Goiás, cuya construcción se comenzó en 1933. Población: 1.004,098 habitantes (1996). Activo comercio basado en su producción agrícola y en sus industrias: maderas, algodón, pieles y azúcar. Posee hermosos edificios públicos y residenciales y se halla enlazada con el resto del país por la línea férrea Uberabá-Goiás.

Goiás (o Goyas).

Estado interior del Brasil. Tiene 340,166 km², y 4.515,868 habitantes (1996), entre los que hay tribus nómadas. Sus vías de comunicación son los

Autorretrato de Goitia, con mano en el pecho, hacia 1955.

Portada de la primera edición de Almas Muertas, *diseñada por el propio Gogol.*

ríos Araguaya Tocantíns y Paranahyba. Agricultura tropical: caña de azúcar, algodón, cereales, etcétera., ganadería y ricos yacimientos de níquel. Capital: Goiania. En su parte sureste está enclavado el Distrito Federal con la ciudad de Brasilia, capital de la nación.

Goicuría Cabrera, Domingo de

(1805-1870). Patriota cubano. Se adhirió al movimiento emancipador y por su intervención en la expedición de N. López fue deportado a Sevilla, pero logró refugiarse en Estados Unidos. Participó en la organización de la expedición de Pinto (1854). Iniciada la Guerra de los Diez Años (1867-1878), desembarcó en Cuba en 1870, y al intentar trasladarse a México por encargo del gobierno revolucionario cubano fue detenido por los españoles, condenado a muerte y ejecutado.

Goitia, Francisco

(1882-1960). Pintor mexicano. Estudió en Europa de 1903 a 1912 y expuso en Barcelona, donde fue discípulo de Francisco Gali. Al regresar a México intervino activamente en la revolución de ese país. Fue dibujante del Instituto de Antropología. Autor de una serie de óleos, pasteles y dibujos al carbón de gran valor documental, en los que supo plasmar la psicología de sus modelos. Su obra maestra es *Tata Jesucristo* (1927). Fue galardonado en la Bienal Interamericana de 1958 en México.

Golán, Alturas de.

Pequeña meseta en el sudoeste de Siria, localizada en el

Golán, Alturas de.

Monte Hermón, ocupada por Israel en la Guerra Árabe-Israelí de 1967. Tiene una extensión de 1,150 km^2 y alcanza una altura de 2,224 m. Su población anterior a la guerra, de 157 mil habitantes, fue reducida aproximadamente a 16 mil drusos más 12 mil colonos israelíes.

Antes de 1967, Siria bombardeaba el norte de Israel desde las Alturas de Golán, hasta que misiles de largo alcance destruyeron esta área de importancia estratégica. Siria intentó infructuosamente reconquistar las Alturas de Golán en 1973. La ciudad de Quneitra (al-Qunaytira) y las tierras ocupadas por Israel en 1973 fueron devueltas a Siria en 1974; un campamento de seguridad de la ONU separa las zonas ocupadas por Siria e Israel. Las Alturas de Golán fueron formalmente anexadas a Israel en 1981, pero Siria aún las reclama. Durante la postguerra del Golfo, Siria e Israel acordaron en sus pláticas el intercambio de tierras por un estado de paz, pero este proceso se estancó en 1996.

Golding, William Gerald (1911-1993).

Prominente novelista, ensayista y poeta inglés, ganador del Premio Nobel de Literatura en 1983. La ficción alegórica más frecuente de Golding hace amplia alusión a la literatura clásica, la mitología y el simbolismo cristiano. A pesar de que no existe una trama evidente en sus novelas y su técnica varía, en ellas se trata principalmente el problema de la maldad, mostrando lo que se conoce desde entonces como una especie de oscuro optimismo.

La primera novela de Golding, *El señor de las moscas* (1954), presenta uno de los temas recurrentes de su ficción: el conflicto entre el barbarismo humano innato y la influencia civilizadora de la razón. *Los herederos* (1955) se remonta hasta la prehistoria, presentando la tesis de que los antecesores evolutivos de la naturaleza humana, *los hacedores de fuego*, triunfaron sobre una raza más delicada en gran medida mediante la violencia y los engaños por superioridad natural. En *Pincher Martin* (1956) y *Caída libre* (1959) Golding explora problemas fundamentales de la existencia, como la supervivencia y la libertad humana, usando una narrativa onírica y escenas retrospectivas. *La espiral* (1964) es una alegoría de la determinación obsesiva del héroe por construir una gran catedral espiral, sin importar las consecuencias. Las novelas posteriores de Golding no merecieron los elogios que obtuvieron sus trabajos tempranos. Entre las primeras se incluyen *Oscuridad visible* (1979) y la trilogía histórica *Ritos de navegación* (1981), *Cuartos cercanos* (1987) y *Fuego allá abajo* (1989). Golding estudió literatura inglesa y filosofía en Oxford, y sirvió a la Marina Real durante la Segunda Guerra Mundial. Además de sus novelas publicó una obra de teatro:

La mariposa de bronce (1958); un libro en verso, *Poemas* (1934) y las colecciones de ensayos *Puertas calientes* (1965) y *Blanco móvil* (1982).

Goldoni, Carlo (1707-1793).

Dramaturgo y poeta italiano nacido en Venecia. Fue el creador del teatro moderno de su país. Estudió derecho en Pavía (de donde lo expulsaron por sus sátiras) y fue abogado, pero pronto abandonó esta profesión para dedicarse por entero a la carrera teatral. Aunque se inició en el teatro con dos tragedias, las comedias de Jean Baptiste Molière le señalaron el camino. Acompañó en sus giras a la compañía de Girolamo Medebac y llegó a escribir para ella 16 comedias en un año. En 1761 se trasladó a París como empresario del teatro italiano y escribió una comedia en francés para las bodas de Luis XVI. La Revolución le privó de la pensión que éste le concedió. Entre sus mejores comedias se destacan *La mujer amable*, *El café*, *Pamela*, *Los enamorados*, *La causa nueva* y *La posadera*.

Goldsmith, Oliver (1730?-1774).

Poeta y escritor inglés nacido en Irlanda. En la literatura inglesa se le considera uno de los más grandes poetas con *El viajero*; uno de los más grandes novelistas, con *El vicario de Wakefield*; uno de los más grandes comediógrafos, con *Se humilla para vencer*, y también uno de sus más finos periodistas. Su padre era sacerdote de escasos recursos. Estudió en la Universidad de Dublín. Se costeaba los estudios con trabajos manuales y domésticos. Ejerciendo de preceptor y graduándose en derecho y medicina, recorrió diversos países. Después de ejercer diversos oficios, redactó la crítica bibliográfica de la *Monthly Review*, tarea que abandonó. En Londres redactó el periódico *The Bee* y prodigó su colaboración en otras publicaciones. Su vida llena de vicisitudes se mantuvo siempre en el agobio y en la pobreza. Las deudas lo acosaban; tuvo que vender por sesenta libras el manuscrito de *El vicario de Wakefield*, reputada como la mejor de sus obras.

Además de las citadas, se encuentran entre sus obras *Vida de Ricardo Nash*, *Historia de Inglaterra* e *Historia de Roma*. Cabe también mencionar el célebre poema *La aldea desierta*.

Su memoria se perpetuó en dos monumentos, uno en la Abadía de Westminster y otro frente a la Universidad de Dublín, en Irlanda.

Goldstein, Joseph Leonard (1940-).

Genetista molecular estadounidense, reconocido por su trabajo sobre el metabolismo del colesterol. Goldstein obtuvo el grado de médico en la Escuela Médica del Suroeste de la Universidad de Texas en

1966 y posteriormente realizó estudios de los aspectos genéticos de las enfermedades cardiacas en el Instituto Nacional del Corazón de la Universidad de Washington. En 1972, en el Centro de Ciencias de la Salud de la Universidad de Texas, él y Michael S. Brown comenzaron estudios sobre el colesterol en la hipertensión hereditaria, un importante factor de las enfermedades cardiacas. Por descubrir que personas con esta condicionante tienen deficiencias en los receptores celulares del colesterol, y por elucidar los mecanismos para la extracción del colesterol de la sangre, Goldstein y Brown ganaron en 1985 el Premio Nobel de Medicina o Fisiología.

Goldwater, Barry Morris (1909-1998).

Político estadounidense, senador por Arizona desde 1952. Fue candidato presidencial republicano en 1964, pero fue derrotado por el entonces presidente Lyndon B. Jonhson. Republicano conservador, Goldwater atacó la política de la administración de Eisenhower, primero, y de Kennedy, después. Respaldó la intervención militar de Estados Unidos en Vietnam y se opuso a los esfuerzos para la distensión de las relaciones con la entonces URSS. Entre otras obras ha escrito: *La conciencia de un conservador* (1960) y *Sin disculpas* (1979).

golf.

Deporte que se practica al aire libre, en el cual el jugador trata de ganarle a su adversario sin oponerse a su juego. Se diferencia así de la mayoría de los deportes como el futbol, basquetbol, etcétera, en los que hay una lucha de ataque y defensa de jugador a jugador.

Para jugar al golf se requiere de un terreno extenso y accidentado. Se prefieren los que tienen maleza, surcos, fosos y árboles espaciados irregularmente, por exigir mayor habilidad para superar estos obstáculos. En el terreno se practican de 9 a 18 hoyos de 10.5 cm de diámetro por 10 cm de profundidad, dispuestos de manera irregular de acuerdo con las características del terreno y a una distancia que varía entre 100 y 550 m. El campo, en un perímetro de 20 m alrededor de cada hoyo, está nivelado y cubierto de césped *green*; a unos 10 m del mismo hay otro pequeño espacio con césped *tee*, que es el nuevo punto de partida, desde donde el jugador que acaba de embocar la bola en un hoyo, puede proseguir el juego.

La situación de los hoyos es distinta en cada campo, dependiendo esto de las peculiares condiciones del terreno. Generalmente el primer hoyo y el último se disponen cerca el uno del otro, de suerte que al acabar la partida se esté próximo al lugar de la iniciación. El jugador con un palo llamado mazo *(club)*, que termina en una cabeza de madera o de hierro, va lanzando una bola de caucho endurecido, de 4.2

Salvat Universal

Esquema de un hoyo: (A) tee, *lugar donde se inicia el juego; (B)* fairway, *césped desde el* tee *al agujero; (C)* bunkers, *obstáculos artificiales llenos de arena; (D) obstáculo de agua; (E)* roughs, *áreas sin cuidar; (F)* green, *área del hoyo.*

cm de diámetro y 45 g de peso, que procura embocar hoyo por hoyo. Resulta ganador el jugador que completa la partida en menos golpes. La pelota sólo puede impulsarse a golpes de mazo. Se emplean varios tipos de estos mazos, adaptados a las diversas características del terreno en que ha caído la pelota. Se distinguen por la forma de la cabeza llamada porra, que puede ser de distintos materiales: madera, hierro, acero, etcétera. Como el jugador en cada tiro debe elegir el mazo con que va a realizar el golpe, se hace acompañar por un muchacho *(caddie)* que los lleva.

El golf puede ser practicado por hombres y mujeres, por jóvenes y personas de edad. Beneficia la salud, entona el ánimo y desarrolla más la habilidad y la destreza que la fuerza. Forma cualidades de carácter tales como tolerancia, paciencia, dominio emocional, cortesía, etcétera.

Vista de un campo de golf.

Corel Stock Photo Library

Golfito. Ciudad costarricense en la provincia de Puntarenas al sur de Costa Rica, en el Golfo de Dulce. Rodeada de montañas, las fuertes lluvias contribuyen a una vegetación tropical. Gran productor de plátanos, el puerto maneja una quinta parte de las importaciones y las exportaciones del país, siguiendo en importancia a Puerto Limón y Puntarenas. Población: 42,510 habitantes (1994).

golfo. Gran porción de mar que se interna en la tierra y cuyas costas se hallan bastante alejadas entre sí. Ejemplos característicos son los de México, de Campeche (México), de Darién (entre Panamá y Colombia), de Guayaquil (Ecuador), de León y de Vizcaya o de Gascuña (entre Francia y España), de Génova (entre Francia e Italia), etcétera. Muchos golfos están formados por la desembocadura de grandes ríos.

A veces se ha dado este nombre a verdaderos mares, como en el caso del Golfo de México, del Golfo Arábigo y del Golfo de Bengala.

Golfo, Corriente del. Enorme masa de agua circulante, descubierta en 1513 por el explorador español Juan Ponce de León cuando una de sus carabelas ancladas cerca de la Florida, rompió las amarras y marchó a la deriva. Se la tuvo durante muchos años como originaria del Golfo de México, creencia que hizo a Benjamín Franklin bautizarla con el nombre de *Gulf Stream.* Se creía también que iba por el Canal de la Florida hacia el norte, y que en aguas de Estados Unidos se desviaba hacia el este, llegaba al Mar de los Sargazos y se distribuía en dos ramas: una que iba a Europa y otra que regresaba al Mar Caribe. Modernos estudios oceanográficos han demostrado que, en realidad, se origina en la zona ecuatorial del océano Atlántico, para entrar en el Mar de las Antillas, pasar por el Golfo de México y seguir las costas norteamericanas hasta el cabo Hatteras, donde choca con la corriente fría del Labrador y se interna hacia levante, y atravesando el Atlántico llega a las costas de Noruega.

Tal es, pues, el verdadero curso del anchísimo cauce que no lograrían igualar todos los ríos del mundo reunidos, razón y motivo de las más extrañas discrepancias climáticas entre regiones americanas y europeas que se hallan situadas en idénticas latitudes, y hasta de puntos geográficos de un mismo continente, distantes entre sí escasas millas. Así se explica que haya en Noruega excelentes centros pesqueros que disfrutan todo el invierno de mares libres de los témpanos que bloquean puertos del Báltico situados a 800 millas de distancia, como el de Riga.

Las Islas Británicas, situadas a igual latitud norte que las costas del Labrador, gozan de un clima más benigno que esta última península, no obstante están menos favorecidas por el calor solar. Burdeos, casi

Golfo, Corriente del.

tan alejada del norte como Montreal, tiene un clima mucho más templado que esta última. De esta manera la Corriente del Golfo determina en el continente europeo las cálidas corrientes meridionales que modifican visiblemente el clima del noroeste de Europa. Esos vientos se saturan de calor y humedad suministrados por la Corriente del Golfo y llevan ambos a las costas que azotan.

Hay puertos, dentro de un mismo país, como ocurría en la ex Unión Soviética, que ofrecen notables diferencias climáticas, merced a la influencia de la Corriente del Golfo o a la falta de ese factor: Arcángel se halla bloqueada por los hielos en virtud de que no llegan a sus aguas los bienhechores efectos de la cálida corriente, en tanto que otro puerto ruso, Murmansk, se encuentra libre de témpanos, gracias a la acción de la Corriente del Golfo. Parece, sin embargo, que las favorables condiciones climáticas del noroeste de Europa no se deben exclusivamente a la acción de la Corriente del Golfo, cuya importancia aminoran los más recientes estudios oceanográficos. Es un hecho que las aguas atlánticas próximas a Europa son más templadas que las cercanas a América y está confirmada la existencia de una corriente cálida y salina que parte de la zona ecuatorial y pasando por el Mar de las Antillas, el Golfo de México y costas estadounidenses se desvía hacia el nordeste, pero tal corriente se extingue en aguas de Terranova, no siendo ramificaciones de ella la corriente que templa las costas de Noruega ni la que hace lo mismo en la costa de Murmansk. Las observaciones reunidas por el *Deutsche Seewarte* (Observatorio Náutico Alemán) de Hamburgo y sus razonadas explicaciones, así como las investigaciones de autorizados oceanógrafos, atribuyen a complejos factores el fenómeno singular de que en el Atlántico europeo, tanto en febrero, que es allí el mes más frío, como en agosto, que es el más caliente, las isotermas se desvían considerablemente de los paralelos a partir de 42° latitud norte –que es la de Boston en Norteamérica, y la de Vigo en Europa– y los cortan con ángulo muy abierto. *Véase* CORRIENTES MARINAS.

Golfo de México.

Mar interior del Atlántico en la costa sureste de América del Norte, limitado por las costas de México, Estados Unidos y Cuba. Comunica con el Atlántico por el estrecho de Florida, situado entre la península homónima, y Cuba, y con el Mar Caribe por el estrecho de Yucatán, entre la península del mismo nombre y Cuba. El golfo ocupa una cubeta marina poco accidentada, con una profunda fosa de dirección general oeste-este. La profundidad máxima (4,308 m) se alcanza en la fosa Sigsbee, frente a las cos-

Mapa holandés de Norteamérica que muestra el Golfo de México, hacia 1640.

tas mexicanas. La cuenca presenta una forma regular; las costas son bajas y están flanqueadas por pequeñas calas de arena y numerosas lagunas litorales. La plataforma continental forma un pedestal continuo de amplitud variable; unos 200 km en el banco de Campeche.

Desigualdades térmicas atmosféricas, bruscas olas de frío producidas por los vientos del norte y ciclones de verano influyen en la temperatura de las aguas de la superficie. Éstas oscilan en febrero entre los 25 a los 19 °C de sur a norte, entre 28 a 24 °C en mayo, de 29 a 28 °C en agosto y 27 a 22 °C en noviembre. La salinidad es bastante elevada: desde 36 partes por millar en el sector sur, hasta 20 a 14 partes por millar a un centenar de kilómetros del delta del Misisipí. Escasa amplitud de mareas. La prolongación oeste de la corriente norecuatorial penetra en el Golfo por el estrecho de Yucatán y continúa luego hacia el noreste por el estrecho de Florida formándose así la Corriente del Golfo. Entre los ríos tributarios destacan el Río Grande y el Misisipí. Puertos principales: Veracruz y Tampico (México); Galveston, Houston, Nueva Orleáns y Tampa (Estados Unidos); La Habana (Cuba). Cuenta con basta riqueza petrolera.

Golgi, Camillo (1843-1926).

Bacteriólogo e histólogo italiano. En 1880 fue nombrado profesor de histología en Pavía, donde más tarde ocupó también la cátedra de patología general, hasta 1918. Como bacteriólogo investigó sobre la etiopatogenia del paludismo (1885-1893). Su contribución al conocimiento de las estructuras finas del sistema nervioso constituye el ca-

pítulo más importante de su labor de investigador; se le debe un método de tinción con el que realizó varios hallazgos, entre los que se cuentan el de las luego denominadas células de Golgi y del llamado aparato de Golgi (1898). En 1906 compartió con Ramón y Cajal el Premio Nobel de Medicina o Fisiología.

Aparato de Golgi. Conjunto de elementos celulares lipoproteicos, descritos por C. Golgi en 1898, dispuestos en el citoplasma celular cerca del núcleo, presentes en casi todas las células eucariotas. El aparato de Golgi, también llamado complejo de Golgi, varía considerablemente de forma y dimensión según los distintos tipos de células, pero su aspecto es generalmente típico para cada categoría celular y las variaciones morfológicas están en estrecha relación con sus funciones y tipología.

Constitución química. El aparato de Golgi puede aislarse, para su estudio, por centrifugación diferencial. Los dictiosomas son orgánulos lipoproteicos, ricos en fosfolípidos y en vitamina C. Presentan cierta actividad enzimática, sobre todo fosfatásica.

Funciones fisiológicas. Se ha observado una correlación entre la actividad secretora de la célula y variaciones en la infraestructura del aparato de Golgi. No es posible en la actualidad afirmar si el aparato de Golgi interviene directamente en la secreción o si se limita a recoger productos elaborados por otros orgánulos. En los anélidos del género arenícola, el aparato de Golgi de las células cloragógenas hematopoyéticas participa de modo importante en la síntesis de hemoglobina. En los espermatozoides el idiosoma (aparato de Golgi) elabora el acrosoma como gránulo de secreción, corpúsculo grande rico en polisacáridos. En la Hydra se ha observado que, durante la diferenciación de los cnidoblastos, el crecimiento del nematocisto se realiza –como el del acrosoma– por aporte de pequeñas vesículas procedentes de los sáculos golgianos. En las células vegetales el aparato de Golgi parece participar en la formación de la membrana celulósica.

Relación con otros orgánulos celulares. Las cavidades de los sáculos golgianos se comunican, por lo menos de modo transitorio, con las del retículo endoplasmático, en las fases de secreción y absorción. Apoyan esta hipótesis datos citofisiológicos, aunque la microscopia electrónica no ha aportado pruebas definitivas. Los gránulos de cimógeno elaborados a nivel del ergastoplasma se hallan también en forma de gránulos de cimógeno a nivel del aparato de Golgi. Asimismo las gotitas lipídicas capturadas por las células epiteliales del intestino se encuentran en los sáculos golgianos después de pasar por las cavidades del retículo endoplásmico. Una relación con el centrosoma se observa en el idiosoma de los espermatocitos (con la agrupación de los dictiosomas alrededor de los centrosomas) y en los leucocitos de los mamíferos (con los dictiosomas situados en la periferia de la centrósfera). En los protozoos es frecuente la relación del aparato de Golgi con el núcleo. *Vease* CÉLULA.

Goliat. Gigante filisteo elegido por su pueblo para enfrentarse con David, el paladín de los israelitas. Según las Escrituras I Samuel 17, Goliat tenía "seis codos y un palmo de altura" e iba armado, mientras David, de estatura normal y sin armas, se valió de la astucia y, con una piedra lanzada con una honda, hirió al gigante en la cabeza y lo derribó.

golondrina. Pájaro pequeño, gracioso, de la familia de los hirundínidos, muy común en todos los países del mundo en primavera y verano. Llega a medir 15 cm de largo. Tiene alas largas y muy fuertes, pico negro y corto, con un plumaje negro azulado en la parte superior del cuerpo y blanco por debajo. Gracias a la fortaleza de sus alas, las golondrinas pueden hacer largos viajes en procura siempre de climas cálidos y templados. Emigran por bandadas y al parecer sólo viajan durante el día, refugiándose durante la noche en los bosques. Algunas variedades habitan en colonias y otras por parejas. Se alimentan únicamente de insectos, que cazan en el vuelo, valiéndose de su ancha boca. Por lo general hacen sus nidos en árboles huecos o en las grietas y rajaduras de muros viejos, pero algunas los fabrican con barro en techos y puentes. La golondrina hembra

Corel Stock Photo Library

Golondrina aproximándose a su nido para alimentar a sus polluelos.

puede poner hasta nueve huevos, cuya cáscara es blanca y a veces con manchas de color castaño. La incubación se prolonga de doce a diecisiete días. Una vez que la primera cría se ha independizado, la golondrina pone por segunda vez, aunque menos huevos. Esta segunda postura es en algunos casos abandonada, debido a que los pájaros son sorprendidos por el frío. Las variedades más comunes son la golondrina rústica, la más abundante; la golondrina rojiza, y la golondrina filífera.

golondrina de mar. Ave palmípeda de la familia de las láridas, de pico largo, algo encorvado, dedos palmeados y cola ahorquillada como la de la golondrina común. A diferencia de ésta, representa el género *Sterna*, contándose entre sus especies la de las costas, la de río y la rojiza.

goma. Sustancia viscosa que fluye de diversos vegetales, ya naturalmente o por medio de cortes e incisiones. La goma se endurece al aire, y es soluble en agua pero no en alcohol o éter. Las gomas de esta clase proceden, principalmente de árboles del género de las acacias, y en el comercio se distinguen con el nombre de la región de donde provienen, y así se conocen la goma arábiga, la de Australia, la del Cabo, la de Senegal, etcétera. Se emplean para pegar, disueltas en agua, y tienen muchas aplicaciones en farmacia, confitería y pastelería, en la estampación de tejidos y otros muchos usos industriales.

Suele dárseles también el nombre de gomas a otras sustancias insolubles o parcialmente solubles en agua, como ciertas gomorresinas y la goma elástica. Esta última, también llamada caucho, es el jugo lechoso o látex producido por diversas plantas tropicales como la hevea de Brasil y el guayule de México, y tiene importantísimas aplicaciones industriales, entre ellas la fabricación de llantas o neumáticos para vehículos automóviles. La goma de borrar es goma elástica, preparada con abrasivos, para borrar en el papel los trazos de lápiz o de tinta. La llamada goma de mascar se hace de chicle, que se obtiene del chicozapote.

Gombrowicz, Witold (1904-1969). Escritor polaco, considerado el más importante de ese país en el siglo XX. En sus novelas y obras de teatro, creadas con el estilo radicalmente individualista, combina la exageración con la profundidad filosófica para poner en tela de juicio los valores e instituciones de su época, como son la civilización, el honor y la masculinidad. Residió en Argentina de 1939 a 1963.

Gomensoro, Tomás (1810-1900). Político uruguayo. Presidente de la Cámara del Senado en 1872, intervino en el pacto que puso fin a la guerra civil. Ejerció el poder ejecutivo de 1872 a 1873. Fue un honorable reconciliador, candidato dos veces a la presidencia de la República. En 1894 se le declaró Benemérito de la Patria.

Gomes, António Carlos (1836-1896). Compositor brasileño. Estudió en el Conservatorio de Río de Janeiro y amplió sus estudios con Lauro Rossi en Milán. Estrenó en Río sus óperas *A Noite do Castelo* (1861) y *Joanna de Flandres* (1863). Su ópera *O Guarany* se estrenó en La Scala de

Gomes, António Carlos

Milán en 1870. Estrenada por Julián Gayarre, con el nombre de *Il Guarany,* consagró a su autor internacionalmente. Años más tarde estrenó *Fosca* (1873), *Salvato Rosa* (1874), *Maria Tudor* (1879), *O escravo* (*Lo Schiavo,* 1889), *Condor* (1891) y el oratorio *Colombo* (1892). Estas óperas, de orquestación muy elaborada, estaban influidas por las óperas italianas de la época y en especial por las de Giuseppe Verdi. Gomes es considerado el precursor de la escuela nacional brasileña, ya que en *Il Guarany* y en *Lo Schiavo* se encuentran temas netamente autónomos.

Gómez, Crescencio (1833-1921). Político hondureño. Fue ministro del Interior, Hacienda y Guerra. En 1876, al producirse la sublevación del general José María Medina, que derrocó al presidente Ponciano Leiva, se hizo cargo de la presidencia de la República.

Gómez, Eusebio (1883-1953). Jurista argentino. Profesor de derecho penal en Buenos Aires hasta 1946. Colaboró en la redacción del código penal argentino en 1937.

Gómez, José Miguel (1858-1921). Político y militar cubano. Participó en la lucha por la independencia, y en noviembre de 1908 fue elegido presidente de la República (1909-1913). Durante su mandato reprimió con dureza una sublevación de gente de color (1912). Ante la irregular reelección presidencial del conservador Mario García Menocal inició un levantamiento liberal, que fracasó en febrero de 1917. Fue derrotado en las elecciones presidenciales de 1920.

Gómez, Juan Vicente (1857?-1935). General venezolano nacido en San Antonio del Táchira. Acompañó al general Cipriano Castro en la revolución de 1899 que les llevó al poder, y luego como jefe de operaciones y como vicepresidente de la república, estuvo a su lado desbaratando todas las revueltas que amenazaron al gobierno de Castro. En 1908, con motivo de ausentarse éste del país, Gómez lo reemplazó, dirigiendo dictatorialmente a Venezuela hasta su muerte. Con habilidad mantuvo al país neutral en la guerra 1914-1918. Bajo su gobierno tuvo comienzo la industria del petróleo.

Gómez, Laureano (1882-1965). Político y orador colombiano. Fue fundador del periódico *La Unidad* y de *El Siglo,* embajador de Colombia en Argentina y Alemania, ministro de Obras Públicas (1925) y de Relaciones Exteriores (1947-1948), director del Partido Conservador y presidente de la República, elegido para el periodo 1950-1954. Por motivos de salud se alejó

con permiso de su alto cargo en 1951, y en junio de 1953 fue derrocado por el general Gustavo Rojas Pinilla, jefe de las fuerzas armadas.

Gómez, Máximo (1836-1905). Militar y patriota cubano. Nació en Baní (Santo Domingo). Fue uno de los caudillos máximos de la insurrección que condujo a la independencia de su patria adoptiva cuya causa abrazó con amor y fervor. Sus esfuerzos y sacrificios le valieron el grado de generalísimo del Ejército Libertador. Jefe destacado del gran levantamiento de 1868, al firmarse la paz de Zanjón se retiró a Santo Domingo, donde permaneció hasta que, de acuerdo con José Martí y Francisco Maceo, desembarcó en Cuba como general en jefe del ejército cubano (1895), dirigiendo las operaciones contra los españoles. Retirado al advenimiento de la paz, su figura venera-ble ejerció gran influencia en la política nacional.

Gómez Arias, Miguel Mariano (1890-1950). Político cubano, hijo de José Miguel Gómez. Fue diputado y alcalde de La Habana. Elegido presidente de la República (10 de enero de 1936) trató de evitar intromisiones del ejército, pero el Congreso, bajo la presión de Fulgencio Batista, lo destituyó en diciembre, sustituyéndolo con Federico Laredo Bru.

Gómez Carrillo, Enrique (1873-1927). Seudónimo de Enrique Gómez Tible, escritor guatemalteco, formado con el segundo apellido de su padre. A los 15 años entró en el periodismo. La influencia

de Rubén Darío logró que el gobierno le sufragara una estancia en París, donde trató a la más famosa bohemia de ese entonces; a partir de esas fechas la popularidad de Gómez Carrillo fue inmensa, tanto como cronista como por su vida aventurera: corresponsal en la guerra ruso-japonesa y en la Primera Guerra Mundial, duelista inveterado, amante de Mata Hari y esposo –tras un matrimonio anterior– de Raquel Meller. El mundo de las crónicas y de la propia personalidad de Gómez Carrillo es el de la *belle époque,* con su gusto por lo exótico, lo decadente y lo morboso. Entre sus libros destacan *Esquisses; Sensaciones de Arte; Del dolor, del amor y del vicio; Bohemia sentimental; Entre encajes; Grecia; El Japón heroico y galante; La sonrisa de la esfinge; El encanto de Buenos Aires; En el corazón de la tragedia; La nueva literatura francesa,* escritos entre 1892 y 1927.

Gómez Cornet, Ramón (1898-1964). Pintor argentino. Inició sus estudios en la Academia Provincial de Bellas Artes de Córdoba, y viajó a Europa para estudiar en la Academia Ranson, de París, y en el taller *Arts,* de Barcelona. Cultivó en especial la pintura de figura y fue un buen intérprete de los motivos del norte argentino. Obtuvo en 1937 el primer premio de pintura en el Salón Nacional de Buenos Aires, y en 1946 el gran premio de pintura de Argentina.

Gómez de Avellaneda, Gertrudis (1814-1873). Poetisa, novelista y autora dramática cubana, cuya vida transcurrió en España. Admiradora de los románticos,

Detalle de un retrato realizado por Federico Madrazo de la destacada cubana Gertrudis Gómez de Avellaneda.

Museo de Arte Moderno, Barcelona

Victor Hugo, Alfonso de Lamartine, George Sand, Lord Byron, Friedrich Schiller y Vittorio Alfieri, fue amiga de José Zorrilla, quien la presentó en el Ateneo de Madrid, transcurriendo su vida entre triunfos literarios y pesares domésticos, paliados por los elogios y admiración de la crítica más alta, que la conceptúa como uno de los más grandes líricos femeninos de la literatura. Entre sus poesías pueden mencionarse *Al sol, Al mar, La pesca en el mar, A mi madre, A la esperanza, La venganza, Amor y orgullo* (de desahogo íntimo o canto a la naturaleza) y *La plegaria a la Virgen, La Cruz, Dedicación de la lira a Dios* y *Los Salmos* (de inspiración religiosa), reunidas todas ellas en *Poesías y devocionario poético*. En estas composiciones se revela como una versificadora clásica en la forma y romántica y nobilísima en el pensamiento, tan varonil, que con gracia y razón pudo decir de ella Bretón de los Herreros: "Es mucho hombre esta mujer". De sus obras de teatro, además de *Alfonso Munio* y *El príncipe de Viana,* de fondo legendario y forma romántica hay que destacar dos auténticas obras de inspiración bíblica; la tragedia *Saúl,* en donde, a ejemplo de Alfieri, personifica la rebeldía y el libre albedrío, y el drama *Baltasar,* teatralización de la profecía de Daniel. Como novelista sigue a George Sand; la mejor de sus obras, *Sab,* pintura de su Cuba vernácula, vale más por las descripciones que por su fondo. *Espatolino, Dos mujeres, Las veladas del helecho, El donativo del diablo* y *La dama de Amboto* son otras novelas de las muchas salidas de su pluma.

Gómez de la Serna, Ramón (1888-1963). Escritor español nacido en Madrid. De extraordinaria fecundidad abarcó diversos géneros como el ensayo, el cuento, la novela, el artículo, etcétera. Cultivó como nota saliente la originalidad, la sutileza, el rasgo de ingenio, la metáfora un poco malabarista y hasta la extravagancia. Fue maestro de la excentricidad literaria. Entre sus numerosas obras se destacan: *Pombo* (glosa del café madrileño que frecuentaba), *El circo, Senos, El doctor inverosímil, El rastro, Ismos, El torero Caracho, La Nardo, La mujer de ámbar, Goya, El Greco* (monografías sobre pintores), etcétera.

Gómez Farías, Valentín (1781-1858). Médico y político mexicano. Participó en la guerra de independencia. Poseído de espíritu patriótico, profesaba ideas liberales y progresistas. Fue presidente de la república en 1833 y en 1846. Inició la reforma liberal e implantó medidas para llevarla a cabo, pero tropezó con fuerte oposición tradicional y conservadora, y tuvo que sufrir persecuciones y destierros. Las Leyes de Reforma adoptadas durante su gobierno y otros posteriores, también liberales, facilitaron la promulgación de la Constitución de 1857, en cuya jura actuó como presidente del Congreso.

Gómez Jaramillo, Ignacio (1910-). Pintor colombiano que ha cultivado con idéntico éxito la naturaleza muerta, el paisaje y la decoración mural. Durante algunos años permaneció en México, asimilando a su pintura la técnica de los muralistas mexicanos.

Gómez Ortega, Rafael. *Véase* GALLO.

Gomulka, Wladyslaw (1905-1982). Político polaco. Fue secretario del Partido Comunista (PC) desde 1956-1970. De padres campesinos socialistas, Gomulka se unió al movimiento socialista a la edad de 16 años, y en 1926 al entonces clandestino PC. Siendo sindicalista se le encarceló en varias ocasiones. Al estallar la guerra en 1939 entró a formar parte de la resistencia. Opositor de José Stalin, ocupó varios puestos importantes en el PC y en el gobierno. Una crisis política interna en 1968 lo llevó a renunciar a su cargo dos años después.

Goncourt, Edmond (1822-1896) y **Jules** (1830-1870). Escritores franceses que trabajaron siempre en colaboración hasta la muerte de Jules. Su obra se divide claramente en tres partes, aunque una misma intención anima todas sus páginas. Los Goncourt fueron en cierto sentido historiadores, pero dedicados exclusivamente al estudio minucioso del arte y las costumbres del siglo XVIII *(Retratos íntimos del siglo XVIII, El arte del siglo XVIII).* Un mismo gusto por lo menudo y lo curioso, que según ellos revelaba mejor que otros episodios el carácter humano, guía la composición del *Diario,* vasta colección de anécdotas y reflexiones que atañen principalmente al ambiente literario del París de su época. En sus novelas *(La hermana Filomena, Renata Mauperin),* los detalles se acumulan, sin que ninguno de ellos parezca tener más importancia que los otros, de tal modo que los personajes parecen vivir sucesivos estados de ánimo, sin que la lógica estricta una esos estados. Así pretendían demostrar los Goncourt que el carácter humano no tiene la solidez ni la consistencia que imaginan algunos novelistas. El estilo, que ellos llamaban *artístico,* puede ser comparado al de los pintores impresionistas que componían sus cuadros superponiendo innumerables pequeñas pinceladas. En 1903, y de acuerdo con el testamento que dejó Edmond, fue constituida la Academia Goncourt, creada en parte para contrarrestar la influencia de la Academia Francesa, y que otorga anualmente un premio de 5,000 francos a la mejor obra literaria en Francia.

Gondra, Manuel (1872-1927). Estadista y profesor paraguayo que tuvo destacada actuación en la política de su país. Desempeñó importantes cargos de gobierno y diplomáticos. Ejerció la presidencia de la república en 1910 y en 1920.

Góngora, Diego de (? -1623). Primer gobernador de la provincia de Buenos Aires, creada en 1617. Se hizo cargo del gobierno el 16 de noviembre de 1618 y murió en el desempeño del puesto.

Góngora y Argote, Luis de (1561-1627). Poeta español. En Córdoba nació este príncipe de la poesía culterana española, en una familia de medios desahogados, hijo de un distinguido bibliógrafo y humanista. Destinado primero a las leyes, que estudió en Salamanca, y a la Iglesia después, su precoz talento y sus agitadas mocedades no permitían dudar que en el mundo cortesano y literario estaba su real vocación. Como beneficiado de la catedral de Córdoba tiene ocasión de visitar Granada, ciudades de Galicia y Madrid, y de sus viajes se hacen eco sus versos. En Madrid se le nombró capellán de honor de Felipe III, y honró sus fastos cortesanos y los de su sucesor con numerosos versos de circunstancias. La originalidad y belleza de su obra poética discutida por muchos de sus contemporáneos, fue más apreciada posteriormente y con mayor intensidad a partir de fines del siglo XIX después de las admirables ediciones y trabajos de interpretación, de Raymond Foulché-Delbosc, Miguel Artigas, Dámaso Alonso, Alfonso Reyes y otros. En realidad, Góngora sólo aguza una predisposición andaluza por la forma musical y colorida, presente ya en poetas como el sevillano Fernando de Herrera y los del círculo de Antequera. *El culteranismo,* también llamado *gongorismo,* en honor de su máximo cultivador, no expresa con naturalidad y sencillez los conceptos, sino que, de manera deliberada, emplea voces peregrinas, giros artificiosos y estilo oscuro y afectado, en un afán de crear un lenguaje poético culto y elegante que se diferencia del lenguaje vulgar. Esa es la tendencia manifiesta en gran parte de su obra, como en *Soledades* y *Polifemo.*

goniómetro. Instrumento para medir ángulos. El goniómetro de aplicación consta de una especie de compás de reducción en el cual una de las varillas corre sobre un semicírculo graduado fijado en la otra: basta con aplicar las dos patas del compás a las caras del diedro para obtener el valor del mismo en grados. En los goniómetros ópticos de reflexión, el cristal está fijo en el centro de un círculo graduado sobre el cual giran radialmente unos colimados, que proyectan un haz luminoso en el cristal, y un anteojo, que permite situar el haz co-

goniómetro

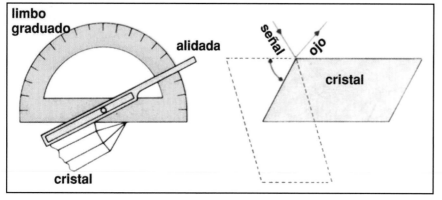

Goniómetro de contacto (izquierda) y principio del goniómetro de reflexión (derecha).

rrespondiente reflejado por el cristal. Del ángulo de reflexión se desprenden los diedros formados por las caras de cristal. Este procedimiento permite medir el índice de refracción de cualquier cuerpo: basta con tallarlo en forma de prisma y con medir el desvío experimentado por los rayos luminosos a través del mismo.

Goniómetro topográfico. El goniómetro de agrimensor consta de dos cilindros provistos de rendijas y de pínulas para la observación. Ambos están sobrepuestos, pueden girar uno sobre el otro y llevan en los bordes que están en contacto una escala graduada de 0 a 360°. Si se observa un punto del terreno a través del cilindro inferior, y, después de haberlo inmovilizado, se visa otro punto con el superior, la escala marcará la abertura en grados que separa ambos puntos.

González, José Luis (1926-1996).

Novelista y cuentista puertorriqueño, nacido en Santo Domingo. Estudió ciencias sociales en la Universidad de Puerto Rico, ciencias políticas en la New School for Social Research de Nueva York y filosofía y letras en la Universidad Nacional Autónoma de México. Fue profesor de literatura en este centro y en la Universidad de Guanajuato. Su narrativa se encuadra en el neorrealismo de intención social, y su estilo –sobrio, de intensa concentración dramática– refleja la influencia de Ernest Hemingway, William Faulkner y del dominicano Juan Bosch. El mundo de los humildes y oprimidos, y el desarraigo del emigrante puertorriqueño, constituyen sus temas principales. Su obra comprende, principalmente, cuentos, novelas y ensayos. Entre sus cuentos podemos mencionar *Cinco cuentos de sangre* (1945), premiado por el Instituto de Literatura Puertorriqueña; *El hombre en la calle* (1948), *Mambrú se fue a la guerra* (1972), *La galería* (1972) y *En Nueva York y otras desgracias* (1973). Sus novelas son: *Paisa, un relato de la emigración* (1950) y *Balada de otro tiempo*

(1978); y sus ensayos: *Literatura y sociedad en Puerto Rico: de los cronistas a la generación del 98* (1976) y *El país de cuatro pisos y otros ensayos* (1980).

González, José Victoriano (1887-1927).

Pintor español mejor conocido como Juan Gris. En su juventud recibió una educación científica antes de empezar a estudiar arte. En 1906 se trasladó a París donde mantuvo estrecho contacto con su compatriota Pablo Picasso. Para 1913-1914, Gris ya había desarrollado el cubismo sintético, y después de la Primera Guerra Mundial, Gris era considerado una de las más importantes figuras del arte vanguardista francés. Su versión personal del cubismo fue más severa y clásica, menos espontánea e instintiva que las de Braque y Picasso.

González, Juan Vicente (1810-1866).

Periodista, escritor, político y educador venezolano. Niño expósito, fue abandonado en la casa de quien sería su padre adoptivo, Francisco González Delgado. Cursó estudios en el convento de los padres neristas y en la Universidad de Caracas, se licenció en filosofía en 1830 y en ese mismo año inició su carrera literaria con un escrito dedicado a Simón Bolívar, que junto con otras similares recogió en su libro *Mis exequias a Bolívar*. Ejerció la docencia en varios colegios de Caracas, y en la misma universidad. Enseñó historia, gramática, latín y griego. Fue fundador del Partido Liberal, y en el 1841 publicó *Compendio de gramática castellana, según Salvá y otros autores*, publicó en los diarios *El Liberal* y *El Venezolano* varios artículos que condenaban el asesinato de Tomás de Heres.

Fue secretario de la Cámara de Representantes, se le enfrentó al general José Antonio Páez. Fue detenido en varias ocasiones por estar contra el régimen y en 1862 estando preso terminó *Manual de historia universal*, escribió obras de carác-

ter histórico como *José Félix Ribas*, biógrafo del doctor José Cecilio Ávila.

González, Manuel (1833-1893).

General mexicano y presidente de la república de 1880 a 1884. Empezó su carrera militar en 1847, convirtiéndose en general en la guerra civil. En 1880 fue virtualmente puesto en la presidencia de la república por su amigo Porfirio Díaz que lo había precedido en el cargo. González defendió exitosamente los derechos mexicanos frente a Guatemala, pero, en general, su mandato estuvo caracterizado por la corrupción y la inflación.

González, Otto-Raúl (1921-).

Poeta guatemalteco. Su fino humorismo se acerca unas veces a la ternura, cuando ensalza las sencillas delicias de la vida, y otras al sarcasmo, cuando fustiga la injusticia y la crueldad de los poderosos. Su verso es diáfano y llano sin dejar de mostrar sorprendentes giros de imaginación. Se dio a conocer con *Voz y voto del geranio* (1943); otras de sus obras son *El bosque* (1955), *Cuchillo de caza* (1964), *Diez colores nuevos* (1967), *Oratorio del maíz* (1970), *Cementerio clandestino* (1975), *El hombre de las lámparas celestes* (1990) y *El conejo de las orejas en reposo* (1990). En 1990 recibió el Premio Nacional Miguel Ángel Asturias de Guatemala.

González Balcarce.

Familia argentina que tuvo actuación descollante en las guerras de la independencia. **Antonio González Balcarce** (1774-1819). Inició su carrera militar en el servicio de fronteras y prestó servicios en la defensa de Montevideo contra los ingleses en 1807 donde fue hecho prisionero. Remitido a Inglaterra y puesto en libertad, luchó en España contra la invasión napoleónica. Producida la revolución de mayo en Buenos Aires, Balcarce regresó a su patria ya con el grado de teniente coronel. Se le encargó el comando de la expedición libertadora del Alto Perú y obtuvo el primer triunfo de las armas argentinas en el encuentro de Suipacha, en 1810. Al año siguiente sufrió la derrota de Huaqui, que lo alejó del frente de lucha. Después de desempeñar algunos otros cargos, en 1816 fue designado director supremo de las Provincias Unidas, cargo en el que duró apenas tres meses. No obstante, en ese tiempo prestó una importante ayuda a los planes de José de San Martín para la liberación de Chile. Posteriormente fue enviado a este país, participó en las batallas de Cancha Rayada y Maipú, como segundo jefe de las fuerzas patriotas. San Martín lo comisionó para realizar una campaña en el sur de Chile, durante la cual enfermó y debió trasladarse a Buenos Aires, donde falleció al poco tiempo Su hermano **Juan Ramón** (1773-1836), también militar, participó en la resistencia contra las invasiones inglesas e intervino en los sucesos de la Semana de Mayo. Ocupó luego varios cargos públicos, entre ellos el de ministro de la guerra. En pleno periodo de anarquía ocupó por dos veces el cargo de gobernador de Buenos Aires, intentando infructuosamente poner fin a las luchas civiles. Depuesto por la revolución del 11 de octubre de 1833, con la que se inició la dictadura de Juan Manuel Rosas, debió emigrar a Montevideo. **Marcos**, hermano de los anteriores (1775-1832), participó en las campañas de San Martín y murió siendo miembro de la Sala de Representantes de Buenos Aires.

González Bocanegra, Francisco

(1824-1861). Poeta mexicano. Compuso en 1854 la letra del *Himno Nacional* de México y obtuvo el premio en el concurso convocado por el gobierno. Se cantó por primera vez en el Teatro Nacional el 16 de septiembre de 1854, con música del compositor Jaime Nunó.

González Camarena, Jorge (1908-

1980). Pintor y escultor mexicano. Perteneciente a la segunda generación de muralistas, su estilo oscila entre el formalismo y el realismo. Destacan entre sus obras los murales *La vida* (1941, edificio Guardiola), destruido; *Industria, banca y comercio* (1947, en el Banco Mercantil de México); *La formación de México* (1950, edificio central del Seguro Social); *La Revolución contra la dictadura porfiriana* (1957, en

Detalle del mural Revolución y Constitución de 1917, *de Jorge González Camarena.*

Ciudad de México

la escalera principal de la Cámara de Senadores), y *Liberación* (1958, en el Palacio de Bellas Artes), todos en la Ciudad de México.

González Márquez, Felipe (1942-).

Primer ministro de España de 1982 a 1996. Después de estudiar en la Universidad de Lovaina en Bélgica, se unió al clandestino Partido Socialista, proscrito por la dictadura de Francisco Franco. Se convirtió en el líder del partido en 1974 y emergió como figura política popular al reestablecerse el régimen democrático después de la muerte de Franco. Como primer ministro, González buscó una política de izquierda moderada, condujo a España a integrarse a la Comunidad Económica Europea y llevó a cabo una exitosa campaña para mantener lazos con la OTAN (Organización del Tratado del Atlántico Norte). Cuando su partido fue derrotado en las elecciones de marzo de 1996, continuó como secretario general del Partido Socialista hasta 1998.

González Martínez, Enrique (1871-

1952). Poeta mexicano. Está considerado como el último gran representante de la escuela modernista mexicana, aunque fue evolucionando hacia tendencias poéticas posteriores, siendo en todo momento figura intelectual sobresaliente y verdadero maestro de bellas artes. Ejerció la carrera de médico y el periodismo. Enseñó en la cátedra y ocupó elevados cargos de gobierno y diplomáticos, todo lo cual no le impidió realizar una obra poética considerable por su extensión y elevada calidad. Entre sus obras más importantes se cuentan: *Silénter, Los senderos ocultos, La muerte del cisne, La palabra del viento, El romero alucinado, Ausencia y canto* y *Las señales furtivas.*

González Obregón, Luis (1865-

1938). Historiador y escritor mexicano. Cultivó primero la literatura costumbrista y de ella pasó al campo de la historia, en la que hizo notables investigaciones y de la que fue en muchos de sus libros ameno divulgador. Con estilo claro y atractivo, sabe narrar los acontecimientos históricos y describir las costumbres de la época colonial resucitando el pasado y dándole nueva vida y color. Sus diversos e interesantes libros sobre la historia, vida y costumbres de la ciudad de México lo hacen acreedor a un primer puesto entre los cronistas de la capital mexicana.

González Peña, Carlos (1885-1955).

Novelista dramaturgo y crítico literario mexicano, perteneciente a la generación del Ateneo de la Juventud y fundador de varias revistas, fue académico de la lengua, catedrático y periodista; se le reconoce sobre todo como historiador literario y au-

tor de libros didácticos. Publicó *Historia de la literatura mexicana* (1929), *Manual de gramática castellana* (1921) y *Curso de literatura castellana* (1940), complementado con la antología *El jardín de las letras* (1941). *El patio bajo la luna* (1945) y *Claridad en la lejanía* (1947) recogen parte de su abundante producción literaria.

González Prada, Manuel (1844-

1918). Literato peruano que encabezó en su país un movimiento orientado hacia el modernismo. En su obra inicial, particularmente, se observa la influencia de Goethe, Heine y otros poetas alemanes. Por su talento, posición e influencia, en el parnaso americano, pertenece a la categoría del uruguayo Juan Zorrilla de San Martín y del venezolano Antonio Pérez Bonalde. Se singularizó como crítico demoledor. En sus Libros de poesía: *Minúsculas* (1900), *Presbiterianas* (1919) y *Exóticas* (1911), empleó estrofas y maneras que preludiaban ya la expresión modernista. Su prosa, límpida y vigorosa, se revela en obras como: *Páginas libres, Horas de luchas, Anarquía* y *El tonel de Diógenes.*

González Suárez, Federico (1844-

1917). Historiador ecuatoriano. Fue arzobispo de Quito y escribió varias obras históricas y arqueológicas, entre las cuales sobresalen *Historia general de la República del Ecuador* (9 vols., 1890-1904).

González Videla, Gabriel (1898-

1980). Abogado, político y estadista chileno. Varias veces diputado, fue presidente de la Cámara (1933), ministro en Francia y Bélgica, y embajador en Portugal y Brasil. Elegido presidente para el periodo 1946-1952, su mandato se caracterizó por el mantenimiento del orden, intensificación industrial (siderúrgica de Huachipato y petróleo de Magallanes) y construcción de bases en la Antártida chilena.

Gorbachov, Mihail (1931-). Políti-

co ruso. Hijo de campesinos, se unió a la Liga Comunista Juvenil *(Komsomol)* en 1946 y trabajó en una granja colectiva del Estado los siguientes cuatro años. En 1952 entró a la Universidad de Moscú para estudiar leyes, y se unió al Partido Comunista (PCUS). Terminados sus estudios ocupó diversos cargos políticos en su territorio natal, Stavropol. En 1978 ingresó en el secretariado del Comité Central del PCUS y posteriormente en el Politburó. En abril de 1985 fue elegido secretario general del PCUS y en 1988 presidente de la Unión Soviética. Gorbachov inició importantes reformas económicas y políticas en su país que tuvieron repercusiones mundiales. Con su política de *glasnost* o apertura confirió mayor libertad de expresión al pueblo soviético, y con la *perestroika* o reestructu-

Mihail Gorbachov.

ración intentó modernizar e impulsar la economía del país; además, quiso implantar un gobierno multipartidista y democrático. Su política exterior le permitió mejorar las relaciones con los países capitalistas occidentales, apoyó la transición de los países del bloque comunista a la democracia y a la economía capitalista, y abogó por la reducción de armamento. Sin embargo, dentro de la Unión Soviética encontró una fuerte resistencia a sus reformas y tuvo que enfrentar una de las peores crisis económicas y políticas de su país desde la revolución rusa. Puso fin a la guerra fría en una entrevista con G. Bush en Malta (1980) y con la firma de la declaración de París, que clausuró la Conferencia sobre Seguridad y Cooperación en Europa (CSCE-1990). En 1990 recibió el Premio Nobel de la Paz.

El 19 de agosto de 1991, un golpe de estado, encabezado por Guennadi Yanayev, el vicepresidente, destituyó a Gorbachov. Boris Yeltsin, el presidente de la República Federativa Rusa, llamó a la población a una huelga general y exigió el retorno al poder del presidente derrocado. El apoyo del pueblo, que congregado en la Plaza Roja impidió el asalto al edificio del Parlamento por tanques del ejército hizo huir a los golpistas y, tres días después, Gorbachov regresó a Moscú, donde el Parlamento votó por la restitución formal de su cargo. Tras el fracaso del golpe y su retorno a Moscú, reorganizó el gobierno, renunció a la secretaría general del PCUS, disolvió el Comité Central y prohibió las actividades del partido en los órganos de gobierno. Asimismo, facilitó la disolución de los órganos del poder central y abrió un periodo constituyente para configurar una nueva Unión. Es autor de *Perestroika, Memoria de los años decisivos* (1985-1992) y *Diciembre de 1991.*

Gordimer, Nadine (1923-). Escritora sudafricana ganadora del Premio Nobel de Literatura en 1991. Escribió ficción relativa a las tensiones de la vida so-

cial dividida por el racismo. Dentro de sus novelas se cuentan *Los días vacíos* (1953), *El mundo burgués tardío* (1966), *Un invitado de honor* (1970), *La hija del burgués* (1979), y *La historia de mi hijo* (1990). *Nadie que me acompañe* (1994) examina la vida de una mujer blanca, activista antiapartheid en los primeros años de la década de los 90, cuando el dominio apartheid comenzaba a debilitarse. Gordimer publicó también varias recopilaciones de cuentos cortos.

Gore, Al (1948-). Representante ante el Congreso de Estados Unidos (1977-1985) y senador (1985-1992) por Tennessee. Fue electo vicepresidente de Estados Unidos en 1992, cuando participó en las elecciones junto con Bill Clinton, entonces gobernador de Arkansas, quien fue electo presidente. Es hijo de Albert Gore, quien fuera congresista (1939-1944, 1945-1953) y senador (1953-1971). Gore creció en el distrito de Columbia y se graduó en Harvard. Fue reportero de un periódico antes de asegurar su primer cargo público. Como respetado senador centralista y ambientalista, se postuló sin éxito a la presidencia en las elecciones primarias de 1988, pero decidió no seguir adelante después del casi fatal accidente de su jóven hijo en 1989. Como vicepresidente ha disfrutado de un inusual acceso al presidente. Su gestión se ha caracterizado por un gran interés en la ecología y las tecnologías de la información. En buena medida gracias a su gestión, el gobierno de su país propició la creación de la llamada *Supercarretera de la Información*, que ha permitido a millones de norteamericanos intercambiar información a través de redes computacionales como la *Internet*. *Véase* INTERNET.

Gorgas, William Crawford (1854-1920). Médico militar estadounidense. En 1898 combatió en Cuba la fiebre amarilla. Conociéndose ya, gracias a los trabajos de Carlos Finlay (cubano) y Walter Reed (estadounidense), que esta enfermedad era trasmitida por el mosquito pudo ser extirpada de Cuba. Gorgas fue llamado para dirigir la organización sanitaria de la zona del Canal, donde exterminó los mosquitos en una campaña sanitaria sin precedentes. Cuando abandonó su puesto, en 1913, aquella zona se había convertido en una región de buenas condiciones sanitarias.

Gorgias. (483-380 a. C.). Filósofo griego. Enviado a Atenas para solicitar ayuda contra Siracusa alcanzó gran popularidad en aquella ciudad. Sólo se han conservado algunos fragmentos de sus discursos. Fue maestro de Isócrates y destacó entre los sofistas. A diferencia de los otros sofistas, Gorgias no pretende enseñar la virtud,

sino sólo el arte de persuadir, la retórica, que para él es el conocimiento más importante y la más poderosa de las habilidades. Polemizó con los filósofos eleatas sobre la base de un absoluto escepticismo, y Platón, en el diálogo *Gorgias*, lo enfrentó a la figura de Sócrates en disputa acerca de la retórica y el problema de la justicia. Escribió un tratado titulado *Sobre el no ser o sobre la naturaleza*, del que sólo se conservan sumarios parciales.

gorgojo. Pequeño insecto coleóptero perteneciente a los rincóforos. Es de color oscuro cuerpo ovalado y cabeza alargada, que se alimenta de diversas semillas, causando grandes destrozos cuando invade los graneros. Existen varias especies de gorgojos, cada una de las cuales ataca a un grano determinado, pero también las hay —como el gorgojo del arroz— que atacan a más de uno. Es característico el que tenga la cabeza alargada y formando como una trompa en cuyo extremo se abre la boca. Comprendida la cabeza, no suelen pasar de 3 mm de largo; tienen, como todos los coleópteros, las alas plegadas y protegidas bajo los élitros.

Gorgonas. Nombre genérico de tres monstruos infernales de la mitología griega, hijas de Forcis, divinidad del mar, y Ceto, llamadas respectivamente Esteno, Euriale y Medusa. Se creía que cualquier mortal que fuera mirado por ellas quedaba instantáneamente petrificado. Solían personificar a las nubes tempestuosas; las dos primeras eran inmortales, mientras que la tercera, mortal, pereció a manos de Perseo, héroe que logró cortarle la cabeza, entregándosela después a Atenea. La diosa de la sabiduría la colocó como amuleto en el centro de su escudo.

Estos monstruos, cuya imagen terrible se utilizó para ahuyentar los males, se representaban provistas de dos o cuatro alas y cabeza coronada de serpientes.

gorila. Mono antropoide (semejante al hombre), que presenta la particularidad de que tres de los dedos de sus pies están unidos hasta la última falange. Habita en África Ecuatorial. Su corpulencia excede a la del hombre.

Se nutre de frutos, yerbas y brotes tiernos, nueces, miel y huevos; es un animal tímido que sólo ataca cuando se siente herido, en cuyas circunstancias lo acometen terribles accesos de cólera. Por lo general no vive en los árboles, a excepción de las hembras y sus crías que suelen dormir en las ramas, en tanto que el macho hace una cama en el suelo acompañado de otros gorilas, pues acostumbran a ir en grupos de ocho a diez individuos.

Su principal enemigo es el leopardo, única fiera a la que temen, pues ni el león

Gorila hembra con su cría.

ni el hombre le arredran, a tal punto que no vacila, si éstos lo hieren, en trabar lucha feroz con ellos. Sus chillidos siembran el espanto en la selva, cuyos pobladores procuran ponerse a salvo.

Si bien se nutren también de carne, prefieren el régimen vegetariano, y nunca matan animales para alimentarse. Se les ha perseguido con tal ensañamiento que van extinguiéndose, circunstancia que ha mo-

Gorila macho de las tierras bajas.

vido al gobierno de Angola a destinar una zona donde se hallan protegidos del asedio de los cazadores.

Gorki. *Véase* NIZHNY NOVGOROD.

Gorki, Maksim (1868-1936). Novelista y dramaturgo ruso, nacido en Nizhny Novgorod, ciudad que llevó su nombre. Su verdadero nombre era Alexei Maximovich Peshkov, pero se le conoce por su seudónimo, que significa *el más amargo*. Huérfano a los 10 años, tuvo que valerse por sí mismo para subsistir y encauzar la vocación que sentía. Entre sus primeras obras figuran los cuentos cortos *Veintiséis hombres y una mujer* y *Mi compañero de viaje*, y las novelas *La madre* y *Una confesión*.

Alcanzó éxito en el teatro con su drama *Los bajos fondos*, que actualmente es su obra más conocida. Escribió además varias obras autobiográficas y ensayos sobre literatura y política. En sus novelas y dramas pinta, con fiel realismo, la vida del proletariado ruso, pero al mismo tiempo revela su confianza en la revolución, de la que fue un ardiente propagandista. Fue arrestado por su actividad, y sus obras anteriores a 1917 fueron censuradas. Si bien Gorki no igualó en fuerza expresiva a Tolstoi y Dostoievski, ni en sutileza a Chejov, fue sin duda alguna un escritor genial. En 1938, durante los juicios por traición, se dijo que Gorki había sido envenenado por una facción antistalinista.

Gorostiza, Carlos (1920-). Escritor argentino. Su teatro es ante todo experimental. Trata de llevar a la escena proble-

mas humanos en dos tipos de teatro: el infantil o de títeres (*La clave encantada*, 1943) y el auténtico drama, de fuerte y hondo realismo (*El puente*, 1949). Gorostiza suele presentar los hechos de forma objetiva, permitiendo al espectador sacar sus propias conclusiones. Entre sus obras: *El fabricante de violines* (1950), *El juicio* (1954), etcétera. En 1950 se le concedió el Premio Nacional del Drama.

Gorostiza, Celestino (1904-1967). Dramaturgo mexicano, nacido en Villahermosa (Tabasco). Sus primeros dramas, *Nuevo paraíso*, *La escuela de amor* y *Escombros del sueño*, representaron un valioso aporte a las preocupaciones que trajo el surrealismo al teatro mexicano. Sus obras posteriores *El color de nuestra piel* (Premio Ruiz de Alarcón de 1952), *La leña está verde*, *Columna social* y *La Malinche*, de orientación realista, tratan problemas históricos y sociológicos de la realidad mexicana. Gorostiza fue uno de los organizadores del Teatro de Orientación, uno de los principales grupos experimentales de la década del treinta.

Gorostiza, José (1901-1973). Poeta mexicano nacido en Villahermosa (Tabasco); era hermano de Celestino. Ocupó importantes cargos diplomáticos. Fue miembro del grupo literario de los *Contemporáneos*, que en la década de los veinte intentó imprimir a la poesía mexicana un rumbo de trascendencia y universalidad. En el primer libro, *Canciones para cantar en las barcas*, refleja su interés por la poesía popular española del Siglo de Oro, sobre todo por Góngora. *Muerte sin fin*, su obra maestra, constituye, en cambio, una extensa meditación metafísica en que el poeta, ahogado por un Dios inasible, vive el drama de un universo en perpetua desintegración.

Gorostiza, Manuel Eduardo de (1789-1851). Comediógrafo y político mexicano. Era hijo del gobernador español de Veracruz. Residió en Europa entre 1794 y 1833. Luchó contra los franceses durante la guerra de la Independencia española, asistió en 1820 a la tertulia de La Fontana de Oro y sufrió después el destierro, en Londres, con otros liberales españoles. De regreso en México, desempeñó los cargos de ministro de Relaciones Exteriores y de Hacienda. En 1847 luchó en la defensa de Churubusco contra los estadounidenses. Su producción dramática incluye adaptaciones de obras clásicas y piezas originales: *Indulgencia para todos* (1818), *Las costumbres de antaño* (1819), *Don Dieguito* (1820) y *Contigo pan y cebolla* (1833). Participan éstas del neoclasicismo de Leandro Fernández de Moratín y del moralismo costumbrista de Manuel Bretón de los Herreros.

gorrión. Ave perteneciente al orden *Passeriformes,* de la familia de los fringílidos. Es pequeño, de plumaje castaño o gris con vetas oscuras. Vive en los campos y bosques del Hemisferio Occidental y se alimenta principalmente de semillas, hojas e insectos. Varias especies son excelentes aves canoras. El *Spizella passerina* mide unos 15 cm, es de color castaño, con una línea negra y otra blanca superpuesta que parece atravesarle el ojo, y tiene el pecho gris. El *S. pusilla,* de 15 cm, tiene la cabeza de color pardo rojizo y el pico típicamente rosáceo. El *Melospiza melodía* mide unos 16 cm, tiene llamativas franjas en los flancos y en su pecho ostenta una mancha oscura rodeada por vetas castañas. El *Pooecetes gramineus* tiene aproximadamente la misma longitud que el anterior, es de color castaño más oscuro y las plumas exteriores de su cola son blancas. Habita principalmente en las praderas. El gorrión que tiene más cualidades como ave canora es el de garganta blanca, *Zonotrichia albicollis.*

gospel, música. El término música gospel abarca diversos tipos de canción, todos los cuales comparten la identificación emocional y personal con los textos bíblicos, así como un rico vocabulario musical. Dentro de los diversos tipos, la música *gospel* cantada en las iglesias bautistas negras es quizá las más importante, porque ha influido no solamente al *gospel* blanco, sino también a ciertos estilos de música popular. A diferencia del espiritual que tiene sus raíces en el salmo formal protestante, la música *gospel* negra es espontánea, altamente emocional y gozosa. Basada en un diálogo cantado entre la congregación y el pastor, quien indica el texto, la música *gospel* inspira "fuego y emoción que en ocasiones, sin previo aviso, llena una iglesia provocando sacudidas" (James Baldwin, *La próxima vez el fuego*). En la década de los años cuarenta, Mahalia Jackson, Clara Ward y la hermana Rosetta Tharpe comenzaron a grabar música *gospel*. De 1950 a 1960 músicos de iglesia profesionales trocaron el estilo en música popular, conservando los recursos vocales del *gospel*: el uso de falsete, tonos repetitivos ascendentes y descendentes, gritos y expansión de una sola sílaba a través de varias notas. La iglesia sigue siendo el campo de entrenamiento de muchos cantantes populares de color, y algunos de los grupos jóvenes tocan *pop* y música *gospel*. La música *gospel* blanca cantada durante las reuniones protestantes de renovación, era similar a la música *gospel* negra en su espontaneidad y fervor emocional. Una rama popular del movimiento blanco es el salmo *gospel*, que se remonta hasta los evangelistas Dwight L. Moody e Ira D. Sankey, quienes realizaron grandes audien-

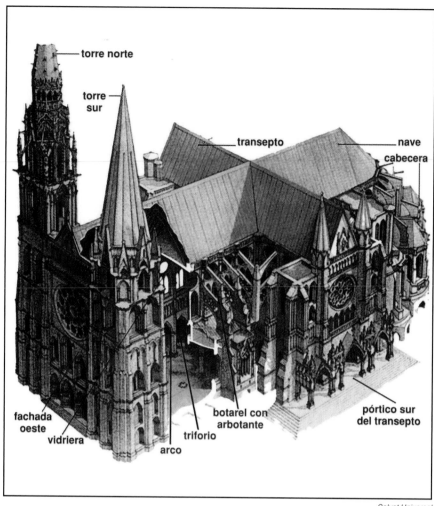

Salvat Universal

Catedral de Chartres, construida entre 1194 y 1220.

cias de estos salmos y compusieron muchos otros. El cuarteto blanco y los grupos familiares de *gospel* dominan este género. El género denominado música cristiana contemporánea surge en la década de los años ochenta, combinando ritmos *pop* o *rock* con letras relativas a la religión y creencias.

Gossaert, Jan de Mabuse (1478-1532). Pintor flamenco, uno de los primeros que introdujo el estilo renacentista italiano en Bélgica y Holanda. El nombre de Mabuse se derivó del hogar familiar (Maubeuge) en el norte de Francia. Su primera obra importante fue *La adoración de los reyes* (en la *National Gallery*, Londres). Entre otras de sus obras se encuentran: *Jesús, la virgen y el bautista* y *Agonía en el jardín*, que reflejan su interés en las obras de van Eyck y Dürer. Las siguientes pinturas de Mabuse muestran un esfuerzo continuo para desarrollar un estilo italianizado, característica que se hace evidente en *Neptuno y Anfítrite* y *Hércules y Deyanira*. Sus retratos revelan su percepción psicológica

y son particularmente notables por la expresividad de las manos.

gota. Enfermedad en la cual el riñón muestra una deficiencia en la excreción del ácido úrico, caracterizada por la acumulación excesiva de ácido úrico en la sangre, y depósitos ocasionales, en la forma de urato de sodio, en los cartílagos articulares, tejido subcutáneo, tendones y aponeurosis.

En las causas de la enfermedad se citan como factores a la herencia, alcoholismo (licores fermentados), sobre alimentación, vida sedentaria, etcétera. Las emociones pueden precipitar el ataque. Lo característico son los tofos (concreciones calcáreas) que aparecen en el cartílago de la oreja, párpados, nariz, articulación de las manos y, sobre todo, en los pies. El ataque comienza de ordinario por la noche, en un paciente de edad mediana. Se despierta por un dolor intensísimo en el dedo gordo del pie, en el tobillo o en el talón. Después de unas horas de sufrimiento aparece la articulación inflamada, roja y caliente.

gótico. Arte de la Europa Occidental durante los siglos XII al XVI formado por la evolución del románico. Se le llama también *ojival*. El nombre *gótico* es un despectivo aplicado por los clasicistas, que consideraron bárbara e irracional esta nueva orientación artística. Tuvo su origen en Francia, y la Abadía de Saint Denis (París) es el primer monumento francamente gótico. De la Francia del Norte pasó a Inglaterra y Alemania. En los países del Mediodía, por razones climáticas, tardó más en penetrar y adquirió formas más macizas. Este estilo en su evolución pasó por tres periodos: *primario* (siglo XII y parte del XIII), *de apogeo* (siglos XIII y XIV) y *decadente*, con excesivo ornato floral (florido) y, más tarde, con crestería, balaustradas, contornos en forma de llamas (*flamígero*).

En arquitectura, lo gótico, que tiende hacia lo alto y a la descomposición de los elementos constructivos, se caracteriza por el arco ojival, la bóveda de crucería y los contrafuertes exteriores que permiten dar mayor verticalidad, amplitud y luz a los edificios. Las molduras, tracerías y otros elementos decorativos se prodigan cada vez más. Por ejemplo, la rígida masa del pilar románico es sustituida por una serie de esbeltas columnillas que ciñen el núcleo central, y el capitel, más ligero, se aproxima al corintio, aunque esté adornado con vegetales indígenas.

La planta conserva la forma de cruz latina dividida en tres o cinco *naves*, prolongadas las laterales, más allá de la del *crucero* por un *deambulatorio* o *girola*. El número de torres llegó a reducirse a una o dos en la fachada principal, de extraordinaria altura y fastuosa construcción. Entre las más famosas obras góticas se pueden citar las catedrales de París, Chartres, Toledo, León, Burgos, Colonia, Canterbury, la Abadía de Westminster y numerosos edificios civiles. La realización de las grandes fábricas góticas suponía la coordinación de todas las energías artísticas de una generación, y esto sólo es posible cuando el arte, inspirado por un elevado ideal, llega a ser verdadero patrimonio de la sociedad.

La escultura gótica refleja la elevación del ideal religioso en el alargamiento de formas y figuras y en la serenidad y nobleza de las actitudes. Creó, adaptada a la arquitectura, las riquísimas filigranas de las fachadas monumentales de muchas catedrales y monasterios. La pintura, también inspirada en alto sentido religioso, se manifestó principalmente en las admirables policromías de los grandes ventanales y rosetones y, después, en delicadas miniaturas.

Gotinga. Ciudad de Alemania, cuenta con 127,900 habitantes (1994). Antigua ciudad comercial y universitaria, en la orilla derecha del Leine. Es mercado de una región productora de tabaco y remolacha y centro industrial: instrumentos ópticos y de precisión, metalurgia del aluminio. Cuenta con una importante universidad

Goujon, Jean (1510?-1568). Escultor francés, el primero en introducir el estilo renacentista en la arquitectura de su patria. Ejecutó gran parte de sus trabajos en colaboración con el arquitecto Pedro Lescot y por encargo del rey Enrique II. Las figuras que adornan el ángulo suroeste del patio del palacio del Louvre y la tribuna de las cariátides y la escalera de Enrique II, del mismo edificio, son obra suya. Goujon es autor además de algunos de los relieves del castillo de Anet y de las famosas figuras conocidas con el nombre de *Las cuatro estaciones* que adornan el Hotel Carnavalet de París. Otros de sus trabajos, *Los cuatro evangelistas* y *La fuente de Diana* se encuentran en el museo del Louvre.

Gounod, Charles-François (1818-1893). Compositor francés, dedicado principalmente a la música religiosa y lírica. Nacido en París, hizo sus primeros estudios en el conservatorio de esa ciudad, continuándolos en Roma, donde se consagró al cultivo de la música religiosa. Fruto de esa época son una *Misa solemne* y la *Misa en el estilo de Palestrina* que compuso en Viena. Al regresar a París lo nombraron maestro de capilla en la iglesia de las Misiones Extranjeras, y por entonces comenzó a estudiar teología con la intención de abrazar el estado eclesiástico; pero volvió a dedicarse a la música e inició su actividad en el campo de la ópera, en 1851, con *Safo*, a la que siguieron diversas obras que afirmaron su reputación artística. En 1859 estrenó la ópera *Fausto*, que le dio fama internacional. Además, de éstas, Gounod escribió varias óperas más, entre ellas *Romeo y Julieta*, con un éxito similar al de *Fausto*, los oratorios *Redención* y *Mors et vita*, música de cámara e instrumental, obras corales, etcétera, mereciendo destacarse su *Serenata de María Tudor* y el célebre *Ave María*, sobre el primer preludio de Juan S. Bach.

Goya. Ciudad de la provincia de Corrientes en la República Argentina, situada cerca de la margen izquierda del río Paraná. Es cabecera del departamento del mismo nombre el cual abarca 4,678 km² y tiene una población total de 69 mil habitantes. Fue fundada en el año 1807 y tiene 39,367 habitantes (1995). Es un importante centro ganadero y agrícola; su principal riqueza está constituida por la producción de naranjas y el cultivo de tabaco.

Goya y Lucientes, Francisco de (1746-1828). Pintor español. Nació en Fuendetodos (Zaragoza) y murió en Burdeos, Francia. Pertenecía a una familia de artesanos pobres y se vio obligado a trabajar desde muy niño. En sus ratos de ocio se dedicaba a pintar sin que nadie le hubiera enseñado. Se trasladó a Zaragoza y estudió pintura en el taller de José Luzán. Después se marchó a Madrid. Decidió irse a Italia, pero careciendo de recursos para trasladarse al puerto donde debía embarcarse, se asoció a una cuadrilla de novilleros y fue toreando de pueblo en pueblo. Vivió algunos años en Roma, donde conoció al pintor Francisco Bayéu, de quien recibió

La Maja Desnuda, *obra de Francisco de Goya.*

Goya y Lucientes, Francisco

El parasol, *obra de Francisco de Goya.*

provechosas ayudas. Poco después su familia le señaló una pensión, merced a la cual y a la ayuda económica de varios compatriotas, pudo dedicarse libremente a la pintura.

Su carácter se distinguía por la obstinación y tenacidad, poseído de una ciega fe en sí mismo, pintaba sin descanso. Sus primeros lienzos, inspirados en asuntos italianos, cosecharon de la crítica elogios unánimes, que fortalecieron su optimismo. Al amparo de su fama creciente, Goya consiguió que Benedicto XVI le otorgase una audiencia, y en pocas horas le hizo un retrato del que Su Santidad quedó muy satisfecho, y se conserva en las galerías del Vaticano. Obtuvo mención laudatoria en el concurso celebrado por la Real Academia de Bellas Artes de Parma. El asunto era: "Aníbal, victorioso, desde una cumbre de los Alpes, contempla los campos italianos". Lienzo del que puede decirse sirvió de prólogo a los cuadros de asunto militar que habría de pintar más tarde. Al mismo tiempo que a Bayéu conoció a David, cuyas ideas liberales lo impresionaron fuertemente.

Goya regresó a España y hacia 1775 se casó con Josefa Bayéu, hermana del pintor y amigo de Goya. Reconociendo su genio, la Real Academia de San Fernando le abrió sus puertas en 1780 y lo nombró individuo de mérito. En 1781, por orden del rey Carlos III, pintó un cuadro para la iglesia madrileña de San Francisco el Grande, y un lustro más tarde los óleos y los frescos que debían hermosear los muros del palacio de Oriente. Posteriormente fue nombrado pintor de cámara y adquirió merecido renombre. "De los reyes para abajo –le

escribía Goya a un amigo– todo el mundo me conoce". No exageraba al decir esto: Carlos IV, su gran admirador, le dispensó "el honor de abrazarle", y el favorito don Manuel Godoy lo llevaba a pasear en su coche y lo sentaba a su mesa.

Sus máximas devociones fueron la pintura y los toros, y el rasgo cimero de su carácter la irascibilidad. En una ocasión poco faltó para que agrediera a lord Wellington porque éste se atrevió a decirle que el retrato que le había hecho no le gustaba. Aparte estas tempestuosas explosiones de amor propio, no hubo dolor que no socorriese, pues se ocupó del porvenir de sus hermanos menores, y fue buen padre y hombre sincero a carta cabal.

Su poderosa y fecunda inspiración le permitió cultivar todos los géneros, señaladamente el *popular*, pues su condición aventurera siempre le movió a buscar la compañía de gentes de rompe y rasga. Fue, sin embargo, un pesimista atormentado y visionario, un genio que frecuentemente se acercaba a los linderos de la locura. Para él, pintor realista, la vida estaba llena de fealdad y de dolor. Recordemos sus *Caprichos*, dibujos tragicómicos, trasunto fiel de las costumbres de su época. De sus grandes cuadros, los más conocidos son: *La familia de Carlos IV*, obra en que el genio del artista penetró profundamente en la psicología de los personajes retratados; *Los fusilamientos del tres de mayo*, cruel y tétrica acusación contra los horrores de la guerra; los dos célebres cuadros de *La maja*; *El entierro de la sardina*, *Un picador a caballo*, *Corrida de toros en la aldea*, las cabezas de *Menipo y Esopo*; *Los disciplinantes*, etcéteras. Son muy su-

yos también los cartones de los tapices del palacio del Escorial, que representan escenas populares, y en los que aparecen manolas, toreros célebres –como Pepe Hillo–, comediantes y aristócratas, que fueron sus amigos.

Ya viudo, triste y aquejado de sordera, se retiró con su hijo a una quinta de su propiedad, sita en los aledaños de Madrid, al borde del camino que guía a la ermita de San Isidro, que muy pronto los habitantes de la barriada empezaron a llamar *la casa del sordo*.

Goytisolo, José Agustín (1928-). Poeta español. Representativo de la llamada *poesía social*, publicó los títulos *El retorno* (1955), *Salmos al viento* (1958) y *Claridad* (1960), que en 1961 agruparía en el volumen *Años decisivos*. Un tono intimista equilibra el sarcasmo de sus poemas cívicos, en los que se cifra lo mejor de su arte. Posteriormente publicó *Algo sucede* (1968), *Bajo tolerancia* (1974), *Taller de arquitectura* y *Del tiempo y del olvido*, ambas de 1977, *Los pasos del cazador* (1980), *Final de un adiós* (1984), etcétera.

Goytisolo, Juan (1931-). Novelista español; durante el franquismo vivió exiliado en Francia, Estados Unidos y México. Sus primeras novelas son de corte realista; su tema es la sociedad española de la posguerra. Más tarde abandonó el realismo para experimentar con nuevos estilos, en obras que critican los atavismos de su patria.

Gozzoli, Benozzo (1420-1497). Pintor florentino. Su verdadero nombre era Benozzo di Lesse. Fue discípulo y colaborador de Ghiberti y Fra Angélico, y aunque algunos de sus frescos parecen influidos por Masaccio –pintor típicamente renacentista– se advierte también en ellos algo del espíritu gótico.

grabación. La grabación del sonido en discos gramofónicos se realiza sobre una película de acetato que se extiende sobre una superficie circular metálica. Por sistemas galvanoplásticos se obtienen las matrices que después servirán para la reproducción seriada del disco. *La grabación magnética* es el procedimiento por el que se consigue grabar y reproducir el sonido mediante el aprovechamiento de fenómenos electromagnéticos. Pese a que los primeros intentos de grabación magnetofónica se realizaron a fines del siglo XIX, los aparatos magnetofónicos no se divulgaron hasta la década de 1940. El proceso electromecánico es el siguiente: una corriente eléctrica procedente de un micrófono recorre una bobina grabadora. La corriente magnetiza el núcleo de la bobina con ma-

Panel de control en un estudio comercial de grabación.

Existen dos formas de grabar: la primera, de *relieve*, consiste en cortar el dibujo sobre la superficie dura –generalmente madera– para que sobresalga cada línea. Pasando la tinta con un rodillo sobre la madera tallada, la acción de la prensa imprime toda la parte en relieve y deja en blanco todo lo hundido. La segunda manera es diametralmente opuesta, porque sobre la superficie de la plancha las herramientas siguen el trazado del dibujo de manera que cada uno de los rasgos queda vaciado.

El procedimiento y la técnica del grabado son muy diversos dentro de los dos géneros citados y tanto en uno como en otro, el grabador puede obtener en la impresión las más variadas tonalidades. La llamada *talla dulce* se hace generalmente sobre planchas de cobre rojo con el buril. El procedimiento del *aguafuerte*, más complicado y difícil, pero de resultados más satisfactorios, consiste en la mordedura del ácido sobre el metal grabado, en etapas sucesivas y de duración graduada para que corroa más o menos cada rasgo grabado. Existe también el grabado *a puntos* donde las figuras se representan exclusivamente con puntos, sin líneas ni trazos; el grabado *imitando al lápiz* que se ejecuta con una ruedecilla de dientes finísimos que marca en el metal los contornos del dibujo con una serie de puntos pequeñísimos que, al imprimirse dan los tonos del lápiz; el grabado de aguada consiste en dar pinceladas en el cobre con nitrato preparado al efecto para que en la reproducción aparezcan manchas uniformes idénticas a las que daría sobre el papel la tinta negra rebajada con agua. La *litografía* consiste en grabado en piedras especiales (litográficas) me-

yor o menor intensidad según sus propias fluctuaciones. El flujo variable magnetiza una cinta o hilo con propiedades magnéticas; la magnetización será mayor o menor según la intensidad del campo variable creado en la bobina y, a la inversa, en el proceso de reproducción y amplificación mediante el altavoz.

grabado. Arte de dibujar y modelar por incisión en un cuerpo duro, produciendo trazos y formas que ornamentan y embellecen el objeto así tratado. También se le da el nombre de *grabado* al procedimiento de estampación y reproducción mediante planchas de metal, de madera o de otras materias, que han sido previamente grabadas con el dibujo que se desea reproducir. El grabado de carácter ornamental es conocido y practicado desde la más remota antigüedad. Se conservan vestigios de este arte en las grutas prehistóricas, en huesos de animales y en ciertas piedras y losas. La Biblia y los poemas de Homero hablan del arte del grabado cuando se refieren al pectoral de Aarón y las armas de Aquiles. Egipcios, griegos y etruscos dejaron piezas y fragmentos de toda especie como testigos de la práctica del grabado en épocas lejanas. Pero pasaron siglos antes de que se inventara el procedimiento de multiplicar por la impresión la obra ejecutada. Sólo entonces, ya extendido el uso del papel, el grabado alcanzó una verdade-

ra difusión. De aquellas superficies planas e inflexibles de metales, piedras y maderas, donde se representaban formas ornamentales y decorativas con trazo incisivo o ahuecando fondos, surgieron admirables impresiones y nació el arte de la estampa, precursor de la imprenta.

Grabado en la pared de un templo de Laos.

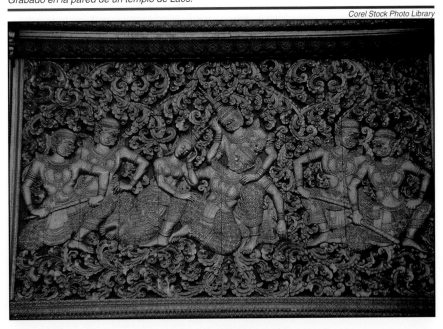

diante dibujo con tintes lápices grasos. Finalmente, en la *xilografía* o grabado en madera (se emplea la de boj con preferencia), se obtiene el dibujo en relieve por medio de cortes hechos con buriles.

Entre los grabados en madera más antiguos figuran los de 1406 y 1423, mientras que el primer grabado en una plancha de metal fue impreso por el florentino Finiguerra en 1452, dos años antes de que en Alemania publicara Gutenberg sus primeros ensayos tipográficos. Desde aquel entonces, el arte comenzó a progresar a pasos agigantados; apareció el *Maestro del 1466*, artista anónimo que fundó la escuela de grabado en Alemania, de donde poco a poco surgieron los genios como Martin Schongauber, Grünewald Holbein y el gran Durero. En Italia el grabado floreció con Botticelli, Mantegna, Baldini y Raimondi que copió los cuadros del Ticiano. En Flandes, donde el grabado se practicaba con verdadero amor, aparecieron las obras maravillosas de Lucas Cranach, Lucas de Leyden, Rubens y Rembrandt. Goya fue en España el que culminó la pléyade de grabadores ilustres.

Graça Aranha, José Pereira da

(1868-1931). Novelista y diplomático brasileño, recordado por su novela *Canaa* (1920), en la que se exploran los conflictos de la mezcla étnica brasileña a través de las perspectivas y problemas de dos inmigrantes alemanes. Graca Aranha viajó extensamente por Europa como diplomático y fue miembro fundador de la Academia de Letras Brasileña. Se le considera un importante vocero de las reformas políticas sociales y artísticas de su época; su innovador espíritu no declinó con la edad y estuvo asociado estrechamente con jóvenes radicales del movimiento modernista de Brasil. Experimentó constantemente con las técnicas literarias más vanguardistas. Entre sus obras: *Un viaje maravilloso* (1919), *La estética de la vida* (1925), *El espíritu moderno* (1925), etcétera.

gracia.

Concepto teológico que envuelve la idea de un don divino otorgado a la naturaleza humana, sin que ésta necesite hacerse acreedora a tal merced por méritos propios. Es como una unción espontánea que predispone a la bienaventuranza. Adán y Eva fueron puestos en el Paraíso en estado de gracia, perdido luego a causa del pecado original. Al redimir al hombre de su pecado, Jesucristo le devolvió la aptitud para recibir la gracia. Se explica por los atributos de perfección y de infinita bondad que la teología cristiana asigna a Dios, describiéndolo como capaz de condolerse de la condición humana y de conferirle el estado de gracia para que pueda alcanzar así la vida eterna. La gracia lo asiste en el arrepentimiento, en las luces de su inteligencia, en la pureza y bondad del corazón, en el fortalecimiento de su voluntad.

Gracián, Baltasar

(1601-1658). Escritor español, nacido en Belmonte, cerca de Calatayud, que trajo al conceptismo iniciado por Quevedo una sutil claridad. Educado en la Compañía de Jesús, en ella profesó a los 34 años, y hasta el fin de su vida enseñó Sagrada Escritura en sus colegios, en Huesca, Zaragoza, Valencia y fue rector del colegio de Tarragona. Hombre de ahondado pensamiento, hubo también en él un hombre de acción que sólo pudo manifestarse en querellas de claustro, y con honra y valentía cuando asistió como capellán a la batalla de Lérida (1646), durante la rebelión de Cataluña. A su paso por Huesca había formado una duradera amistad con Vicente Juan de Lastanosa, y en las doctas tertulias de su palacio, a la vez museo, biblioteca y galería de arte, sintió revelársele el afán de la creación literaria, que apoyaría en lecturas de autores clásicos y modernos. Este ilustrado círculo aragonés lo instó a publicar su obra primeriza, *El héroe*, donde enumera con ejemplos los primores del caballero cristiano; concebido, como tantos otros tratados de la época, en réplica al libro *El príncipe* de Maquiavelo, divulgó pronto su nombre.

Por la misma época alcanza éxito en Madrid como predicador, pero experimenta igualmente los desengaños de la vida de la corte. Asimismo, en Valencia, la originalidad de sus prédicas atrajo sobre él envidias y rencores. Su obra *El discreto* está dedicada a comentar los realces del hombre de mundo. Sus amigos de Huesca publican luego las dos obras donde condensa su conceptismo, a la vez preceptiva y arte de vivir: *Oráculo manual y arte de prudencia* y *Agudeza arte de ingenio*. La creciente nombradía de estos libros mundanos, publicados bajo seudónimos transparentes, provocó una serie de rozamientos que amargaron y abreviaron los últimos años del escritor.

Las tres partes de su obra maestra, la novela alegórica *El criticón*, fruto de su desengañada experiencia, aparecieron a pesar de sucesivas prohibiciones y amenazas de sanción moral y aun física. Pero con esta obra, su trayectoria estaba cumplida.

Graciano, Flavio

(359-383). Emperador romano. Fue proclamado augusto por su padre, Valentiniano I, y le sucedió a su muerte (375). Defendió a la Galia contra invasores, designó a Teodosio emperador de Oriente y se enfrentó a Máximo, que había sido proclamado emperador de Britania. Abandonado por sus tropas, murió asesinado por Andragacio.

Gracias, Las Tres.

Divinidades que personificaban la gracia y la belleza, y eran

Escultura de las llamadas Tres Gracias *que se encuentra en Florencia, Italia.*

hijas de Zeus y Eurinoma en la mitología griega. Se llamaban Aglaya (la brillante) Eufrosina (la alegría del corazón) y Thalia (la que hace florecer las plantas). La naturaleza y los hombres recibían de ellas toda gracia y alegría. La juventud, la hermosura, la amabilidad, el talento, eran dones de las Tres Gracias, y por ello los adolescentes griegos acostumbraban jurarles lealtad. En las obras de arte se las representa abrazadas o enlazadas tomándose de las manos, ya desnudas, ya cubiertas con vaporosas túnicas blancas.

Gracos.

Familia romana en la que se distinguen Tiberio y Cayo, hijos del cónsul Tiberio Sempronio y de Cornelia. Célebres tribunos romanos, combatieron los latifundios y se caracterizaron por sus virtudes ciudadanas y sus sentimientos humanitarios de compasión hacia el débil, el pobre y el oprimido. Ambos eran grandes oradores y fueron elogiados por su enemigo Cicerón.

Tiberio Graco (163-133 a. C.). Después de combatir en Cartago bajo el mando de Escipión el Joven dando muestras de extraordinaria valentía, fue nombrado cuestor de España, donde participó en la guerra de Numancia. En el año 133 fue elegido tribuno del pueblo. En el desempeño de este cargo pronunció inflamadas arengas y discursos, defendiendo una distribución de la tierra más equitativa (ley agraria) y tratando de mejorar la condición del pobre. Fue asesinado en un tumulto popular, por orden del Senado.

Cayo Graco (153-121 a. C.). Fue cuestor en Cerdeña y luego, como su hermano tribuno del pueblo. Trató de transformar a Roma en una democracia y puso en vigencia la ley agraria, concebida por Tiberio Graco. Desafió la autoridad del Senado, poniéndose abiertamente del lado del pueblo. Fue reelegido, pero cuando intentó ser investido tribuno por tercera vez, se produjeron sangrientos desórdenes populares. Cayo se vio obligado a huir y, al verse perdido y perseguido, ordenó a su esclavo Filócrates que lo matara.

gradiente. Medida de la variación de un elemento meteorológico según la distancia y dirección. Suele referirse a la presión y temperatura, según sea el sentido horizontal o vertical, respectivamente. El gradiente de temperatura se mide en °C por cada 100 m. El gradiente de presión se mide en mm de mercurio cada 111 km (grado de meridiano).

grado. Unidad de medida para marcar las escalas de diversos instrumentos y aparatos científicos, destinados a apreciar la cantidad o intensidad de una energía o de un estado físico. Instrumentos como, por ejemplo, el termómetro, tienen escalas para señalar la temperatura. En el termómetro centígrado la escala está dividida en cien partes iguales llamadas grados, y numeradas del 0 al 100. El 0 de la escala corresponde a la altura que alcanza la columna de mercurio cuando el termómetro se sumerge en hielo fundente, mientras que el grado 100 de la escala corresponde a la temperatura del agua cuando ésta comienza a hervir y el termómetro se sumerge en ella, lo que hace que la columna de mercurio suba hasta registrar 100 °C. En geometría se llama grado a cada una de las 360 partes iguales en que se divide el círculo.

grados de comparación. *Véase* ADJETIVO.

graduación. Acto por el cual una persona que ha seguido cursos regulares en determinados estudios recibe el grado o diploma que acredita su competencia. En las escuelas y colegios se suele celebrar este acontecimiento con ceremonias especiales; son las llamadas fiestas de fin de curso, en las que, generalmente, un grupo de alumnos representa alguna comedia jovial, apropiada a las circunstancias. Asisten los padres de los alumnos y tiene lugar, junto con la entrega de los diplomas, la distribución de premios a los que se han destaca-

do por su dedicación al estudio, su buena conducta, su espíritu de compañerismo, etcétera. El director de la escuela pronuncia un discurso de felicitación.

En las academias en que se siguen cursos especiales –academias de música, arte escénico, bellas artes, etcétera.– también acompañan al acto de graduación una serie de ceremonias.

Con el nombre de graduación también se designa la clase o categoría de un militar en su carrera, y la división de una cosa en grados.

Graef Fernández, Carlos (1911-). Físico mexicano, autor de diversos ensayos sobre usos pacíficos de la energía nuclear, física del espacio y otros temas. Ha ocupado distintos puestos en los principales centros educativos y de investigación del país; fue subdirector del Observatorio Astrofísico de Tonanzintla y director general del Centro Nuclear de México, así como presidente del Organismo Internacional de Energía Atómica. Es autor de los libros: *Representación de un tensor por medio de seis vectores* (1936) y *El espacio matemático y el espacio físico* (1956), y coautor de *Nuclear Power and Water Desalting Plants in Southwest United States and Northwest Mexico* (1958), además de numerosos artículos en revistas especializadas de México y el extranjero.

graffiti. Escritura o imágenes sobre paredes o superficies de áreas públicas, como edificios, parques, baños y trenes, generalmente de contenido político o sexual: promesas de amor, proposiciones o palabras

obscenas. El término fue usado originalmente por los arqueólogos para describir dibujos e inscripciones trazadas sobre las paredes u otras superficies en la antigua Pompeya y Roma.

Los graffiti son ubicuos, aparece en muchos lugares y tiempos, incluyendo las paredes y pilares de iglesias medievales. Algunos graffiti se conservan hasta ahora, como aquellos de las iglesias alrededor de Cambridge, Inglaterra, los cuales están inscritos cuidadosamente en un patrón intrincado. Los graffiti son característicamente urbanos y especialmente en nuestros días implican una reacción contra la despersonalización característica de la arquitectura moderna. El término se refiere también a una técnica antigua de decoración arquitectónica sobre superficies de argamasa o alfarería, donde los patrones son producidos por incisiones en la capa superficial de yeso o esmalte para descubrir el contraste con la capa inferior.

gráfica. Representación, por medio de una o varias líneas, de resultados numéricos variables. Comparando los dibujos que representan los resultados numéricos de la misma índole, se hacen más claras las relaciones y gradaciones que existen entre ellos. Si en un sistema de ejes coordenados dibujamos ordenadas proporcionales a las temperaturas de las distintas horas del día y las colocamos en el orden de las horas, uniendo los extremos de esas perpendiculares, obtendremos la gráfica de las temperaturas horarias de ese día. Los termógrafos trazan automáticamente estas gráficas, inscribiendo las temperaturas de cada uno

Mural con graffiti como muestra de expresión de arte urbano.

de los instantes sucesivos. Haciendo coincidir los ejes de las gráficas de temperaturas de distintas fechas, de un solo golpe de vista se pueden comparar las temperaturas de esos días y las variaciones o anomalías que en ellos aparecieron. Análogamente se pueden representar gráficamente los resultados de cualquier fenómeno o estadística. Por ejemplo: la cantidad de agua potable, de electricidad o de gas que consume una capital, se puede representar por una gráfica mensual o anual, y comparando las de la misma índole de distintos años, se podrán obtener consecuencias interesantes de desarrollo y previsión. En economía se suelen emplear representaciones lineales de las cifras de producción de un año o país. Otras veces se emplean representaciones a base de dibujos de los productos que se estudian, que reciben el nombre de pictografías. La producción vacuna de un país a través de varios años puede ser expresada con dibujos de vacas, de tamaño proporcional a la producción de cada uno de los años, o también con dibujos del mismo tamaño repetidos un número de veces proporcional a la producción de cada año. Cuando se quiere poner en evidencia una distribución proporcional, es decir, la proporción que corresponde en un todo a cada uno de sus componentes, se suele utilizar un círculo dividido en sectores, de área proporcional a los porcentajes que representan; este es el procedimiento de las gráficas circulares. Infinidad de problemas matemáticos se resuelven dibujando las representaciones gráficas de las funciones que en ellos intervienen. *Véanse* ABSCISA; ORDENADA Y COTA; ESTADÍSTICA.

grafito. Mineral de color negro agrisado, formado por pequeños cristales de carbono puro. Se utiliza en la fabricación de lápices, crisoles refractarios, pinturas, lubricantes, electrodos, etcétera. El grafito natural forma parte de las rocas eruptivas y los meteoritos. Existen buenos yacimientos en Ceilán y en los montes Urales. Japón, Francia, Noruega, Madagascar y México exportan grandes cantidades de este mineral. Se puede obtener también artificialmente sometiendo el carbón a una temperatura de 2,000 °C. Se realiza así en pocos segundos una tarea para la cual la naturaleza necesitó varios siglos. Para obtener la mina de los lápices se pulveriza y aglutina el grafito con arcilla, y luego se seca la mezcla.

grafología. Análisis del carácter, y aun de la salud de un individuo, a través de su escritura. El principio de este arte básase en la unidad de la conducta humana: todos los actos de un individuo revelan de algún modo su personalidad, y los movimientos que hace la mano al escribir no escapan a esta regla. Es importante distinguir en el análisis de la escritura los estados de ánimo pasajeros, de los más estables. La inclinación de la línea (en un papel sin rayas) hacia arriba, revela cierta excitación optimista; hacia abajo, pesimismo. Pero ciertos rasgos son más permanentes. En general la escritura, sin adornos excesivos –sobre todo en las mayúsculas–, armónica, sintética, con enlaces abreviados entre las letras, indican una inteligencia clara y buen gusto. La escritura embrollada, con trazos innecesarios, revelan al individuo torpe o superficial. El psicólogo francés Alfredo Binet mostró a varios grafólogos la escritura de algunos sabios mezclada con la de personas vulgares. Algunos de estos entendidos distinguieron acertadamente más de 90% de los autores de las escrituras. Hoy la grafología es utilizada como un útil auxiliar de la pedagogía y los comerciantes suelen recurrir a ella para conocer de antemano las aptitudes de un futuro empleado. Fue el italiano Baldo quien en el año 1622 relacionó por primera vez la escritura con la personalidad y dijo que para obtener los mejores resultados de la grafología el documento más adecuado es una carta íntima.

grajo. Pájaro muy parecido al cuervo, de la familia de los córvidos, de plumaje negro, lustroso, con algunos matices violáceos, y patas y pico rojos. Puede llegar a medir hasta cincuenta centímetros de largo. Viven en bandadas durante el año y en primavera forman parejas. Construyen nidos por lo general en los árboles, y las hembras ponen hasta seis huevos verdosos con manchas grises y pardas. A veces suelen encontrarse entre diez y quince nidos de grajos en un mismo árbol. Son pájaros que caminan y vuelan con la misma facilidad. Son apreciados por los campesinos debido a que devoran gran cantidad de insectos nocivos, pero también se les teme porque comen granos. Habitan en Europa, Asia, América del Norte y África. *El grajo religioso*, que pertenece a los estúrnidos, se acostumbra al cautiverio, y gracias a sus facultades imitativas y a su inteligencia, se le enseña a silbar y a imitar el canto de las aves, e incluso la voz humana.

grama. Plantas pertenecientes a la familia de las gramíneas, que se utilizan como forraje y en medicina, salvo algunas especies que están clasificadas en la agricultura como malas yerbas. Florecen en primavera o en verano y se crían en los países cálidos y templados, en terrenos arenosos cuya movilidad corrigen gracias a sus raíces, resistiendo perfectamente las sequías. Citaremos entre ellas la *Cynodon dactylon* (tallos de 20 a 40 cm) y la *Triticum repens* (de 1 m), común en Asia, Europa y América. La primera se emplea en farmacia (infusiones, extractos y cocimientos).

gramática. Ciencia que estudia el lenguaje en su triple aspecto material, formal y funcional. Éste es el concepto moderno del término, pero en la práctica se llama gramática al arte de hablar y escribir correctamente un idioma. La gramática general, que será tema de este artículo, se distingue de la gramática particular, que es analizada en los diversos artículos relativos a las partes de la oración, formas sintácticas, etcétera. La primera establece las leyes o normas comunes a todas las lenguas o a un grupo de ellas (en nuestro caso las derivadas del latín) y la segunda establece las normas de determinado idioma (en nuestro caso el castellano).

Utilidad de la gramática. La gramática es una ciencia viviente, en perpetua transformación que no fabrica *reglas*, sino que establece principios después de analizar detenidamente esa realidad compleja y dinámica que llamamos idioma. El nombre de la ciencia proviene de la palabra griega *gramma*, que significa *letra* y también *escritura*. De acuerdo con la concepción que priva en nuestro idioma, la ciencia gramatical se halla estrechamente unida al arte de hablar y escribir en forma correcta, cuyas normas se hallan contenidas en la obra que la Real Academia Española edita periódicamente. La fluida realidad de un idioma hablado por más de 39 millones de españoles y 300 millones de americanos suele evadirse de los rígidos marcos en que trata de encerrarla el esfuerzo de la Academia, pero es indudable que la *Gramática* oficial da cohesión al idioma y suministra un punto de contacto donde se subliman las diferencias regionales. Como el idioma es la base de la cultura moderna, resulta indispensable conocer su estructura. El aprendizaje de la gramática debe comenzar en forma práctica y elevarse lentamente hacia las normas generales.

Partes principales. La gramática general comprende el estudio de la lexicología, la fonología, la prosodia, la ortografía, la morfología y la sintaxis. Analizaremos estas partes por separado.

Se da el nombre de *lexicología* a la ciencia que estudia la composición, origen, significado y empleo de las palabras. El léxico es, precisamente, el caudal de voces y modismos que forman parte de un idioma. Este caudal es muy variable; se calcula que una persona analfabeta o de muy escasa cultura, emplea un vocabulario limitado a unos cientos de palabras, mientras que otra que haya cursado estudios superiores o que se dedique a una profesión liberal, utiliza varios miles de vocablos. El caudal de voces de un idioma, registrado en los diccionarios, puede elevarse a cientos de miles de palabras.

Llamamos palabra (o también vocablo, voz, dicción o término) a la expresión de una idea mediante ciertos sonidos o símbolos. Los sonidos articulados se llaman fonemas y los signos gráficos reciben los nombres de letras, grafías o caracteres. La unión de varias palabras forma una frase o locución, y un conjunto de palabras que tienen un sentido completo constituye una oración o proposición.

La *lexicología* cuenta con el auxilio de tres ciencias: la *etimología*, la *semántica* y la *estilística*. La primera indaga los orígenes de las palabras; la segunda trata de fijar su significado, y la tercera estudia el empleo particular que cada individuo hace de la lengua.

La *fonología* o *fonética* estudia los diversos sonidos que utiliza el idioma hablado. Su principal campo de observación radica en la fonación, que es el conjunto de fenómenos productores de la voz humana. Todos los fonemas se producen cuando el aire emitido por los pulmones hace vibrar las cuerdas vocales y sale a través de la cavidad bucal. Según la forma en que los órganos de la boca se hallen dispuestos al emitirlos, los fonemas se llaman fricativos, oclusivos, africados, vibrantes, semiconsonantes, semivocales y vocales. La escritura fonética permite representar, por medio de signos arbitrarios, todos los fonemas de una lengua. Los signos más conocidos son los del alfabeto fonético internacional, que se utilizan en gran escala para aprender el idioma inglés. En general, el castellano es parco en vocales: frente a sus cinco sonidos básicos, el inglés presenta 18 fonemas vocálicos perfectamente diferenciados, y los grandes diccionarios llegan a registrar más de 79 matices y variantes.

La *prosodia* establece, con ayuda de la fonética, las normas que indican la recta pronunciación de las palabras. Su núcleo fundamental es la sílaba, conjunto de uno o más sonidos articulados que constituyen un solo núcleo fónico; teniendo en cuenta la longitud de sus sonidos, las sílabas pueden ser largas o breves. El acento prosódico, que es la mayor intensidad con que se emite el sonido vocal de una palabra, permite dividir las sílabas en tónicas o acentuadas y átonas o desprovistas de acento. La prosodia también estudia los metaplasmos, que son los cambios que sufren las palabras en el lenguaje corriente (aféresis, apócope, síncopa, prótesis etcétera.), y los vicios de dicción, accidentes debidos a defectos de pronunciación (yeísmo, seseo, etcétera).

La *ortografía* enseña a escribir correctamente las palabras. Ya sabemos que los fonemas están representados gráficamente por letras; el conjunto de éstas se llama abecedario o alfabeto. En el español existen muchos más sonidos que los 28 signos del alfabeto ortográfico. Este fenómeno se repite en todos los idiomas modernos que utilizan al alfabeto heredado de los romanos: el francés tiene 26 letras: el italiano, 21; el inglés, 26, etcétera. En todos estos idiomas el número de sonidos es muy superior al de símbolos gráficos. La ortografía se sirve, como elementos auxiliares, de ciertos signos (acento, diéresis, guión, etcétera.) llamados ápices o tildes.

La *morfología o analogía* estudia las formas de las palabras. De acuerdo con la misión que cumplen en la oración, las palabras reciben distintos nombres: sustantivo, adjetivo, artículo, pronombre, verbo, adverbio, preposición, conjunción, interjección. El conjunto recibe el nombre genérico de partes de la oración; las cinco primeras se llaman partes variables y las cuatro últimas son las partes invariables. Esta clasificación es más didáctica que científica; los gramáticos ingleses, por ejemplo, afirman que el artículo no existe, pues no pasa de ser un adjetivo indicativo. Las partes variables están sujetas a la flexión, que es el conjunto de cambios que sirven para expresar los accidentes gramaticales. Dichos accidentes son: número, género, caso, persona, modo, tiempo y voz.

Llegamos por último a la *sintaxis*, parte de la gramática que estudia el modo en que se enlazan las palabras y las funciones que cumplen como miembros de la oración. La concordancia exige que coincidan los ya citados accidentes gramaticales; el régimen fija la relación que debe ligar a los términos de la oración; la construcción establece el orden y método a que deben someterse las palabras y oraciones.

La concordancia, el régimen y la construcción son las tres grandes partes de la sintaxis regular, que determina el enlace lógico de las palabras. Pero existe también una sintaxis figurada, cuyas normas sancionan el uso de ciertas licencias, llamadas figuras de construcción.

Las licencias de la sintaxis figurada permiten introducir en el idioma una plasticidad que es la fuente de su verdadera belleza. La oración inicial del *Quijote*. "En un lugar de la Mancha, de cuyo nombre no quiero acordarme, no ha mucho tiempo que vivía un hidalgo…", quedaría reducida a esto si Cervantes hubiera acatado las normas de la sintaxis regular: *Un hidalgo vivía no hace mucho tiempo en un lugar de la Mancha, de cuyo nombre no quiero acordarme…*. El ritmo de la oración, con sus dos involuntarios octosílabos iniciales, desaparece como por arte de magia. *Véanse* ALFABETO; ANÁLISIS GRAMATICAL; ANALOGÍA; DICCIONARIO; FIGURAS DE LENGUAJE; FONÉTICA; LINGÜÍSTICA; ORTOGRAFÍA; PALABRA.

gramíneas. Familia de plantas del grupo de las monocotiledóneas. Sus flores son casi siempre muy simples y se agrupan en espigas o panojas. Las raíces son fibrosas; los tallos suelen ser huecos, aunque los hay macizos como el de la caña de azúcar. La familia de las gramíneas abarca más de 6,000 especies distribuidas por todo el mundo. En esta familia se incluyen los cereales (el trigo, el maíz, la avena, la cebada, el centeno, el arroz), las hierbas de tronco leñoso, como los bambúes y la caña de azúcar, y todas las especies conocidas comúnmente con el nombre de pastos.

Grammática, Emma (1876-1962). Célebre actriz italiana. En sus comienzos interpretó obras dramáticas con Eleonora Duse, Ruggeri y Novelli. Más tarde formó su compañía y representó obras de Shakespeare, Ibsen, Bernard Shaw y otros autores en las principales ciudades del mundo. También interpretó algunas obras cinematográficas.

gramo. Unidad de peso del sistema métrico decimal. Equivale al peso de 1 cm^3 de agua destilada, pesada en el vacío y a la temperatura de 4 °C. Un kilogramo contiene 1,000 g. Esta unidad se utiliza para posar sustancias preciosas y, especialmente, drogas y medicinas. El quilate es aproximadamente 20% de 1 gramo.

gramófono. Aparato que permite reproducir el sonido. También se le llama *fonógrafo*. Gracias a él se puede conservar y escuchar nuevamente la voz de estadistas, poetas y cantantes, el arte de pianistas y violinistas y el sonido de las mejores orquestas.

Morfología de una gramínea típica: planta completa (A); espiguilla cerrada (B); espiguilla abierta (C); flor (D).

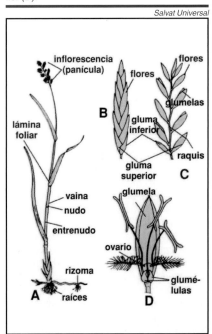

gramófono

Historia. Aunque algunos investigadores alemanes habían logrado reproducir el sonido con anterioridad, el primer gramófono digno de tal nombre surgió en 1877 y fue obra de Tomás Alva Edison. Esta *máquina parlante* estaba formada por un tubo en cuyo extremo había una membrana provista de una aguja de acero; cuando alguien hablaba frente al tubo, las vibraciones eran transmitidas a la aguja, que las imprimía sobre un cilindro giratorio recubierto de estaño. Las marcas dejadas por la aguja sobre el estaño que eran una verdadera grabación, podían ser reproducidas cuantas veces se deseara. Ocho años más tarde, los inventores Bell y Tainter lograron mejorar el aparato de Edison, recubriendo el cilindro con una capa de cera. El siguiente perfeccionamiento fue realizado por Emilio Berliner, inventor del disco circular, más económico y práctico que los cilindros primitivos.

Todos estos aparatos producían sonidos opacos y débiles, que debían ser amplificados mediante grandes bocinas. Las grabaciones se efectuaban sólo por la acción exclusiva de las ondas sonoras, sin el auxilio de la electricidad, y ciertos sonidos no podían ser grabados o lo eran defectuosamente; los cantantes eran más afortunados, porque la voz humana era recogida con bastante claridad. Los antiguos discos grabados por Enrico Caruso, por ejemplo, todavía gozan de gran popularidad. Hacia 1925 comenzaron a aparecer los gramófonos actuales, que dieron nuevo impulso a este difundido medio de diversión y comunicación.

Métodos. El disco gramofónico es el elemento fundamental del proceso. Generalmente tiene 25 o 30 cm de diámetro y es elaborado siguiendo un procedimiento complicado. Los sonidos que han de ser reproducidos se emiten frente a un micrófono, que los convierte en impulsos eléctricos que son aumentados más de mil veces y se ponen en contacto con un magneto pequeño; trasmitidos a una aguja vibradora, son recogidos en un disco de cera que servirá de matriz. Las vibraciones de la aguja quedan impresas en el disco de cera y son sometidas luego a un proceso de electrotipia, utilizando una capa de oro y otra de cromo; así se forma el llamado *negativo* del disco, que sirve para elaborar los discos que se venden en el comercio. Para ello se colocan las dos caras del negativo de cromo en los brazos de una prensa poderosa, que se cierran sobre cierta cantidad de un plástico llamado *vinilita,* en el que quedan grabados con asombrosa exactitud todos los surcos de la matriz. Los discos modernos se fabrican para ser tocados a velocidades de 78, 45, 33^1/$_3$ y 16^2/$_3$ revoluciones por minuto.

La reproducción. El disco así obtenido tiene una enorme cantidad de minúsculas líneas onduladas y quebradas, que representan las vibraciones del sonido que produjo el cantante o la orquesta frente al micrófono. Para reproducir este sonido se coloca el disco sobre el plato giratorio del gramófono, que cuenta con dispositivo de cambio de velocidades para ajustarlas a la que corresponda a la del disco. Los discos de menor velocidad son los de mayor duración, y permiten escuchar durante más tiempo sin necesidad de cambiar, al utilizar los discos denominados *long play*, que tienen grabadas cuatro o cinco composiciones en cada una de sus dos caras. Una vez puesto en marcha el aparato, se coloca sobre el mismo un brazo que recibe el nombre de *pick-up* (diafragma fonocaptor), el cual termina en una púa o aguja metálica o con punta de zafiro; la púa vibra en contacto con los surcos del disco y trasmite las vibraciones a un pequeño cristal colocado en el interior del *pick-up*, que las convierte en carga eléctrica. Recogidos por las válvulas electrónicas del gramófono, estos impulsos son amplificados y trasmitidos al altoparlante del aparato, que consta de un pequeño electromagneto, un disco cónico de cartón y una pequeña pieza de acero; la corriente eléctrica hace que el electromagneto atraiga y rechace el trozo de acero, con lo que se logra que el cartón vibre y reproduzca las vibraciones eléctricas en forma de sonido. Hacia 1958 se perfeccionó el sistema de alta fidelidad y sonido estereofónico. En los discos de este tipo el surco fonográfico está formado por una estría en el fondo del surco y otra lateral; se utilizan en gramófonos construidos con dispositivos y mecanismos de amplificación y emisión estereofónica. Al tocar el disco, la aguja estereofónica capta las variaciones provenientes de las dos estrías que, mediante los dispositivos estereofónicos, se convierten en sonidos que reproducen con fidelidad los sonidos originales –música, canciones, etcétera.– que sirvieron para la grabación.

Aparatos auxiliares. Para evitar las molestias que acarrea la labor de cambiar los discos, existen los llamados *cambiadores automáticos*, formados por un brazo metálico que coloca un nuevo disco en cuanto termina el anterior. Las *púas* o *agujas* son un elemento de gran importancia para asegurar una reproducción nítida y conservar los discos durante mucho tiempo sin que se desgasten; las más comunes, que son las metálicas, deben ser cambiadas continuamente, pero existen otras con punta de zafiro o de piedras semipreciosas, que son de gran duración.

Gramsci, Antonio (1891-1937).

Político y filósofo italiano. Uno de los fundadores del Partido Comunista Italiano (1921) y de su órgano de prensa *L'Unita* (1924). Secretario general del partido desde 1924; en 1926 fue detenido y condenado a 20 años de prisión. Murió en la cárcel. En *Quaderni dal carcere* y *Lettere dal carcere* expone su filosofía de la praxis, según la cual los problemas de la humanidad deben entenderse concretamente, es decir, históricamente. Su problema central es si el hombre puede dominar su destino en la medida en que, al cambiar más o menos consistentemente la naturaleza, altera el complejo de relaciones del que él es el centro.

Gran Bretaña.

Nombre de la mayor isla de Europa y en sentido lato del Reino Unido de Gran Bretaña e Irlanda del Norte, que suele confundirse con el de Inglaterra. Está integrada por tres territorios de nacionalidad bien definida: Escocia, al norte; Inglaterra, al centro y sur; Gales, al oeste. El nordeste de Irlanda (Ulster) continúa formando parte del Reino Unido, a pesar de haberse independizado el resto de la isla (Eire). También forman parte del Reino Unido otras islas menores del archipiélago británico, denominadas: Shetland, Orcadas, Hébridas, Skye, Mull, Islay, Man, Anglesey, Sorlingas, Wight y las anglo-normandas (Aurigny, Guernesey y Jersey). Gran Bretaña constituye el centro de la Comunidad Británica de Naciones (Commonwealth), pues en ella está su capital, Londres.

Situación y límites. Gran Bretaña se halla asentada en el extremo occidental de Europa y sobre una plataforma continental poco profunda, sumergida bajo las aguas del Atlántico en virtud de dislocaciones que rompieron la unidad de una masa de tierras que existía hacia mediados del terciario y establecía continuidad con las islas nórdicas y América. El océano del occidente europeo le circunda con los nombres de Mar del Norte, Canal de la Mancha, Canal de San Jorge, Mar de Irlanda y Canal del Norte. Estos tres últimos establecen la separación con Irlanda. Del resto de Europa sólo está separada por el paso de Dover (en el Canal de la Mancha), cuya anchura es de 32 km y es accidente originado por las actividades finales de las conmociones a que antes se hizo referencia, en fecha geológica tan reciente como el comienzo del periodo cuaternario. Se caracteriza la isla de Gran Bretaña por su íntimo contacto con el mar y por la poca profundidad de los mares circundantes. Si éstos descendieran 40 m, extensos bancos restablecerían la unión entre Gran Bretaña y el continente.

Extensión. La mayor distancia de la isla de Gran Bretaña, entre sus extremos norte y sur, es de 1,100 km. De este a oeste mide 520 km en su parte más ancha –meridional– y 60 km en su zona más angosta, entre el principio del estuario del Clyde y el del Forth. La superficie del Reino Unido suma 244,100 km², de los que corresponden 130,439 a Inglaterra, 78,772 a Escocia, 20,768 a Gales y 14,121 al norte de Irlanda, además de los 572 km² de la isla de Man y 194 de las islas anglo-normandas, llamadas por los ingleses Islas del Canal (Channel Islands) y que geográficamente son pedazos de la tierra francesa de Normandía.

Geología y relieve. El suelo de Gran Bretaña presenta, en general, un relieve poco acentuado, el cual se integra por macizos que no forman grandes sistemas, por hallarse separados por profundos valles. Una línea trazada de Exeter, en el Canal de la Mancha, a York, y prolongada desde este punto hasta Newcastle, separaría aproximadamente la región de las tierras bajas –este y sur– de la montañosa –norte y oeste–, y seguiría las grandes divisiones geológicas de la isla, con rocas antiguas al oeste y norte y terrenos secundarios y terciarios al este y sur. Las *Highlands* (Tierras Altas) de Escocia y las islas Hébridas forman la región más accidentada y antigua de Gran Bretaña. Sobre todo en el cordón de las Hébridas exteriores, constituidas por rocas arcaicas, se advierten huellas de los plegamientos más antiguos (huronianos) que afectaron a la primitiva masa continental de que formaban parte, en unión de Escandinavia, islas del Atlántico Norte y Canadá. Las islas aludidas están separadas por la fosa tectónica del Minch del suelo de Escocia, conjunto de bloques paleozoicos trastornados por los pliegues caledonianos.

Forman sus tierras altas o *Highlands* un macizo granítico con altos picachos (Ben Hope, Ben More, Ben Attov, con un promedio de 1,220 m; etcétera.) que alternan con gargantas abruptas de sombría belleza. Se divide en dos secciones –los *Northern Highlands* y los Montes Gr0ampianos– por una gran fractura longitudinal, entre el Golfo de Lorne y el Moray Firth, denominada Glen More (Canal Caledoniano), antiguo valle glaciar y límite natural de la región, cuyo accidentado relieve determina extraordinaria variedad comarcal, favorable al cantonalismo peculiar de los clanes escoceses. Al este de Glen More y ya en los Grampianos se levanta el Ben Nevis (1,343 m), la cima más elevada de la isla, dominando paisajes de rocas modeladas por el glaciarismo cuaternario.

Los picos que señalan o dibujan este sistema central llegan hasta Strathmore, al sur del cual se desenvuelve una extensa depresión sinclinal que va de uno a otro mar, y contiene enormes reservas de hulla y de hierro, riquezas que han hecho de dicha región la más industrial de Escocia, y de la ciudad de Glasgow una metrópoli comercial de las primeras del mundo. Al sur de esa llanura se yergue la zona de mesetas del sur de Escocia *(Southern Uplands)*, los montes Cheviot, límite natural con Inglaterra.

Palacio de Buckingham, residencia de los monarcas británicos. Londres, Inglaterra.

Los efectos del plegamiento caledoniano se dejan también sentir en el noroeste de Inglaterra, dando lugar a la morfología de los Montes de Cumberland (Scaffel Pike, 979 m); y en el país de Gales, donde se yerguen los Montes Cambrianos, que proporcionan al terreno un aspecto rudo y agreste y cuyo punto culminante es el Snowden (1,086 m). La cadena Penina (Cross Fell, 893 m), que corre desde la frontera escocesa hasta el centro de Inglaterra, es un relieve herciniano, cuyos pliegues están dirigidos no en sentido este-oeste, como es propio del sistema, sino norte-sur o sea perpendiculares al plegamiento general y forman de este modo la espina dorsal de Inglaterra. Es también una cadena metalífera, rica especialmente en criaderos de hierro, y aloja en los flancos vastas cuencas hulleras. Al mismo plegamiento pertenecen otras alineaciones de montañas que accidentan el sur de Inglaterra y determinan en esta zona una costa recortada que cuenta con bahías adecuadas para habilitar buenos puertos.

La Península de Cornualles, que se halla cubierta de landas, representa un resto de tierras antiguas desaparecidas en el mar, cuyas crestas asoman todavía en las islas Scilly o Sorlingas. No obstante, la mayor parte del solar inglés está integrado por terrenos mesozoicos y cenozoicos de topografía ligeramente ondulada, a veces con colinas, matizada de un verdor que imprime al paisaje un sello primitivo y gran belleza. Así, por ejemplo, la cuenca de Londres es una llanura sin otros accidentes que algunas colinas modeladas en duras rocas jurásicas y cretáceas de 200 a 300 m de altitud, y la región que rodea a la bahía de

Wash, una planicie colmada en gran parte por gravas, arcillas y turberas, con costas bajas y uniformes donde el hombre ha ganado espacio al mar, gracias a diques de defensa contra las aguas y obras de drenaje para saneamiento de tierras encharcadas. El sureste de Inglaterra se relaciona geológicamente con Francia siendo la región inglesa del Weald una réplica del Boulonnais francés, con su típico abombamiento de calizas blanquecinas de la edad secundaria, recubiertas a trechos por sedimentos terciarios y mantos de aluviones cuaternarios. Al nordeste de Irlanda, especie de depresión rodeada de montañas, corresponden la comarca montañosa de Spercin (680 m) y los bloques basálticos de la meseta de Antrim, que ofrece la interesante formación columnar de la Calzada de los Gigantes.

Hidrografía. La pluviosidad y la permeabilidad del suelo hacen que los ríos británicos sean numerosos, caudalosos y de régimen regular, aunque de cuencas poco extensas y corto curso, como corresponde a la configuración del territorio y variedad regional. Desempeñan importantísimo papel en la economía británica, pues son fácilmente canalizables y el hundimiento de la isla, en tiempos pasados, les dio un carácter especial que permite al mar invadir los valles aguas arriba de la desembocadura y formar estuarios que pueden ser remontados por barcos en muchos kilómetros (80 en el Humber, 125 en el Támesis) y transforman a ciudades situadas en el interior en puertos animados. En Inglaterra, los ríos más importantes, excepto el Severn, se dirigen al Mar del Norte, donde afluyen el Tyne, el Tees, el Humber, que

Gran Bretaña

con sus afluentes Ouse, Aire y Trent, integra un útil sistema fluvial; también vierten al Mar del Norte otro Ouse, que desemboca en la bahía de Wash, y el Támesis. Este río (336 km) nace en Costwold a 90 m de altitud, atraviesa Londres y sirve de salida a su puerto. El río más largo de Gran Bretaña, el Severn, procede de Gales y, después de recorrer una rica región carbonífera, desemboca en el Canal de Bristol. Intensas mareas facilitan la navegación en gran parte de su curso. La cuenca carbonífera y manufacturera que riega da importancia al corto Mersey, magnífica vía fluvial que sirve al comercio de Manchester a Liverpool.

Los ríos escoceses, que no arrastran un caudal considerable y salvan grandes desniveles en cortos recorridos, se caracterizan por los rosarios de lagos que se abren en el cauce y los profundos fiordos –firths en escocés– en el tramo final y sumergido de los valles glaciares. El Moray, Forth y Tweed vierten en el Mar del Norte. El Clyde, más largo, corre en dirección opuesta y después de formar hermosas cascadas y un magnífico fiordo confunde sus aguas con las del Canal del Norte. En el fondo de la depresión del norte de Irlanda, se forma el más extenso de los lagos del Reino Unido, el Lough Neagh (390 km²). En Escocia abundan los lochs (Loch Lomond, Ness, Shin, etcétera.), lagos de origen glaciar. El Loch Morar, con sus 300 m de profundidad, es más hondo que los mares vecinos. En la larga y estrecha fosa del Glen More, el centro de la hendidura está ocupado por estrechos lagos, cuyas aguas profundas no se hielan jamás. El distrito de los lagos en Cumberland Westmorland y Lancashire, es famoso por la belleza de ellos. Allí se hallan el Windermere, el Ullswater, el Derwentwater y otros. En Gales se encuentran muchos tarns.

Costas. Son muy articuladas, salvo en la parte oriental de Inglaterra, que presenta un contorno más uniforme y seguido. La disposición del litoral hace que ningún punto de Gran Bretaña se encuentre a más de 120 km del mar. La profundidad de éste no es muy grande; pues aunque el veril de los 500 m corre al oeste de las Hébridas, los demás mares no sobrepasan los 100 m. En general, el litoral suele ser agitado por fuertes oleajes, corrientes y mareas.

En Escocia occidental y septentrional los valles glaciares invadidos por el mar forman verdaderos fiordos, denominados firths (Firth de Solvay, de Clyde, de Lorne, etcétera.), sembrados de islas e islotes (Arran, Islay, Mull, etcétera.). Al norte de Escocia se halla el archipiélago de las Orcadas y todavía más al norte, ya en el borde septentrional de la plataforma submarina británica, las islas Shetland. En la costa oriental penetran profundamente los firths de Moray y Forth, pero no cuenta más que con algunos islotes y escollos.

La costa inglesa del Mar del Norte presenta un contorno acantilado, que alterna con playas bajas y arenosas. La falta de puertos naturales ha hecho necesaria la habilitación de artificiales, más o menos cerca de la desembocadura de algunos ríos caudalosos. Los acantilados son debidos a la presencia de rocas duras, como sucede en los de Dover. Los más destacados accidentes de esta costa son: las bahías de Tees y de Wash y los estuarios del Humber y del Támesis. Más favorable se presenta la costa del sur, integrada en gran parte por rocas durísimas que forman promontorios mar adentro. La proximidad de la alineación montañosa al mar determina un litoral alto y rocoso con excelentes bahías y buenos puertos (Portsmouth, Southampton, frente a la isla de Wight; Plymouth, etcétera.).

En el Cabo de Land's End (Finisterre) extremo occidental de la Península de Cornualles, empieza la costa occidental inglesa, elevada y a veces rocosa, en la que abundan las rías o estuarios. En ella se abren el Canal de Bristol, comprendido entre la península citada y la de Pembroke (Gales), las bahías de Cardigan y Carnavon, en el Canal de San Jorge, y las de Liverpool, Morecambe y Solvay, en el Mar de Irlanda. En este mar no faltan algunas islas, como las de Man y Anglesey, esta última casi unida al Gales. En el Ulster, la depresión de Belfast Lough se interna profundamente y se prolonga hasta el cabo Fair, en el extremo nordeste de Irlanda, y las colinas boscosas del Antrim parecen sumergirse en el mar. A partir del Cabo Fair, el litoral se orienta hacia occidente y se transforma en costa de escollos y acantilados donde la formación basáltica ofrece, como se ha dicho, su aspecto característico.

Clima. Esencialmente oceánico, es decir, húmedo con diferencias térmicas poco acentuadas acusando la influencia moderadora y templada del Atlántico. Los vientos oceánicos que soplan con frecuencia del oeste, al condensar su humedad en las cadenas occidentales, acarrean lluvias finas y abundantes en todas las estaciones. El máximo de pluviosidad se da en Escocia occidental (200 cm por año). Los máximos de las altas tierras escocesas, Cumberland y Gales: 150 a 200 cm anuales. El carácter insular del Reino Unido da a sus temperaturas características de suavidad –inviernos dulces y veranos frescos– que contrastan notablemente con las de los países americanos atlánticos de igual latitud. Las temperaturas expresadas en °C, son las siguientes: media anual de Inglaterra y Gales, 10 °C; media de enero, 5 °C, y media de julio, 16 °C. Media anual de Escocia, 8.5 °C; media de enero, 3.9 °C, y media de julio, 14.2 grados centígrados.

Aun cuando no existen altas montañas, incluso moderadas diferencias de nivel sobre el mar en la latitud de Gran Bretaña determinan sensibles variaciones de clima, sin que falten comarcas en las tierras más elevadas sometidas a inviernos largos y rigurosos. En la Inglaterra Oriental y Central, las precipitaciones disminuyen (de 100 a 55 cm) y las temperaturas son bajas, pero las nieves no son frecuentes. La nebulosidad es elevada, con 1,200 a 1,600 horas de sol por término medio al año. El promedio anual de horas de sol es de casi cuatro horas por día en Inglaterra y de poco más de tres y media en Escocia. La región más soleada es Inglaterra del Sureste.

Es característico que, en general, el aire saturado de humedad produzca grandes nieblas, el fog, que penetra en los lugares más cerrados oscureciendo todo, al mismo tiempo que en las zonas industriales y grandes ciudades esparce un olor acre de carbón.

Fauna y flora. La flora coincide casi exactamente con la del otro lado del Canal de la Mancha (Francia, Bélgica y Holanda). Los bosques están formados por especies comunes en el resto del occidente de Europa (roble, haya, olmo, abedules, tejo, enebro). En las tierras bajas los bosques se hallan muy reducidos y también escasean ya en las alturas. En las elevadas tierras escocesas, dominadas por fuertes vientos, los árboles no crecen. En conjunto, el arbolado no cubre más de 5% del territorio, concentrándose en las laderas abrigadas de los vientos como en el este de Escocia; en algunas zonas de Gales aún se encuentran bosques importantes.

El verdor de los prados es una de las características del paisaje británico. También son familiares en él las asociaciones vegetales de landas y turberas; las landas, en las que predominan los brezos, son propias de las llanuras descubiertas, sobre todo en las de aluviones arenáceos; las turberas de especies palustres se desarrollan en tierras bajas a orillas del mar o en espacios interiores con mal drenaje, y las turberas altas en las montañas. Aunque landas y turberas retroceden ante la acción del hombre para ganar tierras de cultivos o pastos, aún cubren grandes espacios, principalmente en Escocia y norte de Irlanda.

La fauna carece de especies propias y particulares y es en todo semejante a la del continente europeo, aunque el número de especies es más reducido que en los países continentales. La intervención humana ha hecho casi desaparecer algunos mamíferos, como el oso, lobo, jabalí y zorro.

Son raros el tejón, la nutria, la comadreja, el turón, la marta y el gato montés. Se conservan el ciervo, el gamo, el corzo. Los roedores están representados por la liebre, el conejo, la ardilla, el ratón y la rata. Numerosas aves son protegidas para la caza. Los ríos son tan ricos en peces (trucha, salmón) como los mares, donde existe bacalao, arenque, merluza, caballa, etcétera.

Agricultura. Las profundas transformaciones económicas que desde el siglo XVII han tenido lugar en los países de Gran Bretaña trajeron como consecuencia la decadencia de la agricultura y la casi total desaparición de los pueblos y aldeas exclusivamente agrícolas. La emigración de los labradores a los centros industriales, fábricas y ciudades costeras produjo la despoblación en los campos y la concentración de la propiedad en pocas manos. Hasta el tercer decenio del siglo XX, conservó el Reino Unido su aristocracia de grandes terratenientes, sin mayores cambios respecto a régimen feudal de la propiedad que haberse sumado a los latifundistas señoriales *(landlords)* no pocos burgueses, enriquecidos en la industria y el comercio, que habían adquirido fincas.

Pero las reformas implantadas por los primeros gobiernos laboristas hicieron evolucionar la histórica terratenencia británica hacia la división completa de la gran propiedad, ya realizada en buena parte. Desde la abolición de las leyes proteccionistas de la producción nacional de granos, hace aproximadamente un siglo, y el abaratamiento de los transportes marítimos con la navegación a vapor, el área cultivada se había reducido a las tierras de buena calidad.

Pero a partir de la Segunda Guerra Mundial, se tendió a disminuir en lo posible las importaciones, lo que acarreó un aumento considerable de la superficie dedicada al cultivo. A pesar del suelo en general pobre, demasiado húmedo e insuficientemente soleado, la agricultura inglesa consigue

con sus adelantos tecnológicos, procedimientos de cultivo con altos rendimientos.

La gran vertiente oriental es uno de los territorios mejor cultivados del mundo, no obstante lo cual la industria ha invalidado algunos de sus sectores. La superficie total de las tierras dedicadas al cultivo es de casi seis millones de hectáreas, y de las destinadas a prados poco más de 11 mi-llones de hectáreas. Las principales cosechas obtenidas, con sus cifras de producción en 1995, son las siguientes: patatas, 6.445,000 ton; remolacha azucarera, 8.125,000 ton; avena, 600,000 ton; cebada, 6.900,000 ton; y trigo, 14.400,000 ton. La producción anual de trigo cubre aproximadamente la cuarta parte del consumo de este cereal. La producción de plantas de forraje de todas clases es de unos 13 millones de toneladas.

Ganadería. Las condiciones del clima y la gran extensión de terreno cubierta de praderas permanentes y pastizales, además de los prados artificiales y cultivos de plantas forrajeras, hacen que la cría de ganado sea tan importante o más que la agricultura, convirtiendo a Gran Bretaña en un país ganadero de tipo intensivo con razas elegidas y seleccionadas, tanto en lo que se refiere al ganado lanar como al vacuno (Guernesey, Ayrshire, Jersey para leche; Hereford y Aberdeen Angus para carne, y Shorthorn para ambos productos). La ganadería comprende 11.868,000 cabezas de ganado vacuno; 29.484,000 ovinos; 7.879,000 cerdos; y 139 millones de aves de corral.

Los productos ganaderos (leche, queso, manteca, carne, tocino, jamón) cubren 40% de los productos de la granja. La cría

caballar, de gran abolengo y objeto de cuidados especiales, sobre todo para los caballos de carreras, goza de reputación en el mundo entero; sin embargo y a pesar de tal predicamento, dicha especie disminuye como acontece en todo el mundo, por la competencia del tractor en las faenas agrícolas, y del automóvil frente al carruaje de tracción animal. Pese a la opulencia de la ganadería británica, una población sumamente densa y muy dada al consumo de carne, leche, mantequilla, etcétera, come más productos pecuarios de los que produce, por lo cual se ve obligada a importar animales vivos, carnes congeladas o en conservas y otros alimentos.

Pesca. Los mares poco profundos, sembrados de bancos submarinos, ofrecen magníficas posibilidades para la pesca, fuente de riqueza de antigua tradición, hoy completamente industrializada que utiliza los medios y sistemas más modernos. La pesca marítima (bacalao, merluza, arenque, caballa) representó 905,656 ton. Los puertos pesqueros, Grimsby, Hull, Yarmouth, Aberdeen, Lowestoft, están perfectamente equipados para la recogida, conservación y exportación del pescado. La trucha, el salmón y otras especies comestibles abundan en los ríos y lagos.

Minería. Entre las rocas de Gran Bretaña se encuentran ricos yacimientos hulleros (plegamiento hercínico) y metalíferos, a los que debe el país la preponderancia que ha gozado y la presente actividad industrial. De la considerable riqueza minera destaca el carbón, del que posee cantidades inmensas y de excelente calidad. Este mineral ya se utilizaba en Newcastle para usos domésticos desde el siglo XIII. Los yacimientos hulleros se hallan en ocho cuencas principales de explotación muy accesible: la escocesa del Clyde o de Glasgow; la de Durham y Northumberland, cuyo centro es Newcastle; la de Yorkshire, que abastece a las industrias de Leeds y Sheffield; la de Lancashire, centro Liverpool; la del sur de Gales, de donde se extrae la magnífica antracita conocida con el nombre de *carbón de Cardiff*; y la de Bristol. La producción anual alcanzó 212,806 ton en 1948 pero descendió a 96,144 ton en 1992 por la pérdida de mercados de exportación y la competencia del petróleo. En 1994 la industria minera se privatizó y el número de minas en operación disminuyó de 170 a 15.

Gran Bretaña mantuvo hasta fines del siglo XIX la hegemonía en la extracción y comercio del carbón, pero hacia la citada época resultó aventajada por Estados Unidos y más recientemente también por Rusia, Polonia y China. Las reservas se estiman en 100,000 o 163,000 millones de toneladas. La riqueza hullera encuentra su complemento en la abundancia de hierro (Cleveland, Cumberland, etcétera.) que, no

Cabo de Land's End en la costa inglesa.

Corel Stock Photo Library

obstante, dista mucho de cubrir las necesidades del país. Lo que falta se importa, principalmente de Alemania y Estados Unidos. En 1992 la producción de mineral de hierro fue de 8,000 ton. El estaño, abundantísimo en la antigüedad, y el cobre, son obtenidos casi exclusivamente en Cornualles, el plomo se extrae en Flint, Durham, Derbyshire; el cinc yace en el norte de Gales, norte de Inglaterra, isla de Man y comarca de Dumfries, en Escocia. El caolín, de gran interés para la cerámica, procede de Cornualles. Los yacimientos de petróleo del Mar del Norte han convertido al país en gran productor mundial; en 1980 alcanzó la autosuficiencia en este renglón, y en 1992 ocupó el decimosegundo lugar de producción mundial. La extracción en ese año fue de 87.912,000 toneladas.

Industria. En el extraordinario desarrollo industrial de la Gran Bretaña influyeron, entre otras causas, las condiciones climáticas, desfavorables al cultivo de los cereales, pero idóneas para la ganadería, que disponía de extensos pastos permanentes. Hasta el siglo XVI era Inglaterra gran exportadora de lanas, principalmente a Flandes; pero precisamente artesanos flamencos, los más hábiles de Europa en las manufacturas textiles, huyeron de su país a causa de las persecuciones religiosas y se establecieron en Inglaterra. Se añadió a esto la creación de nuevas plantas para la elaboración de productos del hierro, cuyas fundiciones y forjas eran ya numerosas en la Edad Media, pero que tomaron mucho mayor impulso cuando, para reemplazar al carbón vegetal, que se había hecho muy escaso con la destrucción de los bosques, comenzó a emplearse en los hornos el combustible extraído de los yacimientos de hulla; también fueron favorables la inmigración de los hugonotes franceses y la creación del imperio colonial, con el consiguiente aumento de la marina.

La invención de la máquina de vapor, el telar automático, etcétera., contribuyeron a fomentar de manera extraordinaria la industria en cierne. Así ocurrió que si hasta principios del siglo XVII la economía inglesa se basaba en la agricultura y la ganadería, a partir de dicha fecha se incorporaron a aquélla la industria textil y el comercio con las colonias. Más tarde, al desarrollarse en gran escala la explotación de las minas, se produjo en todo el país un cambio radical. La vieja Inglaterra del sur y sureste perdió su influencia económica, aunque no la hegemonía política. Algo parecido ocurrió en Escocia, donde Edimburgo tuvo que ceder la supremacía a Glasgow. La era industrial enriquecía y transformaba al Reino Unido.

La industria textil adquirió tal auge que hubo un tiempo en que llegó a elaborar la mitad de la producción algodonera del mundo. En la manufactura de esta fibra se

Corel Stock Photo Library

Castillo de Edimburgo, Gran Bretaña.

especializaron las poblaciones de Lancashire, gracias a una serie de condiciones favorables y a la invención de los telares mecánicos que se unieron con la máquina de vapor. Manchester es el centro de la industria algodonera que se extiende a otras poblaciones de esa activa región que riega el Mersey y es una de las más industriosas y pobladas del mundo (1,000 h./km²). En los valles del Yorkshire están emplazadas las fábricas que trabajan la lana (Leeds, Dewsbury, Batley, Bradford, Halifax, Huddersfield). Aunque en esta región abunda la materia prima, no cubre las necesidades y es necesario importar grandes cantidades de Australia, Nueva Zelanda, Sudáfrica, Argentina y Uruguay, Belfast y la costa oriental escocesa manufacturan el lino, y Dundee el yute, que se importa de la India. La industria de la seda se centraliza en Macclesfield, Nottingham y Leicester. Corresponde a Gran Bretaña la primacía de la producción en Europa de rayón y otras fibras artificiales, cuyos centros principales son Coventry y Londres.

La metalurgia es una de las grandes industrias que caracterizan a Gran Bretaña, y ya desde antes del siglo XVIII gozaban de renombre las armas, la cuchillería y los utensilios metálicos procedentes de Sheffield y de Birmingham. Las condiciones más favorables para el desarrollo de las grandes industrias siderúrgicas estaban presentes en las regiones inglesas que contaban con importantes cuencas carboníferas, abundante mineral de hierro y conocimientos técnicos necesarios para su adecuada explotación industrial. En 1859, el ingeniero inglés Henry Bessemer inició en Sheffield la utilización industrial de su procedimiento para la fabricación de acero mediante la descarbonización del hierro, que tuvo efectos trascendentales para el gran auge y la primacía que a partir de entonces y durante más de medio siglo experimentaron las fundiciones, talleres y establecimientos metalúrgicos británicos.

Entre los grandes centros ingleses de producción de hierro y acero, y de maquinaria, instrumentos y utensilios que con ellos se elaboran, se destacan Birmingham, la gran metrópoli industrial del llamado *País Negro*, Nottingham, Sheffield, Leeds y Hull, y en Escocia, principalmente, Glasgow y su región. La producción anual de hierro y ferroaleaciones es de 12.060,000 ton, y de acero 16.511,000 ton (1992). La fabricación de maquinaria de todas clases es general en Birmingham y demás centros metalúrgicos, pero algunas poblaciones se distinguen por su tendencia a la especialización. Así Sheffield es el centro de la cuchillería y aceros especiales; Birmingham, de las láminas de acero y armas; Warrington, del hilo de hierro; Glasgow, de las máquinas de coser; Dudley, de las anclas y cadenas. Otras fabrican máquinas tejedoras e hiladoras, maquinaria agrícola, locomotoras y material ferroviario, automóviles, aviones, etcétera.

De excepcional importancia es la industria de la construcción naval que cuenta, entre otros, con los grandes astilleros de Newcastle, Birkenhead y Barrow-in-Furness en Inglaterra; los del Clyde Bank, en Escocia; y los de Belfast, en Irlanda del Norte. Los astilleros británicos están dotados de las más completas instalaciones y en ellos se construyen los mayores y más modernos trasatlánticos y otros barcos de gran tonelaje, tanto para la marina mercante como para la de guerra. Los astilleros británicos no se limitan a la construcción de buques para la marina nacional, sino que también reciben encargos del extranjero. Hacia 1880 salían de los astilleros británicos 80% de los buques construidos en todo el mundo y si bien esa alta proporción ha venido luego reduciéndose todavía representa un elevado porcentaje del total. Además, la marina de guerra británica cuenta con grandes bases, astilleros y arsenales como los de Rosyth, Scapa Flow, Sheerness, Southampton, Portsmouth, Devonport y Plymouth.

En Gran Bretaña, además de las industrias mencionadas, que constituyen los cimientos de su economía, existen otras actividades industriales. Londres es el centro de una región manufacturera en la que se fabrican muebles, artículos de lujo, objetos de arte, vestidos, sombreros, zapatos, productos químicos, etcétera. Entre otros centros y regiones industriales de Inglaterra se destacan: Newcastle, con sus industrias químicas, fábricas de barnices, colorantes, jabones, y establecimientos para la metalurgia del cobre y el plomo; las regiones de Trent y de North Staffordshire, con sus grandes industrias de alfarería y cerámica, especializadas en la manufactura de vajillas, ornamentos y otros objetos de loza y porcelana, con renombradas fábricas como la de Wedgewood cerca de Hanley; Stafford, con sus fábricas de calzado, y Burton, centro de la fabricación de cerveza.

En Gales, Swansea es el centro de las industrias de estaño, hojalata, hierro galvanizado y cinc y sus aleaciones; en Skewen funcionan grandes refinerías de petróleo; Carnarvon es el centro de la extracción de pizarra, y Dolgarrog tiene fábricas de aluminio.

En Escocia, se fabrica whisky en Argyll, Banff e Inverness; cerveza en Edimburgo; papel en Aberdeen; azúcar en Greenock; dulces y conservas en Dundee; linóleos en Kirkcaldy, y productos químicos en Glasgow. Hay también importantes centrales nucleares.

Comercio. Constituye uno de los más fuertes pilares en que se basa la economía del Reino Unido. Por ello no son de extrañar los grandes esfuerzos que ha hecho y que hace para mantener un elevado nivel de exportaciones que le permita, sin gran quebranto, importar los productos necesarios para el sostenimiento de su densa población. Una vez que el comercio inglés, después del descubrimiento de América, consiguió sacudir la tutela de la Liga Hanseática, surgieron (s. XVII) las grandes compañías comerciales de las Indias Orientales y de la Bahía de Hudson, que se encargaron del intercambio con el cada día más potente imperio colonial, con el objetivo de proveer a la metrópoli de materias primas.

La importancia de dicho tráfico se acrecentó con la aplicación del vapor a la navegación, con el cambio favorable de situación del país –excéntrica antes del descubrimiento del Nuevo Mundo–, con el desarrollo de la industria y con la política de libre cambio seguida durante casi un siglo por los gobiernos británicos, hasta fines de la Primera Guerra Mundial.

Tan acertada política comercial hizo de Londres, durante muchos años, el mercado regulador y sensible para la mayor parte de las mercancías del mundo y que aún hoy hace que sea el principal mercado lanero y el lugar de la sede del Wool Exchange o Bolsa de la Lana. Los trastornos de las dos guerras mundiales y las medidas restrictivas tomadas por las naciones que salieron de aquellas conflagraciones económicamente empobrecidas, variaron sensiblemente las circunstancias, hasta entonces favorables al comercio inglés. Además, aparecieron en los mercados tradicionalmente británicos potentes competidores como Estados Unidos, Alemania, Francia, Japón e Italia.

El volumen anual del comercio exterior británico es de 263,719 millones de dólares por concepto de importación y 242,042 millones de dólares de exportación (1995). El saldo adverso de esa balanza de comercio se reduce mediante otras partidas de la balanza de pagos como seguros, transporte marítimo y otros servicios, cuyas primas, fletes y compensaciones son abonados a las empresas británicas que los efectúan.

Las principales importaciones son: cereales, carnes, productos lácteos, azúcar, frutas, hortalizas, tabaco, algodón, lana, caucho, petróleo, minerales y materias primas industriales. Las principales exportaciones son: hierro, acero y sus manufacturas, carbón, automóviles, locomotoras, aeroplanos, maquinarias, efectos eléctricos, instrumentos científicos, productos químicos, hilados y tejidos, productos cerámicos y cristalería. Los principales proveedores del país son los miembros de la Unión Europea (UE), a la que pertenece Gran Bretaña desde 1973; les siguen Estados Unidos, Canadá y Suecia. Los mejores mercados son Estados Unidos y la UE. El vigor del comercio británico con la Comunidad Británica de Naciones disminuyó tras el ingreso de la Gran Bretaña en la UE.

Moneda, pesas y medidas. La unidad monetaria es el soberano o libra esterlina de oro (£) que se divide en 100 nuevos peniques (antes en 20 chelines, y cada chelín en 12 peniques). En la década de los años setenta se inició la conversión de las numerosas pesas y medidas del sistema imperial inglés al sistema métrico decimal, que rige en la mayor parte del mundo.

Comunicaciones. Gran Bretaña dispone de una excelente red de comunicaciones, muy extensa y bien organizada. La red de carreteras tiene 389,147 km de extensión, de los cuales corresponden 3,025 a autopistas, 13,824 a carreteras de primera clase; 35,200 a carreteras secundarias y el resto a caminos diversos.

El número total de vehículos particulares es de 20.479,000, de los que 2.753,000 corresponden a autobuses y camiones de carga.

Inglaterra es la cuna de los ferrocarriles. La línea de Manchester a Liverpool, inaugurada en 1829, es la primera de carácter comercial que funcionó en el mundo. El

Loch Inverness, Gran Bretaña.

sistema ferroviario tiene una extensión de 37,849 km, pero si se considera que las líneas principales tienen vías dobles y múltiples desviaciones, el total de ferrovías se eleva considerablemente. El movimiento ferroviario, que es de gran intensidad, tiene a su servicio 12,700 locomotoras, de las cuales más de 4,000 son diesel y eléctricas, 33,700 vagones de pasajeros y 875,000 vagones de carga. Los ferrocarriles de Gran Bretaña tienen conexiones con las principales líneas ferroviarias del continente europeo mediante servicios marítimos de *transbordadores*.

La red ferroviaria, que fue nacionalizada en 1947, se divide en cinco grandes regiones: *Western* (del Oeste); *Southern* (del Sur); *Eastern* (del Este); *Scottish* (Escocesa o de Escocia); y *London Midland* (de Inglaterra y Gales).

El sistema de *ríos y canales* suma unos 3,200 km de vías navegables. Los primeros proporcionan las primitivas vías fluviales que poco a poco fueron perfeccionándose con los *canales de unión* entre ríos navegables (Caledoniano, Lancashire-West Riding, Mersey-Trent, Ship Canal, etcétera.). El que enlaza Manchester con el río Mersey (60 km de longitud) convierte a dicha ciudad en puerto de mar. Los canales fueron nacionalizados en la misma fecha que los ferrocarriles.

Marina y puertos. Para las necesidades de su importantísimo comercio exterior Gran Bretaña ha dispuesto durante largos años de la flota mercante más importante del mundo. Su hegemonía arranca del siglo XVIII, en que superó a la marina holandesa; supo adaptarse a los progresos de la navegación a vela en la primera mitad de la centuria siguiente y afirmó la superioridad al generalizarse los barcos con casco de hierro y movidos por máquinas de vapor. El inglés Samuel Cunard organizó la primera línea de vapores con servicios regulares (1840) y hasta vísperas de la Primera Guerra Mundial, una mitad de los buques que navegaban por todos los mares, lo hacían con pabellón británico. Posteriormente, fue superada por la marina de Estados Unidos, pero es indiscutiblemente de las mayores del mundo y, como siempre, dispone de buenos puertos. De éstos el más importante es el universal de Londres, donde nacen y terminan numerosas líneas de navegación que enlazan al Reino Unido con el mundo entero. Intensamente activos son los de Liverpool, rival de Londres; Glasgow (Escocia), Manchester y Hull, que recibe lanas y madera. Cardiff y Newcastle son los primeros puertos carboneros, Bristol y Southampton, en el Canal de la Mancha, son utilizados por las grandes líneas trasatlánticas de pasajeros. Grande es el movimiento de éstos en Dover, el puerto más próximo al continente. La marina mercante de la Gran Bretaña tiene 1,631 buques de más de 100 ton, con 4.355,063 de tonelaje total. Las líneas de navegación, que se habían rezagado tecnológicamente de 1960 a 1970, recuperaron después la posición de vanguardia entre las flotas mercantes del mundo, con la adquisición de navíos y utilizando modernos procedimientos de carga, como el de contenedores.

Servicios aéreos. La red de comunicaciones aéreas es muy eficaz y está a cargo de una empresa pública, British Airways, y de diversas compañías privadas. La British Airways además de integrar las líneas nacionales esenciales, vuela a más de 200 ciudades de 88 países, y utiliza los aviones más modernos, como el supersónico *Concorde*, construido en colaboración con Francia, que vuela a 2,170 km/h. Existen, además, servicios de transporte aéreo para pasaje y carga, prestados por compañías independientes. De los 50 aeropuertos habilitados en la Gran Bretaña, se destacan los grandes aeropuertos internacionales de Londres, Manchester, Liverpool y Bristol, en Inglaterra; los de Prestwick y Renfrew, en Escocia, y el de Belfast, en Irlanda del Norte.

Población. A partir de la revolución industrial de mediados del siglo XVIII, la población de Gran Bretaña ha sufrido un aumento constante y paralelo al crecimiento de la riqueza y poderío del país. La Gran Bretaña tiene una población de 58.784,000 habitantes (1996), lo que da la elevada densidad de 240.8 h./km². Esta enorme concentración humana ha permitido que grandes contingentes de emigrantes se hayan establecido en el imperio británico y otros territorios. Del total de la población apuntado corresponden a Inglaterra y a Gales 51.6 millones; a Escocia, 5.1 millones; a Irlanda del Norte 1.6 millones. La distribución es desigual; las zonas industriales registran las densidades más altas del mundo. Las mínimas corresponden a las tierras altas de Escocia (Inverness, 8 h./km²; Sutherland, 5 h./km²).

Dentro de Inglaterra la región central está superpoblada, en tanto que el sureste ofrece el mínimo de densidad, si se exceptúa la gran aglomeración de Londres. Sin embargo, antes de la creación de la gran industria era esta región la más rica del reino y allí surgieron ciudades, que figuraron de manera prominente en la historia de Inglaterra. La vida urbana se ha desarrollado prodigiosamente y predomina sobre la rural, que no alcanza más que 20% de Inglaterra y 30% en Escocia. Abundan las aglomeraciones superiores a 100 mil habitantes.

La capital es Londres, grandioso puerto en el estuario del Támesis, cuyo movimiento sólo es superado por el de Nueva York y que en los 28 barrios y distritos aloja a 4.322,300 habitantes (1995), en una extensión de 305 km², que sumados al Gran Londres (con un total de 1,876 km²) dan a ésta una población de 6.967,500 habitantes.

La capital de Escocia es Edimburgo (447,550 h. [1995]), en el *Firth* de Forth, y la población más importante, Glasgow (681,430 h.) en el *Firth* de Clyde. Dundee tiene 151,010 habitantes. La única gran ciudad de Irlanda del Norte es Belfast (323,180 habitantes).

Todas las grandes ciudades de Inglaterra son poderosos centros industriales o activos puertos, entre ellas destacan: Birmingham (1.008,400 h.), la segunda ciudad del Reino Unido; Liverpool (474,000 h.), Manchester (431,100 h.), Sheffield (530,100 h.), Leeds (724,400 h.) y Bristol que tiene 399,200 h.) y otras varias con una población superior a 100 mil habitantes. En Gales se encuentran Cardiff (306,500 h.), Swansea (230,900 h.), Rhondda (76,300 h.), Cynon (63,600), y Taff (95,400).

La lengua. Es el inglés, hablado por 440 millones de personas, idioma germánico emparentado sobre todo con el bajo alemán e influido luego por el francés que hablaban los normandos conquistadores. Estuvo en un tiempo circunscrito a Inglaterra –mientras en Escocia, Gales e Irlanda se hablaban lenguas célticas– y cuenta con varios dialectos. Las lenguas célticas, bien por influencia cultural, bien por imposición política, fueron cediendo terreno en favor del inglés y quedaron reducidas a reliquias vivientes empleadas por poco más de millón y medio de personas. Esto ocurre con el *gaélico*, que se conserva entre la población del norte de Escocia y en las islas próximas, y con el *galés*, que pervive en

Muralla de Adriano, antigua frontera entre Escocia e Inglaterra.

Gales. El *córnico* que se hablaba en Cornualles ha desaparecido.

Religión. Las distintas partes del Reino Unido tienen religiones diferentes y la libertad en este aspecto es absoluta. En Inglaterra la religión oficial del Estado es la *anglicana*, cuyo jefe supremo, el monarca, posee el derecho, regulado por estatuto, de nombrar los arzobispos y obispos. Al lado de esta iglesia, actúan libremente los presbiterianos, metodistas, bautistas, cuáqueros, unitarios y otras sectas protestantes. Hay, además, varios millones de católicos y una comunidad israelita. En Gales se deja sentir la influencia calvinista metodista y en 1920 la Iglesia fue separada del Estado. En Escocia, existen presbiterianos libres al lado de presbiterianos unidos, adeptos a la iglesia escocesa episcopal, etcétera. Hay también numerosos católicos y judíos. En la división actual de Irlanda medió, entre otros, el factor religioso. La parte que continúa incorporada a Inglaterra fue colonizada por ingleses y escoceses y en ella predominan los protestantes en los núcleos urbanos, pero en el campo los católicos de puro abolengo irlandés son muy fuertes en número.

Educación y enseñanza. La educación es obligatoria desde los 5 hasta los 16 años de edad. A mediados de la década de 1960 el sistema educativo comenzó a reorganizarse, con la sustitución de los planteles tradicionales de segunda enseñanza por escuelas técnicas, en las que la admisión no requiere certificado de estudios previos. Alrededor de 80% de los alumnos de secundaria de Inglaterra y Gales asisten ya a las escuelas técnicas. Aparte del sistema estatal existen escuelas públicas de pago, muchas de las cuales otorgan becas, y numerosas escuelas privadas. En Inglaterra y Gales funcionan 28,169 escuelas primarias y secundarias, a las que asisten 8.585,200 alumnos. En Escocia hay 2,860 escuelas primarias y secundarias, a las que acuden 779,000 educandos.

Las universidades más antiguas y renombradas son las de Oxford, fundada en 1167, y que consta de 22 colegios de los que algunos se remontan al siglo XIII, y Cambridge (1209), que tiene 19 colegios. En esas casas de estudio y en otras 43 universidades, sin incluir la Universidad Abierta, se gradúan todos los años 300,000 estudiantes. Hay, además, 753 instituciones que ofrecen cursos vocacionales, para alumnos de tiempo parcial o completo. Otras instituciones de educación para posgraduados de colegios vocacionales, como departamentos educativos en las universidades y tecnológicos, proporcionan cursos avanzados de adiestramiento.

Organización política y administrativa. Las regiones históricas de Gran Bretaña son: Escocia, Gales e Inglaterra.

Escocia forma parte de Gran Bretaña desde 1707, fecha en que por el Acta de

Corel Stock Photo Library

The Blue Boy *de Thomas Gainsborough.*

Unión se fundieron el Parlamento escocés y el inglés. El 22 de febrero de 1978 la Cámara de los Comunes aprobó la legislación que otorgó autonomía interna a Escocia y estipuló el traspaso a la asamblea nacional escocesa de parte de los poderes que hasta entonces había poseído el parlamento británico. Ya antes existía un esbozo de gobierno propio en Escocia, con ministerios para Higiene, Educación, Agricultura y Pesca. Escocia comprende nueve regiones y el área insular, con las islas Orkney y Shetland, entre otras.

Gales (conocido también como País de Gales) también obtuvo la autonomía interna en noviembre de 1976. Está densamente poblado, posee características peculiares y un profundo orgullo nacional; del pueblo galés partieron muchos emigrantes a las tierras del Nuevo Mundo. Conserva con celosa veneración su tradición cultural, que se remonta a la época de los bardos medievales. Se divide en Gales del Norte y Gales del Sur, que tienen 8 condados en total, de los cuales los más extensos son Glamorgan Meridional y Glamorgan Occidental, donde hay ciudades tan importantes como Cardiff y Swansea.

Inglaterra es geográfica y económicamente la más rica e importante de las regiones históricas. Se divide en 45 condados, 83 ciudades condales y numerosas villas o municipios *(boroughs)* que cuentan con gobierno local. En Inglaterra se halla Londres, capital de la Gran Bretaña.

Irlanda del Norte. El Parlamento y gobierno autónomos de Irlanda del Norte se suprimieron en 1972, debido a la guerra civil que viene padeciendo el país. Irlanda del Norte envía 12 representantes a la Cámara de los Comunes. Tiene 26 distritos y su capital es Belfast. La *isla de Man* se gobierna con sus propias autoridades e instituciones: un gobernador nombrado por la corona comparte el poder con una Cámara alta y otra baja de 24 miembros.

Las *Islas Anglo-Normandas*, que pertenecieron al ducado de Normandía, están en poder de Inglaterra desde el siglo XI y ligadas directamente a la Corona Británica. Están habitadas por normandos que conservan su lengua, el *patois*, y costumbres feudales. Sercq sigue siendo un señorío feudal; Guernesey y Jersey tienen Asambleas de Estados dominados por la realeza.

Gobierno. Es una monarquía constitucional hereditaria por orden de primogenitura en la familia de Sajonia-Coburgo-Gotha (Windsor desde 1917). Los hombres son preferidos a las mujeres únicamente en el mismo grado de parentesco. El estatuto fundamental se remonta a la Carta Magna (1215), a la que se agregaron entre otras leyes de carácter constitucional, el Acta de Supremacía (1559), la Declaración de Derechos (1689) el Acta de Sucesión (1701), el Acta del Parlamento (1911) y el Estatuto de Westminster (1931).

El poder Legislativo pertenece al Parlamento compuesto de dos Cámaras, la de los Lores y la de los Comunes. La Cámara de los Lores está integrada por 1,000 miembros llamados pares, que pueden serlo por derecho hereditario, por creación del soberano, por las funciones o dignidades que ejercen (altos magistrados, prelados, etcétera.), por elección vitalicia o por la duración del Parlamento.

La Cámara de los Comunes, supremo poder Legislativo, es elegido por cinco años por los condados, ciudades, burgos y universidades, mediante sufragio universal, directo y secreto en el que participan electores (hombres y mujeres) desde los 18 años de edad. El número de miembros de la Cámara de los Comunes es de 635 y depende del número de distritos electorales que determine la ley. El poder ejecutivo corresponde al soberano que es, al mismo tiempo, símbolo de la Comunidad Británica de Naciones. El soberano ejerce el poder por medio de un gobierno, responsable ante el Parlamento.

Ese gobierno responsable se compone de 45 ministros, de los cuales sólo 24 integran el gabinete y 21 no pertenecen a él. El gabinete está presidido por el primer ministro. En teoría, el soberano elige y nombra libremente al primer ministro, aunque la práctica y la necesidad de que el gobierno cuente con el Parlamento, originan que la designación recaiga indefectiblemente en el representante de la mayoría parlamentaria. El primer ministro indica al soberano los nombres de sus colaboradores o ministros. La justicia es administrada por jueces vitalicios nombrados por el gobierno. La capital del Reino Unido, sede de la secretaría de la Comunidad Británica de Naciones, es la ciudad de Londres.

Historia. Las tierras del este y sur de Inglaterra están habitadas por el hombre desde los albores de la prehistoria. En el resto de la Gran Bretaña la ocupación por el hombre fue, sin duda, posterior a la de los países continentales europeos. Los primitivos pobladores del suelo británico revelan en sus monumentos y esqueletos hallados en los túmulos, afinidades con los iberos y con los habitantes de la región francesa de Bretaña. Las relaciones con ésta fueron frecuentes durante la Edad de Bronce, a causa del comercio del estaño que se obtenía en Cornualles e islas Sorlingas (Scilly), consideradas como las famosas Casitérides.

Hay evidencias arqueológicas de relaciones con los iberos de España que se remontan a 4,500 años y con Egipto hace no menos de 3,000. Pueblos que invadieron las tierras británicas en diversas épocas remotas se les conoce con el nombre genérico de celtas. A este grupo, que incluye pueblos heterogéneos por su fisonomía racial y acaso unidos sólo por el lenguaje, pertenecen ciertos núcleos gaélicos, llegados a Inglaterra durante la edad de bronce, y en la edad de hierro la invadieron britanos y belgas. Las referencias de los fenicios y cartagineses, que llegaron algunos siglos antes de la Era Cristiana a las islas Casitérides, así como las del marsellés Piteas, que en el siglo IV a. C. surcó los mares del norte, son tan incompletas como inseguras.

Los griegos y los romanos daban a Inglaterra el nombre de *Albión*. La situación remota de Gran Bretaña fue la causa de que la prehistoria se prolongara y se retrasara la incursión romana. Cuando César (mediados del s. I a. C.) inició la conquista de *Britannia, ésta* se hallaba ocupada por clanes célticos con instituciones relativamente avanzadas, siempre bajo la influencia de sus sacerdotes y druidas, y por tribus aborígenes semisalvajes y guerreras, en lucha constante contra aquellos.

Tales cualidades belicosas se acentuaban especialmente en la rama de los caledonios, de la Escocia septentrional, a los cuales se agregaron después los pictos y los escotos, que opusieron tan enconada resistencia a las legiones romanas, que éstas se vieron obligadas a levantar líneas formidables de murallas para librarse de las incursiones de sus indómitos enemigos. Dos emperadores, Adriano y Septimio Severo, dirigieron en persona las campañas de conquista en la provincia de *Britannia*, cuyas porciones más romanizadas fueron

Inglaterra Oriental y la del Sureste, con las ciudades de York *(Eboracum)* y Londres *(Londinium)* como centros principales. El cristianismo hizo prosélitos ya en el siglo III, pero no consolidó sus progresos, porque la decadencia del poderío imperial en Occidente obligó a que los romanos abandonaran la isla.

La monarquía anglosajona perfeccionó sus instituciones bajo la inspiración de San Dunstán, consejero del rey Edgardo y arzobispo de Canterbury, cuya silla se fundó en 601, cuatro años después del desembarco en Inglaterra del monje Agustín, quien convirtió al rey de Kent. Nuevas agresiones de los daneses irritaron a los anglosajones y promovieron la matanza de los de aquella nacionalidad que se encontraban en Inglaterra, lo que a su vez dio motivo a la venganza del rey danés Suenon. Los daneses invadieron el país y lo dominaron de 1017 a 1042 imponiéndole sus reyes, de los cuales el más ilustre fue Canuto el Grande.

En 1042, Eduardo el Confesor restauró la dinastía anglosajona y fundó la abadía de Westminster, pero a su muerte la Gran Bretaña fue dominada por el duque de Normandía, Guillermo el Conquistador, que llegó de Francia con 60,000 hombres y derrotó en Hastings (1066) a Haroldo II, sucesor del Confesor. Guillermo de Normandía implantó en Inglaterra el feudalismo a expensas de los anglosajones. A Guillermo el Conquistador le sucedió su hijo Guillermo II el Rojo y a éste su hermano Enrique I, quien dio a los ingleses la primera carta de libertades.

Después de un periodo anárquico, pasó la corona a la familia francesa de Anjou, representada por Enrique II Plantagenet, hijo del conde Godofredo de Anjou y de Matilde, única hija de Enrique I. El fundador de la nueva dinastía de Plantagenet defendió la autoridad real aun en contra de la Iglesia, conquistó Irlanda y luchó contra los reyes de Francia para conservar los dominios hereditarios que poseía en el continente. Sus hijos Ricardo Corazón de León, caudillo de la Segunda Cruzada y Juan sin Tierra hicieron lo mismo. Este último perdió Normandía y Anjou y provocó por sus crímenes la rebelión del clero y de los nobles, quienes le obligaron a otorgar la *Carta Magna* (1215), documento que determina los derechos y deberes del rey y de los vasallos. A Enrique III la nobleza descontenta le impuso las *Provisiones de Oxford* (1258), origen de las instituciones liberales vigentes aún en Inglaterra.

En el reinado de Eduardo I, el Conquistador de Gales, quedaron definitivamente constituidas las Cámaras de los Lores y de los Comunes; en esta última había dos representantes de cada consejo municipal. La pretensión de Eduardo III de suceder a Felipe IV el Hermoso en el trono de Francia inició una guerra que por su duración

se denomina de los Cien Años (1340-1453) y que dio a los ingleses por algún tiempo el dominio de gran parte de Francia. A Eduardo III le sucedió Ricardo II, hijo del príncipe de Gales, el famoso *Príncipe Negro*, muerto antes que su padre. Después de una minoría de edad turbulenta se decidió Ricardo por el absolutismo e impuso un gobierno de terror. Los descontentos, a cuyo frente se puso Enrique de Lancáster, se levantaron y encerraron a Ricardo en la torre de Londres, donde murió.

Enrique IV de Lancaster gobernó con el apoyo del Parlamento. Su sucesor Enrique V, deseoso de unir a los ingleses en una guerra nacional que despertara su entusiasmo, renovó las pretensiones al trono de Francia, siendo reconocido como regente de este país y heredero de su rey Carlos VI. A la muerte de uno y otro monarcas fue aclamado rey de ambos países Enrique VI, pero la lucha, ya impopular, continuó con poco éxito y los ingleses terminaron por ser expulsados del continente, en el que no conservaron más que Calais. Casi coincide con el fin de la guerra de los Cien Años, la iniciación de la contienda dinástica llamada de las Dos Rosas (1455-1485), lucha enconada entre las casas de York y Lancaster, que terminó con la subida al trono del conde de Richmond, Enrique VII Tudor, quien representaba a la rama lancasteriana y después del triunfo, para acallar la oposición, unió las dos casas rivales casándose con la princesa de York, Isabel.

En el orden constitucional Enrique VII dio un paso hacia el absolutismo con la institución de la *Cámara Estrellada*, pero el orden interior estaba asegurado, cuando ocupó la corona Enrique VIII. El reinado de este monarca —casado sucesivamente con seis mujeres— mandó matar a dos de ellas y repudió a otras dos— se caracteriza por una intervención cada vez más activa en los asuntos de la Europa Continental, por la ruptura del lazo que en el dominio espiritual hacía depender al rey inglés del Pontificado y por un despertar del espíritu aventurero, secuela del descubrimiento de América. Enrique VIII llegó a ser el jefe de la Iglesia de su país, y por corrupción, se aseguró la docilidad del Parlamento. Pero en el reinado de su sucesor Eduardo VI (1547-1553) se produjeron disturbios políticos y económicos y los protestantes intentaron llevar más adelante la reforma religiosa.

La reina María Tudor (1553-1558), hija de Enrique VIII y de Catalina de Aragón y esposa de Felipe II de España, perdió Calais e intentó una reacción de la Corona en favor del catolicismo. La Reforma se impuso de nuevo con Isabel (1558-1603), hija también de Enrique VIII que consolidó definitivamente la iglesia anglicana en el año 1559. Ensombrecen este reinado, las rivalidades con María Estuardo, reina de Escocia, la ejecución de ésta, y la sumisión violenta de Irlanda. Isabel hizo frente al poder de España y después de la destrucción de la *Armada Invencible*, organizó el poderío marítimo y colonial británico. Fue la época de las exploraciones de Walter Raleigh, Francis Drake, John Hawkings, Martin Frobisher, etcétera. La industria y el comercio se desarrollaron y la literatura adquirió su mayor apogeo. Pero también triunfó el absolutismo.

A la muerte de Isabel pasó la Corona a los Estuardo, en la persona de Jacobo I de Inglaterra y VI de Escocia, hijo de María Estuardo, que reunió ambas Coronas. Este rey, por su resistencia a reconocer los derechos del Parlamento preparó la guerra civil, que ardió durante el gobierno de Carlos I, monarca impopular por su casamiento con Enriqueta de Francia, su fracaso ante la guerra con Francia y las medidas de gobierno desacertadas que tomó. Oliverio Cromwell dirigió los ejércitos parlamentarios que ganaron contra los realistas las batallas de Marston Moor y Naseby. Carlos se entregó a los escoceses, que a su vez lo cedieron al Parlamento. Juzgado por éste, fue ejecutado en 1649.

Establecidas la República presbiteriana (1649-1653) y la dictadura militar –Protectorado de Cromwell– no pudieron mantenerse a pesar del excelente papel desempeñado en el exterior. En 1660, los Estuardo fueron restaurados; pero la revolución de 1688, provocada por el intento de Jacobo II de restablecer el catolicismo, dio al traste con dicha dinastía e inauguró en Europa el derecho político moderno. Entonces, el Parlamento, previa la firma de la Declaración de Derechos *(Bill of Rights)*, que establecía definitivamente el régimen liberal, ofreció la Corona a Guillermo III de Orange y a su esposa María, hija ésta de Jacobo II. El nuevo rey venció a los católicos de Irlanda, sofocó una sublevación de los escoceses y supo mantener su autoridad frente a Francia. Muerto sin heredero directo, le sucedió Ana, otra hija de Jacobo II, en cuyo reinado se realizó la unión de Inglaterra y Escocia con el nombre de Reino Unido de la Gran Bretaña (1707), pues hasta entonces la unión era puramente personal por haber recaído ambas Coronas en el mismo titular, mas los dos reinos seguían siendo distintos. Ana murió, también sin sucesión, y la Corona se trasmitió a la casa Brunswick-Hannover, representada por Jorge, elector de Hannover e hijo de Sofía, nieta de Jacobo I.

En el transcurso del siglo XVIII, cuyos principios casi coinciden con los de la nueva dinastía, la nación británica fue afianzando sus libertades y matizando su régimen parlamentario. Jorge I y Jorge II, alemanes por su formación, fueron los sucesores de Ana. Con ambos la autoridad de la Corona mengua y son los *whigs* los que ejercen el poder, figurando Horace Walpole al frente del gobierno. En los últimos años del reinado de Jorge II, el verdadero jefe del gobierno, aun sin ocupar el cargo de primer ministro, fue William Pitt, quien por su política de conquistas en Canadá e India, obtenidas en gran parte a costa de Francia (tratado de París, 1763), puede ser considerado como uno de los forjadores del imperio colonial inglés. Con Jorge III (1760-1820), más inglés y de tendencias más personales, los *whigs* pierden influencia y son los *tories* los que controlan el poder.

Aunque Robert Clive y Warren Hastings continúan la obra de Pitt en India, la torpeza del gobierno de lord North motivó la insurrección de las colonias de Norteamérica y, por lo tanto, la pérdida de sus mejores posesiones. Ante tal hecho las dificultades parlamentarias y religiosas se agravaron y los agitadores irlandeses llegaron hasta formar un parlamento en Dublín. En estas circunstancias, William Pitt, hijo del político del mismo nombre antes citado, *tory* moderado y de 24 años, ocupó el poder para consagrarse a reparar los desastres de la guerra de la independencia de Estados Unidos, al mismo tiempo que hacía frente a la Francia revolucionaria y preparaba con diversas coaliciones la ruina de Napoleón I. Enfermo Pitt cuando recibió la noticia de los triunfos franceses en Ulm y Austerlitz, falleció a los pocos días (1806).

Aunque Inglaterra había obtenido ya la gran victoria naval de Horatio Nelson en Trafalgar (1805) y luego consiguió el duque de Wellington algunos éxitos en la Península Ibérica, los males de la guerra se dejaron sentir durante la regencia del príncipe de Gales, luego rey con el nombre de Jorge IV, que tuvo que enfrentarse con una grave depresión económica y sufrir violentas campañas en demanda de la extensión del sufragio. Después de Waterloo, batalla en la que Wellington venció al mismo Napoleón Bonaparte, consiguió Inglaterra ventajas coloniales en el Congreso de Viena (1815). Con el ministerio de lord Wellington, autor de la ley de emancipación de los católicos, dio fin un periodo de medio siglo de gobierno *tory* (conservador). Dicha

Abadía de Westminster en Londres, Inglaterra.

emancipación inició una crisis constitucional que culminó en la *reform bill* de 1832, que ampliaba el derecho del sufragio e inauguraba un régimen verdaderamente representativo. Esto fue obra de un gobierno *whig* (liberal), en la época de Guillermo IV. A dichas reformas hay que añadir la abolición de la esclavitud en las colonias y la reglamentación del trabajo de los menores en las fábricas.

El reinado de Guillermo IV y el comienzo del de Victoria, quien sucedió a su tío Guillermo IV en 1837, se vieron agitados por la campaña cartista, movimiento ideológico que defendía la igualdad económica y social y reclamaba el sufragio universal y un gobierno democrático; por la propaganda socialista y la organización del sindicalismo *(trade union)*, por el librecambismo y por las agitaciones irlandesas. Vemos, pues, que la primera mitad del siglo XIX conoció violentas perturbaciones y sacudidas populares y que sólo la sabiduría y prudencia de sus hombres de estado salvó a Inglaterra de cruentas revoluciones. La historia de este periodo se caracteriza por dos hechos esenciales: el crecimiento de la gran industria y la gran expansión imperial británica. Las dos mayores reformas –la electoral de 1832 y el establecimiento del libre cambio en 1846– fueron hechas en beneficio de la Inglaterra industrial y mercantil y en detrimento de la vieja Gran Bretaña agrícola.

El reinado de la reina Victoria, que llega hasta 1901, es el más largo y el más relevante de la historia inglesa y cuando el poderío británico llegó a adquirir la mayor influencia. La reina supo respetar escrupulosamente las reglas del régimen parlamentario e imponer al mismo tiempo su personalidad. Todo se hace en nombre de la reina, pero por la nación. La madurez política se manifiesta en la alternancia pacífica de los dos partidos, cuyos jefes asumen la responsabilidad del poder.

Entre las figuras políticas de la era victoriana destacan William Gladstone (liberal) y Benjamin Disraeli (conservador), y de las reformas realizadas y acontecimientos ocurridos merecen señalarse la extensión del derecho del sufragio a los obreros (1867) y a los labradores (1885); la implantación de la enseñanza obligatoria y gratuita, la igualdad de patronos y obreros ante la ley (1875); el derecho de huelga; la ley de accidentes de trabajo (1897). Gladstone propuso (1886) la concesión a Irlanda del *Home Rule*, es decir, su gobierno propio, pero la propuesta fue rechazada por los comunes. En 1893 se creó el partido laborista, que envía al Parlamento un número creciente de representantes. En el exterior, Inglaterra intervino en la Convención de los Estrechos, la guerra de Crimea, el control del Canal de Suez; sofocó la sublevación de los cipayos (India) y la guerra de los bóers (África); constituyó el Dominio de Canadá (1867) y el Common-wealth australiano (1899). La reina Victoria fue proclamada emperatriz de las Indias en la ciudad de Delhi el año 1877.

A Victoria le sucedió su hijo Eduardo VII (1901-1910) con quien se entroniza la casa de Sajonia-Coburgo (Windsor desde 1917). Durante ese reinado y el de Jorge V (1910-1936) la política interior se complicó con el desarrollo del laborismo, que agrupaba a los elementos sindicalistas y socialistas, y el gobierno liberal se preocupó de realizar reformas de carácter social. En 1914 se votó un proyecto de *Home rule* para Irlanda, que no llegó a implantarse a causa de la Primera Guerra Mundial.

La evolución interior coincidió con la dilatación y organización del imperio, que llegó a reunir la cuarta parte de la población del globo. El imperialismo inglés, para defenderse, tuvo que salir de su *espléndido aislamiento* e intervenir en el sistema de alianzas europeas con el propósito de contrarrestar el poder de la Triple Alianza (Alemania, Austria-Hungría e Italia). La violación de la neutralidad belga por los alemanes obligó a Inglaterra a participar en la Primera Guerra Mundial, durante la cual Lloyd George presidió un gobierno de coalición que afrontó las graves crisis que sufrieron los aliados, las dificultades del abastecimiento nacional y la agitación de Irlanda. El mismo Lloyd George participó en los arreglos de la paz.

En enero de 1924, se formó el primer ministerio laborista presidido por James MacDonald, que debió dejar el puesto al conservador Stanley Baldwin, pero la difícil situación económica y la gravedad del paro obrero, llevaron otra vez al poder a los laboristas (1920). Divergencias en las medidas que iban a tomarse ante la crisis económica llevaron a la renuncia del gabinete laborista, reemplazado en 1931 por un gobierno de coalición nacional, formado por conservadores y liberales, y encabezado por el propio MacDonald como primer ministro. Este gabinete fue cambiado en 1935 y Baldwin sucedió a MacDonald en la jefatura del gobierno. A la muerte de Jorge V ocupó el trono su hijo Eduardo VIII, quien abdicó para casarse con la señora Wallis Simpson, estadounidense divorciada. Ascendió entonces su hermano Alberto, con el nombre de Jorge VI (1936-1952). El comienzo de este periodo se caracterizó por los problemas que crearon el movimiento de resistencia pasiva de Gandhi en India, el surgimiento del nacionalismo árabe (en 1936 alcanzó la independencia Egipto) la intervención italiana en Etiopía, y la guerra civil española, conflictos que dividieron a la opinión pública británica. Entre tanto, la formación en Europa de bloques hostiles agravaba la situación internacional. Sin embargo, el Reino Unido no creía en la proximidad de la guerra y siguió su política tradicional de mantener el equilibrio europeo. Neville Chamberlain, sucesor de Baldwin, siguió una política de concesiones a los dictadores Hitler y Mussolini, pero a pesar del pacto de Munich, dicha política fracasó con la anexión forzosa de Checoslavaquia a Alemania. La Segunda Guerra Mundial estalló cuando los ejércitos alemanes invadieron Polonia el 3 de septiembre de 1939, e Inglaterra se vio envuelta desde el primer momento en el conflicto. Al ocurrir las invasiones de Dinamarca,

Crucero navegando en el río Támesis, bajo la Torre de Londres.

Noruega, Luxemburgo, Holanda y Bélgica se formó en Gran Bretaña un gobierno de coalición presidido por Winston Churchill.

Terminada la guerra en Europa, subieron al poder los laboristas y el gobierno presidido por Clement Attlee se aplicó a resolver, sobre todo, los problemas de orden económico y social. En las elecciones de 1951 ganaron los conservadores y Churchill volvió a dirigir el gobierno hasta 1955, cuando se retiró de la política activa. Ocupó el cargo de primer ministro sir Anthony Eden, durante cuyo gobierno se produjo la intervención anglofrancesa en Egipto, a raíz de la nacionalización del Canal de Suez.

Lo más destacado desde la terminación de la Segunda Guerra Mundial hasta mediados de la década de 1960 fue la gradual pérdida de influencia de Inglaterra en los asuntos mundiales, en beneficio de Estados Unidos y la Unión Soviética. Paralelamente, el imperio británico se fue desintegrando, a medida que más y más territorios, empezando por India, alcanzaban la independencia. La mayoría de los nuevos países pasaron a ser miembros voluntarios de la Comunidad Británica de Naciones, vinculados a Gran Bretaña en el mutuo reconocimiento del rey británico como cabeza de la Commonwealth, pero ese lazo desapareció y el monarca inglés pasó a ser un simple símbolo de la Comunidad.

Respecto a la política interna, en febrero de 1952 falleció Jorge VI y fue proclamada reina de Gran Bretaña su primogénita, con el nombre de Isabel II. En las elecciones de 1964 triunfó por escaso margen el Partido Laborista y el primer ministro sir Alec Douglas-Home fue sustituido por el líder laborista Harold Wilson. Su gobierno tuvo que hacer frente a muchas dificultades económicas, pero realizó reformas para promover la modernización tecnológica del país.

De las elecciones de junio de 1970 resultó la derrota de los laboristas y la sustitución de Harold Wilson por el conservador Edward Heath. En 1973 Gran Bretaña ingresó en la Comunidad Económica Europea, con lo que abandonó su tradicional política de aislamiento. En las elecciones de 1974 Harold Wilson retornó al poder. En 1976 renunció y le sucedió su correligionario James Callaghan. En 1979 una mujer, Margaret Thatcher, se convirtió en primer ministro, al ganar los conservadores las elecciones. El gobierno de Thatcher se caracterizó por la drástica reducción del aparato burocrático, a través de la reprivatización de empresas públicas y la supresión de programas sociales que generaron descontento en las clases de menores recursos. En política exterior mostró gran beligerancia en la defensa de los intereses británicos, ejemplo de lo cual fue la guerra de las Malvinas, en 1981, cuando dicho

Corel Stock Photo Library

Avión de despegue vertical Harrier, *R.N.A.S., en la base aérea de Culdrose.*

archipiélago del Atlántico fue invadido por Argentina. Thatcher apoyó el proceso de democratización en Europa oriental, pero una crisis interna en su partido, motivada por su política de distanciamiento de Europa occidental, le hizo renunciar el 22 de noviembre de 1990. La sustituyó el también conservador John Major. En 1991 se reunieron en Londres los representantes de 39 países, incluyendo varios ministros y jefes de estado para inaugurar el Banco Europeo para la Reconstrucción y el Desarrollo y, en mayo de ese mismo año, durante su visita a Washington, la reina Isabel II se convirtió en el primer monarca británico que habla ante el Congreso. George L. Carey es elgido nuevo arzobispo de Canterbury. En 1992 la reina Isabel II celebró su 40 aniversario como monarca, sin embargo la institución de la monarquía sufre un duro golpe con la separación oficial del príncipe Carlos (herdero al trono) y su esposa Diana. Ese año el cuerpo de gobierno de la Iglesia de Inglaterra aprobó por una pequeña mayoría que las mujeres puedan ejercer como sacerdotes de la Iglesia Anglicana, las primeras mujeres sacerdotes fueron ordenadas en 1994.

El gobierno conservador de Major recibió oposición dentro de su propio partido por su política de apertura a la Unión Europea y a la unidad monetaria con Europa. Inició conversaciones de paz con la guerrilla irlandesa y logró un cese al fuego en Irlanda del Norte que sólo duró de 1994 a 1996. Para 1997 la popularidad de Major había decaído notablemente y su partido fue derrotado en las elecciones de mayo. Con el triunfo laborista, el líder de ese partido, Tony Blair, se convirtió en primer ministro y Major fue reemplazado por William Hague como líder de los conservadores. Con el respaldo oficial del gobierno irlandés, Blair logró reiniciar conversaciones de paz para Irlanda del Norte.

Literatura. Las primeras obras de la literatura inglesa fueron escritas en lengua anglosajona. *El poema de Beowulf, el exterminador de monstruos*, es producto anónimo de un poeta del siglo VIII. Luego, los normandos impusieron el francés como lengua literaria, hasta que en el siglo XIV Geoffrey Chaucer (*Cuentos de Canterbury*) y los poetas William Langland y John Gower se expresan en lengua vulgar. La versión de la Biblia de Wyclef y la traducción inglesa de los *Viajes a Oriente* de Sir John Mandeville marcan la formación de la prosa literaria. Pero los grandes escritores no aparecen hasta la época de Enrique VIII con sir Thomas More, más conocido en español por santo Tomás Moro (*Utopía*), y después Francis Bacon, eminente filósofo, y los dramaturgos J. Peele, R. Green, T. Kyd, Christopher Marlowe (*La tragedia del doctor Fausto*), predecesores de Shakespeare con quien el teatro inglés llega a la cumbre (*Hamlet, Otelo, Macbeth*).

El siglo XVII, con sus trastornos políticos que se reflejan en las letras, no cuenta con figuras sobresalientes si exceptuamos al entonces pobre y despreciado John Milton (*El paraíso perdido*), aunque pueden citarse J. Dreyden, J. Bunyan, S. Butler y J. Donne. En el siglo XVIII, las especulaciones filosóficas, la historia, la crítica y la novela toman nuevos rumbos. A. Pope es el escritor que resume las tendencias y defectos de esta época.

Con Thomas Young, J. Thomson y T. Chatterton se inicia un movimiento prerromántico. Como novelistas brillan J. Swift (*Viajes de Gulliver*), S. Richardson y H. Fielding, creadores de la novela moderna; D. Defoe (*Robinson Crusoe*) y O. Goldsmith (*El vicario de Wakefield*); R. B. Sheridan, autor de la excelente comedia *La escuela del escándalo*, y el extraordinario poeta escocés Robert Burns. Como erudito y agudo crítico destaca S. Johnson, que publicó un monumental diccionario de la lengua inglesa. Al alborear el siglo XIX los *lakistas* impulsan el romanticismo. Maestros de esta tendencia fueron W. Wordsworth y S.Coleridge *(Baladas líricas)*. Entre la legión de poetas descuellan J. Keats, P. B. Shelley, Lord Byron *(Childe Harold, Don Juan)*, T. Moore –cantor de Irlanda–, Oscar Wilde, Robert Browning y el prerrafaelista Dante G. Rosseti. Entre los prosistas se destacan Walter Scott *(Ivanhoe, Quintin Durward, Rob Roy* y otras muchas novelas históricas de gran éxito), W. M. Thackeray y R. L. Stevenson *(La isla del tesoro, Doctor Jekyll y mister Hyde)*. Charles Dickens traduce la realidad más cruda *(Oliver Twist; David Copperfield)*.

La literatura femenina cuenta con George Eliot, Jane Austen y las tres hermanas Brontë. También merecen citarse entre los buenos prosistas del siglo a Oscar Wilde, a los historiadores J. Mitford, C. Macaulay y T. Carlyle, al sociólogo T. R. Malthus, al economista Stuart Mill y al crítico de arte J. Ruskin. Ya en nuestro siglo se distinguen, en el teatro: G. B. Shaw, Noel Coward y Sean O'Casey; en la novela, que mantiene valor universal, T. Hardy, G. Moore, J. Conrad, W. W. Jacobs, Jerome K. Jerome, novelista del humor; Rudyard Kipling *(El libro de la selva)*, formado en la India; Conan Doyle, creador de la novela policiaca; H. G. Wells, con sus obras de anticipación: J. Galsworthy, E. A. Bennet, W. Somerset Maugham, M. Baring, G. K. Chesterton, Virginia Woolf, Rosamunda Lehmann, James Joyce, H. S. Walpole, F. A. Swinnerton, J. B. Priestley, Aldous Huxley, C. Morgan, Márgara Kennedy, D. H. Lawrence, Graham Grene y otros. Gozan de renombre como poetas W. Butler Yeats, que cultivó también el teatro, al igual que T. S. Eliot, John Osborne, Harold Pinter y James Saunders. Otros escritores notables son Aldington. S. Spender, W. H. Anden, Day Lewis y L. Mac Niece.

Ciencias. El Renacimiento produjo en Gran Bretaña, como en otros países europeos, una revolución en el modo de entender la ciencia, y, a partir de entonces, ha visto nacer un gran número de hombres de ciencia, sobre todo en el dominio de las ciencias físicas y naturales. Entre los científicos que trabajaron entre los siglos XVII y XX merecen destacarse Isaac Newton, insigne físico y matemático y descubridor de la gravitación universal; G. Harvey, médico, que comparte con Miguel Servet y Cesalpini la gloria del descubrimiento de la circulación de la sangre; J. Priestley, descubridor del ázoe y de la función de la clorofila en las plantas; J. Walt, constructor de la primera máquina motriz de vapor; Char-

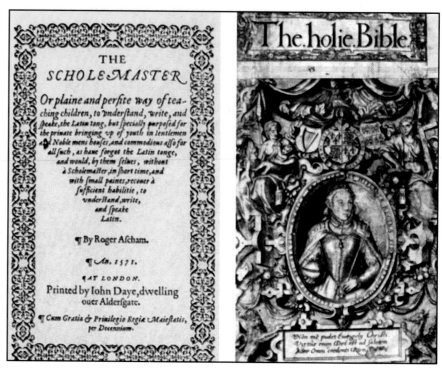

Portadas de dos libros muy leídos en la Gran Bretaña durante el s. XVI: el Schoolmaster *de Roger Ascham, y* la Biblia *traducida al inglés en 1568.*

les Darwin, que implanto las bases del evolucionismo; George y Robert Stephenson, que pusieron a punto la primera máquina de ferrocarril; los físicos Sir Charles Wheatstone, J. C. Maxwell, M. Faraday, W. Thomson y otros que se consagraron al estudio de la electricidad; J. Ramsden, H. Davy, inventor de la lámpara de seguridad; J. Lindley, botánico; J. Lister, fundador de la cirugía antiséptica; los filósofos T. Hobbes, J. Locke, D. Hume, T. Reid y el economista Adam Smith, autor de *Riqueza de las naciones.*

En astronomía, se distinguen J. Herschel, E. Halley, D. Brewster, J. N. Lockyer, Arthur S. Eddington y Spencer Jones. La contribución británica a la ciencia del siglo actual es de capital importancia. Ello se debe tanto al genio investigador del inglés, como al apoyo privado y oficial que los investigadores han encontrado. Como matemáticos y físicos figuran Bertrand Russell, Alfred N. Whitehead y Douglas R. Hartree. En física se distingue Ernest Rutherford, a quien se deben descubrimientos trascendentales de la física atómica; Richardson, que estudia la emisión termo-eléctrica; los precursores de la televisión y del radar, J. L. Baird y E. V. Appleton y R. A. Watson-Watt, respectivamente; W. H. Bragg, padre e hijo, que estudiaron el átomo; F. Soddy, descubridor de los isótopos; C. T. R. Wilson, inventor de la cámara húmeda; J. Chadwick, que halló el neutrón. En física nuclear podemos también citar a G. P.

Thomson, J. D. Cockroft, Ernest S. Walton, D'Oliphan y C. L. Lindemann. En astronomía, H. Bondi y F. Hoyle con sus teorías cosmológicas. En bioquímica: Gowland Hopkins, descubridor de las vitaminas; Federico Banting, de la insulina; Alexander Fleming, de la pe-nicilina y Francis Crick, de la estructura molecular del ácido desoxirribonucleico (ADN).

Arquitectura. La primitiva arquitectura nacional, que reprodujo la basílica romana distribuida a la manera sajona, recibió de la escuela normanda francesa los principios del estilo románico y, un siglo después, los del gótico, llegando con tales influencias a crear su estilo propio. El estilo primario gótico inglés se ve en la Catedral de Canterbury, obra del arquitecto francés Guillaume de Sens (1174). Otras catedrales del siglo XIII (Salisbury, Worcester) probaban que Inglaterra había adaptado a su propio espíritu los modelos que había recibido. En el siglo XV aparece el estilo denominado *perpendicular*, con su sorprendente ornamentación (capilla de Enrique VII).

Hasta mediados de la siguiente centuria Inglaterra se mantiene fiel al estilo gótico, pero los italianos se imponen y surge el estilo pesado y brillante llamado *isabelino* cuyo principal representante es J. Thorpe. Ya en el siglo XVII, Íñigo Jones impuso el estilo ordenado de Palladio (Sala de banquetes de Whitehall).

Medio siglo después, Christopher Wren pone los cimientos de San Pablo de Londres, terminada en 1710. Posteriormente la arquitectura británica sufre diversas y sucesivas influencias. A fines del siglo XVIII, la tradición clásica, que domina hasta formar estilo, es rota por un movimiento romántico, después gótico, que realiza Pugin el joven. Entonces trabajan G. Scott, J. E. Street y los arquitectos de iglesias. Más tarde, al lado de R. Burton, de John Soane, de Cristopher Cockerell, representantes de la escuela clásica, aparece un grupo de arquitectos que, respetando la tradición, obedece a las aspiraciones y necesidades de su tiempo, como J. Belcher, R. Blomfield, Webb, etcétera. La arquitectura contemporánea se ha preocupado de resolver los problemas creados por la guerra y de adaptar las construcciones al paisaje: Giles G. Scott reconstruyó la Cámara de los Comunes y Robert H. Mattew proyectó el arreglo del barrio de Lansbury.

Pintura. Las primeras decoraciones pictóricas de que se tiene noticia se remontan al siglo XIII. En tiempos de Enrique III, el arte decorativo florece impulsado por los artistas, sobre todo italianos, que el monarca trajo a la Corte. Durante dos siglos la pintura casi se limita a la decoración con tímida orientación hacia el retrato. A partir de Enrique VII, el campo se amplía. J. Mabuse da a conocer el arte flamenco. Enrique VIII congregó en su corte pintores italianos y flamencos y entre ellos se hallaba Hans Holbein, que permaneció en Inglaterra hasta su muerte. Pero hasta Carlos I no surgen verdaderos pintores ingleses. Antonio Moro, holandés, fue pintor de María Tudor; J. Van Cleves era de Amberes, y N. Lizard, francés.

Los flamencos, en tiempo de Jacobo I, aclimataron el arte del retrato. Pedro Pablo Rubens, enviado como embajador a la corte de Carlos I (1629), actuó como pintor y tuvo discípulos. También se estableció en Londres el flamenco A. Van Dick (que llegó a ser pintor de la corte de Carlos I, como hicieron asimismo Peter Lely, holandés, y el alemán G. Kneller).

El primer representante del arte nativo es el pintor de historia J. Thornhill, aunque muestra influencia de los dos últimos pintores citados. La escuela original se forma en el siglo XVIII con los pintores de género W. Hogart y D. Wilkie; los retratistas y paisajistas Gregorio Reynolds, T. Lawrence, Thomas Gainsborough, G. Rommey y J. Opie y el pintor de historia, B. West. Citaremos también a G. Turner por su color inimitable, al animalista J. Constable y a R. P. Bonington, el más armonioso y delicado de los coloristas.

A mediados del siglo XIX, Ford Madox Brown desencadena la batalla prerrafaelista y es seguido por Dante G. Rossetti, H. Hunt, J. E. Millais, G. F. Watts, F. L. B. Leighton, Eduardo Burner-Jones y otros. El impresionismo tuvo poco auge en Inglate-

rra. La pintura contemporánea está representada por los retratistas Shannon, Levery y Sergant; los paisajistas A. Murray, East, Braun Brown, Clausen Von Staudt; los pintores de género Brangwig, P. Stanhope, Forbes, W. Russell, F. Connard, A. Stokes y otros. Más tarde se hacen notar Duncan Grant, Vanesa Bell, C. Porter, Adney, E. M. Fry, Liddel y S. Mac Kinnon. Ya en nuestros días orientan la pintura Graham Sutherland y W. Hitchens, que se inclinan al surrealismo y Ben Nicholson. Alrededor de éste se agrupan Tunnard, Lanyon, Clough y Pasmore, partidarios del cubismo y luego de la abstracción. *Véanse* COMUNIDAD BRITÁNICA DE NACIONES; IMPERIO BRITÁNICO.

Gran Cañón. Espectacular desfiladero, localizado en el noroeste de Arizona, tallado en la roca por el Río Colorado, que representa alrededor de mil millones de años en la historia de la Tierra. Su largo total, desde el pequeño río Colorado al lago Mead, es de 349 km, de los cuales 169 se encuentran en el Parque Nacional del Gran Cañón.

El cañón tiene más de 1.6 km de profundidad en algunas zonas y de 6 a 29 km de ancho. Las mesetas al norte y sur alcanzan de 1,520 a 2,740 m sobre el nivel del mar, en parte como resultado de la altura de la región, que eleva el North Rim más de 305 m sobre el South Rim en algunas zonas. En las paredes raídas los estratos de piedra caliza, piedra arenisca, lava y otras rocas, cambian de color al paso de los días. García López de Cárdenas, explorador español, descubrió el cañón en 1540, pero la exploración sistemática no comenzó sino

Esquema de una granada de mano inglesa, modelo 36.

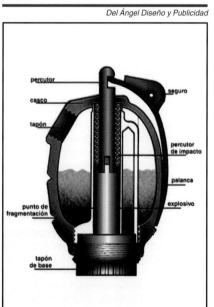

percutor
casco
tapón
percutor de impacto
palanca
punto de fragmentación
explosivo
tapón de base

hasta 1850. John Wesley Powell fue el primero en recorrer el cañón en bote (1869). El parque nacional, creado en 1919, tiene un área de 4,931 kilómetros cuadrados.

Gran Colombia, República de la. Nombre dado a la entidad política de carácter independiente formada por los territorios de las actuales Repúblicas de Ecuador, Colombia, Panamá y Venezuela (1819-1830). Merced a los esfuerzos de Bolívar, fue proclamada el Congreso de Angostura (1819) y quedó definitivamente fijada por la Constitución de Cúcuta; su capital se estableció en Bogotá. La aguda oposición entre federalistas, encabezados por el vicepresidente Santander, y centralistas, agrupados en torno al propio presidente Bolívar, malogró en definitiva la unión. En 1830, Venezuela se separó de la Gran Colombia y se constituyó en república independiente (6 de mayo) y Ecuador siguió su ejemplo (13 de mayo). Las restantes provincias se mantuvieron unidas, pero adoptaron la denominación de República de Nueva Granada.

granada. Fruto del granado, de forma globosa y tamaño similar al de la naranja, coronado por un tubo corto con dientecitos que son restos de los sépalos del cáliz. Su cáscara es densa y correosa, presenta un color amarillo rojizo. Tiene en su interior muchas semillas envueltas en una pulpa encarnada y jugosa, de sabor dulce o agridulce según la variedad. Es comestible.

granada. Proyectil explosivo que puede ser arrojado por diferentes medios y a mano, cuyo origen se remonta al siglo XVI. Decayó su empleo al generalizarse las armas de largo alcance, para aparecer de nuevo utilizada por los japoneses en el sitio de Puerto Arturo (1905) y alcanzar un auge extraordinario en la guerra de trincheras de 1914-1918. A partir de la Primera Guerra Mundial, se emplean granadas en todos los ejércitos como arma ofensiva, defensiva y antitanque. Están cargadas con diferentes materias explosivas, incendiarias o gases tóxicos; las de mano tienen un diámetro de unos 8 cm y pesan alrededor de 250 g, lo cual permite arrojarlas a considerable distancia.

Granada. Estado antillano compuesto por las islas de Granada, Carriacou y Petite Martinique. Estas dos últimas, con sus dependencias, pertenecen al grupo de las Granadinas. Son las más meridionales de las islas de Barlovento. Se le conoce también como Grenada. La superficie total de las islas es de 340 km^2 y la población es de 100,000 habitantes (1997). La capital del país, que es miembro independiente de la Comunidad de Naciones, es el puerto de

Granada

Vista de una playa de la isla Granada, en las Antillas.

Saint George's en el sudoeste de la isla de Granada (193 km^2). Ésta se halla atravesada en dirección norte-sur por una cordillera cuya altura máxima es el Monte Santa Catalina (838 m). La cordillera desciende suavemente hacia las costas oriental y occidental, y se halla cubierta de selva. Existen varios lagos de origen volcánico, el mayor de los cuales es Grand Etang. El régimen político es parlamentario, de estructura bicameral. La corona británica se halla representada por un gobernador General. Granada es miembro de la Commonwealth, la Organización de la Naciones Unidas (ONU) y de la Comunidad y Mercado Común Caribeños CARICOM desde 1974. La base económica del país se halla integrada por la agricultura y el turismo. Sus principales productos y exportaciones son la nuez moscada, el cacao y la banana. También produce lima y algodón en Carriacou. La isla fue descubierta por Colón en 1498. Fue colonizada por Francia en el siglo XVII y los franceses extermi-

Estampillas postales de la isla de Granada, Antillas.

naron a la población caribe. A finales del siglo XVIII se estableció el dominio británico. Granada consiguió plena autonomía en 1967 y la independencia en 1974 cuando se promulgó su constitución. En 1976 ascendió al poder Eric Gairy, como primer ministro, y en 1979 fue depuesto por Maurice Bishop, en un golpe incruento. En 1983, en un clima de tensión con Estados Unidos, por la construcción de un aeropuerto en el que se permitiría aterrizar aviones soviéticos de reconocimiento, fue asesinado Bishop por elementos del ejército. Tropas estadounidenses y de varios países antillanos invadieron la isla. Restablecido el orden, en 1984 ascendió al poder Herbert Blaize, quien fue reemplazado por Keith Mitchell del Nuevo Partido Nacional (NNP) en 1989. En 1990 el Congreso Democrático Nacional (NDC) ganó las elecciones parlamentarias y Nicholas Braithwaite fue nombrado primer ministro. En 1991 Braithwaite conmutó la pena de muerte establecida contra los 14 reos convictos del asesinato de Maurice Bishop. En 1995 Braithwaite cedió voluntariamente el puesto de primer ministro a George Brizan, y se convirtió en ministro de agricultura. Ese año, en junio, se celebraron elecciones parlamentarias y el NNP ganó la mayoría con ocho de 15 escaños. El líder del NNP Keith Mitchell regresó al cargo de primer ministro. El principal grupo étnico granadino es el negro; siguen en importancia los mestizos, hindúes y blancos. La moneda es el dólar Caribe-Este (EC$).

Granada. Provincia marítima del sur de España, que limita con el Mar Mediterráneo. Pertenece a Andalucía y comprende una región montuosa, en cuyo centro se alza Sierra Nevada, cuya cima mayor, el pico de Mulhacén (3,481 m), es también la mayor altura de la Península Ibérica y una de las mayores de Europa. Superficie: 12,531 km^2. Población: 841,829 habitantes. Capital: Granada. Ríos principales: el Genil y el Guadalfeo, afluentes del Guadalquivir. Su principal actividad es el cultivo de frutas, cereales, remolacha azucarera en la vega de Granada y plantaciones de caña de azúcar en las hoyas penibéticas, plantas forrajeras, etcétera. Cuenta con yacimientos de cobre cinc, hierro y mercurio, y una próspera industria azucarera.

Granada. Ciudad de España, capital de la provincia del mismo nombre. Está situada en el centro de la provincia, a 689 m (nivel donde está la Columna del Triunfo) sobre el nivel del mar, a orillas del río Darro y en la confluencia de éste con el Genil. Tiene 287,864 habitantes. Es una de las más hermosas ciudades de Andalucía y de toda España, en cuya historia ha tenido decisiva influencia. Enclavada en el centro de una vega que constituye una especie de jardín natural, el clima es benigno en todas las estaciones, el cielo se presenta claro y despejado con tonos de vivísimo azul, y el aire es puro y está impregnado del perfume que fluye de la vega. El río Darro divide a la ciudad en dos partes. A la derecha se halla el barrio del Albaicín, el de San Lorenzo y la mayor parte de la ciudad moderna, y a la izquierda están la Alhambra y el Generalife.

El Albaicín fue un opulento barrio de los musulmanes, y hoy sólo conserva las ruinas de la antigua grandeza, con sus viviendas modestas y pintorescas ocupadas en su casi totalidad por gitanos. El barrio de la Alcazaba es la parte más antigua de la ciudad y se supone que en él habitaron los judíos. Este barrio fue en un comienzo la primitiva fortaleza de la ciudad, alrededor de la cual se fue extendiendo la población. La edificación creció en dirección al Darro y así se formó el barrio de Hajeriz. Después de la conquista de la ciudad por los cristianos se formó el barrio de San Lorenzo para vigilar a los moros recientemente sometidos.

La ciudad estuvo rodeada de una sólida muralla con numerosas puertas, de la que sólo se conservan algunas ruinas. Las calles de la parte antigua son casi todas estrechas y tortuosas, llenas de sugestiones históricas, poéticas y heroicas. La parte moderna tiene calles anchas, rectas y arboladas con magníficos paseos. Los edificios más interesantes de la ciudad están en la colina de la Alhambra (del árabe *alhamrá*, que significa *la roja*). Allí se alzan la Alcazaba, las famosas torres de la Vela, del Homenaje y de la Cautiva, el palacio de los reyes moros, todo rodeado de jardines y bosque-

La Alhambra en Granada, España.

cillos de frutales y cipreses, cuya mayor espesura corresponde al sitio donde está el Generalife, retiro de placer de los reyes granadinos.

Después de la conquista cristiana se levantaron grandes edificios y se erigieron notables monumentos. Sobresalen la Capilla de los Reyes, donde se halla la tumba de los Reyes Católicos; la catedral, terminada en 1523, en la que se destaca su conjunto imponente, y la Puerta del Perdón, una joya del arte plateresco. La Cartuja es otra de las iglesias levantadas por los cristianos con una magnífica capilla de mármol. El emperador Carlos V mandó edificar un palacio de patio circular, al lado de las construcciones moras de la Alhambra. Posee, además, Granada muchos otros edificios, puentes, puertas y lugares no sólo pintorescos y hermosos, sino también de alto significado histórico y artístico.

Granada en la historia. Tuvo Granada como antecesora a la ciudad que los romanos llamaron Illíberis, aunque su solar dista varios kilómetros de la actual Granada. Illíberis era una de las ciudades importantes en la Bética y lugar donde se celebraron concilios en los primeros tiempos del cristianismo. En el siglo V los bárbaros la arrasaron, y si bien fue restaurada bajo la dominación musulmana, tardó en recobrar su importancia hasta que Mohamed ben-Alhamar, el de Arjona, trasladó su corte a Granada, convertida así (1232) en capital de un reino que abarcaba desde Sierra Nevada hasta Gibraltar. Este reino, último baluarte de los moros en España, se mantuvo dos siglos y medio, gracias a las habilidades de una política fluctuante entre la protección de Marruecos y el vasallaje a

Castilla. Estuvieron al frente de él miembros de diversas tribus o sectas árabes, quienes engrandecieron la ciudad, protegieron las artes y las ciencias y fomentaron la economía. Al terminar el año 1489 todas las plazas y ciudades del reino de Granada se hallaban en manos de los cristianos. Pero la capital estaba aún en poder de los árabes y su soberano, Boabdil el Chico, reinaba envuelto en un caos de luchas intestinas.

Los Reyes Católicos sitiaron a Granada en 1490 con un ejército de 50,000 hombres y estas tropas arrasaron todas las fuentes de aprovisionamiento de las huestes sitiadas. Después de sangrientas escaramuzas con suerte diversa, Boabdil decidió librar la batalla decisiva por el destino de la ciudad, pero de nuevo fue derrotado y el 25 de noviembre de 1491 se firmó el convenio de capitulación, por el cual los árabes entregaban la ciudad a los Reyes Católicos, y éstos garantizaban a los moros de Granada sus vidas y haciendas. La ciudad fue entregada el 2 de enero de 1492 en una ceremonia en la que Boabdil entregó las llaves a Fernando el Católico. El destronado rey moro fue hospedado en las tiendas reales y Fernando e Isabel hicieron su entrada triunfal en Granada el día 6 del mismo mes. Esta ciudad, la única población importante que todavía estaba en poder de los musulmanes, desempeñó un papel simbólico en la reconquista cristiana de la península: señaló el fin de una lucha que los españoles habían iniciado el mismo día que desembarcó Tarik, en 711.

Granada. Departamento de Nicaragua. La capital es la ciudad de Granada. En su

suelo se alza el famoso volcán Mombacho, cuya lava formó una península y los islotes Los Corrales, en el noroeste del lago de Nicaragua. Superficie: 1,400 km². Población: 153,183 habitantes (1995). Activo centro agrícola, principalmente de café, tabaco y caña de azúcar.

Granada. Ciudad de Nicaragua, capital del departamento de su nombre, al noroeste del lago Nicaragua. Tiene 94,576 habitantes (1996). Se le llama *La Sultana del Gran Lago*, por su belleza, situación y preponderancia comercial, desde tiempos de la colonia. Su magnífica y pintoresca edificación moderna y colonial constituye uno de sus mayores atractivos entre los que destaca la iglesia barroca de La Merced. Por su movimiento industrial y comercial, es la tercera población de la República (azúcar, café, cacao, algodón). Un ferrocarril la comunica con Managua, León, Chinandega y el puerto de Corinto. Fue fundada en 1523 por Francisco Hernández de Córdoba.

Granada, fray Luis de (1504-1588). Religioso dominico, orador sagrado y escritor místico español, uno de los genios más altos al par que uno de los creadores de la prosa literaria castellana. Nació en Granada y su verdadero nombre era el de Luis de Sarriá. Escritor en latín, portugués, y castellano, predicador insigne con una profunda formación humanística, poseía la nobleza y majestad del estilo. Místico, tendiente a la ascética, entre sus numerosas obras se destacan como capitales, *El libro de la oración y meditación*, la *Guía de pecadores* y la *Introducción del símbolo de la fe*. En la primera, expone en diversas meditaciones los grados y la eficacia de la oración; en la segunda trata de la virtud y sus ventajas y de los procedimientos para escapar del pecado; y en la tercera, examina las excelencias de la religión, expone su sentimiento de la naturaleza y hace la apología del cristianismo. El valor de este autor no está sólo en lo que dice, sino en cómo lo dice, rebosante de simpatía y cordialidad por el mundo circundante en el que ve la obra y la presencia de Dios.

Granada, Nicolás (1840-1915). Periodista y comediógrafo argentino. Escaló el escenario del Teatro de la Victoria, en Buenos Aires, ciudad natal, como autor de una pieza en verso que allí se representó, teniendo él 18 años de edad. También por ese entonces había empezado a escribir en varias revistas, más o menos efímeras, y la guerra del Paraguay le contó entre sus partícipes como ayudante del general Bartolomé Mitre. Todo esto antes de ser diputado uruguayo durante la presidencia del general Máximo Santos. Fundó en Montevideo *La Ilustración Uruguaya* y *La*

Dos miembros de un cuerpo de granaderos dialogando.

Palabra. Dio al teatro: *Atahualpa* (drama histórico); *La gaviota*; *Bajo el parral*, etcétera.

granaderos.

Soldados de elevada estatura que se escogían para lanzar las granadas de mano, y que, generalmente, formaban a la cabeza del regimiento. Se cree que se originaron en Francia, en 1667, cuando por vez primera se eligieron cuatro hombres vigorosos por compañía, quienes, además de las armas regulares, llevaban una bolsa con doce granadas.

Granados, Enrique (1867-1916).

Compositor y pianista español, cuyas obras, de un rico colorido españolista, están basadas en el folclore de su patria. Estudió piano y composición en Barcelona y París, actuando como concertista desde los 18 años y distinguiéndose también muy pronto como compositor. Entre sus obras figuran las siete piezas para concierto *Goyescas*, inspiradas en cuadros de Goya, que fueron la base de su ópera del mismo nombre; *Doce danzas españolas*, *Allegro de concierto*, tonadillas para voz y piano, poemas sinfónicos, estudios, etcétera.

granate.

Grupo de minerales de composición química diversa que tienen como característica común el ser silicatos de alúmina y otros óxidos metálicos. Generalmente son de color rojo, pero pueden ser también castaños, negros, y a veces amarillos y verdes. Algunos granates son piedras finas cuyas variedades más limpias y transparentes son muy apreciadas en joyería, como el *almandino*, de color rojo brillante; el *piropo*, rojo oscuro, y el *granate de Bohemia*, vinoso.

Grandes Lagos.

Nombre que se les da, en conjunto, a cinco grandes lagos de la América del Norte, situados entre Canadá y Estados Unidos. Sólo uno, el Michigan, pertenece por entero a Estados Unidos; el dominio de los otros cuatro –Superior, Erie, Huron y Ontario– está dividido con Canadá, correspondiendo a Estados Unidos la costa meridional. Es el grupo de lagos más grande del mundo; su superficie total está calculada en más de 230,000 km^2; son en realidad verdaderos mares interiores, y una ruta usada por los primeros exploradores de la región. Más tarde, el desarrollo de la navegación por los Grandes Lagos contribuyó a que esta región se convirtiera en una de las áreas más importantes de ambos países. Entre los puertos de mayor importancia se encuentran: Chicago, Gary y Milwaukee junto al lago Michigan; Buffalo, Cleveland y Toledo sobre el lago Erie; Duluth y Superior en el lago de este nombre. Otros puertos importantes son: Detroit a orillas de un río que une los lagos Erie y Huron, y el canadiense de Toronto, en el Ontario.

El lago Superior es el más grande de todos, con una superficie de 81,120 km^2 y a 180 m sobre el nivel del mar; el Ontario está situado a 75 m sobre el nivel del mar; la diferencia de niveles más grande está entre dos lagos, el Erie y el Ontario, 100 metros.

Los Grandes Lagos desaguán por medio de bocas relativamente chicas, recibiendo el aporte de numerosos ríos, también de poco caudal. En un tiempo, toda el agua de los lagos se vertía en el río San Lorenzo; pero después de la apertura del Canal de Chicago en 1900, parte de esa corriente ha sido desviada hacia el río Chicago. Con la construcción de canales por los gobiernos de ambos países, se ha logrado una vía de navegación para buques de gran calado entre los Grandes Lagos y el océano Atlántico.

Gigantescas obras de ingeniería han sido necesarias para permitir la navegación de los lagos entre sí y la salida al Atlántico; varios, largos y peligrosos saltos que obstruían las rutas han sido sorteados por medio de canales.

Los Grandes Lagos, al facilitar extraordinariamente las comunicaciones entre numerosas ciudades, han servido para fo-

La Torre Sears vista desde el lago Michigan, uno de los Grandes Lagos que se encuentran en la frontera entre Canadá y los EE.UU.

mentar el desarrollo de las industrias. Gracias a ellos, el hierro y otros minerales son llevados fácilmente desde los grandes puertos de Duluth y Two Harbors, hacia los centros de la industria del acero en el norte de Indiana, Ohio y Pennsylvania. Las ensenadas o esclusas del sistema de canales también ofrecen el mejor medio de transporte para los grandes cargamentos de cereales del oeste de Canadá y de las planicies del norte de Estados Unidos.

granero. Construcción destinada a guardar los cereales, que se levanta por lo general en lugares próximos a los sembradíos, aunque aislados, para preservarlos de los incendios, y preferentemente en zonas elevadas, para que el agua de las lluvias no se acumule junto al producto y éste permanezca en una atmósfera seca. Antes de guardar los cereales se procede a la desinfección de los graneros y a tapar los agujeros por los que puedan introducirse insectos y roedores. Los graneros eran en Egipto de grandes dimensiones, sumamente altos, y aún se conservan pinturas en los que se ve a los campesinos ascendiendo por una escalera hacia la boca superior en la que vuelcan los granos que transportan en bolsas. Los graneros romanos estaban hechos, a veces, bajo tierra, con paredes de ladrillo muy gruesas, y se llenaban por un agujero practicado en lo que venía constituyendo el techo del sótano. En la actualidad, en las grandes zonas de producción agrícola y en los centros de distribución de cereales, se construyen graneros, también llamados silos y elevadores de granos, de gran capacidad de almacenaje. Están formados por grupos de depósitos en forma de torre, construidos de cemento armado, y llegan a alcanzar más de 30 m de altura y diámetros de más de 6 m. Pueden almacenar miles de toneladas de granos, y cuentan con sistemas de ventilación artificial, ascensores e instalaciones mecánicas completas para facilitar la carga y descarga en buques, camiones y vagones de ferrocarril. *Véanse* CEREAL; HÓRREO.

granito. Roca de gran dureza compuesta de minerales cristalizados con predominio de cuarzo, feldespato y mica. Generalmente es de color gris o rojo y sus cristales pueden ser apreciados a simple vista. Según la composición de los minerales que lo forman se divide en granito de grano grueso y de grano fino. Forma con frecuencia suelos arenosos o se acumula en bloques redondeados. En Europa y América existen grandes macizos de formación granítica, como los Pirineos y la cordillera de los Andes. Su gran dureza y resistencia, la facilidad con que puede ser pulido, y su abundancia, han hecho del granito uno de los materiales preferidos en las construc-

Una granja característica de la zona rural de los EE.UU.

ciones monumentales. Se emplea asimismo en empedrados y afirmados de calles y caminos.

Granit, Ragnar (1900-1991). Neurofisiólogo sueco. En 1926 empezó a trabajar en el Instituto de Fisiología de la Universidad de Helsinki, y en 1945 fue nombrado director del departamento de neurofisiología en el Instituto Nobel de Medicina de Estocolmo. Es autor de importantes investigaciones sobre los modos de adaptación de los elementos de la visión a la luz y a la oscuridad; esclareció los mecanismos implicados en los fenómenos de inhibición de la retina y diferenció los diversos tipos de fibras presentes en el nervio óptico. Estudió también las correlaciones entre los sistemas nervioso y muscular, identificando motoneuronas tróficas de varios tipos, así como los mecanismos de control de éstas. En 1967 compartió con H. Hartline y G. Wald el Premio Nobel de Medicina o Fisiología.

granizo. Se le llama también pedrisco y consiste en masas de agua congelada que caen a tierra desde las nubes en forma de granos duros o cristales, generalmente esféricos, a veces en forma irregular, opacos y de tamaño variable, que oscilan entre 2 y 8 mm, pero que en ocasiones llegan a varios centímetros y 500 g de peso. A veces han alcanzado tamaños aún mayores. Suele producirse este fenómeno en primavera y verano, y es poco frecuente en otra estación del año. Se considera que el motivo determinante de la formación del granizo es el enfriamiento repentino del aire cuando está cargado de vapor de agua.

granja. Hacienda o finca rural cuya explotación agrícola está bajo la dirección y administración de su dueño, de un arrendatario o de un encargado. La superficie de terreno ocupada por una granja difiere según los países y las condiciones del terreno. En Europa, donde la población es mucha y la propiedad está muy dividida, la extensión de una granja suele ser muy pequeña, tanto que a veces no es más que un huerto o sembrado de pocos metros cuadrados; sin embargo, en regiones de Europa Oriental, donde las granjas se explotan colectivamente, los terrenos son más extensos. En América, las granjas suelen pertenecer al propietario que las explota y son muy vastas. La porción de terreno encierra generalmente la casa donde vive el propietario con su familia, el jardín y el huerto con sus eras y las instalaciones necesarias para la explotación, como graneros, establos,

Esquema del desarrollo de una tormenta de granizo.

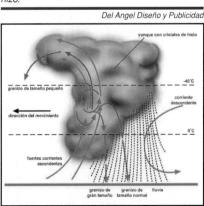

molinos, bombas y pozos, además de las tierras de labranza propiamente dichas. En casi todas las granjas se suman a las explotaciones agrícolas las de avicultura y lechería. Esta clase de explotaciones agrícolas ha tomado mucho incremento.

Granma. Diario cubano, del mismo nombre que el barco que transportó de México a Cuba al grupo embrionario de la resistencia guerrillera contra Batista. En 1965 se unificaron los partidos y movimientos revolucionarios y al mismo tiempo se unificó la prensa diaria y todos los órganos se integraron en *Granma*, convertido en el único diario cubano, portavoz del Partido Comunista cubano. Publicado en gran formato y con profusión de ilustraciones, alcanza una circulación media de 700.000 ejemplares; su difusión no se limita a Cuba, sino que llega a todo el continente americano y otros países del mundo con ediciones internacionales en inglés, francés y portugués. Limita al mínimo la información extrapolítica y sus fases se han adaptado a la evolución de Cuba, reflejando las tendencias de apertura económica del régimen de Fidel Castro.

Granma. Provincia de Cuba en el este de la isla. Limita al norte con las provincias de Las Tunas y Holguín, al sureste con la provincia de Santiago de Cuba y el Mar Caribe y al oeste con el Golfo de Guacanayabo. Creada como resultado de la nueva división político–administrativa que se llevó a cabo en 1976, la provincia ocupa el quinto lugar en cuanto a la población total de la isla. En su territorio se encuentra el fértil Valle del Cauto, bañado por el río del mismo nombre. Cuenta con dos ciudades importantes: Manzanillo (110,000 h.), que es también una importante bahía, y Bayamo, la capital de la provincia (121,826 h.). Esta última, fundada en 1513, es la segunda ciudad más antigua de Cuba. La agricultura –sobre todo la caña de azúcar, el café y los cereales– y la ganadería, representan las mayores fuentes de riqueza de la provincia. Aproximadamente 48% de la fuerza laboral se ocupa en el sector agropecuario. Los trece municipios en los que se divide el territorio suman una población de 793,868 habitantes y una superficie de 8,452 kilómetros cuadrados.

grano. *Véase* CEREAL.

Grant, Cary (1904-1986). Actor cinematográfico estadounidense, de verdadero nombre Archibald Alexander Leach. Flexible actor de comedia, capaz igualmente de la discreta nota sentimental y de lo burlesco, probó su eficacia en filmes como *La fiera de mi niña* (1938), *La novia era él* (1949) Y *Me siento rejuvenecer* (1953), de Howard Hawks, *La pícara puritana* (1937),

de Leo McCarey, *Historias de Filadelfia* (1940), de George Cukor, *Sospecha* (1941), *Encadenados* (1946) Y *Con la muerte en los talones* (1958), de Alfred Hitchcock, *Charada* (1962), de Stanley Donen y *Apartamento para tres* (1966), de Charles Walters.

Grant, Ulysses Simpson (1822-1885). Militar y estadista estadounidense, héroe de la guerra de Secesión y dos veces presidente de la república. Hijo de humilde familia, cursó estudios en la Academia Militar de West Point, haciendo sus primeras armas en la guerra de México (1846), en cuyos campos de batalla ascendió a teniente y capitán. Retirado al término de la contienda, se dedicó a actividades comerciales, incorporándose a las fuerzas antiesclavistas al comenzar la Guerra de Secesión, donde sus dotes de mando lo llevaron desde el grado de coronel al de general en jefe de las fuerzas del Norte. En brillantes operaciones militares obtuvo importantes victorias, entre ellas las de Vicksburg, Chattanooga y Petersburg, la toma de Richmond y la victoria final de Appomattox (1865) con la rendición de las fuerzas del Sur al mando de Robert E. Lee. Magnánimo en la victoria, su actuación como presidente distó mucho de estar a la altura de su talento militar; la corrupción gubernativa, los escándalos financieros y su falta de visión política lo condujeron a la crisis de 1873 y a una época oscura de la historia estadounidense. Los últimos años de su vida estuvieron dedicados a la redacción de sus *Memorias*.

granulación solar. El Sol está cubierto por un patrón de formas casi poligonales llamadas gránulos, que son columnas de gas con movimiento ascendente con un interior brillante 300 °C más caliente que el fondo de los alrededores más oscuros. Cada uno tiene un tiempo de vida de menos de 10 minutos y mide alrededor de 1,000 km de ancho. El gas se mueve a 0.5 km/seg, aproximadamente. El patrón entero tiene un movimiento oscilatorio constante; cada gránulo se mueve de arriba a abajo en un periodo de casi cinco minutos. Esta pulsación puede ser la manifestación de los pulsos que emergen de las profundidades del interior solar. Los gránulos parecen ser parte de estructuras más complejas de columnas de gas en constante ascenso y descenso de aproximadamente 33,000 km de ancho, llamadas supergránulos.

gran unificación, teorías de la. En física teórica, intentos por describir tres de las fuerzas fundamentales de la naturaleza –las nucleares fuertes, las nucleares débiles y las electromagnéticas– como aspectos de una única interacción. Las teorías de la gran unificación también describen los

dos constituyentes primarios de la materia, quarks y leptones, como manifestaciones de un tipo único de partículas subatómicas. De acuerdo con la teoría actual, las fuerzas entre las partículas subatómicas son transmitidas mediante la emisión y absorción de los bosones vectoriales, partículas con un momento angular intrínseco igual a uno. Los teóricos usan estructuras matemáticas conocidas como campo de nivel para describir estas interacciones fundamentales. Las interacciones nucleares débiles, nucleares fuertes y electromagnéticas, difieren principalmente en su magnitud, estimadas por las energías de sus bosones en reposo y por la probabilidad de emisión de éstos. En orden de magnitud decreciente, los bosones individuales se denominan gluones (fuerzas nucleares fuertes), fotones (fuerzas electromagnéticas) y partículas w y z (fuerzas nucleares débiles).

En las teorías de la gran unificación las diferencias entre las fuerzas fundamentales son vistas como resultado del hecho de que las partículas son observadas a energías relativamente bajas. Si las partículas pudieran ser observadas a energías muy altas, los tres tipos de interacción tendrían la misma magnitud. Bajo estas condiciones, los quarks y los leptones observarían este mismo comportamiento. La energía en que esta unificación se prevé es de aproximadamente 10^{14} GeV (gigaelectrón voltios), mil millones de veces más alta que la mayor energía experimentada hasta ahora. Aunque no ha sido posible observar estos procesos de alta energía en el laboratorio, se piensa que en el inicio del universo, una pequeña fracción de segundo después del *big bang*, la energía promedio de todas las partículas era suficientemente alta para que estas partículas se comportaran en la forma descrita por las GUT (teorías de la gran unificación, por sus siglas en inglés).

Una predicción asombrosa de las GUT es la posible existencia de nuevas interacciones relacionadas con los bosones, cuya energía en reposo es de 10^{14} GeV. Estas interacciones podrían permitir que tres quarks se transformaran en un leptón, induciendo el decaimiento de protones y neutrones en los leptones. El resultado de este decaimiento puede lograr que el tiempo de vida de un protón sea de sólo 10^{31} años, y esta evidencia podría vencer la noción largamente aceptada de la estabilidad eterna del protón. Experimentos pensados para detectar estos raros decaimientos de protones han sido llevados a cabo, pero no ha sido obtenida ninguna evidencia concluyente.

Aunque la validez de las GUT aún no ha sido establecida, los físicos están desarrollando teorías que relacionarán la cuarta fuerza, la gravitación (y su bosón, el gravitón), con las otras tres fuerzas. Estos modelos son conocidos como teorías de supersimetrías.

grasa. Producto de origen animal y vegetal, algunas de cuyas variedades son comestibles y constituyen una de las más importantes fuentes de alimentación; otras no comestibles son utilizadas en la industria. Los tejidos animales y los vegetales, en especial las semillas, proporcionan grasas. Ambas clases están compuestas por hidrógeno, carbono, oxígeno en combinación con glicerina y determinados ácidos. Las no comestibles son aquellas en cuya composición entra mayor cantidad de materiales no glicerinados, ácidos grasos libres y elementos extraños. Los ácidos que forman parte de las variedades comestibles son el esteárico, el palmítico, el oléico y el linoléico. Por su consistencia las grasas se dividen en duras, blandas y líquidas. Entre las primeras se cuenta la de los tejidos del cuerpo humano y de los animales, llamada sebo. La manteca es una grasa blanda. Las líquidas son las que se mantienen en estado de fluidez a la temperatura normal y se las denomina aceites.

Para la obtención de las grasas se emplean procedimientos diversos, de acuerdo con las materias de las cuales se desee extraerlas. Las animales se obtienen sometiendo los tejidos al calor y la presión del vapor hasta que las células se rompen y el elemento buscado queda en libertad. Las variedades vegetales se consiguen por presión mecánica o machacamiento de las semillas, tallos, frutos, etcétera. Como alimento ocupan un puesto tan primordial, que sin ellas los animales y vegetales perecerían. Proporcionan el doble de calorías que cantidades iguales de proteínas y carbohidratos, a causa de la gran proporción de carbono e hidrógeno que contienen. También tienen vitaminas A y D; sobre todo los aceites de hígado de bacalao y de algunos otros peces.

Las grasas son asimiladas por el ser humano por acción de la bilis y del jugo pancreático. En invierno se consumen en proporciones mucho mayores que en verano, a fin de que el organismo pueda resistir el frío. Los habitantes de las zonas muy frías, como los esquimales, llegan a comer grasa pura. Otra de las funciones de la grasa en el cuerpo es la de servir como lubricante para diversos órganos. Cuando las personas no consumen toda la grasa que ingieren, las reservas invaden los tejidos y producen obesidad. El exceso de grasa es sumamente perjudicial para la salud, pues entorpece los procesos fisiológicos. Además de la grasa que se ingiere con los alimentos, el organismo produce cierta cantidad de esta misma sustancia mediante la transformación y desasimilación de materias albuminoideas.

Uno de los usos fundamentales de las grasas no comestibles es la fabricación del jabón. El jabón se hace principalmente con grasas animales, aceite de coco y de palma. También se hacen con grasas las bujías o velas, los barnices, las pinturas al óleo, algunos insecticidas, etcétera. Para su empleo como lubricantes deben ser convenientemente tratadas a fin de evitar en ellas la presencia de cuerpos extraños. Grasas como el aceite de castor y el aceite de hígado de bacalao tienen un carácter medicinal. Uno de los subproductos de la grasa, la glicerina, se usa para la producción de explosivos. *Véanse* ACEITE; SEBO.

Grass, Günter (1927-). Escritor alemán. Prisionero de guerra entre 1944-1946, estudió luego pintura y escultura en las academias de artes plásticas de Düsseldorf y de Berlín. Tras una primera etapa de intensa producción dramática, que recoge planteamientos del teatro del absurdo como *Inundación* (1957), adquirió renombre internacional con la novela *El tambor de hojalata* (1959). También es autor de *El gato y el ratón* (1961), *Años de perro* (1963), novelas; *La vía triangular* (1957), y *Partos mentales* (1980), obras de crítica social y teatro.

Grau, Enrique (1920-). Pintor colombiano, nacido en Cartagena. Estudió arte en Bogotá y en el Art Students League de Nueva York. Ha participado en varias exposiciones internacionales, y en 1957 recibió el Primer Premio de Pintura del Décimo Salón de Artistas Colombianos. Después de su viaje a Florencia (1954) se produjo un cambio radical en su obra, dominada desde entonces por el estilo geométrico de Pablo Picasso. Grau está considerado como uno de los grandes de la pintura latinoamericana y después del maestro Fernando Botero, el mejor de Colombia. Radica en Nueva York. También ha pintado murales y ha realizado diversas escenografías para cine, e ilustrado y escrito varios libros.

Grau, Jacinto (1877-1958). Autor dramático español, entre cuyas obras, se destacan la comedia lírica *Las bodas de Camacho, Entre llamas, El conde Alarcos*, inspiradas en el Romancero, con gran libertad poética y notable fuerza dramática; la tragedia bíblica *El hijo pródigo, El caballero Varona, El señor de Pigmaleón*, su obra maestra, traducida a varios idiomas, y representada en muchos países; y dos obras sobre el tema de Don Juan, *El burlador que no se burla* y *Don Juan de Carillana*.

Grau, Miguel (1834-1879). Almirante peruano. Estudió en la Escuela Naval de El Callao. En 1871, asumió el mando del cañonero *Huáscar* para luchar contra la armada chilena. Su conducta fue heroica, impidiendo transportes de tropas, tomando embarcaciones al enemigo y hundiendo al *Covadonga* en Iquique. Combatiendo contra fuerzas superiores, murió gloriosamente en el combate naval de Angamos.

Grau San Martín, Ramón (1889-1969). Estadista y médico cubano. Fue presidente de su país, en su primer periodo, desde principios de 1933 hasta comienzos de 1934. En su segundo periodo ejerció la presidencia de 1944 a 1948. Catedrático de fisiología, en la Universidad de La Habana, escribió varias obras científicas en materia de medicina, entre las que se destacan *Las secreciones internas, Fisiología de los alimentos* y *Curso de fisiología*.

gravedad. Tendencia de los cuerpos a dirigirse al centro de la Tierra al cesar la causa que lo impide. Cuando sostenemos un cuerpo entre las manos notamos como si algo tirara de él hacia el suelo. La línea seguida por los cuerpos al caer es una perpendicular a la superficie de las aguas tranquilas y si se prolongaran dichas líneas se encontrarían en el centro de la Tierra. De estos hechos se deduce que hay una fuerza que atrae los cuerpos hacia el centro de la Tierra. Esta fuerza se llama gravedad, es la atracción que la Tierra ejerce sobre todos los cuerpos y está en relación con la masa de los cuerpos y la distancia que los separa. La ley que rige la atracción de los cuerpos o ley de la gravitación universal formulada por el físico inglés Isaac Newton es la siguiente: "La fuerza con que se atraen dos cuerpos es directamente proporcional al producto de sus masas e inversamente proporcional al cuadrado de sus distancias". Esto quiere decir que los cuerpos más grandes se atraen con mayor fuerza que los menores, y que esta atracción depende también de la distancia que separa a dichos cuerpos: a mayor distancia corresponde menor fuerza de gravedad y viceversa. La Tierra, siendo inmensamente mayor que los cuerpos que están sobre su superficie, los atrae hacia sí sensiblemente. Esta fuerza con que la Tierra atrae un cuerpo se llama peso del mismo. La fuerza de la gravedad es la que mantiene a los cuerpos sobre la Tierra; gracias a ella corren los ríos por sus cauces, cae la lluvia y cualquier objeto lanzado al espacio vuelve a la superficie de nuestro globo. Si la fuerza de gravedad desapareciera de pronto, el universo se desintegraría.

Ley de la caída de los cuerpos. Un cuerpo sin apoyo cae hacia el suelo en razón de su propio peso, pero en la atmósfera no todos los cuerpos lo hacen con la misma velocidad. Una pluma, un corcho, una hoja, caen con menor velocidad que una piedra o un pedazo de metal. Esta diferencia no se debe a la mayor magnitud de su peso, sino a la resistencia que opone el aire a la caída. Esto puede demostrarse experimentalmente. Se hace en un tubo el vacío, esto es, se le extrae el aire y se colocan en él cuerpos de distinto peso. Se da vuelta el tubo, y se encuentra que todos llegan al otro extremo al mismo tiempo. Este hecho permite deducir dos leyes que se conocen como leyes de la caída de los cuerpos:

1. Todos los cuerpos abandonados en el espacio caen.

2. Todos los cuerpos caen en el vacío a la misma velocidad.

Galileo dejando caer diversos cuerpos colocados a distintas alturas desde la torre inclinada de Pisa (Italia) y anotando los tiempos de caída, llegó a comprobar las leyes a que responde este movimiento. Los cuerpos caen con una velocidad siempre creciente. Este aumento de velocidad no se produce en forma intermitente, con saltos bruscos, sino con un crecimiento continuo, ininterrumpido, que no conoce ni pausa ni discontinuidades bruscas. Los matemáticos expresan esta circunstancia con claridad cuando dicen que la velocidad se acelera en forma continua. Se ha demostrado por la observación y la experiencia que este aumento de velocidad es de 9.81 metros por segundo cada segundo (m/seg^2), y a este valor se le da el nombre de aceleración de la gravedad.

La ley de la caída de los cuerpos puede enunciarse así: "La velocidad de un cuerpo que cae en el vacío es proporcional al tiempo de caída". Es decir, cuanto más tiempo tarde en caer un cuerpo, mayor será su velocidad en el momento de llegar al suelo. A pesar de los hechos enunciados y demostrados por Galileo, gran parte de sus contemporáneos siguieron creyendo que las leyes de caída en el vacío eran un contrasentido. No tenían aún la fuerza de abstracción necesaria para separar mentalmente los fenómenos asociados al movimiento en el vacío, de lo que veían en la realidad, es decir, el movimiento de los cuerpos influidos por la resistencia del aire y la fuerza del viento. *Véase* PESO.

gravedad, centro de.

Punto de un objeto en el cual puede considerarse concentrado todo el peso de éste. El centro de gravedad de un objeto simétrico y uniforme reside en el centro geométrico de éste, pero en un objeto con forma irregular puede residir fuera de sus límites. El centro de gravedad puede buscarse suspendiendo el objeto de dos puntos simultáneamente; se encontrará en la intersección de las cuerdas de plomada tiradas desde ambos puntos. Muchos juguetes con propiedades de equilibrio aparentemente misteriosas, funcionan al tener sus centros de gravedad lejos de donde el observador podría localizarlos intuitivamente.

El concepto de centro de masa es similar al de centro de gravedad, y los dos centros coinciden en los objetos dentro de un campo gravitacional uniforme. Donde la gravedad no es uniforme o efectiva (como

en la caída libre o nivel atómico), el centro de masa es el concepto aplicable. Así, la Tierra y la Luna giran alrededor de un centro de masa común, localizado a 4,700 km del centro de la Tierra.

Las leyes físicas de la trayectoria de un objeto en movimiento, se aplican en realidad al centro de masa del objeto. Aunque éste puede caer o girar, el centro de masa se desplaza en una curva suave de acuerdo con las leyes del movimiento. Si el objeto se desintegrara en muchas partículas durante el vuelo, el centro de masa podría continuar con la trayectoria prescrita. El centro de masa de objetos complejos puede ser teóricamente determinado por cálculo.

gravimetría.

Parte de la geofísica que trata de los diversos métodos y procedimientos que se emplean para determinar el grado de acción que la fuerza de la gravedad ejerce en los distintos lugares de la Tierra, así como sus anomalías, con la consiguiente explicación de las causas que teóricamente, o en hipótesis, pueden motivarlas. Los estudios que al respecto se han realizado para conocer la forma y la estructuración del globo terráqueo han mostrado con precisión que el esferoide terrestre no solamente está deformado en cuanto a que presenta un achatamiento en los polos, sino en cuanto a que la sección ecuatorial no es un círculo perfecto. La elipse que forma el ecuador tiene uno de sus ejes 300 m mayor que el otro. Igualmente se sabe que la corteza terrestre no es absolutamente rígida, sino que sufre ligeras deformaciones periódicas bajo la acción gravitacional del Sol y de la Luna, similares a las de las mareas. Estas deformaciones son casi imperceptibles, pero se ha llegado a comprobar que los alargamientos del diámetro terrestre en los distintos puntos del globo fluctúan entre uno y cuatro metros.

Gravina, Federico Carlos (1756-1806).

Marino español nacido en Palermo. Incorporado desde muy joven a la armada, realizó numerosas hazañas e intervino en acciones importantes, donde demostró su serenidad, pericia y lealtad. Colaboró con la armada francesa para frustrar el bombardeo de Brest proyectado por los ingleses y tomó parte en la batalla de Trafalgar mandando el cuerpo de reserva. A bordo de su navío *Príncipe de Asturias*, sostuvo el fuego, pese a las desfavorables condiciones, por espacio de cuatro horas. Herido en el brazo izquierdo, y creyéndose que no era necesario amputar, sucumbió víctima de ese error médico.

gravitación.

Como la gravedad, es decir, la fuerza de atracción que hace caer los cuerpos, obra hasta una altura no determinada, se supuso que ella se extiende más allá del alcance del hombre; por ejem-

plo, entre la Tierra y la Luna, entre el Sol y la Tierra, entre las estrellas entre sí. En definitiva, se llegó a la conclusión de que todos los cuerpos se atraen entre sí; esto es, que había una fuerza de gravitación universal. Isaac Newton estableció la ley de la atracción universal, que enunció de esta manera en 1687: "Ocurre como si los cuerpos se atrajeran proporcionalmente al producto de sus masas y en razón inversa al cuadrado de sus distancias". Es decir, que la atracción aumenta al aumentar la magnitud de cualquiera de las dos masas, y que disminuye al aumentar la distancia entre los dos cuerpos.

La disminución de la fuerza de atracción es tal, que, por ejemplo, la ejercida por el Sol sobre la simple piedra meteórica en el espacio interestelar disminuye notablemente con la distancia, de la misma manera que la fuerza luminosa que irradia el Sol va decreciendo a medida que va alejándose de él. Esta ley, confirmada por el movimiento de los planetas y de los satélites, fue el paso más importante que dio Newton, superando así la obra de Galileo, pues puso de manifiesto que los movimientos de los planetas obedecían a las mismas leyes mecánicas que gobernaban la caída de los cuerpos en la Tierra.

La ley de gravedad tiene relación con la masa de materia y no con el peso del cuerpo. Un cuerpo, tanto en la Tierra como en la Luna, o en cualquier astro, tendrá siempre la misma masa, pues la cantidad de materia de que está formado no varía. En cambio, el mismo cuerpo llevado sobre la superficie de la Luna pesará la sexta parte de lo que pesa en la superficie de la Tierra, ya que la fuerza con que es atraído en la Luna es seis veces menor que la fuerza con que es atraído en la Tierra.

La gravitación mantiene los planetas y las estrellas en su curso. La ley de Newton ayudó a comprender nuestro universo. Fue posible descubrir el planeta Neptuno por los movimientos que efectuaba el planeta Urano. Urano experimentaba ciertas perturbaciones en su trayectoria; calcularon los astrónomos que algún cuerpo extraño debía ejercer cierta atracción sobre Urano, para causar esas variaciones en su movimiento. Se hicieron entonces observaciones y estudios que permitieron descubrir al planeta Neptuno.

En 1916 Einstein enunció la teoría de la relatividad general, dando a conocer cuatro años más tarde las pruebas que confirmaban su teoría. Muchos hombres de ciencia creyeron que las afirmaciones de Einstein llevaban a la conclusión de que las leyes de Newton eran incorrectas, cuando en realidad Einstein sólo daba una explicación diferente. Einstein sostiene que el espacio es curvo cerca de las grandes masas y denomina la particular curvatura que, según su mencionada teoría, rodea a cada

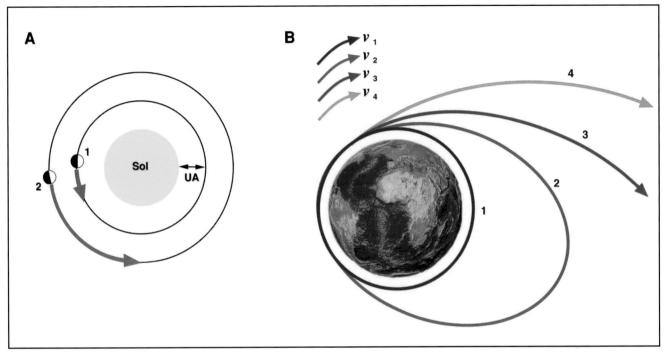

De acuerdo con la Ley de la Gravitación Universal de Newton (A), todos los cuerpos se atraen unos a otros con una fuerza inversamente proporcional al cuadrado de la distancia entre ellos. Así, un planeta (1) que se encuentra una unidad astronómica (UA) alejado del Sol, es atraído hacia éste por una 1fuerza cuatro veces más grande que la experimentada por un planeta (2) dos UAs más alejado. Un planeta más cercano al Sol se mueve más rápido que el más alejado, como se indica por la medida de las flechas; una medida más grande corresponde a una velocidad mayor. La órbita (B) de un satélite artificial a una determinada altura sobre la Tierra, depende de la relación entre el campo gravitacional de la Tierra con la fuerza de reacción de inercia o centrífuga del satélite resultado de su velocidad (v) en ese punto. Una órbita circular (1) es el resultado de una velocidad crítica (v1). Una velocidad ligeramente mayor (v2) produce una órbita elíptica (2). A una velocidad específica más grande (v3), llamada velocidad de escape, la órbita resultante es una parábola (3) con la Tierra en un punto que permite al satélite escapar de su fuerza de gravedad. La órbita se convierte en parabólica (4) a cualquier velocidad (v4) mayor a la velocidad de escape.

cuerpo como campo de gravitación de ese cuerpo. Los planetas y otros cuerpos que se desplazan en el campo de gravitación del Sol dan una vuelta alrededor del mismo, en lugar de atravesar el campo de gravitación del astro, porque esa trayectoria es más fácil. Es decir, que los cuerpos siguen las líneas de mayor resistencia a través del espacio curvo que rodea al Sol.

Muchos hombres se han preguntado cómo pudo la teoría de Newton ayudar a comprender nuestro universo si era errónea o incompleta. La respuesta es que los cálculos de Newton eran correctos para cuerpos de movimiento lento. Einstein admite que la mayoría de sus cálculos para el movimiento de los planetas varían muy poco en relación a los cálculos que hiciera Newton. En cambio, afirma que para los cuerpos de movimiento rápido la diferencia sería sensible, como lo demuestra el ejemplo de la luz que se traslada a gran velocidad por el espacio. Los hombres de ciencia están de acuerdo actualmente en que la gravedad afecta la dirección de la luz, ya que si la luz de un astro distante pasa cerca del campo de gravitación del Sol, para llegar a la Tierra, dicho rayo de luz sufre una desviación. En 1919 y en 1922 hubo eclipses solares que permitieron la

comprobación de las teorías enunciadas por Einstein. *Véanse* GRAVEDAD; RELATIVIDAD; GRAVITACIONALES, LENTES.

gravitacional, colapso. Catástrofe sufrida por un gran objeto cuando su propia gravedad sobrepasa todas las demás fuerzas. Durante la mayor parte del tiempo de vida de las estrellas, su tendencia a contraerse debido a su gravedad es balanceada por la presión producida hacia el exterior por el calor de sus reacciones nucleares. Finalmente, sin embargo, el combustible nuclear se agota. Si la masa estelar es menor a 3 masas solares, finalmente se contraerá a una configuración estable, ya sea como una enana blanca (casi del tamaño de la Tierra, pero cientos de miles de veces más densa) o como una estrella de neutrones (una masa similar comprimida en una esfera de solo pocas millas de largo). Sin embargo, estrellas más masivas continúan contrayéndose, aun cuando su energía térmica y rotacional esté exhausta. A menos de que las estrellas dispersen su exceso de masa, la gravedad superará todas las fuerzas de presión concebidas, y ocurrirá un colapso gravitacional.

Una vez que la gravedad excede a las otras fuerzas, la masa de la estrella caerá

dentro de sí misma en pocas horas. Cuando el tamaño de la estrella que se colapsa va disminuyendo –y se encuentra dentro de lo que es llamado radio de Schwarzschild– la velocidad de escape alcanza la velocidad de la luz. Cuando ni siquiera la luz puede escapar de la superficie, se dice que la estrella está dentro de un agujero negro. Los teoremas de Roger Penrose y Stephen Hawking muestran que, de acuerdo con la relatividad general y teorías similares de gravitación, debe presentarse una singularidad o borde en el *continuum* espacio-tiempo. Se cree, pero no se ha demostrado, que todo lo que se encuentra dentro del agujero negro tocará la singularidad y será destruido completamente en cuestión de microsegundos; sin embargo, algunos autores opinan que la materia y la energía deberían reaparecer en alguna otra parte del universo.

El colapso de una estrella o de un cúmulo denso de estrellas puede liberar grandes cantidades de energía, quizás 10% de la energía total de la masa en reposo del sistema si el colapso no es esférico. La mayoría de la energía será probablemente emitida como ondas gravitacionales. La materia que cae en el agujero negro ya formado puede liberar también mucha energía electromagnética. Ésta es una posible fuente de rayos-X proveniente de Cygnus X-1 en nuestra galaxia y de luz visible y ondas de radio provenientes de quasares y ciertas galaxias lejanas.

El universo como un todo también podría sufrir un colapso gravitacional. El universo se encuentra en expansión al tiempo que las galaxias se apartan, pero si no existe una velocidad de escape relativa entre ellas, acabarán por juntarse, trayendo el fin del universo. Que esto suceda depende de la densidad de materia en el universo, la cual no se conoce con precisión.

gravitacionales, lentes.

La teoría de la relatividad general de Einstein indica que la luz estelar es desviada por el campo gravitacional de un cuerpo masivo intermedio. Una desviación predicha de 1.75" de arco en el borde del Sol ha sido observada en numerosos eclipses solares desde 1919. La teoría de Einstein también señala que un cuerpo masivo intermedio, como el núcleo de una galaxia, tenderá a desviar la luz de un objeto más lejano y actuar como un lente gravitacional. El llamado *anillo de luz de Einstein* podría ser producido por una alineación precisa de objetos. Pero más probable sería la observación de una o más imágenes distorsionadas de un objeto más lejano que se encuentre de un lado o del otro de la masa intermedia.

En 1979 se observó por primera vez un lente gravitacional, cuando dos imágenes de quasares casi idénticas fueron observadas con una separación en el cielo de solamente 6" de arco. La galaxia intermedia que producía estas imágenes fue identificada después. Desde entonces otros efectos de los lentes han sido observados. En 1987 se avistaron arcos luminosos en cúmulos de galaxias lejanas, siendo aparentemente estos arcos distorsiones de cúmulos aún más lejanos. En 1988 un anillo de Einstein producido por objetos perfectamente alineados fue observado. En 1989 algunos astrónomos detectaron el primer ejemplo de un *microlente* –estrella u otro objeto intermedio aparentemente enfocando la luz de un quasar más lejano–; varios microlentes han sido observados desde entonces y a mediados de la década de los años noventa, el telescopio espacial Hubble encontró una clase distinta de lentes gravitacionales cuádruples.

gravitacionales, ondas.

Las ondas gravitacionales son perturbaciones teóricas en un campo gravitacional. De acuerdo con la teoría de la relatividad general, cuando un objeto cambia su configuración, su campo gravitacional también es modificado; dado que nada puede viajar más rápido que la luz, el campo gravitacional no puede variar instantáneamente sobre todo el espacio. En cambio, las variaciones en el campo se expanden desde el origen en forma de ondas gravitacionales. Las ondas más intensas deben surgir de objetos masivos que cambian su configuración a altas velocidades, igual que durante el colapso gravitacional en agujeros negros, estrellas, cúmulos de estrellas, en la región central de galaxias y en la materia condensada antes de la formación de las galaxias. Sin embargo, se predice que aun estas ondas fuertes se observarían débilmente en la Tierra produciendo distorsiones de apenas una parte en 10^{15}.

La distorsión de los objetos debida a las ondas gravitacionales depende de las fuerzas entre las partículas que constituyen al objeto; la distorsión más simple ocurre cuando las partículas se encuentran libres. Entonces la variación entre la separación de las partículas en cualquier momento es proporcional a la misma separación, pero no necesariamente ocurre en la misma dirección. La proporcionalidad, que es igual a la amplitud de distorsión local de la onda, depende de la dirección de separación de las partículas que constituyen al objeto. Por ejemplo, las partículas libres inicialmente en reposo en una configuración esférica son distorsionadas en un elipsoide. De acuerdo con la relatividad general, el elipsoide debería tener el mismo volumen que la esfera inicial y sus ejes menor y mayor deberían ser perpendiculares a la dirección del movimiento de la onda. No hay movimiento a lo largo de la dirección de la onda. Otras teorías de gravitación indican que el elipsoide distorsionado tiene distintos ejes.

El físico estadounidense Joseph Weber construyó los primeros detectores de ondas gravitacionales en la década de los años sesenta. Estos detectores consistían en grandes cilindros de aluminio a bajas temperaturas que se esperaba oscilaran en respuesta a las ondas. Los detectores de ondas gravitacionales construidos desde entonces han sido de este tipo (algunas veces usando niobio en lugar de aluminio) o de instrumentos de masa separada que se extienden varios kilómetros de distancia. Hasta el momento no existe una evidencia clara de que se hayan detectado ondas gravitacionales. Sin embargo, las observaciones del pulsar binario PSR 1913+16 con el que Joseph Taylor y Russell Hulse obtuvieron el premio Nobel, han proporcionado una fuerte evidencia indirecta de que este sistema está perdiendo energía debido a las ondas gravitacionales al ritmo predicho por la relatividad general. Para detectar ondas de baja frecuencia que tengan origen en agujeros negros masivos, los científicos han sugerido usar la Tierra y una nave interplanetaria como partículas libres. Un observador buscaría oscilaciones en el tiempo que tardaran en viajar las señales de radio entre estos objetos.

Gray, Tomás

(1716-1771). Poeta inglés, precursor del Romanticismo e iniciador de un género poético muy en boga en la época, la poesía sepulcral, de meditación ante la muerte sobre la vanidad y transitoriedad de las cosas humanas. Desempeñó la cátedra de historia moderna en Cambridge. De naturaleza melancólica, enfermizo y propenso a la inacción, su obra es pequeña y debe su extraordinaria fama a la célebre *Elegía escrita en el cementerio de una aldea*, traducida a muchos idiomas. Fue denominado el Píndaro inglés. Otras obras suyas son *Himno a la adversidad*, *Oda a la primavera*, *El bardo*, *Al colegio de Eton* y *El progreso de la poesía*.

Grecia.

Estado del sudeste de Europa. Su nombre oficial es República Helénica. Ocupa la parte meridional de la gran península de los Balcanes y puede considerarse geográficamente dividida en tres: Grecia septentrional (Macedonia y Tracia), que se suele denominar continental; Grecia peninsular, al sur de la anterior, cortada en dos por los golfos de Egina y Corinto (y hoy además por el canal de este nombre), que dejan al mediodía Morea o Peloponeso, la zona más propiamente peninsular o digitada; y, por último, la Grecia insular, constituida por numerosas islas agrupadas en varios archipiélagos (Espórades, Cícladas, Eubea, Creta, Jónicas, etcétera), restos de una masa continental sumergida en épocas geológicas remotas. País mediterráneo, esencialmente marítimo, sólo tiene límites terrestres por el nordeste y el norte, por donde es fronteriza con Turquía, Bulgaria, Macedonia y Albania. El resto de su contorno está bañado por los mares Egeo, de Levante y Jónico, parcelas del Mar Mediterráneo. Se extiende sobre 131,944 km², de los cuales 105,835 km² corresponden a la parte continental.

Orografía. El más importante rasgo fisiográfico de Grecia se debe a su carácter montañoso, pues es uno de los países más accidentados de la vieja Europa. La quebrada región septentrional está atravesada por las estribaciones de los Alpes Dináricos y Albaneses, cadenas calcáreas jóvenes, que penetran por el extremo noroeste y dan aspecto fragoso a Epiro y Tesalia; y por las ramificaciones de la Cordillera de los Balcanes (Rhodope, Olimpo, Pelión, Ossa) que accidentan Macedonia y Tracia. Sus cimas aparecen reducidas en gran parte al estado de penillanuras.

La cordillera del Pindo, prolongación de los Alpes Dináricos, Yugoslavos y Albaneses, constituye la espina dorsal de Grecia. Arranca casi del límite norte del país y lo atraviesa en dirección norte sur hasta el istmo de Corinto. Sus prolongaciones quiebran el relieve del Peloponeso. Muchas de las cumbres del Pindo sobrepasan los 2,000 m. De éste derivan en dirección este

Corel Stock Photo Library

Venus de Milo, *que actualmente se encuentra en el museo del Louvre, París, Francia.*

los montes Orthys y en sureste los de Oeta, Parnaso, Helicón, Parnés, Himeto, etcétera. La cima del Olimpo, entre Tesalia y Macedonia, es la más alta de Grecia.

Las comunicaciones entre las dos pendientes del Pindo son difíciles y sus ramales dan lugar a un relieve muy complejo, constituido por bloques individuales, separados por depresiones, algunas de las cuales integran los típicos valles griegos, en los que surgieron las pequeñas ciudades–estado. Morea presenta una morfología peculiar. En el centro se halla la meseta de Arcadia, con alturas de 2,300 a 2,400 m, y de ella irradian varias cordilleras, entre las que destacan la del Taigeto, con el Hagis Elias (2,409 m). La mayor altura de Grecia corresponde al monte Olimpo, que tiene 2,911 metros.

Geología. La historia geológica de Grecia explica lo complejo de su morfología. En su desenvolvimiento se han producido elevaciones y hundimientos que convirtieron islas en penínsulas y penínsulas en islas. El plegamiento alpino (terciario) afec-

tó a gran parte de Grecia y alteró la estructura morfológica de los terrenos. La vertiente oeste del Pindo está compuesta principalmente por macizos de caliza y dolomita, pertenecientes al triásico, y en la oriental abundan esquistos y calizas. Las montañas centrales fueron fuertemente plegadas en el periodo oligoceno. Las fallas han roto y retorcido las montañas levantadas, aumentando la complejidad del relieve y dando lugar a los bloques y valles típicos antes aludidos. Las montañas que se desprenden del Pindo hacia el este y sudeste, contienen rocas de las edades paleozoica y mesozoica y se formaron en el periodo eoceno (era terciaria). En Morea predominan el cretáceo (secundario), salvo en el Taigeto, donde impera el granito. Los terrenos terciarios aparecen en los extremos noroeste y suroeste, extendiéndose también desde el Golfo de Lepanto o Corinto al de Nauplia. Al sur de los terrenos terciarios aparecen los cuaternarios. El hundimiento cuaternario que separó a Grecia de Asia y formó el Mar Egeo ha condenado a la región egea a periodos de movimientos sísmicos. Existen pruebas de que en los tiempos prehistóricos hubo intensa actividad volcánica, sobre todo en las islas. Éstas son de rocas ígneas.

Hidrografía. No hay grandes ríos. El único navegable es el Maritza (Evros). Ello se debe a causas diversas: clima, disposición de las montañas, morfología de la costa, reducida área de las tierras llanas. Muchas corrientes de agua se merman extraordinariamente en su recorrido o se secan de junio a septiembre, otras desaparecen en terrenos calcáreos o arenosos o en cavidades subterráneas *(katavotras).* Debido al clima y a la configuración del terreno existe contraste hidrográfico entre las vertientes occidental o jónica y la oriental o egea. En la primera, la pluviosidad relativamente abundante y la naturaleza esquistosa y cretácica del suelo favorecen la formación de numerosos cursos de agua, como el Viosa, que se dirige a Albania; el Vyros (Arakthos), que desemboca en el Golfo de Artá, y el Astropótamos (Akheloos), que lo hace frente a la isla de Ítaca. Los ríos de Morea (Alteo, Eurotas) son más cortos. De la vertiente egea, pródiga en torrentes estacionales, citaremos el Cefiso, el Salambria (Peneios), que riega Tesalia; el Vistritza (Haliakmón) que, procedente del lago Prespa, termina en el Golfo de Salónica. Los ríos de la región nordeste no son puramente griegos, pues tienen sus cursos y valles altos en Yugoslavia y Bulgaria, regando después Macedonia o Tracia. Así ocurre con el Vardar (Axios), Struma, que forma el lago Taquino; Mesta (Nestos) y con el Maritza (Evros), el mayor de los ríos griegos, que forma el límite con Turquía. En Macedonia, región lacustre, además de los lagos que persisten se observan huellas de

otros que se secaron. El más importante es el Taquino (Achinés), avenado como otros de la región. En la Grecia peninsular encontramos el Trichonis, en Etolia; el Kopais en Beocia, y el Pheneos en Morea, cuyas aguas son utilizadas para regar los viñedos en la costa del Golfo de Corinto. Algunos lagos peninsulares tienen *katavotras* por las que se sume el agua, que suele, más lejos, reaparecer en forma de río o manantial.

Costas. No hay país en Europa que en proporción con su superficie presente un litoral tan dilatado como Grecia. Por esto, desde la más remota antigüedad el mar está íntimamente ligado a la economía de este país. Empezando el estudio por el Mar Egeo, observamos en su zona septentrional los golfos de Kavala, Orfani y Salónica. Entre estos últimos surge la península tridigitada denominada de Salónica, cuyos dedos son las pequeñas penínsulas de Athos, Longos y Kasandra. Desde el fondo del Golfo de Salónica hasta el paralelo 39 la costa es alta, escarpada, y no presenta accidentes notables. Pero una vez alcanzado el extremo sur de la península de Pelión, comienza el trozo más recortado, irregular e intrincado del litoral, integrado por un conjunto de golfos (Volo, Malischer, Egina), canales (Trikeris, Oreos, Euripos, Eretria), islas (Eubea, Espóradas, Cícladas) y penínsulas (Ática, Salamina, Argólida). La Península de Argólida bordea por el nordeste el Golfo de Nauplia, el más oriental de los tres profundos senos abiertos en Morea. Los otros dos son los de Laconia –Marathonisi y Mesenia (Koron)–, formados por las penínsulas de Laconia, Taigeto y Mesenia. La segunda termina en el Cabo Matarpán, extremo meridional de la Grecia peninsular. La costa occidental –jónica– es más regular, sobre todo en el Peloponeso, donde toma un aspecto casi rectilíneo y se forma el amplio Golfo de Arcadia y la profunda incisión –160 km de penetración– ocupada por los golfos de Patras y Corinto. Después de la apertura del Canal de Corinto, Morea se ha convertido en una isla. En las costas de Etolia y Epiro reaparecen, aunque en menor número, las recortaduras y las islas.

Islas. Ocupan casi la quinta parte (25,083 km^2) del territorio griego. Su tamaño varía mucho y se presentan unas agrupadas en archipiélagos y otras dispersas. Algunas se hallan muy próximas a la costa asiática, de la que dependen geológicamente. En el Mar Egeo o Egeo figuran las de Eubea o Negroponto –la mayor después de Creta–, Taxos, Samotracia, Lemnos, Lesbos (Mitilene), Chío y los archipiélagos de Espóradas del Norte y del Sur (Dodecaneso) y Cícladas (unas doscientas islas, el grupo más numeroso). El arco formado por las islas de Rodas, Kárpatos, Kasos y Creta –la mayor de las islas griegas– cierra el Mar Egeo por el sur. En el Mar Jónico,

Grecia

menos salpicado de islas, tenemos las de Zante, Cefalonia, Leucada, Ítaca y Corfú y otras menores que forman el archipiélago de las islas Jónicas.

Clima. Netamente mediterráneo, exceptuando el de las altas montañas. En general, goza de veranos largos, secos y ardientes y de inviernos cortos, lluviosos y suaves, con algunos golpes de frío en la zona costera del norte. El cielo se presenta frecuentemente azul y luminoso y las precipitaciones no son abundantes. Estas características predominantes presentan matices diversos, debidos a la altitud y a la orientación. Así la disposición y complejidad de la cordillera del Pindo produce diferencias entre las vertientes jónica y egea. En la primera, los inviernos son más lluviosos, húmedos y nubosos que en la segunda. Ésta tiene un invierno más largo y crudo, con lluvias escasas, nieve y heladas, así como también, durante todo el año, un ambiente más seco, mayor transparencia en el aire, intensa luminosidad, pluviosidad reducida a 400 mm anuales o menos y frecuentes sequías. A lo largo del Pindo y en las mesetas de Morea domina el clima alpino, con temperaturas más bajas, mayor cantidad de agua, nieves y heladas. En la zona de contacto con Albania y Yugoslavia, a causa de su relativo alejamiento del mar, presenta caracteres de continental, con inviernos fríos, veranos calurosos y secos y lluvias distribuidas en todo el año. En Macedonia y Tracia los inviernos son fríos y lluviosos, y los veranos cálidos y secos.

Flora y fauna. Presentan en general los caracteres de la subregión mediterránea. La fauna se limita casi exclusivamente a las montañas, donde viven lobos, osos, zorros, chacales, cabras, jabalíes, martas, comadrejas, conejos, liebres, etcétera. Abundan las aves emigrantes y la caza. La flora presenta unas 3,000 especies de las cuales 260 no han sido halladas fuera del país. Sus características varían según la altitud: en las regiones bajas es propiamente mediterránea. Entre los 1,000 y 1,800 m aparece la flora de tipo subalpino (pinos, encinas, robles, hayas); por encima de los 1,800 m aparece la flora de tipo alpino, con abetos, y, en las zonas más altas, pastos y vegetación herbácea. Existen importantes bosques en algunas regiones montañosas, pero la falta de comunicaciones dificulta su explotación y repoblación. Sin embargo, se obtiene de ellos madera de pino y roble, y resinas.

Recursos minerales. Son escasos y, además, faltan algunos de los esenciales para obtener energía y favorecer la industria, como hulla, petróleo, hierro y cobre. No obstante, unos doce minerales son explotados en cerca de cuarenta minas, entre ellos: lignito, plomo, magnesita, sal, esmeril, bauxita, cromo, níquel, molibdeno. Muchos yacimientos, explotados desde la

Puesta del sol en la isla de Naxos en el grupo de las Cicladas, Mar Egeo.

antigüedad, están agotados. Se extraen excelentes mármoles en Paros, Eubea, Himeto y Pentélico. Los distritos mineros importantes son: Laurión, en el extremo meridional de Ática, con plata, manganeso, cadmio; la isla de Serifos, el sur de la de Eutea y la Península de la Calcídica. El mar proporciona pesca abundante, esponjas y corales.

Agricultura. Grecia es un país predominantemente agrícola, a pesar de que sólo se cultiva 27.1% de su suelo (40.7% se destina a pastos) y de que siempre ha padecido escasez de productos agrícolas. Los problemas de Grecia en este aspecto derivan de la superpoblación rural, de la pobre calidad de la tierra de labor, sobre todo en las superficies montañosas; del empleo de métodos anticuados de cultivo y del deficiente regadío, que la colocan por debajo del promedio de la producción europea. Agrícolamente, podemos considerar dos regiones: la meridional, con productos mediterráneos (vid, olivo, frutales), y la septentrional, en la que predominan los prados. Entre ambas aparecen pequeños valles en los que se aprovecha la franja de terreno, entre el río y la roca estéril, para producir tabaco y hortalizas, y criar ganado. El valle del Vardar en Macedonia y la llanura de Tesalia son las regiones más productivas. Alrededor de 70% del suelo arable se dedica a los cereales. El trigo se produce principalmente en Macedonia, Beocia y Tesalia. Aun en los años más favorables la cosecha de cereales, especialmente de trigo y cebada, no puede satisfacer 75% de las necesidades del país. Se cosecha bastante maíz y en tierras encharcadas o de riego se cultiva con éxito el

arroz. La producción intensiva de tabaco, uvas y olivo suministra 50% de los ingresos agrícolas y permite la exportación. El olivo crece en todo el territorio, excepto en las regiones septentrionales y en las montañas a partir de 600 m. El tabaco se produce, sobre todo, en Macedonia. La vid (pasas de Corinto), el naranjo, el limonero y la higuera abundan al sur. Se recolectan también avena, centeno y patatas.

Ganadería. Los pastos pobres y las pocas lluvias estivales no permiten la abundancia de ganado vacuno, pero sí del caprino y ovino, que se crían en proporción mayor que en otras naciones europeas. Las condiciones del país se prestan al pastoreo transhumante. Durante los meses de verano, rebaños de ovejas y cabras se trasladan de las comarcas del sur a las montañas de Macedonia. La producción de manteca y quesos es reducida.

Industria. El principal centro industrial del país es Atenas, aunque gracias a una política de descentralización existen ya centros industriales en Salónica y Volos, en el este; en Patrás, en la costa occidental; en Candía, isla de Creta, y en Kavala, al este de Macedonia. Los sectores más desarrollados son el de la refinería de petróleo, la producción de acero, la industria. del aluminio, la de construcciones metálicas y eléctricas, los astilleros, etcétera. También destacan la industria. textil, del calzado, de la piel y la confección. Sin embargo, entre las más importantes de cara a la exportación se cuentan las industrias. del tabaco y la alimentaria (frutos secos).

Transportes. País esencialmente marítimo a causa del enorme desarrollo de sus costas, su economía ha estado siempre ligada al Mediterráneo, su vía comercial más activa. Antes de la Segunda Guerra Mundial, Grecia disponía de numerosos vapores y de más de mil veleros, con un total de 1.8 millones de toneladas, que empleaba muchas veces para relaciones comerciales entre puertos extranjeros. Casi tres cuartas partes de esta flota quedaron destruidas, pero fue recuperándose y 15 años después de la terminación del conflicto pasaba de 4 millones de toneladas. Actualmente, Grecia tiene 1,872 buques con más de 100 ton cada uno (1992). Los puertos griegos más activos son: El Pireo, Salónica, Patras, Volo y Kavala. Los ferrocarriles recorren alrededor de 2,500 km, forman una línea principal, con escasos ramales, que comunica el norte y el este del país y circunda Morea. La red vial tiene 130,000 km, de los cuales 92% están habilitados para el tránsito motorizado.

La reconstrucción de las comunicaciones se inició después de la Segunda Guerra Mundial de acuerdo con un plan, financiado por Estados Unidos, que comprendía la construcción de ferrocarriles, carreteras, puentes, diques y puertos. Los servicios aéreos interiores están a cargo de empresas griegas, y los exteriores son de gran importancia, pues dada su situación geográfica el territorio griego es atravesado por varias líneas internacionales. Cuenta con nueve aeropuertos internacionales, destacando los de Atenas y Salónica.

Comercio exterior. El curso del comercio exterior presenta una notable desproporción con saldo desfavorable, por lo que el total de las importaciones anuales viene a ser, aproximadamente, más del doble de las exportaciones. Así, por ejemplo, en un año típico (1994) y en cifras redondas, las importaciones ascendieron a 21,489 millones de dólares y las exportaciones a 9,392 millones. Las principales exportaciones consisten en derivados del petróleo, mineral de hierro, piritas, magnesita, barita, esmeril y bauxita. Las principales exportaciones de productos agrícolas comprenden uvas de alta calidad, pasas de Corinto, aceitunas, aceite de oliva, algodón y tabaco. Exporta, además, esponjas. Las principales importaciones comprenden maquinarias diversas, productos alimenticios, tejidos, artículos eléctricos, automóviles, productos químicos y farmacéuticos. El comercio exterior se efectúa principalmente con Alemania, Italia, Estados Unidos, Gran Bretaña, Francia, Holanda, Bélgica y Suecia. La unidad monetaria es el dracma, que se compone de 100 leptas.

Población. La población de Grecia, cuyo aumento fue considerable durante la primera mitad del siglo XX (de los 2.5 millones de habitantes. que tenía a comienzos del mismo, pasó a 6 millones en 1921, y superaba los 7.5 millones en 1951), ha crecido lentamente a partir de la década de 1960

(4% de aumento de 1961 a 1971), 0.5% anual en el quinquenio 1970-1974 y de nuevo 0.5% anual en el periodo 1986-1991. Este bajo ritmo de crecimiento se debió en primer lugar a la permanencia de la tradicional corriente emigratoria (con preferencia hacia América del Norte y Australia durante la primera mitad de siglo); orientada también a los países industrializados de Europa occidental, sobre todo a la antigua República Federal de Alemania después de la Segunda Guerra Mundial.

La población griega es bastante homogénea desde el punto de vista étnico y lingüístico; sólo existen pequeñas minorías turca (unas 100 mil personas) en Tracia occidental y el Dodecaneso; búlgara, albanesa, etcétera. El estancamiento de la cifra global de habitantes es paralelo a un proceso acelerado de éxodo rural, que agrava las desigualdades en la distribución geográfica de la población, sobre todo en beneficio de la aglomeración de Atenas-El Pireo, cuya desproporción refuerza el desequilibrio regional, peligroso para el desarrollo económico del país. Los 10.493,000 habitantes (1996) se encuentran distribuidos desigualmente. Las regiones de mayor densidad de población son las litorales.

Gobierno. La Constitución de 1952, restaurada por Karamaulis en 1974, rechazada en referéndum popular, fue reemplazada en 1975 por una de corte republicano que establece un régimen semejante al de la V República Francesa. El parlamento, unicameral, integrado por 300 diputados electos por sufragio universal para un periodo de cuatro años, elige al presidente para un periodo de cinco años. El presidente designa al primer ministro y los demás

miembros del gabinete, quienes son responsables ante el parlamento.

Pese a las conquistas, mezclas étnicas y cambios de territorio, el pueblo griego ha conservado su individualidad nacional y ampliado paulatinamente su territorio. Se divide, según la reforma de 1987, en trece regiones: Macedonia Oriental y Tracia, Ática, Grecia Occidental, Macedonia Occidental, Islas Jónicas, Epiro, Macedonia Central, Creta, Egeo Meridional, Peloponeso, Grecia Central, Tesalia y Egeo Septentrional. Las doce islas del Dodecaneso fueron devueltas a Grecia después de la Segunda Guerra Mundial.

Religión. El 97.6% de los griegos pertenece a la Iglesia ortodoxa griega que es la religión del Estado, aunque constitucionalmente existe completa tolerancia y libertad de cultos. La Iglesia ortodoxa está gobernada por el Consejo denominado Santo Sínodo, presidido por el Metropolitano de Atenas y del que forman parte 12 metropolitanos. La más alta autoridad, el patriarca, reside en Constantinopla. Hay también musulmanes, católicos, protestantes e israelitas.

Lengua. Se hablan el griego y el turco, éste cada vez más desplazado. El idioma griego, que es el oficial, presenta dos formas: el griego *purista* o escrito, que se asemeja al griego clásico y es el idioma oficial empleado por las clases cultas y en literatura; y el griego *vulgar* o hablado, que usa la mayoría del pueblo. La pugna entre los partidarios de cada una de esas formas, ha llegado a ocasionar disturbios y graves diferencias políticas. La cultura moderna griega no se remonta más allá de fines del siglo XVIII, pues bajo el prolongado dominio

Fresco que representa a jóvenes minoicos brincando por encima de un toro, como parte de una festividad religiosa. Palacio Real, Cnossos, Creta.

Grecia

otomano no hubo posibilidad de que el pueblo griego pudiera mantener un nivel cultural que respondiera a su tradición. La libertad de Grecia y su organización como nación libre trajo como consecuencia una preocupación de progreso artístico e intelectual, que se extiende e intensifica día a día. La enseñanza está a cargo del Estado y es obligatoria para niños de 6 a 14 años. Existen 8,675 escuelas primarias a las que asisten 888 mil niños y 3,200 escuelas secundarias de enseñanza clásica y vocacional, con 904 mil alumnos, además de escuelas técnicas de ingeniería, agricultura, bellas artes y 16 universidades, con unos 181 mil estudiantes. En 1926 se organizó en Atenas la Biblioteca Central, que guarda la mejor colección de literatura griega del mundo, y se creó la Academia de Ciencias. El Servicio de Antigüedades depende directamente del Estado, que se preocupa también de la restauración de los antiguos monumentos. Debido al impulso dado a la cultura, el número de analfabetos ha disminuido de 42% en 1926 a 7.7% en 1985. En 1993 se registró sólo 4.8% de la población de más de 15 años en esta situación.

Ciudades. El urbanismo no ha adquirido el desarrollo que ha alcanzado en la Europa occidental. Si exceptuamos Atenas y Salónica y alguna otra población, el resto de las ciudades no son en realidad sino centros mercantiles a los que acuden los campesinos de los alrededores. Sólo las aludidas grandes ciudades, debido a la incesante influencia exterior, presentan barrios de aspecto moderno. La mayor parte de las demás conservan cierto carácter oriental en la vivienda y en el modo de vivir.

Los centros urbanos más importantes son: Atenas (885,737 h.), antigua capital de Ática y capital de la Grecia moderna. Famosa por sus monumentos y las ruinas de su esplendoroso pasado. Está unida por ferrocarril y otros servicios a su puerto. El Pireo, que es un suburbio de la capital, el cual reúne con él y otros barrios más de tres millones de habitantes. Salónica (383,967 h.), en el golfo de su nombre, es buen puerto en el Egeo y comercia activamente con trigo, algodón y tabaco; además de ser centro industrial de relativa importancia y punto de cruce de importantes vías de comunicación, conserva antiguos edificios, murallas y restos romanos. Otras ciudades son: Patras (153,344 h.), al noroeste del Peloponeso, en el golfo de su nombre, es el mayor puerto de Grecia, por el que se exportan productos agrícolas (pasas de Corinto, aceite, vinos, higos); Kavala (46,500 h.), puerto de Tracia, gran mercado de tabaco y con la apariencia de ciudad oriental. Candía (102,398 h.) en la isla de Creta, con el sello de ciudad turca y construcciones venecianas, puerto de exportación de productos agrícolas; Drama, Kalamata, Kerkira, etcétera. En la Península de Athos (Calcídica) se halla establecida la república monástica del monte Athos, formada por una serie de conventos ortodoxos. Aunque bajo la soberanía de Grecia, goza de amplia autonomía.

Historia. El territorio que hoy ocupa Grecia parece que no empezó a poblarse hasta fines del paleolítico superior y durante una etapa mesolítica, especialmente en la región central y en Beocia. Si faltan datos de aquellos primitivos pobladores, tenemos, por el contrario, pruebas de la existencia de una civilización neolítica, en estrecha relación con la de Anatolia. La región más rica en hallazgos neolíticos es Tesalia. Casi paralelamente se crean núcleos de civilizaciones neolíticas en la Grecia central y en el Peloponeso, emparentados con los de las islas del Egeo, archipiélago de las Cícladas y Creta. En cada uno de estos lugares adquirió la civilización citada matices propios: la cultura *minoica*, en Creta; la *cicládica*, en el archipiélago, y la *heládica*, en el continente. Todas mantuvieron frecuentes contactos entre sí, con la costa oeste de Asia Menor y con Egipto, Siria y Palestina. Relaciones que contribuyeron al enriquecimiento de las poblaciones del Egeo, que desarrollaron una brillante cultura durante la Edad de Bronce.

Gracias al dominio del mar *(talasocracia)* la supremacía correspondió a Creta, donde se desarrolló una civilización urbana interesantísima. Surgieron numerosas ciudades y entre todas brilló Cnosos, debido al impulso que le dieron sus príncipes (Minos), inteligentes y activos organizadores del primer imperio marítimo de la historia. La civilización cretense (minoica) no nos fue conocida hasta principios del siglo XX, después de las excavaciones iniciadas por el arqueólogo inglés Arthur Evans. A mediados del segundo milenio anterior a nuestra era, cayeron sobre Grecia peninsular, en oleadas sucesivas, pueblos nórdicos. De éstos se destacan los *aqueos* que invadieron la Grecia central y el Peloponeso, estableciendo contacto con la cultura minoica, cuyos usos y costumbres aceptaron. Atraídos por el comercio, pronto fueron competidores de los cretenses, a quienes destruyeron algunas ciudades, al imitarles, iniciando la navegación en gran escala, que les llevó por oriente a Asia Menor, Chipre y Siria, y por occidente hasta Sicilia. Forjaron la cultura *micénica*, trasunto en muchos aspectos de la minoica. Sus centros urbanos eran Argos, Tirinto y Micenas. En ellos gobernaban personajes que figuran entre los protagonistas de la legendaria expedición a Troya. El descubrimiento de sus riquezas arqueológicas se debe a Heinrich Schliemann, célebre excavador de la famosa ciudad troyana. Otros invasores, los jonios, se establecieron en el Ática y colonizaron la Jonia en Asia Menor.

En Grecia central predominaron los eolios y más al norte los tesalios. Todos estos nuevos pobladores (helenos) explicaron más tarde con diversas leyendas y mitos el periodo de invasiones y aceptaron la existencia de un pueblo autóctono, su predecesor, denominado pelasgos. Hacia el año 1100 a. C. entró en Grecia otro pueblo indogermano: los dorios, lacedemonios o espartanos, portadores de la metalurgia del hierro, que destruyeron la civilización micénica y provocaron la dispersión de los pueblos antes citados por todo el Mediterrá-

Asnos transportando a visitantes en un camino zigzagueante de Thera.

La habitación del trono en el palacio de Cnossos, Creta.

neo. Su entrada y primeras luchas constituyen un periodo oscuro y envuelto en leyendas. La invasión doria paralizó el trabajo de consolidación y unificación que, sin duda, se operaba en Grecia, y ésta quedó definitivamente dividida, sin conseguir realizar la unidad, sino a costa de la libertad, como ocurrió al ser conquistada por Alejandro de Macedonia.

Grecia arcaica. Los pueblos griegos, recuperados de la invasión doria, inician (siglo VIII a. C.) la etapa de colonizaciones. El nuevo equilibrio impone la expansión y los navegantes helenos crean nuevos centros civilizadores fuera de la Grecia propia. Se establecen en la costa de Asia Menor y parten a colonizar el Mediterráneo central y occidental, fundando ciudades hasta en la Península Ibérica. Otra ruta colonial fue la costa del Mar Negro. La Grecia primitiva se estructura a base de ciudades-estado *(polis)*.

En el emplazamiento de las ciudades aqueas surgieron otras, no limitadas a las zonas altas del terreno *(acrópolis)*, sino desparramándose por las laderas. Organizadas en un principio en monarquías, cayeron muchas en la oligarquía y terminaron en tiranías.

Algunos tiranos beneficiaron a su ciudad y alcanzaron fama de justos, pero los más provocaron violencias y luchas. Son célebres los tiranos Cipselus de Corinto, Pisístrato de Atenas, Policrates de Samos, Clístenes de Sicione. Hubo estados de origen dorio, como Esparta, que conservaron la organización monárquica, la cual tomó carácter militarista y dual, por estar vinculada en dos familias: *ágidas* y *euripóntidas.* Cinco magistrados o *éforos* regían la ciudad, asesorados por la *gerusia* o consejo de ancianos y la asamblea general de ciudadanos. Éstos constituían una minoría que dominaba a los *periecos*, que tenían derechos más limitados, y a la gran masa de *ilotas*, que no gozaba de derecho alguno.

Licurgo fue el gran legislador que confirmó la constitución de Esparta, distribuyó la propiedad entre los ciudadanos y dictó leyes encaminadas a hacer de Laconia un vasto cuartel de soldados, entregados al culto de la patria. Esta educación dio sus frutos. Esparta sometió a Mesenia, Argólida y otros estados del Peloponeso, sobre el que ejerció la hegemonía en el siglo VI, al mismo tiempo que era árbitro de toda Grecia.

En Atenas, la monarquía evolucionó hacia un régimen aristocrático. En el siglo IX, existen *arcontes* vitalicios, cargo que se limita luego a diez años y más tarde a uno. Su reunión formaba el *arcontado*, y la de aquellos que iban cesando en el cargo el *consejo del Areópago.* A fines del siglo VII a. C. se conoce la primera legislación ateniense, el *código de Dracón*, de leyes severísimas. En el siglo VI, Solón dio a Atenas una constitución democrática. Pero casi al mismo tiempo, Pisístrato inicia su tiranía, durante la cual embellece la ciudad y fomenta las construcciones religiosas de la Acrópolis. Hipías, hijo y sucesor del tirano, buscó refugio en la corte persa y contribuyó con sus intrigas a la expedición de Jerjes, contra Grecia. Eliminados los tiranos, Clístenes reformó la constitución en sentido democrático. Para proponer leyes como suprema autoridad administrativa se constituyó el *consejo de los quinientos.* Se crea-

ron los *estrategos*, generales elegidos por el pueblo, y el *ostracismo*, que permitía alejar de la ciudad a los posibles tiranos.

No son Esparta y Atenas las únicas ciudades-estado que brillan en la historia griega. En Asia Menor merecen especial mención Samos, Mileto, Focea y la isla de Lesbos. Corinto, Epidauro, Argos, heredera cultural de Micenas, y Olimpia, con su santuario panhelénico y sus juegos tan famosos como los de Nemea, brillan en el Peloponeso. Dodona y Delfos deben su renombre a los oráculos de Zeus y Apolo, respectivamente, que ejercieron gran influencia en la vida pública y privada de los helenos. Delos fue el centro religioso de las islas Cícladas.

En la historia de la Grecia antigua se destacan como hechos bélicos las guerras con los persas (Guerras Médicas) y la lucha empeñada entre los estados helénicos por la hegemonía (guerra del Peloponeso). Las primeras, después de varias alternativas, terminaron con el triunfo de los griegos, que consiguieron el dominio de los mares Egeo y Negro. Atenas, que había sobrellevado el peso de esta contienda, quedó como campeona de la independencia griega, lo que la colocó a la cabeza de las ciudades-estado, sobre todo de las de origen jonio. Los dirigentes atenienses aprovecharon esta situación para crear y dirigir la confederación marítima denominada *Liga Délica*, organizada por Arístides. Estos triunfos, atribuidos a la constitución democrática, animaron a los demócratas para aplicar el ostracismo a políticos tan excelentes como Temístocles, Milcíades, Cimón y otros que pudieran ambicionar ser dictadores, quedando como jefe supremo Pericles, hombre habilísimo, que se atrajo al pueblo y gobernó largo tiempo, completando las reformas democráticas, protegiendo a los artistas y literatos y embelleciendo a Atenas con edificios por encima de todo elogio, como el Partenón, testimonio de aquella grandiosa civilización.

La lucha por la hegemonía culminó con la guerra del Peloponeso, conflicto que enfrenta a Esparta y Atenas durante treinta años. Su último episodio fue la batalla de Egos Pótamos (405 a. C.), en la que la escuadra espartana organizada por Lisandro destrozó completamente el poderío naval ateniense y consumó el dominio de Esparta y del régimen aristocrático en Grecia. Los espartanos, como conductores de los intereses griegos, no demostraron gran habilidad. Se enzarzaron en una guerra contra Persia por el auxilio prestado al pretendiente Ciro, con la organización de la Expedición de los Diez Mil, y para conservar su predominio en Grecia tuvieron que aceptar la paz de Antálcidas (378 a. C.) y sacrificar a las ciudades de Asia Menor. El disgusto de muchas ciudades griegas contra la supremacía de Esparta lo hizo patente

Grecia

Cariátide en el museo de la Acrópolis.

Tebas, que se sublevó y expulsó a la guarnición lacedemonia. La habilidad de los generales Pelópidas y Epaminondas colocó a Tebas, si bien por poco tiempo, al frente de Grecia.

Macedonia en la historia de Grecia. En el siglo IV el pueblo macedonio alcanzó la madurez política gracias a su contacto continuado con la civilización helénica. Uno de sus reyes, Filipo, aprovechando las luchas intestinas y la decadencia de las ciudades griegas, consiguió intervenirlas y dominarlas, después de vencer en Queronea (338 a. C.) a las tropas beocias y atenienses. Alejandro, hijo de Filipo, continuó la política de su padre en lo que se refería a Grecia, y una vez dueño de ésta, se propuso realizar la empresa soñada durante un siglo por los helenos: la conquista del Imperio Persa.

Para conseguir esto pasó el Helesponto (334). Venció al ejército persa junto al río Gránico; liberó a las ciudades griegas de Jonia y se apoderó de Tiro. Pasó a Egipto y allí fundó Alejandría. Entró en las grandes ciudades del imperio: Babilonia, Susa, Persépolis, Ecbatana, y organizó una expedición a la India. Muerto Alejandro en 323 –a los 32 años– su imperio se desmoronó.

Las ciudades griegas intentaron conseguir su libertad y provocaron la Guerra Lamiaca. Los generales sucesores *(diadocos)* de Alejandro se disputaron el imperio y surgieron una serie de reinos *epígonos* o descendientes, entre los que destacan los de los Seléucidas, Lágidas, Atálidas (Pérgamo) y Antigónidas (Grecia). Este periodo, que presenta rasgos peculiares, se denomina *Helenístico*, porque los griegos –a pesar de sus diferencias y luchas y de verse sometidos sucesivamente a los reyes de Macedonia, Asia Menor, Siria o Egipto– se consideraban como parte integrante del gran pueblo de los helenos.

Únicamente al final del periodo aludido, los griegos parecieron recuperar su fuerza y su libertad bajo la dirección de los enérgicos jefes de las ligas *Aquea*, constituida por los aristócratas, y *Etolia*, apoyada en el partido popular. Pero las rivalidades y luchas entre ambas ligas, que les llevaron hasta a recurrir al apoyo extranjero, dieron el golpe de gracia a la Hélade, y Filipo V de Macedonia la sometió. Roma socorrió a los griegos, pero éstos pagaron caro el favor. En el año 146 a. C., Grecia se transformaba en provincia romana con el nombre de *Acaya*. Este hecho hizo perder a los helenos la influencia política, pero el influjo moral, artístico e intelectual del genio griego penetró en Roma. Grecia conservó sus escuelas y sus juegos. Su resplandor intelectual no se veló hasta después de la fundación de Constantinopla.

Los primeros años de la Edad Media fueron desastrosos para los griegos, que después de la división del Imperio Romano (395) formaban parte del Imperio de Oriente. Sus santuarios fueron cerrados y sus escuelas clausuradas por Justiniano. La ruina de Grecia se consumó con las invasiones de los visigodos, vándalos, ávaros y eslavos. Estos últimos, muy numerosos, se asimilaron poco a poco al helenismo. Los corsarios árabes (s. X) y los normandos (s. XII) realizaron incursiones por las costas helénicas. Después de la Cuarta Cruzada, la Morea se transformó en principado latino, bajo el francés Villeharduin y Atenas se organizó en ducado con Otón de la Roche. Este ducado y el de Neopatria cayeron en poder de los almogárabes catalanes que mandaba Roger de Flor y fueron entregados a la corona de Aragón. Después de numerosas vicisitudes, en las que se mezcla la ambición de los venecianos y las discordias internas del principado de Acaya, que favorecieron la ofensiva de los bizantinos, éstos se impusieron en el Peloponeso. Atenas tuvo un efímero esplendor bajo el poder de los florentinos de la casa de Acciajouli.

La invasión turca (1453) acabó con todos estos débiles estados. Sometida a la nueva dominación y esquilmada por los impuestos, parecía que la nacionalidad helénica estaba condenada a desaparecer por el aflujo de colonos valacos y albaneses. Pero el espíritu de raza se mantuvo en estado latente, dispuesto a manifestarse cuando las circunstancias lo permitieran. La conquista de Morea y de parte de Grecia septentrional por Francisco Morosini y el establecimiento de la dominación veneciana (1680-1718) estimularon el despertar del sentimiento nacional, que favorecido más tarde por la actitud animadora de Rusia, la influencia ideológica de la Revolución francesa y la decadencia turca, llegó a plasmar la insurrección general de los griegos contra Turquía. Alejandro Ipsilanti, jefe de la sociedad secreta *Filiké Heteria*, dio la señal del alzamiento en mayo de 1821. Una Asamblea reunida en Epidauro (1822) proclamó la independencia e instituyó un gobierno, cuya presidencia fue encomendada a Maurocordato, miembro de la Heteria.

Turquía respondió con la Guerra Santa y tropas turcas y egipcias emprendieron una terrible represión. Todo parecía perdido cuando las grandes potencias (Rusia, Inglaterra y Francia), impulsadas por la opinión pública, se decidieron a intervenir. Primeramente propusieron una mediación y más tarde exigieron por la fuerza (batalla de Navarino) la evacuación de Grecia por los turcos. El protocolo de Londres en 1830 declaró a Grecia reino independiente. El tratado de 1832, estipulado entre Grecia, Baviera y las tres potencias citadas, designó al príncipe Otón I, hijo del soberano de Baviera, como rey de Grecia. El nuevo reino, pobre y agobiado por una deuda superior a sus recursos, se convirtió en campo de intrigas políticas y de intereses extranjeros. Los movimientos nacionalistas y las influencias internacionales provocaron una revolución que destronó a Otón (1862). La Asamblea Nacional puso en su lugar a Jorge de Dinamarca.

Después de la guerra ruso-turca (1878-1879), Grecia consiguió engrandecer su territorio por el lado de Epiro y Tesalia. En 1897, la ayuda prestada a los insurrectos de Creta, que dependía del sultán, puso a Grecia frente a Turquía, sufriendo aquélla una gran derrota. La intervención de las potencias europeas consiguió que se concediera a Creta un gobierno autónomo, que desde 1898 dirigió el príncipe Jorge de Grecia. Después de las guerras balcánicas de 1912-1913, Grecia aumentó su territorio en más de su cuarta parte (Creta, Espóradas del Norte, gran parte de Macedonia y Epiro).

Al estallar en 1914 la Primera Guerra Mundial, Grecia, después de vencer muchos obstáculos y vacilaciones, intervino, gracias principalmente a la actitud de Venizelos, en la contienda en favor de la Tri-

Corel Stock Photo Library

Escultura que representa un pasaje de la Eneida, donde Laocoonte y sus hijos son castigados por los dioses, Museo del Vaticano.

ple Entente. Como consecuencia de la derrota de los aliados de Alemania en los Balcanes, Grecia obtuvo por el Tratado de Sévres desde Tracia oriental hasta el Mar Negro (excepto la Península de Constantinopla), la Península de Gallípoli hasta el Mar de Mármara y el territorio de Esmirna en Asia Menor. Pero al intentar el rey Constantino la conquista de Anatolia, los turcos reaccionaron y expulsaron a los griegos de Asia y de Tracia oriental. Destronado Constantino, el nuevo rey Jorge II tuvo que firmar la paz de Lausana (1923), que confirmaba las pérdidas aludidas. En 1924, como resultado de un plebiscito, se proclamó la república, que duró hasta 1935, año en que fue repuesto Jorge II. Grecia se vio envuelta en 1940 en la Segunda Guerra Mundial. Atacada por los italianos, se defendió con heroísmo, pero no pudo evitar la derrota y la ocupación por los ejércitos alemanes. En 1944 fue liberada por los ingleses, y el gobierno, refugiado en El Cairo, volvió a Atenas. Pero pronto estalló la guerra civil entre las organizaciones resistentes creadas durante la ocupación, es decir, entre el Ejército Nacional Democrático Griego (EDES) –demócratas– y el Frente Helénico de Liberación (EAM) –comunistas– y otros grupos de izquierda. Un plebiscito celebrado en 1946 decidió la vuelta del rey Jorge II (que murió poco después), lo que avivó la lucha civil. Los comunistas llegaron a constituir una República, presidida por el general Vafiades Markos. El gobierno del rey Pablo I, con eficaz ayuda exterior, consiguió terminar la contienda en

octubre de 1949 y emprender la reconstrucción económica del país. Al morir Pablo I en 1964, le sucedió su hijo Constantino II. A partir de abril de 1967, los militares instauraron una dictadura que se autoproclamó República en junio de 1973. En julio de 1974, la guardia nacional chipriota, partidaria de la unión con Grecia, derrocó al arzobispo Ánō Panayia Makarios con ayuda de Atenas, lo que motivó una victoriosa intervención turca en la isla. La humillación del régimen militar determinó el traspaso del poder a un gobierno civil, encabezado por Konstantinos Karamanlis. Los griegos confirmaron su mandato en las elecciones de 1974, y aquel año optaron en referéndum por la República. De 1980 a 1981, George Rallis ocupó el cargo de primer ministro; de 1981 a 1989, gobernó el socialista Andreas Papandreou, quien fue sustituido por Tzanis Tzannetakis, a quien sucedió en ese mismo año Xenophon Zolotas. En 1990 ascendió al poder Konstantinos Mitsotakis. En ese mismo año, el Parlamento elige a Konstantinos Karamanlis presidente de la república. En 1991, Mitsotakis visita Albania y garantiza al presidente Ramiz Alia la seguridad de los refugiados albaneses que desean regresar a su país.

En 1992 la Cámara de Diputados aprueba el Tratado de Maastricht para la Unión Europea. En 1993 Andreas Papandreus se convierte en primer ministro al obtener su partido la victoria en las elecciones. En 1996 Papandreus se ve forzado a renunciar por su precario estado de salud; los diputados eligen primer ministro a Costas Simitis. Más tarde en ese año (junio) fallece Papandreus.

Literatura. Podemos considerarla dividida en varios periodos: *Helénico* (desde Homero hasta el año 480 a. C.). Aunque la tradición admite la existencia de una literatura prehomérica, el conocimiento verdadero de la literatura griega se inicia en las grandes epopeyas: la *Ilíada* y la *Odisea*, atribuidas a Homero. En torno a éstas surgieron los *poemas cíclicos*. Hesiodo, con su *Teogonía* y *Los trabajos y los días*, representa la poesía épico-didáctica. La poesía lírica, ligada a la música, nace entre los siglos VIII y VII a. C. y su forma más característica es la elegía.

En el *periodo ático*, las fiestas dionisiacas organizadas por Pisístrato dieron impulso a la tragedia. A ésta van unidos los nombres de Esquilo, Sófocles y Eurípides, los tres grandes trágicos griegos. Paralelamente se desarrolló la comedia, cuyos más famosos cultivadores son: Aristófanes –*comedia antigua*, sátira personal y política–, Antífanes –*comedia media*– y Menandro –*comedia nueva*, costumbres. En la prosa brillaron los historiadores Herodoto, Tucídides y Jenofonte; los filósofos Sócrates (en forma verbal), Platón, Aristóteles, Teo-

Grecia

Bajorrelieve griego en Delfos, Grecia.

frasto, los oradores Solón, Pisístrato, Temístocles, Pericles, Demóstenes, el más célebre; Esquines, Licurgo, Dinarco, etcétera.

En el *periodo helenístico*, la literatura griega se extiende por el Cercano Oriente, aparecen nuevas capitales literarias y la erudición invade todos los géneros. En este periodo pueden señalarse los nombres de Aristarco, que estableció el texto de Homero, llegado hasta nosotros; Apolonio de Rodas, autor del *Poema de los Argonautas;* Eratóstenes, geógrafo; Zenón, el estoico; Epicuro y sus discípulos; Euclides y Arquímedes, matemáticos, y los poetas Calímaco y Teócrito. Durante el *periodo grecorro-*

mano, que empieza con César y termina con Justiniano, pululan gramáticos, eruditos y compiladores. No obstante, no faltan notables escritores, como los historiadores Polibio, Dionisio de Halicarnaso, Apiano, Plutarco y Dión Casio. La filosofía es cultivada por Filón de Alejandría, Epicteto, Marco Aurelio, Plotino y Juliano el Apóstata. Estrabón y Tolomeo destacan en geografía y astronomía. En el *periodo bizantino* (siglo VI al XV), después de la clausura de la Academia Platónica de Atenas, la literatura propiamente griega agoniza.

La literatura griega moderna puede dividirse en dos periodos: uno desde la con-

quista turca (s. XV) hasta la independencia (s. XIX) y otro desde esta histórica fecha hasta nuestros días. Los primeros años de aquél se caracterizan por la huida hacia occidente de muchos sabios y literatos griegos, y por los poemas populares y libros de caballería, únicas producciones literarias que tienen interés. Sin embargo, en algunas regiones no sometidas directamente al yugo turco aparecen obras griegas como el poema *Erotócritos* de Cornaros (s. XVII) y el *Erifilo* de Jorge Hortasis, el primer trágico moderno. A fines del siglo XVIII y principios del XIX, el anhelo de independencia nacional se manifiesta en los himnos de Constantino Rhigas. Adamantios Korais ejerció gran influencia entre sus contemporáneos con sus ediciones de clásicos y sus esfuerzos para reformar el lenguaje. En la misma época escribieron el ampuloso C. Ecónomos, el anacreóntico Christópoulos y Billaras.

Al renacimiento que coincide con la lucha de la independencia pertenecen: Dionisio Solomos, autor de la *Oda a la libertad,* Y. Tertsetis, A. Manousos y A. Valaoritis, poetas, y el crítico y traductor de Shakespeare, Iakovos Polvlas. Son figuras destacadas del siglo XIX los hermanos Soutsos; A. Rhizo Ragavis, erudito, arqueólogo y satírico; Y. Zalokostas, poeta popular; A. Paraschos, Vasiliades, Paparegopoulos, historiador de la cultura griega; el dramaturgo Vernardakis; los satíricos A. Laskaratos y G. Souris; el filósofo Minoide Minas Bikelas, poeta, novelista e historiador, y E. Roidis, crítico y novelista.

En el siglo XX la lengua vernácula ha llegado a imponerse y en ella sobresalen: Kostes Palamas, poeta y novelista, y los poetas Y. Drosines, J. Polemis, K. Kristallis, L. Porfiras, L. Mavilis, K. Kavafis y Zacarías Papantoniou. Novelistas y cuentistas célebres son: A. Papadiamandis, A. Moraitinis, D. Kampouroglous, A. Karkavitsas y G. Xenopoulus, que cultiva también el drama social. En el teatro se distinguen P. Nirvanas, Spyro Melas y Tangopoulos, dramaturgo filosófico. Algunos críticos consideran a Thrassos Kastanakis como el escritor más representativo de la literatura neohelénica. Aunque la moderna literatura griega ha sido influida por las nuevas tendencias literarias de Occidente y sobre todo de Francia, no ha perdido su carácter nacional y representa las ideas y aspiraciones de su pueblo.

Entre los escritores griegos de este siglo merece mención especial Nikos Kazantzakis, autor de *Alexis Zorbas* (1946) y *La última tentación* (1954). Tal vez sus obras más famosas, que fueron llevadas al cine, se titulan: *Zorba el griego* y *La última tentación de Cristo*. También escribió poemas y obras de teatro.

Alcanzó la fama con *Odisea*, poema de 33,333 versos publicado en 1938.

Las artes. Los griegos, que recibieron de Egipto y Oriente elementos artísticos, llegaron en el arte a una altura y perfeccionamiento insuperables. En general tenían como objetivo dar gracias y glorificar a los dioses. El arte griego abarca un periodo de la historia extensísimo, por lo que el número de producciones es incalculable. Para comprenderlas mejor, pueden señalarse tres épocas muy caracterizadas: *arcaica*, *clásica* y *alejandrina* o *helenística*.

La *época arcaica* abarca del siglo VII hasta principios del siglo V a. C. Es el periodo de elaboración de la gran arquitectura y de iniciación del esplendor del arte. Por primera vez en la historia de nuestra civilización se representa al hombre tal cual es. El distintivo original que caracteriza más tarde todas las obras de Fidias y Policleto proviene de la Grecia arcaica.

La *época clásica* señala el punto culminante de la civilización griega. Es el siglo de Pericles, de Fidias, de Sócrates, de Platón, de Sófocles, de Eurípides, de Polignoto. La arquitectura se enriquece con nuevos elementos decorativos, pero mantiene el equilibrio de masas de la antigua tradición. La escultura, emancipándose de la tutela de los relieves, que la acercaban a la pintura, utiliza decididamente las tres dimensiones. Los arquitectos, escultores y pintores clásicos reunieron en la Acrópolis de Atenas el conjunto de monumentos más bello del mundo antiguo.

La *época alejandrina* o helenística marca cierto decaimiento en la producción, a pesar de la riqueza de manifestaciones artísticas. La curva del arte griego desciende en la escultura (Victoria de Samotracia, el Nilo, el Laocoonte), los rostros no tienen la serenidad de antaño, los cuerpos, bajo los pliegues de los paños, adoptan una actitud violenta y dramática, y los músculos sufren angustiosas distorsiones.

Arquitectura. En la arquitectura sobresale el templo de modestas dimensiones, en general, pero admirablemente calculado para producir efecto artístico. Fue construido en los distintos órdenes: el *dórico*, digno, severo, robusto, es el más antiguo. Los principales templos de este orden, cuya edificación data de los años 700-300 a. C., son el de Hera y el de Zeus, en Olimpia; el de Atenea, en Corinto; el de Teseo y el de Partenón, en Atenas; el de los Misterios en Eleusis; el de Apolo en Delfos, etcétera.

El orden *jónico*, gracioso y lujoso, difiere del anterior por la ornamentación. Los principales templos de este estilo, edificados entre los años 550-320 a. C., son el de Artemisa, en Efeso; el de Niké Aptera y el Erecteón, en Atenas; el de Hera en Samos, etcétera. Aunque el orden *corintio* se supone que fue inventado por Calímaco, escultor de Corintia, los modelos más completos e interesantes de este orden deben buscarse en Italia. Los otros tipos de edificios

griegos (casa, palestra, teatro, odeón) no tienen la importancia de la arquitectura religiosa.

Escultura. Las estatuas chipriotas, las estelas funerarias de Micenas y los bajorrelieves de la Puerta de los Leones, pertenecientes a la época micénica, son producciones anteriores a las de la escultura griega propiamente dicha, que no comienza hasta el siglo VII a. C. El carácter general de ésta es la justa proporción de las partes del cuerpo; pero, a medida que se superan las formas protoarcaicas, se van definiendo diversas escuelas. Los artistas utilizaron el bronce y el mármol, aunque también hicieron estatuas *criselefantinas*, es decir, de oro y marfil.

El *primer periodo o arcaico* se distingue por la rigidez de las formas corpóreas, la vaga sonrisa y la exagerada musculatura. Escultores arcaicos son: Canacos, Gelades, Cricio, Nesiotes, Calón, Onatas. A mediados del siglo V se abre el *segundo periodo*, el de las grandes obras, que enlaza con el anterior por intermedio de artistas tan importantes como Calamis, Pitágoras de Regio y Mirón *(El Discóbolo, Marsias)*. En la llamada Edad de Oro brillan Fidias (esculturas del friso y frontones del Partenón, estatua de Zeus en el templo de Olimpia, las tres Ateneas de la Acrópolis de Atenas, etcétera.), Policleto *(el Dolíforo o Canon, el Diadúmeno)*, Alcamenes y Agoracrites discípulos de Fidias, Peonio (Niké del Templo de Zeus) y otros.

En el primer tercio del siglo IV aparece una escuela que, apartándose de la grandeza y simplicidad conjugadas por Fidias, sacrifica la severidad del arte al refinamiento, y tiende, además, a reproducir con mayor intensidad la expresión de afectos y emociones humanos. Los principales representantes de la misma son: Escopas (Afroditas pandemos y desnuda, decoración de la fachada este del Mausoleo de Halicarnaso); Praxíteles (Venus de Cnido, Apolo Sauróctonos); Lisipo de Sicione (Apoxiómenos, Hércules, retrato de Alejandro). La *tercera época* va ligada a la figura de Alejandro. Sus obras violentas (el Laocoonte y sus hijos), o preciosas, pertenecen a las escuelas de Pérgamo, Rodas y Tralles. Entonces aparecen como novedad los relieves murales con el fondo de paisaje (sarcófago de Alejandro). Durante la *época romana* hábiles artistas copian las viejas obras maestras, pero no crean nada nuevo.

Pintura. Aunque no pueda decirse gran cosa de la pintura antigua por haber desaparecido sus obras, se sabe que adquirió extraordinario relieve, pues los coetáneos ponen, a veces, a los pintores por encima de los demás artistas. Los frescos eran frecuentes en las casas, y los monumentos y las estatuas estaban pintados. El ala norte de los Propileos contenía un Museo de Pin-

tura, decorado por Polignoto. Los pintores más famosos fueron: el citado Polignoto de Tasos, Apolodoro, Zeusis, Parrasio y Apeles. El arte de la moderna Grecia deriva del bizantino. Los conventos e iglesias copian todavía los viejos frescos de este estilo. Sin embargo, algunos pintores contemporáneos, como T. Rall y V. Focos, han iniciado una nueva pintura.

La *cerámica* tuvo gran importancia y ejecutó trabajos de calidad extraordinaria. Sus creaciones (ánfora, hidria, oinocoe, ritón, crátera, cántaro, urna) se empleaban en los trabajos y servicios domésticos y en la exportación de vinos y aceites. Estos usos permitieron a la cerámica desempeñar, en cierto modo, el papel de libro o de periódico ilustrado, pues difundían hasta en los hogares más humildes copias de las grandes obras de arte y escenas de la mitología y de los poemas homéricos. La ornamentación geométrica de la cerámica arcaica cedió ante los asuntos animados que se destacaban en negro sobre el barro rojo. En el siglo V a. C. se prefirieron las figuras rojas sobre fondo negro. Los ricos coleccionaban copas y vasos firmados por los grandes maestros Eufronios, Duris y Brygos, que glorificaron los talleres atenienses.

La música. Ocupaba una posición destacada y floreció extraordinariamente, al unísono de las demás artes. La música de los antiguos griegos era puramente melódica y rítmica, y poseyeron una teoría adelantada de las relaciones existentes entre el sonido y el ritmo. Su notación, formada por medio de letras del alfabeto, era perfecta hasta tal punto que llegaría a expresar las sucesiones cromáticas de la música moderna. Practicaron la música vocal y la instrumental pura. Es digno de señalarse que el drama era secundado ya por la música. Emplearon infinidad de instrumentos de cuerda pulsada y de flautas. Entre éstos estaban: el sistro, la lira, la siringa, el aulo, etcétera. *Véase* BALCANES *(Mapa)*.

Greco, el. *Véase* THEOTOCÓPOULOS *(Domenico)*.

Gredos, Sierra de. Macizo montañoso del Sistema Central de la Península Ibérica, que se extiende por la zona meridional de la provincia de Ávila, en una longitud de unos 100 km, limitado al este por el valle del Alberche y al sur por el de Tiétar. Presenta un aspecto alpino y en él se encuentran las cumbres más altas del sistema central (Plaza del Moro Almanzor, 2,660 m; Amealito, 2,418 m). En la parte central de Gredos, la más pintoresca y grandiosa, se hallan el circo glaciar y la laguna homónima y las cinco lagunas alojadas en el circo del Pinar. Otros lagos de origen glaciar se encuentran en la sección occidental de Gredos (lagunas del Trampal y del Duque).

Green Bank

Green Bank. Observatorio radioastronómico situado en el oeste del estado de Virginia, Estados Unidos. Está dotado de dos radiotelescopios de antena única orientable, la forma de la cual es un paraboloide de revolución. Uno de ellos tiene 42 metros de diámetro y su longitud de onda de trabajo es de 6 cm. El segundo, que es el más importante, tiene un diámetro de 100 m, lo que representa una área de 8,000 m², y trabaja en la longitud de onda de 20 cm. Este telescopio tiene montura meridiana e inclinación regulable, lo cual le permite la observación de cualquier radiofuente en el momento de su paso por el meridiano.

Greene, Graham (1904-1991). Novelista y crítico inglés. Sus relatos se han hecho populares, por el misterio y la emoción que imprime al ambiente y a sus personajes. Entre sus obras se destacan: *La roca de Brighton, El poder y la gloria, Inglaterra me ha hecho así, El ministerio del temor, Agente confidencial, El revés de la trama,* y *El tercer hombre.*

Greenwich. Uno de los distritos que constituyen el Gran Londres; 212,332 habitantes (1994). Está situado a la derecha del Támesis.

Greenwich, Observatorio de. Observatorio astronómico que estuvo instalado en la ciudad de este nombre. Fundado por Carlos II en 1675, su primer director fue el astrónomo John Flamateed. Fue construido con el propósito específico de proporcionar posiciones exactas de las estre-

Reloj de 24 horas, en una pared situada sobre el meridiano cero. Greenwich, Inglaterra.

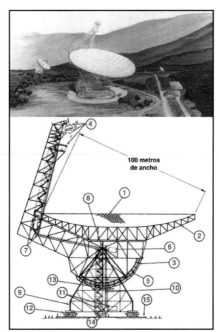

National Radio Astronomy Observatory

Con un diámetro ligeramente mayor a 100 metros, el radiotelescopio de Green Bank se diseñó para ser el mas grande del mundo. 1) Superficie del reflector primario. 2) Estructura de soporte del reflector. 3) Rueda de elevación. 4) Reflector secundario: a) subreflector, b) foco primario, c) cuarto de recepción. 5) Contrapeso. 6) Cuarto de control de la superficie activa. 7) Acceso al punto focal. 8) Eje de elevación. 9) Alidada. 10) Elevador. 11) Acceso al equipo. 12) Carros para el cambio del azimut. 13) Mecanismos de elevación. 14) Pivote de orientación. 15) Rieles para el movimiento azimutal.

llas y tablas de los movimientos lunares, datos que eran de primordial importancia para los navegantes de la época. Desde 1883, el meridiano de Greenwich se toma como meridiano inicial para medir longitudes terrestres, aunque ya primitivamente se usaba como tal en los mapas marinos y en Inglaterra. También sirve para definir el tiempo universal o tiempo medio solar referido al meridiano de Greenwich. Cuando la iluminación nocturna de Londres y los humos de las factorías impidieron las observaciones astronómicas, el observatorio fue trasladado al castillo de Herstmonceaux, en Sussex. Aunque su traslado significó una variación de 20 minutos en la latitud, se continúa tomando como meridiano cero el original.

Gregorio I, san (540-604). Entre los pontífices más destacados por su labor piadosa y humanitaria figura Gregorio I, llamado Magno. Nació en Roma y era descendiente del papa Félix III e hijo de santa Silvia y del senador Gordiano.

Poseía una gran fortuna, que cedió para la construcción de monasterios y obras de caridad. Ingresó en la Orden de los Benedictinos. Ejerció la Nunciatura en Constan-

tinopla, y a la muerte de Pelagio II fue elegido su sucesor. Figuran entre sus obras principales el *Libro de la regla pastoral,* que describe la vida, obligaciones y tareas de los sacerdotes; los famosos *Comentarios de los libros de Job,* más conocidos bajo el título de *Las morales,* que fueron usados durante toda la Edad Media como compendio teológico, y gran número de cartas, diálogos y obras menores.

Gregorio VII, san (1020-1085). Pontífice que luchó denodadamente para que la Iglesia se emancipara del dominio secular. Nació en Soana (Italia) y se llamaba Hildebrando. Tuvo por maestro a Juan Graziano, posteriormente el papa Gregorio VI, por quien ingresó a los benedictinos y fue elevado tiempo después a las más altas dignidades eclesiásticas entre ellas las de archidiácono y canciller de la Sede Apostólica. Su influencia fue en aumento durante el reinado de León IX –que le nombró cardenal– y los breves pontificados de Víctor II, Esteban IX, Nicolás II y Alejandro II, a cuya muerte Hildebrando fue elegido papa por unanimidad (1073). Entonces redobló su lucha para establecer la disciplina en el clero y terminar la influencia de nobles y monarcas sobre las decisiones de la Iglesia. La protesta fue general, sobre todo en Alemania, y entonces excomulgó al emperador Enrique IV de Alemania, obligándolo a que le pidiera perdón en Canosa (1077). Después, traicionado por el propio Enrique IV, Gregorio fue víctima de persecuciones que lo obligaron a refugiarse en el castillo de Santangelo, donde continuó su lucha hasta que por fin, vencido por la fuerza abrumadora del emperador, aliado con el nuevo papa, Clemente III, murió desterrado en Salerno. Fue beatificado por Gregorio XIII en 1584.

gremios. Asociaciones constituidas con el fin de proteger económica y moralmente a los miembros pertenecientes a una clase u oficio determinado, elevando al propio tiempo el nivel y la dignidad de la profesión a la cual se dedican. Se encuentran precedentes en antiguas agrupaciones griegas y romanas llamadas *etairias* y *collegia,* a las que se considera antecesoras de los gremios. En la Edad Media los gremios se desarrollan y adquieren su plenitud tanto por el régimen social imperante como por la necesidad de hacer frente a los abusos del gobierno y de la competencia. En la Edad Moderna, la Revolución francesa abolió las restricciones y disposiciones que favorecían a los gremios y promulgó el principio de la libertad de trabajo. Posteriormente en otras naciones se adoptó también ese principio y los gremios decayeron en importancia hasta que casi desaparecieron, para dar paso a otras modalidades de asociación como los sindicatos.

Gresham, Thomas (1519-1579). Comerciante y financiero inglés nacido en Londres. Cursó sus estudios en la Universidad de Cambridge y desempeñó importantes cargos públicos, tales como el de agente real en Amberes para la negociación de empréstitos, embajador en los Países Bajos y consejero de la reina; fundó la *Royal Exchange* o Bolsa de Comercio londinense. Sus experiencias sobre circulación monetaria lo llevaron a investigar un curioso fenómeno que luego fue denominado *ley de Gresham*. Según esa ley, *la moneda mala expulsa a la buena*, o sea que cuando en una nación circulan legalmente dos monedas de igual valor nominal pero de distinto valor intrínseco, la moneda de menor valor intrínseco expulsa de la circulación a la de mayor valor. Ello es debido a que las gentes prefieren desprenderse para sus transacciones de aquello que puede desmerecer, reservándose para sí lo que tiene un valor más permanente.

Grey, Zane (1872-1939). Novelista estadounidense. Ejerció de dentista en Nueva York de 1898 a 1904. En 1904 publicó su primer libro, *Betty Zane*, y en adelante se dedicó de lleno a la literatura y se convirtió en un caracterizado autor de novelas del Oeste. Cabe citar los títulos *El espíritu de la frontera* (1905), y *Los jinetes de la pradera roja* (1912).

Grial o Graal. Vaso o plato místico que, según los libros de caballería, se supone que sirvió para la institución del sacramento eucarístico. Deriva su nombre del bajo latín *gradalis* –vaso grande–. Según una vieja leyenda bretona, tratada principalmente por Cristián de Troyes y Roberto de Borón, durante los siglos XII y XIII de nuestra era, el *Grial* o cáliz usado por Jesús en su última cena y en el que José de Arimatea guardó algunas gotas de la Sangre del Divino Redentor, fue trasladado al castillo de Monsalvat o Monte de Salvación, en el occidente de Europa. El *Grial* desapareció y todos los caballeros andantes se empeñaron en encontrarlo, pero según la leyenda únicamente podría encontrarlo aquel caballero que fuese puro de corazón y que nunca hubiese pecado. Este caballero sin mancha fue, según unos, Parsifal, y según otros, Galahad.

Grieff, León de (1895-1976). Poeta colombiano de ascendencia sueca y alemana, notable por sus innovaciones estilísticas. En su primer libro, *Tergiversaciones* (1925), despliega la musicalidad propia de los poetas modernistas a la vez que inventa palabras, usa adjetivos extraños y rompe la fluidez del lenguaje en un intento de representar un mundo lleno de significados simbólicos. En el *Libro de los signos* (1930) usó el mismo estilo combinándolo con los temas de la soledad, el tedio de la existencia y el pasado. Otras obras: *Variaciones alrededor de la nada* (1936), y *Obras completas* (1960). Su poesía con frecuencia es irónica, humorística y satírica. En 1970 se le concedió el premio Nacional de Literatura por el conjunto de sus obras, traducidas a más de cincuenta lenguas.

Grieg, Edvard (1843-1907). Compositor noruego, nacido y fallecido en Bergen.

Corel Stock Photo Library / Roger Viollet

Busto del compositor noruego Edvard Grieg.

Comenzó sus estudios en el Conservatorio de Leipzig (1858), en donde recibió la influencia del romanticismo alemán, sobre todo la de Robert Schumann y Félix Mendelssohn. Sin embargo, fue su vinculación con el compositor y compatriota suyo Rikard Nordraak, que despertó su interés por la música folclórica noruega. De allí que se convirtiera en el más distinguido exponente del nacionalismo musical de su país. Sus melodías tienen un intenso carácter lírico y con frecuencia las embellecen elaborados *grupettos*. Aunque Grieg escribió composiciones largas, sus dotes musicales se revelan mejor en sus obras cortas como las canciones y piezas para piano, que son eminentemente personales e íntimas. Sus obras más conocidas son el *Concierto para piano en* la *menor* (1868), las dos suites orquestales de música de acompañamiento para la fantasía escénica de Henrik Ibsen *Peer Gynt* (1876), la música para las obras de Bjainstjerne Bjornson *Sigurd Jorsalfar* (1872; 1892), las diez series de *Piezas líricas* para piano (1867-1901), la suite *Holberg* (1885) y muchas hermosas canciones.

griego. Lengua hablada por el pueblo griego desde el siglo X a. C., y que pertenece al grupo de las llamadas lenguas indoeuropeas. Consta de 24 signos, de los cuales 21 son de origen fenicio. Es una lengua rica en sinónimos, con abundancia de términos abstractos, una morfología y una sintaxis de gran complejidad y precisión, y capaz de traducir todas las inflexiones del pensamiento. Su influencia en la cultura

Griego. Alfabeto griego antiguo.

Mayúscula	Minúscula	Nombre	Transliter.	Mayúscula	Minúscula	Nombre	Transliter.
A	α	alfa	a	N	ν	ny	n
B	β	beta	b	Ξ	ξ	xi	x
Γ	γ	gamma	g	O	o	ómicron	o
Δ	δ	delta	d	Π	π	pi	p
E	ε	épsilon	e	P	ρ	rho	r
Z	ζ	zeta	z	Σ	σ	sigma	s
H	η	eta	ē	T	τ	tau	t
Θ	θ	theta	th	Y	υ	ípsilon	y
I	ι	iota	i	Φ	φ	phi	ph
K	κ	kappa	k	X	χ	ji	ch
Λ	λ	lambda	l	Ψ	ψ	psi	ps
M	μ	my	m	Ω	ω	omega	ō

europea ha sido inmensa. Existieron varios dialectos; entre ellos el eólico, el jónico, el ático y el dórico fueron los principales. Algunos dialectos fueron de gran trascendencia literaria: Homero, por ejemplo, se sirvió de una mezcla de los antiguos dialectos eólico y jónico; la obra histórica de Herodoto y los tratados médicos de Hipócrates se escribieron en jónico: el ático fue el lenguaje de Platón, Demóstenes, Esquilo y Aristófanes. Actualmente coexisten en Grecia dos lenguajes: el popular o hablado, y el escrito, muy similar al griego clásico y lengua oficial griega.

Griffith, David W. (1875-1948).

Director cinematográfico estadounidense. A él se deben las grandes películas de largometraje, el movimiento angular de la cámara, el primer plano, la vista panorámica, el esfumado de las escenas, etcétera. Después de ser periodista, autor teatral y actor, presentó en 1915 su primera película de gran éxito, *El nacimiento de una nación*. Con un costo de 100 mil dólares, esta película produjo varios millones. Otra película espectacular fue *Intolerancia* (1916) a la que siguieron *Capullos rotos, Allá en el este, Las huérfanas de la tormenta* y *América* (1924). Como director, el cine mudo le debe sus mayores progresos. En 1930 realizó dos películas en cine sonoro, *Abraham Lincoln* y *La contienda*.

Grignard, François Auguste Victor (1871-1935).

Químico francés, profesor de Besanzon, Lyon y Nancy. Efectuó notables investigaciones en química orgánica sintética y descubrió, en 1900, un compuesto organometálico del magnesio de gran importancia en la síntesis de los compuestos orgánicos. Es autor de la reacción que lleva su nombre. Junto con Paul Sabatier obtuvo el Premio Nobel de Química de 1912. Publicó numerosos trabajos de su especialidad.

Grijalva, Juan de (?-1527).

Descubridor español. Fue sobrino de Pánfilo de Narváez y acompañó a Diego Velázquez a

Un grillo.

la conquista de Cuba; éste le dio el mando de una expedición para continuar la exploración de los mares próximos a dicha isla. En 1518 partió Grijalva de Santiago de Cuba con una flotilla de 4 naves y 240 hombres, en la que llevaba de capitanes a Pedro de Alvarado, Francisco de Montejo y Alonso Dávila, que habrían de hacerse famosos poco después en la conquista de México. Descubrió la isla de Cozumel, reconoció la costa de Yucatán, dobló el Cabo Catoche y arribó a Champotón. Descubrió el río de Tabasco, que hoy se llama de Grijalva en honor de su descubridor, y prosiguió hasta el río de Banderas, donde obtuvo de los indios gran cantidad de oro y recogió las primeras noticias sobre Moctezuma. Reconoció varias islas, una de éstas la de Sacrificios, que llamó así por encontrar en ella un templo indígena con los cadáveres de varios hombres sacrificados. Ancló en Ulúa, que designó con el nombre de San Juan, y siguió explorando la costa hasta un lugar en que fue atacado fieramente por los indígenas. Regresó a Cuba con gran cantidad de oro y las noticias del imperio de Moctezuma, preparando así el camino para la expedición de Hernán Cortés. Posteriormente partió a explorar la América Central, donde murió en una emboscada que le tendieron los indios.

grillo.

Insecto ortóptero, de cabeza grande, antenas largas y color oscuro que se caracteriza por el sonido estridente que produce durante la noche, ruido agudo y chirriante causado por el roce de unas piezas córneas situadas en los élitros; con estos órganos sonoros el macho atrae a sus compañeras. Los grillos más conocidos son el doméstico europeo, que vive en las grietas de las chimeneas, y el grillo de campo, que cava galerías subterráneas. Este último es perjudicial para la agricultura, pues se alimenta de semillas y tubérculos y al cavar sus cuevas corta las raíces que encuentra a su paso. Es algo mayor que el grillo doméstico y su canto es menos sonoro. La hembra pone hasta 200 huevos; las larvas atraviesan tres etapas o mudas; luego de la última se aletargan y pasan el invierno en las galerías; para combatirlas los agricultores aran el terreno y las dejan al descubierto. El grillo doméstico europeo no sólo no es combatido, sino que se le permite vivir en las casas, pues se le cree portador de buena fortuna. En China y Japón los grillos cantores son guardados en pequeñas jaulas. Son comunes en esos países las riñas de grillos, tan populares como las riñas de gallos en otros países.

Grillparzer, Franz (1791-1872).

Escritor austriaco, reconocido comúnmente como uno de los más grandes dramaturgos de lengua alemana. En casi todas sus obras, trágicas, pesimistas, se advierte la influencia del teatro griego y de los españoles Calderón de la Barca y Lope de Vega. *Safo, Blanca de Castilla, El vellocino de oro, La judía de Toledo*, son algunas de las más importantes. Escribió además, novelas, libros de poesías y estudios sobre teatro español.

Grimaldi, hombre de.

A fines del siglo XIX y principios del XX, 14 esqueletos humanos prehistóricos nombrados conjuntamente como el hombre de Grimaldi, fueron desenterrados en cuevas a las afueras de la villa de Grimaldi, Italia, cerca de la frontera francesa. Encontrados en tumbas rellenas con herramientas de piedra y hueso del Paleolítico superior, de la tradición auriñaciense, los esqueletos que pertenecen a la especie *Homo sapiens sapiens*, estaban rociados de rojo ocre y decorados con joyería de concha y huesos animales. Los excavadores descubrieron restos de piel animal rodeando a uno de los individuos. Los entierros de Grimaldi datan del Pleistoceno tardío, hace alrededor de 20 mil años. En la época de su descubrimiento, se pensaba que los especímenes de Grimaldi poseían características físicas muy similares a la actual población de África. Análisis más recientes de los huesos y otros descubrimientos fósiles indican que los esqueletos de Grimaldi son representativos de un tipo físico no muy diferente de la gente mediterránea que actualmente habita la región.

Grimm, hermanos.

Filólogos y escritores alemanes llamados **Jacob Ludwig Carl** (1785-1863) y **Wilhelm Carl** (1786-1859). Nacidos ambos en Hanau, Wilhelm falleció en Cassel y Jacob Ludwig en Berlín. Fueron los primeros eruditos que estudiaron el folclore y la literatura germánicas primitivas y recogieron narraciones orales populares que sirvieron de base para su famosa recopilación de cuentos, *Kinder- und Hausmärchen* (1812-1815), que se conoce en español con el nombre de *Cuentos de hadas de los hermanos Grimm*. La obra más importante de Jacob es *Gramática alemana*, uno de los primeros estudios comparativos de la fonética y gramática de las lenguas germánicas, desde sus primeras formas históricas. Constituyó asimismo el primer estudio que intentó formular las leyes de correspondencia fonética entre las lenguas germánicas y el indoeuropeo, correspondencias que reciben el nombre de ley de Grimm.

En 1852, los hermanos Grimm comenzaron su gigantesca obra *Diccionario alemán*, que no se pudo terminar hasta 1960. Este diccionario documenta, mediante abundantes citas, la historia y la evolución de casi todas las palabras usuales del idioma alemán, incluyendo el vocabulario de los dialectos de provincia.

Art Today

Grabados que representan a los hermanos Grimm:
Jakob (arriba) y Wilhelm (abajo).

gripe. Enfermedad infecciosa, conocida desde los tiempos de Hipócrates. También se llama influenza o catarro epidémico. Su carácter contagioso extiende el mal a países enteros durante las épocas frías y húmedas. Ataca sin distinción de edades, sexos y situaciones sociales. Su causa es producida por virus filtrables, de los cuales tres variedades han sido aisladas. Durante los golpes de tos son proyectadas innumerables partículas cargadas de microbios, que quedan suspendidas en la atmósfera durante mucho tiempo. Los síntomas comunes empiezan por escalofríos, malestar general, fiebre y dolores de cabeza y articulaciones (trancazo). Hay tres formas de gripe. En las respiratorias predominan la tos y están más atacados los bronquios, pulmones o pleuras. La gripe nerviosa o meningitis altera las membranas que rodean el cerebro y causa algunos desequilibrios mentales; la digestiva comienza con falta de apetito, náuseas, vómitos, gastritis. La gravedad y duración de la enfermedad de-

penden de la resistencia orgánica y otros factores del ambiente. Su evolución es de pocos días si no se presentan complicaciones. En la actualidad, la mortalidad ha disminuido gracias al empleo de los antibióticos.

Gris, Juan (1887-1927). Pintor español que fue, junto con Pablo Picasso y Georges Braque, uno de los primeros y más grandes exponentes del cubismo. Su nombre original era José Victoriano González, pero adoptó el seudónimo después de mudarse a París (1906), en donde vivió como amigo y vecino de Picasso. Entre 1907 y 1912 miró muy de cerca el desenvolvimiento del estilo cubista, y en 1912 expuso su *Homenaje a Picasso* (colección privada), que estableció su reputación como pintor de primera línea. Trabajó estrechamente con Picasso y Braque hasta el estallido de la Primera Guerra Mundial, adaptando lo que habían sido innovaciones intuitivamente generadas bajo su temperamento metódico. En la década de los años veinte Gris diseñó vestuarios y escenografías para los ballets rusos de Sergei Diaghilev. También realizó algunas de las más audaces y maduras declaraciones de su estilo cubista, con paisajes y naturalezas muertas que comprimen interiores y exteriores en sintéticas composiciones cubistas, como *Le canigou* (1921, Albright-Knox Art Gallery, Buffalo, N.Y.) y pinturas figurativas, especialmente la magnífica serie de payasos que incluye *Dos Pierrot* (1922, colección privada).

grisú. Gas producido por la descomposición en ausencia de aire de los depósitos de materias vegetales, constituido especialmente por metano (o gas de los pantanos) y que se desprende de los yacimientos de hulla. Cuando se mezcla con el aire se vuelve muy inflamable. El grisú ha causado catástrofes espantosas en las minas de carbón. Para contrarrestar sus peligros se utilizan: *a)* ventiladores en galerías y pozos, *b)* iluminación eléctrica y lámparas Davy, y *c)* grisúmetros, o aparatos que advierten la presencia del grisú en el aire.

Grocio, Hugo (Huig van Groot 1583-1645). Polígrafo y estadista holandés, nacido en Delft. De rara precocidad, estudió en la Universidad de Leyden, y durante su vida viajó mucho, ocupó importantes cargos y sufrió persecuciones y destierros por defender las doctrinas liberales y el libre albedrío entre los enemigos de la tolerancia. Estuvo condenado a cadena perpetua en el castillo de Loevenstein, del que logró escapar gracias a su esposa, y se refugió en Francia donde publicó su *Apología*, exposición de las injusticias cometidas contra él y su partido. Por no someterse a la voluntad del cardenal Richelieu se tras-

ladó a Suecia, cuya reina Cristina le nombró su embajador en París. Es autor de varias obras y tratados, entre las que descuella *De jure belli et pacis* (Sobre el derecho de la guerra y de la paz), considerada como una de las fuentes más autorizadas en derecho internacional.

Groenlandia. Isla danesa, la mayor del mundo. Se extiende en su mayor parte al norte del Círculo Polar Ártico, con una superficie de 2.175,600 km^2, entre Islandia y las tierras polares de Canadá, separadas de estas últimas por el Mar de Baffin y los estrechos de Smith y Davis. Únicamente la sexta parte del territorio groenlandés, que las últimas exploraciones suponen dividido en varias islas, llega a verse libre del casquete de hielos perennes. Población: 58,000 habitantes (1995), de raza esquimal, de los que 90% habitan en la costa occidental, y alrededor de un millar de europeos, residentes en la capital y demás factorías. Capital: Nuuko Godthåb (12,723 h. en 1995). Debido a lo riguroso del clima, la actividad del comercio sólo puede ser mantenida durante los meses de verano.

Este territorio fue descubierto en el siglo X por marinos normandos procedentes de Islandia; Erick el Rojo, su caudillo, le dio entonces el nombre de Groenlandia (Tierra Verde). En 1261, la hasta entonces república de Groenlandia reconoció la soberanía del rey de Noruega y, cuando este último país se unió a Dinamarca a fines del siglo XIV, Groenlandia pasó también al dominio danés. No obstante, la colonia se extinguió durante la Baja Edad Media y hasta 1721, en que el misionero danés Hans Egede estableció una misión en la costa occidental, reanudando la presencia de Dinamarca. En 1921 la soberanía danesa se extendió a toda la isla, y esta decisión fue aprobada en 1933 por el Tribunal Internacional de La Haya, frente a reclamaciones noruegas de la costa oriental. Desde 1953, Groenlandia es una provincia del reino danés.

La base de la economía groenlandesa es la pesca y la minería. También es importan-

Esquimales de Groelandia, con capuchas de piel.

Corel Stock Photo Library

Groenlandia

Corel Stock Photo Library

Icebergs y glaciares forman parte del paisaje en Groenlandia.

te la caza de zorros, osos y focas, pero la de estas últimas mucho menos de lo que fue hasta el segundo cuarto de siglo. La ganadería ovina y la cría de renos se concentran en la región sudoccidental. Los yacimientos de criolita y carbón se hallan en proceso de extinción; no obstante, Groenlandia cuenta con ricas reservas de plomo, uranio, cobre, molibdeno y otros minerales. La industria principal es la de conservas. Dinamarca constituye el mejor cliente del comercio groenlandés. La provincia se divide administrativamente en tres territorios y su máximo órgano de gobierno es el Consejo Provincial, elegido por sufragio universal. Dinamarca se halla representada por un gobernador y los groenlandeses eligen a dos representantes del Parlamento danés. El idioma principal es el groenlandés (esquimal) y la religión mayoritaria el luteranismo. Los esquimales representan más de 84% de la población. *Véanse* AMÉRICA DEL NORTE; DINAMARCA.

Poblado de iglús en Groenlandia.

Corel Stock Photo Library

Grolier, Jean (1479-1565). Vizconde de Aguisy, fue un bibliófilo Francés y patrocinador de escritores e impresores. Entre 1499 y 1521 fue tesorero del ejército Francés en Italia y después se convirtió en tesorero general de francia. Fue amigo y patrocinador de Aldo Manucio, un impresor veneciano que se especializó en publicar textos de autores clásicos griegos y calinos.

La biblioteca de Grolier, que fue dispersada en 1676, contenía unos 3,000 volúmenes, de los cuales todavía existen 561. Sus encuadernaciones son de la mas fina piel, decoradas con motivos geométricos grabados en oro y colores vivos. A este tipo de encuadernación se le conoce como *estilo Grolier*. Grolier era conocido por su generosidad, y sus libros tenían la inscripción: "Pertenecea Jean Grolier y a sus amigos". También reunió una gran colección de medallas y monedas.

Gromyko, Andrei A. (1909-1989). Ministro soviético de Relaciones Exteriores de 1957 a 1985, y presidente del Presidium del Soviet Supremo de 1985 a 1989. Aunque nunca se le identificó con una facción política en particular dentro del partido, se le consideró un hábil y confiable emisario y vocero. Hijo de campesinos, fue a la escuela de agricultura en Minsk, donde estudió economía. Fue investigador asociado en el Instituto de Economía de la Academia de Ciencias, profesor universitario, consejero de la embajada soviética en Estados Unidos, embajador en Estados Unidos y en Gran Bretaña y representante de la entonces URSS en el Consejo de Seguridad de la ONU. Sus conocimientos sobre asuntos internacionales y sus habilidades como negociador le fueron reconocidos ampliamente.

Gropius, Walter (1883-1969). Arquitecto alemán. Estudió con Peter Behrens. En 1918 fundó la Bauhaus Weimar. En 1934 emigró a Gran Bretaña y en 1938 se le trasladó a Estados Unidos como director de la sección de arquitectura de la Universidad de Harvard. Gran renovador de la arquitectura, proyectó centros universitarios (Harvard, Bagdad) escuelas y zonas de esparcimiento (Impington Village College, en Gran Bretaña), fábricas (Fagus, en Alemania), el edificio de la Panam, en Nueva York, la sede de la Bauhaus, en Dessau, etcétera.

grosella. Fruto del grosellero, arbusto de la familia de las grosulariáceas, nativo de las regiones frías de Europa, Asia y América. Es una pequeña baya jugosa, de piel fina y transparente, de unos 9 mm de diámetro y color verde, que cuando madura adquiere un tono rojo característico. Brotan en pequeños racimos y conservan en el ápice del fruto los restos desecados del cáliz. Su jugo, de sabor agridulce, es muy agradable y refrescante cuando se consume fresco, pero generalmente se emplea para la fabricación de jaleas, jarabes, dulces y bebidas.

Groussac, Paul (1848-1929). Escritor argentino; nació en Toulouse (Francia) y se trasladó en 1866 a Argentina, país en el que estableció su residencia, realizó su obra y murió. Intelectual de talento, ejerció gran influencia en la literatura de su país de adopción. Aunque su producción fue numerosa y variada, cultivó principalmente el género crítico e histórico, por lo común con temas argentinos. Su primer cargo fue el de director en la Escuela de Tucumán, ciudad en la que vivió algunos años. Fue después director de la Biblioteca Nacional en Buenos Aires, donde realizó una gran labor cultural y de organización que se prolongó hasta el día de su muerte. De sus múltiples obras, las más conocidas fueron: *Memoria histórica y descriptiva de la provincia de Tucumán*, que constituye un espléndido y bien documentado relato; la novela *Fruto vedado*; *El viaje intelectual*; *Santiago de Liniers*; *Historia del Paraguay*; *El congreso de Tucumán*; *Mendoza y Garay*; *Roque Sáenz Peña*; *Toponimia histórica de las costas de la Patagonia*, y, además de otras muchas, dos que fueron quizás sus mayores éxitos, el drama *La divisa punzó*, de construcción histórica y *Los que pasaban*, evocación de los hombres ilustres de Argentina. Como novelista, Groussac es un precursor del naturalismo.

grúa. Máquina que sirve para levantar pesos y trasladarlos de un punto a otro. Las grúas más sencillas constan de un largo brazo, con uno de sus extremos unido a una base giratoria. En la otra punta del brazo, hay una polea por la que pasa una cuerda o cable con un gancho, del que cuelgan los pesos. Un tambor giratorio, situado en la base de la grúa, arrolla o desenrolla el cable, según gire en uno u otro sentido. En los casos en que la base misma de la grúa es móvil (grúas giratorias), el radio de acción abarca todo el círculo descrito por el brazo. En las grandes fábricas se utilizan comúnmente unas grúas en forma de puentes rodantes de los que cuelga un complejo sistema de poleas, y que pueden desplazarse a lo largo de las naves sobre rieles emplazados en los muros. Los sistemas ferroviarios emplean grúas montadas sobre vagones que pueden trasladarse a cualquier punto de la red. Hay grúas capaces de levantar pesos de más de 300 ton. En los grandes puertos se utilizan potentes grúas para facilitar las operaciones de carga y descarga. Las más prácticas son aquellas que se mueven sobre rieles a lo largo de los muelles.

Corel Stock Photo Library

Grúas móviles instaladas en camiones, grúas de construcción, grúas portuarias de carga en general, y grúas portuarias para elevar contenedores.

grulla. Ave zancuda de gran talla que vive en los lugares pantanosos y que se alimenta de insectos, pequeñas plantas, ranas, gusanos, reptiles y cuanto encuentra entre el fango y el agua. Son aves esbeltas, con pico largo y recto y largas patas. Las más grandes llegan a tener 1.50 m de al-

Las grullas son aves zancudas, de patas largas, voluminosas y omnívoras. La grulla G. canadensis (abajo) es muy común en Norteamérica, pero la grulla G. americana (arriba) se considera una especie en peligro de extinción.

Corel Stock Photo Library

tura y casi dos entre los extremos de las alas abiertas. Sus plumas son generalmente blancas y están manchadas de negro en las alas, aunque hay especies que tienen el cuello y la cabeza negros y en la parte posterior de la cabeza presentan como un penacho rojo y negro. Son parecidas a las garzas, pero se diferencian de ellas en que vuelan con el cuello recto hacia delante, mientras que las garzas lo mantienen curvado. Son característicos los potentes gritos o graznidos que emiten para llamarse, los que pueden oírse a enormes distancias. En las mañanas se las suele ver en grupos que danzan con gran algarabía dando saltos; cuando están cansadas se posan en un pie y duermen metiendo la cabeza bajo el ala. Hacen sus nidos amontonando matas en los pantanos y ponen sólo dos huevos por estación. Existen especies de grullas en todo el mundo, pero todas son aves emigrantes que pasan el verano en las regiones frías y vuelan miles de kilómetros para invernar a menores latitudes, haciendo cada año ese recorrido dos veces, en bandadas que vuelan en forma de *V*.

grupo, dinámica de. Ciencia social que intenta entender y mejorar la naturaleza de los grupos humanos y las fuerzas psicológicas y sociales asociadas con éstos. El término fue usado por primera vez (1939) por Kurt Lewin para referirse a las fuerzas psicológicas y sociales provenientes de la interacción de la gente en grupos como familias, comités y equipos atléticos, así como en grupos laborales, educacionales, terapéuticos, religiosos, raciales y étnicos.

Una de las propiedades básicas de cualquier grupo es su nivel de cohesión, o el grado en el que los miembros están atraídos hacia él. Cuando la cohesión es alta, los miembros están motivados a participar en las actividades grupales y a ayudar al grupo a alcanzar sus metas y objetivos. Tales grupos brindan a sus miembros un sentimiento de seguridad, identidad y valía personal o, en palabras de Lewin, "el terreno que la gente pisa".

Con el paso del tiempo, los grupos desarrollan normas sociales de comportamiento, actitud y valor de sus miembros y ejercen presiones sociales y rechazan las desviaciones de esas normas. La fuerza de esa presión es mayor en los grupos con más cohesión. La uniformidad resultante de esas presiones tiene efectos deseables y no deseados: facilita la interacción social y el alcance de las metas del grupo, pero puede, al mismo tiempo, fomentar una mentalidad grupal que limite la creatividad. Los grupos bien establecidos tienen una estructura interna que prové estabilidad a la interacción de sus miembros, quienes tienden a adoptar papeles específicos para desarrollar funciones específicas, a fin de comunicarse más frecuentemente con miembros específicos y formar subgrupos y pandillas. La mayoría de los grupos tienen una estructura de categorías, en otras palabras, algunos miembros tienen más prestigio que otros y ejercen una mayor influencia en la vida del grupo. La productividad en los grupos de solución de problemas es frecuentemente deteriorada por esta estructura, ya que tiende a inhibir las contribuciones de los miembros de menor jerarquía.

Los actos de liderazgo son aquellos que fortalecen al grupo y contribuyen a su desarrollo efectivo. Aunque éstos pueden ser llevados a cabo por cualquier miembro, son frecuentemente restringidos a una persona designada como líder oficial. Un líder democrático alienta la participación en la toma de decisiones, fomenta la cohesión del grupo y facilita la interacción social. Aunque una conducción de grupo autocrítica es frecuentemente eficiente, esa clase de liderazgo tiende a crear hostilidad o apatía entre sus miembros.

El tamaño del grupo tiene también importantes consecuencias en su funcionamiento. Los grupos más grandes cuentan con mayores recursos y pueden realizar más que los grupos pequeños. A medida que los grupos crecen, una pequeña proporción de los miembros toma parte en grupos de discusión y toma de decisiones, la interacción deviene más impersonal, la satisfacción disminuye, se reduce la cohesión del grupo y éste tiende a dividirse en facciones. El número óptimo de miembros depende de los objetivos del grupo.

grupo, teoría de.

Teoría que estudia los objetos algebraicos llamados grupos. Como en el caso de muchas ideas matemáticas básicas, la definición de grupo proviene de la comparación de numerosos ejemplos que se presentan en muchos sujetos diferentes. Así, los grupos de transformación geométrica, de números y de permutaciones, comparten los tres axiomas básicos de la teoría de grupo; por lo que un solo teorema de la teoría de grupo puede ser aplicable a todos los grupos.

Uno de los conceptos básicos de la teoría de grupo es el conjunto. Un conjunto es la colección de objetos llamados elementos; el estudio de estos elementos es el objetivo de la teoría de conjuntos. Un grupo es un sistema matemático que consiste en un conjunto G y una operación binaria que satisfacen tres axiomas. Una operación binaria es una regla que asigna a cada par ordenado (g, h) de elementos en G un elemento más de G. Este nuevo elemento, generalmente denominado gh, es considerado como el resultado de combinar g y h en ese orden. Si el conjunto tiene una operación binaria, se dice que está cerrado con respecto a la operación. Los tres axiomas son: 1) $g(hk) = (gh)k$ para todos los g, h, y k en G (propiedad de asociación); 2) existe en G algún elemento e llamado elemento de identidad, por lo tanto $eg = ge = g$ para todas los g en G; y 3) para cualquier x en G existen algunos elementos y en G, por lo tanto $xy = yx = e$. Tal elemento y es único, es llamado el inverso de x y se denota x^{-1}. Un ejemplo simple es el grupo de números enteros en que, sumados como en operación binaria, el elemento gh es definido como la suma de g y h. El elemento de identidad es cero, ya que cualquier número al que se le sume

cero permanecerá sin cambio. El inverso de cualquier número es su negativo.

Un objeto matemático en el cual el axioma 3 no se aplica es llamado semigrupo. El conjunto de números positivos sumados es un ejemplo de semigrupo, porque el inverso de un número positivo es un número negativo y no pertenece al conjunto original. Los semigrupos tienen muchas aplicaciones en la ciencia computacional.

Los grupos pueden ser clasificados en varias formas. Si por cada par de elementos g y h en el grupo G, la propiedad conmutativa $gh = hg$ se aplica, entonces G es llamado conmutativo. Si el grupo G contiene un conjunto finito de elementos, es denominado grupo finito. Por ejemplo, las horas marcadas en la carátula de un reloj forman un grupo finito con 12 elementos, cuando la suma es definida como adición de tiempo. Por lo tanto $3 + 11 = 2$, en esta aritmética en la cual el número de identidad es 12. Los grupos finitos son especialmente importantes en la teoría de ecuaciones polinominales (teoría de Galois) y en física. Si el grupo G contiene un conjunto infinito de elementos, es llamado grupo infinito. El ejemplo más familiar de un grupo infinito son los números enteros. Si F es una función del grupo G hacia otro grupo satisfaciendo $F(gh) = F(g) F(h)$ para cada g y h en G, entonces F es llamado homomórfico. El homomorfismo permite la comparación de grupos diferentes. Si por lo tanto el homomorfismo es descubierto en algún nuevo y oscuro grupo en física y algún grupo conocido en geometría, mucho del conocimiento relativo al grupo viejo puede ser aplicado al estudio del grupo nuevo.

grupo, terapia de.

Forma popular de psicoterapia en la cual un número de pacientes –usualmente de 4 a 12– se reúnen con el terapeuta. El término terapia de grupo se reserva, hablando estrictamente, para grupos en los que individuos con desórdenes emocionales buscan ayuda profesional para lograr salud mental.

Más ampliamente, el término *terapia de grupo* describe también a grupos con otros propósitos. Grupos de encuentro, de adquisición de conciencia, y Alcohólicos Anónimos son formas de terapia de grupo, y cada uno tiene estructuras y propósitos distintos. La gente se reúne en esos grupos para mejorar sus vidas o darse cuenta de aspectos específicos.

Existen muchas teorías de aproximación a la terapia de grupo. Entre éstas se encuentra la psicodinámica o analítica, la Gestalt, el análisis transaccional, grupo t, de comportamiento y el psicodrama. Mientras que estas vías varían en racionalidad, procedimientos y contenido, todas tienen la visión del formato de grupo como poseedor de características que lo diferencian de

la terapia individual. Además de ser un formato más económico, los grupos pueden brindar cinco funciones terapéuticas. Primero, el grupo como una pequeña muestra de la sociedad en su totalidad, prové un contexto interpersonal en el cual el paciente puede develar sus estilos problemáticos de relacionarse con los otros. Segundo, el grupo puede brindar una muestra de respuesta social para cada individuo. Tercero, el grupo puede ser una fuente de ideas e intercambios entre gente con problemáticas similares. Cuarto, el grupo puede hacer las veces de escenario en el cual los individuos pueden practicar un nuevo comportamiento. Y quinto, el grupo prové una base de soporte emocional a sus miembros, quienes pueden sentir que no están solos en sus problemas y que pueden ser aceptados al encarar las dificultades para superar su problemática.

Los terapeutas intentan guiar al grupo a fin de que los integrantes puedan ayudarse a sí mismos y a los demás. El terapeuta marca reglas básicas e interpreta los acontecimientos dentro del grupo a manera de proveer a los participantes de un sistema de lenguaje para entender su comportamiento. En algunos grupos los terapeutas proponen ejercicios por medio de los cuales se puede facilitar la interacción del grupo.

Grupo de los Siete.

Asociación de las siete naciones líderes industriales: Alemania, Canadá, Francia, Gran Bretaña, Italia, Japón y Estados Unidos. Fundado en 1973, el también llamado G-7 se ocupa de obtener importantes beneficios mutuos de ayuda, comercio, crecimiento económico a largo plazo y seguridad. Los jefes de estado de las siete naciones se reúnen anualmente, y ocasionalmente participan también otros representantes. El también llamado Grupo Quad de Estados Unidos, la Unión Europea, Canadá y Japón realizaron su primera reunión en 1993.

grupo sanguíneo.

Cada uno de los cuatro grupos en que se clasifica la sangre de una persona, según su modo de reaccionar con los glóbulos y suero de otra sangre. Antes de practicar una transfusión de sangre, es necesario indagar a qué grupo sanguíneo pertenecen el que da la sangre o donador y el que la recibe o receptor. La vida del receptor correría peligro si su suero aglutinara los glóbulos de la sangre inyectada. En l900 descubrió Karl Landsteiner, médico nacido austriaco y nacionalizado estadounidense, el sistema llamado internacional, y que es el más empleado entre los ocho que se conocen actualmente. Landsteiner dividió los grupos de sangre en cuatro: O, A, B y AB. El individuo –hombre o mujer– que pertenece al grupo O es donador universal, y sus glóbulos no

Salvat Universal

Diagrama de las reacciones antígeno-anticuerpo entre los eritrocitos de donante de sangre y el plasma de receptores, cuyos grupos sanguíneos son: A, B, AB u O. Los círculos punteados indican que los anticuerpos del receptor aglutinan los antígenos del donante, y los círculos rojos indican que no hay aglutinación –y que por tanto la transfusión es viable–.

son aglutinables por el suero de los otros tres grupos. El grupo AB es receptor universal, o sea que admite la transfusión de los demás grupos, pero sólo puede dar sangre a los de su propio grupo. Los grupos A y B sólo pueden admitir sangre del grupo O y de su propio grupo. El grupo sanguíneo es hereditario y (de acuerdo con las variaciones de las leyes de Mendel) puede servir para investigar la paternidad. En algunos casos se utiliza para identificar a los criminales. Desde la Segunda Guerra Mundial, los soldados llevan un distintivo (medalla o pulsera), donde está inscrito el grupo sanguíneo al que pertenecen. *Véanse* SANGRE; TRANSFUSIÓN.

guabina. Baile colombiano típico de las regiones de Boyacá y Santander, de música cadenciosa y alegre; la guabina boyacense es el baile típico de los romeros que van al santuario de la Virgen de Chiquinquirá, patrona de Colombia.

guacamayo. *Véase* LORO.

guacamole. En México, ensalada que tiene aguacate como ingrediente principal. Se deriva del azteca *ahuacamolli*. Generalmente se prepara con aguacate majado, cebolla, tomate, chile y sal; también recibe los nombres de *guacamol*, *aguacamole* y otros.

guacamote. *Véase* YUCA.

guácharo. Ave caprimúlgida nocturna de América meridional, llamada también *guapaco*. De talla grande, su plumaje es castaño con manchas blancas y tiene pico robusto y aplastado como el del chotacabras. Duerme de día en las cavernas, donde hace su nido de barro, y de noche sale a buscar los insectos y semillas de que se alimenta. Al nacer, los polluelos son como bolas de grasa y los indios los buscan para derretirlos, obteniendo un aceite para guisar.

guaco. Nombre indígena de un ave gallinácea tan grande como el pavo, de plumaje negro en el dorso, con reflejos verde-purpúreos en la cola y el pecho, y con el vientre blanco. Tiene un pico fuerte, rodeado de piel amarilla en su base, y en la parte alta de la cabeza posee un penacho de plumas levantadas, a manera de cresta. Las alas son cortas y la cola larga; vive en los bosques sudamericanos, alimentándose de nueces y frutos, siendo frecuente verlos en grupos sobre los árboles. Su carne es comestible. Se encuentra en América, desde México a Paraguay.

Guadalajara. Provincia de España, situada en la parte central del país, y una de las cinco que constituyen la Comunidad de Castilla la Mancha. Tiene 12,190 km^2 y 155,884 habitantes (1995). Divídese en nueve partidos judiciales y sus ciudades más importantes, además de la capital del mismo nombre, son: Sigüenza, Azuqueca de Henares Brihuega y Cifuentes. Sus principales ríos son el Tajo, el Henares, el Tajuña y el Jarama. Posee yacimientos de caolín, minas de hierro (Setiles) y de plata (Hiendelaencina). Pero la producción característica son los cereales y el aceite. En la comarca de la Alcarria es típica la producción de miel de abejas.

Guadalajara. Ciudad de España, capital de la provincia homónima, sobre el río Henares, y estación de las comunicaciones ferroviarias y de carreteras entre Madrid y Zaragoza. Es de las más antiguas del país, pues corresponde a la *Caraca* que mencionan Tolomeo y Plutarco. Población: 68,044 habitantes (1995). Aunque modernizada, conserva edificios que son joyas arquitectónicas, como el palacio del Infantado, de fines del siglo XV. La arrebató a los árabes Alvar Fáñez, primo del Cid Campeador, durante el reinado de Alfonso VI, en 1085. Es sede de la Academia Militar de Ingenieros.

Guadalajara. Ciudad de México, capital del estado de Jalisco. Tiene 847,000 habitantes, está situada a 1,567 m de altura y disfruta de clima agradable. Por su población es la segunda gran ciudad de la república y recibe el sobrenombre de *Perla de Occidente*. Es centro industrial, comercial, financiero y de comunicaciones de primera categoría, que cuenta en su perímetro o en sus inmediaciones con importantes industrias y grandes establecimientos fabriles, entre ellos plantas de energía eléctrica, fábricas de hilados y tejidos, de productos alimenticios, de aceites, de cemento, de fabricación de partes y consumibles para equipos electrónicos y de computación, y de loza y cerámica. La ciudad es bella, de calles amplias y bien trazadas, con hermosos edificios, siendo notables la Catedral; el palacio de Gobierno, de bello estilo barroco; el convento de Santa Mónica, de admirable estilo plateresco; el Hospicio Cabañas y el teatro Degollado. Es gran centro cultural, sede de la Universidad de Guadalajara y de importantes instituciones científicas, artísticas y literarias.

Historia. Fue fundada por Cristóbal de Oñate, capitán de Nuño de Guzmán, en 1529 o 1530, que le dio el nombre de Espíritu Santo, y trasladada a su lugar actual en 1541, cambiándole el nombre por el de Guadalajara. En ella murió, en 1541, el conquistador Pedro de Alvarado.

Guadalquivir. Uno de los ríos más importantes de España, situado en Andalucía y cuya vasta cuenca se halla limitada al norte por las vertientes meridionales de la cordillera Mariánica; al este por las sierras de Alcaraz, Segura y Sagra; al sur, por las vertientes septentrionales de la cordillera Penibética, y al oeste por las marismas o llanuras pantanosas de Sevilla y Huelva. Su curso tiene 680 km de longitud y su cuenca ocupa una superficie de 56,522 km^2. El río nace en las sierras de Cazorla y del Pozo (Jaén) y desemboca en el océano Atlántico por Bonanza, a 2 km de Sanlúcar de Barrameda. Antes y más abajo de Sevilla se divide en brazos rodeando las islas Mayor

Torre de la catedral y rotonda, en Guadalajara, Jalisco, México.

Corel Stock Photo Library

y Menor, y encharcando las tierras de las Marismas, donde es típica la cría de toros bravos, aunque modernamente se han ganado espacios para el cultivo, mediante las obras de canalización y corrección de las vueltas del río. Es el Betis que dio nombre a la romana Bética y el de Guad-el Kebir (Guadalquivir) o *Río Grande* de los árabes. El Guadalquivir es navegable para barcos de gran calado, hasta Sevilla, 103 km desde la desembocadura.

Guadalupe. Departamento francés de ultramar, situado en el centro de las Pequeñas Antillas e integrado por las islas de Guadalupe, María Galante, Las Santas, Deseada, San Bartolomé y la parte francesa de la isla de San Martín. El departamento tiene una superficie total de 1,780 km² y una población de 428,000 habitantes (1995). La isla de Guadalupe (1,509 km²) consta en realidad de dos islas, separadas por un estrecho brazo de mar de más de 4 km, y de 30 a 150 m de ancho, el río Salado. La del este es Grande-Terre, con 570 km²; es una llanura baja, donde se encuentra concentrada la mayor parte de la población. Al oeste está Basse-Terre, la cual, pese a su nombre, es agreste y montañosa; un pico volcánico, el monte Soufriére, de 1,484 m, es la montaña más elevada de las Pequeñas Antillas. Dos grandes bahías de difícil navegación constituyen los únicos accidentes de la costa. En la bahía del suroeste se encuentra Ponte-a-Pitre (26,029 h.), el mejor puerto y la ciudad más importante de la isla, a orillas del río Salado. Grande-Terre tiene poca agua y mucho menos lluvias que Basse-Terre; el clima de ambas es tropical, turbado por huracanes y temblores de tierra. Producen principalmente caña de azúcar, bananas, café, cacao, vainilla y ron. Guadalupe es una de las zonas más densamente pobladas de las Antillas. En Basse-Terre, la población se encuentra concentrada en un cordón a lo largo de la costa. La capital del departamento de Basse-Terre (14,003 h. (nombrado por Francia) en 1990), localizada en el suroeste de la isla homónima. Guadalupe fue descubierta por Colón en 1493 y los franceses la ocuparon en 1635. Tomada en varias ocasiones por los ingleses, volvió definitivamente a Francia en 1816. Esta posesión se convirtió en departamento en 1946. Desde 1967 se han presentado disturbios y protestas por la situación política. Los más graves fueron atentados con bombas en 1980. A partir de 1983 se aumentó el grado de autonomía del gobierno de la isla y en 1986 el número de diputados que la representan en la Asamblea Nacional en París, pasó de tres a cuatro. El poder ejecutivo lo desempeña un Prefecto de la República, y cuenta con un Consejo General de 41 miembros y un Consejo Regional de 41 miembros, electos por sufragio directo

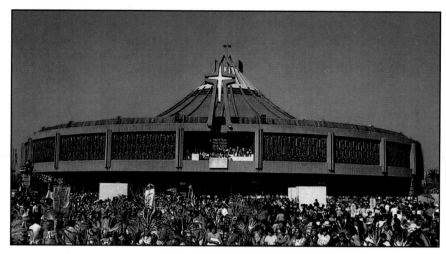

Vista panorámica de la nueva Basílica de Guadalupe en la Ciudad de México.

para pariodos hasta de seis años. Guadalupe se halla representada en la Asamblea Nacional francesa por cuatro diputados; y por dos senadores en el Senado francés. *Véase* FRANCIA.

Guadalupe Hidalgo. Villa de México, cabecera de la delegación Gustavo A. Madero, en el Distrito Federal. *La Villa* y la delegación tienen en total 1.255,003 habitantes. El rápido y enorme crecimiento de la población del Distrito Federal propició que al extenderse se unieran la Villa de Guadalupe y la ciudad de México. La importancia de *La Villa,* como generalmente se le conoce, radica en su carácter de centro del culto a la Virgen de Guadalupe. *La Villa* se extiende al noreste de la ciudad de México, al pie del cerro del Tepeyac, y los edificios religiosos principales son: la Basílica, el convento de Capuchinas, la capilla del Pocito y la capilla del Cerrito.

La Basílica antigua. El santuario de Santa María de Guadalupe es un templo de vastas proporciones, que se empezó en 1695 y se terminó en 1709, con reconstrucciones y mejoras posteriores. Tiene cuatro torres de 32 m de altura, y una cúpula de 40 m. En 1952, se terminaron el atrio y la gran plaza monumental que dan acceso al templo. Su interior es de imponente grandeza y está ricamente decorado. El altar mayor, diseñado por el gran arquitecto Tolsá, en 1802, es de incomparable esplendor, y en el centro, en un marco de oro y protegida por cristal, se custodiaba la imagen de la Virgen de Guadalupe, plasmada sobre la *tilma* (manta) del indio Juan Diego. Era centro de las peregrinaciones que acudían a venerarla de todas partes de México y de muchas otras naciones de América, especialmente el 12 de diciembre de cada año. En la Basílica se guarda el tesoro guadalupano, que el fervor y la devoción del pueblo de México le han ofren-

dado a la Virgen; consiste en vasos y ornamentos sagrados, joyas y coronas de oro y piedras preciosas de arte exquisito y riqueza fabulosa. En 1746 el papa Benedicto XIV, elevó el templo a la categoría de Colegiata, y en 1904, Pío X a la de Basílica. El convento y la iglesia de Capuchinas, adyacentes a la Basílica, se terminaron en 1787.

La capilla del Pocito. Es un interesante edificio, cercano a la Colegiata, de bellas cúpulas cubiertas con azulejos de Puebla. Fue erigida en 1791, para proteger el manantial que brotó en ese lugar cuando la Virgen se apareció a Juan Diego.

El cerro del Tepeyac. Frente a la capilla del Pocito están la pequeña capilla de Las Rosas y las escaleras talladas en la roca para ascender al cerro, en cuya cima se levanta la capilla del Cerrito, construida en 1660 y reedificada en el siglo XVIII. También en la cima está el panteón del Tepeyac, antiguo cementerio.

Historia. En épocas prehispánicas existía en el mismo cerro un templo dedicado a la diosa Tonantzin. Según cuenta la leyenda, durante la dominación española, la Virgen María se apareció al indio cristianizado Juan Diego en el cerro del Tepeyac (Tepeyac) y le pidió que comunicara dicho suceso al obispo de México, fray Juan de Zumárraga, quien dudando, pidió pruebas de su autenticidad y de otra aparición posterior. Finalmente, continúa el relato, el 12 de diciembre se apareció de nuevo la Virgen a Juan Diego, esta vez al pie del Tepeyac y le ordenó que subiera al cerro, cortara las rosas que allí crecían y se las llevara al obispo. Obedeció el indio y, en la cima del cerro, lugar desolado y estéril, encontró los rosales florecientes; cortó las rosas y llenó con ellas la *tilma* o *ayate* (manta) con que se abrigara. Llevó las flores al obispo y, al vaciar la tilma, apareció en ella milagrosamente estampada la imagen de la Virgen. Se extendió la fama del prodigio y se construyó una modesta ermita en el Tepeyac, en 1532 que, al aumentar la devoción a través de los siglos, fue ampliada, modificada y sustituida por templos cada vez más suntuosos hasta llegar a la Basílica actual, inaugurada en 1976.

En septiembre de 1810 el cura Miguel Hidalgo y Costilla, prócer de la independencia de México, adoptó como enseña del levantamiento un estandarte con la imagen de la Guadalupana. En 1848, se firmó en la Villa de Guadalupe el Tratado de Guadalupe Hidalgo que puso fin a la guerra entre México y Estados Unidos. Los plenipotenciarios mexicanos se vieron obligados a ceder al representante estadounidense, además de sus derechos sobre Texas, los territorios de Nuevo México y la Alta California (que después constituirían los estados de Nuevo México, Arizona, Utah, Nevada, California y parte de Colorado).

Guadalupe Hidalgo, Tratado de. Tratado que dio fin a la Guerra mexicoestadounidense, y fue firmado el 2 de febrero de 1848 por Nicholas P. Trist (1800-1874) por parte de Estados Unidos y por una comisión especial representando al colapsado gobierno de México. Trist, quien no atendió los llamados de Washington, negoció el tratado violando la mayor parte de sus instrucciones. El Senado de Estados Unidos aprobó el tratado con renuencia. México cedió a Estados Unidos la parte superior de California y Nuevo México (incluyendo Arizona) y reconoció los reclamos estadounidenses sobre Texas, quedando el Río Grande como frontera sur. A cambio, Estados Unidos pagó a México 15 millones de pesos asumiendo los reclamos de los ciudadanos estadounidenses contra México, reconociendo las anteriores concesiones de tierra en el suroeste, y ofreciendo la ciudadanía a todos los mexicanos residentes en el área. Algunas partes de la frontera acordada entre Estados Unidos y México resultaron casi imposibles de cartografiar, y fueron ajustadas por la operación conocida como *Gadsden Purchase*, o venta de la Mesilla en la cual México cedió 76,760 km² en el valle de la Mesilla, al sur del río Gila, a cambio de $10 millones de dólares en 1853.

Guadarrama. Sierra de la Cordillera Central de España, donde nace el río del mismo nombre. Separa las provincias de Segovia y Madrid, siendo los principales puertos que la cruzan, Navacerrada, Somosierra y el Alto del León o puerto de Guadarrama. Sus mayores alturas son el Pico de Peñalara (2,405 m) y Siete Picos, con 2,203 m el mayor. Poblada de pinares, es centro de turismo y alpinismo.

Guadiana. Río hispano-portugués que, generalmente se considera nace en las la-

gunas de Ruidera (Ciudad Real), y que por un fenómeno de filtración se pierde cerca de Argamasilla de Alba para reaparecer en los Ojos del Guadiana. Pero también se estima que su alto curso es el río Záncara, que procede de la Serranía de Cuenca. Discurre, por un cauce poco profundo y sinuoso, a través de las planicies manchegas; se encaja luego en hondos desfiladeros al cruzar las ramificaciones de los montes de Toledo, tras de cuya salida camina extendido y perezoso por los campos extremeños, hasta formar el límite con Portugal, entra en este país y vuelve nuevamente a servir de límite fronterizo desde la confluencia del Chanza. Es navegable en su curso inferior, y en su desembocadura se hallan los puertos de Ayamonte (España) y Villa Real (Portugal). Recorre 801 km y pasa por las cercanías de Ciudad Real, bañando directamente las ciudades de Mérida y Badajoz. Su afluente más importante es el Zújar.

Guainía. Comisaría de Colombia situada en el sureste del país en el límite con Brasil y Venezuela. Es una extensa llanura cálida y muy húmeda, cubierta de selvas y drenada por caudalosos ríos: el Guaviare, que limita con la comisaría del Vichada; el Inírida, que cruza la comisaría de suroeste a noreste y desemboca en el Guaviare cerca de la confluencia de éste con el Orinoco, y el Río Negro, de la cuenca del Amazonas, que limita al extremo sureste con Venezuela. La capital es San Felipe, situada en la margen derecha del Inírida no lejos de su desembocadura. Superficie: 72,238 km². Población: 9,214 habitantes (1995).

Guairá. Departamento del Paraguay, al norte de Caazapá, con 161,991 habitantes (1992) y una superficie de 3,846 km². Es una zona hendida en quebradas al este y pantanosa en el oeste, a causa de las crecidas del río Tebicuary. Es famoso el tabaco que produce, y también la caña de azúcar, plantas textiles, naranjas, frutas y maderas. Su capital es Villarrica.

Guaira, La. Puerto venezolano del Distrito Federal en el Mar Caribe, y capital del distrito de Vargas. Tiene 26,300 habitantes. Su nombre deriva de *huaira*, voz nativa que significa brisa. Es el puerto más importante de Venezuela y fue fundado en 1588 por Diego de Osorio. Dista 9 km en línea recta de Caracas, a la que está unida por ferrocarril y por una magnífica autopista de 17 km, que tiene túneles construidos con las más modernas técnicas de ingeniería.

guaje. En México, nombre de ciertas especies de plantas principalmente cucurbitáceas y bignoniáceas, algunas de las cuales tienen frutos parecidos a la calabaza, con los que se hacen recipientes o vasijas

también llamados *guajes*. Estas vasijas suelen ser decoradas con bellos dibujos y vivos colores, que son interesantes ejemplos de ornamentación indígena y sumamente apreciados. En sentido figurado y familiar, *guaje* significa tonto, sandio o bobo. Es palabra que proviene de la azteca *huaxin*.

guajira. Canción popular de los campesinos venezolanos y cubanos. Es de origen español y se la llama también punto guajiro o punto criollo, pero se diferencia de la española en su cadencia característica y en que no tiene notas de adorno. Es de medida alternada con ritmos de tres por cuatro y de seis por ocho, y tiempo muy animado, y la letra de cada una está constituida por una décima o espinela. También es danza que se baila por parejas o grupos de ésas.

Guajira, La. Departamento de Colombia en la península homónima, en el extremo noreste del país. Tiene superficie de 20,848 km² y población de 371,613 habitantes, incluyendo tribus semisalvajes. El terreno es casi totalmente llano y el clima caluroso y seco. Intensa crianza de ganado. Enfrenta el problema de una escasez de agua, parcialmente remediada con obras de ingeniería, pues es región de pocas lluvias. Sus principales poblaciones son Riohacha, la capital, con 167,683 habitantes, Fonseca y Maicao. La pesca de perlas es importante en la costa septentrional. Los yacimientos de sal de Manaure son los mayores de América Latina.

guajolote. *Véase* PAVO.

Gual, Pedro (1784-1862). Patriota y estadista venezolano, compañero del Libertador, Simón Bolívar, desde el principio de la lucha por la emancipación continental. Diplomático en Europa, fue proclamado presidente provisional al derrocamiento del general Tadeo Monagas. Vicepresidente más tarde, volvió a asumir la presidencia a la renuncia de Manuel Tovar. Político probo y hábil diplomático, representó a su país en Londres y Madrid.

Guam, Isla de. *Véase* MARIANAS, ISLAS.

guamo. Árbol de América, con tronco delgado, cuya altura alcanza 8 a 10 m. De la familia de las leguminosas, las hojas son pequeñas y las flores blanquecinas. Su fruto es la guama. Se planta para dar sombra al cafeto.

Guanabacoa. Ciudad de la isla de Cuba, a 8 km al este de La Habana; tiene 94,700 habitantes. En 1555 era un pueblo donde vivían nativos que le dieron tal nombre, que significa *lugar de aguas,* por los manantiales que posee. Entre sus industrias se destacan las de embotellado de aguas minerales, fabricación de tejidos y exploraciones agrícolas. Posee algunos de los monumentos más bellos del barroco antillano: monasterios de San Francisco y Santo Domingo e iglesia parroquial, obras todas del siglo XVIII.

guanábano. Árbol amonáceo natural de las islas del Caribe, muy apreciado por los frutos comestibles que produce, llamados guanábanas. Tiene tronco recto, con corteza gris lisa y abundante fronda, compuesta de hojas lanceoladas, de brillante verde en el dorso y blanquecinas por el envés. Sus flores son grandes, blanco amarillentas, y sus frutos tienen forma de corazón, con corteza verde y espinosa; encierran en su interior una pulpa blanca y azucarada, que por su grato sabor y propiedades refrescantes la hacen una de las frutas más apreciadas de América.

Guanacaste. Provincia de Costa Rica en el litoral del océano Pacífico y cuyo límite norte alcanza a Nicaragua, país al que perteneció este territorio hasta 1825. Superficie: 10,400 km^2. Población: 263,845 habitantes. Actividad agrícola y ganadera. Capital: Liberia (34,333 habitantes).

guanaco. Rumiante de gran talla que habita las montañas de América meridional, principalmente en los Andes, y que mide hasta 1.40 m de alzada. Tiene cabeza pequeña, orejas largas y puntiagudas y ojos negros y brillantes. Sus patas, largas

Guanacos pastando en los Andes Sudamericanos.
Corel Stock Photo Library

y finas, terminan en pies de dos dedos con fuertes pezuñas. Tiene el cuerpo cubierto de abundante pelo largo y lustroso, de color pardo oscuro o gris, y raramente blanco. Es muy arisco, y a pesar de su gran curiosidad es difícil de domesticar. Los nativos lo cazan por su carne, que utilizan como alimento, y por su piel, con la que fabrican mantas muy apreciadas y tiendas de campaña. Con las llamas y alpacas son los representantes de los camélidos en América.

Guanajuato. Estado de México. Tiene 30,589 km^2 y 4.406,568 habitantes (1995). Limita con los estados de Jalisco, San Luis Potosí, Querétaro y Michoacán. Sus principales centros de población son Guanajuato, capital del estado (128,171 h.), León (1.042,132), Irapuato (412,639), Celaya, Acámbaro, Salamanca, Silao, San Francisco del Rincón, Valle de Santiago, Moroleón, Salvatierra, Cortázar, San Miguel de Allende y Dolores Hidalgo.

Atraviesan el estado numerosas serranías, entre ellas las de Sierra Gorda, Media Luna, Pénjamo y Guanajuato. Al oeste de la ciudad de Guanajuato se alza el cerro del Cubilete (de 2,560 m), que es el centro geográfico de México. El pico más alto del estado es el de Los Llanitos (3,360 m). Tiene fértiles valles, llanuras y campiñas. Al sur se extiende la fértil planicie El Bajío. Entre los ríos son notables el Lerma, Laja, Guanajuato, Turbio e Irapuato. Hay varias lagunas, siendo la más importante la de Yuriria, de 96 km^2, de origen artificial, formada en 1548. Abundan las aguas termales.

El clima es templado en la mayor parte del estado, en alturas de 1,500 a 2,000 m; cálido a niveles más bajos y frío en las alturas de las sierras. Su riqueza minera es una de las mayores de México, y fue aún más importante en tiempos pasados. De sus minas se extrae oro, plata, plomo, estaño, cobre, hierro, etcétera. Entre los centros mineros más nombrados figuran los de Guanajuato, La Luz, Xichú y Santa Rosa. Minas célebres en la época colonial, que rindieron fabulosas riquezas de plata, fueron, entre otras, La Valenciana, La Luz y San Bernabé.

En agricultura comprende el estado varias feraces comarcas que forman parte de la región llamada el granero de México. Entre ellas la fertilísima de El Bajío, ya mencionada, que se encuentra limitada por las sierras de Pénjamo y de Agustinos y por diversos cerros. La región de El Bajío rebasa los límites del estado y se extiende hasta el de Michoacán. Se cultiva trigo, maíz, frijol, frutas diversas y muchos otros productos agrícolas. Cuenta el estado con grandes obras hidráulicas que favorecen la agricultura, entre ellas las gigantescas presas de Tepuxtepec y de Solís. La riqueza fo-

Corel Stock Photo Library
San Miguel de Allende, Guanajuato, México.

restal y la ganadería son, también, muy importantes.

La industria y el comercio son muy activos. Grandes instalaciones que aprovechan la energía hidroeléctrica, estimulan el desarrollo industrial. Hay fábricas de hilados y tejidos, industrias derivadas de la minería, talleres metalúrgicos, curtidurías y fábricas de calzados, de productos alimenticios diversos, alcohol, explosivos, cerámica, vidrio, etcétera., y en Salamanca una importante y moderna refinería de petróleo. El comercio es activo, y las poblaciones citadas anteriormente se cuentan entre los principales centros mercantiles, industriales y agrícolas del estado. La red de comunicaciones es excelente, con varias líneas de ferrocarril y buenas carreteras que unen las principales poblaciones del estado con las demás de la nación.

Historia. Habitaban la región en la época prehispánica otomíes y chichimecas, y posteriormente tarascos y aztecas. Hacia 1526 se inició la dominación española. En 1531, Nuño de Guzmán penetró por el sudoeste, y con sus crueldades provocó la rebelión de los indios, que aplacó luego la bondad evangélica de Vasco de Quiroga. Durante el virreinato perteneció a la Intendencia de Guanajuato, y después de independizarse México, se constituyó en estado en 1824. Ha sido escenario de importantes acontecimientos históricos, entre ellos el del levantamiento de Miguel Hidalgo, cura de Dolores (hoy Dolores Hidalgo), en 1810, que inició el movimiento armado por la Independencia de México.

Guanajuato. Ciudad de México, capital del estado de su nombre. Tiene 128,171 habitantes y está situada a 2,050 m sobre el nivel del mar, en un valle angosto, que atraviesa el río de Guanajuato.

En 1548 se descubrieron ricas vetas de plata en la comarca, y en 1554 se fundó la población, que recibió el nombre de Santa Fe de Guanajuato. Durante la dominación española, la riqueza fabulosa de sus minas se convertía en un río de monedas de oro y plata, que acuñaba su famosa Casa de Moneda. Desempeñó un papel principal en la guerra de Independencia, y en 1810 Miguel Hidalgo tomó por asalto el edificio de la Alhóndiga, en uno de los episodios iniciales más memorables y cruentos de la epopeya nacional de México.

Es una típica y pintoresca ciudad minera de la época colonial, con calles estrechas y torcidas, debido a lo accidentado del terreno. La circunda una región montañosa y pintoresca, rica en minas de metales preciosos. Son notables muchos de los edificios de la ciudad, entre ellos la Alhóndiga de Granaditas, el palacio de Gobierno, la Casa de Moneda, el teatro Juárez, y los templos de San Francisco, La Valenciana, La Compañía y Nuestra Señora de Loreto. Es sede universitaria.

Guanare. Capital del estado de Portuguesa, Venezuela, situada a 172 m de altitud, al pie de la Cordillera de Mérida. Dista 5 km del río Guanare, que la comunica con Ciudad Bolívar y otras poblaciones a orillas de los ríos Orinoco y Apure. Su economía se basa principalmente en la producción de cacao, maíz, café, añil y algodón, la cría de ganado vacuno, caballar y mular, y la extracción minera de potasa y hierro, así como en un activo comercio para el cual cuenta, además de la mencionada comunicación fluvial, con un importante aeropuerto y varias carreteras. Juan Fernández de León fundó en 1593 la ciudad, que fue primeramente capital (1854) de la provincia de Portuguesa, transformada más tarde en estado. Población: 63,420 habitantes. En Guanare está el Santuario de la Virgen de Coromoto, patrona de Venezuela, por lo que la capital es un centro nacional de peregrinación.

guanches. Antiguos pobladores de las Islas Canarias, especialmente de Tenerife, los guanches no formaban un solo grupo étnico, sino un conglomerado de diferentes grupos inmigrantes (cromañones, protomediterráneos, armenoides, negroides, etcétera.). Fueron en parte exterminados y en parte absorbidos por la población española desde la conquista en el siglo XV. La cultura más antigua de los guanches era de tipo agrícola y ganadero, con base en la cebada y en las de cabañas o cuevas artificiales. La familia era patriarcal y monógama, y la organización social era feudal. Sus creencias eran animistas, con culto a algunas divinidades.

guano. Excrementos de aves marinas depositados, en capas de color amarillento y de hasta 20 m de espesor, en ciertas islas del Pacífico, en las costas occidentales de América del Sur (Perú, Colombia, Chile) y en las del suroeste de África. Las aves guaneras pueblan estas islas por millones. Las principales son el guanay, alcatraz, piquero y pingüino. Es de color pardo blanquecino y posee un olor fuerte característico. Por su rica composición de nitrógeno, fósforo, sales potásicas, amoníaco y sodio, resulta un excelente abono para la agricultura, y como tal fue empleado en Perú desde tiempo inmemorial e introducido en Europa en 1821. Su explotación fue hasta hace pocas décadas una fuente de riqueza muy importante, especialmente para Perú.

Guantánamo. Provincia y ciudad en el extremo este de la isla de Cuba. Sus límites geográficos son la provincia de Holguín y el océano Atlántico al norte, el Paso de los Vientos al este, la provincia de Santiago de Cuba al oeste, y el Mar Caribe al sur. Cuenta con cuatro zonas naturales bien definidas: el grupo montañoso Sagua-Baracoa; la cuenca de Guantánamo; el valle Central y la Sierra Maestra, la más importante cordillera de la región. En la zona montañosa se encuentran grandes reservas minerales. En la costa suroeste está la bahía de Guantánamo, que contiene una base naval de Estados Unidos. La agricultura (caña, cacao, café) y la ganadería son las principales fuentes de riqueza de la provincia. Baracoa, en el nordeste, fue la primera ciudad fundada en Cuba por los españoles. La población de la provincia es de 499,182 habitantes (1990) repartida entre diez municipios. El área total es de 6,366 km².

Guaranda. Cantón del centro de Ecuador, capital de la provincia de Bolívar, con 77,726 habitantes (1994). Situada a 2,668 m de altura, en la Hoya de Chimbo. Centro comercial agrícola (cereales, papas, hortalizas) y maderero. Industria agropecuaria. Carretera a Ambato, Riobamba y Babahoyo. Sede del obispado.

guaraníes. Pueblos indígenas que viven en diversas zonas tropicales de América del Sur. En sentido genérico se llama tupí-guaraníes a todas las tribus de una vasta familia lingüística que se extiende por las selvas amazónicas, las costas de Brasil y la cuenca del Paraná Superior. En especial se reserva el nombre de guaraníes para designar una importante tribu de dicha familia, que forma el núcleo central de la población autóctona de Paraguay.

Los tupí-guaraníes. Una leyenda indígena afirma que en remotas épocas llegaron a Brasil, procedentes de allende los mares, dos hermanos llamados Tupí y Guaraní. Establecidos a orillas del Amazonas, no tardaron en crear una comunidad próspera, pero cierto día se produjo una disputa entre sus esposas, que deseaban adueñarse de un bello pájaro hallado en la selva, y ambos hermanos se separaron. Tupí permaneció en las selvas amazónicas y su hermano se dirigió hacia el sur, estableciendo su morada entre los bosques situados al este del río Paraguay, junto a las márgenes de un majestuoso río al que bautizó con el nombre de Paraná o *padre de las aguas*.

Dejando de lado a los descendientes de este viajero legendario, la vasta familia tupí-guaraní comprende nueve tribus que habitan al sur del Amazonas. Desde la región comprendida entre los ríos brasileños Tapajoz y Madeira, estos aborígenes se extendieron hasta las bocas del Amazonas, de donde descendieron hacia el sur, en lenta migración, por las costas del Atlántico, hasta llegar a la Laguna de los Patos, próxima a la frontera uruguaya; otros grupos se adelantaron, en épocas más recientes, hacia el altiplano de Bolivia, donde fincaron su residencia.

Todos los tupí-guaraníes hablan *lengoa geral* (lengua general), que es una mezcla de sus dialectos antiguos con vocablos e inflexiones europeos que les fueron enseñados por los misioneros.

Entre las tribus tupí-guaraníes se destaca, por su legendaria ferocidad, la de los *chiriguanos*. Concentrados en la zona

Guaraníes en Asunción, Paraguay.

Corel Stock Photo Library

oriental de Bolivia, estos indígenas son los descendientes de los núcleos guaraníes que a comienzos del siglo XVI invadieron la frontera oriental del imperio incaico. Hombres de indomable temple, se hicieron famosos al derrotar una expedición enviada desde Lima por el virrey Francisco de Toledo. Pacificados luego por misioneros jesuitas y franciscanos, se dedicaron al cultivo de la tierra y a la alfarería, en la que son maestros consumados; pero la opresión a que se vieron sujetos durante el siglo pasado fue la causa de que en 1880 se levantaran violentamente contra el gobierno boliviano. En la actualidad sólo quedan 20 mil chiriguanos de raza pura, diseminados entre la región argentina de Tartagal y el distrito boliviano de Santa Cruz de la Sierra.

Otra tribu importante es la tupinambá, cuyos miembros viven sobre las costas brasileñas. En siglos pasados provocaron viva curiosidad en Europa, pues los antropólogos afirmaban que eran perfectos ejemplares de hombres en estado natural. Al concluir cada una de sus frecuentes guerras, estos indios asesinaban en la plaza pública a los cautivos y comían sus despojos en medio de extrañas ceremonias. Los tupinambá tuvieron gran importancia en la historia de Brasil y enriquecieron el idioma portugués con gran número de palabras.

Las tribus restantes del grupo tupí-guaraní son secundarias. *Los cocamas*, que viven al este de Perú, son diestros navegantes fluviales y buenos alfareros. Los *guayakis* siguen siendo un enigma: perdidos en las impenetrables selvas paraguayas, sus hábitos rudimentarios no han podido ser estudiados con detenimiento. *Los guarayos*, pobladores de la frontera paraguayo-boliviana, son apenas 5 mil en la actualidad y se hallan al cuidado de misioneros franciscanos. Los *mauhé* y *mundurucu*, perdidos en las selvas próximas al Amazonas, son legendarios cazadores de cabezas. Los *parintintin*, de feroces hábitos, han sido diezmados por guerras y epidemias, y viven a orillas del río Magdalena, en tierras brasileñas.

Los guaraníes y su cultura. De todas las familias integrantes del núcleo tupí-guaraní, es ésta la más numerosa e importante. A comienzos del siglo XVI, cuando se produjo el arribo de los primeros conquistadores españoles, los descendientes del legendario héroe llegado del otro lado del océano vivían entre los ríos Paraná y Paraguay. Divididos en tribus compuestas por un centenar de familias cada una, los guaraníes obedecían a un cacique y a un consejo de ancianos. Sus costumbres, extraña mezcla de primitivismo bárbaro y aguda sensibilidad, serían sacudidas por el doble impacto de la técnica militar europea y de la religión cristiana. Al cabo de una desesperada resistencia, Alvar Núñez Cabeza de Vaca y Domingo Martínez de Irala, lograron dominarlos por completo, y de inmediato

comenzó la fusión de conquistadores y aborígenes, que se tradujo en el surgimiento de una clase numerosa e influyente de mestizos.

Antes de la llegada de los jesuitas, que habrían de iniciar con ellos un singular experimento social, los guaraníes vivían en estado semisalvaje. Sus armas eran la flecha, las boleadoras y la macana, especie de maza que manejaban con gran habilidad. *Tupá*, el principio del bien, y *Añá*, el dios del mal, eran sus deidades principales.

El guaraní es hoy en día, con el español, el idioma oficial de Paraguay, donde se estima que lo hablan más de dos millones de personas, y cuenta con una interesante literatura, tanto lírica como dramática.

Guardia Gutiérrez, Tomás (1832-1882).
Militar y político costarricense. Se distinguió en la lucha contra la piratería de William Walker. Comandante en jefe de la provincia de Alajuela de 1859 a 1869, acaudilló una rebelión apoyada por los liberales que depuso al presidente Jesús Jiménez en abril de 1870. Elegido presidente (1870-1876), promulgó la Constitución de 1871 e inició la construcción de ferrocarriles. Con el apoyo de las fuerzas armadas, volvió a ocupar la presidencia de 1877 a 1882.

Guardini, Romano (1885-1968).
Teólogo alemán nacido en Italia. Desarrolló importante trabajo profesional en Alemania, donde también ofició como sacerdote. Autor de importantes estudios teológicos y filosóficos: *Libertad, gracia y destino*. Su obra *El señor* es fundamental en los estudios ecuménicos.

Guareschi, Giovanni (1908-1968).
Escritor y dibujante italiano. Periodista, sus novelas *Il destino si chiama Clotilde* (1942), *Don Camillo* (1948), *Don Camillo e il suo gregge* (1953) y *Corrierino delle famiglie* (1954) alcanzaron gran popularidad debido a la hábil dosificación de humor y sentimentalismo. En 1963 aparecieron *Il compagno Don Camillo* y *Don Camillo in Russia*.

Guárico.
Estado de Venezuela, montañoso al norte (Serranía del Interior o Caribe), quebrado al centro (región del Alto Llano), llano en el resto. Tiene 64,986 km² y una población de 488,623 habitantes (1990). Su capital es San Juan de los Morros, célebre por sus fuentes sulfurosas. Es rico en maderas, café, maíz, petróleo, ganados azúcar, algodón, tabaco y otros frutos. Sus poblaciones principales son Valle de la Pascua, el centro comercial más próspero del llano; Zaraza, a orillas del Unare; Calabozo y Altagracia de Orituco. Modernas carreteras cruzan el estado. Varias líneas de aviación unen también a Guárico con todo el país.

Guarnieri, Mozart Camargo (1907-1968).
Compositor brasileño. Estudió composición con L. Baldi y M. de Andrade, y más tarde amplió sus conocimientos musicales con Ch. Koechin, en París. Su estética ha sido calificada de regionalismo paulista. Utiliza una escritura contrapuntística rigurosa, especialmente en sus obras de gran extensión. De su vasto catálogo destacan *Chôro*, para instrumentos de viento (1931); *Flor de Tremenbé* (1937), para quince instrumentos solistas; *Cuarteto núm. 2*, para cuerda (1944); *Sinfonía núm. 2* (1948); *Chôro*, para piano y orquesta (1956); y la *Sonata núm. 5*, para violín y piano (1959).

Guatemala.
República de América Central que se extiende desde el Mar de las Antillas hasta el océano Pacífico; comprendida entre los paralelos 17° 49' de latitud norte y los meridianos 88° 12' y 92° 13' de longitud oeste.

Limita al oeste con México en frontera sinuosa formada por el río Suchiate y parte del curso del río Usumacinta. Al norte, el país queda separado de Belice por el río Sartsun y tiene costas en el Golfo de Honduras. Las montañas de Merendón la separan de Honduras al este. El cerro Monte Cristo, el lago de Güija, el volcán de Chingo y el río de la Paz forman el límite con El Salvador. Su litoral en el océano Pacífico es de 269 km y en las Antillas de 185.

Su extensión es de 108,889 km² y su población de 10.928,000 habitantes (1996).

Orografía. Pertenece al sistema orográfico centroamericano, derivado de las Sierras Madres de México, de igual modo que éstas aparecen como continuación de las Rocosas. A la vez, el sistema centroamericano se enlaza con el sudamericano en los Andes. Destaca en Guatemala una cadena principal que corre paralela a la costa del Pacífico, de noroeste a sureste, y que luego se interna en Honduras. La parte superior de esta cadena es la que se denomina Altos de Guatemala, con su mayor altura en el cordón de los Cuchumatanes (3,500 m), que deriva de México con el nombre de Sierra Madre de Dios y avanza formando mesetas vastas y frías; camino del sur se estrechan y rebajan para dividir el país. Por la región oriental y vertiente del Atlántico, el territorio se extiende por los espléndidos valles de Minas, Santa Cruz, Chamá y Merendón; al llegar al departamento de Guatemala, donde se encuentra la capital, la cordillera del este desciende a los 1,300 m, pero vuelve a ascender a 2,500 m al llegar a cerro Oscuro e internarse en Honduras.

El sector principal del oeste, que se estrecha sobre la costa del Pacífico, posee las cimas más altas: el macizo de Verapaz (4,000 m). El departamento de Alta Verapaz está cruzado de oeste a este por la cordillera de Chisec, que luego (costa de Be-

Iglesia de Santo Tomás, Guatemala.

Corel Stock Photo Library

lice) forma los montes Chamá y los montes. Éstos terminan en la montaña de Cocksomb (2,100 m). Entre el cordón de los Cuchumatanes y la cadena oriental se encuentra la meseta central, donde se hallan las principales ciudades y la mayor población.

Geología y volcanes. Al referirse a la geología de Guatemala ha de citarse su línea volcánica. La zona entre la cadena oriental y el Pacífico es terreno volcánico formado por lavas aglomeradas en masas, arenas o escorias, mezcladas con los terrenos de transformación. En el interior se encuentran rocas basálticas, calizas, sílice, feldes-patos, cuarzos y granitos. Los terrenos de las costas, aunque compuestos de formaciones graníticas y calizas, contienen capas aluviales, y en las selvas y sabanas inundables, el humus presenta considerable espesor.

Así, puede afirmarse que Guatemala se asienta sobre volcanes, aunque éstos no se hallan en su macizo principal, sino en sus cadenas adicionales, según se indica a continuación: zona del oeste, dos volcanes ya extinguidos en el departamento de San Marcos: el Tacaná (4,064 m), de cono regular; el irregularmente formado Tajumulco (4,210 m, la mayor altura de América Central), cuyos depósitos de azufre se explotan desde siglos pasados. En la zona central, los volcanes: San Antonio (2,748 m), Lacandón (2,826 m), Chivacal (2,825 m), Quezaltenango (3,180 m) y el Santa María (3,748 m), que fue de los más activos en otro tiempo y en el presente ha causado continuos siniestros. Los volcanes de la región del este son: el San Pedro (3,160

m), a orillas del lago Atitlán, con dos conos ya extinguidos y un tercero en actividad; el del Fuego (3,850 m); Acatenango (4,150 m) y el del Agua (3,800 m), que arrasó por primera vez la ciudad de Guatemala la Vieja en septiembre de 1541. Separado del volcán del Agua por el valle de Michatoya se halla el grupo del volcán Pacaya (2,540 m). En esa región se encuentra la laguna de Caldera que ocupa un cráter extinguido. Son otros volcanes de la zona los dos pequeños llamados Cerro Redondo; el Tecuamburro con respiradores, fumarolas, soliataras y aguas termales que se encuentran en sus faldas y vecindades; el Ipala (1,690 m); el Chimula (3,590 m); el Santa Catalina (2,050 m); el Culma y, finalmente, el Chingo (2,000 m).

Costas. La costa del Pacífico tiene muy pocas articulaciones y las bahías principales, muy abiertas, son las de San José y Champerico. En la primera se encuentra San José, el mayor puerto del Pacífico. La costa del Atlántico, en cambio, es recortada. Corresponde al Golfo de Honduras y posee un magnífico refugio natural en la amplia bahía de Amatique, casi cerrada al noreste por el Cabo de las Tres Puntas o Manabique. En esta bahía desagua el lago de Izabal, el mayor del país, a través del río Dulce; y se hallan los puertos de Puerto Barrios –el principal de Guatemala–, Livingston y Matías de Gálvez.

Hidrografía. Los ríos principales son el Usumacinta, que nace en el departamento de Huehuetenango y se dirige hacia el Golfo de México; el Cuilco y el Selegua, que indirectamente desembocan en igual dirección; el río Hondo, el de Belice, el Sarstoon, el Polochic y el Motagua que desem-

bocan en el Mar de las Antillas. En el Pacífico desaguan los ríos de La Paz, de los Esclavos, Michatoya, Guacalate y otros menores. Los lagos son numerosos y tienen importancia en la hidrografía del país. Entre ellos descuellan el de Petén Itzá, en el norte; el de Izabal, en el este; el de Atitlán, en el Departamento de Sololá; el Amatitlán, en el Departamento de Guatemala; el Ayarza, en Santa Rosa, y el de Guija, en la frontera con El Salvador.

Clima, flora y fauna. La temperatura depende de la altitud. Existen dos niveles: uno cálido y templado hasta los 1,500 m, y el otro, paulatinamente más frío, hasta los 3,500 m, con nieves ocasionales. El régimen de lluvia va de mayo a noviembre, y las regiones más lluviosas corresponden a las tierras bajas, la serranía que mira al Caribe y la vertiente del Pacífico; el corazón montañoso del país recibe lluvias tanto del Caribe como del Pacífico.

Guatemala cuenta con una riquísima vegetación. Las reservas forestales ocupan más de la mitad del país, y existen más de 300 variedades de árboles susceptibles de explotación comercial. También es muy grande el número de flores. La ceiba y la orquídea, conocida como la monja blanca, han adquirido resonancia nacional. La fauna es predominantemente neotropical, pero incluye especies septentrionales, como el cariacú o ciervo mulo de Virginia. El Parque Nacional Atitlán constituye una de las principales reservas naturales americanas y es célebre por sus macáes. El ave nacional es el quetzal.

Recursos naturales y economía. El producto interno bruto (PIB) fue de 11.309,000 dólares americanos, con un ingreso per

Iglesia de Santa Cruz del Quiche, Guatemala.

Corel Stock Photo Library

Guatemala

cápita de 1,100 dólares (1993). La agricultura constituye 25% del PIB (1994) y da ocupación a 50.6% de la población activa (1995). Los productos más importantes son el café, el algodón, la banana, la caña de azúcar y el trigo. También es preciso destacar el arroz, el té, los cítricos, los frijoles, el maíz y el tabaco. El subsector pecuario se encuentra en expansión, y predomina el ganado bovino, concentrado en la costa del Pacífico. La pesca, sobre todo de camarón, tiene gran valor económico. En el renglón forestal, las explotaciones principales son las de caoba, cedro y chicle. Entre las riquezas del subsuelo, se destacan el níquel y el petróleo. Posee también cromo, plomo, asbestos, uranio, mercurio, azufre, plata, oro, antimonio, estaño, cinc y mármol. El sector minero todavía tiene poco peso en el PIB pero se anuncia como uno de los más dinámicos en los planes de desarrollo del país. Las centrales hidroeléctricas sólo proporcionan la quinta parte del total de electricidad del país. Las más importantes son las de Los Esclavos, Jurún-Marinalá y la del lago Atitlán. El sector manufacturero, en pleno desarrollo, representa 14.1% del PIB (1995). Las principales ramas son tejidos, papel y derivados, minerales no metálicos, productos metálicos, alimentos, bebidas, tabaco, confección, calzado y productos químicos. Las exportaciones totalizaron 1,660,000 millones de dólares (1991), y los más importantes, 53.6% (1995) del total, son el café, el algodón, el plátano, el cardamomo y el azúcar. Los mejores mercados son Estados Unidos y el Mercado Común Centroamericano (MCC), del que Guatemala es miembro fundador, además de Alemania, México y Japón. El MCC absorbe 15% del comercio exterior. La moneda nacional es el *quetzal* (Q) dividido en 100 centavos.

Comunicaciones. La red vial guatemalteca suma 13,400 km (26% pavimentados), 824 de los cuales corresponden a la carretera Panamericana. Otras carreteras importantes son la Interoceánica, de Puerto Berrios a San José; la del Pacífico, de Talismán a Pijije, y la moderna autopista Guatemala-Escuintla. La empresa nacional Ferrocarriles de Guatemala enlaza el país con México y El Salvador, y pone en contacto a las principales ciudades con 1,139 km de vías ferreas. Las conexiones marítimas internacionales se hallan aseguradas por la Flota Mercante Gran Centro Americana (FLOMERCA). Además, la Empresa Guatemalteca de Aviación (AVIATECA), de propiedad estatal, atiende el tráfico interior e internacional, esta último en competencia con las principales líneas extranjeras. El aeropuerto internacional de La Aurora, en la ciudad de Guatemala, es considerado el mejor de la América Central. Existen tres emisoras de televisión y más de 90 emisoras de radio.

Corel Stock Photo Library

La colorida arquitectura local de las calles de Antigua, Guatemala.

Población y gobierno. El 57.2% de la población es mestiza, de ascendencia europea. El resto es maya-quiché, salvo una minoría afro-caribe en la costa atlántica. 36.4% de la población es urbana. La mayoría del país es católico y se habla español, que constituye el idioma oficial. Los principales idiomas indios son el kekchí, el quiché, el cakchiquel y el mam.

La expectativa de la vida al nacer es de 65 años (1995) aunque la mortalidad infantil alcanza 48 por millar. El crecimiento poblacional se sitúa en 2,9% (1996), lo cual ha creado una pirámide de población muy empinada, con una edad promedio de apenas 17,6 años (1995).

Según la Constitución de 1985, Guatemala es una república representativa y democrática, con un Poder Ejecutivo, un Poder Legislativo y un Poder Judicial de igual rango. Integra el primero el presidente un periodo de 4 años no renovables, que nombra al gabinete y es jefe de las fuerzas armadas. El segundo lo desempeña el Congreso Nacional, unicameral (80 diputados elgidos por sufragio directo, 64 por distritos electorales, y el resto por lista nacional para términos de cuatro años). Tanto el presidente como el Congreso son elegidos por sufragio universal. El Legislativo nombra por cinco años a los jueces de la Corte Suprema y de los demás tribunales. También el mandato del presidente y de los diputados es de cuatro años. La Constitución garantiza la organización de partidos políticos democráticos. Desde el punto de vista administrativo, el país está dividido en 22 departamentos, regidos por gobernadores que nombra el presidente. Los departamentos están integrados por municipios autogobernados.

Ciudades. Las ciudades principales son Ciudad de Guatemala, que es la capital con 1.167,495 habitantes (1995), una de las más bellas y modernas de América Central.

Quetzaltenango (108,605 h.), en el interior del país, es el centro de una de las regiones más ricas y productivas; Escuintla (89,914 h.), en el sur, un creciente foco industrial, y Totonicapán (79,372 h.), célebre por su artesanía.

Educación. La enseñanza primaria es obligatoria de los 7 a los 14 años, y gratuita en las escuelas públicas. El Estado cuenta con 10,770 escuelas primarias y 1,274 secundarias; existen además más de 330 centros privados de enseñanza a estos niveles. El índice de alfabetización alcanza 64,2%. La matrícula de alumnos secundarios se incrementó 8.9% en el periodo 1969-1974; en 1993 alcanzó una cifra total de 334,883 alumnos. La tradición universitaria de Guatemala se remonta a 1676, época en la que el colegio de Santo Tomás de Aquino adquirió rango de centro superior con el título de Universidad de San Carlos de Guatemala. Es la principal universidad del país y la única estatal. Existen cuatro universidades privadas: Rafael Landívar, Francisco Marroquín, Del Valle y Mariano Gálvez. La vida cultural se enriquece asimismo con numerosos museos, bibliotecas y centros de investigación. El Archivo de Centroamérica es considerado uno de los más importantes de América Latina.

Arquitectura. La arquitectura guatemalteca, como el resto de las artes y la literatura en general, inicia su brillante trayectoria en la época maya.

Durante la Colonia Guatemala se convierte en el eje principal del barroco centroamericano. Las características que asume allí la arquitectura se encuentran determinadas por la trágica frecuencia de los terremotos. Los edificios adoptan estructuras macizas y achaparradas que se aligeran mediante una intensificación ornamental. Antigua, la Antigua Guatemala, que fue capital de la capitanía hasta el terremoto de 1773, constituye un auténtico museo viviente de esa fase de esplendor, con muestras de unas 85 iglesias, monasterios y edificios públicos coloniales. Entre los templos, se destacan la catedral, parcialmente restaurada; la iglesia de San Francisco, de la que se conserva una capilla, y la iglesia de La Merced. Todas ellas se terminaron a inicios del siglo XVIII, pero se empezaron a construir desde el XVI o el XVII. La fachada de la catedral es obra de José de Porres, célebre arquitecto que, junto con su hijo Diego, trabajó en otras obras de Antigua. A esta primera época pertenece también la elegante fachada de la iglesia de Rabinal. Ya en pleno siglo XVIII, aparece la figura de José Manuel Ramírez, al que se deben joyas como la Universidad de Antigua. Mención especial merece el santuario de Esquipulas, por la originalidad de su traza, y la iglesia de Santa Clara, en Antigua, por la utilización del estípite, no muy popular en Guatemala. A la transición al XIX, corresponde la catedral de la ciudad de Guatemala, cuyo proyecto se atribuye a Antonio Bernasconi. Dentro de la corriente neoclásica, es preciso destacar el teatro Nacional y el Congreso, ambos obra de Miguel Rivera Maestre y localizados en la capital. La íntima integración de la arquitectura y las artes plásticas es quizá el rasgo más notable de la Guatemala contemporánea. Prueba de ello son logros como el palacio Municipal, de Pelayo Llerena y Roberto Aycinema, y el Instituto Guatemalteco de Seguro Social, del mencionado Aycinema y Jorge Montes Córdova. En ambos colaboró el pintor Carlos Mérida, y en el segundo el escultor Roberto González Goyri.

Escultura. En la época de la Colonia, Guatemala fue un foco escultórico de primera magnitud, llegando sus obras e influencia al sur de México y al resto de América Central. La imaginería popular superó los modelos españoles y se convirtió en un arte mayor. La producción anónima es muy extensa, pero figuran también eminentes figuras como Quirio Cataño, Alonso de la Paz y Toledo, y Juan de Chávez. Cataño es autor del famoso Cristo de Esquipulas. El primero representa la transición al siglo XVII, el segundo se desarrolla en ese siglo, y Chávez, con Francisco Javier de Gálvez, su hijo Vicente Gálvez y Vicente de la Parra, descuellan en el XVIII. Las tendencias neoclásica y académica se imponen en el XIX que, pese a artistas dignos como Julián Perales, supone un compás de espera con respecto al vigoroso renacimiento contemporáneo. Éste cuenta con

algunos de los creadores de mayor peso del panorama latinoamericano: Rafael Yela Günther, Julio Urruela y, sobre todo, Roberto González Goyri, Dagoberto Vásquez, Guillermo Grajeda Mena y Efraín Recinos.

Pintura. La pintura colonial guatemalteca, como la mexicana, refleja la influencia de Francisco de Zurbarán a partir de 1650. Las figuras más eminentes fueron Pedro de Liendo, Francisco y Antonio de Montúfar, y Tomás de Merlo –*La Pasión de Cristo*–, todos del siglo XVII. En el periodo anterior se destacan sobre todo los frescos de San Francisco, en Antigua. Durante el siglo XVIII, se imponen tres artistas de peso: José de Valladares –*Apoteosis de la Orden de la Merced*–, Juan José Rosales y Pedro Garci-Aguirre. Domina el siglo siguiente el miniaturista y grabador Francisco Cabrera. El periodo áureo de la pintura guatemalteca es, sin embargo, nuestro siglo. Se inicia con el impresionismo de Carlos Valenti y culmina en una auténtica pléyade de creadores geniales: Carlos Mérida, Humberto Garavito, Valentín Abascal, Miguel Alzamora, Roberto Ossaye, Rodolfo Abularach, Roberto Mishaan, Marco Augusto Quiroa, Roberto Cabrera, etcétera. La pintura guatemalteca, sin perder su idiosincrasia, asimila las principales tendencias de la época, desde el indigenismo y el muralismo mexicano, hasta el surrealismo, el abstraccionismo y el Arte Pop. Es inevitable mencionar, como mínimo, las *Imágenes de Guatemala*, de Mérida; *Incidente trágico*, de Ossaye, y *Máscara herida* de Abularach, que constituyen un botón de muestra de uno de los movimientos más impresionantes y ricos del arte actual.

Música. El folclore guatemalteco tiene sus raíces en la música maya-quiché, en la africana y en la española. El instrumento nacional es la marimba, que acompaña el popular son chapín o guatemalteco, una especie de vals rápido derivado de la jota, el vito o el zapateado español. También son célebres el baile de la conquista, el del venado, el de los toritos y el son agarrado. Entre los instrumentos de viento se destacan el *xul*, el *tizijola*, el caracol y la ocarina; entre los de percusión, además de la aludida marimba, hay que mencionar los chinchines (cascabeles), el *ayotl* (un tambor hecho con concha de tortuga) y el *tun*. En la Época de la Colonia, los músicos más notables surgen al amparo de la Iglesia: Esteban de León Garrido y Miguel Pontaza, este último autor del villancico *Las campanillas*. Benedicto Sáenz (*Salmo de difuntos*, *Parce Mihi*), introducirá la música europea en el siglo XIX, época en la que el maestro Rafael Álvarez compuso el *Himno nacional*. El siglo XX es, sin embargo, el periodo de máximo florecimiento e inventiva. El nacionalismo musical produce la gran figura de Jesús Castillo, compositor y estudioso de la música maya-quiché. Entre sus obras más importantes figuran la ópera *Quiché Vinak* y los poemas sinfónicos *Tecun Umán*, *Guatema* y *Vartizanic*. La tendencia impresionista domina, en cambio, la música de su hermano Ricardo, autor de *Homenaje a Ravel* y del poema *Xibalba*. Otros compositores destacados son Salvador Ley, Enrique Solares, Manuel Herrarte, Raúl Paniagua, Jorge Álvaro Sarmientos, Anleu Díaz y Joaquín Orellana.

Construcción característica de Antigua, Guatemala.

Guatemala

Literatura. La literatura colonial guatemalteca se inicia con las crónicas de los conquistadores y misioneros. Se destacan en esta fase Bernal Díaz del Castillo, Pedro de Alvarado, Diego de Landa y fray Francisco Ximénez *(Historia natural del reino de Guatemala)*. Entre los poetas es preciso destacar a Pedro de Liévana y a Juan de Mestanza Ribera. El panorama se enriquece en el siglo XVIII con la gran figura de Rafael Landívar que, en su *Rusticatio Mexicana*, canta en latín la naturaleza americana. También descuella un notable grupo de fabulistas, cuyas figuras más representativas son Matías de Córdoba, Rafael García Goyena y Simón Bergaño. El prosista principal fue Antonio de Paz y Salgado, de inspiración quevedesca en sus obras *Instrucción de litigantes* y, sobre todo, *El mosqueador*. Después de la Independencia, aparece una brillante generación de historiadores: Alejandro Marure, Lorenzo Montúfar y Rivera Maestre, y José Milla y Vidaurre, este último también inspirado novelista romántico *(La hija del adelantado)*. El romanticismo se advierte asimismo en las obras del dramaturgo Ismael Cerna *(La penitenciaría)*. En el género picaresco descuella otro gran novelista: Antonio José de Irisarri *(El cristiano errante)*. El valor más firme de la poesía decimonónica es José Batres Montúfar, extraordinaria síntesis de ternura, sentido narrativo y humor en sus *Tradiciones de Guatemala*. El movimiento modernista, que marca la transición al siglo XX, logrará en Guatemala su mejor prosa gracias al genio de Rafael Arévalo Martínez. Arévalo fue un maestro de la narración corta y un anticipador de la novela psicológica, con obras clásicas como *El hombre que parecía un caballo* y *Viaje a Ipanda*. Otro valioso novelista y cronista del modernismo es Enrique Gómez Carrillo. La corriente del realismo regionalista cuenta igualmente con figuras de primer rango como Carlos Wyld Ospina *(La Gringa)* y, sobre todo, Flavio Herrera *(Caos, La tempestad)*. La línea realista también penetrará en el teatro de Miguel Marsicovetere y Durán *(La dictadura)* y de Manuel Galich López *(Papa Natas)*. El ensayista Luis Cardoza y Aragón *(Guatemala, las líneas de su mano)* no sólo es el intérprete más profundo de lo guatemalteco y de su sentido universal, sino un gran poeta surrealista. Poetas destacados son también César Brañas y Raúl Leiva. Después de la Segunda Guerra Mundial se advierte una reacción antirrealista y metafísica en el teatro de Carlos Solórzano *(Las manos de Dios)*, mientras que la novelística toma un giro testimonial, de honda humanidad, en dos autores de eco mundial: Miguel Ángel Asturias *(El señor presidente, Hombres de maíz)*, Premio Nobel de Literatura en 1967, y Mario Monteforte Toledo *(Entre la piedra y la cruz)*. Asturias descolló asimismo en el teatro y la poesía.

Historia. La etapa histórica anterior a la llegada de los españoles se identifica con la civilización maya. Conquistó Guatemala en 1523 el capitán Pedro de Alvarado, de la expedición de Hernán Cortés, y por poder de éste fue el conquistador y primer gobernador del territorio. Subyugó a los *quichés* y su campaña de penetración culminó con la fundación de la ciudad de Santiago de los Caballeros de Guatemala (1524). Las insurrecciones que posteriormente se produjeron fueron sofocadas, y en 1543 se creó la Audiencia de los Confines, dependiente de México, integrada por las provincias de Guatemala, Honduras y Nicaragua, cuya capital se trasladó a la Ciudad de Guatemala en 1549. En los años del siglo XVI la colonia sufrió numerosas devastaciones causadas por piratas ingleses y holandeses. El 15 de septiembre de 1821 el país se proclamó independiente de España y en 1823 se emancipó de México, formándose en este último año la confederación de países centroamericanos, de la que Guatemala se retiró en 1839, lo que dio lugar a una guerra con El Salvador. En 1847, bajo la presidencia de Rafael Carrera, se reafirmó la soberanía de Guatemala, proclamada en 1839 al separarse de la confederación. Carrera dominó, con intermitencias, la política guatemalteca, hasta su muerte en 1865.

De las múltiples figuras que luego ocupan la presidencia se destacan el general J. Rufino Barrios (1873-1885), hombre de criterio liberal a pesar de su gobierno dictatorial, que luchó principalmente por independizar a cada país centroamericano y formar luego una gran confederación; Manuel Estrada Cabrera (1899-1920), tres veces reelegido, quien impulsó extraordinariamente el progreso material, y el general Jorge Ubico (1931-1944), que desarrolló un programa de vías de comunicación, realizó otras diversas obras públicas, solucionó el centenario litigio de fronteras con Honduras y construyó casi totalmente la actual moderna capital de su patria. Bajo una presión revolucionaria renunció Ubico en junio de 1944, y en diciembre del mismo año fue elegido el doctor Juan José Arévalo. Al término de su mandato fue elegido el coronel Jacobo Arbenz Guzmán para el periodo 1951-1957; pero habiendo éste implantado medidas de gobierno que fueron calificadas como de orientación comunista, fue derrocado en 1954 por el movimiento revolucionario encabezado por el coronel Carlos Castillo Armas. Se convocó a una Asamblea Constituyente y el coronel Castillo Armas fue designado presidente de la república para el periodo 1954-1960, pero fue asesinado el 26 de julio de 1957. Asumió la presidencia provisional Luis Arturo González, que fue derrocado y sustituido por Guillermo Flores Avendaño. En 1958 fue elegido presidente el general Miguel Ydígoras, derrocado en marzo de 1963 por un golpe militar y sustituido en presidencia provisional por el coronel Enrique Peralta. En 1966 fue elegido presidente el abogado Julio César Méndez Montenegro, a quien sucedió en 1970 el coronel Carlos Arana Osorio. En 1974, el Congreso confirmó el triunfo electoral del candidato de la coalición formada por el movimiento de Liberación Nacional (MLN) y el Partido Institucional Democrático (PID), general Kjell Laugerud García. En 1978, ganó las elecciones por mayoría relativa el general Romeo Lucas García, que fue designado presidente por el Congreso. En la década de 1980 siguió el terrorismo político y hubo varios golpes de estado. El régimen civil se reanudó en 1986. Sin embargo, el gobierno se ha enfrentado a la oposición armada, integrada por organizaciones guerrilleras izquierdistas. Por su parte, grupos terroristas de extrema derecha han utilizado la violencia en contra de la izquierda y del pueblo en general poniendo en crisis los derechos humanos. En 1988 y 1989 fracasaron sendos intentos de golpe de estado en contra del gobierno de Marco Vinicio Cerezo Arévalo, presidente de 1986-1991. En 1990 se inician las pláticas con los rebeldes en Oslo, Noruega, para poner fin a tres décadas de guerra civil y, a mediados de ese año, se reúnen en Antigua los presidentes de El Salvador, Honduras, Nicaragua, Costa Rica y Guatemala y acuerdan una serie de reuniones para crear la Comunidad Económica Centroamericana. En 1991, Jorge Serrano

Mujer guatemalteca ataviada con traje regional en el mercado de la Plaza Central, Guatemala.

Elías derrota a Jorge Nicolle en las elecciones presidenciales de segunda vuelta y el recién electo presidente guatemalteco acuerda con los presidentes de México, El Salvador, Honduras, Nicaragua y Costa Rica integrar gradualmente la economía de sus respectivos países durante los próximos seis años. Serrano propone a la Unión Nacional Revolucionaria Guatemalteca (UNRG) iniciar negociaciones.

El premio Nobel de la Paz en 1992 fue concedido a Rigoberta Menchú, luchadora indígena del Quiché. El 20 de enero de 1993, más de 2,400 refugiados guatemaltecos cruzan la frontera mexicana para volver a su país. El 25 de mayo de 1993 Serrano disolvió el Parlamento y suspendió las garantías constitucionales en un *golpe de Estado civil* que fue repudiado por Washington y la OEA. La crisis institucional se resolvió cuando Serrano se exilió y el Parlamento designó a Ramiro de León Carpio, procurador de derechos humanos, para ocupar la presidencia hasta 1996. El nuevo presidente adoptó algunas medidas pacificadoras y firmó un acuerdo de paz con la guerrilla (29 de marzo de 1994). Según fuentes de las organizaciones de derechos humanos, unas 100 mil personas fueron asesinadas o desaparecieron en los treinta años de guerra civil. En las elecciones para un Congreso de transición (14 de agosto de 1994) triunfaron el Frente Republicano Guatemalteco (FRG), de E. Ríos Montt, y el Partido de Avanzada Nacional (PAN). En febrero de 1995 el gobierno acepta las propuestas de la ONU para dialogar con la UNRG. Las guerrillas inician el cese al fuego en la navidad de ese año. En las elecciones presidenciales (diciembre de 1995 y enero de 1996) venció por estrecho margen (51.2%) el candidato del PAN Álvaro Arzú, que fue investido presidente. En 1996 la guerrilla y el gobierno firman un acuerdo de paz el 15 de septiembre, después de sostener negociaciones desde el mes de marzo en la Ciudad de México. *Véase* MAYAS.

Guatemala. Departamento de la república homónima en América Central, que comprende la zona septentrional de la sierra en que se encuentran los famosos volcanes del Fuego y el Agua, y el extinguido Acatenango (4,150 m). Actividad agrícola, industrial y ganadera.

Posee ricas aguas termales y gran movimiento comercial. Nudo de comunicaciones de costa a costa y países vecinos. Capital: Ciudad de Guatemala, que también lo es del país. Superficie: 2,126 km². Población: 1.813,825 habitantes (1994).

Guatemala, Ciudad de. Capital de la república centroamericana del mismo nombre, fundada en 1776 y también conocida con las denominaciones de Guatemala la Nueva y Santiago de Guatemala. Reemplazó a la primitiva capital, Guatemala la Vieja, llamada simplemente La Antigua, fundada en 1527 y destruida por un terremoto en 1773. Se alza a unos 1,500 m sobre el nivel del mar y tiene un clima muy sano y agradable. Población: 1.167,495 habitantes (1995). La nueva capital fue reconstruida después de los terremotos de 1917-1918 y es una hermosa ciudad moderna, con excelentes comunicaciones.

guayaba. Fruto del guayabo, de forma redondeada. Tiene un olor muy agradable y su sabor es más o menos dulce. Su carne es tierna, con gran número de semillas y estambres encorvados en forma de espiral. El guayabo, que pertenece a la familia de las mirtáceas, es originario de las zonas tropicales americanas, pero también se cultiva en regiones templadas.

guayaco. Árbol tropical de América. Pertenece a la familia de las cigofiláceas, tiene una altura de más de 10 m, tronco grande, corteza dura, hojas persistentes y flores azuladas con fruto capsular. Su madera, dura y de color verdinegro, se emplea en ebanistería. De él se extrae una resina aromática, que, sometida a procedimientos especiales, se utiliza en medicina para el tratamiento de las enfermedades respiratorias, con el nombre de guayacol.

Guayama. Distrito, municipio y pueblo del sureste de Puerto Rico. El pueblo se fundó en 1736 con el nombre de San Antonio de Padua de Guayama. Es una importante zona agrícola (azúcar, café, maíz, tabaco) y minera (plomo), y cuenta asimismo con destilerías, refinerías de azúcar e industrias de la confección y del mueble. La Universidad de Puerto Rico posee un recinto en Cayey, municipio perteneciente a este distrito. El municipio y el pueblo de Guayama tienen, respectivamente, 42,053 y 29,754 habitantes (1994).

Guayana Francesa. Es un departamento francés de ultramar, lo cual la convierte una parte integral de la República Francesa. Está ubicada en la región norte de la costa de Sudamérica, rodeada en el oeste por Suriname, en el sur y el este por Brasil y en el norte por el Océano Atlántico. La forman dos territorios: Guayana en la costa e Inini en el interior, con una superficie total de 91,000 km², y tiene una población de 147,000 hab. (1995). Su capital es Cayena (Cayenne) un puerto en la costa norte y el único centro urbano importante del país (41,659 hab. en 1995). Hay algunas islas rocosas a lo largo de la costa, la más famosa es la isla del Diablo una antigua colonia penal francesa. El idioma oficial es el francés y la mayoría de la población es católica (85.8% en 1995).

Tierra y economía. La zona costera de la Guayana Francesa fue centro de una próspera industria azucarera y todavía se cultivan pequeñas cantidades de caña de azúcar, al igual que mandioca, arroz y maíz. El interior densamente boscoso se encuentra totalmente subdesarrollado, se eleva gradualmente hacia las cadena montañosa de Tumuc-Humac, a lo largo de la frontera con Brasil en el sur, donde nacen la mayoría de los ríos del territorio. El monte Saint Marcel (635 m) es el punto más alto. Su principal río, el Maroni, forma la frontera con Suriname.

El clima es tropical con una temperatura promedio de 27 °C; los aguaceros son fuertes, promediando 3,200 mm al año en Cayena. Hay, sin embargo, una estación seca desde agosto hasta noviembre. Las actividades agrarias a lo largo de la costa han ido declinando desde la abolición de la esclavitud en 1848 que tornó antieconómica la actividad agrícola. Por varios años la

Mercado en la ciudad de Cayena (1920), Guayana Francesa.

Art Today

Guayana Francesa

principal actividad económica se centro en torno a la colonia penal de la Isla del Diablo. Sin embargo, con el cierre de la prisión en 1945 esta fuente de ingreso desapareció. El gobierno francés promovió muchos empleos en la escala francesa de salarios y substanciales auxilios. La industria pesquera empezó a desarrollarse, especialmente por la pesca de camarones.

Se sabe que existen extensos recursos minerales, tales como hierro, cobre, plata, plomo, platino, diamantes y oro, pero permanecen sin explotarse. La jungla y la selva tropical húmeda cubren cerca de 90% de la Guayana Francesa y conforma un abundante recurso de madera dura tropical. En los años sesenta el gobierno de De Gaulle estableció en ella el Centro Espacial Guianan, principalmente porque su proximidad al ecuador la hace favorable para lanzar vehículos espaciales. El cohete Ariane de la Agencia Espacial Europea fue lanzado por dicho centro, situado en Kourou. La inversión francesa global ha disminuido, sin embargo, y la economía se ha estancado desde los años setenta. La moneda oficial es el franco francés.

Gente. Muchos pobladores de la Guayana Francesa son creoles, mestizos de ascendencia europea y africana. Hay pequeñas minorías de europeos (principalmente franceses), indios americanos, chinos y laosianos. En décadas recientes han emigrado personas de ascendencia euroafricana desde Haití, Martinica y Guadalupe. En las regiones del interior hay grupos de raza negra descendientes de esclavos que huyeron de las plantaciones y retornaron a un estilo de vida tribal africano.

Historia. El primer asentamiento francés permanente se estableció en 1604. La ciudad de Cayena fue conquistada por los holandeses en 1676 y ocupada durante un año. Los portugueses ocuparon la ciudad entre 1808 y 1817. Por mucho tiempo la región fue descuidada y el desarrollo económico se vio frenado por el establecimiento de la colonia penal. En 1946, cuando muchas otras colonias penales ya habían sido clausuradas, la Guayana Francesa se convirtió en departamento de Francia en ultramar con representación en la Asamblea Nacional de Francia (dos diputados) y en el Senado (un senador). El gobierno lo ejerce un prefecto nombrado en Francia junto con un Consejo General que consta de 19 miembros y un Consejo Regional de 31 miembros, elegidos mediante sufragio universal para un período de cinco años.

Guayaquil. Ciudad y puerto de Ecuador a orillas del río Guayas, a 50 km del desagüe de éste en el océano Pacífico. Es el gran centro comercial e industrial del país y ejerce una influencia positiva en la vida nacional. Controla el intercambio de importación y exportación, siendo puerta

Corel Stock Photo Library

Vista aérea de la ciudad de Guayaquil, Ecuador.

forzosa de entrada y salida de toda actividad. Población: 2.241,478 habitantes (1996). Clima cálido, con media de 25 °C de mayo a diciembre; las lluvias son escasas y hay noches muy frescas. El río es navegable por barcos de gran calado y de su bahía natural de 4 km, más de la mitad está ocupada por muelles y aduanas; más de una tercera parte de dichos servicios se relacionan con el movimiento fluvial a través del Guayas y sus afluentes del interior. Frente a la ciudad, y cruzando el Guayas, parte el ferrocarril a Quito. Intensa actividad comercial. Importante centro agrícola en una zona productora de caña de azúcar, arroz, tabaco, frutas tropicales, en Guayaquil convergen los productos de la cuenca del Guayas y del litoral ecuatoriano, de gran importancia en la actividad económica de la nación. Las industrias principales son la alimenticia, la metalmecánica, la de cemento, la farmacéutica, la maderera y la industria de la construcción. Constituye un centro cultural de primer rango, con dos universidades, una escuela politécnica, varios institutos de investigación científica y técnica, museos, bibliotecas, grandes teatros y una edificación moderna de tipo tropical, hermoseada con amplias avenidas y bellos parques, en los que se alzan monumentos que recuerdan sus fechas históricas, entre ellas la proclamación de la Independencia de Guayaquil (9 de octubre de 1820) y la entrevista entre Simón Bolívar y José de San Martín. Patria del poeta José Joaquín de Olmedo y de los estadistas Gabriel García Moreno y Vicente Rocafuerte. La primera ciudad de Guayaquil fue fundada por Benalcázar (1535), pero luego se abandonó; la segunda, que es la actual, por

Francisco de Orellana, en 1537. Es sede episcopal.

Guayas. Provincia de Ecuador cruzada por el gran río homónimo que le da su nombre, y que comprende el estuario formado por los ríos Guayas, Daule, Babahoyo y Yaguachi. Su superficie es de 21,078 km² y la población de 3.128,791 habitantes. La capital es Guayaquil, terminal del ferrocarril a Quito. Abundante y rica producción tropical de caña de azúcar, cacao, tabaco, arroz, café, plátanos, etcétera. Intensos comercio e industria. Tiene comunicaciones marítimo-fluviales con todo el mundo, y también aéreas que abarcan las principales ciudades del país.

Guayasamín, Oswaldo (1918-   ). Pintor ecuatoriano. Estudió en la Escuela de Bellas Artes de Quito. Destacado exponente del expresionismo indigenista. A fines de la década de los cuarenta dio inicio a la serie *Huacayman* (Camino del llanto), obra pictórica protagonizada por el indio y las diversas etnias del continente americano. Otra de sus series, *La edad de la ira* (250 cuadros), supone una reflexión sobre el hombre contemporáneo. En determinados momentos, la pintura del artista se hace portavoz de las clases sociales más humildes. De sus murales, influidos inicialmente por la escuela muralista mexicana, destacan los realizados en Quito para la Facultad de Jurisprudencia y el palacio de Gobierno. Fue galardonado con el Gran Premio de la Bienal Hispanoamericana de Barcelona de 1955 y de la Bienal de México de 1960. En 1970 se creó en Quito la Fundación Guayasamín.

guayule. Arbusto de un metro de altura, perteneciente a la familia de las compuestas, que crece en las regiones desérticas del norte de México, donde el clima es caluroso y seco, alternado con breves periodos de lluvia. Del guayule se extrae látex que se emplea para fabricar caucho.

güelfos y gibelinos. Nombre de dos poderosos partidos políticos, cuyas luchas ensangrentaron la península italiana de los siglos XII al XV. Los primeros tomaron su nombre de la familia Welf, duques de Baviera, y enemigos de los Hohenstauffen en su lucha por el trono imperial, y representaban los intereses del papa y las libertades comunales. Los segundos, cuyo nombre se deriva del castillo solar del jefe de la otra facción, Waiblingen, eran partidarios del poder absoluto del emperador contra el temporal del papa.

Güemes, Juan Martín (1785-1821). General argentino de importante actuación en las luchas de la independencia, al frente de sus famosos gauchos. Ingresó en el ejército como cadete a los 14 años de edad en el Regimiento Fijo de Buenos Aires, y era teniente cuando combatió junto a Santiago de Liniers y Juan Martín de Pueyrredón contra los invasores ingleses. En 1810 impidió el avance de las fuerzas españolas que amenazaban llegar hasta Buenos Aires desde el norte. Fue el organizador del célebre regimiento Patriotas de Salta, que formó con los hombres de su región para apoyar al ejército auxiliar acampado en Tucumán a las órdenes del general Manuel Belgrano. Sostuvo una tenaz campaña de guerrillas contra las fuerzas realistas del general La Serna, cuyo avance contuvo en una serie de acciones que, por su índole y el carácter de los individuos que actuaban, ha sido calificada de guerra gaucha.

Güemes Pacheco, Juan Vicente (1740-1799). Virrey de Nueva España. conde de Revillagigedo. Nació en La Habana (Cuba). Fue general del ejército español y se distinguió en Gibraltar peleando contra los ingleses. Nombrado virrey en 1789, gobernó en México hasta 1794. Adoptó acertadas disposiciones en todas las ramas de la administración pública, en las que implantó máxima eficiencia. Dotado de gran energía y asombrosa capacidad de trabajo, fomentó la agricultura, la industria y el comercio. Mejoró la higiene y el ornato de la ciudad de México. Protegió la cultura, cuyo nivel elevó. Envió exploraciones marítimas hasta Vancouver, en competencia con rusos e ingleses, lo que extendió la influencia de México por las costas del Pacífico hasta Canadá. Se considera al conde de Revillagigedo entre los mejores gobernantes de México y uno de los más

The Musseum of Modern Art

Fragmento del Guernica, *una de las obras más famosas de Pablo Picasso, que plasma el impacto que le causó al autor la guerra civil española.*

grandes virreyes que España ha dado a América.

guepardo. Mamífero carnívoro fisípedo de la familia de los félidos. Tiene unos 150 cm de longitud, más 75 cm de la cola y de 45 a 65 kg de peso; tronco esbelto y delgado, cabeza pequeña, con el hocico muy corto, y ojos grandes, pelaje amarillo ocre muy claro con manchas negras, patas muy largas y uñas no retráctiles. El guepardo es un animal de la estepa, cuya mejor cualidad es la vivacidad de sus movi-

mientos. Se alimenta esencialmente de rumiantes pequeños y medianos. Es el más veloz de los mamíferos.

Guericke, Otto von (1602-1686). Físico alemán. Estudió ciencias en Leipzig, Jena y Leyden. Viajó por Francia e Inglaterra. En 1643 fue nombrado burgomaestre de la ciudad de Magdeburgo, su ciudad natal, cargo que desempeñó durante 35 años. Inventó la máquina neumática, y con ella revolucionó las teorías físicas de la época. En 1654 demostró ante el emperador

Guepardo sobre un árbol.

Corel Stock Photo Library

Fernando III la fuerza del vacío mediante el empleo de unos hemisferios de cobre.

Guernica.
Municipio de España, provincia de Vizcaya, cabecera de partido judicial y centro de subárea comercial; 18.4 km² y 16,000 habitantes (1995). Situado en la vega del Oca. Agricultura, con cultivos de cereales y hortalizas. Ganado porcino. Avicultura. Industria metalúrgica (armas, herramientas y motores), maderera (serrerías) y alimentaria (harinas y gaseosas). Ferrocarril Bilbao-Bermeo. Tradicional centro de peregrinación de los nacionalistas vascos.

En 1937, aviones de la Legión Cóndor alemana efectuaron, durante más de tres horas, un intenso bombardeo que destruyó gran parte de la villa y ocasionó más de 1,500 víctimas.

guerra.
Conflicto armado que se libra entre dos o más Estados o naciones, aunque hay también guerras civiles o luchas armadas entre sectores de una misma nación. Se trata de un fenómeno que ha existido en todas las agrupaciones humanas y que en la sociedad occidental ha adquirido un enorme poder destructor debido a la aplicación de los progresos científicos para aumentar la potencia de las armas y los métodos de guerra. La frecuencia de las guerras se pone de manifiesto si se considera que en 35 siglos de historia, la humanidad ha gozado de tan breves intervalos de paz general, que su conjunto llega apenas a formar un total de dos siglos y medio.

Causas y razones. Al declarar una guerra, todos los gobiernos invocan razones que justifican, o tratan de justificar, la decisión tomada. Aunque las razones aducidas no necesariamente coinciden con las causas reales del conflicto.

Toda guerra implica una compleja serie de causas económicas, militares, políticas y psicológicas. La necesidad de buscar nuevos mercados o de mantener los ya existentes, la presión de las poblaciones sobre espacios reducidos, las barreras

Comandos anfibios perteneciente a las fuerzas especiales de la marina norteameicana (SEALS).

Corel Stock Photo Library

Corel Stock Photo Library

Guardia irlandés en uniforme de combate.

opuestas al intercambio de bienes y las ambiciones de los imperialismos rivales son las principales causas económicas.

La más importante de las causas políticas es la existencia de muchos estados nacionales, teóricamente soberanos. Cada país considera que su soberanía es absoluta y que es libre para desarrollar su propia política internacional.

Junto a las fuerzas económicas y políticas aparecen elementos psicológicos que fomentan odios, recelos y suspicacias internacionales.

El nacionalismo exacerbado y los prejuicios raciales produjeron arbitrarios excesos. Houston Chamberlain, por ejemplo, afirmó que todas las figuras importantes de la historia, desde Jesucristo hasta las de fines del siglo XIX, en que publicó su obra, pasando por san Pablo, Dante y Miguel Ángel, habían sido de raza germánica. León Daudet, al cabo de una concienzuda investigación, dictaminó que la cultura francesa era un purísimo producto de la sangre céltica y que ni los romanos ni los teutones habían contribuido un ápice a su desarrollo. Poetas insignes como Kipling, el bardo del imperio británico, y D'Annunzio, el cantor de la Italia irredenta, alcanzaron los mayores arrebatos poéticos al exaltar los instintos bélicos. Los textos escolares en algunos países adaptaban estas falacias a las mentes juveniles, preparando así el clima mental que

hacía aparecer la guerra como una culminación heroica del destino nacional.

Sin embargo, la experiencia humana ha demostrado que la guerra es la mayor amenaza que se cierne sobre el progreso social; obstruye el desarrollo económico, aumenta las deudas nacionales, siembra el horror y la muerte en todos los países y reemplaza la razón humana por una ideología de la destrucción, para la cual la verdad y el derecho pueden nacer del odio y el caos. Justamente, en el campo jurídico, los derechos individuales se ven restringidos cuando por motivos de orden público se decreta el estado de guerra que consiste en el aumento de jurisdicción de la autoridad militar en detrimento de la civil.

Todos los esfuerzos realizados hasta hoy para terminar con la guerra han sido infructuosos: sociedades pacifistas, conferencias de desarme, mediación, conciliación, arbitraje, tratados, tribunales y ligas han sido incapaces de impedir las guerras. Se considera que su fracaso estriba en que hasta hoy no se ha intentado atacar sus causas más profundas: la pobreza económica y social de los dos tercios del mundo, la disputa de los mercados por parte de los bloques comerciales mundiales, los riesgos de la soberanía absoluta, y el resurgimiento de los nacionalismos provinciales. Dotado de mortíferas armas atómicas, químicas y bacteriológicas, el hombre moderno tendrá que realizar un gigantesco esfuerzo espiritual para impedir que su propia técnica lo destruya.

He aquí, en orden cronológico, algunas de las contiendas bélicas más célebres de la historia.

De Troya (hacia 1100 a. C.). Conducida por los príncipes griegos contra el rey Príamo. Según la leyenda, tendían a vengar el rapto de Helena, esposa de Menelao, señor de Esparta. Troya es sitiada y conquistada.

De Persia o Médicas (501-387 a. C.). Los persas invaden Grecia. Después de las batallas de Maratón, Termópilas, Salamina, Platea y Eurimedonte, los griegos retienen su independencia.

Del Peloponeso (431-404 a. C.). Atenas y Esparta luchan por el dominio político y económico de Grecia: después de la expedición a Siracusa y la batalla de Egos Pótamos, concluye la supremacía ateniense.

Púnicas (264-241, 218-202, 149-146 a. C.). Roma y Cartago dirimen el dominio del Mediterráneo; Aníbal invade Italia, se libran los combates de Cannas, Zama y Metaura, y finalmente los romanos saquean y arrasan Cartago.

Cruzadas (1096-1291). Todo el Occidente se moviliza en ocho grandes campañas para rescatar el Santo Sepulcro y extender su poderío hacia Oriente. A pesar de la captura de Antioquía, Jerusalén y Acre, los sarracenos quedan dueños de Tierra Santa.

Corel Stock Photo Library

Tropas femeninas de combate, en la guerra del Golfo, Irak.

De los Cien Años (1337-1453). Los reyes de Francia e Inglaterra luchan por el trono francés y parte de su territorio. Crécy, Poitiers, Azincourt y el sitio de Orleans aseguran la unidad de la monarquía francesa.

De las Dos Rosas (1455-1485). Las dos casas de Lancaster y de York, aspirantes al trono de Inglaterra, luchan durante 30 años. La batalla más sangrienta es la de Bosworth Field; un matrimonio une a ambas familias.

De los Treinta Años (1618-1648). Los católicos y protestantes de Alemania, apoyados por varias potencias, libran una contienda sangrienta. Batallas de Lützen y Leipzig. Alemania queda devastada.

De Sucesión de España (1701-1714). La muerte de Carlos II sin dejar descendencia plantea una guerra general en Europa. Francia defiende los derechos de Felipe de Anjou, coronado como Felipe V. Pero la candidatura del archiduque Carlos es sostenida, además de por Austria, por Inglaterra, Holanda, Portugal y grandes príncipes alemanes e italianos. Sin embargo, y pese a graves reveses sufridos por los franceses, Felipe V terminó por ser reconocido como rey de España.

De Sucesión de Austria (1740-1748). Francia y sus aliados luchan contra Austria y sus aliados para obtener las tierras de los Habsburgo. La emperatriz María Teresa es defendida por Gran Bretaña.

De los Siete Años (1756-1763). Austria, Rusia, Francia y otros países se unen contra la expansión prusiana, apoyada por Gran Bretaña. Batallas de Rossbach y Leuthen. Prusia emerge victoriosa y Gran Bretaña desplaza a Francia.

De la Revolución Francesa (1792-1799). Gran Bretaña, Prusia, Austria y otras potencias forman varias coaliciones contra la Revolución francesa. Gran Bretaña obtiene la supremacía colonial y marítima.

Napoleónicas (1799-1815). Bonaparte logra conquistar Europa, pero una coalición encabezada por Gran Bretaña lo derrota. Batallas de Trafalgar (naval), Austerlitz, Leipzig. Invasión de Rusia y subsiguien-te retirada, abdicación de Napoleón Bonaparte y su derrota definitiva en Waterloo, tras la restauración que duró cien días.

De Crimea (1853-1856). Gran Bretaña, Francia y el Piamonte defienden a Turquía contra la agresión rusa. Sitio de Sebastopol. Los propósitos de Rusia concluyen en el fracaso y Turquía permanece intacta.

Austro-Prusiana (1866). Un pleito sobre la región de Schleswig-Holstein engendra la *guerra de siete semanas*. Austria queda aniquilada en Sadowa y es excluida de la Confederación Germánica.

Franco-Prusiana (1870-1871). Las ambiciones imperialistas de Prusia chocan contra Napoleón III. Después de la Batalla de Sedán y el sitio de París, Francia sufre una derrota humillante y se proclama la República. Surge el imperio alemán.

Ruso-Turca (1877-1878). El litigio de los Balcanes y la persecución de los cristianos hacen estallar el conflicto que culmina con la caída de Plevna y la derrota definitiva de Turquía, cuyo poder europeo es destrozado.

Chino-Japonesas (1894-1895 y 1935-1940). La primera es provocada por las ambiciones de ambos países sobre Corea; concluye con el triunfo total de Japón, que sin embargo es obligado por los europeos a devolver todas sus conquistas menos Formosa. La segunda, que cuesta millones de muertos, tiene idéntico resultado; la derrota de Japón en la Segunda Guerra Mundial hace volver las cosas a la situación inicial.

Anglo-Boer (1889-1902). Los colonos holandeses resisten heroicamente la incursión británica en África del sur. Transvaal y el Estado Libre de Orange se convierten en colonias inglesas.

Corel Stock Photo Library

Enfermeras llegando a Francia en 1944 durante la Segunda Guerra Mundial.

Ruso-Japonesa (1904-1905). El imperio zarista entra en guerra con Japón, pero sufre un serio desastre. Sitio de Puerto Arturo y batalla del mar de Japón. El imperio japonés se convierte en potencia de primera clase.

Mundial, Primera (1914-1918). Las potencias centrales y los aliados se traban en gigantesca lucha, derivada de complejas rivalidades que habían creado un ambiente muy tenso y cargado, en el que la tormenta estalló con motivo del asesinato del heredero al trono de Austria-Hungría, cuyo gobierno adoptó una actitud intemperante apoyado por Alemania bajo la inspiración del Estado Mayor. Diez millones de muertos. Las Potencias Centrales son aniquiladas.

Civil Española (1936-1939). Librada entre los partidarios de la segunda república, implantada en España en 1931, y las fuerzas nacionalistas acaudilladas por el general Francisco Franco, quien obtuvo la vic-

Tropas británicas en Ottawa, Canadá a finales del siglo XVIII.

Corel Stock Photo Library

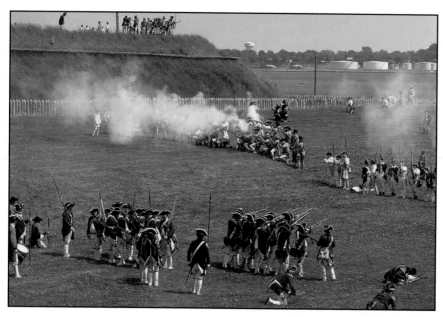

Fuerte Wellington en Prescott, Ontario, en la época de la guerra anglo francesa a fines del siglo XVIII.

(1846-1848); de Tres Años, en México (1858-1860); de Secesión, entre los estados norteamericanos del Norte y del Sur (1861-1865); intervencionista, en México (18611867); de Paraguay o de la Triple Alianza, entre Argentina, Brasil y Uruguay, por un lado, y Paraguay, por el otro (1865-1870); del Pacífico, entre Chile, Perú y Bolivia (1879-1884); Hispano-Norteamericana (1896), y del Chaco o Paraguay-boliviana (1932-1935). Las principales guerras de la historia son analizadas en los artículos siguientes. *Véanse* ARMADA; ARMAS; BATALLA; BELIGERANCIA; DERECHO INTERNACIONAL; DEUDAS DE GUERRA; EJÉRCITO; PAZ, TRATADOS DE; PRISIONEROS DE GUERRA; SITIOS CÉLEBRES.

Guerra, José Eduardo (1894-1978). Poeta, ensayista y novelista boliviano. Estudió derecho y letras en La Paz y en Sucre. Su mejor obra; *Itinerario espiritual de Bolivia* constituye una encendida exégesis del paisaje y cultura nacionales. Pocos libros como éste vieron con mayor verdad y belleza lo boliviano. *El alto de las ánimas* (1919) es una novela de rica subjetividad.

Guerra de los Treinta Años. Nombre que se aplica a una serie de contiendas bélicas que se produjeron en Europa 1618-1648. Engendradas por diversas causas políticas y religiosas, estas contiendas provocaron enormes perturbaciones y gran número de víctimas. Entre las causas religiosas figuran en primer término la triple rivalidad entre luteranos, calvinistas y católicos; los progresos de la Contrarreforma en territorio alemán; la rebelión de los protestantes checos, en Bohemia contra su

toria y procedió a organizar la nación sobre las bases de un Estado católico, social y representativo.

Mundial, Segunda (1939-1945). Los países aliados, dirigidos por Estados Unidos, la entonces Unión Soviética, Gran Bretaña, Francia y China luchan contra *el Eje*, encabezado por Alemania, Italia y Japón. Librada en todos los continentes y mares, es la guerra más costosa y mortífera de la historia.

De Corea (1949-1953). Corea del Norte, apoyada por los comunistas chinos, ataca a Corea del Sur. Las Naciones Unidas mandan tropas para repeler la agresión y se arriba laboriosamente a un armisticio.

De Vietnam (1957-1974). Iniciada por las guerrillas comunistas del Vietcong, en Vietnam del Sur, contra el gobierno de aquel país, que bloqueó la consulta electoral prevista en el Acuerdo de Ginebra sobre la reunificación con Vietnam del Norte. Los norvietnamitas apoyaron militarmente al Vietcong casi enseguida. Estados Unidos entró en combate a favor del Sur en 1965, y retiraron sus últimas tropas en marzo de 1973. La rendición de los sudvietnamitas a las fuerzas comunistas tuvo lugar en abril de 1974. Los vietnamitas –del Norte y del Sur– perdieron 1.300,000 personas y los estadounidenses 56,717.

Del Golfo Pérsico (1991). Provocada por la invasión y anexión de Kuwait por las tropas de Iraq el 2 de agosto de 1990. El Consejo de Seguridad de la ONU condenó la ocupación y autorizó el empleo de la fuerza, a partir del 15 de enero de 1991, para obligar a Irak a retirarse de Kuwait y reestablecer la paz y la seguridad internacional (resolución 678, del 29 de noviembre de 1990). Dicha guerra terminó oficialmente

con la resolución 687 del Consejo de Seguridad de la ONU (3 de abril de 1991), que impuso a Irak duras condiciones militares, la renuncia expresa a las armas químicas y nucleares y el pago de indemnizaciones.

Las guerras en América. Los países americanos no se han visto libres del flagelo de la guerra. Aparte de las distintas guerras de independencia, se han librado en el continente las siguientes: de Brasil, entre La Confederación Argentina y el Imperio Brasileño (1825-1827); de Texas y México (1836); de México y Estados Unidos

Batalla de Windrush Valley, Oxford, Inglaterra durante la guerra civil (siglo XVII).

rey católico; y las reiteradas violaciones del compromiso de Augsburgo (1555), que había tratado de poner término a las querellas religiosas en Alemania. Entre las causas políticas, la más importante fue el deseo del emperador Fernando II de convertir el Sacro Imperio, hasta entonces federal y electivo, en una entidad política centralizada y hereditaria. A este factor se unió la política francesa preconizada por Richelieu, quien trataba de extender sus dominios hasta la margen izquierda del Rin, "el límite natural del reino". Los príncipes partidarios de la Reforma se unieron en una especie de confederación, la Unión Evangélica; por su parte, los príncipes y obispos católicos, encabezados por el duque Maximiliano de Baviera, respondieron organizando la Santa Liga. En este sombrío escenario de tensiones se iniciaron las hostilidades, que los historiadores dividen en tres periodos: la guerra de Bohemia, la guerra de Alemania y la guerra europea.

La guerra de Bohemia (1618-1620). Estalló cuando el arzobispo de Praga ordenó la destrucción de un templo protestante; los partidarios de la Reforma apelaron al emperador Matías, quien ignoró sus quejas. Entonces se produjo el hecho que la historia recuerda como *defenestración de Praga*. Una antigua costumbre bohemia establecía que los funcionarios deshonestos debían ser arrojados por una ventana para castigo y escarmiento; así lo hicieron los rebeldes protestantes con dos de los ministros del emperador, y la guerra comenzó. De inmediato los protestantes de Bohemia sustituyeron a su rey católico, Fernando II, y proclamaron rey al elector palatino Federico V, jefe de la Unión Evangélica.

La guerra de Alemania (1620-1625). Se inició en circunstancias en que los príncipes protestantes se hallaban en mayoría para elegir el nuevo emperador. Entonces Maximiliano de Baviera, jefe de la Santa Liga, derrotó al rey Federico de Bohemia en la batalla de la Montaña Blanca, cerca de Praga. Fernando II recuperó el trono de Bohemia y se hizo obligatorio el empleo del idioma alemán, se declaró que la religión católica era la única religión del país, se persiguió a la nobleza checa y se agobió a los campesinos con pesados impuestos. Los católicos, nuevamente en mayoría en el cuerpo de príncipes electores, eligieron a Fernando II como emperador del sacro imperio.

La guerra europea (1625-1648). Forma el tercero y último de los periodos que abarcó la gran contienda. Dentro de este periodo se distinguen tres partes:

1. La intervención danesa (1625-1629) se produjo cuando el rey Cristián IV de Dinamarca trató de ayudar a los protestantes. Pero el emperador recibió la protección inesperada de un ejército de mercenarios organizado por un hombre singular, el general Alberto Eusebio Wenzel von Wallenstein, curiosa mezcla de estadista, militar y aventurero. Después de varias derrotas aplastantes, Cristian IV se vio forzado a firmar la paz de Lübeck (1629). El emperador publicó de inmediato el Edicto de Restitución, que ordenaba la devolución a la Iglesia de todos los bienes confiscados por los protestantes en diversas épocas.

2. La intervención sueca (1630-1634) obedeció a las ambiciones de Gustavo Adolfo, rey de Suecia, apodado el León del Norte. Aparte de ser un protestante sincero, Gustavo Adolfo aspiraba a adueñarse de todo el litoral del Báltico para convertirlo en "un lago sueco". Impulsado por ambos motivos, el religioso y el político, desembarcó en Alemania y derrotó por completo a los ejércitos de la Santa Alianza, comandados por el mariscal Johann Tilly, quien murió en uno de los combates. El emperador llamó entonces a Albrecht Wallenstein, de cuyos servicios había prescindido, y éste se apresuró a reclutar tropas en todas las naciones de Europa. El ejército de Gustavo Adolfo, compuesto por 15 mil soldados de primera línea derrotó a Wallenstein en la gran batalla de Lützen (1632); pero el rey sueco murió durante el combate y sus hombres debieron proseguir una guerra desigual, que terminó con su retirada definitiva dos años más tarde. Entretanto, Wallenstein había sido acusado de buscar un arreglo con los protestantes; descubierto, trató de huir, pero fue asesinado.

3. La intervención francesa (1635-1648) hizo que la guerra perdiera todo aspecto religioso y se transformara en violenta querella política. El cardenal Armand de Richelieu, aliado con Suecia, Holanda, los príncipes protestantes de Alemania y algunos estados italianos, inició la lucha contra España, aliada de Fernando II. Con la guerra transformada en una querella entre los Borbon y los Habsburgos, las hostilidades se concentraron en Flandes. Allí los franceses, bajo el mando del gran conde duque de Enghien, derrotaron a los españoles en las batallas de Rocroi (1643) y Lens (1648). Simultáneamente con esta última victoria, un ejército mandado por el francés Henri, vizconde de Turena y el sueco Karl Wrangel derrotó a los austriacos en Sommerhausen y marchó sobre Viena. El emperador Fernando III decidió negociar un arreglo.

La Paz de Westfalia. En las ciudades de Munster y Osnabruck –en Westfalia– se firmaron en 1648, al cabo de laboriosas negociaciones, dos tratados que tuvieron enorme importancia histórica. Los tratados inauguraron el principio del equilibrio político, establecieron las representaciones diplomáticas permanentes, determinaron que cada país tendría la religión de su soberano, colocaron al calvinismo en un pie de igualdad con el catolicismo y el protestantismo, dividieron a Alemania en multitud de pequeños estados, conservaron el imperio federal y electivo, entregaron Alsacia a Francia y obligaron a España a reconocer la independencia de los Países Bajos.

La guerra de los Treinta Años dejó a Europa en grave estado de postración. En Alemania había muerto, en batallas y epidemias, la mitad de la población. El arte, la ciencia, la industria y el comercio languidecieron durante varias décadas. Ciudades enteras, bibliotecas y catedrales desaparecieron por completo. Millares de personas de gran cultura y capacidad abandonaron el continente europeo; como las demás rutas estaban cerradas, gran parte de esas personas se dirigió hacia la tierra que habría de convertirse en Estados Unidos.

Guerra del Pacífico (1879-1884). Se ha dado este nombre a varios conflictos, pero históricamente sólo se le reconoce al que sostuvieron Chile, por un lado, y Bolivia y Perú, por el otro. La llamada Guerra del Pacífico de 1886, entre España y Perú y Chile, constó de hechos esporádicos de poca trascendencia y surgió de diferencias que venían de la época de la emancipación; la otra guerra del Pacífico, de 1941-1945, forma una gran parte de la Segunda Guerra Mundial.

Antecedentes. Ocurrida la independencia de Chile y Bolivia, ninguno de estos países se ocupó de sus límites territoriales, pero descubiertas las guaneras de Mejillones por exploradores de Chile en 1842, su gobierno declaró propiedad nacional del paralelo 23 al sur. En 1847 Bolivia suspendió esos trabajos con la fuerza armada y alegó que su límite meridional era el paralelo 26. En 1866 se firmó un tratado, solucionando la diferencia con mutuas concesiones. En 1871 fue derrocado el gobierno boliviano de Mariano Melgarejo, que había suscrito el tratado con Chile, y su sucesor, el general Agustín Morales, desconoció los tratados internacionales vigentes y suscribió con Perú el pacto secreto defensivo Benavente-De la Riva Agüero. Un nuevo convenio suscribió en seguida Bolivia con Chile en 1874, en el que se fijaba como límite el paralelo 24 de latitud sur. En 1878 un golpe militar lleva al poder en Bolivia al general Hilarión Daza, y éste hace aprobar una ley estableciendo para la compañía de salitres de Antofagasta, chilena, un impuesto excesivo. Ante el fracaso de gestiones de arreglo, en febrero de 1879 ocupó Chile militarmente Antofagasta con 5 mil trabajadores de esa nacionalidad. Bolivia declaró la guerra a Chile y exigió a Perú el cumplimiento del pacto secreto. Chile pidió a Perú que mantuviera su neutralidad, pero el gobierno de Lima se negó a ello, reconociendo la existencia de aquel documento y Chile respondió con la declaración de guerra el 5 de abril.

Guerra del Pacífico

Operaciones. El avance chileno a partir de la ocupación de Antofagasta fue rápido. Se produce una campaña marítima que Chile concluyó con el combate de Angamos (20 de octubre de 1879). Después de esto el dictador boliviano Daza fue depuesto y marchó a Europa y su país se retiró de la guerra. Chile continuó su avance hacia el norte: Tacna, Morro de Arica, acaso la acción más extraordinaria de la guerra, Chorrillos y Miraflores y entrada y ocupación de Lima (17 de enero de 1881). Antes de marchar sobre Lima hubo una mediación de Estados Unidos para concertar la paz; Chile rechazó la propuesta, declarando que únicamente negociaría la paz directamente con sus adversarios.

La paz. La ocupación chilena terminó con el tratado de Ancón (con Perú), el 20 de octubre de 1883; Chile se anexó la provincia de Tarapacá y ocupó por 10 años Tacna y Arica, cuya suerte definitiva sería decidida mediante un plebiscito. Como el referéndum no pudo verificarse, en 1929 se realizó un arreglo directo: Tacna continuó como territorio peruano y Arica fue incorporado definitivamente a Chile. Respecto a Bolivia, se suscribió un pacto de tregua en 1884, al que sucedió en 1904 el tratado de paz, por el cual Bolivia cedió a Chile desde el paralelo 23 hacia el sur, incluyendo la disputada provincia de Antofagasta; Chile debía construir a su solo cargo un ferrocarril de Arica a La Paz y ceder aduanas de tránsito sin impuesto alguno y bajo autoridades bolivianas en Antofagasta y Arica, todo lo cual se ha cumplido. Las huellas de la sangrienta y lamentable contienda, la única guerra de sus características habida en América, se han borrado totalmente, y sus protagonistas mantienen hoy, desde la firma de la paz, las más cordiales relaciones. *Véanse* TACNA Y ARICA.

Guerra del Paraguay.
Conflicto armado entre este país y Argentina, Brasil y Uruguay. La guerra empezó el 18 de marzo de 1865 y finalizó a la muerte del dictador de Paraguay, Francisco Solano López, el 1 de marzo de 1870. Las fuerzas aliadas, bajo el mando del general argentino Mitre, sostuvieron combates sangrientos contra los defensores de los fuertes paraguayos en las riberas del río Paraguay. Cercada Humaitá y rebasadas las trincheras, Solano fue vencido en Lomas Velentinas. Perseguido por sus enemigos murió combatiendo en Cerro Corá, cuando de todo su ejército, al que habían sido incorporados cuantos hombres útiles había en el país, solamente quedaba un puñado de soldados. Los tratados definitivos se firmaron en 1876.

La guerra del Paraguay fue la más sangrienta de todas las contiendas internacionales libradas en Sudamérica. La nación paraguaya, que tenía más de un millón de habitantes al comienzo de las hostilidades, vio su población reducida a 221 mil personas. Los aliados que no pudieron abandonar Asunción hasta seis años después de la muerte de Solano López, conquistaron 140,000 km^2 de territorio paraguayo, pero quedaron sujetos a enormes deudas de guerra durante dos décadas.

Guerra del Golfo Pérsico.
Este grave conflicto, el primero después de la guerra fría, sacudió las nacientes esperanzas de alcanzar una paz duradera en el mundo. Como muchas otras guerras se inició con un trasfondo de intereses económicos. Un buen ejemplo es la reunión de la OPEP del 25 de julio de 1990, donde se produjo una atmósfera de tensión creciente causada por los intentos de Iraq para que se acordara emplear la acción militar contra los miembros que no cumplieran las cuotas de producción petrolera. Iraq había acusado a los Emiratos Árabes Unidos y a Kuwait de burlar sus cuotas y reclamó que el gobierno kuwaití había violado las fronteras para poder robar el petróleo del suelo iraquí.

Fueron éstas las primeras razones expuestas por el presidente Saddam Hussein para invadir Kuwait (luego agregaría viejas reclamaciones territoriales que ya en 1961, al independizarse Kuwait, habían estado a punto de originar una guerra). Con el control de 24% del suministro mundial de petróleo como resultado de su acción, y la amenaza de duplicarlo mediante otra invasión, esta vez a Arabia Saudita, Saddam encontró una actitud firme de Estados Unidos, que planteó la cuestión en el terreno diplomático primero y en el militar después. En una sorprendente demostración de unidad, tropas de más de quince países de distintas tendencias (entre ellos varios Estados árabes), y con el respaldo de la ONU, combatieron con la finalidad única de expulsar a Saddam de Kuwait.

La capacidad militar iraquí, revitalizada durante el cruento enfrentamiento con Irán tanto por la URSS como por varias naciones occidentales, obligó a oponerle la fuerza más poderosa y tecnológicamente avanzada jamás reunida y, como en otros casos de la historia, este conflicto sirvió para probar en el campo de batalla la eficacia del armamento moderno. La estrategia aliada del *ataque quirúrgico* dio frutos gracias al empleo de las llamadas armas *inteligentes*, dirigidas específicamente contra determinados objetivos militares. Posiblemente más que en ninguna otra ocasión, el ataque aliado trató de hacer mínimas no sólo las bajas propias (que sumaron en total 223, incluyendo 147 estadounidenses), sino las de la población civil en el campo enemigo. Según los datos de la organización ecologista y pacifista Greenpeace, terminada la guerra, han muerto más iraquíes por otras consecuencias del conflicto que por efecto directo de los bombardeos aliados.

Guerra de Secesión (1861-1865).
El prodigioso crecimiento de Estados Unidos se vio bruscamente comprometido, en la segunda mitad del siglo XIX, por una grave crisis política y social, que degeneró en una guerra civil entre los estados del Sur, agrícolas, aristócratas y esclavistas, y los del Norte, industriales burgueses y abolicionistas. Como los estados del Sur propugnaron su separación de la Unión, la guerra se denomina de secesión. A mediados del si-

Tropas de artillería confederada, durante la guerra civil de los Estados Unidos (1861-1864).

glo citado, la oposición que existía entre los dos grandes partidos estadounidenses se complicó con una serie de rivalidades regionales y económicas. Los republicanos eran proteccionistas y dominaban en el Norte; los demócratas, librecambistas, eran más numerosos en el Sur. El antagonismo entre ambos se acentuó de manera extraordinaria al plantearse la cuestión de la esclavitud, pues los primeros eran abolicionistas y los demócratas, esclavistas.

En los estados del Norte y del Centro, donde los negros eran poco numerosos, la esclavitud había sido abolida. Para los agricultores del Sur, que necesitaban la mano de obra negra, la supresión de la esclavitud aparecía como una catástrofe que había que evitar a todo precio. Los políticos del Congreso trataron de evitar la ruptura con el Sur, con medidas de compromiso; pero la campaña contra la esclavitud se hacía cada vez más enérgica, las pasiones se exacerbaban, los incidentes violentos se multiplicaban.

Entre tanto el partido demócrata se dividía y los adversarios de la esclavitud se agrupaban en un nuevo partido republicano, y en 1860 conseguían llevar a la presidencia de Estados Unidos a Abraham Lincoln. Esta elección tuvo como consecuencia inmediata la secesión de los estados del Sur. A los sureños les interesaba más la esclavitud que la Unión. Carolina del Sur fue la primera en separarse. El ejemplo fue seguido por otros seis estados del Sur y más tarde por tres más y parte de Virginia. Los separatistas constituyeron los Estados Confederados de América y eligieron como presidente a Jefferson Davis y como capital a Richmond.

Cuando Lincoln comenzó su mandato (marzo de 1861) adoptó una actitud enérgica, declarando la *Unión perpetua* y las *ordenanzas de secesión nulas.* Puestas así las cosas, sólo la fuerza podía resolverlas. El ataque de los sureños al fuerte de Sumter (abril de 1861) desencadenó la guerra, que fue larga y cruenta. Los norteños federales eran más numerosos y disponían de mayores recursos industriales, financieros y marítimos; pero los sureños o confederados contaban con mejores mandos y preparación militar. Por ello la guerra que empezó favorable para el Sur cambió de aspecto más tarde.

Durante dos años los sureños opusieron una resistencia victoriosa a los ataques del Norte, pero cuando Robert E. Lee, tomando la ofensiva, marchó contra Washington fue detenido en Gettysburg y en la terrible batalla de tres días (julio de 1863) se jugó la suerte de la Unión. Pocos meses después la batalla de Chattanooga fue otra aplastante victoria norteños. Los años de 1864 y 1865 fueron decisivos y por fin Lee, abrumado por el número, tuvo que capitular en Appomattox (9 de abril de 1865). Lincoln no pudo saborear su triunfo, pues cinco días más tarde era asesinado por un fanático. En esta guerra salieron victoriosos el abolicionismo y el principio de perpetuidad de la Unión.

Guerra Franco-Prusiana. Produjo el hundimiento del Segundo Imperio Francés y la hegemonía de Prusia en Europa. Aquélla, después de Sadowa, presidía la Confederación Alemana del Norte y tenía bajo su mando los ejércitos de los estados alemanes del Sur, hostiles a Francia. El emperador francés dio varios motivos para exacerbar aquella rivalidad. Al fin la cuestión de buscar un nuevo rey de España, a raíz del destronamiento de Isabel II, proporcionó el pretexto para la guerra. Ofrecida dicha corona por representantes del gobierno provisional de España a Leopoldo de Hohenzollern, Francia se conmovió y el ministro Gramont consiguió que el rey de Prusia hiciera renunciar al citado príncipe alemán; pero al exigir por el *telegrama de Ems* que Guillermo I se comprometiera a oponerse en lo sucesivo a tal candidatura, Bismarck consideró injurioso para su rey dicho despacho y lo publicó. Estos hechos excitaron de tal modo la opinión francesa y alemana, que Napoleón III declaró la guerra el 19 de julio de 1870.

Al estallar la guerra, la opinión general suponía que Francia era la más fuerte, pero pronto mostró Prusia su superioridad militar y obtuvo diversas victorias hasta que Napoleón capituló en Sedán (2 de septiembre de 1870) y sus tropas fueron desarmadas. Pero en París se proclamó la República y la resistencia popular duró cinco meses. La capital francesa, bombardeada y sitiada, se defendió hasta que se firmó el armisticio en enero de 1871. En la confusión de la invasión se nombró una Asamblea Nacional que designó a Adolphe Thiers jefe del poder Ejecutivo. Éste terminó la guerra con el Tratado de Frankfort (mayo de 1871).

guerra fría. Estado de tensión que se produce entre naciones que viven en régimen de paz, debido a una propaganda de crítica y ataque que se hacen entre ellas. Se la llama también guerra de nervios. En esta campaña participan activamente los periódicos que apoyan a los gobiernos, la radio, la televisión y los oradores políticos, con el fin de excitar los sentimientos del adversario y provocar reacciones que muestren los objetivos y fines que persiguen.

Guerra Hispano-Norteamericana. El motivo aparente de este conflicto fue la voladura del acorazado estadounidense *Maine* en la bahía de La Habana en 1898. Pero su causa real se remonta a muchos años atrás. Entre 1878-1880 el gobierno español hizo algunas concesiones a los patriotas cubanos que luchaban por la independencia. Esto no hizo cesar la lucha. En la llamada *guerra chiquita* adquirió renombre el héroe y gran escritor José Martí, quien pereció en un encuentro con las tropas españolas en 1895. El Partido Revolucionario que representaba prosiguió hostigando a los españoles y el gobierno peninsular envió al general Valeriano Weyler, quien no consiguió pacificar la isla, y aunque se otorgó amplia autonomía a Cuba, las luchas por la emancipación total no cesaron.

La situación de permanente guerra civil en que vivía la población cubana fue el motivo invocado por Estados Unidos para enviar una escuadra como aviso para el gobierno español. Los elementos que propugnaban la independencia sin condiciones, asaltaron redacciones de periódicos conciliadores y organizaron motines, que las autoridades españolas reprimieron con mano dura. Envuelta en estos acontecimientos llegó la noche del 15 de febrero de 1898. El *Maine*, anclado en la bahía de La Habana, sufrió una violenta explosión que ocasionó su hundimiento. Este hecho produjo en el pueblo de Estados Unidos una ola de indignación. El gobierno español designó una comisión para investigar este suceso, la que llegó a la conclusión de que la explosión había tenido origen en el interior del buque.

El 11 de abril de 1898 el presidente William McKinley pidió al Congreso autorización para poner término a las hostilidades entre el gobierno español y el pueblo de Cuba. El Congreso no sólo autorizó al presidente para emplear la fuerza, si era necesario, sino que dictó la resolución conjunta (20 de abril) en la que expresaba que "la isla de Cuba debe ser libre e independiente". Esto equivalía a declarar la guerra a España. El 22 de abril el presidente estadounidense proclamó el bloqueo de los puertos cubanos, y el 1 de mayo de 1898 una escuadra estadounidense atacó y destruyó la flota española en la bahía de Manila (islas Filipinas). La escuadra del almirante Pascual Cervera, jefe de la flota española del Atlántico, fue destruida el 3 de julio al salir del puerto de Santiago de Cuba y el 25 del mismo mes cayó en poder de las fuerzas estadounidenses la isla de Puerto Rico. El gobierno de Madrid solicitó de Washington condiciones de paz, y el 12 de agosto se dio a conocer el protocolo preliminar al armisticio. Seguidamente las fuerzas españolas comenzaron la evacuación de Cuba, y el 10 de diciembre de 1898 se firmó el Tratado de París, que puso término definitivo al estado de guerra entre Estados Unidos y España. *Véase* SANTIAGO DE CUBA (Batalla naval).

Guerra Junqueiro, Abilio Manuel (1850-1923). Poeta y político portugués, que contribuyó a la renovación de la lírica en su patria. Dotado de un fino espíritu de observación e identificado con los sentimientos de su pueblo, supo recoger con gran verismo aspectos del alma popular en su poema *Los simples*. Participó en los acontecimientos políticos de su patria, como monárquico primero y luego como republicano; expresó su pensamiento en obras notables por su originalidad como *La vejez del Padre Eterno*, en la que evidenció su poderosa capacidad para la sátira.

Guerra Mundial, Primera (1914-1918).

Se da este nombre al conflicto surgido al final del tercer lustro del siglo XX y también el de guerra europea. Indudablemente este último término está más de acuerdo con los hechos porque en ellos no participó efectivamente siquiera la mayor parte de los países, ni tampoco alcanzó a todos los continentes, y fueron numerosas las naciones que permanecieron neutrales. El título de Guerra Mundial cabe más bien desde el punto de vista de las complicaciones que surgieron de la conflagración y de sus intensas y profundas conmociones sociales y políticas, acaso las más decisivas en la historia de la humanidad, como basta para señalarlo así la modificación de los regímenes de trabajo que perduraban desde siglos y la aparición del gobierno bolchevique en Rusia.

Antecedentes. Las causas de este conflicto venían generándose desde poco después de la derrota de Francia en la Guerra Franco-Prusiana (1870-1871) y a raíz de la expansión colonial de algunas potencias, Inglaterra principalmente con su invasión del Transvaal y Orange en los comienzos del siglo XX. La derrota francesa dio alas al imperialismo de Prusia, que amenazó con una nueva era napoleónica y creó una enemistad irreconciliable entre las dos mayores potencias militares de Europa, ya de antes divorciadas por una rivalidad que tenía hondas raíces históricas. En cuanto al crecimiento del imperio británico creó un desequilibrio ante el cual el resto del mundo pasaba a un estado de dependencia. El desarrollo de tal situación trajo como consecuencia una serie de pactos militares que terminaron por construir bloques tan definidos como antagónicos. Esta política comenzó cuando la habilidad de Otto von Bismarck consiguió la reconciliación con Austria, sellada con el tratado de amistad de los dos Imperios Centrales, la agrupación más firme de Europa, convertida en Triple Alianza en virtud de la adhesión de Italia (1882), cuando las diferencias coloniales con Francia en el norte de África la empujaron a buscar el arrimo de Alemania. Como réplica a la Triple Alianza se estableció la de Francia y Rusia, ampliada a lo que se llamó Triple Entente por haberse sumado a ella Gran Bretaña, después de no po-

cas vacilaciones que al fin quedaron resueltas ante el engrandecimiento marítimo y colonial de Alemania, considerado por los círculos de Londres mucho más grave que las viejas pugnas coloniales con Francia y que el recelo de la expansión rusa en Asia. El incidente diplomático de Marruecos (1905), en donde Alemania alegó su derecho a "un puesto bajo el sol" y protestó contra la mano libre dada a Francia en aquel territorio, abrieron las puertas a una carrera armamentista de seguro final catastrófico. La guerra estuvo ya a punto de estallar con motivo de la segunda crisis diplomática por asuntos de Marruecos (1911) y casi fue milagroso que no estallara con ocasión de las guerras balcánicas de 1912-1913, que colocaron en situación muy tirante a Rusia y Austria-Hungría.

El estallido. La nerviosidad había llegado al último extremo y sólo se buscaba un pretexto para el conflicto armado. Y se le halló el 28 de junio de 1914 cuando fueron asesinados en Sarajevo, capital de Bosnia, el heredero del imperio austriaco, archiduque Francisco Fernando y su esposa. Bosnia y Herzegovina habían sido anexadas a Austria-Hungría en 1908 y el doble asesinato era una protesta de los eslavos sometidos al yugo de Austria y en relación con sociedades secretas panservias, aunque luego se ha probado que la sociedad terrorista en que se preparó el crimen no estaba dirigida por agentes del gobierno servio sino por adversarios suyos. Después de una serie de gestiones diplomáticas, el gobierno austriaco presentó su protesta y una exigencia de 10 peticiones que debían ser satisfechas en 48 horas, que se cumplían el 25 de julio. Mediante esfuerzos de Francia e Inglaterra. Servia contestó a satisfacción momentos antes de cumplirse el plazo, menos en dos puntos que se referían a la intromisión de oficiales austriacos para investigar el doble crimen, lo que el gobierno de Belgrado estimaba como atentatorio a su soberanía. Bajo la presión coordinada de los jefes de los estados mayores, el austriaco Conrado von Hötzendorff y el alemán Helmuth von Moltke, este último sobrino del vencedor de la guerra franco-prusiana, Austria no aceptó la exclusión, movilizó sus tropas y el 28 de julio declaraba la guerra a Servia, iniciando las hostilidades al día siguiente con el bombardeo de Belgrado. Estaba prevista la intervención de Rusia, que había expresado claramente su decisión de "no permitir el aniquilamiento de Servia", y tampoco podía ofrecer dudas la actitud de Francia, cuyo gobierno no quería la guerra y, en efecto, recomendó al ruso que evitara en lo posible llegar a las hostilidades, pero manifestando al mismo tiempo que se disponía a cumplir "todas las obligaciones impuestas por los tratados" en caso necesario. En principio estuvo muy renuente Gran Breta-

ña a entrar en la contienda, y contra lo que se ha dicho respecto a que aprovechó la situación para deshacerse de un competidor comercial, es lo cierto que precisamente los círculos financieros de la City eran los más opuestos a la intervención armada; el propio gobierno examinó el 1 de agosto, cuando la movilización estaba decretada en Rusia, Alemania y Francia, la eventualidad de permanecer neutral y así se esperaba en Berlín. Pero la nota conminatoria de Alemania a Bélgica y el asunto de la invasión de este país, cambiaron la actitud británica. Inmediatamente se cruzaron declaraciones de guerra en el orden siguiente: el 1 de agosto, Alemania a Rusia; el 3, Alemania a Francia y Francia a Alemania; el 4, Alemania a Bélgica y Gran Bretaña a Alemania; el 6, Austria a Rusia y Servia a Alemania, etcétera. El pequeño Montenegro se solidarizó con Servia. En cambio, Italia alegó que sus compromisos no la obligaban a seguir a los Imperios Centrales, regateó con ambos bandos y firmó con los aliados el pacto secreto de Londres (26 de abril de 1915), al que siguieron la denuncia de la Triple Alianza y la declaración de guerra a Austria (23 de mayo), pero no a Alemania, con la cual no rompió oficialmente hasta el 28 de agosto de 1916. Portugal siguió a su tradicional aliada Inglaterra, en tanto que los Imperios Centrales arrastraron a Turquía y luego a Bulgaria. También Rumania había adquirido compromisos con Alemania, pero se mantuvo neutral hasta que el 27 de agosto de 1916 declaró la guerra a Austria, a lo que contestaron inmediatamente esta potencia y Alemania. Fuera de Europa, la primera que declaró la guerra a Alemania y Austria fue Japón, el 23 y 25 de agosto de 1914, respectivamente. Finalmente, el 6 de abril de 1917 Estados Unidos, tras del hundimiento por submarinos alemanes de los barcos *Lusitania* (7 de mayo de 1915), *Nebraska* (28 de junio) y otros en 1916 declararon la guerra a Alemania, lo que hicieron también varios países latinoamericanos, sin llegar a beligerantes.

Operaciones militares. Los alemanes movilizaron sus tropas con extraordinaria rapidez, invadieron Bélgica y penetraron en Francia por el Mosa y el Sambre, venciendo ampliamente en Charleroi, que fue la primera gran batalla de esta guerra (24 de agosto de 1914), y llegaron hasta el Marne, en donde fue detenida la ofensiva en la célebre batalla de este nombre (5-9 de septiembre), comandadas las fuerzas francesas por el general Joseph Joffre, que logró romper el enlace entre los dos ejércitos alemanes encargados del avance, al mando de von Alexander Klück y Bernhardt von Bülow. Después de su derrota en el Marne, los alemanes se replegaron al norte y se detuvieron sobre la línea superior del río Aisne, donde libraron nueva batalla (10 de

Avión britanico de la Primera Guerra Mundial.

septiembre) con las tropas aliadas que le seguían, pero la situación de ambos beligerantes no tuvo allí modificación alguna. En 1915 apenas si se rectificó el frente con un ligero avance francés de 5 km en Arras planteándose la más agotadora *guerra de trincheras* jamás conocida. Mientras, las fuerzas inglesas habían aumentado en forma importante y ayudaban a la resistencia en el nuevo frente abierto en el Flandes francés que incluía además un pequeño trozo del territorio belga.

El 21 de febrero de 1916 comenzó una de las grandes y famosas batallas de este conflicto: Verdun, iniciada por las tropas alemanas comandadas por el príncipe heredero de Alemania, magníficamente situadas y preparadas para abrirse camino hacia París. Este formidable choque no terminó totalmente sino en diciembre, con el triunfo de las fuerzas francesas dirigidas por el general Henri Petain. En Verdun surgió la frase, luego famosa: "¡No pasarán!" En este mismo sector se reanudó la lucha en mayo y junio siguientes y en el mes de julio se desarrolló la gran ofensiva aliada del Somme, cuyo mayor esfuerzo correspondió a las tropas británicas al mando del mariscal sir Douglas Haig, aunque la operación combinada fue dirigida por Foch. La batalla del Somme fue una de las más sangrientas de la guerra y si bien los éxitos conseguidos por los aliados se juzgaron en principio mezquinos, la verdad es que el ejército alemán tuvo necesidad de emplear grandes fuerzas para sostener las posiciones y allí se gastaron los mejores cuadros de la infantería alemana. A continuación de la ofensiva del Somme contraatacaron los franceses en Verdun, donde recobraron posiciones importantes. En la primavera de 1917 fracasó una gran ofensiva de los aliados, a la que precedió una rectificación que hicieron los alemanes de sus líneas, evacuando salientes peligrosos y retirándose a posiciones bien organizadas de la famosa *línea Hindenburg.* Enseguida se unió a los aliados el poderío económico, industrial y militar de Estados Unidos, cuyas primeras tropas desembarcaron en Francia al man-

do del general John Pershing en 1917, inclinando en forma decisiva la balanza en contra del bloque de los Imperios Centrales. Sin embargo, las tropas estadounidenses necesitaron tiempo para prepararse y entraron por primera vez en fuego en los comienzos de junio de 1918. El mando alemán –mariscal Paul von Hindenburg y su segundo e inspirador Erich Ludendorff– se dispuso a arrebatar la victoria antes de que se hiciera sentir el peso de considerables refuerzos estadounidenses y contando con la favorable circunstancia de haberse eliminado el frente oriental a causa de la revolución bolchevique. Pero la gran ofensiva alemana en la primavera de 1918 se frustró gracias a las previsiones de Ferdinand Foch, elevado por entonces a general en jefe de los ejércitos aliados en Francia, y una nueva ofensiva iniciada a mediados de julio, si bien dio a los alemanes éxitos espectaculares, rebasando la línea del Marne y acercándole más que nunca a París, quedó pronto detenida y les produjo pérdidas que no estaban ya en situación de reparar. Así, el plan de contraofensiva aliada que había preparado Foch se cumplió con creces; la batalla de Amiens (8-11 de agosto) resultó un éxito franco-británico y acto seguido se extendió la actividad a todo el frente, viéndose obligados los alemanes a una retirada general con evidentes manifestaciones de cansancio y hasta en algunos casos de desmoralización.

Las operaciones anteriores corresponden al frente occidental de la guerra. En el oriental, en agosto de 1914 los rusos invadían parte de Prusia y esto destruyó los planes alemanes para la invasión de Francia, pues les distrajo fuerzas importantes. Sin

embargo, el general alemán Paul von Hindenburg derrotó a los rusos en Tanenberg (27 de agosto) y detuvo el avance que éstos lanzaban sobre Austria, atacándoles por el flanco de Polonia donde el ejército austro-húngaro había sido derrotado en la batalla de Limberg. Poco después sufrieron los rusos el golpe militar y moral que decidió aparentemente la suerte de la dinastía zarista de los Romanov; vencedores los alemanes en la segunda batalla de los lagos Masurianos (7-22 de febrero de 1915), luego avanzaron juntamente con los austriacos sobre Galitzia y el frente del Báltico, y en septiembre ocupaban una línea que seguía el río Dvina, desde Riga a Dwinsk, bajando después al sur hacia el río Dniester. En la primavera de 1916 el ruso Brusilov intentó una contraofensiva que alcanzó éxito en parte pero a costa de tremendas bajas, más de un millón, y sin modificar la situación. Alemania tuvo luego una ayuda indirecta positiva al ser derrocados los zares (marzo de 1917), pues si bien el régimen provisional de Alejandro Kerensky seguía junto a los aliados, su desorganización militar ya le impidió una acción efectiva.

En el frente de Italia, las tropas de este país al mando del general Luis Cadorna avanzaron dentro del Trentino (Austria) con propósito de apoderarse de Trieste, desde fines de mayo de 1915, pero al marchar sobre Tolmino se vieron obligados a sostener una guerra de trincheras, bien sostenidas por los austriacos en la línea del Isonzo, donde los italianos libraron cinco batallas consecutivas sin lograr más que pequeños avances, hasta que los austriacos contraatacaron en mayo de 1916 y les

USS Olympia, barco que sirvió en la Guerra Hispano-Norteamericana.

infligieron dura derrota. La lucha siguió con otras seis batallas más en el frente del Isonzo, sin que Italia lograra el objetivo que buscaba. Por el contrario, cuando la situación del frente oriental permitió a Austria-Hungría concentrar fuerzas suficientes y disponer de la ayuda de un contingente alemán (siete divisiones), toda la línea italiana se desmoronó en un día (24 de octubre de 1917) con un avance fulminante del enemigo por la brecha de Caporetto. Las pérdidas italianas de muertos y heridos en combate no fueron grandes, pero dejaron en poder del enemigo miles de prisioneros, grandes cantidades de cañones y material de guerra, y las deserciones en todas las unidades militares italianas alcanzaron proporciones considerables. Durante el resto de la guerra permaneció prácticamente inoperante el ejército italiano, hasta que ya a fines de octubre, cuando estaba desintegrado el Imperio de Austria-Hungría iniciaron una ofensiva contra un enemigo que casi no podía oponer resistencia y obtuvieron el triunfo de Vittorio-Veneto (28-30 de octubre de 1918). Trieste fue ocupado en los momentos de firmarse el armisticio con el ya derrumbado Imperio Austro-Húngaro (3 de noviembre de 1918).

También hubo frentes de guerra en los Balcanes y en Turquía de Europa y Asia, pero fueron secundarios. La lucha se decidió en el sector occidental, aunque fue de acreditada eficacia la colaboración de Rusia, que atrajo desde el primer momento considerables contingentes alemanes. La invasión de Prusia Oriental por los rusos y su victoria de Gumbinen (19-20 de agosto de 1914) obligaron al mando alemán a concentrar en el frente oriental fuerzas cuya presencia en Francia acaso habrían hecho cambiar el resultado de la batalla del Marne y agotado la resistencia francesa. En el Pacífico actuó Japón como aliado de Gran Bretaña, pero su beligerancia se limitó a conquistar las bases alemanas de China y archipiélagos de Micronesia.

En el mar. Para defender sus puertos y navegación ante la superioridad de la escuadra inglesa, los alemanes sembraron de minas el Mar del Norte, los estrechos que conducían al Mar Báltico, sus costas y todas las entradas de sus puertos. Para guiarse por ese laberinto de minas, que jamás antes se habían sembrado en esa forma, existían cartas especiales que sólo conocían los marinos alemanes. La mayor de las batallas navales de esta guerra ocurrió el 31 de mayo de 1916 y lleva el nombre de Jutlandia, por haberse librado en las proximidades de la costa de ese nombre en Dinamarca. Las pérdidas conocidas fueron, por los ingleses: 3 acorazados, 3 cruceros y 8 destructores; por los alemanes: 1 acorazado, 1 crucero acorazado, 4 cruceros y 5 destructores. Las bajas de oficiales y marineros fueron, aproximadamente, 5,000

ingleses y 3,500 alemanes. Entre los ingleses perecieron los almirantes Hood y Arbuthnot. Aunque los alemanes celebraron esta acción como una victoria y efectivamente resintieron menores pérdidas que el adversario, quedó en ella confirmado el dominio británico de los mares, pues la flota alemana de alta mar se quedó en puerto hasta el fin de la guerra.

La paz. En octubre de 1917 triunfó en Rusia la revolución bolchevique dirigida por Lenin, que depuso al gobierno republicano de Kerensky y cuyo primer paso fue el armisticio, al que siguió el tratado de paz germano-ruso de Brest-Litovsk. Después fue Bulgaria la primera de las potencias centrales que firmó la paz con los aliados (20 de septiembre de 1918), a raíz de la victoria francesa en Uskub, lo que debilitó fuertemente la moral del ejército alemán, que ya sufría una falta total de aprovisionamiento y de reservas. Siguió el derrumbe de Turquía (16 de octubre) frente a la acción en Asia de ingleses y árabes, y luego el de Austria-Hungría. Al comenzar noviembre, el káiser Guillermo II huía a Doorn (Holanda), donde murió muchos años después, y el alto mando alemán, comprendiendo la inutilidad de toda resistencia, pidió el armisticio, que fue firmado el 11 de noviembre de 1918, en una dramática ceremonia que presidió el generalísimo de los ejércitos aliados, mariscal Ferdinand Foch, de Francia.

Organizado el *Consejo de los Diez*, éste preparó el tratado de paz de Versalles, firmado el 28 de junio de 1919 con la participación de los estados que declararon la guerra a Alemania, sin haber participado todos en ella. En este caso se encontraban, entre las repúblicas latinoamericanas y por el orden de su ruptura con Alemania: Panamá, Cuba, Brasil, Guatemala, Nicaragua Costa Rica, Haití y Honduras. Otras cuatro repúblicas (Bolivia, Perú, Uruguay y Ecuador) se limitaron a romper las relaciones diplomáticas. Asistió el presidente de Estados Unidos, Woodrow Wilson, inspirador de la Sociedad de las Naciones con sus famosos *catorce puntos*, que luego funcionó en Ginebra como un medio de paz mundial, pero ya sin participación de Estados Unidos, cuyo Senado tampoco llegó a ratificar el tratado de paz. Por los términos de éste, Francia recuperó Alsacia y Lorena, tomó en administración por 15 años las minas del Sarre y recibió parte de las colonias alemanas. Danzig, punto de partida de la Segunda Guerra Mundial, se convirtió en ciudad libre con un corredor de acceso; Alemania, rectificaba sus fronteras con pérdidas territoriales, entregaba todas sus colonias, y se determinó que debería pagar 132 mil millones de marcos oro, en cierto número de años, en concepto de reparaciones, lo que no llegó a cumplir. También debía entregar Alemania el resto de su es-

cuadra aún a flote: 10 acorazados, 6 cruceros de combate, 6 cruceros rápidos, 2 buques lanzaminas, 50 destructores último modelo y 158 submarinos, que luego subieron a 201; barcos mercantes, diques flotantes y embarcaciones menores. Pero los buques de línea que habían sido llevados por sus tripulaciones a la base británica de Scapa Flow fueron hundidos por los alemanes días antes de la firma del tratado. Se restauró la independencia y soberanía de Polonia. Inglaterra acrecentó su imperio colonial, estableció su influencia sobre el Medio Oriente y el mundo árabe, tomando el mandato sobre Palestina.

Además de Francia e Inglaterra, también recibieron colonias alemanas: Japón, Bélgica, Australia y Nueva Zelanda. Aún fue más aciaga la suerte de Austria, que de encabezar un gran imperio pasó por el tratado de Saint-Germain (10 de septiembre de 1919) a república de tercer orden, lo mismo que Hungría cuyas fronteras regló el tratado del Trianón (14 de junio de 1920). Por el tratado de Neuilly (27 de noviembre de 1919) se privó a Bulgaria de algunos territorios, en tanto que el tratado de Sévres (20 de agosto de 1920) impuso duras mutilaciones a Turquía.

Efectos políticos y sociales. Éstos fueron superiores a las consecuencias materiales anotadas como el establecimiento de la Oficina Internacional del Trabajo, surgida del Pacto de Versalles y que fue el comienzo de las reivindicaciones sociales en nuestro siglo; y el afianzamiento del régimen bolchevique que luego dio vida a la URSS.

Éstos fueron resultados directos del conflicto, al mismo tiempo que estimularon nuevos principios, por la situación creada a ciertos países, que llevaría al mundo a experimentos políticos fatales: los movimientos del fascismo italiano y del nazismo alemán.

Características militares. El conflicto de 1914-1918 tuvo una fisonomía táctica absolutamente propia: la guerra de trincheras llegó a constituir una sola línea desde el Canal de la Mancha a Suiza y se prolongó más de un año, y todo 1915 y parte de 1916, con pocas variaciones y simples modificaciones en el trazado de líneas hasta que se pasó a la fase final de maniobras. En el curso de esta conflagración, en la batalla de Flandes (15 de noviembre de 1916), aparecieron por primera vez los tanques, que luego desempeñarían un papel de singular importancia y se incorporarían definitivamente a los ejércitos mundiales. El nuevo vehículo, conocido como carro de combate, fue lanzado por los ingleses; pero sus creadores fueron el alemán Gottlieb Daimler (1905), que ideó el automóvil blindado con un cañón de tiro rápido en torrecilla giratoria, y el alemán Günther Busstyn (1912), que perfeccionó diseño y motor y aplicó por primera vez el principio de los tractores orugas. Los primeros tanques ligeros ingleses dieron tal resultado, que antes de un año ya los poseían mejores y más efectivos todos los demás beligerantes.

En esta guerra se empleó el cañón más grande conocido hasta entonces y muchos años después: el famoso *Bertha*, producto de la casa Krupp, de Alemania, con el cual se pudo bombardear París desde más de 100 km de distancia, causando verdadera sensación tal hecho.

Aeroplanos y submarinos. La aviación desarrolló tales progresos que revolucionó todos los métodos de ataque y defensa. La afirmación de la navegación aérea como el mayor adelanto de su época, fue legada por este conflicto a las generaciones del futuro. Poco se ha descubierto enteramente nuevo en materia de aviación después de 1918 que no fuera experiencia de esta guerra, excepto la propulsión a chorro. Allí nacieron el blindaje de los aeroplanos, la construcción con materiales ligeros, el aumento de tamaño y el cambio de diseños y armamentos; al mismo tiempo que obligó a la creación de la defensa antiaérea, que luego llevó sus adelantos a todo tipo de arma ofensiva ligera y determinó el nacimiento perfeccionado de otra nueva especialización en el arte bélico: el *camouflage*. Sin embargo, los efectos directos de la aviación en este conflicto, con ser importantísimos, no llegaron a ser decisivos; pero abrieron firmemente el camino al progreso aéreo en el futuro inmediato.

Alemania había construido gran cantidad de submarinos y su empleo intensivo era uno de sus secretos. Aunque sus enemigos presumían esa posibilidad, se vieron sorprendidos por los resultados de su acción. Ésta desorganizó en tal forma los transportes marítimos a través del Atlántico, ruta principal del aprovisionamiento aliado que procedía de Estados Unidos, que allí estuvo a punto de definirse la guerra. Hubo un mes, el de mayo de 1917, en que los alemanes hundieron buques en un total de 847 mil ton. Estadounidenses y británicos debieron construir aceleradamente centenares de barcos para responder con el bloqueo de Alemania a través del Mar del Norte, e idear la navegación mercante en convoy, amparada por cruceros y destructores. Hasta ese momento no se sabía de submarinos mayores de 600 ton. En la Primera Guerra Mundial se les construyó de 1,500 ton en superficie, de 1,800 bajo el agua, y su radio de acción se amplió a millares de millas marinas.

Bajas y pérdidas. El total de hombres movilizados llegó a 65 millones de los cuales murieron 8.5 millones y fueron heridos 21 millones. Cientos de buques de guerra, acorazados, cruceros, destructores, submarinos, etcétera., fueron hundidos, y las pérdidas de la marina mercante, de todas las naciones, llegaron a sumar miles de bu-

ques hundidos que, en total, representaban unos 12 y medio millones de toneladas. El costo total de la guerra se calculó en más de 335,000 millones de dólares.

Guerra Mundial, Segunda (1939-1945).

Sus causas fueron, como en todas las guerras, múltiples y discutidas. Las más decisivas serían el auge del imperialismo alemán, que incrementado por el nacionalsocialismo se lanzó abiertamente por el camino del rearme, con denuncia de las cláusulas del tratado de Versalles concernientes a la limitación del ejército alemán (16 de marzo de 1935) y ante la pasividad de Francia e Inglaterra ocupó Renania, se apoderó de Austria y de Checoslovaquia en 1938-1939, aplicó las leyes raciales y puso el pie en Polonia. Como causas generadoras de descontento figuraban el desigual reparto de las riquezas de la tierra, en manos de algunas naciones, mientras que otras dotadas de gran vitalidad, se veían encerradas en sus propias fronteras.

El tratado de Munich (septiembre de 1938), concertado por Adolfo Hitler, Benito Mussolini, Edouard Daladier y Neville Chamberlain, constituyó una concesión de las democracias en su deseo de evitar la guerra, quizá por no encontrarse preparadas para contener el formidable aparato bélico del eje Berlín-Roma. Probablemente contaban con unos años de calma, en los cuales podrían prepararse; pero el cálculo falló y el nazismo siguió envalentonado, creando una psicosis de guerra que invadió al mundo entero. Italia se había apoderado de Abisinia (1935-1936) a despecho de Inglaterra y con desafío a la Sociedad de las Naciones, y vulnerando un compromiso con Gran Bretaña de no alterar el *statu quo* en el Mediterráneo, bombardeó el Viernes Santo de 1939 los puertos de Albania y acto seguido se adueñó de este país. La inminencia de la guerra aparecía ya como evidente, cuando el 23 de agosto de 1939 sorprendió al mundo la noticia de la firma del pacto germano-soviético.

Con esta rectificación de una política que venía explotando la bandera del anticomunismo, Alemania tiene ya a cubierto uno de sus flancos, y preparada concienzudamente, con un ejército de un millón y medio de hombres en activo, material modernísimo y potentes fuerzas acorazadas, unos seis mil aviones en vuelo y una flota de guerra pequeña pero sumamente eficaz (cinco acorazados, nueve cruceros, treinta y nueve destructores y sesenta y dos submarinos), atacó a Polonia por tierra, mar y aire simultáneamente el 1 de septiembre de 1939, sin declaración de guerra ni movilización previa, motivando que los gobiernos de Londres y de París, que habían garantizado a Polonia la integridad de su territorio, entraran, acto seguido, en guerra con Alemania.

Polonia tenía un ejército numeroso, pero mal instruido y deficientemente armado; su caballería era excelente, pero carecía de tanques y de artillería moderna. Los alemanes no trataron de ocupar más o menos ciudades, sino de destruir la masa principal del ejército adversario, derrotándolo cuanto antes a fin de evitar la lucha simultánea en dos frentes. La aviación comenzó por destruir en sus aeródromos a la aviación contraria, y el ejército polaco fue batido con una superioridad aplastante y una rapidez fulminante. Duró la campaña apenas 25 días. Diez días antes de terminar, las tropas soviéticas cruzaron también la frontera polaca, atacando por la retaguardia. La resistencia heroica de Varsovia y de algunas divisiones copadas no fue más que una inútil manifestación de heroísmo. La nación polaca fue repartida entre invasores por cuarta vez en su historia. Con esta campaña inauguraba el Estado Mayor germano una nueva fase del arte militar.

Hitler pudo ya concentrar su fuerza en un solo frente y sus posibilidades de ofensiva aumentaron. Cuenta con las materias primas de Rusia; Italia es su aliada; sus divisiones blindadas pasan de cinco a doce, y las divisiones corrientes son ya 190; el material y el armamento aumentan en proporción, y su aviación de bombardeo es reforzada. Mientras Inglaterra y Francia se preparan para una guerra larga, transcurre el invierno de 1940. Comienza a perfilarse la amenaza submarina; un torpedo lanza-

Monumento a la victoria norteamericana contra los japoneses en la batalla de Iwo Jima, durante la Segunda Guerra Mundial, en la ciudad de Washington, D.C., EE,UU.

do desde un submarino que osó penetrar en la base naval de Scapa Flow hunde el acorazado británico *Royal Oak*. También abrieron los alemanes la guerra de corso, a cargo de cruceros muy rápidos y *acorazados de bolsillo*. Uno de ellos, *el Graf Spee,* fue sorprendido por tres buques ingleses en la costa uruguaya del Río de la Plata; el buque alemán hundió a uno de los tres adversarios y se refugió en Montevideo, de donde salió cuatro días después para ser hundido por su tripulación a la vista del puerto, antes de caer en poder del enemigo.

Los germanos necesitan el hierro y la madera escandinavos, y en abril se lanzan a la ocupación de Dinamarca y de los principales puertos noruegos, lo que realizan sin resistencia. Los noruegos, en el norte (Narvik), auxiliados por algunas tropas inglesas, resisten algún tiempo, pero se ven al fin obligados a rendirse. Con esta conquista se consolida la situación estratégica del Reich y su aviación y sus submarinos poseen bases que le permiten actuar fácilmente sobre las islas Británicas y sus aguas. Esta campaña demostró la eficacia extraordinaria de la aviación y la necesidad de dominar el aire para asegurarse el éxito de las operaciones.

A lo largo de la frontera alemana tenían los franceses una excelente línea fortificada (línea Maginot), pero que no protegía la frontera con Bélgica. Los alemanes, repitieron en mayor escala la maniobra de 1914, y con una rapidez sorprendente invadieron Holanda y Bélgica, precedidos por una intensa acción aérea y por el lanzamiento de paracaidistas. Holanda apenas si resiste cuatro días; Bélgica lucha denodadamente, pero nada puede hacer, y el rey Leopoldo se rinde con su ejército. Abierto así el flanco vulnerable de las posiciones francesas, los germanos rodean y rebasan la línea Maginot y de norte a sur marchan hacia París. Treinta divisiones anglofrancesas quedan atrás, y sólo los restos de algunas consiguen escapar a Inglaterra embarcando precipitadamente en Dunkerque. El 10 de junio de 1940 abandona a París el gobierno francés; ese mismo día las tropas italianas invaden Francia por el sur, y si bien el avance no se distinguió por sus progresos militares, tal agresión por la espalda en uno de los momentos más aciagos de su historia produjo efectos deprimentes en la ya muy decaída moral de la nación francesa. La derrota aliada fue terrible. Cuatro ejércitos (francés, británico, holandés y belga) habían sido destruidos en seis semanas, y tres millones de prisioneros cayeron en poder del enemigo. En los mandos aliados hubo errores de organización e ineptitud, unidos a deficiencias de armamento inferioridad de medios blindados y aéreos y falta de moral combativa en algunas tropas. Tras el armisticio con Francia son Alemania y Rusia los due-

ños de la Europa continental. Sólo Inglaterra queda en pie.

Hitler se dedicó a afianzar su situación política y diplomática. Se firma en Berlín el pacto tripartito entre Alemania, Italia y Japón, al que pronto se adhieren Hungría, Rumania y Eslovaquia. Es una comunidad europea bajo la férula del *führer*, que pone cada país en manos de algún gobierno satélite, al que, por su analogía con el impuesto en Noruega, se le llama *quisling*. Es el caso de Francia, Bélgica, Holanda, Yugoslavia, Suecia y Noruega. Ahora es llegado el momento de invadir Inglaterra, pero el temor a un fracaso, dada la inferioridad de sus medios navales, le hizo desistir por el momento de tal idea, sustituyéndola por una tremenda ofensiva aérea: la batalla de Inglaterra. Coventry, Southampton y Londres, ciudades populosas, en particular, sufren graves daños, pero no disminuye por eso la voluntad de lucha del pueblo británico, mientras que la Luftwaffe (aviación militar alemana) sufre pérdidas abrumadoras de las que no se repondrá jamás. Este temple británico desanima a Hitler y lo disuade, definitivamente, de la invasión, perdiendo quizás con ello su gran oportunidad.

Italia, la aliada de Alemania, quiere por su parte imitar las hazañas bélicas de las tropas germanas y ataca a Grecia, mas cuando los griegos reaccionan, ayudados por los ingleses, las divisiones italianas se repliegan. No es éste el único revés militar de Mussolini, cuyas tropas poseen muy escasa capacidad combativa. En Libia, atacadas por los ingleses, se retiran también en desorden, y pierden sus restantes colo-

Explosión de una bomba atómica, similar a las arrojadas en 1945 sobre Hiroshima (6 de agosto) y Nagasaki (9 de agosto).

Corel Stock Photo Library

nias de África. La flota italiana es atacada en su misma base de Tarento, donde pierde la mitad de sus elementos. No menos desastroso para Italia resultó el combate naval a la altura del cabo Matapán (28 de marzo de 1941), si dicha acción puede ser calificada de combate, pues en realidad la escuadra italiana no dio cara al enemigo y huyó a toda máquina tan pronto como advirtió su presencia, pero no sin sufrir la pérdida de tres cruceros, varios destructores y resentir serias averías en el acorazado *Vittorio Veneto.* Italia comienza a constituir para el Reich no una ayuda, sino una carga pesada, ya que el Estado Mayor alemán se ve obligado a contener los fracasos italianos con tropas alemanas y a reforzar con su aviación a la vencida escuadra del Duce. La aviación y los submarinos alemanes, por su parte, imponen pérdidas crecientes al transporte marítimo aliado. En pocos meses hunden más de seis millones de toneladas de buques mercantes.

Alemania ataca súbitamente a Rusia el 22 de junio de 1941. No parece este ataque, de acuerdo con la información actual, una maniobra precipitada, sino algo de largo tiempo meditado, respondiendo primero la actuación de Alemania al deseo de inmovilizar a Rusia mediante un pacto que le permitiera actuar tranquilamente contra Francia, para después volverse contra los soviéticos. También parece que Rusia sospechó algo cuando, repitiendo la maniobra de Alemania, hace un pacto con Japón, que le permite desguarnecer en parte un flanco oriental. La posición estadounidense junto a los aliados, aunque ya se ha manifestado en varias formas, asume su carácter oficial en esos trágicos momentos con la firma de la Carta del Atlántico en agosto de 1941.

El ejército germano –más de 200 divisiones en línea y cerca de otras 50 en reserva– se lanza al ataque contra Rusia con enorme brío, dividido en tres grupos de ejércitos, norte, centro y sur, y avanza con la misma velocidad con que antes lo hiciera en Polonia y en Francia. El grupo de ejércitos del norte, mandado por Wilhelm von Leeb, ocupa los países bálticos, con la plaza fuerte de Riga, y llega a las puertas de Leningrado; el del centro, al mando de Fedor von Bock, ocupa Minsk, Gomel, Smolensk y Orel y alcanza a divisar las torres de Moscú; el del sur, mandado por Gerd von Rundstedt, se apodera de Jitomir, Kiev, Odessa y Sebastopol, llegando hasta la desembocadura del Volga. Cuatro millones de prisioneros, artillería y tanques son el saldo del impulso inicial. La aviación alemana colabora estrechamente en las operaciones, todo parece ir bien, pero llega el frío, *el general invierno* como dicen los rusos, y el ejército alemán se detiene, y entonces comienzan los contraataques numerosos, de improviso, y en la retaguardia de los alemanes se multiplican los sabotajes y los guerrilleros. Los rusos han dejado tras de sí la tierra quemada, sin cosechas, ni fábricas, ni ferrocarriles, ni energía eléctrica, y los invasores ven multiplicarse los obstáculos, hacerse difícil el aprovisionamiento y descender la moral de sus tropas.

La debilidad de las tropas italianas de África del Norte obliga a Hitler a enviar refuerzos *(Afrika Korps)* bajo el mando de un general joven y buen estratega, Erwin Rommel. La lucha cambia de aspecto y las tropas inglesas se ven en verdaderos aprietos. La flota italiana, con las acciones del estrecho de Sicilia y del cabo Matapán, se refugia en los puertos para no salir más. En el Próximo Oriente los aliados ocupan sucesivamente Iraq, Siria, Líbano, e Irán lo es por los rusos, que ahora atacados por Alemania, son aliados circunstanciales de Inglaterra y luego también de Estados Unidos.

El panorama de la contienda a fin de 1941 es favorable a Hitler y sus aliados. Casi toda Europa les pertenece, sus tropas invernan en el corazón de Rusia; la situación en el norte de África les es propicia; dominan en los Balcanes, y en el mar los submarinos estorban los aprovisionamientos que envían Estados Unidos, campaña en la que cooperan eficazmente magníficos cruceros de batalla, como el *Scharnhorst* y el *Gneisenau,* de 26 mil ton, y que es apoyada por el poderoso *Bismarck,* acorazado de 35 mil ton dotado de artillería y blindajes excepcionales. Este portento de la ingeniería naval alemana hundió al *Hood,* el orgullo de la flota británica, pero sucumbió finalmente en combate contra dos acorazados. Alentado Japón por este cariz que parece tomar la guerra, dueño de casi toda China, ataca inopinadamente, en la mañana del domingo 7 de diciembre de 1941, a la escuadra estadounidense fondeada en Pearl Harbor (islas Hawai). Siete acorazados, otros tantos cruceros y otros buques menores son hundidos o averiados; golpe que reduce a la mitad la potencia naval estadounidense. Estados Unidos, agredido por Japón, entran en la guerra. El mensaje del presidente Roosevelt declarando la guerra a Japón fue aprobado en pocas horas con la unanimidad del Senado y un solo voto en contra de la Cámara de Representantes, el 8 de diciembre. Ese mismo día hizo igual Gran Bretaña, mientras que Alemania e Italia se ponían al lado de Japón y declaraban la guerra a Estados Unidos tres días después. Coincidiendo con el ataque a Pearl Harbor, dos ejércitos japoneses desembarcan en Filipinas y el día 11 de diciembre la nación nipona bombardea la flota británica, que pierde sus dos mejores acorazados. Sigue el progreso de los japoneses, que conquistan Filipinas, invaden Malaya con su plaza fuerte, considerada inexpugnable, de Singapur; penetran en

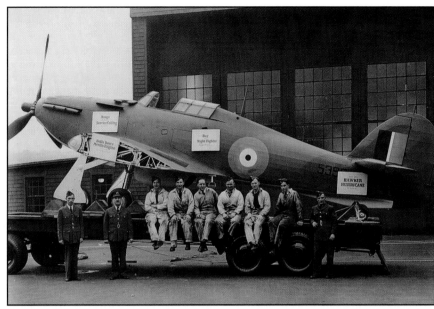

Avión de combate britanico Hawker Hurricane, *en 1943.*

Birmania y llegan casi a la frontera de la India; saltan de archipiélago en archipiélago del Pacífico, acercándose peligrosamente a Australia por el sur y a Alaska por el norte.

Los países americanos, consecuentes con los pactos de defensa mutua que les unen para el caso de la agresión exterior aunque sólo sea contra uno de ellos –Estados Unidos en este caso–, han ido declarando la guerra al Eje Roma-Berlín-Tokio, y Brasil envía tropas regulares que participan en la campaña de Italia, después de su declaración de guerra de 1942. También México envió fuerzas aéreas al Pacífico.

En la primavera de 1942 parece que la campaña de Rusia recomienza con nuevas victorias alemanas en avance arrollador, aunque no tan veloz como el del año anterior. Pero ahora los rusos eluden comprometer sus tropas y retroceden, dejando atrás la tierra quemada, librando siempre sus efectivos. Llegamos al verano trágico para los aliados, el de 1942. Sólo en un mes pierden en el mar, hundidas por los submarinos, 600 mil ton. El *Afrika Korps,* en una ofensiva victoriosa, llega a El Alamein, a unos kilómetros del Nilo; Egipto está en peligro. Y cuando todo parece perdido, en este momento culminante, el curso de la guerra cambia bruscamente.

Una gran masa de fuerzas alemanas se puso en marcha hacia el Volga, que quiere cruzar por Stalingrado, donde tropiezan con una tenaz resistencia. Las divisiones del Reich penetran en la ciudad, pero se ven forzados a tomar casa por casa y sufren pérdidas tremendas; a los dos meses de esta mortífera lucha su situación comienza a ser peligrosa, y entonces los rusos con-

traatacan con vigor, cercando y obligando a capitular al VI ejército alemán. Esta derrota acarrea repercusiones muy hondas, tanto políticas como militares, y se inicia el repliegue general de los germanos en el frente ruso. La ofensiva soviética es cada día más vigorosa, se amplía a todo el frente, y muchas tropas nazis pierden la fe en la victoria y huyen o se rinden.

Mientras la estrategia germana se estrella en Stalingrado, surge un general inglés hábil y dinámico que en el norte de África contraataca a los alemanes en El Alamein y los obliga a replegarse. Es Bernard Montgomery, que ayudado por el desembarco aliado en Marruecos y Argelia, comenzado el 8 de noviembre, arrebata la iniciativa a los mandos enemigos y los empuja a la derrota. En el invierno y primavera de 1943 las fuerzas combinadas de ingleses, franceses y americanos, bajo el mando de Montgomery, ocupan Libia y Tripolitania, así como Túnez. Son escalones de una larga serie de descalabros nazis. Sicilia es invadida en julio, la península italiana en septiembre, y aunque el avance en la misma, de sur a norte, es lento, ya no se da un paso atrás. El ataque directo a Italia produjo el desmoronamiento del régimen de Mussolini. Sube al poder el general Grazzano Badoglio, que, aunque afirma que continuará la guerra junto a Hitler, emprende negociaciones con los aliados, firmando un armisticio. Los alemanes, solos, continúan la lucha.

En Rusia parecen detener los alemanes su retirada en las márgenes del Donetz, e incluso lanzan una ofensiva, bien distinta de las de 1941 y 1942, pues pronto quedó deshecha por el fuego de enormes concentraciones de artillería rusa. Este intento ha costado al Reich sus mejores divisiones, tres mil tanques y mil quinientos aviones, pero no consigue detener el avance soviético ni un solo día, y la retirada prosigue, inacabable y continua. Las columnas moscovitas alcanzan la frontera polaca y la de Estonia, se acercan a los Cárpatos, recobran Sebastopol, penetran en Finlandia y amenazan la Prusia oriental. También se lanzan sobre Rumania, cuyo rey Miguel firma el armisticio. Todo se vuelve contra el Reich; sus aliados de ayer, Bulgaria y Rumania, le declaran la guerra. Y los países ayer dominados, Yugoslavia, Grecia y Hungría, también se levantan contra el invasor, que se ve obligado a evacuarlos.

Los aliados, a la vez que combaten en los campos de batalla, tienden a destruir el potencial económico de Alemania, a inmovilizar sus transportes, a minar la moral de la población, y desde el ataque aéreo a Colonia por mil aparatos se prosigue el bombardeo sistemático, que adquiere la máxima intensidad en el comienzo de 1944. Los bombardeos nocturnos son continuos y devastadores, los puntos clave son minuciosamente destruidos. Mientras tanto, en Inglaterra se van reuniendo los mejores y más modernos elementos de guerra, divisiones estadounidenses bien entrenadas, artillería, tanques, aviación, que el 6 de junio de 1944 ponen el pie en la costa de Normandía (Francia). Es el principio del fin para los países totalitarios del eje Roma-Berlín-Tokio. Bajo la dirección suprema del general Dwight Eisenhower, estadounidense, es rota la *muralla del Atlántico* y ciudades y nudos de comunicaciones van cayendo en sucesión cada vez más rápida. Caen Ruán, Orleáns, París, y en el sur desembarcan otras tropas que se apoderan de Marsella y Tolón, acelerándose la liberación de Francia. Canadienses, ingleses y estadounidenses liberan Bélgica; estadounidenses y franceses ocupan Metz, Alsacia y Lorena, y todos alcanzan las fronteras alemanas "que nunca serían holladas por el invasor". La situación del Reich es desesperada, y con la esperanza de lograr algún resultado desmoralizador lanza sobre Inglaterra las bombas volantes, la *V-1* primero, y, por último, la *V-2*.

En enero de 1945 los rusos atraviesan la frontera de Alemania, y las tropas anglofrancoamericanas cruzan el Rin. Tres meses después se unen, en Torgau, estadounidense y rusos, y es cercado Berlín. En Italia, las divisiones inglesas llegan a las márgenes del Po, donde capitulan los restos de un ejército alemán. Hitler se suicida el 1 de mayo, Berlín cae el 2, el 5 se rinde el ejército alemán del norte y el 7 se firma en Reims la capitulación total, que firman el mariscal Wilhelm Keitel por Alemania, Baron Arthur William Tedder por Inglaterra, Georgy Konstantinovich Zhukov por Rusia y Dwight David Eisenhower por Estados Unidos. La guerra en Europa ha terminado.

Prosigue aún la lucha en Asia. En agosto de 1942 alcanzó su punto máximo el apogeo nipón. El ataque a Guadalcanal es el punto de partida de la reacción lenta, pero segura, de las fuerzas estadounidenses dirigidas por el general Douglas MacArthur y el almirante Chester William Nimitz, que ya no cesan de apuntarse éxitos. La flota japonesa sufre dos graves reveses en las islas Salomón y en el Mar del Coral. China, aliada de los anglo-americanos, resiste admirablemente a sus invasores, destruyendo gran cantidad de tropas niponas. Pierden éstas Nueva Guinea y las Carolinas, luego las Marianas y retroceden en Birmania. La infantería estadounidense de marina desembarca en las Filipinas, e isla tras isla, archipiélago tras archipiélago, van siendo reconquistados, operación que pretendió impedir la flota nipona, la cual sufrió en tres combates, casi sin pausa de uno a otro (23-26 de octubre de 1944), la pérdida de sus mejores elementos, hasta el punto de quedar prácticamente eliminado el poderío naval de Japón. Continúa la lucha tenaz en tierra. Llegóse finalmente a las dos operaciones decisivas: las de Okinawa (enero de 1945) e Iwo Jima, donde los estadounidenses vencen una resistencia sangrienta, de violencia extraordinaria, y entonces someten al territorio metropolitano japonés a un bombardeo aéreo destructor e ininterrumpido. Estados Unidos cuenta ahora con 23 acorazados y centenares de otros buques de guerra y su aviación es poderosísima. El fin de la guerra se vislumbra, pero aún se esperan meses de ataques metódicos, batallas cruentas, desembarcos, cuando el 6 de agosto de 1945 es lanzada la primera bomba atómica sobre Hiroshima, seguida el día 8 de otra sobre Nagasaki. El efecto destructor es enorme, el pánico se extiende y la resistencia es inútil e imposible. El emperador Hirohito envía la petición de rendición de Japón, y al ser aceptada termina la Segunda Guerra Mundial. El acta de rendición incondicional de Japón fue firmada a bordo del acorazado estadounidense *Missouri,* el 2 de septiembre de 1945.

Es imposible dar cifras exactas que revelen las pérdidas en hombres y los daños de la economía mundial a causa de esta guerra, la más terrible ocurrida en el mundo. Acudiendo a los datos más dignos de crédito, puede decirse que las bajas militares alcanzan a unos cuatro millones y medio entre los aliados y a más de cinco millones en los países del Eje. Los civiles muertos se calculan en 12 a 15 millones. Hay países, como China, en que las cifras son inseguras. En otras guerras han muerto muchos de enfermedad, no así en ésta, pero han sido muchas las víctimas del hambre. Los heridos se calculan en unos treinta y cuatro millones y medio.

Se estima que la guerra costó al mundo más de un billón de dólares, y que la propiedad destruida ascendió a cerca de 250,000 millones, de la misma moneda. Muchos tesoros de arte sobre todo arquitectónicos, se han perdido. Los países con mayor destrucción material fueron la Unión Soviética, Alemania, Japón, Inglaterra, China, los Países Balcánicos e Italia, por este orden. La actuación de los nazis en la preguerra y el desarrollo de la guerra pro-

El general Bernard Montgomery examinando planos de campaña durante la invasión aliada a Francia en la Segunda Guerra Mundial.

dujeron grandes movimientos humanos, éxodos en masa, que afectaron a más de diez millones de seres. La destrucción de campos y granjas y la falta de mano de obra agrícola disminuyeron la producción de alimentos y hubo periodos de hambre en muchas comarcas. Los trastornos revolucionarios, cambios de gobierno, crisis económicas y vida precaria, se sucedieron en los años de posguerra, y si bien las causas de la guerra fueron muchos problemas latentes, y la guerra ha resuelto algunos, ha creado muchos más, que permanecen sin solución.

Antes de terminar la guerra, el presidente de Estados Unidos, Franklin D. Roosevelt, que no habría de ver su obra realizada, quiso dotar a la posguerra de una organización de Naciones Unidas, cuyo objeto era mantener la paz, arreglar los conflictos por medios pacíficos, desarrollar relaciones cordiales entre las naciones, basadas en principios de igualdad, y lograr la cooperación internacional. Alrededor de la gestión de dicha organización gira toda la política de los años transcurridos después del final de la contienda, en los cuales, por desgracia, no se han alcanzado los fines de paz permanente y de seguridad colectiva para que fue creada. *Véanse* CARTA DEL ATLÁNTICO; CONFERENCIA DE SAN FRANCISCO; EDAD CONTEMPORÁNEA; EJE ROMA-BERLÍN; GUERRA RUSO-FINLANDESA.

Guerra Paraguayo-Boliviana.

Conflicto al que también se llama Guerra del Chaco. Tuvo su origen en los dudosos límites dentro de los cuales se fundaron las repúblicas de Paraguay y Bolivia, y que ha sido caso muy repetido entre las nuevas naciones hispanoamericanas, debido al escaso conocimiento del territorio en aquellos años y a que las líneas geográficas naturales eran alteradas en muchas ocasiones para fijar dependencias administrativas. En la disputa del Chaco, Bolivia sostenía que su territorio abarcaba el que había pertenecido a la Audiencia de Charcas, dependiente del virreinato de Buenos Aires, incluyendo las provincias de Chiquitos y Mojos, teniendo como límite la margen occidental del río Paraguay y la septentrional del río Bermejo.

Paraguay mantenía que su línea limítrofe alcanzaba al río Parapití. Dentro de la zona en disputa quedaba comprendido el Chaco Boreal con 259,000 km². En numerosas ocasiones se originaron incidencias y amenazas para la paz, al mismo tiempo que ambas partes efectuaban constantes penetraciones de dominio, sin muchas esperanzas para el arreglo pacífico. Por solicitud de ambos países el presidente de Estados Unidos, Rutherford Hayes, había emitido un fallo arbitral en 1878 acerca de la línea limítrofe, fallo en que favorecía a Paraguay; pero este dictamen quedó sin cumplir en su etapa final y, en vez de ello, de 1879 a 1894 se suscribieron cinco convenios directos que sólo tendían al aplazamiento de la solución del problema.

El último de esos acuerdos, conocido con el nombre de tratado Ichazo-Benítez, llegó a la fijación de frontera, para luego quedar detenido en su etapa final como otros documentos en la materia. Jurídicamente mejor colocado, Paraguay, debido al arbitraje del presidente Hayes y a una mayor tranquilidad interna, seguía avanzando dentro del Chaco; mientras que Bolivia, tras de su derrota en la guerra con Chile (1879), caía en una época de continuas y prolongadas revoluciones.

La guerra. El 6 de diciembre de 1928 una patrulla paraguaya atacó el destacamento boliviano situado en Fuerte Vanguardia y se originó una crisis que llevaba a la conflagración armada. Se obtuvo, sin embargo, que no se adelantaran mayores hostilidades mediante un acuerdo para la restauración del *status* existente antes del ataque y que prosiguieran las conversaciones directas, actuando en el arreglo una comisión neutral interamericana. Otro fracaso siguió a estos esfuerzos para evitar el conflicto y en septiembre de 1932 quedó planteada la guerra a raíz de un choque entre fuerzas menores, pero lo suficientemente entrenadas y equipadas como para admitir que ambos países estimaban llegado el momento de la decisión.

Las operaciones bélicas fueron difíciles, dada la naturaleza del terreno, su lejanía y falta de medios de comunicación. Bolivia padeció, particularmente, las consecuencias de su ubicación geográfica, tropezando con dificultades de aprovisionamiento casi insuperables y sin que disminuyeran sus desórdenes internos. Mientras tanto, Paraguay había encontrado a un jefe que no desaprovechaba ninguna de las fallas del enemigo: el general José Félix Estigarribia, más tarde presidente de su país. Fue acumulando victorias y organizando su avance hasta amenazar con su marcha el propio corazón del territorio de Bolivia; una vez conquistadas Villa Montes y la ansiada margen meridional del río Parapetí, el ejército paraguayo estaba listo para entrar en el departamento de Santa Cruz.

Mediación panamericana. La acción conjunta de los presidentes de Chile y Argentina aconsejó a Bolivia pedir el armisticio (junio de 1935), a la vez que tanto a Paraguay como a Bolivia se les solicitaba poner término a la guerra y confiar el arreglo final de sus dificultades a una comisión de países americanos neutrales. Ambas naciones aceptaron la demanda y el 21 de julio iniciaba su tarea el grupo de arbitraje, formado por los delegados de los presidentes de Argentina, Brasil, Chile, Estados Unidos y Uruguay. Exactamente tres años después, el 21 de julio de 1938, se firmaba el tratado de paz, amistad y límites paraguayo-boliviano y los ex beligerantes se comprometían a acatar el fallo de los árbitros. La nueva línea de fronteras fue oficialmente aceptada el 10 de octubre del mismo año. De esta manera se puso fin a un conflicto con más de un siglo de constantes disputas y peligrosos choques, que produjo más de 100,000 muertos en su última etapa.

El dictamen arbitral fijó las fronteras definitivas entre los Chacos boliviano y paraguayo, ensanchando considerablemente

Corel Stock Photo Library

Tanque estadounidense de la Segunda Guerra Mundial.

este último. Compensando la mayor línea territorial de Paraguay, también país considerado vencedor en la guerra, éste garantiza el más amplio libre tránsito a través de su suelo, especialmente por la zona de Puerto Casado, al movimiento de importación de Bolivia, a la que se reconoce el derecho para construir aduanas, depósitos y almacenes en la zona de dicho puerto. Las mercaderías que comprenda ese movimiento de importación y exportación quedan libres de todo gravamen.

Guerra Ruso-Finlandesa.

Denominación que se aplica a dos contiendas bélicas libradas entre la República de Finlandia y la Unión de Repúblicas Socialistas Soviéticas. La primera comenzó en noviembre de 1939, y duró cinco meses; la segunda se inició en junio de 1941 y tuvo una duración de treinta y nueve meses.

Las hostilidades en 1939. Después de ocupar la porción oriental de Polonia, la Unión Soviética volvió su atención sobre su frontera del noroeste y exigió a la pequeña República de Finlandia la entrega del istmo de Carelia (que sólo dista 40 km de la ciudad de Leningrado, hoy San Petersburgo) y el derecho de fortificar las islas Aaland. El gobierno finés se negó a estas pretensiones y propuso iniciar negociaciones diplomáticas; pero los rusos lanzaron, el 30 de noviembre de 1939, un violentísimo ataque terrestre, aéreo y naval sobre la frontera de Finlandia, al tiempo que sus aviones bombardeaban Helsinki, capital de la débil República. Así comenzó una verdadera lucha de un gigante contra un pigmeo, que habría de resultar costosísima al agresor. Llegado el invierno, la ofensiva rusa quedó detenida entre los hielos, mientras los fineses, hábiles esquiadores, desgastaban al atacante con pequeñas acciones de guerrillas. En febrero de 1940 se inició la ofensiva final de la Unión Soviética; los fineses habían solicitado a los países occidentales su ayuda material, pero los pertrechos recibidos fueron insuficientes para contener el gigantesco ataque. El gobierno de Helsinki debió aceptar, en marzo de 1940, la paz soviética. Finlandia perdía la décima parte de su territorio, incluyendo buena parte de Carelia, la región septentrional de Petsamo, algunas islas del Golfo de Finlandia y las costas occidentales del lago Ladoga.

La guerra de 1941. El armisticio de 1940 había respetado la independencia finesa. Pero cuando los alemanes atacaron a la Unión Soviética, en junio de 1941, el gobierno de Helsinki creyó llegado el momento oportuno para vengar los agravios recibidos y recuperar los territorios perdidos. Suscribió una alianza con Alemania y se convirtió automáticamente en enemiga de Rusia y Gran Bretaña. Con la ayuda de los alemanes, el ejército finés recuperó los te-

Art Today

Soldados japoneses durante la guerra Ruso-Japonesa.

rritorios que le habían sido arrancados; pero la ocupación germana acarreó muchos padecimientos al pueblo. Producido el colapso del nazismo, Finlandia debió suscribir una nueva paz con la Unión Soviética. El tratado, suscrito en septiembre de 1944, repetía los términos del primer armisticio y agregaba el préstamo por cincuenta años de un sector de la península de Porkkala, próxima a Helsinki. El pueblo finés debería pagar a la Unión Soviética una indemnización de trescientos millones de dólares. *Véase* GUERRA MUNDIAL, SEGUNDA.

Guerra Ruso-Japonesa.

Contienda bélica librada entre los imperios japonés y ruso desde febrero de 1904 hasta septiembre de 1905. Concluida la guerra de 1894 contra China, los japoneses se adueñaron de la isla de Formosa y la península de Liaotung. Pero Rusia, apoyada por Francia y Gran Bretaña, obligó a Japón a devolver dicha península a los chinos. Los goberna-

dores japoneses comenzaron entonces a realizar febriles preparativos para una contienda con el imperio zarista, que habría de decidir la supremacía en Extremo Oriente. Los rusos, por su parte, no se contentaron con mantener en jaque a los japoneses, sino que tomaron medidas activas. Dueños de Siberia y poseedores de la isla de Sajalín desde 1875, emplearon catorce años de ímprobos esfuerzos en la construcción del ferrocarril transiberiano, que une San Petersburgo con el puerto de Vladivostok, sobre el océano Pacífico. Además lograron que China les arrendara la península de Liaotung, peligrosamente próxima al territorio japonés, y construyeron un ramal del transiberiano que iba desde Harbin hasta la base naval de Puerto Arturo (hoy Lu-shun), en el extremo de la península.

Aprovechando el caos producido en China por la rebelión de los boxers (1899), los rusos se adueñaron de Manchuria y aumentaron su presión sobre Corea. La familia del zar poseía vastos bosques sobre el río Yalú, en la frontera coreano-manchú, y la política rusa tendió, lógicamente, a proteger estos intereses ejerciendo su dominio sobre Corea. Pero las costas de este pequeño y estratégico país se hallan a pocas millas de las islas japonesas y siempre han mantenido estrecho contacto con el imperio del sol naciente; a la sazón, los japoneses eran dueños de los ferrocarriles y la flota pesquera de Corea y tenían millares de colonos trabajando sus tierras. Varios destacamentos de cosacos tomaron posiciones en las márgenes del río Yalú. Las líneas de fuerza estaban tensas: faltaba el estallido definitivo.

Los diplomáticos buscaron un arreglo para el conflicto inminente. Los japoneses pedían que las tropas rusas abandonaran Manchuria y que se reconocieran sus derechos comerciales y sociales en Corea; los rusos afirmaban que toda la zona entraba en su *esfera de influencia*. Cuando las negociaciones llegaron a un punto muerto, la flota japonesa, mandada por el vicealmirante Heihachiro Togo, aplicó por sorpresa un golpe demoledor a la escuadra rusa del Pacífico, el 8 de febrero de 1904. Dos días más tarde se declaraba formalmente la guerra. Los rusos disponían de grandes efectivos militares, pero sólo tenían 80 mil soldados en Asia; además, el pueblo odiaba al régimen zarista. Los japoneses, aunque más débiles potencialmente, tenían 200 mil soldados aguerridos y disciplinados, y estaban cerca de las zonas de batalla.

La flota rusa, salvo una división de cruceros que quedó en Vladivostok, debió buscar refugio en la bahía de Puerto Arturo, cuyas aguas fueron minadas por los japoneses. Dos grandes buques que trataron de huir volaron en pedazos. Mientras su flota mantenía el bloqueo de Puerto Arturo, dos ejércitos japoneses desembarcaban en Corea y en la península de Liaotung. El primer ejército, al mando del general Tamemoto Kuroki, derrotó a los rusos en la zona del río Yalú, al cabo de una feroz batalla que duró cinco días. Avanzando hacia el norte en un gran semicírculo, las tropas del mariscal Ivao Oyama fueron encerrando a los rusos en un espacio cada vez más reducido, obligándolos a retirarse hacia Mukden (hoy Shen-yang) con grandes pérdidas de hombres y materiales. Entretanto, el segundo ejército había logrado establecerse en la península de Liaotung y avanzaba lentamente sobre Puerto Arturo, que a la postre quedó cercado del mar y desde tierra. Así se inició el famoso sitio de Puerto Arturo, uno de los hechos militares más extraordinarios del siglo XX. Al principio, los japoneses trataron de tomar por asalto la plaza, que estaba defendida por una red de fortalezas excavadas en la roca; pero en el primer ataque infructuoso perdieron 20 mil hombres y debieron abandonar la idea.

Decidieron entonces avanzar paso a paso, cavando túneles, abriendo trincheras y volando fortificaciones. Esta hazaña de la ingeniería militar se vio acompañada por feroces combates cuerpo a cuerpo. Al cabo de un sitio de siete meses los rusos debieron capitular.

Mientras se desarrollaba el sitio de Puerto Arturo, el ejército japonés había llegado hasta Mukden, donde se libró una gran batalla que duró varios días; resultaron vencedores los japoneses pero las tropas rusas, al mando de Kuropatkin, se retiraron en buen orden. La flota rusa del Mar Báltico, después de dar media vuelta al mundo, logró llegar hasta Oriente, pero fue aniquilada totalmente en la batalla del Mar de Japón. El combate se libró frente a la isla de Tsushima (27-29 de mayo de 1905) y concluyó con la victoria total del almirante Togo, táctico habilísimo. Igual suerte corrieron los escuadrones navales de Puerto Arturo y Vladivostok.

A esta altura de las hostilidades ambos rivales estaban exhaustos. Japón se hallaba frente a una grave crisis económica y el pueblo ruso acababa de levantarse contra los zares en la violenta revolución de 1905. Aunque el transiberiano, recién terminado, podía transportar hasta 30 mil soldados por mes, la moral de las tropas y del pueblo era pésima y nadie deseaba luchar. Los japoneses aprovecharon la coyuntura y pidieron al presidente Theodore Roosevelt, de Estados Unidos, que interpusiera sus buenos oficios. Así lo hizo éste, y un mes más tarde se iniciaron las negociaciones entre ambos bandos en la ciudad estadounidense de Portsmouth. En virtud del tratado de paz que se firmó de inmediato, Rusia reconoció la influencia japonesa en Corea, abandonó la zona de Puerto Arturo y transfirió a Japón la mitad meridional de la isla de Sajalín; ambos países decidieron evacuar Manchuria. La inesperada victoria de Japón introdujo por primera vez a un país oriental en el círculo de las grandes potencias. La derrota rusa fue símbolo elocuente de la debilidad interna del régimen zarista.

Guerra Sánchez, Ramiro (1880-1970). Historiador cubano. Profesor de pedagogía y secretario de la presidencia de la república (1932-1933). Dirigió el *Heraldo de Cuba* y el *Diario de la Marina*. Escribió *Azúcar y población en las Antillas* (1927), *La industria azucarera de Cuba* (1940) y *Guerra de los diez años* (1950-1952).

Guerras Médicas. Lucha entablada entre un pequeño pueblo y el más vasto de los imperios que representaban, respectivamente, dos civilizaciones distintas: la griega, europea, y la medopersa, asiática. Duró, con sus intervalos, desde el año 501 a. C. hasta la paz de Antálcidas (387 a. C.).

Se inició con la sublevación de las colonias jonias de Asia Menor, sometidas por los persas, y tomó su verdadero carácter cuando Atenas envió veinte naves en ayuda de aquellas, lo que constituía un acto de agresión contra los persas. Su rey Darío, que sin duda proyectaba sojuzgar el Ática, aprovechó la ocasión para enviar al general Mardonio con un poderoso ejército contra este país. Una tempestad desbarató las 300 naves de la escuadra asiática a la altura del Monte Athos; los persas sufrieron muchas bajas en las costas de Tracia y la expedición fracasó. Irritado Darío pidió a los griegos *el agua y el fuego*, y como Atenas y Esparta se negaran a someterse envió contra ellas nuevas fuerzas (ciento diez mil hombres) al mando de los generales Datis y Artafernes, que desembarcaron en la llanura de Maratón, donde un puñado de valientes a las órdenes del ateniense Milcíades les salió al paso y los derrotó completamente (490 antes de Cristo).

Así terminó la primera guerra médica, en la que Atenas salvó a Grecia del yugo persa. Darío I murió sin poder vengar estos desastres. Diez años después, su hijo Jerjes quiso desquitarse y aplastar la tenacidad de las ciudades griegas y para ello aprestó el ejército más numeroso (dos millones y medio de combatientes y gran número de auxiliares y criados) de que ha hablado la historia hasta las guerras mundiales. Era el conjunto más abigarrado que puede imaginarse en armas, vestimenta, razas, etcétera. Aquella masa pasó el Helesponto y cayó sobre Grecia llevando todo a sangre y fuego. Ni Atenas ni Esparta desmayaron; era necesario defender la entrada de Grecia y para ello el rey de Esparta, Leónidas, se hizo fuerte en el desfiladero de las Termópilas y rechazó las tentativas enemigas hasta que un traidor indicó otro paso a Jerjes. Leónidas y trescientos espartanos resistieron, sin embargo, hasta morir.

Los persas entraron en Grecia y destruyeron a Atenas. Temístocles, el generalísimo ateniense, había hecho decir a la Pitonisa de Delfos: "Defendeos con murallas de madera". En vista de esto los atenienses se refugiaron en sus naves y Temístocles, con hábiles estratagemas y gran valor, manejó la marina griega y consiguió derrotar a la persa, cinco veces mayor, en el Golfo de Salamina (480 a. C.). Jerjes se fue a Asia, dejando a Mardonio al frente de sus formidables ejércitos, que los espartanos, mandados por Pausanias, juntamente con los atenienses capitaneados por Arístides, deshicieron en Platea (479 a. C.). El mismo año, Jantipo acabó de destruir en Micala la escuadra del *Gran Rey*.

En la tercera guerra médica, los griegos invadieron Asia y conquistaron las costas e islas del Egeo. Cimón ganó la decisiva batalla de Eurimedonte y obligó a Artajerjes I a firmar la paz (449 a. C.). Más tarde, en lo

Guerras Médicas

que se pudiera llamar cuarta guerra médica, los griegos lucharon en Asia como auxiliares de Ciro el Joven, patentizando su valor en la retirada de los Diez Mil, e interviniendo en los disturbios de los sátrapas persas. Se iba preparando el terreno para las conquistas de Alejandro. En fin, por el tratado de Antálcidas, el *Gran Rey* reconoció la independencia de todas las ciudades griegas. La victoria de los griegos se explica por su valor, su audacia y la férrea voluntad de defender su libertad y su suelo.

Es la victoria del patriotismo frente a un ejército que se bate por obediencia o por temor.

Guerras Púnicas.

Nombre de tres guerras libradas entre Roma y Cartago entre los años 264-146 a. C., y llamadas así porque los cartagineses eran de origen fenicio o púnico. La ambición desmedida de Cartago y el crecimiento de Roma causaron el choque entre estas dos grandes ciudades que codiciaban Sicilia, llave del Mediterráneo a cuyo dominio aspiraban ambas. Roma no contaba con flota, pero tenía un ejército poderoso y disciplinado, en tanto que Cartago poseía una gran flota que dominaba el mar, pero su ejército de mercenarios resultó ineficaz a la larga.

Primera guerra (264-241 a. C.). Al invadir Cartago a Sicilia, sus habitantes buscaron la ayuda de Roma. Hierón, tirano de Siracusa, aliado de Cartago, se pasó a los romanos, quienes en pocos meses conquistaron toda Sicilia, excepto algunos promontorios defendidos por puñados de cartagineses al mando de Amílcar Barca. Roma construyó una flota de 120 galeras, tomando como muestra una cartaginesa capturada en Sicilia. Los romanos lograron su primera victoria naval en Mila (260 a. C.). El romano Régulo, que con 300 barcos y 15 mil soldados llevó la guerra al territorio enemigo, logró en Ecnomo la segunda victoria naval en el año 256 a. C. Al llegar los romanos frente a Cartago, la ciudad, temiendo una sublevación de sus colonias, pidió la paz, pero ante las severas condiciones resistió. El general lacedemonio Jantipo defendió la ciudad, derrotando a Régulo (255 a. C.) y tomándolo prisionero. Pareció invertirse la suerte de las armas romanas, con el ejército derrotado, dos de sus flotas perdidas en una tormenta y otra destruida en Deprano. Cartago mandó un emisario a Roma con Régulo para imponer la paz. Por consejo del mismo Régulo, Roma rechazó la propuesta. Un triunfo naval romano en las islas Egates (241 a. C.) le aseguró el dominio del mar. Cartago entonces pidió la paz, aceptando evacuar Sicilia, devolver 8 mil prisioneros y pagar un oneroso tributo durante 10 años.

Segunda guerra (218-201 a. C.). Estuvo a cargo casi exclusivamente de Aníbal, genio militar cartaginés, que luego de conquistar España, decidió atacar a Roma. Después de tomar Sagunto (219 a. C.) cruzó los Pirineos y los Alpes con 50 mil soldados españoles, 6 mil númidas y 37 elefantes. Venció a los romanos a orillas del Tesino (218 a. C.), cruzó el Po, derrotó en Trebia el mismo año al cónsul Sempronio y venció en el lago Trasimeno (217 a. C.) al cónsul Flaminio, que murió en la lucha. En lugar de atacar directamente a Roma, avanzó por Umbría, Samnio y Apulia, buscando reforzar su debilitado ejército. El cónsul Fabio desplegó una guerra de guerrillas para agotar al invasor. Terencio Varrón con 80 mil hombres atacó a Aníbal en Cannas (216 a. C.), siendo derrotadas completamente las tropas romanas. Escipión el Africano, con 30 mil hombres, y el apoyo de Numidia, atacó entonces a Cartago. Aníbal acudió en su defensa, pero fue derrotado en Zama (202 a. C.) y huyó a Asia Menor, donde trató de sublevar a varios reyes contra Roma, sin éxito. Roma impuso terribles condiciones.

Escultura que representa al rey persa Jerjes durante las Guerras Médicas.

Tercera guerra (149-146 a. C.). Sorprendido Catón, enviado romano, del resurgimiento de Cartago, declaró ante el Senado que debía destruirse esa ciudad, consejo que repitió en todos sus discursos. Buscando un pretexto, Roma acudió en apoyo del rey Masinisa de Numidia y declaró injustamente la guerra a Cartago. Escipión Emiliano atacó a Cartago, cuyos defensores resistieron con valor extraordinario, incendiaron la ciudad y se hicieron matar antes de entregarse; las mujeres degollaron a sus hijos y luego se suicidaron. La destrucción de Cartago fue completa y Roma impidió su resurgimiento. Con esta victoria se abrieron para Roma las puertas de la conquista del mundo.

Guerras Ruso-Turcas.

Denominación que se aplica a una larga serie de conflictos bélicos entre Rusia y Turquía, producidos desde comienzos del siglo XVI hasta la centuria actual. Detrás de todas estas guerras hubo varios motivos permanentes: los rusos deseaban extenderse sobre el Mar Negro, los cristianos ortodoxos y los mahometanos tenían rozamientos constantes y las potencias occidentales deseaban expulsar de Europa a los turcos, hasta que la expansión rusa pareció más peligrosa, sobre todo a Inglaterra, decidida a impedir que los estrechos cayeran en poder de Rusia.

Guerra y Azuola, Ramón (1826-

1903). Ingeniero y abogado colombiano. Miembro de la comisión corográfica que recorrió Colombia a mediados del siglo XIX, publicó sus observaciones y estudios en *Apuntamientos de viaje.* Consejero de Estado y rector de las facultades de Derecho y de Ingeniería en la Universidad Nacional.

Guerrero.

Estado de México. Tiene 63,794 km^2 y 2.916,567 habitantes (1995). Limita con los estados de Michoacán, México, Morelos, Puebla y Oaxaca, y con el océano Pacífico.

Sus principales centros de población son Chilpancingo de los Bravos, capital del estado (170,368 h.), Acapulco de Juárez (687,292 h.), Iguala, Taxco de Alarcón, Chilapa de Álvarez, Teloloapan y Tixtla de Guerrero.

Cruza el estado, de este a oeste, la Sierra Madre del Sur, cuya parte occidental recibe el nombre de Cumbres de la Tentación, de la cual se desprenden varias sierras y estribaciones, por lo que el terreno es muy montañoso. El gran río Mezcala o Balsas, con numerosos afluentes, atraviesa el valle del Balsas al norte del estado. Son notables las grutas de Cacahuamilpa. Las costas, de unos 500 km de largo, presentan grandes acantilados y playas arenosas, y los puertos principales son Acapul-

Tradicional espectáculo de los clavadistas en La Quebrada, *en el mundialmente famoso puerto de Acapulco, Guerrero, México.*

co y Zihuatanejo. La bahía de Acapulco divide el litoral en dos partes llamadas Costa Chica la del este y Costa Grande la del oeste. El clima es cálido en las costas, templado en las vertientes y alturas medias, y frío en las elevaciones de la sierra.

Es notable la riqueza minera. Hay yacimientos de oro, plata, plomo, mercurio, cobre, hierro, cinc y antimonio. Entre las zonas mineras principales figuran Taxco,

Huitzuco, Río del Oro y Campo Morado. Entre los principales cultivos agrícolas, destacan los de frijol, maíz, garbanzo, café, tabaco, algodón, caña de azúcar y diversidad de frutas y otros productos. La ganadería es de cierta importancia. La pesca marítima es actividad en pleno desarrollo.

Guerrero cuenta con tres grandes centros de turismo: Taxco, hermosa y típica ciudad colonial, Ixtapa-Zihuatanejo, con hermosas playas, y Acapulco, gran bahía con magníficas playas y paisajes que atraen a millares de visitantes. Las comunicaciones principales son el ferrocarril de México a Balsas, por Iguala, y las dos excelentes autopistas de México a Acapulco, de gran tránsito turístico.

Historia. Antes de la llegada de los españoles habitaban la región aztecas, tarascos y mixtecas. Durante la dominación española, por el puerto de Acapulco se realizaba activo comercio con Filipinas y China. Perteneció a la Intendencia de México, y en Guerrero tuvieron lugar acontecimientos importantes durante la guerra de Independencia, entre ellos el Congreso de Chilpancingo. En Teloloapan se efectuó la entrevista de Vicente Guerrero e Agustín de Iturbide, que apresuró el fin de la guerra (1821), alcanzándose la Independencia de México.

Guerrero, Francisco (1528-1599). Compositor español. Fue maestro en las catedrales de Málaga y Sevilla. Dejó entre sus obras numerosos motetes, salmos, misas, canciones, etcétera.

Guerrero, María (1868-1928). Eminente actriz dramática española. Contrajo matrimonio con el gran actor Fernando Díaz de Mendoza y formaron (1896) una compañía que dignificó el repertorio clásico y dio a conocer a los mejores autores noveles de su época. María Guerrero fue para la escena española lo que Sarah Bernhardt para la francesa y Eleonora Duse para la italiana.

Guerrero, Vicente (1783-1831). Patriota, general y presidente mexicano. Fue uno de los más valientes paladines de la independencia de su patria. En 1810, se inició en la carrera de las armas, a las órdenes del insurgente Hermenegildo Galeana, señalándose por su valor. Gozó de la confianza de Jose Maria y Pavon Morelos, que le confió misiones guerreras de importancia, entre ellas la de extender la revolución por el sur. Dirigió con inteligencia y valor numerosos combates, alcanzando señaladas victorias. En una época aciaga para los defensores de la independencia, en que los caudillos principales habían sido muertos o hechos prisioneros, Guerrero se quedó solo, peleando y sosteniendo con valor indomable la bandera de la libertad.

En 1820, Agustín de Iturbide, que salió a combatirlo, le envió proposiciones para conferenciar, y se celebró la entrevista de Teloloapan, en marzo de 1821, entre los dos caudillos, que propició el advenimiento de la independencia de México. Guerrero, con admirable gesto patriótico, había decidido ayudar con todas sus fuerzas a Iturbide para alcanzar la liberación de la patria. En 1829, Guerrero fue elegido presidente de la República, pero sobrevinieron graves diferencias políticas, surgió una oposición muy fuerte contra su gobierno, y Guerrero salió hacia el sur a luchar contra sus opositores, mientras uno de ellos, el general Anastasio Bustamante, detentaba el gobierno de la nación.

Invitado Guerrero a visitar en Acapulco un buque que mandaba un marino genovés, fue preso a traición cuando estaba a bordo, y entregado a sus enemigos, que lo fusilaron en Cuilapan, el 14 de febrero de 1831. La indignación nacional estalló incontenible ante tan alevoso crimen. El Congreso procedió contra los culpables, que huyeron, y declaró a Guerrero benemérito de la patria. En su honor lleva su nombre el actual estado de Guerrero, en una de cuyas ciudades, Tixtla, nació el ilustre caudillo.

Guerrero y Torres, Jacinto (1895-1951). Compositor español. De humilde origen, consiguió estudiar en el conservatorio de Madrid gracias a una beca. Su música fácil y agradable lo consagró desde su primera obra, *La alsaciana*, como uno de los más destacados compositores populares. Entre su enorme producción, llena de éxitos, son muy conocidas las zarzuelas: *La montería, Los Gavilanes, El huésped del Sevillano, La rosa del azafrán, La sombra del Pilar* y *El sobre verde*.

Guevara, Ernesto (1928-1967). Líder guerrillero argentino mejor conocido como el *Che* Guevara. El mayor de cinco hijos, Guevara creció en una familia de clase media con ideas socialistas.

Fue un excelente estudiante y atleta a pesar del asma que lo aquejaba. Al terminar sus estudios de medicina en 1953 visitó Guatemala y México, donde conoció a Fidel Castro, al que ayudó como uno de sus principales colaboradores durante la revolución cubana que derrocó a Fulgencio Batista en 1959. Guevara se nacionalizó cubano y ocupó diversos cargos en el gobierno. En 1966 fue a Bolivia a dirigir un grupo guerrillero que fue aniquilado por el ejército. En 1967 Guevara fue fusilado. Su cuerpo desapareció durante tres décadas, hasta que en 1997 fue localizado y trasladado a Cuba. En Santa Clara, ciudad que consideró a Ernesto Guevara como hijo adoptivo, se levanta una estatua en honor del líder guerrillero.

Guggenheim. Apellido de una familia varios de cuyos miembros han alcanzado situación preeminente en la minería y la industria de Estados Unidos y se han hecho famosos por sus fundaciones filantrópicas. Meyer Guggenheim (1828-1905), padre de los Guggenheim, nació en Suiza. Inició su fortuna en Estados Unidos como importador de encajes suizos. Posteriormente se dedicó a la explotación de minas de cobre, llegando a dirigir la gran empresa industrial American Smelting and Refining. Daniel Guggenheim (1856-1930), primogénito de Meyer, se dedicó como su padre a grandes empresas mineras, explotando –aparte del cobre– oro en Alaska, estaño y nitrato en Sudamérica y caucho en África. En 1924 creó la Fundación Daniel y Florencia Guggenheim para fomentar el bienestar y el progreso de la humanidad.

guía. Indicador clasificado que se presenta generalmente en forma de libro o folleto y al cual se acude cuando quiere obtenerse una información concreta y breve sobre ciertos aspectos determinados de las actividades de un conglomerado social: comercio, transportes, administración pública, turismo, etcétera. Suelen estar acompañadas de mapas, gráficos, fotografías, etc. Guía se llama también a la persona que sirve de compañía para orientar a un visitante en una ciudad o lugar desconocido, o evitar serios peligros en la montaña.

guía y control, sistemas de. Recursos para maniobrar barcos, aeronaves, misiles y equipo espacial. Su desarrollo ha sido particularmente estimulado por la exploración espacial. Los conceptos de navegación, guía y control, aunque a menudo confusos, tienen distintas aplicaciones. La navegación es la ciencia de determinar la posición y el curso de un vehículo. Este proceso implica el uso de sensores, giroscopios y el conocimiento de los mapas estelares y planetarios. La guía es la lógica por la cual el vehículo se gobierna y orienta a lo largo del curso planeado. Son necesarios conocimientos de la ruta planeada y de alternativas en caso de cambios.

El control es la aplicación de las leyes de guía en conjunción con la información de navegación para lograr que el vehículo se comporte de forma aceptable. La implementación de control requiere de métodos para la aplicación de una fuerza que genere un cambio en el curso u orientación. Los barcos usan timones para conducirse. Las aeronaves usan elevadores, alerones y timones para cambios de altitud y dirección de vuelo. Los satélites, naves espaciales piloteadas, cohetes y misiles pueden usar impulsores, giroscopios y la interacción de campos magnéticos para ser manipulados.

Métodos de guía y control vía satélite. Existen dos métodos generales de guía y control vía satélite: el pasivo y, para misiones más complicadas, el activo.

Control pasivo. Un satélite pasivo no tiene capacidad de propulsión una vez puesto en órbita. No tiene elementos de control y posiblemente tampoco sensores. Los más sofisticados, los satélites estabilizados pasivamente, pueden tomar ventaja del fenómeno conocido como gradiente gravitacional cuando es necesario apuntar la nave espacial hacia la dirección vertical local (hacia la Tierra). Si visualizamos la forma de un satélite típico, ésta se parece a dos esferas unidas por un eje. Las dos masas esféricas estarían alineados con la dirección vertical local; cualquier desviación de esta orientación causaría una fuerza de torsión que restauraría la posición original. La razón es que la masa externa experimenta menos atracción gravitacional y más fuerza centrífuga que su masa interna. Así, la masa exterior recibe una fuerza real que la empuja hacia afuera, y la masa interior recibe una fuerza igual que empuja hacia adentro. El método es efectivo únicamente para órbitas circulares o casi circulares.

Otro método de estabilización pasiva es girar toda la nave espacial sobre un solo eje, como un enorme giroscopio. La estabilidad inherente así producida tendería a mantener el eje estable en una sola dirección en el espacio. Debido a que son necesarias correcciones periódicas de dirección, dada la torsión de la presión solar y otras perturbaciones, éste no es un método puramente pasivo. Éste es uno de los métodos más usados en los satélites de comunicación.

Control activo. Muchos elementos y tecnología son esenciales para los sistemas activos de guía y control. La guía y el control precisos son requeridos para la mayoría de las aplicaciones de alto rendimiento. Durante el ascenso desde la plataforma de lanzamiento, los sistemas de guía son similares a aquellos usados en los misiles de balística. Están basados en técnicas de navegación por inercia, algunas veces complementados con sensores estelares. Una vez que la nave está en órbita, se re-

Giroscopio. Para detectar pequeños cambios en la posición, se agrega un peso sobre un eje horizontal, al eje vertical del giroscopio. Si se presenta un cambio en la posición del eje vertical, el eje horizontal se desbalancea, creando un movimiento de precesión (similar al de un trompo) que a su vez genera una fuerza. Esta fuerza modifica el campo eléctrico del giroscopio y ese cambio puede medirse con instrumentos.

Del Ángel Diseño y Publicidad

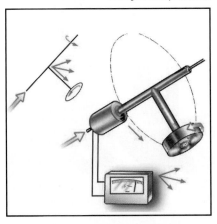

quiere generalmente de diversas maniobras para lograr la altitud y la orientación deseadas. Éstas son generalmente realizadas por una especie de comandos, utilizando radios de datos telemétricos provenientes de los sensores de a bordo.

Dispositivos de guía y control. Los elementos de los sistemas de guía y control incluyen sensores y movilizadores. El sensor es un artefacto que reúne información, mientras que el movilizador es un mecanismo que actúa con base en esta información y mueve la nave espacial. La mayoría de los sensores utilizan fuentes de referencia externa, como los giroscopios. Los mejores giroscopios, sin embargo, son exactos sólo por intervalos de tiempo limitado y deben ser actualizados frecuentemente por recursos de referencia externa, incluyendo el Sol, las estrellas y la Tierra. Los sensores típicos que cuentan con estos recursos miden las desviaciones angulares detectando radiaciones electromagnéticas. Algunos ejemplos son sensores solares, rastreadores estelares y exploradores del horizonte terrestre, que indican la dirección de la vertical local. Esta información es vital para poner en órbita satélites que deban apuntar una antena u otro instrumento hacia la Tierra. Los exploradores del horizonte pueden detectar el movimiento en dos ejes. Los rastreadores estelares buscan estrellas específicas y tienen ventanas de observación muy estrechas; son generalmente muy delicados, pesados y costosos, y son utilizados sólo cuando no existen mejores alternativas, como en las sondas enviadas a las profundidades del espacio. Muchos sistemas de control automático en los satélites pueden operar sin estos artefactos de rastreo. Los sensores solares detectan el Sol y pueden ser simples, porque el Sol es la mayor fuente de energía electromagnética detectable desde un satélite.

Los giroscopios pueden ser usados para la implementación de sistemas de control y como sensores. Los giroscopios pequeños desplazan y clasifican información. Las ruedas de momentum o de reacción pueden generar fuerzas que controlan la rotación. Una rueda de momentum es un rotor giratorio que intenta mantener un momentum constante pero permite pequeñas variaciones a fin de aplicar una rotación controlada en relación con su eje de giro. Una rueda de reacción es similar a una rueda de momentum, excepto en que trata de mantener un momentum cero. Ambos dispositivos son convenientes cuando los desperfectos son menores y persisten durante el tiempo de la misión. Cuando los desperfectos son mayores, los dispositivos de propulsión como los motores a reacción pueden ser más efectivos. Algunas naves espaciales, muchos misiles y la mayoría de las aerolíneas intercontinen-

Corel Stock Photo Library

Satélite artifical.

tales, emplean dispositivos sofisticados de guía por inercia. Utilizan una combinación de giroscopios, acelerómetros, y circuitos electrónicos para mantener continuidad en la posición, velocidad y orientación del vehículo.

Un sistema de guía por inercia pura es enteramente independiente y no requiere contacto por radio con la Tierra. Una combinación de guía por inercia y por radio es común si se intenta actualizar periódicamente la exactitud del sistema de guía por inercia.

Guido Spano, Carlos (1827-1918).

Poeta argentino de vasta producción, especialmente dirigida a exaltar el sentimiento familiar. Tuvo activa participación en la vida pública, desempeñándose como secretario del departamento de Agricultura, director del Archivo General de la Nación y vocal del Consejo Nacional de Educación, pero se dedicó primordialmente a acrecentar su producción literaria la que le valió ser designado miembro correspondiente de la Real Academia Española. Publicó su primer libro de versos, *Hojas al viento,* en 1871, al que siguió *Ecos lejanos, Poesías completas, Ráfagas* y otras obras notables que alcanzaron extraordinaria difusión. Como periodista, colaboró en las publicaciones más prestigiosas de su época.

Guillaume, Charles-Edouard (1861-1938). Físico suizo. Miembro de la Academia de Ciencias de París, director de la Oficina Internacional de Pesas y Medidas. Descubrió la aleación de acero y níquel llamada *invar,* que, por tener el menor coefi-

ciente de expansión y contracción, se emplea en la construcción de instrumentos científicos de precisión, patrones métricos y piezas de relojería. Fue laureado con el Premio Nobel en 1920. Entre otras obras ha escrito: *Tratado práctico de la termometría de precisión, Investigaciones sobre el níquel y sus aleaciones, Los progresos recientes del sistema métrico.*

Guillemin, Roger Louis (1927-). Fisiólogo francés, residente en Estados Unidos. Estudió medicina en la Universidad de Lyon. Profesor de fisiología en la Universidad de Houston (1953) y director de investigaciones en el Centre National de la Recherche Scientifique de París (1963). Investigador en el Salk Institute for Biological Studies de San Diego y profesor de medicina en las universidades de California y San Diego. Ha aislado, caracterizado y sintetizado la somatostatina, neurohormona diencefálica que inhibe la liberación de la hormona del crecimiento desde la prehipófisis. En 1977 compartió el Premio Nobel de Medicina o Fisiología con A. V. Andrew Victor Schally y R. S. Rosalyn Yalow.

Guillén, Jorge (1893-1984). Poeta español. Fue profesor de lengua española en las universidades de Oxford y la Sorbona y catedrático de literatura en su patria. Emigró luego a Estados Unidos. Autor de *Cántico y Ardor.* Cultivó una poesía pura y rigurosa, algo similar a la del francés Paul Valéry.

Guillén, Nicolás (1902-1989). Poeta cubano. Dirigió la revista *Mediodía.* Su vocación, lo llevó a la poesía negra y sus versos revelan humanidad e intención irónica. Entre sus libros sobresalen: *Sóngoro cosongo y otros poemas, Sones para turistas y cantos para soldados, España, poema en cuatro angustias y una esperanza y El son entero.*

Guillermina I (1880-1962). Reina de Holanda que ocupó el trono durante más de medio siglo. Hija de Guillermo III, le sucedió en 1890, bajo una regencia, siendo coronada ocho años después. Casada con Enrique de Meklemburgo Schwerin, tuvo una hija, la princesa Juliana. Neutral en la Primera Guerra Mundial, vio invadido su país en 1940 y se refugió en Inglaterra, desde donde dirigió la resistencia contra el invasor. De retorno a su patria, abdicó el trono en favor de su hija en 1948. Modelo de monarca constitucional y democrático, gozó de gran popularidad y predicamento entre su pueblo.

Guillermo I de Orange (1533-1584). Llamado el Taciturno. Se educó en la corte del emperador Carlos V, quien lo convirtió al catolicismo. Cuando Felipe II en 1556 trató de aumentar el dominio español en Holan-da, Guillermo apoyó a los luteranos y volvió a su antigua religión. En 1568 encabezó una revuelta contra España y sufrió varias derrotas; pero en 1579 logró crear la Unión de Utrecht, lo que hizo posible el advenimiento de la República de las Provincias Unidas, de la que fue nombrado estatúder. Felipe II puso precio a su cabeza. Fue asesinado en 1584, siendo sucedido por su hijo.

Guillermo I (1797-1888). Emperador de Alemania. Segundo hijo de Federico Guillermo III, sucedió a su hermano Federico Guillermo IV como rey de Prusia. Con la ayuda de su ministro Otto Bismarck y del conde Helmuth Moltke, fortaleció el organismo militar alemán. Aliado con Austria, venció a Dinamarca, anexándose parte de su territorio. Luego derrotó a su aliada y finalmente a Francia, quitándole Lorena y parte de Alsacia. En 1871, Bismarck logró su ambición de unificar a Alemania, y Guillermo obtuvo el título de emperador.

Guillermo II (1859-1941). Emperador de Alemania. Hijo de Federico Guillermo (luego el emperador Federico III) y de la princesa Victoria, hija a su vez de la reina Victoria de la Gran Bretaña, subió al trono en 1888, a la muerte de su padre. Empezó apartándose de la política de Otto Bismarck, que adoptó después con una versión muy personal, derivada de su formación y temperamento militaristas. Durante su reinado se produjo la Primera Guerra Mundial y, al ser derrotada Alemania, se refugió en Holanda, donde murió cuando ya había estallado el conflicto de la Segunda Guerra Mundial.

Guillermo I el Conquistador (1027-1087). Primer rey nombrado de Inglaterra. Hijo del duque de Normandía Roberto *el Diablo,* ambicioso y de carácter violento, exigió el trono al morir su primo, el rey Eduardo el Confesor. Como fue Haroldo quien asumió el poder, preparó Guillermo en Normandía una expedición de unos 30 mil hombres, con los que desembarcó en Inglaterra, y el 14 de octubre de 1066 venció en Hastings al rey Haroldo, que pereció en la lucha. Reconocido rey, dividió el país en pequeños feudos entre franceses y normandos. Levantó un minucioso catastro de los bienes de sus súbditos, a quienes impuso tributos. Persiguió a los sacerdotes anglo-sajones y en 1072 sometió al rey de Escocia. En 1087 atacó a Felipe I de Francia y tomó la ciudad de Nantes, donde murió poco tiempo después a consecuencia de una lesión que se infirió al caer del caballo.

Guillermo II el Rojo (1056-1100). Rey de Inglaterra, hijo de Guillermo I. Hombre cruel y ambicioso. Llegado al trono (1087), dominó una revuelta de caballeros normandos, conquistó Escocia y se apoderó del ducado de Normandía cuando su hermano Roberto estaba en Tierra Santa. Al morir el obispo de Canterbury en 1089, se negó a nombrar su sucesor y se guardó el dinero de la Iglesia. Murió en una cacería, cuando, accidentalmente, una flecha le atravesó el pecho.

Guillermo III (1650-1702). Rey de Inglaterra, hijo de Guillermo II de Orange. Siendo estatúder de Holanda, firmó la paz de Nimega con Francia, asegurando la independencia de los Países Bajos. Llamado para oponerse a su suegro, Jacobo II de Inglaterra, convertido al catolicismo, en 1688 desembarcó en Torbay con 14 mil hombres y ocupó el trono británico sin lucha. El Parlamento de Londres le otorgó la corona bajo condiciones determinadas en la Declaración de Derechos. Derrotó a Jacobo y su ejército franco-irlandés que trataba de recuperar el trono. Soberano sabio y hábil, se mostró como gran soldado y mejor diplomático en su lucha contra Luis XIV. En 1692, su marina destruyó el poder naval francés y sus ejércitos obtuvieron triunfos en tierra. En 1701 se alió con casi toda Europa contra Luis XIV pero murió antes de iniciar la lucha.

Guillermo Tell. *Véase* TELL, GUILLERMO.

guillotina. Máquina usada en Francia para decapitar a los condenados a muerte y adoptada durante la Revolución France-

Guillotina. Representación de los modelos más frecuentemente utilizados durante la llamada época del terror, posterior a la revolución francesa.

www.logp.dk/guillotine

sa en marzo de 1792. El doctor Guillotin, que ha dado su nombre al tétrico aparato, no fue, sin embargo, su inventor. Su papel se limitó a pedir a la Asamblea que se adoptara una máquina de ejecución para ahorrar sufrimientos a los condenados a muerte. El doctor Louis, secretario general de la Academia de Cirugía, llevó a la práctica la idea de Guillotin. La guillotina consta de dos montantes unidos, en su parte superior, por una viga transversal. Una cuchilla de acero de filo oblicuo se desliza por sendas ranuras abiertas en los montantes y decapita al reo.

guillotina (artes gráficas). Máquina de cortar papel, compuesta de una cuchilla vertical, guiada entre un bastidor de hierro.

Guimarães Rosa, João (1908-1967). Novelista brasileño. Autor de entre otros títulos de *Saragana* (1946). *Grandé sertao: veredas* (1956). *Corpo de baile* (1956), relatos. Es considerado el mejor escritor contemporáneo de Brasil.

Guimerá, Ángel (1849-1924). Dramaturgo español de lengua catalana. Nacido en Canarias pasó adolescente a Barcelona, donde residió toda su vida. Poeta de gran vigor expresivo y dramaturgo nato, creador de caracteres poderosos y dominador de las situaciones escénicas.

guindo. Árbol frutal de la familia de las rosáceas, muy parecido al cerezo, del que se distingue por sus hojas más pequeñas y sus frutos más redondos, de color intenso y sabor ácido. No es muy exigente en cuanto al terreno de cultivo pero se da mejor en los calizos y sueltos. Es fácil de injertar con las distintas variedades de cereza.

Guinea. Extensa región de la costa occidental de África. Situada en el golfo del mismo nombre, sus límites no han sido definidos con exactitud; los puntos extremos se hallan en el Cabo Verde, frente a Dakar, y en el Cabo Frío, al sur de Angola. Esta extensa zona costanera, atravesada en su centro por la línea ecuatorial, comprende los países siguientes, de norte a sur: Senegal, Gambia, Guinea Bissau, Guinea, Sierra Leona, Liberia, Costa de Marfil, Ghana, Togo, Dahomey, Nigeria, Camerún, Gabón, Congo y Angola. La bañan grandes ríos, entre ellos el Níger, el Congo, el Calabar y el Ogooué. El clima es ecuatorial y malsano. Hay abundante vegetación y los principales productos son el aceite de palmera, cacao, caucho, café, cacahuates, etcétera.

Guinea, República de. Estado de África. Limita al norte con Senegal, al sur con

Corel Stock Photo Library

Panorámica del Futa Gialon, *montaña de Guinea.*

Sierra Leona y Liberia; al este con Malí y la Costa de Marfil; y al oeste con Guinea Bissau y el océano Atlántico. Tiene 245,857 km² de extensión y 7.5 millones de habitantes. La capital es Conakry, que cuenta con 1.508,000 habitantes (1995).

Los principales productos agrícolas del país comprenden arroz, algodón, café, cacahuates, cacao, nuez de cola, plátanos y otras frutas tropicales. La ganadería es importante. Cuenta con yacimientos de oro, diamantes, hierro y bauxita. La moneda es el franco de Guinea (FG). Su red ferroviaria cubre 940 km. Cuenta con 28,400 km de carreteras, de los cuales sólo 9% está pavimentado. Los aeropuertos principales son los de Conakry y Kankan, con servicios nacionales e internacionales. Conakry cuenta con un puerto activo que es por donde se efectúa la mayor parte de las exportaciones: café, plátanos, aceite de palma, diamantes, bauxita y hierro. Guinea formó parte del África Occidental Francesa hasta 1958, cuando se separó de la Comunidad Francesa y se constituyó en república independiente. En 1961 fue elegido presidente Sekou Touré, que desde la proclamación de la independencia había sido designado primer ministro y jefe de Estado. Touré se reeligió rutinariamente hasta su muerte, en 1984. Un comité militar asumió el poder con un golpe de Estado y disolvió el Partido Democrático que había encabezado Touré.

Louis Lansana Beauvogui fue nombrado presidente interino, cargo que entregó a Lansana Conté, quien en 1988 anuncia la creación de una comisión encargada de redactar una nueva constitución que entró en vigor en 1991. En 1990, el gobierno anuncia la amnistía para todos los presos políticos y exiliados. En febrero de 1996 se produjo un golpe de Estado debido al malestar de los militares por sus bajos salarios; el presidente L. Conté llegó a un acuerdo inicial con los golpistas y se mantuvo en el poder.

Guinea-Bissau. República situada en la costa occidental de África, entre los estados de Senegal, al norte y Guinea al sur. Con el archipiélago de las islas Bijagós abarca una extensión de 36,125 km²; su población es de 1.1 millones de habitantes. El territorio, llano, es de clima tropical húmedo. La capital es Bissau, en la desembocadura del mayor río del país, el Geba. La economía es agrícola y los productos principales son el arroz, el maíz, los frijoles, la batata, la yuca, el maní y el aceite de palma. Cuenta con reservas de bauxita. La ganadería y la pesca son importantes, y posee una incipiente industria alimentaria su moneda es el peso de Guinea Bissau (PG). Fue colonia portuguesa desde 1446 hasta 1973, año en que el Partido Africano para la Independencia de Guinea y Cabo Verde logró el control de la mayor parte del territorio después de una lucha de guerrillas iniciada en 1962. Portugal reconoció su soberanía en 1974, un año más tarde que la ONU. Guinea-Bissau es miembro de este organismo y de la OUA. Idiomas: crioulo y portugués. Se practican cultos animistas (54%), la religión musulmana (38%) y la cristiana (8 por ciento).

Rige el país la Constitución de 1984 (enmendada en 1991) y el poder ejecutivo lo ejerce el presidente (jefe de Estado y de Gobierno), un Consejo de Ministros y un

Guinea-Bissau

Consejo de Estado (15 miembros elegidos por la Asamblea). El poder legislativo está ejercido por la Asamblea Nacional del Pueblo (150 miembros escogidos por los Consejos Regionales y elegidos entre sus propios miembros). En 1994 fue electo presidente João Bernardo Vieira, y en 1995 fue nombrado primer ministro Manuel Saturnino de Costa.

Guinea Ecuatorial, República de.

Estado formado por la antigua posesión española del Golfo de Guinea, llamada Guinea española, que a su vez estaba integrada desde 1960 con el nombre de Guinea Ecuatorial, por los antiguos territorios coloniales: Río Muni (Guinea continental, y las islas de Corisco: Elobey Grande y Elobey Chico), y las islas de Bioko (antes Fernando Poo) y Pagalu (antes Annobón). La capital de Guinea Ecuatorial es Malabo con 58,040 habitantes. Ambas provincias se unieron formando la República de Guinea Ecuatorial, que alcanzó su independencia en 1968, ingresó en las Naciones Unidas y su primer presidente fue Francisco Macías. La parte continental (territorio del Río Muni) está enclavada entre Camerún, Gabón y el Atlántico; tiene forma rectangular y el lado oeste o marítimo se extiende desde la desembocadura del río Campos hasta la del río Muni y constituye un litoral llano y de difícil navegación debido a los escollos. El suelo es llano en la costa, limitada por un escarpe montañoso desde el cual el terreno se eleva hacia el interior formando mesetas y algunas montañas: Cristal, Paluviole, Siete Sierras, Fiyelivince. Reina un clima tropical con dos periodos secos de temperaturas muy altas y otros dos de precipitaciones pluviales copiosísimas. La flora se caracteriza por la gran riqueza de especies y la frondosidad: la selva virgen cubre casi todo el país y en ella viven gorilas, orangutanes y otras fieras, e infinidad de animales más pequeños. El suelo cultivado es fertilísimo y produce cacao, corcho, café, madera, etcétera. Posee gran riqueza forestal (caoba, ébano, okume). Los indígenas continentales son en su mayoría pamúes y forman tribus semicivilizadas en el litoral y completamente salvajes en el interior. El principal núcleo humano es la capital, Malabo; otras ciudades importantes son: Ela-Nguema (6,179 h.), Bata (32,734 h.) y Campo Yuande (5,199 h.). Se han construido varias carreteras y hay dos aeropuertos.

Integran la Guinea insular varias islas, la mayor de las cuales es Bioko, montañosa y volcánica, con alturas como el pico de Santa Isabel de 3,000 m. La isla, a unos 45 km de la costa, disfruta de un clima cálido y húmedo, produce una importante cosecha de cacao, además de café, tabaco, caña, frutas y maderas. La calabaza y el plátano constituyen la base de la alimenta-

Corel Stock Photo Library

Vista de una población típica de Guipuzcoa, País Vasco.

ción de los indígenas. Pagalu, al sur de la isla anterior, es un islote volcánico de forma alargada, cuyos habitantes practican la pesca de altura. Corisco está en el estuario del Muni y sus habitantes de la tribu benga cultivan cacao, café, maíz, etcétera. Los islotes de Elobey Grande y Elobey Chico se hallan a unos 6 km del estuario del Muni.

Las islas y territorios continentales del Golfo de Guinea fueron descubiertos por los portugueses, que se posesionaron de ellos en 1473. En 1777, por el tratado de San Ildefonso, Portugal cedió a España las islas de Bioko y Pagala; pero hasta 1842 no se decidió España a anexionarse de un modo efectivo los territorios de Guinea. Los esfuerzos para llevar a cabo tal ocupación, realizados de 1874-1885, produjeron problemas con Francia por cuestiones de límites, que quedaron zanjados por el tratado firmado en París en 1900. En 1924 fue cuando se organizó por primera vez la colonia y después de la guerra civil española (1936-1939) empezó a recibir verdadera atención. A partir de 1960 la Guinea Española, continental e insular, se designó administrativamente como Región Ecuatorial (Guinea Ecuatorial) formada por las dos provincias africanas ya descritas y llamadas en ese entonces Río Muni y Fernando Poo. En 1964 se les dio la autonomía interna, en agosto de 1968 se aprobó la Constitución, en septiembre de aquel año ganó las elecciones presidenciales Francisco Macías y, por fin, el 12 de octubre de 1968 se constituyó en estado independiente con el nombre de República de Guinea Ecuatorial. La República tiene una super-

ficie de 28,052 km^2 y una población de 400,000 habitantes (1995). Reciben introducción primaria y secundaria 65,900 alumnos; hay además tres centros de enseñanza superior. El presidente Francisco Macías, cuyo nombre africanizado era Masie Nguema Biyogo, fue derrotado en 1979 y sustituido por el ministro de defensa Teodoro Obiang Nguema Mbasogo. A partir de este golpe de Estado, el Consejo Militar Supremo gobernó por decreto. Tres años después se aprobó una nueva Constitución y al año siguiente, en 1983, se celebraron las primeras elecciones legislativas en más de 19 años.

En 1986, un presunto golpe de Estado es sofocado por las fuerzas leales al gobierno. Eugenio Abeso Mondu, ex diplomático y miembro de la Cámara de Representantes, quien encabezó la rebelión, es ejecutado. En 1989, la visita de Nguema a España confirma los lazos con Madrid y, a mediados de año, Nguema es electo presidente sin oposición durante las primeras elecciones presidenciales celebradas desde la independencia.

En 1990, el gobierno se enfrentó a la acusación que le hizo Amnistía Internacional de tortura a presos políticos.

El 17 de septiembre de 1995 se celebraron las primeras elecciones municipales multipartidistas, en las que la Plataforma de Oposición Conjunta se alzó con la victoria. En febrero de 1996 se celebraron las elecciones presidenciales, en las que los cuatro candidatos de la oposición a T. Obiang se retiraron por ausencia de garantías electorales, y éste ganó con el 99% de los votos.

Guinness, sir Alec (1914-   ).   Actor británico. Destacado artista teatral, ganó fama en el cine principalmente por sus interpretaciones en los filmes de humor crítico de los Estudios Ealing, como *Ocho sentencias de muerte* (1949), de Robert Hamert y *El hombre vestido de blanco* (1951) y *El quinteto de la muerte* (1956), de Alexander Mackendrick. El papel en *El puente sobre el río Kwai* (1958), de David Lean, le abrió el camino para una carrera en superproducciones internacionales.

Participó también en los filmes *La guerra de las galaxias* (1976), de George Lucas, y en *Pasaje a la India* (1989), de sir David Lean, entre otros.

Guipúzcoa.   Provincia española, una de las tres Vascongadas, limítrofe con Francia. Con sus 1,997 km² de superficie es la provincia más pequeña de España, pero una de las más pobladas (648,113 h., 1995). Su suelo, por el que corren los ríos Deva, Urola, Urumea y Bidasoa, es montuoso y su clima oceánico. Cuenta con buenos pastos y excelente ganadería, pero mayor importancia tienen la pesca y la industria.

Güiraldes, Ricardo (1886-1927).   Escritor y poeta argentino. Nació en una estancia de Buenos Aires y aprendió junto con los primeros pasos a conocer y a querer la pampa, el campo y todo lo que con ellos se relaciona, con raigambre tal, que no obstante haber visitado otros países, absorbido otras culturas y adoptado una técnica propia y moderna, el amor a la tierra emerge poderosamente en sus obras. Después de viajar por América y Europa, publicó en 1915 la primera obra en prosa y verso, *El cencerro de cristal,* seguida por *Cuentos de muerte y de sangre*; más tarde aparecen *Raucho, Rosaura y Xamaica* y, por último, su obra máxima, *Don Segundo Sombra*, publicada un año antes de morir. Póstumamente aparecieron, en verso, *Pampa* y, en prosa, *Obras inéditas* y *Seis relatos*. Se le ha llamado *maestro de la novela argentina*, y con razón, ya que su valioso aporte de cultura y técnica honrarán siempre las letras argentinas.

Guisa.   Nombre de una rama de la casa ducal de Lorena, cuyos miembros intervinieron en la historia política y religiosa de Francia durante el siglo XVI. El primer duque de Guisa fue el hijo del duque de Lorena, llamado Claudio (1496-1550). El segundo, Francisco de Lorena (1519-1563), luchó contra los españoles e ingleses, y sobresalió en las guerras de religión; murió asesinado en el sitio de Orleáns. El tercer duque de Guisa, Enrique de Lorena (1550-1588), de apodo *Le Balafré* (el Cariacuchillado) por una herida de arcabuz, que recibió en la cara, fue uno de los organizadores de la Noche de San Bartolomé,

en la que murieron numerosos protestantes. Murió apuñalado por los guardias del rey Enrique III. El título, después de heredarlo otros descendientes, se extinguió pasando a la Casa de Condé, y después a la de Borbón-Orleáns.

guisante.   *Véase* ARVEJA.

guisante de olor.   Planta leguminosa, variedad de la almorta, que se cultiva principalmente como planta de jardinería por tener vistosas flores amariposadas, que nacen formando racimos en las axilas de las hojas. Tiene delicados colores, que varían del blanco al rosado y violeta y exhalan un delicado perfume. Es una trepadora, con hojas de folíolos opuestos; éstas tienen en el ápice un zarcillo con el que se enroscan a los tutores y trepan por ellos. Florece en primavera y se la conoce también con el nombre de arvejillas de olor.

Guisa y Acevedo, Jesús (1900-1983). Escritor mexicano. Estudió en el seminario de Morelia y, 1920-1923, cursó en la Universidad de Lovaina el doctorado en filosofía. Estuvo después en España hasta 1925. De regreso a México escribió en *Excélsior*. En 1927 fue expulsado del país junto con Victoriano Salado Álvarez y José Elguero. Nombrado en 1934 profesor de filosofía en la Universidad Nacional, fue expulsado de ésta en 1936, año en que fundó la editorial Polis y, al siguiente la revista *Lectura*. De 1938 a 1956 escribió en *Novedades*. A partir de 1956 fue miembro de número de la Academia de la Lengua.

guitarra.   Instrumento musical de origen oriental, introducido en España por los árabes; consta de seis cuerdas, de las cuales tres son de entorchado, o sea, de alambre y seda, y las otras de tripa de carnero. Se compone de una gran caja de resonancia, de madera, a modo de óvalo estrechado por el centro, de un mástil o mango en el que se hallan los trastes, piezas salientes de metal o hueso que modifican con la presión de los dedos la longitud libre de las cuerdas, y seis clavijas. A finales del siglo XVIII la guitarra era un instrumento aristocrático; luego se transformó en algo popular, convirtiéndose en el acompañamiento imprescindible de las canciones y danzas más típicas. Pese a ser un instrumento completo sirve de mero acompañamiento y raramente ha figurado en las orquestas; sin embargo en la serenata de *El barbero de Sevilla* ocupa un lugar preeminente. Muchos artistas han sabido prestigiarla interpretando en ella las piezas más famosas tales como los españoles Tárrega, Sáinz de la Maza y Segovia; a este último, que ha llegado a ser uno de los mejores guitarristas modernos, se debe en gran parte el renacimiento de este instrumento en los últimos decenios.

Guitry, Sacha (1885-1957).   Actor y autor dramático francés. Nacido en San Petersburgo durante una gira de su padre, el gran actor Guitry Lucién, es uno de los representantes más destacados, en la escena y en las letras, del *esprit parisien*. Entre sus obras, numerosísimas y rebosantes de gracia, se destacan *El vigilante noctur-*

Tradicional guitarra acústica (izquierda) y guitarra eléctrica (derecha).

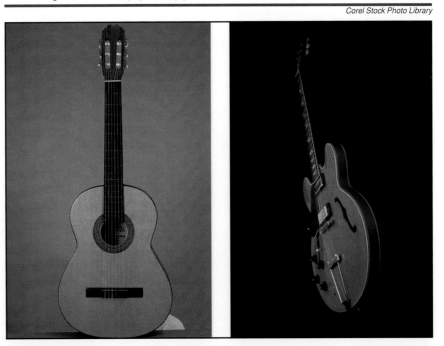

no, Juan de la Fontaine, El ilusionista, El nuevo testamento, Memorias de un tramposo y numerosas películas cinematográficas.

Guizot, François (1787-1874). Historiador y político francés. Profesor de la Sorbona y ministro de Luis Felipe, organizó la enseñanza primaria, con la llamada *ley Guizot.* Aunque un gobierno presidido por Adolphe Thiers le nombró embajador en Londres, fue rival de aquel político y defensor de las ideas conservadoras. En 1840 se constituyó un gabinete bajo la presidencia del mariscal Soult al que se denominó *Ministerio Guizot,* si bien no desempeñaba más que la cartera de Negocios Extranjeros. Dicho ministerio duró siete años, al cabo de los cuales pasó Guizot a presidirlo, pero su oposición a las reivindicaciones del partido liberal provocaron la revolución de 1848 y la caída de Luis Felipe. Entre sus obras más importantes se destacan la *Historia de la revolución de Inglaterra, Historia general de la civilización en Europa e Historia de la civilización en Francia.*

Gujarat. Estado del noroeste de la India, en las costas del Mar Arábigo, con superficie de 196,024 km^2 y 41.309,582 habitantes (1991). Limita al noroeste con Pakistán, en el sur del delta del Indo. Comprende una extensa llanura, dominada al noreste y al este por los montes Aravalli y los Vindhya Parvata y Satpura. Su territorio está avenado por el río Sabarmati y otros en la región sur. La costa traza dos golfos importantes: al norte el de Kutch y al sur el de Cambay. Su clima es poco lluvioso, excepto en las colinas interiores de Kathiavar, en cuyos bosques viven los únicos leones de la India. La agricultura es más rica en los valles aluviales del sur y en el litoral (arroz y cultivos de subsistencia); en los suelos volcánicos hay plantaciones de algodón, aráquidos y tabaco. Es la segunda región petrolera de la India. Hay yacimientos de lignito y bauxita. La fabricación de textiles está concentrada en Baroda y en Ahmedabad. La capital del estado es Gandhinagar.

Gujarat formó parte del sultanato de Delhi en el siglo XIII y en el siglo XVI pasó a depender del imperio mogol. Posteriormente, estuvo integrado a la India Británica.

Gulliver. Personaje creado por el célebre escritor irlandés Jonathan Swift (1667-1745), que en sus difundidos *Viajes de Gulliver* presenta, en forma satírica, epi-sodios ocurridos en su patria durante el siglo XVII.

Swift, activo participante en las luchas políticas y religiosas de su tiempo, presenta en ese libro, posteriormente transformado en novela de aventuras para niños y jó-

venes, el cuadro institucional de Irlanda, Inglaterra y Escocia que originó la revolución de 1688. Su filosofía es profundamente pesimista en lo que respecta al destino humano. En los *Viajes* fustiga vigorosamente todas las flaquezas de nuestra especie. Sin embargo, aun ignorando el propósito del autor al escribirla, se aprecia en la lectura de la obra una formidable potencia humorística.

Gullstrand, Alvar (1862-1930). Físico y oftalmólogo sueco, profesor en la Universidad de Upsala. Efectuó importantes investigaciones en óptica física y fisiológica, y desarrolló una nueva concepción de la teoría de las imágenes ópticas. Recibió en 1911 el Premio Nobel de Fisiología y Medicina. Entre sus obras se destacan: *Teoría de las aberraciones monocromáticas y Manual de óptica fisiológica.*

Gurdjieff, George Ivanovich (1872?-1949). Político ruso-armenio. Fundó un movimiento basado en las teorías de la meditación y el conocimiento de uno mismo que atrajeron a muchos seguidores prominentes de Europa y Estados Unidos. Gurdjieff estableció su Instituto de Desarrollo Armónico del Hombre en Fontainebleu, Francia, donde se estableció en 1922.

Sus discípulos incluyeron al arquitecto Frank Lloyd Wright, a la pintora Georgia O'Kieeffe, a la escritora Katherine Mansfield y al periodista P. D. Ouspensky cuyos libros contribuyeron a popularizar la doctrina de Gurdjieff.

Guridi, Jesús (1886-1961). Compositor español. Inició sus estudios en Bilbao y los continuó en París y después en Bruse-

las y Colonia. A su vuelta a España se instaló en Bilbao, donde actuó como organista y director de la Sociedad Coral. Cultivó la música de raíz típicamente vasca en casi todas sus composiciones, incluso en el teatro, en el que alcanzó grandes éxitos. Sus óperas más conocidas son: *Mirentxu* y *Amaya,* y las zarzuelas *La meiga, El caserío* y *Peñamariana.* Fue también autor de una *Misa de réquiem* y otra dedicada a San Ignacio de Loyola, y del poema sinfónico *Una aventura de Don Quijote.* Fue miembro de la Academia de Bellas Artes de San Fernando, de Madrid.

gusano de seda. Larva vermiforme de mariposas, como el *Bombyx morí,* que para tejer el capullo donde se transforma en crisálida segrega un hilo que se industrializa con el nombre de seda. El cultivo del gusano de seda para obtener la seda de sus capullos se llama sericicultura, y ha sido practicado por los chinos desde la más remota antigüedad. Se inicia con la simiente, que no es sino los huevos que pone la hembra del *Bombyx morí.* A los pocos días de nacer, la mariposa pone de 300 a 500 huevecillos de un color gris oscuro. Estos huevos pasan toda la estación invernal sin actividad y en la primavera siguiente, cuando la temperatura es superior a 18 °C, salen de ellos unos gusanillos negros, con el cuerpo cubierto de pelos, que miden aproximadamente dos milímetros de longitud.

Desde el momento de su nacimiento las oruguitas atacan con voracidad las hojas de morera que el sericicultor habrá tenido la precaución de poner junto a ellas, ya que de lo contrario morirían rápidamente. Las hojas de morera son el único alimento de

Gusanos. Arriba, lombriz de tierra y abajo Ascaris Lumbricoides, parásito intestinal.

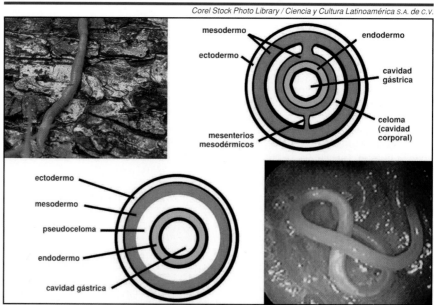

los gusanos y la provisión de estas hojas es uno de los principales trabajos de la sericicultura. Con el fin de que la eclosión de los huevos no se realice antes que las hojas de la morera hayan brotado en abundancia, se suele mantener las puestas a temperaturas inferiores a 18 °C, provocando el nacimiento cuando la provisión de morera garantiza su alimentación.

Las oruguitas devoran sin cesar las hojas, aumentando rápidamente de tamaño, hasta que materialmente no caben en su piel; realizan la primera muda a los 7 días. La primitiva piel se abre y de ella sale el gusano con una nueva piel mucho más grande, y tras un descanso de unas horas reanuda su alimentación, hasta alcanzar su desarrollo total a los 40 días. En este tiempo realiza cuatro mudas y aumenta de peso unas 6 mil veces. A medida que va creciendo, el gusano se va haciendo más blanco, y llega a alcanzar en su última fase de 7 a 8 cm de largo. Su cuerpo está formado por 12 segmentos, con 16 patas y el último segmento terminado en un apéndice cónico en forma de espolón. Al llegar a este estado el gusano deja de comer y se dispone a tejer su capullo. Se instala en alguna ramita seca colocada al efecto y expulsa por su boca dos hilitos finísimos de seda, que se solidifican inmediatamente.

La seda en estado líquido se produce en dos glándulas internas que desembocan en dos agujeritos en la base de las mandíbulas, por cada uno de los cuales sale un hilo que, al soldarse con el otro, forma la hebra de seda. Moviendo de un lado para otro la cabeza, el gusano va soldando su seda a los objetos que le sirven de soporte, para después tejer sobre ellos un espeso capullo, que envuelve y protege al gusano y queda allí encerrado para transformarse en crisálida. A los 16 o 17 días salen por un agujero de estos capullos unas mariposas blancas, con las antenas dentadas y las alas arqueadas. Es el estado adulto, en el cual el *Bombyx morí*, cuya vida es muy corta, no consume ningún alimento. Las hembras mueren en cuanto han realizado la puesta de los numerosos huevecillos, con los que según hemos explicado se inicia el ciclo. *Véase* SEDA.

gusanos. Nombre con que vulgarmente se designa a animales muy diversos, que tienen de común el ser pluricelulares, invertebrados, con cavidad interna en la que se alojan los principales órganos, de cuerpo cilíndrico o en forma de cinta, contráctil, frecuentemente segmentado en anillos y que cuando se desplazan lo hacen reptando. Se incluyen equivocadamente bajo este nombre las larvas vermiformes de muchos insectos como moscas, mariposas y escarabajos. Existen gusanos de todo tamaño y género de vida: los hay microscópicos y de varios metros; que viven en la tierra

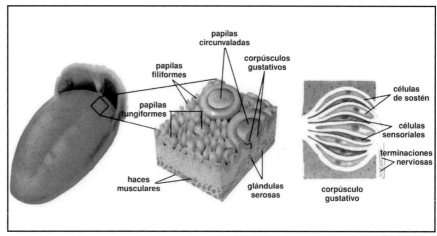

Salvat Universal

Esquema de la lengua con una ampliación de un fragmento de mucosa lingual, en la que se distinguen los diversos tipos de papilas gustativas, y una ampliación de un corpúsculo gustativo.

como *la lombriz*, en el agua como la *sanguijuela*, o en el mar como las *sérpulas*; pero los más temibles son los parásitos, que originan en el hombre terribles enfermedades, como la *solitaria*, que es parásita del intestino del hombre; *la triquina*, que lo es de los músculos de animales, como el cerdo, y puede pasar al hombre; las *filarias*, y otros. *Véanse* NEMATELMINTO; PLATELMINTO.

Gustavo II (1594-1632). Rey de Suecia, conocido también con los nombres de Gustavo Adolfo y Gustavo el Grande. Fue hijo del rey Carlos IX, a quien sucedió en 1611. Continuó las guerras contra Rusia, Polonia y Dinamarca. Logró un grado de eficiencia tal en sus ejércitos que lo tornó célebre, e hizo innovaciones y reformas en la táctica militar. Ganó extensos territorios, protegió el comercio e impulsó la incipiente industria. Acudió en defensa de los protestantes de Alemania, durante la Guerra de los Treinta Años. Tras obtener victorias que aseguraron el triunfo de las ideas que sostenía, cayó mortalmente herido en la batalla de Lützen.

gusto. Sentido corporal que nos permite percibir los sabores, radicado particularmente en la lengua y también en la parte superior de la cara anterior del velo del paladar, la faringe y las paredes interiores de las mejillas. Algunos animales perciben los sabores mediante la piel. Los nervios correspondientes a este sentido son el glosofaríngeo y el lingual, que es una rama del trigémino. El glosofaríngeo, partiendo en el cerebro, termina en la raíz de la lengua. El lingual se distribuye en la parte anterior y lateral de la lengua en forma de papilas. Las papilas son de tres clases: filiformes, fungiformes y calciformes. Se hallan agrupadas en diversos sectores de la lengua que son los que permiten percibir los

sabores. Éstos son básicamente cinco: dulce, salado, alcalino, ácido y amargo, que se presentan puros o combinados en las formas más complejas. Las sustancias gustativas se sienten únicamente una vez que están en disolución. La zona correspondiente a cada uno de los sabores básicos está situada en partes diversas de la lengua: los sabores amargos se perciben en la raíz, los azucarados en la punta y los ácidos y salados en los bordes. El centro de la lengua no experimenta ninguna sensación gustativa. Hay asimismo, diferencias en la rapidez con que se sienten los distintos sabores. Las sustancias saladas se perciben más rápidamente que las dulces, y éstas antes que las ácidas. La excitación continua de la lengua con una misma sustancia termina por debilitar el sentido del gusto, mientras que la alteración de sabores opuestos aumenta la intensidad de la percepción. El sentido del gusto puede experimentar trastornos diversos, que van desde la falta pasajera de algunas sensaciones, que se produce a causa de un resfrío, hasta la perversión y la desaparición total de la capacidad gustativa, a consecuencia de otras enfermedades. *Véase* LENGUA.

gutapercha. Goma translúcida, sólida, flexible, análoga al caucho, producida por árboles sapotáceas que crecen principalmente en las islas del archipiélago Malayo. Se ablanda calentándola en agua y es capaz de adoptar entonces cualquier forma que luego, seca, conserva tenazmente. Conduce mal la electricidad, resiste a la mayor parte de los ácidos y se disuelve fácilmente en sulfuro de carbono, cloroformo y benzol. Conserva sus propiedades a temperaturas inferiores a 0 °C, pero con el tiempo se vuelve quebradiza.

Gutenberg, Johann (1398-1468). Impresor alemán inventor del arte de imprimir

Gutenberg, Johann

Reproducción de una imprenta como la utilizada por Gutenberg en la impresión de los primeros libros que le fueron encargados. Al fondo puede distinguirse la caja donde se guardaban los tipos móviles de metal usados para la impresión.

por medio de tipos movibles. Nació en Maguncia. Su padre era noble, y en 1420 se vio obligado a abandonar la ciudad por razones políticas y perdió sus bienes. Gutenberg erró por Alemania, Italia, Suiza y Holanda, conociéndose poco de su vida en esa época. Ejerció de impresor, probablemente xilógrafo, y perteneció al gremio de plateros y batidores de oro. Vuelto a Maguncia en 1448, se asoció con Johann Fust, que le prestó dinero para instalar la primera máquina de imprimir con tipos sueltos. La empresa fracasó económicamente quedándose Fust con el equipo de imprimir. Se atribuye a Gutenberg la impresión del *Catholicon* de Juan de Janua, publicado en 1460, y la composición de la famosa *Biblia* de 42 líneas (1455?), llamada así por el número de líneas de que constan las columnas, obra de gran valor histórico. También se le debe el famoso *Salterio*.

Gutiérrez, Alberto (1935-). Pintor colombiano, natural de Armenia. Se formó artísticamente en Estados Unidos y en Europa (París, Amsterdam). Combina el expresionismo abstracto con interpolaciones figurativas y, en algunos cuadros, con el arte del *graffiti*. La serie de lienzos titulada en conjunto *Summa*, refleja la madurez estilística de este pintor. Dos de esas composiciones, la *VI* y la *XI*, fueron incluidas en la importante exposición *The Emergent Decade*, celebrada en Caracas (1965-1966). Ha obtenido premios en exposiciones internacionales y en su país.

Gutiérrez, Eduardo (1850-1889). Escritor argentino. Narrador fecundo, sus obras más conocidas pertenecen al género popular y folletinesco. Hizo alarde de colorido en sus hermosos cuadros de la vida gauchesca, y su vigor sobrepasa y cubre la falta de cualidades estrictamente literarias. Entre sus obras se destacan: *Juan Moreira, Pastor Luna, Santos Vega* y *Juan Cuello*. En su *Hormiga negra*, se adelanta a muchos futuros narradores policiacos.

Gutiérrez, Eulalio (? -1940). Político y militar mexicano. Intervino en la revolución maderista contra Porfirio Díaz (1910) y resultó elegido presidente interino de la república por la Convención de Aguascalientes (octubre-noviembre de 1914). A los dos meses de ocupar el cargo se vio obligado a marchar de la capital y fue derrotado por las tropas villistas. En junio de 1915 ante las continuas intromisiones de Carranza, Villa y Zapata en la administración y el gobierno de la nación renunció a la presidencia y abandonó la política.

Gutiérrez, Juan María (1809-1878). Escritor y poeta argentino. Su obra literaria tuvo casi siempre un sentido cívico y patriótico. Fue uno de los fundadores de la Asociación de Mayo, desempeñó el cargo de rector de la Universidad de Buenos Aires y figuró entre los miembros del Congreso Constituyente. Sus obras abarcan amplios y diversos campos: la educación, la historia, el ensayo crítico y la poesía, son composiciones que fueron muy celebradas. Sobre todo las de exaltación de motivos de independencia nacional, como *A mayo, La bandera argentina*, etcétera. También escribió, entre otras obras en prosa, un *Bosquejo biográfico del general San Martín*.

Gutiérrez, Ricardo (1836-1896). Poeta y médico argentino, que ha dejado versos de exquisita emotividad en sus poemas *La fibra salvaje, Lázaro* y en sus obras *Libro de las lágrimas* y *Libro de cantos* (recopilación de poesías publicadas en diversos diarios de Buenos Aires). Es notable su obra en prosa, *Cristián*. Como médico ejerció su profesión con sentido profundamente cristiano de ayuda al doliente y necesitado. En la guerra de Paraguay, comenzó a practicar la cirugía, más tarde se especializó en enfermedades de la infancia y ayudó a fundar el Hospital de Niños de Buenos Aires.

Gutiérrez González, Gregorio (1826-1872).

Poeta colombiano. Sus primeras producciones aparecieron firmadas con el seudónimo Antíoco y revelaron su identificación con el romanticismo. Se inspiró en temas criollos y campesinos en su obra más celebrada, *Memorias sobre el cultivo del maíz en Antioquía* (1862). En 1867 apareció en Nueva York una edición de *su Poesía.*

Gutiérrez Nájera, Manuel (1859-1895).

Escritor mexicano. Fue el iniciador del modernismo en la literatura de su patria, y ejerció considerable influencia en el campo de las bellas letras, al que entró por el sendero del periodismo. Desde los trece años de edad, ya enviaba colaboraciones en prosa y en verso a los periódicos de México, en todos los cuales dejó copiosas muestras de su brillante periodismo literario. Llegó a ser el escritor preferido, de producción fecunda, interesante y variada. Murió en plena juventud, y celebridad, abrumado por incesante trabajo periodístico. Escribió bajo distintos seudónimos, habiendo popularizado extraordinariamente el de El Duque Job.

En la producción poética de su adolescencia, la inspiración es religiosa y la influencia española; pero ya con los gérmenes de la poesía amatoria y del francesismo, que habrían de culminar, al alcanzar Gutiérrez Nájera la plenitud literaria, en esa unión del espíritu francés y la forma española que es la característica de la obra, en verso y en prosa, del iniciador del modernismo en México. Fundó con Carlos Díaz Dufoo la *Revista Azul,* que agrupó una pléyade de brillantes poetas.

Lo mejor de su prosa ha sido recogido en volúmenes que, entre otros, se titulan *Cuentos de color de humo, Cuentos frágiles* y *Cuaresmas del duque Job.* Hay en ellos cuentos dignos de figurar en antologías, como *Rip-rip* e *Historia de un peso falso.* Entre sus poesías más admirables, son célebres *¿Para qué?, La duquesa Job, Mis enlutadas, La serenata de Schubert* y *Odas breves.*

Gutiérrez Solana, José (1886-1945).

Pintor español cuyos cuadros reflejan tipos y costumbres enfocados con una inspiración vigorosa y sombría que asciende hasta lo sublime en *La Dolorosa* y a puro ascetismo en *Los ermitaños.* Sus cuadros se exhibieron en numerosas exposiciones. Obtuvo una medalla de oro en la Exposición Internacional de Barcelona (1929) con su cuadro *Las coristas.* Póstumamente le fue concedida la medalla de honor en la Exposición Nacional de Bellas Artes (1945) por

Art Today

Vista de la ciudad de Georgetown, Guyana Británica (1920).

su cuadro *Los ermitaños.* Entre sus obras más notables, aparte las ya mencionadas, están: *Los caídos, La vuelta del indiano, El comedor de los pobres, El carnaval de aldea, El desolladero, El Cristo de los Milagros, El entierro de la sardina, Las máscaras y los doctores* y *Café cantante.*

Guyana.

República sudamericana limitada al norte y al noreste por el océano Atlántico, al este por Surinam, al sur por Brasil, y al oeste por este último país y Venezuela. Su territorio, de 214,970 km², posee una población de 712,000 habitantes (1996) con una densidad de 3.3 habitantes por km² (31% urbanos y 69% rural); desde el principio de la década de 1990 se ha observado una tendencia al decrecimiento de la población (-0.8% 1991-1996).

Desde el litoral atlántico, que es la región más fértil, la tierra se eleva lentamente hasta alcanzar su mayor altura en las montañas del sur y del oeste. Las nueve décimas partes del país se hallan cubiertas por una espesa selva de gran potencial económico, y en las zonas más elevadas del suroeste domina la sabana tropical. Los ríos Demerara, Berbice y Essequibo forman varios saltos de agua muy elevados, entre los que se destaca el de Kaieteur. Guyana se divide en tres regiones físicas. El norte, donde habita casi 90% de la población y donde se encuentra la capital Georgetown, es una región costera cuya mayor parte está bajo el nivel del mar y por ello es protegida por diques; el resto del territorio tiende a ser más elevado, la mayor parte cubierto de zonas selváticas; en el sur se encuentra la zona montañosa que se extiende a lo largo de la frontera con Brasil. El monte Roraima, punto más alto del país, se eleva a 2,180 m sobre el nivel del mar. El clima es húmedo y tropical, con temperaturas promedio de 27 °C y un índice anual de lluvias de 2,032 mm. El sistema de ríos corre de sur a norte generalmente, y se cuenta en-

tre las principales líneas de comunicación con el interior del país, siendo los más importantes los ríos Berbice, Essequibo y Courantyne. El país cuenta con 8,890 km de caminos (10% pavimentados, 1988), 85 km de vías férreas, un puerto marítimo de altura y un aeropuerto.

La población, en su mayor parte de ascendencia hindú y africana, se concentra en las llanuras costeras. La capital es Georgetown con 248,500 habitantes (1992), en la desembocadura del Demerara; cuenta con una universidad. Guyana cuenta con uno de los índices más altos de alfabetismo en el hemisferio occidental (98.1% en 1995), al establecer ocho años de educación básica obligatoria y gratuita, y logrando que 80% de los niños en edad escolar asistan regularmente a clases; cuenta con una universidad. Los servicios de salud se han mejorado a través de los esfuerzos gubernamentales por proveer de agua potable a la población y al establecer medidas efectivas para controlar la malaria y la tuberculosis. La esperanza de vida al nacer es de 63 años, y la mortalidad infantil alcanza 63 por millar (1995).

El subsuelo es de enorme riqueza, sobre todo en bauxita, cuya extracción y elaboración constituye uno de los principales renglones económicos guyaneses y cerca de 16.7% de las exportaciones. Otros minerales importantes son el oro y los diamantes. En el sector agrícola, que da empleo a 19.9% de la población activa, se destacan el arroz, el azúcar, la banana, el algodón y la madera.

Guyana es miembro de la Comunidad Caribe y el Sistema Económico Latinoamericano. Su moneda es el dólar de Guyana (G$), dividido en 100 centavos. El ingreso per cápita es de $530 dólares americanos por habitante (1994). 44% de la población se dedica al comercio, 34% a la agricultura y 22% al sector servicios (1985). Sus exportaciones en 1993 ascendieron a 414

Guyana

millones de dólares americanos y sus importaciones a 485 millones. Sus principales socios comerciales son: Estados Unidos, otras naciones del Caribe, Gran Bretaña, Canadá y Alemania.

El idioma oficial es el inglés, seguido en difusión por el hindi. Las principales confesiones religiosas son: el hinduismo (34% en 1990), el anglicanismo (34%), el catolicismo (18%) y el islamismo (9%). La forma de gobierno es republicana, con un Presidente que es el jefe del partido político mayoritario en la Asamblea Nacional y ejerce su cargo por la duración de ésta. Hay también un vicepresidente y un primer ministro. La Asamblea Nacional está compuesta por 53 miembros elegidos para un periodo de cinco años, además de 12 representantes regionales. Políticamente Guyana se divide en 10 regiones. Su constitución política ha estado vigente desde 1980.

Historia. La Compañía de las Indias Occidentales Holandesas colonizó la región a partir de 1620, hasta que en 1796 fue ocupada por los ingleses. Entonces la ciudad de Stabroeck se convirtió en Georgetown. En 1966 Guyana obtuvo la independencia en el seno de la Comunidad de Naciones, y en 1970 se convirtió en república conservando dichos lazos.

Venezuela reclama 150,000 km^2 de territorio guyanés. En 1981 Venezuela decidió continuar con su demanda sobre la región de Essequibo, ya que había expirado el protocolo de Puerto España, firmado en 1970, en el que se establecía una moratoria de 12 años para resolver el conflicto. Aunque en 1975 se acordó constituir una empresa venezolana guyanesa para explotar la bauxita del país, las relaciones entre los dos países se han deteriorado.

En 1971 Guyana firmó la Declaración de Granada, que prevé la formación de un todavía nuevo país junto con Dominica, Granada, San Cristóbal-Nevis, Santa Lucía y San Vicente. En 1974, la Declaración de Sofía transforma el Congreso Nacional Popular en un partido socialista. En 1978, un referéndum popular extiende el término de la Asamblea y permite cambiar la Constitución en base a una mayoría parlamentaria. En 1979, Surinam establece la representación diplomática en Guyana y ambos países reanudan las conversaciones bilaterales. En 1980 entra en vigor una nueva Constitución y la forma presidencial de gobierno. Forbes Burnham pasa a ser el primer presidente del país. En 1981, Guyana estrecha vínculos comerciales y diplomáticos con Cuba, la República Democrática de Corea, la URSS, Brasil y Colombia.

En 1985, la Comunidad del Caribe (CARICOM) acuerda que Guyana venda su remanente de azúcar para pagar su deuda externa. En ese mismo año muere Burnham y Desmond Hoyte, el vicepresidente,

es propuesto para sucederlo. En las elecciones realizadas todavía en 1985, Hoyte llega a la presidencia por derecho propio; durante su gobierno, Hoyte instituyó políticas de libre mercado y asumió medidas de austeridad económica, iniciando así el desmantelamiento del legado socialista de su predecesor. En 1991, Guyana se convierte en el 35° miembro de la Organización de Estados Americanos.

En noviembre de 1991, tras la disolución de la Asamblea Nacional, se proclamó el estado de emergencia que se prolongó hasta junio de 1992. En las elecciones generales del 5 de octubre de 1992 venció el Partido Progresista del Pueblo y Cheddi B. Jagan fue elegido presidente, con Samuel Hinds como primer ministro, quienes prometieron continuar con políticas de libre mercado y fomentar la reconciliación entre grupos étnicos africanos e indúes. Jagan murió en funciones en marzo de 1997 y fue sucedido en la presidencia por el primer ministro Hinds. La viuda de Jagan, la estadounidense Janet Rosenberg Jagan, fue juramentada como primer ministro el 17 de marzo, y en las elecciones presidenciales realizadas en diciembre del mismo año, ella derrotó a su contrincante el expresidente Hoyte, ratificando a Hinds como primer ministro.

Guzmán, Eduardo (1893-1954).
Escritor colombiano. Erudito de gran prestigio nacional. Académico de la lengua. Ha presidido la Academia Colombiana. Ensayista y crítico. Autor de *Bajo el sol del Brasil*, y otras obras.

Guzmán, Martín Luis (1887-1977).
Narrador, periodista y ensayista mexicano, nacido en Chihuahua. Participó en la política de su país durante el turbulento periodo revolucionario. Fue director de varios periódicos importantes, no sólo en México, sino en España y en Nueva York, donde vivió durante su exilio político. Se inició en la literatura como ensayista: *La querella de México* y *A orillas del Hudson*. Su primera obra narrativa, *El águila y la serpiente*, es una crónica de la revolución (y de Pancho Villa) descrita con gran realismo. A esta obra le siguió *La sombra del caudillo*, un ataque a las dictaduras. Después de un periodo de gestación y perfeccionamiento de sus técnicas narrativas aparecen *Memorias de Pancho Villa*, en cuatro tomos. *La sombra del caudillo* es la única de estas obras que puede aceptarse como novela; las otras dos escapan a cualquier clasificación literaria de corte tradicional.

Guzmán, Ruy Díaz de. *Véase* DÍAZ DE GUZMÁN, RUY.

Guzmán Blanco, Antonio (1829-1899). Militar y político venezolano, hijo de

Antonio Leocadio Guzmán, el fundador del Partido Liberal de Venezuela. Estudió medicina y derecho y se desempeñó en el servicio exterior. Fue un connotado liberal federalista y vicepresidente de su país (1863-1868) durante la presidencia de Juan Falcón. En 1866 los conservadores *azules* derrocaron a Falcón; en 1870 Guzmán Blanco, apoyado por los *amarillos*, invadió Venezuela desde Curazao. Fue electo presidente y terminó ejerciendo una dictadura que se prolongó por 18 años, muchos de los cuales gobernó desde París. Transformó al país gracias a la construcción de obras públicas, la reorganización de la universidad y el fomento del cultivo del café para la exportación. Su sólida posición anticlerical le llevó a disolver las órdenes religiosas (1874), a decretar la libertad de culto, la obligatoriedad de la educación pública y a instituir el matrimonio civil (1873). Gustaba de ser apodado con títulos como el de *El regenerador de Venezuela*.

Guzmán Chuchaga, Juan (1895-1979). Escritor y diplomático chileno, nacido en Santiago. Representó a su país como cónsul, encargado de negocios o consejero de embajada en varios países incluyendo Inglaterra, Estados Unidos, Perú, China y México. Fino lírico y notable poeta. Autor de *María Cenicienta o La otra cara del sueño; La mirada inmóvil; Chopin; La princesa que no tenía corazón; Junto al bracero; Lejanía*.

Guzmán y Pimentel, Gaspar de (1587-1645). Político español, más conocido por el título de conde-duque de Olivares. Nació en Roma, donde su padre, el conde de Olivares, era embajador de Felipe II. Se inició en la carrera eclesiástica, pero al morir su hermano mayor abandonó los estudios y se trasladó a Madrid, donde comenzó su actuación política. Ambicioso, astuto y hábil, al fallecer Felipe III consiguió el afecto y la confianza del nuevo rey Felipe IV y, como favorito, ejerció el poder de los negocios del Estado durante más de 20 años. Su actuación fue una serie de desaciertos. Persiguió a sus enemigos en la corte, que habían figurado en el reinado anterior. Hizo ajusticiar a don Rodrigo Calderón y desterró a numerosos rivales. Su carácter irascible y autoritario ocasionó a España guerras desgraciadas en el exterior, como las de Portugal y las Provincias Unidas, que lograron su independencia. La guerra de los Treinta Años le deparó a España la pérdida de extensos territorios. Su falta de tacto produjo la sublevación de los catalanes, guerra civil que duró 12 años. En 1643, sus errores obligaron al rey, presionado por la reina y personas influyentes, a destituirlo. El conde-duque se trasladó a Loeches y luego a Toro, donde murió loco.

h. Octava letra del alfabeto castellano y sexta de sus consonantes. Su nombre es *hache*. El signo que representa la hache mayúscula, *H*, es idéntico al de la *eta* mayúscula griega (la *e* larga). En la escritura fenicia significaba, probablemente cerca o vallado. La *h* no se pronuncia en castellano; en la antigüedad se aspiraba en algunas palabras y aún suele aspirarse en ciertas regiones de España y América. Se escriben con *h* aquellas palabras de origen latino que llevan esa letra (haber, *habere*; historia, *historiam*) o las de origen griego cuya primera vocal se pronunciaba con una aspiración fuerte (hipérbole, Héctor). En algunos casos esta letra procede de la *f* latina (hacer, *facere*; hijo, *filius*). La *H* es símbolo del hidrógeno.

Haakón VII, rey de Noruega (1872-1957).

Carlos de Dinamarca, hijo de Federico VIII de Dinamarca, fue elegido rey de Noruega, en 1905, cuando se disolvió la unión de Suecia y Noruega, ocasión en que tomó el nombre de Haakón, propio de los reyes noruegos durante la Edad Media. Marino de profesión, contrajo matrimonio, en 1896, con la princesa Maud (1869-1938), hermana menor de Eduardo VII de Inglaterra. Debido a la invasión nazi durante la Segunda Guerra Mundial, pasó a Inglaterra y Estados Unidos, desde donde dirigió la resistencia contra el invasor. De regreso, fue calurosamente acogido por el pueblo, que estimó sus dotes de monarca democrático y progresista.

Haavelmo, Trygve (1911-).

Economista noruego. Figura eminente de la escuela keynesiana. Se graduó en economía por la Universidad de Oslo. Viajó posteriormente a Estados Unidos y en 1941 presentó su tesis en la Universidad de Harvard. Su aportación a la teoría del gasto público recibe el nombre de multiplicador de Haavelmo. En 1989 le fue concedido el Premio Nobel de Economía por su contribución a la econometría y sus análisis de las estructuras económicas simultáneas. Sus obras principales: *Estudio en la teoría de la evolución económica* (1954); *Decisión sobre la inversión* (1960), y *Observaciones sobre el bienestar y el crecimiento económico* (1970).

haba.

Planta de la familia de las leguminosas que produce un fruto comestible encerrado en una vaina con flores amariposadas, blancas o rosáceas; las semillas son gruesas, oblongas y arriñonadas. Es oriunda de Oriente. La vaina tierna es comestible y el fruto más sabroso en el momento en que ha alcanzado la tercera parte de su volumen definitivo.

Las habas son fuente de vitaminas A, B y C. Ciertas clases de habas suelen formar parte del pienso de los animales bovinos y equinos, el ganado lechero acrecienta entonces de un modo considerable la producción láctea y los caballos adquieren ese pelo reluciente, característico del animal bien nutrido. Son también un cultivo ideal para devolver al suelo el nitrógeno consumido por otras plantas. Las tierras donde se acaba de cosechar habas, se encuentran en excepcionales condiciones para sembrar trigo.

El horticultor, para evitar que la floración tardía produzca frutos que no lleguen a su completa madurez, recorta los capullos menos precoces, éstos, con el andar del tiempo, serían una rémora inútil que consumiría la savia de la planta en perjuicio de los frutos. La madurez se anticipa de este modo un par de semanas.

Entre los enemigos del haba se encuentran el pulgón, insecto que se combate con un insecticida vegetal, rotenona, y ciertos hongos, que pueden destruirse fácilmente con el caldo bordelés, mezcla de sulfato de cobre y lechada de cal. Las habas se sirven en guisos, hervidas o en ensalada; algunas personas las consumen crudas, acompañadas por fiambres.

Habacuc.

Uno de los doce profetas menores, contemporáneo de Jeremías. Vivió en el siglo VII a. C., aunque nada se sabe de su vida. Dejó escrito un libro de tres capítulos que forma parte del Antiguo Testamento. En él profetiza la invasión de los caldeos, el triunfo de Nabucodonosor sobre la tribu de Judá y el exterminio de los conquistadores idólatras. Finaliza con un himno dedicado a la victoria de Dios y la salvación del pueblo elegido. La tradición refiere que su cadáver fue encontrado por revelación, reinando Teodosio el Grande. El 15 de enero conmemoran los griegos su fiesta.

haba de san Ignacio.

Arbusto de la familia de las longaniáceas que se cría en Filipinas y Cochinchina. Se le denomina también nuez de Igasur. Las hojas son ovaladas; las flores blancas y en forma de embudo, y los frutos cápsulas carnosas del tamaño de una pera. Contiene entre sus componentes tres alcaloides, el más importante de ellos es la estricnina.

Habana, Ciudad de La.

Ciudad capital de la isla de Cuba. Limita al norte con el Golfo de México y el Canal de La Florida, y al sur, este y oeste con la provincia de La Habana, de la cual formaba parte antes de que se llevara a cabo la actual división político-administrativa de la isla. La nueva

Fabricante de los cigarros tradicionalmente llamados habanos.

Monumento de Guerra en La Habana, Cuba.

provincia, la más pequeña y de mayor población del país, se destaca por su peso industrial, el cual es tanto como el del resto de la nación, excluyendo la rama azucarera.

La capital de provincia, del mismo nombre, está en una amplia bahía que constituye el primer puerto de las Antillas. Es un importante centro comercial e industrial, con fábricas de tabaco, perfumes, tejidos y productos químicos. En los últimos años ha desarrollado también la industria del acero. Gran parte de la producción tabacalera, en rama y torcida, se exporta por el puerto de La Habana. A este hecho se debe seguramente que al excelente tabaco que Cuba produce se le conozca mundialmente con el nombre de *tabaco habano*. La industria del turismo, una de las mayores fuentes de ingreso para la antigua capital de la República de Cuba, casi desapareció después de 1959, cuando el gobierno revolucionario de Fidel Castro tomó el poder, pero ha tenido un repunte importante por la construcción de grandes hoteles, principalmente con capital europeo.

La Habana, fundada por Diego Velázquez en 1515 con carácter de villa en la costa sur de la isla, fue trasladada a su lugar actual en 1519, y ascendida a la categoría de ciudad por el rey Felipe II en 1592. Entre sus hijos ilustres figuran el gran educador y filósofo José de la Luz y Caballero, el naturalista Felipe Poey, y el apóstol de la Independencia de Cuba y uno de los escritores más originales de América, José Martí.

En la Ciudad de La Habana existen importantes centros culturales, entre ellos la Universidad de La Habana, una de las más

antiguas de América, fundada en 1721; excelentes teatros, como el Nacional (hoy día el García Lorca), el Auditorium, y el Payret. De la época colonial se conservan algunos vestigios de las murallas que rodeaban la ciudad: las imponentes fortalezas del Morro, la Cabaña, la Punta, la Fuerza y otras, un vasto cinturón defensivo contra los repetidos ataques de piratas y potencias extranjeras que, sobre todo Inglaterra, pretendían arrebatar a España parte de sus colonias en América. En 1762 los ingleses decidieron atacar el puerto de La Habana, utilizando para ello 53 buques de guerra, más de 200 transportes y 22 mil hombres. Después de dos meses de resistencia, las fuerzas españolas que defendían la ciudad sucumbieron al ataque, y los ingleses ocuparon La Habana durante casi un año.

Entre los principales monumentos que se conservan de la arquitectura colonial, se destaca la catedral, construida en 1704. En La Habana Vieja, hoy uno de los 15 municipios que constituyen la provincia, se encuentra la Plaza de Armas, centro cívico de la época colonial, donde aún se conservan interesantes edificios de grandes proporciones que atestiguan su pasada grandeza. También son notables, entre los edificios modernos, el Capitolio Nacional (hoy el museo de la Revolución), terminado en 1929, de colosales proporciones; el Palacio Presidencial (dedicado ahora a funciones de protocolo); y la gran Plaza Cívica, dedicada originalmente a la memoria de José Martí y, más tarde, con el nombre de Plaza de la Revolución, al triunfo de la revolución socialista encabezada por Fidel Castro. La superficie de la ciudad es de 727 km². Su población estimada, en 1993, era de 2.175,888 habitantes, lo que significa la mayor concentración demográfica del país.

La importancia diplomática de la Ciudad de la Habana va en aumento; la Conferencia de Cancilleres de países no alineados, celebrada en Belgrado en julio de 1978, decidió que la Conferencia Cumbre de jefes de Estado se celebrase en dicha ciudad en septiembre de 1979. En 1985 representantes no oficiales de 101 países discutieron la crisis de la deuda externa latinoamericana. En 1994 el gobierno y 200 exilados moderados sostuvieron una reunión de tres días sobre los problemas de la emigración de cubanos, principalmente a EE. UU. En 1998 el papa Juan Pablo II visitó la ciudad.

Habana, La. Una de las provincias más importantes de Cuba. Su capital radica en la Ciudad de La Habana. Limita al norte

Palacio presidencial en La Habana, Cuba.

con el Golfo de México y el Canal de La Florida, al sur con el Mar de las Antillas, al este con la provincia de Matanzas, y al oeste con la de Pinar del Río. La industria ocupa un lugar destacado en su economía. La principal actividad en el sector agrícola es el cultivo de la caña de azúcar, y le sigue en importancia el del tabaco. La Habana posee vastas vías de comunicación con el resto de la isla, lo cual la convierte en el gran centro comercial del país. Superficie: 5,731 km². Población: 647,280 habitantes (1990).

habanera. Canción cubana, muy popular en la segunda mitad del siglo XIX. Su compás es de 2 por 4 y la forma puntillada de su ritmo acompañante se encuentra en la contradanza y otras formas musicales. Pertenece al género bailable y sus orígenes todavía no han sido esclarecidos satisfactoriamente. La más famosa de todas las habaneras es *La paloma*, del músico español Sebastián Iradier, autor asimismo de la que figura en *Carmen*, ópera de Bizet. Albéniz, Debussy y Ravel utilizaron sus ritmos.

hábeas corpus. Derecho que tiene todo ciudadano detenido por la policía a comparecer inmediatamente ante un juez para que éste resuelva si el arresto fue o no legal y, por consiguiente, si el ciudadano debe ser mantenido preso o excarcelado. *Habeas corpus* significa en latín *recibe el cuerpo*. El derecho de hábeas corpus debe ser solicitado ante el juez por un amigo de la persona detenida o por un abogado. El magistrado ordena entonces a la policía que lleve ante su presencia al detenido, y si comprueba que no se le puede hacer ninguna acusación legal ordena que sea puesto en libertad al instante. El derecho de hábeas corpus es una de las garantías fundamentales de la libertad personal y ha sido consagrado por las legislaciones de todos los países occidentales. Ha sido llamado *el gran derecho de la libertad personal*. El hábeas corpus fue reconocido en 1215, en la famosa Carta Magna de Inglaterra, promulgada durante el reinado de Juan sin Tierra.

Haber, Fritz (1868-1934). Químico alemán, natural de Breslau, descubridor del amoniaco sintético en el año 1913. Si examinamos la fórmula del amoniaco (NH_3) observaremos que la molécula de ese compuesto contiene un átomo de nitrógeno y tres de hidrógeno, representados por los símbolos N y H_3, respectivamente. El amoniaco, como sustancia nitrogenada, constituye un excelente abono para los suelos que han agotado sus reservas de dicho elemento. Alemania importaba amoniaco en grandes cantidades, pero Haber descubrió un método para extraer el nitrógeno del aire y el hidrógeno del agua. Al mismo tiempo lograba obtener fácilmente una de las materias primas de que se com-

pone un poderoso explosivo: la nitroglicerina. En el procedimiento Haber, el amoniaco se obtiene por unión directa de los elementos nitrógeno e hidrógeno en presencia de un catalizador (compuesto que acelera las reacciones sin participar en ellas), formado por una mezcla de óxido de hierro, osmio, uranio, cobalto y otros metales. Haber obtuvo el Premio Nobel de Química en el año 1918. Perseguido por sus ideas políticas, se refugio en Suiza, donde falleció.

habichuela. *Véase* ALUBIA.

habilidad. Capacidad, facilidad o disposición de que están dotados ciertos individuos para realizar una cosa que requiere alguna gracia o destreza, que difícilmente se adquiere por educación; generalmente es una cualidad innata en los individuos. Estas condiciones de aptitud, hijas del carácter, temperamento e idiosincrasia de la persona, son estudiadas por la psicología. El talento reviste más bien carácter teórico, de comprensión intelectual, mientras que la habilidad es, sobre todo, disposición favorable a la acción; de ahí

que se diga habilidad manual a la facilidad para realizar ciertos trabajos.

habitación. *Véase* VIVIENDA.

hábitat. Lugar donde habitual y naturalmente residen los seres vivos. Para que tal denominación sea apropiada, el hábitat debe comprender el sitio donde nació y se crió el animal o planta y el estado de la materia en que transcurre su existencia, ya sea sólido, como la tierra, o líquido, como los mares, ríos, etcétera. Cuando se traslada a un ser de su medio habitual a otro de la misma naturaleza, pero de distinta zona, es necesario crear para él ciertas condiciones de vida artificiales, similares a las de su lugar de origen. El oso blanco, cuyo hábitat es la zona polar, puede vivir en los zoológicos de climas templados si dispone de abundante agua que lo refresque continuamente; pero la nueva residencia no constituye un hábitat, porque le falta la condición de lugar natural. Todos los seres vivientes, tanto animales como plantas, tienen su propio hábitat, donde encuentran medios naturales de subsistencia. El hábitat de los peces es el agua, el de la mayo-

Diferentes hábitat alrededor del mundo: pantano, pradera, estepa, costa, arrecife de coral y montaña.

hábitat

ría de los mamíferos la tierra, el de los anfibios un hábitat mixto de tierra y agua. *Véanse* AMBIENTE; ECOLOGÍA.

hábito. *Véase* COSTUMBRE.

Habsburgo, casa de.
Nombre de una dinastía imperial europea cuyos vástagos han ocupado los tronos de Austria, Bohemia, Hungría, Sicilia, España, Nápoles y el Sacro Imperio Romano Germánico. Fundada por Werner, obispo de Estrasburgo, en el siglo XI, tomó la casa el nombre del castillo solariego construido por su fundador en Suiza, denominado Habichtsburg o *Castillo del Halcón*. En el siglo XIII, con la elección de Rodolfo de Habsburgo para el trono del Sacro Imperio, se inició el predominio de la dinastía en los asuntos europeos. Los Habsburgo alcanzaron su apogeo en el siglo XVI, cuando Carlos V, hijo de Felipe el Hermoso y de Juana la Loca, logró reunir bajo su cetro gran parte de Europa. Al morir sin sucesión el rey de España Carlos II (1700), se extinguió la rama española de los Habsburgo, y la rama austriaca continuó rigiendo el Sacro Imperio hasta principios del siglo XIX en que el emperador Francisco II, a causa de las guerras napoleónicas, abandonó su título de monarca del Sacro Imperio y asumió el de emperador de Austria (1804-1806) con el título de Francisco I. La derrota de Austria por Prusia (1866) dio origen a profundos cambios en el imperio, que se transformó en monarquía dual (1867), que reunía en un solo soberano el imperio de Austria y el reino de Hungría. En 1916, durante la Primera Guerra Mundial, falleció Francisco José I, el último de los grandes monarcas austriacos; dos años más tarde con la abdicación de su sucesor el emperador Carlos I, se eclipsaba el último vestigio de esta casa real, cuya acción cubre siete siglos de la historia europea.

hacha.
Instrumento de hierro destinado al derribo de árboles y corte de maderas. Consta de una parte llamada pala, terminada en corte afilado o boca, y en la parte opuesta un saliente, a veces también afilado, el peto. Entre los dos extremos y labrado en la masa, hay un agujero, donde se coloca el astil de madera. El hacha es de los instrumentos más antiguos; antes de conocerse los metales, el hombre ya labraba hachas de piedra, que utilizó como herramienta de trabajo y arma de combate.

hachís.
Preparación narcótica del *Cáñamo índico* denominada también *haxis*, *hachich* o *aschich,* elaborada en Persia, India y en toda África, que los orientales mezclan con sustancias aromáticas y la fuman, beben o mastican. Su principio activo es la *cannabina,* resina blanda y compleja de la que en 1896 se extrajo el alcohol de canna-

binol, de acción narcótica, sedante y antiespasmódico, que actúa sobre el sistema nervioso central; en pequeñas dosis provoca euforia, sensaciones agradables y alucinaciones, y las dosis mayores ocasionan delirios, a veces furiosos, y sueño intenso; aún se discute si la droga es o no es peligrosa, pero su consumo puede producir adicción.

hacienda pública. *Véase* FINANZAS.

Hadad o Adad.
Nombre semita occidental adoptado por Siria y Babilonia para su dios de la vida (fertilidad) y de la destrucción (tormentas, inundaciones). Sus oráculos eran tan célebres como los de Samos. El rayo y el hacha eran sus armas, el seis su número sagrado y el becerro su animal. En Assur se le creía hijo de Anu, y compartía un templo con él en dicha ciudad.

Hadad era representado como portador del rayo trífido, con símbolos astrales en las vestiduras, yelmo hitita en punta, adornado con cuernos simbólicos, y acompañado de un toro (por influencia mesopotámica) o bien matando una serpiente con cuernos (denotando influencia siria). En el periodo helenístico fue asimilado a Zeus, con iconografía de tipo mesopotámico, y fue llamado por los romanos *Jupiter Optimus Maximus*. En el Museo de Berlín se conserva una estatua de Hadad, con inscripción aramea (s. IX a. C.), procedente de Sengirli.

hadas y gnomos.
Antiguamente se creyó en estos seres imaginarios con mágicos poderes que influían en la vida humana, hasta el punto de que todo acontecimiento feliz o desgraciado se atribuía a su intervención, sobre todo los hechos que no podían explicarse. Entre todas las creaciones de la fantasía, las hadas eran las más bellas, más numerosas y de más variados poderes, aunque no tan importantes como las diosas y dioses griegos y romanos. No son el producto de un país o de una época, sino que tienen su historia y linaje, pero su génesis se remonta a tiempos tan lejanos y la mezcla de razas y tradiciones han cambiado tanto sus orígenes folclóricos, que es difícil separar las corrientes que han creado a las hadas, tal como las conocemos hoy.

Hay reminiscencias de estos seres en todas las mitologías, como las parcas y ninfas griegas, las normas escandinavas, los nibelungos germánicos, etcétera, y en las leyendas más antiguas y en los romances medievales se encuentran narraciones que las describen. En cada país llevan un nombre distinto y tienen diferente carácter que se acomoda a las diversas naturalezas de los pueblos, pero todas están dotadas de poderes maravillosos que les permiten hacerse invisibles, atravesar muros, cambiar de forma y aparecer como animales y transformar toda clase de cosas, incluso a los seres humanos.

De todas ellas, las de más categoría eran las hadas nobles, delicadas y bellas criaturas en forma de mujer, que tenían el don de adivinar el futuro y solían presidir los actos solemnes de la vida, como el nacimiento, matrimonio, etcétera. Generalmente eran benéficas y hacían muy dichosos a los afortunados mortales que las tenían por madrinas. Estaban organizadas en una sociedad análoga a la humana y habitaban el legendario País de las Hadas, donde todo era belleza y armonía. Tenían una reina que gobernaba a todas las demás hadas menores, cada una de las cuales poseía un don especial que otorgaba a sus protegidos –la bondad, la belleza, la sabiduría– y como instrumento de su poder sobrenatural llevaba una varita mágica cuyo extremo refulgía como una estrella.

Eran inmortales o vivían cientos de años, y algunas volaban con ligeras y transparentes alas irisadas como de mariposas. Sus pasatiempos favoritos eran la música y la danza, y en las noches claras bailaban la ronda a la luz de la luna tomadas de la mano. Sólo podían ser vistas colocándose en el centro del corro, y si se las llegaba a ver, aunque fuera un momento, había que seguir bailando con ellas durante toda la noche. Muchas mañanas aparecen en los bosques y praderas unos círculos de hongos llamados *anillos de hadas,* que la leyenda supone hechos por éstas en sus bailes nocturnos.

Otros seres sobrenaturales estrechamente relacionados con las verdaderas hadas, en posesión también de prodigiosos poderes, son los gnomos, duendecillos, trasgos, elfos, geniecillos y silfos, considerados como genios de la tierra. Todos ellos eran por lo general de buen carácter, aunque de espíritu juguetón y travieso, y se complacían en gastar bromas a los seres humanos; asustaban a los caminantes, agriaban la leche, apagaban de repente las luces y cambiaban las cosas de lugar durante la noche, y si se les ofendía se llevaban a los niños dejando un animalito en su lugar.

Habitaban en los bosques y hacían sus casitas bajo tierra o en los troncos de los árboles y en las flores, y se decía que cuando una planta se marchitaba era porque el gnomo que vivía en ella la había abandonado. Rara vez un ser humano pudo hallar el camino de sus moradas, y solamente se podían encontrar en las noches mágicas del año, o sea, la víspera del primer día de verano, de Navidad o de la fiesta de Todos los Santos.

Algunos tenían espíritu y modo de vida especiales, pero se parecían mucho y todos eran de estatura muy pequeña, por lo que se les conoce en general con el nombre de enanitos. Los que se albergaban bajo tierra custodiaban las minas de metales nobles y piedras preciosas, y vivían en grutas llenas de extrañas y brillantes estalactitas. Las mujeres eran más pequeñas, pero más bellas, y sus ricos vestidos estaban adornados con joyas que lanzaban deslumbrantes reflejos.

Ciertos enanitos eran muy trabajadores, y solían ir de noche a las casas, las barrían, limpiaban y dejaban todo en orden y en pago de su trabajo se llevaban un tazón de leche, un pedazo de pan blanco o un panal de miel. Estos geniecillos, como es lógico, detestaban a los perezosos y perseguían y asustaban con sus jugarretas a las personas holgazanas.

En Escandinavia había unos enanitos conocidos con el nombre de *trolls*, que vivían en maravillosas casitas de oro y cristal, en el interior de las colinas, agrupados en familias como los hombres con quienes mantenían buena amistad, aunque a veces robaban las provisiones o secuestraban a los niños; eran diminutos, feos y jorobados, pero vestían trajecitos vistosos, con chaquetas verdes, sombreritos rojos y babuchas puntiagudas de cuero. También de Escandinavia eran las dos clases de elfos, buenos y bellos los unos, y malos y feos los otros; los primeros vivían al aire libre y en los árboles, bailando y jugando en los campos, mientras que los malos habitaban bajo tierra y molestaban a la gente con sus bromas malignas; podían desaparecer o presentarse de pronto en una columna de humo, o transformarse en cualquier cosa o animal.

Magníficas eran las moradas subterráneas de los gnomos suizos, dedicados a trabajar los metales preciosos, con los que fabricaban maravillosas joyas; los hombres trataban de robárselas, por lo que eran muy gruñones.

En Inglaterra vivían ciertos enanitos muy bellos, creyéndose que eran las almas de los niños muertos antes de ser bautizados. Habitaban con los seres humanos, de quienes se burlaban, especialmente de los caminantes, a los que hacían extraviarse del camino, y para ahuyentarlos había que ponerse el abrigo o el gorro del revés.

Los juguetones silfos de Francia hacían sus hogares en las chimeneas de las casas; eran amigos de los caballos y de los niños, pero castigaban a los desobedientes, y su juego predilecto era enredar las crines de los caballos para que no se les pudiera peinar. A veces eran tan traviesos y hacían tantas diabluras que era necesario echarlos fuera; para conseguirlo se esparcían semillas en el suelo, que ellos recogían diligentemente, pues eran muy limpios.

En Irlanda y Escocia había unos lindos duendecillos vestidos de verde, cuya vida transcurría en continua fiesta y broma, y si los hombres pasaban alguna noche con ellos, al día siguiente advertían que la noche había durado cien años. También en Irlanda se encontraban los gnomos zapateros, que hacían los zapatitos para los demás enanos; eran pequeños viejecitos con barbas blancas, muy ricos, que vivían aislados y lejos de los hombres, y si alguien conseguía capturarlos, trataban de comprar su libertad revelando el sitio donde escondían sus tesoros, pero siempre se escapaban sin pagar, y nadie podía creer lo que decían.

Uno de los hechos más interesantes a propósito de todos estos seres sobrenaturales es la amplia difusión y persistencia de la creencia en ellos. Han cautivado y excitado la imaginación de los pueblos, especialmente de los niños, y las historias en que intervienen se han narrado a través de los siglos. Todos sabían alguna historia maravillosa que solían referir en las veladas de invierno al amor de la lumbre; el abuelo, o el padre, se sentaba entre los niños y, comenzando con la consabida frase "Había una vez...", surgían de sus labios los cuentos de hadas, princesas encantadas o duendes traviesos, que fueron transmitiéndose oralmente de padres a hijos, hasta que las recogieron los poetas y literatos que las llevaron a los libros para deleite de todos los niños del mundo. Entre los primeros cuentistas se encuentra el francés Charles Perrault, autor de los conocidos cuentos *La cenicienta*, *La bella durmiente del bosque*, etcétera. En Alemania los hermanos Grimm escribieron numerosos cuentos que han entretenido a los niños durante casi un siglo, y sus personajes, tales como Pulgarcito, Hansel y Gretel o el Príncipe de las ranas, nos resultan familiares a todos. Pero el más notable de los cuentis-

Tradicionalmente las hadas se representan como seres femeninos, de gran belleza y bondad.

tas ha sido quizás el danés Hans Christian Andersen, verdadero creador de cuentos de hadas, pues la mayor parte de ellos fueron inspirados por su propia imaginación, no tomados de la fantasía popular. Sus cuentos se hicieron pronto famosos, y entre ellos siempre recordaremos *La pequeña sirena, Nicolasín y Nicolasón, El soldadito de plomo*, etcétera.

Estos fantásticos personajes no sólo ocupan un lugar importante en la literatura infantil, sino que también los encontramos en obras de los más destacados autores, como por ejemplo *el sueño de una noche de verano*, de Shakespeare, en donde intervienen la reina de las hadas y el travieso geniecillo Puck. En el repertorio musical encontramos numerosas obras inspiradas en ellos, como *Los gnomos de la Alhambra*, de Chapí.

hadrón. Cualquiera de las partículas fundamentales que toman parte en las cuatro interacciones fundamentales: la fuerte, la electromagnética, la débil y la gravitacional. La teoría moderna postula que los hadrones están compuestos por quarks, partículas aún más pequeñas que existen sólo en pares o tripletes y que están ligados a los gluones, portadores de la fuerza nuclear fuerte. Los hadrones están compuestos por tripletes de quarks llamados bariones, que incluyen el protón, el neutrón y partículas inestables más pesadas llamadas hiperones. Los hadrones compuestos por pares de quarks se llaman mesones e incluyen piones inestables, kaones, partículas J/psi y muchas otras. La teoría de la cromodinámica cuántica parte del hecho de que únicamente existen dos clases de hadrones debido al estado de necesidad de los quarks de formar grupos de color neutral. Dado que cada quark es portador de una de las tres variedades de las propiedades del color, la neutralidad del color puede ser adquirida al unirse tres quarks de distintos colores (bariones) o un quark y su antiquark (mesones).

Haeckel, Ernst Heinrich (1834-1919). Naturalista y filósofo alemán, apóstol del evolucionismo darwiniano. Realizó exploraciones zoológicas en Heligoland, Niza, Madera, Canarias, Mogador, Tánger, Egipto, Ceilán y Java. Entre sus obras más conocidas se encuentran: *Morfología general de los organismos, Las pruebas del transformismo, Los enigmas del universo, Las maravillas de la vida, Historia de la creación de los seres según las leyes naturales* y *El reino de los protistas*. De sus citadas exploraciones marítimas, han quedado como conquistas definitivas de la ciencia estudios clásicos sobre la vida microscópica submarina, a la que dio su primera clasificación, y de sus tratados sobre el transformismo y la evolución de los seres, el famoso árbol genealógico de las especies, así como la teoría de que la evolución biológica del individuo repite el ciclo total de la evolución de las especies. Investigador cuya labor contribuyó extraordinariamente al progreso de las ciencias naturales, en cuanto teórico fanático del darwinismo, sus teorías tan brillantes como audaces le convirtieron en uno de los agitadores intelectuales más influyentes del siglo XIX, tanto por la magia de su expresión literaria, que lo hace accesible a todos los lectores, como por su fe en la ciencia, que hace de él, todavía para nosotros, el prototipo del sabio militante.

Haedo, Cuchilla de. Alineación orográfica de Uruguay que constituye una masa tabular basáltica, prolongación de la cuchilla brasileña de Santa Ana. Penetra en Uruguay por el límite de los departamentos de Artigas y Tacuarembó y se extiende hasta el río Negro, formando el principal sistema orográfico del occidente del país y la divisoria de las aguas que vierten directamente al río Uruguay y las que desaguan en el Negro.

Haedo, Víctor (1898-1970). Periodista y político uruguayo. Director político de *El Debate*. Fue diputado, ministro de Instrucción Pública, de Industrias y Trabajo. Fue senador y presidente del Consejo Nacional de Gobierno (1959-1963). De intensa vida política.

Haendel, Georg Friedrich (1685-1759). Compositor alemán, uno de los grandes genios de la música. Nació en Halle (Sajonia) y ha pasado a la inmortalidad especialmente por sus oratorios, obras corales en su mayoría inspiradas en la Biblia. Desde muy pequeño sintió gran inclinación hacia la música, pero su padre, cirujano y barbero, quería hacer de él un abogado y se opuso a sus deseos. Mas era tal la vocación de Haendel que, siendo niño, y sin que lo supiera el padre, estudiaba el clavicordio en la buhardilla de su casa. En cierta ocasión el duque de Sajonia le oyó tocar, y, reconociendo su talento artístico, persuadió al padre para que le permitiera seguir los estudios de música. Su genio y progresos asombraron a sus maes-

Retrato de Georg Friedrich Heandel, realizado en 1756 por Thomas Hudson.

tros: a los 11 años ya tocaba cuatro instrumentos y había compuesto varios tríos, y a los 12 debutó en la corte de Berlín. Durante algunos años ejerció en Halle como organista de la catedral; fue después a Hamburgo, donde obtuvo el cargo de director de orquesta, y allí compuso y estrenó su ópera *Almira* cuando apenas contaba 20 años.

En 1707 el joven artista marchó a Italia para perfeccionar sus estudios, permaneciendo en ese país tres años, durante los cuales adquirió gran experiencia y técnica, principalmente en composición para voces. En estos tres años escribió dos óperas, *Rodrigo* y *Agripina*; dos oratorios, *Resurrección* y *El triunfo del tiempo*, y otras obras corales. De regreso a su patria fue maestro de capilla de Hannover, pero no permaneció mucho tiempo allí, pues su inquietud y deseos de viajar le hicieron abandonar el cargo y, a fines del año 1710, se trasladó a Inglaterra, país que llegó a ser para él una segunda patria y que lo considera como músico nacional, pues fue donde pasó la mayor parte de su vida y compuso casi todas sus obras. En Londres conquistó un lugar destacado en el ambiente artístico y tuvo gran influencia en la vida política y social inglesa, llegando a ser miembro de la corte de Jorge I y director de la Real Academia de Música.

Trabajador incansable, de carácter fuerte, ni los ataques y censuras de sus rivales, ni las dificultades económicas, ni la ceguera de sus últimos años, pudieron quebrantar su espíritu ni menguar su enorme capacidad productiva. La lista completa de sus obras llenaría varias paginas. Entre ellas citaremos *Israel en Egipto*, *Saúl*, *Acis y Galatea*, la serie de *Grandes conciertos*, numerosas obras de cámara y la más importante de todas, el famoso oratorio *El Mesías*, que escribió en 24 días, y desde su estreno, el año 1742 en Dublín, constituyó un éxito extraordinario. Al año siguiente se ejecutó en Londres, con la asistencia del rey, quien, emocionado, al comenzar el coro del Aleluya, se puso en pie para honrar tan grandiosa creación, lo que imitó todo el auditorio. Desde entonces ha quedado en el público inglés la costumbre de escuchar de pie esta parte de la obra.

Haënke, Tadeo (1751-1817). Naturalista de origen checo. Estudió en Viena y acompañó a Alejandro Malaspina en su expedición científica alrededor del mundo, oportunidad en la que recorrió extensas regiones de América del Sur, coleccionando valiosos herbarios. Finalizada la expedición de Malaspina, Haënke se radicó definitivamente en Sudamérica, donde prosiguió sus investigaciones. Algunos de sus trabajos fueron publicados en castellano tras su muerte.

Hafez, Mohammed (1325-1390). Poeta persa, conocido también por el nombre de Lisanul-Gheib (Voz del Otro Mundo). Es uno de los mejores líricos que ha dado Persia. Filósofo, a la par que poeta, su obra discurre sobre la estrecha vinculación que une el amor y la muerte, y la embriaguez como medio de olvido. Su obra principal, el *Diván*, contiene 573 composiciones que raras veces tienen menos de ocho versos ni más de treinta, en dísticos rimados con gran perfección.

hafnio. Elemento químico descubierto en 1923 por los químicos daneses Coster y Hevesy. Su símbolo es Hf, y su peso atómico 178.6. Se encuentra en los minerales de circonio y sus propiedades son parecidas a las de este metal. A la temperatura del ambiente se forma una capa de óxido en su superficie. Si se calienta en una atmósfera de hidrógeno absorbe este gas. Se le extrae del circonio por una cristalización especial. Por su ductilidad se emplea en aleación con metales como el tungsteno, para construir filamentos de lámparas eléctricas. Entra en la fabricación de cátodos para tubos de rayos X. Su óxido se utiliza mezclado con otras sustancias para la producción de materiales refractarios y en la elaboración de crisoles. Es un metal raro en la naturaleza.

Hagenbeck, Carl (1844-1913). Zoólogo alemán. En Hamburgo, en el suburbio de Stelligen, en unión de su padre Gottfried Hagenbeck y secundado por sus hermanos Wilhelm, Dietrich y Johann Gustav, estableció en 1848 su mundialmente famoso jardín zoológico. Naturalista, escritor, cazador y domador de fieras, suministró éstas a los jardines zoológicos de todos los continentes y naciones. Los de Roma, Chicago y Detroit, entre otros, fueron obras suyas. En 1887 creó el circo Hagenbeck, que fue la sensación de Europa y América por la exhibición de numerosas fieras amaestradas. A Carl Hagenbeck corresponde la iniciativa de mantener a los animales en confinamiento sin barrotes, mediante profundas zanjas que rodean cada compartimiento que la moderna zoocultura adoptó porque facilita la aclimatación de las fieras. Al fallecer en 1913, sus hijos Lorenz y Heinrich se encargaron de proseguir su obra, que, posteriormente, fue continuada por su nieto Dietrich Hagenbeck.

Haggard, sir Henry Rider (1856-1925). Escritor inglés especializado en los relatos de aventuras, género en el que alcanzó enorme popularidad, con obras tan famosas como *Las minas del rey Salomón*, traducida a todos los idiomas y repetidas veces llevada a la pantalla. Conocedor profundo del ambiente de las selvas africanas, continente donde este escritor pasó gran parte de su juventud como secretario del gobernador de Natal y en el Transvaal, sus creaciones, rebosantes de amenidad, poseen el doble atractivo de lo fantástico y lo real, en un lenguaje directo y eficaz. De regreso de África, todavía en plena juventud, estudió leyes en Ipswich, profesión que no ejerció, dedicándose desde un principio al cultivo de la novela de aventuras, que tantas riquezas y popularidad habría de darle. Honrado con un título de caballero por la Corona, sus obras más conocidas, aparte de la famosísima antes citada, son *Ella*, su obra maestra; *Cuando el mundo tembló*, *La luna de Israel*, *Hijo de la tempestad* y *El cazador de leones*, todas ellas divulgadísimas por el cinematógrafo, el folletín y la historieta.

hagiografía. Historia y tradiciones de la vida de los santos. Durante el siglo I, el papa Clemente I ordenó que siete notarios escribieran todo lo que se refería al martirio de los cristianos. Otros papas e historiadores cristianos siguieron esa práctica, hasta que se llegó al siglo XVII, época en la que se realizó una crítica rigurosa de los hechos y el ambiente en que vivieron los santos. Los *Acta sanctorum* reúnen una serie de documentos en los que se relatan por épocas las anécdotas y testimonios de todos los santos que canoniza la Iglesia. Desde 1882 la publicación *Analecta Bollandiana*, que recoge importantes trabajos de investigación sobre la vida de los santos, se edita en Bruselas. Representa la hagiografía, una rama importante de la historia eclesiástica, y a los padres jesuitas Rosweyde y Bolland se les debe la fundación, en el siglo XVII, de esta disciplina histórica. Otras ciencias han enriquecido la información hagiográfica, entre ellas la arqueología y la paleografía, con sus interesantes descubrimientos.

Hahn, Otto (1879-1968). Químico alemán. Catedrático de química en el Instituto del emperador Guillermo, en Berlín. Durante la Segunda Guerra Mundial los comandos ingleses lo sacaron de Alemania y lo llevaron a Inglaterra. En 1944 se le concedió el Premio Nobel de Química por sus descubrimientos de la fisión de los átomos de los metales uranio y torio. Descubrió sustancias radiactivas, como el radiotorio, el mesotorio y el protactinio.

Hahnemann, Christian Frederich Samuel (1755-1843). Médico alemán, natural de Meissen. A la edad de veinte años se trasladó a Leipzig, donde, contra la voluntad de su padre, inició estudios de medicina que se costeaba traduciendo obras de patología y terapéutica inglesas. Después de permanecer algún tiempo en Viena, completó su carrera en Erlangen. Dedicó sus primeros años de médico a investigaciones químicas y descubrió la sustancia que hoy se conoce como mercurio soluble de Hahnemann. Más tarde creó un sistema terapéutico denominado *homeopatía*, nombre que lo distingue de la escuela clásica llamada *alopatía*. La teoría homeopática supone que un cuerpo químico que produce ciertos síntomas en una persona normal servirá para curar al enfermo que presente síntomas idénticos, siempre que se empleen dosis mínimas de ese medicamento.

En 1820 el gobierno prohibió a Hahnemann ejercer la medicina y a los farmacéuticos preparar sus recetas. Radicado en París, logró que por el real decreto de 1835, se le autorizara el ejercicio de la homeopatía. Entre sus obras figuran: *Diccionario de materia médica, Ensayos sobre las intoxicaciones debidas al arsénico, Efectos del café* y *Tratado de las enfermedades crónicas*. Después de su muerte fue publicada una colección de documentos biográficos con el título de *Vida y cartas*.

Haiderabad. Ciudad capital del estado de Andhra Pradesh, en la India. Con su población de 4.344,437 habitantes (1991), es la quinta ciudad del país. Su parte antigua parece una población islámica con su Char Minar y la Mezquita de la Meca. En la orilla izquierda del río Musi se levanta la ciudad europea. Es un centro universitario y de gran actividad industrial (tejidos, papel, orfebrería) y comercial. Fue fundada en 1589 por Mohamed-Kuli-Kali cerca del lugar donde estuvo Golconda, antigua capital del Decán.

Haifa. Ciudad y puerto del Estado de Israel. Se halla bañada por el Mediterráneo y cercana al monte Carmelo. Población: 252,300 habitantes. En sus orígenes se llamaba Sycamium, disminuyendo su importancia a partir de las Cruzadas. En 1917 se inició su crecimiento en la industria y el comercio. Su ferrocarril y carretera la unen con Bagdad. Oleoducto con la región petrolífera del Iraq. Hay instalada una gran refinería. Su aeropuerto es punto esencial en la ruta entre Europa y la India. Posee diversas fábricas, entre ellas altos hornos.

Haig, Alexander Meigs, Jr. (1924-). Secretario de Estado de Estados Unidos de 1981 a 1982. Graduado de la Academia Militar de Estados Unidos (1947) y la Universidad de Georgetown (1961), se convirtió en ayudante del estado mayor en el Pentágono en 1962, y después de un viaje de servicio a Vietnam fue asignado en 1969 como asesor militar del consejero de Seguridad Nacional Henry Kissinger. En 1972 el presidente Richard Nixon nombró a Haig subjefe del estado mayor del ejército. Haig prestó sus servicios de 1973 a 1974 como jefe de personal de la Casa Blanca durante el conflictivo último año de la presidencia de Nixon. De 1974 a 1978 fue co-

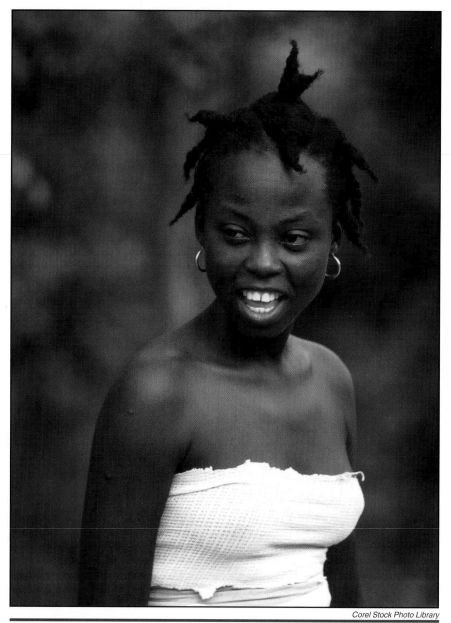

Corel Stock Photo Library

Joven haitiana cerca de Jacmel, Haití.

mandante de la OTAN. Como secretario de Estado del presidente Ronald Reagan, Haig ayudó a instaurar la política de oposición a la expansión de la influencia soviética. Después de varias disputas, renunció en 1982. Haig realizó una infructuosa campaña por la nominación presidencial del Partido Republicano en 1988. Su memoria *Cómo América cambió al Mundo* apareció en 1992.

haiku. Forma de verso tradicional japonesa que expresa una sola idea o emoción, cuyas 17 sílabas son distribuidas en versos de 5, 7 y 5 sílabas. Esta forma surgió durante el siglo XVI y fue desarrollada por Basho dentro de un refinado medio de simbolismo budista y taoísta. Una moda de imitaciones occidentales del haiku fue iniciada por Ezra Pound y otros miembros del movimiento imaginista.

Haile Selasié I (1892-1975). Emperador de Etiopía. Su antiguo nombre es Ras Taffaris. En 1916 fue proclamado heredero del trono, para suceder a Zauditu, emperatriz y reina de los reyes de Etiopía. Coronado rey en 1928 y emperador en 1930, a la muerte de su antecesora. En 1935-1936, al ser invadida su nación por las fuerzas de Mussolini, se refugió en Inglaterra. El ejército inglés en 1941 expulsó a los italianos y repuso en el trono al Negus, Rey de Reyes, Haile Selasié I. Este desempeñó un importante papel en la creación de la Organización de Unidad Áfricana en 1963. Lo depuso el ejército en 1974.

Hainán. Isla situada en el Mar de China, perteneciente a la república de este nombre. Tiene una superficie de 36,200 km²; su capital es Hoihow y su población asciende a 7.110,000 habitantes. Esta población está compuesta de chinos que habitan la periferia de la isla y de indígenas llamados por los chinos *li o loi*, que ocupan el interior. *Véase* CHINA *(Mapa)*.

Haití. Este país ocupa la tercera parte del lado oeste de la isla caribeña conocida como La Española, siendo su única frontera con República Dominicana. Fue el segundo país en el hemisferio occidental en conseguir su independencia (después de Estados Unidos) y la más antigua república negra en el mundo. Tiene un área de 27,750 km cuadrados. La capital, Puerto Príncipe (Port–au–Prince), es su ciudad más grande (846,247 hab., área metropolitana 1.425,594 hab. 1995).

Tierra. Haití consiste principalmente en dos penínsulas montañosas que encierran al Golfo de Gonâve y están separadas por valles y praderas. Las montañas del lado sur de la península alcanzan su altitud máxima alrededor de los 2,680 m en el punto más alto del país conocido como Pic La Selle cerca de la frontera con la República Dominicana. El Artibonite es el único río importante de Haití (aun cuando tiene pequeños afluentes), se origina en la zona norte de la península y desemboca al mar en el golfo de Gonâve. Haití cuenta con dos grandes islas deshabitadas: Tortuga en la zona norte de la costa y Gonâve en el golfo. El clima es tropical con variaciones estacionales moderadas. La temperatura promedio anual es de 27 °C. La precipitación anual de lluvias varía desde 510 mm en la costa hasta los 2,540 mm en las montañas. La mayor parte de la tierra se ha deforestado para el cultivo, pero aún se mantienen viveros con cedro y caoba, además del crecimiento natural de palmas de cocos, aguacates, naranjos, y mangos principalmente.

Gente. Haití tiene una de las más altas densidades de población en el mundo, con una población de 6.732,000 hab. (1996) alcanza 243 hab/km2, con una tasa de crecimiento de 1.8% al año (1996). La mayoría de los habitantes son descendientes de africanos, excepto por las pequeñas minorías de mulatos y europeos. Las lenguas oficiales son el francés y el creole, que es un dialecto del francés y está más difundido que el propio idioma original. La tasa de analfabetismo es muy alta (65% en 1993), a pesar de que la educación básica obligatoria es de seis años. Aparte de algunas escuelas parroquiales, fuera de algunas ciudades importantes en general la educación pública, aún en sus niveles más elementales, mantiene un bajo nivel académico. Cerca del 70% de la población vive en zo-

nas rurales, y se han hecho esfuerzos para proveer a la gente con servicios médicos y educativos mejorados, a pesar de que el gobierno carece de fondos suficientes, en 1989 tan sólo había 4,566 camas de hospital y 944 médicos. La esperanza de vida al nacer es de apenas 54 años (1995) y la mortalidad infantil alcanza 89 por millar (1995). El SIDA también es un problema serio. La religión católica predomina principalmente, pero la mayor parte de los habitantes practica la religión conocida como vudú, que combina elementos cristianos y africanos. No obstante la escasez de facilidades educacionales, el alto índice de analfabetismo y la pobreza, continúan desarrollándose la literatura, el arte, y la música tradicional. La pintura y la escultura haitianas, inspiradas en el arte popular, son reconocidas internacionalmente. La Universidad del Estado de Haití (1920), en Puerto Príncipe, es la principal institución de estudios superiores.

Economía. La moneda es el gourde (G), dividido en 100 céntimos. Haití es uno de los países más pobres y subdesarrollados en el mundo, su producto nacional bruto alcanzó $2.479,000 dólares americanos, con un ingreso per cápita de $220 dólares (1993-1994). Tradicionalmente, casi toda la riqueza se ha concentrado en la pequeña minoría de los mulatos (mezcla de africano y francés). La economía está fundamentada en la agricultura, representada por numerosas pero pequeñas parcelas donde todavía se trabaja con herramientas primitivas. La mayoría de la fuerza laboral está relacionada con la agricultura, y el café (tipo arábica de buena calidad) es el principal cultivo comercial. El cacao, la caña de azúcar y el henequén también se siembran

para la exportación, mientras que la recolección de maíz, arroz, sorgo y frijol son las principales fuentes alimenticias. Erosiones graves, causadas por talar zonas arboladas para incrementar áreas de cultivo y proveer de combustible barato, han obstaculizado los esfuerzos emprendidos para mejorar la productividad agrícola y para suministrar energía hidroeléctrica. El turismo, alguna vez considerado como un pilar de la economía, se vio seriamente afectado por disturbios políticos y por sanciones económicas internacionales impuestas a Haití entre 1991 y 1994 en un esfuerzo para forzar un cambio político, lo cual afectó directamente más a los pobres que a los ricos, apenas hubo 81,000 visitantes en 1993. Algunas de las plantas ensambladoras de enseres para la exportación, fuentes importantes de trabajo, han regresado a Haití desde 1994, pero todavía se cuenta con muy escasas actividades de manufactura, y el desempleo se mantiene en niveles altos. El país mantiene el más bajo nivel de ingresos per cápita del hemisferio occidental y depende fuertemente de la ayuda internacional, la cual en su mayor parte se ha retrasado en demanda de que Haití privatice sus grandes empresas estatales corruptas e ineficientes.

Historia y gobierno. Los franceses establecieron una colonia en el extremo occidental de la isla de La Española, mientras que los españoles colonizaban la zona oriental en 1697. Durante el siglo XVIII, la colonia francesa se estableció como una rica zona caribeña productora de azúcar. La colonia prosperó gracias a un difundido empleo de esclavos africanos. Inspirados por la Revolución Francesa (1789), los esclavos de la colonia se rebelaron en 1791

Danza vudú, Cap Haitien, Haití.

Corel Stock Photo Library

Otra ceremonia vudú, Cap Haitien, Haití.

bajo el liderazgo de François Toussaint L'Ouverture y consiguieron el control de la región aún cuando no declararon su independencia. En 1802, Napoleón I envió al ejército francés bajo las órdenes del General Charles Leclerc para someter a los haitianos. Leclerc capturó a Toussaint, pero las fuerzas haitianas guiadas por Jean Jacques Dessalines y Henri Christophe derrotaron a las fuerzas francesas. La isla entera se declaró independiente el 1 de enero de 1804, y recibió el nombre de Haití. Dessalines asumió el título de Emperador Jacques I y, después de su asesinato, fue sucedido por Christophe cuyo gobierno fue desafiado por los mulatos guiados por Alexandre Pétion, quien estableció un estado separatista en el sur. En 1820, después del suicidio de Christophe, el sucesor de Pétion, Jean Pierre Boyer, unificó a Haití y pronto asumió el control total de la isla. En 1844 la región oriental de la isla, de habla hispana, se separó y estableció a la República Dominicana.

Durante la Primera Guerra Mundial, conforme Haití se acercaba a la anarquía, Estados Unidos ocupó el país. Después de que las últimas fuerzas estadounidenses abandonaron Haití en 1934, el gobierno de la isla permaneció inestable. En 1957, François Duvalier asumió la presidencia. La constitución de 1957 (revisada en 1964, 1971 y 1983) estableció un gobierno fuertemente centralista. Con la ayuda de un ejército privado, los Tontons Macoutes, Duvalier presidió una dictadura brutal hasta su muerte en 1971. Su hijo de 19 años, Jean Claude Duvalier, asumió entonces la presidencia vitalicia. No obstante que disminuyó la represión en cierta medida y se restituyó la ayuda extranjera, miles de haitianos abandonaron la isla. Manifestaciones populares surgieron en 1985, y en febrero de 1986 Duvalier salió al exilio. El interino Consejo Nacional de Gobierno (CNC), integrado por tres miembros encabezados por el jefe del ejército, General Henri Namphy, se mostró incapaz de lidiar con el creciente caos político y económico.

Una nueva constitución fue aprobada en marzo de 1987, que contemplaba a un presidente o jefe de estado, electo por sufragio universal para un periodo de cinco años, un primer ministro, o jefe del gobierno, y una legislatura bicameral con una Cámara de Diputados de 83 miembros y un Senado de 27, electos para periodos de cuatro años. Se llevaron a cabo elecciones presidenciales en enero de 1988, las cuales llevaron al poder al profesor universitario Leslie Manigat, derrocado en junio del mismo año por Namphy quien disolvió a la Asamblea Nacional. Fue entonces que resurgieron los Tontons Macoutes y la ayuda internacional desapareció virtualmente. En septiembre del mismo año, Namphy fue depuesto por el General Prosper Avril quien anunció su intención de llevar a Haití hacia la democracia. Avril sobrevivió a un intento de golpe de Estado e impuso el estado de sitio en enero de 1990, por lo que fue obligado a renunciar en marzo debido a las crecientes protestas populares. Ertha Pascal–Trouillot, juez de la Suprema Corte, asumió la presidencia provisional.

Jean Bertrand Aristide, originalmente un clérigo parroquial apoyado por la mayoría de creoles pobres, ganó las primeras elecciones democráticas de Haití y asumió la presidencia en febrero de 1991, pero fue depuesto y exiliado en septiembre del mismo año. A partir de entonces, una brutal junta militar encabezada por el General Raoul Cedras desafió a la condena internacional y a un embargo comercial de parte de todo el hemisferio al oponerse al regreso de Aristide al poder. En 1993 la junta rompió el acuerdo auspiciado por la Organización de las Naciones Unidas (ONU) para transferir el poder a Aristide. Esta situación continuó hasta septiembre de 1994 cuando, ante la amenaza de una invasión inminente encabezada por Estados Unidos, la junta aceptó rendirse. En octubre, Cedras y los miembros de la junta partieron al exilio. Aristide regresó bajo la protección armada de Estados Unidos, aun cuando legalmente se le impidió buscar la reelección hasta el año 2000. Estados Unidos cedió el control de la misión de rescate a la ONU en marzo de 1995; las últimas tropas norteamericanas fueron reemplazadas por fuerzas de la ONU en 1996.

El partido de Aristide, Lavalas, ganó por aplastante mayoría en las elecciones legislativas realizadas en junio de 1995. Las elecciones presidenciales en diciembre de 1995 fueron ganadas por Réne Préval, quien había sido primer ministro de Aristide en 1991. La misión de Estados Unidos redujo el nivel de violencia en Haití, pero el país continuó económicamente desprotegido, y surgió la duda de si la policía pobremente equipada y mal entrenada sería capaz de mantener el orden una vez que las fuerzas internacionales terminaran de retirarse del país. Al continuar la violencia, la misión de la ONU en Haití se mantuvo hasta el 30 de noviembre de 1997. La respuesta de los votantes ante las elecciones locales y senatoriales en abril de 1997 fue menor al 10%, lo que demostró la fragilidad de la nueva democracia haitiana. Un alejamiento creciente entre Aristide y Préval dificultó la efectividad de las funciones gubernamentales. Rony Smarth renunció como primer ministro en junio de 1997, después de meses de huelgas y protestas violentas. En octubre, después de meses de esfuerzos infructuosos para elegir sucesor, Smarth dejó de manejar los asuntos cotidianos del gobierno, agravando la crisis política de Haití.

Halach Uinic. *Véase* MAYAS.

halcón. Ave de rapiña diurna, de la familia de las falcónidas. Se caracteriza por su cuerpo esbelto, alas largas y puntiagudas, pico fuerte, encorvado, con bordes cortantes, provisto a cada lado de una punta a modo de diente; las patas gruesas y musculosas, con garras afiladas; tiene una expresión audaz, acentuada por una especie de saliente que le rodea los ojos, de color muy vivo. El tamaño varía según los géneros; algunos miden hasta 60 cm de altura y otros apenas alcanzan a tener 20. El color del plumaje es también muy variable, pero tiene una característica común:

forma unas rayas longitudinales antes de la muda de la pluma, y transversales en el adulto. Habita generalmente en los bosques y rocas muy escarpadas, haciendo sus nidos en las grietas de las paredes y en las copas de los árboles más altos. El nido es de construcción tosca, y ciertas especies ni siquiera lo hacen, sino que se apoderan de los de otros pájaros grandes. La hembra pone de tres a cinco huevos, que incuba durante un mes, y desde que nacen hasta que saben volar los pequeños halcones son alimentados por sus padres con pedazos de carne de los animales que cazan.

Pocas aves pueden igualarlo en el vuelo, tanto en duración como en rapidez; algunos recorren enormes distancias a velocidades de 120 km/h, y cuando se lanzan sobre su presa se calcula que van a 250 km/h. Son muy atrevidos, cazan de día y a veces atacan a animales tan grandes como ellos mismos. Esta familia de rapaces comprende unas 50 especies, entre las que citaremos algunas de las importantes. Una de ellas es el peregrino *(Falco peregrinus)*, llamado también halcón común, pues vive en casi todo el mundo. Es posiblemente el más fuerte de todos y uno de los más veloces; mide medio metro de longitud y uno de envergadura; su plumaje es de color ceniciento por encima, leonado con rayas oscuras debajo, y la garganta blanca con dos manchas negras que se extienden a cada lado de las mandíbulas.

Otro halcón muy fuerte es el gerifalte *(Falco gyrfalco)*, propio de las regiones nórdicas; es más grande que el peregrino, de color gris muy pálido, especialmente el que procede de Groenlandia, que es casi blanco. Una bella especie es el halcón chiquero *(Falco chiquera)*, de plumaje suave y de

Polluelo de halcón peregrino.

variado colorido; tiene la cabeza, parte anterior del cuello y pecho rojizos, el lomo gris con rayas negras, la cola, patas y el doblez del ala amarillas, y el pico verdoso con la punta azul. El merlín *(Falco aesalon)* es pequeño y se caracteriza por tener las alas muy cortas. Vive en los bosques del Canadá, norte de Estados Unidos y Europa, pero en invierno emigra a México y Sudamérica, y el europeo al norte de África. Muy parecido a éste es el esmerejón *(Falco columbarius)*, el menor de todos, pero muy valiente. Finalmente citaremos el cernícalo *(Falco tinnunculus)*, que debe su nombre a la costumbre de cernirse en el aire aleteando rápidamente antes de lanzarse sobre la presa. Come pájaros pequeños e insectos; se le encuentra en los campos y a veces en las ciudades, anidando en las ruinas y torres de los edificios altos.

Los halcones se emplearon desde hace siglos en la cetrería, el arte de criar y adiestrar aves rapaces para la caza de pájaros. No se puede precisar cuándo apareció por primera vez, pero es indudable que se conocía en Asia en épocas muy remotas. Según algunos escritos chinos ya se practicaba este deporte en China hacia el año 2000 a. C. En Europa debió aparecer a principios de nuestra era, pero cuando gozó de mayor popularidad fue en la Edad Media, época en que se convirtió en el deporte favorito de la nobleza, adquiriendo tanta importancia que se escribieron tratados e implantaron leyes que debían cumplirse rigurosamente. Por ejemplo, los cazadores no podían llevar cualquier halcón, sino el que les correspondiese según su jerarquía, y así, el gerifalte se reservaba para los reyes, el peregrino para los príncipes y condes, el esmerejón para los guerreros, etcétera. Llevaban el ave sobre el puño enguantado, y mientras no se cazaba lo tenían encapillado, es decir, con la cabeza cubierta por un capirote, especie de casco que le tapaba los ojos y le hacía estar quieto. Al divisar la caza y sacarle el capirote, el halcón salía disparado, lanzábase sobre la víctima, luchaba hasta vencerla y regresaba con ella a donde estaba su dueño.

El adiestramiento de estas aves para la caza es un arte que requiere mucha paciencia. Hay que comenzar cuando el ave es pequeña, cogiéndola a ser posible antes de la muda de la pluma pues así es más fácil la enseñanza. En primer lugar, se le atan a los pies unas tiras de cuero, llamadas pi-

Halcón de cola roja a la caza de su presa.

huelas, para poderla sujetar, y unos cascabeles para localizarla cuando está en vuelo. Se deja en un nido preparado en un árbol, y se le cuida y alimenta hasta que, pasadas varias semanas, empieza a remontarse en sus vuelos y caza pequeños pájaros. En ese momento empieza el adiestramiento. Durante varios días se la lleva sobre el puño sin concederle descanso ni darle alimento para que se debilite, pierda fiereza y se le pueda colocar el capirote, que al principio sólo se le quitará para comer; el alimento, que consiste en pedazos de carne, se lo da siempre la misma persona, haciendo algún ruido especial para que la reconozca; al cabo de un tiempo se la coloca sobre el señuelo (un pájaro o animal pequeño), que, poco a poco, se pone a mayor distancia, teniendo al ave atada con una cuerda larga, para obligarla a volar en su busca; siempre que el halcón alcanza el señuelo, se le recompensa con alguna golosina, y cuando se considera que ha aprendido bien este ejercicio y no necesita la cuerda se le pone en libertad.

Con el fin del feudalismo y el invento de las armas de fuego, la cetrería comenzó a decaer, pero no ha desaparecido por completo. Aún se practica en algunos países: en el norte de África todavía cazan la liebre con halcones, y en Alemania, Inglaterra y Estados Unidos existen sociedades de cetrería.

Haldane, John Burdon Sanderson (1892-1964).

Genetista británico. Ayudó a cruzar la brecha entre la genética clásica y la teoría evolutiva con sus análisis matemáticos en el campo de la genética de población. Hijo del psicólogo John Scott Haldane, desarrolló un interés temprano en la ciencia. Después de su educación, proyectó análisis matemáticos para el tipo de mutación genética y tipos de cambio evolutivo, y desarrolló un modelo matemático de selección natural. También propuso el concepto de carga genética, que describe el efecto de genes deletéreos y letales dentro de la población. Después de enseñar en varias universidades inglesas, Haldane emigró a la India en 1957, donde permaneció hasta su muerte. Colaboró con Julian Huxley en *Biología animal* (1927) y también publicó sus propios trabajos: *Las causas de la evolución* (1933) y *Nuevas trayectorias en genética* (1941).

Halffter, Ernesto (1905-1989) y Rodolfo (1900-1987).

Nombre de dos compositores españoles, hijos de un comerciante alemán establecido en Sevilla; el menor de los dos, Ernesto, se reveló como una promesa desde su más temprana edad. Discípulo de Manuel de Falla, su primera producción, *La muerte de Carmen*, fragmento de una ópera inconclusa sobre el tema de Merimée, le mostró como un compositor de alto vuelo, dentro de la escuela del maestro. Confirmación de ella fueron sus dos siguientes estrenos: *Sonatina* y *Sinfonietta*, obras que acogidas con extraordinario aplauso han pasado a formar parte de las creaciones cumbres de la música moderna. *Dos retratos*, *Dos bocetos* y *Sinfonía portuguesa*, son también obras notables. Su hermano Halffter Rodolfo compuso, dentro de formas peculiares más sólidas y menos graciosas que las de su hermano, diversos ballets, entre los que se destacan: *Don Lindo de Almería*, *La madrugada del panadero* y *Lluvia de toros*, fantasía goyesca.

Hall, efecto.

En física el efecto Hall se observa cuando un portador de corriente eléctrica se encuentra en un campo magnético perpendicular a la corriente. Un potencial eléctrico se desarrolla en dirección perpendicular a ambos, el campo magnético y la corriente. La fuerza del potencial es directamente proporcional a la fuerza del campo magnético y puede causar una corriente transversal a la existente en el conductor. Este fenómeno fue nombrado por el físico americano Edwin Herbert Hall, quien lo descubrió en 1897. Ha sido usado en muchos dispositivos eléctricos para medir los campos magnéticos. En estudios con semiconductores, cuando campos magnéticos fuertes son aplicados perpendicularmente a temperaturas muy bajas a una capa delgada de electrones en movimiento, se producen corrientes transversales para ser cuantificadas. El físico alemán Klaus von Klitzing descubrió el efecto Hall cuantificado en 1980, por lo que ganó el Premio Nobel de Física en 1985.

Hall, Granville Stanley (1844-1924).

Psicólogo y pedagogo estadounidense. Cursó sus estudios en el Union Theological Seminary y los amplió en las más famosas universidades europeas. Dictó clases de psicología en prestigiosos centros de enseñanza de su país y en 1887 fundó el *American Journal of Psicholopy*, que dirigió hasta 1921. Introdujo en Estados Unidos la moderna psicología experimental y fundó el primer laboratorio de esta especialidad. Se dedicó especialmente a estudios psicológicos sobre la adolescencia.

Halley, Edmond (1656-1742).

Célebre astrónomo inglés, nacido en Londres. Manifestó precozmente su interés por los estudios que llenaron su vida, pues antes de salir de la escuela practicó observaciones sobre las variaciones de la aguja imanada. Fue alumno de Oxford, donde se desarrolló su amor a la astronomía, y a los 20 años publicó sus observaciones acerca de las manchas del Sol. En 1676, con el propósito de estudiar las estrellas que no aparecen en los horizontes de los observatorios ingleses, se trasladó a Santa Elena y catalogó las estrellas del Hemisferio Austral. A su regreso se graduó en la Universidad de Oxford, en la que más tarde ocupó la cátedra de geometría.

Viajero infatigable, el afán de perfeccionar sus observaciones lo llevó a intentar un viaje de circunnavegación que se limitó a la travesía del Atlántico y a la visita a Brasil e islas importantes de dicho océano, consiguiendo suficiente número de datos y observaciones. En el Mediterráneo estudió las causas de la invariabilidad de su nivel, atribuyéndola a la evaporación. Halley descubrió el movimiento propio de las estrellas fijas y por la observación de los pasos de Venus el paralaje del Sol, por consiguiente, también la distancia de la Tierra a este astro. Fue director del observatorio de Greenwich, donde pasó los últimos años de su vida estudiando los movimientos de la Luna. La mayor parte de sus trabajos fueron publicados en las *Transacciones filosóficas*. Fue amigo y animador de Newton.

El cometa de Halley. Los movimientos de este cometa fueron los primeros conocidos, gracias a Halley, que lo observó en 1682, e informado de la aparición de otro semejante en 1456, 1531 y 1607, concluyó que era el mismo y anunció sus próximas apariciones en 1759, 1835 y 1910.

La última aparición del cometa fue en 1985-1986. Durante su visita fue estudiado por dos sondas soviéticas (Vega 1 y 2) y una europea (Giotto), la cual pasó a sólo 600 km del núcleo y obtuvo las primeras fotografías que existen de un núcleo cometario.

halloween.

Festividad infantil que fue originalmente una fiesta celta de los muertos, celebrada el 31 de octubre, último día del año celta. Los elementos de este festival fueron incorporados a la festividad cristiana de la Víspera de Todos los Santos, la noche precedente al Día de Todos los Santos. Hasta tiempos recientes en algunas partes de Europa existía la creencia de que en esta noche las brujas y los hechiceros volaban por todas partes, y enormes hogueras eran encendidas para mantener alejados a esos espíritus malignos. Los trucos de las brujas fueron reemplazados por las travesuras de los niños durante el siglo XVIII, pero la mayor parte de las tradiciones de Halloween son probablemente sobrevivientes del festival celta.

halógenos.

Denominación dada a un grupo de metaloides constituido por el flúor, el cloro, el bromo y el yodo, que poseen la propiedad de combinarse con el hi-

El cometa Halley.

drógeno para formar ácidos, llamados ácidos haloideos, y directamente con los metales para formar sales, denominadas sales haloideas. Su nombre viene de una raíz griega que significa *productores de sales*; se les puede hallar en este estado en las aguas del mar. En las combinaciones químicas son electronegativos, es decir, sus átomos se apoderan de los electrones de otros elementos, actuando como agentes oxidantes y quedando cargados de electricidad negativa; son también biatómicos, porque tienen dos átomos por cada molécula. En 1940 se confirmó el descubrimiento del astatino alabamina, que los químicos incluyen en el grupo de los halógenos.

El flúor y el cloro, debido a su gran potencia reactiva, no se encuentran libres en la naturaleza; el primero aparece en estado de fluorita criolita, etcétera, y el segundo bajo el aspecto de cloruro de sodio en las aguas del mar y en las salinas. La estabilidad de sus componentes depende de su riqueza de oxígeno; los que lo poseen en poca cantidad se descomponen fácilmente. Atacan a los mismos metales, si bien con diversa intensidad.

Los halógenos se utilizan con mucha frecuencia en la química orgánica para la preparación de compuestos de carbono e hidrógeno y sus múltiples derivados. Tienen infinidad de aplicaciones prácticas en la industria y en la medicina. El cloro, asociado al sodio, al potasio y al calcio, bajo la forma de hipocloritos, se emplea como decolorante y desinfectante (es el principio activo del agua de lavandina) y como clorato se usa en pirotecnia y en la fabricación de fósforos. El clorato de pota-

sio, preparado en forma de pastillas, resulta un poderoso suavizante de la garganta.

El bromo, bajo la forma de bromuro de potasio, es sedante de los nervios, y asociado con la plata constituye la parte sensible de las placas, películas y papeles fotográficos. El yodo diluido en alcohol –tintura– es un gran antiséptico, y como yoduro, un neutralizador del bocio, enfermedad causada por una disminución de las secreciones de las glándulas tiroides, cuyo constituyente principal es precisamente este elemento. El flúor en estado de fluorita sirve de base para la obtención del freón, gas empleado en refrigeración. *Véanse* BROMO; CLORO; FLÚOR; YODO.

Hals, Franz (1580-1666). Pintor holandés originario de Amberes. Marchó pronto a Haarlem donde empezó a estudiar bajo la dirección de Karel van Mander. Pronto comenzaron sus obras a cobrar fama; la primera que se conserva data de 1613. Fue nombrado jefe del gremio de los pintores de Haarlem, donde residió durante casi toda su vida. Se le considera uno de los fundadores de la escuela holandesa de pintura y sus cuadros, que se caracterizan por sus tendencias realistas, son vigorosos y alegres, pese a lo cual puede observarse un acentuado refinamiento en los colores. Se vio siempre en una situación económica de estrechez, debido a que contaba con una familia muy numerosa. Al parecer, en sus últimos años las autoridades de Haarlem lo beneficiaron con una pensión. Entre sus obras más destacadas se cuentan: *El caballero de la sonrisa, El loco tocando el laúd* y *El banquete de los oficiales arcabuceros de Haarlem*.

hamaca. Voz derivada de la palabra caribe *hamac*, nombre de un árbol con cuya corteza los indios tejían sus camas colgantes, formadas por una red que suspendían de los árboles. Estos lechos se encuentran también entre los naturales de muchos países de América Central y Meridional. Fueron muy empleadas en los buques, cuyos marineros las instalaban al acostarse y las recogían apenas se levantaban. Se emplean mucho en las casas de campo de los países tropicales, para pasar las calurosas siestas o dormir en las noches sofocantes del estío.

hambre. Sensación de molestia y debilidad ocasionada por la falta de alimentos. Cuando se prolonga crea un estado doloroso en el aparato digestivo, con reflejos generalizados. Muchos son los países que han sufrido las consecuencias del hambre por la pérdida de las cosechas o por el estado de guerra. La India perdió en 1837 la cantidad de 800 mil habitantes; en 1863 y en 1900 la cifra ascendió a más de 1 millón. Pero la más terrible de las consecuencias del hambre, la experimentó China, país que, en el periodo comprendido entre los años 1877 y 1879, perdió por esa causa unos 9 millones de almas. Durante la Primera Guerra Mundial estuvieron a punto de morir de hambre millones de belgas, servios y polacos, salvados gracias a la ayuda prestada por los países neutrales.

Hamburgo. Ciudad y puerto de Alemania, situada en la orilla derecha del Elba y al comienzo del estuario que forma dicho río al desembocar en el Mar del Norte. En el casco de la población se distinguen dos partes: Altstadt, ciudad vieja, con calles estrechas y tortuosas y típicas moradas, y Nuestadt, ciudad moderna, con bancos, comercios y oficinas agrupados alrededor de la Bolsa y del Ayuntamiento. A orillas del río Alster, que afluye al Elba y forma dos lagos dentro de Hamburgo, hay bellísimos lugares de expansión, magníficas perspectivas y espléndidos paseos bordeados a ambos lados por hermosos palacios.

La vida de Hamburgo se concentra en su puerto, que algunos años alcanzó el mayor tráfico de los puertos del mundo, después de Londres y Nueva York, y cuyos muelles, almacenes e instalaciones portuarias ocupan enorme superficie. Un túnel subfluvial une las dos orillas del Elba y gran número de carreteras y ferrocarriles enlazan este puerto con toda Alemania, que lo utiliza para la importación de productos en bruto (azúcar, lana, cueros, tabaco, hierro, cereales, café), exportación de artículos manufacturados y como mercado distribuidor de café, té, especias, etcétera.

Un terrible incendio, que en 1842 destruyó dos mil edificios, le hizo perder mucho de su carácter medieval. Sin embargo, no

El lago Alster en Hamburgo .

faltan casas de esa época con tejados inclinados e interesantes monumentos arquitectónicos de distintos estilos, como la iglesia de San Miguel (s. XVIII), la de San Pedro, la gótica de San Nicolás, con su torre de 147 m, y la universidad. Los numerosos canales bordeados de altas casas y almacenes le dan aspecto veneciano a ciertos barrios. Son también dignos de mención el museo de Historia Natural, la riquísima biblioteca y el parque zoológico Hagenbeck, el primero que exhibió ante el público animales salvajes en libertad relativa.

En el mismo lugar en que Carlomagno había levantado una fortaleza contra los normandos, se organizaron en el siglo XIII unas factorías, origen de la ciudad comercial de Hamburgo, que años después desempeñó un papel preponderante en la liga hanseática y a fines del siglo XV llegó a ser una de las más grandes ciudades marítimas y comerciales de Europa. Con la decadencia de la Hansa, las guerras napoleónicas y la ocupación francesa, su importancia declinó para resurgir en 1870, cuando, como ciudad libre, entró a formar parte del imperio alemán. Hamburgo sufrió muchas destrucciones en los bombardeos aliados durante la Segunda Guerra Mundial, a la terminación de la cual quedó incluida en la zona británica de ocupación. En 1952, al consolidarse la organización de la República Federal Alemana, Hamburgo con sus áreas adyacentes (755 km² y 1.705,900 h. en 1995) pasó a integrar una de las regiones administrativas de Alemania.

Hamilton, Emma Lady (1765-1815).
Dama inglesa de rara belleza, famosa por la gran influencia que ejerció en la vida de lord Nelson. Se llamaba Emma Lyon y era hija de un herrero; tuvo una niñez de miseria y de trabajo que luego compensó con el lujo y el boato que obtuvo en Londres, donde su hermosura y su ingenio le abrieron el camino de la fortuna. Casada con lord William Hamilton, conoció a Nelson y ambos se enamoraron. Regresaron a Londres y, a poco, quedó viuda y perdió también a lord Nelson, que pereció en la batalla de Trafalgar. Vilipendiada y perseguida por los acreedores, huyó a Calais donde murió en la miseria.

Hamilton, sir William (1788-1856).
Filósofo inglés. Uno de los primeros que introdujeron en su país la filosofía de Emmanuel Kant. Hizo dos viajes a Alemania y a su regreso publicó el famoso ensayo La filosofía de lo incondicionado (1829). En él sostiene que los objetos externos son transformados a través de la experiencia humana, de modo que nunca pueden conocerse las cosas tal como son. Escribió además varios libros sobre literatura y editó las obras de algunos filósofos escoceses, oscuros y desconocidos.

Hamlet.
Inmortalizada por Shakespeare en su tragedia homónima, la figura legendaria de Hamlet, príncipe de Dinamarca, aparece en versiones primitivas como la de un joven sombrío y desesperado que, allá por los siglos X u XI, se fingió loco para vengar la muerte de su padre, el rey, asesinado por un hermano suyo con la complicidad de la reina. No se sabe a ciencia cierta cuál fue el origen de este personaje; pero es un hecho que el atormentado príncipe, con todo su contenido simbólico, su complejo carácter, la honda filosofía que sostiene y el choque de pasiones que provoca, pertenecen por entero a la genial creación de Shakespeare, que, en su obra admirable, considerada como la mejor de sus tragedias, dejó para la posteridad la figura del hijo desdichado, modelo para muchas otras obras notables del genio humano.

Hammarskjöld, Dag (1905-1961).
Economista sueco, profesor en la Universidad de Estocolmo, doctor en filosofía y letras, subsecretario de Hacienda (1935-1945), ministro de Estado (1951) y secretario general de las Naciones Unidas (1953). Desempeñó difíciles misiones de carácter internacional en interés de la paz mundial. Pereció en África, en un accidente de aviación en la frontera del Congo y Rhodesia (actualmente Zaire y Zambia), durante una misión pacificadora en la provincia congoleña de Katanga.

Hammett, Dashiell (1894-1961).
Novelista estadounidense. Escritor de historias detectivescas y guionista importante, publicó La llave de cristal, El hombre delgado y El halcón maltés. Sus personajes Sam, Spadey, Nick, Charles; se incluyen entre los más conocidos del género.

Hammurabi.
Monarca babilónico de la primera dinastía, que reinó en el siglo XVIII a. de C. Procurando la extensión del reino, llegó al norte de Siria y territorios adyacentes de Asia Menor. Ordenado y pacífico, mejoró las condiciones de su pueblo y promulgó el código que lleva su nombre, considerado como la manifestación más elevada de legislación primitiva. La fuente principal, y

Estatua representando a Hamlet, Stratford-on-Avon, Inglaterra.

única considerable, del código de Hammurabi es una estela monolítica de diorita hallada por la delegación francesa de Morgan en las ruinas de Susa, Persia (1901-1902), que se conserva en el Louvre. La parte superior de la estela representa al rey Hammurabi recibiendo las leyes del dios Sol. A continuación hay una inscripción cuneiforme en acadio del código. En él se señalan sanciones para casos penales; regula también la familia, la propiedad privada, las obligaciones mercantiles, etcétera.

hamster. Mamífero roedor parecido a la rata, pero de mayor tamaño que ésta, originario de Asia y muy difundido en dicho continente y en el europeo; tiene el lomo de color amarillo pardo, con visos formados por la punta negra de las cerdas. Aunque es comestible encuentra su principal empleo como animal de laboratorio.

Hamsum, Knut Pederson (1859-1952). Escritor noruego, ganador del Premio Nobel en 1920. Tras una juventud dolorosa, emigró a Estados Unidos donde realizó toda clase de trabajos, entre éstos el de conductor de tranvía. Al regresar a su patria, publicó su primer trabajo de importancia: *La vida espiritual en América*. Publica después *Hambre*, desventuras de su época de extrema pobreza; *Misterios,* novela mística sobre un solitario; *Pan,* novela amorosa en ambiente rural; *Siesta,* tema humorístico, y *Victoria,* con la que alcanza su mayor apogeo. Durante la Segunda Guerra Mundial fue detenido, acusado de colaborar con los alemanes durante la ocupación de Noruega, pero finalmente se le levantaron los cargos en consideración a su avanzada edad. La historia sobre el monje Vendt, en verso, constituye su más importante incursión poética, obteniendo también, amplio éxito.

handball. Juego deportivo, parecido a la pelota vasca, que consiste en lanzar contra un muro una pequeña pelota de goma y cuando ha rebotado en él devolverla golpeándola con la mano. Se juega tanto en lugares abiertos al aire libre, como en locales cubiertos. El terreno de juego consiste en un rectángulo de piso plano y bien apisonado, de unos 12 m de largo por 7 de ancho, que en uno de los costados menores tiene un muro o frontón vertical, de anchura igual a la pista y de 5 m de alto. En el piso, y a 5 m del frontón, se marca una línea paralela a éste, que se llama línea de falta, y 3 m más atrás, otra línea, también paralela que es la línea de saque.

Los partidos pueden ser simples, cuando se juegan entre dos jugadores, o dobles, si se disputan entre equipos de dos jugadores cada uno. Inicia el juego uno de los jugadores lanzando la pelota desde la línea de saque al frontón, debiendo aquélla re-

botar en éste y caer en la pista de juego, es decir, en el área situada detrás de la línea de falta. Si un jugador hace el saque y la pelota, después de rebotar en el frontón, viene a caer fuera de la pista de juego, o en la parte de la pista comprendida entre el frontón y la línea de falta, el jugador que ha puesto la pelota en juego pierde un tanto y el derecho de saque corresponde al otro equipo.

Cuando el saque es correcto, otro jugador golpea con la mano la pelota, después del primer rebote en el suelo, devolviéndola contra el frontón, donde debe rebotar, para caer de nuevo en el área de juego. Si la pelota no es devuelta, o cae fuera del límite citado, el último jugador que la lanzó correctamente se apunta un tanto. Si durante el juego la pelota toca a un jugador, el contrario se apunta un tanto. El primero de los jugadores que logra marcar 21 tantos gana el juego. El handball es un saludable deporte en el que se ejercitan todas las partes del cuerpo. Se practica en muchos países, en escuelas, universidades y clubs, organizándose campeonatos.

handicap. Restricción o desventaja que, en ciertos deportes, se impone a los jugadores de reconocida superioridad y que representa, a la vez, una ventaja para los de menor habilidad o destreza, con el propósito de equilibrar entre unos y otros las posibilidades de triunfo. En el golf, por ejemplo, los jugadores más aptos, dan algunos golpes de ventaja a sus adversarios. Se utiliza asimismo en carreras de diversos tipos, especialmente de caballos, mediante diferencias en el peso de los jinetes y la montura. Tiende a mantener el interés que se perdería en cada temporada una vez conocida la superioridad de alguno o algunos competidores.

Hangchow. Capital de la provincia china de Chekiang, situada en la desembocadura del río Chientang, de proverbial belleza. Fundada hace 4 mil años, era la capital del imperio cuando la visitó Marco Polo, en el siglo XIII, pero sufrió destrucciones y matanzas en varias guerras; su prosperidad actual comenzó al terminarse la línea férrea que la une con Shanghai y con Kiangsi. Es un centro de distribución de seda y té, los principales productos de la región. Tiene 2.589,504 habitantes (1990).

Hankow. El mayor puerto fluvial de China Central, en la provincia de Hupei, situada sobre el río Yangtsé en su unión con el Han Sui, donde se cruzan y reúnen las principales vías de comunicación de todo el país. La ciudad comenzó a crecer al abrirse el tráfico con Shanghai por el río y para explotarla tuvieron concesiones ingleses, franceses, rusos, alemanes y japoneses, que la convirtieron en el centro de distribución de productos en la cuenca superior del Yangtsé. El volumen de su comercio es considerable y sus industrias textiles y metalúrgicas son de gran importancia. Hankow, llamado también Wuhan, tiene 441,706 habitantes.

Hannover. Ciudad alemana, capital de la antigua provincia del mismo nombre, en la Baja Sajonia, con 526,400 habitantes (1994), barrios modernos e importantes zonas industriales, hermosos paseos, grandes bibliotecas, iglesias de los siglos XIII y XIV y célebre jardín botánico. Tiene fundiciones de hierro e industrias gráficas, y fabrica maquinaria, pianos, etcétera. Una de sus grandes mansiones fue vivienda del filósofo Leibniz y entre sus mejores paseos se halla el de los Tilos, que conduce hasta la próxima población de Herrenhausen.

Aun cuando el hámster dorado, Mesocricetus auratus, *frecuentemente se adopta como mascota, también es un importante animal de laboratorio, debido a su alta fertilidad y a su periodo de gestación que dura 16 días.*

Grolier - Academic American Encyclopedia

Hansa

Hansa. La Liga Hanseática de ciudades comerciales alemanas o Hansa, tiene su origen en las asociaciones o hansas, escrito a veces sin *h,* que los comerciantes germánicos formaron en el extranjero con el fin de ayudarse mutuamente. Las ciudades del noroeste de Alemania, que mayor preponderancia mercantil habían adquirido, sintieron la necesidad de proteger y garantizar sus tráficos, dificultados por los piratas más o menos protegidos por príncipes y hasta por reyes, que asaltaban los convoyes. En 1241, Hamburgo, Lubeck y Brema se pusieron de acuerdo para proteger la navegación del Elba y hacer frente al enemigo común, el rey de Dinamarca, y formaron la liga o *hansa.* Inmediatamente, con el mismo deseo de defensa, se adhirieron otras ciudades. Veinte años después, se celebraba la primera asamblea o Dieta de la Liga en Lubeck. La Dieta, que llegó a ser el órgano de gobierno del Hansa, se reunía cada tres años en los días de Pascua. Las ciudades incorporadas a la Liga llegaron a ser muy numerosas –unas 80– y se distribuyeron en cuatro secciones, cuyas capitales respectivas fueron: Lubeck, Colonia, Brunswick y Danzig.

La Liga no se limitó a garantizar la seguridad de su comercio, sino que lo fomentó creando factorías y almacenes en Londres, Brujas, Novgorod, Bergen, y manteniendo relaciones con todos los puertos de Europa; limpió de piratas los mares septentrionales, construyó caminos y canales, favoreció la agricultura y la industria y contribuyó al florecimiento de Alemania del Norte.

Sus riquezas y su fuerza le dieron gran influencia política. Llegó a luchar contra los reyes, dando y quitando coronas. Pero sus privilegios le ocasionaron dificultades con Rusia, Escandinavia e Inglaterra, cuya reina Isabel permitió a Drake capturar 61 navíos de la Liga. Su decadencia comenzó en el siglo XV, y se acentuó de modo irreparable en el XVI. Ello se debió al engrandecimiento de ciertas naciones europeas, al descubrimiento del Nuevo Mundo y de las nuevas vías marítimas, al fortalecimiento de las escuadras holandesa e inglesa y a la falta de unidad política en Alemania. Cuando se publicó, por primera vez, su Código Marítimo completo, en 1614, casi todas las ciudades se habían ido separando. A la última Dieta sólo concurrieron Hamburgo, Brema y Lubeck y se adhirió Danzig. Sus últimos puertos fueron abiertos al comercio general en 1723.

harakiri. Los miembros de la secta guerrera del Japón (samurais) practicaron durante toda la larga época feudal y por imposición de un emperador la costumbre de suicidarse por este método especialmente cruel. Los nobles guerreros que se creían deshonrados por haber perdido una batalla o se suponían culpables de algún delito o error que empañara el honor de la familia o de la patria, solicitaban permiso del emperador para matarse y, con todo el ceremonial de práctica, se abrían el vientre con una daga especial. Este suicidio es el *harakiri,* nombre que proviene de las voces japonesas *hara* (vientre) y *kiri* (corte). La bárbara costumbre fue abolida en 1868, cuando la moderna civilización occidental penetró en Japón, pero si bien dejó de ser obligatorio, siguió practicándose voluntariamente hasta nuestros días por muchos tradicionalistas, como signo de lealtad hacia algún superior, como protesta, o bien para evitar el deshonor de la derrota.

El nuevo ayuntamiento en la ciudad de Hannover.

Harbin, Karbin o Kharbin. Ciudad de China en Manchuria septentrional, provincia de Sungkiang, en la orilla derecha del río Sungari. Fue fundada en 1896 por el gobierno ruso, que ejercía entonces su influencia en Manchuria, y destinada para servir de centro ferroviario y militar. Durante la guerra ruso-japonesa fue de gran utilidad para Rusia, que la utilizó como base. Es importante centro de comunicaciones y comercial. Tiene 3.597,404 habitantes.

Harden, sir Arthur (1865-1940). Bioquímico inglés. Aclaró el proceso de fermentación, por lo cual mereció el Premio Nobel de Química en 1929 junto con Hans von EulerChelpin. En 1904 Harden y William J. Young aislaron la enzima en bruto responsable de la fermentación y una sustancia que llamaron cofermento –ahora conocida como la coenzima difosfopiridina nucleótida (DPN)–, esencial para la energía del metabolismo.

hardware (voz inglesa). Tecnología de computación. Parte electrónica de la computadora constituida por los circuitos de memoria, aritméticos, lógicos y de entrada y salida, para distinguirla del *software*.

Hardy, Oliver (1892-1957). Actor cinematográfico estadounidense. Trabajó en el cine desde 1912 como actor realizador, Hal Roach lo descubrió en 1924 para pareja cómica de Stan Laurel (*El Gordo y el Flaco*) asociación que se prolongó hasta 1945 y les valió gran popularidad. Hardy creaba un tipo de gordo gruñón, torpe y petulante. Se considera que sus mejores interpretaciones corresponden a las series de sus primeros cortometrajes, dirigidos la mayoría por Leo McCarey. De su filmografía destacan *Fra Diávolo* (1933), *Marineros de agua dulce* (1939), *Estudiantes en Oxford* (1940) y *Lo quiso de suerte* (1950).

Hardy, Thomas (1840-1928). Novelista y poeta inglés. Estudió la carrera de arquitecto. Su amistad con George Meredith lo orientó definitivamente por el camino de la literatura. En 1874 comenzó a publicar libros y su triunfo fue rotundo. Es autor de *Remedios desesperados*, *Judas el oscuro*, *Los habitantes de los bosques*, *Teresa de Urbervilles*, *La bien amada*, *Pequeñas ironías de la vida*, *Cuentos de Wessex*, y otras obras que fueron traducidas a muchos idiomas. La mayoría de las narraciones de este autor inglés tienen por escenario al condado inglés de Wessex, por lo cual se le calificó de localista. Sin embargo, sus temas, sus personajes y los conflictos a que los somete sitúan a Hardy entre los novelistas contemporáneos de más amplia visión universal.

New York Public Library, EE. UU.
Retrato de Thomas Hardy.

Hare Krisna. Nombre popular de la Sociedad Internacional para la Conciencia Krisna, movimiento hindú fundado en 1966 en Estados Unidos por A. C. Bhaktivedanta. Este popular nombre deriva del mantra *Hare Krisna* (¡Oh, Señor Krisna!) cantado por los miembros del grupo. Los devotos del dios hindú Krisna tienen como finalidad alcanzar la autorrealización y la conciencia Krisna a través del vegetarianismo, el bhakti-yoga y la meditación. Se dividen en dos clases: *brahmacarin* (estudiantes), quienes viven en templos con el voto solemne de la abstinencia sexual, carne, tóxicos y juegos de azar; y los *grihasta*, o miembros casados y con familia. Son proselitistas que activamente buscan miembros conversos. A principios de la década de 1990 el movimiento Hare Krisna tenía más de trescientos centros alrededor del mundo.

harén. Lugar que, en las casas de los musulmanes, está destinado exclusivamente a las mujeres. También se aplica esta palabra al grupo de mujeres que habitan en él. Éstas viven recluidas en sus habitaciones y cuando salen, muy pocas veces, tienen que llevar la cara tapada con un velo; sólo pueden presentarse con el rostro descubierto delante del marido, padre, suegro, hijo, yerno, hermanos y sobrinos; pero excepto el marido, los parientes próximos no pueden entrar al harén más que en días especiales, como bodas, nacimientos, etcétera. Las habitaciones del harén suelen ser interiores, con ventanas provistas de celosías, que dan a hermosos jardines y patios, y están amuebladas con lujo y comodidades: ricas alfombras, cortinas, sedas, etcétera. Entre los babilonios y antiguos persas ya existía la costumbre de tener harenes, costumbre que sólo algunos mahometanos conservan y que va desapareciendo, principalmente en Turquía, a partir de 1926 en que se prohibió la poligamia.

Hargreaves, James (1722-1778). Inventor inglés de la primera máquina o torno movido a mano capaz de hilar varias fibras de algodón al mismo tiempo. Esta máquina revolucionó la industria del hilado, pero su inventor murió sin haber aprovechado sus beneficios. Sus vecinos, celosos de la cantidad de hilado que hacía, asaltaron su casa y destruyeron la máquina obligándolo a trasladarse a Nottingham donde instaló otro taller.

harina. Polvo que resulta de la molienda del trigo o de otras semillas. Las semillas más comunes, así como las más nutritivas, son las de trigo, maíz y centeno. Pero generalmente, cuando se emplea la palabra harina sin especificar la clase, se entiende la de trigo, pues es la que se produce en mayor cantidad y con la que se hace el mejor pan. También se utiliza para hacer pastas (macarrones, fideos, tallarines, etcétera), y constituye un elemento de gran importancia en la alimentación del hombre.

Los componentes de la harina son: agua, gluten, grasas, almidón, celulosa y materias minerales, en distintas proporciones según la especie de trigo de que proceda. En cuanto a la calidad, depende de la parte del grano a que corresponda y del método y esmero con que se haga la molienda. La más fina y blanca se obtiene del albumen, o sea, la parte interna del grano, separando el afrecho y el embrión. Pero al quitarle esto pierde gran cantidad de vitaminas y minerales, por lo que en algunas fábricas modernas de harina le suelen agregar estas sustancias para enriquecerla. La llamada harina integral está hecha con todo el grano y, por lo tanto, es más nutritiva.

Antiguamente se machacaba el trigo entre dos piedras redondas, planas, dispuestas una sobre otra: la de encima tenía un agujero en medio para poder echar el grano, era giratoria y se movía a mano. Este método primitivo se fue perfeccionando con piedras de caras acanaladas que permitían moler mejor; se emplearon animales para moverlas y más tarde se utilizó el viento o caídas de agua, sistema que todavía se encuentra hoy en algunas aldeas.

En la actualidad la molienda del trigo es un proceso cuidadosamente vigilado, que realizan complicadas maquinarias, eliminando en todo lo posible la intervención del hombre para mayor higiene. Se efectúa en grandes edificios de varios pisos, empezan-

harina

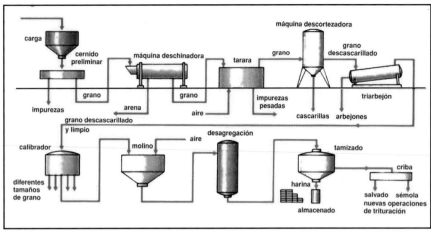

Esquema del proceso de fabricación de la harina.

do por el de arriba, al que se lleva el trigo mediante elevadores, y va pasando por todos a través de las sucesivas etapas de la elaboración. Primeramente se selecciona el grano y se limpia de la suciedad, pajas y otras semillas que suele tener; para ello se pasa por una criba giratoria que retiene los cuerpos extraños grandes, y por un aparato que aspira el polvo y partículas ligeras; luego se humedece para que la cascarilla no se triture y se pueda sacar con facilidad; limpio el trigo, pasa entre un par de rodillos metálicos estriados, que lo parten, y en seguida atraviesa un tamiz que separa el salvado. Este proceso de moler y cernir se repite varias veces, y los sucesivos pares de rodillos, cada vez más juntos, lo muelen más que el anterior, hasta que se convierte en fina harina blanca. Ésta, una vez cernida, pasa a una máquina que la ensaca, pesa y cose el saco. Las modernas fábricas de harina elaboran miles de sacos de harina diarios.

La harina se altera con facilidad y pierde sus cualidades nutritivas. La humedad, el calor y el aire viciado pueden hacerla fermentar. Para conservarla en buen estado debe guardarse en locales bien limpios, secos y ventilados, y colocar los sacos sin amontonarlos mucho para que el aire pueda circular entre ellos.

Hay varios tipos de harina. La de mejor calidad, muy fina y blanca, se usa para repostería. Con la capa que envuelve la parte central, se hace otra harina menos blanca que la anterior, pero de buena clase, y, mezclando ambas, resulta la harina común. La harina agrisada procede de la zona externa del grano, y agregándole cierta cantidad de salvado se emplea para hacer el pan moreno. Las de inferior calidad llamadas harinas bajas, provienen de los residuos de las demás y se utilizan para alimento de animales.

El rendimiento en harina depende de la clase de trigo que se elabore; por término

medio es de 78%. Entre los países que producen más harina figuran Estados Unidos, Canadá, Inglaterra, Hungría, Argentina y Australia. *Véanse* GLUTEN; PAN; TRIGO.

Harlem. Área de la parte alta de Manhattan en Nueva York, conocida principalmente por ser un *ghetto* negro. Fundada en 1658 como Nieuw Haarlem, nombre proveniente del holandés, fue una tranquila región de granjas hasta mediados del siglo XVIII, cuando la comunicación ferroviaria hizo la zona más accesible desde la parte baja de Manhattan, lo que la convirtió primeramente en un área de moda para veraneo, y después en el foco de una explosión urbana. Los negros comenzaron a habitar la zona a principios de 1900, y para 1920 Harlem se había convertido en la comunidad negra más prominente de Estados Unidos. A pesar del hacinamiento y la pobreza, hasta la Segunda Guerra Mundial, Harlem sirvió como un centro intelectual y artístico. Su deterioro físico acelerado durante la guerra fue causado por el rápido aumento de la población, la discriminación racial que limitó el área de expansión y por el creciente abandono de los edificios por sus dueños. El problema de la vivienda se exacerbó en la posguerra debido a la inmigración de miles de puertorriqueños a la zona este del área, ahora llamadas *Spanish Harlem*.

La zona de Harlem es delimitada al este y oeste por las avenidas Park y Amsterdam, respectivamente; al sur por las calles 96 y 110 y al norte por la 155. La mayor arteria comercial es la calle 125, donde se ubica el famoso Teatro Apolo. La colección Schomburg, alojada ahora en una biblioteca de la calle 135 Oeste, es el mayor archivo de Estados Unidos referente a la historia negra.

Harrison, Rex (1908-1990). Actor cinematográfico británico, de verdadero nombre Reginald Corey Harrison. Actor

teatral desde 1924, pasó al cine en 1929, y destacó en *La Ciudadela* (1938), de K. Vidor, y *Un espíritu burlón* (1944), de D. Lean. Pasó a Hollywood en 1946 para interpretar *Ana y el rey de Siam*, de J. Cromwell, y regresó a Gran Bretaña en 1953, aunque siguió en contacto con la cinematografía estadounidense. En su madurez realizó *Cleopatra* (1963) y *Mujeres en Venecia* (1966), de Mankeiwicz, *Mi bella dama* (1964), de Cukor y con el que ganó un Oscar por su interpretación de Harry Higgins, *La escalera* (1969), de Donen, y *El vengador* (1982), de Matt Cimber. Harrison protagonizó en Broadway el reestreno de *El anfiteatro* hasta un mes antes de su muerte por cáncer en el páncreas. En 1989 recibió el título de sir de manos de la reina Isabel de Inglaterra.

Harsanyi, John Charles (1920-). Economista húngaro, nacionalizado estadounidense. Compartió el Premio Nobel de Economía en 1994 con John F. Nash y Reinhard Selten, por sus trabajos pioneros en la teoría de los juegos, que versa sobre cómo los jugadores o competidores reaccionan unos frente a otros. En 1950 Nash había realizado una teoría de los juegos, aplicable a las situaciones del mundo real, y en 1960 Harsanyi extendió este trabajo tomando en cuenta la información que un competidor posee acerca de los motivos del otro o sus posibles reacciones. De este modo introdujo funciones de probabilidad en el análisis. Harsanyi obtuvo el doctorado en economía en la Universidad de Stanford en 1959 y ha dado clases de matemática económica en la Universidad de California en Berkley desde 1964.

Harte, Francis Brett (1836-1902). Novelista estadounidense que llevó el realismo primitivo de la vida del Oeste a las letras. Pionero en el Lejano Oeste y periodista en San Francisco, llegó a ser director del *Overland Monthly*. Un cuento sin pretensiones, *La suerte del campamento tumultuoso*, lo hizo famoso de la noche a la mañana. Fue cónsul más tarde en Alemania e Inglaterra, donde murió.

Hartline, Haldan Keffer (1903-1983). Biofísico estadounidense. Trabajó en la Fundación Johnson de Investigación Físico-médica de la Universidad de Pensilvania (1931-1949); en 1949 fue nombrado profesor de biofísica en la Universidad Johns Hopkins, y en 1953 pasó a la Universidad Rockefeller de New York. Se le deben importantes investigaciones dedicadas a los aspectos fundamentales del proceso visivo, y ha puesto de manifiesto en particular la actividad eléctrica desarrollada en el ojo y el nervio óptico a nivel celular; ha extendido sus estudios a todo el campo de la percepción en general. Compartió con

R. Granit y G. Wald el Premio Nobel de Medicina o Fisiología en 1967.

Hartmann, Nicolai (1882-1950). Filósofo alemán. Profesor de las universidades de Marburgo y Colonia. Influido por algunos discípulos de Kant y luego por Husserl ha intentado demostrar la realidad del mundo exterior y la existencia objetiva de los valores espirituales.

Hartzenbusch, Juan Eugenio (1806-1880). Poeta, dramaturgo y erudito español, hijo de un ebanista alemán. Aunque fracasaron sus primeros ensayos teatrales, consiguió un gran triunfo fulminante con los *Amantes de Teruel* (1837), su obra maestra, poética y emocionante, a la que siguieron otros éxitos (*Doña Mencia, Alfonso el Casto, La jura de Santa Gadea*, sobre un tema del Cid) en los que muestra su romanticismo, su ingenio y su habilidad. Como infatigable erudito se consagró al estudio del Siglo de Oro español. Fue director de la Biblioteca Nacional y miembro de la Academia de la Lengua.

Harún al-Rašid (766-809). Califa de Bagdad. Ocupó el trono privando de sus derechos a el Hadí, el hermano mayor, que fue asesinado. Guerreó contra el imperio bizantino, distinguiéndose por su despotismo y crueldad. Protegió las ciencias y las artes y se rodeó de escritores, que le dedicaron alabanzas. La tradición supone que bajo su reinado se escribió la obra famosa *Las mil y una noches.*

Harvard, Universidad de. La más antigua institución de enseñanza superior en Estados Unidos, situada en Cambridge, estado de Massachusetts. Fue fundada en 1636 por la Corte General de la Colonia de Massachusetts, y tres años después se le dio el nombre de Harvard en honor de John Harvard, que donó a la institución su biblioteca y gran parte de su fortuna. Cuenta con numerosas facultades, colegios e instituciones filiales, que se albergan en grandes edificios, muchos de ellos en las afueras de las ciudades de Cambridge y de Boston. Tiene observatorios astronómicos, museos, jardines botánicos y laboratorios, dotados de los más modernos instrumentos, aparatos científicos y elementos de investigación. La biblioteca central y 70 más en las distintas facultades reúnen unos diez millones de libros y publicaciones diversas. El cuerpo de catedráticos comprende 5,000 profesores y el alumnado unos 12,500 estudiantes. Las cuantiosas donaciones que ha recibido la universidad han creado un fondo de 450 millones de dólares, lo que la hace económicamente autónoma y con amplios recursos para emprender costosas investigaciones científicas y otorgar numerosas becas. Es una de las universidades estadounidenses designadas por el gobierno de Estados Unidos para impulsar las investigaciones relacionadas con la energía nuclear.

Harvey, William (1578-1657). Célebre fisiólogo inglés, descubridor de la circulación de la sangre. Estudiante en Cambridge y en Padua, ejerció en Londres y llegó a ser médico del rey. En el libro *Del movimiento del corazón y la sangre* explicó su descubrimiento, ya expuesto anteriormente en la cátedra y defendido luego contra su opositor, el célebre médico francés Riolan. Investigador de los fenómenos de la generación en su obra *La generación de los animales* anunció su teoría de que todo ser viviente procede de un huevo. La totalidad de su obra fue reunida y editada posteriormente como homenaje de sus conciudadanos.

Harz, montes. El grupo montañoso más septentrional de Alemania. Se yergue abruptamente en la llanura que bañan los ríos Weser y Elba, en la frontera entre la Alta y la Baja Sajonia, y con forma de una elipse se extiende unos cien kilómetros en dirección noroeste-sureste. Su anchura mayor no alcanza los 40 km. Su pico más alto llega a los 1,142 m. Sus valles, muy hermosos, están cubiertos por bosques y surcados por ríos rápidos, como el Bode y el Ilse. En ellos se levantan numerosos castillos y poblaciones de origen medieval. Existen numerosos y ricos yacimientos de cobre, hierro y plata.

Hassan II (1929-1999). Rey de Marruecos desde 1961, año en que murió su padre Muhammad V. Nombrado príncipe de la corona y comandante en jefe de la Real Armada Marroquí en 1957, Hassan reorganizó, modernizó y expandió el ejército. En 1960 fue nombrado jefe de Gobierno y ministro de defensa. La constitución de 1972 (revisada en 1992) hizo decrecer sutilmente la autoridad de Hassan, pero éste permaneció con el firme control del gobierno. En asuntos internacionales Hassan ha seguido generalmente una política de no alineamiento y ha seguido vigorosamente con los reclamos marroquíes sobre el Sahara Occidental. Hassan se alió con Estados Unidos contra Irán durante la Guerra del Golfo en 1991, y fue el segundo líder árabe en 1994, después de Anwar el-Sadat de Egipto, en establecer vínculos diplomáticos con Israel.

Hassel, Odd (1897-1981). Físico y químico noruego. Compartió en 1969 el Premio Nobel de Química con Dereck H. R. Barton, tras ser nominados por sus trabajos individuales sobre la aplicación del análisis conformacional —el estudio de las propiedades físicas y químicas de las molécu-

Universidad de Padua, Italia .

Emblema de William Harvey sobre un arco del pórtico del patio central de esta universidad, donde aparece su nombre y nacionalidad.

las en términos de la colocación espacial obtenida a través de la rotación de los átomos alrededor de enlace simple. Hassel obtuvo su doctorado en la Universidad de Berlín en 1924, y tuvo a su cargo la primera cátedra de fisicoquímica en la Universidad de Oslo de 1934 a 1964.

Hastings, Warren (1732-1818). Estadista y militar británico que tuvo destacada actuación en la India. A los 18 años ingresó en la Compañía de las Indias Orientales y se trasladó a Bengala. Peleó en la India a las órdenes de Clive y desempeñó diversas funciones administrativas cada vez de mayor importancia. En 1773 fue designado primer gobernador general de la India, en cuyo cargo realizó una importante actuación administrativa y militar que, aunque favoreció los intereses británicos, despertó violentas censuras y cargos de corrupción y mal gobierno. Hastings fue acusado ante la Cámara de los Lores, en un juicio que duró varios años; se vio obligado a gastar toda su fortuna para defenderse, pero finalmente fue absuelto. Se le considera como uno de los fundadores del Imperio Británico en la India.

Hauff, Wilhelm (1802-1827). Novelista y poeta alemán. Estudió en la Universidad de Tubingen. Fue preceptor de los hijos del general Von Hugel. Murió joven en el mismo año de su casamiento. Escribió, entre otras obras: *El califa, Cigüeña* y otros cuentos tomados de las *Mil y una noches, El judío Suss* y *Lichtenstein*, su mejor novela histórica.

Hauptmann, Gerhart (1862-1946). Dramaturgo, poeta y novelista alemán. Era hijo de un hotelero. Sus estudios fueron irregulares e indisciplinados, y más que los libros influyeron en él los viajes que realizó por el Mediterráneo y por Italia. Un matrimonio afortunado le permitió instalarse en Berlín, libre de preocupaciones económicas. Hauptmann, adherido entonces al naturalismo, escribió en 1889, con un éxito muy grande, su primera obra, *Antes de la aurora*. Las mejores obras de Hauptmann son probablemente los dramas titulados *Los tejedores* y *La campana sumergida*. Escribió además algunas novelas *(El loco en Cristo, Manuel Quint, El hereje de Soana)*; una tragedia en verso, *El salvador blanco*, cuyo protagonista es Moctezuma; dos poemas épicos, y un libro de viajes: *Primavera griega*. En el año 1912 le fue otorgado el Premio Nobel de Literatura.

Havre, El. Ciudad francesa del departamento del Sena inferior, con 253,675 habitantes. Situada en la desembocadura de dicho río y a 228 km de París, es el gran puerto del Canal de la Mancha y la salida de toda la cuenca parisiense. Recibe café, algodón, cacao, caucho, lanas, cuero, etcétera, de América y otras partes del mundo, y exporta artículos manufacturados de la región citada. Transforma algunos productos en sus refinerías de petróleo, industrias metalúrgicas y alimenticias y astilleros. Fue fundada por Francisco I. Durante la Primera Guerra Mundial se refugió en ella el gobierno belga.

Hawai. Archipiélago en el océano Pacífico, que comprende ocho islas grandes, cuatro más pequeñas y varios islotes minúsculos y desiertos, dispuestos en un arco inclinado del sureste al noroeste, en una faja atravesada por el Trópico de Cáncer, entre 154° 40' y 162° longitud O. Solo en

mitad del Pacífico, constituye este archipiélago las cimas de una cadena volcánica sumergida en el océano. Hawai pertenece políticamente a Estados Unidos; se encuentra a 3,700 km de las costas estadounidenses y les proporciona una valiosa escala para su comunicación con las remotas costas de Asia o de Australia. La superficie total del archipiélago es de 16,729 km² y sus islas principales son: Hawai, la mayor y más austral, seguida por Maui, bastante extensa y flanqueada por las islas pequeñas de Kahoolave y Lanai por el oeste y la de Molokai en el norte. La isla de Oahu, reclinada hacia el noroeste, es la tercera en extensión, pero ocupa el primer lugar en importancia por su riqueza, población y porque en ella se encuentra la ciudad de Honolulu, gran puerto y capital del archipiélago. Frente a esta isla y a poco más de 100 km se encuentra Kauai, con su pequeña vecina Niihau. Siguiendo la forma del arco hacia el noroeste, hay una serie de islotes pequeñísimos que a veces son simples rocas que emergen del mar y donde sólo viven las aves.

De los 1.183,723 habitantes (1995) que forman el total de la población, 874,330 se hallan en la isla de Oahu y en la ciudad de Honolulu. El 11% son de origen hawaiano, 24% son japoneses, mientras que el resto está integrado por chinos, malayos, filipinos y 33% por blancos, estadounidenses y puertorriqueños en su mayoría. Todo el archipiélago ofrece conformación montañosa y volcánica con aspectos muy curiosos. Hay lugares en que las rocas se elevan a pico desde el mar, formando altísimos acantilados, mientras que en otros las playas van elevándose en suaves planicies.

Vastos pedregales de lava endurecida forman lagunas pétreas entre el verde exuberante de la vegetación tropical. Los valles hondos y fértiles fueron lecho de algún lago y los profundos cañones marcan el curso de los ríos torrentosos. Aunque todas las islas se encuentran en la zona tropical, el clima se mantiene fresco y uniforme debido a los vientos del mar, que las refrescan en verano y entibian en invierno. La pluviosidad es muy abundante y generalmente sobrepasa el metro cúbico por año, pero hay un periodo seco que representa un grave obstáculo para la agricultura, la cual requiere en muchos casos el auxilio del riego.

Sólo 10% de la extensión total de las islas es cultivable, pero el terreno es tan fértil que se obtienen cosechas prodigiosas de caña de azúcar y piñas (ananás), primeros capítulos de la exportación; la producción de azúcar, alrededor de un millón de toneladas anuales, y la de piña representan 80% del valor de la producción agrícola. Pero no son éstos los únicos productos comerciales, porque también se exporta café, plátanos, madera, melazas, sisal y cueros. Por lo agradable de su clima y la belleza del paisaje, el turismo es una fuente de riqueza.

Honolulu es puerto activo y ciudad muy importante, con su bahía repleta de barcos y un sector comercial semejante al de las otras grandes ciudades del mundo, con rascacielos y calles anchas. Como encanto peculiar ofrece los jardines de lujuriante vegetación y el ropaje abigarrado de las mujeres que venden por las calles coronas, collares y diademas de pétalos perfumados que llaman *leis*. A 10 km al oeste de la bahía está Pearl Harbor, base naval de Estados Unidos, que figura entre las mejor instaladas del mundo, rodeada por campamentos y cuarteles militares y por una serie de impresionantes fortificaciones. En ese punto se descargó el primer ataque por sorpresa de los aviones japoneses en la Segunda Guerra Mundial.

En la isla de Hawai, varios volcanes contribuyeron a la formación del terreno. Allí radican el de Mauna Kea y el de Mauna Loa. En este último se halla un cráter enorme, rodeado por extensiones de lava endurecida, con grietas por donde escapan humos sulfurosos. A ese lugar le llaman los indígenas Kilauea, *Casa del fuego eterno*. En esa isla se halla la segunda ciudad del territorio, Hilo, con 30,000 habitantes.

El capitán James Cook descubrió las islas en 1778, y las bautizó con el nombre de islas Sandwich. Durante varias décadas fueron poco visitadas por los navegantes. A fines del siglo XVIII existían en Hawai cuatro reinos nativos hasta que, en 1810, el rey de uno de ellos, Kamehameha venció a los otros monarcas y estableció un solo reino. En 1876, Hawai firmó un tratado de reci-

Playa de Waikiki en Honolulú, Hawai.

procidad con Estados Unidos, a los que cedió, en 1887, Pearl Harbor, para que erigieran una estación naval y carbonera. En 1894 se proclamó en Hawai la república y en 1898 se efectuó la anexión de Hawai a Estados Unidos que, en 1900, le concedieron el estatuto de territorio de la Unión. En 1959, Hawai fue erigido en Estado e incorporado con tal carácter a Estados Unidos. *Véanse* MAUNA LOA; OCEANÍA *(Mapa)*.

Hawking, Stephen William (1942-).
Físico teórico británico, eminencia de la cosmología moderna. Mientras estudiaba física y matemáticas en las universidades de Oxford y Cambridge, Hawking supo que tenía una enfermedad degenerativa del sistema nervioso conocida como mal de Lou Gehrig. En 1966, una vez obtenido su doctorado, propuso ligar la mecánica cuántica y la relatividad, las dos teorías de la física moderna más importantes, desarrollando una teoría cuántica de la gravedad. El continuo trabajo de Hawking indicaba que la teoría cuántica sostenía el modelo del universo conocido como teoría inflacionaria. Sus especulaciones incluyen la existencia de agujeros negros no más grandes que partículas elementales, y universos múltiples ligados por delgadas fluctuaciones cuánticas en el espacio que él llamó *agujeros de gusano*. En 1988 Hawking publicó una explicación no técnica de su trabajo llamada *Breve historia del tiempo*, y en 1993 *Agujeros negros y pequeños universos*.

Hawkins, sir John (1532-1595).
Famoso pirata y negrero inglés que llegó a ostentar el grado de almirante. De familia de navegantes –era primo del pirata Drake–, viajó por todos los mares. Realizó el comercio de negros de África a las Antillas, demostrando gran inhumanidad en sus procedimientos. Luchó contra la Invencible y se cuenta entre los héroes de la marina inglesa por haber contribuido a quebrantar el comercio español en América. Durante una expedición a las Antillas, murió en el mar y fue arrojado al agua.

Haworth, Walter Norman (1883-1950).
Químico inglés. Profesor de química orgánica en la Universidad de Durham y en la de Birmingham. Efectuó importantes investigaciones sobre los carbohidratos y la vitamina C. Se le concedió el Premio Nobel en 1937, que compartió con Paul Karrer.

Hawthorne, Nathaniel (1804-1864).
Escritor estadounidense. Su infancia fue solitaria y triste. A la edad de nueve años se lastimó un pie y hasta los once tuvo que vivir encerrado en su casa, sin otra compañía que la de sus hermanas y sus libros. Cobró así gran afición a la lectura de los clásicos ingleses, pero desarrolló al

mismo tiempo un gusto por la soledad y el silencio que nunca cesaría del todo. Se cuenta que ya escritor de fama enmudecía totalmente si se encontraba ante un grupo de más de dos personas. Después de un rápido paso por la universidad, donde conoció al poeta Longfellow (más tarde uno de sus grandes admiradores), y de vivir algunos meses en la comunidad que Emerson y Thoreau pretendían fundar, volvió a recluirse en su ciudad natal, Salem. En ese ambiente, donde aún se conserva el espíritu puritano de la colonia, con sus leyendas y tradiciones, escribió sus dos novelas más famosas, *La letra escarlata* y *La casa de los siete tejados*. Los temas esenciales de estas novelas, de un estilo delicado y simple, son el conflicto entre la conciencia puritana y la fuerza natural de los instintos.

haya.
Árbol propio de climas suboceánicos. Su área de dispersión se extiende por el centro de Europa hasta el sur de Escandinavia; su límite continental se halla en Prusia Oriental, donde no resiste ya las heladas, y su límite meridional se encuentra en España e Italia, donde suele limitarse a las montañas. En España es frecuente en los Pirineos y los Montes Cántabros. Más al sur se halla en el Montseny y, formando pequeños bosques, en los Ports de Beceit y en la Sierra de Guadarrama. Es árbol forestal de gran importancia. Su madera blanca al ser cortada, se torna luego rojiza; se emplea para la ebanistería o para la elaboración de útiles diversos y poco en construcción, ya que no resiste los cambios de humedad.

En América crecen la haya americana *(Fagua grandifolia)* y la haya azul *(Carpinus coroliniana)*. El área de dispersión de ambas especies es de la zona oriental de Estados Unidos hasta Texas. De la segunda especie su madera se emplea en ebanistería.

Haya, La.
Capital de Holanda Meridional, residencia de la reina, del gobierno y de las Cámaras de los Países Bajos, a 4 km del Mar del Norte, del que la separa una cadena de dunas. Está bien comunicada por canales y ferrocarriles con las otras dos grandes ciudades de Holanda: Amsterdam, al nordeste, y Rotterdam, al sureste. Tiene 442,105 habitantes (1995).

La Haya, que hasta el siglo XIX no obtuvo el privilegio de ciudad, por lo que se le llamó durante mucho tiempo *la mayor aldea de Europa*, debe su renombre al papel preponderante que ha desempeñado como centro diplomático y lugar de reuniones internacionales. Es la sede de organismos, institutos y sociedades internacionales, entre las que se destacan el Tribunal Permanente de Arbitraje y el Tribunal Internacional de Justicia, la Academia de Derecho Internacional y la de Derecho Comparado.

Corel Stock Photo Library

Bosque de hayas y río en el parque nacional Mount Aspiring, en Nueva Zelanda .

Sin embargo, desde el punto de vista industrial y comercial, es superada por las dos ciudades antes aludidas, aunque no deja de tener algunas industrias metalúrgicas, destilerías, orfebrerías, fábricas de porcelana y sombreros. Es un importante centro financiero y residencia de compañías coloniales y petroleras.

Es una bella ciudad con calles anchas y hermosas, surcadas por canales, atravesados por elegantes puentes, bordeados de tiendas y casas, muchas de éstas rodeadas de jardines y con aspecto de verdaderos palacios. La parte más animada de la población es la que forman las avenidas que rodean el *Vijberg*, estanque situado en medio de la ciudad. Cerca de éste se halla el *Binnenhof*, conjunto abigarrado de edificios antiguos y modernos de variado estilo, con una plaza en el centro que data del siglo XIII, época en que Guillermo de Holanda construyó allí el palacio donde residieron los *estatúders*. El Palacio y los edificios anexos constituyen el núcleo histórico de la ciudad. Las plazas espaciosas, los jardines y los parques públicos contribuyen a su mayor embellecimiento. Entre los edificios de La Haya, además del Palacio, merece citarse el Mauritshuis (s. XVII), aislada casa de madera construida por el conde Mauricio de Nassau, que es hoy un rico museo, donde se exponen obras maestras de pintores flamencos y alemanes, como Rembrandt *(La presentación en el templo* y *Lección de Anatomía)*, Rubens, Van Dick, Teniers, Holbein. También son dignos de mención el ayuntamiento (s. XVI y XVII), con

Corte Internacional de Justicia *en La Haya, Holanda.*

galería de pinturas históricas; la iglesia de San Jaime (s. XIV), con magníficas vidrieras y torre hexagonal; el museo Municipal, la Biblioteca Real, la iglesia Nueva, que guarda los restos del filósofo Spinoza y de Jan Witt; el Instituto Etnográfico, y el palacio de la Paz, debido a la munificencia del millonario estadounidense Andrew Carnegie. Scheveningen, en la costa del Mar del Norte, lugar de cita de turistas de toda Holanda, es prácticamente un suburbio de La Haya, a la que está unida por un pintoresco camino.

Historia. A principios del siglo XIII existía en el emplazamiento actual de La Haya un parque de caza donde los condes de Holanda edificaron un castillo, que a mediados del siglo llegó a ser residencia real. De ahí su nombre: Gravenhage (Parque del Conde). Más tarde (s. XVI) se reunieron allí los Estados Generales y adquirió la categoría de capital. En su recinto se han realizado actos diplomáticos de resonancia mundial. En 1609, Mauricio de Nassau firmó la Tregua con España, que reconocía la independencia de las Provincias Unidas. Allí se firmaron también la alianza entre Inglaterra, Suecia y Holanda y la triple alianza entre Inglaterra, Francia y Holanda. Por iniciativa del zar de Rusia tuvo lugar en La Haya, que adquirió entonces su mayor importancia internacional, una conferencia de paz en 1899. En 1907 las naciones más representativas de Europa trataron de resolver, infructuosamente, los problemas que produjeron la Primera Guerra Mundial. Des-

Prisión medieval en La Haya, Holanda.

pués de ésta el centro diplomático del mundo pasó a Ginebra, pero en La Haya se estableció el Tribunal Internacional de Justicia. En la Segunda Guerra Mundial fue ocupada por los alemanes y liberada por los aliados en 1945, no sin sufrir las consecuencias de los ataques de la aviación y la artillería, a causa de que Scheveningen formaba parte del muro del Atlántico.

hayaca. Pastel de harina de maíz relleno con pescado o carne en trozos pequeños, adicionado de tocino, pasas, almendras, aceitunas y otros ingredientes. Se presenta envuelto en hojas de plátano y es manjar típico de Venezuela. Se acostumbra obsequiarlo en Navidad.

Haya de la Torre, Víctor Raúl (1895-1979).

Político peruano, fundador de la Alianza Popular Revolucionaria Americana (APRA) para propiciar el indoamericanismo. Luchó contra los gobiernos dictatoriales y el imperialismo. Organizó centros de cultura popular y se opuso al gobierno del presidente Leguía. Fue desterrado y viajó por América y Europa, estudiando instituciones y sistemas sociales. Después de la caída de Leguía (1930) regresó a Perú y participó activamente en la política. En las elecciones de 1945, en las que resultó electo el presidente José Luis Bustamante, el Aprismo, reorganizado con el nombre de Partido del Pueblo, obtuvo mayoría en las Cámaras y entró a formar parte del gobierno. Divergencias políticas entre el presidente Bustamante y el Aprismo suscitaron fricciones que culminaron en el movimiento revolucionario de El Callao (1948) atribuido principalmente a los apristas. El Aprismo fue puesto fuera de la ley, el general Odría derrocó al presidente Bustamante, los dirigentes del Aprismo fueron perseguidos y encarcelados y Haya de la Torre se refugió en la embajada de Colombia en Lima (1949) en la que permaneció hasta 1954 en que se le dio salvoconducto para abandonar Perú, yendo a refugiarse a México. Regresó a Perú en julio de 1957.

Haya y Fernández, Diego de la (1676-1745?).

Gobernador español de Costa Rica (1718-1730) que sucedió a Granda Balvina. Se sublevaron los indios, matando soldados, frailes y civiles españoles y destruyendo la obra civilizadora de la conquista. De La Haya restauró la paz y organizó la nueva administración, destacándose como uno de los más hábiles gobernantes de la época colonial en América.

Haydn, Franz Josef (1732-1809).

Compositor austriaco, llamado el *padre de la sinfonía*, por el desarrollo que supo dar a esta forma cumbre de la música orquestal. Protegido por el príncipe de Esterhazy, fue nombrado maestro de la orquesta del

Retrato de Joseph Haydn realizado por Johann Karl Roesler.

castillo de Eisenstadt, cargo que desempeñó durante tres décadas. Ya famoso viajó por Francia e Inglaterra donde fue aclamado como maestro, siendo sus obras solicitadas en todas partes. Creador de la orquesta moderna, pues introdujo en ella por primera vez el coro de cuerdas, maestro incomparable del cuarteto y del trío de cuerdas (escribió ochenta y cuatro cuartetos y cuarenta tríos), perfeccionador de la sonata para piano, su obra se compone además de catorce óperas, diecinueve misas, cuatro oratorios (composiciones sacras, entre las que descuellan *La creación* y *Las estaciones*) y cerca de un centenar de sinfonías. Éstas suelen tener ciertos rasgos de humor muy originales; en la denominada *La despedida*, escrita como protesta por falta de vacaciones a los músicos, éstos, según iban terminando su parte, apagaban su vela y se retiraban de la orquesta; en *El reloj*, imita el ritmo de dicho mecanismo; en *La sorpresa*, un acorde muy fuerte interrumpe un movimiento musical lento y suave. Su influencia sobre Wolfgany Amadeo Mozart fue muy grande, pero en sus últimas obras imitó a su vez ciertas características de su discípulo.

Hayek, Friedrich August von (1899-1992).

Economista austriaco, mejor conocido como historiador de la doctrina económica. Perteneció a la renombrada Escuela Austriaca de Economía, cuyos miembros se oponían a la interferencia del gobierno en el sistema de mercado. Su extenso trabajo *El camino a la servidumbre de la gleba* (1944) es un ataque a esa interferencia. Entre sus otros trabajos se incluyen libros sobre cuestiones monetarias y ciclos de negocios y *El orgullo fatal: Los errores del socialismo* (1988). En 1974 compartió el Premio Nobel de Economía con Gunnar Myrdal, un economista con diferentes puntos de vista. Hayek dio clases en las universidades de Viena 1929-1931, Londres 1931-1950, Chicago 1950-1962 y Friburgo 1962-1970.

Hayworth, Rita (1918-1987). Actriz del cine estadounidense. Hija de artistas españoles, sus comienzos en el arte fueron como bailarina. En 1935 inició su actuación en el cinematógrafo obteniendo un triunfo rápido. Sobresalió, entre otras películas, en: *Sangre y arena, Gilda. Los amores de Carmen* y *Salomé.*

Hazlitt, William (1778-1830). Escritor inglés. Se interesó en un principio por la pintura, pero su encuentro con el poeta Samuel Taylor Coleridge decidió su vocación literaria. Fue un crítico ingenioso, irónico, de estilo fluido y gran sutileza. Son notables sus estudios de la obra de Shakespeare y sus libros de ensayos titulados: *Mesa redonda* y *Charlas de sobremesa.* Es importante su obra *Vida de Napoleón Bonaparte,* en cuatro volúmenes.

Heaney, Seamus (1939-). Considerado por muchos como el poeta irlandés más refinado desde William Butler Yeats, ganador en 1995 del Premio Nobel de Literatura. Su trabajo muestra las imágenes más vitales de la tierra irlandesa y la acción de trabajarla, así como del pasado irlandés, especialmente en el norte. Desde la publicación de su primera recopilación, *La muerte de un naturalista* (1964), los trabajos de Heaney han sido recibidos con entusiasmo. Los volúmenes posteriores incluyen *Hibernando afuera* (1972), *Norte* (1975), *Trabajo de campo* (1979), *La linterna alumbra hacia la izquierda* (1989), *El nivel espiritual* (1996), y varias colecciones en prosa. *Sweeney Astray* (1984) es una traslación de la fábula medieval acerca de un rey loco.

Hearn, Lafcadio (1850-1904). Escritor inglés nacido en Grecia. Huérfano desde niño, sufrió privaciones y recibió escasa educación en Inglaterra. En 1869 se trasladó a Estados Unidos donde ejerció los trabajos más humildes, hasta que pudo dedicarse al periodismo y a traducir obras del francés. En 1887 publicó su primera obra original *Chita, historia de una isla perdida,* a la que siguieron otras. En 1890, se fue a Japón y su fama literaria descansa en sus notables interpretaciones de la vida, costumbres, cultura y religión japonesas, sobre las que escri-

Academia de Cine, Arte y Ciencias de Hollywood.

Rita Hayworth en el papel protagónico de la película Gilda.

bió doce obras de prosa límpida y bella, entre las que se destacan *Vislumbres del Japón desconocido, Miscelánea japonesa, Espigando en los campos de Buda,* y *Japón: ensayo de interpretación.*

Hearst, William Randolph (1863-1951). Editor estadounidense de periódicos. En 1887 se hizo cargo de un diario de San Francisco en el que implantó métodos de sensacionalismo periodístico que tuvieron éxito. Poco después fue creando o adquiriendo nuevos periódicos, hasta llegar a poseer numerosos diarios y revistas, estableciendo así una cadena de órganos de opinión que abarcaba las principales ciudades de Estados Unidos. Debido a la gran circulación de sus diarios, ejerció gran influencia sobre la opinión pública y se le consideró como el orientador del movimiento de opinión estadounidense que culminó en la guerra entre Estados Unidos y España (1898). Sostuvo campañas de prensa contra la participación de Estados Unidos en la Primera Guerra Mundial y en la Liga de las Naciones e intentó crear un ambiente favorable al régimen de Adolfo Hitler, en los años que precedieron a la Segunda Guerra Mundial, lo que provocó una reacción contraria en la opinión estadounidense. Fue el más destacado mantenedor de la prensa basada en el sensacionalismo y el aumento de circulación, por encima de otras consideraciones, y sus normas periodísticas han sido severamente enjuiciadas por la opinión mundial.

Hebbel, Christian Friedrich (1813-1863). Poeta y dramaturgo alemán, trágico del Romanticismo y uno de los mayores poetas dramáticos de la época moderna. Desde su primera tragedia, *Judit,* hasta su obra maestra, *Herodes y Mariana,* su teatro constituye una serie de poderosas creaciones en las que la grandeza del tema marcha siempre acompañada de hondos valores psicológicos y de pensamiento. *Genoveva,* la trilogía *Los Nibelungos* y el drama social *María Magdalena,* son otras de sus obras. Es famoso su idilio *La madre y el niño.* Recibió el premio Schiller.

hebreo. Pueblo de origen semítico que conquistó y pobló la región de Palestina. Oriundo de la Mesopotamia, después de muchas vicisitudes se dividió en dos Estados: Judea e Israel. Ambos fueron sojuzgados y los pobladores debieron abandonar sus tierras; los que pudieron regresar, en su mayoría de origen judaico, fundaron una nueva nación. Por tal causa los términos *hebreo* y *judío* han quedado como sinónimos.

La lengua hebrea. Antes que el pueblo de Abraham abandonase la Mesopotamia para establecerse en las tierras de Canaán, esta región estaba poblada por gentes de origen semítico que hablaban una lengua llamada cananeo antiguo. El idioma hebreo surgió de la refundición de esta lengua con el habla de los descendientes de Abraham. El hebreo antiguo o bíblico es el idioma en que están escritos casi todos los libros del Antiguo Testamento; los filólogos distinguen una edad de oro de esta lengua, que se extiende hasta la cautividad en Babilonia (587 a. C.) y que es de pureza total, junto a una edad de plata, que abarca las épocas posteriores y presenta el poderoso influjo del idioma arameo. El hebreo posbíblico o rabínico ya contiene muchos elementos griegos, arameos, latinos y persas; el periodo de su apogeo, que llega hasta la época de Jesucristo, es la edad de cobre de la lengua de Israel. A partir de este momento el pueblo judío comenzó a olvidarse del idioma patrio, que quedó reservado al uso de los rabinos y de algunos escritores. El neohebreo surgió con inusitado vigor hacia el siglo VIII de nuestra era, gracias a las obras de algunos poetas y filósofos de singular mérito.

El hebreo se escribe de derecha a izquierda, utilizando 22 signos que sólo representan consonantes. La fonética es simple, pero la sintaxis adquiere gran importancia, porque el lugar ocupado por la palabra en la oración determina el papel cumplido por la misma. Las vocales se representan por medio de puntos agregados a las consonantes. El hebreo es un instrumento excelente para el poeta y el narrador, pero su vocabulario es bastante restringido y los autores modernos se han visto forza-

Hombres hebreos ante el Muro de las Lamentaciones en Jerusalém.

dos a inventar gran número de términos extraídos de los lenguajes occidentales.

La literatura hebrea. La Biblia es el primer monumento literario del idioma de Israel. Documento histórico y obra de arte, la Sagrada Escritura ha ejercido mayor influencia sobre nuestra civilización que ningún otro libro. Contiene, además, crónicas históricas de singular precisión y colorido, páginas proféticas llenas de brillantes imágenes y exaltado lirismo, y joyas poéticas como los *Salmos* o el *Cantar de los cantares*. La poesía bíblica utiliza un tipo especial de versificación que se llama paralelismo y difiere de las formas grecolatinas y modernas; usando dísticos de forma muy libre, los versículos se oponen o se complementan entre sí utilizando una gran riqueza de imágenes

El idioma hebreo ya estaba en decadencia cuando nació Jesucristo; el idioma arameo logró desplazarlo en el uso popular. Pero los judíos tradicionalistas siguieron empleando su amada lengua, y en ella escribieron el Talmud hacia el año 500 de nuestra era. Esta obra es una colección de comentarios sobre las leyes civiles y religiosas de los hebreos; consta de dos partes, llamadas *Mishnah* y *Gemarah*, y sirvió para que los judíos mantuvieran contacto con su idioma durante los largos siglos de su destierro.

Durante la Edad Media se produjo un renacimiento del idioma bíblico. En la península ibérica descollaron el poeta y filósofo Salomón Ben Gabirol, más conocido por Avicebrón; el poeta Abul Hasán Judah Leví, autor de obras que influyeron grandemente sobre algunos escritores del Renacimiento español; y, sobre todo, el prosista Moisés Ben Maimón, conocido por Mai-

mónides, que sistematizó la filosofía de Aristóteles.

El hebreo moderno surgió a partir de 1850, combinando las antiguas virtudes del lenguaje bíblico con las del idioma empleado por los judíos medievales. Íntimamente unido al resurgimiento nacional de Israel, ha dado inusitada vitalidad a la literatura hebrea. Es el idioma oficial del Estado de Israel y es aprendido por varios millones de judíos que viven en diversas partes del mundo. En ciudades como Nueva York, Londres y Buenos Aires existen numerosas escuelas y diversos periódicos que utilizan el idioma. Entre los principales cultores modernos de la literatura hebrea corresponde recordar a Eliazer Ben Yehuda, autor de un monumental *Tesoro del idioma* en diez volúmenes; al poeta Chaim Bialik y al ensayista Asher Ginzberg.

El idioma hebreo no debe ser confundido con el *yiddish*, que utiliza sus mismos caracteres. Este último no pasa de ser un dialecto alemán, que ha sufrido el agregado de elementos hebreos, eslavos, franceses y de otros idiomas europeos. *Véanse* BIBLIA; JUDÍOS; PALESTINA; SIONISMO; TALMUD; YIDDISH.

Hébridas, islas. En el océano Atlántico, no lejos de la costa oeste de Escocia, se encuentra el archipiélago de las *Hébridas* o islas del Oeste, formado por unas 500 islas, algunas de las cuales son meros puntos en el mar. Forman dos grupos: *Hébridas Exteriores*, separadas de Escocia por el Minch del Norte, y *Hébridas Interiores*, que el Pequeño Minch distancia de las anteriores. Del primer grupo las islas más importantes son Lewis, Uist del Norte y Uist del Sur, y del segundo Skye, Mull y Jurae

Islay. Su extensión total es de 7,300 kilómetros cuadrados.

El suelo es montañoso, con numerosos pantanos y lagos. La influencia atlántica suaviza su clima húmedo y lluvioso. Luce raramente el sol. La mayor parte de las islas están deshabitadas. En las pobladas, unas 100, viven 80,000 habitantes (1995), cuyas principales ocupaciones son la pesca, la ganadería y la agricultura. Aunque el suelo es pobre, produce cebada, avena, pastos y patata. Hay canteras de pizarra y mármol. Su industria se reduce a la pesca, destilerías y tejidos de lana. Sus habitantes hablan gaélico e inglés. Pertenecen a los condados escoceses de Argile, Inverness, Ross, Cromarty.

Los paisajes agrestes y pintorescos de estas islas y las costumbres sencillas y primitivas de sus pobladores, que han vivido aislados durante siglos, atraen hoy a muchos turistas. Las Hébridas eran conocidas en la antigüedad. Plinio las llama *Hebudas*. Invadidas por los normandos, quedaron en poder de los escandinavos hasta el siglo XIII. A mediados del siglo XIV, el jefe del clan de los MacDonald se erigió en Señor de las islas y sus sucesores gozaron de cierta independencia hasta la anexión definitiva a Escocia en tiempos de Jacobo V. *Véase* GRAN BRETAÑA *(Mapa)*.

Hécate. Diosa de la mitología griega, que presidía las artes mágicas y los hechizos. En el siglo de Pericles se le dedicó un magnífico templo en el Pireo. Según Hesíodo, era hija de Asteria y de Perseo, dios de la luz, y dominadora de la Tierra, del mar y del cielo estrellado. Cuando se iniciaba la luna nueva le era sacrificado un perro y ofrendados alimentos. Los griegos la representaban con tres cuerpos o tres cabezas, como símbolo de las fases de la luna.

hechicería. *Véase* SUPERSTICIÓN.

Hechos de los Apóstoles. Quinto libro del canon neotestamentario de la Biblia cristiana. Los más antiguos manuscritos griegos suelen titular al libro de los Hechos *Práxeis Apostólon* (Hechos de los Apóstoles), aunque la obra se ocupa casi exclusivamente de Pedro y Pablo.

Su contenido queda reflejado en el capítulo 1, 8: los primeros pasos de la vida de la Iglesia, que nace en Jerusalén y se extiende gradualmente, primero por Judea y Samaria, después por el mundo entero. La salida hacia la universidad implicó una dura batalla, muy bien descrita en torno a la figura de los dos apóstoles. La primera parte gira alrededor de Pedro y la historia de las comunidades de Palestina; la segunda parte se ocupa en la actividad de Pablo en el mundo grecorromano.

Obra compleja, debe ser estudiada con ayuda de la crítica literaria. La documentación que sirvió de base es difícil de establecer, principalmente en la primera parte (Act 1-15). Se compone de relatos que alternan con rápidos cuadros generales de la vida de los cristianos de Palestina, en una historia esquematizada en escenas representativas y en resúmenes idealizados. Son silenciados acontecimientos poco felices (Gál 2, 11-21). Los relatos de la segunda parte (Hech 16-28) son casi siempre de primera mano, porque Lucas, el autor de la obra, tomó parte personalmente en los acontecimientos referidos (Hech 16, 10-17; 20, 5-15; 21, 1-18; 27, 1-28) o recibió informes de testigos oculares. Probablemente el libro de los Hechos fue escrito poco después del proceso de Pablo en Roma y antes de que, hacia 64, emprendiera de nuevo sus viajes por Oriente.

El libro de los Hechos tiene dos formas textuales: *Texto oriental.* Conservado en los mejores códices griegos (*B, S, C, H, L, P*) y en el papiro Chester Beatty; usado comúnmente por los Padres orientales y en la Vulgata (latina, anterior al s. IV), y preferido por las ediciones críticas actuales. *Texto occidental.* Conservado en el códice D, algunos manuscritos griegos y las antiguas traducciones latina y siriaca. El texto oriental es, en general, más breve.

Héctor. Héroe de la *Ilíada*, que se distinguió en la guerra de Troya. Para Homero es el príncipe ideal, depositario de la confianza del pueblo y de los soldados, hijo de Príamo, rey de Troya, y esposo de Andrómaca. Mientras vivió, Troya fue invencible. Durante el sitio, sobresalió en la defensa del príncipe Sarpedon, en el duelo con Ayax y en las incursiones al campamento griego. Ante él sentía temor el mismo Aquiles, que armó con sus armas a su amigo Patroclo, para atacar a los troyanos. Héctor lo venció y mató, y vestido con las armas de Aquiles quiso medir sus fuerzas con el semidiós, pero fue vencido. Aquiles, furioso por la muerte de Patroclo, arrastró a Héctor muerto alrededor de Troya, a la vista de Príamo y Hécuba, pero conmovido por las lágrimas del padre entregó el cadáver a los troyanos, que le rindieron los honores merecidos.

Hécuba. Segunda mujer de Príamo, rey de Troya. Madre de 19 hijos (algunos famosos, como Héctor, Paris, Polidoro, Casandra), la mayoría de los cuales murieron en la guerra de Troya. Es el prototipo de la matrona dolorida, pues vio morir en combate a Héctor y degollar al viejo Príamo, a Polixena, su hija, y a Astianax, su nieto. Según una versión, ella misma fue esclavizada y muerta por los griegos; según otra, se arrojó al Helesponto.

Hedin, Sven Anders (1865-1952). Explorador sueco. Educado en la Universi-

dad de Upsala, cursó posteriormente ciencias naturales en Berlín y Halle. Comenzó de muy joven sus grandes viajes y, aprovechando su condición de secretario de la embajada sueca ante el gobierno persa, recorrió Mesopotamia y ascendió al monte Demavend. Posteriormente, con el apoyo del rey Óscar II, organizó una expedición que por tres años recorrió la meseta del Pamir, Turkestán, y poco después, con grandes sufrimientos y pérdidas de su equipo, el desierto de Taklamakan. Visitó el lago Lob-Nor y comprobó las variaciones de su emplazamiento. Descubrió una nueva cadena montañosa en Tíbet Septentrional y 23 lagos. Después exploró detenidamente Tíbet oriental hasta cerca de Lhasa. Sus viajes aportan innumerables datos sobre la cartografía de Asia Central y sobre determinaciones astronómicas de lugares poco conocidos. Recorrió zonas del norte del Himalaya, descubriendo alturas de dicha cordillera y cadenas que llevan su nombre. Entre sus múltiples libros se pueden citar *A través del Asia, Mi vida como explorador, El desierto de Gobi, Asia central y Tíbet, A Jerusalén* y *Resultados científicos de un viaje por Asia central*, en los que incluye una minuciosa descripción de todas las regiones visitadas.

hediondillo. *Véase* DURAZNILLO NEGRO.

Hedjaz. Territorio situado en el sector occidental de la península de Arabia. Fue reino independiente desde 1916 hasta 1932, en que pasó a formar parte del Reino de Arabia Saudita. Cubre una superficie de 350,000 km², aproximadamente, limitada al oeste por el Mar Rojo, al norte por Jordania, al este por el desierto y al sur por Yemen. La larga llanura de la costa está en su mayor parte desnuda de vegetación y debido a los bancos de coral los puertos no son seguros. En los valles se alzan palmeras y el principal producto de los oasis son los dátiles, que se cultivan especialmente en las cercanías de Medina, siendo Yenbo el principal centro exportador de ellos. También se cultivan en las llanuras el café, tabaco y cereales. En Hedjaz se crían, asimismo, los famosos caballos árabes.

Tiene una población de casi 3 millones de habitantes (1995), cuya mayor parte son árabes beduinos que profesan la religión musulmana. Hay también en el país muchos negros africanos e hindúes, llegados en años lejanos con las caravanas mercantiles.

Por sus dos ciudades santas, La Meca y Medina, Hedjaz ha sido siempre un importante centro del mundo musulmán. La Meca, con una población de 550,000 habitantes (1990), es la patria de Mahoma, capital de todo el mundo musulmán y ciudad de la célebre mezquita de la Caaba,

que todo creyente debe visitar por lo menos una vez en la vida. Medina tiene 290,000 habitantes y en ella está el sepulcro del Profeta. La moderna ciudad de Jidda, con 1.800,000 habitantes (1990), es el puerto marino de La Meca y la ciudad comercial más importante.

El territorio de Hedjaz fue gobernado por árabes, egipcios, moros y turcos. La rebelión contra el gobierno turco comenzó en 1908. El emir de La Meca, Hussein Ibn-Alí, trató entonces de impedir que los turcos extendieran el ferrocarril nacional hasta La Meca. Y en 1916, durante la Primera Guerra Mundial, negó formalmente la obediencia al sultán de Turquía, se puso de parte de los aliados y se proclamó rey de Hedjaz. Los aliados reconocieron el reino independiente de Hedjaz y la conferencia de paz de París lo confirmó en 1919. En 1920 fue admitido en la Liga de las Naciones. Sin embargo, se produjo una tensión en las relaciones entre el rey Hussein y el sultán Ibn-Saud, del país vecino de Nejd. Hussein se proclamó califa del Islam, pero invadido su territorio por Ibn-Saud, abdicó como rey y califa. En 1926, Ibn-Saud fue proclamado rey de Hedjaz y sultán de Nejd. En 1932 se integraron oficialmente ambos territorios para constituir el reino de Arabia Saudita.

hedonismo. Doctrina que sostiene que la obtención de placer debe guiar la conducta del hombre. En general se llama hedonista a aquel que persigue sólo su propia satisfacción, especialmente en el terreno de los bienes materiales. Los que en la antigüedad fundaron esta doctrina filosófica, los epicúreos, eran, paradójicamente, verdaderos ascetas, puesto que, como sostenía que los placeres materiales acababan por producir más penas que satisfacciones, su ideal de máximo placer tomaba la forma de un desapego extremo respecto a las cosas mundanas. En el siglo XIX el hedonismo constituyó la base de doctrinas morales, como el utilitarismo, que sostenía que el hombre es moral en la medida en que se le permite lograr su propio placer, pero como el placer de un mayor número de personas es el capaz de proporcionar mayor placer individual, el hedonismo constituía un sano fundamento de la moral.

Hegel, Georg Wilhem Friedrich (1770-1831). Filósofo alemán. Llevó a su culminación el ciclo de los sistemas filosóficos idealistas con su *idealismo lógico o absoluto,* y ejerció gran influencia en la filosofía del siglo XIX a través de las interpretaciones, glosas y aun deformaciones que sufrió su doctrina. Nació en Stuttgart. Estudió en el seminario de Tubinga y, más tarde, enriqueció su pensamiento con una preparación filosófica, matemática y biológica, llegando a poseer una vasta erudi-

Hegel, Georg Wilhem Friedrich

Dibujo del filósofo alemán Georg Hegel, realizado por Friedrich Hensel.

Art Today

en Berna y Francfurt, de enseñar en la Universidad de Jena y explicar filosofía en la de Heidelberg, fue llamado a Berlín para ocupar la cátedra que había desempeñado Johann Gottlieb Fichte. Al morir, víctima del cólera, en la capital alemana, su prestigio era tan grande que sus admiradores lo compararon con las más grandes figuras de la historia.

Su filosofía, de tendencias panteístas, tiene su punto de arranque en el pensamiento kantiano y varios puntos de contacto con las filosofías de Fichte y Federico Guillermo Schelling. Aceptando el carácter dialéctico que Jorge Guillermo Federico Hegel dio al proceso de desenvolvimiento del ser, Carlos Marx imprimió a dicho proceso un sentido diferente, desembocando en el *materialismo histórico* y en sus peculiares doctrinas socialistas.

El sistema hegeliano se llama del *idealismo absoluto*, porque ante todo, para él, existe el ser *puro* como *idea*, la que al desarrollarse según ciclos lógicos que comprenden siempre tres fases: tesis, *antítesis* y *síntesis*, da existencia a la naturaleza, al alma, a Dios, como concatenaciones sucesivas. La mayor originalidad de su *Lógica* consiste en la *identidad de los contrarios*, por lo que la vida y la muerte, el bien y el mal, etcétera, se nos aparecen como inseparables. Siendo la lógica para Hegel una ontología, resulta consecuente cuando fundamenta la psicología y la moral en aquélla. Para el filósofo de Stuttgart el hombre tiene tres facultades: la *sensibilidad*, el *entendimiento y la razón*.

Hegel dio en su filosofía puesto preeminente al concepto de derecho, del que derivó la consecuencia de que la forma política de mayor persistencia histórica es la más íntimamente conectada con el concepto matriz, *derecho*, que a toda forma política da origen. De ahí su *estatismo* rígido. El arte es para Hegel una manifestación de la idea por un medio sensible. Entre sus obras se destacan: *Fenomenología*,

Lógica, Enciclopedia de las ciencias filosóficas, Filosofía del derecho, Filosofía de la historia, Filosofía de la religión, Estética, Propedéutica filosófica, etcétera.

Heidegger, Martin (1889-1976).

Filósofo alemán. Profesor universitario en varias ciudades de su país antes de instalarse definitivamente en Friburgo. Allí escribió su obra principal, *El ser y el tiempo*, libro en que se propone investigar el ser en general a través de un análisis de la existencia humana. Ésta se caracterizaría por vivir en un constante cuidado de sí misma y del mundo. Estos dos términos, vida humana y mundo, son para Heidegger necesariamente complementarios como lo expresa en su famosa frase *Yo soy yo y mis circunstancias*. Vivir humanamente, para Heidegger, *el ser auténticamente hombre*, es un luchar por descubrir la razón de ser de su propio ser, que tiene su expresión máxima en la angustia y su realización, en forma un tanto paradójica, sólo en la muerte. Entre las influencias que se hallan en la temática de Heidegger se destaca la del filósofo danés Sören Kierkegaard, aunque despojados los pensamientos del sentido religioso que tuvieron en éste. Dichos temas pertenecen a la llamada filosofía existencialista. En Heidegger están tratados con el método riguroso preconizado por su maestro, el filósofo Edmund Husserl. Publicó, aparte de la obra mencionada, un estudio sobre Emmanuel Kant, otro sobre el poeta Friedrich Hölderlin, una obra sobre estética y opúsculos como *La esencia de la verdad* y *¿Qué es metafísica?*

Heidelberg.

Ciudad alemana situada a orillas del Neckar, capital del antiguo ducado de Baden, ahora parte del estado de Baden-Wurttemberg, dentro de la República Federal Alemana. Tiene 138,964 habitantes (1994), célebres edificios y monumentos, pintorescos alrededores y una famosa universidad, fundada en 1386 por el príncipe elector Ruperto I. Cuenta con hermosas plazas, como la de Ludwigsplatz, donde se levanta una gran estatua ecuestre de Guillermo I, pudiendo citarse entre sus clásicos edificios la iglesia del Espíritu Santo, construida hacia el año 1400, que representa un típico exponente del estilo gótico. En medio de una colina del Königstuhl, a más de 100 m sobre el nivel del Neckar, se levanta un antiguo y suntuoso castillo, que fue residencia de príncipes y donde se halla el famoso tonel con capacidad para 200 mil litros.

Heidelberg, hombre de.

Hueso de mandíbula que corresponde a la especie fósil *Homo heidelbergensis*. Fue encontrado en Mauer, cerca de la ciudad de Heidelberg, a 24 m de profundidad, en el año 1907. Se le atribuye una antigüedad de 300

Retrato de Martin Heidegger.

German Information Center

mil a 400 mil años. La mandíbula tiene 15 dientes, es muy robusta y carece de mentón. Se conserva en la Universidad de Heidelberg.

Heidenstam, Karl Gustaf Verner von (1859-1940).

Escritor sueco. Antes de publicar su primera obra viajó por el sur de Europa, Egipto y Oriente. En 1888 escribió sus primeros versos, *Peregrinación y años de vagabundear*. Sus ensayos críticos propagaron la reacción del nuevo romanticismo contra la literatura realista. Su obra maestra es la colección de novelas históricas sobre Carlos XII, *Los carolinos*. Además escribió: *Poemas, San Jorge y el dragón, La floresta susurra y Nuevos poemas*. En 1916 se le concedió el Premio Nobel.

Heifetz, Jascha (1901-1987).

Violinista contemporáneo. Nació en la ciudad de Vilna, cuando Rusia dominaba el territorio polaco, de una familia judía de origen ruso. Comenzó a estudiar el violín a los tres años de edad, y cinco años más tarde se graduaba en la Escuela Imperial de Música de Vilna, perfeccionándose después en San Petersburgo con el famoso maestro Leopoldo Auer. La fama que había conquistado en su primer concierto, dado cuando cumplía 5 años de edad, se hizo internacional en 1911, cuando se presentó en Berlín. Después de una serie de triunfos en Europa y Australia, visitó Estados Unidos en 1917, adoptó la ciudadanía estadounidenses y se estableció en aquel país, de donde emprendería, periódicamente, giras artísticas por Europa y América Latina.

Heine, Heinrich (1797-1856).

Poeta y prosista alemán de origen israelita. Sus primeras obras fueron dos tragedias románticas, *Almanzor* y *William Ratcliff*; la publicación posterior de sus famosos *lieder* o canciones, mezcla de ironía y desesperación, en versos de insuperable musicalidad, lo hizo rápidamente famoso. Desde su primer *Libro de canciones*, creó una sucesión de obras maestras, los libros *Nuevas poesías*, *Romancero*, *Sufrimientos juveniles*, el inmortal *Intermezzo lírico*, *El regreso*, *El Mar del Norte* y los dos largos poemas, *Alemania* y *Atta Troll*. Viajó por Inglaterra e Italia y fijó su residencia en París. Allí había de morir después de una terrible enfermedad que le tuvo sujeto en el lecho por cerca de diez años y cuyos sufrimientos sobrellevó con irónico estoicismo. En él se ha visto el precursor del moderno corresponsal extranjero; sus *Cuadros de viaje* y las famosísimas *Cartas de París* constituyen todavía documentos interesantes para el conocimiento de la Europa de entonces. Sus páginas se cuentan entre las más hermosas de la prosa del siglo XIX.

Heisenberg, Werner Karl (1901-1976).

Físico y matemático alemán. Catedrático de física teórica en la Universidad de Leipzig y director del Instituto Max Planck. Realizó importantes investigaciones sobre la mecánica de los *quanta* y la naturaleza de la luz. Descubrió el principio de indeterminación, relacionado con el movimiento y la posición de los electrones. Se le otorgó el Premio Nobel de Física en 1932.

helada.

Congelación del vapor de agua suspendido en la atmósfera cuando la temperatura desciende a menos de 0 °C; generalmente se produce de noche, como consecuencia del enfriamiento de la corteza terrestre. Los vegetales mueren por la acción de las heladas, pues la savia al congelarse aumenta de volumen y rompe los vasos por donde circula. Las heladas son más perjudiciales a la agricultura durante la primavera, estación en que la savia circula activamente; las que se producen en invierno y otoño no suelen tener consecuencias de importancia. En ciertas zonas agrícolas la proximidad de las heladas es anunciada por instrumentos registradores, al mismo tiempo que una sirena avisa a los campesinos. Éstos encienden entonces fuegos alrededor de los sembrados para elevar la temperatura y preservarlos de las dañinas heladas.

Hélade.

Pequeña comarca de la antigua Tesalia (Grecia). Nombre que se daba también a la Grecia antigua. Actualmente así se designa oficialmente al país griego.

helados.

Alimentos líquidos y jugos que se congelan por medio del frío y se les da consistencia pastosa. La técnica de helar los alimentos es muy antigua, pues en Europa en la época del Renacimiento ya se conocía. Los primeros helados se hicieron a base de leche y crema que se congelaban rodeando los recipientes que los contenían con una mezcla frigorífica de hielo y sal común. El hielo se transportaba de las montañas con nieves perpetuas, y algunas veces se conservaba en profundos pozos, que se llenaban de hielo en invierno, cubriéndolos con paja y sustancias aislantes que protegían la nieve que permanecía sólida hasta el verano. Modernamente, con los adelantos de la técnica de refrigeración, la fabricación y consumo de helados se ha difundido por todos los países.

Los helados más corrientes están hechos con leche, crema, azúcar, esencias diversas, jugos de frutas y, a veces, algunas cantidades de gelatina o goma vegetal y frecuentemente huevos. Estos ingredientes se combinan entre sí para obtener el tipo de helado que se desea. Para preparar un helado se mezclan los ingredientes que han de componerlo en la proporción requerida y se baten bien hasta obtener un líquido uniforme que se coloca en un recipiente para helarlo.

Los aparatos para hacer helados suelen ser de dos tipos: los domésticos o familiares y los que se utilizan con fines industriales en heladerías, cafés y establecimientos que fabrican comercialmente los helados. Las heladeras familiares constan de un recipiente metálico, generalmente de forma cilíndrica, en el que se vierte la mezcla líquida que se desea helar. Este recipiente se coloca en el interior de otro mayor, que contiene una mezcla frigorífica, generalmente compuesta de hielo comercial y sal gruesa, que baña exteriormente el recipiente metálico, hasta enfriar y congelar la mezcla que contiene.

Esta mezcla empieza a solidificarse por las partes que están en contacto con la pared para seguir hasta el centro, por lo que muchas heladeras están provistas de unas paletas que baten la mezcla, despegan las partes solidificadas de las paredes y facilitan la congelación. El recipiente metálico gira mediante un dispositivo que va unido a un manubrio manejado con la mano.

Otro procedimiento para fabricar helados en casa es colocar la mezcla de los ingredientes ya preparada y batida en el congelador del refrigerador eléctrico y poco tiempo después se iniciará la congelación empezando por las paredes. Cuando hay una capa de un par de centímetros solidificada se vierte toda en una batidora, sometiéndola a un enérgico batido hasta que, unificada la masa, se coloca nuevamente en un recipiente adecuado, en el interior de la heladera, donde se termina de solidificar.

En las heladerías, cafés y confiterías, se emplean instalaciones industriales para fabricar los helados, que consisten generalmente en tanques metálicos en los que se ponen las mezclas que se necesite helar. Esos tanques dotados de movimiento giratorio se mueven en mezclas frigoríficas industriales o en aparatos refrigeradores de tipo industrial. Lo mismo que en las familiares, estos depósitos metálicos disponen de paletas que, girando rápidamente, despegan las partes solidificadas de las paredes, facilitando la congelación. El batido continúa hasta que la masa desciende a 4° C bajo cero. Entonces el recipiente metálico se suele almacenar en locales a temperaturas muy bajas donde permanecen varias horas antes de ser distribuidos a los puestos de venta al público.

helechos.

Grupo de plantas criptógamas, muy numerosas compuesto por varios miles de especies, diseminadas por todo el mundo. No tienen flores; son casi siempre perennes y de tamaño, forma y color muy variables, algunos tan pequeños que parecen musgo y otros tan grandes como árboles; su color presenta todos los matices del verde, desde el claro y brillante al oscuro azulado. En general sólo se ven las hojas, pues el tallo o rizoma está bajo tierra, excepto en los helechos arbóreos de los trópicos, que tienen troncos elevados.

Las mejores condiciones para su crecimiento son el clima húmedo y cálido, pero algo sombrío, y uniforme, por lo que son

Esquema de un proceso industrial de fabricación de helados.

Salvat Universal

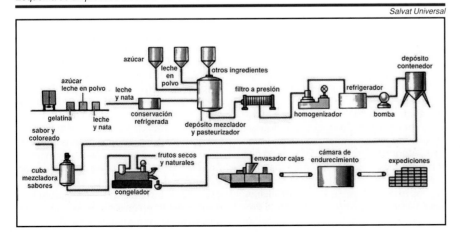

helechos

Corel Stock Photo Library

Helecho Asplenium bulbiferum.

numerosos y exuberantes en las zonas tropicales y van disminuyendo hacia las regiones frías. Las hojas, llamadas frondas, son de formas muy diversas y complicadas; en general muy grandes, la mayoría están divididas hasta el eje principal, a la manera de las plumas.

Su desarrollo es muy lento, a veces dura varios años, y mientras son jóvenes tienen la punta enroscada como un cayado.

La reproducción se verifica por esporas, que se encuentran encerradas en unas cápsulas pequeñísimas llamadas soros, dispuestas en el envés de las frondas. Cuando las esporas maduran, se abre el soro y caen al suelo, y si es terreno favorable, se desarrolla una plantita denominada protalo, cuya función es producir dos generadores u órganos diferentes, los cuales al unirse dan origen a la nueva planta de helecho. Cuando ésta crece, el protalo desaparece. La disposición de los soros es muy variada, según los diferentes géneros de helechos. Generalmente cubren toda la fronda, pero en otros escasean, hallándose agrupados en la punta, en los bordes o a lo largo del nervio central.

Se han encontrado fósiles y huellas en las rocas de helechos gigantescos que existieron en la remota edad carbonífera. Cubrían gran parte de la superficie terrestre, formando verdaderos bosques, y junto con otras plantas suministraron considerable cantidad de materia vegetal que se mezcló con la tierra y al cabo de los siglos dio origen a los depósitos de carbón.

Se clasifican en seis familias principales: himenofiláceas, gleiqueniáceas, esquiceáceas, osmundáceas, ciatáceas y polipodiáceas. Algunas como el helecho macho, se emplean en medicina; otras, de tallos gruesos, como alimento para animales, también se utilizan con bastante frecuencia para adorno.

Helena. Hija de Zeus y Leda, y hermana de Cástor y Pólux. Su hermosura sin par suscitó varios hechos, que la mitología griega narra en cautivantes leyendas. Siendo aún niña, Teseo la raptó y llevó al Ática, de donde fue recuperada por sus hermanos. Más tarde, los muchos príncipes que pretendían tomarla por esposa prometieron respetar la elección que ella hiciera y defenderla de aquel que no cumpliera su juramento. Fue el escogido Menelao, rey de Esparta, y juntos vivieron felices hasta la llegada de Paris, que aprovechando la ausencia del esposo, raptó a Elena y la llevó a Troya. A su regreso, Menelao clamó venganza y obtuvo el prometido apoyo. Los griegos se lanzaron a la guerra contra Troya, ciudad que fue finalmente tomada después de un sitio prolongado y sangriento, en el que Paris perdió la vida. Helena fue rescatada, volvió junto a su esposo y más tarde los espartanos la veneraron como una diosa. Homero relata en su inmortal poema, la *Ilíada*, los episodios de la guerra de Troya.

helenio. Planta de la familia de las compuestas, de las que se registran más de un centenar de especies. Es conocida en Europa y América tropical. Su tallo alcanza 1.4 m de altura y sus flores son amarillas. Su raíz aromática, amarga y de propiedades tónicas era un componente de la antigua *triaca*.

helenismo. Conjunto de valores e ideales que caracterizaron a la civilización griega o helénica. Las expresiones más peculiares del helenismo fueron las creadas durante el apogeo de la democracia ateniense (s. V-IV a. C.), época en que vivieron los filósofos Sócrates, Platón y Aristóteles, el historiador Tucídides, los trágicos Esquilo, Sófocles y Eurípides, el comediógrafo Aristófanes y los escultores Fidias y Praxiteles. Algunos historiadores designan con el nombre de época helenista a los años que siguieron a las conquistas de Alejandro y en los que algunas ciudades extranjeras, especialmente Alejandría en Egipto y Pérgamo en Asia Menor, se convirtieron en notables centros de difusión de la cultura griega.

La raíz ideal del helenismo parece ser el deseo de conciliar las fuerzas opuestas y los elementos contradictorios. Ya el filósofo Nietzsche hizo ver que el arte griego es la solución de un conflicto entre los elementos formales (apolíneos) y los naturales (dionisiacos). La historia de la filosofía griega parece estar animada por un ideal parecido, y es indudable que el esplendor del estado-ciudad, tal como floreció en la época de Pericles, tuvo como base la armonía entre los intereses de la sociedad y los del individuo.

Si bien es cierto que el siglo de Pericles marca la época de mayor florecimiento de la cultura griega, ninguna referencia al helenismo, por somera que sea, puede omitir el nombre de Homero, padre de la poesía, maestro de generaciones y fuente en que abrevaron los primeros pensadores de que hay noción en la historia.

Homero es el índice vigoroso que señala con don profético la senda del helenismo, sobre el cual vendría a asentarse para siempre el genio creador de nuestra cultura de Occidente.

Helesponto. Antiguo nombre del estrecho de los Dardanelos, entre Asia Menor y la península de Gallípoli. De 70 km de largo y 7 a 1.5 de ancho, en el sitio más estrecho, forma con el Bósforo y el Mar de Mármara uno de los puntos neurálgicos de la estrategia de todos los tiempos. Fortificado en diversas partes, ha sido objetivo de importantes acciones militares en la Guerra Ítalo-Turca y en la Primera Guerra Mundial.

hélice. Aparato compuesto por dos o más palas sujetas a un eje giratorio, que sirve para impulsar los navíos y aeroplanos. Las hojas de la hélice, también llamadas palas o paletas, hienden el aire o el agua en forma parecida a la de un tornillo que penetra en un trozo de madera. Pueden ser de dos clases principales: marinas y aéreas.

Hélices marinas. John Fitch, inventor inglés que vivió a fines del siglo XVIII, patentó en 1796 una hélice que tenía la curiosa forma de una espiral desarrollada alrededor de un eje. Casi cuarenta años transcurrieron antes que la invención de Ficht tuviera su primera aplicación práctica. El *Novelty*, buque que hacía el trayecto entre Manchester y Londres, fue equipado en 1838 con una hélice rudimentaria en sustitución de las grandes e incómodas ruedas laterales que usaban los primeros buques de vapor. Entretanto, un sueco que había emigrado a Estados Unidos, llamado John Ericsson, acababa de inventar una hélice provista de palas o aletas, precursora de las que hoy se utilizan en todos los navíos. Estas invencio-

Helecho Pellaea rotundifolia.

Corel Stock Photo Library

Corel Stock Photo Library

Doble hélice en un avión turborreactor .

Se llama *paso* de una hélice a la distancia que avanzaría al dar una vuelta completa si estuviese *mordiendo* en una sustancia sólida, al modo de un tornillo que se introdujera en un trozo de madera. Como el agua y el aire no ofrecen tanta resistencia como los sólidos, se llama *deslizamiento* a la diferencia que existe entre el paso teórico y la distancia realmente recorrida; esta pérdida suele ser de 18% aproximadamente en las hélices marinas y mucho mayor en las aéreas.

Hélices aéreas. Los aviones con motores de émbolo utilizan hélices de dos, tres o cuatro palas. El paso puede ser fijo, cuando es imposible alterarlo; regulable, cuando es posible modificarlo en tierra; y variable, cuando es factible modificarlo en el aire a voluntad. Casi todos los aviones modernos tienen hélices de paso variable. Las hélices coaxiales o contrarrotantes utilizadas en algunos aviones de caza, están montadas sobre un mismo eje y giran en sentidos opuestos, dando al aparato una gran potencia adicional.

Existe gran diferencia entre la velocidad de rotación de las hélices marinas y las aéreas; las de un crucero que navega a diez nudos de velocidad dan 94 vueltas en un minuto, mientras que las de un avión de pasajeros dan alrededor de 1,800 revoluciones por minuto en pleno vuelo.

helicóptero. Aeronave más pesada que el aire, parecida al avión y al autogiro, que puede volar hacia arriba y hacia abajo sin desplazarse horizontalmente. El helicóptero puede realizar las maniobras más singulares: despegar de la cubierta de un buque, aterrizar sobre una azotea, volar hacia atrás y mantenerse inmóvil en el espacio. Se diferencia del aeroplano en que no tiene alas ni timones, y del autogiro en que carece de la hélice delantera que hace avanzar a este aparato, ideado por el ingeniero español La Cierva.

Por su aspecto exterior, el helicóptero parece un avión sin alas y provisto de unas

Corel Stock Photo Library

Helicóptero combatiendo un fuego forestal en el monte de Edmonton, Alberta, Canadá.

nes, producidas en la época precisa en que la revolución industrial transformaba por completo el transporte marítimo, ayudaron a reducir las distancias entre continentes y países.

Las hélices de los transatlánticos llegan a tener grandes dimensiones y son construidas con una aleación de manganeso y bronce; la mayoría de los buques de carga tienen dos hélices, colocadas a ambos lados del timón, mientras que las grandes naves de pasajeros tienen cuatro. Las de los buques de guerra suelen ser de tres palas, mientras que las de las embarcaciones mercantes tienen generalmente cuatro palas. Las hélices cicloides disponen de palas móviles que eliminan la necesidad de usar timones, pues permiten efectuar toda clase de maniobras con sólo modificar su inclinación.

gigantescas aspas de molino en su parte superior. Estas aspas forman el *rotor*, que es impulsado por un motor de explosión. Al girar, las tres o cuatro hojas del rotor crean un componente vertical de fuerza y hacen que la aeronave ascienda. Desde su cabina el piloto gradúa la inclinación de las hojas: si la invierte, el aparato desciende; si la coloca en el punto intermedio donde se equilibran la fuerza de la gravedad y el impulso ascensional, el aparato permanece inmóvil en el aire.

Además del rotor principal, todo helicóptero posee también una pequeña hélice en la parte posterior, que gira en sentido inverso. Este aditamento sirve para contrarrestar la acción de un fenómeno físico: cuando algo da vueltas en determinado sentido, se engendra una fuerza igual que actúa en la dirección opuesta. Tal torsión, producida por el rotor, haría que el helicóptero diese vueltas en el aire en dirección contraria al movimiento de las aspas.

Los primeros diseñadores de estos aparatos idearon diversos métodos para anular este efecto, pero ninguno ha tenido tanto éxito como el ya mencionado de la pequeña hélice posterior. El honor de la invención corresponde a Igor Sikorski, ingeniero aeronáutico ruso que se trasladó a Estados Unidos en 1919. Otros diseñadores utilizan dos rotores, colocados en los extremos anterior y posterior del aparato, que giran en sentidos opuestos y anulan recíprocamente sus fuerzas de torsión. También hay helicópteros dotados de dos rotores superpuestos que giran en dirección contraria.

Representación gráfica del paso de una hélice (izq.), y vista lateral de una hélice de paso variable, mostrando las distintas posiciones de una pala (der.).

Salvat Universal

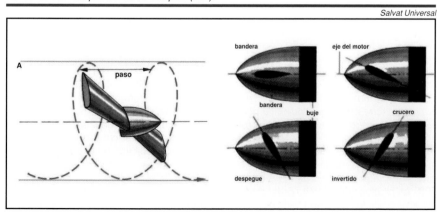

helicóptero

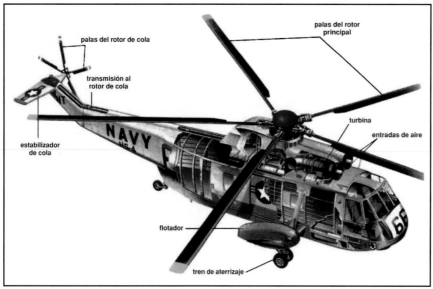

Helicóptero estadounidense Skorskydel *modelo HS-4.*

Como otros muchos inventos modernos, el helicóptero surgió del cerebro genial de Leonardo da Vinci, en pleno siglo XV. Pero este coloso del Renacimiento careció de los recursos técnicos que le habrían permitido llevar a la práctica su proyecto. Sikorski, hacia 1910, logró construir un pequeño helicóptero que se elevaba por sus propios medios pero no podía remontar vuelo con un piloto a bordo. El primer helicóptero con tripulante fue diseñado y construido por el francés Bréguet, uno de los grandes precursores de la aviación moderna. El marqués de Pescara, en España; Reitsch y Rohlfs, en Alemania; Böthezat, en Rusia, y Oemichen, en Francia, son otros inventores que aportaron su contribución al desarrollo de esta aeronave.

En el periodo que se extendió entre la primera y segunda guerras mundiales, el autogiro desplazó al helicóptero en la atención de los públicos. El infatigable Sikorski fue quien logró que el olvidado aparato recuperara su popularidad. En 1939 construyó y perfeccionó su *VS-300*, con el que realizó pruebas que convencieron a los militares estadounidenses. En 1941 realizó la proeza de mantener su aparato inmóvil en el aire durante más de hora y media.

Los helicópteros construidos después de la Segunda Guerra Mundial alcanzaron velocidades superiores a los 250 km/hr y cumplen múltiples tareas. Durante dicha guerra y en la contienda de Corea los helicópteros sirvieron para transportar heridos graves, establecer contacto entre buques en navegación, observar las líneas del enemigo, combatir la amenaza de los submarinos y establecer comunicación con sitios de difícil acceso.

Heligoland. Isla alemana del Mar del Norte, roqueña y triangular, situada al noroeste de las desembocaduras del Elba y del Wesser. Tiene 0.55 km² de superficie. Perteneció a Dinamarca hasta 1807, fecha en que los ingleses se apoderaron de ella; la cedieron en 1890 a Alemania a cambio de Zanzíbar y Uganda. En las dos guerras mundiales fue una importante base naval alemana. En 1947 los británicos, después de evacuar a los 2,000 habitantes, hicieron estallar en la isla 3,500 ton de explosivos, destruyendo sus fortificaciones. En 1952 se les permitió a los isleños regresar.

helio. Elemento químico gaseoso, de peso atómico 4 y símbolo He. Es de sencilla constitución atómica: dos electrones, dos protones y dos neutrones. Es el más liviano de todos los cuerpos conocidos después del hidrógeno, cuyo átomo consta únicamente de un protón y un electrón. Mientras a fines del siglo XIX se estudiaba, durante un eclipse, la atmósfera solar, se observó en ella una banda de luz amarilla brillante que debía corresponder a un gas nuevo, desconocido hasta entonces. Se le llamó helio, que en griego significa sol. Unos años más tarde fue descubierto en la Tierra, aunque no en abundancia.

Sólo una parte de cada 185,000 de la atmósfera terrestre es helio puro. También se encontró, pero en cantidades aún menores, en los gases volcánicos y en ciertos manantiales. Sin embargo, en algunas fuentes naturales de gas descubiertas en este siglo, la proporción de helio llega a 10%. La producción de helio procede casi totalmente de los Estados Unidos.

El helio se licúa a temperaturas muy bajas y esta propiedad es aprovechada para aislarlo fácilmente de los gases con que suele encontrarse confundido. Los otros gases se licúan primero y dejan al helio en libertad. También se puede producir helio bombardeando los átomos de otros cuerpos o aislando las partículas lanzadas por los minerales radiactivos que casi siempre contienen este gas.

Como este elemento pertenece al grupo de los gases inertes (que apenas reaccionan cuando se ponen en contacto con otros cuerpos químicos), el peligro al que se inflame o estalle es casi nulo y se puede usar confiadamente en globos y dirigibles. Mezclado con oxígeno se ha empleado también, con eficacia, para evitar las graves enfermedades que el exceso de nitrógeno produce en los buzos y para combatir la difteria, la laringitis, etcétera. El helio líquido es utilizado en diferentes aparatos, por ser muy buen conductor de electricidad y también, pues en este estado es muy frío, como refrigerante de los mismos.

heliografía. Procedimiento de reproducción con clichés obtenidos sin grabado ni mordiente. La plancha de heliografía se prepara cubriendo con betún de Judea, disuelto en esencia de espliego, la superficie de la plancha de cinc o de la piedra litográfica. Después de haber impresionado esta capa fotosensible con la imagen con que se va a reproducir se revela con esencia de espliego. La plancha se utiliza entonces por el método de la litografía.

heliógrafo. Aparato para hacer señales telegráficas, compuesto por un espejo que recibe los rayos solares y los envía en forma de destellos cortos y largos, que representan, respectivamente, el punto y la raya del alfabeto Morse. También se conocen con este nombre otros aparatos que con el mismo propósito, utilizan luz artificial en vez de luz solar. El heliógrafo es de gran aplicación en la transmisión de señales.

helioterapia. Tratamiento por los rayos solares. La luz solar ejerce acciones múltiples sobre los tejidos orgánicos. Dilata los pequeños vasos sanguíneos de la piel. Facilita la asimilación de calcio, fósforo y hierro. Actúa contra los microbios y favorece las cicatrizaciones. Estimula el estado general aumentando los glóbulos rojos. La técnica de la cura solar requiere empezar por las mañanas en sesiones de unos minutos y aumentar gradualmente, para evitar las quemaduras o la insolación. El baño de sol está indicado en la tuberculosis de la piel, mucosas, ganglios linfáticos, peritoneo y de los huesos. Está contraindicado en la tuberculosis pulmonar. La helioterapia puede realizarse en todos los lugares, pero de preferencia en las regiones montañosas –sol de altura– o en las playas. *Véase* SOL.

heliotropo. Planta de adorno, muy estimada para la decoración de jardines. Pertenece a la familia de las borragináceas y comprende muchas especies, la más conocida es el *Heliotropium peruvianum*, nombre debido a su país de origen, Perú. Mide medio metro de altura y está formada por varias ramas cubiertas de pelos, con hojas lanceoladas, alternas, y flores pequeñas –de suave perfume a vainilla, y color blanco, azulado o violeta pálido– que están dispuestas en ramilletes vueltos hacia un mismo lado, mirando al Sol; de aquí su nombre, derivado de las palabras griegas *helios*, que significa sol, y *tropos*, girar. Es planta delicada que requiere clima templado y mucho riego; en los meses fríos debe protegerse guardándola en invernaderos. Se utiliza en la preparación de productos farmacéuticos y en la fabricación de perfumes.

Helmholtz, Hermann Ludwig Ferdinand von (1821-1894). Médico y físico alemán, célebre por sus investigaciones y experimentos en el campo de la fisiología, ciencia que le debe el descubrimiento de las células nerviosas de los ganglios, una interesante teoría sobre la visión, la invención del oftalmoscopio, el resonador y otros aparatos que aún hoy se emplean en el examen de la vista y el oído. Fue también uno de los primeros en formular la ley de la conservación de la energía. Sus

Jardines de la Universidad Botánica de Helsinki.

estudios sobre la inducción electromagnética son de una gran importancia científica y muchos de ellos tienen hoy aplicación práctica en el campo de la radiotelefonía, la televisión y el radar.

helmintiasis. Afección que padecen el hombre y los animales por la presencia de gusanos parásitos en el intestino. Los hay de varias clases: tenias, que pueden tener una longitud de varios metros; ascárides o áscaris, de 10 a 40 cm, y oxiuros o vermes, de pocos milímetros. Los trastornos que causan al organismo son diversos: anemia, hepatitis, colitis, urticaria, y hasta accidentes graves. La contaminación proviene de los dedos sucios, por haber tocado tierra que contiene los huevos de los parásitos. Algunos portadores pueden ser los animales domésticos como el puerco y la vaca. Otros focos de infección son las frutas y hortalizas mal lavadas, donde con facilidad anidan los gusanos, y el agua, por lo que ésta debe ser hervida o filtrada.

Helsinki. Capital de Finlandia desde 1812, fundada por colonos suecos en 1550 con el nombre de *Helsingfors*. Posee puerto sobre el Mar Báltico, que moviliza 50% del intercambio del país. Población: 515,765 habitantes (1995). Centro industrial y comercial muy activo. Universidad e importantes institutos y centros científicos. En su espléndida edificación, antigua y moderna, hay verdaderas joyas arquitectónicas.

Helst, Bartolomé van der (1613-1670). Famoso pintor holandés, que se destacó como gran retratista. Su cuadro *Banquete de la guardia cívica en Amsterdam* está considerado como una obra maestra. Cuidaba los más mínimos detalles y su colorido era sobrio y natural. Cuadros suyos se conservan en los museos del Louvre, Bruselas y Amsterdam, ciudad esta última en la que residió largos años.

hematites o hematita. Mineral de hierro de color rojizo, formado por cristales romboédricos de aspecto granular o fibroso. Generalmente se encuentra asociado al cuarzo; los yacimientos más importantes se hallan en Suecia, Noruega, Rusia y Estados Unidos. Hay variedades pardas, rojizas y negras. Se explota principalmente para extraerle el hierro. Por su dureza se usa para pulir metales. *Véase* HIERRO.

hematopoyesis. Término médico que significa formación de la sangre. También se le llama hemopoyesis. En el feto humano se origina la sangre a partir del hígado, bazo y médula ósea. Después del nacimiento es la médula de los huesos la encargada de producir los elementos principales de la sangre. Los tejidos de esta médula

Casa de la Cultura en Helsinki.

pesan alrededor de tres kilos en el hombre adulto. Asume las funciones siguientes: formación de los glóbulos rojos, una proporción de los blancos y producción de plaquetas. Para investigar la actividad de la hematopoyesis, con una aguja gruesa para inyecciones se extrae líquido del esternón, operación que se denomina punción esternal. Cuando la médula está enferma o le faltan elementos, como hierro y vitaminas, para la formación de nueva sangre, el organismo padece anemia, la cual se divide en varias clases. El bazo en el adulto tiene un papel secundario. Forma parte de los glóbulos blancos como los linfocitos y monocitos y cuando enferma se le puede extirpar sin peligro.

hemeroteca. Local destinado a la guarda, cuidado, clasificación, conserva-

Periódico en proceso de clasificación para su inclusión en una hemeroteca.

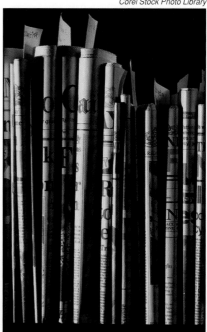

El escritor Ernest Hemingway hacia 1934.

litros con una parte basal engrosada y coriácea y otra distal membranosa, llamadas coria y membrana, respectivamente, y las del segundo par enteramente membranosas.

El orden comprende los homópteros y los heterópteros. En los homópteros se establecen los gimnocerados y criptucerados. Es un grupo interesante por encerrar especies parásitos como la chinche y la chinche hocicona, que atacan a los animales y especies que viven sobre los vegetales, como la chinche de campo. Los pulgones, la filoxera y la cochinilla; en algunas clasificaciones también se incluían en este grupo los anopluros y tisanópteros. Algunos entomólogos modernos separan los homópteros en un grupo independiente, dentro de los insectos con la categoría de orden.

hemisferio. Mitad de una esfera. Todos los círculos máximos (ecuador, meridianos, horizonte geocéntrico) de las esferas terrestre y celeste las dividen en dos hemisferios. Los que el Ecuador determina se llaman septentrional, boreal o ártico, al norte, y meridional, austral o antártico, al sur. Los señalados por un meridiano: oriental, el del lado por donde sale el Sol, y occidental, el del lado, por donde se pone. El hemisferio norte se denomina también terrestre porque en él están dos tercios de las tierras emergidas, y el del sur, marítimo, porque en él predominan las aguas. El hemisferio oriental del meridiano de Green-wich incluye más o menos, Europa, Asia, África y Australia, y el occidental, América.

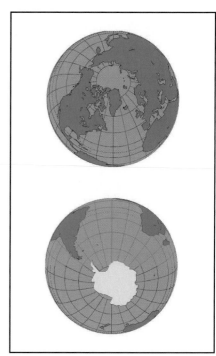

Hemisferios norte (arriba) y sur (abajo).

Hemisferio de Magdeburgo. Consisten en dos semiesferas metálicas huecas que encajan entre sí; al hacer el vacío en su interior es considerable la fuerza requerida para separarlas debido a que sobre ellas sólo actúa la presión exterior. Deben su nombre a que en 1674 al físico Otto von Guericke hizo una demostración con ellas en la ciudad de Magdeburgo.

ción y consulta o lectura de todas aquellas publicaciones de impresión y distribución periódica que no alcanzan la categoría de libros, como diarios, revistas, catálogos, folletos publicitarios, etcétera. Creadas las hemerotecas a propuesta del bibliotecario francés Henri Martin, con objeto de descongestionar el fondo de las bibliotecas, fue la primera la de París, inaugurada en 1908.

Hemingway, Ernest (1899-1961). Novelista estadounidense. Muchas de sus novelas son casi autobiográficas. *Adiós a las armas*, recuerda su intervención en la Primera Guerra Mundial, en la que fue chofer de una ambulancia y después soldado voluntario en Italia. En *Muerte en la tarde* narra sus impresiones de la fiesta taurina; en *Por quién doblan las campanas* describe episodios de la guerra civil española. Su estilo de frases cortas, ha sido muy imitado por otros escritores estadounidenses. En 1954 obtuvo el Premio Nobel de Literatura. Se mató de un tiro cuando limpiaba una escopeta.

hemípteros. Insectos pertenecientes a un orden cuyas especies se caracterizan por tener pico articulado, chupador, en el interior del cual están las mandíbulas y maxilas transformadas en estiletes, con los que el insecto perfora los tegumentos de los animales o la epidermis de las plantas, de los jugos y humores de los cuales se alimentan; las cuatro alas pueden ser membranosas, o las del par anterior ser hemié-

La línea imaginaria conocida como el ecuador determina la división entre el hemisferio norte y el hemisferio sur .

hemodiálisis. Proceso utilizado para remover los desechos tóxicos y fluidos que se concentran en la sangre de personas con disfunciones en los riñones. La sangre del paciente es bombeada a través de un riñón artificial y filtrada por medio del procedimiento ya mencionado, también denominado diálisis. Este procedimiento es regularmente utilizado en pacientes con fallas renales terminales como resultado de desórdenes, como glomerulonefritis (reacción inmunológica que provoca inflamación del riñón). Es usado también en situaciones agudas de sobredosis de drogas, quemaduras que puedan causar parálisis renal y choque circulatorio posterior a una cirugía. Los pacientes crónicos son tratados de 4 a 5 horas 3 veces por semana en promedio, por el resto de sus vidas o hasta que pueda realizarse un transplante de riñón. Alrededor del mundo 450 mil pacientes están en tratamiento con diálisis, más de las tres cuartas partes de ellos con hemodiálisis.

La diálisis fue probada en 1913 primeramente en animales, pero el riñón artificial no fue utilizado en humanos hasta 1943 por el doctor Willem Kolff al usar un aparato cilíndrico con una membrana de celofán que rotaba a través de solución salina. Esto permitía que la sangre del paciente fluyera entubada a través de la membrana cerrada. Debido a que la solución salina se encontraba en el exterior, la diálisis removía los productos y fluidos de desecho, y los electrolitos en el plasma sanguíneo se equilibraban y eran corregidos por la solución dializada. El retraso de más de 30 años entre la experimentación en animales y el uso humano se debió a la carencia de un anticoagulante sanguíneo, la heparina, una membrana de fabricación comercial y una máquina inyectora para la solución.

Desde la década de 1940 los baños de solución salina han sido reemplazados por sofisticadas máquinas que inyectan la solución dializada al riñón artificial y cuentan con un número de monitores de seguridad. Existe un riñon artificial esterilizado de fábrica, desechable y adquirible comercialmente desde 1955, una innovación que tomó el primer lugar en los programas de tratamiento crónico. El tratamiento sostenido con diálisis comenzó en 1960 en la Universidad de Washington con el doctor Belding Scribner. En la hemodiálisis la sangre es retirada del cuerpo, limpiada de productos de desecho y regresada al cuerpo. Este procedimiento toma aproximadamente de 3 a 5 horas y se debe repetir tres veces cada semana.

Los programas de diálisis han crecido significativamente desde 1973, cuando el gobierno de Estados Unidos aprobó una ley que garantiza un reembolso de 80%, a través de Medicare, a todos los pacientes, sin investigación acerca de sus ingresos.

En la década de 1980 se puso énfasis en la diálisis en el hogar, la cual es practicada por pacientes capaces de utilizar diálisis ambulatoria peritoneal continua (DAPC), que consta de una pequeña unidad de diálisis portátil. En la DAPC el fluido es emplazado en la cavidad peritoneal donde recolecta los productos de desecho y se remueven inmediatamente. Este procedimiento se debe repetir en múltiples ocasiones cada día y debe ser realizado por la máquina mientras el paciente duerme. La DAPC permite a los pacientes mayor movilidad, es menos traumático para el cuerpo, requiere de menor tiempo, y cuesta al rededor de 50% menos que la diálisis tradicional. No todos los pacientes se quedan con la DAPC, muchos regresan a la hemodiálisis. A finales de la década de 1980 la hormona renal eritropoyetina se puede conseguir en grandes cantidades a través de ingeniería genética. Esto puede revertir la condición anémica observada en los pacientes con diálisis.

hemofilia. *Véase* Sangre.

hemoglobina. Pigmento de los glóbulos rojos, formado por la unión de la globina y cuatro átomos de hierro bajo una estructura conocida como hemo.

La hemoglobina tiene la capacidad de combinarse con el oxígeno para liberarlo después, lo que se utiliza como medio de transporte del oxígeno desde los pulmones hasta los tejidos; igualmente se combina con el anhídrido carbónico para formar carbohemoglobina, y la libera después en los pulmones. En cambio, ante la presencia de monóxido de carbono se forma la carboxihemoglobina, que es un compuesto que no se descompone fácilmente a pesar de la presencia del oxígeno, lo que justifica la acción tóxica de este gas.

La tasa normal de hemoglobina en la sangre es de 14 a 16 mg/100 ml de sangre. Hay normalmente tres tipos de hemoglobina, conocidos como *A*, *Az* y *F* o fetal.

hemopoyesis. *Véase* Hematopoyesis.

hemorragia. Salida de sangre de los vasos, por rotura accidental o espontánea de éstos. Puede ocurrir hacia el exterior (hemorragia externa) o dentro del organismo (hemorragia interna). Se clasifica en hemorragia arterial, venosa y capilar. Distinguiéndose la primera por salir en forma

Hemoglobina. Esquema de su estructura fundamental.

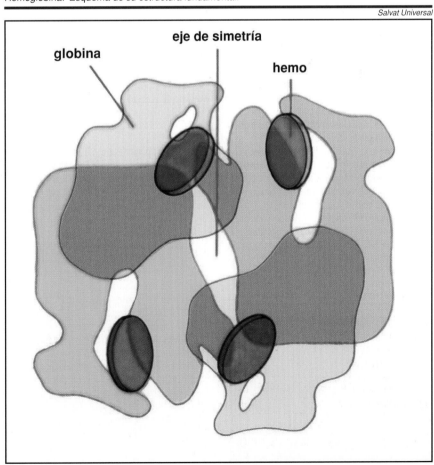

Salvat Universal

globina

eje de simetría

hemo

Tractor cargando pacas de heno.

de surtidor, la segunda por su color rojo, más oscuro que la arterial, y desparramarse en chorro continuo. La sangre de los capilares sale en menor cantidad y con más lentitud. Las cantidades de sangre que pueden perderse son variables. Hay que distinguir las perdidas bruscas de las lentas o espaciadas. Si la hemorragia es brusca, con pérdida de sangre en gran cantidad, los síntomas son graves y a veces mortales, si no se procede a una transfusión de sangre o de plasma. Una persona adulta y saludable puede soportar mayor pérdida de sangre que un niño o un anciano. La debilidad, el frío o las contusiones disminuyen la resistencia del organismo.

Por consejo médico, se provocan sangrías en algunas enfermedades. También aparecen hemorragias accidentalmente en el curso de intervenciones quirúrgicas y en heridas, así como en afecciones de medicina interna (úlceras de estómago y duodeno o en cánceres). Las consecuencias de la hemorragia consisten en un mal riego de

Soldado siendo atendido para detener una hemorragia en un hospital militar de campaña.

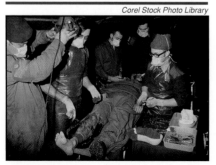

la sangre a los tejidos; producen un insuficiente aporte de oxígeno a las células y pueden ocasionar lesiones en los órganos y la muerte. Los primeros en reflejar el daño son el sistema nervioso y el corazón.

Henao, Braulio (1802-1902). General colombiano. Casi niño inició su carrera militar en la guerra de Independencia; participó después en todas las luchas internas y ganó el grado de general. Su comportamiento fue particularmente sobresaliente en la batalla de Bosa (1954), en defensa de las instituciones republicanas. Fue comandante militar de Antioquia.

Hench, Philip Showalter (1896-1965). Médico estadounidense. Estudió en la Universidad de Pittsburgh. En 1926 fue nombrado director de reumatología en la Fundación Mayo y profesor de medicina en la Universidad de Minnesota. Efectuó importantes investigaciones y descubrimientos sobre las propiedades de la cortisona y su aplicación en el tratamiento de las enfermedades reumáticas. Se le concedió en 1950 el Premio Nobel, junto con sus colaboradores los doctores Edward Calvin Kendall y Tadeo Reichstein.

Henderson, Arthur (1863-1935). Político inglés, uno de los principales dirigentes del movimiento laborista en Gran Bretaña. Fue ministro del Interior y Asuntos Exteriores en el gabinete de (James) Ramsay MacDonald. Presidió la Conferencia del Desarme celebrada en Ginebra (1932-1933), y por su esfuerzo en pro de la avenencia universal se le concedió el Premio Nobel de la Paz en el año 1934.

henequén. *Véase* AGAVE.

Henestrosa, Andrés (1906-). Escritor y poeta mexicano. Fue becario de la Institución Guggenheim para realizar en Estados Unidos investigaciones lingüísticas, cuyo primer logro fueron los relatos *Los hombres que dispersó la danza* (1929) que tratan de la cultura indígena zapoteca y *Retrato de mi madre* (1940) aparecido en la revista *Taller*, de Octavio Paz. Autor de numerosos ensayos (*Los caminos de Juárez*, 1967; *De Ixhuatán, mi tierra, a Jerusalén, Tierra del Señor*, 1975). En 1975 se publicaron sus *Obras completas*.

heno. Hierba cortada y seca –en especial gramíneas y leguminosas– que se destina a la alimentación de los animales. Puede proceder de praderas naturales –o que no se siembran– y artificiales; en estas últimas, las hierbas más comunes son la alfalfa, el trébol, la esparceta y la lupulina. Se siega en la época de la apertura de las flores de la mayor parte del prado, tratando de que no dejan semilla. Para prepararlo y aprovechar todas las condiciones nutritivas que posee, se principia por voltearlo con la ayuda de horquillas. Se le quita así la humedad del rocío y luego con rastrillos se hacen pequeños montones. Si la temperatura interna de los mismos aumentase, eso indica que hay fermentación y es preciso entonces deshacer los montones y esparcir la hierba cortada, exponiéndola a la acción de los rayos solares. Una vez seca y aireada se almacena en lugares adecuados, para utilizarla cuando sea necesario. El buen heno es aromático y suave, cualidades que desaparecen cuando lleva mucho tiempo almacenado; su poder nutritivo depende tanto de las plantas que lo constituyen como del modo empleado para conservarlo.

Henríquez, Camilo (1769-1825). Sacerdote chileno que se distinguió en la independencia de su país; periodista y escritor. En 1811 lanzó una famosa proclama, firmada con el seudónimo de *Quirino Lemáchez*, defendiendo la causa de Chile contra la metrópoli española. Cuando se fundó la *Aurora de Chile*, primer periódico nacional, en 1812, Camilo Henríquez fue su director. Se le considera el fundador de la prensa chilena. Escribió varios ensayos y poesías y fue redactor de numerosos periódicos.

Henríquez Ureña, Max (1885-1968). Escritor y diplomático dominicano. Representó a su país en las principales capitales del mundo y participó en diversas conferencias internacionales. Debido a su larga residencia en Cuba e intensa participación en sus actividades suele considerársele hijo de este país. Como escritor, sus obras más célebres son: *Tres poetas de la música*: *Chopin, Schumann, Grieg*; *Tablas cronológicas de la literatura cubana*; *Fosforescencias*, y *Ánforas*. Hizo la versión al español de *Les trophées*, del poeta francés José María de Heredia.

Henríquez Ureña, Pedro (1884-1946).

Profesor, escritor y filólogo dominicano. Vivió en La Habana y después en México, haciendo periodismo en distintos países, hasta que se instaló en Argentina, donde desempeñó cátedras universitarias hasta su muerte. Estudió con certero espíritu la América hispana y la España del Renacimiento, y las mutuas corrientes del lenguaje. Entre sus obras más notables figuran *Horas de estudio, Comienzos del español en América* y *Plenitud de España*.

Henry, O. (1862-1910).

Seudónimo del escritor estadounidense William Sydney Porter. Fue durante diez años empleado de un banco. Acusado de robar dinero a esa institución escapó a Honduras, pero como se enteró de que su mujer estaba enferma volvió a Estados Unidos y fue condenado a cinco años de prisión. Escribió en la cárcel sus cuentos más famosos, de un estilo simple, pero con argumentos de final casi sorprendente siempre. Sus libros más conocidos son: *Coles y reyes, Corazones del oeste, Cuatro millones* y *La voz de la ciudad*.

hepática.

Planta muscínea que se desarrolla sobre la corteza de los árboles, los muros o la tierra, siempre que exista un considerable grado de humedad. El aparato vegetativo se arrastra sobre el soporte, al que se fija por pelos unicelulares, y es de una conformación muy variada. Suele componerse de un tallo filiforme y rastrero con tres series de hojas, dos sobre los lados y la tercera sobre la cara interior. Se dividen en dos órdenes y cada uno de ellos en dos familias. Las especies más notables son: la hepática de las fuentes o acuática, la blanca, la dorada y la estrellada.

hepatitis.

Enfermedad relacionada con la inflamación del hígado. Los síntomas son pérdida del apetito, orina oscura, fatiga y en ocasiones fiebre. El hígado puede agrandarse y presentar ictericia, dando a la piel un tinte amarillo. La hepatitis puede ser aguda o crónica. La forma aguda puede desaparecer después de dos meses y raramente devenir en un daño hepático. Los portadores crónicos padecerán esta enfermedad permanentemente.

La hepatitis A, alguna vez llamada hepatitis infecciosa, es la causa más común de hepatitis aguda, usualmente se transmite por la comida, y el agua contaminada por desechos humanos; las infecciones pueden alcanzar proporciones epidémicas en regiones carentes de sistemas sanitarios adecuados. En Estados Unidos la hepatitis A se ha propagado entre los consumidores de drogas.

La hepatitis B se ha propagado principalmente por sangre o productos sanguíneos, pero puede ser transmitida de la madre al feto y por contacto íntimo, incluyendo intercambio sexual. El virus tipo B es resistente a la esterilización de instrumentos en hospitales y también se encuentra frecuen-

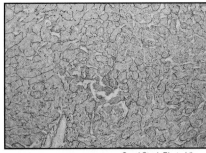

Tejido hepático visto al microscópio.

temente en drogadictos que han compartido agujas. Esto frecuentemente causa episodios iniciales de enfermedades hepáticas y ocasionalmente conduce a hepatitis crónica.

Los doctores frecuentemente han encontrado virus hepáticos que no fueron causados por virus conocidos; éstos se llaman no-A y no-B. Los investigadores aislaron estos virus hasta 1988. La ahora llamada hepatitis C es la forma más común de hepatitis viral. El tipo C es transmitido en la sangre y productos sanguíneos que ahora se analizan para detectar el virus que puede estar presente muchos años antes de causar daño al hígado. La hepatitis C es la principal causa de hepatitis crónica y es considerada un serio problema de salud pública, pues sus factores de transmisión y comportamiento son pobremente entendidos. La forma delta de hepatitis es causada por un virus muy pequeño que no puede duplicarse por él mismo y requiere la presencia del virus de la hepatitis B. Desde su identificación en 1977, el virus ha sido caracterizado como un retrovirus. La hepatitis delta puede convertirse en crónica.

La hepatitis aguda puede presentar efectos secundarios, como variadas infecciones que afectan al hígado. Ésta también puede ocurrir como consecuencia de la ingestión de tetracloruro de carbono, el hongo venenoso *Amanita phalloides*, arsénico, y algunas drogas incluyendo sulfonamidas. Una hepatitis moderada puede ser causada por dos formas de herpes. Casos ligeros de hepatitis aguda son tratados con reposo en cama, pero sin terapia medicinal. Para los casos que involucran daño extenso al hígado son necesarias las transfusiones de sangre.

La hepatitis crónica conduce a la cirrosis y a daños hepáticos. Las infecciones tipo B han sido ligadas con una forma de cáncer hepático llamado carcinoma hepatocelular, especialmente en Asia y África. De aquellos que han contraído hepatitis crónica, la mayoría son mujeres menores de 45 años. Los esteroides son usados para tratar ciertos casos de hepatitis crónica de origen no viral, pero su uso prolongado en

Hepática .

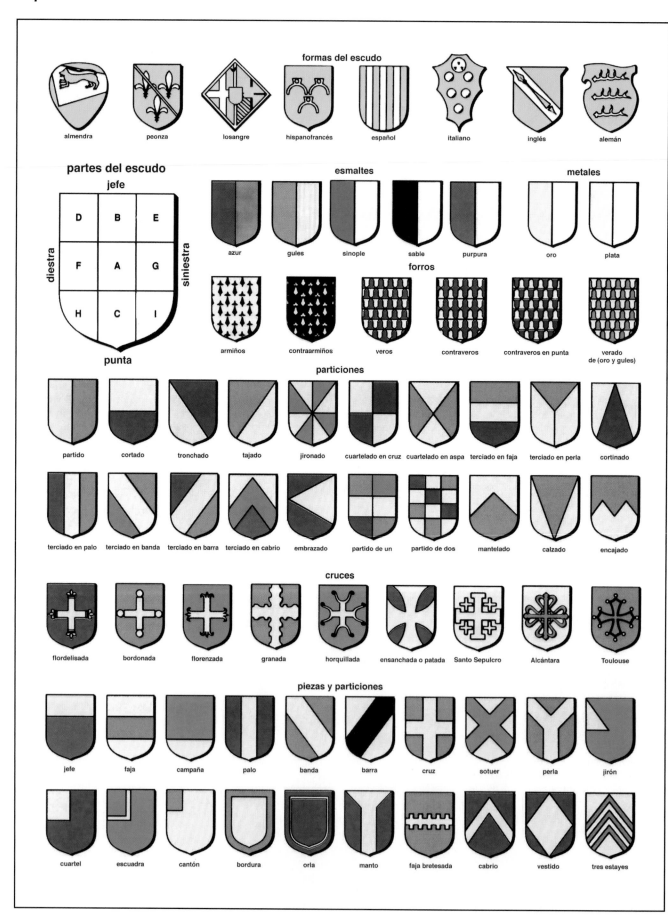

formas del escudo

almendra · peonza · losangre · hispanofrancés · español · italiano · inglés · alemán

partes del escudo

jefe

D	B	E
F	A	G
H	C	I

diestra · siniestra

punta

esmaltes

azur · gules · sinople · sable · purpura

metales

oro · plata

forros

armiños · contraarmiños · veros · contraveros · contraveros en punta · verado de (oro y gules)

particiones

partido · cortado · tronchado · tajado · jironado · cuartelado en cruz · cuartelado en aspa · terciado en faja · terciado en perla · cortinado

terciado en palo · terciado en banda · terciado en barra · terciado en cabrio · embrazado · partido de un · partido de dos · mantelado · calzado · encajado

cruces

flordelisada · bordonada · florenzada · granada · horquillada · ensanchada o patada · Santo Sepulcro · Alcántara · Toulouse

piezas y particiones

jefe · faja · campaña · palo · banda · barra · cruz · sotuer · perla · jirón

cuartel · escuadra · cantón · bordura · orla · manto · faja bretesada · cabrio · vestido · tres estayes

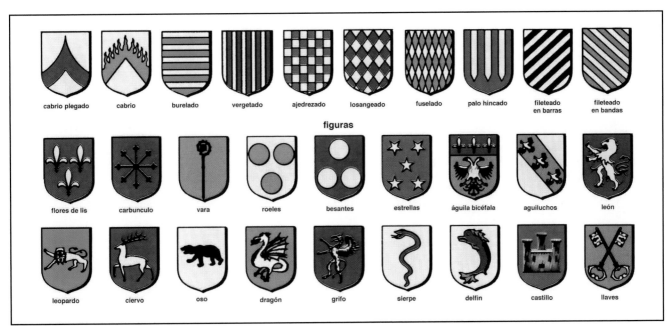

| cabrio plegado | cabrio | burelado | vergetado | ajedrezado | losangeado | fuselado | palo hincado | fileteado en barras | fileteado en bandas |

figuras

| flores de lis | carbunculo | vara | roeles | besantes | estrellas | águila bicéfala | aguiluchos | león |

| leopardo | ciervo | oso | dragón | grifo | sierpe | delfin | castillo | llaves |

Salvat Universal

Heráldica. Partes, formas y elementos del escudo.

el tratamiento de hepatitis B no es efectivo y puede incluso acelerar el daño hepático. En 1990 se descubrió la efectividad del interferón alfa en la cura de pacientes con hepatitis B. El año anterior esta sustancia había sido aprobada para el tratamiento de la hepatitis C; aún en la actualidad no existe cura para este tipo de infección.

En la década de los años setenta Baruch S. Blumberg descubrió una prueba diagnóstica para la hepatitis tipo B, y en 1981 las técnicas de empalme de genes fueron usadas con éxito para determinar algunos otros tipos virales. En 1981 y 1986 fueron autorizadas dos costosas vacunas para el virus tipo B; más recientemente una vacuna oral, producto de la ingeniería genética, obtenida de células animales ha dado muestras promisorias en pruebas en animales y podría eventualmente ser una alternativa menos costosa. La vacuna para la hepatitis A ha sido aplicada experimentalmente en pruebas clínicas.

Hepburn, Audrey (1929-1993). Actriz de teatro y de cine nacida en Bruselas, Bélgica, cuyos padres eran de descendencia irlandesa y danesa. Se distinguió por su atractivo y esbelto cuello, elegante como de gacela. Actuó primero en el teatro de Gran Bretaña y en Broadway, y más tarde en el cine. Algunos de sus filmes son *Sabrina, Mi bella Dama, La guerra y la paz; Charada.* Su actuación le mereció ganar dos Óscar

Hepburn, Katharine (1909-). Actriz estadounidense de cine y teatro, hija de un médico de Connecticut, en cuyo gimnasio

logró gran destreza en deportes, lo que le sirvió para su primer triunfo teatral en Broadway haciendo de amazona en *El esposo de la mujer guerrera.* Este triunfo decidió a Adolph Zukor a darle la primera oportunidad en cine, a la que siguieron numerosos éxitos: *Mañana de gloria, La costilla de Adán, La reina africana, Locura de verano, Yo: historias de mi vida.*

Heráclito (540-475 a. C.). Filósofo griego, nacido en la ciudad de Éfeso. Después de viajar por diversos países se instaló en su ciudad natal. Vivió en ella apartado de los hombres y dejó al morir, depositado en el templo de Diana, un libro en prosa que contenía su interpretación de la naturaleza. Ese libro se ha perdido y conocemos de él sólo lo que nos han transmitido sus comentadores. Según esos fragmentos, el fuego es el primer y esencial elemento del universo, y la realidad está, como él, en perpetuo cambio.

heráldica. Llamada también *blasón o ciencia heroica* es considerada, al mismo tiempo, como una ciencia y un arte. En el primer aspecto, sus documentos ideográficos o jeroglíficos son auxiliares eficaces de la iconografía y la arqueología. En el segundo, enseña a interpretar, describir y componer las armerías de los blasones. Fue antaño parte principal de la educación de los nobles y hasta de los burgueses. Pintores, dibujantes, escultores, bordadores, debían dominar la heráldica, pues desde la portada de las mansiones hasta el último cubierto o vestido llevaban las armas del poseedor: noble de abolengo, burgués o

corporación religiosa o profana. El espíritu democrático de nuestro tiempo no ha eliminado los blasones y hoy se prodigan los escudos en las monedas y banderas nacionales, en las enseñas del ejército y la armada, en los distintivos de las sociedades y en las marcas industriales.

Su origen. Algunos autores han pretendido atribuir a los blasones un origen tan remoto como legendario. La verdad es que proceden de Oriente, donde no tenían carácter hereditario, y fueron importados a Occidente por los cruzados, que, perteneciendo a naciones diferentes, los emplearon para reconocerse. En los torneos los escudos empezaron a ser símbolo de nobleza y no arbitrio de la voluntad. En estos juegos sonaban las trompetas (blasón: del alemán *blasen,* sonar la trompeta), cuando el caballero avanzaba al palenque para ser reconocido por el *heraldo,* que después *blasonaba* (describía) sus armas según términos y reglas fijas comprendidas por todos, aunque fueran de nacionalidades distintas. En la Edad Media, los heraldos y los reyes de armas, peritos en blasones, se cuidaban de examinar los testimonios de nobleza de las armas y vestidos, de comparar los escudos y de anotar los hechos gloriosos de las casas ilustres. El Código Heráldico nació en Alemania, los franceses lo perfeccionaron y lo introdujeron en España. Ricardo III de Inglaterra organizó un Colegio de Heraldos para evitar la multiplicación y la confusión de los escudos, en los que todo tenía que ser concesión real.

Componentes del blasón. Todo blasón se compone de *escudo, esmaltes* y *piezas.* El *escudo de armas* es la parte indispensa-

heráldica

Eiciones Calíope / Studio Editions

Dibujo antiguo que representa un heraldo.

ble de las armerías, porque es el campo donde se colocan las figuras. En él se consideran divisiones y puntos principales. Para todos los efectos, la derecha del escudo corresponde a la izquierda del observador. Las partes son: A, centro del escudo; D, cantón diestro del jefe; B, centro del jefe; E, cantón siniestro del jefe; F, flanco diestro del escudo; G, flanco siniestro del escudo; C, punta del escudo; H, cantón diestro de la punta; I, cantón siniestro de la punta (ver PARTES DEL ESCUDO en la figura).

Esmaltes. Esta denominación se da al conjunto de *metales y colores* y a los *forros. Metales*: oro y plata. *Colores*: gules (rojo), azur (azul), sable (negro), sinople (verde), púrpura (violado), carnación (humano), natural (animales y plantas). *Forros*: armiño (colas o mosquitas negras en campo de plata), veros (copas invertidas o campanas de plata y azur).

Piezas o figuras. Se llama así a todo lo que carga o adorna el interior del escudo y puede ser: 1) *figuras propias*, que nada significan fuera del blasón, subdivididas en *honorables* (jefe, palo, faja, cruz, barra, sotuer), *disminuidas* (anillete, bastón, lazo, tenaza) y de *segundo orden* (ajedrezado, dentelado, enrejado, mariposado); 2) *figuras naturales*: todo cuanto existe no es debido a la mano del hombre; 3) *artificiales*; 4) *quiméricas* (dragones, grifos, sirenas). Los cascos y lambrequines, las coronas y divisas, los sombreros y atributos eclesiásticos *timbran* los escudos, porque indican la nobleza, las jerarquías y las dignidades.

Así, un yelmo bien colocado indicaba el título de cada gentilhombre.

El *grito de guerra* va en la *cimera*, adorno que se coloca en la parte superior del casco. *La divisa*, sentencia breve, es un listón, en la parte inferior o superior del escudo. Las figuras humanas que sostienen un escudo se denominan *tenantes*, y si son de animales, *soportes*. *Véanse* CABALLERÍA Y ÓRDENES DE CABALLERÍA; ESCUDO.

heraldo. Miembro de la antigua milicia griega que desempeñaba un papel semejante al que cumplen los modernos oficiales de estado mayor. Los heraldos proclamaban las órdenes supremas, señalaban las marchas de los ejércitos, fijaban las etapas y eran quienes celebraban los parlamentos o conferencias de tregua o paz, proponiendo y defendiendo las condiciones puestas por su jefe. En la Edad Media, los heraldos, que acompañaban al señor y, a veces, lo anunciaban en las asambleas, cuidaban de organizar las grandes ceremonias, de examinar los testimonios de la nobleza, las armas y los vestidos de los que participaban en los torneos, de componer los escudos, según las ordenanzas, de anotar los hechos gloriosos de las casas ilustres. Formaban capítulo y, de entre todos, el que era elegido jefe se llamaba rey de armas. A éste, cuyas insignias eran las armas o blasón del emperador o rey, se le encomendaban misiones más graves y delicadas.

herbario. Colección de gran número de plantas disecadas con fines de estudio y dispuestas metódicamente. Son célebres los de Mutis, Ruiz y Pavón, Sesse y Mociño, constituidos con especies de la flora de América Meridional. En Estados Unidos el más antiguo y uno de los mejores es el Herbario de Gray, de la Universidad de Harvard; tienen gran interés los de los jardines botánicos de Londres, París y Madrid, en los que abundan las plantas americanas. Cuanto más completo sea el conjunto que pueda presentársele, más interesa al botánico, obligado a estudiar en la naturaleza las transformaciones de las plantas, así como las relaciones y diferencias existentes entre una y otra. Allí las encuentra ya clasificadas y en condiciones, para lo cual han sido colocadas entre cristales si son algas o hierbas marinas, o entre libros y papeles. Antes de ponerlas a secar, conviene sumergirlas en soluciones especiales para envenenarlas evitando al mismo tiempo su crecimiento ulterior y destruyendo la polilla y la flora parasitaria, que perjudican a muchos herbarios. Luego se las extiende al aire libre para evaporar el exceso de alcohol y se las dispone sobre hojas de papel bien seco, que se cambian al cabo de tres días y tantas veces como se advierta que permanecen húmedos los vegetales.

Por fin, éstos se guardan entre hojas de papel fuerte, acompañados por rótulos, y muchas veces por fotografías y dibujos complementarios. Un herbario debe tener no solamente un ejemplar de cada especie, sino varios en distinto grado de desarrollo.

Herbart, Johann Friedrich (1776-1841). Filósofo y pedagogo alemán. Fue discípulo de Johann Gottlieb Fichte en Jena y profesor privado en Suiza, donde Juan Enrique Pestalozzi lo inició en la pedagogía. Explicó en las universidades de Gotinga y Koenigsberg, en la que ocupó la cátedra de Kant y fundó un seminario de pedagogía. La filosofía de Herbart produce una impresión de sequedad, casi de pedantería: es la reacción del pensamiento sobriamente razonable contra las exageraciones llenas de fantasía de los idealistas. Parte de la experiencia y de las ciencias experimentales para penetrar en el conocimiento de la esencia de las cosas por medio de un proceso lógico regulado por las leyes del pensamiento, especialmente por el principio de contradicción. La realidad, que se trata de conocer, no puede ser contradictoria. Se precisa la filosofía metafísica para eliminar las contradicciones. El punto de vista de nuestro conocimiento es, de todos modos, la realidad tal como se nos aparece. De esta apariencia, con ayuda del pensamiento lógico, podemos inferir la naturaleza de la realidad existente en sí. Esta realidad explica, a su vez, la constitución de la realidad empírica y fenomenal: la metafísica hace comprensible la experiencia.

Para Herbart el alma es una cualidad simple que defiende su esencia por medio de representaciones, que son las únicas manifestaciones de la vida anímica. El conocimiento científico del juego de representaciones es el objeto de la psicología. Es posible una estática y una mecánica de las representaciones y ello constituye el contenido de la psicología científica, que ha permitido la aplicación de la matemática a la ciencia del alma, poniendo los cimientos de la psicología experimental. De las representaciones anímicas y de sus relaciones deduce las restantes funciones psíquicas. En pedagogía fue de los primeros en dar forma científica a la educación. Sus bases son la psicología y la moral y su objeto es propulsar de una manera apropiada la formación de determinadas representaciones que estén dirigidas hacia el bien. El fin de la educación es la virtud, o sea, la libertad interna que ha llegado a tener un efecto permanente en el individuo. La instrucción es el complemento de la experiencia.

herbicida. *Véase* YERBICIDA.

Herculano. Antigua ciudad en la costa italiana, entre Nápoles y Pompeya. Fundada por los oscos y habitada por los tirrenos y griegos, pasó a poder de los romanos en el año 88 a. C. En el 79 d. C. las cenizas de la erupción del Vesubio la sepultaron junto con Pompeya y Estabia. Fue descubierta por casualidad en 1720, al hacer un pozo un panadero encontró, a 15 m de profundidad, unas estatuas de bronce. Realizadas más excavaciones se hallaron varios monumentos, entre ellos un teatro, restos de edificios y un horno. Entre los objetos de arte había estatuas de bronce y mármol, pinturas y papiros escritos en griego y latín. En 1756 se organizó la Academia Herculanense, que publicó importantes volúmenes de información histórica sobre Herculano.

Herculano, Alejandro (1810-1877).

Escritor portugués, de gran influencia política. Nació en Lisboa y estudió en París, alcanzando un profundo conocimiento de las principales lenguas europeas. Se inició en el periodismo y escribió novelas y obras históricas, entre ellas *Eurico, sacerdote de los godos*, que ha sido comparada con *Nuestra Señora de París*, de Víctor Hugo, aunque la obra que le dio justo renombre fue su *Historia de Portugal*.

Hércules.

Los griegos creían que ciertos hombres famosos por su valor y esfuerzos eran deificados y acogidos por los dioses en el Olimpo. Cada ciudad tenía su héroe o semidiós, con su correspondiente culto, pero Hércules, el más esforzado luchador, era adorado en toda Grecia. Júpiter (Zeus), que deseaba tener un hijo protector de los inmortales y de los hombres, se prendó de una mortal, Alcmena, y el hijo

de ambos fue Hércules. Juno, celosa de Júpiter, envió dos serpientes para que devoraran al niño en la cuna, pero éste, ya robusto, las estranguló entre sus brazos. Hecho tan maravilloso auguraba el porvenir glorioso del niño héroe que, después, fue enviado a la montaña, donde pasó su juventud dedicado a los ejercicios físicos y a la caza. Intervino, con las armas de Atenea, en la guerra entre Orcomene y Tebas. Creón ocupó entonces el trono de Tebas y dio su hija, Megara, en matrimonio a Hércules, el cual, años más tarde, en un acceso de locura provocado por Juno, mató a su esposa y a sus hijos. Vuelto a la razón y abrumado de dolor, fue a purificarse al templo de Apolo en Delfos.

El oráculo le ordenó que se pusiera a las órdenes del rey de Micenas, Eurísteo, el cual odiaba a Hércules y quiso aprovechar esta expiación para desembarazarse de él, imponiéndole doce peligrosos trabajos: 1) *Combate con el león de Nemea*. Como las flechas rebotaban en la piel del animal, Hércules luchó cuerpo a cuerpo y logró estrangularlo, entregando su piel a Eurísteo. 2) *Combate con la hidra de Lerna*, monstruo con nueve cabezas y aliento ponzoñoso, que destruía el ganado e infectaba las mieses. Hércules lo atacó, pero las cabezas renacían. Al fin, quemando las cabezas renacientes, consiguió cortar la última y la enterró. 3) *Combate con el jabalí de Erimantea*, al que cazó vivo con una red y se lo llevó a Eurísteo. 4) *Destrucción de las aves de Estinfalia*. Se servían de sus plumas como flechas y comían carne humana. Hércules las ahuyentó con una carraca y las mató a flechazos. 5) *Captura de la cierva del monte Cerinea*. Le costó un

Escultura de Hércules combatiendo contra la serpiente Achelous *que se encuentra en el Museo de Louvre en París, Francia.*

año de persecución, pues el animal, de cuernos de oro y patas de bronce, era infatigable. 6) *Limpieza de los establos de Augias*, en un día. En ellos se guardaban tres mil bueyes y hacía treinta años que no se habían limpiado. Hércules abrió un agujero en un muro e hizo penetrar el río Alfeo. 7) *Caza del toro de Creta*. Hermosa bestia que Hércules capturó para Eurísteo. 8) *Captura de los caballos de Diomedes*, furiosos y que se alimentaban de carne humana. El héroe mató a Diomedes, arrojó su carne a los caballos y se apoderó de éstos. 9) *Conquista del cinturón de Hipólita*, reina de las Amazonas, codiciado por la hija de Eurísteo. Hipólita prometió entregarlo, pero enterada Juno levantó contra Hércules a las Amazonas. Aquél mató a Hipólita y robó el cinturón. 10) *Captura de los bueyes de Gerión*, monstruo de tres cabezas que poseía una ganadería. Para apoderarse de ésta Hércules se vio obligado a recorrer varios países y llegar a los límites de Europa, donde separó las montañas y erigió las columnas de Abyla y Calpe (Gibraltar). 11) *Conquista de las manzanas de las Hespérides*. Eran de oro y Juno las había confiado a las Hespérides. El semidiós mató al gigante Anteo y encontró a Atlas, a quien encargó que fuera a robar las manzanas mientras él sostenía la bóveda celeste. Atlas le traicionó y llevó directamente los frutos a Eurísteo. 12) *El robo del Cerbero*, perro de tres cabezas, con permi-

Ruinas de Herculano.

so de Plutón, que le puso como condición que no usara armas. Apresó al guardián del infierno, lo mostró a Euristeo y lo envió de nuevo al mundo subterráneo. En esta ocasión, Hércules liberó a Teseo de los infiernos.

Aparte de estos trabajos, se vio complicado en multitud de aventuras y realizó otras proezas, entre las que sobresalen: la libertad de Prometeo encadenado en el Cáucaso y la muerte del Centauro, que pretendía arrebatarle a Deyanira. Esta victoria le costó la vida, pues el Centauro había entregado a Deyanira una túnica que, teñida de sangre envenenada, pudiera servirle de talismán. Poco después, la mujer del héroe, al ver a éste enamorado de la joven Yola, le envió la prenda fatal, y apenas Hércules se la puso se sintió presa de sufrimientos terribles, que pretendió evitar arrojando la túnica, pero su carne se desgarró. Comprendiendo que su fin estaba próximo se fue al monte Oeta, encendió una hoguera y se arrojó a las llamas. Esta muerte trágica se transformó en apoteosis, pues fue admitido entre los dioses y recibió la inmortalidad, casándose con Hebe.

Hércules, que los antiguos representaban bajo el aspecto de un atleta con maza y piel de león, inspiró a los artistas y literatos de todas las épocas. Entre las esculturas merecen citarse: el *Hércules Farnesio*, de Glicón; entre las pinturas, la de Zurbarán, *Hércules estrangulando a Anteo*, y la de Le Brun, *Hércules luchando con los centauros*. Eurípides y Séneca escribieron tragedias, cuyo protagonista es Hércules. El nombre del semidiós griego pasó de la mitología a la astronomía para designar a la extensa constelación donde se halla el punto hacia el cual se dirige el Sol, con el sistema planetario en su movimiento de traslación.

Herczeg, Ferenc (1863-1954). Escritor húngaro. En sus obras siguió la línea de la tradición académica. Cultivó la novela histórica, la psicológica, el drama y la tragedia. Sobresalen: *Los paganos, La puerta de la vida, El violín de oro, Las hermanas Gyurkovics, El puente* y *La zorra azul*.

Herder, Johann Gottfried von (1744-1803). Filósofo, teólogo, crítico y poeta alemán. Discípulo de Emmanuel Kant en Koenisberg, vivió en Riga y viajó por Francia y Alemania. Luego se estableció definitivamente en Weimar, donde fue amigo y consejero de Goethe. Conocedor de España, tradujo el *Romancero del Cid*, y fue de los primeros en estudiar y valorar la poesía popular universal. Su influencia sobre la crítica, la filosofía y la literatura del Romanticismo fue inmensa. Entre sus obras se destacan: *Filosofía de la historia de la humanidad*, libro de gran importancia en el desarrollo de las modernas corrientes de la filosofía de la historia; *Conversaciones sobre Dios* y *Cartas sobre el progreso humano*.

Heredia. Provincia de Costa Rica que tiene una superficie de 2,932 km² y 267,369 habitantes (1995). Su zona central, de notable fertilidad, produce café, tabaco, caña de azúcar, cacao y da de dos a tres cosechas anuales de maíz y frijoles. Es importante para la cría de ganado, pues sus pastos están siempre verdes.

En la parte septentrional, que es montañosa, existen algunas minas de plata y oro. Capital: Heredia (19,700 habitantes).

Heredia, Cayetano (1797-1862). Médico y educador peruano. De familia modesta, sus padres lo educaron esmeradamente. Obtuvo el grado de doctor en medicina y en 1826 fue nombrado catedrático y luego rector de la Escuela de medicina. Se consagró a una labor de reforma y perfeccionamiento de la enseñanza médica. Formó gabinete de historia natural y física, creó nuevas cátedras e incrementó la biblioteca. Fue abnegado profesional y buen educador.

Heredia, José María de (1842-1905). Poeta nacido en Santiago de Cuba y naturalizado francés, que escribió siempre en la lengua de su patria adoptiva. Insigne discípulo de Leconte de Lisie y parnasiano de nota, alcanzó fama mundial por la depurada técnica y el brillante colorido de sus poemas. Tradujo *La verdadera historia de la conquista de la Nueva España* de Bernal Díaz del Castillo y *La monja alférez, Les trophées*, compilación de 120 sonetos, editada en 1893, le valió ser elegido miembro de la Academia Francesa.

Heredia y Campuzano, José María de (1803-1839). Poeta cubano extraordinariamente dotado y considerado como el primer lírico de su patria. Graduado en leyes, muy joven militó en grupos revolucionarios y separatistas, por lo que fue condenado a destierro perpetuo en 1823. Desde entonces vivió en Estados Unidos y en México, donde ejerció cargos públicos. Hombre de gran imaginación y fantasía, impregnó su obra de un hondo sentimiento de melancolía. Sus mejores composiciones poéticas son *El Niágara* y *En el teocalli de Cholula*, escrito a los 18 años de edad, *Himno del desterrado, Los placeres de la melancolía, La muerte del toro*. Tradujo poesías francesas e inglesas y escribió dramas y tragedias. Colaboró en múltiples periódicos.

hereford. *Véase* VACUNO, GANADO.

herejía. Doctrina que, sostenida con contumacia por quienes han recibido el bautismo cristiano, no guarda conformidad con los principios que la Iglesia Católica califica como verdades reveladas por Dios, de los cuales, en cambio, formula una interpretación diferente, como sucede, por ejemplo, con el *arrianismo*, que, por negar la divinidad del Verbo (Cristo), atenta contra el dogma de la Santísima Trinidad.

herencia. *Véase* SUCESIÓN.

herencia biológica. En ciencias biológicas, es la transmisión de los caracteres somáticos, fisiológicos o psíquicos de los progenitores a su descendencia. De la simple observación del mundo natural se deduce fácilmente que ciertos caracteres pasan casi sin cambios de padres a hijos. De las semillas de ciertos rosales nacen siempre plantas similares a las originales; todos los pájaros de la misma especie construyen sus nidos de una manera parecida y con materiales semejantes; algunas serpientes conservan de generación en generación la costumbre de fingirse muertas para engañar mejor a sus presas o a sus enemigos. En todos estos casos, y en muchos otros, es indudable que los padres transmiten a los hijos, de un modo aún poco conocido, estas características o cualidades, lo que en genética (ciencia que trata de los fenómenos hereditarios) se llama *caracteres*. Los problemas planteados por el fenómeno de la herencia preocuparon durante mucho tiempo a los biólogos. Nadie era capaz de explicar por qué ciertos caracteres parecen mantenerse estables durante un largo número de años, mientras que otros cambian de generación en generación, o reaparecen de pronto cuando ya se los creía perdidos.

Las primeras investigaciones científicas sobre la herencia fueron realizadas por el monje de Moravia, Gregor Johann Mendel. Durante once años, 1853-1864, Mendel se dedicó en el jardín de su monasterio a un estudio paciente y minucioso de una familia de guisantes; algunos eran altos y otros enanos, unos tenían semilla redonda y otros de forma desigual, etcétera, tratando de averiguar de qué modo pasaban de una generación a otra esas diferencias o caracteres. Cruzando entre sí plantas gigantes y plantas enanas obtuvo plantas de tamaño gigante, y dedujo, naturalmente, que el carácter *gigante* predominaba sobre el otro. Pero cruzando, también entre sí, las plantas gigantes de esta segunda generación sólo tres cuartas partes de las semillas daban plantas gigantes; la otra parte daba plantas enanas, es decir, reaparecía el carácter que se había perdido en la generación anterior.

Mendel encontró, con una intuición verdaderamente genial, la razón de este fenómeno. Imaginó la existencia de dos facto-

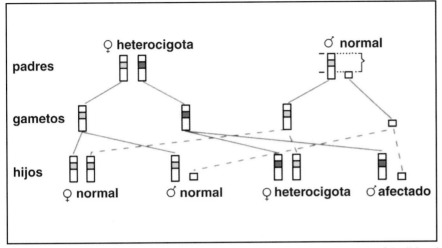

♀ heterocigota

♂ normal

padres

gametos

hijos

♀ normal   **♂ normal**   **♀ heterocigota**   **♂ afectado**

Salvat Universal

Mecanismo de transmisión de un gen anómalo (en rojo) presente en los cromosomas sexuales del ser humano .

res independientes que gobernaban los caracteres gigante y enano, y les aplicó las leyes de la probabilidad. Estos dos factores admiten las siguientes combinaciones: gigante-enano; enano-gigante; gigante-gigante y enano-enano, o sea, que en tres de estas combinaciones está presente el factor gigante (y las plantas son entonces de gran tamaño) y sólo en uno –una cuarta parte– no existe ese carácter y en ese caso las plantas son enanas. El factor que determina los caracteres de las tres cuartas partes de las plantas podría llamarse *dominante* y el otro (en este caso, el enano) *dominado* o *recesivo*. Las leyes de la herencia son, pues, resultado de la combinación matemática –según las leyes de la probabilidad– de diversos factores. De acuerdo con estas leyes, conocidas hoy con el nombre de leyes de Mendel, los caracteres hereditarios dependen de ciertos factores independientes entre sí, de los cuales algunos de ellos son dominantes (ley del predominio); pero en las plantas híbridas los distintos factores no se mezclan, sino que se combinan según las leyes de la probabilidad (ley de segregación). Mendel publicó su trabajo en un oscuro anuario y sus teorías quedaron ignoradas durante casi medio siglo. Cuando Darwin afirmaba desconocer los fenómenos hereditarios, ya Mendel había resuelto el problema.

Pero los descubrimientos de Mendel y sus continuadores plantearon a su vez una interrogación. ¿Qué elementos actúan como vehículos transmisores de los caracteres hereditarios? De los experimentos del mismo Mendel se deducía con claridad que estos elementos debían estar contenidos en la semilla, pero sólo después de las investigaciones realizadas por el alemán Oskar Hertwig (que demostró que la fecundación está determinada por la fusión de dos

elementos: uno masculino y otro femenino) y de los trabajos de Straussburger, Fleming y Van Beneden (que comprobaron la existencia de unos cuerpos filiformes –los cromosomas– que acompañan siempre a la división de la célula), se creyó adivinar cuales podrían ser esos elementos. Como los cromosomas aparecen tanto en la célula macho como en la hembra era razonable pensar, como lo afirmó August Weismann, que los factores causantes de los fenómenos hereditarios eran estos mismos cromosomas.

Esta hipótesis destruía, como es natural, algunas de las afirmaciones de Darwin, pues para éste los caracteres adquiridos podían transmitirse. Los cromosomas, en cambio, no parecen tener ninguna relación con el ambiente ni son alterados por las circunstancias externas. Esta última teoría no ha sido aceptada, sin embargo, por la totalidad de los biólogos. Para explicar los cambios que se producen de pronto en ciertas especies, se recurre a las teorías del holandés Hugo de Vries, para quien la aparición de un nuevo carácter hereditario, desconocido entre los otros miembros de la especie, incluidos sus antecesores, se explica por la alteración brusca y repentina de los mismos cromosomas. Esta alteración (llamada mutación) no tiene causa conocida.

¿Cómo los cromosomas, que en los seres humanos, por ejemplo, son sólo 48, pueden transmitir centenares de caracteres? Parece indudable que en cada uno de los cromosomas debe haber otros elementos que correspondan a cada uno de los caracteres hereditarios. Esta hipótesis guió los trabajos del biólogo Tomás Hunt Morgan y dio origen a una de las más importantes disciplinas modernas, la genética, ciencia que estudia los factores de la herencia, o sea, los *genes*. Morgan inició sus es-

tudios acerca de las leyes de la herencia en una mosca de los frutales, la *Drosophila*. Este insecto, que posee trescientos caracteres, no tiene sino cuatro cromosomas. Cada uno de estos cromosomas, descubrió Morgan, transmite un determinado grupo de caracteres, pero éstos, por su parte, se transmiten a veces en forma independiente.

Observó Morgan, por ejemplo, que un mismo cromosoma determina la transmisión hereditaria de dos caracteres anormales de la mosca *Drosophila*: el cuerpo negro y las alas cortas. Si todos los caracteres dependientes de un solo cromosoma fuesen heredados en grupo, ocurriría que todas las moscas que hubiesen heredado las alas cortas heredarían también el cuerpo negro. Pero Morgan descubrió que entre la descendencia que provenía de cruzar estas moscas anormales con otras normales había algunos individuos con alas normales y cuerpo negro, y otros con cuerpo normal y alas cortas. Existían, pues, dentro de un mismo cromosoma, un factor que transmitía el carácter hereditario *alas cortas* y otro, independiente de éste, que era causa del carácter *cuerpo negro*. Estos factores se llamaron *genes*.

La ciencia biológica creyó descubrir en ellos posibilidades insospechadas. Bastaría alterar artificialmente el gen que transmite ciertos caracteres, para que estos últimos también se alterasen. De este modo podrían destruirse las anormalidades hereditarias, se obtendrían animales y vegetales de extraordinaria calidad y hasta la misma raza humana podría liberarse de ciertas enfermedades como la diabetes común, algunas formas de anemia, cierto tipo de epilepsia, etcétera.

Siguiendo las leyes de Mendel, y teniendo en cuenta la existencia de los genes, se ha obtenido –por simple cruzamiento de las especies animales y vegetales más convenientes– plantas de mayor resistencia, con frutos de mayor volumen, o animales de huesos reducidos y carne abundante o lana más larga y sedosa. En estas cruzas es indispensable no ignorar cuáles son los factores dominantes y cuáles los recesivos. Aparentemente, los genes se sitúan uno junto a otro según los caracteres que puedan determinar. Por ejemplo, el que transmite el color de los ojos de la madre se coloca junto a aquel que transmite la misma característica paterna, pero sólo uno de los dos (el gen dominante) influirá en el color de los ojos del hijo, el otro (gen recesivo) será también transmitido, pero no se manifestará en la descendencia hasta que forme pareja con otro similar, también recesivo.

Esto explica por qué razón los matrimonios entre primos dan a veces hijos anormales, pues la probabilidad de un encuentro de dos genes causantes de alguna anormalidad (sin que otro gen contrarreste su acción) ha aumentado notablemente. Pero también puede ocurrir que no existan en la familia características hereditarias indeseables. En este caso (como ocurrió en los Bach y los Darwin) el casamiento entre personas emparentadas parece conservar algunas de las más brillantes cualidades de la familia. No se sabe, sin embargo, hasta qué punto el talento musical, literario, matemático, o la simple inteligencia, y menos aún la conducta, pueden depender de la acción de los genes. Muchos afirman que el ambiente y la educación tienen una inmensa importancia, y que las distintas condiciones económicas y culturales bastan para alterar algunas de las cualidades falsamente llamadas hereditarias.

Hergesheimer, Joseph (1880-1954). Novelista estadounidense. En sus obras describió la vida de la alta sociedad o la de los campos de petróleo con una técnica impresionista. Resaltó lo pintoresco con amenidad conmovedora. Entre sus obras sobresalen: *Citaerea*, *Tampico* (en la que describe el ambiente de una región petrolífera mexicana). *Oro y hierro* y *La cabeza de Java*, una de sus mejores obras.

herida. Lesión con rotura de tejidos internos o externos producida por un instrumento o por un fuerte choque con un cuerpo duro. Según haya o no agentes patógenos la herida es *séptica* o *aséptica*. Según el instrumento que la produce la herida puede ser: *contusa* o producida por un objeto obtuso; *incisa* o producida por uno cortante; *punzante* o producida por un arma o instrumento delgado y agudo. La herida *penetrante* es la que llega al interior de alguna cavidad del cuerpo.

Hermanas de la Caridad. Congregación religiosa católica, también llamada de las Hermanas Vicentinas, fundada (1633) por san Vicente de Paúl en unión de la beata Louise de Marillac, para la asistencia benéfica en hospitales, hospicios y asilos. Fue aprobada por el papa en 1670.

Hermanitas de los Pobres. Es una de las congregaciones más extendidas. Fundada el año 1840 en San Servan (Francia) por el abate Le Pailleur, fue aprobada por el papa Pío IX en 1854, quien concedió a su fundador los derechos de superior general de la congregación. Ésta depende económicamente de la caridad y se dedica al cuidado de los ancianos pobres.

Hermenegildo, san (? -586). Hijo de Leovigildo, rey de los godos de España. Nombrado por su padre rey de Sevilla, abrazó el catolicismo, tras abandonar las creencias arrianas. Combatió contra el ejército que le envió su padre, mas fue derrotado. Los soldados lo mataron en la prisión al no renunciar a su fe cristiana. La Iglesia lo venera como mártir el 13 de abril.

hermenéutica. Arte o ciencia de la interpretación, especialmente de las Sagradas Escrituras; este término ha tomado un especial significado en la filosofía y la crítica desde la década de 1920. Originada en la exégesis bíblica, la filología y la filosofía alemana, su definición está más cercanamente asociada con *El ser y el tiempo* (1927) de Martin Heidegger, quien propone que la crítica considera el amplio espectro de elementos que componen cualquier trabajo y su contexto llevándolo a su propio contexto literario, social, cultural y político. Hans-Georg Gadamer, alumno de Heidegger, la llamó *fusión de horizontes*. La complejidad de ambos, crítica y trabajo, demanda un cuestionamiento continuo, un diálogo o conversación comprometido durante el cual el crítico debe indagar en el ser para reconocer prejuicios e impulsos, tan cuidadosamente como es examinado el trabajo literario. Finalmente, el trabajo de Heidegger argumenta que la misma condición de ser humano, más fundamental que el papel de ser crítico literario, implica un cuestionamiento persistente, cercano a la interpretación.

El filósofo francés Paul Ricoeur ha examinado la relación fundamental entre la hermenéutica y la fenomenología (la manera en que las filosofías se informan y presuponen entre sí). Entre los críticos literarios prominentes cuyos trabajos se han inspirado en la hermenéutica se encuentran Stanley Fish, E. D. Hirsch Jr. y Paul de Man.

Hermes. *Véase* MERCURIO.

Hermes Trismegistro. Nombre que daban los griegos al dios Tot de los egipcios. Se le consideraba inventor de las ciencias y de las artes. Juez entre los dioses, era el organizador del universo y podía resucitar a los muertos.

Hermosillo. Ciudad de México, capital del estado de Sonora, situada a 237 m de altitud, en una región fértil, de actividades agrícolas, ganaderas y mineras, de la que es centro comercial e industrial. Tiene buenas comunicaciones por carretera, ferrocarril y aéreas con toda la república. Es sede de la universidad del estado. Tiene 559,154 habitantes (1995).

Hernandarias (1561-1634). Gobernador de Paraguay y Buenos Aires. Su verdadero nombre era el de Hernando Arias de Saavedra y había nacido en Asunción. Fue elegido para dicho cargo por los colonos al renunciar el adelantado Torres de Vera y Aragón. Supo conquistarse el aprecio de los indios por el trato justo que les daba, bien que castigando severamente todo desorden. Por haber cesado las luchas en su gobierno, se le consideraba el último de los conquistadores, aparte de haber sido el primer hijo de América que ocupó su alto cargo. Fundó las misiones del Paraguay y fue el primero que señaló la necesidad de separar las gobernaciones de Buenos Aires y Paraguay, para mejor administración.

Hernández, Francisco (1517-1587). Naturalista y médico español que por encargo de Felipe II emprendió un viaje oficial a la Nueva España para estudiar sus producciones naturales. Las observaciones que allí hizo de los tres reinos de la naturaleza, abrieron nuevos y amplios horizontes a los naturalistas europeos. Estas observaciones y estudios quedaron consignados en una obra dividida en varios volúmenes y profusamente ilustrada que se depositó en la biblioteca de El Escorial y que, posteriormente, desapareció casi por completo, quizá destruida por el incendio del año 1671. Dejó inéditos los libros *De antiquitatibus Novae Hispaniae* y *De expugnationes Novae Hispaniae*. Otros manuscritos suyos fueron publicados en Madrid en el año 1790 con el título de *Historia plantarum Novae Hispaniae*. Para honrar su memoria se ha dado a una planta el nombre de *Hernandia*.

Hernández, Gregorio (1566-1636). Escultor español iniciador del naturalismo en la estatuaria española. Sus esculturas están talladas en madera y policromadas. Es uno de los más famosos imagineros de los muchos que ha tenido España y representa la llamada *escuela castellana frente a la escuela andaluza*, cuyo gran maestro fue Martínez Montañés. Entre sus obras principales están *La Piedad*, *El Bautismo de Cristo*, *Santa Teresa* y el *Cristo de la Luz*, todas ellas en el Museo Nacional de Escultura de Valladolid y, sobre todo, *El Cristo yacente*, conocido por *Cristo del Pardo*, que se encuentra en el Convento de Capuchinos fundado en dicho Real Sitio en tiempos de Felipe III.

Hernández, José (1834-1886). Poeta argentino, autor de *Martín Fierro*. Nació en el partido de San Martín en la provincia de Buenos Aires. Su padre lo llevó a las estancias del sur, que en aquella época lindaban con el desierto, donde vivió con los gauchos y allí arraigó en su alma el espíritu de la pampa y su gran pasión por la tierra en que había nacido. Regresó a Buenos Aires poco después de la caída de Rosas e intervino activamente en las luchas que se sucedieron hasta la definitiva organización nacional, como político, periodista, soldado y legislador. Vivió en Panamá cuando esta ciudad fue sede del gobierno de la Confederación Argentina, de cuyo Ideario participaba, y allí se casó. Pasó algún tiempo también en Corrientes y Rosario. En 1868 se trasladó a Buenos Aires, donde fundó un periódico de oposición, *El río de la Plata,* y donde dio a la estampa, en 1872, la primera parte de su *Martín Fierro.* Inmediatamente después, azares de la política lo obligaron a desterrarse. Colaboró muy activamente en el diario *La Patria,* de Montevideo. Cuando Sarmiento, de quien era enemigo, terminó su mandato presidencial, regresó a su país y fue en seguida elegido miembro de la legislatura bonaerense, a la que perteneció desde 1874 hasta su muerte. En este último periodo de su vida, en 1879, publicó la segunda parte de su famoso poema: *La vuelta de Martín Fierro.* De él se dijo que fue "hombre de espada y pluma, del bosque y del salón, de tribuna y de espuela".

Hernández, Miguel (1910-1942).

Poeta español. Fue labrador y pastor en Orihuela, su ciudad natal. Su poesía tiene un carácter dramático en el que prevalece el tema de la muerte, y un lenguaje donde abundan las imágenes de origen popular. Sus obras más importantes son *Quien te ha visto y quien te ve* (auto sacramental), *El labrador de más aire* (poema dramático) y los libros *Perito en lunas, El rayo que no cesa* y *Viento del pueblo.*

Hernández Colón, Rafael (1936-).

Abogado y político puertorriqueño. Estudió en la Universidad de Ponce, y en esta ciudad inició su carrera política. Senador por el Partido Popular Democrático, asumió la jefatura del partido y la de su minoría en el Senado, con el mandato de vencer la atonía en que había caído la organización después del triunfo en 1968 de su adversario, el gobernador Luis Ferré, del Partido Nuevo Progresista, defensor de la incorporación de Puerto Rico a Estados Unidos como un estado más. En noviembre de 1972 el electorado repudió esta solución al elegir para gobernador a Hernández Colón y llevar a una arrolladora victoria a su partido, que hizo de Puerto Rico un Estado Libre Asociado a Estados Unidos. Hernández Colón defendió este régimen por razones prácticas y también porque constituye un sólido *muro de contención* que preserva a la cultura hispánica puertorriqueña del dominio e influencia de Estados Unidos. En las elecciones de 1996 en Estados Unidos participó defendiendo el Estado Libre Asociado de Puerto Rico.

Hernández de Córdoba, Francisco

(? -1518). Rico navegante y colono español en la isla de Cuba. Descubridor de México. Organizó una expedición que zarpó de Cuba el 8 de febrero de 1517, en la que iban el célebre conquistador e historiador Bernal Díaz del Castillo y el piloto mayor

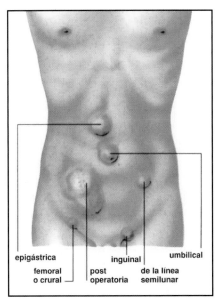

epigástrica inguinal umbilical
femoral post de la línea
o crural operatoria semilunar

Salvat Universal

Localizaciones más frecuentes de una hernia abdominal.

Antón de Alaminos. Descubrió la península de Yucatán e Isla Mujeres. En el cabo Catoche sostuvo un recio combate con los indios. Bordeó la península de Yucatán y arribó a Campeche. En Champotón los indios le presentaron batalla y fue tan terrible que murieron 50 españoles y quedaron heridos todos los demás, incluso el propio Hernández de Córdoba, que recibió 12 flechazos. Llegó a la Laguna de Términos y poco después regresó a Cuba, donde informó al gobernador Diego Velázquez de sus descubrimientos y observaciones, entre ellas que los indígenas de Yucatán tenían una cultura superior a los de Cuba y usaban adornos de oro y plata. Murió a causa de las heridas que recibió en su combate con los indios.

hernia. Tumor o abultamiento producido por la dislocación y salida total o parcial de una víscera u otra parte blanda fuera de la cavidad en que se halla ordinariamente encerrada. Se pueden producir hernias en diversos órganos: el cerebro *(encefalocele);* la vejiga urinaria *(cistocele);* el diafragma *(diafragmatocele,* con penetración de vísceras abdominales en la cavidad torácica*);* los discos intervertebrales; el estómago *(gastrocele);* el hígado *(hepatocele);* el pulmón *(prolapso pulmonar);* e incluso de líquido, cuando se acumula en una región circunscrita *(hidrocele,* en el testículo). Casi todas las citadas son internas, pero las más frecuentes son las hernias externas del intestino o del repliegue del peritoneo llamado mesenterio o epiplón, y muy especialmente la hernia inguinal aunque también abunda la crural (por la abertura safena) y la umbilical (por el anillo de este nombre).

La salida de la masa herniada puede producirse por un conducto natural, como es el anillo inguinal (por donde pasa el cordón espermático o el ligamento redondo de la matriz), o por una abertura provocada accidentalmente. Son hernias adquiridas las que se forman a consecuencia de algún traumatismo o esfuerzo grande, y espontáneas las producidas por presiones crónicas sobre la masa intestinal unidas a la debilidad del anillo inguinal o umbilical, por ejemplo. Hernias congénitas son las originadas durante el desarrollo embrionario o fetal.

Por su desarrollo, las hernias de la masa intestinal pueden ser reductibles o irreductibles. Las primeras se pueden reducir ejerciendo presión mecánica sobre ellas. En las segundas no cabe este tratamiento, pues hay adherencias de la víscera herniada con el saco herniario, esto es, con la bolsa formada en el peritoneo. En los casos graves se produce la hernia estrangulada: el conducto herniario se estrecha e impide la circulación produciendo oclusión intestinal y gangrena, lo cual exige intervención quirúrgica inmediata. La cirugía también está indicada para el tratamiento de las hernias irreductibles por presión mecánica.

Herodes. Nombre familiar de varios reyes de Judea y gobernadores de las provincias romanas de Palestina que se mencionan con frecuencia en el Nuevo Testamento por haber estado relacionados con la vida de Jesucristo.

El primer Herodes (73-74 a. C.) fue llamado el Grande y fundó la familia y el título. Era hijo de Antipater, noble idumeo a quien César nombró gobernador de Judea el año 46 a. C. A la muerte de su padre, Herodes quiso adueñarse de toda Palestina, pero fracasó y, perseguido por sus enemigos, huyó a Roma, donde el Senado le nombró rey de Judea. En el año 37 a. C., apoyado por las tropas romanas, conquistó Jerusalén y fundó un vasto imperio, acarreándose el odio de los judíos, que no pudo acallar ni con su matrimonio con una princesa hebrea. Tuvo diez esposas y muchos hijos, que más tarde le disputaron el trono. Su terror por los judíos le acosaba siempre y por eso cuando oyó hablar de que había nacido Jesucristo, futuro rey de los judíos, mandó degollar a todas las criaturas de Belén en la matanza de los Inocentes.

Fue su hijo Herodes Antipas (20 a. C.-39 d. C.), el famoso Tetrarca de Galilea, que ordenó la decapitación de san Juan Bautista a instancias de su mujer Herodías, la esposa de un hermano suyo con quien se casó luego de repudiar a la hija de un rey árabe. Esto provocó una guerra con los vecinos de Transjordania y el rey Herodes huyó a Roma para implorar ayuda del em-

Herodes

Herraduras en el yunque de un herrero.

perador Calígula, que en vez de socorrerlo le desterró a las Galias. Éste fue el famoso Herodes ante quien compareció Jesucristo, enviado por Pilatos.

Herodes Agripa I (10 a. C.-44 d. C.) era nieto de *el Grande* y protegido del emperador Calígula, quien le cedió los dominios de Antipas y le dio el título de rey en todo el territorio que había estado bajo el gobierno de su abuelo. La historia deja constancia de que persiguió a los cristianos, ordenó el encarcelamiento de san Pedro y permitió el martirio de san Esteban.

Herodes Agripa II (27-100 d. C.) hijo del anterior, reinó desde el año 48 hasta el 100. Era tan joven cuando murió su padre, que el emperador Claudio decidió no darle el reino de Judea, pero cuando tuvo mayor edad, le concedieron el reino de Calcis.

Herodoto (484?-424? a. C.). Historiador griego. Descendiente de una ilustre familia de Halicarnaso, tuvo que huir de su ciudad natal cuando el tirano Ligdamis asesinó a su tío, el poeta Paniasis, y puso en peligro su propia vida. Desde muy joven concibió la idea de escribir una gran historia, y con el propósito de acumular datos viajó por Asia Menor, Arabia, Egipto, Cirene, Sicilia e Italia, trasladándose después a Atenas, de donde salió con una expedición para fundar la colonia de Turio, en Italia meridional (Magna Grecia), donde vivió el resto de su vida. Marco Tulio Cicerón llama a Herodoto *padre de la historia*, porque fue el primero que escribió una obra de este carácter bien concebida y ordenada cronológicamente. La *Historia* de Herodoto, dividida en nueve libros, dedicados a sendas

musas, es una verdadera historia universal, pues trata de todos los pueblos entonces conocidos, con atrayentes relatos de historias, leyendas y costumbres, aunque el asunto principal sean las luchas entre griegos y persas y llegue hasta la batalla de Micala (479). Las primicias de esta obra fueron leídas en las fiestas de las Panateneas (445). El estilo del gran historiador, que trató de ser imparcial y verídico, es sencillo y ameno.

heroína. Alcaloide derivado de la morfina. Se presenta en polvo cristalino, blanco y amargo. Es un sedante poderoso contra la tos y dificultad respiratoria. Calma los dolores, pero produce hábito tóxico de peores consecuencias que el de la morfina. En muchos países se ha prohibido su empleo.

heroísmo. Esfuerzo eminente de la voluntad y de la abnegación, que lleva al hombre a realizar hechos extraordinarios al servicio de Dios, del prójimo o de la patria. Son requisitos indispensables que la acción alcance proyecciones poco comunes, para justificar la aureola que se cierne en torno al héroe, y que el acto tenga un fin noble y un provecho cierto o presumible, sin cuyas condiciones sería únicamente temerario. El heroísmo fue ensalzado en Grecia desde muy antiguo, considerándose como héroes a los legendarios semidioses, de los que luego pasó el culto a los mortales. De éstos, recibieron honores heroicos: Leónidas, Pausanias, Lisandro y Licurgo en Esparta, el ateniense Milcíades y el atleta Filipo de Crotona.

Un pensador británico de los tiempos modernos, Carlyle, erige el culto al héroe, al hombre de vanguardia, al guía de la humanidad. El progreso en todos los aspectos de las actividades humanas es, según Carlyle, obra de unos cuantos que con poderoso genio van conduciendo a las multitudes, incapaces de hallar por sí mismas el camino. Sin embargo, la tesis heroica de Carlyle ha sido rebatida por otros pensadores que opinan que la humanidad camina siempre hacia adelante por obra de todos, tanto por el impulso robusto de los más fuertes, como por la labor menuda pero múltiple y omnipotente de las masas.

Hero y Leandro. Nombre de dos desdichados amantes de la antigua Grecia, cantados por el poeta Museo en el poema que lleva su nombre, y personificación del amor superador de obstáculos. Sacerdotisa ella del templo de Afrodita en Sestos, su amante, Leandro de Abidos, cruzaba todas las noches a nado el Helesponto guiado por la luz que ella colocaba sobre una torre. Ahogado una noche en la empresa, Hero, al ver su cadáver sobre la playa, se arrojó al mar para unirse en la muerte a su adorado.

herpes. Enfermedad inflamatoria de la piel que se caracteriza por la erupción de pequeñas vesículas, sobre una base inflamatoria. Se divide, principalmente, en herpes simple o herpes zoster. Las investigaciones médicas coinciden en que esta afección es producida por un género de gérmenes no visibles con los microscopios corrientes o sea un virus filtrable. Las ampollas siguen generalmente el trayecto de un nervio, acompañándose de síntomas nerviosos y cutáneos. En ocasiones, las primeras ampollas duran aproximadamente una semana y luego desaparecen. Son de consistencia dura y su tamaño puede ser pequeño o grande como una arveja. Rezuman un líquido viscoso, que se seca rápidamente. Van acompañadas siempre de dolor, que es muy intenso en los primeros días. Las zonas de aparición más frecuentes son el pecho o la espalda, y siguen el trayecto de los nervios intercostales. Los niños se recuperan pronto de la afección. En los ancianos el pronóstico es grave. Es una creencia equivocada la de que si el herpes aparece en partes opuestas del cuerpo y se juntan en el medio, la persona muere. El tratamiento debe ser dirigido por un médico.

herradura. Trozo de hierro en semicírculo que se sujeta con clavos en los cascos de las caballerías. Representa papel similar al del calzado en el hombre. En la herradura se distingue: la parte superior, adherida al casco, y la inferior, que descansa sobre el suelo; dos bordes; dos ramas, cuyos extremos se llaman callos, que se apoyan en los talones; las claveras u orificios en forma cuadrada, en número de seis a ocho; grano de cebada es el ensanchamiento de la lámina. El empleo de la herradura es muy antiguo. Hay diversidad de herraduras: vizcaína o provinciana, inglesa, florentina, turca, para los bueyes y para los asnos, entre otras.

herramienta. Instrumento que se utiliza manualmente y que sirve para fabricar algún objeto o que los obreros y artesanos usan en su labor. Desde muy antiguo, en las épocas más primitivas, el hombre aprendió por necesidad el uso de distintos instrumentos que podían servirle para defenderse en la lucha por la vida. Ya en la edad de piedra aparece la primera herramienta combinada, que consiste en un guijarro con una punta en uno de sus extremos y un filo aguzado que servía para cortar; paulatinamente las herramientas se van perfeccionando a través de miles de años.

En la edad de bronce comienza el uso de los metales y se superan las viejas herramientas creando otras nuevas, muy superiores, que permiten al hombre un dominio más amplio del mundo que lo rodea; el individuo construye ya limas y tenazas, pinzas para sostener objetos de metal calientes, etcétera. La hoz que sirve para cortar el trigo, así como elementos para roturar la tierra, aparecen en épocas muy primitivas en pueblos sedentarios y agrícolas. Se considera que los egipcios fueron los primeros que usaron el arado. El uso del hierro mejora extraordinariamente la posibilidad de construcción de herramientas y más tarde el descubrimiento del acero da la posibilidad de construir la infinita cantidad de herramientas que se usan en la actualidad.

En la Edad Media, en un comienzo, el acero fue usado exclusivamente para la construcción de espadas y otras armas con él se hacen famosas las hojas de espada construidas en algunos lugares, como Toledo. Posteriormente el acero se comienza a usar para construir herramientas, lo que otorga a éstas fuerza, flexibilidad y mayor duración. Los aceros especiales empleados para herramientas se llaman *aceros de dureza o temple natural* y son designados así por presentar una dureza suficiente para el corte de metales.

Las herramientas que se recalientan por la fricción a que son sometidas necesitan un temple especial llamado de *corte rápido*, que permite triplicar su resistencia al calor. La clasificación de las herramientas es compleja y difícil, porque depende del aspecto fundamental que se considere. Puede tomarse como base para una clasificación el uso que se da a las herramientas, las aplicaciones que tienen, el ramo o los oficios a que están destinadas, los ma-

teriales de que han sido construidas, etcétera.

herramienta neumática. Instrumento de trabajo que funciona mediante aire comprimido. La fuerza de éste es semejante a la del vapor, con la diferencia de que si la expansión del vapor se produce por la acción de la temperatura, la del otro se logra gracias a la ley del equilibrio molecular que preside la constitución de los fluidos. Si valiéndonos de un pistón o bomba de comunicación con un recipiente cerrado, o caldera de paredes lo suficientemente gruesas, inyectamos aire en su interior hasta lograr una presión de varias atmósferas, habremos conseguido una poderosa fuente de energía; luego bastará suministrarla por conductos o canalizaciones adecuadas (ordinariamente de caucho) a los dispositivos que puedan aprovecharla. El aparato descrito se denomina comprensor y funciona eléctricamente o por medio de un motor de explosión; generalmente forma un cuerpo montado sobre bastidores provistos de ruedas que puede trasladarse de lugar y aproximarse a los sitios de trabajo.

El aire comprimido tiene importantes aplicaciones y son numerosas las herramientas que aprovechan ese ingenioso sistema. El martillo neumático, muy empleado en minas, canteras y demoliciones, consiste en un émbolo a resorte encerrado en un cilindro provisto de una válvula de admisión y de escape que actúa sincrónicamente. En uno de sus extremos se adapta una punta de acero que hace las veces de percutor o hendidor, y en el otro se conecta el tubo de aire. Una palanca en la empuñadura permite al obrero ponerlo en acción o detenerlo. En ese mismo principio se basa el percutor para remaches usado en los buques, calderería, etcétera, que se diferencia del martillo por su menor tamaño y por la pieza móvil que, por el uso a que se la destina, es de base plana, o sea, como la de un verdadero martillo.

Las perforadoras mecánicas de mano utilizan asimismo el aire comprimido con gran rendimiento y menos riesgo que las movidas por electricidad. En estos aparatos el aire penetra por las ranuras de una especie de tornillo de grandes aletas que actúa como una pequeña turbina. La velocidad de las revoluciones se consigue por la simple regulación de la entrada del aire. Los aerógrafos, tan usados en la pintura industrial, funcionan asimismo por ese sistema. Las lluvias de arena, empleadas para pulimento y limpieza de ciertos objetos, se logran mezclándolas a la corriente de aire comprimido que luego se hace salir por un tubo apropiado.

Herrera. Provincia central de la República de Panamá que limita al este con el

golfo de dicho nombre, formado por las aguas del océano Pacífico. Superficie: 2,200 km^2. Población: 101,198 habitantes (1990). Capital: Chitré, al fondo de la bahía de Parita. Actividad agrícola, que incluye plantaciones de caucho. Crianza de ganado. Cruza la provincia una moderna carretera que enlaza con la Central Panamericana. Herrera es la más pequeña del istmo y forma parte de la Península de Azuero, del cual es el polo económico de mayor importancia. Entre sus actividades económicas se destacan, además de las agropecuarias, la industria licorera y alfarera.

Herrera, Alberto (1874-1964). Patriota y militar cubano, nacido en San Antonio de las Vueltas. Teniente coronel de Ejército Liberador y general del ejército de la República de Cuba. Fue jefe del Estado Mayor y general durante los gobiernos de Alfredo Zayas y Gerardo Machado y Morales. Sustituyó brevemente a este último al ser derrocado como presidente de la República.

Herrera, Alfonso L. (1868-1942). Biólogo y naturalista mexicano, a quien se deben importantes estudios acerca del protoplasma. Además de sus escritos sobre este tema es autor de obras sobre biología, botánica y zoología, destacándose entre ellas *La vida en las altas mesetas*. Profesor en distintas instituciones docentes, fue director del museo de Historia Natural de la ciudad de México y organizador del Parque Zoológico y del Jardín Botánico de dicha capital.

Herrera, Bartolomé (1808-1864). Sacerdote, educador y estadista peruano. Se graduó de doctor en derecho y teología, fue vicerrector del Colegio San Carlos y director de *El Peruano* y de la Biblioteca Nacional. Desempeñó importantes cargos públicos, entre ellos los de consejero de Estado, presidente de la Cámara y ministro de Instrucción Pública, Justicia y Relaciones Exteriores. Gran educador, reformó los estudios, suprimió el memorismo, sistematizó la disciplina, inculcó sentimientos nacionalistas y orientó con su doctrina. Fue designado obispo de Arequipa, y allí murió, tras una existencia de trabajo y gran honradez.

Herrera, Benjamín (1850-1924). General y político colombiano. En 1902 puso fin a la contienda civil con su frase: "La patria por encima de los partidos". Jefe del Partido Liberal, fue candidato en oposición al general Pedro Nel Ospina para el periodo presidencial 1922-1926, pero fue derrotado.

Herrera, Ernesto (1886-1917). Dramaturgo y periodista uruguayo que en el

Herrera, Ernesto

Museo del Prado

Detalle de El triunfo de San Hermenegildo, *pintura de Francisco de Herrera* El Mozo.

periodismo utilizó el seudónimo de *Ginesillo de Pasamonte*. Se inició en el teatro con piezas de un solo acto, a las que siguieron sus dramas, siendo *El león ciego*, que trata la tragedia de la guerra civil de su patria, la mejor de sus obras. Le siguen en importancia *El estanque* y *Mala laya*. Emprendió posteriormente el camino social y realista.

Herrera, José Joaquín (1792-1854). Militar y político mexicano, nacido en Jalapa. Sirvió en las filas realistas hasta 1820. Fue general y ministro de Guerra y presidió al Consejo de Estado. Asumió interinamente la presidencia. Derrocados el general Canalizo y el general Antonio Lopez de Santa-Anna, el Senado lo eligió presidente. Renunció al cargo ante la insurrección del general Valencia. Durante su mandato se produjo la anexión de Texas a Estados Unidos. Fue elegido presidente 1848-1851.

Herrera, Tomás (1800-1854). General y estadista panameño que encabezó en 1840 el primer movimiento para emanci-

par a su patria y del que surgió el Estado Libre de Panamá, que presidió durante 13 meses; pero restablecióse la unión interior ante una amenaza exterior. En 1844 fue gobernador de Panamá. Trasladado a Bogotá, fue ministro de Guerra (1849), gobernador de Cartagena, senador, general en jefe del ejército y presidente del Senado. Venció el intento de dictadura en 1854 y murió de un balazo que le dispararon al entrar en Bogotá después de su victoria.

Herrera Campíns, Luis (1925-). Abogado, periodista y político venezolano. Nació en Acarigua, se graduó en la Universidad de Santiago de Compostela (España) y se dio a conocer como periodista en el semanario COPEI, órgano social-cristiano venezolano, así como en varios otros periódicos. Como político, miembro del partido social-cristiano (COPEI), se distinguió en la huelga estudiantil en 1952 contra la dictadura de Marcos Pérez Jiménez, fue electo diputado en 1958 y designado jefe de la fracción parlamentaria social-cristiana en 1965.

Fue electo presidente de la república en 1978 para el periodo 1979-1984. Es uno de los principales líderes internacionales de la democracia cristiana.

Herrera *el Viejo*, Francisco de (1585-1657). Pintor español de la escuela sevillana. Era hombre de carácter violento y en una ocasión fue acusado de falsificar moneda. En su obra se distinguen tres épocas; en la primera la composición es espectacular y el colorido brillante; en la segunda hay una mayor gravedad y un más profundo realismo; la fealdad y la miseria suelen ser los temas preferidos de la tercera. Su obra maestra es quizá la titulada *Juicio final*.

Francisco de Herrera *El Mozo* (1622-1685) era hijo suyo. Herrera *el Mozo* fue pintor y arquitecto, autor de cuadros vivaces y animados, de fácil colorido (como por ejemplo, *El triunfo de san Hermenegildo*), y de los planos para el templo dedicado en Zaragoza a Nuestra Señora del Pilar.

Herrera Oria, Ángel (1886-1968). Prelado y escritor propagandista católico español. Cursó leyes. En 1911 asumió la dirección del diario *El Debate* y fundó la Editorial Católica. Durante la república (1931-1936) su labor catequista influyó en los medios conservadores. En 1936 inició la carrera eclesiástica en Suiza. Ordenado sacerdote en 1940, siete años más tarde se le consagró obispo de Málaga y en 1965, cardenal.

Herrera y Gutiérrez de la Vega, Juan de (1530-1597). Arquitecto español. Estudió humanidades y filosofía en Valladolid, pero a los diecinueve años se unió al séquito de Felipe II en el viaje que éste hizo a Flandes para visitar a su padre, el emperador Carlos V. Permaneció tres años en Bruselas estudiando arquitectura y ciencias exactas. A su vuelta a España sentó plaza de soldado y partió a pelear en Italia. Más tarde estuvo al servicio del emperador, acompañándole hasta la muerte de éste en su retiro de Yuste. Fuese entonces a buscar empleo a Madrid y se hizo discípulo de Juan Bautista de Toledo, sucediéndole, al morir, en la construcción del Monasterio de El Escorial, en el cual introdujo innovaciones importantes, entre otras, la de edificar debajo del coro de la iglesia una capilla de la misma estructura de ésta, pero con la novedad de una bóveda plana. Gracias a sus disposiciones, una obra cuya duración se había calculado en veinte años se hizo en seis.

Al ser nombrado sucesor de Juan Bautista de Toledo, el rey le encomendó todas las obras reales. Una de las más importantes fue la prosecución de la capilla del palacio de Aranjuez. En Toledo diseñó la fachada de mediodía del Alcázar. Suya es también la reedificación de la plaza de Zocodover de la misma ciudad, así como la Casa de Contratación de Sevilla y parte de la fachada de la Catedral de Valladolid. Madrid le debe el puente de Segovia y diseminadas por España existen multitud de iglesias y otros monumentos debidos a su genio.

Gozó Juan de Herrera de la mayor confianza del monarca y todos los hombres de ciencia de su época le consideraron un gran matemático. Inventó varios instrumentos para la navegación, que obtuvieron tan buena acogida por cosmógrafos y pilotos, que el consejo de Indias dispuso que se llevasen en las naves que iban a ultramar.

herrerillo. Pájaro (familia de los páridos, género *Parus*) algo mayor que el gorrión, con la cabeza y el lomo azulados, cuello y carrillos blancos, y pecho y abdomen bermejos, que vive en las arboledas de casi toda Europa.

Herrero, Carlos María (1875-1914). Pintor uruguayo. Inició su carrera artística con P. Queirolo, y luego se trasladó a Buenos Aires. En 1898, becado por el gobierno uruguayo, marchó a Roma, donde permaneció dos años, y más tarde, con otra beca, estudió en Madrid con Sorolla. Su obra, al óleo y pastel, es fundamentalmente retratística. También pintó óleos de tema histórico, como *El Congreso del año XII* y el retrato del General José Artigas. Colaboró en el plafón del Teatro Solís, de Montevideo.

Herriot, Edouard (1872-1957). Político y escritor francés. Diputado, ministro, alcalde perpetuo de Lyón, presidente del Consejo, fue la personalidad más destacada del Partido Radical. Presidente de la Cámara, fue deportado a Alemania en 1942 por los invasores durante la Segunda Guerra Mundial, siendo liberado tres años más tarde por los aliados. Fue designado presidente de la Asamblea Nacional en 1947. Se retiró de la vida pública en 1954. Figura austera, respetada por colaboradores y adversarios, ha cultivado la crítica musical en *Beethoven*, la historia en *Madame Récamier y sus amigos*, el ensayo en *Actuar y Crear*, así como la evocación nostálgica *En el bosque normando*.

Herschbach, Dudley Robert (1932-). Químico estadounidense. Después de doctorarse en Harvard en 1958 fue profesor de las universidades de California (1959-1963) y Harvard (a partir de 1963). Ideó una técnica para analizar las reacciones químicas a nivel molecular individual y los cambios ocurridos en ellas, paso por paso. Esta técnica consiste en formar dos sutiles chorros de moléculas y cruzarlos, de tal manera que en la intersección ocurra la reacción química. En 1986 fue galardonado con el Premio Nobel de Química, junto con Y. T. Lee, discípulo y colaborador suyo, y J. C. Polanyi.

Herschel. Apellido de una familia de astrónomos ingleses de origen alemán, a quienes se deben trabajos y observaciones decisivos para el progreso de la astronomía.

Guillermo Herschel (1738-1822), descubridor del planeta Urano, creó procedimientos y métodos de investigación celeste usados todavía. Nacido en Alemania, trabajó como organista de iglesia hasta los 26 años en que se sintió atraído por la astronomía. Ocho años más tarde, y con un telescopio de su invención, descubrió el planeta antes citado; ello atrajo sobre su persona la atención del mundo culto y le valió el nombramiento de astrónomo de Jorge III, quien más tarde lo designó caballero. Constructor de telescopios cada vez mayores, pudo descubrir dos satélites de Urano y dos de Saturno. Estudió la rotación y los anillos de Saturno, pero sus descubrimientos más importantes son los de un enorme número de estrellas gemelas, nebulosas y constelaciones.

Su hermana **Carolina Lucrecia Herschel** (1750-1848) es autora de importantes observaciones realizadas con telescopio pequeño. Descubrió muchas nebulosas y constelaciones, así como ocho cometas; la órbita de uno de éstos (poco más de tres años) es una de las más breves que se conocen. Nombrada miembro de la Real Sociedad Astronómica, recibió también la Medalla de Oro de la Sociedad por la redacción de un catálogo de nebulosas y constelaciones descubiertas por ella y su hermano.

El Escorial, obra arquitectónica de Juan de Herrera.

Coral Stock Photo Library

Telescopio reflector que Herschel construyó en 1789.

El hijo de Guillermo, **Juan Federico Guillermo** (1792-1871), es famoso por sus observaciones telescópicas de los cielos australes. Interesado en un principio en el estudio de las estrellas gemelas, continuó la tarea de su padre midiéndolas. Descubrió unas 3,350 nuevas estrellas. Recibió el título de caballero al completar el catálogo de 2,307 nebulosas, de las cuales 525 habían sido descubiertas por él. Instalado durante cuatro años en el observatorio del cabo de Buena Esperanza, contó más de 70,000 estrellas distribuidas en 2,300 cúmulos estelares. Su postrera publicación, el colosal *Catálogo general de las nebulosas*, consigna más de 5,000 nebulosas y cúmulos estelares.

Hershey, Alfred Day (1908-1997).

Biólogo estadounidense. Profesor en la Universidad Washington de Saint Louis (1934-1950). En 1950 ingresó al departamento de genética de la Carnegie Institution en Cold Spring Harbour, dirigiendo la unidad de investigación genética a partir de 1962. Sus estudios sobre los bacteriófagos confirmaron la existencia del ácido desoxirribonucleico (DNA) como el portador de la herencia biológica individual. En 1969 compartió con Max Delbrük y Salvador Luria el Premio Nobel de Medicina o Fisiología.

Hertz, Gustavo (1887-1975).

Físico alemán. Fue profesor en la Universidad de Halle y en la Escuela Técnica Superior de Berlín. Sus investigaciones sobre la naturaleza del átomo, y muy principalmente sobre los movimientos de los electrones, le valieron en 1925, y con James Franck, el Premio Nobel de Física. En 1947 se trasladó a Rusia, donde se dedicó a investigar la energía atómica.

Hertz, Heinrich Ruddph (1857-1894).

Físico alemán. Cursó estudios en Munich,

perfeccionados luego en Berlín bajo la dirección de Helmholtz. En 1888, con el auxilio del oscilador de su invención, demostró que las vibraciones eléctricas se propagan en forma de ondas electromagnéticas (que en su honor se llamaron *hertzianas*), cuya longitud de onda es inferior a un metro. La existencia de estas ondas ya había sido prevista por Maxwell en 1864 y hoy constituyen la base de la radiotelefonía, la televisión y el radar. Inventó también el resonador que lleva su nombre, con el que obtuvo *ondas estacionarias* mediante la colocación de su oscilador frente a una placa metálica que funciona como espejo. Estudió los rayos catódicos y probó, juntamente con Lenard, que éstos pueden atravesar delgadas placas de metal. Posteriormente, se comprobó que esas radiaciones están constituidas por electrones. Su sobras completas forman doce volúmenes.

Hertzog, Enrique (1897-1980).

Médico y político boliviano. Prestó importantes servicios a su país en diversas esferas de actividad. En 1947 fue elegido presidente constitucional de la República y en 1949 dimitió el mando en favor del vicepresidente Mamerto Urriolagoitia. Su gobierno se caracterizó por la aplicación de los principios democráticos y la promulgación de importantes leyes sociales.

Herzberg, Gerhard (1904-1999).

Físico y químico canadiense nacido en Alemania. Realizó investigaciones significativas acerca de la espectroscopia atómica y molecular, por las cuales ganó el Premio Nobel de Química en 1971. En espectroscopia atómica estudió los estados de energía de átomos como el helio. En espectroscopia molecular estudió los radicales libres como el CH_3.

El trabajo de Herzberg también ha permitido a los astrónomos detectar moléculas de hidrógeno en las atmósferas de otros planetas. Sus libros más importantes, *Es-*

tructura y espectro atómicos (1944) y *Espectro y estructura moleculares* (3 vol. 1939-1966), han ayudado a los científicos en distintos campos y fundaron una excelente base para la realización de trabajos posteriores de espectroscopia.

Herzegovina. *Véase* BOSNIA-HERZEGOVINA.

Herzl, Theodor (1860-1904).

Escritor austriaco israelita de lengua alemana, jefe de los sionistas de Budapest. Luego de estudiar leyes se dedicó a la prédica de sus ideas. Sus dramas *El nuevo Gheto* y *Grethel*, sus volúmenes de cuentos –*El palacio Borbón*– y sus ensayos y artículos propugnan su aspiración, plasmada en una obra, *El Estado judío*, en la cual se propone como medida radical para solucionar el problema judío la fundación de un estado en Palestina. A su muerte, Max Nordau fue nombrado jefe de los sionistas.

Hesíodo.

Poeta griego, del siglo VIII o VII a. C., que fue, según Herodoto, el más antiguo después de Homero. De su vida poco se conoce con exactitud. Nacido en Ascra (Beocia), heredó parte de la fortuna de su padre y alternó el cuidado de sus bienes con el cultivo de la poesía. Indudablemente gozó de celebridad entre sus contemporáneos y, al parecer, murió en forma violenta. De las obras que le son atribuidas sobresalen la *Teogonía, Los trabajos y los días, El escudo de Hércules* y el *Catálogo de las mujeres*. La primera es una historia y grandiosa genealogía de los dioses griegos; la segunda un poema didáctico moral, trata de la justicia y de las labores del campo; la tercera probablemente imita la descripción que del escudo de Aquiles hace Homero en la *Ilíada*; y la cuarta trata de los héroes nacidos de la unión de los dioses con mujeres mortales. La poesía de Hesíodo es ingeniosa y elegante, muestra un vivo sentimiento de la naturaleza.

Espectro de las radiaciones electromagnéticas.

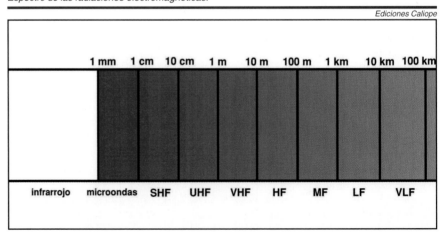

Hess, Rudolf (1894-1987). Político alemán, nacido en Alejandría, Egipto. Se unió a Adolfo Hitler en 1921 y llegó a ser uno de sus principales colaboradores. Copió al dictado *Mi lucha*, el libro de Hitler. En 1932 encabezó la sección política del Partido Nazi. Su rango en la jerarquía nazi era sólo inferior a los de Hitler y Hermann Goering. En 1941 viajó a Escocia tratando de lograr un arreglo que terminara con la guerra entre Inglaterra y Alemania. Fue capturado. En 1980 era el único prisionero que quedaba en la prisión de Spandau.

Hess, Victor Francis (1883-1964). Físico austriaco; profesor de física en las universidades de Innsbruck y Graz (Austria) y de Fordham (Estados Unidos). El descubrimiento de los rayos cósmicos le valió el Premio Nobel de Física de 1936, en unión de Carl D. Anderson.

Hess, Walter Rudolf (1881-1973). Médico suizo; director del Instituto de Fisiología de la Universidad de Zurich. Compartió con E. Moniz el Premio Nobel de Medicina en 1949 por sus estudios de las relaciones del cerebro con los órganos internos.

Hesse, Hermann (1877-1962). Poeta, novelista y ensayista alemán. En 1912 se trasladó a Suiza y se hizo ciudadano de ese país. Después de haber trabajado como librero y mecánico se dedicó por completo a la literatura. En su obra pueden distinguirse claramente dos periodos. En el primero, formado por las novelas *Pedro Camezind*, *Demian*, *Siddharta* y *El lobo estepario*, se describen los conflictos espirituales del individuo en la sociedad contemporánea. En esta época Hesse parece influido por el romanticismo alemán, la filosofía de Federico Nietzsche, las religiones hindúes, el psicoanálisis. *En Narciso y Golmundo* y *El juego de abalorios* se da en cambio gran importancia a los valores tradicionales de la sociedad europea. En 1946 Hesse recibió el Premio Nobel de Literatura.

Heston, Charlton (1921-). Actor estadounidense de teatro, radio, televisión y cine, nacido en Illinois. Sus papeles usualmente tienen carácter heroico y épico con un atractivo romántico. Ganó un Óscar por *Ben Hur*. Otros filmes son *Los diez mandamientos*, *El Cid*, *La agonía y el éxtasis* y *El planeta de los simios*.

heterodino. Receptor que produce ondas de frecuencia algo diferente de las trasmitidas para obtener, por batimiento, una frecuencia inferior que es la que se utiliza para recibir las señales.

Heuss, Theodor (1884-1963). Político alemán. Fue profesor de historia del arte

Berna, Schweizerische Landesbiblitheca, Suiza

Retrato de Hermann Hesse por E. Morgenthaler..

en la Universidad de Heidelberg. Cuando se creó la República de Weimar ingresó en el Partido Demócrata. Al tomar los nazis el poder se retiró a Heidelberg, donde siguió en su cátedra. Fundó la revista *Política Alemana*. En 1945 organizó en Heidelberg su antiguo partido, el Demócrata Liberal. En 1949 la Asamblea Federal eligió a Heuss presidente de la República Federal Alemana; fue reelegido en 1954.

Hevesy, George von (1885-1966). Químico húngaro, que, en unión de Coster, descubrió el elemento *hafrio* en 1923. Por sus trabajos acerca de los isótopos como elementos indicadores en el estudio de los procesos químicos, recibió el Premio Nobel de Química en 1943.

Hewish, Antony (1924-). Astrónomo británico. Recibió el Premio Nobel de Física en 1974 por descubrir, junto con Jocelyn Bell Burnell, los pulsares en 1967. Hewish y su colega sir Martin Ryle, con quien compartió dicho premio, fueron los primeros astrónomos en recibir este reconocimiento. Graduado de la Universidad de

Cambridge, Hewish sirvió a la institución como profesor de radioastronomía desde 1971.

Heymans, Corneille Jean François (1892-1968). Fisiólogo belga nacido en Gante donde hizo sus estudios universitarios. Ya graduado trabajó en varios centros de investigación tanto de Bélgica como de Francia, Inglaterra, Austria y Estados Unidos. Sucedió a su padre en la cátedra de farmacología en la Universidad de Gante. hizo notables investigaciones relacionadas con los sistemas respiratorio y cardiovascular. Su investigación más importante fue sobre el papel que juegan en la regulación de la respiración y de la presión sanguínea el seno carotídeo y la aorta. Mereció el Premio Nobel de Medicina en 1938.

Heyrovsky, Jaroslav (1890-1967). Químico checoslovaco. Recibió el Premio Nobel de Química por la invención y desarrollo de la polarografía. En 1926 se convirtió en director del Instituto de Física Química de la Universidad de Charles en Praga. En 1950 fue nombrado director del

Heyrovsky, Jaroslav

Instituto Polarográfico. El analizador polarográfico que Heyrovsky diseñó en 1942 en colaboración con Masuzo Shikita, registra automáticamente la intensidad de corriente y los cambios de voltaje a fin de identificar la concentración iónica. Hoy la polarografía es usada ampliamente en análisis químicos y en el estudio de los mecanismos de reacción.

Heyse, Paul von (1830-1914).

Escritor y poeta alemán, autor de narraciones cortas, novelas y dramas. Ha sido admirada su obra literaria más por la elegancia y pulimento del estilo que por la profundidad de su pensamiento. Viajó por Italia y sur de Francia a las cuales debió un apreciable caudal de su inspiración lírica como poeta. Le fue otorgado por sus trabajos literarios el Premio Nobel en 1910. Entre sus obras sobresalen: *Hijos del mundo, Andrea Delfín, Merlín, En el Paraíso* y *La muchacha de Treppi.*

hibernación.

Largo sueño invernal al que se entregan muchos animales para sobrevivir a la crudeza de la estación. Este sueño prolongado ayuda al animal si el clima es riguroso y encuentra dificultad en procurarse alimentos. Durante el sueño suelen operarse en el cuerpo del animal ciertas alteraciones funcionales. Cuando se aproxima la estación fría, los animales que invernan comienzan a engordar, van tornándose tardíos en sus costumbres, se recogen en un lugar abrigado o excavan una madriguera, hasta que, por fin, caen en profundo aletargamiento.

híbrido.

Animal o vegetal producido por el cruce de dos individuos de distinta especie, que suele tener un aspecto intermedio al de sus progenitores, heredando caracteres de las dos especies de que procede. Para que dos especies puedan cruzarse y producir híbridos es necesario que ambas se encuentren muy próximas filogenéticamente.

Del cruce del asno con yegua o de caballo con burra se obtiene un híbrido, el mulo, más resistente que sus padres, aunque menos ágil que el caballo y más que el asno. Es frecuente el caso de híbridos infecundos, pero también los hay fecundos cruzados entre sí, o con individuos de las especies de sus progenitores.

Por hibridación entre sauces se han producido especies nuevas que se reproducen normalmente. Las vides han dado origen a híbridos mucho más numerosos, algunos de los cuales se explotan con éxito en la viticultura. Sucede algunas veces que los caracteres de los híbridos no se conservan inmutables a través de las generaciones que producen, sino que van aproximándose a una de las formas que les dieron origen hasta confundirse con ella. Otras veces presentan caracteres nuevos, o más acentuados que en los padres, cualidades que cuando son beneficiosas se tratan de perpetuar por la hibridación.

Hay vegetales híbridos de mayor talla que las especies que los originaron, otros, como los de clavel, producen más cantidad de flores, o tienden a producirla con mayor cantidad de pétalos, dando origen a los claveles dobles. El estudio y producción de estos híbridos tienen gran interés para floricultores y fruticultores, y son muchos los de gran valor comercial que se han obtenido experimentalmente, entre ellos los del trigo, tabaco, vid, que en crecido número se cultivan.

Hicken, Cristóbal M. (1875-1933).

Naturalista y profesor argentino, que en sus andanzas recorriendo el país en busca de ejemplares para sus colecciones y estudios exploró las regiones australes dirigiendo varias expediciones científicas. Su valía y experiencia le valieron el nombramiento de director de Estudios Geográficos del Estado Mayor del Ejército.

Hicks, sir John Richard (1904-1989).

Economista británico. Recibió el Premio Nobel de Economía en 1972 junto con Kenneth J. Arrow. Dio cátedra en la Escuela de Economía de Londres de (1926 a

El oso polar es uno de los muchos animales que hibernan durante el invierno.

1935), y en las universidades de Cambridge (1935-1938), Manchester (1938-1946) y Oxford (1946-1972, profesor emérito desde entonces). Hicks fue conocido particularmente por su trabajo en la teoría general del equilibrio y finanzas públicas. Entre sus libros se incluyen *Valor y capital* (1939), *Capital y crecimiento* (1965), y *Causalidad en economía* (1979).

Hidalgo. Estado de México. Tiene 20,987 km^2 y 2.212,473 habitantes (1995). Limita con los estados de Querétaro, San Luis Potosí, Veracruz, Puebla, Tlaxcala y México.

Sus principales centros de población son Pachuca de Soto, capital del estado (220,488 h. en 1995), Tulancingo, Mineral del Monte, Tepeji del Río, Tezontepec de Aldama, Apan, Tula de Allende y Mixquihuala. Físicamente, forma parte de la mesa de Anáhuac y lo cruza la Sierra Madre Oriental. El terreno presenta fragosas montañas y extensas planicies y está atravesado en todos sentidos por cordilleras y serranías que presentan abruptas vertientes, hondas barrancas y profundos cañones y desfiladeros. Son notables entre las elevadas cumbres de extrañas formas, las designadas con los nombres de las Monjas, los Órganos de Actopan y las Ventanas de Chico. Entre los ríos principales figuran el Moctezuma, Metztitlán, Amajaque, Tula y Actopan. Hay varias lagunas y fuentes de aguas termales. El clima es muy variado: cálido en algunos valles, barrancas y depresiones; templado en ciertas llanuras; frío en altiplanicies y elevaciones de la sierra.

Es estado minero por excelencia. Se explotan oro, plata, cobre, plomo, cinc, hierro, mercurio, antimonio, ópalos, obsidiana, etcétera. La producción de plata es la mayor de México. Entre los grandes distritos mineros se cuentan Real del Monte, el Cardonal, el Chico y Zimapán.

Existen grandes obras de riego que favorecen el desarrollo de la agricultura, segunda fuente de riqueza del estado. Se cultiva trigo, maíz, cebada, maguey, café, frijol, papa, alfalfa, caña de azúcar y otros diversos productos agrícolas. La ganadería es también importante.

La industria se deriva de las actividades mineras y agrícolas, hay plantas y talleres metalúrgicos, industrias textiles, fábricas de productos alimenticios, de hilados y tejidos, pulque, cemento, cal, e instalaciones de fuerza motriz hidráulica. El comercio es activo y se desarrolla en las grandes poblaciones que son, a la vez, centros de operaciones mineras, agrícolas y ganaderas. El principal núcleo comercial es la capital, Pachuca.

Sus comunicaciones se cuentan entre las mejores de México. Cruzan el estado varias grandes líneas de ferrocarril y excelentes carreteras, que lo comunican con el resto de la nación.

Museo Nacional de Historia, México

Debido a que no existe retrato oficial alguno de Miguel Hidalgo y Costilla, diversos artistas lo han plasmado en base a su interpretación particular, como es el caso de este óleo pintado en 1831 por Antonio Serrano.

Historia. En la época precortesiana habitaban la región diversas tribus, entre ellas los toltecas, que desarrollaron una notable civilización, en cuya capital, Tollan (hoy Tula de Allende), dejaron admirables ruinas arquitectónicas. La incursión española se inició poco después de la conquista de México-Tenochtitlan. Durante el virreinato, perteneció a la Intendencia de México, y al sobrevenir la Independencia en 1821, formó parte del Estado de México, hasta que, en 1869, se constituyó en el estado de Hidalgo, nombre que se le dio en honor de Miguel Hidalgo, padre de la patria mexicana.

Hidalgo, Bartolomé (1788-1822). Escritor uruguayo, uno de los primeros en dar a conocer composiciones de tipo gauchesco. Nació en Montevideo. Fue comisario de Guerra y después ministro interino de Hacienda. Al mismo tiempo iba conquistando popularidad con sus producciones poéticas: coplas y cielitos que alcanzaban pronto gran difusión. Cultivó asimismo el género dramático, aunque sus obras no pasan de ser simples bocetos costumbristas. Sus diálogos, en los que por lo general intervienen el capataz de una estancia y otro personaje llamado Ramón Contreras, son una glorificación del gaucho patriota y gozaron de gran éxito en Buenos Aires. Entre sus piezas teatrales se cuentan: *Sentimientos de un patriota* y *Relación que hace el gaucho Ramón Contreras a Jacinto Chano de todo lo que vio en las fiestas mayas de Buenos Aires del año 1822.*

Hidalgo y Costilla, Miguel (1753-1811). Sacerdote y héroe principal de la Independencia de México, a quien se le da el sobrenombre de *Padre de la Patria mexicana.* Nació el 8 de mayo de 1753, en la hacienda de Corralejo, jurisdicción de Pénjamo en el actual estado de Guanajuato. Estudió en la ciudad de Valladolid (hoy Morelia), en el colegio de jesuitas de San Francisco Javier y en el célebre Colegio de San Nicolás, del que después fue catedrático de varias asignaturas y, finalmente, rector. Después de recibir las órdenes sagradas ejerció el sacerdocio en varios curatos, hasta que, en 1803, fue destinado a la parroquia de Dolores (en Guanajuato). Era persona de carácter afable, de vasta cultura e ideas liberales. En los lugares en que ejerció su ministerio se esforzó, además, en fomentar la agricultura y las industrias rurales.

En 1810, existía en Querétaro un núcleo de patriotas, que se reunían secretamente para conspirar a favor de la Independencia de México, al que se afilió Hidalgo. Se fijó el 2 de octubre de 1810 para levantarse en armas, pero la conjura fue descubierta y parte de los complicados detenidos, por lo que Hidalgo, en unión de Ignacio Allende, Juan Aldama, Mariano Abasolo y otros, se alzó en armas en la noche del 15 al 16 de septiembre, en su parroquia de Dolores, e incitó a sus feligreses a rebelarse, pronunciando una exaltada arenga que pasó a la historia con el nombre de *El Grito de Dolores.*

Empezaron a sumarse cientos de partidarios, y se dirigió con sus compañeros y una gran muchedumbre armada, que aumentaba por días, sobre la ciudad de Guanajuato. Hidalgo ostentaba el título de capitán general y Allende el de teniente general. Guanajuato estaba defendido por el intendente Riaño, que se hizo fuerte en la Alhóndiga de Granaditas, que fue tomada por asalto (28 de septiembre), en medio de una sangrienta lucha en que la muchedumbre enfurecida aniquiló a los defensores. Tomó después Hidalgo la ciudad de Valladolid (hoy Morelia) y se dirigió sobre la ciudad de México. En junta de oficiales Hidalgo fue designado generalísimo y Allende capitán general.

En el Monte de las Cruces, a 30 kilómetros de la capital, derrotó al coronel realista Trujillo (30 de octubre), pero pocos días después, Hidalgo fue derrotado en Aculco (7 de noviembre) por las tropas del brigadier Félix M. Calleja. Hidalgo se retiró a Guadalajara, donde organizó su gobierno y nombró varios ministros. Expidió diversos decretos, algunos muy importantes, entre ellos los que disponían la abolición de la esclavitud, la supresión de determinados tributos y la devolución de tierras a los indígenas.

El 17 de enero de 1811, se libró la batalla de Puente Calderón, cerca de Guadalajara, en la que Calleja derrotó a Hidalgo decisivamente, retirándose éste hacia el norte, rumbo a Saltillo. Sobrevinieron desavenencias entre los insurgentes, y el mando de las tropas se confió a Allende, con el título de generalísimo; pero la difícil situación de los patriotas los obligó a continuar su marcha hacia el norte, para dirigirse a Estados Unidos, con el propósito de conseguir elementos para proseguir la guerra. Después de una fatigosa jornada, el 21 de marzo de 1811, al llegar a Acatita de Baján, cayeron en una emboscada Hidalgo y su séquito fueron hechos prisioneros. Allende y otros altos jefes fueron fusilados, y otros varios condenados a prisión. Hidalgo, conducido a la ciudad de Chihuahua, fue condenado a muerte y fusilado, el 30 de julio de 1811.

Con su muerte y la de los heroicos patriotas que lo secundaban, la causa de la independencia recibió un durísimo golpe; pero López Rayón, Jose Maria Morelos, Vicente Guerrero y otros valientes adalides recogieron la bandera que Hidalgo fue el primero en tremolar y prosiguieron la lucha por la independencia. *El Grito de Dolores* se conmemora en México anualmente con grandes solemnidades y fiestas cívicas en toda la nación, y el día 16 de septiembre señala el aniversario de la independencia de México.

hidra. Especie de culebra acuática perteneciente a la familia de los hidrófidos. Es venenosa y suele habitar en la proximidad de las costas de los océanos Pacífico e Índico. Su longitud media es de 50 cm y su cuerpo, que es negro en el dorso y blancoamarillento por debajo, se halla recubierto de pequeñas escamas y ofrece la cola comprimida lateralmente, lo que le facilita la natación. En las costas americanas se halla la *Pelamydrus plauturus*.

También se denomina *hidras* a un género de hidroideos semejantes a un cilindro cerrado por uno de sus extremos y del que penden, por el opuesto en que se halla la cavidad bucal, una serie de tentáculos. De 5 a 6 mm de largo, viven en las aguas dulces y se nutren de infusorios y diminutos crustáceos que capturan con sus filamentos. Se fijan, para adquirir estabilidad, sobre las plantas acuáticas y están provistas, como defensa, de elementos urticantes, que producen escozores e irritaciones sobre la piel. Entre las especies más conocidas citaremos la *H. fusca*, la *vulgaris* y la *viridis*, todas propias de Europa.

Hidra. Monstruo fabuloso de forma de serpiente que habitaba en las cercanías del pantano de Lerna en el Peloponeso. Nacida de Tifón y Equidna o del gigante Palas y Styx, tenía siete cabezas, aunque algunos afirman que eran nueve, cincuenta y hasta ciento, dotadas de tan prodigiosa virtud, que cuando se cortaba una nacía otra inmediatamente si no se aplicaba fuego a la herida. Esto último no era nada fácil, dado el mortífero veneno que lanzaba el monstruo por sus restantes bocas. Su muerte se debe a Hércules, que cumplió con ello una de las doce famosas hazañas. Desaparecido el mito, perdura en la fraseología corriente como sinónimo y caracterización de cualquier tipo de mal que se multiplica bajo los esfuerzos que se hacen para destruirlo, hablándose así de la hidra del fanatismo, la hidra de la anarquía, etcétera. Ovidio, el poeta latino, en sus *Metamorfosis* relata la muerte de este monstruo.

hidrato. Compuesto químico que resulta de la fijación de una o varias moléculas de agua sobre una molécula de otra sustancia química, que puede ser un metal o un radical (ejemplo: SO_4Cu, $7(H_2O)$, o sea, sulfato de cobre septhidratado). Los 'ácidos son, por lo tanto, susceptibles de hidratación; el sulfúrico anhídrido –esto es, puro y sin agua– se expende también hidratado en el mercado; según el número de moléculas de agua que se hayan fijado, se denomina monohidratado, dihidratado, etcétera. Esa agua, que puede ser o no fácilmente separable del nuevo compuesto formado, se la designa con el nombre de agua de cristalización por hallarse en los cristales que resultan; antiguamente se llamaba agua de hidratación a la cantidad de agua que químicamente se asociaba con los óxidos para formar los hidróxidos o bases. Los criohidratos son mezclas simplemente mecánicas del hielo que se produce al congelar el agua con las sales que ésta contiene; durante mucho tiempo se creyó que esas mezclas eran de índole química. Muchos cuerpos deben ser hidratados para ser útiles; tal ocurre, por ejemplo, con el yeso, cemento y cal empleados en la construcción. La operación de hidratar esta última se llama apagar la cal.

hidratos de carbono. Serie química muy importante de diversos compuestos, formados por cierto número de átomos de carbono asociados a igual número o diferente de moléculas de agua; su fórmula general es la siguiente: $C_n(H_2O)_n$. Se clasifican en *monosacaridos* (dextrosa, glucosa, galactosa, etc.); *disacaridos* (sacarosa, lactosa, maltosa, etc.); *trisacaridos* (melitosa, gencianosa, etc.) y *polisacaridos* (almidón, glicógeno, dextrina, celulosa, etc.). Los hidratos de carbono son esenciales para los procesos nutritivos; los que penetran por vía digestiva son almacenados en el hígado, que los devuelve al organismo convertidos en azúcar.

En las plantas superiores, el primer producto orgánico apreciable que aparece como término del ciclo de su evolución, es siempre un hidrato de carbono, a veces en forma de granos de fécula; la parte más esencial de los vegetales –el protoplasma– es el resultado combinado del consumo que las plantas hacen de hidratos de carbono y sustancias minerales. Las mismas grasas animales pueden proceder de la transformación química de los hidratos de carbono. La energía que desarrollan ciertos hidratos de carbono; es inmensa, se ha calculado que si un animal fuese capaz de transformar en fuerza muscular la potencialidad que encierran los alimentos, podría desarrollar mil seiscientos kilográmetros por cada gramo de almidón consumido. *Véase* ALIMENTACIÓN.

hidráulica. Rama de la física que estudia los líquidos en equilibrio y en movimiento. La palabra *hidráulica* proviene del griego y significa *alrededor del agua* o *perteneciente al agua*. La hidráulica se divide en hidrodinámica, que trata de los líquidos en movimiento, e hidrostática, que estudia a los mismos en reposo. Cuando el agua se derrama o fluye bajo la influencia de la gravedad obedece a las mismas leyes que rigen la caída de los cuerpos. El principio fundamental de hidrostática, descubierto según parece por Pascal, es consecuencia de las leyes del equilibrio. Según este principio, la presión aplicada a un punto cualquiera de la superficie de un líquido se propaga a toda la masa del mismo.

El origen de la hidráulica como ciencia puede remontarse hasta Arquímedes, aunque sus principios más generales fueron ya utilizados por los asirios, caldeos, chinos y egipcios de la antigüedad. Arquímedes fue el inventor del aparato denominado tornillo de Arquímedes, el que permite llevar el agua a alturas situadas por encima de su nivel normal. Los inventos posteriores: las bombas aspirante e impelente, el órgano hidráulico, la clepsidra, la fuente de compresión, el sifón, etcétera, fueron consecuencia lógica de los descubrimientos de Arquímedes.

El conocimiento de las leyes de la hidráulica, unido a la técnica moderna, ha dado origen a una ciencia práctica, la ingeniería hidráulica, la que ha permitido, a su vez, la construcción de diques, canales, represas, etcétera, y la irrigación de tierras áridas y estériles, y su consiguiente transformación en campos fértiles y laborables. Esta rama de la ingeniería ha eliminado además saltos y caídas de agua perjudiciales a la navegación, ha provisto de agua a centros poblados, ha creado grandes centrales de energía eléctrica y ha contribuido a mejorar las condiciones sanitarias. *Véase* HIDROSTÁTICA.

Hidroavión acuatizando en un río.

hidroavión. Aeroplano provisto de flotadores o con casco apropiado para posarse en el agua. Los primitivos modelos de máquinas voladoras despegaban desde tierra y hasta muy avanzada la conquista del aire no se pensó que se podía acuatizar en forma análoga a como se aterrizaba. Dos fueron las causas de esta evolución: la necesidad de llegar por aire a regiones donde la adaptación de un terreno resultaba excesivamente onerosa, cuando no imposible, y el propósito deliberado de hacer escalas en el mar. Así surgieron los hidroaviones exclusivamente de acuatizaje y más tarde los anfibios, máquinas éstas que pueden emplear para sus maniobras tanto el agua como la tierra. *Véase* AEROPLANO.

hidrocarburo. Cuerpo que consta de dos elementos: carbono e hidrógeno. Se le llama también carburo de hidrógeno. Se clasifican en: hidrocarburos acíclicos o grasos; y cíclicos o aromáticos. Los acíclicos se denominan de *cadena normal* cuando sus átomos de carbono carecen de ramificaciones; y de *cadena ramificada* cuando uno de sus eslabones está unido a varios átomos de carbono. Los hidrocarburos saturados son los que tienen cumplida la capacidad de saturación por el hidrógeno; se les conoce con el nombre de parafinas por su escasa actividad química, su fórmula es C_nH_{2n}.

Los cuatro primeros hidrocarburos de la serie son gaseosos a la temperatura del ambiente; los que tienen hasta 16 átomos de carbono son líquidos; los demás son sólidos. Se encuentran en la naturaleza en especial formando parte del petróleo en bruto. Son combustibles. Los cuatro primeros hidrocarburos reciben los nombres de metano, etano, propano y butano. Los siguientes se citan con el prefijo griego correspondiente al número de sus átomos de carbono y la terminación *ano*, como pentano, hexano, heptano, etcétera. Los hidrocarburos cíclicos se subdividen en dos series: alicíclica y bencénica. Entre éstos se hallan el benzol y sus derivados. *Véase* PETRÓLEO.

hidrodinámica. *Véase* HIDRÁULICA.

hidrofita. *Véase* PLANTA.

hidrofobia. Enfermedad infecciosa que contraen algunos animales y la transmiten por mordedura a otros animales y al hombre. Se le ha dado esta denominación, que significa *horror al agua*, porque los antiguos creían que éste constituía un síntoma característico e inseparable de la rabia. Lo que sucede, en realidad, es que duran-

Ilustración de la Encyclopédie *de Diderot para la voz* hydraulique, *en la que se representa una máquina Marly.*

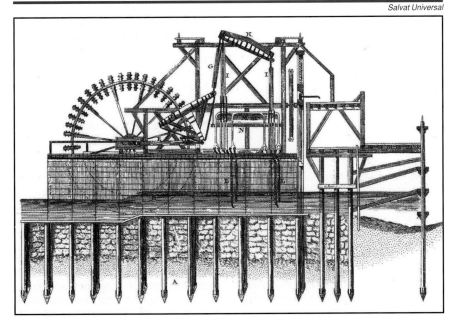

te cierto periodo de la enfermedad el paciente está imposibilitado de tragar nada, provocándole el esfuerzo violentos ataques convulsivos.

El animal más frecuentemente atacado de hidrofobia es el perro, aunque casi ninguna especie se halla libre de este mal. El perro enfermo comienza por mostrarse inquieto y busca la soledad. Rechaza la comida, pero bebe ávidamente, aunque experimenta una creciente dificultad para tragar. La saliva no aumenta, pero se torna viscosa. Inofensivo para sus dueños, trata continuamente de escaparse y en la calle ataca furiosamente a cuanto ser se le cruza al paso. En los intervalos entre los paroxismos empieza a manifestarse una creciente parálisis. Cabeza y cola caídas, la boca abierta, la lengua afuera y el andar vacilante, he ahí el cuadro típico del perro rabioso. Por fin, extenuado, el animal busca refugio en una zanja u otro lugar oscuro, donde sobreviene la muerte. El proceso completo no dura más de una semana.

El virus de la rabia, probablemente ultramicroscópico y filtrable, se encuentra en la saliva del animal, que es la que lleva el contagio. El periodo de incubación en el hombre puede extenderse desde 6 semanas hasta 8 meses. Pasado este lapso y ya cicatrizada la herida, la persona atacada experimenta escozor en el punto mordido; se pone irritable o melancólica; padece fuertes dolores de cabeza, insomnio, sobreexcitación de los sentidos y es presa de una angustia indefinible. Aparecen luego espasmos musculares que afectan a la deglución y la respiración. Tras dos o tres días de delirio y alucinaciones, el paciente entra en el periodo de parálisis. Baja la temperatura, hay pérdida del conocimiento y la muerte sobreviene.

La única defensa conocida contra esta enfermedad es la vacuna antirrábica de Pasteur, cuya aplicación debe practicarse lo antes posible después de ocurrida la mordedura. Para cerciorarse de la enfermedad del perro, conviene remitir, previamente a la vacunación, el cadáver del animal o su cabeza a los establecimientos antirrábicos, donde se efectúa el reconocimiento pertinente. En cualquier caso de duda debe procederse a la vacunación antirrábica.

hidrógeno. Cuerpo simple gaseoso, que entra en la composición del agua. Su símbolo químico es H, su punto de ebullición 253 °C bajo cero, su peso atómico de 1,008 y su peso molecular de 2,016. Este gas, incoloro, inodoro e insípido, es la sustancia más ligera que se conoce y por eso se usa para inflar globos; el aire es 14 veces más pesado que él. El hidrógeno se licua enfriándolo y sometiéndolo a una gran presión. A una temperatura de 259 °C bajo cero se solidifica en una masa incolora.

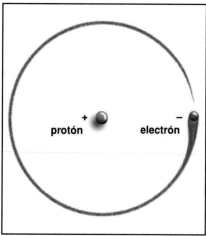

Ediciones Calíope

El hidrógeno es el elemento más común del universo, con la más sencilla de las estructuras. Un átomo se integra por un solo protón con un electrón girando alrededor de aquel.

Muy rara vez se encuentra libre en la naturaleza, pero entra en la composición de infinidad de cuerpos; forma parte del agua, se encuentra en todos los ácidos y en los gases combustibles, y es uno de los principales constituyentes de los tejidos animales y vegetales.

Los primeros datos relativos al hidrógeno pueden hallarse en los escritos de Paracelso, sabio que vivió en el siglo XVI; pero fue el físico inglés Cavendish el que, en 1766, separó el hidrógeno de otros gases y estableció así su naturaleza independiente. El francés Lavoisier llamó más tarde a este nuevo gas hidrógeno, que en griego significa *productor de agua*.

El átomo del hidrógeno consiste en un protón o núcleo de electricidad positiva y un electrón, partícula de electricidad negativa; en consecuencia, su número atómico es de 1. Pero esta estructura no es estable y, por lo general, el átomo del hidrógeno pierde su electrón, cediéndolo a otro átomo. Con ello se forma el *ión hidrógeno*, que se combina fácil y directamente con los electrones de otros átomos. Si un átomo de este gas se une a otro similar, forman juntos el hidrógeno H_2.

Se han encontrado ciertos átomos formados por un protón, un electrón y un neutrón (partícula de electricidad neutra). Algunos químicos opinan que se trata de un cuerpo con propiedades particulares, que no puede ser confundido con ningún otro; pero la mayoría de los sabios afirman que es sólo un isótopo del hidrógeno al que llaman deuterio. El isótopo es un átomo que sólo se diferencia de otro por el número de neutrones. Mezclado con el oxígeno, el deuterio forma el agua pesada. Si sometemos a una gran temperatura varios átomos de deuterio, éstos se unen en átomos de helio. Esta transformación no se efectúa

sin gran pérdida de energía. La bomba de hidrógeno se basa en este fenómeno.

El método más sencillo para obtener hidrógeno puro es la electrólisis del agua, es decir, hacer pasar una corriente eléctrica por este líquido. El hidrógeno se separa entonces fácilmente del oxígeno. Asimismo se obtiene el gas mediante la actividad de los metales alcalinos sobre el agua y también cuando los ácidos (los cuales contienen hidrógeno) se ponen en contacto con ciertos metales. Para la obtención de hidrógeno en cantidades industriales se hace pasar el vapor de agua sobre una capa de carbón calentado al rojo, sometiendo el gas a la presión crítica de 20 atmósferas. *Véase* AGUA PESADA.

hidrógeno, bomba de. Arma nuclear, también llamada bomba H, en la que núcleos atómicos livianos de hidrógeno son reunidos en una reacción de fusión nuclear incontrolada para liberar enormes cantidades de energía. La bomba de hidrógeno es alrededor de mil veces más potente que la bomba atómica, o bomba A, que produce una explosión a través de una fusión nuclear un millón de veces más poderosa que las bombas del mismo tamaño que utilizan explosivos convencionales como la trinitrotolueno (TNT).

Desarrollo. La bomba A fue el primer paso necesario hacia el desarrollo de la bomba H. Antes de que la bomba A fuera desarrollada por Estados Unidos, durante la Segunda Guerra Mundial, no existía ningún medio para producir la enorme cantidad de calor necesaria para iniciar la reacción de fusión de la bomba H. Aun después de la Segunda Guerra Mundial, el desarrollo de la bomba H enfrentó muchos obstáculos políticos y técnicos. El gobierno de Estados Unidos dio prioridad al perfeccionamiento y acumulación de la bomba atómica, y los científicos descubrieron que iniciar una reacción de fusión implicaba mucho más que simplemente colocar un depósito de hidrógeno cerca del detonador de fisión.

La presión para el desarrollo de la bomba H se incrementó en Estados Unidos después de que la Unión Soviética detonara su primera bomba atómica en agosto de 1949. Los militares, el Comité de la Junta del Congreso para la Energía Atómica y algunos notables físicos, incluyendo a Edward Teller y Ernest Lawrence, fueron llamados para la producción de la renombrada superbomba, pero el Comité General de la Comisión de Energía Atómica (AEC), presidido por J. Robert Oppenheimer, recomendó unánimemente que la bomba no se desarrollara, debido a las dificultades técnicas, la necesidad de acrecentar las reservas de bombas A y consideraciones morales. La mayoría de los miembros de la AEC apoyaron esta decisión y se pasó la recomendación al presidente Harry S. Truman. Sin embargo, un reporte del Consejo de Seguridad Nacional hacía una recomendación distinta y, a finales de enero de 1950, Truman ordenó que Estados Unidos investigara la posibilidad de producir bombas H. Teller fue nombrado para hacerse cargo de la investigación.

La decisión de desarrollar la bomba H fue tomada en respuesta a la percepción de Estados Unidos de que la URSS estaba cerca de producir su propia bomba H. Los elementos termonucleares fueron probados al principio de 1952; para 1954 tanto Estados Unidos como la URSS habían tenido éxito en su capacidad respecto a la bomba H. A partir de ese año, cada uno desarrolló arsenales nucleares compuestos por armas de fusión, en vez de fisión. En 1991, cuando se dividió la URSS, las reservas de bombas H soviéticas se repartieron entre Rusia, Ucrania, Bielorrusia y Kazajstán.

Existen varios tipos de bombas H: *Bomba de tritio*. En los primeros diseños de la bomba H, así llamada por el uso de deuterio, un isótopo de hidrógeno de masa 2, como principal combustible, se observó que el deuterio puro era de difícil combustión, pero que la reacción podía ser acelerada mezclándolo con tritio, un isótopo de hidrógeno de masa 3. Como el tritio no es un producto natural, se construyeron varios reactores para su producción a lo largo del río Savannah, en Carolina del Sur. El isótopo ligero del litio ($_3Li^6$) era bombardeado con neutrones para obtener tritio y helio. El tritio podía entonces arder con deuterio.

Bomba de deuterio. La primera prueba completamente exitosa de la bomba H incluyó un artefacto que permitía que el deuterio puro, licuado a gran presión y baja temperatura, ardiera. Este artefacto, que fue probado en Eniwetok en el océano Pacífico el 1 de noviembre de 1952, fue más un experimento que un arma que pudiera ser transportada en un aeroplano, pero su fuerza de 10 megatones (equivalente a 10 millones de ton de trinitrotolueno) comprobó la viabilidad de los principios básicos de la superbomba.

Bomba de refuerzo. Un año antes de la prueba en Eniwetok, los científicos habían demostrado una forma diferente de utilizar la fusión en las armas nucleares: el llamado principio de refuerzo. A diferencia de la superbomba, que utilizaba una pequeña bomba A para producir la combustión de hidrógeno, lo que le daba su tremenda potencia, la bomba de impulsión utilizaba una relativamente larga explosión por fisión para encender una pequeña porción de hidrógeno. Los neutrones producidos por la combustión de hidrógeno eran utilizados para incrementar, o reforzar, la eficacia de la subsiguiente reacción de fisión.

En 1953 se explotó un pequeño artefacto de refuerzo en la Unión Soviética que utilizó deuterio de litio seco como combustible, en vez de deuterio líquido o una mezcla de deuterio y tritio. Los neutrones liberados por la explosión de la bomba A generaban tritio en ese mismo instante, que se fusionaba con el deuterio en el compuesto. Este método hizo innecesaria la costosa producción de tritio en reactores, e hizo posible la construcción de armas de fusión portátiles, las cuales cabían en un aeroplano. Estados Unidos explotó un superartefacto de 15 megatones utilizando este principio en la prueba *Bravo*, llevada a cabo en el atolón de Bikini el 1 de marzo de 1954. Los soviéticos realizaron una prueba al año siguiente.

En los años subsecuentes los esfuerzos se dirigieron hacia el perfeccionamiento de las bombas H de diversos tamaños, que pudieran ser enviadas por avión, misiles balísticos intercontinentales (ICBM, por sus siglas en inglés), y misiles balísticos para ser lanzados desde un submarino (SLBM, por sus siglas en inglés). Los rangos de las bombas van desde las armas tácticas de pequeño alcance hasta la bomba de 60 megatones, explotada por la Unión Soviética en 1961. A diferencia de la reacción de fisión de las bombas A, que se detiene cuando las fracciones de uranio o plutonio que sirve de combustible vuelan lo suficientemente lejos durante las primeras etapas de la explosión, la reacción de fusión de las bombas H teóricamente no tiene límite. Se pueden producir bombas más grandes por la simple adición de combustible, es decir, hidrógeno. Ya que se estima que una bomba de 20 megatones es capaz de destruir todo en un radio de 16 km, la ganancia sería poca si se incrementara su campo. La atención se enfocó al desarrollo de bombas pequeñas de gran precisión.

Bomba de fisión-fusión-fisión. Se piensa que la bomba soviética de 60 megatones consistió en las dos primeras partes de la bomba de fisión-fusión-fisión (F-F-F). Una bomba como ésa combina los principios de la superbomba y de la bomba de refuerzo: una explosión por fisión inicia una reacción de fusión, la cual provoca la fisión de la cubierta de uranio de la bomba. Debido a que las explosiones por fisión producen más partículas radiactivas que las armas de fusión, las bombas F-F-F serían especialmente *sucias*.

Pruebas nucleares. La primera vez que el mundo se percató del peligro de los residuos de las bombas H, fue después de la prueba *Bravo*, realizada en 1954, cuando cayeron cenizas radiactivas sobre los isleños y sobre un barco de pesca japonés, que se encontraba en las cercanías. Las protestas públicas contra las pruebas en la atmósfera guiaron a la moratoria de 1958 y al tratado de Moscú en 1963, que prohí-

be explosiones nucleares en la atmósfera, el espacio exterior y bajo el mar, pero las permite bajo tierra. En 1967 se firmó el Tratado de Tlatelolco, con el que se creó una zona exenta de armas nucleares en América Latina y el Caribe. En 1971 se firmó el Tratado para la Desnuclearización de los Fondos Marinos, bajo el patrocinio del Comité de Desarme de la ONU. En 1995 se renovó de manera indefinida el Tratado de No Proliferación Nuclear, firmado originalmente por 178 países en 1970 y que fuera efectivo por 25 años; el tratado excluía a Israel, Pakistán, India, Brasil y Chile, entre otros.

Hacia la mitad de la década de los noventa, Rusia y Estados Unidos ya estaban destruyendo gran parte de sus arsenales nucleares, pero la proliferación de armas nucleares es un problema por resolver.

hidrografía. *Véase* HIDROLOGÍA.

hidrolea. Género de plantas de la familia de las hidroleáceas, que comprende muchas especies que crecen en América, entre ellas la denominada *Hydrolea spinosa*, vulgarmente llamada Popayán espinosa de Vagra. La familia de las hidroleáceas comprende plantas herbáceas o subfrutescentes, a menudo cubiertas por un vello glanduloso. Las hojas son alternas, simples, enteras o dentadas. Las flores presentan un cáliz regular, persistente, con cinco divisiones; la corola es monopétala, dispuesta en cinco lóbulos. El ovario consta de dos o tres celdillas multiovuladas, y el fruto es una cápsula con dos cavidades polispermas. El embrión está rodeado por un albumen carnoso.

hidrólisis. Desdoblamiento o división de una sustancia compleja en otra u otras más sencillas por la adición de cierta cantidad de agua. La hidrólisis tiene grandes aplicaciones; muchos de los procesos industriales no podrían llevarse a cabo sin el concurso de esta reacción química tan simple; así, sometiendo los ésteres glicéridos a la acción del vapor de agua se obtiene el ácido esteárico, que sirve para la fabricación de las bujías; descomponiendo estos ésteres con soluciones de hidróxidos alcalinos se produce la saponificación, principio general en la fabricación de los jabones; haciendo hervir la fécula de patata o de maíz con ácido sulfúrico muy diluido en agua se obtienen grandes cantidades de glucosa; la sacarosa, calentada también con un ácido muy diluido, absorbe agua y se convierte en glucosa y fructosa. Habiéndose observado que puede desempeñar un papel análogo al del agua, el alcohol se utiliza asimismo en esta clase de reacciones, que entonces toman el nombre de alcohólisis, la clorofila de los vegetales y plantas en estado amorfo puede ser cristalizada fácilmente con dicho procedimiento, empleando el alcohol etílico y una enzima.

hidrología. Parte de la geografía física que estudia las aguas continentales; puede dividirse en potamología, que trata de los ríos, y limnología que se ocupa de los lagos. Al crearse la ciencia denominada oceanografía, el concepto universal de hidrografía o descripción de las aguas superficiales de la Tierra (mares, ríos, lagos, etcétera) ha quedado reducido a este más restringido de hidrología, término que se aplica, también, a una parte de las ciencias naturales que trata de las aguas en general.

hidrómetro. Aparato destinado a medir la velocidad y la fuerza de los líquidos en movimiento. Los hay de muchas clases, pero todos se basan en la resistencia que ofrece un cuerpo sumergido en un caudal de agua; de las reacciones del cuerpo se deduce la potencialidad de la corriente. Los de rotación consisten simplemente en un juego de hélices o paletas que giran al ser impulsadas por el agua; el eje de estos instrumentos se halla acoplado a un contador de revoluciones que permite registrar, con la ayuda de una unidad de tiempo –un minuto, por ejemplo–, el número de vueltas; se obtiene así la velocidad del líquido. Los llamados *tubos de Pitot* son unos tubos de puntas encorvadas en sentidos opuestos que se introducen en la corriente cuya velocidad desea medirse. La presión hidráulica que ejerce el líquido que los atraviesa, establece una diferencia de nivel entre los extremos del tubo, la que será mayor cuanto mayor sea la velocidad de dicha corriente. El péndulo hidráulico es un péndulo al que la acción de la velocidad del agua hace tomar cierta inclinación.

hidropesía. Infiltración de humor seroso en una cavidad o en el tejido celular del organismo. La trasudación puede acumularse en diversas regiones, en especial bajo la piel, en el peritoneo y en las pleuras. El trastorno se debe al trabajo insuficiente del corazón, entre otras causas. La sangre en las venas circula con demasiada lentitud, dando lugar al fenómeno patológico de la hidropesía, propio de los cardiacos en la edad adulta. La hidropesía generalizada del tejido celular se denomina anasarca.

hidroplano. Embarcación de tipo especial, de fondo plano, provista con aletas inclinadas cuyo perfil recuerda las alas del aeroplano. Algunas utilizan como medio de tracción la hélice aérea y otras como medio de propulsión la hélice marina. Unas y otras se deslizan sobre el agua a grandes velocidades. El término *hidroplano* se suele usar también como sinónimo de hidroavión.

hidropónica. Cultivo de plantas sin tierra. Se llama también quimicultura. Estos cultivos se realizan generalmente en recipientes metálicos, los cuales contienen una solución acuosa con minerales y otras sustancias que cumplen una función similar a la del suelo. Las semillas se siembran en un lecho de arena, grava, ceniza, aserrín, etcétera, sostenido por una red de alambres sobre la superficie del líquido. Como las raíces no encuentran en estos tanques la resistencia que les ofrece el suelo, las plantas crecen con gran vigor y rapidez y son casi siempre de la mejor calidad. Las hortalizas desarrollan abundantes hojas y tubérculos, algunas veces de gran tamaño, y las flores tienen una lozanía y un color singularmente notables. La quimicultura se practica la mayor parte de las veces en invernaderos y jardines interiores. Se ha recurrido a la hidroponía para abastecer de hortalizas frescas a guarniciones que debían permanecer durante algún tiempo en islas o regiones de suelo árido.

hidrostática. Parte de la física que estudia las propiedades mecánicas de los líquidos, en especial sus presiones y equilibrio. Un líquido puede ser considerado como la transición entre los estados sólido y gaseoso de los cuerpos. Mientras el sólido tiende a la concentración y el gaseoso a la dispersión de sus moléculas, el líquido participa de ambas cualidades y se caracteriza, además, por adoptar la forma del recipiente que lo contiene y por no ser compresible. Si en una botella totalmente llena de agua introducimos con fuerza un corcho o tapón a manera de émbolo, veremos que la presión ejercida de ese modo culmina con la rotura de las paredes de la misma; de idéntico modo, si sumergimos paulatinamente en el mar un globo de cristal hueco y de poco espesor, comprobaremos que se quiebra al llegar a cierta profundidad. Todo ello nos demuestra que los líquidos, a diferencia de los gases, no pueden ser comprimidos y transmiten su peso íntegramente. Las variaciones de temperatura transforman los líquidos en sólidos (hielo) o en gases (vapor); en el primero de estos casos, el sólido resultante ocupa mayor espacio. Por ejemplo: las cubetas de los refrigeradores eléctricos no deben nunca llenarse completamente, puesto que al transformarse el agua en hielo desbordaría el contenido. Arquímedes enunció la famosa ley de la flotación: todo cuerpo sumergido en un líquido experimenta una pérdida de peso igual al volumen del fluido que desaloja. Las leyes de la hidrostática han dado lugar a un gran número de aplicaciones prácticas, tales como la prensa hidráulica, las turbinas, las boyas, las presas y los diques, los submarinos, la campana de buzo, los gasómetros, el nivel y el sifón.

hidroterapia. Método curativo que consiste en la aplicación del agua, ya sea en forma de baños o duchas sobre el cuerpo, ya ingiriéndola como un medicamento –aguas minerales–. Puede hacerse local o totalmente; en el primer caso figuran las compresas, las abluciones del dorso, pies,

Hidroplano de alas sumergidas propulsado mediante turbinas hidráulicas.

baños de asiento y lavados de estómago e intestinos. En la otra forma se administra en bañeras o se aprovechan los ríos, el mar y las piscinas. A veces, a las aguas ordinarias se les adicionan determinados productos o agentes químicos para ayudar a la acción curativa. *Véanse* BAÑO; BALNEARIO.

hidrotimetría.
Análisis volumétrico del agua para determinar el ácido carbónico y las sales de calcio y magnesio. Estas sustancias, que causan la dureza del agua, reaccionan con los compuestos del jabón y forman depósitos de grupos insolubles. Para llevar a cabo la prueba se precisa un frasco llamado hidrotímetro, una bureta hidrotimétrica y una solución hidroalcohólica de jabón, de concentración conocida en relación con su poder para neutralizar al cloruro cálcico. El resultado del análisis completo tarda tres horas y requiere un litro de agua. Existen equipos completos para los ensayos hidrotimétricos, que realizan las pruebas en el mismo manantial. El análisis hidrotimétrico es de gran importancia en las centrales térmicas a fin de evitar que se produzcan incrustaciones salinas en las calderas.

hidróxido.
Compuesto capaz de producir agua y engendrar una sal cuando se le asocia con un ácido; tiene propiedades opuestas a las de los ácidos, a los que *neutraliza* total o parcialmente cuando se combina con ellos. Los hidróxidos son en realidad, *oxibases*, esto es, combinaciones de hidrógeno que por medio de un átomo de oxígeno se hallan unidas a un metal electropositivo ejemplo: el hidróxido de amonio: $NH_4(OH)$. Al grupo $(OH)^-$ se le llama *hidroxilo* y según el número de veces que se halle contenido en la combinación puede ser mono, bi o poliácido.

hidróxido de sodio. *Véase* SOSA.

hiedra.
Planta trepadora araliácea en la que los botánicos distinguen varias especies, que tienen en común el ser ornamentales por su hoja perenne, verde oscura y de forma acorazonada, dividida en cinco lóbulos terminados en ángulos. Los tallos son sarmentosos y brotan de ellos pequeñas raíces adventicias que les sirven para adherirse a los objetos inmediatos. Las flores, pequeñas, de color amarillo verdoso, se agrupan en umbelas, y producen pequeños frutos en baya, negros, del tamaño de un guisante.

Prefiere los lugares sombríos y húmedos; desarrolla abundante follaje que trepa por los muros de los edificios y llega a cubrirlos de una hermosa capa verde muy decorativa. También suele trepar por los troncos de los árboles revistiéndolos con su follaje. Aunque no es parásita es perjudicial para los árboles porque los oprime e impi-

Corel Stock Photo Library
Hiedra común.

de su normal desarrollo y llega a ahogarlos con su tupido follaje.

A los frutos de la hiedra se les atribuyen propiedades expectorantes, por lo que se les ha empleado en la fabricación de medicamentos. Algunas variedades de hiedra crecen fácilmente en el interior de las viviendas, por lo que son apreciadas como plantas de adorno. Una de las más vistosas es la llamada *hiedra plateada*, que tiene hojas verdes rodeadas de bandas marginales argentinas. En otras especies, como la hiedra venenosa, las hojas producen un jugo aceitoso, que causa escozor sobre la piel o produce ampollas dolorosas.

hielo.
Cuerpo sólido y cristalino formado por agua o vapor de agua a la temperatura de 0 °C, y a la presión normal, que cristaliza en el sistema exagonal. Si el agua contiene impurezas se congela a temperaturas más bajas, como ocurre con el agua de los mares. La presión también retarda la congelación, y a causa de esta propiedad se pueden unir dos fragmentos de hielo: comprimiéndolos se funden las partes que están en contacto y, al cesar la presión, el agua que se había formado entre los intersticios se congela de nuevo soldando los fragmentos. A este fenómeno se le da el nombre de rehielo. En la naturaleza se encuentra en muchas formas: como hielo en las regiones polares, glaciares, lagos y ríos helados, etcétera; en las montañas, como nieve; en la atmósfera, como masas compactas que constituyen el granizo; y en altitudes muy elevadas, flotando en cristales microscópicos, las nubes llamadas cirrus. Como escarcha, el hielo se deposita en el suelo, en las plantas –a las que da un aspecto maravilloso– y en los vidrios de las ventanas de los países muy fríos, donde hace admirables dibujos en forma de flores, hojas y ramajes. De los glaciares y tierras heladas se desprenden grandes masas de hielo, llamadas icebergs, que flotan en los océanos y al ser arrastradas por las corrientes marinas llegan a constituir un serio peligro para la navegación.

Formación del hielo. Cuando el aire está muy frío absorbe calor del agua, y al enfriarse las capas superiores de ésta se hacen más densas y se van al fondo, mientras que las inferiores, por estar menos frías, pasan a ocupar la parte de arriba, y así se va enfriando toda el agua por igual. Cuando la temperatura está próxima al punto de congelación ya no aumenta la densidad y flota sobre la menos fría, y por eso, lo primero que se hiela es la superficie, que forma una capa aisladora que impide la total congelación de las aguas profundas, lo que permite vivir a los peces y otros animales acuáticos.

El agua al helarse aumenta su volumen en un noveno y la expansión origina la rotura del recipiente que la contiene. Éste es el motivo por el cual en el invierno revientan las cañerías de conducción de aguas y los radiadores de los automóviles, si no se agrega alguna sustancia que impida la congelación. Por eso también en las regiones frías se cuartean las rocas al solidificarse su humedad.

Edad de hielo. En un tiempo la Tierra estuvo cubierta de capas de hielo muy gruesas que cubrían los valles y las montañas de la mayor parte de América del Norte, Europa, Asia, Australia y parte de América del Sur. Los científicos han llamado a esta época la Edad de Hielo o Época Glacial; en ella hubo por lo menos tres, y más generalmente cuatro, periodos de intenso frío, y otros, llamados interglaciales, en los que la temperatura aumentó e hizo que se retiraran los hielos. En cada periodo glacial la extensión helada fue más re-

Escarcha de hielo.

Corel Stock Photo Library

hielo

Escultura en hielo de un barco en Ottawa, Canadá.

ducida que en el anterior y, según algunos geólogos, actualmente vivimos en el final de la Época Glacial, cuyos restos serían los casquetes de hielos polares. Aparte de esta Época Glacial correspondiente al cuaternario, se han reconocido huellas de otras poderosas glaciaciones en anteriores etapas de la historia geológica.

Hielo natural. En invierno grandes extensiones del globo están cubiertas de hielo, y en algunos países, como Canadá, norte de Estados Unidos, Noruega, etcétera, lo emplean con fines comerciales. Cuando la capa de hielo de los lagos y ríos es suficientemente gruesa, se le quita la nieve que puede tener encima y se traza una cuadrícula de un metro aproximadamente de lado, por donde se corta, sacando el hielo en bloques. Éstos se almacenan en sótanos o lugares bien resguardados hasta el momento de consumirlo; también lo exportan a países más calientes, transportándolo en camiones o buques frigoríficos. El hielo de Noruega es muy sólido y puro, y hoy es el país que exporta más hielo en Europa. Inglaterra importa alrededor de 150 mil ton por año, y Estados Unidos se calcula que almacena unos 2 millones de toneladas anuales.

Hielo artificial. Actualmente se obtiene hielo con medios artificiales, y su fabricación ha adquirido mucha importancia por el gran consumo que se hace en la industria y en la vida doméstica. La primera máquina de hacer hielo fue inventada por el estadounidense Jacobo Perkins en 1834; pero daba muy poco rendimiento y resultaba más caro que el hielo natural. Años más tarde, Carré inventó otra máquina de construcción muy sencilla que funcionaba con amoniaco; el ingeniero ale-

mán Linde la mejoró, y ha sido la base de las máquinas modernas.

Su fabricación se funda en el principio de que todos los líquidos, al pasar al estado gaseoso, absorben calor. Para utilizar este efecto térmico se emplea el procedimiento siguiente: los recipientes que contienen el agua que se ha de convertir en hielo se colocan en grandes depósitos llenos de salmuera, atravesados por tubos descompresores. En éstos se introduce amoniaco, el cual, al faltarle la presión se convierte en gas y absorbe el calor de la salmuera la cual

Caverna de hielo en Tilted Berg, Antártica.

se enfría extraordinariamente, pero sin llegar a helarse. A su vez, la salmuera enfría el agua de los recipientes y, al cabo de cierto tiempo, aproximadamente 24 horas, se convierte en bloques de hielo. El amoniaco después de enfriar la salmuera, adquiere su primitivo estado líquido por compresión y enfriamiento, y vuelve a empezar su ciclo. Para usos industriales se utiliza agua común, sinembargo para obtener hielo limpio y cristalino se debe emplear agua destilada y agitarla a fin de que se desprendan las burbujas de aire que contiene, con lo cual los cristales de hielo se adhieren más unos a otros.

Utilización del hielo. El hielo tiene numerosas aplicaciones. Una de las principales consiste en la conservación de los alimentos en buen estado, especialmente para poderlos transportar a grandes distancias, lo que se hace cubriéndose por completo con hielo picado, para impedir que las bacterias u otros agentes los descompongan.

En invierno se practican *muchos* deportes en el hielo, como el hockey y el patinaje en los lagos y ríos helados, y también esquí a vela, en una especie de barcos pequeños, provistos de un patín a modo de quilla. *Véanse* CONGELACIÓN; AGUA; ICEBERG; GLACIAR; HELADOS; NIEVE; REFRIGERACIÓN.

hiena. Animal carnívoro de la familia de los hiénidos. Se encuentra en África y sur de Asia, aunque fue común en Europa en los tiempos prehistóricos, como se ha comprobado por varias especies fósiles descubiertas en terrenos terciarios y cuaternarios. Mide aproximadamente 1.10 m desde el hocico hasta la cola y es más alto por la parte delantera que por las ancas, lo que le da un aspecto desgarbado. Su cabeza, parecida a la del lobo, tiene el hocico chato, las orejas largas y puntiagudas, ojos fieros y dentadura muy fuerte que le permite triturar los huesos de cualquier animal. El pelaje es espeso y basto, de color pardo, manchado o rayado.

En esta familia se distinguen tres especies: la hiena rayada (*Hyaena hyaena*), que vive en la India, Persia, Turkestán, Siria y norte de África, es animal nocturno, cobarde, pues sólo ataca a los animales heridos o enfermos, come toda clase de carroña y, a veces, desentierra cadáveres para devorarlos; otra es la hiena parda (*Hyaena brunnea*), de color oscuro, llamada también *lobo de playa*, por vivir en las costas y comer restos de animales marinos; y la tercera especie es la hiena manchada (*Crocuta crocuta*), que tiene la piel pálida con manchas oscuras, y únicamente vive en las regiones al sur del Sahara y se alimenta, como la hiena rayada, de animales muertos y basura.

Por su desagradable aspecto, olor y costumbres, además de su grito, parecido a la

Corel Stock Photo Library

Pareja de hienas manchadas africanas.

carcajada de un loco, la hiena hace que su solo nombre inspire aversión y horror.

hierba. Plantas pequeñas, de tallos muy tiernos y, a veces, muy cortos. Se caracterizan también porque los tallos perecen en el mismo año en que dan la semilla, o en el siguiente; sólo conservan la raíz, y de ella nacerán los tallos nuevos. Las hierbas en su mayor parte son, por lo común, terrestres y rastreras, lo que permite diferenciarlas de las pequeñas plantas colgantes y de las especies inferiores como líquenes y musgos. Las hierbas están provistas de flores, por lo que se las clasifica entre las plantas superiores.

Los campesinos distinguen las hierbas en malas y buenas, según sean dañinas o útiles a la agricultura, a la ganadería y a la especie humana. Las hierbas malas son por lo general malezas que invaden los terrenos sembrados perjudicando a las plantas cultivadas, que son siempre más delicadas y requieren más cuidado. Las malezas pueden convertirse en plagas. A veces, han llegado a dañar totalmente extensos cultivos, malogrando las cosechas. La cuscuta es una de esas hierbas parásitas. Otras malezas mezclan sus granos con los granos de cultivo, lo que desvaloriza a estos últimos en el mercado.

Hay hierbas malas que pueden ocasionar la intoxicación, el envenenamiento y aun la muerte del ganado de pastoreo, tal es el caso de la *revientacaballo*, lobeliácea que contiene alcaloides nocivos y aun mortales para los animales que la comen. A las hierbas nocivas que invaden las áreas cultivadas, como algunas monocotiledóneas del tipo de las gramillas, es preciso combatirlas incansablemente para evitar que proliferen y se extiendan sobre los terrenos labrados, agotando las reservas del suelo y tornándolo improductivo. Puede acontecer también que al extenderse sobre los cultivos que empiezan a desárrollarse priven a las pequeñas plantitas de la luz y el aire necesarios; éstas mueren entonces o crecen sin ningún valor económico o comercial.

Entre las hierbas se cuentan también la casi totalidad de los pastos, algunos amargos y duros, cuyos tejidos están incrustados de sílice y de cristales de oxalato de

Hierba común .
Corel Stock Photo Library

calcio, y otros dulces y tiernos, muy apetecidos por el ganado. Hay también hierbas beneficiosas. Entre ellas tenemos algunos tréboles que, como todas las leguminosas, incorporan al suelo nitrógeno tomado del aire, y sirven, además, como cubiertas vegetales que evitan la desecación rápida del terreno y el escaldamiento de la tierra cuando los rayos solares son excesivamente fuertes.

Entre las hierbas buenas pueden destacarse aquellas que revisten interés medicinal y terapéutico. La sabiduría popular distingue especies de hierbas, con las que se preparan infusiones capaces de aliviar y aun de curar males pasajeros tales como dolores de cabeza, resfríos y otros malestares. La medicina moderna ha logrado extraer de muchas hierbas drogas útiles que pueden tener aplicaciones diversas: analgésicos, febrífugos, purgantes, vermífugos, antídotos, anilinas, pomadas, esencias, alcaloides, anestésicos, etcétera, que la bioquímica contemporánea no siempre logra obtener por síntesis. *Véase* PLANTAS MEDICINALES.

hierbabuena. Nombre con que el vulgo conoce a varias especies herbáceas, aromáticas, vivaces, de los países templados del Viejo Mundo, de la familia de las labiadas y que constituyen el grupo de las mentas. Tienen hojas vellosas, elípticas, de borde aserrado, y flores tubulares terminadas en cuatro lóbulos casi iguales, rojas y agrupadas en los ápices de los tallos. Se cultivan frecuentemente en las huertas por su olor agradable y se utilizan a menudo en

Arbustos de hierba en la provincia de Guizhou, en China.
Corel Stock Photo Library

hierbabuena

la fabricación de esencias y por su valor como condimentos.

hierba lombriguera. Planta de la familia de las compuestas, de olor aromático. Su tallo es de unos 80 cm de altura y tiene flores amarillas. Es de sabor amargo y en infusión se ha empleado como estomacal y para expulsar las lombrices. En algunos lugares se emplea, aunque sin razón científica, para hacer crecer el cabello.

hierba mora. Planta herbácea, anual, pertenece a la familia de las solanáceas, que crece junto a los caminos y ribazos de Europa meridional. Tiene tallo erguido, ramificado, de 50 cm, con hojas pecioladas, de limbo acorazonado. Flores pequeñas, que nacen en las axilas, agrupadas en corimbos simples, de corola blanca con los pétalos soldados formando una especie de embudo, que en la parte exterior se divide en cinco lóbulos, de los que sobresalen las anteras soldadas de los estambres. Frutos en bayas globosas, esféricas, del tamaño de un guisante, de color negro brillante, que en algunas variedades cambia a rojo amarillo. Contiene solanina y se ha empleado en medicina por sus propiedades narcóticas y calmantes.

hierro. Metal tenaz, dúctil y maleable, que se funde a 1,535 °C. Es de color grisáceo o negruzco y abunda en todas las regiones del globo formando diversos compuestos. Es un elemento químico, de peso atómico 55.85 y cuyo símbolo, Fe, ha sido formado con las primeras letras de la palabra *ferrum* con que lo designaban los romanos. El hierro metálico tiene 7.8 de densidad.

El rey de los metales. El hierro es el metal más importante del mundo. En términos monetarios vale menos que el estaño, el cobre o el aluminio; sin embargo, la vida moderna se paralizaría si desaparecieran las reservas de esta sustancia grisácea y opaca. ¿Cuáles son las razones de tan extraña preeminencia? La respuesta es simple. En primer lugar, el hierro es el gran fabricante de herramientas. Desde los sencillos instrumentos del carpintero y del electricista hasta las complejas maquinarias que producen las partes de transatlánticos y locomotoras, todas nuestras herramientas han sido fabricadas con esta sustancia dura, tenaz y resistente. Una segunda función cumple el hierro en la vida moderna: suministra la materia prima para puentes, rascacielos, automóviles y toda suerte de productos industriales. Otros metales y aleaciones prestan útiles servicios en este ámbito, pero ninguno reúne todas las condiciones del hierro. Una tercera misión aumenta aún más su importancia: es el gran productor de generadores y motores eléctricos, instrumentos telegráfi-

Corel Stock Photo Library

Mina abierta de hierro en Belo Horizonjie Minac Geriac, Brasil.

cos y telefónicos y accesorios electrónicos de toda especie que aprovechan sus propiedades magnéticas. Sin el advenimiento de la Edad del Hierro habría sido imposible la era de la electricidad.

Estado natural. Sólo tres elementos (oxígeno, sílice y aluminio) se hallan en la corteza terrestre con mayor abundancia que el hierro. Sin embargo, éste casi no aparece en estado libre, sino que se presenta combinado con otras sustancias. En algunos meteoritos que suelen caer sobre la tierra es dable observar la estructura del hierro puro, sustancia de color gris plateado. Pero este elemento aparece en su estado natural en circunstancias excepcionales, y en la práctica sólo abundan sus compuestos, llamados minerales de hierro. Los tres más importantes son la hematita, la magnetita y la limonita.

La *hematita* o *hematites* es una sustancia dura, de color rojizo, que contiene hasta 70% de hierro puro. Su nombre químico es óxido férrico (Fe_2O_3) y es cinco veces más pesada que el agua. Tiene enorme importancia industrial, porque puede ser extraída y purificada con facilidad. La *magnetita*, muy abundante en el continente europeo, contiene hasta 73% de hierro puro; su nombre obedece al hecho de que es magnética, vale decir, que atrae a otros minerales. Es una sustancia negruzca, de gran dureza, y su denominación científica es la de óxido ferrosoférrico (Fe_3O_4). La *limonita*, por último, es el mineral de hierro que más abunda; contiene gran cantidad de agua y recibe la denominación de óxido férrico hidratado. Se halla en muchas regiones de la tierra y su color oscila entre el amarillo y el castaño oscuro; es menos dura y más ligera que las dos sustancias

precedentes. Suele contener hasta 60% de hierro metálico, pero aparece mezclada con toda clase de impurezas; en algunas minas de Gran Bretaña y Francia hay que extraer cien toneladas de limonita para obtener treinta y cinco de hierro. Las tres sustancias que hemos analizado, fuentes primarias del hierro utilizado en la actualidad, son combinaciones de este metal con cantidades variables de oxígeno. En épocas anteriores se explotaba también en gran escala la siderita, sustancia que contiene hasta 48% de hierro metálico y permite obtener aceros de alta calidad, que han cimentado el prestigio de la industria sueca; es un carbonato de hierro, es decir, una combinación de carbono, hierro y oxígeno. Otros minerales de hierro son la pirita y la goethita, de importancia mucho más reducida.

Minas de hierro. Aunque abunda en casi todas las regiones de la tierra, este metal sólo es explotado en los lugares donde el acceso resulta más fácil, la calidad es más elevada y el transporte cuesta menos. China, Australia, Rusia, Estados Unidos, Chile y Perú, son los grandes centros productores, aunque existen reservas muy importantes en lugares de difícil acceso como el interior de Groenlandia. La cuenca de Mesabi, ubicada cerca del lago Superior, en el estado de Minnesota (Estados Unidos), es desde 1890 uno de los centros más activos de la explotación de mineral de hierro en Estados Unidos. Sus grandes yacimientos se encuentran en la superficie del terreno, en una posición ideal para la explotación a bajo costo. La hematita se recoge con grandes palas mecánicas que la cargan en vagones ferroviarios; éstos llevan el mineral hasta el puerto de Duluth, donde lo esperan grandes barcos de carga con capacidad para 15 mil ton, que lo transportan hasta Chicago, Detroit y los altos hornos de la zona industrial de Pittsburgh. La explotación del mineral resulta muy económica y los gastos de transporte son reducidos. Pero la naturaleza no ha sido tan pródiga en otras regiones de la tierra, donde los yacimientos se encuentran a grandes profundidades y es necesario cavar pozos, abrir galerías y establecer complejos sistemas de ventilación y transporte dentro de las entrañas de la tierra.

Reservas mundiales. Los depósitos de hierro abundan en todas las regiones de la tierra; se calcula que 5% de la corteza terrestre está formada por el precioso metal. Cerca de cincuenta países colaboran en la obtención de los 500 millones de toneladas que forman la producción anual de todo el mundo, pero 82% de este total está en manos de seis naciones: Estados Unidos, Rusia, Australia, Brasil, Canadá y la India. En el continente americano hay también hierro en México –donde las reservas se calculan en 270 millones de toneladas–, Cuba y Argentina; en este último país funcionan varias minas en la localidad de Zapla, en la provincia de Jujuy. Sin embargo, las mayores posibilidades se encuentran en Chile y Brasil. Este país dispone de enormes reservas cerca de la localidad de Itabirá, en el estado de Minas Gerais; uno de los depósitos, formado por mineral de óptima calidad, ocupa todo un cerro de varios cientos de metros de altura, que constituye uno de los mayores yacimientos de mineral de hierro que existen en el mundo. Los altos hornos de Volta Redonda, instalados en 1946, elaboran esta inagotable

Corel Stock Photo Library

Fundidora de hierro.

materia prima. Otras regiones del mundo que poseen grandes reservas de hierro son la India y la zona de Rhodesia en África.

Elaboración del hierro. El mineral extraído de las minas contiene oxígeno, azufre y fósforo, elementos que disminuyen su duración y resistencia. Para eliminarlos se utiliza un proceso complicado que culmina en los altos hornos. Transportado en vagones o barcazas, el mineral llega a la fundición y es depositado cerca del alto horno, donde también se hallan grandes cantidades de coque de hulla y de piedra caliza, que serán utilizados en el proceso. El alto horno, construcción de aspecto impresionante y característico, tiene la forma de dos conos truncados, unidos por sus bases; por el extremo superior, llamado tragador o tragante, se introduce el coque en proporciones adecuadas, junto con el hierro y la piedra caliza. Poderosas corrientes de aire caliente hacen arder el coque y se eliminan el oxígeno y parte de las impurezas del mineral. El terrible calor del horno va fundiendo el metal, que tiende a acumularse en el crisol inferior del horno. Esta sustancia así acumulada, que se llama fundición, contiene todavía impurezas, y en especial azufre, fósforo y manganeso; a veces se la utiliza para fabricar objetos que no requieren un metal de alta calidad –como verjas o chimeneas–, pero en la mayoría de los casos se deja que el proceso continúe y se obtiene metal que contiene generalmente 95% de hierro, 3 o 4% de carbono y vestigios de otras sustancias. Existen cuatro clases principales de hierro, llamadas hierro puro, dulce, colado y electrolítico. Pueden emplearse para fabricar alambres de todas clases y láminas de espesor variable, y sirven para elaborar el acero, que es la más importante de las variedades de hierro que existen en la actualidad.

Usos y aplicaciones. El hierro y el acero, combinados con proporciones variables de otras sustancias, sirven para obtener múltiples aleaciones y subproductos. Por lo general, los elementos utilizados son vanadio, cromo, níquel, titanio, uranio, molibdeno, cobre, manganeso y plomo. Una aleación de hierro con cromo y níquel, por ejemplo, produce un acero que resiste elevadísimas temperaturas y no se desgasta ni se quiebra con facilidad. Casi todos los motores de combustión interna poseen piezas

Vaciado de hierro fundido.

Corel Stock Photo Library

construidas con esta aleación. Los aceros elaborados con cromo, cobre y fósforo tienen un peso asombrosamente reducido y sirven para fabricar las piezas de los trenes aerodinámicos que alcanzan enormes velocidades; con una aleación parecida construyeron los alemanes sus famosos *acorazados de bolsillo*, que poseían todo el poder bélico de naves mucho mayores sin sobrepasar el límite de 10 mil toneladas de desplazamiento, que le fue impuesto a Alemania después de la Primera Guerra Mundial. Otra aleación de gran utilidad es el acero inoxidable, llamado por los técnicos *acero 18-8*, porque contiene 18% de cromo y 8% de níquel. Allí donde se necesita disponer de una sustancia resistente a las tensiones y a la corrosión, se prefiere el empleo del acero en lugar del hierro dulce. Los cables que sostienen los grandes puentes colgantes, maravillas de nuestro tiempo, son elaborados con este producto, así como las estructuras internas de los rascacielos y los blindajes de tanques y buques de guerra.

El hierro y la humanidad. Cuando el hombre prehistórico, conocedor del valor de la piedra pulimentada, del cobre y del bronce, descubrió que el hierro era más resistente y fácil de trabajar que todas estas sustancias, comenzó un importante periodo de la evolución humana que hoy se recuerda con el nombre de Edad del Hierro. Las primeras armas y utensilios fueron forjados sobre rústicos yunques, sin fundir el metal ni acudir a aleación alguna. Los pueblos del Mediterráneo ya dominaban el uso del hierro en tiempos de Homero, cuando los habitantes del resto del mundo todavía vivían en las edades de la piedra o del bronce. El documento más antiguo que se conserva, entre todos los que pueden arrojar luz sobre los primeros usos del metal, es un trozo forjado hace 6 mil años por los antiguos egipcios. Pero el comienzo de la edad de hierro parece ser obra de los asirios, que llegaron a fabricar grandes carros bélicos de metal forjado y a trabajar con cierta maestría artística sus espadas y herramientas. Esta habilidad se fue perfeccionando con el transcurso de los siglos, y en la época de las Cruzadas los caballeros cristianos tuvieron ocasión de asombrarse ante las espadas de acero que utilizaban los guerreros sirios. Las crónicas de la época narran que el sultán Saladino, en pleno siglo XII, podía partir en dos una gran almohada de plumas mediante un solo golpe certero de su arma acerada.

Los primeros procesos de purificación aparecieron cuando alguien descubrió que calentado bajo el calor del carbón vegetal el hierro se fundía y perdía muchas impurezas. Los artesanos no tardaron en advertir que el temple del metal obtenido mejoraba considerablemente si el fuego era más intenso, y para ello idearon diversas clases de fuelles que inyectaban aire en los hornos rudimentarios. En Cataluña apareció, a comienzos

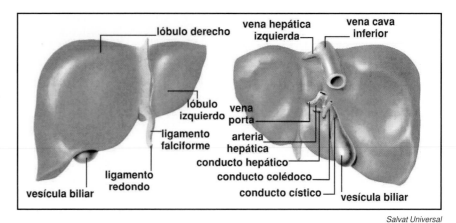

Salvat Universal

Hígado, visto por sus dos caras anterior y posterior.

de la Edad Media, la celebérrima *forja catalana*, en la que el aire penetraba gracias a la acción de enormes fuelles operados a mano o impulsados por la energía hidráulica. Con el tiempo se comenzó a reemplazar la madera y el carbón vegetal por combustibles más eficaces, como el coque y la hulla, y a comienzos de la Edad Moderna la industria del hierro ya se encontraba próxima a su apogeo. Los españoles llevaron a América artesanos expertos, en la fundición y metalurgia del hierro. En América del Norte la primera fundición de hierro fue instalada por los colonos ingleses de Virginia y comenzó a funcionar en 1619, en la población de Falling Creek, sin que sus iniciadores alcanzaran a imaginar el portentoso desarrollo que la industria habría de obtener tres siglos después, en Estados Unidos.

Cuando el inglés Benjamín Huntsman descubrió un método práctico para la elaboración del acero, tuvo lugar el comienzo de una segunda Edad del Hierro. Ocurría ello a mediados del siglo XVIII, cuando la Revolución Industrial iniciaba su proceso asombroso. El desarrollo definitivo tuvo lugar en 1856, cuando otro inglés, Enrique Bessemer, ideó su famoso convertidor, que permite obtener aceros de elevada calidad. Este hallazgo coincidió con la necesidad creciente de maquinaria, locomotoras y navíos metálicos, que se hacía sentir en la segunda mitad del siglo XIX. En la centuria siguiente, el hierro y el acero han hecho prevalecer su fuerza mortífera en las mayores guerras de la historia y han acelerado el ritmo de crecimiento de nuestra civilización industrial. *Véanse* ACERO; CARBÓN; FUNDICIÓN; METALES; METALURGIA; TEMPLE.

hierro, edad de. *Véase* PREHISTORIA.

hígado. Órgano glandular, de considerable tamaño y color rojo oscuro, encargado de múltiples funciones digestivas, metabólicas y antitóxicas. Es la víscera

más voluminosa; su peso medio en el cadáver es de 1.5 kg, pero llega a 2 kg en la persona viva por el peso de la sangre que lo riega. Es muy voluminoso en el embrión. Está situado en la parte superior derecha de la cavidad abdominal, debajo del diafragma, encima del estómago, del riñón derecho y la masa intestinal. Se mantiene suspendido en esta posición por la vena inferior y por diversos repliegues del peritoneo llamados *ligamentos*. Su forma, aunque varía de un sujeto a otro, al igual que su volumen, suele ser la de un ovoide de eje mayor transversal y con su polo mayor dirigido a la derecha. Presenta dos caras, una anterosuperior convexa, compacta, dividida en dos lóbulos –derecho e izquierdo– por el ligamento *suspensorio*, y la otra posteroinferior, cóncava, dividida en cuatro lóbulos por dos surcos anteroposteriores y otro transversal, dispuestos en la forma de una *H*. Estos surcos alojan distintos conductos, siendo el principal el transversal, ocupado por los senos de la vena porta, la arteria hepática y los conductos biliares, que van a formar el conducto hepático. El surco longitudinal derecho aloja, por delante, la vesícula biliar.

El hígado está compuesto por una cantidad de elementos glandulares simples, los lobulillos hepáticos, colocados unos junto a otros, de forma poliédrica, de 1 a 2 mm de largo por 1 mm de ancho, que constituyen a manera de otros tantos hígados minúsculos. Debido a esto, el parénquima del hígado, si se rasga, parece formado por multitud de granulaciones. El parénquima es de consistencia dura, color pardo ceniciento o ligeramente amarillento y aspecto poroso, a causa de los muchos vasos que lo atraviesan.

En las mallas de la red formada por los vasos capilares que riegan cada lobulillo se encuentran las células hepáticas o *glucógenas*, poliédricas, de 10 a 20 μ de diámetro, con uno o dos núcleos rodeados de granulaciones de materia glucógena y muchas veces grasosas. Además de la red vascular y celular, cada lobulillo posee una tercera red constituida por los conductillos biliares. El hígado está recubierto en toda su extensión, salvo al nivel de los surcos y en los puntos de inserción de los ligamentos, por el peritoneo y además por una delgada membrana fibrosa llamada *cápsula de Glisson.*

El hígado recibe sangre arterial por medio de la arteria hepática, y por medio de la vena porta recibe toda la sangre venosa del intestino y de sus glándulas, con excepción del recto. Comparando la sangre de las venas suprahepáticas y de la vena porta, es decir, antes de entrar al hígado y después de haber pasado por éste, se advierte una profunda transformación ocasionada por la actividad propia del órgano.

Funciones. Son múltiples y de gran importancia, y, al parecer, se hallan todas unidas por estrechas relaciones de orden químico. El hígado segrega la *bilis* (1,000-1,200 g/día), que emulsiona las grasas en la digestión; por medio de un fermento la *amilasa hepática,* elabora un azúcar a partir del glucógeno que vierte en la sangre; desempeña un papel de importancia en la formación de la *urea* y del *ácido úrico;* descompone las albúminas y las peptonas, y acumula y descompone la mayor parte de

los venenos y tóxicos de origen animal y vegetal que ingresan al organismo; interviene en el metabolismo del *hierro* y contribuye a la formación de la hemoglobina de los nuevos hematíes, y durante el periodo fetal da origen a la formación de glóbulos rojos. *Véanse* BILIS; DIGESTIÓN.

highlander. Habitante de las tierras altas de Escocia, héroe habitual de las leyendas poetizadas por MacPherson en los *Cantos de Ossian* y por Walter Scott en algunas de sus novelas. De raza céltica, se distingue por su lirismo y espíritu caballeresco. Fanáticos partidarios de los Estuardos –o jacobitas–, fueron derrotados en la batalla de Culloden (1746). Los *highlanders* forman regimientos de gran prestigio en el ejército británico.

higiene. Arte de conservar y perfeccionar la salud. Está formada por un conjunto de preceptos tomados de diferentes conocimientos humanos. La palabra *higiene* significa en griego *cosa sana;* ya era empleada en los remotos tiempos de Galeno. Nacen las primeras reglas de higiene con el hombre, obedeciendo a la ley de conservación de la existencia, y son entonces puramente instintivas. La historia enseña que

las prácticas de aseo corporal y general han tenido alternativas en su evolución, de acuerdo con la religión, la raza, las costumbres. Muchos siglos antes de la era cristiana, egipcios y griegos empleaban el baño para la limpieza del cuerpo y habían comprendido la utilidad de arrojar las aguas sucias al mar.

En la época actual se observa una mayor preocupación en los gobiernos y en los pueblos mismos por todas aquellas cuestiones que se relacionan con la higiene. Los progresos de esta materia son una consecuencia natural de los progresos correspondientes a las ciencias que con aquélla se relacionan: fisiología, patología, bacteriología, parasitología, física, química, política social, etcétera. En los problemas de la civilización contemporánea adquiere la higiene tal grado de importancia que debe ser considerada como elemento básico de todo progreso social. Podemos encarar la higiene desde tres aspectos: individual, pública y social.

Corresponde a la higiene individual la preocupación por el cuidado de alimentarse, trabajar y reposar racionalmente, el cuidado de la limpieza personal del cuerpo y el vestido, así como la práctica saludable del ejercicio físico para contrarrestar el efecto de la inacción y la vida sedentaria. La limpieza es la base de la higiene personal. Con ella se destruyen los gérmenes de las enfermedades (microbios, hongos, insectos, etcétera) y al propio tiempo se fortifica el organismo. La morbilidad y la mortalidad más reducidas aparecen entre los pueblos más limpios. El problema de acción de la higiene pública está constituido por muy diferentes aspectos: la distribución del agua pura, el saneamiento del suelo, la salubridad de los talleres, los servicios de desinfección, etcétera.

Pero es indudable que la posibilidad de observar las reglas de higiene individual, complementada con los dictados de la higiene pública, depende en primer término de las condiciones económicas y sociales, o sea, de los recursos de cada uno y de la organización colectiva. Es entonces necesaria la intervención de la higiene social, que considera al hombre, la mujer, el niño, en estrecha relación con el medio que los rodea y en especial el régimen de trabajo. Encontramos así, que en tanto la higiene pública actúa sobre las causas directas de las enfermedades, la higiene social actúa sobre las causas indirectas.

Los problemas higiénicos y los problemas sociales están indisolublemente ligados, pues los peligros fundamentales que amenazan la salud pública tienen relación con el pauperismo, la urbanización y el industrialismo. Ahora bien, la higiene extiende sus dominios, se perfecciona, pero siempre aprovechando las conquistas anteriores y adaptándolas a los nuevos obje-

Disposición de lobulillos hepáticos y, en primer término, estructura de uno de ellos.

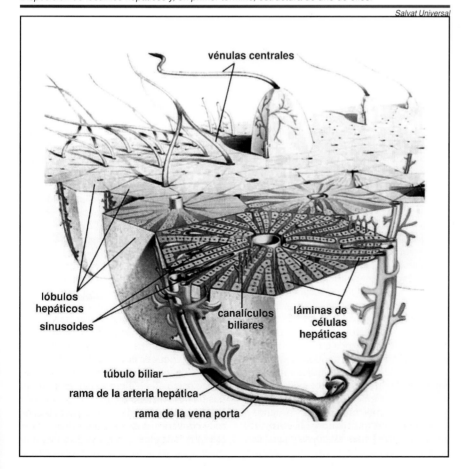

vénulas centrales

lóbulos hepáticos

sinusoides

canalículos biliares

láminas de células hepáticas

túbulo biliar

rama de la arteria hepática

rama de la vena porta

higiene

tivos. Así, hasta la mitad del siglo XIX, los higienistas se ocuparon preferentemente del aislamiento de los contagiosos, de la desinfección, de la técnica sanitaria; hoy se agregan a la higiene otros capítulos de especial interés, como la eugenesia, el urbanismo, el régimen industrial, la organización de la vida cívica, etcétera.

El higienista, como el médico y el educador, se aproxima a la realidad de la vida y aprende a pensar en términos de valores sociales, siendo indudable que, entre estos valores, la salud ocupa lugar de primordial importancia. Para hacer realidad estos afanes en pro de la salud, los gobiernos han llegado a crear departamentos de Estado a este solo objeto. Considerando que la higiene posee una función preventiva, los higienistas han comprendido la evidente utilidad del examen médico periódico de la población, para impedir el desarrollo de las enfermedades.

Gran parte de los progresos logrados por la higiene comunal, escolar, industrial, etcétera, se deben a la creación de organismos, formados por médicos higienistas, que después de exámenes clínicos, radiográficos, etcétera, certifican la buena salud de los integrantes de determinado grupo. En algunas naciones se han creado organismos cuyo objeto es ayudar a prolongar la vida humana, diseñando a sus adherentes el arte de conservar la buena salud. Un índice expresivo del valor de la higiene preventiva se halla en las ganancias considerables obtenidas por las compañías de seguros que han adoptado el sistema del examen periódico de la salud de sus asegurados.

Es indudable que para hacer obra de verdadero alcance, hay que comenzar por educar al pueblo en los principios y prácticas de la higiene, pues ningún progreso puede realizarse en ningún país sin la voluntad popular. Esta enseñanza debe partir de centros múltiples: escuelas, fábricas,

La higiene dental tres veces al día previene las enfermedades en dientes y encías.

hospitales, dispensarios, ejército, marina, obras sociales, etcétera. También es posible hacer obra de educación a través de exposiciones folletos, ilustrados, propaganda radial y cinematográfica, etcétera.

higiene mental.
Rama de la higiene general que estudia la mejora y conservación del buen estado mental, de las emociones y hábitos. En los tiempos pasados clasificaban las enfermedades mentales dentro de tres postulados: 1) Las locuras son todas iguales. En el mundo hay cuerdos y locos. 2) Los locos no se curan. 3) Todos los locos son peligrosos. Médicos y Estados, aceptando estos tres principios, sólo tendían a saber si un individuo estaba loco, y en qué grado; se demostraba su locura únicamente por el extraño modo de comportarse y se le aislaba, encerrándolo donde no pudiera hacer daño a sus semejantes. No se le consideraba como enfermo, sino como sujeto peligroso. Cuando manifestaba el menor signo de violencia se le inmovilizaba con cuerdas o cadenas.

La psiquiatría actual ha destruido los postulados anteriores estableciendo: 1) Las afecciones y enfermedades mentales son muchas. Pueden diferenciarse clínicamente gracias al estudio de los órganos, de la psiquis y con el auxilio de los análisis del laboratorio, radiografías cerebrales y electroencefalografías o registro gráfico de las ondas eléctricas en la corteza cerebral. Cada enfermedad tiene su evolución propia y su tratamiento adecuado, siendo el pronóstico muy diverso de unas enfermedades a otras. 2) Las enfermedades mentales tienden en su mayoría a la curación, unas por si solas y otras con el auxilio de medicamentos. A los enfermos curados se les debe vigilar, para saber si el nuevo ambiente les es favorable o les provoca nuevas fases en su enfermedad. 3) Sólo un pequeño número de enfermos mentales son peligrosos y aun éstos mejoran en un ambiente favorable. Por ello no se les debe encerrar por sistema.

La tendencia actual es conseguir su curación sin encerrarlos, cosa que antes se creía fundamental. Los servicios de higiene mental requieren tres elementos: dispensarios psiquiátricos, clínicas psiquiátricas y colonias psiquiátricas. En los primeros se registra la historia clínica de los pacientes con la oportuna clasificación. Se ejerce labor de profilaxis mental. Se asiste al enfermo ambulatorio, vigilando periódicamente a los enfermos curados. Se realizan los tratamientos y pequeñas intervenciones. Las clínicas psiquiátricas son para los enfermos agudos y las colonias psiquiátricas para los enfermos crónicos. Se les rodea de un ambiente amable y ameno.

La cura por el trabajo agrícola es uno de los tratamientos más efectivos y sencillos para su futura recuperación. Las estadísti-

El baño diario es un hábito fundamental de la higiene familiar.

cas demuestran que se producen mucho menos accidentes entre enfermos ocupados que disponen de instrumentos peligrosos, que entre los ociosos que carecen de ellos. Por medio de estos servicios y otros organizados en las policlínicas y hospitales se pueden descubrir gran número de casos susceptibles de ser influidos favorablemente. Las guerras, campos de concentración, crisis de paro forzoso y hambre han dado lugar a neurosis de situación y otras obsesiones que los gobiernos conocen y se preocupan en resolver creando estas instituciones de higiene mental. Los mayores beneficios se obtienen sobre muchos pacientes que llevan una apariencia de vida normal. Se les proporciona asistencia adecuada, evitando en muchos casos que lleguen a cometer delitos y actos antisociales.

El beneficio es grande en las edades infantiles. A los niños, al entrar en la escuela, se les estudia desde el punto de vista psíquico con el fin de descubrir precozmente cualquier defecto (medicina psicosomática). Los maestros están educados en estas cuestiones y cualquier observación anormal es encaminada hacia el servicio infantil psiquiátrico, donde el psiquiatra hará el diagnóstico y el tratamiento. Maestros y médicos apelan a los *tests* de inteligencia, que deben repetirse a intervalos para conocer el adelanto o el retraso mental de los niños. Así resulta que el informe psiquiátrico integra una de las páginas de toda historia clínica. En cuanto a la delincuencia infantil y la de los adultos, es muy conveniente que jueces y policías estén familiarizados con los problemas psiquiátricos. *Véase* MEDICINA PSICOSOMÁTICA.

higrómetro. Instrumento utilizado para medir el grado o cantidad de humedad que contiene la atmósfera de un lugar determinado. Según el principio en que se basen pueden ser de absorción, condensación, coloración o dilatación. Los primeros emplean unos tubos en forma de *U* que contienen cuerpos ávidos de agua, como el ácido sulfúrico; los higrómetros de condensación se basan en la conversión de la humedad del agua por medio del descenso de la temperatura para lo cual se suele emplear el éter sulfúrico. Los higrómetros de coloración aprovechan las propiedades de ciertos cuerpos que cambian de color por la acción de la humedad. El sulfato de cobre, por ejemplo, que es incoloro en el aire, toma color azulado al estar en presencia de la humedad. Los higrómetros de dilatación parten del principio físico de la modificación de la longitud de ciertos cuerpos –fibras textiles, cabellos, etcétera– cuando están sometidos o expuestos a la humedad.

Los higrómetros tienen infinidad de aplicaciones: conservación de productos a los que afecta la humedad excesiva; para indicar la proximidad de lluvias y tempestades; para señalar el grado de humedad de locales y habitaciones; y para mostrar las condiciones del ambiente que requieren muchos procesos industriales, como la fabricación de papel, tejidos, etcétera.

higuera. Árbol frutal, de tronco corto y retorcido, que alcanza por lo general mediana altura, aunque hay ejemplares de hasta 22 m. Su madera es blanca y esponjosa, y encierra una savia láctea muy amar-

Higo fresco.

Corel Stock Photo Library

ga y astringente. Pertenece al género *Ficus*, de la familia de las moráceas, y sus hojas son esparcidas, de buen tamaño Y casi siempre divididas en lóbulos. Poseen una coloración verde intensa, brillante en su parte anterior, y son ásperas al tacto, a causa del pelaje corto que las recubre. Sus frutos son el higo propiamente dicho y la breva, que madura antes y que supera a aquél en tamaño, aunque no siempre en calidad. Los antiguos romanos lo consideraron un presente de Baco, y también para Grecia y Egipto fue sagrado. Existen centenares de variedades de la higuera común, que se clasifican en rojas, blancas y negras por la coloración de sus frutos. Éstos son blandos, de sabor dulce, más o menos encarnados o blanquecinos por dentro, y con gran abundancia de semillas muy menudas. Por fuera los protege una película verde, negra o morada. Su recolección se hace a mano, maduros cuando se destinan al consumo directo y algo antes cuando deben transportarse.

La higuera se propaga fácilmente por semillas, estacas, ramas desgajadas, etcétera. Todos los terrenos que no sean pantanosos le convienen, pero rinde más en los calizos y en aquellos de subsuelo fresco, donde la humedad permite absorber la cantidad de agua que requiere la evaporación de su abundante follaje. Es uno de los árboles conocidos desde más antiguo, puesto que el Génesis ya se refería a él, y junto con el olivo constituía, como hoy, una de las riquezas de los países del Mediterráneo. Los primeros cultivos los realizaron los árabes y egipcios, y Grecia la conoció alrededor de 1,000 años a. C. Además del higo comestible, que puede secarse hasta convertirse en pasa, hay variedades que producen caucho, como la *Ficus elástica* de la India, y otras que se cultivan en los lugares tórridos de América.

hilandería e hilados. Hilado es una porción de fibra de cualquier material (algodón, lino, lana, etcétera) reducida a hilo. La hilandería es la fábrica donde se realizan todas las operaciones necesarias para obtener los hilados que la industria textil utiliza en la confección de los tejidos. En términos técnicos, la acción de hilar se llama hilatura.

Las materias primas para la hilatura proceden de los tres reinos de la naturaleza y pueden ser fibras o pelos, que se designan en términos generales con el nombre de fibras textiles. Las fibras textiles vegetales proceden de distintas partes de la planta, de las semillas (el algodón), de los tallos (el lino, el cáñamo, el yute, el ramio, y la ortiga), de las hojas (el lino de Nueva Zelanda). Las fibras textiles del reino animal forman dos grupos distintos: las lanas y las sedas. En el primer grupo están las más útiles: lana de oveja, pelo de cabra, camello y lla-

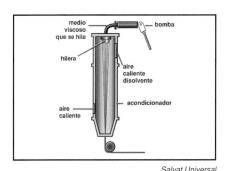

Salvat Universal

Esquema del proceso de hilatura en seco de una fibra artificial.

ma, etcétera. A las fibras textiles del reino mineral pertenecen: el amianto, el vidrio y los metales en forma de alambre y estrechas cintas. Existen también fibras artificiales obtenidas por procedimientos químicos, como el lanital, el rayón y el nilón.

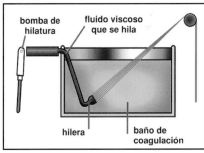

Salvat Universal

Esquema del proceso de hilatura en frío de una fibra artificial.

La naturaleza nos suministra fibras cortas y fácilmente separables entre sí, como las de la lana y el algodón, o fibras largas compactadas en forma de tejido vegetal que para separarlas requieren procedimientos especiales (lino, cáñamo, yute, etcétera). La hilatura tiene por objeto ordenar y disponer las fibras de tal modo que se obtenga un hilo continuo y resistente. El hilo que se fabrica no debe ofrecer partes más gruesas o más delgadas, tiene que ser

Esquema del proceso de hilatura por fusión de una fibra artificial.

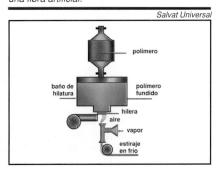

Salvat Universal

hilandería e hilados

Niña aprendiendo a hilar en una rueca.

completamente uniforme. Conviene para ello que en toda su longitud tenga la misma cantidad de fibras y éstas sean de igual grosor. Como los hilos deben ser perfectamente lisos, es necesario que las fibras se ordenen, para su hilado, paralelas entre sí. Estas condiciones, aparentemente simples, son difíciles de reunir. En la primitiva hilatura a mano, la cual se realizaba mediante un huso y una rueca de hilar, todo se hacía en una sola operación y la calidad del hilado dependía de la habilidad manual de la hiladora. Éste es un procedimiento demasiado lento, con el que sólo se podían satisfacer las necesidades del consumo casero de hilo. La hilatura mecánica ha sustituido por completo a la hilatura a mano. Sin embargo, mediante las hiladoras no es posible producir hilos en una sola operación.

El primer paso en la elaboración de los hilados es la preparación de una cinta o mecha en la que las fibras se distribuyen uniformemente. Esta preparación tampoco es sencilla y comprende una serie de pasos en los que varias materias primas se mezclan, pues a menudo una sola no reuniría las cualidades necesarias para la fabricación de un hilado; luego se libran de impurezas, se comprimen, se corrigen las irregularidades de la superficie y la mecha obtenida se retuerce para aumentar su resistencia. Como no es posible obtener la finura y resistencia necesarias mediante una sola torsión, la mecha es sometida a la acción escalonada de tres máquinas distintas, llamadas mechera en grueso, mechera intermedia y mechera en fino, que la estiran y retuercen.

Obtenidos los hilos simples, éstos a su vez pueden ser retorcidos para elaborar un hilado más grueso, o uno más fuerte y durable. Estos hilos se denominan: torcido de dos cabos, de tres cabos, etcétera, según estén formados por dos, tres, etcétera, hilos sencillos. A continuación se realiza el acabado de los hilos, los que para tal fin se someten a diversos procedimientos, según el objeto a que deban destinarse. Se procede a eliminarles nudos e imperfecciones, se blanquean y lustran, se devanan en bobinas, ovillos, carretes o madejas y, finalmente, se envasan. *Véanse* SEDA; TEXTILES.

Hill, Archibald Vivian (1886-1977).
Médico inglés, profesor de las universidades de Manchester y Londres y secretario de la Royal Society. Se distinguió por sus estudios acerca de la fisiología y metabolismo del trabajo muscular, que lo llevaron a alcanzar, en 1922, el Premio Nobel de Medicina. Es autor de *Actividad muscular*, *Algunos aspectos de la bioquímica* y *El movimento muscular en el hombre*.

Hill, Rowland (1795-1879).
Pedagogo inglés, célebre por haber inventado el sello postal. En su juventud se dedicó a la enseñanza, dirigiendo una escuela en la cual puso en práctica un original sistema de autogobierno de los alumnos, que fue muy comentado. Posteriormente se interesó en asuntos postales y, al comprobar que las recaudaciones de ese orden disminuían, a pesar del crecimiento del comercio y de las altas tarifas, propuso que se estableciera la vigencia del sello postal, de precio uniforme y reducido. El proyecto que Hill proponía para el correo entre Gran Bretaña e Irlanda no fue al principio escuchado, pero luego se adoptó oficialmente en 1839. *Véanse* CORREO; FILATELIA.

Hillo, Pepe (1754-1801).
Famoso torero español de nombre José Delgado y Guerra, y de apodo *Hillo* o *Illo*. Nació en Sevilla, comenzó a torear en Córdoba de medio espada y luego, ya consagrado, lo hizo de Costillares, Francisco Romero y los maestros de entonces, con los cuales sostuvo apasionante competencia. Además por su arte, se caracterizó por su temerario arrojo, a consecuencia del cual sufrió gran número de cornadas, muchas de ellas graves. De 1786 a 1800 obtuvo clamorosos éxitos por su valentía en la plaza de Madrid. Murió trágicamente toreando en una de aquellas corridas de muchos toros que se celebraban entonces y cuya lidia daba comienzo por la mañana. Bajo su firma se publicó el libro *La tauromaquia o el arte de torear*, redactado, aunque con las sugerencias suyas por el escritor y erudito taurino don José de la Tixera.

hilo.
Hebra larga y delgada que se obtiene retorciendo las fibras textiles de origen animal, como la lana y la seda, o vegetales, como lino, cáñamo y algodón. Con ella se tejen géneros que se emplean en el vestido y otras industrias. También se fabrican hilos con sustancias sintéticas, como seda artificial y nilón, que alimentan importantes ramas de las industrias textiles. También con los metales dúctiles se fabrican hilos, que se emplean en tejidos ornamentales, como son los bordados de plata y oro. Los hilos metálicos y las telas metálicas se usan como conductores de la

Hilado de seda, utilizando un telar primitivo, en Danang, Vietnam Central.

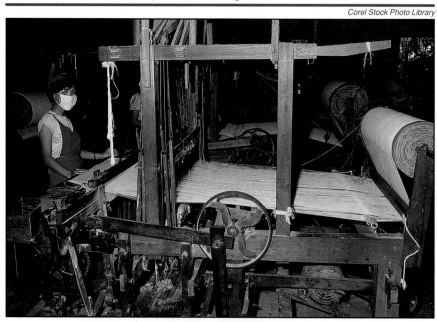

Zona conocida como el Colmillo *parte de Annapurna Himal, en la región ubicada en Nepal de los Himalayas.*

electricidad, principalmente los de cobre y aluminio. La transformación de las fibras textiles en hilos constituye el arte del hilado, que desde la más remota antigüedad se practicaba a mano mediante el huso y la rueca, y que se ha ido mecanizando hasta convertirse en la complicada industria de la hilandería.

Hilton, James (1900-1954).

Novelista inglés. Sus obras alcanzaron gran difusión debido a que su estructura permitió adaptarlas con facilidad al cinematógrafo. Una de las más conocidas es *Horizontes perdidos*, en la cual se narran las aventuras de los tripulantes de un avión que descienden en los montes del Himalaya y hallan una aldea en la cual el tiempo y la muerte no existen. Entre sus otras novelas se cuentan *Adiós Mr. Chips*, sentimental historia acerca de un maestro de escuela, que fue llevada al cine y alcanzó fama pareja a la anterior, *Nada tan extraño* y *La historia del doctor Wassell*.

Himalaya.

El sistema de montañas más importante de Asia y primero en el mundo por su elevación. Situado al norte de la India, forma una frontera natural entre esta península y la meseta de Tíbet, y aunque no se han podido establecer sus verdaderos límites, por ser regiones poco conocidas, se admiten como tales los ríos Indo al oeste y Brahmaputra al este.

Tiene un desarrollo de unos 2,500 km de largo y 300 de ancho, y está formada por dos cordilleras paralelas: la septentrional o Trans-Himalaya, que se enlaza al oeste con la cadena del Karakorum, y la meridional,

que es el Himalaya propiamente dicho, donde se encuentran las montañas más altas, 40 de las cuales superan los 7,300 m de altura. Entre los picos más importantes se cuentan el Kinchinyinga (8,588 m), el Davalaguiri (8,187 m), el Nanga Parbat (8,110 m) y la serie de los picos del Nepal, (de más de 8,000 m). El más elevado de todos y punto más alto de la Tierra es el Chomo-Lungma (Diosa Madre de los tibetanos) o Monte Everest así llamado en honor de sir George Everest quien fijó su posición y altura, la cual, es de 8,889 m. El Everest ha sido objeto de muchas expediciones científicas y deportivas, que han intentado su conquista, lo que lograron el 29 de mayo de 1953 el neozelandés Edmund P. Hillary y su guía *sherpa* Tensing Norgay, de Nepal. La mayor altura alcanzada anteriormente había sido de 8,640 m, a la cual llegaron los ingleses Mallory e Irvine en junio de 1924, quienes perecieron en la empresa. Entre otros exploradores dignos de citarse figuran Norton y Somervell, los cuales llegaron hasta los 8,574 m, y Hugh Ruttledge, a los 8,480. También se han hecho ascensiones a otras montañas del Himalaya, entre ellas la del Anapurna, conquistada por Maurice Herzog y Louis Lachenal. Todas ellas han sido realizadas en pésimas condiciones climatológicas, pues ha habido que luchar contra vientos huracanados, tormentas de nieve, etcétera.

En ambas cordilleras hay numerosos pasos y desfiladeros, rutas entre India y Tíbet, pero la mayoría son accesibles sólo en verano, pues por su gran altura, desde noviembre a mayo están bloqueados por la nieve. En las laderas se encuentran enor-

mes glaciares, algunos cubiertos de piedra y tierra donde crece hierba y algunos líquenes. Los lagos son escasos y de reducida extensión.

Tiene el Himalaya, o mejor dicho los Himalayas, gran riqueza en minerales, entre los que se pueden citar el carbón, hierro, cinc, plata y piedras preciosas, pero se explotan muy poco. También hay varias fuentes naturales frías y calientes, y algunos arroyos con arenas auríferas. Por las diferencias de altitud el clima es muy variado, y, relacionado con él, la flora es rica en las zonas bajas, reduciéndose gradualmente, hasta que cesa en las proximidades de los 4,000 m, donde empiezan las nieves eternas y los glaciares. En altitudes inferiores a 1,600 m abundan las palmeras, acacias, higueras; en la región intermedia se hallan algunos bosques (pinos, cedros, castaños, nogales, álamos) y árboles frutales; en las laderas meridionales y valles se cultiva maíz, arroz y té. El trigo y la cebada se dan hasta los 3,500 metros.

La fauna está condicionada al clima y vegetación, y hay gran diversidad de especies, siendo comunes el tigre, leopardo, rinoceronte, elefante, monos, hiena, etcétera. Como animales domésticos viven la cabra, el carnero, la vaca cebú y el característico yak o toro de Tíbet. Entre los pobladores del Himalaya se distinguen tres razas: la primitiva, de color muy oscuro; la tibetana, y los arios o turanos. El nombre de Himalaya se deriva del sánscrito y significa *residencia de las nieves*. Desde los tiempos antiguos ha sido venerado como hogar de los dioses, y aún hoy muchos

Pico de la cordillera Karakorum, montes del Himalaya, Nepal.

179

Nido de avispas.

peregrinos acuden a ciertos montes para orar.

himenópteros. Orden de insectos que abarca las hormigas, abejas, avispas y abejorros. Se distinguen por su cuerpo alargado, cabeza libre, grandes ojos y cuatro alas membranosas. La boca está dispuesta para masticar y lamer; las patas son finas y alargadas. Pasan por cambios o metamorfosis; las larvas por lo general carecen de patas. Cuando son adultos vuelan, pudiendo sostenerse por largo tiempo en el aire. Algunos himenópteros tienen aguijones, que producen heridas dolorosas. Los himenópteros constituyen uno de los órdenes más extensos y elevados de la clase de los insectos, pues cuenta más de 60 mil especies, repartidas en casi todas las regiones del globo. Las abejas y las hormigas se distinguen por sus instintos maravillosos y por la complejidad y perfección de su vida en colectividad en el interior de colmenas y hormigueros.

Himmler, Heinrich (1900-1945). Político alemán. Se unió a Adolfo Hitler en 1920 como jefe de su escolta, y en 1929 tomó el mando de la S. S. (Policía nazi de defensa). A raíz de la sangrienta persecución de 1934 contra los oponentes al régimen nazi, dirigida por él, Hitler lo nombró Jefe Superior de la Policía del Reich. Vencida Alemania en la Segunda Guerra Mundial, Himmler se suicidó en Luneburg, donde se hallaba prisionero de las fuerzas británicas.

himno. Composición poética o poéticomusical de alabanza a la divinidad. Entre los más famosos himnos antiguos se cuentan el *Himno del Sol*, del faraón egipcio Akhenaton, y el *Himno a Apolo*, de Homero. Los primeros himnos hebreos de que se guarda noticia son los de Moisés y de Débora, la profetisa, y demás cantos del libro de las *Alabanzas*. Los más serenos y luminosos son los de David y Salomón. Los más antiguos de la liturgia cristiana no son anteriores al siglo IV y la mayor parte de ellos fueron compuestos entre los siglos XI y XII por san Ambrosio, san Gregorio, Prudencio, santo Tomás de Aquino y otros.

Se da, también, el nombre de himno nacional a la canción patriótica oficial de un país que, junto con la bandera y el escudo, es símbolo de su nacionalidad. Generalmente nacieron en momentos trascendentales y expresan los sentimientos e ideales de cada nación. Existen también himnos que glorifican las hazañas de algún personaje heroico.

himno nacional. Canción o himno representativo del amor de un pueblo a su patria. Su origen suele remontarse en algunos casos al de la misma nación, razón por la cual muchos de los himnos nacionales resultan hoy arcaicos, si bien se mantiene su uso por espíritu tradicional. Algunos de ellos, como *La marsellesa*, himno francés, han surgido en un momento de convulsión; otros, como el *Himno nacional argentino*, han sido compuestos deliberadamente. Por lo general, el himno nacional exterioriza los sentimientos o actitudes de cada pueblo y es utilizado para estimular el amor y la lealtad a la patria, conceptos a los que frecuentemente se mezclan ideas religiosas en la letra de la canción. Suelen entonarse en solemnidades o ceremonias públicas y, generalmente, exteriorizan conceptos afirmativos de la nacionalidad y de la voluntad popular de mantener la propia independencia. Hay himnos y canciones patrióticos que han surgido en algún momento de la historia de los pueblos y que sin ser *nacionales* gozan de popularidad y respeto. Tal sucede en Francia con *La carmañola*, el *Tipperary* angloamericano, la *Marcha de Cádiz*, española, etcétera.

Hindenburg, Paul von (1847-1934). Militar alemán. Mariscal y segundo presidente de la República Alemana de Weimar. Participó en las campañas austro-prusiana (1866) y franco-prusiana (1870). En 1911 fue puesto en retiro, pero fue llamado a servicio tres años después, al estallar la Primera Guerra Mundial. Asumió la defensa del frente oriental y venció a los rusos, que ya habían invadido Alemania, en la célebre batalla de Tannenberg (1915). En 1918, ante la inminencia de la derrota, propició la concertación del armisticio que puso fin a la contienda. Muerto Federico Ebert, primer presidente de la república proclamada por la Asamblea Nacional, reunida en Weimar (1919), fue elegido su sucesor. Fue reelegido presidente en 1932, venciendo a Adolfo Hitler, a quien designó canciller (1933) al reconocer el avance del movimiento nacional-socialista. Murió mientras ocupaba el poder.

hinduísmo. Con este nombre se designa el conjunto de prácticas religiosas y sociales adoptadas desde los tiempos remotos de los arios por la mayor parte de los habitantes de la península de la India. En el terreno religioso abarca gran número de sectas, siendo las más importantes las de *vaishnava* (adoradores de Vishnú, la deidad suprema), las de *Saiva* (de Siva, el dios de la destrucción y reproducción), y las de *Shakta* (de Shakti, fuerza creadora femenina). En el sector filosófico, se apoya principalmente en los *Vedas*. En el aspecto social, instituyó el sistema de castas que comprende las cuatro principales de *bramanes* (sacerdotes), *chatrias* (guerreros y nobles), *vaisias* (comerciantes y agricultores) y *sudras* (artesanos y jornaleros). Las grandes transformaciones ocurridas en la península indostánica durante el siglo XX que originaron la formación de los dos Estados de India y Pakistán, han hecho que, en líneas generales, el hinduismo trate de

Bailarina en el templo de Mahabalipuram, en el sur de la India.

Corel Stock Photo Library

Cabeza de arcilla del Dios Siva.

adaptar los antiguos principios, sobre los que descansa, a las nuevas circunstancias creadas por el mundo actual.

hinojo. Planta herbácea, aromática del mediodía de Europa. Tiene tallos con surcos longitudinales, hojas divididas y pecíolos con grandes vainas como el apio. Flores amarillas dispuestas en umbelas terminales y semillas menudas y aromáticas. Se cultiva en huertas por sus tallos comestibles, de sabor dulce y aromático, que se sirven en ensaladas, como las hojas, que también se comen cocidas. De los frutos se extrae un aceite y una esencia que se usan en farmacia por sus propiedades expectorantes.

Hinshelwood, sir Cyril Norman (1897–1967). Químico inglés, famoso por su trabajo en la cinética química, que estudia la velocidad de las reacciones químicas y las influencias sobre ésta. Recibió el Premio Nobel de Química en 1956. Hinshelwood legó teorías sobre la velocidad de las reacciones, las estructuras moleculares en relación con la reactividad, y la energía necesaria para comenzar una reacción. Es más extensamente conocido por su deducción de que las bacterias pueden desarrollar resistencia contra la acción de los antibióticos.

Hiparco (160-125 a. C.). Matemático griego, el más famoso astrónomo de la antigüedad. Nació según unos en Rodas, pero más probablemente en Nicea. Sentó las bases de la astronomía científica, estudió la precesión de los equinoccios, fijo con más exactitud la duración del año solar, comparó estrellas, calculó distancias interplanetarias y legó al mundo teorías y datos de gran importancia. *Los fenómenos de Arato* y *Eudoxio* y *Constelaciones* son sus obras conocidas.

hiperactividad. Desorden en el comportamiento que los psiquiatras han catalogado como *desorden hiperactivo de déficit de atención* o ADHD, por sus siglas en inglés. Se caracteriza por la distracción acompañada de desorganización, impulsividad y actividad física excesiva. Algunos individuos muestran desorden de déficit de atención o ADD, sin las exhibiciones hiperactivas. El ADD se ha convertido de hecho en un diagnóstico cada vez más extendido en los adultos.

El ADHD aparece en niños menores de cuatro años, pero los síntomas pueden desaparecer una vez que asisten a la escuela. Se dice frecuentemente que estos niños están *fuera de control*. Es posible que más de 3% de todos los niños manifiesten síntomas significativos de ADHD, en niños más que en niñas. Estos niños tienen un bajo umbral ante la frustración, lo que los hace candidatos a rabietas incontrolables. Los lapsos en los que ponen atención son cortos y su capacidad para concentrarse es baja, lo que puede resultar en problemas escolares, incluso si el niño es muy inteligente. También se observan carencia de sentido común y poco criterio. Estos niños se vuelven más problemáticos conforme crecen.

Diagnosticar ADHD puede ser difícil ya que el patrón sintomático es distinto en cada niño. Además, éste puede variar diariamente e incluso cada hora. Los signos combinados pueden ir de ligeros, no muy distintos al comportamiento normal de un niño efusivo, a severos. En ocasiones puede estar presente uno o sólo algunos de los síntomas, por lo que el niño no será calificado como hiperactivo, o le será diagnosticado ADD. Existen muchas causas del ADHD, pero sólo se conocen algunas. Además de influencias genéticas, varios factores que afectan el embarazo han sido implicados, incluido el uso de drogas prescritas o ilegales, así como el consumo de alcohol o nicotina. Existe una evidencia fundamentada de que los alimentos sobreprocesados –incluidos colorantes artificiales, saborizantes, preservativos y otros aditivos– pueden constituir un factor ocasionante, junto con la depauperación de varias vitaminas y minerales de los alimentos procesados. También las intolerancias alérgicas a ciertos alimentos, especialmente leche, trigo y maíz, producen ADHD en algunos niños. Contaminantes como plomo, mercurio y cadmio, insecticidas y herbicidas también pueden ser causantes. Muchos niños parecen superar sus episodios hiperactivos, aunque en el adulto aún se puede observar ADD. La hiperactividad que persiste en la edad adulta, puede en ocasiones producir desajuste social, pero ciertas asociaciones y grupos enfatizan cada día más el aspecto potencialmente positivo de esta condición. El ADHD ha sido tratado en terapia de conducta y psicoterapia, con resultados mixtos. Dos sustancias, el clorhidrato de metilfenidato (Ritalin) y la dextroanfetamina, son prescritos frecuentemente. Sin embargo, el tratamiento con sustancias es controvertido, en parte porque el ADHD es difícil de distinguir de los efectos que tienen otros problemas que los niños experimentan. Las medicinas también pueden tener efectos secundarios como pérdida de peso, irritabilidad, insomnio y nerviosismo. Un creciente número de médicos están tratando el ADHD con dietas, eliminando la comida chatarra así como la comida o las bebidas que son susceptibles de generar alergias en los niños.

hiperbárica, cámara. Dispositivo médico en el cual humanos y animales pueden ser expuestos a altas presiones atmosféricas. La cámara, un cilindro de acero, cuenta con un sistema de compresión que aumenta la presión del aire. Esto incrementa la presión parcial del oxígeno y de este modo promueve la oxigenación de la sangre. Pacientes con padecimientos respiratorios o de circulación que impiden la oxigenación adecuada bajo condiciones de presión atmosférica normal pueden ser mantenidos con vida dentro de la cámara hiperbárica en caso de emergencia, hasta que mayores medidas correctivas sean tomadas. La cámara hiperbárica se utiliza también en el tratamiento de descompresión, un desorden en el cual se forman burbujas de nitrógeno en la corriente sanguínea porque el paciente se ha trasladado de un ambiente de presión alta a uno de baja presión. La presión del paciente se restablece en la cámara para que las burbujas se disuelvan. La presión se disminuye lentamente para prevenir que las burbujas se formen nuevamente, mientras los pulmones remueven de la sangre el gas disuelto.

hipérbaton. *Véase* FIGURAS DE LENGUAJE.

hipérbola. Curva plana que resulta de la intersección de una superficie cónica con un plano tal que corte a todas las generatrices del cono, unas de un lado del vérti-

Hipérbola con sus elementos.

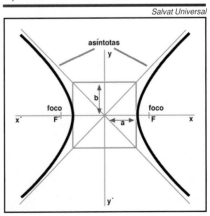

Salvat Universal

Corel Stock Photo Library

Competencia ecuestre de salto de obstáculos.

ce y el resto del lado de la prolongación del cono. Es simétrica con respecto a dos ejes perpendiculares entre sí y tiene dos focos. Se compone de dos ramas abiertas, dirigidas en sentidos opuestos que tienen dos asíntotas. Matemáticamente hablando es el conjunto de dos curvas planas, simétricas y abiertas, que especulativamente se consideran una sola curva, en las cuales la di-

Exhibición de dressage, *en una competencia ecuestre. Esta es la prueba más elegante que exige total control por parte del jinete.*

Corel Stock Photo Library

ferencia de las distancias de cada uno de sus puntos a dos puntos fijos, llamados focos, es constante.

hipermetropía. *Véase* PRESBICIA.

hipertensión. *Véase* SANGRE.

hipismo. Conjunto de conocimientos que se refieren a la cría y educación del caballo. Se da, también, este nombre al deporte hípico, que presenta dos divisiones principales: la carrera simple o con obstáculos, que por lo general se efectúa en competencia, y la equitación, donde se practica la destreza y arte de cabalgar. En el hipismo o reunión hípica se ponen de manifiesto el dominio de cada jinete y las aptitudes de los caballos. *Véanse* CARRERAS; EQUITACIÓN; HIPÓDROMO.

hipnotismo. Estado similar al del sueño, durante el cual un individuo puede actuar y pensar casi como en la vigilia, pero sólo bajo las órdenes de otro hombre, el hipnotizador. La persona hipnotizada es capaz de realizar ciertos actos que en la vigilia le sería difícil acometer, por ejemplo: andar por una cornisa muy estrecha, a gran altura del suelo. No se ha podido explicar aún claramente en qué consiste este fenómeno; existen personas que no pueden ser hipnotizadas contra su voluntad, y es evidente que para llegar a ese estado es necesaria la mayor cooperación entre los dos participantes.

La técnica empleada para inducir al sueño hipnótico no es muy complicada. Casi nunca son necesarios los complicados pases de manos y las miradas a los ojos de

la presunta víctima, que suelen mostrar los hipnotizadores teatrales. Basta que el paciente se encuentre cómodamente sentado, o acostado, y mire un objeto cualquiera; el hipnotizador, con voz suave y monótona, sugerirá al paciente la idea del sueño. Es esencial que el sujeto se concentre exclusivamente en las palabras y propósitos del hipnotizador; cualquier distracción impediría la llegada del sueño hipnótico.

El tiempo que el paciente tarde en dormirse, lo mismo que la profundidad del sueño alcanzado, varían según sus condiciones de sensibilidad. Los débiles mentales no pueden ser hipnotizados porque carecen de poder de atención, sus mentes vagan desordenadamente de un lado a otro y no logran fijarse en los propósitos del hipnotizador. Los niños entre los cinco y los doce años se hipnotizan fácilmente; los adultos, por su mayor independencia, algo menos. Se citan algunos casos en que ha sido posible hipnotizar animales; no está completamente probado que la atracción que los pájaros sienten a veces por la serpiente sea un caso de hipnosis.

En los sueños hipnóticos más superficiales, el paciente no es capaz de ejecutar todos los actos ordenados por el experimentador y cuando despierta recuerda perfectamente todo lo ocurrido. En los más profundos puede, en cambio, ejecutar verdaderas hazañas o actos ridículos, oír voces que no existen, sentir frío o calor, creer afirmaciones disparatadas, como que dos y dos son cinco, etcétera. La capacidad sensitiva puede ser aumentada o disminuida según la voluntad del hipnotizador. Un hipnotizado es capaz de leer letras más pequeñas y más alejadas de su vista que en el estado consciente. Del mismo modo se puede provocar en él una sordera que durará hasta que salga del trance; incluso puede llevarse al sujeto (haciéndole olvidar, si es adulto, todos los años últimos de su vida) a revivir su infancia. El paciente responde entonces al experimentador como si aún fuera un niño.

Algunas personas son capaces de autohipnotizarse mirando fijamente un objeto. Muchas de las prácticas hindúes del faquirismo tienen esta base. El faquir puede así insensibilizarse o adquirir una cierta postura, que es capaz de mantener, sin moverse, durante largo tiempo. Sin embargo, se afirma que no le es fácil al hipnotizador obligar al hipnotizado a ejecutar actos delictuosos que éste no haría en estado de vigilia. La hipnosis altera la conducta del sujeto, pero generalmente sólo hasta cierto grado, más allá del cual las convicciones morales suelen imponerse sobre las órdenes del experimentador.

Médicos y brujos de las tribus salvajes primitivas practicaban y practican aún la hipnosis. Muchas de las historias sobre brujas, hechizos y encantamientos que se narraban en la antigüedad deben atribuirse a la práctica del hipnotismo.

Un médico vienés, Francisco Antonio Mesmer, hizo en París, a fines del siglo XVIII, experiencias de estos fenómenos a los que atribuía propiedades curativas. Él las llamaba magnéticas, pues afirmaba que existían en cuerpos, orgánicos e inorgánicos, ciertas fuerzas misteriosas; la pérdida de estas fuerzas engendraría las enfermedades. Las autoridades francesas decidieron investigar las actividades de Mesmer, y una junta de la que formaban parte el famoso químico Lavoisier y el estadounidense Benjamín Franklin declaró que todos estos fenómenos eran un fraude. Sin embargo, las prácticas de Mesmer continuaron en manos de otros médicos y a mediados del siglo XIX fueron resucitadas por un inglés, Jaime Braid, quien le dio por primera vez el nombre de hipnotismo.

La hipnosis se ha usado en medicina como anestesia, pues si se le sugiere al paciente que no siente nada en el brazo izquierdo, por ejemplo, éste se vuelve verdaderamente insensible. En ciertas enfermedades nerviosas se ha tratado de curar a quienes las padecen mediante la sugestión hipnótica. Una de las particularidades de este estado es la de que en él pueden recordarse sucesos muy antiguos, aparentemente olvidados por el enfermo, pero que perturban sin cesar la vida consciente del enfermo. La hipnosis fue por eso usada por el psicoanálisis como uno de sus métodos de investigación anímica.

Para curar a los adictos a ciertas drogas, o a los que abusan de las bebidas alcohólicas, se les ha intentado recurrir a la sugestión hipnótica. Se puede ordenar a un hipnotizado que a los diez minutos de despertar llame por teléfono a tal persona. Cuando el sujeto despierta no recuerda aparentemente nada de lo que ocurrió entre él y el hipnotizador, pero a los diez minutos siente deseos de hablar por teléfono con determinada persona. Casi siempre esas órdenes poshipnóticas presionan de tal modo la voluntad del sujeto que éste las obedece para verse libre de ellas. Del mismo modo puede ordenarse a un hombre que deje de beber si es un adicto al alcohol. Sin embargo, sin la cooperación total del bebedor nada se logra. Éste termina muchas veces por sobreponerse a las órdenes del hipnotizador que le aconsejaba no beber; el enfermo nervioso vuelve al cabo de un tiempo a sentir sus antiguos síntomas. El hipnotismo no es un remedio de absoluta eficacia; pero, apropiadamente utilizado, constituye uno de los auxiliares de la medicina.

No existen mayores peligros en la hipnosis, aun en aquellos sujetos de ya probada hipersensibilidad, como los que hablan en sueños o los sonámbulos. Se ha hablado de algunos casos en los que es difícil despertar al sujeto, pero son muy escasos. La hipnosis requiere la cooperación de los dos participantes y si el hipnotizador o el hipnotizado desean que el sueño cese, éste cesará. A veces el paciente parece empeñado en no despertar, pero el experimentador hábil no se encuentra con estas dificultades. Ante la orden del hipnotizador el sujeto dormido suele despertar inmediatamente o pasa del sueño hipnótico a un sueño fisiológico normal. *Véanse* ESPIRITISMO; MESMER, F.; SUGESTIÓN; TRANCE.

hipo. Breve y brusca inspiración de aire, provocada por movimiento convulsivo, involuntario e intermitente del diafragma con cierre brusco de la glotis, lo que produce el sonido característico. Las causas del hipo pueden ser alimenticias (irritaciones del estómago, del esófago, ahogos, deglución defectuosa, estómago sobrecargado de alimentos o líquidos, etcétera); nerviosas (tumor cerebral, meningitis, epilepsia) y renales (nefritis, uremia). A veces es síntoma inicial de neumonía, peritonitis y otras enfermedades graves. Cuando un ataque de hipo se prolonga por muchos días puede provocar la muerte por agotamiento. El hipo ordinario se combate fácilmente cambiando el ritmo de la respiración, suspendiéndola por algunos segundos y a veces bebiendo un vaso de agua a pequeños sorbos.

hipocampo. *Véase* CABALLO MARINO.

hipocondría. Perturbación de la mente que se caracteriza porque el paciente cae en una preocupación excesiva respecto a su salud, con síntomas de ansiedad por sus molestias reales e imaginarias, asociándose con una forma especial de melancolía. El término deriva de la creencia vulgar de que este mal tenía asiento en el hipocondrio, que es el cuadrante superior derecho o izquierdo del abdomen, pero en especial se suponía que el bazo era el causante de la enfermedad. Éste se halla situado en el hipocondrio izquierdo.

Hipócrates (460-377 a. C.). Célebre médico griego, llamado el *Padre de la Medicina*. Nació en la isla de Cos. Pertenecía a una familia de médicos, y Heráclido, su padre, fue su primer maestro. Hipócrates fue el primero que estableció la medicina sobre nuevas bases: la observación y la experiencia. La colección de sus trabajos consta de unos 80 escritos que se refieren a la anatomía, fisiología, cirugía y terapéutica y parece que otros médicos seguidores de las doctrinas de Hipócrates colaboraron en ellos. La Escuela de Cos creó nuevos métodos recogiendo la experiencia de siglos anteriores y ejerció la más saludable influencia sobre la vida intelectual de la humanidad.

hipódromo. Lugar destinado para carreras de caballos y carros. En la antigüedad fueron famosos los hipódromos de Olimpia, en Grecia y de Bizancio (Estambul). Sin embargo, aún no ha podido establecerse exactamente el origen de las carreras de caballos, ya que las primeras competencias en que aparecen fue arrastrando carros. Se considera que unos 15 siglos a. C. ya se practicaban en Egipto ciertas formas de competencias hípicas. Los más entusiastas fueron los beocios, que dedicaron a ese deporte un mes de cada año, al que bautizaron con el nombre de *hipodromio*. Los romanos establecieron la condición de que en las pruebas los animales formaran grupos por edad. Este deporte, como muchos otros, decayó bajo el reinado de Nerón, ya que preferían las carreras de caballos sueltos, sin jinetes, que terminaban por desbocarse y correr hasta morir, estimulados por pinchos de hierro que los hostigaban mientras corrían.

Corresponde a Enrique II de Inglaterra el término de ese periodo inicial de la hípica, al organizar las primeras carreras, que se efectuaron alrededor de 1150 en un hipódromo situado donde hoy se halla el mercado londinense de Smithfield. Allí también se fomentó la cría de caballos *pura sangre*, que debían su origen al cruce de yeguas inglesas y potros árabes y españoles.

Ese primer impulso decayó durante las Cruzadas y reaccionó con los Estuardos, al protegerlo ampliamente Jacobo I, quien antes ya lo había hecho en Escocia. En 1667 se abrió el célebre hipódromo de Newmarket por Carlos II, quien hizo construir tribunas, el primer *paddock* (recinto para paseo de los animales) y estableció un programa fijo de pruebas, premios en dinero y trofeos. Posteriormente se abrió otro hipódromo en las inmediaciones de Windsor. En 1750 se fundó el primer *Jockey Club* –institución ampliamente imitada en el mundo–, que adquirió el hipódromo de Newmarket.

En 1776, Ricardo Tattersall abrió el mercado de caballos de Hyde Park (Londres), donde se estableció la bolsa de las apuestas que perduró hasta 1865, en que se trasladó a Knightsbridge. La fama de ese mercado ha sido tan amplia, que hoy se llama *Tattersall* al lugar destinado al mismo negocio. De igual modo, se llama *turf* al conjunto de actividades relacionadas con las carreras.

En 1776 el coronel Saint Leger estableció con su nombre un premio de 25 guineas en Doncaster para caballos de 3 años. Esta carrera se ha seguido verificando anualmente hasta hoy y es un clásico que bajo las mismas condiciones y el nombre de Saint Leger se corre en la mayoría de los grandes hipódromos. Lo mismo ocurre con otras dos pruebas que entonces tuvieron su comienzo y que fueron instituidas por el conde de Derby: las Oaks (1779), para potrancas de 3 años y el Derby (1780), para potrillos y potrancas de 3 años. El Derby es en Inglaterra y en muchos países la gran carrera nacional, cuyas únicas condiciones son: 2,400 m de distancia, pesos de reglamento y caballos de pura sangre nacidos en el país. En 1781 se inició el *Stud-Book*, que es la matrícula universal de animales de pura sangre.

Luego se fueron abriendo hipódromos en Francia (el primero en el Campo de Marte, abandonado en 1857 para construir el del Bosque de Bolonia, a los que siguieron los de Chantilly Vincennes y Longchamps); Bélgica (en Amberes y Bruselas); Estados Unidos (en el primer cuarto del siglo XIX en Nueva York y Chicago; en Nueva York hubo carreras en 1665, pero muy irregularmente); en Chile (en Valparaíso alrededor de 1855); en Alemania (en Baden y Francfort); en España (en Madrid, el de La Castellana, inaugurado en 1878 con motivo de las fiestas por el enlace de Alfonso XII); en Argentina (San Isidro y Palermo); Austria, Hungría, Italia, Portugal, Persia y China (en Shanghai), etcétera. Todos copiaron los reglamentos de Inglaterra y progresaron rápidamente. Entre los principales hipódromos de América Latina, se destacan el moderno de la ciudad de México, llamado *Hipódromo de las Américas*, y el de la ciudad de La Habana, en los cuales se celebran importantes carreras. En Estados Unidos, el deporte hípico cuenta con grandes y modernos hipódromos, entre ellos los de Belmont Park y Saratoga, en Nueva York; el de Pimlico, en Maryland; el de Hialeah, en la Florida, y el de Churchill Downs, en Kentucky, donde tiene lugar la renombrada carrera del *Kentucky Derby*. En todos estos hipódromos se verifican importantes carreras, en algunas de las cuales se conceden premios de 50 mil y 100 mil dólares.

Entre los más famosos caballos de carreras figura en primer término el célebre *Man O'War*, que en Estados Unidos ganó 20 de las 21 carreras en que participó (1920-1921) y estableció varios récords. Otro caballo notable en los hipódromos de Estados Unidos fue *Citation*, que hasta 1952 había participado en 45 carreras y ganado más de un millón de dólares en premios.

En los grandes hipódromos modernos, la pista es generalmente de forma ovalada, cuyo circuito suele tener de 1,600 a 2,400 m de extensión. En el lugar destinado a la salida de los caballos, se instalan barreras metálicas que funcionan eléctricamente y aseguran la arrancada simultánea de los caballos que participan en la carrera. En el punto de llegada se emplean cámaras fotográficas para determinar con precisión cuáles son los caballos ganadores y sus posiciones respectivas en el momento de llegar a la meta. La duración de la carrera

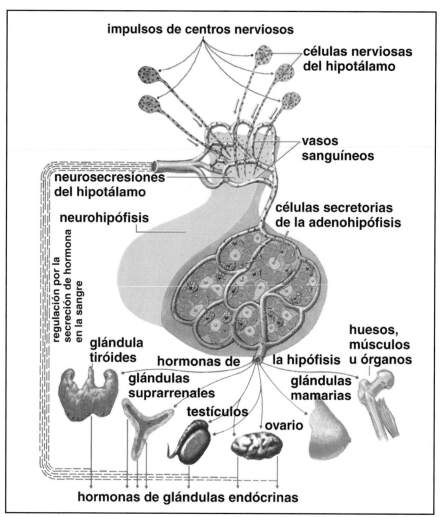

impulsos de centros nerviosos

células nerviosas del hipotálamo

vasos sanguíneos

neurosecreciones del hipotálamo

neurohipófisis

regulación por la secreción de hormona en la sangre

células secretorias de la adenohipófisis

glándula tiróides

hormonas de

la hipófisis

huesos, músculos u órganos

glándulas suprarrenales

testículos

ovario

glándulas mamarias

hormonas de glándulas endócrinas

Salvat Universal

Esquema de la estructura y funciones de la hipófisis.

se determina por medio de cronógrafos y dispositivos eléctricos que aseguran la precisión del tiempo computado, con vista al establecimiento de nuevos récords. En los lugares apropiados, a los lados de la pista, se levantan las grandes tribunas para alojar a miles de espectadores; el lugar reservado a los jueces; salones diversos, restaurantes, cafés y locales correspondientes al *Jockey Club*. También existen edificios, dependencias y cuadras para albergar a los caballos y al personal que los cuida. Generalmente, los hipódromos se construyen en los alrededores de la ciudad, y con fáciles y modernas vías de comunicación. *Véase* CARRERA; HIPISMO.

hipófisis. Glándula llamada también cuerpo pituitario, porque en la antigüedad se creía erróneamente que segregaba pituita o moco en las fosas nasales. Es una importante glándula de secreción interna en el hombre y los vertebrados. Viene a representar la prolongación inferior del cerebro y se halla colocada en una fosa craneana

que se conoce con el nombre de silla turca. Pesa unos 600 mg. Hoy se sabe que regula el crecimiento, la nutrición y otras funciones de la economía de los órganos. Cuando se lesiona por tumores o se altera su función, puede producir hombres enanos o gigantes; y ocasionar también perturbación en el funcionamiento de otras glándulas de secreción interna, sobre las cuales ejerce enérgico control.

hipogeo. Sepulcro subterráneo que se construía en la antigüedad para guardar los cadáveres, sin quemarlos. La palabra se deriva del griego y significa *debajo del suelo*. Principalmente, cuatro civilizaciones construyeron esta clase de sepulturas para sus muertos: egipcia, etrusca, griega y romana. El hipogeo, como monumento funerario, adquirió gran importancia en Egipto. Aprovechando canteras de piedras abandonadas, horadaban en la roca aposentos para depositar las momias de sus reyes o personajes ilustres. Destaca por su esplendor artístico el hipogeo de Abu Simbel, con cuatro estatuas, talladas en la piedra, de Ramsés II. Gracias a estas tumbas, la arqueología ha conocido la cultura y civilización de los antiguos egipcios.

hipogloso. Pez de la familia de los pleuronéctidos que llega a alcanzar de 2 a 3 m de longitud y un peso aproximado de 200 kg, que se caracteriza por tener el cuerpo aplastado y ambos ojos sobre el costado derecho, que es de color negro o pardusco, en tanto que el izquierdo es blanco. Habita en Europa y América; las variedades del Viejo Continente se encuentran en el océano Glacial Ártico y su área de dispersión llega a las costas nórdicas de Inglaterra y Escandinavia, mientras que el hipogloso americano, de menor tamaño que el europeo, se halla ampliamente distribuido por los océanos Atlántico y Pacífico. Aunque a veces permanece quieto en el fondo del mar a la espera de sus presas, suele también perseguirlas en la superficie; se alimenta de pececillos, cangrejos, moluscos, etcétera. Una hembra pone por temporada unos dos millones de huevos. El hígado del hipogloso es rico en aceite, fuente de vitaminas A y D.

hipoglucemia. Condición en la cual la concentración de glucosa (azúcar) en la sangre está por debajo del nivel normal. Esta condición se presenta asociada a varias enfermedades, pero es particularmente notoria cuando una persona con diabetes incurre en una sobredosis de insulina. Dependiendo de la severidad del ataque, los síntomas de la hipoglucemia pueden incluir nerviosismo, pupilas dilatadas, dolor de cabeza, palpitaciones rápidas, sudoración, distorsiones en el habla, deterioro de la memoria, comportamiento sicótico, parálisis temporal y, en algunos casos, coma. Los ataques severos repetidos pueden causar daño cerebral permanente.

Hipoglucemia orgánica. La glucosa se produce por la descomposición del glucógeno o por procesos metabólicos que la fabrican a partir de aminoácidos. La glucosa entra al cuerpo de diversas formas, incluyendo la absorción por el tracto digestivo y la difusión por medio de los fluidos de los tejidos finos y el hígado. Abandona la sangre por difusión en los fluidos de los tejidos, por conversión metabólica a glucógeno o grasa, o por oxidación en los tejidos para producir energía.

En condiciones normales, la concentración de glucosa en la sangre es mantenida en un cierto nivel, regulado estrictamente por el sistema nervioso y el sistema endocrino. Por ejemplo, el páncreas impide que la glucosa alcance niveles demasiado altos, incrementando la secreción de insulina, una hormona que ayuda a la glucosa a entrar en las células para ser usada como energía. El páncreas y las glándulas supra-

rrenales evitan que el nivel de glucosa baje demasiado secretando glucagón y epinefrina, dos hormonas que incitan al hígado a producir más glucosa. Así, cualquier disfunción endocrina en el páncreas y las glándulas suprarrenales, así como en la pituitaria, tiroides o glándulas sexuales, puede resultar en hipoglucemia orgánica. El alcoholismo, que disminuye la capacidad del hígado para producir glucosa, puede también conducir a la hipoglucemia, así como otros padecimientos del hígado, y los tumores en hígado o páncreas.

Hipoglucemia funcional. Estado temporal de bajo nivel de glucosa en la sangre, que ocurre sobre todo en las dos o tres horas siguientes a la ingestión de alimentos con alto contenido de carbohidratos. Se presenta más frecuentemente que la hipoglucemia orgánica, pero no es una condición común. Estaba comúnmente relacionada a casos de fatiga y nerviosismo, hasta que los médicos aprendieron que un poco de azúcar en la sangre es normal después de los alimentos.

Tratamiento. La hipoglucemia orgánica es tratada curando el padecimiento responsable de esta condición. La mayor parte de los ataques de hipoglucemia funcional pasan rápidamente. Los síntomas pueden ser temporalmente aliviados con la ingestión de alimentos que contengan azúcar, pero este azúcar adicional puede causar otro episodio posteriormente. Aquellos que son propensos a la hipoglucemia pueden adoptar una dieta baja en carbohidratos. Los diabéticos con sobredosis de insulina pueden recibir inyecciones de glucosa o adrenalina, lo cual detiene la acción de la insulina.

hipopótamo. Uno de los mamíferos más grandes que existen es el hipopótamo

Corel Stock Photo Library

Hipopótamo en un río.

(*Hippopotamus amphibinus*), que mide hasta 4 m de largo y pesa 3 ton. Es de constitución tosca, con patas recias y cortas terminadas en cuatro dedos; su cabeza es enorme, así como la boca, en la que tiene varios molares, y caninos e incisivos muy grandes; en cambio, los ojos y las orejas son extraordinariamente pequeños en proporción al tamaño del animal, y están colocados en la parte alta de la cabeza, de modo que cuando nada quedan fuera del agua; la piel, de color marrón grisáceo, es muy gruesa, teniendo algunas partes hasta 4 cm de espesor y está desprovista de pelo, excepto pequeños mechones en la cabeza, orejas y en la punta de la cola. Es anfibio, vive en los lagos y ríos caudalosos de África ecuatorial, por parejas y en rebaños de 20 o más individuos.

Pasa la mayor parte del día en el agua, nadando o zambulléndose, y se dice que puede permanecer sumergido hasta 10 minutos y caminar por el lecho del río. Suele salir a descansar y dormir a los islotes de arena, pero a la menor señal de alarma

Pareja de hipopótamos refrescándose en África.

Corel Stock Photo Library

vuelve al agua o se oculta entre las plantas acuáticas. De noche va a tierra en busca de alimentos, que consisten en juncos, maíz, cañas de azúcar, etcétera, por lo que causa enormes estragos en las plantaciones de los indígenas, ya que su estómago tiene una capacidad de 200 l. Algunas veces, ya sea en busca de comida o porque se vea perseguido, efectúa largos recorridos, generalmente siguiendo el curso de los ríos. La hembra es algo más pequeña que el macho; tiene un solo hijo en cada parto, al que alimenta tres o cuatro veces al día, para lo cual sale a tierra; juega con él y lo cuida solícitamente, llevándolo en su lomo hasta que sabe nadar. Alcanza la edad adulta a los 5 años y vive aproximadamente 30.

No obstante su natural pacífico, se vuelve furioso si se le ataca, por lo que su caza es peligrosa, sobre todo en canoas, a las que hace zozobrar con facilidad; es difícil cobrarlo, porque al morir se hunde, y cuando 3 o 4 horas después sale a flote, está muy lejos por haberlo arrastrado la corriente. Los indígenas emplean arpones atados a cuerdas que aseguran al tronco de un árbol para impedir que se escape, rematándolo después con jabalinas; también utilizan trampas que colocan en los lugares que el hipopótamo frecuenta para comer. Una particularidad de este animal es que cuando se excita segrega por los poros un líquido rojizo parecido a la sangre.

Algunos pueblos africanos, como los hotentoíes y abisinios, aprecian mucho su carne y utilizan la grasa para usos culinarios; en cambio, ciertas tribus del Zambeze la aborrecen. Con la piel se fabrican bastones y látigos, y los dientes, sobre todo los colmillos e incisivos, tienen gran valor comercial por su dureza y blancura. El nombre de hipopótamo quiere decir *caballo de río*; se le llama así por su relincho, parecido al del caballo; pero por su constitución pertenece a la familia de los queromorfos, nombre que significa *forma de cerdo*.

Otra especie de esta familia es el hipopótamo pigmeo de Liberia *(Choeropsis liberierlsis)*, muy distinto del verdadero; es mucho más pequeño, pesa alrededor de 200 kg y no entra en el agua más que para bañarse o en caso de peligro. Es una especie muy rara, difícil de encontrar. Actualmente sólo perduran estas dos especies; sin embargo, en la antigüedad existieron otras varias, de las que se han encontrado fósiles en terrenos terciarios y cuaternarios de Europa, India y Madagascar. En el siglo XIX fue exterminado de Natal, Orange y El Cabo, y va desapareciendo gradualmente, aunque algunos gobiernos impiden su caza para evitar la extinción.

hipótesis. Suposición de una cosa que puede ser posible o no serlo, para obtener de ella una consecuencia. Platón y Aristóteles la emplearon por primera vez y es ahora un importante capítulo de la lógica inductiva, clave de la investigación científica. En matemáticas, constituye la primera parte de un teorema y enuncia una condición.

Platón y, en general, la escuela idealista emplean también el término hipótesis en su sentido filológico, como base y fundamento de una teoría científica. En este caso se entiende como la tesis que está debajo, sirviendo de base de sustentación.

hipsómetro. *Véase* TERMÓMETRO.

hipoteca. Derecho real que grava bienes inmuebles como garantía de una operación de préstamo. El préstamo no se suele conceder por el valor total de la finca, sino por una parte del mismo, con objeto de que la garantía sea suficientemente amplia. La operación hipotecaria es de suma utilidad en los casos en que una persona desea adquirir una casa y no cuenta con el dinero suficiente. Paga entonces una parte de su valor y por el resto *hipoteca* la finca, la que queda sujeta como garantía del pago de la deuda. También es muy común realizar esta operación para procurarse los medios de hacer reparaciones y ampliaciones en una finca. Conceden el préstamo los bancos, empresas privadas y aun simples particulares que desean colocar su capital a un interés razonable.

Cuando una finca está hipotecada y su propietario necesita otro préstamo, aquélla puede ser gravada con una *segunda hipoteca*. Si, al vencimiento de la deuda, el deudor no paga, el acreedor o los acreedores inician un juicio de ejecución de la hipoteca. El juez ordena la venta en pública subasta de la propiedad. Con el producto obtenido se paga a los acreedores los importes que le son adeudados y el ex propietario de la finca recibe el remanente. Asimismo en algunos países es usual una especie de hipoteca sobre bienes muebles, llamada *prenda sin desplazamiento*. Un agricultor, por ejemplo, puede dar en prenda una siembra de trigo que aún no ha madurado. El propietario de un automóvil puede también prendar su vehículo. En ambos casos, igual que en la hipoteca propiamente dicha, el propietario sigue usando los bienes que garantizan el préstamo.

Hirohito (1901-1989). Emperador de Japón, que ascendió al trono en 1926 por muerte de su padre, el emperador Yoshihito. Muy joven viajó por Europa, Asia y África. Su espíritu liberal y de asimilación a Occidente le permitió conservar su posición después de la derrota nipona en 1945. Se casó con la princesa Nagako Kuni en 1924. El príncipe heredero, Akihito, nació en el año 1933.

Hiroshima. Ciudad marítima japonesa, de 1.108,868 habitantes (1995), situada en la costa meridional de la isla de Nipón. El 6 de agosto de 1945 una superfortaleza volante estadounidense arrojó sobre ella la primera bomba atómica, acontecimiento de trascendencia universal. La explosión causó 66,000 muertos y 130,000 heridos. Tres días después fue lanzada otra bomba atómica sobre Nagasaki, que ocasionó similares estragos y momentos más tarde Japón pidió la paz, rindiéndose incondicionalmente y terminando así la Segunda Guerra Mundial.

Vista panorámica a fines del s. XX de la ciudad de Hiroshima, Japón.

Hispanic Society of America. Fundación cultural establecida en Nueva York en 1904. Fue su creador el hispanista y escritor estadounidense Archer Milton Huntington. Es una entidad de carácter cultural cuyos objetivos son propagar los estudios de los idiomas español y portugués; asimismo fomentar las investigaciones históricas y el conocimiento de las civilizaciones correspondientes. Posee una espléndida biblioteca, museo, salas de lectura y de recreos. Edita una serie de publicaciones que llevan por título *Hispanic notes and monographs*.

hispanidad. Lo referente a las cualidades peculiares de los hispanos. Carácter genérico de todos los pueblos de raza, religión, lengua y cultura españolas. También es el conjunto y comunidad de los pueblos hispanos. Se denomina *Consejo de la Hispanidad* a un organismo oficial español, creado el año 1940 y constituido en 1941 para fomentar las relaciones entre España y los países hispanoamericanos y velar por su patrimonio espiritual y cultural. *Véase* HISPANOAMÉRICA.

Hispanoamérica. Nombre con el que se conoce el conjunto de los países de América que estuvieron dominados por los españoles y donde predominan la lengua, las costumbres y la civilización heredadas de España. Desde el descubrimiento de América hasta los comienzos del siglo XIX, los españoles llegaron a dominar más de la tercera parte del continente, donde establecieron un conjunto de colonias formado por los virreinatos de México o Nueva España, Santa Fe o Nueva Granada, Perú y el Río de la Plata, y las Capitanías Generales de Guatemala, Venezuela, Cuba, Florida y Chile. Todos estos virreinatos y capitanías dependían de España, donde se les consideraba no como colonias, sino como provincias y a sus habitantes como súbditos de la Corona.

La obra de colonización se hizo en una escala realmente extraordinaria y con tal amplitud de miras, que la civilización traída por los conquistadores se arraigó profundamente en el suelo americano y sus huellas perduraron al sobrevenir posteriormente la emancipación política. Se ahondaron mucho más al conservarse en el Nuevo Mundo con características ya propias el idioma y la cultura comunes.

Además del nombre de Hispanoamérica, que designa una viviente realidad cultural, se emplea el de América española, cuyo contenido esencial es histórico, pues se aplica al conjunto de las colonias españolas del Nuevo Mundo. Iniciada con los descubrimientos de Cristóbal Colón, su historia concluye en la época de la independencia hispanoamericana. En esos tres siglos, su fisonomía política y su amplitud

Corel Stock Photo Library

Vista panorámica de la Catedral y ciudad de Cuzco, Perú.

geográfica variaron en forma considerable. A comienzos del siglo XVI, cuando concluía la etapa del descubrimiento, y se iniciaba la época de la conquista, América Española abarcaba reducidas extensiones próximas al Mar Caribe, cuyo gobierno se hallaba a cargo de los adelantados y sus representantes. Al iniciarse el siglo XVII el régimen colonial ya estaba asentado sobre bases firmes; los virreinatos de México y del Perú, fundados en 1535 y 1544, abarcaban varios millones de kilómetros cuadrados. El comienzo del siglo XVIII vio la caída de los

Puerta del Palacio Torre Tagles, en Lima, Perú.

Corel Stock Photo Library

Habsburgo y el advenimiento de los Borbones, quienes implantaron el régimen de las intendencias y crearon los virreinatos de Nueva Granada (1717) y del Río de la Plata (1776). Al iniciarse el siglo XIX, en vísperas del estallido revolucionario, América Española comprendía las dos quintas partes del continente americano. Su territorio se fragmentó en los siguientes estados soberanos: Argentina, Bolivia, Colombia, Costa Rica, Cuba, Chile, República Dominicana, Ecuador, El Salvador, Guatemala, Honduras, México, Nicaragua, Panamá, Paraguay, Perú, Uruguay y Venezuela. También Puerto Rico, comunidad asociada a Estados Unidos, forma parte de Hispanoamérica.

En rigor histórico, también Brasil debiera incluirse en Hispanoamérica, pues los portugueses que dieron su fisonomía a dicho país son igualmente hispanos. Así lo entendían los propios portugueses, y no en tiempos de decadencia, sino en la de máxima grandeza; la más ilustre personalidad de las letras portuguesas, el poeta Luis de Camoens, recusaba la pretensión castellana de monopolizar lo hispánico. En efecto, Hispania existió como realidad geográfica muchos siglos antes de hacerse independiente Portugal y comprendía los dos actuales países peninsulares.

Consideramos que la denominación de Hispanoamérica es más justa que la de Iberoamérica que suele usarse, pues en verdad no sabemos con seguridad quiénes eran iberos entre los antiguos pobladores de Hispania y es muy discutible la extensión que les atribuyen los historiadores llevados de la moda ya anticuada del iberismo, como hubo otra de celtismo. En cuanto a la denominación de Latinoamérica, carece de sentido. Si con ello se quiere dar entrada a Haití, república americana que moldeó su personalidad bajo la colonización francesa, no es lo más importante que dejó ésta en América. Raza, cultura y lengua francesas representan valores mucho más altos en Canadá, originalmente en su provincia de Quebec, que a nadie se le ocurre considerar como parte de Latinoamérica.

hispanoamericanos. Grupo diverso de residentes en Estados Unidos, también llamados latinos, definidos por su conexión a través del idioma español. Existen algunas preguntas sobre cómo los hispanos, muchos de los cuales prefieren definirse a sí mismos como latinos, constituyen un grupo minoritario identificable. Como los afroamericanos o los irlando-estadounidenses, los hispanos pueden ser de cualquier raza, con raíces ancestrales en cualquiera de los países de habla hispana. Tampoco pueden ser definidos por su religión; algunos son católicos romanos, pero se está incrementando el número de evangelistas protestantes, y hay un número significativo de judíos, así como algunos practicantes de religiones indígenas americanas. Los hispanoamericanos ejercen una creciente influencia cultural y política en Estados Unidos.

Características de la población. En el censo de 1990 sólo 9% de los estadounidenses se identificaban como hispanos, pero esto está cambiando rápidamente; los hispanoamericanos son el segmento de crecimiento más rápido de la población de Estados Unidos. La Oficina de Censos estima que entre 1993 y el 2002 los hispanos integrarán 38% de la población de Estados Unidos, incrementándose 21.9-51 millones. Los demógrafos citan algunas razones del rápido crecimiento, como la edad media de los hispanos (25.6 comparada con 33 años para los estadounidenses), una alta tasa de natalidad y un continuo flujo de inmigrantes, muchos de ellos recién nacidos. La tasa de matrimonios hispanos, particularmente de mujeres mexicano-estadounidenses, está al nivel de los primeros inmigrantes (estimado en cerca del 20%), lo que podría afectar la identificación de las generaciones posteriores. Mientras más hispanos sean contratados en los cinco estados más grandes, se debe esperar que para el 2020 o antes, los hispanos tengan un mayor impacto en la política nacional. Si esto sucede, tendrán que vencer algunos tropiezos: la participación hispana en los comicios ha sido baja, y para aquellos que votan no ha sido posible obtener resultados.

Tradicionalmente, los cubano-estadounidenses se identifican con el Partido Republicano, mientras que los méxico-estadounidenses y los puertorriqueños son fieles

demócratas. Las elecciones más recientes mostraron que esas alianzas se están rompiendo, pues los cubano-estadounidenses más jóvenes votaron por candidatos demócratas, y los méxico-estadounidenses de clase media y media alta se hicieron republicanos.

El nombre compuesto es un indicio del profundo arraigo de la naturaleza de su diversidad. Californianos, neoyorquinos y los habitantes de Chicago prefieren el término latino, mientras que los texanos y casi todos en Florida están a favor de hispano. Hispano es frecuentemente asociado con afluencia, mientras que latino se identifica con la lucha por justicia económica y social. Dada esta diversidad de carácter, los hispanos o latinos son mejor definidos en grupos más estrechos, como méxico-estadounidenses o puertorriqueños. Sin embargo, todos los hispanos se ven afectados por situaciones de raza, educación e inmigración. La exclusión sistemática de las oportunidades de educación, empleo y participación política, asociada con el prejuicio racial, ha causado que los hispanos se encuentren, socialmente, por debajo de la población no hispana durante la mayor parte de su historia en Estados Unidos. Solamente después de la Segunda Guerra Mundial, cuando los veteranos que retornaron comenzaron a exigir igualdad de derechos, un gran número de hispanos pudo obtener igualdad social, política y económica. La discriminación racial en contra de los hispanos se refleja hacia adentro del grupo; los hispanos se discriminan unos a otros dependiendo del color de piel, a partir de la llegada reciente de indígenas del sur de México y Guatemala, quienes se

encuentran al final de las jerarquías. Tras los programas para veteranos (conocidos como Declaración de Derechos G.I.), después de la Segunda Guerra Mundial, un número creciente de hispanoamericanos comenzó a asistir a colegios y universidades, lo que produjo 4 millones de jefes, profesionales, técnicos y empresarios, entre los egresados. Al mismo tiempo, el número de hispanos que no completaron los estudios de nivel medio permaneció alto, los rangos estimados son 35%-50% o más, incluyendo algunas escuelas que reportaron deserción de 70%. Muchos hispanos, así como muchos prominentes educadores, creen que una educación bilingüe, usando el lenguaje de casa para asegurar la comprensión adecuada de conceptos básicos mientras se aprende la segunda lengua, impulsaría la educación de los niños hispanoparlantes.

La inmigración es un tema de creciente tensión para los hispanoamericanos. Un fuerte sentimiento antiinmigrante en Estados Unidos, especialmente en California, Texas y Florida, ha dirigido llamadas para mantener el control de los 1,930 km de frontera con México, así como la eliminación de educación y atención médica para los residentes indocumentados y sus hijos. Muchos ciudadanos hispanos están de acuerdo con esos puntos de vista.

El Acta de Reforma y Control de la Inmigración de 1986, en la cual se otorga la ciudadanía a muchos hispanos y otros residentes ilegales, también contenía sanciones contra quienes emplearan personas indocumentadas. Una consecuencia secundaria de este sentimiento antimigratorio ha sido el maltrato a los residentes his-

Tienda de dulces tradicionales, muy populares en hispanoamérica.

panos legales y ciudadanos hispanoamericanos por los contratantes, la policía federal y local y los ciudadanos no hispanos.

Contribuciones culturales. Las contribuciones culturales de los hispanoamericanos comenzaron con el primer libro escrito por Gaspar Pérez de Villagrá acerca de lo que hoy es Estados Unidos; una narración de la expedición de 1598 a la zona hoy conocida como Nuevo México. Muchas palabras hoy comunes en el inglés americano desde *coyote* hasta *tomate* o *Coca* y *cola*, son de origen hispano. La comida mexicana es tan estadounidense como la tarta de manzana; la música del Caribe, así como la de Sudamérica y México no solamente se ha popularizado en sus formas originales, sino que ha influido en otras formas, desde el *jazz* hasta la música sinfónica y teatral de Aaron Copland y Leonard Bernstein. Una fuerte influencia latina en las artes plásticas se debe en gran parte a los muralistas de Los Ángeles, Barbara Carrasco y Judy Baca; los originarios de Cuba, Paul Sierra y Luis Cruz Azaceta; el puertorriqueño Arnaldo Roche, y numerosos méxico-estadounidenses: César Martínez, Gronk, Carlos Almaraz y Carmen Lomas Garza. Los principales editores han mostrado interés en el trabajo de los latinos. Tomás Rivera, un estadounidense director de un colegio, que escribió en español, es un ejemplo de claridad, ritmo y prosa profundamente sentida, y se ha comenzado a prestar oídos a muchos escritores jóvenes. Entre los poetas, Jimmi Santiago Baca desarrolló un arte sorprendente en su permanencia en una prisión de Nuevo México. El agudo abogado Martín Espada ha salido de las raíces puertorriqueñas para convertirse en uno de los pocos verdaderos poetas hispanos. De entre los novelistas, Óscar Hijuelos ha ganado importantes premios por su trabajo cubanoestadounidense, y Rodolfo Anaya realizó una escuela completa de ficción basada en Nuevo México. Algunos cronistas, como Richard Rodríguez, Piri Thomas y Edward Rivera, han explorado la experiencia méxico-estadounidense y puertorriqueña. De entre las mujeres escritoras, Cristina García, nacida en Cuba, y Sandra Cisneros, méxico-estadounidense de Chicago, han alcanzado gran prominencia. En el mundo académico, los hispanos también han logrado prestigio, como el antropólogo J. Jorge Klor de Alva y el historiador Ramón Gutiérrez, ambos profesores de la Universidad de California.

México-estadounidenses. Los tres mayores grupos de hispanoamericanos son: méxico-estadounidenses, quienes viven principalmente en el suroeste; puertorriqueños, quienes habitan el noreste, y cubano-estadounidenses, concentrados en Florida. Otros grupos son dominicanos,

Calle bordedada de edificios con arquitectura colonial hispanoamericana.

centroamericanos y colombianos. Los mexicanos viven en la vasta área anexada a Estados Unidos desde 1848, y son a quienes se les garantizó la ciudadanía en el Tratado de Guadalupe Hidalgo. Desde entonces, ellos y sus descendientes han formado el mayor grupo de latinos (13.393,208 en 1990); su número aumenta constantemente debido a la inmigración. En el aspecto étnico, la mayoría de los méxico-estadounidenses son mestizos, con raíces indígenas y españolas, y están orgullosos de su origen azteca, maya, mixteco y de otras culturas del antiguo México.

Durante la revolución mexicana, en 1910, muchos terratenientes y oficiales educados huyeron a Estados Unidos. Más recientemente, la inmigración de México se ha dado debido a las dificultades económicas en las zonas rurales, particularmente el sureste, donde la gente indígena se ha encontrado en dificultades de supervivencia. Las estadísticas muestran a los méxico-estadounidenses como la población menos educada, más joven (la media es de 23.8 años) y pobre (22.3% viven en altos niveles de pobreza), pero las estadísticas no proporcionan una clara imagen de este diverso grupo, el mayor número de inmigrantes recientes, la mayoría de los cuales trabajan por el salario más bajo en los empleos ménos deseados, y el mayor número de inmigrantes recién nacidos y de mediana edad, ni el ingreso. De hecho los méxico-estadounidenses se encuentran principalmente en las zonas urbanas, y un creciente porcentaje pertenece a la clase media.

A través de los esfuerzos de organizaciones como el Programa para la Educación y Registro de Votantes, muchos méxico-estadounidenses han entrado en la corriente política, desempeñando cargos de representación locales, estatales y federales. Nunca antes tantos distritos locales habían tenido leyes electorales tan extensas, en las cuales se niega la representación de méxico-estadounidenses si el porcentaje de votos de la comunidad es menor a 51%. La Fundación México-Americana de Defensa Legal y Derechos de los Votantes ha ido modificando estas leyes mediante una serie de cambios en las cortes federales.

Dos méxico-estadounidenses fueron propuestos al gabinete del presidente Bill Clinton en 1993: Henry Cisneros, como secretario de vivienda y desarrollo urbano, y Federico Peña, como secretario de transportes. El representante estadounidense Henry B. González de Texas se convirtió en la cabeza del comité bancario en 1989.

Aunque han vencido gran parte del prejuicio institucionalizado del pasado, los méxico-estadounidenses ahora siguen dos distintas rutas: aquellos que no triunfaron en la primera generación en Estados Unidos tienden a seguir siendo pobres, mientras que los otros viven en el patrón clásico del inmigrante en Estados Unidos. Muchos de los últimos inmigrantes están perfectamente asimilados, sin hablar español o abrazar valores culturales ancestrales.

Puertorriqueños. Los puertorriqueños son ciudadanos estadounidenses por nacimiento, lo que hace migrantes a aquellos que viven en Estados Unidos, no inmigrantes. Como grupo, los puertorriqueños se encuentran entre los hispanoamericanos más pobres, pues 29.6% de su población vive en la pobreza. Así las cosas, el número muestra un descenso significativo desde 1980, cuando 40% vivía debajo del nivel de pobreza. Además del racismo, las dificultades de vivir en Nueva York, donde muchos puertorriqueños habitan, y la larga historia de colonialismo sobre su patria han hecho la vida difícil para ellos. Los puertorriqueños también han seguido dos caminos, con muchos de ellos dentro de puestos de mando y empleos profesionales.

Los primeros migrantes de Puerto Rico eran generalmente pobres, casi siempre de zonas rurales. Muchos de los que han llegado en fechas recientes han estudiado hasta el nivel medio. El núcleo principal se ha dispersado desde la ciudad de Nueva York hacia otras áreas del noreste, así como hacia el medio oeste y el sur, y un gran número habita en Chicago. Al mismo tiempo, los puertorriqueños han incrementado su presencia política en todos los niveles; en 1992, Nydia Velasquez fue electa representante de un distrito en Nueva York ante la Cámara de Representantes de Estados Unidos.

Cubano-estadounidenses. Los cubanos no emigraron a Estados Unidos en gran número sino hasta 1959, cuando un primer grupo de poco más de un millón –la mayoría con educación, blancos, de familias de clase media y media alta– huyó de la revolución dirigida por Fidel Castro. Auxiliados por un préstamo otorgado por Estados Unidos, la mayoría de estos refugiados se establecieron en Miami y comenzaron a crear su éxito económico, social y político.

Otra ola de cubanos llegó en 1980. Éstos, sin embargo, estaban menos escolarizados, y eran gente de piel oscura que el régimen de Castro no quería. No han repetido el éxito de la primera oleada. Los cubano-estadounidenses (1.053,197 en 1990) son de mediana edad (38.9 años), tienen ingresos medios por familia cerca del promedio de Estados Unidos. Muchos de los primeros cubanos que llegaron a Estados Unidos aún se consideran refugiados y esperan regresar a la isla. Su oposición a Castro les ha creado poderosos sentimientos anticomunistas, la intolerancia a distintos puntos de vista respecto a cómo tratar con el gobierno de Castro y alianzas con elementos conservadores en Washington. Los cubano-estadounidenses más jóvenes tienden a considerarse inmigrantes más que refugiados. Sus puntos de vista son más moderados. Miami, más que la Habana, representa un hogar para ellos, aun cuando vivan en Los Angeles, Houston o Nueva York.

Otros elementos. Otros grupos hispanos que han ganado en importancia son los dominicanos (520,151 en 1990) quienes se han asentado principalmente en los alrededores de la ciudad de Nueva York, y rápidamente han obtenido representaciones políticas y mejorado su estatus económico.

Los disturbios políticos en Centroamérica han llevado a una reciente oleada de inmigrantes de esa área. De 1.323,830 residentes centroamericanos, 565,081 vienen de El Salvador, 268,779 de Guatemala y 202,658 de Nicaragua. El mayor grupo de Sudamérica son los colombianos, quienes se contaban en 378,726 en 1990; muchos de ellos viven en Queens, en la ciudad de Nueva York.

En el futuro puede esperarse que las contribuciones culturales, económicas y políticas hispanoamericanas crezcan aún más rápidamente que la población, mientras que los niveles de educación aumenten y se incrementen las oportunidades. Por otra parte, la masa de ciudadanos estadounidenses de ascendencia latina con bajo nivel educativo, exacerban el problema de pobreza multigeneracional. Mientras la balanza se incline más hacia el seguimiento de directrices exitosas en la asimilación, derechos humanos, inmigración y pluralismo, la tendencia será hacia el liderazgo hispano.

hispanoárabe, literatura. Conjunto de obras escritas por los musulmanes durante su estancia en la Península Ibérica. La abundancia de filósofos, novelistas, poetas e historiadores hispanoárabes revela admirablemente el esplendor cultural del Califato. Entre los filósofos son famosos los nombres del neoplatónico Aben Massarra (s. IX) y del aristotélico Averroes, autor de unos famosos *Comentarios*. Los poetas Aben Haní, del siglo XI, autor de un *Diván* traducido por Juan Valera, y Almotadid II, que escribió en la cárcel algunos de los poemas más hermosos del siglo XII, son también dignos de mención. Al mismo Valera se debe una traducción de la elegía de Abul Beka (s. XIII) a la pérdida del poder islámico en España. Algunos críticos han querido ver en este poema un antecedente de las *Coplas* de Manrique. Aben Tofail (s. XII) fue autor de una novela alegórica, *El filósofo autodidacto*, en la que se narra la historia de un hombre que, abandonado en una isla desierta, llega a conocer, con la sola luz del entendimiento, todas las maravillas de la Creación. Los problemas históricos que preocuparían a los hombres de la Edad Moderna fueron ya tratados en el siglo XIV por el hispanoárabe Aben Jaldún. Es también famosa la *Historia de los sabios de España* del musulmán del siglo X Alfaradi. Una derivación curiosa de la compenetración de árabes y españoles fue la literatura aljamiada, escrita en castellano, pero con caracteres árabes. La obra más importante de esta literatura es el *Poema de Yusuf* de autor anónimo, e indudablemente inspirado en el Corán.

hispanocolonial. Tras el descubrimiento de América y en las sucesivas etapas conquistadoras y colonizadoras, los españoles desearon anular a la metrópoli. De ese deseo civilizador inicial nació el arte hispanocolonial. Fruto del choque de dos culturas distintas y contrapuestas: la europea (española) y la americana (precolombina). La mutua fecundación e interacción dio lugar a este personal e impersonal, por un lado imitador y recreador de modelos europeos y españoles y, por otro, también creador de formas autóctonas.

De entre todas las artes, la arquitectura civil y religiosa, adquirió desde principios del siglo XVI un auge sorprendente: conventos, iglesias, casas, palacios y fortalezas se multiplicaron incesantemente hasta el siglo XVIII.

Por el contrario, la escultura y la pintura tardaron en elevarse del nivel artesanal al artístico debido a su relativamente fácil importación de España. Parecido fenómeno ocurrió con la orfebrería y otras artes aplicadas.

Las zonas de mayor auge artístico fueron, en general, aquellas regiones que en otros tiempos conocieron las altas culturas precolombinas: México, Guatemala, Venezuela, Ecuador y Perú. El resto de las zonas geográficas, por ejemplo Chile y Argentina se incorporaron tardíamente (s. XVIII) al movimiento artístico general de Hispanoamérica.

Las primeras creaciones arquitectónicas ofrecen ejemplos muy variados que van desde el Gótico tardío y el Mudéjar al más puro Renacimiento, pasando por mezcolanzas inverosímiles.

El fenómeno de colonizar, al mismo tiempo que se conquistaba, dio lugar a la unidad arquitectónica convento-fortaleza, especialmente en México. Su iglesia, de una nave con crucería gótica, estaba rodeada de almenas y ubicada en un gran patio para la reunión de la población indígena; al fondo, junto a la iglesia, una capilla abierta con altar para oficiar la misa a los indios. Otra creación, convertida en arquetipos, es la llamada *posa*, templete situado en los cuatro ángulos del patio, para impartir la doctrina y hacer estación en las procesiones.

El Plateresco produjo obras de decoración tan estimables como la fachada de la catedral de Santo Domingo (Oaxaca) y la de los conventos agustinos de Acolman y Yuririapúndaro (México). En la arquitectura civil destacan la casa de Montejo (Mérida) y el palacio Municipal de Tlaxcala (México).

En la segunda mitad del siglo XVI se trazaron, todavía dentro del Renacimiento, las primeras catedrales americanas, en su

Como ejemplo de arquitectura hispanocolonial, se encuentra la iglesia y monasterio de San Francisco, Guatemala.

planta rectangular de los españoles cuyos alzados están formados por pilares cruciformes con columnas adosadas. La catedral de México, debida a Claudio de Arciniega, ofrece el modelo a la de Puebla. De plan similar son las dos grandes catedrales peruanas de Lima (1540) y el Cuzco.

El Barroco daría al Nuevo Mundo las máximas posibilidades para la expresión artística de su idiosincracia. El arquitecto americano, foráneo o autóctono, unió lo que procedía de Europa y España a sus formas y concepciones estéticas tradicionales, dando origen a nuevos estilos y tendencias. Se manifestaron sobre todo por medio de la ornamentación la columna salomónica, el estípite, los vanos ovalados y poligonales, los arcos mixtilíneos, e incluso por la combinación cromática de los materiales de construcción.

En líneas generales, mientras en México privaban la esbeltez y las proporciones: el Sagrario y la Capilla del Pocito. En el resto del continente, debido al peligro de los numerosos y devastadores terremotos, dominaría la pesadez y el achaparramiento: La Merced, en la Antigua; el santuario de Esquipulas, en Guatemala; San Francisco, la Merced y San Agustín, en Lima; y San Francisco y la Iglesia de la Compañía, en Quito. Los contactos con España se dejan sentir a su manera, como en la decoración de yeserías y azulejos en Puebla (México): santuario de Ocotlán, San Francisco Acatepec, de Cholula y sobre todo, Santa María de Tonantzintla, en Puebla.

hispanolatina, literatura. Conjunto de obras escritas en latín por autores nacidos en la Península Ibérica. La literatura hispanolatina comenzó a desarrollarse en la época en que la península era parte del imperio romano y, por esa razón, muchos de sus autores son estudiados habitualmente en la historia de la literatura latina. Sin embargo, algunos de esos escritores se distinguen de sus contemporáneos romanos por ciertas particularidades que podrían haberse originado en el ambiente espiritual, o aun físico, de la Península. Así, por ejemplo, se ha dado el nombre de senequismo a cierta dignidad y austeridad propias del alma española y que aparecen expresadas por primera vez en la obra del dramaturgo y filósofo Séneca. Otros autores hispanolatinos de importancia fueron el retórico Quintiliano, los poetas Lucano, Marcial y, ya en la era cristiana, Juvencio y Prudencio.

histamina. Amina derivada de la histidina. Dos químicos alemanes, Windaus y Vogt, lograron su síntesis en 1907. Esta sustancia se halla en los tejidos del organismo y en la sangre; es un poderoso vasodilatador y estimulante de la secreción gástrica. En medicina se emplea en el tratamiento de las enfermedades del sistema circulatorio periférico, por su acción vasodilatadora; como estimulante de las fibras musculares lisas; en algunos vértigos; en artritis de fondo reumático, y en una serie de pruebas para aclarar diagnósticos que se denomina *reacción de la histamina*.

histeria. Estado mental que generalmente se da en individuos de constitución inestable y neurótica. No puede llamarse con propiedad enfermedad *nerviosa*, puesto que, en su origen, el sistema nervioso no está afectado y los trastornos son exclusivamente por sugestión o autosugestión. El histerismo se manifiesta por una extrema sensibilidad a las impresiones externas y estímulos emocionales y por notables desórdenes sensorios, psíquicos y motores. Afecta a hombres y mujeres, pero es más frecuente en la mujer; el síndrome histérico puede originarse durante la niñez, inclusive en la etapa fetal, generalmente por una excesiva sobreprotección hacia el menor.

Los síntomas pueden ser físicos o mentales. Entre los primeros citaremos: parálisis de los miembros, espasmos de los músculos, temblores, pérdida de la voz, pérdida de la sensibilidad en la piel, pérdida de la vista, vómitos, etcétera.

histología. Rama de la biología que estudia la estructura microscópica de los tejidos animales y vegetales. Su nombre proviene del griego *histos*, tejido, y *logos*, tratado. Los tejidos están formados por células, pequeñas unidades de materia viviente. Según la función y la naturaleza de estas células, así serán los tejidos formados por ellas. Estos tejidos se combinan a su vez de diversas maneras, formando los *órganos* destinados a realizar una función específica dentro del organismo. En los animales pluricelulares se distinguen cinco tejidos fundamentales: el *epitelial*, el *conjuntivo*, el *muscular*, el *glandular* y el *nervioso*. El microscopio representa un auxiliar indispensable en las investigaciones histológicas. *Véase* TEJIDO.

historia. Imagen del pasado, creada por la imaginación y el intelecto con la ayuda de materiales dejados por las generaciones anteriores. En tres sentidos puede entenderse la palabra historia: como la sucesión de todos los hechos acaecidos en el tiempo, como un arte que recrea esos hechos con criterio estético o como una ciencia que investiga el desarrollo de las sociedades humanas en el tiempo y en el espacio. Se ha dicho que todos sabemos lo que es la historia hasta que empezamos a pensar en ella; a partir de ese momento nuestras ideas se confunden y oscurecen.

En el primer sentido de la palabra, la historia es hecha por estadistas, soldados, revolucionarios y hombres de acción, aunque los verdaderos actores son los pueblos enteros; en el segundo, por poetas épicos, cronistas y narradores; en el tercero, por investigadores que revisan documentos, analizan opiniones y desentrañan los secretos del pasado.

Disciplinas auxiliares. El historiador científico cuenta con la ayuda de varias disciplinas secundarias: antropología, arqueología, epigrafía, cronología, geografía, etcétera. Actuando como verdaderos pesquisantes, los especialistas en estas ciencias reúnen documentos, los analizan,

Corel Stock Photo Library

La Acrópolis en Atenas, Grecia.

determinan su validez y dan a conocer los resultados de sus trabajos. La palabra *documento* no se aplica solamente a textos escritos: una momia, una flecha, un cráneo, una pintura, un utensilio doméstico, pueden ser documentos de valor fundamental. Colocado frente a un texto escrito de remoto origen, el historiador hace intervenir su juicio crítico, preguntándose si el autor conoció directamente lo que relataba y si se propuso narrar los hechos o elaborar material de propaganda. Prosiguiendo con su minuciosa y apasionada tarea, el investigador compara sus hallazgos con los datos reunidos por otros hombres de ciencia y, en caso necesario, corrige ideas que habían sido aceptadas como exactas. Entre la investigación y los libros de texto media gran distancia. Fustel de Coulanges, un gran historiador francés del siglo pasado, decía que "se necesitan años de análisis para un día de síntesis". Esta síntesis es obra del historiógrafo, cuya especialidad consiste en dar forma literaria, sintética y metódica a la enorme masa de materiales acumulados por los investigadores. Las páginas monótonas que éstos habían redactado se convierten en crónica vívida, brillante y precisa en manos de un buen historiógrafo.

Historia de la historia. Como todos los productos de la inteligencia humana, la historia ha ido creciendo lentamente a través de los siglos. La invención de la escritura y el hallazgo de la medición del tiempo marcan el comienzo de su desarrollo.

Las primeras crónicas, harto deficientes, aparecieron en los registros y anuarios de los templos egipcios, caldeos y asirios. Entre los primeros, los sacerdotes anotaban las realizaciones del gobierno y registraban los nombres de los faraones. Pero el primer pueblo antiguo que tuvo una aguda conciencia histórica fue el hebreo; los redactores de la Biblia poseyeron, aparte de sus dotes literarias, una visión de la historia que no se limitaba a narrar las hazañas militares. Migraciones y pestes, problemas sociales y conflictos económicos aparecen en las páginas de la Sagrada Escritura. Los griegos, por su parte, supieron distinguir entre hechos y leyendas, pero colocaron sus escritos históricos bajo el yugo de la retórica. Herodoto, el *padre de la historia*, que narró las guerras de Persia, supo ir más allá de las anécdotas militares y relatar la vida de los pueblos del Mediterráneo. Tucídides y Polibio, sus herederos, siguieron considerando la historia como rama de la literatura; colocaban en labios de sus héroes, por ejemplo, floridos discursos que nunca habían sido pronunciados. Entre los historiadores romanos descuella Tito Livio, cuyos libros narran el progreso de la futura capital del imperio "desde la fundación de la ciudad" *(ab urbe condita).* Un siglo más tarde Tácito recogió en sus *Anales* una mezcla de realidades y exageraciones expuestas con admirable pericia literaria. Todos los historiadores antiguos tenían algo de cronistas; eran, como decía Polibio, "actores del drama de su tiempo" y sus páginas poseían insuperable fuerza dramática. Pero insistían en exceso sobre la vida de los héroes y sobre los hechos militares, olvidando o menospreciando las profundas fuerzas económicas, sociales, políticas e intelectuales que tejen la trama de la historia.

Durante los primeros tiempos de la Edad Media, la historia se refugió en los monasterios y abadías. Los monjes benedictinos, al copiar y traducir los escasos manuscritos de la antigüedad, salvaron un patrimonio cultural de inmenso valor. Al mismo tiempo, estos hombres oscuros y humildes redactaron crónicas de sus propios tiempos. La idea cristiana de la historia tiene su primera expresión en la inmortal obra de san Agustín *La ciudad de Dios*, redactada a comienzos del siglo V. Su discípulo Paulo Orosio, autor de un voluminoso tratado histórico-filosófico, ejerció gran influencia en las mentalidades medievales. *La Historia de los francos*, escrita por san Gregorio de Tours poco después, conserva todo su valor. El Venerable Beda, que redactó su *Historia eclesiástica de la nación inglesa* hacia el año 720, conocía, como san Gregorio, los acontecimientos que narraba. Antes de concluir la Edad Media comenzaron a aparecer trabajos escritos en los idiomas modernos, como las crónicas de Froissart y la *Historia de las Cruzadas*, de Villehardouin. Con la era de los descubrimientos geográficos, la expansión del comercio y el renacimiento de las letras, volvió a cambiar el enfoque de los historiadores; a esta época pertenecen las obras de Maquiavelo y Guicciardini, elaboradas con la ayuda de abundantes documentos e imitadas luego en otros países.

El periodo llamado de la Ilustración marca una nueva etapa. Abandonando los moldes de la filosofía cristiana y esforzándose por imitar los métodos de las ciencias físicas y naturales, los historiadores tratan de elaborar una síntesis de todas las historias parciales. Voltaire y Montesquieu en Francia, y Gibbon y Robertson en Inglaterra, colocan los cimientos de la historia de

Tablilla asiria con el mapa y el relato de las conquistas del rey Sargón de Akkad.

Salvat Universal

la civilización. En la primera mitad del siglo pasado, a impulsos de la reacción romántica, novelistas como Chateaubriand y Walter Scott tratan de presentar una imagen brillante del pasado medieval y de acentuar las distinciones que separan a los diversos pueblos. Este nacionalismo romántico fue superado por una corriente científica que señala el comienzo de la historiografía moderna. Iniciada en Alemania por Niebuhr y Ranke, no tardó en difundirse por todos los países europeos. Carlyle y Macaulay, en Gran Bretaña; Guizot y Lamartine, en Francia, y una pléyade de autores secundarios, adoptaron en medida variable los métodos objetivos y precisos de Ranke, contaminándolos a veces con prejuicios nacionales.

Mientras Auguste Comte se esforzaba, infructuosamente, por colocar la historia bajo la égida de la sociología, surgían las doctrinas de Carlos Marx. En una forma u otra, la idea marxista de que las fuerzas económicas impulsan los movimientos históricos ha influido sobre todos los pensadores posteriores. Al mismo tiempo, Teodoro Mommsen reconstruía el pasado de Roma con minuciosa exactitud, y Gastón Maspero indagaba el desarrollo de otras civilizaciones antiguas, principalmente de la egipcia. El alemán Gierke y el inglés Trevelyan arrojaban nueva luz sobre la marcha de las instituciones políticas a través del tiempo. Mientras surgían innumerables estudios y monografías sobre temas concretos, se elaboraban en Francia, Gran Bretaña y Alemania tres monumentales historias de la humanidad; dirigidas por Henri Berr, lord Acton y Walter Goetz, estas obras utilizaron todo el material acumulado por los especialistas.

La historiografía americana se inicia con las narraciones de los que intervinieron con la espada en la conquista y con la cruz de la evangelización de las Indias, como las *Cartas de relación* de Hernán Cortés, la *Verdadera historia*, de Bernal Díaz del Castillo, y las obras de fray Toribio de Benavente y fray Bernardino de Sahagún. Continúa con las obras de Hernando de Alvarado Tezozomoc, Fernando de Alva Ixtlilxóchitl, Pedro Mártir de Anglería, Francisco López de Gómara, Antonio de Herrera, Gonzalo Fernández de Oviedo, Ulrico Schmidel, Alvar Núñez Cabeza de Vaca y muchos otros. Las narraciones de los viajeros, las actas de los cabildos y los innumerables documentos del Archivo de Indias suministran datos valiosos acerca del desarrollo del Nuevo Mundo. En la segunda mitad del siglo pasado algunos historiadores comenzaron a recoger este material disperso y a escribir obras de gran aliento. Entre ellos cabe recordar a Diego Barros Arana, cuya historia de Chile ocupa 16 volúmenes; a Vicente Fidel López, cuya historia argentina tiene 14, y a Lucas Alamán, que expuso la tra-

yectoria de la nación mexicana en ocho tomos. Robustecidas con el aporte de numerosos especialistas y de métodos científicos, las historias americana y argentina que dirigió Ricardo Levene –ambas en catorce tomos– inician una nueva época en la historiografía latinoamericana.

Teorías históricas. ¿Para qué se escribe y se enseña la historia? Herodoto, el primer historiógrafo, no se cuidaba mucho de sus propósitos. Interrogaba sobre el pasado y escribía lo que iba descubriendo o lo que narraban las tradiciones. Esta actitud todavía tiene vigencia; muchas personas leen obras históricas por placer, con el mismo espíritu con que leen novelas o poesías. Pero el desarrollo gigantesco de la ciencia histórica ha obedecido a otras razones de mayor importancia. La más común es la necesidad de estimular los sentimientos patrióticos; los niños de cada país estudian las hazañas de sus héroes nacionales; las épocas más notables y los hechos más significativos en la historia de su nación, y aprenden a amar y respetar las tradiciones de la patria. También se enseña una historia con los propósitos de robustecer la posición de un régimen político o de una religión, de glorificar las supuestas hazañas de una raza, para demostrar las ventajas de un sistema económico o simplemente para conocer el pasado. Este último propósito, que por desgracia ha estado viciado muchas veces por móviles más interesados, nos enseña a comprender nuestra posición en el mundo y a extraer enseñanzas de los

Representación de Chicomostoc, la cueva mítica situada en Aztlán de la cual partieron las emigraciones de las siete tribus que integraban el pueblo nahua.

Estela maya en las ruinas de Copán, Honduras.

aciertos y errores de quienes nos han precedido. "La historia es maestra de la vida", repetía Cicerón.

¿Cuál es la fuerza básica que mueve la historia? Emerson, Carlyle y casi todos los autores del siglo XIX decían que la historia es forjada por los grandes hombres. Napoleón y Julio César, san Martín y Bolívar, parecen demostrar la validez de esta creencia. Otros autores creen que la historia, iniciada por voluntad de Dios, se desarrolla bajo su visión providente y concluirá como empezó. Carlos Marx, recogiendo ideas formuladas anteriormente, sostuvo que toda la historia humana puede ser reducida a la lucha entre amos y esclavos (señores y vasallos, burgueses y proletarios, etcétera). Además, afirmó que la economía forma una *infraestructura* de toda sociedad y que sobre ella se instala una *superestructura* formada por el derecho, la religión y las instituciones políticas. Todo cambio que se produzca en la primera acarreará modificaciones en la segunda; así, el derrumbe de la propiedad feudal (infraestructura) engendró el Renacimiento, el Humanismo y el Protestantismo. La mayoría de los historiadores reconocen que la teoría ha enseñado a apreciar la importancia de las causas materiales. Pero niegan que sea una explicación total de la historia, porque es demasiado rigurosa y unilateral.

La filosofía de la historia. La teoría marxista está al margen de la ciencia histórica, analizada hasta ahora, porque penetra en el ámbito de la filosofía de la historia. Ésta es la rama de la filosofía que examina la naturaleza y el significado de la historia, analizando sus métodos y valorando sus

Tradicionalmente se le llama Historia Sagrada *al conjunto de libros contenidos en la Biblia. Aquí un ejemplo de un manuscrito antiguo de la* Historia Sagrada.

conclusiones. Un grupo de pensadores alemanes, encabezado por Rickert y Dilthey, dice que la historia se diferencia de las ciencias naturales porque sus fenómenos nunca se repiten; por tanto, no se puede formular leyes históricas similares a las físicas. Además, tales fenómenos están ligados a valores humanos que no pueden ser estudiados con el frío criterio del astrónomo o del botánico. En nuestro tiempo, la filosofía de la historia ha tratado de formular una explicación válida del desarrollo humano a través del tiempo. Los dos esfuerzos más valiosos han sido realizados por el alemán Spengler en su discutida obra *La decadencia de Occidente* y por el inglés Toynbee en su monumental *Estudio de la historia*. *Véanse* ARQUEOLOGÍA; CIVILIZACIÓN Y CULTURA; CIENCIAS SOCIALES; DESCUBRIMIENTOS Y EXPLORACIONES GEOGRÁFICOS; EDAD ANTIGUA; EDAD MEDIA; EDAD MODERNA; EDAD CONTEMPORÁNEA; PREHISTORIA; TIERRA. *(Y los artículos dedicados a cada país y continente.)*

historia natural. Descripción de los seres y objetos que forman la naturaleza. La geología, la biología, la zoología y la botánica constituyen diversos capítulos de la historia natural. Sin embargo, otro concepto de la historia natural restringe su alcance a los reinos vegetal y animal y excluye de ella el mineral, es decir, la geología.

La historia natural, como la historia propiamente dicha, se concreta a la descripción de ciertos fenómenos sin profundizar en las leyes que rigen a los mismos. En este sentido no debe confundírsela con las llamadas ciencias naturales, entre las que se cuentan la química y la física.

Historia Sagrada. Conjunto de narraciones históricas contenidas en la Biblia, figurando Jesucristo como centro de los dos Testamentos; el Antiguo como su promesa, el Nuevo como su modelo. Los relatos empiezan con la creación del mundo y del hombre, la expulsión de Adán y Eva del Paraíso y el Diluvio, para llegar al momento en que Abraham recibe el llamamiento divino en Ur de Caldea y emprende la marcha que continúa hasta el advenimiento de Jesucristo para seguir con la vida del Mesías.

historicismo. Interpretación de la conducta y las instituciones humanas como productos de determinadas circunstancias históricas. Los filósofos del Iluminismo opinaban que, estudiando el pasado, el hombre podía aprender a resolver los problemas del presente. Para el Historicismo, en cambio, influido indudablemente por el individualismo romántico, no existe una llamada *naturaleza humana*; el hombre no es un ser dotado, como los cuerpos físicos, de ciertas propiedades y cualidades fijas e inmutables, sino un ser relativo, que sólo puede ser juzgado teniendo en cuenta la época en que vive. El Historicismo afirma, por lo tanto, que no es posible aplicar a la historia leyes similares a las que gobiernan las ciencias físicas y, por otra parte, admite ciertas consecuencias morales pues recomienda, aun implícitamente, que el hombre se someta o ajuste su espíritu a la realidad de la época en que vive. *Historicismo* fue una palabra creada en Alemania para caracterizar el pensamiento del italiano Juan Bautista Vico. Según Vico, la historia es una sucesión de ciclos independientes, con valores también independientes. Otros

historicistas notables: los alemanes Ernesto Troeltsch y Guillermo Dilthey, el italiano Benedetto Croce y el español Ortega y Gasset.

historietas. Series de dibujos que desarrollan un argumento humorístico, fantástico, de aventuras o familiar. Las historietas, también llamadas *tiras cómicas* en algunos países, son en esencia cuentos gráficos que giran alrededor de uno o varios personajes cuya actividad agrada a la sensibilidad o la imaginación del público. Podríamos afirmar que esta modalidad es uno de los elementos del folclore de la civilización industrial, y viene a satisfacer nuestra sed de mitos en medio de una sociedad que se jacta de realista.

Historia. Según parece, a mediados del siglo XVIII ya existían dibujos en serie que contenían el embrión de las actuales historietas; pero éstas, en su forma actual, aparecieron en la última década del siglo XIX. Los nombres de tres dibujantes estadounidenses aparecen vinculados con su génesis: Ricardo Outcault, creador de una historieta de animales que se titulaba *El origen de una nueva especie*; Jacobo Swinnerton, que en 1892 comenzó a publicar en San Francisco la serie de *Ositos y tigres*; y los dibujos de Rodolfo Dirks, a quien se debe la serie de *Los sobrinos del capitán*. Esta historieta, iniciada en 1897, es la más antigua de cuantas se publican en la actualidad.

Estas primeras historietas eran verdaderas *tiras cómicas*, con personajes grotescos y dibujos humorísticos, y aparecían en los suplementos dominicales de los periódicos. En 1907 nacieron los conocidos *Mutt y Jeff*, que han hecho las delicias de tres generaciones; su autor, Bud Fisher, logró que muchos diarios accedieran a publicar la serie en sus ediciones cotidianas. Así surgió una nueva modalidad de pasatiempo naciente, que logró la aceptación unánime de todos los públicos. En 1912 apareció otra historieta famosa: *Educando a papá*, por Jorge McManus que narra las desavenencias conyugales de un matrimonio de nuevos ricos.

El auge de las *tiras cómicas* ha rebasado los límites de Estados Unidos y se ha extendido a gran número de países. En los de habla española muchos periódicos publican suplementos en colores con historietas de esta clase, gran parte de las cuales son, generalmente, traducciones o adaptaciones de las más populares que circulan en Estados Unidos.

Las historietas entraron en una nueva etapa de su evolución hacia 1929, cuando hizo su aparición la serie de *Tarzán, el hombre mono*. A partir de esta fecha, el elemento fantástico comenzó a predominar. Surgieron las primeras revistas de historietas, de las que se venden –solamente en Estados Unidos– más de 40 millones de ejemplares mensuales. En 1938 apareció *Superman* o el *Superhombre*, curiosa mezcla de Quijote aerodinámico, Hércules y Sherlock Holmes, capaz de impedir una invasión de marcianos con un solo vuelo de su invencible persona

Gran impulsor de las llamadas *tiras cómicas* o historietas ha sido a partir de 1928 el dibujante estadounidense Walt Disney, cuyos personajes han alcanzado popularidad universal, y surgidos de las páginas de diarios y revistas han ascendido con caracteres estelares propios al cine y a la televisión.

Virtudes y defectos. En su forma actual, las historietas satisfacen dos necesidades del hombre moderno: le permiten evadirse de la realidad árida y penosa y le suministran en pequeñas dosis un pasatiempo de fácil asimilación. El auditorio más amplio y entusiasta se halla entre los niños, que encuentran en ellas la satisfacción de su natural amor a la aventura, a la excitación y al culto de los héroes. Los sociólogos afirman que el público infantil es más amplio en los dos últimos años de la escuela primaria, tendiendo a disminuir en los años anteriores y posteriores.

¿Cuál es el impacto cultural de las historietas sobre nuestra vida cotidiana? He aquí un tema arduo y debatido. En primer lugar, sus autores han incorporado muchas palabras nuevas a diversos idiomas y han creado algunas modas femeninas y juveniles. Han popularizado en el mundo entero ciertas características de la vida estadounidense; la historieta *Educando a papá*, por ejemplo, es traducida a diversos idiomas y publicada en centenares de periódicos y revistas de muchos países. Pero abundan las críticas; se dice que las historietas, desde el punto de vista estético, sustituyen una buena descripción por un mal dibujo, reemplazan las maravillas del lenguaje por crudos monosílabos, la emoción por la truculencia y el humorismo por la carcajada. Desde el punto de vista ético se arguye que las historietas suelen ser endebles, artificiosas y proclives a destacar la brutalidad y el delito en todas sus formas. A pesar de todas las críticas, la inmensa popularidad de esta rudimentaria forma artística demuestra que, debidamente encauzada, puede considerarse como un vehículo educativo de fundamental importancia.

Hita, arcipreste de. *Véase* RUIZ, JUAN.

Hitchcock, Alfred (1899-1980). Director cinematográfico inglés. Dirigió numerosas películas, tanto en Gran Bretaña como en Estados Unidos. Entre las principales que ha dirigido, se cuentan *El hombre que sabía demasiado*, *Vértigo*, *Psicosis*, *39 escalones*, *Rebeca* y *La soga*.

Hitchings, George H. (1905-1998). Químico notable por el desarrollo de mu-

chas sustancias consideradas esenciales en el tratamiento de un amplio rango de padecimientos, incluyendo enfermedades cardiacas, leucemia, úlcera péptica, malaria y gota. También desarrolló el aciclovir, utilizado para combatir el herpes. Hitchings obtuvo el doctorado en bioquímica de la Universidad de Harvard en 1933 y trabajó de 1942 a 1984 en el laboratorio de investigación de la firma farmacéutica Burroughs Wellcome. Ahí lo conoció Gertrude B. Elion, quien había obtenido la maestría en ciencias químicas en la Universidad de Nueva York en 1940; trabajaron juntos de 1944 a 1983. Por su trabajo, compartieron en 1988 el Premio Nobel de Medicina o Fisiología con el farmacólogo británico sir James Whyte Black, a quien se le nominó al Premio por su trabajo sobre los betabloqueadores usados contra las enfermedades cardiacas y la hipertensión, y por los antagonistas de los receptores de la histamina-2 que son utilizados en el tratamiento de úlcera péptica.

hitita, cultura. Recibe este nombre la desarrollada por los hititas o heteos, pueblo indoeuropeo, mencionado en la Biblia y cuya importancia en la historia de los orígenes de la civilización occidental fue revelada por excavaciones en Anatolia. Se sabe que dominaron Asia Menor entre los siglos XIX-XVII antes de nuestra era. Gobernados por reyes, formaban una poderosa monarquía cuyo imperio alcanzó su máximo esplendor en el gobierno de Shuppiluliumask, coincidiendo con la decadencia de la XVIII dinastía egipcia. Ramsés II bata-

Retrato oficial de Adolfo Hitler como canciller de Alemania.

Corel Stock Photo Library

lló contra una coalición de príncipes hititas, a los que venció en la famosa batalla de Kadesh, lugar de Siria, en el año 1295 a. C. El *Poema de Pentacor* –cuyo texto figura esculpido sobre los muros del templo de Karnak y se conoce también por escrituras en papiros– celebra el valor del rey en esta batalla que, sin embargo, no fue decisiva. La paz acordada 15 años después dejó a los hititas el dominio de Siria, y su poder continuó hasta que hacia finales del siglo XIII a. C. se inició el gran movimiento de pueblos a los que los documentos egipcios llaman los *pueblos del mar*. Eran los egeos, que se establecieron en Asia Menor después de varias guerras, de las cuales constituyó un incidente el sitio de Troya inmortalizado por Homero. La cultura hitita se caracteriza por su famoso código, su literatura escrita en caracteres cuneiformes y su arte, que, sin ser tan refinado ni avanzado como el de Egipto o Babilonia, demuestra gran impulso creador y poderosa imaginación. Durante el último reinado, los hititas usaron un sistema jeroglífico de escritura, tan oscuro y difícil que solamente en la actualidad se comienza a descubrir sus claves.

Hitler, Adolfo (1889-1945). Político y gobernante alemán. Nació en Braunau (Austria), y fue hijo de un funcionario de aduana. Tuvo una educación incompleta y en su juventud trató de dedicarse a la pintura, pero no pudo aprobar el examen de ingreso a la Academia de Bellas Artes de Viena. Se dedicó entonces a ganarse la vida vendiendo acuarelas y trabajando como empapelador de paredes. En 1913 se trasladó a Munich y al estallar la Primera Guerra Mundial se alistó como voluntario en la infantería del ejército bávaro. Fue herido en combate, recibió la Cruz de Hierro y después ascendió a cabo.

Al terminar la guerra regresó a Munich como empleado en el departamento político o de propaganda del Comando Militar del Distrito. Su misión consistía en espiar los movimientos políticos y así fue como se interesó en la formación del Partido Obrero Alemán, donde ingresó para propalar sus ideas apasionadamente en inflamados discursos contra el Tratado de Versalles, el marxismo, los judíos, los comunistas y los sindicatos obreros que, según él, habían sido la causa de que Alemania perdiera la guerra. Con unos cuantos soldados y políticos descontentos formó el Partido Nacional Socialista (Nazi) y no tardó en descubrir que podía arrastrar multitudes con sus dotes de orador; en fogosos discursos y prédicas convenció a los alemanes de que estaban destinados a la grandeza y de que debían destruir todas las barreras que les cerraran el paso hacia su objetivo.

En 1923 Hitler se pronunció contra el gobierno de Berlín para restaurar el *reina-*

do del pueblo alemán. La policía ahogó rápidamente la rebelión; Hitler fue detenido y encarcelado en Landsberg, donde escribió un compendio de sus ideas, doctrinas, ambiciones y proyectos en un libro de amplia difusión titulado *Mein Kampf* (Mi lucha).

Transcurrido un año fue puesto en libertad y tomó con nuevos bríos la dirección del partido que, para 1932, era el más poderoso de Alemania. Hitler fue nombrado canciller del Reich el 30 de enero de 1933. Ya en el poder, procedió a perseguir y eliminar a sus adversarios políticos, disolvió el Parlamento y empezó a concentrar todo el poder del gobierno en sus manos, encendió una despiadada persecución contra los judíos y apresuró el rearme de Alemania. A la muerte del presidente Paul von Hindenburg (1934) asumió las funciones de presidente y canciller y se proclamó *führer* (caudillo). Durante los años siguientes desarrolló tenazmente su programa de engrandecimiento territorial de Alemania, sin oposición por parte de los otros pueblos de Europa, que sólo querían la paz.

En 1936 ordenó la ocupación de Renania; dos años más tarde, con el beneplácito de Italia sin que Inglaterra o Francia pudieran impedirlo, cayó bajo el dominio nazi una buena porción de Checoslovaquia. Alentado por estos primeros triunfos fáciles, Hitler condujo a sus tropas por todo el resto de Checoslovaquia y el 1 de septiembre de 1939 se abrevió a lanzarlas hacia Polonia, sobreviniendo así la Segunda Guerra Mundial. Entonces reaccionaron las potencias europeas y decidieron detener al invasor. Siguieron tres años de victorias sensacionales para los ejércitos germanos. Toda Europa quedó bajo el poderío de Hitler.

El führer lanzó sus tropas hacia el oriente y en la Unión Soviética encontraron su primera derrota. Luego declaró la guerra a Estados Unidos con la esperanza de que Japón aniquilara el poderío naval yanqui en el Pacífico, dejándole a él la tarea de aniquilar a Rusia e Inglaterra en Europa. Pero no resultaron así las cosas, y no tardaron los aliados en reconquistar el terreno que habían invadido los alemanes en Europa. En 1944 los rusos avanzaban sobre Alemania por el oriente y las tropas angloestadounidenses por occidente; Hitler, entre dos fuegos, vio desmoronarse su poderío.

En julio de 1944 resultó Hitler herido en un atentado contra su vida, al estallar una bomba de tiempo bajo la mesa cubierta de mapas en que examinaba la situación militar. Este atentado fue preparado por altos jefes militares alemanes que estaban en desacuerdo con la forma en que Hitler dirigía la guerra. Al proseguir el avance ruso, Hitler se dispuso a continuar la dirección de las operaciones desde el refugio subterráneo en el edificio de la Cancillería, en Berlín, negándose a capitular. Ante la inminen-

cia de la caída de Berlín en poder de los rusos, Hitler, en los últimos días de abril de 1945, redactó su testamento político, contrajo matrimonio con Eva Braun, con la que llevaba relaciones desde hacía años, y, finalmente, el 1 de mayo se quitó la vida, suicidándose junto con Eva Braun. De acuerdo con las instrucciones dejadas por Hitler a sus servidores, ambos cadáveres fueron inmediatamente rociados con gasolina e incinerados, mientras los rusos penetraban en Berlín. *Véanse* ALEMANIA; EJE-ROMA-BERLÍN; GUERRA MUNDIAL, SEGUNDA; MUNICH, PACTO DE.

Hoang-Ho. *Véase* AMARILLO, RÍO.

hoatzín. Especie de faisán, oriundo de México y de América tropical. Del orden de las gallináceas, se caracteriza por el mechón de plumas en su nuca, la garganta blanca y el dorado oscuro del borde superior de sus alas. Sus crías tienen en las alas unas garras que les sirven para trepar a los árboles.

Hobbes, Thomas (1588-1679). Filósofo y escritor inglés. Estudió en la Universidad de Oxford y se trasladó a París a causa de sus ideas políticas; en Europa trabó amistad con Rene Descartes y otros ingenios de su tiempo, y al regresar a Inglaterra actuó como secretario de Francisco Bacon y luego fue nombrado tutor del futuro rey Carlos II. La principal de sus obras de teoría política, titulada *Leviatán o la materia, forma y poder de una comunidad*, provocó enconadas polémicas en el Parlamento. Influido por la inestable situación política de su tiempo, Hobbes expuso en esta famosa obra una concepción pesimis-

ta de la sociedad humana, cuyo corolario lógico era la defensa de un tipo de gobierno autoritario, ejercido por un monarca absoluto, señor de vidas y haciendas. Tales ideas, desarrolladas con singular vigor y penetración, han venido a ser consideradas el germen del totalitarismo moderno. Las teorías psicológicas del pensador inglés, expuestas con criterio materialista en el tratado *De corpore*, han sido eclipsadas por su teoría política, que influyó sobre autores tan dispares como Georg Friedrich Hegel y Jean Baptiste Rousseau.

hobby. *Véanse* AFICIÓN; DEPORTE; JUEGO; PASATIEMPO.

Ho Chi Minh (1890-1969). Seudónimo que significa *el que lleva la luz*. Con él se conoce al político Nguyen Tat Tan, fundador de la República Democrática de Vietnam. Muy joven emigró a Francia; allí se afilió al Partido Socialista y después al comunista. En 1924 visitó Moscú, desde donde fue enviado a Cantón para incorporarlo al personal de Borodin, fue cónsul ruso en esta ciudad. Participó en la revolución china y fue miembro del Komintern en el Extremo Oriente. En 1930 fundó el Partido Comunista Indochino y en 1941 el Vietminh. Al final de la Segunda Guerra Mundial, forma en Hanoi un gobierno provisional que declara la independencia del país obligando a abdicar al emperador Bao Dai (1945) y constituyendo la República Democrática de Vietnam, de la que Ho es su primer presidente (1946), y que pretende representar a todo el país. Poco después, ayudado por China comunista y la URSS, emprende una lucha tenaz contra los franceses, los cuales, no deseosos de adjudi-

Encuentro olímpico de hockey *sobre hielo.*

carle todo el territorio, reconocen a su antiguo protectorado como un estado libre dentro de la Unión Francesa. La guerra continúa hasta el armisticio de Ginebra (1954) que dividió al país en el Estado comunista del norte (Vietnam del Norte) y el nacionalista del sur (Vietnam del Sur). Ho Chi Minh, presidente y primer ministro de Vietnam del Norte, renunció al segundo cargo en 1955 conservando sólo la presidencia para la que es reelegido en 1960. Bajo su mandato Vietnam del Norte tomó parte en el conflicto bélico de Vietnam del Sur apoyando a los guerrilleros del Vietcong. En 1966 afirmó que estaba empeñado en la lucha y que seguiría hasta alcanzar la victoria "aunque esta guerra continúe durante veinte años o más".

Ho Chi Minh, Cuidad. *Véase* VIET-NAM

hockey.
Juego de pelota que se desarrolla sobre un campo que debe medir 90 m de largo por 45 o 50 de ancho. Intervienen 11 jugadores por bando y sus reglas, así como la disposición de los participantes, recuerdan a las del futbol. Se trata de hacer pasar a una pelota blanca, de aproximadamente 7 cm de diámetro, por entre los arcos o metas situados en ambas partes terminales del terreno. Gana el equipo que más veces lo consigue, obteniendo más tantos, y fiscaliza la acción un árbitro encargado de penar las infracciones. No pueden emplearse los pies, utilizándose para mover la pelota un *stick*, especie de cayado aplanado en su parte curva. Aunque el hockey se practica principalmente en Gran Bretaña y Estados Unidos, en 1883 se fijaron en el Wimbledon Club de Londres las primeras reglas oficiales para jugarlo, su origen se remonta a los antiguos persas, después pasó a los griegos y romanos.

hockey sobre hielo.
Deporte de invierno que se inició en Canadá y que ha ganado rápida popularidad en los países en que las condiciones naturales favorecen su desarrollo. Es semejante al hockey común, salvo las siguientes diferencias: los participantes usan patines de cuchilla. Los equipos están formados por seis jugadores en vez de 11, los cuales se dividen en un portero, dos zagueros, un centro y dos delanteros. La pista, de hielo parejo y firme, mide 26 m de ancho por 61 m de largo, y el marco, con red posterior, por el cual debe entrar el disco para obtener el gol, debe tener 1.22 m de alto y 1.83 m de ancho y, como en el fútbol, se colocan dos, uno en cada extremo de la cancha. Cada jugador lleva un *stick* o cayado de madera que no debe exceder de 1.30 m de largo y curvo en el extremo, con el cual se lanza el disco. En vez de pelota se emplea un disco de caucho vulcanizado que tiene 7.5 cm de diámetro

por 2.5 cm de grueso. El partido comienza cuando el árbitro lanza el disco entre los dos jugadores contrarios situados en el centro del campo, y entonces cada equipo lucha por llevar el disco al campo contrario para pasarlo por la puerta o meta y anotarse un gol. El partido consta de tres periodos de 20 minutos cada uno.

Historia. Los primeros partidos de hockey sobre hielo se practicaron por alumnos de la Universidad McGill (Canadá), en 1875, pero pasaron años antes de que fuera adoptado en Estados Unidos, que fue el segundo país que lo jugó, hacia 1897. En 1908 se organizaron equipos de profesionales en ambos países y se realizaron los primeros juegos internacionales, pero no entraron en franco progreso hasta 1925. La liga nacional de hockey estadounidense se fundó en 1917.

Hodgkin, Alan Lloyd (1914-1998).
Fisiólogo británico. Compartió el Premio Nobel de Medicina o Fisiología en 1962 con Andrew F. Huxley y John C. Eccles, por su trabajo enfocado a la comprensión de cómo los impulsos nerviosos son transmitidos a través de las fibras nerviosas. Trabajando con fibras nerviosas de calamares y sepias, encontraron que la transmisión de impulsos es causada por cambios específicos en la membrana de las fibras nerviosas.

Hodgkin, Dorothy Mary Crowfoot (1910-1994).
Química británica. Ganó en 1964 el Premio Nobel de Química por determinar la estructura de la vitamina B_{12}, la más compleja. Hodgkin comenzó sus análisis de rayos-X de complejos bioquímicos mientras estudiaba en las universidades de Oxford y Cambridge, donde también colaboró en el estudio masivo de los esteroles. De 1948 a 1956 ella y sus colegas trabajaron con placas de rayos-X de los cristales relacionados a la vitamina B_{12} y, en 1961, ella y el cristalógrafo P. Galen Lenhert completaron el análisis de la vitamina como ésta se presenta en la naturaleza. Hodgkin también determinó la estructura de otros importantes productos bioquímicos y analizó la estructura de la penicilina.

Hofer, Andreas (1767-1810).
Revolucionario tirolés que acaudilló la insurrección contra los bávaros respaldados por Napoleón Bonaparte. Gobernó el país durante dos meses, y al caer su patria nuevamente en poder de los bávaros y los franceses a raíz del tratado de Schoenbrunn, volvió a encabezar un levantamiento popular. Traicionado por un compañero de armas fue aprisionado y fusilado en Mantua por los franceses.

Hoffa, Albert (1859-1907).
Médico alemán, fundador de la ortopedia científica.

Se distinguió como cirujano, por sus trabajos sobre las desviaciones de la columna vertebral y su método para tratar las deformaciones mediante masajes y aparatos ortopédicos. En los últimos años de su vida aplicó la ortopedia a la neuroterapia. Es autor de muchas obras, entre ellas: *Técnica del masaje* y *Tratado de cirugía ortopédica.*

Hoffman, Dustin (1937-).
Actor estadounidense. Tuvo un éxito modesto en el escenario teatral y la televisión, para después alcanzar la fama en la pantalla grande a partir de su participación en la película *El Graduado* (1967). Desde entonces su amplia gama de caracterizaciones en películas ha incluido a un delincuente en *Vaquero de media noche* (1969), un hombre de 121 años en *Pequeño gran hombre* (1970), un matemático en *Perros de paja* (1971), un convicto en *Papillón* (1973), el comediante Lenny Bruce en *Lenny* (1974), un actor desempleado que se hace pasar por mujer para obtener un papel en *Tootsie* (1982) y un hombre autista en *Cuando los hermanos se encuentran* (*Rain man*, 1988, premiado por la Academia). El primer Premio de la Academia que recibió fue por su actuación en *Kramer contra Kramer* (1979). Sus más recientes actuaciones fueron en las películas *Epidemia* (1995) y *Los Hijos de la calle* (1996). En 1989 apareció en escena en Nueva York y Londres en *El mercader de Venecia.*

Hoffmann, Ernst Theodor Wilhelm (1776-1822).
Escritor, músico y dibujante alemán. Fue, además, abogado, profesión que ejerció con éxito. Hasta 1814 su interés principal fue la música. Cambió uno de sus nombres, Wilhelm, por el de Amadeus, en homenaje a Wolfgang Amadeo Mozart, dirigió varias orquestas y escribió una ópera *(Ondina),* una misa y varias obras de cámara. Notable crítico musical a él se debió, en parte, la fama que en Alemania tuvo Ludwig van Beethoven. En sus obras (muchas de las cuales están ilustradas por él mismo) abundan los elementos fantásticos; el estilo es vívido y preciso. Entre sus mejores cuentos están: *El elixir del diablo, Los hermanos Serapión, El tonelero de Nuremberg* y *El Dux y la Dogaresa.* Algunas de estas narraciones influyeron en Edgard Allan Poe.

Hoffmann, Roald (1937-).
Químico estadounidense de origen polaco. Profesor de la Universidad de Harvard (1962-1965) y de la de Cornell (1965-1968). Simultáneamente con K. Fukui, pero trabajando por separado, definió las propiedades de simetría de las órbitas frontales y su importancia en la relación con las reacciones químicas. Recibió el Premio Nobel de Química en 1981 junto con el citado K. Fukui.

Hofmannsthal, Hugo von (1874-1929). Poeta y dramaturgo austriaco, principal exponente del Neorromanticismo en la lengua germana. Nació en Viena, donde se doctoró en filosofía. A sus primeros dramas líricos *(La muerte de Tiziano, La mina de Falun)* sucedió una serie de grandes tragedias de temas clásicos, entre las que descuellan *Electra* y *Edipo y la esfinge*. Escribió los libretos para varias obras de Richard Strauss. Íntimo amigo de Max Reinhardt, renovador de la técnica teatral contemporánea, fundó con éste los festivales de Salzburgo. En sus últimas obras *(Todos* y *La tempestad)* cultiva un realismo simbólico con reminiscencias de Fernando Calderón.

Hofstadter, Robert (1915-1990). Físico estadounidense. Estudió en la Universidad de Princeton, en la que se doctoró en 1938. Fue profesor de física de la Universidad de Stanford desde 1950. Determinó las dimensiones y la forma de numerosos núcleos atómicos mediante procedimientos basados en la difusión de haces electrónicos de elevada energía. En 1961 compartió con R. L. Mösbauer el Premio Nobel de Física.

hogar. Aplicada a la vida doméstica, esta palabra tiene dos sentidos. En virtud de uno de ellos, concreto y específico, designa el domicilio de la familia; con el otro, amplio y figurado, se refiere a la comunidad humana que se forja en el seno de la vivienda común. El hogar es la columna vertebral de todos los pueblos. Para comprender la validez de esta afirmación, nada mejor que observar cómo se forma y subsiste a través del tiempo y del espacio.

El hogar primitivo. Arrinconadas en los sitios menos accesibles de la superficie del globo existen todavía algunas poblaciones que llevan una vida extremadamente rudimentaria. Sus integrantes son nómadas, se alimentan con raíces y frutos que recogen en sus correrías y desconocen los metales. Es imposible concebir nada más primitivo que estos pueblos, entre los cuales se hallan los pigmeos de África ecuatorial, los negritos de Asia, los fueguinos de América del Sur, los bosquimanos de África, algunos núcleos de esquimales y diversas tribus del Amazonas.

Después de pacientes estudios, los sociólogos modernos han logrado presentar un cuadro de la vida familiar de estos hombres rudimentarios hasta donde es posible reducir a un cuadro la complejidad de los fenómenos humanos. En general practican la monogamia, prohíben el casamiento entre primos hermanos, pero dejan a los jóvenes libertad para elegir sus futuras esposas. Entre los negros del centro de África, la moralidad de la familia es muy superior a la que existe entre las restantes tribus

Corel Stock Photo Library

Tiendas en un poblado de indios en Utah, EE.UU.

negras más evolucionadas. El marido y la mujer viven en un mismo plano, y el trabajo es repartido en forma natural y equitativa; la caza y los trabajos pesados corresponden al hombre, el cuidado de los hijos pequeños es tarea de la madre. La mujer no es, como ocurre entre otros salvajes, una especie de esclava destinada a trabajar de sol a sol, sino una persona libre y dueña de sus propios vestidos y adornos.

El etnólogo Schebesta, que se pasó varios años conviviendo con los pigmeos, afirma que las riñas entre esposos son poco frecuentes y que los padres nunca

Hogar arbóreo en Taebia, Estonia.

Corel Stock Photo Library

maltratan a sus hijos. Todos los días, cuando la madre regresa del bosque con su provisión de raíces y de frutas, los hijos corren a su encuentro para recibir las primicias de la comida hogareña. El hogar primitivo es la verdadera unidad económica: la mujer provee alimentos vegetales y el marido caza animales pequeños. También incumbe a éste la construcción de la choza familiar, muy rudimentaria que debe ser renovada frecuentemente porque la familia siempre se desplaza de un lado a otro. No existe industria ni comercio, fuera de algunos cambios de objetos que se realizan con las tribus vecinas. Varias familias se unen para formar un campamento, y dos o tres de éstos constituyen una tribu. Pero cada hogar es libre e independiente; el culto religioso acusa tendencias monoteístas y, aunque tosco, no deja de tener aspectos nobles. Estos hogares primitivos suelen guardar mayores semejanzas con las formas más perfectas de la familia moderna que los de etapas más evolucionadas en el orden material.

Las etapas primarias. Pero la evolución de la vida hogareña no se detiene aquí. A medida que la tribu aumenta su poderío decae la estabilidad del matrimonio. Así nos adentramos en fases de evolución familiar, que comprenden la cultura de los pueblos cazadores, la del pastoreo nómada y la del pequeño cultivo. Fases que en los distintos lugares del planeta se suceden, coexisten y aun a veces sufren regresiones.

Los pueblos primitivos tenían como arma característica un arco muy simple, y a veces un *bumerang* o bastón corvo arrojadizo. Pero con el tiempo aparecieron lanzas y flechas de aguda punta, que servían para cazar animales grandes. Este primer desarrollo de la técnica revoluciona la vida de hogar; como la caza es un trabajo masculino en que las mujeres no toman parte, la función del hombre se vuelve cada vez más importante. La vivienda se fija de manera más estable, en lugares cuidadosamente elegidos. Los productos de la caza y del pastoreo forman con los agrícolas la base de la alimentación, y el varón encuentra más tiempo para desarrollar sus artes y oficios. La tiranía de la tribu, convertida en embrión de una sociedad política, aumenta con rapidez; surgen los clanes totémicos, que son grupos de familias que habitan en determinado lugar y creen descender de algún animal o vegetal, llamado totem. El clan lleva el nombre del *totem* y sus miembros no pueden comer la planta o el animal que lo simboliza. Esta organización subsiste todavía entre los aborígenes del sur de Australia y de Nueva Guinea.

En algunos pueblos y durante la fase en que priva la caza mayor, los hijos heredan el totem de su padre y se incorporan al clan de éste, al que no puede entrar la madre. Este parentesco totémico relaja las vinculaciones con la familia materna. Los jóvenes no se pueden casar hasta llegar a la completa edad viril, ya que la tribu necesita a los jóvenes no sólo para la caza sino también para la guerra. Antes del matrimonio, los jóvenes habitan en chozas comunes, lejos del resto de la tribu, sujetos a la mirada más o menos vigilante de algunos ancianos. Las mujeres no pueden acercarse a tales chozas, y los jóvenes deben alejarse de ellas. Una vez casadas, las mujeres quedan como perpetuas menores de edad, privadas de derechos que otros pueblos de menor desarrollo material les concedían. La primacía del varón, cazador, rompe los moldes de la familia. En la religión predomina el culto al Sol, al principio de la fuerza vital masculina y a los antepasados varones.

Generalmente después de la fase cultural del pastoreo, pero a veces antes, surge la fase que los sociólogos llaman del pequeño cultivo. Un nuevo tipo de economía trae consigo un principio de reivindicación femenina, y hubo pueblos en que el régimen patriarcal se tornó matriarcal. Al aparecer el hacha y el azadón, y al formarse la propiedad territorial, nace la vida campesina; la mujer, dedicada al cultivo de la huerta, a la cestería y a la alfarería, se convierte en dueña de la tierra. Al casarse, permanece en su propio dominio, en su propia familia y en su aldea nativa. El marido hace el papel de huésped y el extranjero. En Indonesia existe un tipo de matrimonio llamado *bina*, en virtud del cual al marido no se le reconoce derecho alguno por ser el padre de los hijos y sigue siendo un forastero en la aldea de la mujer.

En algunos lugares de Asia se conserva todavía el *matrimonio por servicio*, en el cual cada futuro marido debe trabajar durante cierto tiempo por cuenta de los parientes de la mujer. Esta curiosa estructura hogareña puede ser hallada en Melanesia, Sumatra, el Congo y algunos lugares de América Central. La mujer es aquí el jefe de la familia, y hasta sus propios hermanos y tíos tienen mayor autoridad que el marido. Las hijas tienen varios privilegios de los cuales no gozan los hijos: la mayor, heredera y continuadora de la familia, representa a la madre cuando se trata de hacer visitas o acudir a ferias y mercados. La mujer es, con frecuencia, *chamana* o sacerdotisa de la tribu. La divinidad suprema recibe el nombre de Primera Madre u otro similar, y se la identifica con la Luna.

En estas comunidades aparecen las primeras entidades secretas, como medio de reacción e instrumento defensivo de los hombres contra el predominio de las mujeres. Un secreto riguroso protege a tales sociedades contra la curiosidad femenina; en el interior de las mismas florece el culto de los muertos masculinos, concretado en la veneración de los huesos de antepasados remotos. Las danzas con máscaras, la evocación de los espíritus y residuos de un canibalismo ritual nacido entre los pueblos cazadores, suelen formar parte de esta nueva modalidad.

En la etapa del *pastoreo nómada*, observamos el apogeo del régimen patriarcal, tan acentuado en las narraciones bíblicas. Los hombres descubren que es posible domesticar animales y disponer con facilidad de su carne y su leche. Según parece, el pastoreo nació en el occidente de Siberia y se difundió entre los manchúes, mogoles, tártaros, magiares, fineses y lapones. De allí se extendió a los pueblos arios y llegó a Mesopotamia, cuna de las civilizaciones modernas. Los hombres del norte domesticaron el reno; los del sur utilizaron el caballo, el búfalo, el camello y el buey, y las cabras, y las ovejas fueron criadas por las familias de todas las regiones. El hogar de estos pueblos se vuelve nómada; las chozas son reemplazadas por tiendas de

Vieja casa construida en piedra, Pieve, Murano, Italia.

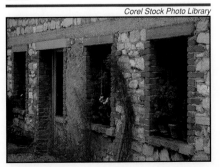

Corel Stock Photo Library

Corel Stock Photo Library

Hogar lacustre.

campaña, redondas o de forma poligonal. Aparecen las bestias de silla, los trineos y los primeros carros con ruedas. La piel de los animales sirve para que la mujer fabrique vestidos, y las ásperas veladas del invierno son matizadas con la música de arpas y gaitas rudimentarias.

El clan y la tribu son reemplazadas por la *gran familia*, formada por elevado número de parientes colaterales y ascendientes. Los hijos casados continúan viviendo junto al padre y bajo su autoridad. Habitan la tienda paterna o erigen tiendas más pequeñas junto a ésta. El cuidado del rebaño incumbe a todos, pero su único dueño es el jefe de la familia, convertido en verdadero patriarca. El hijo mayor hereda esta autoridad absoluta, en virtud del derecho de progenitura, que por primera vez aparece en la historia humana. La mujer queda relegada a segundo plano; como los alimentos esenciales son de origen animal, ella no tiene más que recibirlos de mano del hombre y prepararlos, sin descuidar el orden y aseo de la vivienda. El hogar de los pastores depende de los varones, que a veces llegan a prohibir que las mujeres tengan participación alguna en el cuidado de los rebaños. Con el tiempo, las mujeres fueron encargadas de la parte más monótona de la tarea rural y el hombre conservó para sí las tareas más dinámicas, como guiar y proteger sus animales. En esta época aparece, como un lujo reservado en un principio a los pastores más ricos, la poligamia. Símbolo de poderío social, la poligamia tenía también valor económico, porque las esposas trabajaban como esclavas.

En el hogar poligámico, el hombre es el verdadero amo y señor. Dueño de la mujer, a la que puede abandonar si así le place; amo de los hijos, a los que puede dar muerte si son mujeres; señor de sus hijos mayores, cuyo matrimonio decide; dueño de bienes y haciendas, sobre los que ejerce un poder absoluto. A pesar de sus defectos, estas familias de pastores tenían la fuerza singular de una tradición común; transformadas en conquistadoras, las hallamos al frente de las primeras civilizaciones.

Casa de arquitectura moderna, California, EE.UU.

El hogar grecorromano. Después del gran deshielo que puso fin al último periodo glacial (hecho que la Biblia recuerda con el nombre de Diluvio), los pueblos pastores se dispersaron por los diversos continentes. Algunos de ellos sucumbieron al desafío de ambientes hostiles y permanecieron en el estado semisalvaje en que aún hoy podemos observarlos; pero otros lograron superar las limitaciones naturales y crear pujantes civilizaciones cuyo patrimonio hemos heredado.

Observaremos en detalle, porque contiene el germen de la familia actual, la vida hogareña de griegos y romanos.

En la época de su apogeo, las ciudades de Grecia estaban pobladas por familias en las que el padre era el amo absoluto. Las mujeres, cuya educación era siempre rudimentaria, no podían comer en la misma mesa que los hombres. Cuando caminaban por las calles, cubrían sus rostros con un tupido velo y eran acompañadas por un esclavo. Vivían casi permanentemente en sus habitaciones, que estaban separadas del resto de la casa. El padre arreglaba el casamiento de sus hijos teniendo en cuenta la posición social de los futuros cónyuges; a veces ocurría que los novios llegaban al matrimonio sin haberse visto una sola vez. Tal era la situación que prevalecía en Atenas y en las restantes ciudades de la Península Helénica, con la sola excepción de Esparta. En esta urbe austera y belicosa era mayor la libertad de la mujer, que podía practicar algunos juegos y recorrer las calles sin custodia.

Al contraer matrimonio, la mujer griega iba a vivir a la casa paterna del marido. Sus deberes consistían en cuidar a los hijos, hilar, confeccionar ropas y vigilar a los esclavos que realizaban las tareas más pesadas. Cuando nacía un hijo varón, los padres colocaban sobre la puerta del hogar una rama de olivo; si la criatura era una niña, colocaban un trozo de lana, que simbolizaba las faenas domésticas. Al cumplir siete años de edad los varones iban a las escuelas públicas para iniciar una amplia educación que culminaba en los cursos de gramáticos, retóricos y filósofos. Las niñas, por el contrario, permanecían en el hogar,

donde aprendían toda suerte de artes domésticas.

La primitiva familia romana tenía mayor respeto por los derechos femeninos. El padre podía disponer de los hijos recién nacidos, a los que teóricamente podía dar muerte o vender como esclavos; pero antes de realizar estos actos extremos debía contar con la aprobación de un consejo familiar formado por los parientes de ambos cónyuges. Nueve días después de su nacimiento, todas las criaturas recibían su nombre propio en una ceremonia tradicional; el padre levantaba al niño entre sus brazos, pronunciaba en voz alta su futuro nombre y recibía los regalos que parientes y amigos se apresuraban a presentar. Los niños de la aristocracia romana recibían una educación esmerada, que estaba encaminada a convertirlos en eficaces dirigentes y administradores de la cosa pública. Los varones aprendían leyendas heroicas, se acostumbraban a mandar y se templaban en las artes bélicas, pero los educadores no olvidaban la formación ética y religiosa y la enseñanza de las técnicas rurales.

Cuando el imperio hubo llegado al apogeo, el lujo y la molicie se infiltraron en la vida hogareña de los romanos. Sus magníficas mansiones dotadas de lujo y grandes comodidades, eran servidas por gran número de esclavos griegos, que a veces eran individuos de sólida cultura. Sastres, peluqueros, cocineros, sirvientes, institutrices y músicos hacían más placentera la vida doméstica de funcionarios, burgueses y aristócratas. Las diversiones públicas y los banquetes contribuían a relajar la solidez de un tipo de familia que había forjado una espléndida cultura. Las clases pobres, formadas por pequeños artesanos y comerciantes, conservaron las virtudes casi ascéticas de la primera hora y supieron dar a la mujer un sitio igual al del marido en las decisiones domésticas.

La familia medieval. El triunfo del cristianismo dio mayor solidez a la familia monogámica, dignificó a la mujer y eliminó el infanticidio. En los primeros tiempos de la Edad Media, los hombres se vieron forza-

Hogar japonés con un jardín de piedra.

dos a ganar el sustento por medio de la caza y la labranza, actividades que eran interrumpidas por frecuentes guerras e invasiones. Las mujeres trabajaban duramente, limpiaban las rústicas viviendas de madera o de piedra, tejían mantos y ropas y vigilaban los rebaños, esquilaban las ovejas y hasta fabricaban velas y jabón. La educación popular era casi nula; a los 15 años los muchachos ya eran consumados cazadores o soldados expertos. Recluida en los conventos, monasterios y abadías, la cultura había perdido contacto con la vida familiar. Pero estas gentes, que vivían en una sociedad estática y casi cerrada, tenían una clara noción de sus deberes y de su misión en la vida.

En un periodo de la Edad Media, en que la prosperidad material hubo renacido en Europa, la vida hogareña adquirió formas muy distintas en los castillos de los señores feudales, en las cabañas de los siervos de la gleba y en las casas de los pobladores de las ciudades libres. Los nobles vivían en fortalezas de severo aspecto, y los moldes rígidos de su vida cotidiana solían quebrarse en ocasión de fiestas, torneos y guerras. Por su parte, los siervos analfabetos llevaban existencias míseras. Sobrios y frugales, trabajaban de sol a sol y soportaban estoicamente guerras y pestes. Algunos hijos de feudatarios y vasallos, eran acogidos por el señor local en su castillo e iniciaban su vida de caballeros desempeñándose como pajes. Desde los 14 hasta los 21 años eran instruidos en las artes de la guerra y al concluir su aprendizaje podían ser armados caballeros. El destino de las mujeres era diferente; permanecían siempre en sus hogares, y algunas veces aprendían a leer y escribir. Muy de tarde en tarde llegaba al lugar algún trovador con su bagaje de canciones de gesta, o algún titiritero trotamundos con su retablo heroico. La estabilidad del hogar medieval quedó rota cuando el Renacimiento y los descubrimientos geográficos tentaron a muchos hombres de espíritu aventurero, que abandonaron sus hogares y fueron en busca de una gloria que no hallaban en su comarca. El auge del comercio, a su vez, dio origen a una clase de mercaderes prósperos que vivían en las ciudades, formando hogares dotados de mayores comodidades materiales.

El hogar colonial en América. En este momento histórico comenzaron a formarse en América las primeras familias de la época colonial. Desde el primer instante se operó una distinción total entre la familia anglosajona y la hispano-portuguesa. Las colonias estadounidenses fueron formadas por familias que huían de la persecución religiosa y política, o que buscaban nuevos horizontes humanos. Las hispanoamericanas recibieron un aporte femenino reducido; los conquistadores eran hombres que por lo general no trasplantaban sus familias al Nuevo Mundo, sino que se lanzaban sobre él con el ímpetu de un espíritu individual. Este hecho marcó con sellos indelebles la diferencia entre ambas empresas humanas. Las familias del norte, educadas en la tradición puritana o calvinista, labraban la tierra y mantenían su homogénea composición racial al casarse entre sí. Los pobladores del sur fundaban familias uniéndose a mujeres indígenas.

La familia de las colonias hispanoamericanas estaba organizada sobre la base del antiguo régimen patriarcal; toda la autoridad residía en el padre, que la ejercía con decisión. La autoridad de la mujer era muy escasa, todos sus derechos civiles se limitaban a autorizar el matrimonio de los hijos menores de 25 años, pero solamente cuando el padre estaba ausente. Los quehaceres del hogar no eran muy pesados, pues todas las casas de europeos contaban con buen número de indios o de esclavos a quienes se encomendaba el cuidado de los niños. Las jóvenes recibían instrucción y sabían leer y escribir, costura, bordado y otras labores domésticas. Algunas como sor Juana Inés de la Cruz, la madre Castillo, Jerónima de Velasco y la misteriosa Amarilis del Perú, descollaron por sus relevantes dotes literarias.

La vida de la mujer era sedentaria. En las ciudades importantes, las representaciones teatrales se unían a las tertulias familiares y a las ceremonias religiosas como expresiones de la vida social. La misa dominical congregaba a las principales familias; las damas de alcurnia asistían acompañadas por un negrito que llevaba la clásica alfombra para arrodillarse en el templo.

La religión llenaba la vida del hogar. Las relaciones entre el hogar y la Iglesia eran íntimas, el párroco y el confesor formaban parte de la familia; eran los personajes de influencia decisiva, los consejeros natos. En medio de la rigidez de su constitución, la familia colonial ofrecía algunas ventajas morales. El negro o el indio proletario podían mirar el porvenir sin temor alguno, porque sus hijos seguirían viviendo a la sombra de la misma familia patriarcal. Los descendientes criollos del español vivían libres de preocupaciones materiales y tenían abiertas las puertas de la burocracia, de la Iglesia y del comercio.

El hogar moderno. A partir de la Revolución Industrial, la vida doméstica ha sufrido un sacudimiento brusco del que no se ha repuesto por completo. Durante el siglo pasado los hogares se cubrieron de adornos, muebles, porcelanas, cortinajes, tapicerías, alfombras, estatuillas, flores artificiales, almohadones y lámparas. La luz de petróleo reemplazó a la vela de sebo y el aljibe colonial fue sustituido por la bomba de agua. Pero en nuestro siglo ha renacido la tendencia a la simplicidad y ha surgi-

Corel Stock Photo Library

Construcción de un iglú.

do la electricidad, hada benéfica del hogar moderno. Los servicios de alcantarillado, las aguas corrientes, la calefacción, las cocinas eléctricas o de gas, los alimentos envasados, la refrigeración y las heladeras eléctricas, son algunos de los factores que han simplificado las tareas domésticas y eliminado la necesidad de tener gran número de sirvientes.

Los niños de ambos sexos van a la escuela primaria y al colegio secundario, y en todas partes se advierte que el término medio de duración de los estudios tiende a aumentar. Este hecho tiene una importante derivación práctica: los hijos comienzan a ganar el sustento más tarde y se casan a una edad más avanzada que la de sus antepasados del siglo anterior. La madre, a su vez, se ocupa cada vez más en tareas que no son las del hogar: empleos públicos y comerciales, profesiones liberales y enseñanza. Ello le obliga a enviar a sus hijos pequeños a escuelas de párvulos, o entregarlos a niñeras e institutrices que reemplazaban en forma imperfecta el amor materno.

Buena parte de las horas libres transcurren lejos del hogar, en cines, teatros, paseos y confiterías. El advenimiento de la televisión ha contribuido a que esta tendencia disminuya, pues el receptor obra como un imán que mantiene unida a la familia alrededor de su pantalla mágica. Aunque el amor paterno y filial perdura intacto, la disciplina del hogar no es tan estricta como en tiempos pasados. Los hijos no pasan en el hogar tanto tiempo como antes, y en consecuencia su roce con el mundo exterior hace que muchos de ellos obren con mayor aplomo y desarrollen desde temprano un agudo instinto crítico, porque tienen más elementos de comparación.

El problema del servicio doméstico se ha vuelto agudo en todos los países industrializados. Las muchachas prefieren trabajar en fábricas y oficinas, donde cuentan con horarios reducidos y mayores perspectivas de progreso, en lugar de buscar empleo como sirvientas en los hogares. La mujer de nuestros días cuenta con múltiples accesorios que le permiten realizar tareas domésticas con celeridad y reducido esfuerzo; las casas, por otra parte se han vuelto más pequeñas y su limpieza no es tarea tan abrumadora como antaño. Sin embargo, mientras el hogar *mecanizado* no sea una realidad completa, la mujer necesitará quien la ayude en los quehaceres diarios.

La vivienda moderna es de diseño simple. Los comedores tienden a desaparecer, transformándose en salas que cumplen varias misiones a la vez. El tamaño de las ventanas tiende a aumentar, y progresa también el empleo de materiales aislantes que protegen contra los cambios de temperatura. Ladrillos, cemento, madera, piedra, materiales prensados de diverso origen y otras materias plásticas son los ingredientes básicos de la casa de hoy. El mobiliario, de líneas simples, es más reducido y práctico que a principios de siglo. Enceradoras, aspiradoras, lavadoras, ventiladores y otros artefactos eléctricos, simplifican y mejoran la vida material de la familia.

Hogares pertenecientes a otros tipos de cultura. El cuadro que acabamos de presentar corresponde a los sectores más avanzados de nuestra civilización. En los que han alcanzado menor desarrollo también habrá de reproducirse a corto plazo, porque responde a los mismos procesos. Pero existen regiones de la tierra donde los hogares se forman y subsisten de modo muy distinto.

Los esquimales, por ejemplo, viven en una extraña casa construida con bloques de hielo, que se llama *iglú*. Toda la familia duerme y come en el interior de esta singular cabaña helada. El humo de la lámpara de aceite, el fuerte olor de la comida y el hacinamiento humano hacen que la permanencia en el iglú resulte incómoda y desagradable. Los hijos del esquimal duermen sobre mantas hechas con cueros de animales árticos. El pescado es el principal alimento; a menudo se ingiere crudo, sin desechar la grasa, que es una preciosa fuente de calorías. Los padres eligen la futura esposa de sus hijos 10 o 12 años antes del matrimonio. El muchacho envía regalos a la novia, pero nunca la visita antes del día del casamiento.

El esquimal caza animales marinos, prepara trampas, recorre enormes extensiones en su trineo tirado con perros y realiza todas las tareas propias de los pueblos cazadores. La esposa cuida del hogar, protege a los hijos, elabora la frugal comida y prepara los cueros de animales que servirán como ropa. El padre jamás reprende a los hijos, que son enseñados a venerar a sus antepasados. Desde pequeños, los varones aprenden a emplear el arco y la flecha y a manejar el pequeño cuchillo llamado *pana*, que los esquimales utilizan para cortar simétricos bloques de hielo que forman las paredes de sus viviendas. También se adiestran en la construcción de los *kayaks*, livianas canoas que desafían el torrentoso curso de los ríos árticos. Son muy pocos los niños esquimales que aprenden a leer y escribir en la escuela de alguna misión próxima, pero todos ellos son diestros en el manejo del mortífero arpón.

Si viajamos hasta Japón, al penetrar en un hogar descubriremos que sus grandes salones están separados por biombos, en lugar de serlo por paredes y tabiques. Los biombos están decorados con escenas mitológicas o con bellos paisajes de la campiña japonesa. Al penetrar en las habitaciones, debemos dejar nuestros zapatos en la puerta; la familia está sentada en el suelo, alrededor de una minúscula mesa que contiene la merienda vespertina. Al colocarnos en cuclillas sobre una pequeña alfombra, descubriremos que es ésta una posición sumamente incómoda para el hombre occidental, habituado a sentarse en sillas. Finos platos de porcelana, colocados sobre bandejas laqueadas, contienen la comida; los japoneses no usan cubiertos, sino que ingieren sus alimentos con la ayuda de unos palillos que manejan con increíble habilidad. Casi todas las casas tienen un aparato de radio, pero no hay agua corriente y los miembros de la familia deben acudir a los baños públicos. La imagen sagrada de un antepasado preside

la vida doméstica, y ante ella se reúne la familia para practicar un rito cotidiano.

Dando otro salto en el espacio, visitemos a una familia de Arabia. Por una singular coincidencia, también deberemos descalzarnos al penetrar en este hogar que casi no tiene muebles. Aunque algunas mujeres siguen utilizando el clásico velo de sus antepasados, muchas de ellas han adoptado las ropas occidentales. Los niños van a la escuela durante tres o cuatro años, pero en este breve lapso no aprenden a escribir correctamente el complejo idioma arábigo. Por esta razón la familia suele acudir a la ayuda de algún escriba callejero; como los vendedores ambulantes de nuestras ciudades, estos individuos pululan por las calles ofreciendo su singular mercancía cultural. Los hombres, vestidos con turbantes y túnicas, son amos absolutos de la familia y pueden tener varias esposas.

La comparación con otras formas de vida hogareña demuestra la superioridad de nuestros hábitos familiares, forjados por una prolongada tradición, vivificados por la ética cristiana y robustecidos por todas las conquistas de la técnica moderna. *Véanse* ECONOMÍA DOMÉSTICA; FAMILIA.

Hogarth, William (1697-1764).

Pintor y grabador inglés. Maestro de la pintura de costumbres, sus famosas series –*Vida de una cortesana*, *El matrimonio a la moda*– denuncian la frágil moralidad de la época. Es, al mismo tiempo, el primero en dar un carácter propio a la naciente escuela inglesa con un realismo que sus continuadores tratarán de suavizar. Sus retratos, aunque de cierta dureza, manifiestan idéntico sentido de la caricatura que sus pinturas de género, destacándose entre ellos el del gran actor David Garrick. Falta de sentimiento y desprecio de la belleza física, junto a una gran profundidad de observación, son sus características primordiales. Es autor también de un tratado de teoría pictórica, titulado *Análisis de la belleza*.

Hohenzollern.

Familia de príncipes alemanes oriundos del territorio homónimo, cuyos primeros miembros históricamente conocidos son Burchard y Wenceslao de Zolorin (1061), después de Suabia. El antecesor de los actuales es Conrado, burgrave de Nuremberg (s. XIII), cuyos descendientes llegaron a ser margraves de Brandeburgo y adquirieron su dignidad electoral (1417), más tarde (1701) la corona real de Prusia y, por último, la dignidad imperial (1871), que desempeñaron hasta la proclamación de la república alemana (1918). Fueron rasgos frecuentes de los Hohenzollern el rígido militarismo y severos hábitos de economía; y los más famosos fueron Federico Guillermo el Gran Elector, Federico II el Grande, Guillermo I y Guillermo II.

hoja.

Órgano de la planta, generalmente aéreo, verde y aplanado, que desempeña funciones esenciales en la nutrición vegetal. Si bien es cierto que las algas muestran en su tallo partes que parecen hojas, éstas sólo surgen de manera constante a partir de los musgos, y sólo en las plantas superiores, como las pteridofitas y fanerógamas, presentan una organización y un desarrollo completos. Nacen en las yemas terminales de los tallos, de un tejido o meristema que se produce lateralmente y un poco por debajo del meristema terminal. Las hojas formadas en el embrión se llaman cotiledones.

Partes. Una hoja completa consta de tres partes: el limbo, el pecíolo y las estípulas. *La lámina foliar* o *limbo* es la parte principal de la hoja y, en ella se llevan a cabo importantes funciones de nutrición. El limbo generalmente es plano y delgado; en él se distinguen: la base, donde se inserta en el pecíolo, y el ápice, que es el extremo opuesto; tiene una cara superior o haz y otra inferior o envés. Su forma variada sirve para clasificar las hojas. A través del limbo se ven las nervaduras o nervios, algo salientes en el envés; es por lo común de color verde, con el haz más oscuro. Un pedúnculo, el pecíolo, continúa el eje del limbo y lo fija al tallo; está constituido por haces de vasos que conducen savia. Suele ser cilíndrico, aplanado o laminar. Su función principal es la de acomodar y permitir la buena orientación de la hoja. Pecioladas son las hojas con pecíolo; las que no lo poseen se llaman sentadas o sésiles. La *vaina* es la parte terminal del pecíolo que fija la hoja al tallo. Su tamaño es muy variable; en las hojas *envainadoras*, como las del trigo, maíz, etcétera, la vaina envuelve al tallo. En algunos casos posee ciertas expansiones llamadas *estípulas* (por ejemplo, en el rosal, la arveja, etcétera), las cuales pueden convertirse en espinas, como en el tala, el espinillo, etcétera; a veces se sueldan formando una vaina, la ócrea.

Estructura. En los musgos, las hojas están constituidas a menudo por una sola capa de células iguales, a veces con una nervadura central, para facilitar la circulación. En las plantas vasculares la estructura es más compleja. Si estudiamos un corte transversal del limbo de una hoja, podemos observar: a) una epidermis que envuelve por completo al limbo; está formada por células apretadas y con la membrana exterior protegida por una capa de cutícula; en el envés se hallan unos orificios llamados *estomas*, cuyo número varía de una especie a otra y según el medio en que viven; a veces hay también pelos; b) un parénquima clorofílico, que ocupa el espacio entre dos epidermis; las capas superiores están formadas por células prismáticas, apretadas y perpendiculares a la superficie (parénquima en empalizada). Sigue luego

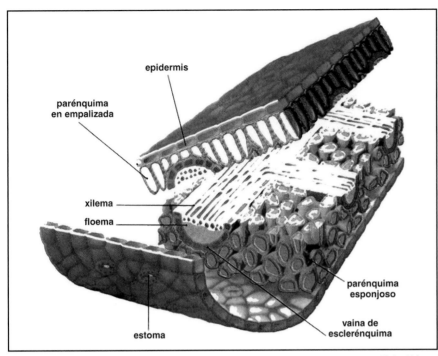

epidermis

parénquima
en empalizada

xilema

floema

parénquima
esponjoso

vaina de
esclerénquima

estoma

Salvat Universal

Estructura de una hoja angiosperma.

el parénquima esponjoso o lagunoso, formado por células irregulares que dejan entre sí grandes meatos; *c)* las nervaduras son hacecillos conductores que provienen de la ramificación del pecíolo y constituyen la armadura del limbo; forman una extensa y menuda red; desempeñan una doble función: conducen la savia que le da vida y sirven de sostén al limbo. En un corte de pecíolo puede observarse siempre una epidermis cutinizada, con o sin estomas, y un parénquima, que incluye los hacecillos liberoleñosos.

Las hojas están encargadas de varias funciones esenciales para la vida de la planta. Las más importantes son: la fotosíntesis, la respiración y la transpiración. Por la fotosíntesis las plantas verdes, provistas de clorofila, descomponen el agua y el anhídrido carbónico del aire en oxígeno, que retorna a la atmósfera, y en carbono. Este carbono, a medida que es producido, se combina con los elementos del agua, oxígeno e hidrógeno, para elaborar compuestos orgánicos.

Estos procesos de disolución de algunas sustancias y combinación de otras se realizan con un gasto considerable de energía, que la clorofila absorbe del sol en forma de luz; por tal razón, para que la asimilación clorofílica pueda llevarse a cabo es menester suficiente luz solar y cierto grado de temperatura.

Con el carbono absorbido las plantas elaboran diversos productos orgánicos: almidón, azúcares, celulosa, etcétera. La respiración es un fenómeno propio de to-

dos los seres vivientes. Las plantas respiran al igual que los animales, tomando oxígeno del aire y exhalando anhídrido carbónico. La respiración se produce en las células de modo tal que todas las partes del vegetal reciban la energía que el oxígeno les proporciona. Éste penetra por los estomas de la epidermis y pasa por un proceso de ósmosis, a través de los parénquimas o por los vasos leñosos, distribuyéndose así por toda la planta. En el interior de las células se produce la combustión u oxidación de materias orgánicas, generalmente glucosa, dejando en libertad una energía que el organismo utiliza para los procesos vitales. La respiración es una función exactamente inversa a la fotosíntesis: ésta absorbe energía; por lo contrario, la otra la desprende.

La fotosíntesis es más enérgica de día que la respiración, lo que dio origen al error –tan a menudo repetido– que la respiración diurna de la planta exhala oxígeno, mientras que la nocturna, a la inversa, desprende anhídrido carbónico. El calor acelera esta función, las plantas tiernas respiran más que las leñosas, las jóvenes más que las viejas. Durante la germinación de las semillas la respiración es más intensa que nunca. La *transpiración* de la planta es aquella función por la cual exhala agua en forma de vapor. Si cubrimos una planta en pleno desarrollo con una campana de vidrio y la exponemos al sol, se verá aparecer en las paredes de la campana, pequeñas gotitas de agua transpiradas por el vegetal. La transpiración se efectúa especial-

mente por los estomas. Varía según la especie y, en cada planta, de acuerdo con la edad y los factores atmosféricos: luz, calor, humedad, etcétera. Al eliminar cierta cantidad de líquido, la respiración produce un desequilibrio que origina una succión, la cual permite la elevación de la savia hasta las hojas. La nutrición se ve así favorecida por la acumulación de sales minerales aportadas por la savia bruta que llega a las hojas. Cuando la transpiración es abundante, aumentan la absorción y demás funciones vitales.

La mayoría de las plantas perennes de los países templados y fríos pierden durante el otoño todas las hojas, quedando la vegetación en descanso hasta la primavera siguiente. Estas hojas, que sólo duran un periodo vegetativo y caen, se llaman *caducas.* Otras plantas muestran su follaje siempre verde; sus hojas son persistentes, duran uno o varios años y no caen al mismo tiempo, sino poco a poco, siendo las caídas reemplazadas por otras nuevas. La persistencia de las hojas es casi general en los países tropicales. Cuando una hoja llega al final de su existencia, la mayoría de las sustancias útiles a la planta que pueda contener emigran hacia el tallo, quedando en la hoja seca las inútiles o dañinas, como la sílice y el oxalato de cal.

Clasificación de las hojas: 1) Por su nervadura, las hojas pueden presentar el aspecto de una pluma, hojas *pinatinervadas,* con un eje o raquis del cual salen nervios laterales, como las de durazno, álamo, banano, etcétera. Otras se dividen al entrar en el limbo como los dedos de una mano; son las hojas *palmatinervadas,* como las de hiedra, higuera, geranio, etcétera. Las *paralelinervadas,* como las de lirio, trigo, maíz, etcétera, tienen nervaduras independientes y paralelas. 2) Por el borde de la lámina, las hojas pueden ser *enteras,* con el borde liso, como en el eucalipto, ligustro, etcétera; *dentadas* con salientes agudos, como las hojas de castaño, las *espinosas* terminan en espinas, como en la pita; *aserradas* son las que tienen dientes como una sierra, tal cual se ve en las hojas del rosal, sauce, etcétera; las *festoneadas* muestran sinuosidades redondeadas poco profundas, como las de geranio; las *lobuladas* tienen entrantes más profundas, como las de roble, hiedra, etcétera; son *partidas* cuando la escotadura se aproxima a la nervadura central, como las hojas de higuera. 3) Por la forma de la lámina, las hojas pueden ser *circulares,* como las de irupé o victoria regia; *elípticas,* como las de limón; *ovales,* como las de espartillo; *aciculares,* como las agujas de pino; *lineales,* en forma de cinta, como las de trigo; *lanceoladas,* en forma de lanza, como las de olivo, laurel, etcétera; y *falciformes, sagitadas, acorazonadas, espatuladas, arriñonadas,* etcétera. Hojas *apeltadas* son aquellas cuyo pecíolo se inserta en el centro de la lámina, como las de taco de reina; hojas *sésiles* son las que carecen de pecíolo, como las del cardo; por lo contrario, la lámina puede faltar, quedando las hojas reducidas a su pecíolo, como en el espárrago.

Hojas simples son aquellas que llevan una sola lámina en cada pecíolo; compuestas, cuando figuran en cada pecíolo varias hojuelas o *folíolos*.

Para distinguir una hoja simple de un folíolo es necesario observar su base, donde las hojas simples tienen una yema y los folíolos no; para distinguir una hoja compuesta de una rama, se debe buscar en la base una yema, pues las ramas carecen de ella.

Plantas *áfilas* son las que carecen de hojas, como las cactáceas: tuna, cardón, etcétera.

Inserción de los hojas sobre los tallos. La filotaxia estudia la disposición de las hojas en el tallo y los principios o leyes a que obedecen. Sabemos que las hojas nacen en los nudos de las ramas. Puede haber una hoja en cada nudo; entonces se dice que la filotaxia es aislada, generalmente de hojas alternas, como las de peral, álamo, etcétera. Cuando en cada nudo hay dos o más hojas, la filotaxia es verticilada; entonces las hojas son opuestas, como las del clavel, olivo, etcétera.

Las hojas comunes pueden sufrir modificaciones notables al adaptarse a ciertas funciones particulares; como los cotiledones en la germinación; las catáfilas, hojas subterráneas que recubren los bulbos y rizomas; las estípulas o pequeñas hojitas en la base del pecíolo, como en el rosal, malvón, etcétera; los zarcillos de las plantas trepadoras, que sirven para fijación y sostén; las espinas, los aguijones, las escamas que recubren las yemas, las flores que provienen de hojas modificadas, etcétera.

hojalata.

Lámina fina de hierro o acero estañada por las dos caras. Es un material de gran utilidad en las industrias modernas, pues reúne la ductilidad y tenacidad del hierro y la resistencia del estaño a la humedad. Protege contra los efectos del oxígeno, del aire y de los agentes químicos que, sin él, alterarían el hierro.

Lámina de hojalata.

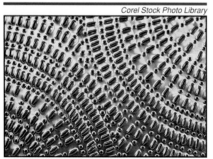

Corel Stock Photo Library

Corel Stock Photo Library

Cubiertas de latas de aluminio.

La hojalata fue ideada en el siglo XVI en Erzgebirge (en el actual territorio de Checoslovaquia), empezándose a obtener las chapas mediante forja a martillo. La industria no pasó de un estado rudimentario, pues las chapas, mal alisadas, no eran protegidas eficazmente por el estaño. Al inventarse las laminadoras, la fabricación de hojalata alcanzó gran desarrollo en Gales y llegó a ser una de las ramas más importantes de la metalurgia inglesa y la de mayor exportación hasta 1914.

El espesor de las láminas oscila entre 0.1 y 2.5 mm y la composición del baño protector depende de los usos a que se destina la hojalata. Cuando se da un baño de estaño puro se obtiene la hojalata brillante, que sirve para fabricar baterías de cocina o cualquier otro utensilio para contener alimentos, como latas de conserva. Cuando el estaño se mezcla con plomo, obtiénense hojalatas grises, destinadas a otros usos, como juguetes, canalones, revestimiento de embalajes, etcétera.

Una vez obtenidas las chapas del espesor requerido, por laminación, se empieza por someterlas a un proceso de recocido, que aumenta la maleabilidad del hierro. Sigue una operación de limpieza o desoxidación de las caras por medio de unas soluciones diluidas de ácidos, que atacan las chapas dejando las superficies granuladas.

Para obtener las caras lisas y planas se las somete a un laminado en frío, tras lo cual se las introduce en un baño de estaño fundido, donde adquieren una capa protectora uniforme.

La hojalata tiene infinidad de aplicaciones, que han dado origen a toda una industria, con múltiples oficios especializados en su utilización. Con ella se construyen envases para productos líquidos y sólidos, y principalmente para conservas alimenticias, que junto con la industria de juguetes son los grandes consumidores de hojalata.

Hokusai, Katsushika (1760-1849).

Pintor japonés nacido en Tokio. Estudió el arte del grabado en el taller de Shunsho, pintor de la escuela Ukiyoyé, que había roto con la tradición y representaba en sus composiciones escenas de la vida común en lugar de los habituales temas históricos y mitológicos. Se dedicó luego al estudio de las obras de otros maestros y llegó a poseer un estilo personal con el que renovó la modalidad Ukiyoyé. Contribuyó en gran parte a la difusión del arte japonés en occidente. Entre sus obras más importantes se cuentan la titulada *Vistas del Fujiyama* y las ilustraciones de unos libros que él mismo escribía.

Holanda.

País situado sobre la costa central del noroeste de Europa. Limita al norte y al oeste con el Mar del Norte, al sur con Bélgica y al este con Alemania. Oficialmente se denomina Reino de los Países Bajos (*Nederlanden* en holandés), aunque el nombre de Países Bajos se refiere igualmente a una parte de Bélgica en rigor geográfico e histórico. La anterior denominación oficial tuvo fundamento cuando se constituyó dicho reino con arreglo al Acta del Congreso de Viena (1815), que reunió a Holanda con Bélgica, pero ésta se separó en 1830. El título subsiste a pesar de la división política de los Países Bajos. En cuanto al nombre de Holanda, corresponde propiamente a una provincia, actualmente dividida en dos (septentrional y meridional), y se justifica en cierto modo la generalización a todo el reino por haber sido Holanda cuna y cabeza de la nación.

Superficie y población. Tiene 33,920 km² (41,526 en el nivel más bajo de la marea e incluyendo aguas interiores). Es la nación más pequeña de Europa después de Luxemburgo, Albania y Bélgica; pero la más densamente poblada del Viejo Mundo, pues tiene 15.6 millones de habitantes, es decir, 460 habitantes por km², a pesar de

Reloj público en La Haya, Holanda.

Corel Stock Photo Library

Muchachas holandesas con vestimenta tradicional en el mercado de queso.

que el pueblo holandés ha dado apreciables contingentes de emigración a sus antiguas y actuales colonias en África, América y Asia.

Relieve físico y litoral. El territorio se caracteriza por su aspecto de llanura carente de elevaciones, como si fuera un enorme pozo que se ha vaciado, con sus pantanos, lagunas, ríos y canales. Cuando suben las mareas las costas naturales quedan cerca de 2 m más bajas que el nivel del mar, y cuando aquellas descienden, el litoral apenas sobrepasa unos centímetros la línea de las aguas. Pero las dunas acumuladas en las orillas, de 12 a 15 m de alto en algunos sitios, y el ingenio y el trabajo humano en otros, según se refiere más adelante, han conseguido detener las inundaciones. Sin embargo, éstas se han producido en más de una ocasión y han originado verdaderas catástrofes.

La costa, que parte en el norte desde el Golfo de Dollart hasta la desembocadura del río Ems, sigue su curso profundamente irregular hacia el oeste y el suroeste; dobla en Harlingen y se abre con el profundo brazo de mar que penetra con el nombre de lago de Yssel, a cuyo fondo se encuentra Amsterdam, la primera ciudad del país y su primer puerto y centro comercial. El lago de Yssel tiene una costa igualmente irregular; defiende su entrada el dique de Afsluit, donde están los clásicos polders holandeses del sureste y del suroeste. Se da el nombre de polders a los pantanos desecados que ahora están dedicados al cultivo. Desde la punta de El Helder, en el Mar del Norte, la costa baja al sur sin alteración alguna hasta la parte inferior de Holanda Meridional (desembocadura superior del Rin), y de allí hasta el límite con Bélgica se abren los estuarios del Escalda y Mosa, en que se hallan las islas de Zelanda. Otro grupo de islas, llamadas Frisias Occidentales, se extiende al norte, desde la punta de El Helder, hasta la propia entrada del Golfo de Dollart. Próximo a esta línea se abre en tierra firme el Mar o Golfo de Lauwers de Lauwarzee.

La lucha contra el mar. Mapas del siglo II revelan que en esa época el mar llegaba

hasta la ciudad de Leeuwarden, importante localidad de Frisia en el norte del país, y con anterioridad alcanzaba aún más al interior, según hoy lo señala la laguna de Bergum. Al consultar estos sitios en un mapa actual se observa el terreno que primero los frisios y luego sus descendientes, los holandeses, han conquistado a las aguas. Ese avance ha sido paulatino en todo el litoral, con excepción de la parte comprendida por la muralla natural de más de 100 km de longitud que se extiende desde El Helder a Hoekvan-Holland. La consideración de este avance es la característica en la perspectiva del territorio, producto de una labor paciente en que han intervenido por igual la naturaleza y el hombre. Los materiales arrastrados por las corrientes y acumulados por los fuertes vientos que soplan sobre el litoral han levantado las dunas que defienden en las costas el menor nivel del suelo respecto del mar; junto a esas dunas, o delante de ellas, se ha reforzado la defensa natural mediante la construcción de diques; inmediatamente se han formado nuevas dunas ante éstos y se ha extendido el terreno; y entonces se alzan nuevos diques y la tierra que queda a su respaldo se dedica a pastos y cultivos. Así se ha ampliado constantemente la parte más baja del país, que en remoto tiempo fue tierra sumergida. La obra defensiva se completa por medio de murallones, canales y esclusas que absorben crecientes máximas y desaguan los excesos en otros puntos.

Las aguas que quedaron estancadas en el interior originaron pantanos que fue preciso desecar, y allí se produjeron los llamados polders. Para su desagüe se construyeron canales que han llegado a formar una vastísima red; ante ellos se han levantado otros diques de defensa. Además, con esos canales se han formado vías internas de comunicación supliendo su navegación la falta de terreno para construir carreteras y ferrocarriles en diversos puntos. La desecación de los pantanos explica un detalle muy vulgarizado respecto a este país: sus clásicos molinos. Éste ha sido el medio empleado para esa inmensa obra, aprovechando para mover sus aspas la gratuita

Hombres transportando queso en Alkmaar, Holanda.

Muchacha holandesa con traje tradicional.

fuerza del viento, que es constante y a veces fortísimo. Es también el viento el que obliga a usar a las holandesas esas graciosas tocas que les caen con dos pequeñas alas blancas sobre las orejas, y la humedad constante del piso es la causa de sus característicos zuecos de madera. En toda Holanda se hallan esas obras de conquista del suelo, de desecación y defensa, obras en las que la ingeniería holandesa ha llegado a perfección admirable. La más importante, no igualada hasta hoy en su especie en país alguno, la constituye la desecación del Golfo del Zuiderzee, que ha significado la obtención de más de 200,000 ha de tierra laborable. En la costa del Zuiderzee ha sido preciso construir diques, debido a la falta de dunas; también se carece de éstas en el litoral interior de las desembocaduras del Escalda y el Mosa.

Inundaciones. Gran parte de las poblaciones de esas tierras ganadas al mar se han levantado en pequeñas colinas, como medida de prevención ante posibles inundaciones, pues éstas han ocurrido a pesar de las defensas construidas y llegado a constituir verdaderas catástrofes. Como la de 1825 entre Zaardam y Alkmaar, cuando 40 aldeas quedaron sumergidas y las víctimas sumaron varios millares. El siniestro se repitió en febrero de 1953, calculándose 2,000 bajas entre muertos y desaparecidos.

Orografía. El país carece de sistema orográfico. A falta de montañas posee algunas dunas de cierta elevación, que escasamente llegan a 150 m, y de colinas y cerros que superan a aquellos ligeramente. Los principales de éstos últimos son: el Krikelenberg (210 m), junto a la frontera de Bélgi-

Holanda

Corel Stock Photo Library

Pueblo de Volendam, Holanda.

Geología. Aluviones arrastrados por los hielos y las aguas han cubierto la baja llanura que es el país dejando una arena de cuarzo ligeramente arcillosa *(geest)*, de característica estéril, menos en los sitios en que abundan la arcilla y la turba. Hay turberas altas y bajas, formadas con los restos de la antigua vegetación y fauna que antes cubrían la Batavia. El Rin ha arrastrado hasta Holanda detritos de los volcanes de la provincia de su nombre en Alemania, y el Mosa ha llevado los cuarzos y gres de las Ardenas. De las turberas se extraen los vegetales carbonizados, que se explotan ampliamente, y luego, limpia la tierra, se la aprovecha en pastoreo y cultivos. En general, el Rin ha sido y es el gran proveedor del suelo holandés, con sus aluviones, portadores constantes de grandes cantidades de materias sedimentarias.

Clima. Es frío y húmedo, malsanas las partes bajas, con nieblas y vapores que las cubren y lluvias que molestan más de lo que mojan, pues no son abundantes y sí continuas. Cae nieve en los inviernos y hay temporadas en que se hielan el Canal del Norte y el Zuiderzee. La temperatura media puede calcularse entre 8 y 10 °C pero de pronto se producen algunas momentáneas olas de calor en verano y de frío en invierno. Atenúan las condiciones malsanas de las partes bajas los vientos del oeste o del norte y del nordeste. Alejándose del litoral, el clima mejora extraordinariamente, pero debido a la carencia de montañas, la influencia oceánica, aunque con diferencias sensibles en su intensidad, es general en el país.

Producción, industria y ganadería. Escasean las riquezas y materias primas por la condición del suelo; sin embargo, se extrae algo de hierro y tiene cierta importancia (12 millones de ton anuales) la explotación de hulla grasa, que se aprovecha como combustible y del que se extraen numerosos compuestos. La explotación del petróleo se inició en 1943 y alcanzó la cifra de 18.311,000 barriles de crudo en 1993. No obstante, la economía del país se basa en la ganadería y sus derivados (manteca, quesos y leche condensada y en polvo); cultivo de cereales (trigo, avena), que cu-

Corel Stock Photo Library

Campanario en Alkmaar, Holanda.

ca; el Vaalverberg (198 m), al oeste de Aquisgrán.

Hidrografía. Tres son los ríos importantes que cruzan el país, los cuales se forman en el exterior: el Rin, que procede de Alemania y a poco de cruzar la frontera en Pannerden, se divide en dos brazos: el del sur, el más importante, toma el nombre de Waal y pasa por Nimega y Gorinchen; aquí recibe una parte del Mosa; en Hardinxvel se denomina Mervvede, y se divide en varias corrientes; una de éstas se une al Nuevo Mosa y las restantes desaguan en el Mar del Norte. El segundo río importante de los Países Bajos es el Mosa, que llega de Francia y Bélgica, se une en varios brazos del Rin, forma un nutrido archipiélago de islas bajas y desemboca en el Mar del Norte por varios puntos; brazos del Mosa son el Mervvede, el Viejo Mosa, el Schaus y el Nuevo Mosa, algunos de los cuales se dividen antes de su término. El tercer río importante es el Escalda, que nace en Francia, cruza Bélgica, entra al país con un ancho de más de un kilómetro y se bifurca en dos anchos brazos, Escalda Occidental o Hond, que es el brazo meridional, y el Escalda Oriental (Ooster-Schelde), cuyo curso sufre enlaces, bifurcaciones, etcétera, hasta desembocar ambas ramas en el Mar del Norte, a 25 km de distancia una de otra, formando un amplio estuario. Otros ríos también importantes, aunque en menor grado que los ya nombrados, son el Reitdiep, en el norte que desemboca en el Mar de Lauwers; el Waal, el Lek y el Yssel, brazos del Rin los dos primeros y del Bajo Rin el último, que desemboca también en el lago de Yssel; y el Vecht, que procede de Alemania y desagua en el Zuiderzee.

Joven holandesa con tulipanes, flor nacional de Holanda.

Corel Stock Photo Library

bren las necesidades de los habitantes; lúpulo, remolacha azucarera, guisantes, plantas forrajeras y patatas; manufactura de materia prima traída de las Antillas Holandesas y Aruba y que se reexportan transformadas; fabricación de aparatos de precisión, radios, televisores, talla de diamantes, maderas finas y flores, que exporta en grandes cantidades al resto del mundo por haberse obtenido especies excepcionales, jacintos, gladiolos, rosas, crisantemos, lilas, etcétera. Y principalmente tulipanes, cuyo cultivo dio origen a una industria activísima. Son importantes las industrias de construcciones navales (astilleros y auxiliares que complementan la construcción y el equipo de barcos); abonos sintéticos, explosivos y textiles y todo cuanto se relaciona con la pesca, en la que figura como renglón principal la captura y comercio del arenque. Los cultivos holandeses se distinguen por sus altos rendimientos y en ganadería se han obtenido clases propias de gran valor para el desarrollo de la industria lechera, particularmente. Las vacas lecheras holandesas –más de 1.5 millones dentro de un total de unos 4.5 millones de cabezas de ganado vacuno (1995)– ocupan el primer lugar en su especie, pues rinden de 35 a 40 l diarios, y no son pocos los casos en que se llega a los 50 l. Se las señala como muy voraces y propensas a sufrir enfermedades, pero hay exageración en ambas afirmaciones. Es clásica en el mundo la vaca lechera oriunda de Frisia, que cruzada con el tipo germánico-danés de Holstein ha servido para crear en Estados Unidos la raza llamada Holstein-Frisian, de color negro y blanco, campeona de producción en múltiples ocasiones.

Corel Stock Photo Library

Zapatos tradicionales holandeses de madera.

Transportes. Las fluviales son las comunicaciones más importantes del país, dada la naturaleza de éste, y sus ríos y canales navegables tienen 6,340 km. Únicamente los utilizables por buques de más de 1,000 ton ascienden a 1,700 km. El Rin es la vía clave de todo el sistema fluvial, unido por canales directos a los puertos de Amsterdam y Rotterdam y por otros indirectos a los puertos belgas de Gante y Amberes. El llamado Canal de Amsterdam mide 26 km de longitud, tiene una profundidad de 12 m y es uno de los más importantes de Europa. Hay 118,943 km de carreteras y caminos que completan las comunicaciones nacionales, más 2,800 km de vías ferroviarias (1994). Ha sido fácil construir estos medios de transporte a causa de lo plano del terreno. Para la comunicación exterior se cuenta con varias compañías marítimas que disponen de grandes y cómodos barcos construidos en el país y líneas aéreas con servicios diarios a todos los continentes.

Ciudades. La capital política del país es Amsterdam (722,245 h., 1995), gran puerto y centro comercial y uno de los más prósperos de Europa. En su Museo del Estado se conserva la mejor colección de obras de arte holandés. Pero la residencia de la corte es La Haya (442,105 h.), que en la época comprendida entre la segunda mitad del siglo XVII y la primera del siglo XVIII fue la capital diplomática de Europa. Ciudad hermosa y moderna, de gran distinción y cultura. Funcionan allí la Academia de Derecho Internacional y la Corte Internacional de Justicia; Rotterdam (599,414

Mercado tradicional del queso en Alkmaar, Holanda.

Corel Stock Photo Library

h.), rivaliza con Amsterdam por el movimiento comercial y desarrollo industrial, como centro de empalme de las más importantes vías de comunicación; Utrecht (235,357 h.) es una de las más antiguas e históricas ciudades holandesas y donde se firmó el pacto que puso fin a la Guerra de Sucesión Española (1713); Haarlem (149,561 h., 1994) es el centro de la llamada *tierra de los tulipanes* y conserva un órgano construido en 1735, que hasta hoy es considerado como uno de los más grandes que existen; Groninga (170,597 h., 1994), ingresó hacia 1280 como miembro importante de la Liga Hanseática. Otras ciudades holandesas son: Arnhem, Delft, Eindhoven, Enschede, Leiden, Nimega y Tilburg.

Gobierno y religión. La nación se rige por el Estatuto del Reino, en vigor desde 1954. Holanda es una monarquía constitucional hereditaria, vinculada en la Casa de Orange. El poder Ejecutivo lo ejerce la Corona asistida por un consejo de ministros, y el legislativo reside en la Corona y el Parlamento o Estados Generales, que se componen de dos cámaras: la alta con 75 miembros elegidos por los estados provinciales, y la baja con 150 diputados elegidos por votación popular directa. El soberano y la cámara baja proponen las leyes y la cámara alta las aprueba o rechaza. La cabeza del Estado es la reina Beatriz, que ascendió al trono en 1980. La nación se divide en las doce provincias siguientes: Brabante, Drenthe, Frisia, Groninga, Güeldres, Holanda Meridional, Holanda septentrional, Limburgo, Overyssel, Utrecht, Zelanda y, además, el Polder del nordeste.

Hay libertad de cultos. Las religiones que cuentan con mayor número de fieles son la Iglesia reformada holandesa con otras denominaciones protestantes, y la católica romana. También hay pequeños grupos de jansenistas y judíos. Los católicos cuentan con un arzobispado en Utrech y cuatro obispados.

Idioma y educación. El idioma nacional –holandés– es una forma dialectal del bajo alemán; se usa en las relaciones oficiales y lo practica casi todo el país en su vida común, pero existen otros dialectos de diferentes regiones, todos procedentes de la primitiva lengua germana, y los hay que hasta reclaman un nombre propio. Por ejemplo, el frisón, que se habla en Frisia y la zona norte del país. En sitios próximos a la frontera alemana se hablan indistintamente el holandés y el alemán. El analfabetismo casi ha desaparecido. La instrucción primaria tiene más de 9,388 escuelas, públicas y privadas, en sus diversos grados, y la educación secundaria 1,382 escuelas. Hay, además, numerosas escuelas especiales, técnicas, de agricultura y de economía doméstica. La instrucción superior cuenta con las universidades de Leiden (fundada en 1575), Utrecht (1636), Groninga (1614)

Corel Stock Photo Library

Mujer con vestimenta frisia.

y Amsterdam (1877). Existen, también, la universidad católica de Nimega y la calvinista de Amsterdam. Entre las principales escuelas especiales se destacan la Técnica de Delft, la de Ciencias Económicas de Rotterdam y Tilburg (católica), de agricultura general en Wagenlingen y de agricultura tropical en Deventer, e institutos de comercio, industria, navegación, veterinaria, bellas artes, etcétera. Existen museos de antigüedades, etnografía, de arte, geología, ciencias naturales, etcétera.

Casa de arquitectura holandesa.

Corel Stock Photo Library

Holanda

Colonias. En el siglo XVII poseía Holanda uno de los mayores y más ricos imperios coloniales del mundo. Dominaba en el archipiélago Asiático (islas de Sumatra, Java, Borneo, Molucas, Timor, Nueva Guinea, etcétera); eran suyos los territorios de la hoy Unión Sudafricana, establecida por colonos holandeses (boers); y las Indias Occidentales (Curazao, Bonaire y Aruta, en el Caribe), además de otras posesiones en diferentes puntos. Los holandeses colonizaron la región de Nueva York (Nueva Holanda) y fundaron en 1614 Fort Nassau, cerca de la actual Albany, y en 1626 la ciudad que llamaron Nueva Amsterdam, rebautizada con el de Nueva York cuando la tomaron los ingleses en 1664. Por el tratado de Breda (1667) consolidaron los ingleses esta conquista y renunciaron los holandeses a sus demás establecimientos en la región a cambio del territorio de Surinam. En el siglo XVIII continuó la conquista británica de las colonias holandesas, culminada con la total expulsión de Holanda de África del sur en el comienzo del siglo XIX. Sin embargo, hasta la Segunda Guerra Mundial conservó Holanda un imperio que sumaba más de 2 millones de kilómetros cuadrados, con una población calculada en no menos de 70 millones de habitantes. En 1949, Holanda reconoció la independencia de Indonesia, formada con casi todas las Indias Orientales Holandesas, de las que sólo retuvo Nueva Guinea, la que fue transferida a Indonesia en 1963.

En 1975 se le concedió la independencia a Suriname. Las restantes colonias se reducen en la actualidad a las Antillas Neerlandesas y Aruba, que tienen gobierno autónomo y viven de las refinerías de petróleo procedente de Maracaibo.

Curazao es uno de los puertos abastecedores más importantes de este combustible, centro de turismo y ciudad para el libre comercio con el exterior. Otras islas neerlandesas en el Caribe son Bonaire, San Eustaquio y parte de San Martín.

El imperio colonial dio a la metrópoli la fuente de sus actuales industrias y orientó su economía en el único sentido que podía asegurar su existencia, amagada de pobreza ante los escasos recursos naturales de su territorio de tierra firme. Impulsó, sobre todo, su navegación, al amparo de la cual, gracias a preferencias y a los nexos establecidos, mantenían los viejos mercados, de los cuales le resultó muy doloroso prescindir. Correspondió a Holanda fundar dos instituciones coloniales que luego sirvieron de modelo en el intercambio entre el viejo mundo y las posesiones de ultramar, la Sociedad de los Países Lejanos (1595) y la Compañía Holandesa de las Indias Orientales (1602-1800), ambas de gran relieve histórico y que influyeron poderosamente en el desarrollo de las relaciones económicas y políticas de su época.

Historia. Isla de los Bátavos fue el primer nombre con el cual se conoció –por designación de los romanos– a Holanda en la actualidad. El territorio estaba rodeado por las aguas del Rin, el Wähal (o Waal) y el Mosa. Reinaba allí tal pobreza que sus primeros habitantes lo abandonaron para unirse a los cimbros y teutones e invadir Italia. Volvió a poblarse con los catos expulsados de Germania, y éstos fueron los llamados bátavos, en lo sucesivo, posteriormente dominados por los frisones y confundidos con ellos dando lugar al nacimiento de la nacionalidad. Conquistados por los romanos (12 a. C.) cuando Nerón Claudio Druso llegó hasta Frisia, fueron luego colaboradores del imperio de Carlomagno. En el año 885 se creó el condado de Holanda, que se entregó a uno de los jefes del país, Gerolf, por haber vencido a los normandos. Un siglo antes habíase fundado el obispado de Utrecht. Un hijo de Gerolf, Tierri, engrandeció el condado de Holanda, y un descendiente de él, Guillermo II, fue elegido emperador de Alemania, apoyado por el papa Inocencio IV. Sucesivas alianzas y pactos robustecieron el dominio holandés, que incluyendo ya Frisia, casi todo el distrito de Utrecht y unido a Zelanda, pasó en 1428 a la Casa de Borgoña. Por el matrimonio de María de Borgoña con Maximiliano de Austria pasaron aquellos estados y los demás Países Bajos a Felipe el Hermoso, quien tuvo de su esposa Juana, hija de los Reyes Católicos, a Carlos I de España y V de Alemania, señor también de los Países Bajos y nacido en la ciudad flamenca de Gante. Al abdicar Carlos V cedió a su primogénito Felipe II los Países Bajos, que se vincularon a la monarquía española. Pero diferencias religiosas promovieron la rebelión de varias provincias. Las siete septentrionales (Holanda, Zelanda, Utrecht, Güeldres, Overyssel, Frisia y Groninga) se agruparon en lo que se llamó Unión de Utrecht (1579) y dos años después proclamaron la independencia. Constituyóse entonces la República de las Provincias Unidas, que en 1584 nombraron *estatúder* –o gobernador general– a Guillermo de Nassau, príncipe de Orange, y esta dinastía mantiene hasta hoy el cetro de la monarquía holandesa.

Los años finales del siglo XVI marcan el inicio de un periodo de gran prosperidad en el país, con la extensión de su comercio marítimo y el establecimiento de sus grandes dominios coloniales, ya mencionados

Paisaje bucólico holandés.

anteriormente. Este apogeo llegó a su máximo en el gobierno del estatúder Federico Enrique (1625-1647), nieto del fundador de la dinastía, sus navegantes y exploradores llegan a todos los mares, Amsterdam arrebata a Amberes el dominio de la marina mercante del mundo con Houtman, Heemskerck, Lemaire, Hartog, Nuyt, Van Campen, etcétera.

La pintura holandesa da genios, al igual que las ciencias y la filología. Participa en la Paz de Westfalia, como aliada de Francia al final de la guerra de Treinta Años, y Europa reconoce a Holanda como Estado independiente. En 1650 comienza la guerra que le declara Inglaterra por el control de los mares, cuando aumenta su poderío marítimo y comercial, y hasta 1654 hay 12 combates navales favorables a los holandeses. A pesar de suscribir el acta de navegación de Cromwell (1654), en 1665 se renueva el conflicto, mientras Francia ocupa parte de los Países Bajos (Bélgica) y España amenaza a Holanda. Comienza el periodo de la decadencia, que se acentúa un siglo más tarde y que alcanza a la pérdida de las colonias en el sur de África. A fines del siglo XVIII ocupan el país los revolucionarios franceses y se restaura la República Bátava. En 1806 Napoleón II creó el reino de Holanda y lo entrega a su hermano Carlos Luis III, y pasa al imperio francés en 1810; pero los holandeses se emancipan en 1813. Se establece la monarquía con la dinastía Nassau-Orange sobre los Países Bajos, que comprende a Bélgica, pero este país recupera su independencia en 1830. Por muerte de su padre Guillermo III, en 1891 ascendió al trono la reina Guillermina Emma, que contrajo matrimonio en 1901 con el duque Enrique de Mecklemburgo-Schwerin, y tuvo una sola hija, Juliana, en favor de quien abdicó en 1948.

Durante la Primera Guerra Mundial (1914-1918) Holanda pudo mantener su neutralidad; pero en la Segunda (1939-1945) fue invadida por los alemanes; la reina Guillermina se refugió en Inglaterra, para regresar a su patria al término del conflicto. Durante éste los japoneses ocuparon las Indias Orientales Holandesas (archipiélago Asiático) y establecieron un gobierno autónomo que estimuló el espíritu nacionalista. Después de la expulsión de los japoneses, sobrevino un periodo de fricción entre holandeses e indonesios, hasta que se llegó a un acuerdo (1947) por el cual se creaba el Estado independiente de Indonesia y se establecía la unión de Holanda e Indonesia. Sin embargo, continuaron los desórdenes y Holanda recurrió a la acción militar contra Indonesia. La intervención de las Naciones Unidas, en 1949, fue decisiva para que Holanda transfiriera la soberanía a Indonesia dentro de la propuesta unión de ambos países; pero esa unión fue declarada disuelta en 1954 e Indonesia se desligó totalmente de Holanda. En 1956 el país ingresó a la Comunidad Económica Europea, y en los años sucesivos firmó diferentes tratados económicos con otros países europeos. En 1975 Holanda concedió la independencia a Suriname, y en 1980 la reina Juliana abdica en favor de su hija Beatriz. En 1982 se forma un gobierno de centro-derecha, encabezado por Rudolphus Lubbers, líder de los demócratas cristianos. No bien había tomado posesión de su cargo cuando se producen protestas masivas contra la instalación de proyectiles crucero de la OTAN, en el territorio nacional. En 1985, el papa Juan Pablo II encuentra airadas protestas y críticas severas durante su visita a los Países Bajos. En 1986, Lubbers obtiene una victoria decisiva en las elecciones y se traslada a la URSS, que es la primera visita a este país de un jefe de gobierno neerlandés. Al año siguiente, en 1987, Lubbers escapa ileso de un atentado terrorista.

La pintura holandesa. Fue arte en el que se destacaron los más grandes genios del país, al punto de crear una escuela propia, bien que influida por la francesa y la alemana. Su iniciación se atribuye a Franz Hals (1580-1666), y su máxima expresión la alcanzó un nombre universal: Rembrandt van Ryn (1606-1669), el más grande artista de su tiempo, autor del famoso cuadro *Lección de anatomía*, del que se ha dicho que "su defecto consiste en ser demasiado perfecto". Rembrandt alcanzó una pureza de dibujo y supo envolver sus personajes y ambientes en efectos de luz que han resultado insuperables.

Ciencias y literatura. Sólo en el siglo XVI produjo Holanda los filólogos más famosos de su tiempo: Canter (1542-1575); Justo Lipsius o Lips (1547-1606), y posteriormente Tiberio Hemsterhuis (1685-1766), en quien se reconoció una maestría que influyó en el porvenir de su ciencia. En filosofía y teología sobresalió el célebre Baruch Spinoza (1632-1677), autor de la obra *Principios de la filosofía* y *Tratado teológico-político*, relacionados ambos volúmenes con las ideas de Descartes. Fue el holandés Christiaan Huygens (1629-1695) quien descubrió el anillo que rodea al planeta Saturno y contribuyó al progreso de la física, la mecánica y las matemáticas.

Los cartógrafos y cosmógrafos holandeses ganaron justa fama. Pison descubrió la ipecacuana. En medicina se destacan los nombres de Frederik van Ruysch (1638-1731), famoso catedrático de anatomía, y Frans Donders (1818-1889), médico de Utrecht, que fue uno de los primeros oftalmólogos de Europa.

Fue el fundador de la literatura holandesa el célebre poeta Jacob van Maerlant (1220-1300), autor entre otras famosas obras, de la *Biblia rimada*, por la que fue perseguido y hubo de acudir ante el propio Santo Padre para defenderse. La poesía caballeresca del siglo XV tuvo su máxima expresión en Jan van Heeldn. Justo van Den Vondel (1587-1679), figura máxima de las letras de su patria, escribió más de 30 tragedias admirables y fundó en 1638, en Amsterdam, el primer teatro que tuvo el país, y tradujo al holandés las obras de Ovidio. Después de la época romántica, en la que se distingue Feith (1753-1824), las letras holandesas decayeron un tanto debido a las intensas agitaciones de todo orden que conmovieron al país, para volver a su antiguo esplendor con Anna Toussaint (1812-1886) –esposa del célebre pintor Bosboom–, escritora que ha dejado muchas de las mejores novelas históricas de su tiempo. *Véase* BÉLGICA *(Mapa)*.

Holbach, Paul Henri Thiry, Baron d' (1723-1789). Filósofo francés de origen alemán. Heredero de cuantiosa fortuna, la empleó en la protección a hombres de letras y en la propagación de sus ideas. Su casa en París, en la que se reunían Jean Le Rond D'Alembert, Denis Diderot, Jean Jacob Rousseau, Helvecio, Raynal, Georges Louis Leclerc Buffon y otros enciclopedistas, era conocida como el *círculo holbáquico*. El barón de Holbach escribió para la *Enciclopedia* artículos de química, mineralogía, fisiología, medicina y farmacia. La más notable de sus obras es *Sistema de la naturaleza*.

Holbein, Hans (1465-1524). Pintor alemán llamado *el Viejo*. Buen retratista en

Retrato de Ana de Cleves, realizado por Hans Holbein, el Joven.

Holbein, Hans

Corel Stock Photo Library

Letrero característico de Hollywood, ubicado en las colinas que circundan a Los Ángeles, California, EE. UU.

su tabla *La fuente de la vida* y pintor religioso en los *Martirios de Santa Catalina* y *San Sebastián* y en los retablos con escenas de la vida de Cristo y María. Sufrió la influencia realista flamenca y en sus últimos cuadros la italiana, que parece preparar la ruptura con el arte medieval.

Holbein, Hans (1497-1543). Pintor alemán, hijo de Holbein *el Viejo*, llamado a su vez *el Joven*. Fue un espíritu renacentista. Nació en Augsburgo y su primer maestro fue su padre. Muy joven se trasladó a Basilea, donde encontró apoyo, trabajó en la ilustración de libros e hizo amistad con Desiderio Erasmo, ilustrando su obra *Elogio de la locura*. Se trasladó a Inglaterra, llevando consigo una recomendación que le había dado Erasmo para Tomás Moro. Bien acogido, llegó a ser pintor predilecto de Enrique VIII.

holding. Forma de organización monopolística según la cual una compañía adquiere la mayoría de las acciones de diversas empresas y éstas, a su vez, reciben acciones de la primera.

Los holdings, llamados también grupos financieros, cuentan con uno o varios bancos, los cuales conceden ventajas crediticias al grupo, que controla a través de sus carteras de valores. Por lo general, el holding tiene forma piramidal de modo que la sociedad situada en el nivel superior tiene participación mayor que la del nivel inferior.

Holguín. Provincia y ciudad en el nordeste de la isla de Cuba. Limita al oeste con la provincia de Las Tunas, al suroeste con la provincia de Granma, al sur con la de San-

tiago de Cuba y al norte con el océano Atlántico. Su puerto natural, Gibara, es de gran importancia para el desarrollo económico de la provincia. Posee grupos montañosos (Sierra de Nipe, grupo Sagua Baracoa) y extensas llanuras que la dividen en varias regiones naturales. En su territorio se encuentra el potencial minero (níquel) más rico del país. Además, la mayor parte de la superficie agrícola se encuentra cultivada. La caña de azúcar y los pastos ocupan los primeros lugares, siguiéndole en importancia el café, los tubérculos y los frutales. Cuenta con diez centrales azucareras, y con una considerable masa ganadera, porcina y avícola. La superficie de Holguín, bajo la nueva distribución político-administrativa, es de 9,031 km² con una población total de 997,735 habitantes (1993). De éstos, 242,085 viven en la capital.

Holguín, Carlos (1832-1894). Jurisconsulto, periodista, diplomático y estadista colombiano. De tendencias católico-conservadoras, colaboró en *La Prensa* y *El Repertorio Colombiano*. Se hicieron famosas sus *Cartas políticas*, en las que expuso su ideario, que suscitó grandes polémicas. Desempeñó varios ministerios bajo las tres presidencias de Núñez, cuyo liberalismo ilustrado apoyó. Fundador de la Academia Colombiana; su gestión diplomática en Inglaterra y España le atrajo la estimación de los círculos intelectuales. Presidente de la República (1888-1892), su gobierno se caracterizó por la tolerancia y el progreso cultural.

Holley, Robert William (1922-1993). Bioquímico estadounidense. En 1947 se

doctoró en la Universidad de Cornell. Fue nombrado profesor de bioquímica de esa universidad en 1962 y fue miembro del Instituto Salk de Estudios Biológicos de San Diego, California, desde 1968. A él se debe la interpretación del código genético y de la relación funcional entre la estructura de los ácidos nucleicos y de las proteínas, por lo cual le fue concedido el Premio Nobel de Medicina o Fisiología en 1968, mismo que compartió con H. G. Khorana y M. W. Nirenberg.

hollín. Partículas grasas, de color pardo o negruzco, que arrastra el humo procedente de la combustión incompleta de las sustancias que fueron sometidas a la ignición y que por su estructura untuosa se adhieren a la superficie de los cuerpos. Es combustible, y cuando las paredes de las chimeneas lo contienen en capas espesas provoca incendios peligrosos. En la agricultura se emplea como abono, siendo muy conveniente para los cereales y frutales, a cuyas hojas transmite un color verde muy intenso. Obra como destructor de malas yerbas e insectos. La industria lo emplea como colorante (pasta de bistre, negro de humo, de imprenta, tinta china, etcétera).

Hollywood. Distrito de la ciudad de Los Ángeles, California (Estados Unidos), conocido como capital cinematográfica del mundo. Población: 228,550 habitantes. Durante mucho tiempo se le ha llamado La Meca del cine; fue en efecto, y sigue siendo, un lugar de peregrinación de jóvenes artistas estadounidenses y de otros países, aspirantes a la gloria de convertirse en astros de la pantalla. En Hollywood están situados algunos de los estudios cinematográficos más importantes del mundo. Es una ciudad que vive del cine y para el cine, en la que famosos artistas y empresarios pasan buena parte del año. Es también un centro de turismo al que acuden muchas personas deseosas de ver a los actores de la pantalla *en carne y hueso* en algún restaurante o centro de diversión. Hollywood fue declarada ciudad en 1903, pero en 1910 renunció a su independencia cívica para tener el derecho de usar el suministro de agua corriente de la ciudad de Los Ángeles. Su primer estudio cinematográfico fue el construido por la compañía Nestor en 1911.

Holmberg, Eduardo Ladislao

(1854-1937). Médico, naturalista y literato argentino. Entusiasta cultor de las ciencias botánicas y zoológicas rioplatenses, recorrió todo el país en busca de material para sus estudios.

holocausto.

Término del Antiguo Testamento, que significa *sacrificio,* utilizado por los historiadores para describir la masacre de 6 millones de judíos llevada a cabo por el régimen alemán nazi durante la Segunda Guerra Mundial. Adolfo Hitler dio prioridad a la expulsión de judíos de Alemania. Entre 1933 y 1938 los nazis boicotearon los negocios judíos, establecieron cuotas en las profesiones y escuelas alemanas, prohibieron matrimonios interraciales entre judíos y no judíos (Leyes de Nuremberg, 1935) y crearon los primeros campos de concentración en Oranienburg, Buchenwald y Dachau –todo esto mientras el mundo se mantenía a la expectativa. Los nazis utilizaron el asesinato de Ernst vom Rath, un secretario de la delegación alemana en París, como excusa para la *Kristallnacht* (La Noche de los Vidrios Rotos), en la noche del 9 al 10 de noviembre de 1938, tropas de asalto incendiaron 267 sinagogas y arrestaron a 20 mil personas. Los judíos de Alemania también tuvieron que pagar una multa de 400 millones de dólares por daños a sus propios templos.

Después del comienzo de la Segunda Guerra Mundial, en septiembre de 1939, tres millones de judíos polacos fueron sometidos a un *Blitzpogrom* (purga) a base de asesinatos y violaciones. Reinhard Heydrich, un ayudante de Heinrich Himmler, publicó en ese septiembre un decreto aplicable al *ghetto* polaco, y los judíos fueron aislados progresivamente del resto de la población. Mientras 700 mil murieron de enfermedad y hambre durante los dos años siguientes, los nazis jugaron con la idea de deportar a todos los judíos a Nisko, una posible reservación en el área de Lublin, o a Madagascar. Cuando Alemania atacó la URSS en junio de 1941, cuatro *Einsatzgruppen* (*escuadras golpistas*) fueron desple-

gadas contra judíos soviéticos civiles. La peor atrocidad cometida por estas escuadras ocurrió en la barranca Babi Yar en Kiev, donde 33,771 judíos fueron fusilados el 29 y 30 de septiembre de 1941. Por insistencia de Hitler, Heydrich presidió la Conferencia de Wannsee (enero de 1942) acerca de la solución final al asunto judío. Durante los tres años siguientes, más de la mitad de los exterminados como indeseables en los campos de concentración, fueron judíos. Los métodos de asesinato en Auschwitz y otros campos incluían la cámara de gas de cianuro o monóxido de carbono, electrocución, inyecciones de fenol, lanzallamas y granadas de mano.

Sin armas, debilitados por la enfermedad y el hambre y aislados de los Aliados (quienes estaban aparentemente apáticos a su destino), los judíos se resistieron tenazmente contra los nazis durante la guerra. Aproximadamente 60 mil se unieron a las unidades partisanas que operaban desde el norte de África hasta Bielorrusia.

Hubo rebeliones de judíos en Cracovia, Bialostok, Vilna, Kaunas, Minsk y Slutsk, así como en Varsovia (abril-mayo de 1943). Los judíos presos destruyeron Sobibor y

Treblinka y encabezaron rebeliones en otros quince campos de concentración. A pesar de estos esfuerzos, cuando la Segunda Guerra Mundial terminó, 67% de los judíos europeos habían sido asesinados, más de los que habían matado en *pogroms* (*purga*) durante los 1,800 años anteriores. Los fundamentos de la teología occidental fueron sacudidos por estos horrores; ha surgido una vasta literatura, la cual intenta reconciliar a Dios, la civilización y las cámaras de gas de Auschwitz.

Los extremistas antisemitas se han esforzado por propagar la noción de que el holocausto es un mito, y hoy las encuestas indican que mucha gente muestra una sorprendente ignorancia al respecto. La preocupación acerca de esta ignorancia y tergiversación, así como el deseo de conmemorar a las víctimas del holocausto, han llevado al establecimiento de museos del Holocausto, entre ellos, el US Holocaust Memorial Museum en Washington, D. C., inaugurado en 1993.

holograma.

La holografía crea una imagen fotográfica sin el uso de lentes. Esa imagen fotográfica se conoce como holo-

Registro de un holograma (arriba) y reproducción del mismo (abajo).

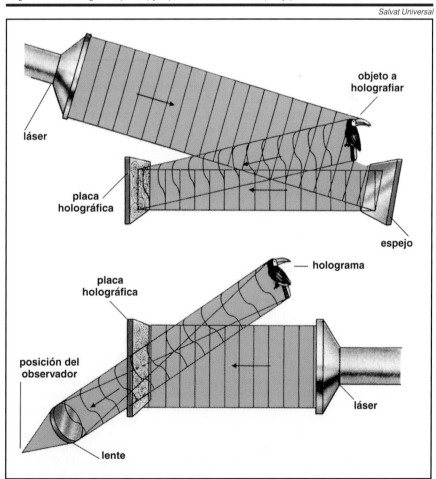

Salvat Universal

holograma

grama. A primera vista el holograma parece ser un patrón informe de franjas y espirales, pero al ser iluminado con una luz –como un rayo láser– organiza el patrón en una representación tridimensional del objeto original. Dennis Gabor, científico húngaro, inventó la holografía en 1948, por lo que recibió el Premio Nobel en 1971.

hombre. Animal racional bajo cuya acepción se comprende todo el género humano. Según la clasificación de Linneo, pertenece al género *Homo* y a la especie *sapiens*. Esta definición, la más simple y precisa, no logra dar sino una pálida idea de la compleja realidad de esta criatura, que reúne ciertos rasgos que no posee ningún otro ser del universo. Los filósofos se han esforzado siempre por aprehender la naturaleza del hombre; desde Aristóteles (que lo definía como *animal político*), pasando por Pascal (para quien era una *caña pensante*) y llegando a nuestros días, cuando el *tema del hombre* ocupa el centro de las especulaciones, el debate se ha desenvuelto sobre múltiples planos y no se ha cerrado todavía. Para pisar terreno más sólido utilizaremos los datos que nos proporcionan las ciencias humanas.

La Tierra tiene alrededor de tres mil millones de años de antigüedad, pero los restos humanos más antiguos sólo datan de un millón de años. Significa que el hombre sólo ha existido durante un tresmilésimo de la historia del planeta. Pero no significa que los hombres primitivos fueran similares a nosotros; los antropólogos dicen que existen notables diferencias entre ellos y el hombre moderno. Estos datos científicos pueden ser conciliados con las enseñanzas bíblicas acerca del origen del hombre; dice el Génesis que Dios hizo al hombre "a su imagen y semejanza" –vale decir lo dotó de un espíritu inmortal–, y esto pudo ocurrir en cualquier momento de la evolución de estos individuos rudimentarios.

Los investigadores han hallado dos clases principales de hombres fósiles, que vivieron a comienzos del pleistoceno, hace un millón de años. Estos dos tipos se llaman Hombre de Pekín y Hombre de Java. Son muy parecidos entre sí y parecen haber sido los precursores del Hombre de Neanderthal, cuyos restos fueron identificados en Alemania hacia 1856 y recibieron el nombre, hoy famoso, de *hombre de las cavernas*; algunas variantes aparecen en los hombres de Rhodesia (África occidental) y Ngandong (Indonesia).

Al evolucionar, los hombres de Neanderthal dieron origen al Hombre de Cro-Magnon, fósil que pertenece a la misma especie (*sapiens*) en que está incluido el hombre actual. Mucho se ha discutido y se discute todavía si el *Homo sapiens* apareció en África del sur, en la India o en el interior de Eurasia.

Determinada la génesis del hombre, corresponde situarlo dentro del reino animal. El hombre pertenece al tipo de los cordados, que son animales provistos de una cuerda dorsal que aumenta la solidez del cuerpo y suministra una vía de conducción para la energía nerviosa. Dentro de los cordados, se halla incluido en el subtipo de los vertebrados que tienen una columna vertebral articulada, y en la clase de los mamíferos, animales vivíparos de sangre caliente. Dentro de estos mamíferos, pertenece al orden de los primates, que también abarca las diversas variedades de monos y simios. El orden de los primates, a su vez, comprende varios subórdenes; en uno de ellos, el de los antropoides, aparece el hombre junto con el chimpancé, el gorila y los monos más evolucionados. Por último, pertenece a la familia de los homínidos; es el único ser viviente de esta familia, porque los restantes (los fósiles antes mencionados) han desaparecido hace muchos miles de años. La familia de los homínidos comprende hoy el género *Homo* y la especie *sapiens*. De acuerdo con la nomenclatura ideada por Linneo, todos los animales se denominan con la doble expresión que corresponde a su género y su especie, y el hombre tiene el nombre científico de *Homo sapiens*, que significa hombre sabio.

Como animal, el hombre se halla regido por las mismas leyes que gobiernan la vida de los restantes seres de este reino. Presenta numerosos rasgos físicos que lo diferencian de los animales superiores, pero es mucho mayor el número de rasgos comunes. Es el único animal que tiene un periodo prolongado de infancia y desarrollo, la quinta parte de su ciclo vital. Su vida suele llegar a los 70 años, mientras que la de los simios antropoides raramente supera los 35 años. Su cerebro, tres veces más grande que el del gorila, ocupa más espacio con relación al resto del cuerpo que el de la mayor parte de otros animales. Aunque su sentido del olfato está poco desarrollado, tiene una vista penetrante.

En algunos aspectos, el hombre es un animal débil y mal dotado; en otros, supera con holgura a todos los seres animados. Carece de las alas de los pájaros, pero ha logrado dominar los aires con su inteligencia; no tiene la vista del águila, ni la fuerza del león, pero puede ver lo infinitamente pequeño y lo inmensamente grande, y es capaz de desencadenar terribles fuerzas destructoras. Al nacer es la más desvalida de todas las criaturas de la naturaleza, pero la educación y el contacto social le proveen de recursos variados y eficaces para desenvolverse en la vida. Desde el punto de vista puramente físico, reúne ciertos elementos que le permiten, como dicen las Sagradas Escrituras, "ejercer su dominio sobre los peces del mar y sobre las aves del aire

y sobre la tierra toda". Estos elementos son: 1) la posición erecta; 2) las manos dotadas de un dedo pulgar libre; 3) un aparato vocal de riqueza y plasticidad únicas; 4) un cerebro privilegiado. La posición erecta presenta algunos inconvenientes, pero facilita la visión y el uso de las manos gracias a las cuales el hombre ha podido utilizar herramientas e instrumentos de su propia invención. Con su aparato vocal y su cerebro ha podido elaborar signos y símbolos que describen todos los objetos y valores imaginables. El cerebro es también un inagotable archivo de informaciones y experiencias.

El hombre nace, además, con un equipo psíquico compuesto por reflejos, tendencias, temperamento y capacidad creadora. Los reflejos son los elementos más simples de la conducta; algunos, como la contracción de las pupilas, el latido del corazón y la circulación sanguínea, están presentes desde el nacimiento, mientras que otros aparecen más adelante. Junto a los reflejos surgen las tendencias que nos impelen a actuar; la naturaleza de estos impulsos es parcialmente conocida, pero todo ser humano experimenta la necesidad de comer, de beber, de moverse, de poseer y de explorar. Algunos impulsos como el sexual, sólo aparecen en determinada época de la vida bajo forma explícita. Mediante la práctica, las tendencias se orientan hacia objetivos específicos y conducen a la formación de apetitos.

La psicología experimental ha llegado a la conclusión de que los impulsos más intensos son el maternal, el de la sed y el del hambre. Junto a los reflejos y las tendencias, todo hombre posee un temperamento, una cualidad emocional que en ciertos aspectos es diferente al de todas las restantes. Aunque muchos de sus elementos no han sido explorados todavía, se sabe que el temperamento es en gran medida hereditario; puede ser modificado por la experiencia y la educación, pero su esquema básico se transmite de padres a hijos. Por último, aparecen las capacidades y potencialidades de cada individuo. Todo hombre nace con una proporción variable de dones naturales que el contacto social habrá de desarrollar o coartar.

Expuestos los datos que puede aportar la ciencia, volvemos a la meditación del filósofo, del hombre que maneja el maravilloso instrumento de la inteligencia en su forma más elevada. "Un átomo, una espiga de trigo, una mosca o un elefante –nos dice Jacques Maritain– es un individuo. Pero el hombre es también una persona, vale decir, un individuo dotado de inteligencia y de voluntad. No sólo existe de manera física: sobreexiste por el conocimiento y el amor. Es un microcosmos dentro del cual cabe el cosmos entero. Decir que el hombre es una persona equivale a afirmar que es un todo y no una parte, un ser libre y no un esclavo, un mendigo que se comunica con el absoluto".

hombre de las cavernas. *Véase* PREHISTORIA.

hombre lobo.
Transformación legendaria de un hombre en lobo. Según la mitología griega, Lycaon, por ofrecer a Zeus en un banquete carne humana, fue transformado en lobo cómo castigo. De allí proviene la palabra *licantropía*, que modernamente significa la obsesión mental por la cual una persona cree ser ese animal. En los relatos de Ovidio, Herodoto y Plinio figuran referencias a esa superstición. Una leyenda irlandesa muestra a San Patricio convirtiendo en lobo, por su crueldad, al rey pagano Veretico. En la Edad Media era creencia muy difundida que ciertas personas aparentemente normales durante el día, transformábanse en lobos de noche y salían a devorar carne humana. Esa idea permaneció muy arraigada en las poblaciones rurales de Europa central. Poco después de terminar la Segunda Guerra Mundial, algunas tropas alemanas, con el nombre de *Hombres lobos*, mantuvieron breve resistencia contra los aliados.

hombre rana.
Nombre que durante la Segunda Guerra Mundial se dio al marinero perteneciente al cuerpo submarino de sembradores de minas. Los hombres ranas *(frogmen)* fueron auxiliares poderosos en las maniobras de invasión. Excelentes nadadores, minan costas y playas y a veces inutilizan las barreras de explosivos dejadas por el enemigo. Vestidos a veces con trajes especiales de caucho, que los enfundan desde el cuello hasta los pies, dotados de una mascarilla especial y un calzado que termina en una palma a manera de remo, su acción es sumamente ágil. Su moderno equipo, científicamente adecuado, nada tiene del lento y pesado atuendo del buzo. Tanto por el aspecto que presentan en el mar, como porque recuerdan la doble aptitud de los anfibios para vivir en tierra y en agua fueron llamados hombres ranas.

Métodos de inmersión similares son los perfeccionados por el marino francés Jacques Ives Cousteau, fundador del llamado Grupo de Investigaciones Submarinas. Estos métodos son empleados en todo el mundo por diferentes agrupaciones, tanto deportivas como científicas. De la escafandra del buzo sólo se conserva en este caso un casco protector similar o se utiliza, simplemente, una mascarilla impermeable. El equipo se completa con unos cilindros de aire comprimido, a una presión de 150 atmósferas, que mediante tubos se comunican con el casco o la mascarilla. El aire llega a los pulmones del buzo a la presión conveniente (en relación con la presión del agua) gracias a la acción de un regulador. Con este pequeño aparato y un adiestramiento especial –en el que tienen gran importancia los ejercicios de respiración– Cousteau y sus compañeros lograron descender a profundidades bastante grandes. Lograron así recuperar el cargamento de algunas naves hundidas en el fondo del mar (en una ocasión sacaron a flote el tesoro de un antiguo barco romano) e hicieron notables investigaciones científicas. El hombre despojado del antiguo y pesado traje de buzo, que logra penetrar en las profundidades del mar –afirma Cousteau en su libro *El mundo silencioso*–, siente que entra en un mundo nuevo y desconocido que la humanidad no ha conquistado todavía enteramente.

homeopatía.
Método de tratamiento médico que consiste en administrar dosis muy pequeñas de sustancias que si se empleasen en dosis grandes determinarían los síntomas patológicos que se trata de curar. El sistema fue instituido por Samuel Hahnemann (1755-1843), médico de Leipzig. La doctrina se deriva del aforismo latino *Similia similibas curantur*, cuyo equivalente se traduce por *los semejantes son curados por los semejantes*, ley de la similaridad, en oposición a la medicina hipocrática que se rige por la fórmula *los contrarios son curados por los contrarios*. Junto a la doctrina homeopática está la teoría de la dinamización, la cual afirma que el poder de una droga aumenta con la trituración. Se asegura que ciertas sustancias, como el licopodio y la sal común, inertes en dosis apreciables, adquieren propiedades terapéuticas cuando se manejan muy trituradas. Médico homeópata es el que agrega a sus conocimientos de medicina, el especial de la terapéutica homeopática, observando la ley de ésta. La farmacia homeopática es complicada. Su farmacopea es muy rica, cuenta con

Ánfora ática del siglo V, que ilustraba el encuentro entre el náufrago Ulises y la princesa Nausicaa, con la invisible diosa Atenea al centro, según se narra en el canto VI de La Odisea.

Antikesammlungen, Munich

más de 3 mil sustancias de los tres reinos: mineral, vegetal y animal.

homeostasis.
Mantenimiento del equilibrio en un sistema biológico, a través de mecanismos naturales. El desarrollo de este concepto biológico fundamental comenzó en el siglo XIX cuando el fisiólogo francés Claude Bernard notó la constante en la composición química y las propiedades físicas de la sangre y otros fluidos corporales. El término homeostasis fue acuñado en el siglo XX por el fisiólogo estadounidense Walter B. Cannon, quien afinó y extendió el concepto de mecanismos de autorregulación en los sistemas vivientes.

Los mecanismos homeostáticos operan en niveles de organización molecular, celular y orgánicos en los sistemas vivos. En los organismos complejos la homeostasis significa la vigilancia y regulación constante de numerosos gases, nutrientes, hormonas y sustancias orgánicas e inorgánicas, cuya concentración en los fluidos corporales permanecen sin cambio aparente, a pesar de las condiciones ambientales externas.

Los mecanismos homeostáticos también operan dentro de los sistemas constituidos por muchos individuos. En la relación entre poblaciones que comprenden animales depredadores y sus presas, por ejemplo, cuando los depredadores consumen el alimento de las presas, éste disminuye, causando un declive en la población depredadora. Entonces la población de presas tiene la oportunidad de crecer en número nuevamente, y el ciclo se repite. De esta manera, la población de ambos tipos de animales se mantiene estable.

Homero.
Ningún poeta ha sobrepasado al legendario autor de la epopeya helénica por la grandeza, el encanto, el movimiento y la sencilla majestad de sus versos y si bien nada se sabe con certeza de su vida y de su origen, la tradición ha querido darle la gloria de ser *Padre de la poesía*, al atribuirle *la Ilíada* y la *Odisea*. Los dos poemas épicos inmortales, modelos de la literatura clásica universal. Entre las muchas biografías homéricas que legó la antigüedad, hay una muy aceptada que se atribuye al historiador Herodoto, donde se dice que Homero fue un griego asiático, nacido en Esmirna por el año 850 a. C.; otros historiadores dan fechas y sitios de nacimiento muy distintos. La tradición y la leyenda pintan a Homero como un anciano ciego que vaga por los caminos de la tierra helénica recitando sus poemas al son de la lira. *Véanse* ILÍADA; ODISEA; TROYA.

homicidio.
Muerte causada a una persona por otra. El homicidio debe incluirse dentro de la clasificación de los delitos contra las personas. Toda vez que en la mayo-

homicidio

ría de las legislaciones se tipifican una serie de delitos contra la vida humana (parricidio, asesinato, infanticidio, etc.), hay que considerar la existencia del homicidio sólo en los casos en que no concurran las circunstancias propias de estos tipos de delito.

Sus elementos son: la extinción de la vida humana (no es suficiente el ponerla en peligro); que exista voluntad criminal, es decir, que se realicen actos encaminados a obtener la muerte como resultado, aunque la intención dolosa no tiene por qué ser determinada (en este sentido existe homicidio incluso en el caso del disparo que produce la muerte en una riña tumultuaria), y esencialmente se requiere que exista una relación de causa a efecto.

Se diferencia del asesinato por ser éste un homicidio en el que concurren ciertas causas agravantes. En general, todas las legislaciones establecen con menor o mayor claridad la distinción entre homicidio y asesinato; así, en la legislación española, el asesinato es un homicidio en el que ocurren las circunstancias de alevosía, precio o recompensa, o ensañamiento. No obstante algunos códigos no poseen la figura especial de asesinato, al que consideran una forma agravada de homicidio: entre ellos están el mexicano, el panameño, el argentino, el brasileño, el chileno, el uruguayo, el peruano y el venezolano. Los cuerpos legales influidos por el derecho penal francés califican como homicidio al puramente culposo, y emparentan con el asesinato al homicidio doloso. En la legislación de tipo anglosajón destaca como elemento más importante el principio de causalidad: se exige que la muerte vaya precedida de suficiente provocación, que sea consecuencia de un acto peligroso o que dependa de culpa o negligencia. El código italiano sigue un sistema de tipo objetivo paralelo al español. En la legislación rusa se distinguen diversos tipos de homicidio, desde el que se caracteriza por la concurrencia de móviles bajos y alevosía hasta el homicidio imprudente como consecuencia de la actuación en legítima defensa, pasando por el tipo de homicidio simple. Los códigos suizo y alemán, especialmente el primero, tienen un marcado carácter subjetivista, puesto que prevén una serie de supuestos que deben concurrir con la figura del homicidio basados en criterios morales; establecen tres variedades homicidas voluntarias (muerte dolosa, asesinato y homicidio simple). En España, el Código penal de 1995 incluye entre los casos de homicidio la muerte causada por imprudencia, la causada por imprudencia profesional y la inducción o cooperación al suicidio.

homilía. Discurso mediante el cual se explica a los fieles católicos el Evangelio de cada domingo. Las homilías constituían en la antigüedad una conversación directa de los obispos con sus feligreses, en la que se exponían pasajes de las Sagradas Escrituras. Estos pasajes eran luego interpretados y de ellos se sacaban conclusiones prácticas, adaptadas a la vida de los fieles a quienes se dirigía el discurso. Las homilías, que tuvieron su apogeo en la Iglesia primitiva, sirvieron para instruir a los cristianos sobre los hechos y enseñanzas de la Biblia. Se diferenciaban del sermón en que carecían de todo artificio oratorio y su fin no era inflamar a los oyentes, sino precisar las normas de vida a las cuales debía atenerse el cristiano. Entre las homilías más famosas se hallan las de san Gregorio Nacianceno, uno de los padres de la Iglesia griega, pronunciadas en Constantinopla en el año 380. También son conocidas las homilías de san Basilio, que explican el Génesis y analizan los salmos. y las famosísimas de san Juan Crisóstomo, que suman más de doscientas. En la actualidad también se da el nombre de homilías, a ciertas cartas del papa que tienen menos solemnidad e importancia que las encíclicas.

Homo erectus. El fósil del *Homo erectus*, una especie extinta de los primeros seres humanos, fue descubierto en 1891 por el médico holandés Eugene Dubois, cerca de la villa de Trinil, en el río Solo, en la isla de Java, Indonesia. Los hallazgos de Dubois, un fragmento de cráneo y un fémur, contrastaban evidentemente. La parte anterosuperior de la cabeza, significativamente más pequeña y de altura menor a la de los humanos modernos, tenía las crestas proyectadas hacia adelante y mostraba una depresión frontal. El interior del cráneo tenía un volumen cerebral de cerca de la mitad del de los humanos actuales. El fémur, por otra parte, era idéntico al de los humanos actuales, demostrando que esta criatura había sido bípeda, como las personas contemporáneas. Dubois creyó que había descubierto el tan buscado *eslabón perdido* entre los simios y los humanos, y entonces nombró a sus descubrimientos *Pithecanthropus erectus*, que significa *hombre mono en postura erecta*. Posteriormente, después de que otro fósil más completo similar en apariencia fuera encontrado, y que se demostrara la presencia de muchos seres parecidos a los humanos actuales, el nombre fue cambiado a *Homo erectus*, relacionado cercanamente al *Homo sapiens*, una especie de humano actual.

A la izquierda, esqueleto de Homo erectus. *A la derecha arriba aparato vocal de un hombre moderno, abajo el aparato vocal de un* Homo erectus, *con una laringe más elevada en la garganta, menor volumen en la faringe y una lengua más grande. Este aparato vocal limitaba su lenguaje a una articulación lenta y rudimentaria. Abajo se ve el aparato vocal de un niño moderno recién nacido, muy parecido al del* erectus *adulto.*

Corel Stock Photo Library

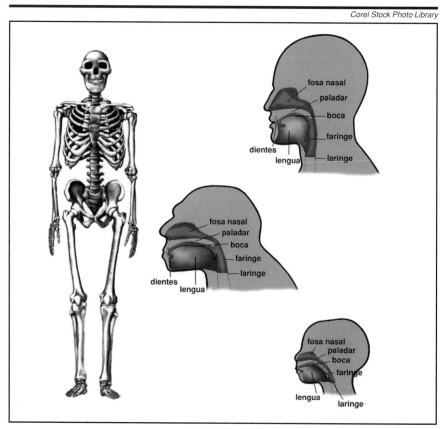

La evidencia fósil indica que el *Homo erectus* evolucionó de una especie de homínidos tempranos, como el *Australopithecus* y el *Homo habilis*, en África hace cerca de 2 millones de años. Poco después los *Homo erectus* comenzaron a salir de África y a colonizar las áreas tropicales y subtropicales de Eurasia, convirtiéndose en los primeros antecesores humanos en dejar aquel continente. Posteriormente, pudieron ocupar las zonas templadas de Eurasia, incluyendo el norte de China. Existe evidencia de que el *Homo erectus* llegó a lo que ahora es la isla de Java hace 1.8 millones de años. En ese tiempo los niveles oceánicos eran mucho menores de lo que son ahora, y Java estaba unida al continente asiático. Los *Homo erectus* ocuparon África y Eurasia hace alrededor de 400 mil o 300 mil años, cuando aparentemente evolucionaron en miembros primitivos del *Homo sapiens*.

Registro fósil. Los primeros fósiles de *Homo erectus* se encontraron en África. El más extenso y completo de estos descubrimientos fue hecho en el este y oeste de la costa del lago Turkana, en el norte de Kenia. En 1984 en Nariokotome, a lo largo del lado oeste del lago, fue descubierto el esqueleto casi completo de un joven *Homo erectus*. El esqueleto data de 1.6 millones de años aproximadamente, y es el más completo encontrado hasta ahora de los primeros humanos. Basado en detalles de su pelvis y su desarrollo dental, el esqueleto ha sido identificado como el de un adolescente masculino, de 11 o 12 años de edad al morir. Si el chico hubiera vivido hasta su edad adulta podría haber medido de 180 a 190 cm de altura, más alto incluso que los humanos modernos. Otros cráneos y mandíbulas no tan completos como el del esqueleto del muchacho de Nariokotome han sido encontrados en sitios del lado este del lago Turkana. Rastros del *Homo erectus* han sido encontrados también en Olduvai Gorge, en Tanzania, así como en Sudáfrica y en el norte de África. Una parte de un maxilar inferior fue encontrada en el sitio de Dmanisi, entre el Mar Negro y el Mar Caspio, en la República de Georgia. Si la fecha actualmente propuesta de 1.8 millones de años es correcta, este espécimen es uno de los primeros descubrimientos conocidos de *Homo erectus* fuera de África.

Desde el descubrimiento de Dubois, muchos otros restos fósiles de *Homo erectus* han sido recuperados en Java. Algunos sitios en Java central han producido huesos fósiles de alrededor de 24 individuos, popularmente conocidos como los fósiles del *hombre de Java*. Su rango temporal de hace 1.8 millones a 700 mil años documenta una larga ocupación del *Homo erectus* en esta parte del sureste de Asia. En el sitio de Zhoukoudian, cerca de Bei-

jing (Pekín), han sido encontrados los restos de entre 40 y 50 *Homo erectus*. Estos especímenes, alguna vez conocidos como los fósiles del Hombre de Pekín, poseen muchas características similares a los fósiles de Java, pero parecen haber vivido posteriormente, ocupando esta zona hace 600 mil a 400 mil años. Otros fósiles del *Homo erectus* han sido encontrados en el sur y centro de China. Investigadores en Laos y Vietnam han reportado hallazgos en varias cavernas que, se cree, son dientes de *Homo erectus*.

La más temprana presencia del *Homo erectus* en Europa es en el sitio español de Atapuerca. Fósiles muy fragmentados y algunos dientes, así como hallazgos arqueológicos de este sitio han sido fechados en más de 700 mil años. Posteriormente a los descubrimientos fósiles en Europa, otros, como el bien conocido fósil de Heidelberg, han sido identificados en ocasiones como *Homo erectus*, pero la mayoría de los científicos creen que se trata de representantes tempranos del *Homo sapiens*.

Evidencia cultural. En muchas partes de África y Eurasia, los sitios arqueológicos del periodo del *Homo erectus* han sido excavados. Las hachas de mano de la tradición achelense, las herramientas con filo y otros artefactos contemporáneos de la industria de la época de piedra, así como huesos rotos de animales hallados frecuentemente, testifican la evolución de las habilidades del *Homo erectus*. No obstante el descubrimiento de herramientas de piedra y huesos rotos de animales, muchas preguntas permanecen sin respuesta acerca de la complejidad de la vida del *Homo erectus*. Algunos científicos sugieren que vivían en la misma forma que la de los actuales cazadores-recolectores. Otros, en contraste, creen que la evidencia indica que el *Homo erectus* no era tan avanzado, y que continuaba empleando los patrones de rapiña y caza oportunista que los primeros homínidos habían seguido. A pesar de esto, el fuego fue utilizado por primera vez durante el periodo del *Homo erectus*. No existe evidencia de que el *Homo erectus* haya practicado entierros deliberadamente.

Homo habilis. Homínido extinto cuyos huesos fósiles fueron descubiertos en 1960 en Olduvai Gorge en Tanzania, África, por Mary y Louis Leakey. El nombre *Homo habilis* significa *hombre hábil* y conmemora el descubrimiento de herramientas de piedra y huesos animales con rayones deliberados en comparación con los fósiles de los homínidos. Posteriores descubrimientos fósiles principalmente en el este de África pero también en el sur de África incluyen un número de esqueletos completos, así como fragmentos, y son llamados también *Homo habilis*. De cualquier manera, existe un debate considera-

ble acerca de la naturaleza precisa de estas dos especies.

Se piensa que el *Homo habilis* evolucionó hace 2 millones de años de un homínido primitivo, probablemente el *Australopithecus*, y fue entonces el primer miembro del género de los humanos actuales, *Homo*, en aparecer. Con el cerebro más grande y rostro y dientes más pequeños, hasta ahora se cree que el *Homo habilis* está a la cabeza en la línea directa de evolución de los humanos vivientes. Su asociación con herramientas de piedra y huesos animales cortados u obtenidos en rapiña provee un soporte adicional para esta noción. Existen, de cualquier manera, variaciones considerables en esos perfiles anatómicos, y se ha sugerido recientemente que dos o más especies de *Homo* primitivos evolucionaron hace 2 millones de años. Esos especímenes fósiles, que poseen cerebros grandes, pero también grandes rostros y dientes han sido llamados *Homo rudolfensis*, mientras que los fósiles con cerebros más pequeños pero también una proyección menor de rostro y dientes continúan nombrándose *Homo habilis*. Sólo uno de ellos, se piensa que es un *Homo rudolfensis*, puede ser el antecesor directo de los humanos vivientes. Algunos antropólogos creen que había diferencias considerables en tamaño entre miembros primitivos masculinos y femeninos del género *Homo*, y que todos los fósiles deben ser incluidos dentro de los *Homo habilis*.

homología. Se da, en biología, este nombre a la identidad de origen y estructura en órganos diferentes –de un mismo o de distinto ser– que pueden desempeñar o no la misma función. En este sentido son homólogos los brazos del hombre, las alas de las aves, las aletas anteriores de la ballena, ya que su esqueleto consta de los mismos huesos, igualmente dispuestos. En geometría se dice que son homólogos los lados que, en las figuras semejantes, corresponden y están opuestos a ángulos iguales.

homónimo. Se dice de dos o más personas o cosas que llevan un mismo nombre y de las palabras que pronunciándose y escribiéndose de igual manera tienen distinto significado. *Escuadra*, instrumento de forma de triángulo rectángulo, y *escuadra*, conjunto de buques de guerra, son palabras homónimas.

Homo sapiens. Especie que incluye a los humanos actuales y a diversas formas primitivas, algunas de ellas de difícil interpretación. De manera general se distinguen:

Homo sapiens arcaicos. Vivieron hace 300 mil a 150 mil años, y presentaban una capacidad craneana superior al *Homo erectus*, entre 1,200 y 1,400 cm³. Es un

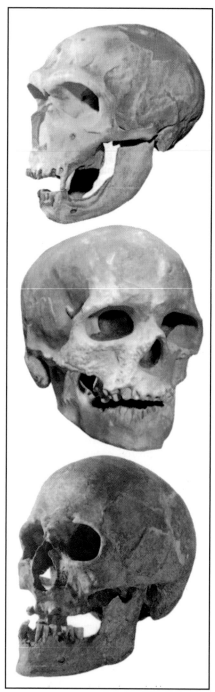

Salvat Universal

De arriba a abajo, cráneos de Homo nendertha lensis *(procedente de la Chapelleaux-Saints), de* Homo sapiens *del tipo Cro-Magnon y de* Homo Sapiens *del tipo Chancelade.*

grupo heterogéneo en el que se mezclan caracteres craneales avanzados y primitivos, algunos de los cuales parecen hallarse en camino de la neandertalización. Los cráneos tienen la frente prominente con arcos superciliares bastante marcados, aunque son menos robustos que los típicos *Homo erectus*. Sus restos se han encontrado en numerosas localidades europeas,

como Steinheim, Alemania; Swanscombe, Inglaterra; Petralona, Grecia; Aragó, Francia, y Atapuerca, España, así como en algunos puntos de África como Broken Hill en Zambia o Saldanha, Sudáfrica; y en Asia en Solo, Java; Narmanda, India, o Hsuchiayao, China.

Neandertales. (*Homo sapiens neanderthalensis*). Constituyen un grupo muy homogéneo y especializado, circunscrito a Europa y el Cercano Oriente. Su edad oscila entre 70 mil y 30 mil años, si bien los rasgos neandertalianos aparecieron progresivamente a lo largo del Pleistoceno medio de Europa desde hace unos 250 mil años. Tenían una capacidad craneana elevada, de cerca de 1,500 cm^3, superior incluso al promedio de las poblaciones humanas actuales. El cráneo era bajo, alargado y presentaba un característico prognatismo medio-facial que proyectaba la cara hacia adelante. Los neandertales desarrollaron la cultura musteriense, vivían de la caza de grandes mamíferos y practicaban ritos funerarios. Se pueden destacar los restos de Gibraltar, Reino Unido; Neander, Alemania; Monte Circeo, Italia; La Chapelle-aux-Saints, Francia; La Quina, Francia; Tabun y Amud, Israel; Shanidar, Iraq; etcétera.

Homo sapiens **modernos.** En este grupo se incluyen los representantes actuales de la especie y sus más inmediatos antecesores; algunos de los más conocidos de estos últimos son los cromañones, que reemplazaron bruscamente a los neandertales en Europa hace unos 35 mil o 40 mil años. El ser humano moderno se caracteriza por ser menos robusto que todos sus antecesores, y por tener un cráneo redondeado, con una gran capacidad craneal y una frente vertical. La nariz es pequeña, la cara no es prognata y la mandíbula tiene mentón. Al igual que los australopitecus, *Homo habilis* y *Homo erectus*, el ser humano moderno parece haber surgido en África, desde donde se expandió por todo el mundo, reemplazando las formas locales más arcaicas. En Sudáfrica hay restos atribuidos a humanos actuales de hace alrededor de 100 mil años, como los del río Klasies o los de Border Cave.

homosexualidad. Orientación o preferencia por la afiliación y la actividad sexual con una persona del mismo género. El potencial para el comportamiento homosexual parece ser una parte básica de la sexualidad humana, ya que mucha gente experimenta curiosidad por la actividad homosexual en algún momento de sus vidas. Este comportamiento ha sido observado también en la mayoría de las especies animales. Debido a la connotación exclusivamente sexual de la palabra, muchos homosexuales prefieren ser llamados gay, para los hombres, o lesbianas, para las mujeres.

Existe un amplio grado de diversidad entre los tipos de individuos que se identifican a ellos mismos como homosexuales. Mientras hay quienes se sitúan dentro del estereotipo popular del homosexual, del individuo masculino sexualmente promiscuo que no puede o no quiere mantener una relación, la mayor parte de los homosexuales, hombres y mujeres, viven vidas tranquilas, igual que cualquiera. Algunas personas *gay* han criado niños, solos o con sus parejas, y el uso de la inseminación alternativa o artificial se incrementa entre las lesbianas, creando lo que ha sido llamado un *boom* de niños lésbicos.

Los homosexuales se encuentran en cualquier tipo de trabajo, y pertenecen a cualquier filiación política. Algunos son muy abiertos acerca de su homosexualidad, y algunos son más discretos. Algunos opinan que su orientación es un don biológico, y otros lo toman como una elección. Para aquellas mujeres que lo ven como elección, una razón es a menudo la desigualdad en la mayoría de las relaciones heterosexuales.

La homosexualidad ha sido común en la mayoría de las culturas a través de la historia. A pesar de los periodos de tolerancia –en la Grecia antigua, por ejemplo–, la homosexualidad ha sido ampliamente condenada. El judaísmo y el cristianismo históricamente han visto la homosexualidad pecaminosa. (Más recientemente, algunas facciones protestantes y el judaísmo reformista han sido más tolerantes.) Esta condena religiosa fue asentada en la ley escrita. Como resultado, la actividad homosexual se convirtió en un crimen para el cual la pena en las leyes primitivas era la muerte. El comportamiento homosexual es aún ilegal en muchas ciudades y estados de Estados Unidos. Sin embargo, la homosexualidad se presenta incluso en las sociedades que la condenan fuertemente.

Con el nacimiento de la psiquiatría moderna, la homosexualidad llegó a ser vista menos como un pecado y más como una enfermedad. Esta actitud deriva de investigaciones no científicas hechas acerca del origen y naturaleza de la homosexualidad, basadas únicamente en estudios realizados en pacientes con desajustes psiquiátricos. Las teorías sobresalientes de esta investigación sugieren que desórdenes en las relaciones familiares, particularmente madrehijo, impulsan el comportamiento homosexual. Este tipo de teorías, basadas en asumir que los homosexuales son por fuerza psicológicamente anormales, no son convincentes. (Principalmente porque muchos heterosexuales provienen de familias donde se presenta el mismo tipo de desorden en las relaciones.) Ninguna profesión relacionada con la salud mental sigue considerando la homosexualidad como una enfermedad –aunque algunos prominentes teóricos insistan en que así es– y en 1973 fue eliminada de la lista de desórdenes mentales de la Asociación Estadounidense de Psiquiatría.

Teorías más recientes respecto a la homosexualidad han incluido a aquellas basadas en factores biológicos y sociológicos. Estudios de los cromosomas han intentado aislar factores genéticos que pudieran indicar una predisposición prenatal a una cierta orientación sexual; lo han sugerido, pero no concluido. Estudios del cerebro, realizados como parte de autopsias, no han podido diferenciar entre las partes innatas del cerebro y las formas en las que ha sido afectado durante la vida debido a la conexión cerebro-cuerpo. Algunas teorías sociales sostienen que el comportamiento homosexual es una respuesta de adaptación a ciertas situaciones. Por ejemplo, un preso puede participar en actividades homosexuales mientras se encuentra recluido, pero regresa al comportamiento heterosexual cuando es libre. Tales enfoques sugieren que algunas veces la naturaleza transitoria de estos comportamientos apuntan a la dificultad de identificar la homosexualidad como un fenómeno exclusivo, claramente definible. Mientras que las teorías pueden ofrecer explicaciones acerca del por qué la homosexualidad ocurre en algunas situaciones, hasta la fecha no existen teorías generales que aporten conclusiones que expliquen sus causas.

Debido a la naturaleza controversial de ésta y las fuertes proscripciones sociales en su contra, muchos individuos son reticentes a revelar que son homosexuales. En 1993 después de una amplia y publicitada lucha, la milicia estadounidense mantuvo su posición antihomosexual apoyando la política de *no preguntes/no digas*, diciendo claramente a los hombres y mujeres enrolados, que mantuvieran su orientación sexual en secreto. Dado que muchas –probablemente la mayoría– de las personas homosexuales *están en el closet* (no revelan su homosexualidad), los estimados de incidencia homosexual han sido engañosos e inexactos.

Las actitudes hacia la homosexualidad comenzaron a cambiar en la segunda mitad del siglo XX. Los homosexuales atribuyen esto en parte a su creciente seguridad acerca de sus derechos y el orgullo de su orientación. El activismo homosexual, que comenzó a fines de la década de 1960 como un movimiento de derechos civiles, ha ayudado a cambiar el pensamiento de la gente y hasta algunas leyes y prácticas comerciales. Algunas grandes compañías ahora extienden los beneficios de salud a los compañeros de sus empleados homosexuales. Algunas ciudades tienen también comités de consejeros para lesbianas y *gay*. A pesar de que algunas actitudes han cambiado, algunos prejuicios prevalecen; a fines de la década de los años ochenta y principio de los años noventa, existió un considerable retroceso, ya que hubo intentos de aprobar leyes que prohibían conceder los derechos civiles básicos a los homosexuales. La epidemia del VIH, al inicio de la década de 1980, devastó a la comunidad homosexual y la unió más que nunca. Organizada, respondió a la carencia gubernamental recolectando fondos para la lucha contra el VIH y respondió a las necesidades de miles de infectados, homosexuales o no, lo que ha sido un modelo de acción comunitaria. El VIH, sin embargo, proporcionó a los homofóbicos una razón más para su prejuicio. Conforme más gente homosexual se ha identificado públicamente, también han formado más asociaciones públicas. Existen periódicos y revistas, grupos políticos y comités de acción legal. Esos grupos apoyan a los candidatos a puestos públicos, sostienen batallas legales por la custodia infantil, y trabajan en otras áreas para eliminar la discriminación. Las marchas anuales del Orgullo Homosexual, organizadas en las principales ciudades, están pensadas para despertar la conciencia de la sociedad y para permitir que la gente que casi siempre se esconde, celebre abiertamente.

honda. Instrumento destinado a lanzar piedras con violencia, que fue utilizado antiguamente en la guerra. Consta de una tira de cuero, cáñamo o materia similar, con su parte central más ancha para mantener la piedra, mientras se la hace girar sobre la cabeza, imprimiéndole fuerza; al soltar uno de los extremos el proyectil es disparado con violencia.

Es una de las armas más primitivas. En su manejo llegaron a tener extraordinaria destreza los habitantes de las islas Baleares, hasta el punto de ser temidos por sus hondazos en las guerras de cartagineses y romanos. Desde niños les enseñaban su manejo, sometiéndolos a pruebas de adiestramiento en las que colaboraban hasta sus propias madres. Los proyectiles eran piedras y cantos rodados, bolas de barro cocido o de plomo; no había armadura que resistiese sus golpes. Solían llevar tres hondas, una en la cabeza, otra en la cintura y la tercera en la mano.

Los pueblos orientales también tenían honderos en sus ejércitos, pero los honderos griegos eran los preferidos por su habilidad, sólo comparables a la de los baleares. En los ejércitos romanos no se organizaron las unidades móviles de honderos hasta después de la Segunda Guerra Púnica, en que llegaron a tener gran importancia.

Los ejércitos de la Edad Media siguieron usando las hondas y las perfeccionaron con mangos de madera que les imprimían mayor fuerza de lanzamiento; en el siglo XII, aún después de la invención de la ballesta, se usaba la honda que posteriormente fue adaptada para el lanzamiento de granadas. Actualmente su uso queda restringido a los muchachos y los pastores de algunas regiones rurales, que con sus tiros precisos gobiernan las reses a distancia. Las *bolas* o *boleadoras*, usadas en América del Sur, guardan cierta similitud con la honda.

Honduras. República de América Central, la segunda por su superficie en dicha zona, calculada en 112,088 km². Son sus límites, cuya fijación definitiva aún falta en

Ruinas mayas en Copán, Honduras.

Honduras

algunos puntos: al norte, el Mar de las Antillas; al sur, Nicaragua y el océano Pacífico; al este, el Mar de las Antillas y Nicaragua; y al oeste, El Salvador y Guatemala. La población es de 5.8 millones de habitantes, en su mayor parte de ascendencia india y española. Los grupos indios más numerosos son el lenca, el chortí, el mosquito, el paya y el sumo. También existe un reducido grupo de ascendencia africana en la costa norte. Los hondureños hablan español y en general profesan el catolicismo.

Orografía. El territorio está cruzado de noroeste a sureste por la cordillera llamada de los Andes Centroamericanos, que procede de Guatemala y constituye una serie de colinas y cumbres que hacen de Honduras el más montañoso de los países de América Central. Su sistema orográfico se divide en dos partes: cordilleras de occidente y oriente, ligeramente separadas al centro por la depresión que forma el valle que abarca el curso inferior del río Ulúa así como las regiones del Comayagua y de Goascorán. En el sector montañoso occidental se alzan las mayores cumbres del país: Sierra de Grita, Espíritu Santo, Merendón y Omao, de entre 2,500 a 3,000 m de altura. En la región oriental el terreno desciende hacia la vertiente del Caribe y se extiende la llanura litoral con manglares, sabanas y selvas tropicales. La parte montañosa cubre cerca de 70% del territorio, lo que ha constituido un obstáculo al progreso nacional.

Hidrografía. El sistema hidrográfico lo componen, siguiendo la división natural de la cordillera, las cuencas del Atlántico y del Pacífico, siendo de muy superior importancia la primera. En el sector atlántico corren de oeste a este los ríos Chamelecón, Ulúa, León, Papaloteca, Aguán o Romano, Patuca, Coco y otros menores. El Ulúa, de gran valor económico, nace en la división de los sectores occidental y oriental de la cordillera y desagua en el Golfo de Honduras después de un recorrido de 341 km, de los que son navegables por embarcaciones ligeras hasta 200 km desde su desembocadura. El Coco (o Segovia) nace a 90 km de la bahía de Fonseca, con el nombre de Tapapac. Su recorrido es de 655 km y al desembocar en el Atlántico forma una península de aluviones, que es el cabo Gracias a Dios. En el Pacífico desaguan los ríos Goascorán, que es límite con El Salvador; Nacaome, Choluteca y Negro. Todos los ríos mencionados reciben numerosos afluentes y muchos de ellos forman deltas, lagunas y lagos, de los que destacan el Yojoa, en la depresión central, y el de Caratasta que comunica por varios brazos con el Atlántico.

Clima. Es grande su variedad, pero en general corresponde al trópico, y particularmente húmedo y caluroso en la vertiente y costa del Atlántico, en donde la temperatura media del año es de 27 °C con lluvias abundantes que alcanzan los 5,000 mm. Tales circunstancias no favorecen las condiciones sanitarias de la región y hacen que la campaña contra el paludismo sea permanente.

Algo más seca es la zona del Pacífico, siendo las lluvias menos abundantes. Hacia el interior el clima es templado y agradable, y su media varía entre los 13 °C y los 20 °C. En Intibucá se goza de una temperatura fresca y a veces fría, que buscan muchos de los habitantes del país para sus temporadas de descanso, principalmente los europeos.

Recursos naturales y economía. La agricultura constituye 21% del producto interno bruto (PIB), da empleo a 33.2% de la fuerza laboral y proporciona 68.8% de las exportaciones (1995). Los principales productos son bananas, café, tabaco, algodón, caña de azúcar, maíz, frijoles, aceite de palma y arroz. En el subsector pecuario, que representa 15% del PIB agrícola, los renglones más importantes son el ganado vacuno y el porcino. También posee gran importancia económica el subsector forestal, muy rico en pino y caoba. Particular relieve tiene, en este aspecto, el proyecto de desarrollo integral de la zona de Olancho, acordada en 1976, con participación venezolana y del Banco Interamericano de Desarrollo (BID). El proyecto prevé la creación de aserraderos y de una de las mayores fábricas papeleras de la América Central. Honduras cuenta asimismo con una moderna industria pesquera que explota los valiosos recursos ictiológicos del país, sobre todo el camarón. El sector manufac-

Iglesia colonial tipo español, Honduras.

Corel Stock Photo Library

turero y la construcción contribuyen, respectivamente, con 18 y 6.4% del PIB (1994). Las industrias de mayor peso son la alimenticia, la maderera, la de bebidas, la textil, la metalúrgica, la de productos químicos, la papelera y las extractivas. Entre los recursos del subsuelo se destacan el cinc, el plomo, la plata y el hierro. Los principales productos de exportación son el café, el plátano, los mariscos, la madera y la carne congelada. Los mejores mercados del país son Estados Unidos, Alemania y Japón. Honduras es miembro del Mercado Común Centroamericano y del Sistema Económico Latinoamericano. La unidad monetaria es el lempira.

Comunicaciones. La red vial hondureña tiene una longitud de 18,495 km, de los cuales se halla pavimentado sólo 18%. Las carreteras más importantes son la interoceánica, que va desde San Lorenzo a Puerto Cortés; la del Oeste, entre San Pedro Sula y El Poy, en la frontera salvadoreña; la Panamericana, desde Goascorán a San Marcos de Colón; y la de Olancho, entre Tegucigalpa y Juticalma. Existen tres ferrocarriles, dos estatales –Ferrocarril Nacional de Honduras y Tela Railroad Corporation–, con una longitud total de unos 988 km. La flota mercante desplaza 1.437,321 ton. Honduras cuenta además con cuatro empresas de aviación, entre las que se destaca el Servicio Aéreo de Honduras, S. A. (SAHSA). Los aeropuertos mayores son el de La Mesa, en San Pedro Sala, y el de Toncontín, en Tegucigalpa.

Gobierno. El gobierno es republicano, democrático y representativo y se ejerce por los poderes legislativo, ejecutivo y judicial. La nación se rige por la Constitución de 1982. El presidente de la República es elegido para un periodo de cuatro años. El país se divide en 18 departamentos como sigue: Atlántida (capital La Ceiba); Colón (capital Trujillo); Comayagua (capital Comayagua); Copán (capital Santa Rosa); Cortés (capital San Pedro Sula); Choluteca (capital Choluteca); El Paraíso (capital Yuscarán); Francisco Morazán (capital Tegucigalpa); Gracias a Dios (capital Puerto Lempira); Intibucá (capital La Esperanza); Islas de la Bahía (capital Roatán); La Paz (capital La Paz); Lempira (capital Gracias); Ocotepeque (capital Nueva Ocotepeque); Olancho (capital Juticalpa); Santa Bárbara (capital Santa Bárbara); Valle (capital Nacaome) y Yoro (capital Yoro).

Ciudades. La capital del país es Tegucigalpa (775,300 h.), que también es el principal centro cultural. Es sede de la Universidad Nacional Autónoma de Honduras y de prestigiosos institutos, bibliotecas, academias y museos.

Otras ciudades importantes son San Pedro Sula (368,500 h.), Danlí (100,799 h.), La Ceiba (86,000 h.), El Progreso (91,208 h.) Tela (67,893 h.), Choluteca (72,800 h.),

Puerto Cortés (60,512 h.) y Comayagua (59,534 habitantes).

Historia. Fue Cristóbal Colón en su cuarto viaje quien primero llegó a Honduras, desembarcando cerca del cabo del mismo nombre en agosto de 1502; y fueron los marinos españoles quienes bautizaron al territorio con el nombre que lleva, debido a la profundidad de las aguas y los inconvenientes para fondear. Conquistado el país por Hernán Cortés y Cristóbal de Olid (1523-1525), formó parte de la Audiencia de México y su historia se confunde con la de esta nación, hasta que es proclamada su independencia el 15 de septiembre de 1821. En 1823 ingresa a la Confederación Centroamericana y en 1838 se declara República independiente. Su existencia ha sido desde entonces de las más agitadas de América Central. En 1900 estuvo en guerra con Guatemala, y a mediados de 1969 tuvo un conflicto armado con El Salvador.

La presidencia del general Tiburcio Carías Andino (1933-1948), dictatorial en algunos aspectos, fue un periodo pacífico. Sucedió al general Carías el señor Juan Manuel Gálvez, constitucionalmente elegido. En 1954 el presidente Gálvez abandonó el cargo por enfermedad y lo sustituyó el doctor Julio Lozano. En 1956 un golpe de Estado derrocó al presidente Lozano y asumió el poder una junta militar. Ramón Villeda Morales, elegido presidente en 1957, fue derrocado en 1963 por un golpe militar dirigido por el coronel Osvaldo López Arellano, quien asumió el cargo de jefe del Estado y en el año 1965 fue nombrado presidente constitucional del país. En 1971 le sucedió Ramón Ernesto Cruz, quien, en 1972, fue derrocado por un golpe de Estado dirigido por el general Osvaldo López Arellano, que asumió la presidencia. Le destituyó el Consejo Superior de las Fuerzas Armadas en 1975, por negarse a colaborar en la investigación oficial de su supuesto soborno por la empresa estadounidense United Brands. El coronel Juan Alberto Melgar Castro, su sucesor, canceló las concesiones bananeras ilegales. Melgar Castro fue derrocado en 1978 y lo sustituyó una junta presidida por el general Policarpo Paz García. En 1980, la Junta Militar pasó el gobierno a la Asamblea Constituyente, que había sido elegida popularmente. Además, se restablecieron las relaciones con El Salvador. En 1981, Roberto Suazo fue elegido presidente después de sucesivos gobiernos militares y en 1985 José Azcona Hoyo se convirtió en el primer civil en asumir la presidencia en 50 años. Sin embargo, en 1988 se declaró estado de emergencia en varias ciudades debido a los estallidos de violencia en protesta por la extradición a Estados Unidos del más importante narcotraficante del país. En 1990, Rafael Leonardo Callejas tomó posesión

Corel Stock Photo Library

Bajorrelieve maya en Copán, Honduras.

como presidente de la República y a mediados de ese año se reúne en Antigua, Guatemala, con los presidentes de Guatemala, El Salvador, Nicaragua y Costa Rica para formular un plan que dé origen a la Comunidad Económica Centroamericana. Honduras condena, conjuntamente con los demás países de América Central, a los rebeldes salvadoreños y ofrece su apoyo el presidente Alfredo Cristiani.

El Partido Liberal regresó al poder con el triunfo de Carlos Reina en las elecciones presidenciales (28 de noviembre de 1993). Al tomar posesión el 27 de enero de 1994, Reina prometió una *revolución moral* contra la corrupción.

Desarrollo intelectual. Un hondureño, José Cecilio del Valle, redactó en 1821 el Acta de la Independencia Centroamericana. El presbítero José Trinidad Reyes (1797-1855) es el autor de una obra con admirables relieves propios en la literatura americana, *Pastorelas*. Ramón Rosa y Marco Aurelio Soto cambiaron el rumbo de la vida intelectual hondureña. En su época se editó el *Monitor de Instrucción Pública*, se organizó la primera Academia Científica y Literaria y se sancionaron nuevos códigos. En esta etapa comenzó a escribir Alfonso Guillén Zelaya, hombre de cultura enciclopédica, y aparecieron las primeras obras del poeta y dramaturgo Luis Andrés Zúñiga y del cuentista Arturo Mejía Nieto. Su ambiente intelectual, aunque agitado también por la política, Honduras ha tenido poetas de excepcional inspiración y armonioso estilo: Rómulo E. Durón, también recopilador de *Honduras literaria*; Manuel Molina Vigil, que en 1883 se suicidaba a los 28 años de edad; Juan Ramón Molina, el emocionado cantor de su tierra; el delica-

do y moderno Froilán Turcios, y Rafael Heliodoro Valle, cuyo volumen *Ánfora sedienta* mereció unánimes elogios. La obra de este último autor desborda, no obstante, el terreno de la poesía y lo convierte en patriarca de la literatura hondureña, con ensayos decisivos como *Las ideas contemporáneas en Centroamérica*. En el aporte de la ciencia del lenguaje, Alberto Membreño se ha destacado con *Hondureñismos*. Entre los valores más recientes descuellan los poetas Daniel Laínez, Óscar Acosta y Pompeyo del Valle; el cuentista Víctor Cáceres Lara y el novelista Ramón Amaya Amador, en una línea social.

Desarrollo artístico. El patrimonio artístico hondureño refleja el pluralismo de su personalidad nacional. En el terreno de la música popular se advierte la influencia africana en instrumentos como la marimba y la zambumbia, y en danzas como el máscaro. El instrumento conocido como la caramba y el baile del sique denotan, en cambio, el origen indio. La guitarra, el guitarrillo y el tamboril son de procedencia española. La introducción de la música culta tuvo lugar en el siglo XIX y fue obra de los sacerdotes José Trinidad Reyes y Luis Antonio Gamero. Su figura más importante es la de Manuel de Adalid y Gamero, autor –entre otras composiciones– de *Suite tropical* y *Una noche en Honduras*. Otros compositores notables en la música de salón y religiosa son Rafael Coello Ramos, Ignacio Villanueva Galeano, Francisco R. Díaz Zelaya y Tomás B. Narváez. Mención especial merecen Guadalupe y Carlos Haertling, autores del *Himno nacional*.

Fue, sin embargo, en las artes visuales donde más brilló el genio hondureño. En el periodo precolombino, el conjunto arqueo-

Honduras

lógico de Copán representa una de las etapas de mayor esplendor de la escultura y de la arquitectura mayas. Durante la fase de la Colonia, el barroco logró en Honduras algunos de los monumentos de mayor calidad del arte centroamericano. Lugar eminente ocupan, en este sentido, las catedrales de Comayagua y de Tegucigalpa, obra esta última de Ignacio Quirós. También es preciso destacar las iglesias de San Francisco y de los Dolores, en la capital, así como el edificio de las Cajas Reales y el convento de Santa Rosa, en Comayagua. Entre los escultores coloniales, los más señalados son Vicente Gálvez y Vicente de la Parra, autores respectivamente del altar mayor de la catedral de Tegucigalpa y del altar del Rosario, en la catedral de Comayagua. El principal pintor fue José Miguel Gómez –*El Nazareno y San José de Calasanz*–, fallecido a comienzos del siglo XIX, La pintura moderna aporta personalidades de la magnitud de Pablo Zelaya Sierra; Confucio Montes de Oca; Arturo López Rodezno, pionero del muralismo hondureño; Ricardo Aguilar y, sobre todo, José Antonio Velásquez.

Honecker, Erich (1912-1994). Político alemán. Obrero de la construcción, estuvo afiliado al Partido Comunista Alemán (1929-1946) y en 1946 pasó al nuevo Partido Socialista Unificado (SED). Permaneció confinado en un campo de concentración (1935-1945) por sus actividades antinazis. Miembro del Volkskammer desde 1949, fue posteriormente secretario del Comité Central del SED, y en mayo de 1971 sustituyó a W. Ulbricht como primer secretario del partido. En 1976 asumió la jefatura del Estado. Reafirmó su poder en el X Congreso del SED (1981). En 1991 Honecker huyó a Moscú, donde pidió asi-

Corel Stock Photo Library

Vista panorámica de la isla de Hong Kong.

lo en la Embajada de Chile. Fue deportado tras la reunificación alemana. En julio de 1992 fue sometido a juicio. Finalmente, se le permitió emigrar a Chile, donde residían miembros de su familia. Honecker murió en Santiago de Chile, el 29 de mayo de 1994.

Honegger, Arthur (1892-1955). Compositor francés; una de las personalidades musicales más vigorosas y completas de su generación. Según confesión propia, su gran modelo fue Bach, y por eso dio tanta importancia a la arquitectura musical. Integró junto con Poulenc, Milhaud, Tailleferre, Auric y Durey, el llamado *Grupo de los seis*. Se destacó en ese grupo como el compositor de las grandes formas y de las

grandes masas. Su primer éxito fue el oratorio *El rey David*.

honestidad. *Véase* MORAL.

Hong Kong. Región Administrativa Especial (RAE) de China que le fue devuelta por Inglaterra el 1de julio de 1997, luego de 156 años de administración. La ex colonia británica mantendrá –según una Declaración Conjunta de 1984– su sistema político y económico hasta el 2047, así como su alto nivel de autonomía y su sistema de vida. La fórmula que se aplicará durante los próximos 50 años: "Un país, dos sistemas". El nuevo responsable de la RAE de China es el magnate naviero Tung Cheebwa. Hong Kong se encuentra en la costa de China, sobre la desembocadura del Si-Kiang. Comprende la isla de Hong-Kong, la Península de Kowloon y territorios anexos, y varias islas pequeñas, con un total de 1,044 km^2 y 6.304,000 habitantes (1996). Debido a su situación, Hong Kong tiene enorme valor comercial y militar. Si en 1842, cuando China la cedió a Inglaterra, por el Tratado de Nanjing para convertirse en base de operaciones para los comerciantes de opio, era una isla montañosa y desolada, refugio de piratas, ahora es uno de los principales puertos de China.

La isla de Hong Kong tiene 1,071 km^2, y en las laderas del monte Victoria se halla la ciudad de Victoria, de gran actividad, construida en terrazas sobre las faldas del monte y con una población de 1.274,000 habitantes, de los cuales 95% son chinos. La parte continental de Hong Kong abarca los grandes muelles e instalaciones portuarias, la estación del ferrocarril que va a Cantón y el aeródromo de Kaitak. Una tercera parte de las exportaciones de China y una cuarta de sus importaciones pasan por

La avenida Nathan en Kowloon, Hong Kong.

Corel Stock Photo Library

Hong Kong. En la isla hay muchas industrias, particularmente astilleros, refinerías de azúcar y fábricas de papel, muebles y jabón.

En las áreas adyacentes a Hong Kong, como Guangdong y Shenzhen, se han situado muchas fábricas que toman ventaja de la mano de obra barata de China continental; las firmas hongkonesas emplean casi el doble de personas en China continental que en el propio Hong Kong.

Hong Kong se ha convertido en el segundo mayor centro bancario de Asia, después de Tokio. El comercio, la banca, las empresas de seguros el turismo y los ingresos derivados por el uso del puerto, representan el 84% del producto interno bruto (PIB) de la isla que fue de casi 90,000 millones de dólares en 1993. La manufactura sólo genera un 9% del PIB, aunque emplea al 20% de la fuerza de trabajo. La agricultura apenas representa el 1% del PIB y casi toda la la comida que consume debe importarse. Su moneda es el dolar de Hong Kong (HK).

hongos. Grupo de plantas muy simples, de diferentes colores, excepto el verde, porque carecen de clorofila. Pertenecen a las talofitas, uno de los grupos inferiores del reino vegetal, y comprenden miles de especies entre las que hay gran variedad en su estructura y modos de vida.

Muchas viven en la superficie de la tierra, otras debajo, adheridas a las raíces de los árboles, y otras en el agua. Su característica común, y lo que las diferencia de todas las demás plantas, es la ausencia de clorofila, por lo cual dependen de otros seres, tanto vivos como muertos, para poder subsistir, ya que no pueden convertir las sustancias simples en alimento propio. Los que se nutren a expensas de seres vivos se llaman parásitos y los que viven sobre materias muertas, saprófitos. La humedad y el clima cálido favorecen su existencia, por lo que son muy abundantes en los trópicos, pero se encuentran en todas partes. Se da el nombre de *setas* a todos los hongos cuyo aparato esporífero tiene forma de sombrero o casquete sostenido por un

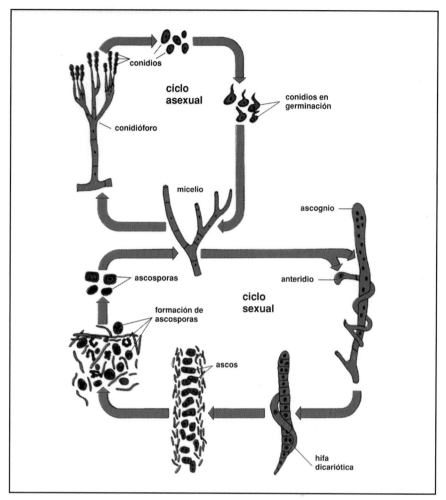

Salvat Universal

Ciclo reproductor sexual y asexual de un hongo de género Penicilium.

piececillo. Su reproducción se verifica de varias maneras: por división, por esporas o por huevos.

En cuanto a su estructura, unos son tan sencillos que consisten en una sola célula, como el moho y las bacterias. Éstas son tan pequeñas que apenas miden unas milésimas de milímetro, por lo que no se pueden ver más que al microscopio. Muchas emiten unas pestañas vibrátiles que les permiten avanzar en los líquidos o superficies húmedas. Se reproducen por división: cada célula se parte en dos y, en condiciones favorables, tan rápidamente, que una sola célula puede producir millones en 24 horas.

Excepto las formas unicelulares, los hongos están compuestos por un tallo llamado micelio, con ramificaciones filamentosas que se introducen en el medio en que viven y donde absorben el alimento. El micelio, en las especies grandes, generalmente se desarrolla formando como un pie con un sombrerillo encima; la parte inferior de éste se compone de gran cantidad de lámi-

nas muy delgadas, donde se producen las esporas, que al madurar son arrastradas por el viento, que las esparce; cuando caen en un lugar apropiado, germinan y dan origen a la nueva planta. A veces falta el pie, y la planta se desarrolla en forma de copa o arborescencia.

Los hongos tienen mucha importancia para el hombre. Muchos son comestibles,

Hongo Amanita Inaurata.

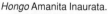

Corel Stock Photo Library

Hongo Collybia Dryphila.

Corel Stock Photo Library

Hongos Boletus *anaranjados del abedul.*

pero debe tenerse sumo cuidado al elegirlos, pues hay gran cantidad de especies venenosas que pueden causar incluso la muerte y es muy difícil distinguirlas. Algunos sirven para producir medicamentos, como el que da origen a la penicilina; otros se utilizan en la preparación de alcoholes, vinagre, sidra, etcétera; también los hay que son empleados para la fabricación de quesos. Sin embargo, muchos son perjudiciales, entre ellos se encuentran la mayor parte de las bacterias, que causan numerosas enfermedades; los mohos, que atacan a los tejidos, alimentos, etcétera. Los hongos se clasifican en *Esquizomicetos* (bacterias); *Mixomicetos* (mohos); *Ficomicetos* (entre los que se cuentan especies acuáticas, algas, etcétera); *Ascomicetos* (levaduras, fermentos); *Basidiomicetos* (setas); *Dentoromicetos* (hongos imperfectos).

Honolulú. Capital y primer puerto de las islas Hawai, situada en la costa austral de la isla Oahu sobre una planicie alargada entre la cadena de Koolau y el mar. Es una bahía abrigada que adquirió gran valor para la navegación a partir de principios del siglo XIX. Honolulú, capital del estado estadounidense de Hawai, ciudad moderna y pintoresca, se extiende a lo largo de la planicie, sube a las colinas y asienta sus barrios residenciales en los florecidos valles al otro lado del Koolau. El azúcar, las piñas, el turismo y los aportes de las vastas instalaciones militares y navales de Estados Unidos son los recursos principales de la ciudad. Población: 385,881 habitantes (1994), y con el conglomerado urbano 874,330 habitantes.

honor. Cualidad moral que nos lleva al total cumplimiento de nuestros deberes respecto de los demás y de nosotros mismos. Tiene un sentido de exigencia legal para un código de conducta; pero este código de conducta cambia según las exigencias de una determinada sociedad. En la Europa occidental, durante mucho tiempo el honor estuvo asociado a la caballería y a la dignidad del caballero; exigía una serie de reglas y normas que éste debía cumplir para no perder su honor; entre ellas, un caballero vencido en combate era

dejado en libertad bajo palabra de pagar un rescate dentro de un tiempo determinado, so pena de perder su honor si no cumplía con lo estipulado. En las normas actuales de conducta, no sólo no existe el rescate, sino que, por el contrario, si se le exigiera parecería una extorsión indigna de nuestra época y si alguien lo hiciera sería mal visto y penado por la ley.

Al concepto de honor está íntimamente ligada la reputación exterior; un insulto hecho en público se considera más grave que uno en privado. Hasta la época contemporánea, un insulto hecho frente a terceros obligaba al afectado a una acción directa, generalmente retar a duelo al adversario, para no perder su honor. El duelo era llamado lance de honor y consistía en una hecha generalmente a muerte entre los contrincantes. El duelo ha caído en desuso y es penado por la ley.

La idea del honor ha cambiado en los tiempos actuales. Está más íntimamente ligado con el sentimiento de dominio de sí mismo y claramente determinado por la situación que un individuo ocupa en la sociedad. El honor como ideal tiene gran influencia en una sociedad cuando las normas de conducta son claras y precisas; pero cuando son confusas, el sentido del honor limita su acción a esferas sociales determinadas. Las normas de conducta generales actualmente son confusas, pero siempre quedan algunas normas válidas. Un obrero, por ejemplo, puede hacer cuestión de honor realizar más trabajo del que se le ha asignado para tener la seguridad de ganar su jornal con dignidad, mientras que otro puede considerar cuestión de honor no hacer sino lo estrictamente orde-

Danzantes del hula en Honolulú, Hawai.

nado, para no ser desleal a sus compañeros. No hay actualmente una idea determinada, concreta, sobre el honor, pues cada uno tiene una manera particular de contemplarlo de acuerdo con sus ideas políticas, religiosas y sociales, y por ello se tiende a hacer del honor una cuestión privada del individuo con su propia conciencia, aunque manteniendo determinadas normas de moral y respeto mutuo y ciertas conveniencias sociales que obligan a todos, sean cuales fueren sus ideas.

Un filósofo tan destacado como Hermann Cohen, fundador y maestro de la famosa Escuela de Marburgo, de donde surge el movimiento neokantiano, ha propuesto erigir el honor en virtud de la comunidad en general. El hombre debe honrar al hombre, a todos con quienes convive en el seno de la sociedad, mientras que el amor lo considera como virtud con ámbito de vigencia más reducido e íntimo. El amor sería la virtud de las comunidades particulares en las que conviven individuos ligados por los mismos intereses, las mismas creencias, las mismas convicciones.

Honorio, Flavio Augusto (384-423).
Emperador romano, hijo de Teadosio I, que asumió la jefatura del Imperio de Occidente en el año 395. Se caracterizó por su ineptitud: perdió las Galias, España y Bretaña, y durante su reinado la ciudad de Roma fue saqueada por Alarico I, jefe de los visigodos. Prohibió el ejercicio de los cultos paganos y suprimió los juegos de gladiadores. Al producirse la invasión de la Península Itálica, se vio precisado a establecer su corte en Rávena.

Hooch, Pieter (1629-1683?).
Pintor holandés. Sus mejores obras son las que representan habitaciones o patios en los que el color, la luz y la disposición de las figuras contribuyen por igual a crear la ilusión del espacio. Éste tiene casi siempre un carácter poético y sugiere el silencio y la calma. Se destacan entre sus obras: *Coloquio en la habitación*, *Patio de hospicio* y *Lección de música*.

Hooke, Robert (1635-1703).
Mecánico, matemático, físico e inventor inglés. Siendo muy joven y carente de recursos materiales ingresó como doméstico y estudiante en uno de los colegios de Oxford, donde llegó a ser ayudante del famoso físico Robert Boyle. La Real Sociedad de Londres lo nombró encargado de experimentos, y de sus investigaciones resultaron el barómetro de cuadrante, el resorte en espiral y el escape de áncora de los relojes, así como la primera descripción de la célula. También inventó telescopios, microscopios y pluviómetros, y realizó importantes estudios acerca de la elasticidad de los cuerpos, de los cuales deriva la ley que lle-

Corel Stock Photo Library

Reloj del edificio Marshal Field and Co. *en Chicago.*

va su nombre. Investigador incansable, estudió las manchas del Sol y de la Luna y analizó las vibraciones de las notas musicales y la caída de los cuerpos.

Hope, Bob (1903-).
Actor estadounidense, nacido en Inglaterra. Su verdadero nombre es Leslie Townes Hope. Trabajó en el teatro y en la radio, adquiriendo gran popularidad por su originalidad como actor cómico. En 1938 empezó a actuar en el cinematógrafo. Entre sus películas más conocidas se destacan *El cara pálida*, *La tía de Carlos* y *El camino de Zanzíbar*.

Hope Hawkins, Anthony (1863-1933).
Escritor y comediógrafo inglés que cultivó la literatura de aventuras e imaginación, donde obtuvo éxitos tan grandes como *El prisionero de Zenda*, novela traducida a muchos idiomas y adaptada al cine. Además de otras novelas suyas célebres, *Ruperto de Hentzau*, *Dios en el carro*, *Tristán de Blent*, dio a la estampa unos divertidísimos *Diálogos de Dolly*, rebosantes de humor. En el teatro conoció también el éxito con una obra ya clásica, *Las aventuras de lady Úrsula*, de repertorio en los países de habla inglesa.

Hopkins, Frederick Gowland (1861-1947).
Médico inglés. Profesor de bioquímica en la Universidad de Cambridge y doctor *honoris causa* de varias universidades. Sus primeros trabajos fueron sobre el ácido úrico, continuó sus investigaciones sobre la contracción muscular y la producción del ácido láctico y demostró la existencia de aminoácidos esenciales y de ciertos factores accesorios de los alimentos (1906),

conocidos posteriormente con el nombre de vitaminas, lo que le valió el Premio Nobel de Medicina en 1929.

hora. Cada una de las veinticuatro partes iguales en que se divide el día. De las distintas divisiones que del día hicieron los antiguos, únicamente las de los egipcios y asiáticos occidentales se asemejaban a la actual. Según que se tome como punto de referencia, una estrella o el Sol, se estable-

Bob Hope, en 1959, fotografía de Roloff Beny.

Corel Stock Photo Library

Reloj decorativo en el techo del Palacio Schonbrunn en Austria.

educado en Roma y Atenas y sirvió como tribuno militar en el ejército de Bruto. De regreso en Roma conoció a Virgilio y a Vario, y logró que éstos lo presentaran al emperador Augusto y a Mecenas, el protector de las artes. Mecenas le regaló una granja situada en las colinas Sabinas y allí pasó Horacio el resto de su vida dedicado exclusivamente a escribir. Su primera obra, las *Sátiras*, es en parte autobiográfica y en parte una crítica de las costumbres de sus contemporáneos.

En su libro siguiente, *Epodos*, imita al poeta griego Arquíloco. Ensalza aquí la vida rural, reprueba la vida ciudadana y ataca a los que fomentan la guerra civil. A los Epodos siguió un segundo volumen de *Sátiras*, y a éstas las famosas *Odas*. Las *Odas* comprenden 88 poemas, divididos en tres libros, de los metros más variados y de muy distinta longitud (8 - 80 líneas). Las primeras contienen elogios a Mecenas, Augusto y Virgilio; las otras consideran la mayoría de los problemas humanos: la brevedad de la vida, la fragilidad del amor, la vanidad de los deseos y, además, las glorias de Roma y las bellezas de la poesía.

Las obras siguientes de Horacio fueron unas *Epístolas*, similares a las *Sátiras*, sólo que en forma de cartas, entre las que figuran la llamada comúnmente *Arte poética o Epístola a los Pisones*. Horacio concluyó su obra con la publicación de *Carmen secular* y un cuarto libro de *Odas*. Aunque alguna vez ha sido emparentado con los epicúreos, Horacio es ante todo un estoico. Sus pensamientos más elevados tienen casi siempre como tema fundamental el paso de la vida y la vanidad de las obras humanas; en otras ocasiones recuerda a sus contemporáneos que sólo la virtud salvará al imperio. Sus versos son de una perfección inigualada. Trabajador infatigable, dotado de corta inspiración, pulía constantemente sus escritos.

ce la distinción entre hora sideral y hora solar, que es el 1/24 del tiempo transcurrido entre dos pasos sucesivos superiores del Sol por el meridiano de un lugar determinado; la señalan los cuadrantes solares. Los relojes marcan la hora solar media, que es aproximadamente 4' más larga que la sideral y se subdivide en minutos (60), segundos (3,600), medias y cuartos de hora.

Reloj del siglo XV en el antiguo palacio de gobierno de Praga.

Las horas se cuentan de 12 en 12, de medianoche a mediodía, o de 0 a 24, de medianoche a medianoche. Se denomina hora legal la que corresponde al meridiano adoptado oficialmente por cada país. Se señalaba, generalmente, el que pasa por la capital hasta 1911, en que una convención internacional decidió la división de la superficie de la Tierra en 24 husos horarios trazando idealmente otros tantos meridianos equidistantes, a partir del meridiano de Greenwich (Londres). A cada huso corresponde una amplitud de 15°. Todos los países incluidos en un mismo huso gozan de la misma hora, empezando por los del huso XXIV, que tienen la hora de Europa occidental (Greenwich). Si se pasa de un huso a otro en dirección este hay que adelantar una hora por cada huso y, por el contrario, retrasarla si se camina hacia el oeste. América está comprendida entre los husos XII y XXII. La hora que corresponde a cualquier huso horario con respecto al de Greenwich, se determina sumando hacia el este y restando hacia el oeste de la hora del segundo, en un momento dado, un número igual al de husos que medien entre ambos. Por ejemplo, la hora que corresponde al huso XX a las 14 de Greenwich será de 14 − 4 = 10. Para aprovechar mejor las ventajas de la luz solar algunos países establecen la hora de verano, que consiste en avanzar una o dos horas los relojes en los meses de días más largos.

Horacio Flaco, Quinto (65,-8-68 a. C.). Poeta romano. Hijo de un liberto, fue

Horas. Homero llamó a las Horas las porteras del Cielo, encargadas de acercar o alejar las nubes que cerraban el Olimpo. Al comienzo eran tres, hijas de Zeus y Temis, y se llamaban Eunomia, Dike e Irene, representantes de las tres estaciones en que se dividía el año de los griegos. Después se creó el otoño y surgieron dos más, de nombre Carpo y Talo. Las Horas simbolizaban también la regulación del destino del hombre, garantizaban a los mortales el curso normal de su paso por la tierra y mantenían la esperanza alentadora en la inmortalidad del espíritu. La mitología y la poesía romana desfiguraron el primitivo sentido de las Horas para hacer recaer en ellas la personificación de las estaciones del año. En Atenas tenían un templo en el que se les ofrecían sacrificios y se invocaba su protección para que procurasen calor moderado para las cosechas.

horizonte. Línea curva que limita la superficie terrestre o la distancia que alcanza la vista de un observador hasta donde parece que el cielo y la tierra o el cielo y el mar se juntan. Es siempre el punto más alejado de la persona que mira y su mayor o menor alejamiento depende de la altitud a que aquélla se encuentre. Al nivel del mar, su horizonte se hallará a 4,500 m; a la altura de una colina de 45 m verá cuanto exista a 30 km, y desde una montaña de 1,600 m podrá otear en un día claro a 150 km. Lo dicho se refiere al horizonte sensible, que, en la esfera celeste, es un círculo mínimo perpendicular a la vertical que pasa por el punto en que se halla el observador; pero suele considerarse también el horizonte racional, que se representa por un círculo máximo paralelo al sensible. Con el horizonte racional se pueden determinar las coordenadas horizontales: acimut, distancia cenital y altura, que se emplean muchas veces para definir la posición.

hormiga. Insecto himenóptero, uno de los mejor dotados por la naturaleza, más desinteresados y trabajadores, que han servido de ejemplo para los ociosos. En contra de lo que ≠ , las hormigas son más sociables que las abejas, pues de éstas sólo algunas especies viven en sociedad, mientras que no se encuentra una sola hormiga solitaria. Sus interesantes particularidades y costumbres han sido objeto de profundas investigaciones que han permitido descubrir el desarrollo de su maravillosa vida social aunque no sea conocido realmente si los motivos que las impulsan a ello son intelectuales o instintivos.

Clasificación. Este insecto es un himenóptero de la familia de los formícidos, del que se conocen unas seis mil especies, con formas y costumbres distintas, pero con los suficientes caracteres morfológicos como es para su debida clasificación dentro de cinco subfamilias principales: *Ponéridos,* los más primitivos y, al parecer, antecesores de los demás; *Doríridos,* de carácter licoso, entre cuyos miembros se encuentran los tamaños más distintos; *Dolicoderinos,* el grupo más pequeño de todos, esencialmente cazadores y nómadas: *Mirmícidos,* con populosas colonias y que abarcan el mayor número de especies, y *Camponótidos,* grupo en el que hay hormigas como las llamadas *pastoras, esclavistas,* etcétera, de cuyas curiosas costumbres, a las que deben su nombre, hablaremos más adelante en este mismo artículo.

Características generales. Las hormigas pertenecen al grupo de los himenópteros con aguijón, aunque en algunas especies éste no se halla desarrollado, y se relaciona con la existencia de glándulas venenosas en el abdomen, que el insecto emplea como arma.

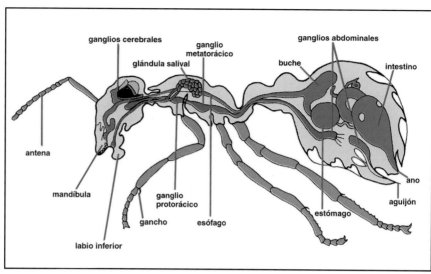

Esquema anatómico de la hormiga.

En cada hormiguero se encuentran tres categorías muy distintas de individuos: una o mas hembras o reinas, tantas como sean necesarias para la conservación de la colonia; varios cientos de machos, y una enorme cantidad de individuos neutros, llamados *obreras,* destinados al trabajo.

Solamente las hembras y los machos tienen alas, finas y transparentes como las de las abejas y avispas, pero las pierden siempre después del vuelo nupcial.

Suelen ser de color negro o castaño, pero también se encuentran algunas rojizas o amarillentas. Su cuerpo, cubierto por una capa de quitina, tiene dos estrangulaciones que lo dividen en tres partes: cabeza, tórax y abdomen. La boca es del tipo masticador, con fuertes mandíbulas de tamaño y forma muy distintas, adaptadas a la clase de alimento que toman y a los hábitos característicos de la especie a que pertenecen. Así, unas tienen un aparato para cortar o serrar hojas –las de los soldados son mucho más fuertes, pues en ellos constituyen un arma–, otras las tienen en forma de resorte y las convierten en órganos de locomoción que les permite dar grandes saltos y huir de sus enemigos, etcétera. Los ojos, uno a cada lado de la cabeza, están compuestos por multitud de facetas, y las reinas y machos poseen, en general, otros tres ojos sencillos dispuestos en la parte superior de la frente y ven mejor que las obreras, algunas de las cuales son completamente ciegas, deficiencia que compensan con un olfato y un tacto muy desarrollados, que se localizan en las antenas, de gran movilidad y que parecen servirles además para comunicarse unas con otras por medio de frotamientos.

El tamaño de las hormigas varía mucho según la especie y la clase de individuo, habiendo una gran diferencia entre las obreras y las reinas. Unas miden 1 mm y otras alcanzan hasta 4 cm. Lo más notable del cuerpo de estos insectos es un extraño órgano, como bolsa u odre que tienen en el abdomen y que algunos llaman estómago erróneamente, pues no contiene ninguna glándula digestiva; los alimentos que la hormiga almacena en él se conservan intactos y los reserva para la comunidad, de suerte que podría llamarse *bolsa* u *odre social.* Está separado del verdadero estómago, al cual llegan los alimentos después de varios días y luego de haber saciado el hambre de otras hormigas. Cuando una hormiga entra en el nido con su odre lleno las demás se le acercan y, acariciándola con sus antenas, solicitan el alimento, que aquélla da por regurgitación. Ciertos mirmícidos de Centro y Norteamérica que se nutren exclusivamente de miel, hacen que algunas obreras llenen su odre, el cual distiende el abdomen 8 o 10 veces más su tamaño normal dándole el aspecto de una damajuana, y, sujetándose al techo del hormiguero con sus patas delanteras, permanecen allí *almacenadas,* como verdaderos depósitos vivientes, para suministrar alimento a la colonia en los días de escasez.

El hormiguero. Los nidos de las hormigas no tienen la simetría y el esplendor de los de las abejas, ni la solidez de las termiteras; parece que todo está en desorden, pero una atenta observación demuestra que encierra una sociedad perfectamente organizada, donde todo tiene un orden y un sentido. Su forma es muy variada, e incluso podría decirse que hay tantas especies de hormigueros como especies de hormigas. En 90% de los casos es subterráneo, perforado en suelo duro o arenoso, con numerosas cámaras dispuestas en varios pisos, unidas por galerías y pasadizos por donde discurren incesantemente las obreras. La distribución de las cámaras y galerías es muy variable y la modifican sin cesar acondicionándolas a la temperatura y humedad, según las necesidades de la colonia. La entrada, unas veces está disimulada y otras es visible en forma de crater o cono cubierto de agujas de pino y hojarasca, algunos de considerable tamaño, como el de la *Formica rufa*, que llega a medir hasta 2 m de altura y 9 m de diámetro.

Además de estos hormigueros subterráneos hay muchos nidos de hormigas en los árboles, cuyos troncos taladran y vacían respetando la corteza que les sirve de protección. Hacen trabajos complicadísimos, con varios pisos superpuestos, de paredes y techos tan delgados como un naipe y sostenidos por delicadas columnas que dan a la construcción la fragilidad y minuciosidad de una talla.

Entre los dolicoderinos tropicales es frecuente el nido formado por una especie de cartón, parecido al de las avispas, que construyen en las ramas de los árboles. Otras especies aprovechan un agujero fabricado por otro insecto o instalan un nido en los tallos huecos de alguna planta, y, finalmente, es curioso el de las hormigas tejedoras, que lo hacen con hojas unidas por un fino tejido de seda. Para ello se colocan varias obreras en fila en el borde de una hoja, sujetando otra con las mandíbulas y si no pueden alcanzarla directamente se apoyan unas sobre otras formando un puente, hasta que la primera hormiga pueda coger y aproximar la otra hoja. En seguida, una nueva serie de obreras se pone enfrente de la anterior y, llevando cada una en la boca una larva y empleando ésta como una lanzadera, van tendiendo los hilos que segrega la larva y fijando los bordes de las dos hojas; luego repiten la operación en sentido transversal y queda formado el tejido. Por este ingenioso procedimiento van uniendo todas las hojas que sean necesarias hasta construir el nido, que parece un gran capullo dividido en muchas cámaras con paredes y columnas de seda.

Fundación de una colonia. Como otros insectos, llega un determinado día de verano en que las hormigas emprenden el vuelo nupcial, al que acuden machos y hembras de varias colonias vecinas formando verdaderas nubes de insectos en el aire, en el cual hacen sus bodas.

Terminado el vuelo, los machos caen a tierra y perecen al cabo de pocas horas. Las hembras se muerden y arrancan las alas que ya no necesitarán y cada una explora el terreno en busca del sitio apropiado para fundar una nueva colonia. A veces aprovecha un agujero, pero generalmente ella misma cava un estrecho túnel al final del cual hace una pequeña cámara donde se refugia y de la que no saldrá ya ni aun para buscar comida. El único alimento del que

dispone es una pequeña cantidad de líquido azucarado que conserva en el odre social y sus propios músculos, especialmente los de sus alas desaparecidas, que se reabsorben. Allí permanece encerrada, esperando pacientemente que se cumpla el proceso de evolución: de los huevos que se han ido extendiendo a su alrededor van saliendo las larvas, como gusanitos blancos y blandos, a las que la reina alimenta con su propia saliva; sigue poniendo sin cesar, pero después de cierto tiempo, y como hace mucho que no se nutre, se encuentra muy debilitada, y cuando está a punto de morir se decide a comer uno o dos huevos o una larva, lo que le da nuevas fuerzas para poner más huevos. En estas alternadas destrucciones y creaciones, pero siempre superando éstas a aquellas, transcurren varios meses, hasta que las primeras larvas, luego de pasar por el estado de ninfas, se convierten en insectos perfectos muy débiles al principio por la deficiente alimentación y más pequeñas que las que nacerán después, durante la vida de la colonia en que la comida es abundante.

Algunas especies hacen la transición de larva a ninfa y de ninfa a insecto sin protección especial, y otras forman un capullo protector, del que las ayuda a salir la madre.

Las recién nacidas obreras se abren camino fuera del nido y, ya en el exterior, buscan alimento para ellas mismas y para su madre, quien, al comer lo necesario,

adquiere suficiente fuerza para seguir poniendo, y ya no hará otra cosa en su vida, pues las obreras toman sobre sí todos los trabajos y se cuidan de las necesidades de la colonia: agrandar el nido, alimentar a las larvas y ayudarlas a salir de sus capullos, trasladarlas continuamente, así como a los huevos, de una cámara a otra o al sol, a fin de que tengan la temperatura y humedad adecuadas para su desarrollo.

Todo lo hacen con gran diligencia y devoción hacia la reina y los demás miembros de la colonia, que crece tan rápidamente que llega a tener varios cientos de miles de individuos.

Otras veces, después del vuelo nupcial, la reina acude a otro hormiguero en el que ya hay otra reina o vuelve a su nido anterior si su presencia es necesaria para el porvenir de la colonia. En estos casos las obreras se encargan de ayudarla en todo, le rompen las alas, le dan alimento y recogen y cuidan de la incubación y desarrollo de los huevos.

Las reinas suelen vivir unos 12 años, las obreras cuatro o cinco y los machos apenas cinco o seis semanas, cifras muy elevadas y raras en el mundo de los insectos.

Se cree comúnmente que sólo son fecundas las hormigas reinas. Esto no es rigurosamente exacto, lo que sí ocurre es que los huevos de las obreras sólo producen machos. Las obreras se dedican únicamente al cuidado de las larvas y crisálidas; nunca toman parte en la defensa del hormiguero ni en los trabajos del exterior.

A la izquierda un grupo de hormigas rojas devora el cadaver de una oruga. A la derecha, hormigas soldado transportan hojas para confeccionar un hormiguero temporal.

Art Today / National Geographic

Sólo cuando su piel se ha endurecido lo suficiente para poder resistir los golpes del enemigo se arriesgan a salir afuera.

Las hormigas de los países fríos se aletargan durante el invierno y sólo despiertan en la primavera, pero las especies de regiones tropicales mantienen su actividad durante todo el año.

Hormigas agricultoras. Una de las ocupaciones que más nos llama la atención en las hormigas es su habilidad para los cultivos, destacándose las *Atta*, grandes hormigas americanas que nos ofrecen un curioso ejemplo con sus asombrosos jardines de hongos. Las colonias de esta tribu son muy numerosas y salen en compacta columna trepando por los árboles y arbustos a los que cortan pedazos de hojas que luego llevan a su nido. Allí las despedazan y mastican hasta formar una masa esponjosa, fofa y húmeda, que colocan en grandes cámaras subterráneas donde al poco tiempo crece una especie determinada de hongos; pero lo más notable de estos cultivos es que mediante diversas y minuciosas operaciones de fertilización, cortes, etcétera, consiguen que los hongos desarrollen unas esferitas que sólo se producen por la intervención de estos insectos y que constituyen su único alimento. Cuando una hembra de esta especie emprende el vuelo nupcial, lleva una parte del jardín de hongos, que cultivará en la primera cámara, germen del nuevo nido, y servirá para desarrollar los jardines necesarios al sustento de la futura colonia.

Una curiosa *Atta* de Argentina no cultiva sus hongos subterráneos, sino al aire libre, haciendo crecer una especie de gran tamaño que sólo se encuentra en sus jardines, hecho verdaderamente extraordinario ante el cual es difícil negar la intervención de la inteligencia.

La verdadera hormiga agricultora es la *Pogonomyrmex* de México y sur de Estados Unidos, que cosecha una gramínea llamada vulgarmente *arroz de hormiga*, que algunos pretenden que ella misma siembra, mientras otros aseguran que lo único que hace es mantener limpio de otras hierbas todo el espacio que dedica al jardín, alrededor de su nido.

Las hormigas agricultoras, que no se aletargan durante el invierno, son muy previsoras para la época de escasez, pues recolectan grandes cantidades de semillas que almacenan en sus depósitos subterráneos. Los representantes más notables de estas hormigas son los del género *Messor*, cuyos graneros se hallan a profundidades de medio metro a un metro y están pavimentados con pequeñas piedrecitas para protegerlos de la humedad.

Cuando por fuertes lluvias las semillas se humedecen y corren peligro de germinar, las obreras las sacan prontamente al aire libre y al sol para que se sequen y las vuelven a guardar cuando el granero está de nuevo en condiciones. Lo que más admira en estas *cosechadoras* es el procedimiento, desconocido por el hombre, que emplean para impedir la germinación de las semillas; se ha comprobado a veces que los granos se desarrollan si se apartan las hormigas, pero si éstas los vigilan, sólo brotan lo suficiente para romper la cáscara y desdoblar el almidón y azúcar, deteniéndose en esa fase el crecimiento. La hormiga mastica y tritura entonces el grano, haciendo la pasta de que se nutre.

Hormigas pastoras. Una de las costumbres más atrayentes de la vida de las hormigas es el pastoreo al que se dedican principalmente las del género *Lasius*.

Los pulgones se alimentan del jugo de las plantas tiernas y lo convierten en una miel a la que son muy aficionadas las hormigas, por lo cual ciertas especies se dedican a la cría y cuidado de pulgones, que desempeñan el papel que para el hombre hacen las vacas. La hormiga los reúne los cuida y protege, y los *ordeña* acariciándolos con las antenas para que segreguen el líquido azucarado. Para albergar a su *ganado*, unas hormigas construyen túneles en los troncos de los árboles y otras los llevan a su propio nido, donde se alimentan de las raíces que lo atraviesan. No solamente cuidan de los pulgones adultos, sino que juntan los huevos y les prestan la misma atención que a los suyos propios.

Otro *ganado* que también apacientan las hormigas son ciertas orugas, a las que de vez en cuando acarician con las antenas para que segreguen una gotita de líquido dulce que la hormiga chupa con deleite. Estas orugas hacen su capullo en los hormigueros, donde son atendidas por sus huéspedes durante toda la fase de la metamorfosis y ayudan a salir a la mariposa perfecta.

Hormigas esclavistas. No todas las hormigas son trabajadoras e industriosas. Algunas, ya sea porque la naturaleza no las ha dotado de las cualidades necesarias para el trabajo o simplemente porque no quieren trabajar, emplean diversos métodos para apoderarse de esclavos que les hagan las tareas, o viven a expensas de otras tribus más ricas y poderosas.

La *Leptothorax emersoni* es una pequeña hormiga americana apta para vivir sola, mas se las ha ingeniado para hacerlo sin trabajar mucho, aprovechándose de la *Mírmica*, al lado de cuyos nidos hace el suyo propio y pone ambos en comunicación mediante unos agujeritos por los que sólo puede pasar ella, para introducirse en el nido de su vecina y alimentarse de las provisiones de ésta.

Entre los mirmícidos se dan algunos casos de que ciertas especies se apoderan de los esclavos que necesitan para su atención ya adultos; pero por regla general la mayoría de las hormigas esclavistas roban los huevos o crías de otras tribus para llevarlas a sus propios nidos, y esperan a que nazcan las obreras, que, habiendo nacido en casa ajena, se acostumbran mejor y son buenos servidores.

Ciertas especies son tan tolerantes que permiten vivir en sus colonias a otras más débiles, como la pequeña *Formicoxenus*, que instala su nido en el de la *Formica rufa*, generalmente en el centro, con lo cual queda protegida de cualquier posible agresión.

Además de estos inquilinos forzosos se encuentran a veces en los hormigueros otros animales, generalmente coleópteros, algunos útiles, pero otros perjudiciales, que las hormigas soportan con indulgencia. Un caso curioso es el de un pequeño coleóptero que exhala un olor especial que deleita a las hormigas como un estupefaciente, a cambio del cual éstas le proporcionan alimento y cuidados, tanto a él como a sus crías.

Guerras. En general, cuando un insecto ataca a otro es en defensa propia y porque ha sido molestado, e incluso los termes, que tienen poderosos soldados, sólo los emplean en defensa de la colonia. No ocurre así en el mundo de las hormigas, que, aunque suelen ser pacíficas, son los únicos insectos que tienen ejércitos organizados y emprenden batallas ofensivas. Los soldados, más fuertes y mejor dotados para la lucha, no son los únicos que se baten, pues las obreras también lo hacen y con gran valentía. Las mandíbulas son su principal arma ofensiva, tan poderosas que pueden perforar la cabeza de sus enemigos, romperles el cuello, las patas, etcétera; pero además de esta arma, emplean a veces el aguijón o lanzan el veneno de sus gránulas abdominales, aunque esto lo hacen muy rara vez.

Sus guerras abarcan diferentes tipos de ataque: lucha abierta, emboscada, sitios y asaltos avanzadas en masa, etcétera, y magníficas resistencias de las colonias pacíficas, que despliegan gran valor en la defensa de sus colonias.

Uno de los motivos bélicos es el robo de ninfas por parte de las esclavistas. Una de éstas, *Formica sanguinea*, ataca los nidos de la *Serviformica gledaria* desplegando una magnífica táctica en sus asaltos: se aproximan en pequeños grupos al nido elegido y, a una señal dada con las antenas, forman un semicírculo que se va cerrando poco a poco a la entrada del hormiguero; las glebarias preparan la resistencia colocándose a la entrada y tapándola apresuradamente con granitos de arena; pero de pronto, obedeciendo a una desconocida señal, las sanguineas se precipitan en masa sobre las glebarias, a las que vencen rápidamente; éstas intentan salvar sus ninfas, pero las sanguíneas se las quitan de la boca y, estableciendo una severa vigilancia a la entrada, permiten salir a las glebarias solas sin molestarlas, no así a las que van cargadas con larvas o ninfas, a las que obligan a dejar éstas, que luego transportan a sus propios nidos para hacerlas sus esclavas. También ataca a la glebaria la poderosa *Amazona*, pero en forma mucho más violenta, y les arrancan la cabeza para quitarles las crías que tratan de salvar.

Las hormigas pelean igualmente por la posesión de sus tierras, pues consideran que les pertenece la zona que circunda su nido; sobre todo las pastoras, que no toleran que ningún intruso de las colonias vecinas moleste o pueda quitarles la miel a sus pulgones.

Pero de todos los formícidos, los más belicosos y audaces son algunos del grupo dorílidos, que se atreven no sólo contra otras hormigas y termes, sino contra toda clase de animales. Son grandes hormigas ciegas, que, en masas enormes, flanqueadas por algunos soldados que parecen ser los jefes, organizan expediciones de caza devastando cuanto encuentran a su paso. En realidad, no combaten, pues nada se les resiste, y todos los seres vivos que no han podido huir a tiempo son despedazados y desaparecen víctimas de la voracidad de estas *cazadoras* o *visitadoras* como vulgarmente se las denomina.

Utilidad y daños de las hormigas. Aunque algunas especies son beneficiosas al hombre, por lo general son perjudiciales por los estragos que causan en los cultivos. Las *Atta*, por ejemplo, constituyen una verdadera plaga para las plantaciones y las selvas de América tropical, pues sus colonias son tan numerosas que cuando una de ellas sale en busca de hojas para sus jardines de hongos despojan los árboles y plantas que hallan a su paso. También son dañinas para las plantas las hormigas pastoras, pues su cría de pulgones hace que éstos se propaguen a todo un jardín o huerto con el consiguiente perjuicio. Sin embargo, algunas compensan los daños que causan con los insectos que comen, como la *Formica rufa*, de la que se ha calculado que un solo nido puede destruir en un día más de 50 mil insectos perjudiciales. *Véanse* Insecto; Larva; Oso hormiguero; Termes.

hormiga blanca. *Véase* Termes.

hormiga león. Insecto neuróptero de la familia de los mirmeleónidos, que vive oculto en el fondo de la trampa que construye para atrapar hormigas y otros pequeños insectos de que se alimenta. Tiene patas cortas y dos grandes mandíbulas con las que atrapa a sus víctimas. Camina hacia atrás, escondiéndose en la arena para construir una especie de embudo cónico de arena movediza, en cuyo fondo se entierran, dejando fuera sólo las mandíbulas. Cuando alguna hormiga cae en el embu-

Salvat Universal

Alzado en sección parcial del Pallazo dello Sport, en Roma, construido en 1957 según un proyecto del arquitecto P.L. Nervi basado en el uso del hormigón en las estructuras que soportan la cúpula.

do, resbala hasta el fondo donde es atrapada por la hormiga león, que le chupa sus jugos y luego la arroja fuera por un movimiento de catapulta de su cabeza. Cuando la hormiga león en estado de larva alcanza su completo desarrollo, fabrica un capullo de arena aglutinada con seda, en el interior del cual se transforma en ninfa, y al metamorfosearse en adulto abre un orificio circular por el que sale una especie de libélula de unos 3 cm, de cuerpo pardo y cuatro alas membranosas transparentes.

hormigón. Material de construcción compuesto por la mezcla de piedras menudas y un mortero de cal y arena. Generalmente se emplea cal hidráulica o cemento, con lo que se obtiene un hormigón impermeable, que se utiliza para la fabricación de bloques, pavimentos, cimientos, etcétera. Cuando las construcciones constan de partes sometidas a grandes esfuerzos (puentes, estructuras de edificios, fábricas), se construyen con hormigón que se hace fraguar sobre una armadura de barras de hierro o acero trabadas entre sí, y que constituye lo que se llama hormigón armado. Se utiliza el hormigón armado en la construcción de grandes diques, túneles, depósitos y cisternas para agua, elevadores de granos, fortificaciones y estructuras de edificios industriales y de habitación. El principal ingrediente del hormigón es el cemento o cal hidráulica, que es un polvo fino de color gris; al mezclarlo con agua forma una pasta que se endurece y aglomera en su interior a los demás elementos, con los que forma una masa de dureza pétrea.

Para el hormigón se emplean cantos rodados o piedras y ladrillos machacados, dependiendo el tamaño de los mayores trozos del destino que ha de darse al mortero. Se llama grava cuando las piedras llegan hasta 7 cm, y guijo cuando los trozos o cantos rodados no pasan de 5 cm. Ha de procurarse, de todos modos, que esté formado por trozos de tamaño diverso, pero siempre duros, tenaces y limpios de polvo y materia vegetal, debiéndose lavar si así no

lo fueran; no deben cambiar de volumen al contacto con el agua, ni reaccionar con ella ni con el cemento. El cemento se mezcla bien con la cantidad de arena silícea necesaria, y luego se añade a la grava o guijo y se le vierte el agua. La proporción en que entran los ingredientes y el agua es muy importante para el acabado que se puede dar a la obra.

La operación de mezclar los ingredientes puede hacerse a mano, con una simple pala, pero por lo general se hace en máquinas específicamente construidas para este fin, que se llaman hormigoneras. Las hay de todas clases y tamaños, adaptadas a los distintos rendimientos, movidas eléctricamente o con motores de explosión, fijas y móviles, y hasta con motores propios que les permiten desplazarse a los distintos lugares de la obra. Todas ellas constan de un tambor giratorio provisto de palas especiales, donde se colocan todos los ingredientes, mezclándose perfectamente con sólo algunos minutos de giro del tambor. Cuando la mezcla está lista se vierte sobre carretillas, vagonetas, carritos volcadores o cualquier otro procedimiento que lleve el mortero a los moldes donde ha de fraguar.

Existen hormigoneras fijas que poseen un sistema de tubos de acero articulados, por donde el hormigón puede ir a cualquier punto de la obra, y también las hay que mediante aire comprimido pueden lanzar la mezcla directamente a los moldes o sobre los muros ya preparados. En las construcciones de cemento armado se preparan unos moldes de madera en cuyo interior se coloca la armadura metálica; dichos moldes habrán de rellenarse de mortero, y su forma interna será exactamente la que ha de tener la masa de hormigón una vez fraguada. Estos moldes se limpian y rocían con agua o aceite antes de verter en ellos la mezcla para que las superficies queden lisas, y cuando el hormigón ha fraguado se quitan los moldes. En ciertos casos se somete el hormigón a vibración en el molde o en la misma mezcla, con lo que se le da mayor dureza y resistencia.

hormonas. Sustancias químicas producidas por una glándula que, llevadas por la corriente sanguínea, excitan en otra parte u órgano del cuerpo la actividad funcional específica. La palabra hormona deriva de una palabra griega que significa *excitar*. Las hormonas vienen a ser como mensajeros químicos estimulantes que intervienen en el crecimiento, la reproducción y el metabolismo. Los órganos que las producen se llaman *glándulas de secreción interna*, frase creada por el fisiólogo Bernard en 1855.

Las hormonas obran en muy pequeña cantidad, ya que la mayoría son activas en dosis de microgramos. Algunas desaparecen de la corriente sanguínea en pocos minutos y otras lo hacen más lentamente, pero nunca se produce una acumulación excesiva. Desempeñan importantes funciones, como son: regular la asimilación o desasimilación de los alimentos, influir sobre la actividad de los centros nerviosos interviniendo en la formación del carácter y la personalidad, ayudar con eficacia en las defensas orgánicas contra las enfermedades y contribuir a la constitución de cada individuo, siendo algunas necesarias para conservar la vida. Las glándulas más importantes que producen hormonas son: la hipófisis, tiroides, páncreas, suprarrenales y las de reproducción. La primera observación en el campo de la cirugía fue hecha por Reverdin, de Ginebra (Suiza), que en 1882 describió los accidentes graves que se producen después de haber extirpado la tiroides.

Las hormonas de la hipófisis intervienen en el crecimiento del cuerpo y sobre otras glándulas y funciones del cuerpo. Se han hecho experimentos en perros privándolos de la hipófisis, y se ha observado que estos animales dejaban de crecer. En cambio, en otros a los que se inyectó extracto de hipófisis se produce gigantismo. Una hormona importante de la hipófisis o glándula pituitaria es la hormona adrenocorticotrópica (ACTH), que estimula a hormonas de las suprarrenales y que empleada en inyecciones es eficaz contra el reumatismo. Si en el niño hay una función escasa de la hipófisis se presentan obesidad y baja estatura. Si por el contrario las hormonas se producen con exceso, sobreviene un hombre gigante. Todos los hombres y mujeres enanos o gigantes que se exhiben en ferias y circos o que llevan carteles con propaganda son gente con las hormonas alteradas por defecto o por exceso.

La tiroxina es la hormona que segrega la glándula tiroides. Su escasez durante la época de la infancia determina trastornos, como paro en el crecimiento, cara en forma de luna llena, palidez y retraso mental, síntomas que corresponden al tipo de cretino. Cuando la tiroxina se produce con exceso se origina el bocio, que es un agrandamiento de la glándula tiroides, además de presentarse los ojos saltones, nerviosismo y trastornos cardiacos. Las hormonas de las glándulas paratiroides regulan la absorción de calcio y fósforo, y cuando faltan se producen convulsiones que impiden una vida normal.

Las hormonas de las glándulas suprarrenales regulan, entre otras funciones, la distribución de sales y agua en el organismo; mantienen normal el volumen de sangre y el de la presión arterial; intervienen en la función de los riñones y capacitan a las defensas orgánicas contra toda clase de agentes dañinos. Como todas las hormonas, se corresponden con otras. Entre las más conocidas se hallan la adrenalina, que se emplea en inyecciones cuando desfallece el corazón, y la cortisona que se receta contra el reumatismo.

La insulina es la hormona del páncreas. Es segregada por los islotes de Langerhans y cuando falta se produce una afección llamada diabetes mellitus. Esta hormona regula la cantidad de azúcar en la sangre; normaliza la producción de azúcar en el hígado y músculos, y en los diabéticos corrige los trastornos de la disminución de la hormona. La insulina es eficaz durante años, dada en inyección, porque es una proteína que no suele producir resistencia en el organismo.

Las hormonas de las glándulas sexuales, estrógenos en la mujer y andrógenos del hombre, ejercen funciones que contribuyen a destacar la personalidad física y psíquica de la hembra o del varón, la feminidad y virilidad. Cuando por enfermedades o tumores se produce una disminución o falta de secreción de estas hormonas, se presentan trastornos, como el infantilismo. Si la falta ocurre en la edad adulta, los trastornos son menos marcados y se mejoran con injertos o con inyecciones e implantaciones de hormonas. De las hormonas masculinas la más conocida es la testosterona, pero todas ellas actúan en el desarrollo y el crecimiento de la laringe, en el fortalecimiento de los músculos y en el crecimiento del bigote y la barba.

hornablenda. Variedad de anfíbol que se encuentra en muchas rocas volcánicas. Está compuesto por un silicato de calcio, magnesia y hierro. Es de color negro o verdinegro. La hornablenda verde, llamada comúnmente payasita es una variedad de color verde y brillo vítreo, entre cuyos componentes predominan el calcio y el aluminio.

hornero. Pequeño pájaro americano, de la familia de las furnáridas (*Furnarius rufus*), que mide unos 19 cm de largo y 27 de envergadura. Su plumaje es de color rojo pardo en el dorso, cabeza algo más oscura, el vientre claro y la garganta blanca. Debe su nombre a la curiosa forma de su nido, que, terminado, se asemeja a un pequeño horno rústico, 18 - 20 cm de altura por 20 o 25 de ancho y 10 o 12 de profundidad. Lo construye de barro y paja, haciendo primeramente una base al borde de la cual levanta una pared inclinada hacia

Las isletas de Langerhans en el páncreas se encargan de producir glucagón necesario para que el hígado pueda convertir aminoácidos y glicógeno en glucosa, y elevar el nivel de azúcar en la sangre; también produce insulina, indispensable para que las células del tejido muscular y del tejido adiposo asimilen la glucosa y puedan transformarla en energía.

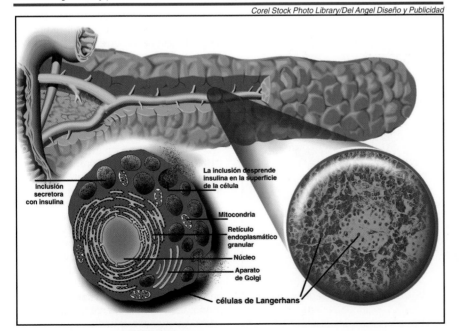

Inclusión secretora con insulina

La inclusión desprende insulina en la superficie de la célula

Mitocondria

Retículo endoplasmático granular

Núcleo

Aparato de Golgi

células de Langerhans

hornero

adentro, formando una cúpula, en uno de cuyos lados deja una abertura semicircular que le sirve de entrada; trabaja con el pico y las patas, dándole la forma con el cuerpo. El interior está dividido en un pasadizo perpendicular a la entrada que conduce a una cámara, formada por un tabique transversal situado en el fondo; ésta constituye el verdadero nido, forrado de hojas secas, hierbas, plumas, etcétera, y donde la hembra pone 2 o 4 huevos. Son nidos bien construidos, de paredes resistentes endurecidas por el sol, y cómodos, por lo que ciertos pájaros desalojan de ellos a sus dueños para instalarse en su lugar. La pareja de horneros es muy buena compañera; trabajan juntos en la construcción del nido, ambos cubren los huevos alternativamente, procuran el alimento a sus hijos, y cuando éstos pueden valerse por sí mismos y encuentran su pareja, los padres se preparan para tener otra cría.

horno. Dispositivo destinado a someter minerales u objetos manufacturados a la acción del fuego para fundirlos o transformarlos. Suele tener forma abovedada, con una boca y respiraderos distribuidos de acuerdo con el uso a que se destina. Hay hornos para cocer pan o ladrillos, fabricar cal, fundir metales, oxidar o reducir minerales y facilitar reacciones químicas. Los más antiguos debieron ser los de cocer pan, utilizados ya por los egipcios; en su forma rudimentaria se encuentran aún en

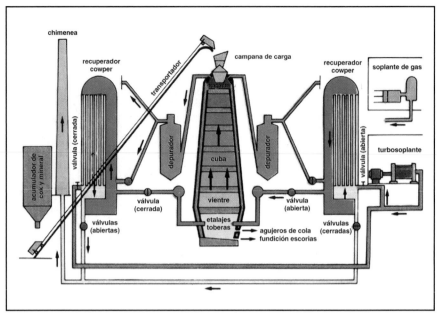

Del Angel Diseño y Publicidad

Esquema de un alto horno.

los pueblos poco evolucionados. También se conocen desde la más remota antigüedad los hornos de alfarero y los de fundir metales, creados en las épocas del hierro y del bronce.

Los hornos que se utilizan en la actualidad son de formas y tipos sumamente variados, según la finalidad a que se destinan, el combustible que emplean, la temperatura que alcanzan y la manera continua o intermitente en que trabajen. Hay hornos en que el combustible es el mismo mineral o materia que se va a beneficiar con su calor, como los de carbonización de madera.

En otros, como ocurre en los altos hornos, el mineral de hierro se mezcla con el combustible, carbón en este caso, a fin de que se produzca la reducción del mineral obteniendo el metal fundido. En los hornos de reverbero y crisol, el metal a fundir no se halla en contacto con el combustible; a veces, como en los hornos de cementación del hierro, tienen atmósferas especiales para que se produzcan reacciones determinadas. La invención de los hornos eléctricos ha significado un gran avance para la industria. Ha hecho posible obtener fácilmente metales y numerosas aleaciones de gran importancia científica e industrial; ha permitido un control más fácil y preciso de la temperatura y sobre todo se han obtenido por medio del horno de arco voltaico temperaturas de 4.000 °C, imposibles de alcanzar por otros procedimientos.

Hornos, Cabo de. Promontorio situado a los 55° 59' de latitud sur y 67° 16' de longitud oeste, en la isla homónima del grupo de las Hermite. Los primeros en navegar en torno a él fueron los holandeses J. Lemaire y G. C. Schouten, en 1616. Fue bautizado con el nombre de Hoorn en honor de la población natal del segundo; los españoles que lo exploraron en 1619, trocaron el nombre por el de Hornos. La isla en la que está situado, la más austral del grupo, tiene unos 9 km de largo por 4 de ancho y pertenece al territorio chileno.

Diagrama de un horno de microondas.

Salvat Universal

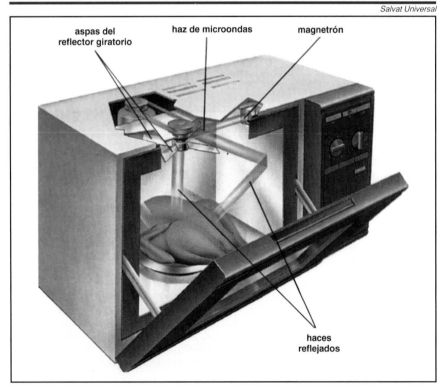

horóscopo. Predicción del destino y el carácter de un hombre según la posición que ocupaban los astros en el día de su nacimiento. La palabra horóscopo viene del griego y quiere decir *el que observa la hora*. Según pretende la astrología, las estrellas ejercen influencia sobre el destino de los seres humanos, y los astrólogos pueden predecir si ese destino será favorable o adverso. El astrólogo que traza un horóscopo debe tener en cuenta no sólo la posición de los astros en las casas del cielo (divisiones del firmamento tradicionales en este arte), sino también la distancia aparente que hay entre ellos.

hórreo. En Galicia (España), construcción destinada a preservar de la humedad y de los ratones el maíz y otros productos agrícolas. Es un edificio de madera de forma alargada, sostenido por pilares con losas horizontales de piedra en la parte superior, en las que se asienta. En Asturias se llama también hórreo a una construcción similar a la gallega, pero con algunas modificaciones, y destinada a los mismos fines. Esta palabra deriva del latín *horreum* y significa troje o silo.

hortalizas. Verduras y demás plantas comestibles que se cultivan en las huertas. Tienen un importante papel en nuestra alimentación, pues además de contener elementos como calcio, fósforo, hierro, yodo, etcétera, poseen diversas vitaminas y ácidos indispensables para nuestro organismo. La cantidad de celulosa y el alto porcentaje de agua que contienen en sus tejidos ayudan considerablemente al proceso digestivo. Sin embargo, las hortalizas en general son pobres en principios nitrogenados, o sea, en proteínas. Son pocas las hortalizas que, como las coles de Bruselas, y las berzas y coles ordinarias, tienen cantidades de proteínas que pasen de 10 y lleguen a 13%. En cambio, como hemos dicho, las hortalizas son ricas en elementos minerales y vitaminas; los guisantes contienen más de medio gramo de fósforo por kilo y la acelga más de tres centigramos de hierro en la misma cantidad; la zanahoria es rica en hierro y vitamina A, B y C. Según su especie, las partes comestibles de las hortalizas pueden ser las raíces, las hojas, los tallos, los frutos, etcétera. Así, en la remolacha, el nabo, la zanahoria y el rábano, las partes comestibles son las raíces; en la cebolla y el ajo, los bulbos; en el apio, los tallos; en la lechuga, la col, las acelgas y la espinaca, las hojas; en el tomate y la berenjena, los frutos; y en el guisante y los garbanzos, las semillas. Algunas hortalizas son usadas directamente como alimentos, bien en ensaladas o bien en guisos; otras, como el ajo, y, en la mayor parte de los países, el apio, se usan como condimento.

hortelano. Pájaro fringílido de mediano tamaño que vive en el centro y sur de Europa y Asia. El plumaje del dorso es pardo verdoso y la cabeza cenicienta, con las mejillas y parte anterior del cuello amarillos. De cola ahorquillada, con las plumas laterales blancas y pico comprimido, pequeño y corto; emite un canto sencillo y poco variado. Estos pájaros viven casi todo el año reunidos en grandes bandadas en las regiones de matorrales con agua abundante. Su carne ha sido muy apreciada en las regiones del Mediterráneo desde la época del imperio romano; se los caza vivos en grandes cantidades por medio de redes, y son cebados con mijo y arroz antes de destinarlos al consumo. En la isla de Chipre se preparan anualmente miles de barriles con la carne en conserva de estos pájaros, que constituye un preciado artículo de exportación.

hortensia. Arbusto saxifragáceo originario de Japón y China, de donde fue llevado a Europa por el naturalista Commerson, que lo dedicó a la esposa de un amigo suyo, de donde viene su nombre. Tiene hojas opuestas elípticas y flores pequeñas numerosas, agrupadas en masas globosas de forma de umbelas, de color rosado o blanco. Tratando la tierra en que crecen con sulfato de aluminio, las flores toman color azul. Se cultivan en jardines y en tiestos, se plantan por estacas o acodos y prefieren tierras ligeras y lugares sombreados. Hay que protegerlas de los fríos intensos.

Horus. En el antiguo Egipto, Horus era el dios del Sol, al que se representaba por un hombre con cabeza de halcón o bien por este animal. Hubo también un Horus Niño, hijo de Osiris y de Isis, vengador de la muerte de su padre. La relación de Horus con el halcón proviene de que este animal puede volar contra el Sol sin deslumbrarse por la luz y en este caso personificaba el sol naciente. Horus era para los antiguos egipcios lo mismo que Apolo para los griegos.

hospital. Establecimiento destinado a alojamiento de enfermos que en él reciben asistencia y tratamiento médico y quirúrgico.

En la antigüedad no existieron hospitales, en el sentido que actualmente se le da a esta palabra. La medicina se rodeaba de magia y se pedía a los dioses o a los astros su influencia misteriosa para curar las enfermedades. Entre los pueblos antiguos se practicaba el aislamiento de determinados enfermos contagiosos, como los atacados por la lepra, obligándoseles a salir de las ciudades. Se han encontrado ruinas de refugios para enfermos en la isla de Ceilán (India), que datan de unos 2,500 años.

En la India antigua existían edificaciones especiales para albergar enfermos y animales. En Atenas y Roma no se han hallado indicios de hospitales en que se prestase alojamiento a los enfermos. Entre los griegos fue célebre el Santuario de Esculapio, donde sacerdotes paganos practicaban métodos para la curación de enfermos.

En la era cristiana se instalaron los primeros hospitales subterráneos en las catacumbas de Roma. Hacia el año 250 d. C., el diácono Lorenzo fundó en Roma una asistencia para enfermos pobres, que los feligreses mantenían con sus limosnas.

Enfermera cuidando de un paciente en un hospital.

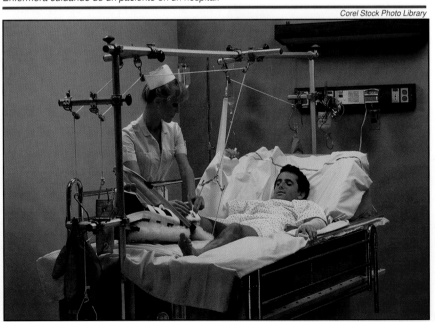

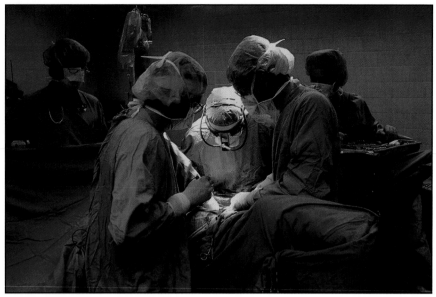

Corel Stock Photo Library

Intervención quirúrgica en sala de operaciones.

Cien años más tarde Fabiola, una patricia romana, creó por primera vez un hospital, que era una casa de campo destinada a recoger los enfermos abandonados en las calles, proporcionándoles cuidados y medicamentos. En esta época san Basilio fundó el primer hospital atendido por monjes. En los primeros tiempos del Islam se construyeron hospitales para leprosos en Arabia y más tarde en Egipto. Uno de los hospitales más antiguos fue el de Santiago de Compostela (España), donde se socorría a los peregrinos enfermos.

Operación de espina dorsal.

Corel Stock Photo Library

Durante las edades Media y Moderna en España e Italia se edificaron hospitales con carácter de beneficencia, ejemplo que fue imitado por el resto de Europa. Eran caserones de una planta y en sus salas se mezclaban toda clase de enfermos y heridos.

A finales del siglo XVIII un incendio en un hospital de París originó el proyecto de un nuevo hospital con pabellones, para aislar en ellos a enfermos de afecciones infecciosas, nerviosas y mentales y heridos. Éste fue un gran avance en la organización hospitalaria. En el siglo XX la construcción de un hospital sigue nuevas normas, eligiéndose el lugar más seco, en los alrededores de la ciudad, con las salas para enfermos orientadas hacia el mediodía. Los pabellones tienen varios pisos. El centro médico de Nueva York es un hospital rascacielos. Las medidas higiénicas y una disciplina sanitaria rigen la nueva organización. La mayoría de los hospitales modernos se rodean de jardines y disfrutan de amplios panoramas.

Los hospitales contienen un número variable de camas: entre 300 y 1,500, según las especialidades que atienden. El director médico está secundado por médicos, jefes de sala, enfermeros para las salas de hombres, enfermeras para las de mujeres, farmacéuticos y bioquímicos, administrador y personal subalterno.

En todo hospital se precisan instalaciones de rayos X, diatermia, onda corta, rayos ultravioleta e infrarrojos, quirófanos o salas de operaciones, laboratorios de análisis clínicos, salas de autopsias donde se estudia la causa de la muerte, farmacia, capilla, biblioteca, salón de actos cuartos de higiene y otras habitaciones auxiliares. Se han creado también departamentos de

investigación donde se cultivan los microbios y se experimentan medicinas y tratamientos nuevos en animales de ensayo antes de utilizarse en el cuerpo humano. Otras dependencias están constituidas por las salas de guardia o de primeros auxilios, secciones de informes para atender las peticiones de los visitantes, contaduría, sección de ambulancias, cocinas, talleres y almacenes. Los últimos adelantos han sido incorporados para recreo de los enfermos, como el cine y la televisión. Algunos hospitales tienen instalaciones de aire acondicionado, que purifica y refresca el ambiente en verano y lo entibia en invierno.

Clases de hospitales. La civilización y sus exigencias han dividido los hospitales según sus actividades: hospitales generales, donde se reciben enfermos de todas clases; hospitales de enfermedades infecciosas; casas de maternidad; hospitales para niños; para enfermos de la piel; para enfermos mentales; hospitales de tuberculosos o sanatorios; clínicas para quemados, y muchos más.

Organizaciones del Estado como el ejército, la marina y la policía disponen de hospitales propios. Los estudiantes de medicina colaboran en los servicios hospitalarios, bajo la inspección de los médicos de sala que les enseñan las particularidades de cada enfermo. El hospital y sus servicios han adquirido gran prestigio por sus comodidades, higiene y competencia de sus facultativos, seleccionados entre los mejores. Las ciudades sobresalen especialmente por la calidad y buen funcionamiento de sus hospitales, que cumplen las más altas misiones humanas y científicas. *Véanse* MANICOMIO; SALUD.

Hostos, Eugenio María de (1839-1903). Patriota y escritor puertorriqueño, apóstol de la independencia insular y de la educación y cultura continentales. Educado en España, inició la prédica de la autonomía antillana con su primera novela, *La peregrinación de Bayoán*. Coincidiendo con esta publicación, en una conferencia pronunciada en el Ateneo de Madrid se

Material médico de uso común en los centros de salud.

Corel Stock Photo Library

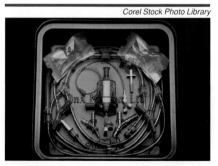

declaró decidido partidario de la independencia de Puerto Rico. Recorrió distintos países americanos, cultivó el periodismo y la docencia, y llegó a ser director de la Escuela Normal de Santo Domingo, hoy Ciudad Trujillo, en la República Dominicana. Conocedor profundo de los problemas americanos, que trató siempre con elevado concepto y clásico estilo, entre sus obras más importantes se destacan su *Tratado de derecho internacional*, *Tratado de sociología*, *Plácido* (biografía del poeta cubano) y *Moral social*. Sus *Obras completas*, recopiladas y publicadas en La Habana, reúnen la labor dispersa de este pensador y patriota.

hotel. Establecimiento en que se alojan viajeros, turistas y también personas que prefieren vivir habitualmente en él. La gran transformación del mundo operada a partir del siglo XIX por el prodigioso progreso técnico motivó, entre otras cosas, un cambio de las costumbres. La invención del tren, el barco de vapor, el automóvil y el aeroplano acortó las distancias, impulsando la expansión del comercio y provocando el frecuente traslado de personas de un lugar a otro. Hoy se viaja cómoda y rápidamente y el número de viajeros no guarda relación con el de los siglos pasados, lo que originó un extraordinario crecimiento de la industria hotelera. Hasta hace dos siglos los viajeros podían sólo alojarse en una simple posada desprovista de las comodidades más elementales. Por otra parte, sólo los viajeros acudían a estos albergues.

Posteriormente, la situación experimentó un gran cambio. Los hoteles modernos satisfacen todas las necesidades de la vida civilizada, desde la cocina delicada y el lecho mullido hasta los cuartos y salones con aire acondicionado. En ellos la ciencia del vivir se halla al servicio de los huéspedes, pues no se limitan a ofrecer al huésped lecho y comida: constituyen vastas organizaciones con una serie de servicios anexos, como, por ejemplo, peluquería, salón de belleza, florería, lavado y planchado de la ropa, oficina de correos, etcétera. Algunos tienen salas de diversiones, gimnasios, bibliotecas y piscinas de natación. Los principales hoteles en las grandes ciudades son modernos y amplios edificios que pueden albergar cómodamente a cientos de visitantes. Existen hoteles que tienen capacidad para más de mil, uno de ellos el hotel Stevens, de Chicago, en Estados Unidos, cuenta con tres mil habitaciones.

Constituyen un tipo especial los hoteles para turistas situados principalmente en las playas de veraneo y en la montaña. Habitualmente funcionan sólo algunos meses al año y ofrecen las comodidades adecuadas al género de vida descansada y amena de los turistas. Los hoteles de la Costa Azul y de Suiza se cuentan entre los mejores de

Corel Stock Photo Library

Hotel Plaza, en New York.

esta clase. Los hoteles residenciales, situados por lo general en barrios del mismo tipo, son establecimientos en que los huéspedes viven permanentemente. Ofrecen departamentos o habitaciones y tienen algunos puntos de semejanza con las *pensiones*.

hotentote. Pueblo negro de Sudáfrica. Habita cerca del Cabo de Buena Esperanza. Los hotentotes se diferencian de los otros nativos sudafricanos y generalmente se atribuye su origen a un cruzamiento en-

Hotel en Oahu, Hawai.

Corel Stock Photo Library

tre los bosquimanos y los bantús aunque también se ha supuesto que tienen relaciones de parentesco con los antiguos egipcios. Son completamente distintos de los cafres; se asemejan a los bosquimanos, pero su estatura, que oscila entre 1.50 y 1.60 m, es algo mayor que la de éstos. Su piel es de color negro pálido, cobrizo casi amarillento. Forman un pueblo de pastores, cuyo número se calcula en unos 90 mil individuos. Su idioma es original y se caracteriza por la abundancia de chasquidos, semejantes al ruido especial que se hace para arrear o espantar algún animal.

Houdini (1874-1926). Famoso mago, prestidigitador e ilusionista estadounidense, especialista en escapatorias sensacionales. Se llamaba Henry Weiss, pero adoptó el nombre de Houdini en honor de su maestro, el gran mago francés Houdin. Iniciado como trapecista en plena adolescencia, muy pronto pasó a especializarse en sus famosas evasiones, que le mostraban escapándose en escasos minutos de un cajón clavado y atornillado, donde se le había encerrado convenientemente atado y esposado a la vista del público. Entre las pruebas más famosas cumplidas por este artista, está la que realizó al escaparse de la celda de la prisión federal de Washington, donde había estado el asesino del presidente James Garfield.

Houdon, Jean Antoine (1741-1828). Escultor francés. Por sus obras, plenas de realismo, se le ha aplicado el calificativo de *el más grande escultor francés del siglo XVIII*. Estudió en Roma y después enseñó en París en la Escuela de Bellas Artes. Su extraordinaria producción pasa de 500 obras,

Monumento al trabajador y granjero en Moscú, donde se aprecian claramente la hoz y el martillo, símbolos del socialismo soviético.

la mayoría bustos de celebridades, entre los que se destacan los de George Washington, Jean Jacob Rousseau, Victor Riqueti conde de Mirabeau, Benjamin Franklin, Napoleón Bonaparte, Jean Baptiste Molière y Christoph Willebald Gluck. Entre sus obras mayores mencionaremos *La friolera, la Diana cazadora* y el impresionante *Voltaire sentado*, del vestíbulo del teatro de la Comedia Francesa.

Hounsfield, Godfrey Newbold

(1919-). Ingeniero electrotécnico británico. Estudió en el Faraday House Electrical Engineering College de Londres, y desde 1949 trabaja en los laboratorios de investigación de EMI. Colaboró en la puesta a punto del primer ordenador gigante completamente transistorizado construido en el Reino Unido, el EMIDEC 1100. Desarrolló asimismo, junto con A. Cormack, a principios de la década de 1970, la tomografía axial computadorizada, técnica de diagnóstico radiológico que permite visualizar con mucha mayor claridad que las técnicas convencionales, casi todas las estructuras anatómicas del cuerpo humano. Por este invento, ambos científicos recibieron en 1979 el Premio Nobel de Medicina o Fisiología.

Houssay, Bernardo A. (1887-1971).

Médico, fisiólogo y profesor universitario argentino. Llevó a cabo investigaciones sobre endocrinología, nutrición, patología experimental, hipertensión. Fue autor, además, de un tratado de fisiología –en colaboración con varios discípulos–, algunos trabajos sobre venenos de arañas, serpientes y escorpiones. Presidió numerosos congresos científicos en Europa y América. En 1947 recibió el Premio Nobel de Medicina por sus estudios sobre la insulina.

Howe, Elias (1819-1867). Mecánico

estadounidense. Hijo de un agricultor de Spencer (Massachusetts), pasó sus primeros años trabajando con su padre, afanado por adquirir los conocimientos de mecánica que, con el tiempo, habían de llevarlo a la invención de la máquina de coser, cuyo primer modelo de lanzadera, que daba 250 puntadas por minuto, construyó a mediados de 1845 en Boston, ciudad donde la patentó al año siguiente. El escaso interés que su ingenioso mecanismo despertó en Estados Unidos le decidió a trasladarse a Inglaterra, donde vendió sus derechos a un fabricante de corsés; poco después regresaba a su patria, y enterado de que otros industriales habían copiado su invento, les puso pleito, reivindicó sus derechos y empezó a fabricar máquinas. Hasta 1859 había fabricado unas 50 mil, y en 1862 instaló su fábrica definitiva en Bridgeport; sus modelos fueron premiados en las exposiciones internacionales y le granjearon en la de París (1867), la Cruz de la Legión de Honor. *Véase* MÁQUINA DE COSER.

Hoxha, Enver (1908-1985). Político

albanés. Sus primeros estudios los realizó en su país, y en 1930 ganó una beca para la Universidad de Montpellier en Francia. Al regresar a Albania dio clases en una escuela de su ciudad natal Korce, pero fue despedido al rehusar unirse al Partido Fascista, fundado cuando Italia invadió Albania en 1939. Abrió una tienda en Tirana que poco después se convirtió en un centro comunista clandestino. Hoxha fue miembro de la resistencia armada durante la Segunda Guerra Mundial y primer ministro de Albania después de terminada la guerra. A partir de 1954 se convirtió en secretario del Partido Comunista. Su gobierno se caracterizó por la ruptura con el proteccionismo yugoslavo y su adherencia al bloque soviético, primero, y a China, después.

hoz. Instrumento de hoja acerada, cor-

va, provisto de mango, que se destina al corte de mieses y hierba. Cuando la superficie que deba segarse es extensa se emplean segadoras mecánicas. En las religiones nórdicas los sacerdotes druidas utilizaban la hoz para cortar el muérdago sagrado.

HP. Abreviatura de la expresión inglesa

horse-power, o sea: *caballo de fuerza*, unidad de medida usada en mecánica para determinar la potencia de una máquina. En electricidad, un caballo de fuerza equivale a 746 vatios.

Huachipato. Fábrica chilena produc-

tora de acero. Su nombre es el del lugar donde está situada, a orillas del océano Pacífico, próximo al puerto militar de Talcahuano y cerca de la ciudad de Concepción. Su producción es de unas 500 mil toneladas anuales. Es la primera gran obra en el proceso de creación de la industria pesada en Chile.

Hua Kuo-Feng (1920-). Estadista

chino. Durante la guerraCivil china (1949) Kuo-Feng fue secretario del Partido Comunista en la provincia de Hunan. En 1958 se convirtió en vicegobernador de esa provincia y apoyó a Mao Zedong en la Gran Marcha. Para 1972 ya se había convertido en la figura más importante en Hunan; poco después se unió al Politburó y se trasladó a Beijing en donde fue nombrado ministro de Seguridad Pública. Después de la muerte de Chou Enlai, fue premier de China de 1976 a 1980. Conocido como líder flexible, Hua se mantuvo neutral en la lucha política entre la Banda de los Cuatro, encabezada por Jian Quing, esposa de Mao Zedong, y Deng Xiaoping, vicepremier del gobierno. Sin embargo, muerto Mao, Hua favoreció a Xiaoping, y en 1981 fue reemplazado por seguidores de éste.

Huancavelica. Departamento en la

zona central del sur de Perú, sobre mesetas y llanuras que atraviesa en parte el ramal de los Andes, llamado cordillera occidental. Por su riqueza minera fue intendencia de las más importantes durante la colonia, transformándose en departamento al proclamarse la independencia. Tiene de superficie 22,131 km², con una población de 400,376 habitantes. Posee actividades agrícola y ganadera. La capital es Huancavelica, edificada a orillas del río homónimo.

Huancayo. Ciudad peruana, capital de la provincia de su nombre y del departamento de Junín. Tiene 258,209 habitantes. Está situada en el pintoresco valle de Jauja, a 3,271 m de altura, en una zona agrícola que cuenta con extensas plantaciones, sobre la ruta que comunica Lima con los departamentos de Ayacucho y Huancavelica. Es una antigua ciudad indígena reedificada por los españoles. Cuenta con varios templos (uno de 1617) y en una pintoresca calle se celebra semanalmente un mercado.

Huánuco. Departamento de Perú, con 37,722 km^2 y 678,041 habitantes. Se divide en dos regiones físicamente distintas. El norte, boscoso y fértil, está cruzado por los ríos Haullaga y Marañón, en tanto que el sur es montañoso y en él abundan las minas de plata, oro, cobre, cinabrio y carbón. No obstante la fertilidad de su suelo, la agricultura está poco desarrollada, debido a la escasez de comunicaciones; produce coca, café, caña y algodón. Se divide en 6 provincias. Capital, Huánuco (85,900 habitantes).

huapango. Baile mexicano, típico de los estados de Veracruz y Tamaulipas. Se baila, generalmente, sobre un tablado, por una o varias parejas de hombres y mujeres. A veces lo bailan mujeres solas. La música es viva y alegre. Los movimientos del baile se caracterizan por el taconeo de fases variadas.

Huarte de San Juan, Juan (1529-1588). Filósofo y médico español, natural de San Juan de Pie de Puerto, de quien se sabe que actuó en la peste de Baeza y que falleció en Linares. Fue autor de un libro famoso, *Examen de ingenios para las ciencias*, rebosante de atisbos geniales. En él expone notables observaciones, que se anticipan a las que mucho después habrían de propugnar las modernas ciencias psicológicas sobre las relaciones indudables de lo físico con lo moral.

Huascarán. Montaña peruana en los Andes Septentrionales, provincia de Yungay. Es la más elevada del Perú y una de las más altas de la América del Sur. Tiene una altura de 6,768 m; consta de dos picos, cubiertos de nieve perpetua. Alpinistas franceses, mexicanos y peruanos han alcanzado su cumbre.

Huáscar o Tupac Cusi Hualpa (1491-1532). Caudillo inca. Heredero del imperio inca, recibió solamente parte de éste al morir su padre en 1525, ya que su

medio hermano, Atahualpa, recibió a su vez una quinta parte. Pronto Atahualpa quiso invadir el territorio de Huáscar y comenzó una rebelión armada. Huáscar fue derrotado y hecho prisionero. Cuando Francisco Pizarro empezó la conquista del Perú, en 1532, Atahualpa ordenó ejecutar a su hermano, temeroso de que Pizarro lo devolviera al poder.

huaso. Campesino chileno, propietario a veces de la tierra, y otras simple labriego arrendatario. Mestizo de andaluz y aborigen, es rudo, valiente, noble, hospitalario, espontáneo, desprendido, amigo de refranes. Su orgullo es asistir a los *rodeos* en su caballo con ricos arreos y el traje típico: sombrero cordobés, chaquetilla corta, manta de vivos colores y grandes espuelas de plata tintineando en los altos tacones. Canta tonadas en su guitarra, brinda a menudo con su *cacho de chicha* y baila la *cueca*. Mariano La Torre es el escritor del *huaso*.

Hubble, constante de. Sencilla relación matemática, H, entre la velocidad de recesión de una galaxia, v, y su distancia, r, donde $v = Hr$. Todas las galaxias en el universo en expansión son desprendimientos de la nuestra. En 1929 el astrónomo Edwin Hubble determinó que las galaxias más lejanas son las que más rápidamente se retraen. También estimó el valor de H –ahora llamada constante de Hubble– en 530 km/seg/megaparsec pero los cálculos desde entonces han estado en un rango de 50 a 100 km/seg/megaparsec entre las diversas teorías cosmológicas. El valor verdadero es aún incierto. El recíproco de la constante, H^{-1}, llamado *tiempo de Hubble*, representa el límite máximo de la edad del universo para la mayor parte de las teorías. Mientras menor sea el valor de H, más aumenta el cálculo de la edad del universo. El valor de 50 km/seg/megaparsec significa una edad de alrededor de 20,000 millones de años. Dada la velocidad de la luz, c, la cantidad cH^{-1} –la distancia que una galaxia puede desplazarse a esa velocidad– es considerada como el *radio* del universo observable.

Hubble, Edwin Powell (1889-1953). Astrónomo estadounidense, pionero en el estudio de las galaxias. Graduado en la Universidad de Chicago en física y astronomía, Hubble obtuvo un título en leyes, el cual ejerció brevemente antes de obtener el doctorado en astronomía en Chicago en 1917. En 1925 ideó un esquema de clasificación de la estructura de las galaxias que, tras ciertas modificaciones, es usado actualmente. Hubble también encontró evidencias concluyentes de la expansión del universo. Después de la Primera Guerra Mundial ingresó al observatorio de Mount

Wilson, donde en 1923 estableció un largo debate demostrando que la *nebulosa* de Andrómeda era una galaxia fuera de nuestra Vía Láctea, y que existían muchas otras galaxias como ésa. El estudio de la distribución de las galaxias dio como resultado en 1929 el descubrimiento de la Ley de Hubble –la galaxia más lejana es la que más rápidamente está desplazándose-, de la cual se deriva la cantidad fundamental cosmológica conocida como la constante de Hubble.

Hubble, telescopio. Telescopio espacial (HST, por sus siglas en inglés) puesto en órbita por el trasbordador *Discovery* el 15 de abril de 1990. Su órbita es de 613 km sobre la Tierra. El programa de la NASA para su desarrollo fue aprobado por el congreso en 1977, y en 1984 se le dio el nombre que actualmente lleva en honor del astrónomo Edwin Hubble. Operado por un equipo de 300 trabajadores del Centro de Vuelos Espaciales Goddard, sus actividades son coordinadas por el Instituto de Ciencia Telescópica Espacial en Baltimore.

El HST está resguardado en un cilindro de aluminio de 4.3 m de ancho y 13 de largo. Dos paneles de celdas solares lo proveen de energía. El espejo secundario refleja la luz a cinco instrumentos. Cada instrumento se encuentra alojado por separado para poder ser sustituido individualmente cuando sea necesario. Después de su lanzamiento se encontró que debido a un error de instrumentación durante las pruebas, el espejo principal no enfocaba sus objetivos correctamente. En diciembre de 1993 la NASA dirigió una misión para la instalación de una cámara correctiva, que aumentó sustancialmente su óptica, aunque redujo su campo de visión. Desde entonces el HST ha enviado una gran variedad de imágenes de objetos en el espacio. En 1996 las observaciones realizadas indicaban que existen unos 50,000 millones de galaxias más que las calculadas anteriormente.

Hubel, David Hunter (1926-). Neurobiólogo estadounidense de origen canadiense. Establecido desde 1957 en Estados Unidos, trabajó en las secciones de Neurobiología del Instituto Walter Reed (Washington) y del Hospital Johns Hopkins (Baltimore), luego se incorporó a la Universidad de Harvard como profesor de neurofisiología y de neurobiología. Destacó por sus investigaciones sobre los impulsos de las células nerviosas en los estratos de la corteza visual. Compartió el Premio Nobel de Medicina o Fisiología de 1981 con el sueco Torsten N. Wiesel, y el neurobiólogo estadounidense Roger W. Sperry.

Huber, Robert (1937-). Bioquímico alemán. Se doctoró en la Universidad Técnica de Munich, y a partir de 1972 trabajó en el Instituto Max Planck de Bioquímica de Martinsried, Alemania. En dicho instituto, junto con J. Deisenhofer y H. Michel, realizó investigaciones sobre las proteínas de membrana participantes en la transferencia de electrones durante la fotosíntesis, proporcionando una valiosa información sobre este proceso vital. Por su descubrimiento de la estructura detallada de dichas proteínas, los tres investigadores compartieron en 1988 el Premio Nobel de Química.

Hudson, bahía de. En la parte nordeste del Canadá, cerrada al norte por las heladas islas Southampton y rodeada al sur, este y oeste por las provincias de Quebec, Ontario y Manitoba y el Territorio del noroeste, se halla la gran bahía de Hudson, verdadero mar interior con una superficie de más de un millón de km². La bahía fue explorada en 1610 por el navegante inglés Enrique Hudson, que le dio su nombre. En ella desembocan 30 ríos, de los cuales dos muy caudalosos forman radas en donde se encuentran los puertos de Churchill y Nelson. Se comunica con el Atlántico por el estrecho de Hudson y con el Ártico por el de Fox. Debido a su clima riguroso, sólo es navegable durante unos cinco meses en el verano, porque el resto del año queda obstruido por los hielos. Es además peligrosa la navegación en este mar, porque la proximidad del Polo Magnético perturba el funcionamiento de las brújulas.

Hudson, Henry (?-1611). Navegante y descubridor inglés, célebre por sus expediciones, en memoria de las cuales llevan su nombre el río que atraviesa la ciu-

Corel Stock Photo Library

Vista nocturna de la Bahía de Hudson.

dad de New York y también la bahía de Hudson o Mar de Hudson en el océano Atlántico, en la costa norte de la América septentrional, explorado por él. Tratando de encontrar un paso que abreviase la ruta entre Europa y las Indias Orientales, recorrió la costa oriental de Groenlandia y fue detenido por los hielos en los más apartados parajes de Spitzberg. Una segunda expedición desalentó a los comerciantes ingleses que lo financiaban. Los holandeses, en cambio, le equiparon una tercera, en la cual descubrió la célebre bahía. El

navegante cedió el derecho de su hallazgo a los holandeses, quienes fundaron la colonia llamada Nueva Amsterdam que posteriormente habría de convertirse en la ciudad de Nueva York. En el último de sus numerosos viajes, a pesar de su comportamiento equitativo con la tripulación en jornadas de grandes hambres y peligros, los hombres a sus órdenes, sublevados por Juet y Greene, se alzaron contra su autoridad. Cruelmente fue abandonado el 21 de junio de 1611 en un bote con un hijo suyo, niño aún, sin armas y sin alimentos. Su muerte se dio por pronta y cierta, pero sin que pueda precisarse el día en el cual se produjo. Tampoco se conoce con exactitud la fecha de su nacimiento.

Hudson, William Henry (1841-1922). Naturalista y escritor nacido de padres ingleses en la República Argentina, donde residió hasta la edad de 33 años, en que marchó a Inglaterra. Escribió allí, en el idioma de sus mayores, una importante obra literaria, notable por el estilo, la imaginación y el profundo conocimiento de los asuntos, como en *Allá lejos y hace tiempo*, *Días de ocio en la Patagonia*, *Ornitología argentina*, *El ombú*, etcétera. Sus obras completas forman más de 20 volúmenes. El acento de intensa nostalgia de que tal producción está impregnada, los motivos de que trata, generalmente americanos, su contenido emocional, la índole peculiar de su lirismo, han inducido a considerarla, por parte de algunos críticos, como perteneciente a la literatura argentina. Otros estiman que debe atenderse a la lengua y a la actitud misma del escritor, quien parece dirigirse intelectualmente a Inglaterra y re-

Bahía de Hudson.

Corel Stock Photo Library

latar para ingleses los hechos de su juventud andariega.

huecograbado. Técnica de fotograbado para grandes tirajes en rotativas con cilindros de cobre que reproducen las imágenes grabadas en hueco a diversas profundidades. En huecograbado se parte de un positivo de tono continuo que se copia por exposición a la luz (generalmente de lámparas de arco) sobre un papel recubierto de gelatina sensibilizada con bicromato de potasio, sobre el cual se pone también una trama o retícula que formará las paredes de los huecos. Este papel se transporta al cilindro de cobre electrolítico, humedeciéndolo por el reverso a fin de que, al ser retirado, deje la gelatina con la imagen negativa pegada al cilindro. Después sólo queda lavar y grabar éste mediante baños de cloruro férrico en concentración variable. La profundidad máxima de los huecos así obtenidos no excede de 10. 4 mm, según sea la intensidad de los oscuros. Los blancos quedan sin grabar. Luego la máquina impresora, mediante dispositivos apropiados, entinta las sombras del grabado y limpia las superficies. Dando al papel una impresión conveniente, evita que la tinta se escurra en los huecos o negros. También se presta el huecograbado para imprimir a varias tintas. Por su rapidez y economía se usa comúnmente en revistas y suplementos ilustrados.

Huehuetenango. Departamento en el oeste de Guatemala que limita al norte y al oeste con México. Está cruzado por la cordillera de Cuchumatanes, con cimas de 3,500 m. Superficie: 7,400 km². Población: 634,374 habitantes (1994). Capital: Huehuetenango, que conserva importantes ruinas antiguas. Variada producción agrícola y ricos yacimientos mineros.

huelga. Cese en las tareas que practica un grupo de trabajadores, hecho de común acuerdo con el fin de imponer la aceptación de ciertas condiciones a los patronos. Este recurso comenzó a ponerse en práctica con frecuencia a partir del nacimiento de la era industrial, en el siglo XIX. En los Estados de legislación social avanzada la huelga está prevista como un derecho de las clases trabajadoras. También existen tribunales oficiales que arbitran en las discusiones que provocan las huelgas.

huellas dactilares. *Véase* DACTILOSCOPIA.

Huelva. Provincia de España, que limita con el océano Atlántico y Portugal. Tiene 458,674 habitantes y 10,085 km² de superficie. Entre sus principales recursos económicos figuran las explotaciones mineras, la pesca e industrias derivadas, aceites, frutas, cereales y vinos famosos, obtenidos en gran parte en la zona llamada *La Campiña* y más particularmente en tierras del antiguo condado de Niebla. Los principales ríos son el Tinto y el Odiel, que se reúnen para formar un estuario común, y el Guadiana, que en su tramo final señala el límite con Portugal. Muy montañosa, la cruzan, entre otras, las sierras de Aroche y Aracena, cubiertas de bosques de castaños, nogales y otros frutales de clima fresco en las zonas altas, y en sus bajas estribaciones de alcornoques y encinos, donde prospera el ganado de cerda, base de su industria de embutidos y jamones. Su riqueza máxima es la minera (hierro, cobre, manganeso, etcétera), explotada ya por los fenicios. Además de Huelva –puerto y capital–, son notables Aracena, Valverde, La Palma del Condado y el municipio de Minas de Riotinto, del cual dependen varias colonias obreras. En la ría del Tinto, antes de unirse a la del Odiel, está el célebre puerto de Palos, ahora cegado por las arenas, pero en otro tiempo nido de excelentes marineros. De él salió Cristobal Colón con tres carabelas, el 3 de agosto de 1492, para la expedición que culminó en el descubrimiento del Nuevo Mundo.

Huelva. Ciudad de España, capital de la provincia de su nombre, en la región de Andalucía. Está sobre una pequeña península dibujada por los estuarios del Tinto y del Odiel, a 94 km al oeste de Sevilla. Su población, de 145,712 habitantes, goza la ventaja de su puerto, uno de los de mayor movimiento de España en su comercio de exportación, poderosa válvula de salida para los productos mineros y agrícolas de una extensa zona, con embarcaderos para el mineral de cobre de las minas de Riotinto, en otro tiempo las más ricas del mundo, pero ya bastante agotadas. Es la *Onuba* de los antiguos.

huemul. Cuadrúpedo artiodáctilo rumiante parecido al ciervo que se encuentra en los valles ocultos en el sur de Chile, por lo que recibe la denominación de *Cervus chilensis*. Frecuenta los parajes accidentados y boscosos próximos a los Andes. Es un animal tranquilo, de andar mesurado y firme, forma robusta y esbelta, hocico agudo, patas altas y delgadas y cola corta. El macho ostenta cuernos cortos y estriados. Se le ha incluido en el escudo nacional de Chile como representación de la fauna autóctona.

huérfano. Niño que ha perdido a su padre y a su madre o a alguno de los dos. La sociedad prevé el caso de huérfanos desamparados y ha creado instituciones, tanto públicas como privadas, para velar por tales niños. Los orfanatos acogen también a las criaturas que son abandonadas por sus padres ante la imposibilidad de mantenerlas. En dichas instituciones los niños desvalidos son educados, por lo general, hasta que alcanzan la mayoría de edad. Se cuida su salud y se ha logrado suprimir en forma casi total las numerosas muertes que se producen cuando son abandonados a sus propios recursos o cuando caen en manos de extraños sin conciencia. Así mismo, se les enseña un oficio, para que al salir del orfanato se hallen en condiciones de afrontar la vida. Algunas de estas organizaciones suelen confiar los niños a ma-

Una tarde en Huehuetenango, Guatemala.

huérfano

General Victoriano Huerta.

Art Today

trimonios que desean adoptarlos, si éstos prueban que son capaces de proporcionarles la educación adecuada. Sin embargo, el orfanato no se desentiende de estos niños, sino que continúa vigilando el tratamiento que se les da. En la mayor parte de los Estados hay leyes que determinan en forma estricta el funcionamiento de los orfanatos, tanto en lo que se refiere al régimen de admisión de niños como al cuidado que se les proporciona. Los gobiernos suelen también acordar ayuda económica a las instituciones privadas que se ocupan de los huérfanos. *Véase* ORFANATO.

Huergo, Luis Augusto (1837-1913). Ingeniero argentino especializado en hidráulica y vialidad, ejecutor de varias de estas obras en su país y Paraguay. Proyectó los puertos de Buenos Aires y de la Asunción, construyó el camino entre La Plata y Ensenada, el primer dique seco de Argentina, la rectificación del Riachuelo y varias líneas ferroviarias.

Huerta, Victoriano (1854-1916). General y político mexicano. Sirvió a las órdenes del presidente Porfirio Díaz, y después del derrocamiento de éste, a las del presidente Madero, que le confió el mando de tropas para sofocar la rebelión de Pascual Orozco (1912), y después lo nombró comandante militar de la capital para someter a los rebeldes de la Ciudadela durante la llamada *decena trágica* (1913). Pero Huerta pactó con los sublevados, puso en prisión a Gustavo A. Madero (18 de febrero) y se proclamó presidente de la República. Su régimen fue una dictadura militar y gobernó con mano de hierro, señalándose por continuadas medidas de fuerza y una ola de asesinatos políticos, entre ellos el del presidente Madero. Frente a la dictadura de Huerta se alzaron Venustiano Carranza, jefe de la Revolución Constitucionalista, Alvaro Obregón, Emiliano Zapata y Pancho Villa, que infligieron severas derrotas a las tropas de Huerta. Éste, acosado por todas partes, renunció a la presidencia (15 de julio de 1914) y se embarcó para Europa. En 1915 se trasladó a Estados Unidos con la intención de penetrar en México para luchar contra Carranza, pero fue detenido por las autoridades estadounidenses y falleció en Texas.

huerta y horticultura. La huerta es el lugar donde se cultivan hortalizas, legumbres y árboles frutales. Se diferencia del huerto en que éste suele ser de menor extensión y tener mayor número de árboles. La horticultura es la técnica del cultivo y producción de hortalizas. Es una rama de la agricultura que se practica no sólo en las huertas corrientes de familia, sino en superficies muy extensas, hasta en los campos. La huerta de familia proporciona hortalizas para el grupo doméstico y a veces para una pequeña comunidad; la huerta de especulación persigue el objetivo industrial de proporcionar hortalizas frescas a los mercados urbanos y a los grandes centros de población.

Constituye la horticultura una industria en la que se deben adoptar los medios de cultivo más racionales. Las hortalizas constituyen una parte importante de la alimentación y por ello en toda región habitada se practica la horticultura. La hortaliza tiene en general vida corta y su producción debe también ser muy rápida. Esto se logra más fácilmente en los climas templados y cálidos, pero debe disponerse de agua para riego. Todas las tierras son a propósito para el cultivo de las hortalizas; no hay ninguna tan mala que no pueda ser destinada a huerta, si se exceptúan los arenales movedizos, las rocas vivas y los pantanos de difícil saneamiento. No obstante esto, conviene desechar los terrenos arcillosos demasiado compactos, los que estén mal orientados los que retienen demasiada humedad y los que son impermeables.

Pudiendo elegir terreno, debe procurarse que reúna las mejores condiciones de fertilidad, que sea bastante permeable al aire, calor y agua, y de mediana consistencia. El terreno debe ser ligeramente inclinado para facilitar el deslizamiento de las aguas de lluvia y de riego, y ha de poseer una capa cultivable suficientemente profunda y subsuelo bastante permeable. La horticultura industrial se practica especialmente en terrenos muy fértiles y permeables, en las proximidades de los grandes centros urbanos.

En la huerta no se debe cultivar plantas arbóreas, pues perjudican a las hortalizas con la sombra que proyectan y con las raíces que empobrecen el suelo, especialmente si son superficiales. Es conveniente que el terreno tenga forma rectangular. Las huertas de especulación están de ordinario cercadas por muros de 2 m de altura, o por setos vivos, y en ocasiones se hallan protegidas en la periferia, en la parte azotada por los vientos, por plantaciones de árboles rompevientos.

Con el progreso de la agricultura se ha extendido cada vez más el cultivo de las

Huerto de olivos en La Mancha, España.

Corel Stock Photo Library

hortalizas en los campos; esta intensificación demuestra un perfeccionamiento del arte agrícola, con gran ventaja para la riqueza de los pueblos. El cultivo de hortalizas en el campo es utilísimo, particularmente en aquellas regiones donde no escasea la mano de obra, donde la propiedad está dividida y donde por medio de transportes se pueden llevar con facilidad los productos al mercado.

El agua. Sin este elemento es imposible el cultivo de la huerta. Las aguas mejores son las aireadas, que disuelven bien los elementos minerales del terreno; las dulces, poco duras y limpias. Deben proceder de fuentes, ríos, arroyos, lluvia cuidándose que su temperatura no sea inferior a la del terreno. Las aguas de manantial son siempre demasiado frías en las estaciones calurosas y para templarlas conviene conducirlas por canales antes de emplearlas o llenar con ellas grandes depósitos, y dejarlas en reposo durante un día para que adquieran la temperatura del ambiente externo. Las aguas duras de manantiales se pueden mejorar aireándolas y manteniéndolas en los depósitos varios días, expuestas al sol.

La cantidad de agua necesaria para cada riego varía 500 - 800 l por área, lo que equivale a cubrir el terreno con una cantidad de agua que oscila entre 5 y 8 mm. Esta cantidad varía, naturalmente, según el grado más o menos avanzado de la vegetación de las plantas, el desarrollo de su follaje, la naturaleza del terreno y la marcha de la estación. A medida que la vegetación avanza y se aproxima la maduración del fruto, disminuye la necesidad de agua. Los terrenos sueltos, arenosos, son los más exigentes; los arcillosos requieren mucho menos, pues el agua abundante los hace más compactos. Los terrenos, en la medida que son mejor labrados, requieren menos agua. El mejor sistema de riego es el de aspersión, que imita la caída de la lluvia porque de este modo el agua es absorbida rápidamente.

Herramientas y abonos. El transplantador es una cuchara, con el limbo adelgazado para que penetre mas fácilmente en el terreno y sirve para remover las plantas más delicadas con su pan de tierra. La horquilla es indispensable para voltear el estiércol y manejar la paja; la criba sirve para separar la tierra fina que se utiliza para la formación de nuevas eras. Para el transporte de la tierra y de los productos se necesitan carretillas, canastas y cestos. Se llaman abonos las sustancias que proveen a la alimentación de las plantas. Los elementos fertilizantes que deben predominar en el abono de las hortalizas son el nitrógeno y la potasa, el anhídrido fosfórico y la cal. También para mejorar las condiciones físicas y químicas del terreno se hace uso de arena, marga y materias humíferas.

Hay necesidad de abonar la huerta continua y abundantemente, porque las horta-

Corel Stock Photo Library

Huerta de manzanos.

lizas son las plantas más exigentes en materia alimenticia de cuantas se cultivan en los campos. Las hortalizas más exigentes, es decir, las que extraen mayor cantidad de materiales, son las de raíces y tubérculos, luego siguen las de bulbo y las de tallo, las de flores y frutos y, finalmente, las de semilla.

El estiércol constituye la base del abono de huerta, completándose este elemento fundamental con los abonos químicos. El estiércol no se suministra nunca en cantidad menor de 10 kg/m² si se trata de establecer una huerta, y no debe bajar de 6 kg/m² para los cultivos ordinarios en la huerta ya establecida. Este fuerte abono mejora también las condiciones físicas del terreno, haciéndolo más mullido. Las aguas de cloaca de las ciudades se emplean como aguas de riego y para abono.

Mas para conservar en equilibrio la fertilidad del terreno es necesario el empleo de los abonos químicos. Tienen éstos la ventaja de que sus elementos fertilizantes no se hallan asociados, permitiendo al hortelano proporcionar los que sean necesarios. Obran rápidamente sobre los vegetales a causa de la solubilidad de sus componentes. Para conservar un justo equilibrio entre el costo de la producción y los gastos de abono conviene dividir el suelo de la huerta en cuatro partes; de esta manera cada año se tiene que abonar una parte con estiércol, otra con mantillo y una tercera con abonos químicos, pudiéndose destinar la última para los cultivos permanentes de varios años, o para las hortalizas forrajeras, o para producir semillas. Mediante esta práctica se evita abonar con estiércol toda la huerta cada año. En cuatro años se pone el suelo en buen estado

de fertilidad, se mantiene constante el gasto de abonos y labores y el hortelano se ve obligado a cultivar alternadamente las hortalizas de un modo regular, cosa que no siempre es bien comprendida o debidamente aplicada.

Labores de horticultura. Para mejorar las condiciones físicas, e indirectamente las condiciones químicas del terreno, se necesitan labores frecuentes. Mediante estas labores se hacen blandos los terrenos y la humedad y el aire penetran más fácilmen-

Campo de árboles de olivo cerca de Vaison la Romaine, Francia.

Corel Stock Photo Library

te. Llevado a la parte inferior el estrato superior comunica a las raíces su calor y pone en contacto de éstas numerosas sustancias nutritivas. Muchas sustancias del subsuelo, llevadas a la superficie, se hacen asimilables por los efectos del sol y su contacto con el aire. Además, con las labores se destruyen las malas hierbas. Los hortelanos no dejan reposar el terreno, ya que en el cultivo de la huerta se debe obtener, en un espacio a veces limitado, la mayor cantidad de hortalizas en el menor tiempo posible. Para su buen rendimiento abonan y riegan la huerta, la labran con cuidado y establecen cultivos alternados, acelerando el desarrollo de las plantas por medio de trasplantes repetidos y otros recursos.

Los principios en que se fundan los cultivos alternados son idénticos a los utilizados en la rotación de los sembrados agrícolas. Así, corresponde alternar hortalizas que tengan raíces profundas con las que tengan raíces superficiales; después de una hortaliza que exija abono con estiércol, sembrar otra que exija abono con mantillo, y a ésta hacer seguir otra que requiera abono químico; a una planta que exija labores profundas para su plantación, y labores continuas durante la vegetación, que dejan el terreno limpio de malas hierbas, se hará suceder un cultivo que exija poca labor de escarda. Para establecer el cultivo alternado en una huerta debe tenerse en cuenta lo dicho al hablar de alternativas en los abonos. En las parcelas abonadas con estiércol se cultivarán las hortalizas más adecuadas: coles, apio, tomate, etcétera, y a éstas se hará suceder hortalizas como el ajo, cebolla, remolacha, escarola, etcétera, que requieren especialmente abono con mantillo.

Un ejemplo sencillo de cultivo alternado de cuatro años para huerta pequeña, es el siguiente. Se divide la huerta en cuatro parcelas iguales. En la primera se plantan hortalizas de raíces alimenticias; nabo, zanahoria, remolacha, rábanos. En la segunda, hortalizas de hojas y fruto: lechuga, tomate, berenjena. La tercera contendrá hortalizas de semilla, guisantes por ejemplo. Finalmente, en la cuarta se plantarán papas. Los hortelanos se sirven de medios diversos para acelerar la vegetación o para resguardar las hortalizas de la intemperie. Para ello se efectúan operaciones que tienen por objeto proporcionar a las hortalizas una temperatura conveniente, superior a la del ambiente externo.

De este modo maduran antes y después de su época natural y adquieren un valor más alto. Esta operación ha recibido el nombre de cultivo forzado por el hecho de que las hortalizas son obligadas a madurar cuando conviene al hortelano. Para lograr este objeto se utilizan camas calientes y cajoneras, en las que se calienta el suelo y el aire libre; de costaneras y pendientes, con las cuales, por su exposición e inclinación, se aprovechan mejor los rayos solares; de abrigos económicos, o cobertizos y campanas, que sirven para resguardar las hortalizas durante la noche y algunas horas del día. Las camas calientes consisten en zanjas abiertas en la tierra, llenas de estiércol o materia orgánica, aptas para desarrollar calor por fermentación; sobre ellas se dispone una capa de tierra en la que se siembran las hortalizas, que se cubren a su vez con pujas. Si esta zanja se limita mediante un bastidor de madera y se cubre en la parte superior con vidrieras, se obtiene la cajonera.

La recolección de las hortalizas no debe efectuarse en las horas cálidas del día, ni cuando las plantas están bañadas por el rocío o la lluvia. Las horas más oportunas son las de la mañana y al atardecer.

Muchas enfermedades de las plantas son causadas por labores mal efectuadas, por lo cual las plantas crecen débiles y son fácilmente atacadas por parásitos e insectos. El hortelano debe defenderse contra estas plagas vigilando atentamente el suelo y la planta. De las diversas labores hortícolas, la que requiere mayores cuidados es la siembra, por lo difícil que resulta la elección del terreno y del momento oportuno para efectuarla. Nada es más nocivo que sembrar una variedad temprana en época tardía, o viceversa. Las hortalizas que se reproducen por semilla pertenecen a dos clases distintas: las que permanecen en el lugar de la siembra hasta el momento de la recolección y aquellas que después de cierto tiempo, a partir de la siembra, deben ser trasplantadas. A la primera categoría pertenece la zanahoria, el perejil, la achicoria, la remolacha, la cebolla, los rábanos, la espinaca, el pepino, la lenteja, etcétera. A la segunda las coles, la cacerola, la lechuga, los tomates, las berenjenas, etcétera. *Véase* HORTALIZAS.

Huerto de los Olivos. *Véase* GETSEMANÍ.

Huesca. Provincia del norte de España, que limita con Francia y pertenece al antiguo reino de Aragón. Constituyen su frontera septentrional las alineaciones principales del Pirineo central, del que descienden numerosos ríos: Cinca, Ésera, Vero, Alcanadre, Gállego, Aragón y Noguera Ribagorzana. Corresponden a los altos cursos de estos ríos o de afluentes suyos, interesantes y pintorescos valles (Ansó, Hecho, Canfranc, Tena, Broto, Bielsa, Gistain, Benasque, etcétera), que fueron cuna de la reconquista aragonesa y conservan costumbres e instituciones medievales. Uno de los más hermosos, aunque no habitado a causa de su aislamiento por estar encerrado entre grandiosas montañas, es el valle de Ordesa, calificado de *Paraíso del Pirineo*. Casi todos los ríos citados bajan a la llanura llamada Somontano, hendiendo las últimas estribaciones montañosas a través de tajos y cañones y forman saltos adecuados para la instalación de centrales hidroeléctricas. A orillas del Isuela se alza la capital provincial, también llamada Huesca. Superficie: 15,671 km². Población: 210,276 habitantes (1995). Limitada agricultura y ganadería y gran riqueza forestal. Importantes vías a Francia: carretera de Madrid a la frontera y el ferrocarril de Zaragoza a Pau. Conserva numerosos e importantes recuerdos históricos, no sólo en la capital, sino en otras ciudades de la provincia (Jaca, Barbastro, Fraga).

Vista panorámica de Huesca, España.

Huesca. Ciudad de España, capital de la provincia de su nombre, perteneciente a Aragón. Tiene 45,607 habitantes (1995). Está situada en una ligera elevación, circundada por una fértil llanura llamada la Hoya de Huesca y regada por el Isuela y el Flumen. Industria bastante activa. Cuenta con importantes monumentos históricos, como la catedral gótica, el palacio de los Reyes, donde se halla la famosa Campana del rey Monje, maciza bóveda de la cual se dice colgó como badajo la cabeza del prelado y noble Ordás. Es la *Osca* de los antiguos, centro del poder que organizó Sertorio con los supervivientes del partido de Mario contra la Roma dominada por Sila.

hueso. Piezas duras y articuladas entre sí, que forman el esqueleto de los vertebrados. En el hombre son 206 y adoptan tres formas principales: largos (fémur, tibias), planos (omoplatos) y cortos (vértebras). El hueso largo comprende una parte media llamada *diáfisis* o cuerpo del hueso, terminada por dos ensanchamientos o cabezas que llevan el nombre de *epífisis*. Sobre la superficie suele haber crestas o salientes *(apófisis)*, que sirven de punto de inserción a los músculos. El corte longitudinal en un hueso fresco presenta el *periostio*; el tejido óseo, compacto en la diáfisis y esponjoso en la epífisis; los cartílagos, y la médula.

El periostio es una membrana conjuntiva que cubre todo el hueso y contiene los vasos sanguíneos que entran en el tejido óseo, al que se adhiere por fibras resistentes llamadas de Sharpey. Su pared externa es fibrosa y conjuntiva y la interna está formada por células óseas u osteoblastos que tienen la misión de hacer crecer al hueso en espesor. El tejido compacto es de una sustancia blanca y dura, dispuesta en escamas superpuestas y horadadas por diminutos canales (de Havers) paralelos al eje del hueso y comunicados entre sí que conducen los hilos nerviosos y los vasos sanguíneos.

El tejido esponjoso está formado de minúsculas celdas óseas. El cartílago que cubre las epífisis para articular los huesos es elástico y de color blanco anacarado. La médula, sustancia amarilla compuesta por células adiposas y vasos sanguíneos, llena el canal medular a lo largo del hueso y adopta tonos rojos en las cavidades del tejido esponjoso, tornándose gris en la ancianidad. Los huesos planos y los cortos están formados por las mismas sustancias y el tejido compacto se encuentra en una capa externa que encierra al esponjoso, que asoma sólo en los bordes.

Un hueso tratado con una solución de ácido clorhídrico conserva su forma, pero se vuelve suave y elástico; la materia de que está formado en ese estado es la *oseína*, una proteína que constituye la tercera parte del peso de un hueso. Por la acción del fue-

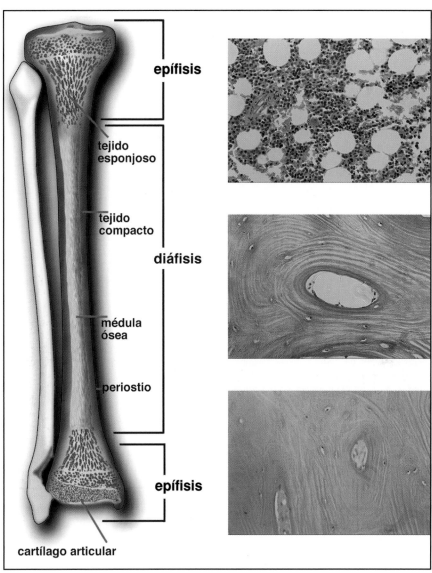

Del Angel Diseño y Publicidad / Corel Stock Photo Library

Corte longitudinal de un hueso largo (tibia), y fotografías microscópicas de médula ósea y hueso.

go, la oseína se quema y quedan los restos de las materias minerales que, en el experimento anterior, se habían disuelto por la acción del ácido. Esas sales minerales son: fosfato de calcio 53.34%, carbonato de calcio 11.30%, fosfato de magnesio 1.16%, el fluoruro de calcio 2%, cloruro de sodio 1.20%, oseína 30%, grasa 1%. Las materias minerales forman los dos tercios en el peso del hueso. La formación de los huesos se llama osteogénesis.

Al principio, los huesos son cartílagos de células conjuntivas que van desarrollándose en dos formas: se convierten directamente en células óseas que forman el hueso o bien se convierten en células cartilaginosas que forman un modelo entero del hueso futuro, sin la cavidad medular. Si bien en apariencia los huesos son duros y estables, la sustancia ósea está en perpetua actividad y en cambios constantes que

deben ser ayudados por medio de una alimentación adecuada.

huevo. La célula fundamental, el centro o fuente del desarrollo de los seres vivos, ya sean ovíparos o vivíparos, se encuentra exclusivamente en el organismo de la hembra y lleva en sí el poder de desarrollarse, evolucionar y transformarse en un ser vivo completo. Los huevos de todas las especies son similares en su estructura y están compuestos de los mismos elementos. En las primeras etapas de su desarrollo crecen y evolucionan por los mismos procesos; sin embargo, llega un momento en el crecimiento progresivo en que éste varía y cada huevo asume las características peculiares a la especie a que pertenece. En los animales vivíparos, en su mayor parte mamíferos, los huevos se desarrollan dentro del organismo de la madre y, a su debido tiempo, nace de él un animal completo y ya formado. En los animales ovíparos, como los reptiles, batracios, peces y, en particular, las aves e insectos, el huevo es expelido del organismo

El número de huevos que produce una hembra fecunda varía desde uno por vez (caballos, vacas, pingüinos y muchas aves marinas) hasta varios millones (la ostra produce 60 millones y el esturión de siete a nueve millones). Para esta gran disparidad, la ciencia ha ofrecido la explicación de que, siendo el objeto del huevo la propagación de la especie, el número de huevos que cada animal produce corresponde a los peligros naturales de destrucción a que se halle expuesto el huevo o el ser recién nacido, en el ambiente particular a cada especie. Así, la ostra debe poner 60 millones de huevos porque buena parte de ellos son devorados por los peces y son relativamente pocos los que llegan a desarrollarse.

Los huevos de las aves (ovíparas) se distinguen, ante todo, por su tamaño, ya que en relación con el ave que los produce son mucho más grandes que en cualquier otra de las especies del reino animal, y así, por ejemplo, el huevo que pone una gallina es, en relación con la gallina, varias veces mayor que el huevo de la hembra (vivípara) del mamífero más grande, aunque éste sea miles de veces más grande que la gallina. Esto se debe a que el huevo de las aves retiene al embrión fuera del cuerpo de la madre, hasta su completo desarrollo y, por lo tanto, debe llevar dentro de sí el alimento y los dispositivos protectores que no necesita el embrión de los vivíparos que se desarrolla en el alimento que obtiene directamente dentro del cuerpo de la madre. Las aves, lo mismo que los reptiles, peces, insectos, batracios y crustáceos, *ponen huevos*, es decir, arrojan el huevo fuera del organismo antes del completo desarrollo del embrión y, por consiguiente, la parte esencial y primordial de sus huevos es el germen o embrión, foco de vida donde se desarrolla el animal.

El huevo consta de cinco partes: la cáscara, las membranas internas, la clara o albúmina, la yema y el germen. La cáscara, dura y lisa, está compuesta casi enteramente de carbonato de cal y consta de cuatro capas porosas unidas entre sí que permiten el paso del agua y el aire. Debido a eso, suelen entrar también al huevo las bacterias que lo descomponen. Adheridas a la pared interna de la cáscara se encuentran dos membranas delgadas, resistentes y flexibles, que se separan en el extremo más ancho del huevo donde se forma la cámara de aire; esas membranas también permiten el paso del aire y los líquidos.

Las membranas internas encierran y retienen a la clara formada por agua y proteínas y albúminas y dispuestas en cuatro capas del mismo fluido en densidades diferentes. La primera capa es poco densa y forma una película sobre la segunda capa, muy espesa y gruesa, la tercera es igual a la primera y le sirve de colchón a la otra; y una cuarta capa de mayor densidad que cubre a la yema y está sujeta a los dos extremos del huevo, retorcida como una cuerda para mantener la yema a flote, suspendida como en una hamaca en el centro del huevo y a salvo de golpes. La yema, encerrada en una membrana llamada vitelina, está formada por capas concéntricas de una sustancia rica en proteínas, de color amarillo, que sostiene y guarda el germen, el cual, por su menor densidad, flota en la yema y se mantiene siempre encima no importa la posición del huevo. En su peso total, la clara abarca 58%, la yema 31% y el cascarón 11%. En su composición química, el agua ocupa 73.7%, las proteínas 14.8%, las grasas 10.5% y 1% restante son cenizas.

A pesar de que en todos los huevos la yema es esférica, en los de las aves el huevo en sí nunca toma esa forma, sino que es ovalado y suele adquirir formas elípticas o casi cónicas. La forma del huevo también sirve de protección, porque se ha comprobado que si las aves dejan sus huevos en lugares expuestos, tienen una forma más alargada y puntiaguda que otros puestos en nidos mullidos y ocultos; con ello se evita que los huevos rueden. Por regla general, el color es blanco, pero se les encuentra teñidos de azul, amarillo, rojo, verde, castaño y también con manchas y puntos de varios, colores y formas, propios de especies determinadas. Asimismo, en la estructura y apariencia de la cáscara se encuentran diferencias y características apropiadas a la defensa y protección del huevo en cada especie, porque las águilas o los cóndores, que anidan entre las rocas, cubren sus huevos con cáscaras duras y gruesas, y en algunas especies adquieren un lustre especial, como el metal pulido, mientras que en otras son granuladas e irregulares con apariencia de piedras.

Puesto que el propósito del huevo es alimentar al germen, su valor alimenticio tiene que ser grandísimo y así lo comprendieron los hombres que han hecho de él parte primordial de su dieta y toda una importante industria. Los huevos de las aves, particularmente los de la gallina, contienen hierro, fósforo y vitaminas y es creencia popular que una docena de huevos equivale en la alimentación a medio kilo de carne fresca. Desde el punto de vista económico, los huevos son artículos de muy grande importancia y su industria, tanto en la producción como en la distribución, ha adquirido proporciones notables. Se estima que el comercio mundial de huevos frescos consume más de 800 millones de docenas por año, sin contar los varios millones más que se utilizan en la fabricación de huevo seco (en polvo) y en la composición de otros alimentos a base de huevos.

Los reptiles, como las aves, son ovíparos, pero existe la gran diferencia de que éstas empollan sus huevos, mientras que aquellos dejan que se desarrollen por el calor del sol, del suelo o el que produce la fermentación de materias vegetales en descomposición. Además, los huevos de los reptiles difieren en que no tienen la cáscara calcárea, sino formada por una recia membrana semejante al pergamino y en que son esféricos o elípticos. Los reptiles

Serpiente ratonera incuvando sus huevos, de las costas del sureste de los EE. UU.

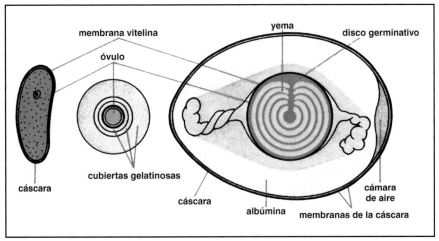

membrana vitelina — yema — disco germinativo

óvulo

cubiertas gelatinosas

cáscara

cáscara

albúmina

cámara de aire

membranas de la cáscara

Comparación estructural entre los huevos de un insecto, un anfibio y un ave.

dejan sus huevos en nidos abiertos en la arena, el lodo o las piedras a la orilla del agua.

Entre las ranas, sapos y demás animales anfibios, los huevos son pequeños y esféricos, envueltos en una membrana delgada, a través de la cual se ve el embrión sostenido por la yema y envuelto en capas de una sustancia gelatinosa y transparente. Por lo general, los batracios ponen de 12 mil a 15 mil huevos, que dejan en el agua envueltos en membranas gelatinosas que los retienen entre las ramas y yerbas acuáticas ha que nacen los renacuajos. Las lagartijas y salamandras dejan sus huevos en bolsas que se adhieren a las piedras o las ramas en las orillas de las corrientes.

Entre los huevos de los peces hay gran variedad; muchas especies de animales grandes, semejantes al tiburón, ponen huevos de regular tamaño y cubiertos de cáscara dura, pero hay muchas otras especies cuyos huevos se asemejan a los de reptiles y batracios y son esféricos y pequeños, con membranas delgadas y transparentes, agrupados en masas gelatinosas que los mantienen flotando en el agua o adheridos a los prominencias del fondo. Hay ciertos peces que después de poner los huevos los llevan en la boca hasta que nacen las crías.

Teniendo en cuenta que hay innumerables especies de insectos, se comprende que la variedad de los huevos que ponen es infinita. Los insectos ponen de 100 a 300 huevos, en masas o separados, y, por lo general, es la madre la que los cuida o los deja bien protegidos entre las hojas, los tallos o las raíces, que proporcionan el alimento adecuado para los jóvenes. También los insectos hacen nidos muy variados en el suelo o entre las plantas, como las arañas, suelen envolver sus huevos en capullos sedosos. Los de mariposas son interesantes por la variedad inmensa de sus formas: los hay esféricos, en forma de pera,

alargados, cilíndricos, con protuberancias en los extremos, como lentejas y como turbantes y en multitud de formas distintas. Vistos en el microscopio, exhiben una maravillosa variedad de aspectos curiosos, encajes y otras formas decorativas. Los huevos de los crustáceos se distinguen porque contienen una mayor cantidad de yema que todos los otros huevos. Es casi siempre la hembra la que lleva consigo los huevos en la espalda hasta que nace la cría. Los moluscos son los que mayor cantidad de huevos producen y son generalmente microscópicos y envueltos en cápsulas o bolsas unidas entre sí por curiosos cordones que flotan sueltos o entrelazados formando redes que, si se salvan de la voracidad de los peces, se adhieren a las rocas y allí se desarrollan. *Véanse* ALBÚMINA; ALIMENTACIÓN; AVE; PÁJARO.

Huggins, Charles Brenton (1901-1997).

Cirujano estadounidense de origen canadiense. En 1927 ingresó a la Facultad de Cirugía de la Universidad de Chicago, donde en 1951 fue nombrado profesor y director del Laboratorio Ben May para la investigación sobre el cáncer. Estudió la relación entre la actividad hormonal y la aparición de ciertas formas tumorales, elaboró nuevas formas de intervención quirúrgica e introdujo un método muy útil para el tratamiento paliativo del carcinoma prostático, basado en la acción inhibidora que ejercen sobre éste los estrógenos. Por estas investigaciones recibió en 1966 el Premio Nobel de Medicina o Fisiología, que compartió con F. P. Rous.

Hughes, David Edward (1831-1900).

Ingeniero e inventor inglés. A los siete años se trasladó con su familia a Estados Unidos, país donde hizo sus estudios. Sus investigaciones científicas comprenden importantes perfeccionamientos en telefonía

y telegrafía, como la invención de un micrófono telefónico, del telégrafo impresor (1855), el principio en que se basan los cohesores usados en telegrafía inalámbrica, la balanza de inducción y notables investigaciones sobre la teoría del magnetismo.

Hughes, Thomas (1822-1896).

Escritor y educador inglés. Fue discípulo de Thomas Arnold. En 1857 publicó un libro que tituló *Los días de escuela de Tom Brown*, en el que criticaba los duros métodos educativos del pueblo inglés. Este volumen fue el mayor de sus éxitos. Posteriormente escribió *Tom Brown en Oxford*, *Vida de Alfredo el Grande* y otras obras.

Hugo, Victor (1802-1885).

Poeta, novelista y dramaturgo francés. Hijo de un general de Napoleón Bonaparte, su inspiración la encontró "recorriendo Europa antes que la vida", pues, todavía niño, siguió a su padre a Italia, Córcega, isla de Elba y, más tarde, a España. En el Colegio de Nobles de Madrid estudió durante un año. De vuelta en París, su padre lo destinaba a la Escuela Politécnica, pero su vocación lo llevaba hacia las letras. Sus primeros éxitos poéticos, una mención honorífica de la Academia Francesa y un premio en los Juegos Florales de Tolosa, le facilitaron su carrera literaria. Sufrió la influencia volteriana y se inspiró en Calderón de la Barca, Lord Byron, Walter Scott y, principalmente, en Francisco Renato Vizconde de Chateaubriand. "Quiero ser –decía– Chateaubriand o nada".

Colaboró en *La Musa Francesa*, órgano del *Cenáculo*, en cuyas reuniones, alrededor de Victor Hugo, se forjó el movimiento romántico, cuyas teorías expuso con brillantez en el prefacio de *Cromwell*, su primer drama, que no llegó a ser representado.

Hugo, que había cantado a los Borbón, sintió revivir sus sentimientos liberales en la revolución de 1830 aunque después se incorporó a la monarquía de Luis Felipe. En esta época de su vida recibió dos grandes honores: su entrada en la Academia Francesa y su título de par; y dos acerbos golpes, la muerte de su hija, ahogada con su esposo en el Sena, y el fracaso del drama *Los burgraves*. Sin embargo, su actividad política aumentó y fue elegido diputado a la Asamblea Constituyente y a la Legislativa. Aunque partidario en un principio de Luis Napoleón el golpe de estado de 1851 lo llevó a la oposición. Incluido en la lista de proscriptos, se refugió en Bruselas. En esta capital y después en las islas de Jersey y Guernesey escribió y publicó varias de sus obras. Se negó a aceptar las amnistías, diciendo: "Volveré a Francia cuando vuelva la libertad", y no retornó a su patria hasta la caída del segundo imperio. París lo recibió triunfalmente y fue elegido diputado a

Hugo, Victor

Fragmento de un retrato de Victor Hugo, realizado por Félix Tournachon, Nadar.

la Asamblea Nacional y, posteriormente, senador vitalicio.

Su actividad literaria no cesó a pesar de su actuación pública y de su avanzada edad, que le permitió asistir a su propia glorificación. Su 80º aniversario fue fiesta nacional y su muerte dio lugar a una verdadera apoteosis. A ello contribuyeron su colosal producción literaria y su labor política consecuente y cada vez más democrática, que hizo de él, en el destierro, el símbolo de la República. Sus poesías, por la grandeza de las imágenes, la riqueza de la rima y la amplitud del sentimiento, le erigieron en rector de la nueva escuela romántica. De su primera manera son las *Odas y Baladas*, clásicas en la forma, pero románticas en el fondo.

La corriente orientalista que estaba en boga en Europa a principios del siglo XIX, le inspiró *Las orientales*. En las *Hojas de otoño*, *Cantos del crepúsculo*, *Voces interiores*, *Rayos y sombras*, no hay tema lírico que no trate, y es en estas obras donde hay que buscar la perfección de su genio,

aunque no haya alcanzado la plenitud más grandiosa, pero desmesurada, de *Las contemplaciones*. En La *leyenda de los siglos* alcanzó los límites de sus cualidades y defectos: se propone "expresar la humanidad en una obra cíclica, pintarla sucesiva y simultáneamente en todos sus aspectos, que se resumen en un inmenso movimiento hacia la luz". Es la enciclopedia lírica de su tiempo. En la forma se manifiesta como un virtuoso que conoce mejor que nadie los secretos de la lengua y de la métrica. La muerte trágica de su hija, la decepción política, el destierro, le elevaron súbitamente a las cumbres poéticas. Supo ser también poeta de la vida familiar. Nadie cantó como él las alegrías del hogar, la gracia de la infancia, la pasión del amor.

Su drama *Cromwell* es un estudio histórico sobre la forma dramática. Su prefacio se considera como el manifiesto de la escuela romántica, que aspira a suprimir las unidades de tiempo y de lugar y a mezclar lo bello y lo feo, lo sublime y lo grotesco. En el estreno de *Hernani*, clásicos y román-

ticos se disputaron el éxito verso a verso y a golpes. Por el asunto y la época, por la calidad y el carácter de los personajes, por la acción y el desenlace, es la obra maestra del drama romántico. En *El rey se divierte* se muestra la antítesis entre la condición social del personaje y los sentimientos que le animan, entre el *bufón,* sublime, y el *rey,* grotesco. Esta obra sirvió de base a la ópera *Rigoletto* de Verdi. Hugo en su teatro no es forjador de almas. Sus personajes son excesivamente líricos para ser dramáticos, y sus intrigas pecan, a veces, de artificiosas y ridículas, pero lo salva el estilo. Si no crea una acción, ni desarrolla un carácter, hace prodigios al trazar cuadros, que compone con armonía y colorido. Además, sus héroes hablan, o mejor dicho, cantan con alma y virtuosidad.

Su primera novela digna de estima es *Nuestra Señora de París*, cuya intriga se desenvuelve entre personajes extremadamente antagónicos. Aunque débil en su invención y psicología, su parte descriptiva da a todo cuerpo y alma y lo eleva hasta un simbolismo extraño y magnifico. *Los miserables*, compuesta de una reunión de novelas (la del forzado Valjean y el obispo Myriel, la de Fantina, la de Cosette), es una tesis en defensa de todos los desahuciados por la sociedad. Muy notable es también *El hombre que ríe*. En este género, menos sujeto a normas que el verso y el teatro, Victor Hugo es el juguete y la víctima de su prodigiosa imaginación. Parece un río desbordado, sin orillas ni curso, que al llegar a un valle angosto o a una pendiente rápida recobra su curso majestuoso o se precipita en deslumbradora cascada. El conjunto de su obra hace de Victor Hugo una de las figuras más sobresalientes del siglo XIX.

hugonotes. Secta protestante de Francia que seguía las enseñanzas de Calvino. Se citan varios orígenes para el nombre de *hugonote*; uno de ellos lo hace derivar de la palabra alemana *eidyenossen* (compañeros conjurados), y otro, de un personaje legendario de la ciudad francesa de Tours llamado Huguet o Hugón. Los hugonotes fueron causa de sangrientas querellas políticas y religiosas y de varias guerras civiles en los siglos XVI y XVII. Los disturbios se iniciaron cuando los hugonotes ganaron poder e influencia, chocando con el gobierno católico francés. El grupo católico estaba acaudillado por los miembros de la noble familia de Guisa, mientras que los calvinistas tuvieron como jefes a varios personajes, como el rey de Navarra, el príncipe Luis de Conde y el almirante Coligny.

Después de varios años de querellas y luchas durante el reinado de Enrique II, su sucesor, Francisco II, que encumbró a los miembros de la familia de Guisa, organizó la guerra contra el protestantismo. Cuando Catalina de Médici fue regente, los hugonotes recuperaron temporalmente su poder, pero la reina madre dejó de protegerlos y, aliándose con el duque de Guisa, e incitando al rey Carlos IX, provocó la terrible matanza de la Noche de San Bartolomé (1572) en la que millares de hugonotes fueron asesinados. Como consecuencia, se produjeron nuevas guerras; con la complicidad del rey Enrique III perecieron asesinados el duque de Guisa y su hermano el cardenal, y a poco, pueblo, enfurecido, dio muerte al rey.

Subió al trono Enrique IV (1589), que mediante el Edicto de Nantes dio libertad política y de culto a los calvinistas, que formaron una especie de república dentro del reino católico, hasta que en los reinados de Luis XIII y Luis XIV se revocó el edicto y se inició una persecución tan dura contra los hugonotes, que casi todos huyeron hacia Inglaterra, Holanda, Alemania y América, y nunca volvieron a recuperar su poder en Francia, ni aun cuando la revolución les restituyó todas sus libertades.

Hugonotes, Los. *Véase* ÓPERA.

Huidobro, Vicente (1893-1948).
Poeta chileno. Residió muchos años en París y publicó en francés algunos de sus libros. Se proclamó fundador del *creacionismo*, escuela poética algo emparentada con las francesas de Guillaume de Kostiowitskg Apollinaire y Pieire Reverdy y con el *ultraísmo* español. Según Huidobro, el universo creado por la poesía tiene sus leyes propias, sin relación con las de la común realidad. Sus principales libros son *Temblor de cielo*, *Altazor*, *El ciudadano del olvido*, *Cagliostro*, *La próxima*.

Huila.
Departamento en el sur de Colombia, cruzado por el río Magdalena y que recibe su nombre de la montaña homónima del cordón occidental de los Andes colombianos (5,700 m). La superficie es de 19,890 km² y la población de 820,149 habitantes (1995). Su capital es Neiva. Produce maíz, cacao, paja de iraca (para sombreros), algodón, café, arroz, caña de azúcar y tabaco. Son importantes su ganadería y las industrias extractivas: oro, caucho, tagua y quina. Tiene extensos yacimientos de mica, aún inexplotados; también de hierro y manganeso. Ciudades principales, además de la capital, son: Pitalito, Garzón, Gigante y Campoalegre. En Huila existen vestigios de una gran cultura precolombina. Las principales vías de comunicación son la fluvial para embarcaciones menores, en el Magdalena; los ferrocarriles nacionales de la línea Girardot-Tolima-Huila, y los servicios aéreos.

Huitzilopochtli.
Dios de la guerra y el más venerado de la religión azteca. Su nombre significa *colibrí siniestro*. Según la mitología azteca, era hijo de Coatlicue; representaba al Sol que al nacer cada día vence a la Luna y a las estrellas, esgrimiendo un rayo en forma de serpiente de fuego. Era el dios de los guerreros muertos en combate y de las madres que mueren al tener un hijo. La sangre humana era su alimento y en su honor se celebraban importantes festivales en los que se sacrificaban gran número de prisioneros. Tenían importantes templos, siendo famosos los de Tenochtitlan, Tlaltelolco y Texcoco. El de Tenochtitlan consistía en la pirámide más alta del recinto del Templo Mayor, en cuya cima plana se levantaba el adoratorio de Huitzilopochtli, al lado del de Tláloc, aunque el de aquél era más elevado. La estatua de Huitzilopochtli representaba una figura sentada en un escaño azul. El ídolo tenía la frente azul y una venda o máscara le cubría parcialmente el rostro. Llevaba penacho y manto de plumas de colibrí, traje verde y muchos adornos de oro. En la mano izquierda sostenía un escudo o rodela del que salía una bandera; en la derecha llevaba un báculo en forma de culebra ondulante y en la espalda una especie de estandarte.

Huizinga, Johan (1872-1945).
Historiador holandés que fue profesor en las universidades de Groninga y Leyden, y perteneció a la Academia de Ciencias de su país. Sus obras han ejercido gran influencia sobre los historiadores de habla castellana. Durante la Segunda Guerra Mundial fue encerrado por los alemanes en un campo de concentración; murió poco después de ser liberado. Entre sus numerosos trabajos descuellan *El otoño de la Edad Media*, penetrante análisis de los últimos tiempos de la civilización feudal, y *Homo ludens*, estudio del juego humano como factor cultural.

Corel Stock Photo Library

Globos, fabricados con hule.

hule.
Tela pintada al óleo y barnizada que por su impermeabilidad tiene diversas aplicaciones. Se fabrican varias clases de hule y su calidad está determinada por el destino que se les da. La tela que forma la base del hule es de trama espesa y resistente; a ella se agrega una pasta compuesta de aceite de lino cocido y tierra gredosa. Después se seca, se procede a su pulimento y se le imprime el color. Los hules suelen emplearse en las cubiertas y pasillos de los baques y también como sustitutos de manteles y otros útiles caseros. Sin embargo, la industria moderna ha creado una serie de artículos que han desplazado al hule de muchas de sus funciones. En México y en otros países de América, se llama hule al caucho o goma elástica.

Semillas del árbol del hule, sobre unos guantes del mismo material.

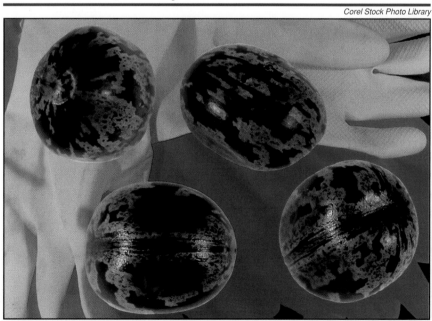

Corel Stock Photo Library

Retrato del humanista Erasmo de Rotterdam, pintado por Hans Holbein, el joven.

Hull, Cordell (1871-1955). Estadista estadounidense. Ejerció la abogacía en su juventud. Perteneció a la Cámara de Representantes en 1907 y a la de Senadores (1931-1933). Durante la administración del presidente Roosevelt fue secretario de Estado (1933-1944), en que dimitió el cargo por razones de salud. En 1945 le fue otorgado el Premio Nobel de la Paz por la parte que tomó en echar los cimientos del organismo de las Naciones Unidas. Junto con Roosevelt fue promotor de la política panamericana de *buena vecindad*, habiéndose definido a sí mismo como "defensor del liberalismo en las relaciones comerciales y de la igualdad de oportunidades mercantiles para todos los pueblos".

hulla. *Véase* CARBÓN.

hulla blanca. *Véase* ENERGÍA HIDRÁULICA.

Hulse, Russel A. (1950-). Físico estadounidense. Estudió en la Universidad de Massachusetts; su tesis doctoral, presentada en 1975, versó sobre un tipo particular de pulsares, los pulsares binarios, que descubrió en 1974 junto con su asesor J. H. Taylor, a partir de los datos proporcionados por el radiotelescopio de Arecibo. Este tipo de pulsares se encuentran cerca (sólo unos centenares de miles de kilómetros) de otra estrella de masa parecida, orbitando una alrededor de otra a gran velocidad. El comportamiento de estos pulsares binarios ha permitido confirmar la teoría de la relatividad general, al probar que las masas aceleradas emiten ondas gravitatorias. Por estos trabajos, Hulse y Taylor compartieron el Premio Nobel de Física de 1993.

Humacao. Municipio de la isla de Puerto Rico que abarca toda su costa oriental, frente a las islas Culebra y Vieques, del grupo perteneciente a Las Vírgenes. Población: 55,203 habitantes. Capital: Humacao, ciudad de activo movimiento comercial. Cultivos de caña de azúcar, tabaco, arroz, café, etcétera.

humanidad. Género humano o conjunto de individuos de la especie humana. En una forma más restringida el término designa solamente a los hombres civilizados cuya acción ha contribuido en forma eficaz al perfeccionamiento de las condiciones morales y materiales de la vida de los demás seres humanos. *Véanse* CIVILIZACIÓN Y CULTURA; HOMBRE.

humanidades, educación en las. Tradición educativa cuyo principio es inculcar las cualidades que se consideran esenciales en todo ciudadano y participante en los asuntos públicos. En la Grecia antigua, la noción de *enkyklios paideia*, que significa *educación general*, influyó el ideal romano de *humanitas*, las cualidades que distinguen a los humanos de los demás animales. El humanismo renacentista revivió la confianza clásica en la existencia humana racional y autónoma dentro de un proceso histórico natural. Los ideales humanistas de educación acentuaron el valor de los estudios seculares, especialmente de las literaturas clásicas griega y romana, la filosofía y la historia, y alentaron el desarrollo armónico de mente y cuerpo, sin esperar recompensas materiales o pensar en propósitos utilitarios. El educador renacentista Erasmo no consideraba esencial el estudio de la ciencia para una persona cultivada, y creía que la educación debía centrarse en los temas relacionados con la experiencia y los valores humanos.

Con el desarrollo de las universidades modernas y la educación universal durante los siglos XIX - XX, se estableció cierto consenso acerca del valor y lugar de las humanidades. El poeta y crítico victoriano Matthew Arnold las resumió como el estudio de lo mejor que se ha dicho y pensado. Surgió entonces un canon moderno de obras consideradas como las fuentes centrales de los valores distintivos de la cultura occidental. Conocer este canon era el principal aspecto de la preparación moral e intelectual de una persona educada.

En años recientes, el antiguo consenso ha sido cuestionado en un animado debate sobre la interpretación y el contenido de ciertas disciplinas humanísticas, particularmente la historia y la literatura. En la historia, investigadores pertenecientes a distintos grupos étnicos y feministas han reinterpretado las narraciones tradicionales a la luz de sus investigaciones y perspectivas, dando voz a aquellos antes excluidos o considerados periféricos. En la literatura, algunas perspectivas han puesto en duda el canon y los valores y puntos de vista que éste representa. Además, argumentos teóricos acerca de la naturaleza de los textos literarios han cuestionado la validez de las interpretaciones tradicionales. Algunos teóricos argumentan que un texto sólo tiene un significado válido en el mundo subjetivo del intérprete y que el texto también contiene subtextos implícitos. *Huckleberry Finn* de Mark Twain, por ejemplo, ha sido reinterpretado por los investigadores afroamericanos y feministas que ven en esta obra narraciones complementarias acerca de la esclavitud y las mujeres.

A pesar del intenso debate, la naturaleza de los estudios humanísticos no ha cambiado. Las humanidades no pueden seguir siendo pensadas para enseñar valores morales exclusivamente; aún representan valores humanos y morales presentes en la vida común. Con las nuevas perspectivas de género, raza y otras culturas, ahora presentes en las discusiones literarias e históricas, gran parte de la educación humanística en las escuelas y universidades estadounidenses está cambiando al enriquecerse.

humanismo. Nombre con el que se conoce el movimiento originado en Italia en la segunda mitad del siglo XIV, al comenzar el Renacimiento. En él se propiciaba el estudio de los escritores antiguos, griegos y latinos, y un abandono de la filosofía medieval, a la que poco interesaban los problemas humanos terrenales. El italiano Petrarca y el holandés Erasmo fueron los promotores más entusiastas de este movimiento. A través de un estudio severo de la literatura clásica se intentaba devolver al hombre su independencia y su amor a la vida terrenal, aparentemente perdidos. Los defensores contemporáneos de las formas populares de gobierno y del progreso social e individual son continuadores de ese movimiento renacentista. Los primeros humanistas aparecieron, sin duda, en Grecia. Ya en el siglo V a. C. el filósofo griego Protágoras había dicho que "el hombre es la medida de todas las cosas", y Sócrates abandonó el estudio de la naturaleza tema común hasta entonces de la filosofía griega, para dedicarse exclusivamente al estudio del hombre. *Véase* RENACIMIENTO.

Humberto I de Italia (1844-1900). Rey de Italia, hijo primogénito de Víctor Manuel II, duque de Saboya, y de María Adelaida, archiduquesa de Austria. Al abdicar el rey Carlos Alberto se convirtió en príncipe heredero de Cerdeña y del Piamonte. Participó en las guerras de la Independencia italiana y propugnó la Triple Alianza entre Italia, Austria y Alemania. Contrajo matrimonio con la princesa Margarita de Saboya, hija del duque de Génova. Al ascender al trono se convirtió en el propulsor de la expansión italiana en Áfri-

ca, pero experimentó serios reveses en Dugali y Adua. Sofocó varias insurrecciones, entre ellas las de Sicilia y Milán. Durante su reinado fue objeto de tres intentos de asesinato; el último le costó la vida a manos del anarquista Cayetano Bresci.

Humboldt, Alexander von, barón de (1769-1859). Científico alemán que con sus viajes, investigaciones y estudios fundó, con su compatriota Carl Ritter, la geografía física moderna. Nació en Berlín, en una familia noble de Pomerania, y se educó en el castillo de Tegel, con ilustres profesores, hasta que pasó a las universidades de Francfort y Gotinga. Siempre manifestó extraordinario interés por la historia natural. A los 20 años hizo su primer viaje de carácter científico a través de Alemania, Holanda e Inglaterra y, especialmente, a lo largo del Rin, cuyo resultado fue la obra *Observaciones sobre los basaltos del Rin*. Su vocación le llevó a la Escuela de Minas de Freiberg, donde tuvo por maestro a Werner, el fundador de la geología, y reali-

zó profundos estudios investigando la flora subterránea de las galería de las minas, trabajo penosísimo, hasta entonces no realizado, que condensó en un libro que le valió el nombramiento de superintendente de las minas de Prusia.

En 1796 se decidió a realizar el largo viaje que hacía tiempo planeaba, y para ello se trasladó a Francia, donde el Directorio preparaba un viaje de circunnavegación, que no llegó a efectuarse. Entonces Alexander von Humboldt, que tenía fervorosos deseos de explorar las regiones americanas, se presentó en Madrid al rey Carlos IV, que no sólo le concedió lo que pedía sino que puso a su disposición el navío *Pizarro*, en el que Humboldt y el naturalista francés Aime Bonpland salieron, en 1799, de la Coruña rumbo a Canarias, donde iniciaron exploraciones científicas. De allí se lanzaron a la travesía del Atlántico y desembarcaron en Cumaná. Durante cinco años recorrieron América del Sur en un viaje que hace época en la historia de la ciencia y que fue pródigo en descubrimien-

Retrato del viajero y científico aleman Alexander von Humboldt.

tos. Recorrieron Venezuela y, en canoa, navegaron por el Orinoco y el río Negro, estudiando su curso y sus principales características y descubriendo la unión del primero con el Amazonas. En 1800 llegaron a La Habana, y después se dirigieron a Cartagena de Indias, desde donde remontaron el Magdalena, llegando hasta Ecuador y Perú. Ascendieron por el Chimborazo hasta 5,760 m de altitud. En 1803 visitaron México y por Washington y Filadelfia llegaron a Nueva York, donde embarcaron para Burdeos con sus ricas colecciones que hoy son orgullo de los museos de París y Berlín.

Después de larga estancia en París, dedicado a la redacción de sus obras y al estudio de las tempestades magnéticas, se decidió a hacer una nueva expedición, con la ayuda económica del zar de Rusia, al Asia rusa (1829). Escribió mucho, sobre todo en los últimos años de su vida, y en sus obras consignó los resultados de sus viajes por América (*Viaje a las regiones equinocciales del nuevo continente* y *Examen crítico de historia y geografía del nuevo continente*) y Asia.

Los estudios y datos recogidos por Humboldt presentan multitud de facetas: posiciones geográficas, climatología, geología, fauna, flora, etnografía, costumbres, estadísticas. En base a los cursos que dio a su regreso a Berlín, compuso su obra capital: *Cosmos*, inacabada, ya envejecida, pero interesante. Humboldt, verdadera enciclopedia viviente, quiso introducir todo en esta obra, que empieza por la descripción del universo y que encierra como mérito fundamental el estudiar los fenómenos climáticos, botánicos, geológicos, no en sí mismos, ni aisladamente, sino en sus relaciones recíprocas, en su distribución, es decir, según el principio de coordinación, que es la base de la investigación geográfica.

Humboldt fue el inspirador del *Atlas físico de Berghaus*, monumento cartográfico, donde se generalizó la representación de las temperaturas por los mapas isotérmicas. Las indicaciones del sabio infatigable sirvieron para introducir el guano como abono en Europa.

Humboldt, Wilhelm von, barón de (1767-1835). Filólogo, escritor y político alemán. Era hermano del famoso naturalista y geógrafo Alexander Humboldt y fue amigo íntimo de Friedrich Schiller y Johann Wolfgang Goethe. Estudió derecho, economía y arqueología, y se distinguió como político liberal. Fue el principal propulsor del renacimiento intelectual de Prusia y el fundador de la Universidad de Berlín. Fue ministro plenipotenciario en Roma ministro de Estado y director de Enseñanza. En los quince años finales de su vida se consagró a la crítica literaria, al estudio de la antigüedad clásica y a la lingüística comparada, que le debe aportes de valor inapreciable. Durante su visita por España escribió unas notables *Investigaciones relativas a los primitivos pobladores de España con ayuda de la lengua vasca*. Entre sus obras descuella el estudio *Sobre la diferencia de estructura de las lenguas humanas y su influencia en el desarrollo intelectual de la humanidad*.

Hume, David (1711-1776). Filósofo e historiador escocés, nacido en Edimburgo. Máximo representante del Empirismo, para él las ideas son impresiones intuitivas, lo que terminó por conducirle al escepticismo. Ejerció influencia sobre los medios enciclopedistas. Fueron sus principales obras: *Tratado de la naturaleza humana*, *Investigación sobre el entendimiento humano*, *Investigación sobre los principios de la moral*, *Diálogos sobre religión natural* e *Historia de Inglaterra*.

humedad. Estado de un cuerpo cuyos poros están cargados de agua y que comunica parte de ese líquido a los cuerpos que le rodean, como el aire. La humedad de un cuerpo se puede valorar por la cantidad de agua que contiene, diciéndose que un cuerpo está saturado de humedad cuando

Portada del Tratado sobre la naturaleza humana *(1739) de David Hume.*

Biblioteca Braidense, Milán, Italia

TREATISE

OF

Human Nature:

BEING

An ATTEMPT to introduce the experimental Method of Reasoning

INTO

MORAL SUBJECTS.

Rara temporum felicitas, ubi sentire, quæ velis, & quæ sentias, dicere licet. TACIT.

VOL. I.

OF THE

UNDERSTANDING.

LONDON.

Printed for JOHN NOON, at the White-Hart, near Mercer's-Chapel, in Cheapside.

MDCCXXXIX.

no puede contener más agua. Se llama a una tierra húmeda cuando contiene bastante agua y es fresca y untuosa al tacto.

Normalmente el aire contiene en suspensión vapor de agua procedente de la evaporación del agua de ríos, lagos, mares, etcétera, cuya cantidad determina la humedad del ambiente. La humedad del ambiente depende de la situación geográfica del lugar, de la altitud, temperatura, régimen de vientos y masas de agua próximas y es uno de los factores más importantes del clima.

Humedad absoluta del aire es la cantidad de gramos de vapor de agua que contiene un metro cúbico de aire en un momento dado, y humedad relativa la relación entre la humedad del momento y la humedad de saturación, entendiéndose por ésta la cantidad máxima de vapor de agua que puede contener el aire en suspensión a una temperatura determinada. La humedad relativa o grado higrométrico se mide en tanto por ciento con respecto a la de saturación. Se diría que hay cero humedad cuando el aire no tuviese agua en suspensión; tendrá 100 de humedad cuando haya en suspensión el máximo de agua que pueda mantener, y tendrá 50% de humedad cuando tenga la mitad de la humedad de saturación. La *higrometría* estudia los procedimientos para medir la humedad del aire sirviéndose de aparatos, como el *psicrómetro*, que consiste en dos termómetros, uno de los cuales tiene el depósito de mercurio envuelto en una tela siempre húmeda. La diferencia de altura de las dos columnas de mercurio da, mediante tablas especiales, la humedad relativa del aire. *Véase* HIGRÓMETRO.

húmero. *Véase* ESQUELETO.

humo. Conjunto de cuerpos que, en forma gaseosa, se desprenden de una combustión incompleta. Los más importantes son el vapor de agua, el ácido carbónico y el carbón en polvo. En su ascensión, el humo arrastra cuerpos sólidos y líquidos producidos por la condensación, cuando llegan al aire frío, de los vapores originados por la combustión. La forma de humo más frecuente, y sin duda la más nociva, es la producida por la combustión incompleta de carbones bituminosos. La abundancia de humo en la atmósfera es muy perjudicial para la salud humana y para la prosperidad de la vegetación. En las regiones húmedas, la niebla formada por pequeñas partículas de agua y humo en suspensión en el aire irrita los ojos y los pulmones; cuando hay humo en la atmósfera, las pequeñas partículas sólidas que lo forman reciben el nombre de *hollín*. Estas partículas, introducidas en el pulmón por la respiración, producen efectos sumamente nocivos. Para eliminar los humos de las ciu-

Corel Stock Photo Library

Humo de locomotora, símbolo clásico del progreso a principios del siglo XX.

dades se recomienda alejar las fábricas de los centros urbanos y utilizar hogares a los que llegue, en cada momento, el aire necesario para la combustión completa.

El humo ha sido empleado como señal por los pueblos primitivos, que tenían sus códigos para interpretar las columnas de humo. Los cuerpos de señales de los ejércitos modernos están dotados de cohetes fumíganos, que sirven para informar al mando sobre la posición de quien los lanza, en defecto de otros medios de comunicación. El humo se utiliza también en la guerra para camuflar fábricas o instalaciones ante los bombardeos aéreos o marítimos y para ocultar al enemigo, mediante cortinas de humo producidas por aparatos especiales, los movimientos de las tropas. En las marinas de guerra, las mismas calderas de los barcos producen las cortinas de humo que ocultan al enemigo el movimiento de las naves, estando esta operación encomendada generalmente a los destructores por su rapidez de maniobra.

También se emplea el humo como protector de los cultivos intensivos de huerta y fruticultura contra las heladas nocturnas. Cuando los pronósticos meteorológicos anuncian noches con grandes descensos de temperatura que pueden dañar los cultivos, se disponen estratégicamente aparatos fumíganos, que crean sobre los cultivos una atmósfera cargada de humo; al disminuir la irradiación el humo mantiene la temperatura de la superficie varios grados por encima del ambiente, impidiendo así los perjuicios de la helada. *Véanse* FUMIGACIÓN; FUMÍVORO.

humor. Fluido acuoso que llena muchas cavidades del cuerpo. Según su fun-

ción recibe nombres diversos: humor acuoso que cubre la parte anterior y posterior del ojo; humor celular o líquido que trasudan las células en las experiencias de laboratorio. La sangre y la linfa pueden considerarse humores normales y el pus es una muestra de humor patológico.

humorismo. En arte y literatura se considera que es la facultad de expresión en que se juntan la gracia con la ironía y lo alegre con lo triste. Así se crean aspectos, actitudes y situaciones que presentan contrastes e incongruencias que nos sorprenden y mueven a risa. El filósofo francés Henri Bergson, en su ensayo titulado *La risa*, intenta demostrar las fuentes de lo cómico y luego determinar qué es la comicidad. Comienza su investigación recordando que sólo los hombres ríen. Los animales no pueden ni reír ni llorar. Si reímos de los gestos de un mono, lo hacemos porque recordamos los gestos naturales del hombre. El mono pensando puede ser una caricatura de nuestro abuelo leyendo el diario. Así, siempre nos reímos comparando con las cosas normales. Un gato con pantalones nos parece cómico porque sabemos que los gatos sólo se visten con su pelo. También es propia de la risa cierta indiferencia hacia aquel de quien nos reímos. Nuestro amigo cargado de paquetes resbala y cae de una manera graciosa; indiferentes, reímos, hasta que dándonos cuenta de su accidente surge en nosotros la duda acerca de si se ha hecho daño y procuramos ayudarlo.

Por último, es posible afirmar que el hombre en soledad generalmente no ríe. Entonces se llega a determinar, gracias a los ejemplos dados, que las condiciones de lo cómico son lo humano, la indiferencia y la sociabilidad. Pero aún es necesario averiguar las causas de la risa. Una de ellas parece ser la repetición de un hecho; por ejemplo, si vamos de pesca y nos encontramos por azar con un amigo, este hecho resulta normal, pero si tenemos seis encuentros casuales en vez de uno, ya todo se vuelve cómico. Otra causa sería la inversión, es decir, que si estamos leyendo y para humedecer el dedo a fin de poder dar vuelta la hoja lo introducimos por equivocación en el tintero, la situación es digna de una carcajada si se tiene buen humor o de un ceño fruncido si se es malhumorado. Por último, la exageración también es causa de lo cómico; si nos ponemos unos zapatones inmensos podemos provocar la risa en nuestros amigos. Todos estos recursos son explotados por los artistas cómicos y los escritores humoristas.

Pero humorismo no es precisamente todo lo cómico. Para producir humorismo es necesario que exista cierta dosis de emoción, que no acompaña siempre a lo cómico. Humorismo es sentimiento y comicidad. El humorista no hiere a nadie; su risa es benévola, melancólica o amarga, pero nunca mordaz. Es evidente, además, que todas nuestras risas no son iguales. La pregunta inocente de un niño, un chiste ingenioso o el espectáculo de un señor que al pisar una cáscara de plátano resbala y cae al suelo, produce en nosotros reacciones diferentes.

Pirandello ha intentado explicar con más precisión el humorismo. Afirma que para captarlo es necesario poseer un don especial de penetración, pues el humorista ve lo que la otra gente no alcanza a percibir: el lado humorístico de las cosas. Esta visión es producto de una meditación sobre el asunto que pone en evidencia que algo nos causa emoción, además de lo jocoso. La risa producida por las aventuras de don Quijote se torna visión humorística cuando descubrimos que, además de lo grotesco que resulta confundir los molinos de viento con castillos, y los rebaños de carneros con ejércitos, hay en don Quijote ansia noble de combatir el mal y un impulso heroico que hace al personaje simpático y digno de nuestro cariño. Con todo, es especialmente en el terreno literario donde los humoristas se han destacado más; entre ellos, podemos citar a Boccaccio, Swift, Molière, Cervantes, Rabelais, Dickens, Mark Twain y muchos otros.

En cinematografía se ha destacado un humorista genial: Charles Chaplin. El famoso *Charlot* ha conseguido expresar por medio de su arte esa mezcla de ingenio, comicidad y emoción que le ha dado fama perdurable. Este personaje afronta con heroísmo todas sus grotescas aventuras; infunde una cálida emoción a las pequeñas peripecias de la vida cotidiana. Es un héroe, pero un héroe demasiado humano, al que le suceden toda clase de calamidades sin que por ello pierda él su dignidad; es un verdadero Quijote de nuestro tiempo. El humorismo es uno de los géneros más difíciles, pues requiere del que lo cultiva un gran conocimiento de sus semejantes, del hombre en general, y una aguda observación, y en estas condiciones se funda la universalidad de los grandes humoristas.

humus. Materia orgánica, de color pardusco o negro, que las buenas tierras labrantías contienen en una proporción que oscila de 3 a 6%, procede de la descomposición o desdoblamiento químico, por su contacto con el aire, de las diversas sustancias vegetales que yacen en el suelo. Tiene propiedades ácidas, se disuelve en los álcalis y produce sales. La turba de carbón y la madera podrida contienen sustancias análogas al humus, que constituye, por así decirlo, la parte de la tierra que contiene los elementos necesarios para la nutrición de las plantas. *Véase* SUELO.

Hungría. Estado de Europa central. Su extensión es de 92,340 km². Está situada en la cuenca media del río Danubio y sus límites son: al norte, Eslovaquia y Ucrania; al sur Servia y Croacia, al este Rumania y al poniente Austria. Es un país de transición entre occidente y oriente.

En su actual delimitación ha quedado reducida a una llanura aluvial –fondo de un antiguo mar colmado con los materiales que los ríos arrancan a los Cárpatos y a los Alpes– cuaternaria en las proximidades del Danubio y terciaria en el resto. En la uniformidad relativa de estos terrenos podemos distinguir al este las tierras bajas, con su rica zona de cereales (Alföld) y su parte esteparia arenosa, pedregosa, salpicada de pequeñas dunas y pródiga en pastos (puszta); al oeste, en el amplio cuadrilátero formado por el Danubio, las estribaciones orientales de los Alpes y el río Drave, un país más accidentado recorrido en varios sentidos por colinas y montañas, como el macizo de Meczeck (Zengo, 680 m) y la selva de Bakony (712 m). Entre estas dos elevaciones se extiende la depresión de Mezöfold, cuyo fondo lo ocupa el lago Balatón. Al norte, el suelo está accidentado por las estribaciones meridionales de los Cárpatos, cuyo núcleo central es el macizo de Matra (1,010 m) y al nordeste de él se halla el de Bukk. El primero envía algunos cordales hasta el Danubio. Los grandes llanos de Hungría toman en ciertas regiones el aspecto de verdaderos desiertos, pero existen tierras negras de gran fertilidad y hermosas praderas, donde la vida campesina conserva aún los caracteres tradicionales.

Los dos grandes ríos, el Danubio y el río Tisza, nacen y desembocan fuera de las fronteras de Hungría. Sólo algunos de sus afluentes pueden considerarse como propiamente húngaros. El Danubio, que desde Austria forma la frontera con Eslovaquia y, después, deslizándose perezosamente y divagando en meandros, brazos y canales, atraviesa de norte a sur el país, es el río principal y la vía de comunicación más importante para este estado interior. El segundo río es el Tisza, de escasísima pendiente para su largo curso y, por lo tanto, también rico en meandros y revueltas. El Drave,

Edificio del parlamento húngaro en Budapest, Hungría.

afluente del Danubio, forma el límite con Croacia. Completan la hidrografía bellísimos lagos: el mayor, el Balatón, de escasa profundidad, lugar de vacaciones con balnearios, hoteles y pesca abundante; el Neusield, en el confín con Austria; el no menos encantador de Valencze y otros muchos, algunos salinos, que en los periodos de sequía sustituyen la superficie líquida por natrón, cuyas eflorescencias parecidas a la nieve les ha valido el nombre de *Lagos Blancos*.

Su situación geográfica y su morfología hacen que Hungría goce de un clima continental con crudos inviernos y veranos ardientes. La región más fría es la del noroeste; la más templada, gran parte de la llanura central. No son raras las temperaturas frías en verano, ni los días primaverales en invierno. Los contrastes de este clima se manifiestan también por los bruscos cambios de temperatura, al extremo de oscilar el termómetro de 20 a 25 °C en pocas *horas*, por los fuertes vientos, las frecuentes y temibles tempestades y la relativamente escasa pluviosidad, pues a largos periodos de áspera sequía suceden breves lluvias torrenciales. Estas súbitas variaciones, más que las emanaciones de las lagunas, podrían ser la causa de la *fiebre húngara*, que afecta a los extranjeros y que llegó a diezmar a los ejércitos enemigos establecidos en el país.

Hungría es un pueblo agrícola y ganadero aunque sólo 13.6% de la población económicamente activa (PEA) se dedica a la agricultura. El Alföld es una de las llanuras más fértiles del mundo y la *pequeña llanura* o alta al oeste, antes desolada, es hoy tan feraz que se llama *Jardín de Oro*. Las principales producciones son: trigo (de los mejores del mundo por su cantidad de gluten), cebada, avena, maíz, patatas, remolacha y frutas. La vid prospera en el valle de Tokai (el vino que *beben los reyes y los Papas*) y en la orilla del Balatón. Abundan las hortalizas de excelente calidad.

Es fama que estas llanuras estaban cubiertas de bosques antes de la irrupción de los hunos, aunque esto es más que dudoso, pues son típicas regiones de estepa herbácea, donde los árboles se reducen de modo natural a las cortinas de ribera. En las montañas circundantes sí ha habido gran destrucción de la riqueza forestal, de ribera. La riqueza pecuaria, aunque sufrió gran merma en la Segunda Guerra Mundial, mantiene su importancia. Es famosa por su ganado vacuno de color blanco y largos cuernos; sus caballos pequeños, pero resistentes; sus cerdos y ovinos. En la buena estación el ganado pasta libremente en la puszta, cuyo aspecto y el de sus pastores recordaban a la pampa argentina, hasta que, después de la Primera Guerra Mundial se transformó el paisaje pastoril en virtud de la roturación de tierras para extender la

El Museo Nacional de Hungría, en Budapest.

agricultura cerealista. También a partir de entonces adquirieron gran desarrollo la avicultura, la apicultura y la sericicultura. La pesca es abundante en los ríos y en los lagos. Merecen citarse del Danubio el *huson* y el esturión, cuyos huevos sirven para hacer caviar.

Las consecuencias de la primera guerra obligaron a Hungría a abandonar las regiones más ricas en minerales y sólo conserva algunos yacimientos de hulla (monte Mecsek y Pecs), hierro, plomo, cinc y petróleo. Sus depósitos de bauxita son clasificados entre los más extensos del mundo (ocupa el séptimo lugar a nivel mundial en la producción de este mineral). No falta el lignito y la turba. Sus aguas minerales son copiosas y excelentes. La producción de petróleo en 1991 fue de 1.841,000 toneladas métricas.

Hungría tendió a la transformación de la economía agrícola en agrario-industrial, impulsada por circunstancias favorables, como la proximidad del carbón de Silesia y del hierro de Eslovaquia, la abundancia de primeras materias agrícolas fácilmente transformables, la posibilidad de un buen mercado en los Balcanes y los aranceles aduaneros elevados. Las industrias derivadas de la agricultura siguen siendo las más importantes: molinos, destilerías, fábricas de azúcar, cerveza, cigarros y tejidos. Aunque no faltan establecimientos metalúrgicos y siderúrgicos, industrias químicas y eléctricas, ni refinerías de petróleo.

La situación central facilita la actividad comercial. La base de las exportaciones está constituida por productos derivados de la agricultura y de la ganadería: cereales, frutas frescas y en conserva, ganado

vivo, aves de corral, huevos, manteca, embutidos, pimentón. Importa carbón, algodón, madera, papel, minerales, objetos manufacturados y maquinaria.

Su posición céntrica y su topografía facilitan la construcción de vías de comunicación, dificultada, no obstante, por la falta de materiales de construcción. Existen en Hungría 30,023 km de carreteras y 13,180 km de ferrocarriles (1995), que sufrieron gravísimos desperfectos en la Segunda Guerra Mundial. Aunque están bien organizados, adolecen de un defecto en su trazado, el cual tendió a favorecer los grandes latifundios y dejó algunas ciudades a varios kilómetros de sus estaciones. Perdida su salida al mar, el puerto adriático de Fiume, el tráfico fluvial es de enorme interés y se realiza, principalmente, por la magnífica arteria del Danubio (600 km dentro de Hungría), que comunica a Europa central con el Mar Negro. La flota mercante consta de 550 naves. Las comunicaciones aéreas no son numerosas. Antes de la Segunda Guerra Mundial la unidad monetaria era el *pengo*, que perdió todo su valor y fue sustituida por el *forint*, dividido en 100 *fillers*.

La población se eleva a 10.2 millones de habitantes (1996) (110 h./km²). El valle del Danubio fue desde tiempo inmemorial una línea de invasión utilizada por diversos pueblos, algunos de los cuales se fijaron hasta ser empujados por otros. Esto produjo la mezcla de razas que aún persiste. Los magiares, de origen asiático, constituyen la mayoría del país; tienen los ojos oblicuos y los pómulos salientes. Son buenos jinetes y muy hospitalarios. Las minorías más numerosas son: alemana, eslovaca, croa-

Hungría

ta, rumana, servia, rutena y judía. A pesar de su carácter nómada no puede hacerse caso omiso de los cíngaros, vagabundos y músicos expulsados de todas partes y tolerados allí.

En cuanto a la situación social, antes de las reformas agrarias la tierra estaba en poder de un reducido número de terratenientes y 75% de los campesinos no disponían de campo. En la posguerra, se ha socializado la propiedad agraria.

Budapest (2.004.000 h. en 1994), hermosa capital de Hungría, está formada por la reunión de dos ciudades separadas por el Danubio, y es el centro industrial y comercial más importante del país. Presenta un aspecto monumental, sobre todo en Pest, donde se encuentran el palacio del Parlamento y la universidad. En Buda se elevan el antiguo palacio Real y el de Matías Corvino. Además de la capital, son centros urbanos importantes: Szeged, a orillas del Tisza, con 178,500 habitantes, puerto fluvial, con aspecto de ciudad reciente, pues fue reconstruida después de la inundación de 1879, que al romper los diques destruyó la anterior ciudad. Tiene como edificios notables el palacio Municipal, la Universidad y el Panteón Nacional. Debreczen, con 217,300 habitantes, es el mercado central del Alföld y ciudad universitaria; Miskölc (191,200 h.), vieja ciudad en la zona montañosa, agrícola e industrial; Kecskemet (105,064 h.), en el centro y rodeada de hermosas granjas, famosas por sus frutas.

En 1989 se enmendó la Constitución de 1949 para permitir la celebración de elecciones multipartidistas y legalizar el estado político de la oposición. El órgano supremo del Estado es la Asamblea Nacional, formada por 386 diputados elegidos por cinco años. La Asamblea elige al Consejo Presidencial (21 miembros) cuyo Presidente lo es de la República. Administrativamente, el país está dividido en 19 condados y la capital.

La mayoría de la población es católica (67.8%) y le siguen los protestantes (25.1%). El gobierno admitía dos grupos distintos de religión: la incorporada (católica, unitaria, luterana griega y judía) y la reconocida (bautista y mahometana) pero esta distinción fue abolida en 1949.

Se hablan distintas lenguas, pero predomina el húngaro, idioma oficial. Pertenece al grupo *ugrico* de la familia lingüística fino ugra.

Historia. Hungría, cuya parte suroeste formaba en tiempos de Augusto la Panonia, sufrió una serie de invasiones. En el siglo IX los magiares, procedentes de la región asiática del Obi, fundaron un Estado y, poco después, adoptaron el cristianismo. La primera dinastía, que se extinguió a principios del siglo XIV, lleva el nombre de su fundador, Arpad, y su principal repre-

sentante es san Esteban el Santo, que organizó a la Iglesia y recibió del Papa la corona de rey. Bajo el reinado de los Anjou y de los Jagellón, reyes electivos, Hungría tuvo que hacer frente al peligro turco. El heroísmo de Juan Hunyadi y los esfuerzos de su hijo Matías Corvino restablecieron la unidad nacional, pero más tarde, a consecuencia de la batalla de Mohacs, la mayor parte de Hungría quedó convertida en provincia turca. Además, a la muerte de Luis II desapareció la casa de los Jagellón y ocupó el trono Fernando I de Austria, en tanto que un grupo descontento proclamaba al pretendiente Zapolya, quien contó con la ayuda de los turcos. Una vez desaparecido el peligro turco, Hungría reivindicó su independencia. La revolución de 1848, que nombró regente a Lajos Kossuth, fue vencida con la ayuda de los rusos, pero a la larga trajo como resultado una amplia autonomía administrativa con el régimen dualista que simbolizaba el nombre de Austria-Hungría. En 1914, Hungría siguió la suerte de Austria en la guerra mundial. Al terminar ésta, una revolución proclamó la República. Después de la experiencia comunista de Bela-Kun y del nombramiento de Miklós Horthy como regente, toda la política de Hungría se orientó hacia la revisión del tratado de Trianón, que le había arrebatado $^2/_3$ de su territorio y una posición eminente en Europa, gracias a la asociación con Austria. En 1938 consiguió la retrocesión de parte de éste, pero se vio ligada a la política de Adolfo Hitler y envuelta en la Segunda Guerra Mundial. Los alemanes la ocuparon y la guerra con Rusia la empobreció. Por esto, aunque se volvió a última hora contra Alemania, sufrió tre-

menda crisis política y financiera, a la que la reforma agraria de 1945 quiso poner fin. Posteriormente se constituyó en República Popular, alineada internacionalmente con la Unión Soviética. En 1965 ejercía los cargos de presidente del Consejo Presidencial y jefe del Estado, István Dobi; y el primer ministro, Gyula Kállai. En 1967 Hungría firmó un tratado de asistencia mutua con la Unión Soviética, y Kállai fue sustituido por Jeno Fock. Posteriormente las tropas húngaras apoyaron a las soviéticas en la invasión de Checoslovaquia. En la década de los años setenta tuvieron lugar las primeras elecciones entre candidatos oficiales y no oficiales para los puestos del gobierno comunista, pero fue en 1985 cuando la votación se efectuó según un sistema de múltiple nominación que le confería al pueblo un amplio derecho a escoger a sus gobernantes. En 1988, J. Kadar, secretario general del PC fue sustituido por el primer ministro Károly y Grosz. El año siguiente el PC y la oposición firmaron un tratado sobre la transición del gobierno a la democracia multipartidista; el primer ministro bajo este régimen fue Jozsef Antall, nombrado en 1990 y, en agosto, el Parlamento elige presidente a Arpad Gonez. Al año siguiente, en 1991, el partido Socialista gana las primeras elecciones parlamentarias. La Alianza Democrática Libre queda en segundo lugar y el Foro Democrático en el tercero. Arpad Gonez fue reelegido en 1995.

Literatura. Las obras más antiguas de la literatura húngara, como la *Gesta Hungaroram* (s. XII), fueron escritas en latín; aunque se conoce la existencia de antiguos cantos húngaros, conservados en el pue-

Húngaros con traje tradicional.

blo, esta lengua no llegó a ser literaria hasta el siglo XVI. El primer gran lírico es Beliut Balassa. En el siglo XVII, con el fundador de la prosa magiar, Pedro Pazmany, brilla el gran poeta Miclos Zrinyi con su poema *Zrinyast*. La literatura moderna nace a fines del siglo XVIII con el clásico Ferenc Kazincky, cuyos discípulos se inclinan al romanticismo. De la lírica popular brota la obra de Sandor Petöfi, el más genial de los poetas húngaros. El más popular de los novelistas del siglo XIX fue Jokai.

Artes plásticas y música. El pueblo magiar se apasiona por los colores vivos, los trajes pomposos y primorosamente bordados, la música y la danza. Hasta el campesino practica las artes manuales. Dibuja y borda sus vestidos de gala en largas horas de paciente trabajo y pinta las fachadas de sus casas con colores alegres y florida decoración. Munkacsy, pintor de temperamento original, con su *Último día de un condenado a muerte*, y Szekely, el artista romántico, con su *Autorretrato*, del museo de Budapest, se destacan entre otros muchos artistas. El cultivo y la apreciación de la música están muy extendidos, pues Hungría es el hogar de los músicos y de los magníficos ejecutantes cíngaros. Liszt, el artista poderoso y extraño, pleno de fogosidad, sintió como nadie la música de su patria en la *Rapsodia húngara*. Brahms, gran músico alemán, seducido por la música popular húngara, compuso sus inspiradas *Danzas*.

hunos. Pueblo nómada y bárbaro del centro de Asia, citado ya en la literatura china hacia el año 300 a. C. como formado por grandes jinetes y feroces guerreros. Gracias a su repentino avance sobre Rusia e Irán, alcanzaron importancia histórica en los siglos IV y V de nuestra era. Vencieron a los alanos y junto con éstos cruzaron el Don, trastornando el poderío godo y extendiéndose en numerosas hordas desde el Volga hasta el imperio romano. Bajo el mando del terrible Atila desolaron Europa, hasta que fueron derrotados en los Campos Cataláunicos.

Hunter, John (1728-1793). Cirujano inglés. Ejerció en el hospital de San Jorge en Londres y fue creador de una cátedra pública de anatomía y cirugía. Hizo una serie de descubrimientos anatómicos y dio a conocer una nueva técnica en las intervenciones de los aneurismas, que se denomina operación de Hunter. Reunió valiosas colecciones de preparaciones anatómicas y de historia natural que llegaron a comprender más de 10 mil ejemplares, las que, a su muerte, adquirió el gobierno para donarlas al Colegio Real de Cirujanos.

Huntington, Archer Milton (1870-1955). Escritor estadounidense, fundador y primer presidente de la Sociedad Hispánica de América, en Estados Unidos. Se educó primero en Nueva York y prosiguió luego sus estudios en España, país de su predilección. Es famosa su traducción al inglés del *Poema del Cid*, así como sus libros sobre arqueología y asuntos españoles. Entre las obras que publicó se cuentan *Apuntes sobre el norte de España, Las encajeras de Segovia* y otras. La sociedad que fundó, y a la que dotó de una rica biblioteca, ha estimulado en forma notable los estudios y ensayos sobre temas hispánicos en lengua inglesa.

huracán. *Véase* VIENTO.

hurón. Pequeño mamífero carnívoro de la familia de los mustélidos. Cuenta aproximadamente 40 cm de longitud, la cabeza es chica, las patas cortas y el cuerpo sumamente flexible y alargado. Despide un olor muy desagradable. Vive en domesticidad, a veces hasta los ocho años, y se le emplea para capturar conejos y ratones, a los que persigue tenazmente. Su saña y su avidez de sangre lo impulsan a atacar también con furia a las gallinas y otras aves; pero se muestra más prudente con los reptiles, especialmente las víboras.

hurónico. *Véase* GEOLOGÍA.

Hurtado de Mendoza, Diego (1503-1575). Poeta historiador. soldado y diplomático español de insigne linaje. Se consagró al estudio y llegó a ser el gran humanista que en la vida militar y diplomática encontraba siempre tiempo para las letras. Dominó el latín, el griego, el hebreo y el árabe. Fue embajador en Inglaterra y Venecia, donde coleccionó libros y manuscritos. Asistió como representante de Carlos V al Concilio de Trento. A los sesenta y cinco años, a causa de una reyerta en Palacio, Felipe II lo desterró al castillo de la Mota en Medina del Campo. Se le ha atribuido el *Lazarillo de Tormes* y otras obras que probablemente no son suyas. Entre las auténticas tenemos: sonetos, canciones, epístolas y las popularísimas redondillas plenas de agudeza y malicia. Su mejor obra en prosa es la *Guerra de Granada*, que describe la sublevación de los moriscos contra Felipe II, clásica por su composición y estilo. El verso y la prosa de Hurtado de Mendoza lo consagran como *una autoridad en castellano*.

Hurtado de Mendoza, García (1535-1609). Militar español, gobernador de Chile y virrey de Perú. Pertenecía a la nobleza castellana y heredó el título de marqués de Cañete. Fue educado para la carrera de las armas. A partir de 1552 participó con valor en diversas acciones de guerra en Italia y Flandes, y en 1555 se trasladó a América, donde su padre era virrey de Perú. Designado gobernador de Chile, partió del Callao en febrero de 1557; en abril ancló en Coquimbo y pocos días después tomaba posesión en Santiago del gobierno de Chile. Encarceló a Francisco Aguirre y a Francisco de Villagrán, que se disputaban la gobernación de Chile y los envió a Perú. Reconstruyó el fuerte Tucapel, fundó la ciudad de Cañete de la Frontera y se aprestó a pelear contra los indios araucanos a los que derrotó en sucesivos encuentros hasta que, finalmente, el jefe de los araucanos, el bravo guerrero Caupolicán, fue vencido, hecho prisionero y ajusticiado en el año 1558.

Hurtado de Mendoza continuó sus exploraciones y descubrió el archipiélago de Chiloé y extensos territorios al este de los Andes, que hoy forman parte de la República Argentina. Ordenó la exploración del estrecho de Magallanes y de la Patagonia. En 1560 encomendó la exploración de Cuyo a Pedro del Castillo, y éste fundó la ciudad de Mendoza (1561). En 1560, por intrigas de sus enemigos, recibió Hurtado de Mendoza orden del rey para entregar el gobierno a Villagrán y trasladarse a España, donde pudo justificar sus actos de gobierno. Años después fue nombrado virrey de Perú, (1589 - 1596). Los hechos de armas de Hurtado de Mendoza, en Chile, fueron cantados por Ercilla en su famoso poema *La araucana*, y por Pedro de Oña en el poema épico *Arauco domado*.

hurto. Delito que consiste en apoderarse de bienes muebles ajenos, sin violencia ni intimidación, pero con propósito de lucro, o sea, con la intención de ganar dinero con tales objetos. Aunque el lenguaje cotidiano confunde el *hurto* con el *robo*, el derecho penal enseña que este último delito se comete usando de la fuerza o la intimidación, mientras que el hurto puede ser efectuado sin que la víctima lo advierta. Sólo es posible hurtar cosas muebles, porque quien se apodera de un bien inmueble comete el delito de usurpación.

Huss, John (1372-1415). Heresiarca bohemio, precursor de la Reforma y defensor de la nacionalidad checa. De humilde origen, su talento y estudios lo llevaron a la rectoría de la Universidad de Praga y a confesor de la reina Sofía, esposa de Wenceslao. Fue partidario de las doctrinas del inglés Wiclef y atacó desde el púlpito la simonía y la venta de indulgencias. Habiéndose dirigido al Concilio de Constanza, donde debía defender sus puntos de vista sobre la religión, fue arrestado a pesar del salvoconducto imperial que llevaba, declarado hereje, y entregado a la justicia secular, que lo condenó a ser quemado vivo. Su muerte fue motivo de la sublevación de Bohemia y origen de la guerra de los hussitas. Sus

Huss, John

Obras y Cartas constituyen el precedente inmediato de la doctrina luterana.

Hussein, Saddam (1937-). Regidor de Irak junto con Ahmad Hasan al-Bakr de 1968 a 1979, año en el que sucedió a al-Bakr como presidente. Fue también primer ministro (1979-1991). Nacido en una familia de campesinos iletrados, Hussein se unió al Partido Baath en 1957 y jugó un papel prominente en la revolución iraquí de 1968. Como presidente modernizó el sistema económico al tiempo que se deshizo despiadadamente de sus oponentes. Inició la guerra con Irán (1980-1988) y compitió con Hafez al-Assad de Siria y Hosni Mubarak de Egipto para convertirse en el personaje más influyente del mundo árabe. A pesar de haber violado los derechos humanos en varias ocasiones, incluyendo el uso de gas venenoso en contra de kurdos iraquíes en 1988, Hussein fue apoyado hasta 1990 por la mayor parte de las potencias occidentales y los Estados árabes moderados, como el baluarte contra la propagación del fundamentalismo islámico.

En agosto de 1990 Hussein invadió Kuwait, acto que fue condenado por la comunidad internacional. Al no retirar sus tropas antes de la fecha límite impuesta por la ONU, el 15 de enero de 1991, una fuerza multinacional encabezada por Estados Unidos le declaró la guerra a Iraq, iniciando la llamada guerra del Golfo; las fuerzas iraquíes fueron rápidamente vencidas. Al finalizar el conflicto, Hussein reprimió brutalmente las revueltas de los kurdos iraquíes

Retrato de Aldous Huxley.

del norte y los chiítas disidentes del sur de Bagdad. Permaneció firme en el poder a pesar de que las sanciones económicas de las Naciones Unidas impuestas en 1991 permanecieron en pie. En octubre de 1995, 99.6% de los votantes iraquíes aprobaron su continuidad en el poder hasta el 2002. El 30 de agosto de 1996, sus fuerzas invadieron el oasis kurdo en el norte de Iraq, provocando represalias de Estados Unidos en el sur de Iraq.

Husserl, Edmund (1859-1938). Filósofo alemán. Se dedicó en sus comienzos a la matemática y fue profesor de la Universidad de Gotinga desde 1900 y de la de Friburgo desde 1916. Es autor de obras fundamentales para el conocimiento de la filosofía moderna, entre ellas *Investigaciones lógicas*, *Ideas para una fenomenología pura*, *Lógica formal y trascendental*. Sentó una lógica pura, independiente del psicoanalismo que había cultivado al comienzo, a la que dio el nombre de fenomenología; consiste en la descripción de los hechos conscientes sin entrar a prejuzgar la forma de pensar.

Huxley, Aldous L. (1894-1963). Novelista, poeta y ensayista inglés, nieto del biólogo Thomas Huxley. Quiso seguir la tradición científica de su familia, iniciando estudios de biología; asistió a la Universidad de Oxford, donde, al mismo tiempo, adquiría una educación literaria que acabó por convertirlo en escritor. Algunas de sus primeras novelas, como *Los escándalos de Crome* y *Contrapunto*, tuvieron tanto éxito que Huxley abandonó los estudios para dedicarse a escribir. Parece que en su obra con los esclavos en la noria, se advierte en el autor una nueva orientación hacia el ascetismo y los problemas espirituales. En 1930 abandonó Inglaterra para radicarse en California, donde siguió escribiendo sobre temas sociales, religiosos y filosóficos.

Huxley, sir Andrew Fielding (1917-). Fisiólogo británico, nieto del naturalista Th. H. Huxley y hermanastro del biólogo J. S. Huxley y del escritor A. L. Huxley. Desde 1946 ejerció su actividad docente e investigadora en el departamento de fisiología de la Universidad de Cambridge, y en 1960 fue nombrado profesor de fisiología en el University College de Londres. En 1969 fue designado profesor investigador de la Royal Society. En colaboración con Alan L. Hodgkin, descubrió el mecanismo iónico implicado en la excitación de la membrana celular de los nervios periféricos, lo que llevó a ambos a recibir el Premio Nobel de Medicina o Fisiología en 1963, que compartieron con John C. Eccles. Entre los escritos de Huxley se cuenta *Reflejos musculares* (1980).

Huxley, Julian S. (1887-1975). Biólogo y ensayista inglés, hermano del novelista Aldous. Criado en un hogar de tradición científica, estudió en Oxford y se destacó pronto como profundo investigador de la evolución biológica, hecho que lo llevó al estudio de la sociedad humana. Sus ideas fueron acogidas como aportes revolucionarios y ampliamente discutidas en los medios científicos y sociales. En 1935 fue nombrado secretario de la Zoological Society de Londres, por ser él una de las más altas autoridades en historia natural de su patria, y en 1946 fue elegido director general de la UNESCO. Sus obras principales, traducidas a varios idiomas, son: *La corriente de la vida*, *La investigación científica y las necesidades humanas*, *Si yo fuera dictador*, *El hombre en el mundo moderno*, *Evolución, la síntesis moderna*, *La ciencia de la vida* (esta última en colaboración con H. G. Wells) y sus *Memorias*, última que escribió.

Huxley, Thomas Henry (1825-1895). Naturalista inglés, partidario de las teorías darwinianas. Médico del servicio naval, viajó cuatro años por el océano Indico y el Pacífico hasta las Indias Orientales Holandesas, aprovechando esta ocasión para estudiar la anatomía y fisiología de la fauna marítima. Acostumbrado a enviar los informes de sus descubrimientos a la Real Sociedad de Londres, conforme los iba terminando, a su regreso a Londres se halló famoso. Retirado de la Marina, fue encargado de la cátedra de historia natural de la Escuela Real de Minas. Fue autor de numerosas obras, entre las que se destacan: *Lugar del hombre en la naturaleza*, *Ciencia y cultura*, *Evolución y ética* y *Anatomía comparada de los animales vertebrados*.

Huygens, Christian (1629-1695). Científico holandés. Huygens creció en una familia acomodada, rodeado de figuras importantes (como Rene Descartes) amigos de su padre. Desde muy temprana edad tuvo gran habilidad para las matemáticas, talento que desarrolló en la Universidad de Leiden y en el Colegio de Breda. Posteriormente visitó París donde conoció a Blas Pascal, con el cual ya mantenía correspondencia, y tiempo después a Gottfried Wilhelm Leibniz. Fue uno de los miembros fundadores de la Academia Francesa de Ciencias. Una serie de enfermedades lo hicieron volver a Holanda, en donde residió hasta su muerte. Huygens elaboró la teoría ondulatoria de la luz; descubrió la verdadera forma de los anillos de Saturno y uno de sus satélites, gracias a las mejoras que había inventado para el telescopio; además, contribuyó con originales ideas al estudio de la dinámica y de la acción de las fuerzas gravitacionales sobre los cuerpos.

i. Novena letra del alfabeto español y tercera de sus vocales. Aunque se pueden encontrar antecedentes egipcios de esta letra, la *i* procede más directamente de la *iota* griega y de la *i* latina. En un principio no llevaba punto, pero hacia el siglo XI se le añadió este signo para distinguirla con más facilidad de la *u*, la *n* y la *m*. La *I* (*i* mayúscula) designaba entre los romanos la unidad, valor que sigue teniendo en la numeración romana. En química representa el símbolo del yodo.

Ianni, Octavio (1916-). Sociólogo y etnólogo brasileño, nacido en Itu, São Paulo. Ha enseñado en la universidad de su ciudad natal y ha sido profesor visitante de las universidades de Oxford, México y Columbia (New York). Es autor de *Estado y capitalismo*; *a metamorfoses de escravo.*

Ibagué. Ciudad colombiana, capital del departamento de Tolima, a orillas del río Combeima. Está situada a 1,225 m sobre el nivel del mar y goza de un delicioso clima templado. Fue fundada en 1550, en el llamado valle de las Lanzas, por Andrés López Galarza, y reconstruida un año más tarde en su posición actual. Su población era de 346,632 habitantes en 1995, ocupados en su mayoría en intensa actividad agrícola: caña de azúcar, café, cacao, maíz y, en especial, cultivo del algodón. En sus alrededores hay minas de oro, plata y azufre. En 1854 fue capital provisional de la república. Tiene ferrocarril a Bogotá y a las márgenes del río Magdalena y es punto inicial de la carretera que a través de la cordillera del Quindío conduce a Cali y Buenaventura.

Ibáñez del Campo, Carlos (1877-1960). Militar y político chileno. Participó en el golpe militar de 1924 que derrocó al presidente Arturo Alessandri. Tuvo un papel preponderante en el pronunciamiento de 1925, para reponer en el mando supremo a Alessandri, en cuyo gobierno, Ibáñez ocupó el ministerio de la Guerra. Más tarde, en 1927, fue elegido presidente de la república y ascendido a general. Llevó a cabo un programa de adelanto material y de reorganización administrativa. Realizó grandes obras públicas, inició la colonización del territorio de Aysén, creó nuevos servicios y logró resolver la cuestión limítrofe con Perú sobre Tacna y Arica por medio del Tratado de Lima, firmado en 1929. Pero, ejerció el poder con medidas dictatoriales, que crearon una fuerte resistencia en la ciudadanía, lo que sumado a los efectos de la gran crisis mundial de 1930, provocó su caída, el 26 de julio de 1931. Al abandonar el país se radicó en Argentina, donde se dedicó durante varios años a actividades comerciales. Vuelto a Chile se presentó como candidato a la presidencia de la república, en 1942, apoyado por las fuerzas políticas conservadoras, pero fue derrotado. En 1949 fue elegido senador por Santiago y en 1951 propuesto nuevamente candidato presidencial, sostenido por grandes fuerzas independientes y partidos nuevos. En las elecciones de 1952 resultó elegido y ejerció la presidencia durante el periodo 1952-1958.

Ibarbourou, Juana de (1895-1979). Poetisa uruguaya. Su verdadero nombre es Juana Fernández. Recibió educación religiosa. Contrajo matrimonio muy joven y se trasladó a Montevideo. Apenas contaba veinte años cuando fueron publicados sus dos primeros libros: *Las lenguas de diamante*, de una poesía sencilla y espontánea, y *El cántaro fresco*, este último en prosa. Posteriormente publicó una selección de poesías, que Miguel de Unamuno prologó con breve estudio crítico, y unas obras de carácter místico: *Loores de Nuestra Señora* y *Estampas de la Biblia*. El volumen de cuentos *Chico Carlo*, recuerdos de la infancia de su autora, recibió en 1944 el Premio Nacional de Literatura. Ha escrito además varios libros de lectura y *Los sueños de Natacha,* cinco obras de teatro infantil. Pertenece a la Academia Nacional de Ciencias de Montevideo. A propuesta de Gabriela Mistral se la conoce como *Juana de América.*

Ibarra. Capital de la provincia de Imbabura al norte de Ecuador; 113,791 habitantes en 1995. Situada a 2,221 m de altitud en la hoya de Chota, en la Cordillera Oriental de los Andes. Centro comercial de su región, cultiva frutales, hortalizas, cereales, papas, algodón, café, caña de azúcar; ganado vacuno y ovino. Industria textil, maderera y de licores; orfebrería. Es una de las estaciones del ferrocarril Quito-San Lorenzo, y de la Carretera Panamericana. Cuenta con un aeropuerto. Es sede de un Obispado.

Iberá. Voz guaraní compuesta por los vocablos *I*, agua y *berá*, brillante. Región de la provincia argentina de Corrientes, formada por numerosos canales, riachos, islas y, principalmente, lagunas, la mayor de las cuales es la de Iberá, que tiene una superficie aproximada de 300 km² y una profundidad media de 5 metros.

Iberia. Nombre que daban los antiguos a la actual Georgia situada al sur del Cáucaso y que fue también uno de los primeros de España. Se aplicó en general a toda la región oeste y sur de Europa. La denominación de *iberos* corresponde a un pueblo que habitó desde Valencia hasta el Ebro, río en el que muchos ven el origen de aquella denominación. Otros buscan conexión con los iberos del Cáucaso y una tercera teoría sostiene que individuos del grupo hamita, proveniente de África, llegaron a España en dos momentos diferentes. Los primeros, en el periodo neolítico, constituyendo la prehistórica cultura de Almería; los segundos, durante la Edad de Bronce, radicándose en la cuenca del Guadalquivir.

Ibérica, Península. Montuosa península situada en el extremo sudoccidental de Europa. Comprende los estados de España y Portugal. Limita al norte con el Mar Cantábrico y los Pirineos; al este con el Mediterráneo; al sur con este mismo mar, el estrecho de Gibraltar, que la separa de África, y el océano Atlántico, y al oeste con el océano Atlántico.

Ibérico, Sistema. Denominación que se aplica a las cordilleras y grupos montañosos que bordean el lado oriental de la meseta central española, frente a la depresión del Ebro. Arranca del nudo cantábrico de Peña Labra, en la provincia de Santander, y se extingue en la llanura de Valencia. Estas montañas forman la línea que divide la Península Ibérica o Hispánica en dos vertientes, una hacia el Atlántico y la otra en dirección al Mediterráneo.

iberos. Primer pueblo existente en España al comienzo de los tiempos históricos y al que debe este país su designación de Península Ibérica. Piteas, geógrafo griego de hacia 330 a. C., fue el primero en extender a toda la península el nombre de Iberia, que hasta entonces solía aplicarse únicamente a sus costas meridionales y occidentales. A lo largo de milenios la península hispánica fue objeto de múltiples oleadas de pueblos invasores procedentes de Europa y África, por lo que bien puede decirse que constituyó una encrucijada racial entre ambos continentes. Ya avanzados los tiempos históricos, y también con la misma doble procedencia, tuvieron lugar otras invasiones, que al superponerse en capas sucesivas a las de los pobladores primitivos fueron borrando o sepultando sus huellas. De aquí que hoy, cuando se han llegado a descubrir en número creciente restos de las primitivas culturas peninsulares, la discriminación de aquellos pueblos, sus orígenes y distribución haya dado lugar al planteamiento de numerosos problemas, no resueltos aún de manera definitiva por historiadores y arqueólogos. En líneas generales, se acepta la clasificación en tres grupos básicos, firmemente establecidos en la península antes de mediar el primer milenio anterior a nuestra era: los iberos, al sur y al este; los celtas, al norte y al oeste; y, en una zona intermedia, en condiciones poco conocidas aún, un pueblo mixto, el de los celtíberos, que ocupó los valles del Jalón y el Jiloca y las tierras altas de la comarca soriana. Una hipótesis, al parecer muy verosímil, acerca del desarrollo histórico de estos pueblos de la península, señala las tres fases siguientes: en primer lugar, los iberos, enlazados con las poblaciones neolíticas y del paleolítico superior –procedentes, acaso, como sostiene Bosch Gimpera, del norte de África-se concentran a todo lo largo de las costas meridionales y levantinas; a continuación, oleadas célticas, de origen indogermánico, penetran, desde el sur de Francia hacia el 900 o 800 a. C. y en el siglo VI a. C. llegan a dominar la mayor parte de la península; por último, ese dominio empieza a debilitarse a partir del siglo V a. C., mientras por esa misma época se produce un florecimiento de la llamada cultura ibérica, al que no eran ajenos los influjos recibidos de griegos y fenicios que fundaron colonias y factorías en todo el litoral mediterráneo. En el centro, como ya se ha dicho, se formó el núcleo de los celtíberos, quedando al norte otro pueblo de origen enigmático, el de los vascones o vascos. El hecho de que los textos antiguos, desde el Periplo marsellés recogido por Avieno hasta Herodoto, designen con el nombre de iberos a los pobladores del sur y el levante español, así como el también significativo dato de que posteriormente los nombres *iberos* e *Iberia* se hicieron extensivos a toda la península, parecen demostrar a todas luces que dicho pueblo fue el que, históricamente, adquirió mayor desarrollo y llegó a preponderar, aunque sin excluirlos, sobre todos los restantes.

Cabe distinguir en la expansión ibérica una primera fase, la de los protoiberos o iberos prehistóricos, que se diseminaron por las costas del Levante, llegando por el interior hasta las actuales provincias de Soria, Guadalajara y Madrid. Según una teoría, eran iberos también, pertenecientes a una nueva oleada de este pueblo, los tartesios, que constituyeron al sur de la península una unidad política bien organizada hacia el 1200 a. C. (Adolfo Schulten niega tal origen, y considera a los tartesios procedentes de una invasión tirreno-etrusca). Tartessos, considerada la más antigua organización estatal de Occidente, atrajo por sus riquezas, especialmente en metales preciosos, a otros pueblos del Mediterráneo, primero los fenicios y a continuación los jonios focenses. En la época de Salomón (970 a. C.) constituía ya un importantísimo centro comercial, al que llegaban expediciones desde los más alejados puntos del Mediterráneo oriental, como lo atestiguan una inscripción asiria y varios textos bíblicos. La población estuvo asentada primitivamente en la costa atlántica, junto al

Cerámica de origen ibérico de Cuenca, España.

Guadalquivir, extendiéndose después a toda Andalucía y Murcia. Existe constancia histórica de un famoso rey tartesio, Argantonio, del que habla Herodoto y al que seguramente alude Anacreonte cuando menciona, como colmo de lo apetecible, el hecho "de reinar ciento cincuenta años en la dichosa Tartessos". Reinó Argantonio de 630-550 a. C., y en su tiempo Tartessos ganó fama por su cultura, sus acertadas leyes y su prosperidad agrícola, industrial y comercial. Poco después, con la invasión cartaginesa, Tartessos es destruida (entre 509 y 480 a. C.), correspondiendo a ella la Turdetania de que hablan los geógrafos antiguos. Hacia el siglo III a. C. cabe distinguir poblaciones o grupos diversos diseminados por todo el territorio peninsular: desde el sur hacia el este, los turdetanos, bastetanos y bástulos; en la región levantina, mastienos, contestanos y edetanos; entre el Ebro y los Pirineos, ilercavones, cosetanos, layetanos, ausetanos, indigetes, ilergetes y cerretanos. Junto a ellos, ocupando el resto de la península, figuran otros pueblos incluidos en las agrupaciones celtibéricas y celtas: oretanos, carpetanos, arevacos, vacceos y vetones, en una amplia zona de la parte central; lusitanos, en la costa atlántica (norte de Portugal); galaicos, en Galicia, y a continuación de ellos vascos, astures y cántabros, cuyos orígenes siguen permaneciendo oscuros. Con todos ellos tenemos, en líneas generales, el cuadro que ofrecía, en cuanto a su primitiva población, la que por antonomasia llamaron los griegos Iberia –nombre derivado seguramente de un río Iber, que acaso no fuera el Ebro, sino el Tinto, en Huelva– y los romanos Hispania, nombre éste al parecer de origen púnico.

Raza, instituciones y costumbres. Los iberos, primer sedimento étnico de la península, se creyeron en un principio de procedencia asiática; contra esta opinión ha prevalecido la que los hace originarios del norte de África y pertenecientes al tronco camita. Sus individuos eran de mediana estatura, tez morena y cráneo dolicocéfalo. En todos los textos antiguos se alude al carácter aguerrido de este pueblo, capaz de resistir las mayores privaciones; entre sus otros rasgos distintivos figuran la hospitalidad y el respeto a la palabra dada. Individualistas y altivos, los iberos amaban ciegamente su libertad y preferían darse muerte antes que caer prisioneros. Estrabón menciona como costumbre ibérica la de llevar un veneno obtenido de cierta planta parecida al apio y que mataba sin dolor, con lo que tenían un remedio siempre pronto contra los acontecimientos imprevistos. Este mismo autor, que escribe su *Geografía* pocos años antes del inicio de nuestra era, pero recogiendo muchos testimonios anteriores atribuye al orgullo local y a la división de los iberos su incapacidad

Corel Stock Photo Library
Ruinas ibéricas de Numancia. Soria, España.

para incrementar sus fuerzas uniéndose en una confederación potente. "Llevaban una vida de continuas alarmas –dice–, arriesgándose en golpes de mano, pero no en grandes empresas", y así llegaron a dominar la mayor parte de sus tierras cartagineses, tirios, celtas, celtíberos y, por último, los romanos, que "terminaron, al cabo de unos doscientos o más años, por poner el país enteramente bajo sus pies". Esta última afirmación revela, pese a lo dicho anteriormente, la extraordinaria potencia defensiva de los iberos, ya que fueron capaces de resistir por espacio de dos centurias a las fuerzas infinitamente mejor dotadas y preparadas de los invasores romanos. Combatía el guerrero ibero protegido por un pequeño escudo cóncavo por su lado anterior, y armado con jabalina, honda y espada; se cubría con coraza o túnica de lino de color carmesí y con casco tejido de nervios. Los infantes solían ir mezclados con fuerzas de caballería; a veces montaban dos en un mismo caballo, uno de los cuales, llegado el momento de combatir, luchaba como peón. Una costumbre que imperó en diversos puntos de la península era la de los *soldurius*, guerreros que se reunían en torno a un jefe, conjurándose a defenderlo y a seguirlo hasta la muerte; así, entre los lusitanos, cuando el jefe moría los *soldurius* se daban muerte junto a la pira en que ardía el cadáver de su caudillo. Existía una división entre hombres esclavos y hombres libres, siendo conocida también la institución denominada *clientela*, en virtud de la cual los débiles se sometían voluntariamente a la dependencia de los poderosos, quienes a cambio de la protección que dispensaban recibían una adhesión sin límites. Las ocupaciones principales, aparte claro está de las continuas guerras entre tribus o contra los invasores, eran el pastoreo y la labranza. La tribu era una entidad política, religiosa y económica, compuesta de varios clanes, que poseían en común el suelo de su demarcación, repartiéndose anualmente las cosechas en régimen de comunidad de bienes. El estado tribal tenía un centro o capital que constituía un

verdadero bastión defensivo, al que coadyuvaban otras defensas menores, los llamados *castros* –los *castella* de los romanos–. Se celebraban asambleas para decidir acerca de los asuntos de la comunidad. Existían diversas clases de suprema organización política; se mencionan, especialmente, una regida por uno o varios Consejos que, cuando la gravedad de las circunstancias lo requería, podían elegir un caudillo temporal; y otra, de tipo monárquico, cuya jefatura podía ser hereditaria o electiva. La primera era más frecuente entre los pueblos del interior; la segunda, entre los iberos del litoral. Tribunales civiles o familiares fallaban los litigios, que en algunos casos podían resolverse mediante duelos personales. Entre las penas impuestas por delitos figuraba la de muerte; entre los lusitanos, se despeñaba a los criminales, y se condenaba a los parricidas a ser apedreados más allá de los límites de su ciudad. Los enfermos, según Estrabón, se exponían en los caminos para ser curados por los que habían sufrido la misma enfermedad. Se mantenía la inviolabilidad de los legados y se firmaban pactos de hospitalidad recíproca entre ciudades. En cuanto al vestido, las prendas masculinas consistían, por lo general, en una túnica, que llegaba hasta las rodillas, y un manto de lana, el *sagos* o *sagum* de los latinos; las mujeres se tocaban, además, con un velo o manto negro ceñido a la cabeza mediante una pequeña columnilla de un pie de altura alrededor de la cual enrollan sus cabellos, adorno éste al parecer antecesor de la peineta que ha llegado a la época actual.

La lengua. Existe gran número de inscripciones ibéricas merced a las cuales ha quedado constancia del idioma o idiomas hablados por este pueblo. Al parecer existía una gran variedad de lenguaje, no siendo el mismo, por ejemplo, el alfabeto de los pueblos del sur, que el de los pueblos de levante y centro, de aquí las muchas dificultades, aún no resueltas, que ofrece la in-

Escultura ibérica encontrada en Alcudia, España.
Corel Stock Photo Library

terpretación de las inscripciones mencionadas. De los tartesios afirma Estrabón que poseían "una *grammatiké* –esto es, un alfabeto o escritura– y "poemas y leyes en verso, que ellos dicen de seis mil años", añadiendo que los demás iberos poseían también un alfabeto, aunque éste ya no era uniforme, porque tampoco todos hablaban la misma lengua. En la actualidad, aunque se ha conseguido identificar los signos de la escritura ibérica, no ha sido posible aún resolver el problema fundamental de darles sentido. "No poseemos –escribe el profesor Lapesa– ningún texto que al lado de la versión indígena contenga otra en lengua conocida... Disponemos de inscripciones monetarias, nombres de lugar y de persona y, sobre todo, de una preciosa supervivencia de lenguas prerromanas: el vasco". Pero esto último no ha podido prestar hasta el presente aclaración alguna; antes por el contrario sus orígenes constituyen otro problema que sigue sin resolver, con el que se mezclan cuestiones étnicas, y que viene a sumarse a los muchos enigmas que, pese a todos los esfuerzos de arqueólogos y filólogos, sigue ofreciendo este importantísimo aspecto de la cultura ibérica.

Religión. Se conocen algunos de los dioses adorados por las primitivas poblaciones hispánicas, cuya religión era, esencialmente, de carácter naturalista. El culto dedicado a tales dioses estuvo, en algunos casos, circunscrito meramente a una zona o localidad determinadas; en épocas más avanzadas, por el contacto con fenicios, griegos y romanos, esas divinidades asumieron algunos caracteres de las de estos pueblos, o se aceptaron íntegramente los nuevos cultos. Figuran entre los dioses ibéricos, Neto, de origen solar, tal vez equiparado también a Marte, al que se ofrecían sacrificios humanos –prisioneros de guerra– y de animales, principalmente machos cabríos y caballos; Ategina, diosa infernal; Eaco, posiblemente la luna, y Endovellico, dios del que se impetraba la salud y al que se consultaba mediante oráculos. Estrabón habla de un santuario dedicado a *Phosphoros* –esto es, *el que lleva la luz*, identificado con el planeta Venus–, situado en la desembocadura del Guadalquivir. De los dioses de otros pueblos cuyo culto se difundió entre las poblaciones ibéricas, ha quedado constancia en monedas e inscripciones, de Mercart, numen tutelar de los fenicios, y de la Astarté de los cartagineses y Artemis de los griegos. Existían gran número de santuarios diseminados por todo el territorio, a los que se acudía en peregrinación para impetrar el cumplimiento de los deseos o la curación de las enfermedades. Estos santuarios estaban situados, por lo general, en cuevas próximas a manantiales o fuentes, y los que allí acudían en peregrinación depositaban en ellos sus exvotos, consistentes en figurillas de bronce.

Corel Stock Photo Library

Escultura ibérica de la llamada Dama de Elche.

El apogeo de este culto, a juzgar por la calidad y gran cantidad de las figurillas que se han encontrado, puede fijarse en los siglos IV y III a. C. De entre el gran número de santuarios cuyos vestigios se han podido identificar se destacan los de Cuéllar de Santiesteban (Jaén), el del Collado de los Jardines, en Despeñaperros, y el de las inmediaciones del actual santuario de Nuestra Señora de la Luz (Murcia). La multitud de exvotos hallados en estos santuarios –pueden contarse por millares– es del mayor interés, pese a su repetición de formas y actitudes, desde el punto de vista documental e incluso artístico, si bien por el objeto a que se destinaban no se aspiraba en ellos a la obtención de valores estéticos. Junto a las figuras enteras, todas de tamaños muy reducidos, figuran miembros sueltos, no fragmentados, que no ofrecen dudas respecto a su carácter votivo y cuya supervivencia ha llegado hasta nosotros. Se ignora la personalidad de los dioses que allí se adoraban, aunque fácilmente se colige que se trataba de dioses protectores de la salud; a ello aluden las posturas de tales figurillas, hombres y mujeres con los brazos hacia adelante, con ofrendas en las manos o en actitud de oración con las palmas extendidas; unas aparecen desnudas, muy simplificadas, y otras vestidas, suministrando estas últimas interesantes pormenores de indumentaria (túnicas con mangas cortas, mantos, cinturones, capuchas, etcétera); a veces representan guerreros, a pie o a caballo, y también aparecen animales domésticos, vasos, armas y carros, éstos sin duda relacionados con el culto solar. Practicaban asimismo los iberos el culto a los muertos y, dentro de él, el rito funerario de la incineración. Las cenizas se guardaban en urnas que, junto con un ajuar más o menos rico, se colocaban en una simple fosa o bien en grandes cámaras subterráneas o tumulares, de las que existen abundantes ejemplos en las muchas necrópolis excavadas.

Agricultura, industria y arte. El desarrollo de la agricultura, especialmente a partir del contacto con los focenses, que llevaron la vid y el olivo a las costas de Levante, dio lugar a florecientes industrias relacionadas con ella, como la elaboración de vinos –entonces empezaron a hacerse famosos los de la Bética, cuya supervivencia llega hasta nuestros días en los de la comarca jerezana– y de aceites. En las llanuras béticas se recogían también grandes cosechas de cereales. "Se ve, pues –dice un historiador– que el pan, el vino y el aceite, los tres productos clásicos de la agricultura española, comenzaron a predominar esa época (s. V-III a. C.)". Asimismo el cultivo del lino y la abundante producción de lanas facilitó el auge de la fabricación de tejidos. De gran importancia fue el laboreo de minerales, de cuya riqueza se hicieron lenguas todos los escritores antiguos; alcanzaron gran brillantez las explotaciones de plata, cobre y plomo en el sur y sureste, y las de hierro en el norte. En algunas zonas costeras meridionales, particularmente en las inmedaciones de Gibraltar, se obtenían grandes aprovechamientos de la riqueza pesquera. Sin embargo, las dos industrias que sobresalen de manera destacada en la cultura ibérica fueron la fabricación de armas y, sobre todo, la cerámica. Los autores clásicos ponderaron en gran medida las espadas de los iberos que, según Suidas, fueron adoptadas por los romanos, a partir de las guerras de Aníbal, en sustitución de las suyas propias. Dichas espadas, en su forma más típica, la llamada *falcata*, eran curvas, con doble filo en su parte inferior, y la hoja, con estrías profundamente grabadas, formaba una sola pieza con la empuñadura, que solía estar rematada en forma de cabeza de animal; pero, lo que las hizo particularmente famosas fue su temple, cuyo secreto poseían los iberos. De las excavaciones realizadas en poblados y necrópolis se han obtenido bellos ejemplares de estas espadas, principalmente en Almedinilla (Córdoba).

La cerámica constituye uno de los principales elementos que de la cultura ibérica han llegado hasta nosotros. Se han recogido en gran abundancia en las necrópolis, sobre todo por lo que se refiere a las piezas de mayor tamaño, que eran empleadas como urnas cinerarias. Se caracterizan por la perfección del torneado, en gran variedad de formas, empleándose para ellas un barro rosado o amarillento, muy fino y bien cocido; la decoración ofrece asimismo gran diversidad y se pintaba a base de rojo, en matices que van desde el carmín al pardo, en ocasiones con zonas blancas, siendo los motivos empleados, por lo general, geométricos en la cerámica andaluza y con mezcla de estilizadas figuraciones naturalistas (plantas, animales y hombres) en la levantina. En esta última se destaca el famoso Vaso de los Guerreros hallado en Archena (Murcia). Los principales focos de la producción cerámica ibérica se encuentran en Elche (Alicante), Liria (Valencia) –ésta, muy historiada y a veces con letreros explicativos en caracteres ibéricos– y Azcala (Teruel), la floreciente ciudad ibérica en la que se han realizado trabajos que han permitido descubrir sus excelentes fortificaciones y urbanización. El desarrollo de esta producción corresponde a la época de máximo esplendor de la cultura ibérica, entre los siglos V y III a. C. Junto a ella, merecen especial mención las joyas que componen los llamados *tesoros*, entre ellos los de Aliseda (Cáceres) y Santiago de la Espada (Jaén), en los que abundan excelentes ejemplares de diademas –el ejemplar más notable es la famosa diadema de Jávea (Alicante)–, arracadas, brazaletes y sortijas, de influjo o importación oriental algunos, pero otros exclusivamente de producción indígena.

Por último, como culminación de la cultura ibérica en su etapa de mayor florecimiento, se encuentra la escultura, de la que son exponentes, aparte de la ingente cantidad de figurillas votivas ya mencionadas, un riquísimo conjunto de figuras humanas y de animales; entre éstos se destacan los de carácter fabuloso, que a veces recuerdan a los asirios, como la bicha de Balazote (Albacete) o la esfinge de Agost (Alicante). Pero la obra cumbre de la plástica ibérica y primera obra maestra de la escultura española, es la famosísima Dama de Elche, hoy en el Museo del Prado tras su permanencia durante muchos años en el Louvre de París. Se trata de un busto en piedra caliza, posible retrato de una dama ibérica de elevada alcurnia. Pudiera ser que formase parte de una figura de cuerpo entero, análoga a otras que se conservan en actitud de presentar ofrendas a la divinidad de algún santuario. Destacan en ella la acusada personalidad de las facciones, puras y enérgicas, la majestuosidad de su porte y la riqueza del tocado y joyas que enmarcan el rostro. La excepcional belleza de esta obra –de hacia el siglo III a. C.– ha dado lugar a múltiples interpretaciones acerca de su origen y posibles influjos a que obedece; según una de ellas "la Dama responde al mismo espíritu que preside al arte peninsular de todos los tiempos, arte profundo y realista, que se impone por su fuerza de vida y no por seducciones fáciles" (María Elena Gómez Moreno).

ibis. Ave zancuda, parecida a la cigüeña, de unos 60 cm de largo de la cabeza al extremo de la cola, y de la misma altura. Se reproduce en los países cálidos, vive en colonias en pantanos y ciénagas, y se alimenta con moluscos y plantas acuáticas. Es sociable y manso. Las especies más conocidas son de plumaje blanco o rojo con franjas blancas. El pico es largo y negro, patas largas de color rojo anaranjado, cabeza pelada y cuello largo como el de la garza. *El ibis sagrado* de Egipto es blanco y negro y se le adoraba como el ave que simbolizaba la fecundidad de los campos, por preceder a las crecidas del río Nilo. Era embalsamado a su muerte y han sido halladas millares de sus momias.

Ibiza. Una de las islas Baleares (España). Está situada a 96 km de la costa de Alicante y es la tercera en importancia del grupo balear. Tiene 572 km^2 y unos 34,610 habitantes (1995). La costa es escarpada y el suelo muy accidentado, atravesado por el río Santa Eulalia. Produce maderas de pino, aceite, higos, almendras, y un millón de toneladas anuales de sal marina. Su capital es la ciudad de Ibiza, situada en el sureste de la isla, con un buen puerto. Tiene 12,000 habitantes. Entre sus monumentos destacan la catedral y un museo en el que se conservan antigüedades cartaginesas.

Ibn-Saud, Abdul-Aziz (1880-1953). Rey de la Arabia Saudita. Durante el dominio turco su familia fue desterrada, yéndose a refugiar a Bahrein y después a Kuwait. A partir de 1901, Ibn-Saud, seguido de sus partidarios wahabitas, guerreó contra los turcos conquistando sucesivamente importantes territorios. En 1926 se proclamó rey del Hedjaz y al año siguiente sultán del Nejd. En 1932, reunió todos los territorios

Corel Stock Photo Library

Ibis blanco.

bajo su cetro con el nombre de Reino de Arabia Saudita, del cual se proclamó soberano. A su muerte lo sucedió en el trono su hijo Abdul-Azid al-Faisal al-Saud.

Ibsen, Henrik (1828-1906). Dramaturgo noruego, uno de los principales creadores del teatro moderno. A los 20 años compuso su primera tragedia, *Catilina*, que fue rechazada por el teatro de Cristianía, pero en cambio logró representar allí una pieza lírica en un acto cuyo éxito relativo fijó su vocación. Al frente del teatro de Bergen, estrenó una obra por año. Su labor le valió ser nombrado director del Teatro Noruego de Cristianía. Desembarazándose entonces del romanticismo, evidente en sus primeras creaciones versificadas, ensayó el drama histórico descollando en *Los héroes de Heligoland* y *Los pretendientes a la Corona*. Seguro ya de su valer, y quizá influido por el filósofo Sören Kierkegaard, concibió el propósito de exaltar un individualismo consciente, para lo cual creó el teatro de ideas de fondo social. *Brand y Peer Gynt* marcan época. A partir de entonces sus obras, encumbradas sin medida o negadas arbitrariamente, revelaron tal vitalidad que además de revolucionar la técnica teatral llegaron hasta a modificar las costumbres. Así *Casa de muñecas* (1879), al poner en evidencia que la mujer no pertenece sólo al hogar, sino que también tiene deberes para consigo misma, contribuyó a su emancipación. El realismo de Ibsen no tolera convencionalismos ni se detiene ante prejuicios. Su teatro desdeña cuanto es mera diversión de los sentidos y llama directamente a la inteligencia del espectador, devolviendo así a la escena algo de la implacable lógica de la tragedia griega. En su tiempo se le acusó de oscuro, mientras su realismo se consideraba chocante. Acaso esta dualidad, producto remoto de su clima natal, sea el secreto de su éxito, pues

Construcción característica del puerto de Ibiza, España.

Corel Stock Photo Library

Ibsen, Henrik

Pintura de Ibsen, realizada por Erik Werenskjold.

supo envolver en brumas nórdicas los ocultos motivos de la subconsciencia, a la par que destacaba con helada claridad vicios y pasiones. En la última época atempera su actitud y acentúa su tendencia a lo poético y simbólico en obras como *La dama del mar, Hedda Gabler* y *Cuando despertamos de la muerte.*

Ica. Departamento litoral de Perú, con 21,327 km² y 578,766 habitantes. Su territorio, cruzado por los ríos Pisco, Ica y Grande, es fértil. Produce vid, algodón y caña de azúcar, de la cual se destila la mayor parte para la fabricación de aguardiente. También se destaca la calidad de sus vinos. Exporta algodón y frutas de todas clases. Se divide en cuatro provincias. Capital, Ica, con 161,406 habitantes en 1993.

Ícaro. Personaje de la mitología griega. El rey de Creta lo encerró con su padre, el artífice Dédalo, en el laberinto que éste había construido para morada del Minotauro. Lograron escapar con ayuda de dos pares de alas de cera, fabricadas por el mismo Dédalo. Ícaro voló a demasiada altura, el calor del sol fundió las alas y cayó al mar. Un hermoso cuadro de Brueghel el Viejo, reproduce la caída de Ícaro. *Véase* DÉDALO.

Icaza, Francisco A. de (1863-1925). Escritor y diplomático mexicano. Nació en la ciudad de México y murió en Madrid. Representó a su país ante los gobiernos de Alemania y España. Se distinguió como notable cervantista y su labor principal está dedicada al *Príncipe de los Ingenios* con

obras como: *Las novelas ejemplares de Miguel de Cervantes, De cómo y por qué la Tía Fingida no es de Cervantes, Supercherías y errores cervantinos* y *El Quijote durante tres siglos.* Realizó también importante labor de crítica y erudición sobre otras grandes figuras de la literatura española como Lope de Vega y Gutierre de Cetina. Entre los libros que recogen su obra poética figuran *Efímeras, Lejanías* y *La canción del camino.* Su obra principal en historiografía mexicana fue la compilación del notable *Diccionario autobiográfico de conquistadores y pobladores de la Nueva España.*

Icaza, Jorge (1906-1978). Novelista y escritor ecuatoriano. Se dio a conocer con *Barro de la sierra*, novela a la que siguieron *Huasipungo*, traducida a varios idiomas; *En las calles*, que le valió el Premio Nacional de Literatura de su patria; *Cholos, Media vida deslumbrados, Huairapamashkas* y varios relatos más. Ha desempeñado cargos diplomáticos en diversas capitales de América hispana. El protagonista de sus obras es el elemento indígena, que él incorporó a la narrativa ecuatoriana con fuerte realismo. Ha dado gran impulso al teatro independiente en Ecuador.

iceberg. Gran bloque de hielo que desprendido de los glaciares flota en los mares australes y en los boreales. Su nombre de origen sajón, *iceberg*, significa montañas de hielo. Suelen alcanzar varios kilómetros de extensión y una altura que, sobre la línea de las aguas, pasa, a veces, de 100 m, lo cual representa una octava parte de la masa hundida. Las corrientes marinas los empujan y arrastran, afinándolos cada vez más, hasta que poco a poco dilúyense al

tocar aguas templadas. La belleza de estas enormes moles de agua solidificada ha sido descrita por exploradores extasiados ante el cambiante colorido que adquieren con el sol, su brillantez que hiere los ojos y las extrañas figuras que semejan. Paradójicamente formados de agua dulce flotando sobre aguas saladas, los *icebergs* han sido fuentes hasta donde algunas embarcaciones se han arriesgado a llegar para proveerse del imprescindible elemento, pues a medida que el hielo se va licuando quedan cavados en su superficie hondos huecos en los que por un tiempo se deposita el agua.

Los derrumbamientos de glaciares en el océano se producen con grandes estrépitos, causando verdadero oleaje en la zona circundante y constituyendo muchas veces grave peligro para las naves, sobre todo en el hemisferio norte, donde llevados por la corriente del Labrador alcanzan la ruta de navegación, la cual tiene que desviarse durante los meses de abril a junio para evitar que ocurran desastres marítimos. El peor de ellos y el de saldo más trágico sucedió en 1912, durante el viaje inaugural del *Titanic,* hasta entonces el más grande y lujoso trasatlántico. En la noche del 15 de abril un *iceberg* se interpuso en la ruta de la nave, que se dirigía a New York, y rozándole un costado, le abrió una enorme vía de agua, que causó su hundimiento y la pérdida de más de 1,500 vidas. Desde entonces existen en esas zonas patrullas destacadas para informar el avance o estado de los hielos flotantes, que se registran por medio de eficientes detectores.

Iceberg al margen de la corriente en las islas Baffin, Canadá.

plataforma de erosión

fragmentos rocosos del glaciar originario

Salvat Universal

Iceberg antártico de varios meses de edad.

Ichaso, Francisco (1901-1962). Escritor cubano. Abogado de profesión. Uno de los fundadores de la revista *Avance*. Escribió para *El País* y *El Diario de Marina*. Ocupó altos cargos públicos. Periodista y ensayista, así como crítico de inmenso prestigio. Académico de la Lengua. Autor de *Martí y el teatro* y *Góngora y la nueva poesía*.

icneumón. *Véase* MANGOSTA.

icono. Imagen religiosa venerada en las iglesias de Oriente pintada sobre madera, marfil o planchas metálicas, muchas veces enriquecida con incrustaciones de oro, plata y piedras preciosas. En Rusia, antes de la revolución comunista, el culto a los iconos estaba muy extendido. No sólo reinaban en templos y hogares, sino que, generalmente, en trípticos, eran llevados hasta los campos de batalla.

Iconoclastas. La tendencia popular a exagerar el culto debido a las imágenes ha provocado reacciones que comprometieron más de una vez la unidad de la Iglesia. Se da el nombre de iconoclastas a quienes niegan o destruyen las imágenes. En Bizancio, en el siglo VIII, el emperador León III las prohibió por creerlas un obstáculo para la conversión de los judíos y mahometanos. Esta herejía, que originó crueles persecuciones, fue destruida en el siglo siguiente,

pero se reprodujo más tarde entre los albigenses, husitas y valdenses.

Iconografía. Afortunadamente para el arte, la Iglesia Católica propicia el culto de las imágenes, aunque puntualizando que han de ser veneradas y no adoradas. La conjunción de la fe y el genio creador pro-

Ícono que representa a la Santísima Trinidad.

Corel Stock Photo Library

dujo en la Edad Media y en el Renacimiento maravillas, tanto en pintura como en escultura, que hasta hoy no ha sido dable superar.

iconoscopio. Tubo de rayos catódicos inventado por Vladimiro K. Zworykin, que se emplea en las cámaras de televisión. Mediante el iconoscopio las imágenes ópticas se convierten en una serie de impulsos eléctricos, capaces de causar en la antena de la estación transmisora la producción de señales eléctricas. La imagen de la escena proyectada por las lentes se refleja en una serie de diminutas células de cesio y plata uniformemente distribuidas sobre una placa de mica, que, a más de servirles de soporte, aisla una de otra eléctricamente. La distribución de luces y sombras determina en el *mosaico* formado por las células una desigual distribución de cargas eléctricas positivas, a causa de que cada célula emite electrones proporcionalmente a la intensidad de la luz que incide en ella. Así queda registrada en la placa la escena en forma eléctrica. Un emisor de electrones lanza un rayo que recorre sucesivamente con gran rapidez todas las células, restableciendo en ellas su primitivo estado neutro. Al hacerlo, por inducción, un circuito eléctrico, colocado tras de la placa de mica, recibe impulsos eléctricos sucesivos que, amplificados, causan corrientes variables en la antena. En los aparatos receptores, un dispositivo inverso, que consiste en un tubo de rayos catódicos, llamado *kinescopio*, reconvierte los impulsos eléctricos en luces y sombras sobre la pantalla de observación. El orticón es un iconoscopio que multiplica los efectos ópticos de la luz sobre el mosaico. Este aparato fotoeléctri-

iconoscopio

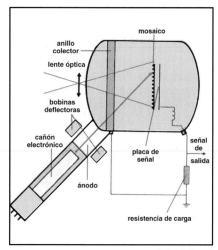

Salvat Universal

Esquema de un iconoscopio.

co es el más usado en las estaciones emisoras.

ictericia. Coloración amarillo-verdosa de la piel y las membranas mucosas como la conjuntiva, debido al paso de secreciones biliares a la sangre y a la presencia de los pigmentos biliares en la piel y las membranas, a las que dan dicho color. Puede ser originada por varias causas, entre ellas la interrupción del paso de la bilis al intestino y, también, por funcionamiento defectuoso del hígado, que no elimina de la sangre la bilirrubina a medida que se va formando. La ictericia catarral se debe a la infección de los conductos biliares, ataca a los adultos jóvenes, dura dos o tres semanas y raramente presenta complicaciones. En el transcurso de la enfermedad hay náuseas, decaimiento y color amarillo, primero en los ojos y luego en la piel; la tempera-

tura puede subir a 38 °C, la orina contiene pigmentos biliares y a veces los objetos se ven amarillos (xantopsia).

Ictericia de los recién nacidos. De notable frecuencia, se manifiesta apenas nace el niño y por lo común está exenta de gravedad. Su único síntoma es el color amarillo de la piel, que desaparece completamente en un periodo que, por lo general, no excede de dos semanas.

ictiología. Rama de la zoología que estudia los peces. Las distintas partes de esta ciencia se ocupan de clasificar las especies de peces agrupándolos científicamente y de estudiar su organización, género de vida, su distribución en los distintos climas y mares y las relaciones de los peces con los demás habitantes de su medio y con el hombre. Los peces constituyen uno de los principales alimentos humanos y su estudio, por lo tanto, a más de interés científico presenta un enorme interés económico. *Véanse* PESCA; PEZ.

ictiosauro. Gigantesco reptil, con aspecto de pez, que vivió en los mares de la era mesozoica, de los cuales se encuentran abundantes fósiles en el periodo jurásico. Su cuerpo, parecido al del delfín, llegaba a medir 10 m de largo, cabeza alargada, cuello corto, cuatro patas cortas en forma de aletas, piel desnuda, cola larga, con aleta caudal vertical. Buen nadador, salía a la superficie a respirar con sus pulmones el aire atmosférico, y podía bucear largamente para atrapar los peces de que se alimentaba. *Véase* FÓSIL.

Idaho. Es un estado ubicado al noroeste de los Estados Unidos. Está limitado al norte por la Columbia Británica (Canadá), al este por los estados de Wyoming y Mon-

tana, y al sur por Utah y Nevada; su frontera al oeste colinda con los estados de Oregon y Washington, siguiendo parcialmente el cauce del río Snake. Las Montañas Rocosas dominan casi todo su paisaje excepto por la planicie del río Snake, ubicada en la parte sur del estado. La riqueza de Idaho en recursos naturales y sus atracciones escénicas constituyen la base de la economía del estado. Su extensión es de 216,457 km², la capital del estado es Boise, con una población de 136,000 habitantes (1992); tiene 44 condados, además de 200 ciudades pequeñas y villas; la población total estimada es de alrededor de 1.133,000 hab. (1994).

Tierra y recursos. El amplio y árido valle del río Snake es una ruta de acceso desde las Grandes Planicies hasta la región noroeste del Pacífico. Hacia el norte se erigen las zonas montañosas de Bitterroot, Lost River, Pioneer y Sawtooth, separadas por cañones profundos e interrumpidas ocasionalmente por algunas praderas. Aparte de la zona del Great Basin en el margen del sureste, el resto de Idaho es parte de la cuenca del río Columbia. Casi 62% de Idaho es propiedad del gobierno estadounidense; la mayor parte de esta propiedad pública son áreas montañosas o desérticas utilizadas para la reforestación y el forraje ganadero.

La variedad en las características de los suelos en Idaho es resultado de la diversidad en elevaciones y clima. La mayor parte de los suelos volcánicos, en las zonas áridas de la planicie del río Snake, son alcalinos incluyendo alrededor de 16,058 km² de áreas irrigadas de cultivo. Los suelos, que reciben de 279 a 356 mm de precipitación pluvial anual, son químicamente neutros. En las zonas donde esta precipitación se incrementa hasta 457 mm, predominan las tierras más obscuras y ligeramente ácidas. De un valor excepcional resultan las tierras obscuras y ácidas de la región de Palouse, cerca de Moscow, que recibe de 432 a 635 mm anuales de lluvias, lo cual también sucede con zonas de mayor altitud al sur de Idaho. Los suelos montañosos y forestales son poco profundos, y sólo mantienen ciertas cosechas y árboles de monte.

Ríos y lagos. A excepción del río Bear en la región sureste de Idaho y de los sistemas ribereños de Kootenai, Pend Oreille y Spokane al norte, el río Snake irriga prácticamente a todo el estado. Los ríos Big Wood, Blackfoot, Boise, Clearwater, Payette y Salmon fluyen hacia el Snake, junto con muchos otros riachuelos. En este río principal, de más de 1,609 km de largo, fluye más agua que en los ríos Colorado y Sacramento juntos. Idaho tiene cuatro lagos principales: Pend Oreille, Coeur d'Alene, Priest, y Bear. Miles de pequeños lagos y estanques contribuyen a la extensión esta-

Ictiosaurio, pez, periodo jurásico.

Corel Stock Photo Library

tal de recursos hidráulicos. Idaho tiene administrados federalmente varios ríos salvajes, que incluyen segmentos del Clearwater, Saint Joe, Salmon, y Snake.

Clima. La altura y la latitud del estado influyen en la diversidad de climas en Idaho. La zona Lewiston, en el norte, tiene el clima más cálido, mientras que ciudades más altas en la zona sureste son más frías. En el norte, los cañones más altos que Lewinston promedian una temperatura de 11 °C al año; los valles al suroeste en la región Boise promedian alrededor de 10 °C. Sin embargo, las tierras altas del sureste son sustancialmente más frías (6 °C). La baja humedad permite que los veranos desérticos sean más tolerables, con una variación de temperatura alrededor de los 22 °C. La precipitación varía desde los 152 mm o menos en las zonas desérticas, hasta los 2,504 mm en las zonas montañosas.

Vegetación y vida animal. Los bosques de coníferas cubren alrededor del 40% del estado, mientras que los pastizales ocupan la mitad restante. Mucha zona ganadera en Idaho es semiárida, y una parte sustancial de la tierra utilizada para la agricultura necesita de irrigación. Los principales animales silvestres de gran tamaño incluyen a venados, alces, antílopes, cabras monteses, carneros, pumas y osos. Una enorme variedad de animales más pequeños, tanto montañeses como del desierto, abundan en todo el estado. Se realizan esfuerzos para la preservación de la vida silvestre que ayudan a mantener la población de diversas especies.

Recursos. Además de la abundancia del agua para efectos de irrigación y generación de electricidad, los minerales comerciales en Idaho incluyen a la plata, plomo, cinc, y depósitos de fosfatos. Los productos forestales, principalmente en el norte, y la agricultura contribuyen a mejorar la economía estatal. A través de todo el estado se encuentran zonas de recreación al aire libre. En la frontera con Oregon, se encuentra Hells Canyon, el desfiladero más grande del país, que es una de las principales atracciones turísticas, junto con el lago Bear y la zona recretiva de Sawtooth.

Gente. A finales de la década de 1980, Idaho empezó a experimentar un flujo importante de nuevos residentes. Entre 1990 y 1994 la población del estado creció más de 12%, crecimiento que impactó principalmente a sus zonas urbanas, a pesar de que el estado continúa siendo eminentemente rural y con poca densidad de población. Además de los aproximadamente 14,000 indios, número ligeramente mayor al existente al inicio de la exploración y colonización estadounidense, la población cuenta con pocos elementos étnicos importantes. La zona suroeste cuenta con la mayor concentración de vascos en el país.

Corel Stock Photo Library

Presa en el río Snake, Idaho

La minoría étnica más importante y creciente de Idaho la constituye el grupo de hispanos, que representa 5.3% de la población. Entre los pequeños grupos asiáticos, con un rápido crecimiento, se encuentran los japoneses (reforzados por la reubicación de alrededor de 10,000 personas entre 1942-1945, provenientes de la costa del Pacífico), y algunas familias chinas, descendientes de los orientales que llegaron después de la llamada fiebre del oro, cuando la mayoría de los mineros en Idaho fueron chinos. Durante esa etapa, también llegaron mineros negros a Idaho, pero la población estatal de negros nunca ha excedido 1%. Entre los principales grupos religiosos están los mormones, que representan 29% de la población, seguidos por los católicos y los metodistas.

Idaho no cuenta con ciudades muy grandes. Boise, con una población metropolitana de 205,775 hab. (1990), es la ciudad más densamente poblada; Idaho Falls y Pocatello son ciudades en el suroeste que llegan a exceder de los 40,000 hab.; Lewinston, Twin Falls y Nampa tienen más de 25,000 hab. El crecimiento más importante en la población de Idaho se ha presentado principalmente en las ciudades más importantes y en comunidades rurales con atracciones recreativas o escénicas.

Educación y cultura. Desde 1912, en Idaho la educación primaria, secundaria, vocacional y de estudios superiores ha estado bajo la jurisdicción de un solo comité estatal para la educación. A partir de 1889, la Universidad de Idaho se designó como la principal institución de estudios superiores en el estado. Las universidades estatales en Pocatello (1901) y en Boise (1932),

también son instituciones reconocidas que brindan programas de cuatro años de educación superior. Las principales bibliotecas del estado incluyen la de la Universidad de Idaho, la Biblioteca Idaho State y la Biblioteca Pública de Boise.

Idaho cuenta con alrededor de 30 museos históricos en diferentes condados a través de todo el estado, además del museo Estatal de Historia y el museo de Arte en Boise, el museo de Historia Natural Idaho en Pocatello, y un museo de etnología en el College of Southern Idaho en Twin Falls. En comunidades importantes, se presentan varias orquestas sinfónicas, incluyendo a la Orquesta Sinfónica de Boise, donde también se organizan el Idaho Shakespeare Festival y el American Festival Ballet. El *Sun Valley Center for the Arts and Humanities* ofrece un programa cultural muy amplio.

Sitios históricos. Los tres principales sitios de mayor interés histórico en Idaho se encuentran a lo largo de la ruta de expedición de Lewis y Clark. Otros más son el Fort Hall cerca de Pocatello, City of Rocks en la ruta a California, y dos edificios importantes: la Coeur d´Alene Mission de los jesuitas cerca de Cataldo, y la oficina U.S. Assay en Boise. El Nez Perce National Historical Park se localiza al norte del estado.

Comunicación. El diario *Idaho Statesman*, establecido en 1864 y publicado en Boise, es el periódico más antiguo editado en el estado. La primera estación de radio data de 1922.

Actividad económica. Originalmente, Idaho centró su economía en la minería, y fue desarrollándose en la agricultura y la selvicultura. Después de 1940 su diversifi-

Idaho

Corel Stock Photo Library

Campo de cultivo en Idaho.

Corel Stock Photo Library

Vista panoramica de campos cultivados de papa en Idaho.

cación industrial se amplió, y el turismo alcanzó mayor importancia.

La agricultura domina actualmente la economía del estado. Las patatas son la cosecha más importante, seguida del trigo, remolacha y cebada. A pesar de que la mayor parte del estado es árida por naturaleza, la irrigación exhaustiva ha permitido cosechas importantes, particularmente en la zona sur.

La producción comercial de madera, principalmente de abeto, pino y cedro, contribuye de manera importante en la economía del estado, aun cuando es superada por la agricultura y la manufactura. La extensión de los sistemas forestales de Idaho es la tercera del país, después de Alaska y California. En 1947 se iniciaron las granjas comerciales de truchas, en el sur de Idaho cerca de Hagerman, utilizando las aguas de Thousand Springs. La demanda nacional por la trucha ha permitido el desarrollo de esta significativa industria local.

Generalmente, Idaho figura como el principal productor de plata en el país. Otros metales comercialmente importantes incluyen el plomo, el oro y el cinc. El alza en los precios del oro y la plata han provocado la reactivación de la minería en distritos anteriormente abandonados, además de verse incrementada la producción en la zona de Coeur d'Alene.

La mayor parte del desdarrollo industrial del estado se ha realizado desde 1940, y los productos manufacturados en Idaho han incrementado su valor hasta casi equipararse a la agricultura. Una población reducida y la carencia de hierro y acero han restringido a este sector económico hacia los agronegocios, productos de madera, hogares móviles, electrónica, y manufactura de equipo para la construcción. La reforestación y los proyectos para vías rápidas de comunicación estatales han sido responsabilidad de firmas privadas de construcción y selvicultura.

Transporte, comercio y turismo. Una barrera montañosa central ha imposibilitado la construcción de vías ferroviarias en-

tre el norte y el sur de Idaho, y la primera carretera interestatal para conectar a ambas regiones se construyó hasta 1938. Fue por ello que Spokane destacó como centro comercial para los condados del norte, Salt Lake City en Utah lo fue para la región sureste, y Boise para la suroeste.

Aun cuando la topografía montañosa de Idaho crea problemas económicos serios, la recreación y el turismo se ven beneficiados al mismo tiempo de esta herencia natural. La ayuda financiera federal ha permitido el desarrollo de zonas turísticas, como el *Lava Hot Springs State Resort* cerca de Pocatello. Centros de atracción especial incluyen el importante centro de esquí en Sun Valley, desarrollado por la *Union Pacific Railroad* en 1936. Otros sitios turísticos importantes son: *Nez Perce National Historical Park*, *Craters of the Moon National Monument*, *City of Rocks National Reserve*, *Hagerman Fossil Beds National Monument*, y *Yellowstone National Park* en la frontera con Wyoming. Además, algunos eventos especiales que atraen al turismo hacia Idaho incluyen rodeos y ferias regionales, que impulsan el ingreso de cientos de millones de dólares anualmente hacia el estado.

Gobierno. La constitución de Idaho fue adoptada desde 1889, un año antes de anexarse a Estados Unidos. Se contempla a un gobernador y a otros seis oficiales estatales elegidos para términos de cuatro años. Una reforma constitucional en 1972 llevó a la reorganización del poder ejecutivo en no más de 20 departamentos, siendo los más importantes los dedicados a la educación, salud y bienestar, y transporte. El poder legislativo se integra por un senado y una cámara de representantes (diputación). La suprema corte estatal, con cinco jueces, encabeza al poder judicial. Los legisladores son elegidos para términos de dos años, jueces y magistrados para términos de cuatro años, y jueces de la suprema corte para términos de seis años.

idea. Significa en griego lo que se ve y es la representación que tiene un hombre de las cosas y los sucesos. Las ideas guían la vida humana, pero pueden también dominarla y hacerse peligrosas. Son las llamadas ideas obsesivas. El hombre actúa entonces sólo por lo que piensa, completamente desligado del mundo real. Como las ideas pueden corresponder o no a la realidad, deben diferenciarse de los conceptos, que son la representación lógica y verdadera de algo general.

idealismo. Algunos hombres no se satisfacen con los hechos comunes y reales de la vida y persiguen otros de índole más perfecta que llaman sus ideales. Éstos pueden ser tanto artísticos como morales, religiosos, políticos o científicos. Se imagina de

ese modo un mundo inexistente, pero que se desea ver realizado. El Ideal es, entonces, el fin, la meta de todos los esfuerzos, y puede llevar al hombre a empeñarlo en las empresas aparentemente imposibles de ejecutar. Toda tarea tiene un ideal latente, que es su propósito y su sentido. Nada puede llevarse a cabo sin cierto anticipado designio, que es precisamente el Ideal. Sin embargo, a veces el Idealismo suele encubrir la pereza, la mala fe u otros defectos, como cuando un hombre afirma que lucha por ideales, que sus actos contradicen o posterga continuamente la realización de los mismos. Otras veces hombres y naciones enteras someten y degradan la vida del prójimo en beneficio y defensa de ciertos ideales más o menos ficticios, como el espacio vital, la pureza de la raza, la civilización de pueblos que se supone atrasados, etcétera.

La justicia y la autenticidad de los ideales son indudablemente difíciles de reconocer, pero, en general toda exaltación de ciertos valores que de algún modo pueden privar al hombre de su dignidad y su libertad es sospechosa. Idealistas verdaderos pueden serlo tanto los hombres prácticos como los puramente imaginativos o que intentan empresas utópicas e irreales. Ambas formas del Idealismo suelen verse unidas en la historia y aun en la leyenda. Los héroes mitológicos populares, algunas grandes figuras literarias, como el Quijote español, los artistas, los hombres de ciencia, los santos, los grandes políticos, son todos representantes de este doble Idealismo. Todos ellos han tratado, con mayor o menor éxito, de dar realidad a sus sueños.

El Idealismo es también el nombre de una escuela filosófica que supone que la conciencia del hombre es el verdadero y único soporte del conocimiento del universo. George Berkeley sostenía que nada existe fuera de nuestras ideas e impresiones. Otros, como Emmanuel Kant, creen que el hombre puede conocer la apariencia de los fenómenos, pero no como éstos son en realidad. El Idealismo estuvo muy extendido en Alemania durante el siglo XIX.

El mismo Kant, Georg Willi Friedrich Hegel, Friedrich Willi Schelling y Johann Gottlieb Fichte fueron sus más importantes defensores.

La fuente del Idealismo es Platón, por lo que resulta conveniente exponer, aunque sea brevemente, su renombrada *Teoría de las ideas*. Decía este ilustre fundador de la Academia, que para que el conocimiento sea inmutable y e idéntico ha de ser conocimiento de algo igualmente inmutable e idéntico a sí mismo. Por ello es que la realidad de la naturaleza no ofrece un conocimiento de este tipo, pues ella se encuentra en constante devenir. Hay, pues, que remontar el pensamiento al cielo, que es el mundo de las ideas, los arquetipos o paradigmas de las cosas que vemos en nuestro mundo terrestre. El alma de los hombres habita en ese mundo de las ideas, antes de venir, por castigo de sus culpas, a albergarse en algún cuerpo. Le son, pues, conocidas las ideas o paradigmas de las cosas, a las que recuerda por reminiscencia frente a esas mismas cosas. Por ello es que saber es recordar. La idea suprema es la idea del Bien, a la que todas las demás ideas o arquetipos quedan subordinados. De este modo, el hombre conoce el Bien y puede remontarse hasta él, en una sucesión de estadios que le es posible escalar por el impulso del amor, el cual reviste diversas formas. Es primero amor a los bellos cuerpos; después, amor a las bellas almas y de allí amor a las bellas ideas que estas bellas almas contienen. La Belleza y el Bien se identifican. La teoría de las ideas tiene pues, como se ve, un sentido definidamente ético, pues ellas vienen a constituir los ideales de la vida.

ídem. Palabra latina que significa *lo mismo*, se usa para repetir las citas de un autor, y en las cuentas y listas para denotar diferentes partidas de una sola especie.

identidad. Es la persistencia de la unidad, especie o personalidad en relación al tiempo y a todo cambio. En matemáticas se llama identidad a la igualdad de expresiones literales que se verifican siempre, sustituyendo las letras por valores cualesquiera. En la expresión $(a+b)^2 = a^2 + 2ab + b^2$, poniendo en lugar de a y b valores cualesquiera y efectuando operaciones se verifica siempre la igualdad. Los cuerpos químicos son idénticos, si los caracteres y reacciones que los definen son iguales. En las personas existen caracteres que sirven para identificarlas, como son el sexo, la talla, la edad, el color de los ojos, los cabellos y las huellas dactilares, todo esto, unido al retrato y la firma, se suele agrupar en documentos, que se llaman de *identidad* y que sirven para acreditar la personalidad de los individuos en cualquier momento. En los países modernos son imprescindibles documentos de identidad como cartillas militares, pasaportes, cédulas de identidad, etcétera.

idioma. *Véase* LENGUAS.

idioma internacional. Lengua artificial creada para facilitar el entendimiento entre los pueblos. En la antigüedad ciertas lenguas naturales, como el latín y el fenicio, fueron verdaderos idiomas internacionales; actualmente la gran diversidad de idiomas impide a veces la extensión del comercio, la rapidez de las comunicaciones, etcétera. Ya a fines del siglo XVII el inglés John Wilkins creó un nuevo idioma en el que las palabras más simples eran monosilábicas y correspondían a los conceptos más generales. Cuando se quería una mayor precisión se añadían letras a la sílaba primera, del mismo modo que se agregan los números en el sistema de numeración decimal. Así, *a* significa animal; *ab* mamífero; *abo*, carnívoro; *aboj*, felino; *aboje*, gato, etcétera. El *volapuk* fue propuesto a fines del siglo XIX por el alemán Juan Martín Schleyer. El 40% de sus 14 mil palabras eran inglesas; se escribía tal como se pronunciaba y para formar los verbos, adjetivos y adverbios se añadían letras al fin o al comienzo de las palabras que designaban los sustantivos. Si al sustantivo *gud* (bondad) se le añadía *ik*, se obtenía el adjetivo *gudik* (bueno); para formar el adverbio se agregaban a esta nueva palabra la letra o, *gudiko* (bien).

El *esperanto*, sucesor del *volapuk*, fue creado por un médico ruso, Luis Lazaro Zamenhof. En este idioma se conservan

Ídolo de piedra en San Agustín, Colombia.

Corel Stock Photo Library

solamente las palabras que son comunes a todas las lenguas occidentales; las reglas gramaticales son sencillas y no tienen excepciones; el escritor ruso León Tolstoi cuenta haberlas aprendido en menos de una hora. El ido es una simplificación del esperanto, con una ortografía y una fonética más sencillas, pero, con un vocabulario más extenso; a causa de la cantidad de palabras derivadas de los idiomas latinos se parece bastante a ellos. Estas lenguas no son, sin embargo, completamente internacionales. Ante todo, no pueden ser aprendidas con facilidad por los asiáticos, que hablan idiomas muy diferentes. Otro de los inconvenientes mayores es la falta de una literatura original en esas lenguas. Los grandes escritores parecen preferir los idiomas nacionales, aquellos que han aprendido desde niños y que por su riqueza permiten expresar con mayor precisión ciertos sentimientos e ideas. Un intento nuevo de idioma internacional es el llamado inglés básico. No pretende sustituir a las lenguas nacionales, tiene la ventaja de tener como base una lengua viva y sus palabras esenciales no pasan de 850. *Véanse* ESPERANTO; INGLÉS BÁSICO; LENGUAJE.

idiota. Ser humano cuyo entendimiento es incapaz de coordinar ideas, prestar atención y recordar. Tal estado, que ofrece variantes de acuerdo con los individuos, puede ser congénito o deberse a afecciones posteriores. Los individuos que padecen ciertos tipos de idiotez parcial, deben ser sometidos a un tipo de educación especial, la cual logra en ocasiones alguna mejoría.

ídolo e idolatría. La imagen que representa a un dios o a un ser sobrenatural es un ídolo. En las sociedades primitivas era frecuente la adoración en forma de ídolos de múltiples animales u objetos, a la que se atribuía determinados poderes, o de fuerzas que se consideraban sobrenaturales, como el sol, la luna, la tierra, los mares, etcétera. Los pueblos que vivían en América antes del descubrimiento, aun los más civilizados, como los aztecas o los incas, adoraban numerosos ídolos a los que ofrecían tributos y sacrificios, muchas veces humanos, para contentarlos o aplacar su cólera. La adoración que se da a ídolos o fetiches se llama idolatría. Los primitivos cristianos empleaban esta palabra para designar cualquier clase de adoración o culto tributado a ídolos o a la simple creencia en muchos dioses. De acuerdo con este criterio, la mayor parte de la humanidad antes de la venida de Cristo era idólatra. El pueblo hebreo, que conservó desde la antigüedad el culto a un Dios único no se vio libre de idolatría y en el Antiguo Testamento se citan numerosas sancio-

ídolo e idolatría

Corel Stock Photo Library

Interior de la catedral de Coventry, Inglaterra.

nes para los idólatras que frecuentemente se dejaban seducir por los dioses de los fenicios y asirios.

Iduarte, Andrés (1907-1984). Escritor y profesor mexicano, nacido en Tabasco. Profesor en la Universidad de Columbia (New York). Autor de *El humo de la sangre* (Primer Premio de Novela Mexicana 1928); *Veinte años con Rómulo Gallegos*; *Sarmiento, Martí y Rodó*; *Un niño en la revolución*; *Gabriela Mistral, santa a la jineta*, y otras. Notable erudito.

idus. La última de las tres divisiones del mes romano. Comenzaba el día 13 de cada mes; pero, en marzo, mayo, julio y octubre, el 15. Suelen recordarse los idus de marzo por haber sido asesinado Julio César en esa fecha.

Ifigenia. Hija de Agamenón y Clitemnestra, según la mitología griega. Agamenón, rey de Micenas, había matado una cierva en el bosque de Artemisa (Diana) y la diosa, en venganza, inmovilizó en Aulis la escuadra que aquél dirigía contra Troya. Para calmar a Diana y conseguir viento favorable que permitiera a las naves zarpar, el adivino Calcas aconsejó al rey el sacrificio de su hija Ifigenia. Pero cuando éste estaba a punto de consumarse, Diana, compadecida de la princesa, puso en su lugar una ternera y se la llevó a Táurida como sacerdotisa suya, con la obligación de sacrificar a todo náufrago extranjero sorprendido en el país. En uno reconoció a su hermano Orestes, y huyó con él, llevándose el ídolo de Artemisa. El mito de Ifigenia ha inspirado a literatos (Eurípides, Racine,

Goethe), a músicos (Gluck) y a pintores (Tiépolo).

Ifni. Pequeño distrito situado al suroeste de Marruecos. Antiguamente administrado por España, tiene 1,920 km² y está delimitado por los ríos Bu-Xedra y Nun.

En 1878 el lugar fue designado posesión española por la comisión que, en cumplimiento del Tratado de Wad-Ras, recorrió la costa de África en busca de un establecimiento de pesquería como el que España tuvo allí antiguamente, alusión a la factoría de Santa Cruz de Mar Pequeña, que los españoles ocuparon del siglo XV al XVI. La ocupación, sin embargo, no se hizo efectiva hasta 1934. En 1958 se le concedió la categoría administrativa de provincia española de África y, once años más tarde (1969), Ifni fue devuelta a Marruecos. Ifni goza de un clima seco y árido. Su riqueza principal la constituyen la cría de ovejas, cabras y camellos, y la pesca de corvina; la agricultura se reduce a la producción de cebada y pequeñas cantidades de dátiles, aceitunas, algodón y tabaco. Con una población de 53,000 habitantes agrupados en tribus, la mayoría bereberes y algunos árabes. La ciudad y puerto principal del distrito es Sidi Ifni. *Véase* MARRUECOS.

iglesia. Templo cristiano destinado a la celebración del culto y entidad que, en contraposición al poder terrenal del Estado, congrega espiritualmente a los fieles para servir a Dios. Con la palabra *iglesia* se designa comúnmente a la católica, apostólica y romana, llamada también latina o de occidente. Se utiliza el término además para la griega, que no reconoce al papa, y

para la protestante o reformada, que se aparta de las otras dos en muchísimos aspectos. Nació la Iglesia de la reunión de los primeros cristianos y durante años de crueldades indecibles fue refugio cierto para fugitivos y desvalidos. Como entidad tiene y tuvo tan enorme importancia que hizo variar fundamentalmente los destinos del mundo.

Iglesias, Pablo (1850-1925). Político español. Trabajó como tipógrafo y fundó en Madrid la sección de tipógrafos de la Asociación General de Trabajadores. Colaboró en numerosas publicaciones obreras, sufrió persecuciones y encarcelamientos y luchó más tarde desde las filas del Partido Socialista, del que fue jefe y diputado en varias oportunidades. En los últimos años de su vida dirigió *El Socialista*, órgano del partido de este nombre.

Iglesias Patín, Santiago (1870-1939). Político puertorriqueño. Nació en La Coruña, España. Obrero autodidacta que se convirtió en gran figura política en Puerto Rico. Después de vivir brevemente en Cuba, de donde fue expulsado por las autoridades coloniales por su radicalismo, se mudó a Puerto Rico. Fundó la Federación Regional de Trabajadores, primer sindicato del país y el Partido Obrero Insular que después se llamó Partido Socialista (1908). Fue secretario de la Conferencia Panamericana en 1924. Senador en la isla de 1917 a 1933, cuando fue elegido comisionado residente en Washington. Murió en esa ciudad.

Iglesia y Santos, Álvaro de la (1859-1940). Escritor cubano, nacido en La Coruña, España. Académico de historia, periodista, historiador y costumbrista. Autor de *Hojas sueltas; Cuba para los cubanos; Amalia Batista; La alondra; Pepe Antonio; Algo de historia; Tradiciones cubanas*.

iglú. Chozas, construidas en diversos tamaños, con bloques de hielo. Los habitantes de las regiones polares de Groenlandia y norte de Alaska, llamados esquimales, las utilizan para guarecerse del frío y como refugio.

Ignacio de Antioquía, san (50?-107?). Uno de los primeros doctores y padres de la Iglesia. Fue discípulo de San Pedro, quien lo consagró obispo de Antioquía en el año 68. Sufrió el martirio bajo el imperio de Trajano. La Iglesia celebra su fiesta el 1 de febrero.

Ignacio de Loyola, san (1491-1556). Sacerdote español, fundador de la Compañía de Jesús. Su nombre original fue Íñigo López de Recalde. Nacido en Loyola (Guipúzcoa), de noble familia, llevó una juventud agitada; una herida recibida en una pierna durante el sitio de Pamplona, lo mantuvo inmóvil durante muchos meses, ocasión en la que la lectura de los místicos produjo en su ánimo una total crisis de conciencia y despertó su vocación religiosa. Haciendo voto de pobreza, realizó una peregrinación a Jerusalén, al retorno de la cual estudió en España y luego se trasladó a París fundando en 1534, junto con seis compañeros más, una sociedad destinada a la prédica del Evangelio, la conversión de los infieles y la realización de peregrinaciones a Jerusalén. Aceptados los servicios de la sociedad por el papa Paulo III cinco años más tarde, Ignacio y sus compañeros renovaron sus votos, agregando los de sumisión absoluta al jefe de la orden y al soberano pontífice. Ignacio fue elegido general de la sociedad, a la que se denominó de Jesús como consecuencia de una visión de su fundador. La sólida estructura de la organización coadyuvó a su propagación y engrandecimiento, convirtiéndola en el más poderoso elemento de la Iglesia durante las luchas de la Contrarreforma. Creación importantísima de Ignacio de Loyola fueron los *Ejercicios espirituales,* sobre los que escribió un tratado del mismo título. Otras obras suyas son las *Constituciones de la Compañía* y *Máximas.*

ignorancia. Falta general de instrucción o particular de noticias sobre un objeto determinado. En el primer caso proviene siempre de la mala educación o de la desidia en el aprender y su único remedio consiste en el estudio perseverante que hoy aconsejan y facilitan los mismos gobiernos. No debe confundirse con el error, pues éste depende de la aplicación equivocada de conocimientos adquiridos.

Igorrote (pueblo). Nombre de una tribu de indios de la isla de Luzón (Filipinas). Son de raza malaya y en su mayor parte viven alejados de la cultura occidental. Ocupan la parte oriental de la isla, sobre todo las estribaciones de la Sierra Madre, desde la provincia de Pangasinán hasta la misión de Ituy. Viven principalmente de la caza y de la agricultura. Cultivan arroz, camote y abacá.

Iguala, Plan de. La ciudad mexicana de Iguala (116,616 h.), en el actual estado de Guerrero, es famosa en la historia de México porque en ella hizo público el entonces jefe de las tropas realistas, Agustín de Iturbide, el documento conocido históricamente con el nombre de Plan de Iguala (24 de febrero de 1821). Dicho plan sirvió para propiciar la unión de la mayor parte de las tropas y caudillos insurgentes y realistas, en guerra desde 1810, que consumó de esa manera la Independencia de México.

El *Plan de Iguala* declaraba que la Nueva España era independiente de la antigua y de cualquier otra potencia. Después establecía que la forma de gobierno sería una monarquía moderada con arreglo a la Constitución. Para ocupar el trono de esa monarquía se designaba al rey de España Fernando VII, o en su lugar, a otro individuo que fuese aprobado por el Congreso. Todos los habitantes de la Nueva España, sin distinción alguna de europeos, africanos o indios serían ciudadanos de esa monarquía. Las personas y sus propiedades estarían protegidas y serían respetadas por el gobierno. La religión seguiría siendo la católica. Otra de las cláusulas del *Plan de Iguala* establecía la formación de un ejército denominado de las *Tres Garantías,* porque tomaba bajo su protección la conservación de la religión católica, la independencia y la unión de americanos y europeos.

Iturbide encontró así la fórmula apropiada que satisfacía las aspiraciones de los bandos en pugna, eliminaba sus diferencias y conciliaba sus antagonismos. Las cláusulas que proclamaban la unión sin distinción de clases ni razas y la protección de personas y propiedades contribuyeron, en gran manera, a la aceptación general del plan. La bandera nacional de México, que se adoptó desde entonces, encierra en sus colores el símbolo de las *Tres Garantías.* El blanco significa la pureza de la religión, el rojo la unión de europeos y americanos y el verde la Independencia.

igualdad. Resultado de la comparación entre dos cosas de la misma forma, tamaño, constitución, materia y demás propie-

dades. Dos cosas son iguales si las partes de la una tienen exacta correspondencia y proporción con las de la otra. Dos cantidades son iguales cuando tienen idéntico valor y la expresión que las representa es una igualdad matemática. El signo de igualdad es = y se coloca entre las dos expresiones iguales, llamándose primer término de la igualdad lo que antecede al signo y segundo término lo que le sigue: $5 = 2 + 3$; $8 = 10 - 6/3$. Si en una igualdad se efectúan las operaciones y se sustituyen las letras por sus valores, se obtiene una identidad.

iguana. Reptil saurio parecido a un lagarto de gran tamaño, cuerpo comprimido y provisto de fuertes patas, constituidas especialmente para trepar, pues vive generalmente en los árboles, en los bosques tropicales y subtropicales de América. Los ejemplares de mayor tamaño, llegan a medir un metro y medio; es de color verde pálido, con bandas oscuras en la cola. Una cresta escamosa situada a lo largo del lomo y una gran bolsa de piel que le cuelga por debajo de la garganta, le dan un aspecto grotesco y temible, aunque es completamente inofensiva tímida y torpe. Los nativos la cazan con gran facilidad. Les gusta tenderse al sol sobre las ramas de los árboles que crecen a orillas de ríos y lagunas; cuando se asusta se zambulle en el agua y bucea durante largo rato. La carne de la iguana es muy apreciada, especialmente la parte de la cola, por lo que son muy perseguidas; además los indígenas atribuyen a su grasa propiedades curativas.

Aunque la especie que hemos descrito es la verdadera iguana, vulgarmente también se llama así a todos los representan-

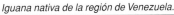
Iguana nativa de la región de Venezuela.

Corel Stock Photo Library

Corel Stock Photo Library

Iguana verde.

tes de la familia de los iguánidos, que está muy extendida en el nuevo continente. Se distinguen dos grupos de la familia de los iguánidos: los que viven en los árboles, de cuerpo comprimido y cola muy larga; y los que viven en tierra, de cuerpo abultado y cola mediana. Un ejemplar curioso de iguana, la llamada *Rhinoceros,* tiene tres protuberancias sobre la cabeza, parecidas a las del rinoceronte, de donde le viene el nombre. Otro es el dragón volador, llamado así por dos expansiones que tiene su piel a los lados del cuerpo y que le sirven de paracaídas para los grandes saltos que da de un árbol a otro o a la tierra. En las islas Galápagos existe una iguana marina, el único lagarto conocido que vive en el agua.

Iguazú, cataratas del.

En la frontera entre Argentina y Brasil, el río Iguazú ofrece uno de los más grandiosos espectáculos de la naturaleza. Casi 13 km antes de desembocar en el río Paraná, el curso del Iguazú presenta las cataratas de ese mismo nombre que, en idioma guaraní, significa *agua grande.* Desde mucho antes de llegar a las cataratas se percibe el impresionante fragor de sus 270 caídas de agua, que abarcan un amplio espacio de 4 km en forma de herradura, del que emergen algunas rocas, y con dos escalones de descenso de una altura total de 64 m. La imponente maravilla está rodeada de vegetación exuberante y sobre su parte más cercana se extiende el iris que dibujan los rayos del sol al atravesar las nubes de espuma que se alzan desde la cascada. El cauce del río se estrecha después de la doble caída, y entra en la parte rocosa denominada Garganta del Diablo. Las cataratas del Iguazú figuran

entre las más bellas del mundo, junto a las de Niágara, en América del Norte, y las de Victoria, en el río Zambeze, África Austral.

IHS.

Monograma o símbolo del nombre de Jesucristo, derivado de las letras con que se escribía la palabra Jesús en griego. Uno de los significados que se le atribuyen es el de *Iesus Hominum Salvator.* Este monograma se emplea en las vestiduras y ornamentos sagrados de la Iglesia católica.

Las cataratas de Iguazú en su frontera con Brasil.

Corel Stock Photo Library

Ildefonso, san

(607-669). Monje español, arzobispo de Toledo. Discípulo eminente de San Isidoro de Sevilla, fue ordenado de diácono por San Eladio y elegido, a la muerte de San Eugenio, para ocupar la silla arzobispal de la ciudad de Toledo (659), en la que brilló por su gran saber y virtud como uno de los varones más conspicuos de su época. Fue autor de importantes obras, de las que únicamente quedan *De la perpetua virginidad de Santa María, Preparación para el bautismo* y una notabilísima colección de sermones, que se guardaban en el monasterio de Silos y que actualmente están en el Museo Británico de Londres. Su fiesta se celebra el 23 de enero.

íleo.

Obstrucción del intestino con dolor violento. Las causas pueden deberse a estrechez de la luz intestinal, a un cuerpo extraño, a un tumor o a la torsión de un asa intestinal. Entre los síntomas sobresalen los dolores, cólicos intensos que obligan a doblar el cuerpo; los vómitos y la sed intensa. El enfermo aparece pálido, con la piel húmeda y la lengua seca, la temperatura por debajo de lo normal y el pulso frecuente. El vientre por lo general se encuentra distendido y duro. Son de temer como complicaciones la perforación intestinal y la inflamación de la membrana del peritoneo o peritonitis. El pronóstico es muy grave si la obstrucción no se corrige con urgencia. No debe administrarse morfina ni ningún calmante hasta que el médico haya reconocido al enfermo. Si el íleo no desaparece con la prescripción médica deberá recurrirse a la intervención quirúrgica.

Ilíada.

El más completo y bello de los poemas épicos conocidos, junto con su gemelo la *Odisea,* escritos ambos alrededor del siglo IX a. C. por el poeta griego Homero. La *Ilíada* relata la campaña de Aquiles a raíz del secuestro de Criseida, hija del sacerdote troyano Crises, para convertirla en esclava. Agamenón, que protege el secuestro de Criseida, devuelve a ésta, pero despierta la cólera de Aquiles –motivo del poema–. Aquiles interviene cuando es muerto su amigo Patroclo. Para vengarlo da muerte al caudillo troyano Héctor, conserva su cadáver y no lo entrega a su padre, Príamo, sino cuando éste reconoce sus faltas. Termina el poema con los solemnes funerales que Troya dispensa a Héctor por haber sido el más valeroso caudillo de su defensa.

La composición lleva el nombre de *Ilíada* en consideración a la antigua denominación de Ilion que tenía Troya, ciudad cuyo sitio se describe en el relato, que consta de 24 cantos o episodios. Son múltiples los valores de este poema. A su belleza, dramatismo, cálida exposición de sentimientos y clara presentación de escenarios y caracteres, se une la valiosa circunstancia de constituir una de las más seguras fuentes de información acerca de la civilización griega. Muchos han dudado que fuera Homero el autor de la *Iliada,* pero nada se ha probado en contrario, aparte de que en su época no existió otro poeta de su talla para escribir semejante obra. Figura entre las producciones clásicas de la literatura mundial y ha sido traducida a todos los idiomas conocidos. *Véase* ODISEA.

Illich, Ivan (1926-   ). Pensador estadounidense de origen austriaco. Sacerdote católico, estudió en la Universidad Georgiana de Roma y en la Universidad de Salzburgo, en 1951 se trasladó a Estados Unidos. Vicerrector de la Universidad Católica de Puerto Rico (1956-1960), en 1961 fundó en Cuernavaca, México, el Centro Intercultural de Documentación (CIDOC), que llevó a cabo una importante tarea de animación y difusión cultural. En 1963 enseñó en la facultad de ciencias políticas en la Universidad de Fordham. Destacó por una serie de obras en las que, a partir de una crítica radical a los valores e instituciones de las sociedades industriales contemporáneas, reivindica la primacía de la espontaneidad, el espíritu creativo y las formas de vida comunitaria. Entre ellas cabe señalar: *La sociedad desescolarizada* (1971), *La convivencialidad* (1973), *Sobre una historia de las necesidades* (1978), *El trabajo fantasma* (1981) y *Producir* (1982).

Illimani. Macizo montañoso en el extremo sudeste de la cadena andina del Sorata, en la Cordillera Real de Bolivia (región oriental), 40 km al sureste de la ciudad capital, La Paz. Altura mayor, 6,448 m. Sus tres cumbres principales son: Cóndor Blanco, Pico de París y Achocpoya. Es un cráter extinguido, cubierto hoy de glaciares.

Illinois. Ubicado en la región central del norte de Estados Unidos, Illinois es un estado eminentemente agrícola, manufacturero y urbano, con una extensión de 150,008 km². Limita al norte con Wisconsin, al noreste con el lago Michigan, al este y sureste con Indiana, y al sur con Kentucky. El río Ohio marca su frontera sureña, y el río Mississippi hacia el oeste y suroeste fluye en sus límites con Iowa y Missouri. Habitado desde hace miles de años por indios, Illinois fue explorado por el misionero jesuita Jacques Marquette y por el colonizador Louis Lolliet, quien llegó a la región el 20 de junio de 1673. Los franceses cambiaron el nombre nativo original de Illiniwek, que significa *Los Hombres,* por el de Illinois, que se anexó a Estados Unidos el 3 de diciembre de 1818. Aun cuando ocupa el lugar 25 por su tamaño, la población del estado se sitúa entre las más grandes, en sexto lugar, y su índice de crecimiento

es casi inexistente desde 1980. Springfield es la capital desde 1837, y la población estatal aproximada es de 11.752,000 hab. (1994). Desde 1850, Illinois ha destacado en todos los sectores económicos, y en la actualidad enfrenta los retos de una incesante urbanización y de una creciente competencia económica interregional. Su ciudad más grande es Chicago, con una población aproximada de 2.768,000 hab. (1992).

Tierra y recursos. Illinois se compone de 60% de praderas, 30% de colinas con praderas, y 10% de colinas. Las praderas cubren las regiones central, noreste, este y sur central; las colinas con praderas pueden encontrarse en el noroeste, oeste y sur; las colinas caracterizan a la zona Driftless del noroeste, a las colinas Lincoln en el oestesuroeste, y a las colinas Shawnee en el sur; todas con alturas menores a los 305 m. Todas las tierras de Illinois son cultivables y se caracterizan en tres categorías: un suelo profundo, orgánico y oscuro en la región norte, ocupando dos terceras partes del estado; un suelo poco profundo, con menor contenido orgánico y parduzco que domina la región del sur; y un suelo combinado, profundo con alto contenido de agua, que se encuentra en casi todas las riberas de los ríos en los valles.

Cada año, un promedio de 87 mil litros de agua se incorporan al sistema de drenaje del estado. Más de 500 ríos y afluentes, y 950 lagos y represas circulan y almacenan estos recursos hidráulicos. El río Illinois es el más grande del estado, y riega alrededor de 64,750 km2. Otras cuencas importantes son las de los ríos Kankakee, Sangamon y Fox. Las principales corrientes desembocan ya sea en el río Mississippi o en el Ohio. Alguna vez el río Chicago fluyó hacia el este hasta el lago Michigan, pero actualmente se controla en forma artificial mediante una serie de represas que lo llevan hacia el oeste hasta el río Des Plaines. Mantos acuíferos subterráneos, que fluyen en depósitos de piedra caliza y arenisca, abastecen de agua a muchas ciudades norteñas, aun cuando en la actualidad este abastecimiento es bajo. Los recursos hidráulicos en la superficie satisfacen las necesidades de agua del resto del estado.

Clima. El clima de Illinois varía mucho entre las zonas norte y sur a lo largo de los 620 km de estado. La longitud, la escasez de elevaciones, su ubicación en el continente y su posición dominante hacia el oeste, influyen directamente en su clima. El rango de precipitación anual varía de 1,130 mm en el sur hasta 880 mm hacia el norte; las más fuertes son hacia el final de la primavera y el inicio del verano. El porcentaje de las temperaturas también varía del norte al sur, promediando en el invierno 4 °C en el norte y 2 °C en el sur; el promedio en

Corel Stock Photo Library

Centro Estado de Illinois, Chicago.

el verano es de 24 °C en el norte y de 26 °C en el sur. Las tormentas atmosféricas se mueven del oeste al este, y convergen con las tormentas eléctricas durante la primavera y el verano. Los sistemas frontales de aire frío y caliente causa la mayoría de las tormentas atmosféricas en el otoño y en el invierno.

Vegetación. La vegetación forestal original fue quemada por los primeros habitantes, dejando los grandes pastos de las praderas actuales, que promedian de 1.5 a 2 m de altura. Bosques combinados cambiantes por temporada (roble, nogal americano, arce, haya, ocozol, olmo, cedro, fresno, pino, abeto) cubren la tercera parte sureña del estado y la mayoría de los valles rivereños. La variada vegetación de pastos del s. XVIII desapareció rápidamente al ser cultivada. La vida silvestre incluye un gran número de venados de cola blanca, conejos, ardillas, zorros, codornices y faisanes junto con aves acuáticas que emigran por temporadas.

Recursos. Minerales extraídos incluyen al petróleo, gas natural, arcilla, sílice, plomo, cinc y piedra caliza. Illinois se encuentra entre el cuarto y sexto estados productores principales de carbón bituminoso en Estados Unidos dependiendo de las fluctuaciones anuales. El lecho de roca de Pennsylvania, que se encuentra por debajo del 70 % del estado, produce varios millones de toneladas desde su primera extracción en 1882. La producción anual promedia 60 millones de ton. El agua superficial es usada para la agricultura, la industria, la

Illinois

ciudad, suministradores de agua y en las plantas eléctricas y nucleares.

Gente. Aun cuando existen áreas en el estado que tienen hasta menos de una persona por metro cuadrado, otras nueve zonas metropolitanas cuentan con 80% de la población, como en: Chicago, Rockford, Peoria, Springfield, Rock Island-Moline, la porción del estado que colinda con la zona metropolitana de Saint Louis, Missouri, Decatur, Champaign-Urbana-Rantoul, y Bloomington-Normal. Desde 1950 estas ciudades han experimentado el mayor incremento de población, aun cuando estos índices son más altos en muchas ciudades suburbanas del área de Chicago.

Illinois ha cerrado un vínculo con sus estados colindantes. East Saint Louis, en el banco este de Mississippi, en la parte suroeste del estado, es parte del área metropolitana de Saint Louis, Missouri, y cuatro puentes conectan a ambos estados. El este de Chicago, Hammond y Gary, Indiana son parte estadística de la zona de Chicago.

En 1900 menos de 25 % de la población entera de Illinois, pero más de 75 % de la población de Chicago, eran de origen foráneo. En 1990 menos de 8 % de la población del estado era de origen foráneo. Los principales grupos étnicos eran de origen mexicano, alemán, irlandés, polaco e italiano. La mayoría de esta gente habitan en la zona metropolitana de Chicago, que también alberga a la importante mayoría de habitantes negros e hispanos del estado.

La religión más numerosa en el estado es la católica, cuyos miembros, así como un gran número de judíos, viven principalmente en el área de Chicago. Congregaciones metodistas, luteranas, bautistas, y presbiterianas integran la mayor parte del grupo de protestantes.

Educación. Los impuestos locales y estatales empezaron a patrocinar a las escuelas de Illinois desde 1825. La constitución del estado de 1970 continuó con la responsabilidad del estado de proveer a las escuelas públicas. La asistencia obligatoria a la educación básica es desde los 5 hasta los 16 años. La Universidad de Illinois fue fundada en Champaign-Urbana en 1867.

Cultura. La sinfónica de Chicago es la orquesta profesional más grande del estado. Otras instituciones culturales incluyen la Opera de Chicago, el Instituto de Arte, el museo de Ciencia e Industria, el museo Field de Historia Natural, el museo de Arte Contemporáneo, la biblioteca de Newberry, y el museo Du Sable de Historia Americano-Africana, todos ellos en Chicago; el museo de Arte y Ciencias de Lakeview, en Peoria; el museo de Arte Rockford; y el museo Estatal, en Springfield. Illinois fue también un laboratorio para arquitectos como Louis Sullivan y Frank Lloyd Wright; algunos de sus diseños todavía se conservan. El Consejo de Artes en Illinois fue ins-

tituido para apoyar a las artes visuales.

Lugares históricos. La herencia de Lincoln en Illinois está preservada en el monumento y tumba de Lincoln y en el Lincoln Home National Historic Site en Springfield. El New Slalem State Historic Site y el Vandalia Statehouse State Historic Site, conmemoran el comienzo del establecimiento de la colonización territorial. Cahokia Mounds y Dickson Mounds son reliquias del pasado indio. Otros lugares históricos incluyen el monumento de Stephen A. Douglas en Winchester, la Isla Kaskaskia en el Río Mississippi, y el hogar de Ulysses S. Grant en Galena.

Economía. El crecimiento industrial en el estado fue impulsado por los recursos naturales, excelente transporte, y trabajadores calificados Las primeras grandes industrias procesaron productos agrícolas como carne, granos y madera, además de manufacturar artículos para granjas.

Agricultura. Los granjeros de Illinois, con su gran interés en el cultivo científico, han producido un crecimiento notable en la actividad agrícola durante el siglo XX. Las granjas actuales promedian 120 ha. Las principales cosechas producen maíz, frijol de soya, trigo, heno, avena y vegetales; el maíz y el frijol de soya son los predominantes. El ganado vacuno y el ganado porcino también son importantes. Las zonas boscosas ocupaban un 40 % hace 200 años y han sido reducidas a un 10 %, por lo que la industria maderera es limitada.

Pesca. Los lagos, presas y ríos del estado producen millones de kilogramos de pesca anual. La captura incluye carpas, bagres, percas y otras especies. Muchos torneos de pesca y otros deportes relacionados se llevan acabo en el sur de Illinois y en el lago Michigan.

Manufactura. En 1900 Illinois era el tercer estado líder en la manufactura, con un valor agregado de 570 millones de dólares. A traves de los años se ha mantenido entre los principales estados de la nación en el valor agregado por su manufactura. Las principales industrias del estado son la refinación del petroleo, maquinaria no eléctrica, productos alimenticios y comida, equipo eléctrico, y productos químicos. El centro industrial de Illinois es Chicago y sus muchos suburbios, con pequeñas concentraciones en las ciudades de Rockford, Rock Island, Moline, East Moline, Davenport, Iowa, Peoria y la porción de East Saint Louis perteneciente a Illinois. El *Midwest Stock Exchange* y el *Chicago Mercantile Exchange*, se encuentran en Chicago, así como el *Chicago Board of Trade*, que ha fijado precios mundiales de agricultura desde 1848.

Turismo. El turismo gasta más de 6 mil millones de dólares anualmente, 7 % de la producción bruta del estado, en parques estatales y otras zonas recreativas, las cua-

les son abundantes y muchas son accesibles durante todo el año. El Bosque Nacional de Shawnee, integrado por dos zonas separadas, se localiza en el sur de Illinois. Los estadios de las ligas mayores que se encuentran localizados en Chicago incluyen el Soldier Field, Chicago Stadium, Wrigley Field y Comiskey Park.

Transporte y Comercio. Illinois es uno de los mayores estados transportistas, con carreteras interestatales, y con una de las principales redes ferroviarias, el aeropuerto más ocupado en el mundo y tres importantes vías acuíferas: los ríos Ohio, Illinois y Mississipi, los cuales sirven como una ruta de acceso al río Mississippi para los barcos de la zona de los Grandes Lagos a traves de los ríos Chicago, Des Plaines e Illinois. El aeropuerto internacional de O´Hare recibe a más de 100,000 pasajeros diariamente. El puerto de Chicago maneja millones de toneladas de comercio anualmente, a través del puerto Navy Pier y el puerto del Lago Calumet. Las exportaciones principales incluyen metales y productos de metal, maquinaria no eléctrica, productos químicos, equipo eléctrico y equipo de transporte.

Energía. Illinois es uno de los productores y consumidores principales de energía en los Estados Unidos, con 60 % del poder generado por plantas termoeléctricas y 24 % de plantas nucleares. La Agencia de Protección al Ambiente de Illinois supervisa los usos de la tierra; controla la calidad y los índices de contaminación del aire, la tierra, los ríos y los lagos; monitorea el nivel de ruido; verifica a las plantas de tratamiento de aguas residuales, y emprende batallas en las cortes contra los contaminadores. Un proyecto experimental para deshacerse del cieno procesado proveniente del Distrito Sanitario de Chicago, empezó en 1974 cuando barcos de deshechos eran cargados en el río de Illinois hacia Fulton County para almacenarlo en minas de carbón vacías, y dejar que las reacciones químicas naturales con el tiempo permitan usarlo como fertilizante. Aun cuando el cieno continúa siendo almacenado, la reacción negativa del público ha impedido su uso en tierras mineras, propiedad del distrito de Chicago en su esfuerzo para restaurar tierras de cultivo.

Gobierno y política. Illinois fue uno de los cinco estados que integraron el llamado Territorio del Noroeste.

Seis diferentes formas de gobierno funcionaron en el estado de Illinois antes de que su primera constitución empezara a aplicarse en 1818. Otras constituciones se promulgaron en 1848, 1870 y 1970, la cual incluye la protección contra la discriminación a las mujeres, la protección a un ambiente saludable, y el derecho de sufragio para más ciudadanos al agilizar los requerimientos de residencia permanente.

Torres gemelas en Chicago Illinois.

Historia. Antes de la llegada de los colonizadores europeos, Illinois estuvo ocupada por diferentes grupos de indios como los Illiniwek durante los siglos XVII, XVIII y XIX, hasta que, después de perder sus tierras ante los blancos y otros grupos indígenas, fueron reubicados en una reservación en Kansas.

Los franceses controlaron las zonas a lo largo del río Mississippi, y su ocupación duró de 1675 hasta 1763, dejando pocos sitios perdurables. El control europeo terminó por la intervención de las tropas estadounidenses encabezadas por George Rogers Clark en 1778, cuando el estado de Virginia reclamó a Illinois como parte de su territorio.

La Ordenanza del Noroeste, en 1787, trazó mapas de esta región, y organizó varios condados. En 1809 se fundó el Territorio de Illinois, y durante los primeros años de colonización por los cazadores de pieles, el sur de Illinois fue la principal zona de migración, particularmente en los valles a lo largo de los ríos Mississippi, Wabash y Ohio. La declaración como un estado más, en 1818, fue controvertida; inclusive, para incluir a la zona portuaria de Chicago como parte del estado, los representantes territoriales obligaron al Congreso estadounidense a determinar la zona limítrofe 51 millas más al norte de la frontera original que señalaba la Ordenanza del Noroeste. La primera capital del nuevo estado fue Kaskaskia, seguida de Vandalia que se mantuvo como tal durante 20 años. Después de una fuerte presión ejercida por Abraham Lincoln, la capital se trasladó a Springfield en 1837.

En el 1830 el estado estuvo cerca de la bancarrota por el financiamiento de canales y la construcción de ferrocarriles. La guerra de Black Hawk en 1832 fue protagonizada por los indios y los nuevos colonos que se apropiaban de tierras que eran de Illinois. Las enfermedades eran muy frecuentes. Miembros de los mormones, que habían emigrado desde Missouri en 1839, fueron acusados de muchas ilegalidades y finalmente fueron expulsados del estado después de que su líder, Joseph Smith, fue asesinado en 1844.

La guerra civil causó lealtades mezcladas entre los habitantes de Illinois, pues muchos eran primera o segunda generación sureña. Sin embargo, muchos sintieron orgullo en el hecho de que la Unión fuera gobernada por un hijo nativo, Lincoln, y el estado aportó 250,000 soldados a la unión armada. También se manufacturaron las armas, se suministró de productos de hierro, y fue el mayor suministrador de granos y carne en el norte.

Para 1880, Illinois se convirtió en el cuarto estado más poblado. Era un líder en la producción de granos y la manufactura. Para 1920, Illinois era considerado entre los estados más importantes en los renglones de crecimiento vitales, como en el del carbón, industria, agricultura, urbanización, transporte y ventas al mayoreo. Su liderazgo continuó creciendo a pesar de la caída económica de las décadas de 1880, 1890 y principios de 1900; de las disputas laborales de los mineros y ferrocarrileros; del fuego de Chicago en 1871; y de los problemas creados por el crimen organizado. La Primera y Segunda Guerras Mundiales desarrollaron la economía en Illinois, que pronto tenía cinco depósitos de artillería y numerosos campos de entrenamiento militar.

La etapa posterior a la Segunda Guerra Mundial fue un tiempo de modificación industrial para la producción de bienes de consumo. A pesar de que las compañias empacadoras de carne se retiraron de Chicago y de East Saint Louis, en parte debido a las plantas físicamente obsoletas, las granjas de Illinois fueron mecanizadas y mejoradas para incrementar la producción total. El uso de semillas híbridas, fertilizantes químicos, herbicidas e insecticidas logró grandes cosechas. Posteriormente de la Segunda Guerra Mundial, Illinois experimentó un gran crecimiento en su población. El gran número de niños en la edad escolar, trajo una reforma pública escolar, las consolidación de las escuelas rurales, y los grandes planteles educativos suburbanos. Las corrientes migratorias de negros del sur, de hispanos de México y Puerto Rico, y de blancos provenientes de los montes Apalaches, le dieron nueva forma a las comunidades en Chicago, en su suburbios y en otras ciudades importantes. Para 1990 los grupos minoritarios de Chicago ya integran el 55 % de la población.

Las zonas agrícolas y varios pueblos fueron afectados por el gran desbordamiento del río Mississippi que ocurrió en 1993. El río forma parte de la frontera oeste de Illinois, y fue escenario de uno de los peores desastres naturales en la historia de Estados Unidos, cuando las inundaciones del río y sus afluentes afectaron a nueve estados circunvecinos y destruyeron a varias comunidades pequeñas en Illinois. Los daños a las cosechas, la tierra y las propiedades ascendió a varios billones de dólares.

Los votantes en 1992 hicieron historia política, eligiendo a la primer mujer negra, Carol Moseley Braun, para el senado estadounidense.

Iliria. Antigua región situada al este del Andriático, habitada por los ilirios. Comprendía la zona litoral desde el golfo de Fiume (Rijeka) hasta el Epiro y Macedonia, y por el interior se prolongaba a las cuencas del Save y el Drina. El Gran número de tibus independientes obstaculizó la formación de un estado nacional hasta mediados del siglo III a. C., en que apareció en el sur del país un reino ilírico con capital en Escodra (Escutari) y otra federación de pueblos con sede en Delminium. Durante la III guerra macedónica el reino ilírico fue sometido (167 a. C.) por Roma, que se apoderó además de Delminium (hasta 156 a. C.) y el resto del país (119-33 a. C.), el cual fue convertido en provincia romana. En tiempos del Imperio el nombre Iliria, en acepción amplia, comprendió desde las costas del Adriático al Danubio y la parte superior de la Península de los Balcanes.

Iliria. Reino dependiente de Austria, creado por el congreso de Viena (1815). En 1849 perdió su autonomía y fue desmenbrado en las provincias austríacas de Carniola, Carintia, Goritzia e Istria.

ilotismo industrial. Organización del trabajo que imperó en la industria hasta principios del presente siglo. Conocido con el nombre de *sweatshop* (que significa *taller donde se suda*), se empleó mucho en Gran Bretaña y Estados Unidos, sobre todo en los momentos en que el fomento de la inmigración incorporó grandes contingentes de extranjeros sin recursos, ignorantes de sus derechos, del idioma y de las costumbres del país. El desarrollo industrial fue tan rápido que la mayoría de sus fábricas resultaron exiguas para contener el número de trabajadores que la producción precisaba. Ante ese problema urgente, que no podía ser resuelto de inmediato, muchas empresas decidieron fraccionar el trabajo, encomendando a contratistas la realización de determinadas operaciones de fabricación, tales como pintados, pulimentos, acabados, etcétera, que podían ser efectuadas por separado. Dichos contratistas agruparon, a su vez, en talleres y cobertizos precipitadamente construidos o alquilados, carentes de comodidades e higiene, a masas de gente necesitada (la mayoría mujeres y niños), a las que se les exigía grandes jornadas y extrema rapidez, pagándoles exiguos salarios que bastaban apenas para su subsistencia. Las modernas leyes sociales, promulgadas en todos los países, reglamentan los salarios, prohiben el trabajo de los menores y fijan la duración máxima de la jornada y los días de descanso obligatorio, así como las condiciones del trabajo a domicilio; esta legislación ha hecho desaparecer, casi completamente, ese ominoso sistema que trata de explotar a las clases más necesitadas de la población. *Véanse* REVOLUCIÓN INDUSTRIAL; TRABAJO.

iluminación. Arte de alumbrar un sitio en la forma más adecuada. Muchos trastornos –dolores de cabeza, mareos, indigestiones, etcétera.– tienen origen en la mala distribución o la calidad defectuosa de la luz que alumbra nuestras tareas. Tres factores influyen sobre la eficacia de la iluminación. El primero es el tamaño de los objetos sobre los que la vista se halla concentrada; no es igual la cantidad de luz necesaria para jugar ajedrez que para leer el diario. El segundo es la cantidad de luz disponible, medida en unidades llamadas lúmenes y bujías. El tercer factor es el contraste existente entre el objeto y el fondo sobre el que se destaca; por ejemplo, entre las letras negras de esta página y el papel blanco sobre el que han sido impresas.

Cuando el foco de luz es visible y ésta se distribuye en todas direcciones sin obstáculos, nos hallamos ante la iluminación directa; cuando el foco se halla oculto y la luz es reflejada por el techo y las paredes, la iluminación se llama indirecta. Resulta difícil calcular con exactitud la cantidad de luz más adecuada para un trabajo determinado. Si nos sentamos frente a una ventana en un día de sol brillante, la intensidad de la iluminación será de 500 *lux*, que son unidades internacionales utilizadas para medir valores luminotécnicos. Sobre esta base, los especialistas recomiendan una intensidad de 150 lux para bibliotecas; de 80 para cuartos de baño; de 60 para el comedor y los dormitorios; de 40 para el recibidor o vestíbulo, y de 20 para escaleras y pasillos. En las fábricas aumenta necesariamente la intensidad de la iluminación, llegando a 150 lux en las imprentas y talleres textiles, y a un máximo de 300 en las salas de dibujo y talleres dedicados a trabajos de precisión.

No sólo el objeto sobre el que asentamos la vista debe estar bien iluminado, también

el ambiente circundante. Conviene evitar el resplandor producido por la lámpara cuya luz cae directamente sobre nuestros ojos, así como el derivado de una lámpara que dirige un haz estrecho de luz sobre el papel en que escribimos o leemos. La luz debe provenir del lado izquierdo para evitar que la mano con que escribamos haga sombra sobre el papel. La mejor forma de evitar todo resplandor consiste en utilizar luz indirecta. También es adecuada la iluminación de una lámpara con pantalla semitransparente, cuya luz se distribuya sobre amplias superficies sin crear sombras demasiado agudas.

El color de las luces también reviste importancia. Las lámparas incandescentes, por ejemplo, dan una luz de tonalidad amarillenta que deforma los colores; la iluminación fluorescente por el contrario, proporciona excelentes imitaciones de la luz natural. Luces de sodio, de color amarillo brillante, se usan para las señales camineras por su fácil visibilidad.

La iluminación adecuada impide el desarrollo de ciertas enfermedades oculares y mejora la eficacia del trabajo. La ciencia de la luminotecnia se ocupa en aplicar los principios físicos de la fotometría a las necesidades de fábricas, edificios públicos, anuncios luminosos y alumbrado de calles y caminos. Los expertos afirman que el número de accidentes de trabajo y de catástrofes viales desciende en forma considerable cuando mejoran las condiciones de iluminación. *Véanse* ALUMBRADO; BUJÍA; LÁMPARA; LUZ; LUZ ELÉCTRICA.

ilusión. Concepto, imagen o representación sin realidad que la imaginación sugiere; deformación de una imagen sensorial auténtica. Puede consistir en la percepción errónea de fenómenos naturales provocada por causas físicas o síquicas, como ocurre con las ilusiones ópticas (espejismo, persistencia de la imagen en la retina, que al contemplar una sucesión de fases poco separadas produce la sensación del movimiento, etcétera) o en los desvaríos que bajo el aliciente de un deseo crea la fantasía.

ilusión óptica. Percepción falsa de un objeto presente. Diferente a la alucinación en donde no hay objeto presente. La ilusión óptica se basa en una realidad, pero la cambia. Puede obedecer a causas físicas o fisiológicas. Una de ellas es la persistencia de las imágenes en la retina, que contribuye a la ilusión de movimiento que proporciona el cinematógrafo. Otras veces se trata de efectos notables producidos por la relación entre un objeto y lo que le rodea. Cuando vemos al sol o a la luna próximos al horizonte parecen mayores de su tamaño normal; esto constituye una ilusión óptica. El juego y la combinación de los co-

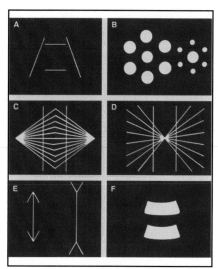

Salvat Universal

Distintos tipos de ilusiones ópticas: la línea horizontal superior parece más larga que la inferior (A); el círculo central de la derecha parece más grande que el de la izquierda (B); las líneas verticales no parecen paralelas (C y D); el segmento vertical de la derecha parece mayor que el de la izquierda (E); la figura inferior parece más pequeña que la superior (F).

lores también producen numerosas ilusiones ópticas.

Ilustración. Movimiento cultural que se extendió por Francia, Inglaterra y Alemania principalmente durante el siglo XVIII. La Ilustración, conocida también con el nombre de Iluminismo, se caracteriza ante todo por su fe en el poder de la razón humana y en los beneficios que podrían resultar de su empleo consciente y acertado. Mediante la razón, el hombre dominaría las fuerzas naturales y corregiría a la vez su propia conducta; la sociedad se levantaría sobre nuevas bases y del mismo modo se evitarían los errores que han provocado tantas veces la desgracia de los hombres. Precisamente la labor del historiador es, según el Iluminismo, descubrir la fuente de las calamidades pasadas y adelantar al mismo tiempo los medios que servirían para evitarlas. Este lugar importantísimo que el Iluminismo concedía a la experiencia humana lo diferencia claramente del Racionalismo del siglo XVII.

Los racionalistas sostenían que en la razón humana, previa a toda experiencia, podían encontrarse los principios elementales y esenciales de todas las cosas. En cambio, para los filósofos de la Ilustración el hombre se forma en el aprendizaje de la historia y de las ciencias naturales, y debe investigar científicamente todas sus creencias. Los más ilustres representantes de la Ilustración fueron en Francia los enciclopedistas, en Inglaterra los discípulos de los filósofos David Hume y John Locke y en Alemania los pensadores de la llamada escuela de *filosofía popular*. El sistema político conocido con el nombre de *despotismo ilustrado*, y cuyo ejemplo más notable fue el gobierno de Federico II, tiene también como raíz la Ilustración. Contra la poca importancia que este movimiento concedía a la fantasía y a los sentimientos humanos se levantó en el siglo siguiente el Romanticismo el cual proclamaba la primacía del sentimiento. El Liberalismo político contemporáneo es, en cierto sentido, herencia de las viejas teorías de la Ilustración.

ilustración. Pintura, dibujo o fotografía que acompaña al texto de un libro. A veces tiene un fin meramente decorativo y otras, como en los libros de ciencia, ayuda a comprender algunas ideas o completa la descripción de algún objeto u organismo. Las primeras ilustraciones fueron dibujadas y pintadas a mano, y recibieron el nombre de iluminaciones. A mediados del siglo XV, en Alemania, aparecieron unos libros ilustrados por grabados de madera. Desde entonces la ilustración adquirió gran importancia y es hoy un notable capítulo de la historia de las artes gráficas. En la impresión de ilustraciones se utilizan diversos procedimientos. La litografía, el *offset*, el fotograbado y el rotograbado son algunos de los más conocidos.

imagen. Figura o representación de una cosa. Se da también este nombre a las esculturas sagradas. En óptica, es la formación de un conjunto de rayos luminosos que partiendo de un objeto se reflejan en un espejo, se graban en una película fotográfica o se proyectan a través de una lente sobre la retina de nuestro ojo o sobre una pantalla. La evocación de un suceso, real o no, produce en la mente una imagen, que puede adquirir realismo extraordinario. En retórica, es la representación hábil y viva de algo por medio del lenguaje.

imaginación. Facultad del intelecto que no sólo permite representar cosas materiales o espirituales, sino también combinarlas para formar otras. En el primer caso no se diferencia de la memoria, sino en cuanto amalgama sensaciones visuales, intelectuales, táctiles o sonoras, para construir una imagen viviente de lo sucedido. La imaginación creadora, en cambio, pide también a la memoria que le aporte los diversos materiales de la experiencia diaria, pero con ellos construye su nueva verdad. En este aspecto se vuelve esencial para la vida del individuo y de la colectividad, pudiendo afirmarse que sin ella no se hubiera logrado en la ciencia ni en el arte progreso alguno.

Quizá sea la imaginación la aptitud espiritual que se desarrolla más completa y rápidamente en el niño. Se la advierte ya en sus primeros juegos, tanto que el juguete en sí no es, por lo general, sino un pretexto para sus admirables elaboraciones. Por eso, al más caro y complicado suele preferir el palo que le sirve de caballo o la muñeca de trapo, pues en éstos su fantasía no halla obstáculo para adornarlos con todos los posibles atributos. Así, crea un mundo propio que apenas tiene contacto con el real. En menor grado, y en forma ya voluntaria, esto puede ocurrir con ciertos adultos, quienes utilizan la imaginación para crearse un refugio donde olvidan momentáneamente sus angustias y fracasos.

La imaginación aprovecha siempre motivos sacados de la realidad, y sus creaciones más atrevidas no son sino combinaciones inesperadas de elementos conocidos. Pero puede materializar en máquinas o descubrimientos las nociones más abstractas, y también, como en las artes plásticas, hacer espiritual lo corporal, infundiendo alma al mármol o a la tela. La trivialidad y la complejidad de la vida moderna no son, como pudiera creerse, trabas para la imaginación. Antes bien, tienden a darle alas, ya sea en su forma pasiva, como un escape de la realidad, ya en su forma creadora, brindando a un grupo de elegidos la única posibilidad de liberarse del agotador trabajo físico o del empleo rutinario.

Al igual que todos los asuntos relacionados con el alma humana, la imaginación ha sido muy explorada desde que en el siglo pasado la sicología se encauzó por el sendero de las ciencias experimentales. Por ello se ha ampliado considerablemente su concepto, al estudiarla en sus distintos aspectos. Ahora sabemos que la imaginación no se circunscribe a un solo sentido, sobre todo el de la vista, como parece sugerirlo su nombre, sino que hay tipos de imágenes que corresponden a los demás órganos sensoriales: imágenes auditivas, olfativas, táctiles, gustativas y hasta kinestésicas o motoras.

Según que en ellos predomine una u otra clase de imágenes, los tipos imaginativos poseen aptitudes diferentes, por lo que toca al poder creador de su imaginación. En el pintor predomina el poder imaginativo a base de imágenes visuales; en el músico, las auditivas. Sin embargo, no sólo en el arte es factor decisivo la imaginación, pues rebasando éste su ámbito peculiar de la fantasía, se le encuentra en el campo de las investigaciones científicas, en las que juega un importantísimo papel en el lanzamiento de las hipótesis, que no son sino el pórtico para penetrar a un nuevo descubrimiento. Del mismo modo, en la metafísica especulativa su significación era tan considerable que se llegó a decir por Leibniz que el metafísico necesita de tanta imaginación como un poeta.

Imaginismo. Movimiento poético que floreció en los países de habla anglosajona durante la Primera Guerra Mundial. Su expositor más importante fue el filósofo y poeta Tomás E. Hulme. Según un manifiesto publicado en 1915 los imaginistas proponían un lenguaje preciso, hecho de palabras comunes, con abundancia de imágenes, ritmos variados y libertad de temas. Tomaron parte en este movimiento los poetas: Ezra Pound (a quien se le atribuye la creación del término *imaginismo*), T. S. Elliot, Amy Lowell, Richard Aldignton, D. H. Lawrence y algunos otros.

imán. *Véase* MAGNETISMO.

Imaz, Eugenio (1900-1951). Escritor español. Colaboró en diversas revistas de su patria y en 1939 se trasladó a México, donde desarrolló vasta labor como traductor y comentarista de los grandes filósofos. Publicó *Filosofía de la historia de Kant, El pensamiento de Dilthey: evolución y sistema*, y otros trabajos.

Imbabura. Provincia de Ecuador; tiene una superficie de 4,986 km^2 y 312,420 habitantes (1996). En ella se encuentra el volcán Imbabura, que le da nombre y que alcanza una altura de 4,676 m. Terreno sumamente fértil, produce cereales y caña de azúcar. La ganadería está bastante desarrollada. En esta región se manufacturan bayetas y hermosos ponchos, que han obtenido gran fama por su belleza. Capital, Ibarra.

imbecilidad. Debilidad mental congénita o adquirida. Con frecuencia se debe al alcoholismo o a enfermedades de los progenitores. Otras veces es causada por meningitis o tifus. El niño imbécil muestra gran atraso mental en la escuela. Los diferentes tratamientos sólo consiguen una leve mejoría. *Véase* IDIOTA.

impedancia. Resistencia que en un circuito conductor halla para su paso la corriente eléctrica, si su intensidad es variable cuando el circuito posee inductividad y capacitancia a más de resistencia, es decir, cuando en él hay bobinas y condensadores. Las líneas de transmisión de grandes potencias aun cuando en ellas no hay bobinas, poseen inductividad y capacitancia. Los cables subterráneos poseen esta última en grado apreciable. Por extensión se llama impedancia en acústica a la resistencia que una onda sonora encuentra en un medio para propagarse.

impenetrabilidad. Propiedad de todos los cuerpos físicos por la cual no pueden ocupar en el espacio el lugar que ocupan otros cuerpos. Los cuerpos sólidos no ocupan el lugar del aire, sino que lo desplazan; del mismo modo el agua no penetra en una esponja, sino en sus poros. La materia está constituida en gran parte por espacio vacío. Cuando clavamos un cuchillo en un trozo de madera la hoja metálica ocupa el espacio vacío que existe entre las partículas de la madera.

imperatoria. Planta umbelífera de unos 60 cm de altura, flores blancas en forma de abanico, hojas aserradas y semillas menudas, oriunda de Europa. Crece silvestre tanto en el viejo como en el nuevo continente, aunque también suele cultivarse por sus propiedades tónicas y sudoríficas.

Imperial, Francisco. Poeta español de mediados del siglo XIV y principios del XV. Hijo de un comerciante italiano establecido en Sevilla. Sus principales poemas, entre ellos el *Decir de las siete virtudes*, compuesto de unas sesenta coplas, figuran en el *Cancionero de Baena*. Fue hombre de gran cultura y conocedor de los idiomas clásicos y modernos. A él se debe la introducción en España de la influencia del Dante y el uso del verso endecasílabo.

Imperialismo. Nombre dado modernamente a la tendencia de algunos grandes estados a extender y aumentar su poderío político, militar y económico por la fuerza y a expensas de otros países. La guerra de 1914 - 1918 es considerada por algunos historiadores como ejemplo de conflicto bélico originado por el Imperialismo. Según tales opiniones los beligerantes lucharon como consecuencia de sus rivalidades imperialistas y por la conquista de mercados, aunque también intervinieron otros factores. Más tarde, para solucionar sus problemas económicos varios países recurrieron a la guerra de expansión imperialista. Japón atacó a China e Italia agredió a Abisinia. Finalmente, Alemania desencadenó la guerra de 1939 con los mismos fines.

Las teorías sobre las causas o motivos que producen el Imperialismo son numerosas. Entre los muchos que han tratado el problema se encuentran el inglés Hobson y el ruso Vladimir Ilich Lenin.

imperio. Voz latina con la cual se señaló en la antigua Roma la más alta expresión de poder y que luego se aplicó al Estado regido por un emperador. En su principio constituyó una autoridad casi absoluta. Los más antiguos *imperios* fueron los de Asiria, Caldea, caldeobabilónico, meda, persa, macedónico y romano, este último desde Augusto hasta Constantino, o hasta Teodosio el Grande. Al romano se le suele denominar *alto imperio* para distinguirlo del romano *bajo imperio* en su periodo de decadencia o bizantino desde Arcadio hasta su derrumbe (1453). En la Edad Media se destacaron los imperios carolingio (Carlomagno) y el germánico, imperios musul-

manes (califatos) de oriente y occidente, mongoles y otomanos. Al romano, restablecido en occidente por Carlomagno (800) se le ha llamado *sacro imperio*, y al fundado por los Reyes Católicos, *imperio español*. *Primer imperio* francés fue el de Napoleón I y *segundo imperio* el de Napoleón III. Fue *imperio de los zares* el ruso, desde Iván III (1472) hasta el asesinato de Nicolás II (1917). El *imperio británico* comprende el mundo colonial regido por el Reino Unido, aunque propiamente nació con la coronación de la reina Victoria (1876) como emperatriz de la India. El emperador Francisco II, titular del romano germánico, asumió

Vista de la famosa columna de Marco Aurelio en Roma, Italia.

Corel Stock Photo Library

(1806) la designación de Francisco I, emperador de Austria, cuyos sucesores adoptaron por el compromiso de 1867 el título de emperadores de Austria y reyes de Hungría, y de ahí la denominación del *imperio austro-húngaro*, desaparecido en 1918. El imperio alemán comprende de 1871-1918, y el del *sol naciente* se ha llamado a Japón, así como *celeste imperio* a China hasta 1912. *El imperio italiano*, fundado por Benito Mussolini a raíz de su expansión en África, fue el de más breve duración histórica y el más moderno (1938-1945).

Imperio, Argentina (1906-). Actriz cinematográfica argentina. Su verdadero nombre es Magdalena Nile del Río. Empezó su carrera artística como bailarina, cantante y actriz teatral, actuando en teatros de Buenos Aires y Madrid. Se inició en el cinematógrafo con el papel estelar en la película *La hermana San Sulpicio*. Entre otras películas en las que ha actuado con gran éxito se destacan *Nobleza baturra* (1935), *Morena clara* (1936), *Tata mía* (1986) y *El polizón de Ulises* (1987). En 1989 obtuvo el Premio Goya de Honor por su labor en el cine.

imperio británico. Término empleado para designar en el pasado un vasto conglomerado de colonias y territorios dependientes, reducido ahora a unas cuantas posesiones, puesto que la mayoría de aquellos pasaron a formar parte de la Comunidad de Naciones *(The Commonwealth)* como países independientes, con la misma igualdad de condiciones que el Reino Unido.

La estructura política en que se fundaban las relaciones entre la metrópoli y los numerosos componentes del imperio británico fue evolucionando y en 1931 se promulgó el estatuto de *Westminster*, que concedió autonomía completa a los llamados *dominios*. A partir de ese año se empleó el término de Comunidad Británica de Naciones *(British Commonwealth of Nations)* con preferencia al de imperio británico, y el de naciones asociadas al de *dominios*. Esa sustitución de términos se intensificó a partir de 1947, cuando el imperio de la India se dividió en estados de India y Pakistán (éste se retiró de la Comunidad en 1972). En 1950 India se convirtió en república y los jefes de gobierno de la comunidad decidieron que la aceptación del soberano británico como monarca no era condición necesaria para ser miembro, aunque todos los países reconocen a la reina Isabel II como símbolo de su libre asociación. En la actualidad, la organización se denomina simplemente Comunidad de Naciones *(The Commonwealth)* y comprende, con los países independientes, una serie de dependencias que son los restos del antiguo imperio británico.

Las naciones libremente asociadas a la Comunidad son Antigua y Barbuda, Australia, Bahamas, Bangladesh, Barbados, Belice, Botswana, Brunei, Canadá, Chipre, Dominica, Fidji, Gambia, Ghana, Granada, Guyana, India, Jamaica, Kenia, Lesotto, Malawi, Malasia, Malta, Mauricio, Naurú, Nueva Zelanda, Nigeria, Papua-Nueva Guinea, Reino Unido, Salomón, San Cristóbal y Nevis, Santa Lucía, San Vicente y las Granadinas, Samoa Occidental, Seychelles, Sierra Leona, Singapur, Sri Lanka, Swazilandia, Tanzania, Tonga, Trinidad y Tobago, Tuvalu, Uganda, Vanuatu, Zambia y Zimbabwe.

Los territorios y dependencias que todavía abarca la Comunidad de Naciones son las siguientes:

En Europa: Gibraltar, reivindicado por España; Islas de Man y del Canal.

En África: Santa Elena.

En América: Bermuda y las Islas Malvinas o Falkland (sobre las que Argentina mantiene derecho de soberanía); las Islas Vírgenes, Anguila, Ascención, Caimán, Monserrat, Tristán da Cunda, Turcas y Caicos.

En Oceanía: Pitcairn; Canton y Enderbury; Christmas y algunas otras pequeñas islas. *Véanse* COMUNIDAD BRITÁNICA DE NACIONES; GRAN BRETAÑA; INDIAS OCCIDENTALES, FEDERACIÓN DE LAS.

imperio romano. El imperio romano es la cuna de nuestras formas de civilización en lo político, jurídico, cultural y religioso. Roma, como cabeza del imperio, supo apropiarse las enseñanzas del espíritu griego y darle expansión por un vasto espacio geográfico que abarcó la cuenca del Mediterráneo y parte de Asia Menor. Virgilio, su máximo poeta, cantó en la *Eneida* la grandeza épica de Roma como centro del mundo antiguo, y Séneca, el filósofo, llamó a Islandia *la última Thule*, para aludir al fin del mundo entonces conocido. Por la enorme influencia que el imperio romano ha ejercido en el desarrollo de nuestra civilización, se mezclan con frecuencia los términos *cultura latina* y *cultura occidental*, que incluye, esta última, a los anglosajones y a los germanos. Latino es, por antonomasia, todo lo español, lo francés, lo italiano, lo portugués, parte de lo rumano y los países de la América no sajona. Los primeros en usar la palabra *imperio* fueron precisamente los romanos, y de ellos pasó a los idiomas modernos, muchos de los cuales derivan directamente del latín.

La leyenda de los reyes de Roma. Cuando la consolidación del imperio romano era ya un hecho decisivo en la historia, sus poetas y escritores comenzaron a dar vida a una leyenda áurea en relación con la irradiación que Roma ejercía en el mundo. Así surgió el mito para asociarse a la realidad

Corel Stock Photo Library

Lado norte del Peñón de Gibraltar.

histórica y dar origen a una tradición bellamente expresada, en la forma que le dio Tito Livio a finales del siglo I a. C. Cuenta dicha leyenda que el 21 de abril de 753 a. C., un grupo de latinos procedentes de Alba Longa se estableció en unas colinas que dominaban el paso del Tíber y allí eligieron el territorio para fundar la ciudad. Según esta leyenda, Alba Longa había sido fundada por Ascanio, hijo de Eneas, el héroe troyano que latinizó Virgilio y que se había refugiado en Italia después de la destrucción de su ciudad por los aqueos. Alba Longa tuvo una dinastía de doce reyes hasta llegar a Numitor, quien fue depuesto por su hermano Amulio. Éste obligó a su sobrina Rea Silva a que se hiciera sacerdotisa de Vesta para que no tuviese descendencia. Pero Rea Silva tuvo dos hijos gemelos, Rómulo y Remo, fruto de sus amores con Marte. Odiados por Amulio, los recién nacidos fueron depositados en el Tíber, al pie del monte Palatino, donde los amamantó una loba y fueron rescatados por el pastor Faústulo. Ya mayores y conducidos a presencia de Numitor, el destronado abuelo los reconoció por nietos, y los gemelos, en pago de este hecho, se propusieron restaurarlo en el trono de Alba Longa, lo cual lograron después de muchas peripecias. Divergencias surgidas entre los dos hermanos acerca del lugar en que habían de fundar la futura ciudad, dieron como resultado la muerte de Remo a manos de Rómulo. El triunfador fue proclamado rey y preparó el rapto de las sabinas, circunstancia que, luego de una larga guerra, terminó con la unión de romanos y sabinos. Sigue la leyenda diciendo que Numa Pompilio, de origen sabino, sucedió a Rómulo

y civilizó a los romanos. Posteriormente, Tulio Hostilio, de origen romano, sometió por la fuerza a Alba Longa después del célebre combate entre los Horacios (romanos) y los Curiáceos (albanos). Anco Marcio, sucesor de aquél, dio a Roma el dominio del Lacio y fundó el puerto de Ostia. Siete son los reyes tradicionales de Roma, si bien sólo los Tarquinos y Servio Tulio parecen responder a la realidad histórica. Grupos de diversas razas fueron acudiendo al vado por donde el Tíber era más fácil de cruzar antes de su desembocadura, y allí se reunieron latinos y sabinos, y quizá también etruscos. En este lugar había siete colinas que protegían a los pobladores.

Los etruscos en Roma. Los etruscos se hallaban establecidos en la región que por ellos tomó el nombre de Etruria, al norte del Tíber, y de allí se extendieron por diversos rumbos, llegando por el sur al Lacio y Campania, momento en que la leyenda comienza a ceder terreno a la historia. Los tres últimos reyes de Roma, y muy especialmente los dos Tarquinos (Tarquino Prisco y Tarquino el Soberbio), tienen estrecha relación con el mundo etrusco, como lo demuestra la voz *Tarchu*, de la que se deriva Tarquino. Roma fue dominada en sus comienzos por los etruscos en su marcha hacia la Campania y monarcas de este origen la dotaron de una aglomeración humana que ejercía por primera vez el papel de capital. A partir de esta época (s. VII a. C.) Roma tuvo categoría de ciudad fortificada y su nombre habría de llegar a ser uno de los más gloriosos de la historia. Los etruscos convirtieron a la nueva *urbs* en el centro más importante del Lacio en lo militar, en lo económico y en lo cultural. Al unificarse los elementos etruscos con latinos y sabinos, los nuevos mandatarios de Roma crearon cuatro agrupaciones humanas que subsistieron hasta el nacimiento del imperio como denominaciones oficiales: Suburbana, Palatina, Esquilina y Collina. Atraídos por el creciente desenvolvimiento comercial, pronto aparecieron en el recinto de la nueva ciudad los extranjeros, quienes se establecieron en la parte baja, donde constituyeron la clase plebeya. Aquella gente no disfrutaba de ninguno de los privilegios de los patricios ni de los descendientes de los primitivos fundadores de Roma.

Instituciones primitivas. En las instituciones primitivas de Roma se halla la base de su posterior grandeza imperial. La *gens* era el conjunto de personas que reconocían descender de un antepasado común llamado *pater*, al que tributaban culto y cuyo representante era obedecido en la paz y en la guerra. La propiedad era al comienzo colectiva e indivisible, pero al fraccionar la *gens* en familias cada una de éstas comenzó a obedecer a un *pater familias* con poder absoluto sobre la mujer y los hijos, los esclavos y los *clientes*, o sea, los que obedecen. Todos recibían del *pater familias* protección y amparo a cambio de prestarle apoyo económico y asistencia física, y vivían dentro del derecho urbano. Pero no ocurría lo mismo con los plebeyos, quienes no pagaban impuestos ni gozaban de derechos políticos y civiles, ni tampoco prestaban servicio militar. Podían ser ricos o pobres, esclavos emancipados o *clientes* redimidos, hechos que no alteraban su condición jurídica. No se los consideraba romanos, sencillamente. Mas esta situación debió ser modificada por la necesidad de ampliar los contingentes militares incorporando a los plebeyos al ejército, los cuales ingresaron así al reducto de la ciudad. La primitiva monarquía estaba representada por la autoridad del rey asistida por el consejo de ancianos (Senado) y por los comicios, asambleas en que se consultaba directamente al pueblo. El poder monárquico se manifestaba particularmente en la guerra y en la administración de la justicia y dejaba la vida religiosa a cargo de los flámines. El dios nacional era Marte, personificación de la agricultura y de la guerra.

La república. La ciudad, mientras tanto, crecía bajo la monarquía etrusca hacia sus grandes destinos. Pero el régimen de Tarquino el Soberbio se trocó pronto en tiranía y contra él se sublevaron los patricios, apoyados por el ejército. La plebe, víctima de exacciones económicas, se unió a los sublevados, si bien no tomó parte directa. Aquí interviene nuevamente la leyenda, que la historiografía moderna no toma en consideración, para acelerar la caída del régimen monárquico. Dice la leyenda, que los patricios se sublevaron porque Tarquino había mancillado el honor de Lucrecia, esposa de Colatino. Lo cierto es que, además de las causas internas antes mencionadas, la primitiva monarquía romana se derrumbó al relajarse el poder exterior de los etruscos y sublevarse contra ellos, los campanios y los latinos. El siglo V a.C. aceleró la caída con las derrotas que sufrieron los etruscos, y en 509 a.C. se instauró en Roma la república. Este cambio coincidió con una gran vitalidad expansiva de los pueblos vecinos de Roma, los que se convirtieron en sus enemigos, conjuntamente con los etruscos. Desde el nacimiento del régimen republicano hasta el 425 a.C. los romanos vivieron defendiéndose del asedio exterior: los etruscos por el norte, los montañeses por el este y los latinos por el sur. De esta triple acción que amenazaba estrangularla se libró gracias al heroísmo de sus hijos, a su valor militar, a su patriotismo y a un excepcional sentido de la diplomacia, característica esta última que es aún hoy una de las virtudes de los italianos. Los romanos fueron varias veces derrotados, pero su tragedia cotidiana soportada durante decenios los templó para las grandes empresas del futuro.

Las dos Romas. El siglo V a.C. fue el siglo de las guerras de defensa, drama agravado por la situación interna de Roma. La vida en la ciudad no era una. Había dos Romas irreconciliables: la de los patricios y la de los plebeyos, división que se puso de relieve en forma trágica al advenimiento de la república. La constitución republicana era un modelo de habilidad política al establecer un equilibrado conjunto de magistraturas y asambleas populares, de las que no se excluía al pueblo. Sin embargo, éste sabía que la república era un régimen montado para los patricios. La república, según la constitución, era una democracia perfecta, mas esto resultó en lo teórico. El gobierno fue confiado a dos magistrados (cónsules), quienes recibieron de la monarquía la función rectoral del gobierno con facultad de proponer senado-consultos, el poder militar (*imperium*) y la autoridad judicial. La religión quedó a cargo de dos personajes nombrados especialmente: el pontífice máximo y el rey de los sacrificios. Una de las asambleas, el Senado, estaba integrado por trescientos miembros designados por los cónsules y su misión consistía en deliberar sobre las propuestas que aquellos les sometían. El Senado era una asamblea permanente. La otra asamblea se llamaba *comicio curiata*, y tenía poder para sancionar las leyes. La tercera, denominada *comicio centuriata*, estaba compuesta por miembros del ejército. Esta asamblea elegía a los cónsules, tenía poder de veto para las leyes, juzgaba en última instancia y declaraba la guerra o firmaba la paz. En momentos de extremas dificultades para la vida de la república se investía a uno de los cónsules con el título de *dictador* por un plazo no mayor de seis meses, para que centralizase en sus manos todos los poderes del Estado.

Por debajo de este aparato, al parecer tan perfecto, subyacía latente *la otra Roma*, la Roma de la plebe, supeditada a la clase gobernante. Los plebeyos, que habían derramado su sangre en la defensa de la ciudad durante todo el siglo V, se sublevaron en 494 a.C. y se retiraron al Monte Sacer. Los patricios les hicieron notables concesiones, entre ellas condonarles las deudas

Foro Romano con el Monte Palatino al fondo.

Corel Stock Photo Library

y poner en libertad a los deudores detenidos por no poder pagar. En lo político les permitieron crear una magistratura (tribunos) y una asamblea con el nombre de *concilio de la plebe* para la defensa de sus intereses. Las resoluciones de esta asamblea (plebiscitos) sólo tenían validez para los plebeyos. Pero con estos instrumentos en sus manos la plebe comenzó a intervenir activamente en la vida del Estado, mas no dentro de sus instituciones, sino frente a ellas. El régimen, en vez de fortalecerse, se debilitaba. Esta división de poderes dio lugar a numerosos conflictos, algunos de gran trascendencia, como el sucedido en 471 a. C. al obtener los plebeyos que los tribunos fueran elegidos por su concilio, el cual desde entonces se denominó *comicia tributa*. En 451 a. C. fueron nombrados por este sistema los decenviros, quienes promulgaron la célebre *Ley de las doce tablas*, piedra angular del derecho romano. A partir de entonces la ascensión de la plebe hacia la vida del patriciado fue constante. En 445 a. C. una ley les autorizó a casarse con miembros de familias patricias y a entrar a formar parte de la Roma que hasta entonces los había tenido supeditados. Lograda la igualdad civil, los plebeyos no cesaron en la lucha hasta alcanzar mayores alturas en la dirección de los destinos de la república. Una ley del año 448 a. C. otorgó obligatoriedad general a los plebiscitos, luego equiparados a las leyes del patriciado en virtud de la ley Hortensia (287 a. C.). Los patricios, en tanto, crearon un nuevo poder dentro del Estado con el nombre de *censor*. Este cargo duraba cinco años y tenía por misión fiscalizar la composición del Senado y administrar la hacienda. Con este instrumento en sus manos, los patricios siguieron dominando la vida política e institucional de Roma, si bien la división entre ellos y los plebeyos no tenía las tajantes diferencias de tiempos pasados. Ya existía una sola Roma y los plebeyos ganaron el derecho a desempeñar las magistraturas principales, incluso el consulado.

El comienzo de la expansión romana. A principios del siglo V a. C. los galos pusieron en peligro el poder de Roma. Los invasores vencieron a los etruscos y en 390 a. C. derrotaron a los romanos, saquearon la ciudad y pusieron sitio al capitolio, único lugar de Roma que no cayó en poder del enemigo. Mil libras de oro costó a los romanos liberarse de la amenaza gala, pero esto no quiere decir que las luchas terminaran. Por el contrario, Brenno, jefe galo, ensoberbecido por sus triunfos, pretendió establecerse en numerosos puntos de la península, y lo consiguió en la Etruria adriática. La acometida de los galos reavivó el espíritu de lucha de los vecinos de Roma, que sufrían ya su influencia, y se renovaron los intentos de invasión del siglo V a. C. El

Corel Stock Photo Library

Debajo del acueducto Romano de Segovia, España.

patriotismo de la mayoría de los patricios y el espíritu combativo de los romanos les permitieron resistir todas las embestidas. Roma, luego de mejorar en forma muy notable sus defensas, logró someter a los etruscos meridionales, dominó la orilla derecha del Tíber y en 385 a. C. sometió a los ecuos. Poco después corrieron la misma suerte los volscos. Los latinos, después de haber firmado un tratado con Roma, lo denunciaron y pretendieron invadirla, pero la ciudad, con una larga historia de heroísmo, estaba preparada para esta eventualidad. La Liga Latina, formada para combatir a Roma, se disgregó y cada uno de sus miembros firmaron tratados por separado con la ciudad del Tíber. Algunos de los pueblos vencidos recibieron el privi-

legio de la ciudadanía romana, pero a la mayoría se le concedió sólo derechos civiles, con exclusión de los políticos, a lo que se debió el nombre de *derecho latino*, que seguía al de ciudadanía. De este modo Roma puso fin al peligro que en forma permanente la acechaba en sus propias puertas y se preparó para las grandes conquistas que le reservaba su activa historia.

La conquista de Italia. De 330 - 280 a. C. Roma estuvo dedicada a romper las esclusas en las que había tenido que estar encerrada para consolidar su posición interna. Fue el momento en que ya su fuerza le permitió lanzarse a la conquista de Italia central y luego de la del mediodía. Las luchas fueron largas y cruentas y en más de una ocasión la hueste romana se vio pre-

277

cisada a humillarse ante los pueblos que pretendía conquistar. Tal fue el triste episodio que tuvo por escenario a Caudium, hoy Airola, donde el ejército romano fue obligado a pasar por las horcas caudinas, o sea, someterse a pasar por debajo del yugo, humillante acción que le impusieron los samnitas vencedores. La victoria de Terracina rehízo el poderío romano y algunos años después el ejército conquistó triunfos decisivos en el sur y en el norte de la península. Después de la victoria de Sentinum, en 295 a.C., toda la Italia central quedó en poder de la intrépida ciudad del Tíber, que poseía ya un territorio de unos 80 mil km²cuadrados. Entonces Roma puso su mirada en la Magna Grecia, en el sur de Italia, región de la que posteriormente iba a recibir decisivos elementos culturales para su formación imperial. Las ciudades de la Magna Grecia estaban divididas entre sí y sólo Tarento ofrecía cierta cohesión. Con el pretexto de defenderla de las legiones romanas, el rey Pirro de Epiro cayó sobre ella y la sometió en 280 a. C. Pirro se distinguía por el enorme prestigio de ser griego, hijo de una cultura superior, y su irrupción en Tarento significó el primer choque entre la Grecia clásica y la Roma naciente. En Heraclea los elefantes de Pirro causaron enorme impresión a los legionarios, que se desbandaron, mas el vencedor no avanzó hacia Roma, sino que se volvió a defenderse de los cartagineses. Consiguió nuevas victorias deslumbrantes, pero ninguna decisiva y todas a costa de muchas pérdidas. De ahí que todavía hoy se aluda a este hecho con las frases *batallas pírricas o batallas a lo Pirro.* En 275 a. C. los romanos lo derrotaron en la batalla de Benevento, esta vez en forma definitiva; Pirro huyó a Grecia y dejó a un general, Milo, el encargo de defender Tarento, ciudad que pasó a poder de Roma tres años después. La ciudad del Tíber había conquistado la Italia peninsular y se preparaba para las largas guerras con los cartagineses.

Decadencia del patriciado. Aunque no es apropiado hablar todavía de Imperialismo, el ejército romano ya era entonces el factor principal de la expansión de la antigua ciudad. Formado en el comienzo, por los ciudadanos exclusivamente, pronto fue necesario reestructurarlo y dividirlo en cuerpos uniformados, a los que se daba el nombre de *classes.* Todos los ciudadanos romanos de 17 a 45 años, sin distinción de jerarquía social ni de origen, estaban obligados a incorporarse a él. Desde 310 a.C. fue dividido en cuatro legiones, cada una de las cuales tenía 3,000 hombres de infantería pesada, 1,200 armados ligeramente y 300 caballeros. El mando militar estaba confiado directamente a los cónsules, quienes vestían en las batallas manto escarlata, símbolo de su autoridad absoluta. Oficia-

Coliseo romano, Italia.

Corel Stock Photo Library

les de menor categoría eran los centuriones, los tribunos militares y una especie de generales subordinados, llamados legados y procónsules, que más tarde, cuando se extendió el dominio romano, mandaron ejércitos en las provincias. La legión romana se impuso por su superioridad militar y fue el instrumento con el cual Roma se lanzó a la conquista de toda Italia y de la cuenca del Mediterráneo. Pero mientras el ejército crecía en poder y en eficacia, la decadencia del patriciado que había forjado la república era evidente en todos sus aspectos: en lo numérico, porque la población de Roma se había multiplicado por las conquistas, y en lo moral, por representar un pasado caduco. Lentamente, y luego de muchas vicisitudes, se fue formando una nueva clase, la compuesta por los plebeyos de ascendencia patricia o incorporados a la clase dirigente en virtud de servicios prestados y muchas veces poseedores de bienes y conocimientos superiores a los antiguos patricios. Esta nueva clase social contó desde su nacimiento con el decidido apoyo del elemento rural, que constituía la base del ejército y que era económicamente fuerte. Con este apoyo la clase ascendente tomó la dirección de los destinos de Roma frente a la nobleza decadente, defensora de los derechos del patriciado, pero gobernó al margen de la plebe urbana, la cual, por su pobreza, no figuraba en ninguna clase social. En la misma situación estaban los libertos. A la nueva clase dirigente se debe la inteligente organización de los territorios conquistados, a cada uno de los cuales supo dar un tratamiento particular, de acuerdo con la idiosincracia de cada pueblo y la importancia que tenía a los ojos de

los conquistadores. Los procedimientos eran, por lo general, tres: anexión con reparto de tierras a los ciudadanos romanos, que establecían colonias y aportaban a ellas los derechos de plena ciudadanía de los que gozaban; diversidad de categorías de municipios en las ciudades sometidas, pero sin derechos políticos para sus habitantes, hasta que con el tiempo se fueron concediendo a unos el derecho de ciudadanía, a otros el latino y a otros el itálico; por último, consideración de los pueblos conquistados como extranjeros, en cuyo caso se les daba el nombre de *peregrini.* Las ciudades que se fundaban de nueva planta en tierras conquistadas eran como los municipios anteriores: romanas o latinas o itálicas, distinción basada en el tipo de derecho que las regía, según su importancia y trato que merecían sus pobladores.

Roma frente a Cartago. El dominio que Cartago ejercía entonces en el Mediterráneo occidental, iba a ser puesto a prueba inmediatamente por el creciente poder de la vigorosa ciudad del Tíber. Los cartagineses, confiados en su poder, no supieron comprender a tiempo el peligro que para ellos significaba la ascensión de Roma a la de gran potencia conquistadora. Las relaciones entre ambos pueblos se habían desarrollado en forma normal hasta que Roma se adueñó de toda la península itálica. Un hecho al parecer intrascendente fue la chispa que encendió la guerra entre Roma y Cartago. Un grupo de mercenarios se apoderó de Mesina y sus habitantes pidieron auxilio a los cartagineses. Éstos ocuparon la acrópolis y pronto se hicieron odiar más que los piratas. Invitada Roma a socorrer a Mesina, el Senado autorizó una expedición en 264 a. C; hecho que equivalía a abrir las hostilidades con la potencia africana. Había estallado la primera guerra púnica. La lucha comenzó en Sicilia. Mesina y Agrigento cayeron en poder de Roma, y Siracusa se unió al vencedor. Roma, vencedora en tierra, pronto llevó la lucha al mar, y en aguas de Milae (Milazzo) la flota del cónsul Cayo Duilio derrotó a los cartagineses, en 260 a. C. Este acontecimiento impulsó al Senado a llevar la guerra al propio continente africano, y en sucesivos triunfos navales Roma obligó a Cartago a firmar una paz onerosa y a pagar una fuerte indemnización. En 242 a. C; la potencia africana renunció a Sicilia. Esto era el fin del dominio cartaginés en el Mediterráneo central.

A partir de entonces la opinión cartaginesa se dividió en dos bandos antagónicos: entre partidarios de Amílcar Barca y de Hannón, situación que agravó en forma decisiva la sublevación del ejército mercenario cartaginés en 240 a. C. El desorden cundió en las posesiones cartaginesas de Cerdeña y Córcega. Roma intervino y trece años después era dueña absoluta del Mar Tirreno. En la batalla de Telamón (225 a. C.) derrotó otra vez a los galos y se hizo dueña del valle del Po. Combatió a los piratas que infestaban por entonces el Adriático, los derrotó y se instaló en la costa dálmata, con los ojos puestos en los asuntos de Grecia. El pueblo cartaginés, mientras tanto, había elevado a Amílcar Barca al mando supremo en España, donde Cartago esperaba hallar los recursos necesarios para combatir a Roma y resarcirse de la pérdida de Sicilia. Amílcar partió de las colonias púnicas establecidas en la Península Ibérica y convirtió en real la soberanía nominal que su país ejercía en España, donde dio fuerte impulso a la explotación de las minas de plata de Sierra Morena. Su sucesor Asdrúbal, fundó en la costa levantina la ciudad de Cartago Nova. Este hecho inquietó a los focenses de Marsella, quienes pidieron auxilio a Roma para proteger las colonias que tenían en España. Las dos potencias rivales firmaron entonces un tratado por el que se fijaban en el río Ebro los límites de la expansión cartaginesa en España. En 219 a. C. Aníbal, hijo de Amílcar y sucesor de Asdrúbal, atacó Sagunto, que si bien estaba situada al sur de las bocas del Ebro quedaba bajo la influencia griega, coyuntura que Roma aprovechó para declarar la guerra a Cartago. Pero el joven caudillo cartaginés, ambicioso y valiente, inició una briosa acometida que lo llevó a las puertas de la ciudad del Tíber. Cruzó los Pirineos, evitó el choque con las legiones romanas del valle del Ródano, atravesó los Alpes e infligió sensacionales derrotas a los romanos. Roma hizo esfuerzos desesperados para contenerlo, pero la batalla del lago Trasimeno en 217 a. C. la puso en gra-

vísimo peligro. Sin embargo, fue un año después, en los campos de Cannas, donde el genio militar de Aníbal coronó con un éxito espectacular su audaz incursión. Nunca Roma había estado en tan inminente peligro de caer en poder de un enemigo que se distinguía por sobresalientes cualidades de caudillo militar. Con el ejército cartaginés al pie de sus murallas, Roma fue testigo de la defección de Siracusa, que se pasó al enemigo, de la sublevación de Cerdeña y de la firma de una alianza entre Aníbal y Filipo V de Macedonia en 215 a. C. Pero Roma se salvó una vez más. Su fanática voluntad de triunfar y la fidelidad de los pueblos de la Italia central operaron este milagro. A esto hay que agregar la firma de un tratado de alianza con la liga Etolia, que hizo ineficaz la ayuda que Filipo pudiera prestar a Aníbal. El jefe cartaginés fue dueño del sur de Italia desde 216 - 212 a. C., tiempo que Roma supo aprovechar para devolverle el golpe. Y la oportunidad llegó en 211 a. C. con la conquista de Siracusa, en cuyo asedio pereció Arquímedes, y con la ocupación de Capua.

Delenda est Carthago. Mientras en la península itálica soportaba Roma la crítica situación antes descrita, en España sus legiones batían a los cartagineses. Cneo Escipión conquistó todo el territorio de Cataluña y poco después se apoderó de Sagunto. El dominio que los romanos ejercían en el mar les permitió aprovisionar a sus legiones en la península hispánica, y en 209 a. C. un nuevo general romano, Publio Cornelio Escipión, se adueñó de Cartago Nova y del riquísimo tesoro que allí guardaban los Bárquidas, así llamados por descender de Amílcar Barca. El 206 a. C. el joven Escipión batió de nuevo a los cartagineses y se hizo dueño de todo el valle del Guadalquivir. La conquista de Cádiz, poco después, borró para siempre todo vestigio cartaginés en España. Filipo de Macedonia renunció a su hostilidad a Roma y firmó con ella un tratado de paz, y Aníbal, poderoso aún, pero impotente, se hallaba arrinconado en la península de Calabria. Escipión, a quien Roma le había prorrogado el mandato de procónsul, estableció su cuartel general en Siracusa y batió a Aníbal. Acto seguido pasó a África, a la que también se había trasladado Aníbal, reclamado por Cartago, hecho que enfrentaba a Roma con el enemigo mortal lejos del territorio metropolitano por primera vez. En el Senado romano comenzó entonces a oírse una voz austera y viril que preconizaba la destrucción total de Cartago. Era la de Marco Porcio Catón. _Delenda est Carthago_, recomendaba Catón, convencido de que la supervivencia de Roma no iba a ser posible si no se destruía a la poderosa ciudad africana. Pero ya las legiones de Escipión habían logrado ventajas en África y conseguido la alianza de Masinisa, rey de

una parte de los númidas que daban a Cartago la mejor tropa de caballería ligera. Dos genios de la estrategia y del valor iban a medir sus fuerzas. La débil disposición de los efectivos de combate dio al general romano la victoria decisiva en Zama (202 a. C.) y Cartago, agonizante, tuvo que firmar la paz onerosa y humillante. Renunció a todos sus territorios, pagó una fortísima indemnización y cedió a Roma el derecho de declarar la guerra. Esto equivalía a la total ruina del imperio cartaginés en el Mediterráneo. Pero en el Senado romano aún seguía retumbando el acento severo de Catón: _Delenda est Carthago!_

La expansión romana en acción. Convertida en la máxima potencia de Occidente, Roma dirigió sus ojos hacia otros horizontes para dar expansión a su espíritu combativo y afianzar con hechos decisivos su gran energía creadora. En este momento psicológico, una embajada helénica se presentó en la ciudad para invitarla a poner orden en el mundo griego. En 200 a. C., el Senado, en un acto que tiene todas las características de acción imperialista premeditada, declaró la guerra a Filipo V de Macedonia.

Cuatro años después las legiones romanas tomaron sobre sí la tarea de _liberar_ a los estados helénicos de la férula de Filipo. El rey macedonio se vio obligado a firmar un tratado por el cual renunciaba a toda su flota a favor del vencedor. Las legiones abandonaron el territorio griego –habían ido a _liberarlos_–, pero las naves romanas eran dueñas del Egeo. Años después, Antíoco III, para no secundar los planes romanos, se había trasladado a Siria, alentado en esta empresa por el cartaginés Aníbal –que había huido de su patria tras de la derrota que sufrió en Zama–, y disgustado por la protección que los romanos prestaban a las clases mercantiles. Antíoco, desoyendo los consejos de prudencia de Aníbal, que conocía como pocos el empuje de las legiones, cruzó el Helesponto y los ejércitos rivales chocaron en las Termópilas en 191 a. C., y un año después Roma venció a Antíoco en Magnesia.

El rey derrotado quedó prácticamente sin flota, sin ejército, sin tesoros y sin posesiones. Parte del despojo del dominio de Antíoco pasó a Pérgamo y Rodas, vigiladas de cerca por Roma. El imperio romano acababa de escribir una de las primeras páginas en la marcha hacia la conquista del mundo entonces conocido.

El poder expansivo de Roma era una fuerza siempre en acción. Roma, considerada por los griegos como bárbara, se había convertido en árbitro de los destinos del mundo heleno. Pero la opinión griega no era unánime en el asentimiento para aceptar esta situación. Mientras los propietarios temían a las ideologías extremistas provenientes de Esparta, los demócratas suspiraban por la independencia que sólo les podía dar Filipo de Macedonia. Pero este monarca no tuvo otra alternativa que la de obedecer la voluntad de los romanos. Su hijo y sucesor, Perseo intentó emanciparse de esta tutela, pero el naciente imperialismo romano le declaró la guerra y lo derrotó en Pidna (168 a. C.), así como derrotó poco después a Antíoco IV de Siria, quien había invadido Egipto. Posteriormente, Grecia intentó de nuevo sacudir el yugo romano mediante el levantamiento de Corinto. Los legionarios derrotaron a los griegos, y los ciudadanos corintios fueron vendidos en masa como esclavos en un acto de brutalidad imperialista sin precedentes. Esto, por lo que respecta al Oriente mediterráneo. En Occidente ocurría algo parecido. El Imperialismo romano se fue imponiendo lenta pero implacablemente en toda la cuenca del Mediterráneo occidental. El saqueo de Corinto se produjo en el mismo año (147 a. C.) en que era destruida definitivamente Cartago, hecho con el que Roma puso en práctica la famosa frase que Catón el Censor repetía invariablemente al final de todos sus discursos, fuera relacionado o no al tema tratado. En 133 a. C. las legiones al mando de Escipión Emiliano –hijo de un Paulo Emilio, pero incorporado a la familia Escipión por adopción que hizo a su favor un hijo del africano– ponían término a la legendaria resistencia de Numancia en España. El pedido de auxilio de Marsella contra las incursiones de los celtas del interior, que ponían en peligro las colonias griegas del sur de Francia, fue escuchado por Roma, y en 122 a. C. las legiones derrotaron a los incursores y crearon su primera provincia de la Galia, con Narbona por capital. Roma afianzaba sus dominios en torno a la cuenca del Mediterráneo.

Agitación social. A esta altura de su existencia, Roma era ya la ciudad más poderosa y rica del mundo occidental. El saqueo de los países vencidos, las enormes indemnizaciones de guerra y los grandes tributos de las provincias conquistadas hicieron que afluyeran a Roma los metales preciosos de los pueblos sometidos. Se creó el mercado de valores, y con éste nació el capitalismo del arte. Los publicanos formaron sociedades y empresas y la economía monetaria se centralizó en manos de los équites, quienes comenzaron a ejercer un dominio decisivo en el comercio interior y exterior. El Senado se dio cuenta del peligro que corría la república si caía en manos de la clase mercantil, y para recobrar su prestigio en los comicios trató de captarse la simpatía de la clase media con la sugestión del impuesto sobre la renta. Este hecho dio lugar a que recayesen las más descaradas expoliaciones en los países conquistados, que eran prácticamente saqueados por gobernadores y publicanos, y precipitaron la crisis social que se venía incubando desde hacía tiempo en la sociedad romana. La sociedad de Roma estaba dividida en tres clases: la nobleza senatorial, que acaparaba todos los cargos importantes; los representantes de la riqueza y de los negocios (équites), y el partido popular, integrado por el proletario rural y urbano. Mientras los primeros pedían reformas democráticas, los últimos exigían ventajas materiales sin reparar en el régimen político que se las otorgase. En esta lucha decisiva para Roma

Detalle de la columna de Trajano en Roma, Italia.

aparecieron en el escenario político dos hermanos, Tiberio y Cayo Graco, nietos de Escipión el Africano, quienes propiciaron la más amplia reforma agraria. La aristocracia hizo asesinar a Tiberio en 133 a. C. y diez años después su hermano Cayo corrió la misma suerte. El fracaso de los proyectos de los Gratos demostró que era imposible llegar a fundamentales reformas mediante el juego político normal.

El ejército, hasta entonces al margen de las apetencias políticas, apareció de pronto en el escenario de las luchas de clases. En vista de la falta de vigor con que fue conducida la guerra contra Yugurta, rey de Numidia, el partido popular impuso al Senado el nombramiento de Mario como cónsul y caudillo de la guerra. Mario respondió a las esperanzas de todos. Liquidó la guerra contra Yugurta en 105 a. C., aniquiló a los germanos (cimbrios y teutones) que habían invadido la Galia Narbonense, en 102 a. C., y poco después fue elegido cónsul por sexta vez en compañía de Saturnino y Glaucio, dos furibundos demagogos. La clase senatorial, para vencerlos, hizo proclamar la ley de *maiestate*, que imponía la pena de muerte a los que conspirasen contra la seguridad del Estado, lo que equivalía a instaurar el terror por primera vez en Roma. La aristocracia venció en los comicios y Saturnino y Glaucio fueron asesinados en plena calle. La coalición de senadores y ecuestres que comenzó a gobernar provocó una violenta revolución en Asia Menor, donde el odio contra el dominio romano era cada vez más acentuado. En Italia central provocó Livio Druso una sublevación también, haciendo alarde de sus condiciones de demagogo. Roma envió a Mario contra los italianos y a Sila contra Mitrídates, rey del Ponto. Sila, caudillo de los aristócratas, venció a los partidarios de Mario, se hizo nombrar dictador y se entregó a bárbaras carnicerías para imponer su autoridad ilimitada. Después de su abdicación (79 a. C.), la guerra civil brotó de nuevo con la rebelión de los esclavos encabezados por Espartaco. Diez legiones a las órdenes de Craso, el magnate más rico de Roma, enfrentaron al jefe rebelde y triunfaron sobre él luego de una terrible matanza. La anarquía se levantaba en todas partes contra la omnipotencia de Roma; Mitrídates apoyado en Grecia por los revolucionarios, se enfrentó a Lúculo, quien había ido allí para reprimir los abusos de los publicanos. Pero éstos, lejos de obedecer, fomentaron en el ejército toda suerte de rebeliones para defender sus privilegios. En 70 a. C, Craso y Pompeyo fueron elegidos cónsules. Pompeyo recibió poderes como no los había tenido nadie antes de él en Roma. Organizó un poderoso ejército y una gran flota, libró las costas de Italia de las bandas de piratas y puso fin al poder de Mitrídates en 65 a. C. Un año después creó la provincia de Siria y los estados de Capadocia, Galacia y Judea pasaron a depender directamente de Roma. El imperio parecía salvado, mas los onerosos tributos impuestos a las provincias sometidas sólo podían ser abonados mediante empréstitos con los mismos banqueros romanos. La quiebra financiera iba a hundir a la república en una crisis mortal. Pompeyo, triunfador y cargado de laureles, parecía llamado a proclamar la monarquía en provecho propio, pero la sombra de César

comenzaba a ganar terreno como una figura excepcional. Con el pretexto de la soberanía del pueblo Pompeyo, apoyado en la tropa, César, caudillo del partido popular, y Craso, dirigente de la nobleza, se dieron la mano y formaron el primer triunvirato. Eran los dueños del Imperio Romano y su poder puso fin, prácticamente, a la república. Esto ocurría en el año 60 antes de Cristo.

César, caudillo máximo. Desde la formación del triunvirato, las asambleas, los comicios, las elecciones y el poder de los magistrados eran pura ficción. Pronto demostró César que era el más audaz y el más inteligente de los triunviros. Se trasladó a las Galias como procónsul y en ocho años dio a Roma la más vasta provincia de occidente y puso por dos veces el pie en Gran Bretaña. En 56 a. C. los tres hombres resolvieron repartirse el imperio de la siguiente forma: César seguiría en las Galias, Craso recibió el mando de las provincias de Siria, y Pompeyo, el de España. Pero Pompeyo, cauto y experimentado, se quedó en Roma para vigilar las maquinaciones del Senado, mientras Craso, deseoso de emular las glorias de César, marchó a su destino, fue derrotado en la Mesopotamia por las tropas de los partos en 54 a. C. y poco tiempo después murió asesinado.

Quedaron frente a frente César y Pompeyo. El Senado, influido por el caudaloso verbo de Cicerón, decidió apoyar a Pompeyo, quien fue nombrado cónsul único en 51 a. C. Era la guerra civil entre los dos grandes caudillos. A principios de 48 a. C. César hizo cruzar el Rubicón a sus huestes, y Pompeyo fue batido en la célebre batalla de Farsalia.

Poco tiempo después Pompeyo pereció asesinado en Egipto, adonde había huido. César se trasladó a Alejandría y al modo de Alejandro de Macedonia hízose consagrar hijo de Amón. Trasformado de este modo en rey legítimo de Egipto, se casó con Cleopatra, que a la sazón disputaba el trono a su hermano Tolomeo, de cuya unión nació un hijo, Cesarión.

No obstante ser el caudillo militar de la democracia, César aspiraba a constituir una monarquía que uniese, bajo la autoridad de Cesarión, los imperios de Roma y Egipto. Mientras llegaba este momento –ambición que no vio realizada–, César iba acumulando honores y privilegios. El Senado y los comicios, totalmente adictos, le dieron el título de dictador vitalicio, *imperator*, único, con poder para reclutar tropas, disponer del erario público, reformar las costumbres, y el nombramiento de pontífice máximo. Recibió, asimismo, el título de padre de la patria, vestiduras reales y el privilegio de sentarse en silla de oro. Sólo rehusó la oferta de una diadema regia. Dejó que circulase libremente la leyenda de su origen divino, instaló en Roma a

Cleopatra como reina y diosa y le hizo erigir un templo bajo la advocación de *Venus Genitrix*, o sea, *Venus Madre*; permitió que se celebrase en su propio honor el culto a *César, dios vivo,* y autorizó la erección de un santuario a *Júpiter Julio*.

Nunca estuvo César tan cerca de la realeza como en aquel momento, pero la aristocracia romana odiaba a César, al que había encumbrado el partido popular. Con la muerte del dictador a manos de Bruto y sus cómplices, la república romana se libró de caer en la monarquía, pero nadie supo ofrecerle una fórmula de gobierno que la desviase de desembocar en una nueva guerra civil.

La reacción popular fue adversa a los asesinos de César, los que tuvieron que huir a Egipto. Mientras tanto, Octavio, sobrino y heredero de César, y sus generales Marco Antonio y Lépido resolvieron constituir el segundo triunvirato y se dividieron el imperio de la siguiente forma: Lépido, España; Octavio, África y Sicilia, y Marco Antonio las Galias. Para demostrar mutua fidelidad, los triunviros resolvieron ceder unos a otros a sus amigos y protegidos, lo cual dio lugar a terribles represalias en masa. Cicerón fue sacrificado al odio de Marco Antonio; Bruto y Casio hicieron frente a los triunviros en 42 a. C. y fueron derrotados en la batalla de Filipos. Ambos se suicidaron después del desastre. Pero los victoriosos caudillos no veían con los mismos ojos los frutos del triunfo. Marco Antonio se hízo cargo de los negocios de oriente y allí cayó en las redes que le tendió Cleopatra, quien aspiraba a que fuese Egipto y no Roma la que rigiese los destinos del Imperio. Privado Lépido de su poder, Octavio y Marco Antonio se encontraron frente a frente como antes se habían encontrado César y Pompeyo. El año 32 a. C. Roma declaró la guerra a Egipto, y el 31 a. C. la flota romana destruyó a la egipcia en la batalla de Accio. El lenguaje de las armas se impuso, el reino de los faraones se hundió y Marco Antonio y Cleopatra en distintos momentos, se suicidaron. La estrella de la gran urbe occidental seguía brillando en el mundo entero.

Decadencia. La victoria sobre los egipcios ensoberbeció a los romanos y se apoderó de sus clases dirigentes un sentimiento de orgullo nacionalista. Nadie podía contender con Roma. Su fuerza, su organización, el poder arrollador de sus legiones, eran decisivos en todas las latitudes donde se enfrentaba con el enemigo. Octavio reunió en sus manos todas las magistraturas y fue, en cierto modo, el continuador de la obra de César. El sumiso Senado le concedió en 27 a. C. el título de *Imperator Caesar Augustus*. La principal preocupación de Augusto y de sus colaboradores más íntimos, entre los que se hallaban los ciudadanos que poseían una fortuna superior a los 400 mil sestercios – quiere decir que Octavio se había plegado a la aristocracia del dinero–, fue consolidar las fronteras del imperio para preservarlo de las incursiones de los bárbaros. Roma comenzó entonces a dar solidez megalítica a sus posesiones y a alejarse de la idea de nuevas conquistas. Buscó seguridad en oriente, dio nueva estructura política a las provincias de España y de Galias y procuró fortificar los límites romanos frente al mundo germánico en las márgenes del Elba. Los germanos se sublevaron, y entonces Roma retrocedió hasta una nueva línea fronteriza, esta vez siguiendo, aproximadamente, los cursos del Rin y del Danubio.

Los emperadores de la familia de Augusto (Tiberio, Calígula, Claudio y Nerón) sostuvieron una lucha a muerte contra la vieja aristocracia romana, cuyas mejores familias fueron aniquiladas. Pero los crímenes y excesos de los emperadores romanos no se hicieron sentir en las provincias, mejor gobernadas con el imperio que con la república y que disfrutaron de una efectiva *paz romana*. De familias romanas que se habían establecido en provincias salieron gobernantes ilustres, como el español Trajano y su pariente y sucesor Adriano. Ambos pertenecientes a la dinastía de los Antonino, que iniciada por el prudente Nerva, dio al imperio un siglo de verdadero esplendor, mediante la práctica de la adopción como sucesor del mejor, en vez de la herencia de sangre, costumbre que rompió Marco Aurelio, el emperador filósofo, dejando como heredero a su indigno hijo Cómodo. Éste, como Heliogábalo y otros muchos emperadores, algunos de ellos hundidos en la molicie y en el vicio y delirantes de poder y sedientos de sangre, fueron fatales para que Roma pudiera seguir manteniendo el cetro de su magistral grandeza en el mundo mediterráneo y otras partes de Europa. En la imposibilidad de preservar el orden en toda la vastedad del mundo romano, Diocleciano dividió el imperio en dos partes: oriente y occidente. Él se estableció en oriente y dio occidente a Maximiano. En esta organización era evidente que el papel de Roma como urbe rectora iba a desvanecerse pronto. Este régimen se llamó *diarquía*, y posteriormente una nueva división dio lugar a la *tetrarquía* o sea, la división en cuatro grandes prefecturas (Italia, Galias, Iliria y Oriente). Además, Diocleciano, para librarse de la presión del Senado, del poder de la insolente guardia pretoriana y de los desmanes del populacho, que vivía al grito de *panem et circenses* (el populacho romano se conformaba con que hubiera harina para hacer pan y espectáculos sangrientos en el circo a cargo de los condenados, muchas veces cristianos, o de los gladiadores), decidió trasladar la capital del impe-

rio de occidente a Milán. La fundadora de la grandeza imperial, roma, quedaba relegada a un segundo plano. En 324 d. C. reunió Constantino *el Grande* todo el imperio romano bajo su mando, trasladó la capital a Bizancio, que entonces se llamó Constantinopla, y protegió la religión cristiana, cuyo poder creciente tampoco había sabido comprender Diocleciano. Gobernando Constantino se celebró en Nicea, Asia Menor, el primer concilio ecuménico (325).

El relajamiento de los resortes del poder, la corrupción de la aristocracia, la debilidad provocada por las luchas intestinas y el vicio de que eran víctimas todas las clases sociales, en diversos grados y bajo diversos aspectos, precipitaron la decadencia. El último gran emperador fue Teodosio, nacido en España, y a su muerte se dividió definitivamente el imperio en oriente y occidente (395). En el siglo V y luego de un milenio de duración, aproximadamente, la estrella fulgurante de Roma dejaba de deslumbrar al mundo a través de sus glorias militares y de sus sabias instituciones. Los bárbaros, que habían amenazado las fronteras del imperio durante más de un siglo, irrumpieron en Roma en 410 d. C. y la sometieron al saqueo. El título de emperador de occidente subsistió hasta el año 476. El imperio había muerto antes y surgían a la cultura de occidente un crisol de pueblos románicos y romanizados, orientados en lo espiritual hacia el cristianismo triunfante. La semilla que Roma sembró en el mundo con generoso impulso civilizador, es la que da fisonomía a nuestra civilización moderna cuyas fuentes se remontan a la antigua Grecia y que el imperio romano supo llevar a todos los ámbitos del mundo civilizado a través de su fuerza expansiva, de sus instituciones jurídicas y de su brillante cultura. *Véanse* CARTAGO; CRISTIANISMO; BÁRBAROS; CÉSAR, CAYO JULIO.

impermeabilidad. Propiedad de ciertas sustancias que las hace impenetrables a los líquidos o fluidos. En algunos cuerpos es natural; tal ocurre con la arcilla, gutapercha, cristal, cera, etcétera. En otros, es conseguida artificialmente. Los terrenos arcillosos son impenetrables, y ello los hace inconvenientes para los cultivos. Las rocas no son impenetrables de una manera absoluta, pues finalmente resultan horadadas y se hacen permeables. Los cuerpos que poseen esta propiedad de manera especial son los de base alúmica, como, por ejemplo, la arcilla, greda, marga, caolín; y los que tienen estructura basáltica o de granito, pórfidos, rocas volcánicas, etcétera, cuyos elementos son de grano finísimo y compacto que impide el paso de los líquidos y fluidos. Los cuerpos impermeables son empleados en los materiales de construcción y otras industrias.

impermeabilización. Procedimiento empleado para impedir el paso del agua o de la humedad a través de papeles, tejidos o materiales de construcción. Existen muchos sistemas destinados a este fin, pero todos se basan en la aplicación de sustancias o preparados en que la intensa aglutinación de moléculas impide la formación de poros. El caucho preparado en distintas soluciones, la piroxilina, el aceite de linaza, las resinas sintéticas, ciertas sales metálicas (acetatos de alúmina, sales de cobre, óxidos amoniacales), las parafinas y gelatinas, las sustancias vitrificantes, las grasas de animales, etcétera, constituyen buenos impermeabilizantes para tejidos, papeles y cartones, siempre que sean manipulados en debida forma. El invento de los materiales plásticos y muchos productos derivados de las celulosas (usados particularmente en las pinturas) ha aumentado la ya copiosa serie de impermeabilizantes industriales aplicados a la construcción. El asfalto o betún de Judea y la brea o alquitrán, convenientemente fundidos al calor, se convierten en excelentes líquidos impermeabilizantes por su estructura homogénea al enfriarse. Se usan para proteger las cajas de conexión eléctrica subterráneas y los muros y pavimentos exteriores.

impétigo. Enfermedad cutánea, característica de los niños, que consiste en la aparición de pústulas llenas de un líquido más bien incoloro que al secarse forma gruesas costras. Se extiende casi siempre en las zonas de la piel expuestas al aire, como la de la cara o cuero cabelludo y rara vez en los miembros o el resto del cuerpo. Cuando no es atendida suficientemente, la enfermedad se torna crónica, o sea, que al desaparecer las primitivas pústulas vuelven a formarse otras. El impétigo es infección bacteriana contagiosa producida por el estreptococo o el estafilococo. Los animales domésticos suelen padecerla.

implosión. Estallido de un recipiente cuya presión interior es mucho menor que la exterior, provocado por la irrupción súbita y violenta en el mismo de un fluido; se produce especialmente en recipientes de vacío y es debida al aumento repentino de presión que experimentan las paredes interiores.

En astronomía se le da este nombre al fenómeno cósmico que consiste en la disminución brusca del tamaño de un astro.

imprenta. Arte de imprimir libros, folletos, diarios, revistas, etcétera, y lugar donde esta tarea se realiza. La escritura, medio de comunicación intelectual entre los hombres, permaneció por miles de años como privilegio de los menos, por la dificultad que suponía el conseguir los textos, cuya copia y reproducción debía hacerse a mano, en forma tan lenta como trabajosa e infiel, pues la desigual atención de los copistas y las interpolaciones debidas a sus iniciativas, casi nunca felices, deformaron los originales y terminaron por corromperlos, traicionando así el pensamiento de los autores. Escasos los textos, se elevó su costo y disminuyó el número de lectores, con lo que se creó un círculo vicioso no roto ni superado hasta la invención de la imprenta de tipos móviles.

Imprenta primitiva. Cuando esto sucedió, ya sabía el hombre desde mucho tiempo atrás que marcando o dibujando sobre cualquier superficie –madera por lo general– y entintándola después, si se estampaba en una hoja de papel u otro material similar se obtenía una reproducción en sentido inverso del original. En esta trasposición o inversión del dibujo, conocida ya desde el remoto empleo de los sellos de cera, o en seco, estribaba la primera e insuperable dificultad de reproducción de escritos extensos por semejante procedimiento. Pero si ello resultaba arduo y laborioso como medio de reproducción de páginas enteras, no lo era tanto para signos o letras sueltas cuyo dibujo se ofreciera invertido bajo la prensa, para ser reproducido normalmente al ser estampado. De ahí nació en realidad el principio de la imprenta solucionado en definitiva al lograrse resolver el problema mediante la fundición de tipos metálicos invertidos, en matrices sueltas. Estos tipos o letras, al poder ser combinados entre sí fácilmente, acabaron con la dificultad.

Composición. Reunidas las letras sueltas así talladas o *tipos móviles* de aptitud combinatoria inagotable, fueron formándose primero sílabas y luego palabras, hasta componerse frases completas. Estas frases se arman, en la composición a mano, tomando los tipos de la caja donde se encuentran clasificados y distribuidos en compartimientos o cajetines. El tamaño y situación de los mismos varía según la frecuencia con que se usan las letras en el idioma de que se trate. Para la composición, la caja se coloca sobre un armazón de madera o *chibalete*, en forma de pupitre y altura conveniente para que el cajista o tipógrafo vaya tomando los tipos con toda comodidad y colocándolos en el componedor. Este utensilio, indispensable para el tipógrafo, recibe las letras y espacios que han de formar las palabras necesarias hasta completar una línea; se compone de dos láminas de metal unidas en ángulo recto limitadas en un extremo por un tope fijo y en el otro por una pieza móvil que sirve para dar a la línea el largo deseado. Instrumentos auxiliares del cajista o tipógrafo son las pinzas, con las que coloca, extrae o ajusta las letras y espacios.

Una vez lleno el componedor, la línea o líneas que se encuentran sobre él se pasan

Prensa rotativa, ideal para tirajes de 10 000 ejemplares o más.

a la galera, plancha de hierro, cinc o madera provista en un lado de dos listones de hierro en escuadra, contra los que se *conforman o justifican* las líneas compuestas, la primera de las cuales, siempre que sea principio de párrafo o estrofa, ofrece un blanco o *sangrado* de dimensión conforme a determinadas reglas tipográficas.

Llena la galera y formada la composición de prueba o galerada, se sujeta ligándola fuertemente con unas cuantas vueltas de bramante, asegurado con un lazo sencillo en forma especial o deslizándolos sobre cartón resistente. Estos bloques de composición, denominados paquetes, deben ser manipulados tomándolos con las dos manos, pues de lo contrario se corre el peligro de que se deshagan o empastelen, lo que

exigiría rehacer nuevamente la composición. Una vez formada la galera de corrección o la página, se saca la prueba de ella mediante el empleo de un rodillo especial.

Compaginación. Lista y corregida la prueba de página, se afina y ajusta la forma, dejando los márgenes en blanco, poniendo los folios y colocando las cabezas de páginas cuando las hay. Los márgenes se denominan, de arriba a abajo y de izquierda a derecha, *cabeza, pie, falda y medianil*; su anchura, que se mide en puntos y picas o cuadratines, se establece conforme a reglas fijas de tipografía. Realizado esto, se procede a la compaginación propiamente dicha; como la palabra lo indica, consiste en la distribución de las páginas terminadas, de forma que, una vez impresas, al plegarlas se presenten en numeración correlativa.

Imposición. El acto de realizar, sobre el mármol o platina, las operaciones necesarias para que la compaginación tenga efecto, se denomina *imposición o disposición* de las páginas en el orden necesario, conducente a su última correlatividad sin salto ni tropiezo alguno. Los utensilios utilizados por el tipógrafo para imponer la composición son la rama, las imposiciones y las cuñas. La *rama* es un marco resistente formado por listones de hierro de altura inferior a la de los tipos, ensamblados entre si en ángulo recto; las *imposiciones* son lingotes de hierro fundido, de diversos tamaños destinados a rellenar los blancos y establecer rápidamente los márgenes de las páginas; finalmente las *cuñas* son unas piezas metálicas con juego de extensión que provistas de una cremallera o resorte que se acciona mediante una llave, sirven para ajustar, por presión gradual, la forma sobre la rama. La rama puede dividirse en dos partes mediante el *crucero*, listón metálico movible que facilita la imposición de la forma en dos partes iguales. El mármol, o sólida mesa formada por una plancha lisa de fundición asentada sobre gruesas patas, conserva este nombre del de las primitivas mesas, cuyo tablero superior era de esa dura piedra, fácilmente pulimentable. Se conservó así hasta que el famoso impresor francés Fermín Didot la sustituyó en el siglo XVIII por las de fundición que hoy se emplean.

Las páginas se sujetan a la rama en grupos de cantidad variable, generalmente 16; luego de limpiarlas frotándolas con un cepillo empapado en bencina, se desatan las formas, empezando por las de los centros y estableciéndose los blancos de acuerdo con el papel a usar, así como los márgenes de página en forma proporcionada para conseguir un efecto artístico y bello. Es conveniente, al establecer los blancos, colocar en la primera y última página de cada pliego una marca adecuada para que el encuadernador pueda comprobar la perfecta correlatividad de los pliegos sin necesidad de fijarse en la numeración de las páginas.

Para efectuar la imposición, el tipógrafo se sitúa frente al mármol o platina en que se colocan las cuñas de modo que la primera página se encuentre a su izquierda y la segunda a su derecha. La distribución de las páginas presenta muy diversas combinaciones, que varían según el número de hojas de cada pliego.

Métodos modernos. Comparable al enorme progreso que la invención de los *tipos móviles* y la prensa de mano supuso para la escritura, ha sido en los tiempos modernos el realizado mediante las máquinas de composición mecánica y las prensas rotativas, capaces estas últimas de im-

Corel Stock Photo Library

Maquinaria de impresión en rotativa de periódicos.

primir millares de ejemplares en minutos. Dos son las máquinas de composición mecánica más conocida: la *linotipia* y el *monotipo*. En la linotipia, mediante la acción de un teclado de 90 signos, las matrices bajan del almacén y se reúnen una a una hasta formar un conjunto que ha de recibir el plomo líquido que fundirá la línea. De diferente funcionamiento es el monotipo, que consta de dos máquinas, el teclado y la fundidora. El teclado, compuesto de 276 teclas, acciona una bobina de papel que se perfora de acuerdo con las teclas marcadas. Trasladada esta bobina a la fundidora, los tipos salen de la fundición formando palabras cuyas letras están sueltas y no unidas en lingotes de línea entera como en la linotipia, lo cual simplifica la tarea de corrección. La moderna fotocomposición evitando el metal fundido como paso intermedio y reproduciendo los caracteres directamente sobre película fotográfica, constituye un avance que ha permitido incrementar enormemente la velocidad de producción del texto destinado a la impresión por cualquiera de los procesos.

Prensas de imprimir. Paralelo progreso a la composición ha seguido la impresión mediante prensas cada vez más perfeccionadas. Desde la primitiva prensa o *tórculo de nervios* hasta las modernas rotativas que imprimen en varios colores, el progreso ha sido enorme. Todas las prensas primitivas fueron de madera hasta que surgieron las prensas metálicas a mano, pedal, de vapor y eléctricas, según el progreso de los tiempos. El prodigioso grado de perfección alcanzado en la actualidad por las artes gráficas se debe no solamente al progreso mecánico de la tipografía propiamente di-

cha, sino a la colaboración que han prestado otros inventos, como la litografía, la electrotipia, el fotograbado, la estereotipia, el huecograbado y offset, que combinados con el avance de las minervas, rotativas y demás prensas de imprimir de registro mecánico y de gran rapidez han hecho posible la multiplicidad de ediciones y la velocidad de tirada de diarios y revistas.

Impresión en varios colores. Para imprimir colores se prepara y compagina el material de cada color en forma separada; mediante sucesivas impresiones sobre la misma hoja se consigue el efecto deseado. El proceso destinado a distribuir los colores que luego han de combinarse sobre el papel se denomina selección y el método más corriente es el de la tricromía, constituida por la combinación de los tres colores primarios (amarillo, rojo y azul), a los que se agrega a veces el negro. La selección de los colores se realiza mediante la fotografía con filtros que sólo permiten la toma de un color cada vez. Descompuesto así el grabado en tres planchas distintas, se imprimen sucesivamente, procediéndose a veces a una cuarta impresión, como se ha dicho, con tinta negra, con objeto de reforzar las sombras y marcar bien los contornos.

Historia de la imprenta. A finales del siglo VIII de nuestra era ya se usaba en China la impresión por bloques de madera tallada. Hacia principios del siglo XV existía en Corea una fundición destinada a la elaboración de tipos móviles de metal, mediante técnica aprendida por los coreanos probablemente de los chinos. Sin embargo ninguno de estos inventos llegó a Europa antes de que en este continente se realizara un descubrimiento nuevo e independiente.

Asimismo se ignora cuándo se comenzó a imprimir en Europa, por más que se conservan estampas primitivas impresas con tacos de madera tallada, a los que a veces se les agregaba alguna leyenda –como la estampa de san Cristóbal impresa en 1423–, pero este trabajo era tan fatigoso e imperfecto que muy pronto el genio de un impresor afanado en buscar una solución al problema habría de encontrarla. Fue éste Johannes Gutenberg, de Maguncia (Alemania), quien en colaboración con el orfebre Johan Fust y el calígrafo Peter Schöffer inventó los tipos móviles de madera a mediados del siglo XV. Reunidos mediante bramantes que se pasaban por un ojo, éstos podían utilizarse de nuevo una vez empleados. Pese a las imperfecciones del método, se procedió a la impresión del primer libro: la llamada Biblia de 42 líneas, en latín y en dos tomos de doble folio, con 324 y 319 páginas a dos columnas cada uno.

Como la impresión con tipos de madera resultaba muy defectuosa, se pasó a la fundición de tipos de plomo sobre matrices de cobre; la impresión se realizaba aprovechando una prensa de uva, a la que siguió la de nervios o tórculo, inventada a encargo de Gutenberg por un carpintero de Maguncia.

Los libros impresos entre el año de invención de la imprenta (1450 - 1500) recibieron el nombre de incunables, porque nacieron cuando aquella estaba aún en su cuna. Sus características más notables son la ausencia de portada y de paginación, así como la falta de las letras iniciales de los capítulos. Estas se dibujaban a mano después de la impresión.

Aunque mantenida en secreto, la invención no tardó en divulgarse, y a fines del siglo XV *el arte de escribir artificialmente sin mano y sin pluma* se había extendido por la mayoría de las ciudades alemanas e introducido en todo el occidente europeo. En la Península Ibérica fueron Zaragoza (1473), Valencia (1474) y Sevilla (1476) las primeras ciudades que tuvieron imprenta. La primera ciudad del Nuevo Mundo en que se imprimieron libros fue México (1535 o 1539).

Evolución de los tipos. Los pesados tipos góticos de Gutenberg, evolucionaron rápidamente. En Italia se crearon los tipos llamados *romano e itálico*, obra este último del famoso impresor veneciano Aldo Manuzio *el Viejo*. Nicolas Jenson, francés de origen, grabó los primeros punzones de los caracteres romanos, y otro francés, Claude Garamond, perfeccionó y divulgó la *itálica manutina*. En el siglo XVII comenzaron a divulgarse los caracteres *elzevirianos*, creados por el famoso impresor holandés D. Elzevir; en el siglo XVIII, el impresor inglés John Baskerville creó sus caracteres, tan

claros y perfectos; y un italiano, Giovanni Battista Bodoni, produjo el tipo que lleva su nombre. Los tipos europeos influyen en la tipografía española, que en el siglo XVIII alcanza una fase de esplendor y extrema originalidad, notable sobre todo por la calidad caligráfica de algunas de sus creaciones. Las principales figuras fueron el aragonés Joaquín Ibarra y el catalán Eudaldo Pradell. Simultáneamente con la invención de los caracteres móviles progresaron la fabricación del papel y las prensas de imprimir. A principios del siglo XVIII se inventa el papel continuo en sustitución del papel de tina. Asimismo, la prensa de madera deja paso a la de hierro. A comienzos del siglo XIX se aplica la fuerza del vapor por primera vez a la imprenta y se inventa una máquina de fundir tipos perfeccionada en 1835 por el estadounidense David Bruce. Richard Hoe inventa en 1856 la rotativa, perfeccionamiento coronado por los de la linotipia en 1886 y del monotipo en 1895. *Véanse* FOTOGRABADO; GRABADO; GUTENBERG, JOHANNES; HUECOGRABADO; LINOTIPIA; LITOGRAFÍA; MANUZIO, ALDO; MONOTIPO; OFFSET; PRENSA; ROTATIVA; ROTOGRABADO; TIPOGRAFÍA; XILOGRAFÍA.

imprenta en América. La América española conoció la imprenta medio siglo después de su instalación en la metrópoli. En la Nueva España, durante el gobierno del primer virrey, don Antonio de Mendoza, llegaron a la ciudad de México, procedentes de España, dos impresores: Esteban Martín y Juan Pablos, a los que cupo el honor de ser los primeros impresores del Nuevo Continente. Sobre el año en que aparecieron los primeros libros impresos en México, hay discrepancias, creyéndose que la *Escala espiritual para llegar al cielo*, de San Juan Clímaco, fue impresa hacia 1535, y la *Doctrina cristiana en lengua mexicana y castellana*, hacia 1539.

En sus inicios, las prensas colonia les mexicanas publicaron cartillas para enseñar a leer, gramáticas, vocabularios y catecismos, en náhuatl, tarasco, mixteca, zoque , chiapaneco, huasteca, zapoteca, etcétera, para propagar entre las diversas poblaciones indígenas la cultura y la civilización de la metrópoli. Después del establecimiento de la primera imprenta en la ciudad de México, se instalaron otras en Puebla (1640), después en Oaxaca (1720), Guadalajara (1793) y Veracruz (1794). Durante la época de la dominación española en México, el número de títulos, entre libros, folletos e impresos de todas clases, salidos de las prensas de la Nueva España, se ha calculado aproximadamente en 11,652.

Después del Virreinato de Nueva España es el de Perú donde se instala la imprenta, por iniciativa del italiano Antonio Ricardo, que, aunque llegado a Lima en 1580,

hasta cuatro años más tarde no inicia sus trabajos por carencia de las necesarias licencias, siendo el primer impreso salido de sus prensas el opúsculo llamado *Pragmática sobre los diez días del año*. Siguió a esta primera producción otra interesantísima prueba de la literatura plurilingüe, conforme a la ya impresa en México, con el *Confesionario para curas de indios*, en castellano, quichua y aymará. Adquirida esta primera imprenta de Ricardo por el español Francisco del Canto, medio siglo más tarde, son ya tres las imprentas que funcionan en Lima, aumentándose esta cifra hasta siete anteriormente a los años de la independencia.

Centroamérica posee la primera imprenta en 1660, cuando en Guatemala, y a instancias de su obispo Payo Enríquez de Rivera, un impresor mexicano, José Pineda Ibarra, instala allí prensas, cuyo trabajo perduró hasta bien entrado el siglo siguiente, época en que ya funcionaban las instaladas por los franciscanos y la del clérigo Antonio de Velasco, establecida en 1715.

Grandes impulsores de la imprenta en el continente sudamericano fueron los jesuitas. De entre estas imprentas, cuya enumeración haremos a continuación, es necesario citar la primera, por las características curiosas de su formación, la establecida en las misiones jesuíticas del Paraguay, cuyo material, tanto de tipos como de prensas, fue construido totalmente en el lugar de su uso, imprimiéndose con tipos de maderas duras vernáculas y estaño fundido por los indígenas bajo la dirección de los padres. Iniciados los trabajos de esta imprenta a fines del siglo XVII, los primeros impresos vieron la luz a comienzos del siguiente, contándose entre ellos el *Martirologio romano*, de Neumann, en versión guaraní de José Serrano, traductor también del *Flos sanctorum*, de Rivadeneyra, al mismo idioma, y segunda obra impresa, a la que siguió *De la diferencia entre lo temporal y lo eterno*, del padre Eusebio Nierenberg, edición magistral para estar realizada con tan sencillos elementos, pues contaba con cuarenta y tres láminas grabadas a buril y 67 viñetas e iniciales grabadas en madera.

Tras esa imprenta, cuyos trabajos perduraron hasta mediados del siglo, hay que mencionar la fundada por la Compañía de Jesús en Bogotá, donde por funcionar sin licencia real fue prohibida, aunque continuó su trabajo por tolerancia del virrey de Nueva Granada hasta unos 30 años después de su prohibición. De jesuitas fueron también las imprentas instaladas primeramente en Ambato, Riobamba y Quito (Ecuador), a mediados del siglo XVIII; en Chile por las mismas fechas de las anteriores; y en el Río de la Plata, ciudad de Córdoba, en cuyo Colegio de Monserrat de dicha compañía funcionó una imprenta hasta su expulsión, quedando abandonada por algunos años hasta que el virrey don Juan José Vértiz ordenó su traslado a la Casa de Niños Expósitos de Buenos Aires. Otras imprentas en la América, española, fueron las instaladas en La Habana en 1707; la de Bogotá en 1738; la de Santiago de Cuba instalada en 1791; la de Montevideo fundada en 1807, por un inglés que imprimió en ella una gaceta bilingüe y a la que siguió otra fundada tres años más tarde por los españoles para imprimir en ella la *Gaceta de Montevideo*. En Venezuela fue introducida la primera imprenta por el general Francisco de Miranda en 1806, en sus expediciones a Ocumare y Coro. La imprenta se remonta, por lo menos, a 1782 en la parte española de Santo Domingo; en Puerto Rico a 1806, y en Bolivia a 1822.

Por lo que respecta al resto de América, el imperio de Brasil, aunque cuenta con una primera imprenta instalada en Pernambuco en el año 1647 por unos holandeses, no autoriza su instalación oficial hasta 1808. Una imprenta instalada en Río de Janeiro en 1750 por el progresista virrey Gómez Freire, fue destruida completamente por decreto del gobierno de Lisboa, temeroso del progreso de la colonia. Haití conoce la imprenta en 1736, y de América de habla inglesa es Cambridge, en Masachusetts, donde en 1638 se realizan las primeras muestras de un arte en el que tan alto habría de rayar aquel país. Philadelphia en 1681 y New York en 1693 le siguen en orden cronológico.

impresionismo.

Movimiento pictórico y escultórico que consistió en reproducir la naturaleza atendiendo más a la impresión que nos produce que a ella misma en realidad. El término ha pasado, por analogía, a la música. En literatura es un procedimiento que busca transmitir impresiones y sugerencias más que describir con detalle la realidad o los acontecimientos.

Arte. El Impresionismo es la etapa culminante de la evolución constante que siguió la pintura francesa a lo largo del siglo XIX.

La obra de Édouard Manet, El bar en el Folies Bergère (1881-82) es una obra maestra del naturalismo impresionista. Las reflexiones silenciosas y una riqueza de detalles cuidadosamente observados suavizan la frialdad característica de Manet.

Surgió después del realismo courbetiano, gracias al entusiasmo que en 1863 provocó el arte de Edouard Manet con su obra *Déjeuner sur l'herbe*, rechazada en el Salón de aquel año, en un grupo de pintores jóvenes que ansiaban, como él, liberar al arte pictórico de la sujeción a las normas académicas, y que aspiraban a reproducir con la máxima inmediatez la sensación experimentada ante el paisaje o las figuras directamente tratadas. Además de aquella adhesión a la postura independiente de Manet, compartida por cuatro pintores que en 1862 fueron alumnos del taller de Charles Gleyre: Claude Monet, Pierre Renoir, Alfred Sisley y Jean Frederich Bazille; un ex discípulo de Camille Corot, Camille Pissarro, contribuyó a concretar la formación del grupo impresionista y a orientar su estética. Pissarro ejerció una decisiva influencia en otra gran figura que durante largo tiempo estuvo vinculada al grupo, la de Paul Cézanne, así como en la secundaria de Armand Guillaumin. También pesó mucho en el afianzamiento de aquella estética el ambiente de la tertulia del Café Guerbois, que desde 1868 hasta la guerra de 1870 reunía todos los viernes, en torno a Manet, a artistas e intelectuales simpatizantes con aquellas ideas de renovación; entre éstos se contaba un pintor sumamente dotado, Degas, que después de la guerra se sumó plenamente a la actividad de los impresionistas, aunque sin apartarse de un estricto naturalismo, basado en la captación de aspectos anecdóticos de la realidad. Estimulados por Monet y Pissarro principalmente, y alentados por Manet, los impresionistas fueron apoyados también por algunos de

Berthe Morisot fue la única pintora femenina en mostrar su trabajo durante la primera exhibición impresionista en 1874. La caza de mariposas (1874) es una obra lírica, en un escenario brillante, que revela su admiración por los últimos paisajes de Corot. Morisot fue la cuñada de Édouard Manet a quien ella animó a pintar en exteriores.

los paisajistas de la escuela de Barbizon, en especial Dobiñi Daubigny (que en 1870 pondría en contacto, en Londres, a Pissarro y a Monet, expatriados, con el marchante Durand-Ruel, ferviente promotor de la pintura impresionista); fueron, en cambio, combatidos duramente por casi la totalidad de los críticos y por los medios artísticos oficiales, a tal grado que el tesón que demostraron ante aquella incomprensión tan hostil, es una prueba de lo meritorio de su constancia, sobre todo en aquellos impresionistas que carecían de bienes económicos.

En 1869 Monet y Renoir, al pintar junto al Sena, en Bougival, el sugestivo tema de los baños de La Grenouillère, aplicaron por primera vez la técnica pictórica que sería considerada típica del Impresionismo, basada en la disociación cromática. Ésta consistía en emplear, yuxtapuestas, pinceladas de matices puros y contrastes de tonalidades complementarias, con supresión de los negros y el claroscuro, para expresar la vibración de la luz y el constante movimiento de las aguas. Zola definió con palabras muy exactas la naturaleza del impresionismo: "Lo que justamente se ha definido como impresionismo es, precisamente, el estudio de la luz en sus mil descomposiciones y recomposiciones, a fin de que un cuadro pueda convertirse en la impresión de un minuto; pero hay que fijar para siempre este minuto en el lienzo, con una elaboración muy estudiada". Manet también empleó esta técnica en algunos lienzos de temas fluviales, que en el verano de 1874 pintó en Argenteuil; después la seguirían

La obra de Paul Gauguin Rocas junto al mar *(1886) es un ejemplo claro de sus primeros trabajos, donde el manejo de la luz, el color y la atmósfera reflejan el trabajo de los primeros impresionistas. Después de la última exhibición impresionista en 1886, durante su permanencia en Bretaña, Gauguin desarrolló el uso expresivo del color que caracterizó su trabajo posterior. Fue una de las principales figuras del movimiento postimpresionista.*

practicando Sisley y, su máximo impulsor, Monet, cuando ya la mayoría de sus compañeros la habían abandonado, como lo hizo Renoir a partir de 1884 o haría pasajeramente Pissarro para practicar el método pictórico divisionista del puntillismo. El grupo impresionista realizó varias exposiciones (1874 - 1886).

Paisaje otoñal , obra de Alfred Sisley.

Lingüística y estilística. Se conoce con el nombre de estilo impresionista el que corresponde a los escritores del mismo nombre, que manifiestan un fuerte influjo de la escuela pictórica. El investigador Ch. Bally ha llamado la atención sobre la posibilidad de confundir conceptos como Fenomenismo e Impresionismo, pues se trata de cuestiones bastante diferentes; el Impresionismo estilístico elige un momento fugitivo y trata de fijarlo, de darle valor permanente; por lo tanto, hay una esencia de estatismo en las obras de este movimiento, y, por ello, como se ha observado, una frecuencia muy elevada de elementos sustantivos que cristalizan procesos y cualidades. Partiendo de estas notas aisladas, preferentemente en estructuras de tipo nominal, el escritor trata de producir la sensación de un todo.

Música. La afinidad del Impresionismo musical con el pictórico reside en la yuxtaposición de timbres puros y de acordes. Claude Debussy fue el primer compositor impresionista. El aspecto revolucionario de sus concepciones formales influyó en los compositores franceses posteriores, con independencia de su adscripción a la escuela impresionista propiamente dicha (Alberto Roussel, Mauricio Ravel, Manuel de Falla, Alejandro Nicolas Scriabin, etcétera).

impuesto. Suma de dinero que los habitantes de los países modernos pagan al Estado. En los primeros tiempos, los impuestos se pagaban generalmente en especie y a veces con trabajo personal; posteriormente, debido a la complicación de las relaciones sociales, los impuestos sólo se pagaban en dinero. El impuesto tiene las siguientes características: a) es una prestación o contribución de valores pecuniarios; b) la aportación es obligatoria y su pago forzoso tiene carácter de obligación jurídica; c) el pago está sujeto a disposiciones establecidas en forma legal y no al capricho de los funcionarios; d) su finalidad es de utilidad pública.

Los fundamentos en que se basa el régimen impositivo son tres: *Fundamento político*. El impuesto es un hecho necesario en toda sociedad civilizada y es el que permite la existencia de esa misma sociedad. El individuo debe pagar impuestos por el solo hecho de pertenecer a una comunidad; a causa de ello se aplica indistintamente a nacionales y extranjeros; *Fundamento económico*. El Estado, tanto como las provincias y municipios, para poder subsistir y cumplir su misión en bien de la comunidad necesitan medios materiales que no tienen por sí mismos, y por lo tanto, los ciudadanos, que son los que se benefician con una sociedad organizada, deben suministrar estos medios con el pago de impuestos. Los impuestos son usados para el mantenimiento de los distintos mecanismos del Estado y en la prestación de servicios públicos; *Fundamento jurídico*. El ciudadano que paga un impuesto, por el hecho de pertenecer a una sociedad obtiene beneficios de ella, directos o indirectos, por medio de los servicios públicos suministrados por el Estado y es lógico entonces que pague por esos beneficios que obtiene.

Principales términos usuales en el régimen impositivo. *Sujeto del impuesto:* es el contribuyente o deudor que legalmente está obligado ante el Estado al pago de la contribución; puede ser un individuo, una persona jurídica, una corporación social o religiosa, etcétera. *Destinatario del impuesto:* es el que debe soportarlo según las disposiciones legales, y *pagador*, el que en definitiva lo paga con su renta o patrimonio; el destinatario puede pagarlo ante el Estado o descargar su importe sobre otras personas que son en realidad los pagadores. Un ejemplo concreto es el tabaco: el destinatario es la compañía que lo industrializa, mientras que el verdadero pagador es quien compra los cigarrillos sobre los que se ha agregado el importe del impuesto. *Objeto del impuesto:* es la cosa (renta o producto) o el acto (adquisición de fincas, herencias, tráfico del capital, ventas, etcétera) que la ley determina como motivo de impuesto. *Base imponible:* es la cantidad mínima requerida para poder ser objeto de impuesto. *Unidad del impuesto:* es la medida que se aplica. Por ejemplo, en tierras de cultivo se usa la hectárea. *Catastro tri-*

butario: es una lista o índice oficial en la que se determinan los sujetos y objetos sobre los que recae el impuesto.

Clasificación de los impuestos. Los impuestos no son uniformes en todos los países, ni han sido los mismos a través de los tiempos; todo lo contrario: se han usado y se usan diferentes formas y maneras de aplicarlos. Una clasificación de los impuestos es compleja y difícil; se han ideado algunas teniendo en cuenta la forma de cobranza, otras el modo de aplicación y otras la naturaleza intrínseca del objeto del impuesto. Teniendo en cuenta la forma de la cobranza, la división más importante es la de impuestos directos e indirectos. *Impuestos directos* son los que afectan ciertos elementos de carácter constante o por lo menos continuo, como la propiedad, la profesión, el capital, la renta. En este caso se conoce el nombre del contribuyente. *Los impuestos indirectos* se refieren a hechos o actos más o menos variables y casuales y no pueden determinarse de antemano. Los impuestos sobre las ventas, los gastos, las tramitaciones, etcétera, son indirectos. No existe empadronamiento del contribuyente y el Estado no sabe quién paga ni cuánto paga, ya que no vigila los gastos de sus ciudadanos.

Según el modo en que el impuesto recae y la forma en que se distribuye la cantidad a pagar, los impuestos pueden dividirse en tres clases: *Impuestos fijos*, en los que se determina una cantidad fija por persona sin atender a su riqueza, o a los objetos sin atender a su valor. Entre éstos se encuentra la capitación usada antiguamente. Ese impuesto establecía un tanto por cabeza, sin atender a la riqueza ni condición de las personas afectadas. *Impuestos proporcionales*, en los que se establece un tanto por ciento uniforme, sea pequeña o grande la suma de que se trate. *Impuestos progresivos*, en los que el tanto por ciento aumenta a medida que crece el capital o la renta del contribuyente. Por ejemplo, hasta 5,000 se establece 2%; hasta 10,000, 3%, y así sucesivamente. Generalmente se exceptúan en este impuesto las fortunas que no alcanzan a un mínimo considerado indispensable para cubrir las necesidades de la vida.

La clasificación más clara y más usual es la que se basa en la naturaleza del objeto imponible, estableciendo seis grupos de impuestos:

1. *Impuesto sobre el producto*. Se considera producto todo lo que proviene de una fuente permanente; por ejemplo, tierras, fincas, actividad industrial, etcétera.

2. *Impuesto sobre la renta*. Es un impuesto general, que tiende a corregir los errores o defectos de los otros impuestos. Muchos economistas lo consideran como el impuesto del porvenir destinado a reemplazar a todos los demás. En este impues-

to se puede tomar en cuenta la condición personal del contribuyente, su familia, sus deudas, etcétera. Se considera como renta, desde el punto de vista impositivo, a la riqueza que afluye durante periodos más o menos definidos y de la que su propietario puede disponer sin que afecte su capital. Históricamente es un impuesto muy antiguo, pues pueden encontrarse antecedes de su aplicación en la India, Grecia y Roma antiguas, y en Francia durante el siglo XII. Su evolución y aceptación en forma generalizada es relativamente reciente, ya que se le puede asignar 40 o 50 años de vigencia. Surgió en Inglaterra como contribución de guerra, es decir, como impuesto extraordinario a fines del siglo XVIII, De allí pasó a Alemania, Italia y, finalmente, al resto del mundo. En Estados Unidos se aplicó transitoriamente durante la guerra civil y años más tarde comenzó a regir como ley general. En la actualidad tiende a generalizarse en todos los países por sus condiciones de equidad y la mayor sencillez de su aplicación. El impuesto a la renta se puede aplicar en dos formas: la global en la que se obliga al contribuyente a declarar bajo juramento la renta neta percibida en el transcurso del último año sin establecer diferencias entre las diversas rentas que pueda percibir; y la que establece diferencias según la procedencia de las rentas y fija distintas cuotas para sus diversas clases. En el impuesto a la renta, no sólo son imponibles las personas físicas, sino también las jurídicas (asociaciones con personería jurídica, civiles y comerciales).

3. *Impuesto sobre el patrimonio*. Data de la Edad Media y se calcula de acuerdo con el valor de los objetos imponibles. En la actualidad se aplica a todos los bienes que pueden rendir un producto, como por ejemplo, tierras, edificios, capitales de instalación y explotación, capitales de préstamo. Abarca también objetos de uso de gran valor que se han sustraído de un aprovechamiento productivo por voluntad del poseedor.

4. *Impuestos especiales sobre la renta y el patrimonio*. Los objetos impositivos pueden tener un incremento patrimonial por aumento del valor de los mismos, como puede pasar con las fincas y tierras, o por coyunturas económicas más o menos imprevistas, como premios de lotería, ganancias o especulación, etcétera. En estos casos hay impuestos especiales.

5. *Impuesto sobre las transmisiones de bienes o el tráfico patrimonial*. Se refiere al traspaso del patrimonio, ya sea por cambio de dueños, por compra, permuta o expropiación. El impuesto sobre el tráfico de capitales afecta las actividades del capital mobiliario: títulos, hipotecas, acciones, etcétera. El impuesto sobre la herencia se paga en caso de muerte y recae sobre el beneficiado.

6. *Impuesto sobre el consumo y el gasto.* Afecta a las personas que usan o consumen determinados artículos, viniendo a ser contribuyentes indirectos. Este impuesto grava por lo general artículos de gran consumo: sal, azúcar, alcohol, tabaco, etcétera. Los impuestos de este tipo son de carácter regresivo pues inciden con mayor fuerza en las clases modestas que en las ricas.

incas. Nombre de los soberanos y del pueblo de un gran imperio asentado en las estribaciones de los Andes y que fue conquistado por Francisco Pizarro en 1532. La voz inca deriva del quichua *ynca* y quiere decir *príncipe de estirpe regia.*. Esta civilización fue el resultado de un lento desarrollo en el valle del Cuzco, anterior al comienzo de la dinastía inca, que se localiza alrededor del año 1200. La constitución del imperio no se inicia, sin embargo, hasta el reinado del noveno gobernante de la dinastía, Pachacuti Inca Yupanqui (1438-1471). Los anteriores incas –probablemente ocho, según la tradición– pertenecían a la nación *killke inca*, aunque esta fase germinal se halla desdibujada por las brumas de la leyenda y del mito. Entre 1438 y 1527, el imperio inca llegó a dominar un territorio que se extendía desde el norte de Ecuador hasta el centro meridional de Chile y que, por el este, incluía toda la región andina de Bolivia y el nordeste argentino. Este imperio, con una población que se estima en unos 6 millones de personas, constituye uno de los más extensos jamás creado al nivel técnico de la edad de bronce. Los arqueólogos destacan la fecha de 1476 como comienzo del llamado *Último Horizonte*, porque aquel año, con las conquistas meridionales de Topa Inca Yupanqui, se consolida y prácticamente remata en sus límites esenciales el imperio inca. La labor de homogeneización cultural llevada a cabo por éste resalta de modo especial cuando se tiene en cuenta que en la sierra existían más de 40 tribus diferentes y en la costa cerca de 40, cuando se inició la expansión incásica y la correspondiente imposición del quichua como lengua imperial. Esta lengua no era creación de los incas, sino adopción de la poderosa tribu vecina de los quichuas, convertidos en incas por privilegio bajo Pachacuti.

Historia. Los incas no conocieron la escritura y transmitían sus tradiciones, leyendas y estadísticas por medio de los llamados quipos ramales de cuerdas anudadas y multicolores que utilizaban como una especie de código mnemotécnico. La más sólida de las tradiciones conservadas procede del valle de Lambayeque y ha llegado hasta nuestros días a través de un religioso del siglo XVI, Miguel Cabello de Balboa.

Existieron dos estirpes reales: la del Bajo Cuzco y la del Alto Cuzco. A la primera per-

Machu Pichu, vestigios incas en Perú.

Corel Stock Photo Library

tenecían los descendientes de los cinco primeros incas: Manco Capac, Sinchi Roca, Lloque Yupanqui, Mayta Capac y Capac Yupanqui. A la segunda, los descendientes de los restantes: Inca Roca, Yahuar Huacac, Viracocha Inca, Pachacuti Inca Yupanqui, Topa Inca Yupanqui, Huayna Capac, Huáscar y Atahualpa. A comienzos del siglo XV, los quichua fueron derrotados y expulsados de su territorio por los chanca. El estado quichua hasta entonces había servido a los incas de barrera amiga contra los chanca, pero éstos se convirtieron de pronto en hostiles vecinos y un encuentro decisivo se tornó inevitable. Aliados con los quichuas, y bajo el liderazgo de Inca Yupanqui –el futuro Pachacuti–, los incas salvan el Cuzco y, tras una serie de victorias, someten a los chanca. Pachacuti fue coronado en 1438, año en que se inicia la configuración y expansión imperial. Hacia 1463, Pachacuti había ya dominado a los omas uyu, lupaca, colla y cana, controlando las tierras altas del sur. Más tarde, hacia 1471, se apoderó de la mayor parte del altiplano y la costa peruana y llegó a introducirse en Ecuador. Su sucesor, Topa Inca Yupanqui, prolongó las conquistas por el sur del litoral peruano, y el norte de Chile, así como por el nordeste argentino y la parte meridional de la actual Bolivia. En el reinado de Huayna Capac se consolidó y amplió el dominio ecuatoriano, estableciéndose en Quito una segunda capital. Por entonces, los límites septentrional y meridional del imperio se hallaban constituidos, respectivamente, por el río Ancasmayo, en la actual frontera ecuatoriano-colombiana, y por el río Maule, en pleno corazón de Chile, cerca de donde hoy se

alza la ciudad de Constitución. La muerte de Hauyna Capac señaló el comienzo de una guerra civil entre sus dos hijos, Huáscar, que controlaba todo el imperio salvo la mitad septentrional del moderno Ecuador, y Atahualpa, establecido en esa zona, pero con el grueso del ejército y los mejores generales: Challcuchima y Quisquis. La derrota final de Huáscar tuvo lugar en las cercanías de Cuzco, y la llegada de la noticia a Atahualpa coincidió con la del desembarco de Pizarro. Los conquistadores españoles apresaron y ejecutaron a Atahualpa, poniendo fin al imperio.

Economía. La base económica del imperio era la agricultura. En este sentido, es preciso además tener en cuenta que la región andina constituyó uno de los más importantes centros de domesticación agrícola del mundo. En el periodo incásico se llegaron a cultivar más de cuarenta especies, una gran parte oriundas de la región. Las principales eran la patata, la quinoa, la oca, el ulluco, el añu, la cañigua, el maíz, el molle, el zapallo –en quechua, *sapalyo*–, el ají, la calabaza, la acira, el algodón, la coca, el maní, el frijol, la yuca, la batata, el tomate, la palta o aguacate y las habas. Los cultivos más variados se llevaban a cabo en los valles costeros, notables por sus perfeccionados sistemas de regadío. Estos también incrementaban la potencialidad de las tierras altas, en cuyos valles se desarrolló también un elaborado sistema de cultivo en andenes. En toda la región andina se utilizaban fertilizantes: guano y cabezas de pescado en la costa; en los valles y regiones más elevados, abono de llama; y en los valles más bajos, excremento humano. Otro importante desarrollo tecnológico fue la invención de la *taclla* o arado de pie, un largo palo con mango, apoyo para el pie y punta de bronce, que permitía remover la tierra como un arado. También utilizaban una azada de bronce, con mango corto, parecida a una azuela, que denominaban *lampa*.

Los incas se distinguieron asimismo en la domesticación de animales y contaron con más especies de animales domésticos que ningún otro pueblo americano: llamas, alpacas, cobayos, patos almizclados y perros. La alpaca se criaba sólo por la lana, pero la llama por la lana y la carne, además de servir como medio de transporte y como víctima en los sacrificios. La cobaya, junto con el pescado, constituían la principal fuente de proteínas.

También es preciso destacar el importante papel que desempeñaron la minería y algunas manufacturas, como la artesanía textil y cerámica y, sobre todo, la metalurgia. Los metales principales eran el oro y la plata, el estaño, el plomo, y el cobre. Entre las técnicas metalúrgicas practicadas –más variadas que en ninguna otra parte de América– figuran, entre otras, la fundición, la aleación –el bronce alcanzó gran difusión–, la colada, el forjado, la incrustación, el remachado y el repujado.

El comercio se llevaba a cabo por medio de trueque, pues no existía ninguna moneda. Tenía lugar en ferias locales. El comercio de artículos suntuarios era un monopolio imperial.

Estructura social y política. La sociedad incásica era de carácter marcadamente

Una calle en Cuzco, Perú.

Corel Stock Photo Library

jerárquico. La clase superior se hallaba constituida por la nobleza integrada a su vez por dos subgrupos: la de los *pakoyoqs* u orejones, y la de los curacas. A la primera pertenecían los miembros de los *ayllus* o linajes de sangre real, y los llamados incas por privilegio, un grupo creado por Pachacuti. Éste extendió los privilegios nobiliarios a todos los habitantes del imperio que hablaban quichua como lengua original. Se llamaban orejones porque llevaban largos pendientes cilíndricos, de unos 5 cm de diámetro, colgando a través del lóbulo de las orejas. Ocupaban los puestos imperiales más importantes.

Los curacas o caciques desempeñaban los puestos administrativos subordinados y se clasificaban según el número de contribuyentes de que eran responsables desde 10 mil –*Hono Koraka*– hasta 100 –*Pacaka Koraka*–. Tanto orejones como curacas se hallaban exentos de impuesto y su base económica estaba constituida por el producto de las tierras gubernamentales. Gozaban, asimismo, de especiales privilegios como premio a sus servicios; entre éstos, el uso de literas para el transporte y la disponibilidad de sirvientes gubernativos –*yanakonas*–. Los puestos de los nobles, en general cuando eran orejones, y siempre tratándose de curacas, eran hereditarios. Los curacas se buscaban originalmente entre los líderes de los pueblos conquistados. El jefe supremo del imperio y cima de la escala social era el emperador o Inca, encargado de la prosperidad del pueblo y autoridad indiscutida de todos los súbditos. No existía una línea clara de sucesión, pero tradicionalmente el nuevo Inca era uno de los hijos varones de la esposa principal. El emperador vestía ropas más finas que la nobleza y una trenza multicolor, enrollada en su cabeza, sostenía sobre la frente las insignias del cargo: una franja con borlas rojas colgadas de tubitos de oro y un pompón con tres plumas. También su lanza ostentaba símbolos de autoridad. Los restos de su comida y sus atavíos usados se guardaban, y una vez al año eran quemados ceremonialmente. El emperador viajaba siempre en una litera, con una gran comitiva, y lo más despacio posible, pues el desplazamiento lento era consustancial con su dignidad. Entre los títulos del soberano se destacaban los de *Sapa inka* (Único Inca), *Qhapaq apo* (Emperador), *Intip cori* (Hijo del Sol) y *Wakca khoyaq* (Amante de los Pobres).

Aparte de la nobleza, otras dos clases sociales se hallaban exentas de impuestos: la de los artesanos y contables, y la de los sirvientes del gobierno –*yanakona*–. Los artesanos y contables también eran funcionarios gubernativos, y sus cargos, hereditarios. No tenían una designación genérica, sino que se les conocía por su nombre de oficio: *khipo kamayoq* (contable), *qolqi*

kamayoq (platero), etcétera. Los *yanakona* se encargaban del trabajo no cualificado. Tanto los artesanos como los yanakona se reclutaban originalmente, entre los contribuyentes y sus hijos. Los prisioneros de guerra, salvo los pocos que eran sacrificados en el culto o eliminados por su peligrosidad, se reincorporaban a la vida civil como contribuyentes normales. Un lugar especial merecen las *aklya kona* (mujeres escogidas), seleccionadas por el gobierno para su educación oficial en conventos. En estos adquirían, a cargo del Estado, una serie de habilidades domésticas, como tejer, cocinar, etcétera. Una vez completada su educación se dividían en dos grupos; uno se hallaba integrado por mujeres destinadas a premiar como esposas a guerreros o nobles distinguidos; otro, por las madres o *mama konas* que servían al Inca como concubinas o que, en perpetua castidad, atendían el culto y los santuarios. Algunas *aklya kona* se consagraban al sacrificio.

El resto de la población se hallaba integrado por los contribuyentes, cuyo impuesto consistía en trabajo. Dos tipos principales de impuesto eran exigidos: el agrícola y la mita. Como las tierras estaban divididas en tres categorías: tierras del culto, tierras del inca y tierras comunales, era preciso trabajar en todas ellas en el siguiente orden. Primero los contribuyentes atendían a las faenas de las tierras (*cakra*) religiosas, a continuación a las del Inca, y el resto del trabajo se dedicaba a las tierras comunales. Éstas pertenecían también al Inca, pero el usufructo se cedía todos los años a los ciudadanos, por un sistema de rotación. La cantidad de tierra asignada variaba según el número de hijos y de dependientes de cada familia, y la comunidad debía encargarse asimismo de las faenas en aquellas tierras cuyos detentadores se habían tenido que ausentar debido a exigencias de la mita. La misma distribución tripartita de las tierras tenía lugar con el ganado, cuyo servicio se atendía por el mismo sistema.

El impuesto de la mita era aún más complejo. Se dividía de forma equitativa en todos los distritos. Las prestaciones esenciales se hacían en el ejército, en las minas y obras públicas, en el servicio de correos y en los hogares de los nobles: Todos los contribuyentes se encontraban sujetos a esta obligación anual, cuya duración dependía del emperador.

Las unidades básicas de la sociedad incásico eran el *ayllu* o comunidad y la familia. La palabra ayllu –en quichua, *aylyo*– tiene una connotación de grupo de parentesco. Ésta es evidente en los ayllus reales a los que se ha hecho alusión al hablar de los orejones, pero según la moderna investigación la idea de parentesco –lejano e incluso mítico– es esencial a todo tipo de ayllu. La pertenencia al ayllu se establecía siempre por sucesión en la rama masculina y, en general, los miembros de una de estas comunidades no podía casarse con miembros de otras distintas. La investigación actual ha desechado, pues, la idea de que el ayllu originalmente fuese un clan, pues le faltan los principales rasgos de esta institución: sucesión por línea materna, exogamia y –añadamos– totemismo. Ningún nombre de ayllu se deriva de nombres de animales. Cada ayllu, como ya se ha indicado, disfrutaba en usufructo sus tierras correspondientes, que eran distribuidas anualmente entre los miembros del mismo. Los ayllus se agrupaban en unidades administrativas llamadas *curacazgos*, los cuales se hallaban bajo la autoridad de un curaca. Éste, junto con un consejo de cabezas de familia, resolvía todas las cuestiones civiles, administrativas y penales del grupo, con excepción de los crímenes contra la religión, el Estado o el Inca, que pertenecían a la jurisdicción imperial y eran castigados con la muerte. La formación de unidades más amplias de población tenía lugar por progresiva amalgamación de los ayllus, pero la endogamia se seguía respetando dentro de la nueva comunidad formada.

El matrimonio entre hermanos, ascendientes y descendientes directos, y tíos de ambos sexos se hallaba prohibido. Los nobles, en cambio, podían casarse con medio hermanos. La costumbre de que el emperador se casase con su hermana se inició con Topa Inca, pero este era un privilegio exclusivamente imperial. El emperador y los nobles podían casarse con varias mujeres y el número de estas constituía un signo de riqueza; pero sólo se podía tener una esposa principal. Las esposas secundarias no podían sustituir a la principal a su muerte; el marido, sin embargo, podía volver a contraer matrimonio con otra esposa principal. Los incas practicaban la costumbre del levirato y los hijos heredaban las esposas secundarias del padre fallecido cuando no habían engendrado hijos. El contraer matrimonio implicaba la entrada en la fase adulta y en el rango de contribuyente para los ciudadanos comunes.

División territorial y colonización. El imperio incásico se dividía, territorialmente, en cuatro grandes circunscripciones o cuartos *(soyo)*, designados con el nombre de una de las provincias que abarcaban. Las líneas divisorias entre estos cuartos se cruzaban en el Cuzco, que era la capital imperial. El nombre de Tahuantinsuyo, con que se conocía el imperio, significaba *Tierra de los cuatro cuartos.* Las circunscripciones superiores eran las siguientes: Chinchasuyo (nordoccidental), Cuntisuyo (suroccidental), Antisuyo (nororiental) y Collasuyo (suroriental). Los cuartos se ha-

Relieve inca que representa a animales, Perú.

llaban subdivididos en provincias *(wamani)* y cada una de estas en secciones o partes *(saya).* Las provincias tenían sus respectivas capitales, que desempeñaban el papel de centros religioso-administrativos. Las secciones provinciales se hallaban integradas por Ayllus. A cargo de las diferentes circunscripciones político-administrativas se encontraban las siguientes autoridades: los *apos* o prefectos *(soyo),* los *toqrikoq* o gobernadores *(wamani)* y los curacas. El emperador supervisaba a estas distintas jerarquías mediante inspectores especiales llamados *tokoyrikoq.*

Particular interés, como expresión del genio político-administrativo de los incas, ofrece el sistema de colonización interior del imperio. Cuando se incorporaba a éste una nueva provincia, el territorio se pacificaba mediante el envío de contingentes de colonos procedentes de otras provincias ya arraigadas en la lengua y sistema de valores incásicos. Los elementos rebeldes, en cambio, eran enviados a sustituirlos en su zonas de origen. Estos colonos eran premiados con honores y mujeres por el emperador. Recibían el nombre de *mitmakona* o *mitimaes.* Estos movimientos demográficos interiores adquirieron tales proporciones que cuando los españoles llegaron había provincias donde el número de mitimaes superaba al de pobladores autóctonos. También los *aymara* del altiplano boliviano y del Titicaca recibieron terrenos en las zonas bajas y más cálidas, y estos colonos seguían dependiendo de sus autoridades originales y se mantenían independientes de las jerarquías imperantes en las regiones de asentamiento. Es indudable que esta política aceleró de modo notable el pro-

ceso de fusión nacional y de *quechuanización* del imperio.

Obras públicas, comunicaciones, ejército. La política de obras públicas fue causa y resultado, a la vez, de la perfección lograda por los incas en su organización político-administrativa y militar. Sin una institución como la mita no se hubieran podido emprender, por ejemplo, obras de las dimensiones de la fortaleza de Sacsahuamán, en cuya construcción la plantilla de trabajadores llegó a alcanzar la asombrosa cifra de 30 mil personas. El espléndido sistema de carreteras y caminos, por otra parte, era el principal responsable de que el ejército inca contara con la más eficaz de las intendencias americanas de la época precolombina; y el que hizo posible el masivo desarrollo de la colonización interior, así como el grado de integración nacional alcanzado gracias a ésta. El fomento de la agricultura –base económica del imperio– tampoco hubiera sido una realidad sin las grandes obras públicas de regadío.

La arquitectura monumental y el urbanismo incásicos, como el resto de la ingeniería, dependían de la iniciativa estatal. Las obras arquitectónicas principales se edificaban en piedra, sobre todo en las tierras altas. Los bloques pétreos tenían forma rectangular o poligonal. En este último caso, alcanzaban a veces dimensiones ciclópeas, como en la mencionada fortaleza de Sacsahuamán. El encaje de los bloques era perfecto en el exterior, y la convexidad de los bordes tenía una finalidad estética, de ruptura de la uniformidad de las superficies mediante el juego de luces y sombras que permitían las junturas. Los edificios solían tener una sola planta, pero cuando se componían de varios pisos, éstos se recubrían totalmente, sin terrazas, a diferencia de lo practicado entre los mayas. Los incas utilizaban diversos tipos de columnas y pilares, bóvedas en voladizo y escultura ornamental, con predominio del tema de la serpiente y del jaguar. Puertas, ventanas y nichos ofrecían una característica forma trapezoidal. En la costa, predominaba la arquitectura de adobe, debido a la necesidad de buscar refugio del viento; y los aparejos eran de soga y tizón. Los arquitectos disponían de plomadas. Los ejemplos más impresionantes de la arquitectura incásica en las tierras altas son las ruinas de Machu Picchu, Sacsahuamán, Ollantaytambo y Pisac. En la costa, descuellan el Templo del Sol, en Pachacámac, y el complejo de La Centinela, en el valle del Chincha. En Cuzco, el edificio más notable es el Templo del Sol o Coricancha, sobre el que se alza la iglesia de Santo Domingo.

Los incas construían sus casas agrupadas dentro de un recinto. Las casas individuales se llamaban *wasi* y los grupos que contenían los recintos *kanca*. Los *kanca* tenían en el centro un patio, al que desembocaban todos sus *wasi*. Muchos pueblos, en especial los centros político-administrativos, fueron trazados por el gobierno, al que distinguía su interés urbanístico. En general, los pueblos contenían unos cuatro *kanca*.

El urbanismo inca evitaba la concentración humana, y las ciudades se hallaban constituidas por el centro ceremonial y un cinturón de aldeas separadas del mismo por tierras de cultivo. Verdaderas ciudades, fundadas en el periodo preincásico, sólo se mantuvieron en parte en la costa central y septentrional. Es posible que esta política se siguiera para evitar el carácter potencialmente subversivo de núcleos urbanos auténticos.

Otro de los aspectos más notables de la civilización incásica fue la magnífica red vial. Las dos carreteras principales cruzaban el imperio en sentido longitudinal, una a lo largo de la costa y otra por la sierra. Todas las poblaciones de consideración se hallaban vinculadas a estos ejes principales del sistema y entre sí por una serie de caminos secundarios. La carretera de la sierra se desplegaba desde la actual frontera ecuatoriano-colombiana hasta el Titicaca y, vía Chuquisaca, hasta Tucumán. Tenía ramales al centro de Chile y las cercanías de Mendoza. La costera iba desde Tumbes, junto a la frontera peruanoecuatoriana, hasta la altura de Arequipa y, probablemente, Coquimbo, en pleno Chile. La carretera costera era de unos cinco metros de anchura; la de la sierra, más estrecha. Las afianzaban con muros de contención y, en zonas pantanosas o susceptibles de inundarse, se trazaban sobre calzadas.

Alfarería barnizada, Villa Nativa, Perú.

Había secciones enlosadas y con alcantarillas, y a trechos regulares refugios o almacenes llamados *tampos* o tambos. Las distancias, a veces indicadas en mojones, se medían en *topos*, medida equivalente a 7 km. El mantenimiento de los caminos y de los tambos correspondía a las poblaciones cercanas como servicio de mita.

El correo imperial lo aseguraban los chasquis o mensajeros, corredores entrenados desde la infancia que alcanzaban una velocidad media de 240 km por día. Los mensajes se transmitían verbalmente, con auxilio de los quipos, mediante un sistema de relevos cada media legua. Las comunicaciones entre Lima y Cuzco tardaban tres días, unos diez días menos que en el siglo XVII.

También se destacaron los incas en la construcción de puentes, especialmente de puentes colgantes, fabricados con cables de ramas trenzadas y sujetos en las orillas a torres de mampostería. Algunos llegaban a tener una longitud superior a 65 m. Los incas fueron asimismo notables en el campo de la ingeniería hidráulica, tanto para fines agrícolas como para asegurar el suministro de agua. Muchos ríos fueron canalizados y el Tullumayo, en Cuzco, llegó a tener el lecho pavimentado a su paso por la ciudad.

Salvo la guardia de orejones del emperador, el ejército se hallaba integrado por contribuyentes, una de cuyas obligaciones consistía en el servicio militar. Se dividía en escuadrones provinciales, con un cuerpo de oficiales que en parte debía de hallarse formado por curacas. La disciplina era rigurosa y cualquier abuso contra la población civil se castigaba con la pena de muerte. Salvo en el combate, marchaban en fila, armados con mazas, lanzas, hondas y bolas. Se protegían con túnicas almohadilladas de algodón, escudos de madera, y yelmos de madera o almohadilla y gorras de caña entretejida. El heroísmo militar podía elevar al contribuyente al rango de burócrata con carácter hereditario. La principal justificación de la guerra de conquista era el proselitismo religioso, por lo menos desde la época de Pachacuti. Los incas, sin embargo, fueron grandes diplomáticos y antes de iniciar una guerra trataban de lograr el acatamiento de su soberanía mediante privilegios y honores ofrecidos al enemigo.

Otros aspectos culturales. Religión. La música y literatura incásicas de gran riqueza, constituyen la fase de mayor esplendor de la cultura quichua. Por lo que respecta a la cerámica, es preciso distinguir dos estilos completamente diferentes: el temprano denominado *killke* y el tardío conocido como *cuzqueño polícromo*. El estilo killke se desarrolló en el periodo 1200-1438; es de tosca traza, con decoración geométrica en negro, rojo y negro, o en rojo, negro y blanco sobre el color de la arcilla. También se encuentran muestras con diseño negro o negro y rojo sobre fondo blanco. La cerámica cuzqueña tiene una contextura casi metálica, y alterna motivos geométricos muy diversos con temas naturalistas, vegetales o zoomórficos. En las decoraciones geométricas se utilizan los mismos colores que en el estilo killke, con la novedad ocasionalmente de fondos rojos. La traza del estilo cuzqueño es mucho más fina que en el estilo anterior y su cerámica ofrece una gran variedad de formas. Las más frecuentes son el ánfora *aribaloide* y la fuente profunda con una o dos asas. Las vasijas a veces presentan elementos escultóricos con motivos zoomórficos. Particular belleza poseen las copas de madera o *keros*, con dibujos incrustados de laca. Estos diseños manifiestan una gran variedad temática y magnífica ejecución.

Los incas practicaron también una escultura monumental no figurativa, en forma de talla de las superficies de cuevas y grandes piedras. Notable ejemplo de ello es el anfiteatro de Kenko. La gran estatuaria exenta fue destruida por los misioneros en su casi totalidad y entre los pocos vestigios que quedan se destaca una cabeza de Viracocha y dos pumas. También es preciso mencionar las representaciones de animales y personas en miniaturas de metal o piedra.

En el arte textil, se logró una gran perfección, y son especialmente interesantes los tejidos con incrustaciones de pluma o metal.

Los incas no creían en la resurrección del cuerpo, pero sí en la inmortalidad del alma. Las personas buenas se iban al *hanaq-paca* o cielo, con el Sol; las malas, al interior de la tierra u *okho-paca*, en perpetuo tormento. Creían en un dios supremo, eterno, creador de todo lo visible e invisible, al que no dieron nombre y al que sólo se referían por sus títulos. El más difundido por los cronistas fue el de Viracocha que significa Señor. Le servían una serie de dioses secundarios, entre los que descollaban los celestiales: el Sol (*Inti*) –antecesor del emperador–, el Trueno (*Ilyapa*), la Luna (*Mama kilya*) y las estrellas. Igual rango tenían la Tierra (*Paca mama*) y el Mar (*Mama qoca*). Los demás seres sobrenaturales eran los objetos o lugares conocidos como huacas o *wilkas* (santuarios). Eran muy numerosos y podían ser desde un manantial o una roca hasta un edificio. Una de las principales huacas era la de Huanacauri, una piedra que representaba a un hermano de Manco Capac y a la que se atribuía la protección de la dinastía imperial. Otras huacas eran amuletos. Los espíritus malignos (*sopay*) también abundaban, pero tenían mucho menos poder que los benignos, quienes sólo castigaban el pecado y la impiedad. Los pecados más graves eran el asesinato, el robo, la desobediencia al emperador, la desatención al culto o la oración, la fornicación y el adulterio. Los templos y huacas principales eran atendidos por la jerarquía sacerdotal; las huacas de menor importancia, por un anciano. Existían sacerdotes de ambos sexos y éstos se encargaban asimismo de la confesión, que era obligatoria. Llamas y cobayas constituían las víctimas más frecuentes en el culto, pero en ocasiones importantes, como guerras, hambres o coronaciones, se sacrificaban niños y prisioneros de guerra. La cifra de víctimas se elevaba a veces hasta 200.

Estrecha relación, tanto con el culto como con el cultivo del maíz, guardaba el calendario incásico. Se basaba en el movimiento del Sol y de la Luna, y constaba de 12 meses, de entre 3 semanas y 10 días, más un *mes pequeño* de 5 días. La semana tenía 10 días. A cada mes se asignaban una serie de fiestas rituales y de faenas agrícolas. El año comenzaba a finales del actual diciembre con el principal mes: *Kapaj Raymi*. Véanse PERÚ; PREINCAICO, ARTE; PIZARRO, FRANCISCO; QUICHUAS O QUECHUAS; QUIPOS.

incendio. *Véase* FUEGO.

incienso. Sustancia resinosa de color amarillo pálido o rojizo, sabor acre y olor aromático al arder, que se obtiene de árboles de África y la India y su destino más común es ser quemado en las ceremonias religiosas. Para lograr un perfume diverso al original se mezcla dicha sustancia con otras materias olorosas, como el sándalo. El incienso simboliza la oración, porque se convierte en nube que se eleva al cielo. Por su antiquísimo origen, que se remonta a Moisés y Aarón, su uso se presume fundado en la necesidad de disipar en los templos paganos el olor que dejaban los cruentos sacrificios. En los monumentos del antiguo Egipto hay señales, en grabados e inscripciones, del uso del incienso, que hoy forma parte de la liturgia religiosa con minuciosos detalles acerca de su significado y aplicación.

Inclán, Luis G. (1816-1875). Novelista romántico mexicano, nacido y fallecido en la ciudad de México. Se distinguió por su novela *Astucia, el jefe de los Hermanos de la Hoja, o los charros contrabandistas de la rama*, obra que, a pesar de su trama folletinesca, constituye un cuadro singularmente auténtico del charro y del campo mexicanos. Los artículos de Inclán fueron recogidos después de su muerte en *El libro de las charrerías*.

inconsciente. Lo que no tiene conciencia. Según la opinión del filósofo Leibniz inconsciente de un modo absoluto es sólo la materia; Dios sería en cambio la conciencia más perfecta y clara. Habría, pues, un encadenamiento de cosas y seres cuyo valor se mediría por el grado de conciencia que poseen. Georg Willi Friedrich Hegel afirmaba que el espíritu animado por una infinita necesidad de saber, tiende a apartarse continuamente de lo inconsciente, y Schopenhauer oponía la voluntad consciente a la vida inconsciente. Eduard von Hartmann afirmaba, por su parte, que el fundamento mismo del mundo es inconsciente y que la conciencia nace de la evolución de esa fuerza primitiva, ciega e irracional.

El término inconsciente es utilizado con mucha frecuencia por las diversas escuelas psicoanalíticas. Inconscientes serían todos aquellos hechos que ocurren en un sujeto, pero de los que éste no tiene conciencia. Estos hechos se desarrollarían en una zona oscura que no debe confundirse con el subconsciente, un poco más claro. La vida inconsciente sería, en cierto sentido, la vida instintiva y la subconsciente aquella formada por el material que la conciencia rechaza como desagradable. Una curiosa concepción del inconsciente es la del psicólogo Carl Gustav Jung; según él, esta zona psíquica es colectiva, es decir, patrimonio común de la humanidad. Prueba de esto sería la similitud de los símbolos que han atraído al hombre a lo largo de su historia, y su similar significado. No es raro, afirma Jung, que un hombre del siglo XX tenga un sueño que recuerde una vieja creencia medieval, pues ambos tienen el mismo origen: el inconsciente colectivo.

El psicólogo estadounidense William James negó la existencia de fenómenos anímicos inconscientes; según él, la vida psíquica no puede desarrollarse sino en el plano de la conciencia. Otros psicólogos llaman inconscientes sólo a aquellos fenómenos de naturaleza poco clara, en los que interviene el cerebro y que se manifiestan casi siempre como instintos o reflejos.

incubación. Proceso durante el cual el embrión de los animales ovíparos evoluciona hasta lograr completo desarrollo. En las aves tienen lugar fuera del cuerpo de la hembra, la que por lo general aporta el calor necesario sentándose encima de los huevos. En el caso de la gallina, la incubación tarda 21 días. El animal evidencia síntomas de fiebre y apenas se levanta para comer; dícese entonces que está clueca. Para obtener aves en gran escala se ha recurrido desde muy antiguo a la incubación artificial, método que hoy día ha alcanzado mucha difusión.

La *incubadora* moderna es una caja provista de bandejas donde se depositan los huevos, que son mantenidos a una temperatura de 39 a 40 °C, lo cual se consigue con circulación de agua o aire caliente, o por medio de la electricidad. Tienen termómetro e higrómetro. La temperatura se regula automáticamente, pero la humedad debe ser controlada, casi siempre por el sencillo procedimiento de mojar una arpillera. Los huevos, que deberán ser previa y cuidadosamente seleccionados, se voltean al principio cada doce horas y luego cada veinticuatro, lo que se hace sin necesidad de sacarlos. Al quinto y décimo quinto días se examinan con el ovoscopio para descartar los infecundos. Como el frente de la incubadora es de vidrio, los polluelos cuando nacen, marchan hacia la luz, cayendo entonces en otra bandeja, de la cual son llevados a la criadora. El rendimiento de la incubación artificial es alto, pero los polluelos suelen ser más débiles que los obtenidos naturalmente, lo que hace delicada su crianza. Ésta debe efectuarse en aparatos especiales, también con calefacción, y a base de alimentos científicamente equilibrados. *Véanse* GALLINA; HUEVO.

incunable. *Véase* IMPRENTA.

Independencia. Provincia de la República Dominicana, situada al suroeste del país, en el límite con Haití; tiene una superficie de 1,861 km^2 y una población de 42,800 habitantes. Su capital es Jimaní. El principal núcleo de población es Devergé. En sus límites se encuentra comprendida la mayor parte del lago Enriquillo, el más extenso de la isla de La Española. Su terreno es montañoso y en él se hallan las sierras de Neiba y Baoruco. La cruzan numerosos ríos, entre ellos el Boca de Cachón, el cual tiene un balneario natural. Sus cultivos más importantes son café, arroz y vid.

independencia. Situación en la cual se halla toda sociedad política que no está subordinada a otra y que puede manejar sus propios asuntos sin interferencias ajenas. Por diversos motivos, ciertos Estados quedan sujetos a las directivas políticas de otros; desde ese momento dejan de ser independientes y corresponden a la categoría de estados protegidos. A la inversa, ciertos pueblos dominados adquieren paulatinamente una conciencia nacional y experimentan un progreso de elevación social, económica y cultural del que nacen movimientos opuestos a la autoridad dominante; la consecuencia lógica de este proceso es la declaración de independencia de los Estados dominados. Se ha dicho que el siglo XIX fue la centuria de las independencias nacionales: una treintena de países europeos y americanos rompieron las ataduras que los ligaban a sus respectivas metrópolis y se declararon independientes.

La independencia de los Estados americanos. Las luchas emancipadoras de las colonias del Nuevo Mundo se iniciaron casi quince años antes del estallido de la Revolución francesa, cuando los pobladores de las trece colonias del este norteamericano se rebelaron contra los excesos de la dominación inglesa. La revolución de las colonias hispanoamericanas comenzó después de la Revolución francesa, aunque tuvo antecedentes, entre otros las intenciones atribuidas al hijo de Hernán Cortés y la revolución de los comuneros, producida en 1732 en Asunción del Paraguay.

Los tres precursores directos de la independencia fueron Túpac Amaru, Antonio Nariño y Francisco Miranda. El primero, descendiente de los incas y educado en Cuzco, se llamaba José Gabriel Condorcanqui. Encabezó en 1780 una feroz rebelión de los aborígenes de las reducciones, exasperados ante los excesos de los corregidores. La rebelión fue vencida y el jefe rebelde ejecutado. Nariño, joven criollo de vasta cultura y noble linaje, tradujo en 1794 la *Declaración de los derechos del hombre* y la distribuyó en diversas ciudades del virreinato de Nueva Granada. Arrestado por las autoridades españolas, fue condenado a diez años de presidio en la península; logró escapar a Francia, de donde pasó a Inglaterra y finalmente a Bogotá, ciudad en la que prosiguió sus actividades revolucionarias.

Miranda, el tercero y principal de los precursores, participó en la guerra de la independencia de Estados Unidos y recorrió los países de Europa, Turquía, Rusia y el norte de África. Al estallar la Revolución francesa se incorporó al movimiento de la Gironda y participó en numerosas campañas; llegó a obtener el grado de general y su nombre figura en el Arco del Triunfo de París. Se trasladó luego a Londres, donde fundó una sociedad secreta, la *Gran reunión americana*, entre cuyos miembros llegaron a figurar Simón Bolívar, Nariño, Andrés Bello, Bernardo O'Higgins, José de San Martín y Carlos María de Alvear. En 1798 trató de convencer al primer ministro británico Pitt de que las dos naciones anglosajonas debían realizar una acción conjunta en Hispanoamérica para obtener la independencia de sus pueblos. La propuesta fue desestimada, pero un nuevo proyecto de Miranda fue tenido en cuenta por sir Home Popham, jefe de uno de los ejércitos británicos que desembarcaron en Buenos Aires en 1806 y 1807. Cansado de los repetidos fracasos de sus gestiones, Miranda equipó una flotilla en New York e intentó invadir las costas venezolanas; pero debió buscar refugio en la isla de Trinidad, desde donde inició una segunda expedición con la ayuda del almirante inglés Cochrane. La tentativa volvió a fracasar, pero la semilla sembrada por Miranda estaba pronta para la germinación definitiva.

El fin de la colonia. El edificio colonial construido por España y Portugal a lo largo de tres siglos de historia se derrumbó entre 1808 y 1823, sacudido por dos series de causas: sus propios defectos internos y la evolución general de las ideas durante el siglo XVIII. La conquista había impuesto a las tierras situadas en el sur y el centro del continente americano una unidad forzada y ficticia, que trataba de aglutinar pueblos diferentes y civilizaciones dispares, aislados en el seno de minúsculas células geográficas separadas por inmensos espacios vacíos y malos sistemas de comunicación.

Unificados parcialmente por el idioma castellano y la religión católica, los diversos pueblos y grupos del continente subsistían con marcadas diferencias de carácter profundo.

El secular sistema político creado por España se derrumbó a impulsos de una revolución promovida por la aristocracia criolla, apoyada a veces por la población mestiza. Los indígenas fueron casi siempre los testigos pasivos de acontecimientos que no les interesaban directamente; a menudo optaron por apoyar al español, amo lejano, contra el criollo, amo inmediato y generalmente duro. Los Borbón iniciaron, durante el siglo XVIII diversas reformas liberales que no fueron suficientes para corregir los defectos estructurales del régimen colonial. A partir de 1808, después de que las tropas francesas se adueñaron de gran parte de la Península ibérica, España y las colonias americanas negaron acatamiento a José Bonaparte, el *rey intruso* impuesto por Napoleón. Cuando el fin de la resistencia peninsular pareció próximo, estallaron simultáneamente (marzo - septiembre de 1810) movimientos revolucionarios en Venezuela, el Río de la Plata, Nueva Granada, México y Chile. Varias juntas reemplazaron a las autoridades españolas, invocando al principio la defensa de los derechos de Fernando VII, cautivo de Napoleón, y evolucionando, después, hacia la independencia.

Se iniciaron así tres lustros de dura guerra, librada por varios ejércitos reducidos, mal armados y separados entre ellos por distancias infranqueables. En todas las ciudades importantes la aristocracia criolla se dividió en bandos opuestos: frente a los elementos conservadores, partidarios de la evolución moderada y ligados generalmente a los intereses mercantiles y a los sectores superiores del clero, surgía siempre un núcleo avanzado, imbuido de las ideas de los jacobinos franceses. En otros lugares chocaban los llamados federales defensores de las autonomías locales, con los unitarios, partidarios de gobiernos centralizados al estilo francés. El panorama se complicaba aún más en virtud de las diferencias étnicas y sociales, a las que se sumaban los apetitos personales de los caudillos y caciques de cada región, a veces dotados de mayor poder que los gobiernos centrales.

La lucha se prolongó durante largos años porque los criollos carecían de disciplina militar, elementos bélicos, oficiales expertos y coordinación recíproca entre sus ejércitos. Por otra parte, los españoles poseían militares de carrera, expertos y hábiles, que sabían aprovechar los frecuentes yerros de los generales criollos, generalmente improvisados en su oficio. Los españoles eran dueños del mar, poseían todos los recursos del tesoro colonial y contaban en su favor con la prédica influyente del alto clero.

La independencia de México comienza simbólicamente en 1808, cuando los criollos de la capital lograron que el virrey José Iturrigaray convocara a un cabildo abierto para discutir la creación de una junta de gobierno. La Audiencia y los elementos españoles lograron que la tentativa fracasara. Pero dos años más tarde el sacerdote Miguel Hidalgo, en la pequeña población de Dolores, se puso al frente de una muchedumbre que tomó las armas bajo el estandarte de Nuestra Señora de Guadalupe. Derrotado por el general Calleja en la batalla del puente de Calderón, poco después fue hecho prisionero y fusilado. Su bandera fue retomada por otro sacerdote, José María Morelos, que durante varios años mantuvo en jaque a las tropas españolas. Después de su muerte la lucha fue proseguida por diversas bandas armadas, hasta que el brigadier realista Agustín de Iturbide formuló en la ciudad de Iguala (24 de febrero de 1821) su plan de las tres garantías: mantenimiento de la religión católica, independencia de México y unión entre nativos y españoles. El plan fue aceptado por Vicente Guerrero y otros jefes insurgentes, y mediante el tratado de Córdoba, México alcanzó la independencia. La América Central, que durante un tiempo estuvo incorporada a México, en 1824 se segregó constituyendo la República Federal de Centroamérica. Después de muchas vicisitudes la Federación se disolvió en 1838, a partir de lo cual nacieron las repúblicas de Guatemala, El Salvador, Honduras, Nicaragua y Costa Rica, a las que se añadió luego (1902) Panamá, separada de Colombia.

La independencia de las Antillas se inició con la rebelión de los esclavos capitaneados por Toussaint Louverture (1791). Haití proclamó su independencia de Francia, a la que pertenecía, en 1804. La parte española de Santo Domingo se emancipó en 1821, se reincorporó a España en 1861 y volvió a separarse en 1865 como República Dominicana. La independencia cubana quedó establecida definitivamente el 20 de mayo de 1902, después de la guerra hispano-norteamericana (1898) que promovió la renuncia de España a Cuba y Puerto Rico.

Avanzando hacia el sur hallamos que la primera junta revolucionaria de Venezuela se constituyó en abril de 1810; las tropas realistas lograron derrotar a las de Miranda y lo enviaron prisionero a Cádiz, donde murió cuatro años más tarde en un calabozo. La llama de la insurrección permaneció encendida hasta que el Libertador Simón Bolívar inició en 1813 sus inmortales campañas, que concluyeron con la independencia de Venezuela y de Nueva Granada.

La independencia de Chile fue promovida en 1810 por Juan Martínez de Rosas y los hermanos Carrera, y llevada a feliz término por las tropas unidas de San Martín y O'Higgins. La emancipación del Río de la Plata, precedida por diversos conatos, tiene su punto de partida el 25 de mayo de 1810 y su culminación el 9 de julio de 1816, día en que el congreso general constituyente, reunido en la ciudad de San Miguel del Tucumán, proclamó que las Provincias Unidas del Río de la Plata eran *una nación libre e independiente de los reyes de España y de toda otra dominación extranjera*. Al igual que la acción bolivariana, la Revolución de Mayo ejerció influencia directa y decisiva sobre las regiones vecinas: Paraguay, el Alto Perú (hoy Bolivia) y la Banda Oriental (hoy Uruguay). Gracias a la acción de José de San Martín, genial organizador del Ejército de los Andes, se obtuvo la independencia definitiva de Chile. Con la ayuda del almirante Cochrane, de San Martín avanzó por mar sobre Perú, centro último y enconado de la resistencia española, y logró dominar a las fuerzas realistas. El 28 de julio de 1821 se declaró la independencia de Perú. De San Martín decidió entonces entrevistarse con Bolívar, para combinar con él una acción conjunta. La reunión se efectuó en Guayaquil (hoy Ecuador) y como consecuencia de ella, de San Martín decidió abandonar Perú y dejar la última etapa de la campaña libertadora en manos de Bolívar. Éste inició en 1824 la ofensiva final, que culminó con las victorias de Junín y Ayacucho, últimos triunfos de las armas libertadoras.

Index. *Véase* ÍNDICE.

India. República del subcontinente indio, miembro de la Comunidad de Naciones, en el sur de Asia. Limita al norte con la República Popular de China, los reinos de Nepal y Bhutan; al este con Myanmar (antes Birmania) y el Golfo de Bengala; y al oeste con Pakistán y el Mar Arábigo. Bangladesh forma un enclave en el nordeste del territorio indio, con su costa en el Golfo de Bengala. En el sureste, al otro lado del Estrecho de Palk y el Golfo de Mannar está situada Ceilán (hoy república de Sri Lanka). La superficie total de la India es de 3.287,590 km² y su población alcanza la cifra de 969.700,000 habitantes.

Costas. Se reparten casi proporcionalmente entre los mares de Bengala y Arabia, y salvo su parte noroeste, al sur de las bocas del Indo, son de corte regular. Allí, entre los golfos de Kutch y de Cambaya, avanza la Península de Kathiyavar, a cuyo extremo sur se encuentra la isla de Diu. En este litoral occidental, llamado costa de Malabar, se destacan, de norte a sur, los puertos de Bombay, Mangalore, Kozhikode (Calicut) y Trivandrum. Repartidas en el mismo tramo se hallan las que fueron posesiones portuguesas de Damao y Goa y la

Sacerdotes mazdeistas, templo de Ranakpur, Rajastán, India.

factoría antes francesa de Mahé; frente a esta última, ligeramente al norte del puerto de Kozhikode, se reparte el grupo de las islas indias de Laquedivas. La punta sur está señalada por el cabo Comorín; penetra en el litoral sureste el Golfo de Mannar y el Estrecho de Palk, que separa a la India de la isla de Ceilán. Al este de Ceilán y noroeste de Sumatra está situado el grupo de las islas Nicobar, y al norte de éstas las Andamán, archipiélagos ambos que pertenecen a la India. En la costa oriental o de Coromandel están dos puertos que fueron posesiones francesas: Karikal y Pondichéry, el primero al norte de Nagapattinam y el segundo en posición equidistante entre Karikal y el gran puerto de Madrás. La costa toma dirección nordeste más al norte, junto al delta del Krishna, y la mantiene hasta Punta Palmiras, en que vuelve a formar un amplio entrante donde se alzan el puerto de Balasore y hacia el este las Bocas del Ganges. Los puertos más importantes de la costa occidental son Kandla, Bombay, Marmagao y Cochin; en la costa oriental, se destacan Madrás, Vishakhapatnam, Paradip y, sobre todo, Calcuta.

Orografía e hidrografía. Los principales sistemas orográficos e hidrográficos proceden de la cordillera del Himalaya, que es el límite norte del país; al pie de la grandiosa cordillera se extienden las grandes llanuras aluviales originadas por la acumulación de acarreos del Indo y del Ganges con su red de afluentes y, más al sur, en la región más genuinamente peninsular, se adosa a la masa continental asiática un trozo de su primitivo continente, el Decán, especie de meseta de 600 a 1,000 m de altitud sobre el nivel del mar, con dos típicas cadenas laterales, los Gates. La gigantesca muralla septentrional que aisla a la península del resto de Asia cuenta, dentro de territorio hindú, con tres cimas que se hallan entre las ocho más altas del mundo: Kinchinyinga (en la frontera con Nepal, 8,588 m), Nanda Devi (7,854 m) y Kamet (7,756 m). Cierra el frente convexo que allí presenta el país la serie de valles meridionales que se encuentran entre los ríos Indo, al oeste, y Brahmaputra, al este. En el sector nordeste se destaca en primer término la región del Punjab (o Penjab), nombre que significa cinco ríos, y que cerrada al este por la región china del Tíbet está bañada por los ríos Jhelum, Chenab, Ravi, Beas y Sutlej. En la actualidad su parte oriental pertenece a la India y la occidental al Pakistán. A los pies del Indo, que recibe como principales afluentes al Chenab y al Sutlej, se encuentra el Thar o Desierto de la India, al

suroeste del cual se alzan los montes Vindhia. Aquí nace el río Chambal, que toma dirección al norte para unirse al Yamuna y luego desembocan ambos en el Ganges, el río sagrado, que baja desde los glaciares del Himalaya convertido en una de las más importantes corrientes del universo por la unión del Alaknanda y el Bhagirathi. Para formar el gran delta de su nombre, el Ganges recibe del este al impetuoso Brahmaputra, que descendiendo a través del Himalaya Oriental, penetra en el valle del Assam con el nombre de Dihang y dobla hacia el oeste. A partir de la confluencia con dos afluentes montañosos, el Luhit y el Dibang, es cuando realmente asume el nombre de Brahmaputra. Este bordea por el sur una serie de macizos montañosos –Garo, Khasi y Jaintia– y desciende bruscamente hacia Bangladesh, para unirse al Ganges cerca de Daca. Al sur de la llanura de los ríos Indo y Ganges está la meseta del Decán, a una

altura media, como se dijo antes, de 600 a 1,000 m, sin embargo sobre este nivel correspondiente al horizonte de la penillanura trabajada por la erosión, destacan crestones de viejas cordilleras que originan montañas hasta de 2,700 m. En el interior del triángulo que forman los montes Aravelli y Vindhia y el valle del Ganges, se encuentran los montes Chitor, que separan la meseta del Mewar y del Malva, los Mokundra y las colinas de Sironya. Al este del Golfo de Cambaya se alzan la cordillera de Satpura, en dirección de oeste a nordeste, de unos 1,000 m de altitud; los montes Mahadeo, con alturas máximas de 1,300 m; los montes Gavilgad y, más al este, el macizo de Amarkantak, teniendo en dicha zona sus fuentes los ríos Narmada, que corre hacia el oeste y desagua en el Golfo de Cambaya; el Son, que se dirige al nordeste y afluye al Ganges, y varios afluentes del Mahanadi, que desemboca en el Golfo de Bengala al sur del delta del Ganges, y del Godavari, también con desagüe en el golfo citado. Entre las cuencas del Narmada y del Mahanadi se alzan los montes Maikala, al nordeste de los cuales se encuentra la meseta de Chota Nagpur. La barrera cuyos límites occidental y oriental constituyen respectivamente los montes Satpura y la meseta de Chota Nagpur, divide la India septentrional de la meridional. Al sur de la misma se despliega la meseta del Decán, separada de las llanuras aluviales de la costa por los Gates Occidentales y Orientales. Ambas formaciones montañosas convergen a unos 480 km al norte del cabo Comorín en los montes Nilgiri, que la llamada brecha de Palghat corta, por el sur, de los montes Palni y Cardamom. La India peninsular cuenta con seis ríos notables, cuatro de los cuales desembocan en el Golfo de Bengala: el Mahanadi, el Godavari, el Krishna y el Kaveri. La llanura litoral del este es mucho más ancha que la occidental y se caracteriza por sus numerosos y fértiles deltas. El único río peninsular de consideración que desemboca en el Mar Arábigo, además del Narmada, es el Tapti, que también lo hace por el Golfo de Cambaya. La vertiente oriental del país –correspondiente al Golfo de Bengala– es, pues, la más importante ya que recibe 75% de las aguas que bañan el territorio y posee el vasto delta del Ganges. La India posee pocos lagos; el mayor, situado en Cachemira, es el Wular, cuya superficie oscila según la estación entre 30 y 250 km². Abundan, en cambio, las albuferas o lagunas litorales, entre las que se destacan la de Pulicat, al norte de Madrás, y la de Chilka, junto al delta del Mahanadi. Los ríos principales son el Brahmaputra (2,700 km) y el Ganges (2,500 kilómetros).

Geología. Las rocas de la región del Himalaya son, en general, graníticas y pizarrosas. En el cordón inferior de la cordille-

Escalinata para baños rituales en el Río Ganges, Varanasi, Utar Pradesh, India.

Corel Stock Photo Library

Saddú (hombre santo), Varanasi, Utar Pradesh, India.

La del monzón del suroeste es la lluviosa y se presenta de abril a septiembre; la estación seca, en la que domina el monzón del nordeste, cubre de octubre a abril. Las sequías suelen producir consecuencias espantosas, pues en un país tan superpoblado por gente pobre que vive al día con dieta ya deficiente, muy pronto se deja sentir la carencia de alimentos. Las malas condiciones climáticas son particularmente sensibles en la región de Bengala, en donde son frecuentes los huracanes en la zona de la costa, al principio y al término del verano. Los fenómenos atmosféricos han originado verdaderas catástrofes, muchas de ellas no igualadas en la historia del país. Así se recuerda el terrible ciclón de la noche del 31 de octubre al 1 de noviembre de 1876, que arrasó las bocas del Ganges y sus vecindades; las aguas cubrieron varios islotes e islas y 50 mil hectáreas de tierra firme, causaron la muerte de todos los animales, destruyeron cultivos y viviendas y perecieron más de 200 mil personas. Luego se produjo una epidemia de cólera que costó la vida a casi todos los sobrevivientes de la región afectada.

Recursos naturales y economía. El sector agropecuario constituye 29% del producto interno bruto (PIB) (1995) y da empleo a 61.6% de la población activa. El 57% de las tierras aprovechables se hallan cultivadas, y 28.2% de los cultivos son de regadío. Los cereales y los cultivos industriales son los renglones más importantes del sector. Entre los primeros se destacan el arroz, el trigo, el sorgo y un tipo de mijo denominado *bajra*; entre los segundos, las semillas oleaginosas, el tabaco, la caña de azúcar, el caucho, el algodón, el yute y el

Corel Stock Photo Library

Mural en el templo Minakschi, Madurai, Tamilnadú.

té. La India es uno de los mayores productores mundiales de estos dos últimos productos. La ganadería tiene gran importancia, en particular la cría de vacunos, que se destinan a la producción de leche, cueros y abono, y a la tracción. También ha alcanzado gran desarrollo la cría de ovejas, cabras y cerdos, así como la avicultura. Los búfalos alcanzan la cifra de 79.5 millones de cabezas (1995) y son utilizados como fuente de trabajo. Las carnes de vaca y de

ra que cubre la extensión de las llanuras, aparecen los gres y es el lugar donde se han hallado fósiles del gigantesco toro de cuatro cuernos –*Sivaterium*– y de la enorme tortuga designada con el nombre de *Colossachelys atlas*. En el oeste del país hay estratos de la época terciaria, así como terrenos silúricos, carboníferos, triásicos, jurásicos y cretáceos. El terreno terciario del periodo eoceno, oculto en su parte media por una espesa capa de aluviones, cubre la gran llanura del norte, y los montes Vindhias, formados por rocas antiquísimas, constituyen grandes depósitos de carbón y variados metales. Meseta de gneis en su base y capas de transición basálticas en casi toda la zona del Decán; también los *gneis* y *pórfidos* se hallan en las montañas de Nilgiri y Cardamom, en el sur. Las capas hulleras se encuentran en abundancia y pertenecen a la formación geológica denominada Damuda, nombre del río que baña las tierras en que aquellas predominan y en cuyo valle hay arcillas ferruginosas. La conformación geológica de la India es de las más variadas que tiene el mundo en toda clase de minerales, aunque éstos varían en su calidad.

Clima. Predomina el clima cálido, que es más intenso en el sur y en las costas. En el interior la más alta temperatura se hace sentir en las mesetas del Decán y en la región del Punjab. En esta última se registran calores tan fuertes como en el desierto del Sahara, pues hay ocasiones en que el termómetro sube a 50 °C. Las estaciones dependen de los monzones del sudoeste y del nordeste y se dividen en húmeda y seca.

Bote adornado para un festival. Lago de Dal, Srinagar, Cachemira, India.

Corel Stock Photo Library

India

cerdo son tabú respectivamente, para hinduistas y musulmanes. La propiedad agraria se halla muy desigualmente distribuida: 62.9% de los terratenientes controlan 19.2% del área cultivada; 4.7% controlan 30.7% de la misma; 3.3% controlan 25.2%; y 1.1% son dueños de 12.2%. El predominio de la agricultura extensiva, por otro lado, dificulta el desarrollo pecuario. La riqueza pesquera es grande –caballa, sardinas, camarón, etcétera–, pero su aprovechamiento se halla obstaculizado por la falta de capital y el consiguiente atraso técnico. Los bosques ocupan 20.8% de la superficie total del país y son propiedad estatal. Principales especies: teca, sándalo, cedro deodara y palo de rosa.

La India cuenta con una base energética y minera suficiente como para convertirse en una gran potencia industrial. Las reservas carboníferas se han estimado en 80,950 millones de ton. Se localizan sobre todo en Bengala Occidental, Bihar, Orissa, Andra Pradesh, Madhya Pradesh y Maharashtra. Igual importancia alcanzan las reservas de hierro, con 8,150 millones de ton de mineral hematítico y yacimientos en Goa, Mysore, Bihar, Madhya Pradesh y Orissa. Otros minerales valiosos: bauxita, lignito, manganeso, mica, uranio, torio, rutilo, ilmenita y cobre. Los yacimientos de petróleo se concentran en Assam, Tripura, Gujarat y el Golfo de Cambaya. El potencial hidroeléctrico es notable, sobre todo en el Himalaya y en los Gates occidentales. La India tiene tres centrales nucleares.

El sector industrial, incluidas las industrias extractivas y la producción de gas, agua y electricidad, representa 29% del PIB. De este porcentaje, 19% corresponde a las manufacturas propiamente dichas. El sector da empleo a más de 16% de la población económicamente activa. Las industrias principales son las de bienes de consumo: tejidos, alimentos, productos farmacéuticos. También son importantes la siderurgia, las industrias mecánicas y de transformados metálicos, y las industrias química y cinematográfica.

Las exportaciones de mayor volumen son: piedras preciosas y joyería, maquinaria, cuero, tejidos de algodón, té, manufacturas de yute, productos químicos, hierro y transformados metálicos. Estados Unidos, Japón, Reino Unido y Alemania constituyen sus principales mercados.

La unidad monetaria es la rupía, que se divide en 100 paisa.

Transporte y comunicaciones. La red ferroviaria de la India es la mayor de Asia y una de las mayores del mundo. Tiene una extensión de unos 62,660 km y pertenece al Estado. Cuenta con 11,000 locomotoras, cerca de 28,000 coches de pasajeros y 368,000 vagones de carga. Más de 3,000 km de la red se hallan electrificados. También el sistema vial es el mayor de Asia, con

Corel Stock Photo Library
Templo mazdeista en Jaiselmar, Rajastán, India.

una longitud total de 2.037,000 km; de estos se encuentran pavimentados 48%. Las mejores carreteras están en el sur del país, sobre todo en el estado de Kerala, donde la red ferroviaria alcanza menor desarrollo. La navegación interior cuenta con una red de más de 16,180 km de extensión, una quinta parte de los cuales admiten el tráfico de vapores. La marina mercante es, por su tonelaje, una de las primeras de Asia. El tráfico aéreo dentro del país y con las naciones vecinas es atendido por Indian Airlines Corporation, y el internacional en sentido estricto por la empresa Air India. Ambas son empresas nacionales y cuentan con una importante flota. El país dispone de 95 aeropuertos, cuatro de los cuales son internacionales: Delhi, Calcuta, Bombay y Madrás. La radiodifusión –estatal como la televisión– es el medio de comunicación más desarrollado, con 80 receptores por cada 1,000 habitantes (1995).

Ciudades y turismo. La capital de la república, Nueva Delhi, es una gran ciudad moderna fundada en 1912, que está situada inmediatamente al suroeste de la antigua Delhi. Las dos ciudades tienen, en conjunto, 8.419,084 habitantes (1991). La antigua Delhi fue sede del gobierno imperial mogol (1512); mencionada en la historia desde el año 57 a. C., se la ha llamado el verdadero museo arqueológico de la India por sus monumentos, ruinas e historia. Allí, en el Samadhi de Gandhi, están depositados los restos del Mahatma.

Entre otras interesantes y atrayentes ciudades de la república de la India merecen citarse: Agra, (948,063 h.), que a más de ser un importante centro comercial posee el famoso Taj Mahal, la tumba de mármol que el sha Jahan hizo construir a principios del siglo XVII para mausoleo de su esposa Arjumand Banu, el cual se menciona entre las maravillas del mundo; Amritsar, gran ciudad (904,308 h., 1991), la ciudad sagrada de la comunidad de los *sikhs*, célebre por su templo de oro; Lucknow, (1.619,115 h., 1991), centro de monumentos históricos y santuarios musulmanes; Varanasi (929,270 h., 1991), ciudad sagrada de los hindúes a orillas del Ganges, donde acuden en constantes peregrinaciones para bañarse en las aguas también sagradas del río, millares de creyentes de todos los puntos del país; posee muchos templos famosos, igual que su universidad y su comercio de bazares, que son los más renombrados de Oriente; Jaipur (1.458,483 h.), ciudad de hermosas construcciones, calles amplias y rectas, capital de Rajasthan y con un importante observatorio; Calcuta, (11.021,918 h.) es la mayor ciudad del Asia suroriental y en elle destacan: el puente sobre el Hooghly, los templos Jaino y Kali, el Victoria Memorial y el Museo; Bangalore, (2.660,080 h.) la ciudad jardín del país, a unos 1,000 m de altura, gran centro educacional, sede de un obispado católico y seminario y lugar en donde se fabrican hermosos objetos de oro y plata, alfombras y tapetes; Trivandrum, capital del estado unido de Travancore y Cochin, sitio famoso por sus trabajos en marfil, su museo y galería de arte; Haiderabad (3.145,939 h.), que fue capital del más extenso y populoso de los antiguos estados indios. En Madhurai se encuentra el templo de Meenakshí, del siglo XVIII, y en Tirucharapalli se alzan los templos de Srirankam. Cabo Comorín es la punta austral del país, en donde se confunden las aguas del Mar de Arabia, el Golfo de Bengala y el océano Índico, y allí se ha erigido, dominando el espacio, el legendario templo de Kanya Kumaria; Gwalior, en la región central, cuenta con un famoso fuerte histórico; Sanchi es el mayor centro de restos arqueológicos budistas y en donde se halla el célebre Gran Stupa; Sevagram es una aldea que ha pasado a la historia porque allí el Mahatma Gandhi fundó su Ashram. Bombay (12.596,243 h.) es la segunda ciudad por su importancia en el país y su puerta de entrada sobre el Mar de Arabia; atrae con su museo, su Fuente Sagrada, el Portón de la India, los Jardines Colgantes, la playa de Juhu y las cavernas de Elephanta; Vadodara (1.031,346 h.) es la ciudad de los palacios e importante centro educacional; Ajanta y Ellora forman el famoso grupo de cavernas budistas y bramánicas pintadas que tienen más de 2 mil años de antigüedad; Bijapur, capital musulmana de los siglos XVI y XVII, cuyo Gole Gumbhaj tiene la segunda cúpula más grande del mundo y la famosa Galería de los Murmullos; Madrás (3.276,622 h.) es la cuarta ciudad de la India, de gran importancia comercial, fabril, cultural y religiosa, sede arzobispal católica, y con tres grandes universidades, suntuosos edificios, palacios y monumentos históricos; en su suburbio de Adyar se encuentra la central de la Sociedad Teosófica cuyo *kalakshetra* imparte instrucción musical, dramática y de danzas. Otras ciudades interesantes son: Poona (1.559,552 h.), sede de dos famosas universidades siendo una de ellas de mujeres; Nagpur (1.624,752 h., 1991), importante centro ferroviario e industrial con institutos técnicos de ingeniería y agricultura, y Simla, a 2,170 m, en el cordón del Himalaya, a 270 km de Delhi, cuyo excelente clima hace que su población regular de 82,054 habitantes suba a más del doble en la temporada de vacaciones.

Organización política. La India es una república democrática soberana, miembro de la Comunidad de Naciones. Según la Constitución de 1950 y sus enmiendas, el país constituye una unión de 25 estados y siete territorios. Los estados que conforman la India, con sus capitales anotadas entre paréntesis, son: Andhra Pradesh (Haiderabad), Arunachal Pradesh (Itanagar), Assam (Dispur), Bihar (Patna), Goa (Panaji), Gujerate (Gandhinagar), Hyriana (Chandigarh), Himachal Pradesh (Simla), Jammu y Cachemira (Srinagar), Harnataka (Bangalore), Kerala (Trivandrum), Madhya Pradesh (Bhopal), Maharashtra (Bombay), Manipur (Imphal), Meghalaya (Shillong),

Corel Stock Photo Library

Bajorrelieve con la figura de una deidad hindú en Shrisuraji, Mandore, India.

Mizoram (Aizawl), Nagaland (Kohima), Orissa (Bhubaneswar), Punjab (Chandigarh), Rajasthan (Jaipur), Sikkim (Gangtok), Tamil Nadu (Madrás), Tripura (Agartala), Uttar Pradesh (Lucknow) y Bengala Occidental (Calcuta).

Los territorios de la India son: islas Andamán y Nicobar (Port Blair), Chandigarh (Chandigarh), Dadra y Nagar Haveli (Silvassa), Lakshadweep (Kavaratti) y Pondicherry (Pondicherry).

El derecho de voto se concede a todos los habitantes a partir de los 18 años de edad. El poder Ejecutivo es desempeñado en los estados por un gobernador que es designado por el presidente de la república. El poder Legislativo está representado por legislaturas bicamerales o unicamerales según el estado de que se trate.

Hay libertad de credos pero 80.3% y 11% de la población son, respectivamente, hinduistas y musulmanes (1991). Otras religiones importantes son la cristiana (2.4%), la de los sikhs (2.0%), la budista (0.7%) y la jainista (0.5%); de los cristianos indios más de 8 millones son católicos y 24 millones anglicanos. La casta de los intocables fue abolida por la Constitución, pero no ha desaparecido en la práctica.

El presidente es elegido por el Colegio Electoral para un mandato de cinco años. Dicho Colegio está integrado por miembros de las dos Cámaras y de las legislaturas de los estados. Comparte el Ejecutivo con el gabinete, encabezado este último por un primer ministro. El Parlamento está integrado por el Consejo de Estado *(Rajya Sabha)* y la Casa del Pueblo *(Lok Sabha).* El primero no puede sobrepasar de 245 miembros, ocho de los cuales son nombrados por el presidente y el resto por sufragio indirecto. La Casa del Pueblo tiene un límite máximo de 544 representantes elegidos por sufragio directo en los estados, excepto dos que son nombrados por el presidente para representar a la comunidad angloindia. Los territorios son administrados por el gobierno central. El sistema judicial es independiente.

Idioma y educación. El idioma declarado oficial es el *hindi*, con escritura *devanagri*, que junto con el *urdu*, habla gran parte de la población. El inglés está considerado

Mausoleo de la esposa del marajá Aurangzeb en Aurongabad, Bibika-Magbara.

Corel Stock Photo Library

India

como idioma oficial por *tiempo indefinido*, hasta que pueda ser sustituido por el *hindi*. Se hablan, también, otros idiomas, entre los que se cuentan el *telegu, marathi, tamil, bengalí, gujurati, kanarés, malayalam, oriya* y *assamés*.

Los establecimientos educacionales cuentan con unos 134 millones de alumnos distribuidos de la siguiente forma: 1.353,023 en preprimaria; 109.043,663 en primaria; 56.614,505 en secundaria, y 4.804,773 en superior. Existen 92 universidades en el país. El porcentaje de analfabetismo es de 48% (1995).

Historia. Exploraciones arqueológicas han dado lugar al hallazgo de restos de culturas urbanas antiquísimas en el valle del Indo, que se suponen en relación con las primeras civilizaciones históricas de Mesopotamia, aunque éste es punto muy discutido. Propiamente comienza la historia de la India, de acuerdo con los *Vedas*, única fuente escrita al respecto, cuando entre el 2000 y 1200 a. C. llegaron los arios a la India y se apoderaron sucesivamente del Punjab y de la cuenca del río Indo, hacia la costa, sometiendo a las tribus ocupantes del país: melanios, drávidas, cusitas y tibetanos. Los arios eran pastores y guerreros y se dedicaron en seguida a la agricultura y a cimentar un régimen basado en su religión, que contenía dos simples principios: creían en la inmortalidad del alma y rendían culto a sus antepasados. Sostuvieron guerras contra tribus indígenas y entre ellos mismos. Cuando los sacerdotes se impusieron a los militares, terminó el periodo védico y surgió el brahmánico, y éste fue el que impuso las castas, reservando los jefes para sí y sus familias la clase más alta y privilegiada. Del ejercicio de este sistema resultó una tiranía, contra la cual se alzó la doctrina religiosa predicada por Siddhartha, miembro del clan Gautama y de la tribu Sakya. Éste personaje vivió del 563 al 483 a. C. y la religión por él fundada es el budismo (de *bohdi* que significa iluminación o conocimiento). A la creencia de una casta superior opuso una doctrina de virtud y amor que conducía a la superación individual *(nirvana)*, sin distinción de clase. Triunfó el budismo pero no logró prolongar demasiado su preeminencia, aunque bajo la dinastía de los Maurya fundada por Sandragupta (321-297 a. C.), dio al país la época más brillante de su historia. Bajo el gobierno del emperador Asoka, (264 - 227 a. C.), se formó un fuerte poder que abarcó casi dos terceras partes de la Península Indostánica. Modificaron en parte sus doctrinas los brahmanes –junto a Brahma colocaron los dioses Siva y Visnú, y crearon la trinidad india– disputaron con los budistas y los vencieron; pero ésta ha sido una de las luchas ejemplares que ha presenciado la humanidad, porque se desarrolló principalmente en el campo de la inteligen-

Detalle de un mural en Jaipur, Rajastán, India.

cia, y le corresponde la época de mayor movimiento en los campos literario, artístico y científico, impulsando el desarrollo de las letras, la filosofía, el álgebra, la geometría y la disciplina. Ya se tenían noticias de la India en los países de Asia occidental y de Europa. El famoso pilar de Asoka, cerca de Benarés, acredita en las figuras de animales esculpidas en el friso y en el coronamiento decorado por cuatro leones –emblema y sello de la India actual– la influencia persa. En efecto, Darío I de Persia intervino en la India aprovechando la desunión de los jefes arios y envió al almirante griego Scylax a explorar las bocas del Indo, pero no llegó a formalizar ninguna conquista en el país; Alejandro Magno avanzó más en su penetración, pues invadió el Punjab y ganó una gran batalla en las orillas del Jhelum, pero luego hubo de retirarse en busca de refuerzos (325 a. C.) y la muerte prematura le impidió proseguir la conquista. A partir de entonces abundaron las informaciones, suministradas principalmente por los griegos (como el piloto alejandrino Hipalo) y los egipcios que llegaban hasta las costas en intercambio comercial; pero el país no sufrió más invasiones de esta parte. La historia abunda en incidencias y relatos, muchos de ellos contradictorios, hasta que se llega al siglo VIII y los musulmanes se lanzan a una empresa de conquista en la que aún se hallaban comprometidos 400 años más tarde, porque no es sino a fines del siglo XII, encontrándose la India dividida en varios reinos y principados, que el sultán Mahmud de la dinastía de Gor, se aprovechó de una disputa interna entre los príncipes de Delhi y Ka-nuch

para apoderarse del Punjab y fundar un gran imperio. A medida que avanza el conocimiento que en el exterior se tiene del país, en éste se suceden revoluciones, motines y guerras, complicadas por invasiones de fuera, figurando el famoso Tamerlán entre quienes lo asaltan (1398). En 1526 fundó el gran guerrero Baber, descendiente de Tamerlán, el imperio mogol, con su capital en Delhi. Por esa fecha ya habían llegado a la India los portugueses, que fueron los primeros europeos que allí se establecieron a fines del siglo XV; siguiéronles los ingleses, que en 1600 formaron la famosa compañía comercial destinada a explotación de intercambio de productos. Pero ésta, en realidad, sirvió para lograr un predominio político, al amparo de los privilegios y concesiones que obtuvo. El primer representante de la compañía inglesa de las Indias Orientales fue John Mildenhall, quien hizo acto de presencia en Agra en el año 1603, aunque tardó en lograr que sus pretensiones tuvieran algún éxito, por la presión de los portugueses. La gran derrota que una flota lusitana sufrió en 1612 facilitó las gestiones de sir Thomas Roe, otro de los sucesivos agentes de la compañía, a la que favoreció el rey Selim, apodado *Yehanguir El Conquistador*, quien gobernó de 1605 a 1627. Con el sucesor de *Yehanguir*, su hijo el sha Jahan, tuvo lugar una expansión del Imperio Mogol que dominó el Decán, y surgió la época de los grandes monumentos indomusulmanes de las regiones de Agra y Delhi.

En 1700 la Compañía Inglesa de las Indias Orientales se había constituido en una verdadera potencia, y también los franceses se establecían en Pondichéry, que conservaron hasta 1954. Los intereses extranjeros iniciaron el siglo XVIII estimulando las ambiciones de caudillos locales para colocar en el poder a los reyes y príncipes que más podían favorecer sus intereses. El hábil y valiente Dupleix consiguió realzar la influencia francesa, pero su política tropezó con la energía de Robert Clive, a quien se debe la reafirmación del prestigio británico en la India. Decididos los ingleses a expulsar a las compañías comerciales francesas, se apoderaron de Arkot (1751) y otros puntos esenciales, y siete años después eran dueños de ambas costas, en su mayor parte, incluyendo el *zamindari* de Calcuta, y poseían la soberanía del Decán. También se opusieron los ingleses a las pretensiones de los holandeses, que resultaron derrotados (1759). El gobernador británico Warren Hasting compró los distritos de Allahabad y Kora, que no había podido conquistar el general Clive, y se apoderó del Gujarat. De 1824 a 1836 la compañía inglesa luchó contra los birmanos y entró en el reino de Assam; en 1842 se apoderó de Gasna y Kabul, y en 1843 el principado de Haiderabad pasó a ser provincia inglesa. Los nativos, sin embargo, reaccionaron bravamente, y a pesar de su carencia de elementos, combatieron con heroísmo insuperable y en muchas ocasiones ganaron batallas importantes. En 1857 se produce la célebre rebelión de los cipayos, quienes llegaron a apoderarse de Delhi. Pero era una lucha en la que debían ser vencidos a la larga, y así ocurrió a fines de 1858 a pesar de su admirable esfuerzo.

En ese año fue disuelta la compañía comercial inglesa y en 1873 el Parlamento de Londres intervino abiertamente en la India, y poco después el gobernador general quedaba convertido en virrey, mientras extendía su control a todo el país por la razón o la fuerza. En 1877, finalmente, la reina Victoria de Inglaterra era proclamada por su gobierno como emperatriz de la India y se consagraba la anexión de hecho, rodeada de los formulismos legales. No quedaba a los hindúes sino buscar insistentemente su mayor intervención en el gobierno de su patria, lo que fue solicitado en una asamblea nacional congregada en Bombay. Los extremistas hindúes redoblaron las peticiones de independencia completa y amenazas terroristas. La gravedad de la situación que se creaba hizo que Inglaterra iniciara sus concesiones en 1909. En 1918 el informe inglés Montagu-Chelmsford aconsejó conceder una autonomía sólo limitada a la India, pero el Congreso Nacional Indio reunido en Bombay el 1 de septiembre del mismo año rechazó por unanimidad toda reforma institucional que no significara un paso efectivo hacia la independencia del país *dentro de un plazo determinado.*

Fragmento de un mural que representa a un jinete sikh en Jaipur, Rajastán, India.

Como se iniciaron violentos desórdenes de protesta, las autoridades inglesas dictaron enérgicas medidas para reprimirlos, pero los hindúes no se amedrentaron y vigorizaron su acción. Es entonces cuando entra en primer plano la figura de Mahatma Gandhi, cuyo programa de resistencia pasiva, mediante la *no cooperación,* iniciado en 1919, es aprobado por el Congreso Nacionalista de 1920. En seguida se intensifica el boicot contra los tribunales, los consejos legislativos, la enseñanza, establecimientos comerciales ingleses, etcétera, abarcando todo el país. En 1921, por consejo de Gandhi, el comité del Congreso Panindio proclamó el principio de la desobediencia civil, que envolvía la resistencia al pago de tributos y a cooperar con el gobierno. Aunque Gandhi condenaba la violencia, el pueblo no le obedeció en este terreno. Gandhi fue detenido y condenado a 6 años de prisión, en 1922, por el delito de sedición, y esto colmó la indignación popular, por lo que, excusando la medida en *motivos de salud,* Gandhi fue liberado por las autoridades en febrero de 1924. A más de los incidentes con los ingleses, el país se veía alterado por graves luchas internas, como la que sostenían hindúes y mahometanos, y las basadas en profundas diferencias raciales. No tuvo Inglaterra, entonces, más camino a seguir que ir cediendo gradualmente, porque el problema de la India comenzaba a repercutir en forma cada vez más intensa en su política y en su prestigio exterior. En 1935 el Parlamento inglés aprobó la constitución que entró en vigor en 1937, y por la cual la India pasó a gozar de autonomía en sus asuntos internos, pero siempre sometidas sus autoridades a la máxima supervisión del gobernador general designado por Londres. Los hindúes, sin embargo, mantuvieron sus exigencias. En marzo de 1942 visitó el país la misión inglesa de Stafford Cripps, quien llevó su plan de reforma constitucional –que anticipaba la completa independencia futura– para discutirlo con los jefes políticos hindúes. Cripps fracasó al surgir un nuevo problema: el presidente de la Liga Musulmana, Mohammed Ali Jinnah, declaró que jamás los pakistanos participarían en una coalición con los hindúes e ingleses, a menos que también se creara su estado independiente y soberano.

En las guerras mundiales (1914-1918 y 1939-1945), la India participó junto a Gran Bretaña.

En 1947 el gobierno de Gran Bretaña promulgó el Acta de Independencia de la India, la que se dividió en los dos Estados de la India y Pakistán. En la India se erigió una Asamblea constituyente que redactó la constitución del nuevo estado, la que entró en vigor el 26 de enero de 1950. Dos grandes estadistas que se esforzaron incansablemente por la independencia de la

Madre e hijo cerca de una aldea en Jaipur, India.

India fueron designados para los primeros puestos de gobierno: el doctor Rajendra Prasad, presidente de la república, y Jawaharlal Nehru presidente del Consejo de Ministros. En 1962 fue elegido presidente Sarvepalli Radhakrishnan para el periodo 1962-1967. Nehru continuó en el cargo de primer ministro y a su muerte (1964) lo sucedió Lal Bahadur Shastri, quien falleció en 1966. Indira Gandhi gobernó la India hasta 1977, dirigiendo la victoriosa guerra de 1971 contra Pakistán. La reemplazó Morarji Desai, pero en 1980 Indira Gandhi retornó al poder, y fue la figura dominante en la política india hasta 1984, año en el que fue asesinada por miembros de su guardia personal en aparente venganza por su política contra la minoría religiosa sikh. (A principios de ese año las fuerzas del gobierno habían atacado a militantes sikhs, dejando un saldo de casi 300 personas muertas). El hijo de Indira Gandhi, Rajiv, la sucedió en el cargo, y en 1989, Vishwanath Pratrap Singh asumió el poder. El 21 de mayo de 1991, Rajiv Gandhi, después de haber sobrevivido a dos atentados, perdió la vida al estallar una bomba oculta en un ramo de flores que le fue entregado al bajar de su vehículo. Ante lo sucedido, el Partido del Congreso nombró jefe provisional a Narasimha Rao, ex ministro de Relaciones Exteriores. El 30 de mayo de 1991, Shankar Dayal Sharma fue elegido presidente de la república.

Las reformas económicas de libre mercado introducidas por Rao y las tensiones políticas en el noroeste de la India entre hindúes y musulmanes, provocaron graves disturbios que culminaron con la destrucción de la mesquita de Ayodha por extremistas hindúes. Esto provocó que el Partido del Congreso de Rao perdiera las elecciones en mayo de 1966, y el propio Rao tuviera que dejar la dirección del partido en septiembre. El triunfador en las elecciones fue el nacionalista hindú Atal Bihari Vajpayee, líder del partido *Bharatiya Janata*, pero tuvo que dimitir tras sólo 13 días en su cargo y fue reemplazado por H. D. Gowda, líder de la coalición de centro–izquierda *Frente Unido* que tenía la mayoría de escaños en el parlamento. En abril de 1997 el Partido del Congreso retiró su apoyo a la coalición y Gowda tuvo que renunciar.

Lo sucedió Inder Kumar Gujral de la coalición Frente Unido. En julio de 1997 K. R. Narayanan logró un hito histórico al ser electo presidente de la India, pese a pertenecer a la casta de los parias o intocables. El gobierno dirigido por Gujral cayó en noviembre de 1997 cuando perdió el apoyo del Partido del Congreso.

En las elecciones de marzo de 1998 ningún partido ganó por mayoría. El partido nacionalista hindú *Bharatiya Janata*, ganó la mayoría de escaños, seguido por el Partido del Congreso y sus aliados, y la coalición *Frente Unido*. El líder del *Bharatiya Janata*, Atal Bihari Vajpayee formó entonces un nuevo partido de coalición, convirtiéndose en primer ministro el 19 de marzo. Aún cuando él moderó las controversiales metas nacionalistas de su partido, despertó la preocupación internacional al afirmar que la India desarrollaría armas nucleares para defenderse ante la carrera armamentista de sus vecinos: China y Pa-

quistán. En mayo de 1998 su partido aprobó una serie de pruebas subterráneas de la bomba atómica –las primeras de la India desde 1974– provocando la condena internacional e incrementando tensiones regionales. Las pruebas, que el gobierno hindú afirmó habían sido diseñadas para aumentar la seguridad nacional y mejorar la moral de la población, desencadenaron la imposición de sanciones económicas por parte de Estados Unidos.

Arte y arquitectura. Decenas de siglos de luchas internas, guerras, invasiones y conquistas, han barrido muchos vestigios que podían subsistir de un país que tuvo ciudades magníficas y en las que apuntó el nacimiento de un nuevo arte absolutamente original. El arte hindú, como todo lo que se relaciona con este país y su raza, surgió con sus primeras expresiones religiosas y evolucionó a la par con ellos. Encontró sus primeras manifestaciones en los *topes*.

El gran *tope* de Sanchi, cerca de Bhilsa, es el más notable que queda de una época anterior a nuestra era; tiene en su base 36 m de diámetro, llega a una altura de 18 m y su techo se compone de varios anillos de cúpula que ascienden de mayor a menor. Del gran *tope* de Ruanville (año 50 de nuestra era) aún se conservan ruinas de cerca de 50 m de alto. Los conventos subterráneos a que se retiraban Buda y sus discípulos para dedicarse a la meditación son obras monumentales que no han tenido parangón hasta el presente y que comenzaron siendo meras grutas que se ampliaron hasta abarcar varias naves, con un lugar central, rodeado de capillas y cel-

das, para verificar asambleas. Parecidos a estos monasterios fueron los templos budistas, siempre decorados profusamente, y de ellos se conserva la gruta de Kali, que es un antiguo monumento hindú siempre señalado como ejemplo. Cuando los brahmanes suceden a los budistas en el control religioso del país se mantiene el templo subterráneo, pero su decoración inicia un arte de mayor fantasía y exuberancia, al punto de hacerse confuso en algunas manifestaciones; más tarde comenzará la depuración, en la que no deja de influir el periodo intermedio en que surgen los templos *jainistas,* en Misore: cúpulas sobre pilares aislados, con patios espaciosos rodeados de pórticos y capillas independientes entre sí. A comienzos del siglo XI los *jainas* levantaron su elegante y hermoso templo de mármol blanco en la cima del monte Abu, y parece que la firmeza de esta obra sirve de anuncio a la mayor sutileza y perfección que luego se acentúan en la arquitectura hindú, a la vez que crece la profusión de los ornatos. Ello se debe a que los brahmanes van alejándose paulatinamente de los gigantescos monumentos que hoy se admiran en las grutas de Ellora, reunión de templos sobrepuestos, excavados y esculpidos sobre la roca viva. De la magnitud de esas concepciones arquitectónicas puede dar idea el conjunto de Kailassa, al que da acceso una entrada monumental de 45 m de alto por 75 de ancho, en que abundan las esculturas. En dicho recinto se encuentran la estatua de Siva y el santuario de Brahma; para comunicar algunas secciones se construyeron puentes colgantes de piedra.

Las artes plásticas apenas si fueron favorecidas por el budismo, no obstante haber dejado colosales estatuas de hasta 35 m de alto, la del propio Buda en Bamiyan. Los brahmanes, en cambio, se vieron obligados a impulsar el esfuerzo escultórico como razón de vida o muerte para su doctrina: su multitud de dioses no podía llegar al conocimiento del pueblo sino mediante la representación simbólica, adornándolos con el mayor número posible de sus atributos, aunque de ello resulte un arte pesado, duro y desordenado. Sin embargo, hay aciertos particulares en la expresión de la gracia femenina, representada en formas y actitudes que logran superar la exagerada proporción de las esculturas.

La cerámica, la pintura y la orfebrería son artes hindúes tan antiguas como los *topes,* pues en éstos se han encontrado bellas y representativas obras de su tiempo y estilo. Los colores preferidos de aquellos artistas de dos siglos antes de nuestra era eran el rojo, el azul, el castaño y el blanco, y las paredes de las grutas de Adjuta, Bang y Ellora fueron cubiertas con grandes frescos en que se exponen escenas de caza, guerra y pesca. Urnas funerarias halladas en

Fuerte de Jaiselmar, Rajastán, India.

Sanchi (300 a. C.) recuerdan los vasos griegos primitivos, y en los museos se han reunido miniaturas hindúes que a su valor manual unen la importancia de servir de elementos de reconstrucción histórica, pues, basada toda actividad artística en el motivo religioso, el autor sigue el desarrollo de los acontecimientos y se transforma en meticuloso cronista de su tiempo. En porcelanas policromas, en la producción de utensilios, armas, joyas y objetos de adorno, en tapices, telas y chales, y en la ejecución de relieves en marfil, los hindúes han tenido artífices famosos desde la antigüedad a nuestros días. De una de esas habilidades ha surgido una de sus mayores industrias actuales: la fabricación de tejidos.

Entre los monumentos famosos que hoy se admiran se hallan, principalmente, a más de los ya citados, el templo de Kandarya Mahadeva, dedicado a Siva; el templo de Vimala, en el monte Abu; el de Mani-Mahesa, en Brahmaur; el de Bhubaneswar y el de Kailassa.

Literatura y filosofía. La literatura de la India es una de las más antiguas que se conocen. Su origen se sitúa 3 mil años atrás y se confunde con la lengua que la ha interpretado, el sánscrito, la vieja lengua literaria de las sectas, convertida luego en sacerdotal, como aconteció con el latín empleado por la Iglesia. Su primera época corresponde a los libros filosóficos y religiosos llamados *Vedas*, que constituyen la fuente ilustrativa de los primeros pasos de la civilización humana. La literatura hindú que corresponde al periodo de los Vedas, hasta el siglo V a. C., se denomina *brahmánica;* al segundo periodo, (s. V al I a. C.), se le llama *búdico.* Esos espacios de tiempo, desde luego, corresponden a fechas aproximadas que se calculan por el contenido de las obras analizadas. Éstas son principalmente poéticas y dos de ellas revisten excepcional importancia, que subraya su considerable extensión: el *Mahabharata,* de Vyasa, y el *Ramayana,* de Valmiki. Ambos libros relatan hazañas y hechos comunes del dios hindú Visnú en sus diferentes encarnaciones. Del *Ramayana* se han traducido largos capítulos a las lenguas occidentales y se estima que han podido ser la fuente de inspiración de Homero, Solón y Parménides. El solo hecho de corresponderle para su expresión la literatura sánscrita, ha obligado a que se considere al pueblo hindú como *el más instruido e ilustrado entre los antiguos* (Schlegel), porque a través de aquélla se han desarrollado los más remotos principios filosóficos, religiosos y humanos. Sus célebres leyes constituyen las recopilaciones denominadas *Manú,* que en muchos puntos han sido básicas de ciertas doctrinas.

Siglos antes de Jesucristo la literatura búdica tuvo su *Vocabulario,* obra de Amara-Pengha, y tratados de gramática y retórica. Por la línea del *Panchatandra* se presume que la fábula y el cuento nacieron en la India y que de allí los tomó Esopo para su desarrollo en Grecia. El teatro tuvo en los hindúes a verdaderos creadores, por lo menos en la composición de obras en que se exaltaban las tradiciones heroicas, y sus más famosos autores fueron Kalidasa (*Sakuntala, Urvaci* y *Vikramorvasi*), Krischna-Mira *(El despertar de la inteligencia),* Bhavabhuts, Bhasaka y Somilis. Con el surgimiento del budismo se hicieron presentes tres manifestaciones de una literatura nueva en su época: la oratoria con los Sutras (discursos de Buda), las narraciones de aventuras con los *Salaask* (encarnaciones humanas y animales de Buda), y la contemplativa con los *Gathas* (meditaciones) y los *Vedangas* (pensamientos).

La literatura hindú sufre luego un largo y lastimoso colapso, pero basta la mención de un solo nombre para significar el alto nivel que repentinamente alcanza en la época moderna: Rabindranath Tagore, nacido en 1861 y distinguido con el Premio Nobel de 1913, cuyas obras han sido traducidas a todos los idiomas. La producción de Tagore es una de las más puras y mejores interpretaciones de la estoica filosofía del espíritu oriental. También un poema suyo, *Janaganamana,* que se cantó en una asamblea política el 27 de diciembre de 1911, fue consagrado como el himno nacional de la República de la India por acuerdo especial de la Asamblea Constituyente (24 de enero de 1950). Fue también Tagore un reformador y un educador, y es obra suya la fundación de la Universidad Shantiniketan (ex Bolapur), cerca de Calcuta, que se considera como el comienzo del renacimiento cultural de la India moderna.

Dentro de la literatura hindú se ha desarrollado la filosofía, a la par con la idea religiosa, persiguiendo ambas una constante superación espiritual. Sus más conocidos sistemas filosóficos son: *vedanta,* que es de concepción ascética primitiva; *nyaya,* la búsqueda de la perfección en la sabiduría; *sankhya,* expresión del alma del individuo de acuerdo con un espíritu superior que rige el universo; y *vaiceshika,* disciplina de los sentidos aplicada a través del conocimiento de los hechos. El *yoguismo,* más que un sistema filosófico hindú, es un estado de exaltación mística en que la fuerza de la fe y de la voluntad reemplaza a los conocimientos.

La literatura hindú se esfuerza hoy por desligarse de la ascendencia que ha tenido la lengua inglesa en su desarrollo moderno, y que ha sido causa de que aquélla no llegara plenamente al pueblo. En este terreno se señala el caso del famoso Rudyard Kipling, que resultó poeta británico, no obstante haber nacido en la India, radicado despúes en Inglaterra, luego de terminar sus estudios, pero que "escribió con mayor simpatía imaginativa sobre las bestias de la jungla que sobre el campesino o el obrero de los centros civilizados, resultando motivo de perplejidad para los hindúes", según expresa R.K. Narayan, uno de los más destacados novelistas modernos de la India.

Música y danza. La música hindú posee características que la diferencian de toda otra expresión similar. Una de ellas, en lo que podría llamarse su estilo clásico, consiste en que hay ciertos ritmos principales

Corel Stock Photo Library

Puerta de Tripolia en Jaipur, Rajastán, India.

India

llamados *ragas*, los que a su vez se subdividen en *raginis*, o sea, temas secundarios. Como es común en la mayoría de las músicas orientales, la inspiración de los intérpretes supera la partitura escrita por el autor. La partitura queda reducida a un guión sobre el cual el ejecutante deja correr su improvisación. Como en todas las expresiones de este pueblo, predomina el estilo religioso en su música, aunque varíe ligeramente la cadencia a través de sus múltiples regiones.

La danza clásica hindú se define dentro de tres estilos básicos: *kathakali*, cuya antigüedad es de 2 mil a 4 mil años, *kathak* y *maniouri*. Es una de las expresiones artísticas de más tradición y de las más difíciles, porque responde a principios interpretativos exactos y múltiples. En la danza clásica hindú nada hay que no constituya la consecuencia de un motivo y carezca de significación: gesto, mirada y movimientos son manifestaciones que equivalen a un pensamiento, una idea o una palabra. Pasan de cien las posiciones del cuerpo que tienen un significado preciso; y suman más de doscientos los llamados *mudras*, o sea, gestos con las manos que significan animales, deidades, personas, sentimientos, estados de ánimo o exclamaciones. Para el lego, la danza hindú resulta monótona una vez pasada la primera curiosidad y si acaso su música no habla a su espíritu. Pero para quien penetra en aquel lenguaje de gestos y actitudes es un espectáculo fascinante, pues equivale a escuchar un poema o una pieza dramática. El aprendizaje de los bailarines hindúes es duro y esforzado, y la práctica de tal profesión exige disciplina constante y verdadera abnegación.

Situación territorial. Portugal, la primera potencia europea que estableció colonias en la India, y Francia, la principal rival de Inglaterra en las empresas coloniales durante el siglo XVIII, han conservado hasta nuestros días reliquias de los antiguos dominios en la gran península asiática. Pero su nuevo régimen político se opone resueltamente a cualquier supervivencia de colonización. Francia ha accedido voluntariamente a estas justas exigencias del pueblo y del gobierno de la India. El establecimiento de Chandernagor, que los franceses fundaron en 1688 y luego de pasar varias veces por manos de los ingleses les fue devuelto por éstos en 1816, votó por medio de un referéndum celebrado en junio de 1949 la incorporación a la India, lo que de *facto* se realizó al año siguiente, siendo la cesión ratificada por el tratado de París del 2 de febrero de 1951 y ejecutada con toda formalidad un año después. A continuación se efectuó la transferencia de Karikal, Mahé, Yanaón y por último de Pondichéry (1954). Estas cinco factorías comerciales, que la administración metropolitana denominaba Establecimientos Franceses

de la India, comprendían en 1948 una extensión total de 508 km² y 362,000 habitantes (1992). En cuanto a Portugal, se mostró renuente al abandono de posesiones que consideraba de gran significación histórica. Esas posesiones que se designaban con el nombre colectivo de India Portuguesa, todas ellas situadas en las costas del Mar Arábigo, eran las siguientes: Goa, en tierras adquiridas por Portugal en 1510, en la costa de Malabar; Damao al norte de Bombay; y Diú, al sur de la Península de Kathiawar. Tenían en conjunto unos 4,200 km² y 650,000 habitantes. A partir de mediados de 1954 se sucedieron incidentes reivindicatorios. Finalmente en diciembre de 1961, tropas indias ocuparon el territorio de esas colonias, que fue incorporado a la república de la India. *Véanse* CABRAL, PEDRO ÁLVAREZ; GANDHI, M. K.; GANGES, RÍO; PAKISTÁN; TEXTILES.

Indias, compañías de. Denominación que se aplicó a varias empresas comerciales fomentadas por los monarcas europeos durante el siglo XVII con la finalidad de explotar las colonias asiáticas y americanas.

Compañías de las Indias Orientales fueron organizadas en Inglaterra, Holanda, Francia, Dinamarca, Escocia, Suecia y Austria para asegurar la colocación de capitales, la expansión política y la explotación económica, que interesaban a los gobernantes y financieros de dichos países. La compañía inglesa fue creada en el año 1600 por la reina Isabel I, bajo la forma de una asociación de mercaderes a la que se concedió la exclusiva del comercio con la India y el Extremo Oriente. Progresó con singular rapidez y en 1689 logró contener la competencia de portugueses, holandeses y franceses en las rutas de Oriente. Sus factorías aportaron inmensas riquezas al gobierno y a los financieros de Inglaterra. La compañía fue disuelta por el Parlamento británico en 1858, poco después que la rebelión de los cipayos puso al descubierto sus deficiencias. En la época de su apogeo llegó a gozar de grandes privilegios: acuñaba moneda, podía adquirir territorios, levantar tropas y fortalezas, declaraba la paz y la guerra, dictaba leyes y administraba justicia en vastas regiones del mundo oriental. La Compañía Holandesa, fundada en 1602, estableció prósperas factorías en Sumatra, Borneo y Java, donde Batavia se fundó en 1619. También se apoderaron las fuerzas holandesas de Ceilán, Málaca y durante algún tiempo lograron ocupar la isla de Formosa. La empresa sobrevivió hasta el año 1800, aunque privada de muchas de sus conquistas por el predominio inglés. La Compañía francesa, por último, surgió en 1661 a iniciativa de Colbert, a la sazón ministro de Luis XIV; fundó varios establecimientos en la India,

pero también sucumbió ante el poderío británico.

Las *compañías de las Indias Occidentales*, dedicadas a colonizar las tierras de América, fueron sólo dos: la francesa y la holandesa, aunque hubo otras varias compañías que con diversos nombres participaron en la misma obra. La francesa tuvo como precedente una compañía fundada por Richelieu en 1627 y que se llamó de los Cien asociados, por el número de miembros que la componían, pero la carta definitiva fue también producto de la visión de Colbert; quedó organizada en 1664 con disfrute de monopolio comercial en aguas del Atlántico, y si bien quedó disuelta antes de cumplir diez años de existencia, llegó a realizar un intenso tráfico de esclavos en todo el continente. La Compañía de las Indias Occidentales Holandesas, constituida en 1617, causó graves perjuicios a la política colonial española; sus naves ocuparon la isla de Curazao y varias de las Antillas Menores, llegando hasta las costa de Brasil y fundando en la región del río Hudson la colonia de Nueva Holanda, con su centro en Nueva Amsterdam, que es la actual ciudad de New York, a la desembocadura de dicho río. Duramente combatida por ingleses, franceses y españoles, la Compañía cedió sus derechos al gobierno holandés.

Indiana. Uno de los cinco estados del noreste central de Estados Unidos, con una población total aproximada de 5,752,000 de habitantes (1994), Indiana se encuentra limitada al oeste por Illinois, en el norte por el estado de Michigan y el lago Michigan, y en el este por Ohio. El río Ohio recorre la frontera sur con Kentucky. Su capital es Indianápolis con una población aproximada de 747,000 hab. (1992). Tiene una longitud máxima de 451 km y una anchura de 257 km; su extensión territorial es de 94,328 km²; su punto más alto es en Franklin Township con 383 m, y el más bajo en el río Ohio con 98 m.

Indiana fue parte del originalmente llamado Territorio del Noroeste, y se convirtió en un estado de la Unión en 1816. Debido a que se encuentra ubicada cerca de diversas zonas metropolitanas importantes en estados circunvecinos, su mercado es importante y muy accesible. Sus puertos en la región de los Grandes Lagos y el río Ohio, así como sus importantes carreteras, permiten a Indiana el acceso a la mayor parte de la nación.

Tierra y recursos. Indiana tiene 3 regiones naturales claramente diferenciadas: los lagos del norte, las planicies del centro, y las montañas y valles del sur. Las dunas de arena el largo del lago Michigan se consideran como uno de los paisajes escénicos más importantes de la región norte. Las praderas centrales son planas o ligeramente accidentadas, aún cuando el río Wabash y algunos de sus afluentes han transformado a la zona oeste del estado, creando costas y valles. Las montañas del sur son principalmente de roca caliza; los cambios de clima han influido en la formación de cuevas, sumideros, corrientes subterráneas y fuentes de minerales.

Las corrientes que fluyen hacia el Golfo de México provenientes de los ríos Wabash y Ohio, riegan 97% de Indiana. El río Wabash nace en el oeste central de Ohio, atraviesa Indiana, y después fluye en dirección sur hacia el río Ohio, regando a cerca de $^2/_3$ del estado de Indiana. El principal río tributario del Wabash es el río White. El río Whitewater fluye del sureste del estado hacia el Ohio, mientras que el río Kankakee irriga la mayor parte del noroeste de Indiana. En la región norte del estado, el río Saint Joseph fluye hacia el lago Michigan; una pequeña porción del noroeste de Indiana es irrigada por el río Maumee en su trayectoria hacia el lago Erie.

El clima continental de Indiana se caracteriza por veranos calientes y húmedos y por inviernos lluviosos y fríos. Las extremosas temperaturas de enero varían desde los 2 °C en Evansville hasta los -4 °C en South Bend. Las temperaturas de julio en los mismos lugares varían entre 26 °C a 23 °C respectivamente. Las principales variaciones de temperatura son causadas por diferencias en latitudes, elevaciones, terrenos, y por la influencia de lagos principalmente en invierno. La humedad se recoge del lago Michigan por masas de aire que lo atraviesan. Cuando los movimientos de aire templado se dirigen hacia la superficie fría de la costa pierden su habilidad para retener el paso de agua, dando por resultado las fuertes nevadas del estado.

La temporada de cosecha varía de 160 días en el norte a 178 días en el sur. Las precipitaciones anuales promedian 864 mm en el norte a 1,118 mm a lo largo del río Ohio. La mayor parte de las precipitaciones son provocadas por masas de aire continental que se combinan con masas húmedas de aire tropical provenientes del Golfo de México.

Cerca de 20% de Indiana estaba cubierto por vegetación de praderas al momento de la colonización, y el resto eran espesos bosques que los colonizadores afectaron para la industria maderera y agrícola. Actualmente cerca de 18% del estado mantiene sus bosques, y de las 124 especies de árboles, las más abundantes son el arce, sicómoro, roble y haya.

Durante los primeros años de la colonización, la vida silvestre fue amenazada por cazadores comerciales y granjeros, quienes despojaron la tierra para la agricultura. Los osos, bisontes, venados y lobos desaparecieron de la zona. En la actualidad, entre los animales más grandes sólo el venado ha

Corel Stock Photo Library

Río en Indiana.

sido reincorporado. Al mismo tiempo, otros animales pequeños han incrementado su número, como sucede con los conejos cola de algodón, mapaches, zorros, zarigüeyas, faisanes, y pavos salvajes, además de los peces en las corrientes de Indiana.

El carbón bituminoso es el recurso mineral mas importante del estado, e Indiana generalmente se encuentra entre los 10 estados más importantes en la producción de carbón, el cual se encuentra principalmente en la zona suroeste, donde cerca de 16,835 km^2 tienen fuentes de mineral. En el estado se encuentran depósitos de arena, grava, arcilla, petróleo y gas natural. La piedra caliza producida en Indiana es mundialmente reconocida para la industria de la construcción. Entre los 50 estados de Estados Unidos, Indiana ocupa el 14° lugar de población. La mayor parte de los primeros colonizadores llegaron a Indiana provenientes del sur siendo predominantemente ingleses, escoceses y galos; y posteriormente llegaron alemanes e irlandeses. Muchos inmigrantes europeos llegaron a las ciudades de Indiana durante el periodo de la Guerra Civil y los años inmediatamente posteriores a la Primera Guerra Mundial, atraídos por las oportunidades de empleo en las industrias de desarrollo. Como resultado, la población del estado creció constantemente, incrementando su urbanización; las ciudades más importantes son Indianapolis, Fort Wayne, Evansville, Gary y South Bend. El principal grupo minoritario son los negros con cerca de 8% de la población. La mayoría de los habitantes del estado son protestantes, mientras que los católicos integran menos de 15%, y los judíos menos de 1%.

El sistema de educación en Indiana se ha desarrollado gradualmente. El primer jardín de niños gratuito, la primera escuela de comercio y el primer sistema coeducacional (ambos sexos) de enseñanza en Estados Unidos surgieron en la ciudad de New Harmony, Indiana. La Universidad Butler, fundada en 1855, fue de las primeras instituciones de educación superior en admitir mujeres.

Entre las instituciones culturales más importantes destaca Clowes Hall, en la Universidad Butler de Indianapolis, que alberga una orquesta sinfónica y varias compañías teatrales. El museo de arte de Indianápolis alberga importantes colecciones de diferentes medios de expresión.

El principal evento deportivo del estado es la carrera automovilística de las 500 millas de Indianapolis, que se realiza a finales de mayo de cada año. A nivel escolar y colegial, el basquet bol como una actividad deportiva preponderante.

La ciudad de Columbus, Indiana (31,802 hab. en 1990) destaca por sus edificios modernos. En un programa urbano que inició en 1957, las autoridades y líderes de la comunidad encargaron a arquitectos famosos, incluyendo a Eero Saarinen y a Harry Weese, el diseño de edificios y estructuras para la ciudad, lo que ha hecho a Columbus un claro ejemplo de planeación y diseño urbanos.

Economía. las industrias de servicio destacan con cerca de 60% del producto interno bruto del estado. La región Calumet en el noroeste de Indiana es el principal centro industrial del estado. Su cercanía al mercado de Chicago, combinado con su ubicación en la zona de los Grandes Lagos,

Indiana

permiten que el área sea económicamente competitiva.

El maíz y la soya son las cosechas más importantes del estado. El trigo, avena, tabaco, heno, centeno, manzanas y duraznos también contribuyen de manera importante en la economía. Indiana se encuentra entre los principales productores de menta y hierbabuena en la nación. Más de 70% de la tierra se encuentra destinada a la agricultura; los principales ganados son el porcino y el vacuno; también se dedican a la crianza de pollos y pavos.

Las principales ciudades de la región de Calumet (Gary, Hammond, East Chicago y Whiting) producen acero, hierro y productos petroleros. Partes y accesorios automotores se producen en Kokomo, Fort Wayne, Columbus e Indianapolis. Otros productos manufacturados incluyen el alumino, productos químicos, mueblería, productos de arcilla, farmacéuticos e instrumentos musicales.

En el renglón turístico, Indiana cuenta con abundantes bosques, lagos, dunas, y hermosos paisajes, además de parques nacionales y estatales, sitios históricos y museos. Los bosques y campos del estado albergan una gran variedad de vida salvaje. Se permite la cacería de venados y de pavos salvajes aunque de manera limitada. Lagos naturales y artificiales albergan una gran población de peces lo que permite una pesca recreativa interesante.

Una de las primeras rutas de transporte fue el *National Road* construido en Indiana al poco tiempo de convertirse en estado. Para 1840, diferentes tipos de embarcacio-

Túnel formado por corrientes de agua en Indiana.

Corel Stock Photo Library

nes surcaron ríos y canales hasta la llegada del ferrocarril. Indiana tiene cinco carreteras interestatales y una de cuota para el área de Indianapolis. Asimismo hay más de cien aeropuertos de uso público en el estado.

Las principales fuentes de energía de Indiana son el petróleo y el carbón. No existen plantas nucleares operando en el estado.

Gobierno. La constitución original de Indiana de 1816 fue reemplazada en 1851 la que todavía está vigente. Las modificaciones a la constitución requerían de aprobación por la mayoría de los asambleístas y de los votantes. La asamblea general se integra por 50 senadores electos para periodos de 4 años, y 100 representantes electos para periodos de 2 años. La suprema corte estatal se integra por 5 jueces, designados por el gobernador; también existen cortes de circuito, de ciudad, rurales y de justicia de paz.

Historia. La primera exploración europea de la Indiana actual fue en 1679 por Robert Cavelier, que intentó establecer el dominio militar francés sobre la región del Mississippi. Grupos de jesuitas franceses fundaron la primera población europea permanente, Vincennes en 1725. Los comerciantes franceses negociaban con pieles mientras los jesuitas realizaban su trabajo pastoral.

Todavía hasta 1800 la mayor parte de la actual Indiana se reconoció oficialmente como territorio indio. La llegada de colonizadores blancos provocó un periodo de violencia entre los colonos y los habitantes indios. La cesión amigable de zonas ocupadas por blancos se inició a finales del siglo XVI. La transferencia de tierras indias mejor conocida fue el llamado *New Purchase* de 1818 que dejó la mayor parte de los territorios de Indiana a los blancos.

Vincennes se convirtió en un fuerte francés en 1734; posteriormente, los británicos controlaron la ciudad de 1763 a 1779, cuando George Rogers Clark, ayudado financieramente por el gobernador de Virginia, tomó el fuerte para los americanos. El territorio de Indiana se creó en 1800 e incluía lo que más tarde se convirtió en los estados de Indiana, Illinois y Wisconsin, junto con zonas de Michigan y Minnesota. Los límites de Indiana cambiaron muy poco cuando se convirtió en estado.

El primer ferrocarril de Indiana inició su construcción en 1834, uniendo las ciudades de Indianapolis y Madison, que era la ciudad más importante en 1847. La línea ferroviaria propició el crecimiento económico del estado y permitió el acceso de Indianápolis a los mercados europeos a través del sistema comercial del río Mississippi.

Un ataque Confederado en 1863, encabezado por el general John Hunt Morgan, fue el único incidente de importancia que sucedió en Indiana durante la Guerra Civil. El estado respaldó los esfuerzos de la Unión a pesar de los orígenes sureños de muchos

residentes. Abraham Lincoln pasó gran parte de su niñez en Spencer County, Indiana, y muchos lo consideraban un hijo nativo del estado y por ende digno de apoyo.

La agricultura, minería, e industria maderera se desarrollaron después de la Guerra Civil. Los inmigrantes europeos aportaron sus habilidades para diversificar la industria del estado, principalmente a través de la manufactura del vidrio, mueblera, de mosaicos y de ladrillos. Trabajadores de los centros industriales europeos se establecieron en la región de Calumet, atraídos por oportunidades de empleo en centros aceleros y fundiciones.

Actualmente, Indiana conserva su economía diversificada. Aún cuando la agricultura ha restado su importancia relativa ante las industrias manufactureras y de servicios, continúa siendo un sector significativo en la vida económica del estado. A pesar de las protestas de los ambientalistas, el puerto Burns se construyó en la frontera de Indiana con el lago Michigan para servir a las embarcaciones que transitan hacia el océano, enfatizando la importancia prioritaria que tiene el comercio en la economía de Indiana.

Indias Occidentales, Estados Asociados de las. Nombre dado a la comunidad formada por Antigua, Dominica, Santa Lucía, San Cristóbal-Nevis, Anguilla y San Vicente, en libre asociación con el Reino Unido. Las capitales respectivas de los países miembros son St. John's, Roseau, Castries, Basseterre y Kingstown. Se halla situada en las Pequeñas Antillas; la superficie total es de 2,554 km² y su población 404,000 habitantes. La isla mayor es Dominica, con 750 km². La comunidad se formó en 1967, pero San Vicente se adhirió a la misma en 1969.

En la actualidad, los Estados integrantes, así como su forma de gobierno, son: Antigua y Barbuda (100,000 h.), monarquía constitucional, representada por la reina Isabel II; San Cristóbal y Nevis (4,000 h.), monarquía independiente; Dominica (100,000 h.), república parlamentaria; San Vicente y las Granadinas (100,000 h.), monarquía constitucional y Santa Lucía (100,000 h.), monarquía constitucional.

Los principales recursos naturales con que cuentan los Estados Asociados de las Indias Occidentales son: frutos tropicales, algodón y pesca. Otro renglón importante de ingresos es el turismo.

Indíbil. Caudillo español que, en la segunda mitad del siglo III a. C., se distinguió por su espíritu de independencia a la cabeza de los ilergetes. En la Segunda Guerra Púnica se alió con los cartagineses y venció a Publio Escipión, que murió en la batalla (211 a. C.). Pero al creerse traicionado por Asdrúbal se incorporó a las filas de los romanos, esperando que éstos lo ayudaran a recuperar su región. La falsa noticia de la muerte de Escipión el Joven lo impulsó a levantar, juntamente con Mandonio, tropas en Celtiberia contra los pueblos de la parte opuesta del Ebro; fue derrotado por dicho general, que lo perdonó. Más tarde, volvió a sublevarse contra los sucesores de Escipión, y fue vencido y muerto por los romanos.

índice. Señal o indicio de alguna cosa. Lista o enumeración breve y por orden, de libros, capítulos o cosas notables. La palabra proviene del verbo latino *indicare* y se aplica a una vastísima cantidad de relaciones, símbolos y números que se usan en todas las ciencias. También se llama índice a una lista o nómina, por lo general alfabética, que se coloca al principio o al final de los libros para facilitar su consulta. En algunos idiomas modernos se prefiere llamar *sumario* o *tabla de materias* a la nómina sintética de los capítulos de un libro y reservar el nombre de *índice* para la lista analítica de las materias que en él se tratan. El índice onomástico contiene los nombres de todas las personas mencionadas en el texto.

Se llama *Index librorum prohibitorum* (o simplemente *Index* o *Índice*) a la serie de catálogos de libros prohibidos, por su peligrosidad para la fe o la moral, que la Iglesia católica publicó (1559 - 1948). El primer *Índice* fue encargado por el Papa Pablo IV al Santo Oficio en 1557; el último por León XIII en 1897. Éste apareció tres años después y fue reeditado varias veces, la última de las cuales –en 1948– fue la final. En 1966 la Iglesia notificó que el *Índice* ya no poseía fuerza canónica y que la responsabilidad de las lecturas correspondía a la conciencia de los fieles, alertados por la Congregación de la Doctrina de la Fe.

Índico, océano. El tercero de los grandes océanos, algo más pequeño que el Atlántico y que la mitad del Pacífico (73.5 millones de km² de superficie). Limita al norte con las costas de Arabia y la India, mediante los golfos de Bengala y Arábigo; al sur con el Antártico; al sudeste con el océano Pacífico; al este con las islas de la Sonda y Australia; y al oeste con África y el Atlántico. El lecho del Índico es generalmente plano y su profundidad media (3,900 m) es algo menor que la del Pacífico y mayor que la del Atlántico. La máxima profundidad del océano Índico se ha registrado en la denominada *Fosa de la Sonda*, al sur de la isla de Java (7,450 m de profundidad). Debido a las corrientes que le llegan desde el Antártico, el Índico posee al sur de la línea ecuatorial aguas más frías que otros mares en la misma latitud, y por causa del continente asiático que lo cierra

al norte, aguas más calientes arriba de la línea ecuatorial. Su fauna es de las más ricas y son famosas sus ostras perlíferas. La parte norte del Índico corresponde al antiguo Mar Eritreo y fueron los fenicios los primeros occidentales que lo surcaron. El navegante portugués Vasco da Gama fue el primero que cruzó el Índico (1498) después de doblar la extremidad meridional de África a la que había llegado once años antes otro navegante portugués, Bartolomé Días. Esa fue la puerta de entrada en la ruta marítima directa desde Europa a las costas asiáticas bañadas por el océano Índico; pero la navegación se acortó considerablemente con la apertura del Canal de Suez en 1869.

indigenismo. Movimiento de carácter social, tendiente a incorporar los grupos indígenas más o menos dispersos en el continente americano –que aún se hallan en etapas culturales y económicas muy atrasadas–, a la civilización y cultura de tipo occidental que han venido extendiéndose en el Nuevo Mundo desde su descubrimiento. La acción colonizadora de naciones europeas en los siglos XVI a XVIII, principalmente España, Portugal e Inglaterra, ejercida por grupos de hombres relativamente poco numerosos de la raza blanca, no tuvo desde sus principios resultados uniformes. Las dos primeras naciones citadas trataron de asimilar a la población indígena mezclándose con ella, catequizándola e instruyéndola a fin de crear pueblos homogéneos en creencias religiosas y en conducta cívica.

Los ingleses acometieron la colonización de nuevos territorios con criterio distinto y el establecimiento de nuevos grupos de la raza blanca en la parte septentrional del continente americano se hizo a base de un paulatino desalojamiento de las tribus indígenas, bastante dispersas y organizadas en formas sociales poco evolucionadas. Aumentada por crecimiento vegetativo y por fuertes corrientes inmigratorias la población blanca en los territorios que hoy forman Canadá y Estados Unidos, el proceso de desalojamiento del indígena llegó a su punto límite con la creación de las denominadas *reservas*, en que viven grupos indígenas, bajo el control ejercido por el gobierno de la nación.

En los territorios conquistados por España y por Portugal la empresa de poblar y de fomentar riqueza tuvo aspectos mucho más complejos, dentro de una orientación diferente, como hemos dicho. Una población indígena más numerosa, más diversificada étnica y culturalmente, en que se hallaban pueblos poseedores de verdaderas civilizaciones como el azteca, el maya o el inca, y pueblos completamente salvajes, habría de crear multitud de problemas que, al tratar de ser resueltos, dieron lugar

a un reparto cultural y económico discontinuo y heterogéneo, que es el que el movimiento indigenista trata de corregir. La labor de incorporación del aborigen en la época colonial se efectuó desigual y parcialmente, aunque hubo grandes figuras como Bartolomé de las Casas, Juan de Zumárraga y Vasco de Quiroga, que propugnaron las medidas adecuadas para su mejor realización. A causa de ello coexisten, en gran parte del continente, una población indígena al lado de la blanca y mestiza, que conservando sus rasgos étnicos ha adoptado culturalmente los patrones de la población blanca, y grupos indígenas que por su carácter más belicoso e independiente o por circunstancias geográficas, permanecen aislados o semiaislados en estados culturales rudimentarios. La población indígena del primer tipo no constituye problema alguno desde el punto de vista del movimiento indigenista; son los grupos de la segunda los que constituyen la razón específica de ser de instituciones en que ha cristalizado el movimiento.

La necesidad de emprender la tarea de elevar el nivel cultural y material de las poblaciones indígenas americanas, sin desvirtuar sus características étnicas, se ha planteado en varios congresos interamericanos, científicos, sociales y políticos. En la conferencia panamericana que tuvo lugar en Lima el año 1933, se recomendó a los distintos gobiernos que convocasen a un congreso indigenista interamericano. Aceptada la recomendación se reunieron en 1940 con tal nombre en Michoacán (México) representantes de casi todos los países de América y tomaron la resolución de constituir el Instituto Indigenista Interamericano, que actualmente funciona con sede en México, para el estudio de problemas indígenas y la dirección de las medidas que se tomen para la realización de planes tendientes al objetivo propuesto. Paralelamente y subordinados a la dirección de este instituto dentro de la conservación de la soberanía de cada país, existen institutos de carácter nacional como el Instituto Nacional Indigenista de México, que previos estudios, etnográficos, sociológicos, económicos, geográficos, etcétera, emprenden labores de carácter educativo, sanitario, agrícola, etcétera, con fondos suministrados por sus gobiernos.

indigestión. Falta de digestión o el proceso anormal de la misma. Sus causas pueden ser predisponentes u ocasionales. La indigestión ocasional es de efectos pasajeros, pero las de otra índole, pueden ser indicación de dispepsias o de estados crónicos que deben ser objeto de tratamiento médico.

índigo. Materia colorante que se obtiene de las plantas del género de las indigóferas, muy abundantes en la India y en América. La obtención de esta sustancia se logra cortando la planta en estado de floración, triturándola y poniéndola a macerar en agua durante varias horas. La masa de fermentación es agitada para que entre en contacto con el aire y luego se le echa cal. Por último, la sustancia se lava con agua hirviendo, se prensa, se seca y se corta en panes, listos para el comercio. Desde 1897 este colorante es producido sintéticamente. Se mezcla anilina con ácido cloracético, y la fenilglicina resultante es tratada químicamente hasta obtener una pasta que es el índigo. Éste se usa para teñir telas, y su color azul, fuerte y perdurable, ha caracterizado muchos uniformes de marineros, policías, etcétera. La mayor parte del índigo que se emplea en la industria textil es sintético. *Véase* AÑIL.

indio. Metal de color blanco plateado más blando que el plomo. Es un elemento químico de símbolo In y peso atómico 114.76. Se emplea en aleaciones para resistir la acción de los ácidos y la abrasión.

indios americanos. Razas que poblaban el Nuevo Mundo al arribo de los conquistadores y cuyos orígenes no han podido ser establecidos con claridad. La denominación de *indios*, que se ha adoptado para su clasificación histórica, tampoco ha tenido un fundamento sólido y fue producto de las expresiones de Cristóbal Colón al salir en busca de las tierras con que soñaba: *partió hacia las Indias* y creyó equivocadamente haber llegado a ellas, por lo que sus habitantes quedaron designados con el nombre que correspondía a esa errónea creencia: *indios americanos,* cuando en realidad eran –y son– indígenas o aborígenes, como habitantes primitivos o naturales de la tierra en que vivían. El tiempo no ha modificado el concepto, aunque la estricta definición académica dice que "indio es el natural de la India, o sea, de las Indias Orientales". Sin embargo se acepta esta primera confusión al respecto, acaso para evitar otras también posibles y mayores.

Orígenes. En busca del origen del *indio americano* se han planteado numerosas teorías, y las principales han sido las siguientes:

a) *Atlántida.* Ascendencia que provendría del continente referido por Platón y que dícese que desapareció bajo las aguas. A este respecto no se han logrado pruebas sólidas; todo arranca de simples conjeturas basadas en discutibles hechos aislados.

b) *Autoctonismo.* Suposición de que América fue la cuna de la humanidad y que de ella partieron los pobladores del resto del mundo. Es una teoría aún menos consistente que la anterior, y ambas han quedado relegadas al terreno de las suposiciones, por lo menos hasta que se aduzcan mejores razones que las conocidas. El origen autóctono de los indios americanos es también defendido por los partidarios del poligenismo, o sea, de la doctrina que sostiene la pluralidad de orígenes del género humano, a lo que se oponen el dogma religioso y el principio científico de la unidad de la especie humana.

c) *Origen mediterráneo.* Basado en la posibilidad de que el hombre de América hubiera partido de las inmediaciones de las tierras del Mediterráneo o de sus proximidades. Esta teoría encuentra alguna firmeza en relación con ciertos detalles raciales del hombre de América, en cuanto ellos se acercan al origen europeo o judío; pero tales características no son las generales del aborigen americano.

d) *Origen asiático.* Que el indio americano procede de una rama primitiva del grupo mongólico. Es la doctrina que se estima como más acertada y la que hoy se impone a toda otra, siendo casi unánime la tendencia para dar por terminado este asunto con su aceptación. En muchas obras autorizadas se halla una aseveración terminante en este sentido.

Hay apreciaciones diferentes acerca del punto de Asia del cual pudieron proceder esos primeros habitantes de América, de lo que dependería su ascendencia china, mesopotámica o del sudeste asiático. Por ciertos rasgos físicos, como son, principalmente, la naturaleza del cabello, pómulos, ancho de la cara y forma de los ojos, con ciertas diferencias fácilmente explicables, se ha llegado a suponer que el origen del nativo americano se halla en el Asia Oriental con mezcla melano-polinesia, y australiana para los pueblos del sur. En este punto, una vez admitida como asiática la ascendencia, se establecen dos teorías igualmente aceptables: 1) Que, exceptuados los esquimales, todos los aborígenes americanos pertenecen a un mismo grupo étnico y que los fundadores de la raza llegaron al Nuevo Mundo pasando desde el Lejano Oriente por el istmo que fue en un tiempo el hoy Estrecho de Behring. 2) Que, el poblador de la América del Norte llegó por dicha ruta, pero el de la América del Sur lo hizo por mar, teniendo en cuenta la facilidad que le ofrecía la serie de islas que hace millares de años poblaban el Pacífico en el camino de Oceanía a América.

Sudamericanos o Polinesia. Observaciones de viajeros, luego profundizadas por algunos hombres de estudio y que hasta dieron lugar a una expedición famosa (la balsa *Kon-Tiki* de Thor Hayerdahl), han dado base a la idea de que los polinesios descienden de los primeros incas que habitaron el valle de Cuzco, explicando tal viaje como una fuga ante el avance dominador de tribus del norte, unos 200 años antes del arribo de los conquistadores hispanos. Se ha buscado explicación a tal hecho, principalmente en huellas encontradas en la isla de Pascua, que está en el camino entre la Polinesia y la costa de Perú. Hay que decir, sin embargo, que ciertas suposiciones hechas sobre el particular han sido negadas por geólogos y otros hombres de ciencia. Pero lo anterior sirve, sobre todo, para establecer la sugerencia de dicho viaje en sentido inverso, la cual refuerza la idea de que las migraciones de Asia, de las cuales nació el aborigen sudamericano, fueron independientes de aquellas otras que por el istmo –hoy estrecho– de Behring llegaron a poblar la América del Norte.

Clasificación de los aborígenes americanos. Entre las clasificaciones existentes figuran las que obedecen a la ordenación por familias lingüísticas, en cada una de las cuales se agrupa a los aborígenes que hablan las lenguas y dialectos que tienen afinidad entre sí. Una clasificación de las familias lingüísticas del Nuevo Mundo es la siguiente:

América del Norte. *Esquimal* en las regiones del extremo norte del continente. *Koloshana* en Alaska. *Wakash* en el litoral canadiense del Pacífico. *Chimacuana* y *salish* en el litoral canadiense del Pacífico y del noroeste de Estados Unidos. *Kutenai* en el oeste de Canadá (Columbia Británica, Alberta) y el noroeste de Montana. *Chinuk, shabaptiana* y *walaitpuana* en los estados de Oregon y Washington. *Kusana, suislawana, yakoniana* y *kalapuya* en Oregon. *Lutuamia* y *takilma* en Oregon y California. *Copehana, pujunana, mariposana, moquelumna, costeña, quorateana, chi-*

Indio danzante con traje completo, Cody, Wyoming, EE.UU.

marico, *shasta, yana, kulanapu, washo,* *escelenia, salina, chumash, yuki,* etcétera, en California. *Atapascana* (navajos, apaches, etcétera) en Arizona, Nuevo México, Texas y partes de Utah y Colorado. *Tonkawa, coahuilteca, caraucahua,* etcétera, en Texas. *Yumana* en California y Arizona. *Túnica* en Misisipí, Luisiana y Arkansas. *Atapaka* en Luisiana y Texas. *Chitimacha* en Luisiana. *Kerosena* y *zuñi* en Nuevo México. *Tañoana* en Nuevo México y Arizona. *Caigua,* en Colorado, Kansas, Oklahoma, Texas y Nuevo México. *Cadoana* con los aricaras en las Dakotas, los *pawnees* en Nebraska y Kansas, y otros en Oklahoma, Arkansas, Texas y Luisiana. *Timucuana* en la Florida.

La gran familia *yuto-azteca* comprende los hopis en Arizona y shoshones, comanches, utes y otros, en una amplia faja que se extiende de noroeste a sureste y que abarca los estados de Oregón, Idaho, Wyoming, Nevada, Utah, Colorado, Nuevo México y Texas; con los pápagos en Arizona y los serranos, gabrielinos, luiseños, cahuillas, tubatulabales, etcétera, en California. Las grandes divisiones de la familia *natchez-muskogi* comprende los natchez de Luisiana y Misisipí, los muskogis de Alabama y Georgia y los del sureste, de Luisiana a Carolina del Sur y de Tennessee a la Florida.

La gran familia *sioux* comprende una división oriental que se extiende por las Carolinas y otra división central que partiendo de Saskatchewan y Manitoba (Canadá) se extiende por una faja central en Estados Unidos, desde Dakota del Norte hasta Arkansas. La familia *iroquesa,* que comprende a los hurones, iroqueses, sénecas, mohawks, etcétera, abarca las regiones canadienses y estadounidenses del río San Lorenzo y de los lagos Hurón, Erie y Ontario, y los estados de Nueva York, Pennsylvania, Ohio y Michigan.

La familia *algonquina* comprende: al oeste, los indios *blackfoot* en Alberta y Saskatchewan (Canadá) y los estados de Montana, Wyoming y partes de Dakota y Nebraska; los cheyennes, en la región del lago Superior; los arapajos, en Manitoba, Dakota del Norte y Minnesota; hacia el este los micmacs, abnakis, pennacooks, etcétera, en Nuevo Brunswick, Nueva Escocia, Maine, Nueva Hampshire y Vermont; en la región de los Grandes Lagos, los ojibwas, chippewas, ottavas y algonquinos, potawatomis, etcétera; en Illinois, Indiana y Ohio, los miamis, piankashaws, Illinois, etcétera; en Kentucky, Tennessee, Virginia Occidental, los shawnees; y en el litoral del Atlántico, de Rhode Island a Maryland, los narragansetts, nipmuks, montauks, unalatchigos y otros.

México. Familias lingüísticas. En México se hablan unas 90 lenguas indígenas, que han sido clasificadas en 19 grandes fami-

Corel Stock Photo Library

Indio nativo norteamericano en Oregón, EE.UU.

lias, de las cuales las nueve siguientes son las más extendidas: yutoazteca, mixteca, zapoteca, maya-quiché, otomiana, zoque, popoloca, totonaca y tarascana.

La gran familia *yuto-azteca,* que agrupa 40 lenguas, es la más importante de México en cuanto al número de indígenas que pertenecen a ella y a la extensión territorial en que se ha difundido. La familia yutoazteca comprende varias divisiones y subdivisiones, entre ellas la *náhuatl,* a la que pertenecen los mexicanos (nahoas); la *pimana,* con los papagos, pimas, tepehuanes y tepecanos; la *cahita-tarahumara,* que abarca 25 lenguas, entre ellas la ópata, jova, tarahumar y cahita (mayos y yaquis).

La gran familia *maya-quiché,* con diez lenguas, está integrada, principalmente, por mayas y después, por tzeltales, tzotziles, quichés, huaxtecas y otros. La familia *otomiana,* con siete lenguas, abarca, principalmente, otomíes y después mazahuas y otros.

Las otras diez familias de México son la atapascana, yumana, seri, chontal, coahuilteca, subtiaba, tañoana, chorotega, chinanteca y guaycura-pericú.

Varias de las familias clasificadas en México se extienden a sectores de Estados Unidos que anteriormente pertenecieron a México. La gran familia maya-quiché se extiende también a la América Central. Además de las 90 lenguas indígenas mencionadas, se hablaron en México unas 35 lenguas más, ya extinguidas.

América Central y Antillas. *Maya-quiché,* en Guatemala, Honduras y Honduras Británica. *Paya-lenca* en Honduras y El Salvador. *Sumo-mísquito* en Nicaragua y Honduras. *Chibcha* en Costa Rica y Panamá. *Caribe* y *araguaca* en las Antillas.

América del Sur. Las principales familias lingüísticas son: araguaca, caribe, chibcha, tucano, pano, ges o tapuya, quechua o quichua, aimará, guaycurú, tupi-guaraní, diaguita, charrúa, araucana, puelche y tehuelche. Algunas lenguas y las tribus que las hablaban han desaparecido o están en vías de extinción. De las numerosas lenguas indígenas sudamericanas, unas 180 han sido clasificadas y agrupadas dentro de esas familias lingüísticas. Los países y regiones en que se extendieron esas familias, así como otras lenguas que no pertenecen a ellas, se describen a continuación.

Argentina. *Sector septentrional. Familia tupiguaraní:* guaraní. *Familia Charrúa:* minuane, chaná y yaro. *Familia diaguita:* omaguaca, calchaquí, sanavirón y comechingón. *Familia guaycurú:* toba, pilagá, mocoví y abipón. *Familia ges* o *tapuya:* guayaná. *Otras:* quechua, lule, mataco y huarpe. *Sector Central. Familia puelche:* taluhet, divihet, y chechehet. *Familia aruncana:* pehuenche, huilliche, manzanero y ranquel. *Otras:* querandí, en el estuario del Río de la Plata. *Sector Austral:* tehuelche, ona y yagan.

Bolivia. *Familia araguaca:* apolista, mojo, baure, paiconeca, saraveca y chané. *Familia tupi-guaraní:* guarayú, chiriguano y pauserna. *Familia pano:* pacaguará, atsahuaca y yamiaca. *Familia guaycurú:* toba. *Familia caribe:* palmella. *Familia aimará:* amasuyo, sicasica, pacaje, etcétera. *Familia quechua:* charca. *Otras:* tecaná, cayubaba, itene, canichana, movima, mosetene, yaracaré, siriono, chiquito, uru, otuki, samuco, mascoi y guató.

Brasil. *Familia tupi-guaraní:* tapé, tupiniquín, tupinambá, tamoyó y cayeté (en las regiones marítimas); cainguá, aré, guajajará, tapirapé, pauserna, omagua y catuquinarú (en el interior). *Familia araguaca*: aruán (en el delta del Amazonas), araguaca (en el litoral del norte); uapichana, atoray, manao, caihuesana, passé, ticuna, purupurú, paumarí, yamamadí, ipuriná, maneteniri, piro, saraveca, paressí, custenaú, guana y tereno (en las regiones del centro, oeste y sur). *Familia caribe*: apalai, ojana, pianacotó, yahuaperí, voyavai (en el norte); apiacá, arara, yuma, palmella, bacairi, nahucuá y pimenteira (en el *centro*). *Familia ges o tapuya*: guayaná, caingang, bugre, botocudo, camacán, tarairyú, cayapó, suyá, apinages, purecramecrán, canella, chavante, cherente y shicriabá (en toda la gran región interior oriental). *Familia guaycurú*: mbaya, cadihueo (en la frontera con Paraguay). *Familia pano*: cashinahua y caripuna (en el oeste). *Familia charrúa*: bohane y minuaue (en el extremo sur). *Familia tucano*: tucano (en el extremo noroeste). *Otras*: shiriano, macú, jurí, mura, kalukina, itene, trumai, carayá, bororó, guató, kirirí y goyatacá.

Colombia. *Familia chibcha*: betoi, arhuaco, tairona, chimila, cueva-cuna, dabaibe, quimbaya, lile, nori, cuaiquer, moguex, totoró, paez, pijao, panche, muzo y lache (en el noroeste). *Familia araguaca*: guajiro, achagua, piapoco y mitua (en el norte, centro y este). *Familia tucano*: tucano, cobeua, yahuna, desana, coreguaje, tama y pioye (en el centro, este y sur). *Familia caribe*: motilón, opone, carare, umaua y guaque (en el norte y centro). *Familia tupiguaraní*: miraña (en el sudeste). *Otras*: sáliva, guahibo, otomaco, andaqui, mocoa, uitoto, orejón y juri.

Chile. *Familia araucana*: picunche, pehuenche y huilliche. *Otras*: aimará, atacamoño, chango, chono, alacaluf, ona y yagán.

Ecuador. *Familia chibcha*: cayapa, colorado y cara (en la costa). *Familia tucano*: aluishiri y pioye (en el nordeste). *Familia caribe*: yameo, yahua y peba (en el este). *Otras*: quechua, záparo, jíbaro, cahuapana, palta, túmbez, huancahuillca y esmeralda.

Guayanas. En el litoral: *Familia araguaca*: araguaca. En el interior: *Familia caribe*: galibí, trío y acaguay. En la Guayana francesa y holandesa: *Familia tupi-guaraní*: oyampí y emerillón.

Paraguay. *Familia tupi-guaraní*: guaraní. *Familia araguaca*: guana. *Familia guaicurú*: payagua. *Familia ges o tapuya*: guayaná. *Otras*: samuco, masubí, mataco, guayaquí y guató.

Perú. *Familia quechua*: chachapoya, huanca y quechua. *Grupos aimaraes quechuizados*: lupaca, pacasa, chanca, aimará, cana, cauchi, colla y coyagua. *Familia aimará*: cauqui. *Familia tupi-gurani*: omagua y cocama. *Familia araguaca*: piro y campa. *Familia pano*: shipibo, conibo, cas-

hibo, mayoruna y amahuaca. *Otras*: chimu, cahuapana, y tecaná.

Uruguay. *Familia charrúa*: bohane, minuane y yaro.

Venezuela. *Familia caribe*: galibí, arecuná, yecuaná, tamanaque, cumanagoto, chaima y calina. *Familia araguaca*: araguaca, giñau, goajiro y caquetío. *Otras*: otomaco, yaruro, guahibo, piaroa, puinave, timote, shiriano y guarauno.

Tribus y grupos etnográficos. Las lenguas y dialectos clasificados anteriormente por familias lingüísticas, son hablados por aborígenes americanos que también se subdividen en tribus y grupos etnográficos. Entre los más notables de América del Norte merecen citarse los *cherokees y senecas* en el extremo noroeste, que se encuentran ahora muy reducidos; los *criks*, al norte del río Canadian; los *ontlets*, en la región del río Arkansas; *los apaches*, al oeste de los ríos Canadian y Rojo; los *cheyenes*, en el centro occidental de la misma zona; los *navajos*, que fueron tribu muy principal de los atapascos del sur; los *hupas*, de California; los *unkapapas*, junto a los sioux; y los mismos *hupas* y *umpquas*, en el sur de Oregon y norte de California. Según es fácil observar, resulta extraordinaria la multiplicidad de las tribus aborígenes norteamericanas, tanto en Estados Unidos como en México, y a las que en el primero de estos países se califican con la denominación de *pieles rojas*, que resulta inapropiada en algunos casos. En la zona del istmo de Panamá hubo grupos, como los *chiriquís* y los *veraguas*, que han dejado huellas históricas aún perceptibles.

En Sudamérica se van extinguiendo dos tribus que radican en Ecuador. Una es la de los indios *zaraguros*, junto a las vertientes del Tungurahua, tribu modelo de organización, orgullosa y viril, que no desdeña tratar con el blanco siempre que éste no intervenga en su vida y sus costumbres. La otra la constituyen los *jíbaros*, camino del oriente amazónico, a las puertas de las misteriosas e impresionantes selvas; son los inventores del procedimiento para hacer las llamadas *tzang-tzas*, esto es, cabezas humanas reducidas al tamaño de una naranja.

De los pueblos asiáticos que llegaron al sur de América *mil años antes de la era cristiana por lo menos*, se presume fundamentalmente que sus más directos descendientes son los *yaganes* o *patagónicos* y los *botocudos*, estos últimos en Brasil. Luego apareció en las costas australes del Pacífico americano el llamado *hombre de los conchales*, y de su cruzamiento resultaron los *changos*, que residían en dicho litoral entre los ríos Loa y Aconcagua. En esas mismas latitudes, pero junto a la cordillera de los Andes, vivía la tribu de los *atacameños*. Al sur de éstos y como rama de los diaguitas (grupo del Gran Chaco) en Ar-

Indio nativo usando ropajes tradicionales, Nuevo México, EE.UU.

gentina, aparecieron los *calchaquíes*, que en su tiempo fueron poseedores de una cultura avanzada. En la misma zona austral americana existía una tribu, totalmente desaparecida hace muchos años, que constituye un misterio etnográfico y a la que se ha llamado *gente de los túmulos*. Y antes que fueran señalados los *araucanos* como tribu principal, se conocieron los grupos de los *picunches,* promancaes, huichilles, pehuenches y *alacalufes*. Dos siglos antes que se extendiera hacia el sur la invasión incásica aparecieron en el sur de Chile los *mapuches*, que procedían de la zona pampeana del Neuquén. Y respecto de los mapuches, a quienes se había considerado como tribu descendiente, he aquí la conclusión histórica a que se ha llegado, ya perfectamente comprobada: la tribu principal no se denomina *araucana*, sino que es *mapuche* (de *mapu*, tierra, y *che*, gente: es decir, gente de tierra). El nombre de *araucanos* les fue dado por los españoles a raíz de haber escrito Alonso de Ercilla su inmortal poema que tituló *La Araucana*.

Características físicas. En la búsqueda del origen del *indio americano*, los investigadores se han dirigido principalmente al estudio de los rasgos físicos que podrían reunir similitud, porque son los que mejor perduran a través de los años. El grupo *esquimal* es el que ha conservado la mayor pureza y el que ha servido para fundar en gran parte la procedencia asiática del americano, porque mientras por un lado se acerca al tipo mogólico, especialmente el de los coriacos y chukches, por el otro, tiene afinidad física y cultural con el hombre del Nuevo Mundo. Los esquimales son generalmente bajos de estatura, su promedio es de 1.62 m los hombres y 1.52 m las mujeres; son fuertes y sanos, de color amarillo ligeramente cobrizo.

Como rasgos distintivos principales de los aborígenes de América se señalan: la piel amarilla ligeramente parda, cabellos negros, lisos y faltos de suavidad, ojos pardos, boca ancha, nariz prominente, barbilla cuadrada, orejas grandes, brazos y piernas delgados, recia contextura, manos y pies pequeños.

Hay diferencias, como se producen en todas las razas humanas, sobre todo en cuanto a la estatura, que oscila alrededor de 1.65 m en las tierras árticas y en la zona de los Andes pero que supera 1.75 m entre algonquinos, patagones y algunas tribus de Brasil y de las praderas de Norteamérica. No existe unidad en la conformación del cráneo entre los americanos y, así, los hay dolicocéfalos (esquimales, América del Norte, meseta brasilera, pehuenches y alacalufes); mesocéfalos (indios de las praderas y costas del Atlántico), y braquicéfalos (América Central y desde Perú hasta los patagones).

La población de América después del descubrimiento. La población americana ha sido dividida en cinco grandes grupos etnográficos, después de que llegaron diferentes migraciones y se intensificaron los cruzamientos: raza indígena, americana o cobriza; raza europea, blanca o caucásica; raza africana o negra; árazas mixtas, por cruces de las anteriores; y raza asiática o mongola. Los habitantes de América del Norte se dividen en esquimales, de raza ugro-mongola; pieles rojas; hombres del Oregon y California, que son mezcla de pieles rojas con ugro-mongoles; y aztecas. Los grupos de América del Sur comprenden: caribes, al que se adjudican las tribus de guaraníes en las zonas de Maracaibo, desembocadura del Río de La Plata, cabo San Roque y cuenca inferior del Orinoco, y los botocudos de Brasil; andoperuanos, que abarcan toda la zona de los Andes, con los chibchas, muiscas, quichuas, aimarás, auca (o araucanos) y patagones; y pampeanos, que son los mojos y chiquitos de Bolivia amazónica, puelches, charrúas y tehuelches. La más numerosa en América en la actualidad es la raza blanca, la cual desciende principalmente de españoles en los países situados al sur del río Bravo, excepto en Brasil, colonizado por los portugueses. A los americanos nacidos de esta ascendencia se les llama criollos.

En América del Norte la inmigración europea a Estados Unidos y Canadá ha incrementado de manera prodigiosa la población de raza blanca. En el sur de Estados Unidos y en la zona tropical de América se han extendido los negros, que fueron im-

portados de África. Hay familias de las siguientes designaciones en el Nuevo Mundo: los *mulatos,* mezcla de las razas negra y blanca; los *mestizos,* mezcla de español e indígena; los *zambos* y *cafuros,* mezcla de indígenas y negros; y los *cholos,* producto de español e indígena en Colombia, Ecuador y Perú. La inmigración asiática, que amenazó por un momento la etnografía americana, luego se ha limitado y disminuido sin llegar a formar un grupo especial de consideración.

Culturas. Los aborígenes de las costas y de las tierras bajas se mantuvieron hasta una época avanzada en estado cultural casi primitivo. El hombre de las mesetas, en cambio, gozó de tranquilidad y descubrió en el trabajo una fuente de mejoramiento y bienestar. Fue el que primero tuvo una organización social, política y religiosa. Así, las primeras civilizaciones americanas, algunas de ellas notables por muchos conceptos, fueron: en América del Norte, los aztecas en la mesa de Anáhuac; y en América del Sur, los chibchas en las altiplanicies de Bogotá, y los incas, desde el lago Titicaca hacia el sur. Los indios de las costas y de tierras bajas, con la notable excepción de los mayas, carecieron de la cultura de aquellos.

Hubo industrias que no estaban más adelantadas entonces en Europa y Asia: el curtido y el uso de las pieles, obras de pluma (aztecas y mayas), tejidos de lana (incas y aimaraes), vajillas, obras de madera y armas de piedra; beneficiaban el oro, la plata, el estaño y el cobre, minerales con que fabricaban objetos admirables. En México, Colombia y Perú ha quedado la tradición de esa artesanía y hasta hoy se fabrican piezas de plata martillada, que son primorosas obras de arte.

Las mujeres aztecas y mayas usaban ricos brazaletes y adornos de piedras preciosas. La túnica era de tela finísima, suelta, con hermosos bordados y dibujos. Llevaban cabellos largos primorosamente peinados. Los hombres usaban una tela de hilo o algodón sujeta sobre el pecho, que caía desde los hombros a modo de manto. Eran pueblos limpios y aseados. Gustaban de las flores y los perfumes.

Tanto como lo anterior, nos resultan admirables sus palacios y monumentos, la distribución de las ciudades y las leyes por las cuales se regían; y de todo lo expuesto surge la prueba de que aquellas fueron razas que habían llegado a un alto nivel de vida. Los pueblos aborígenes más próximos a las mesetas de los valles de México y del Cuzco también han dejado señaladas pruebas de adelanto. Se han encontrado delicadas piezas de alfarería en regiones de América del Norte –Utah, Colorado, Arizona y Nuevo México– y en América Central: Guatemala, Nicaragua y Costa Rica. Se trata principalmente de vasos de arcilla admi-

Corel Stock Photo Library

Artesanías de los indios Athabaskan, Alaska, EE.UU.

rables, algunos de tres pies y moldeados en forma de pájaros o cuadrúpedos pintados de rojo o negro. En las sierras de Ecuador, mesetas andinas del Azuay y de Loja, se han hallado enterrados en tierras removidas por derrumbes o inundaciones diminutos objetos de cerámica de perfecto acabado, y armas de piedra.

En la región argentina que habitaron los diaguitas se han encontrado restos de construcciones que hablan de un arte arquitectónico propio y que por su carácter macizo recuerda las estructuras incásicas.

Religión y gobierno. Los principales grupos indígenas americanos reconocían un ser supremo de quien procedían todas las cosas, particularmente la luz, las cosechas, el aire y la guerra. Ese dios podía compartir una parte de su poder y omnipotencia; aun se le asignaba esposa y en ocasiones tenía cuatro hermanos, quienes correspondían a los cuatro vientos. El libro sagrado que contiene las tradiciones mayas, el *Popol-Vuh,* se refiere al diluvio universal. En las prácticas religiosas de otros grupos indígenas entran en juego los grados de cultura en los distintos pueblos, y muchos de éstos caen en las ordalías, la hechicería y los ritos sangrientos. Otros puntos comunes son el totemismo y el culto a los muertos. La tierra pertenecía al Estado o a la comunidad, pero no al individuo. La plena propiedad no la ejercían sino ciertos contados soberanos, si bien entre mayas y aztecas existían propiedades individuales de los nobles e incluso estaba en trance de formación en la sociedad azteca, cuando se presentaron los españoles, una especie de terratenencia feudal que preparó un ambiente propicio para que arraigara fácilmente el régimen colonial de repartimientos y encomiendas. En la otra civilización aborigen, la incásica, el suelo se dividía entre tres únicos dueños: el sol, o sea, los sacerdotes; el Inca, es decir el Estado, y el pueblo, lo que equivale a la comunidad. Sobre ese principio se formó el gobierno, puesto que cabía administrar la propiedad que era el bien común. Tal organización fue por etapas: primero se tenían jefes únicamente para la caza y para la guerra; después aparecen los consejos de ancianos; luego los jefes de tribus con carácter hereditario, los consejos de ancianos y los jueces. Éstos, en algunas tribus, exigían servicios, cobraban tributos, perseguían a los delincuentes y hacían trabajar a los ciudadanos en las obras públicas. Hubo monarquías despóticas y especie de repúblicas confederadas. Las razas menos avanzadas no pasaron de algunas de esas formas, pero las más cultas se convirtieron en monarquías. Los aztecas y los incas poseyeron gobiernos de acabada organización política y administrativa.

Moral y costumbres. Las tribus primitivas americanas y las que más tarde marcaron el mayor grado de adelanto, estuvieron regidas por una moral severa. A la vista de las costumbres actuales, únicamente la práctica de la poligamia resulta inadmisible; pero tampoco era de carácter general y en algunos grupos sólo se permitía a las clases de mejor posición. En donde era de práctica corriente, la medida se autorizaba como una necesidad para aumentar la población masculina en vista de las constantes guerras. Tomando como ejemplo al pueblo azteca, que fue el que alcanzó mayor progreso, se partía del principio de que *el hombre nacía para la guerra y la mujer para el hogar.* Las reglas de la comunidad se basaban en la limpieza y la urbanidad, amor y respeto a los padres, atender a los pobres y enfermos, no proferir ofensas, no reñir, hurtar ni jurar; y se aconsejaba la sobriedad y la castidad. En el matrimonio imperaba la monogamia, pero se acostumbraba la poligamia entre gente de situación holgada. A una madre que moría al tener un hijo se la igualaba al soldado muerto en el campo de batalla. Los mayas, también de avanzada cultura, se regían por leyes muy parecidas a las anteriores, y aún más severas en el castigo de los delitos: éstos eran personales y los de sangre podían satisfacerse con dinero. Las penas más severas caían sobre ladrones, adúlteros y homicidas, y cuando resultaba culpable un funcionario público, se le marcaba el rostro después que había sufrido la pena que le correspondía. Entre los incas imperaba la monogamia y la autoridad se encargaba de concertar los matrimonios así que el hombre cumplía 25 años y 20 la mujer. La autoridad del padre era absoluta y los hijos constituían su mayor riqueza. El punto débil de las leyes incásicas era la condición de inferioridad y servidumbre de la mujer en relación con el hombre. Los chibchas reconocían muchos de los preceptos mantenidos por los aztecas, y en muchos casos superaban su rigidez. Dos de las obligaciones más terminantes se referían al cuidado de los enfermos y venerar a los ancianos. Con respecto a las demás tribus indígenas ya decaen las costumbres, más que la moral, porque ésta sigue manteniéndose rígida en todo lo que se conoce. Podrán caer en la superstición y en creencias extrañas y hasta estrafalarias, pero constituyen familias, se organizan jerarquías y hay respeto inamovible para el jefe y los ancianos, y aunque en algunos casos a la mujer se le imponen obligaciones que parecen desusadas –entonces no lo eran–, siempre la rodea la consideración más amplia por su condición de madre. Los indios de América admiraban en ella su condición, que mantenía la prolongación de la especie.

En las memorias de los misioneros, hasta cuya llegada la situación del indio no varió nada, se encuentran continuas referencias hacia la sorpresa que les causó muchas de las leyes imperantes entre los indígenas del Nuevo Mundo, y por ello no tuvieron mayor obstáculo en respetarlas, puesto que a su labor no se oponía, sino lo de carácter estrictamente religioso. Cuando actuaron hombres, como Las Casas, en la región de las Antillas y Centroamérica, incluso en el sur de México; los religiosos Pedro de Gante, Toribio de Benavente y Juan de Zumárraga en México; Tomás de San Martín en Charcas, y Toribio de Mogrovejo en Lima, la colonización española y su civilización ejercieron beneficioso influjo entre los indígenas.

Pero la incursión europea tuvo, también, efectos perjudiciales para los indios que, en diversas épocas, sufrieron las exacciones motivadas por la ambición de los colonizadores, tanto ingleses y franceses como portugueses y españoles.

Para mejorar la condición de aquellos grupos de aborígenes americanos que aún permanecen al margen de la civilización, existen actualmente en los distintos países de América organismos y dependencias oficiales cuya misión es la de ejercer sobre ellos una misión beneficiosa progresiva, de acuerdo con la orientación en tal sentido de los diversos gobiernos y el programa general de todo el continente que se ha ido elaborando en las conferencias y congresos indigenistas interamericanos, como los celebrados en Pátzcuaro (México) en 1940 y en el Cuzco (Perú) en 1949, y en organismos de carácter internacional como el Instituto Indigenista Interamericano, fundado en 1942. *Véanse* AZTECAS; INCAS; INDIGENISMO; MAYAS; PIELES ROJAS; PUEBLOS *(Indios).*

individualismo. Teoría filosófica que subordina los intereses de la sociedad a los del individuo y considera a éste como base y objetivo de las leyes y relaciones morales y políticas. La libertad absoluta, a la cual todo hombre aspira, no se concibe sino en el aislamiento; la vida social implica restricciones impuestas por el respeto a la libertad de los demás. El Estado debe ser un organismo que salvaguarde los intereses de la comunidad, pero coartando lo menos posible los derechos personales, pues las instituciones públicas son sólo medios para que el individuo mantenga su importancia como tal. Contra las crecientes atribuciones que se toma el Estado reaccionó el filósofo Spencer con sensatas razones, mientras que, más poeta que sociólogo, Nietzsche llevó el Individualismo a su grado máximo, exaltando al *superhombre.*

Indo, río. Río de Asia que nace al norte del Himalaya. Dio su nombre al territorio de la India, pero al dividirse ésta políticamente ha pasado a ser un río de Pakistán. También se le llama Hindus o Indas y Sin. Tiene 3,200 km de longitud y constituye uno de los más valiosos e importantes sistemas naturales de irrigación que se conocen, formando en su desembocadura en el Mar Arábigo o de Omán un delta de 8,000 km² de superficie. De ahí nace su extraordinaria importancia como factor económico, pues fertiliza extensas regiones. El río Indo baja desde la altiplanicie de Tíbet, pasa por el principado de Cachemira y cruza la gran llanura hindú de Punjab. A medida que se acerca a su desembocadura aumenta de ancho y profundidad, pues recibe importantes afluentes. En lejanos tiempos sirvió para proveer a canales de riego, que aún subsisten y se utilizan. La administración británica dejó grandes obras hidráulicas, que trata de completar el gobierno pakistano.

Indochina. Nombre geográfico de la península situada entre China e India; limita al sur con el Golfo de Siam y el estrecho de Malaca, al norte y al este con China, al este con el Mar Meridional de China, y al oeste con el Golfo de Bengala y la India. Indochina es también la denominación política de esa zona de la península que fuera posesión francesa y a la que se le llamó Indochina (Cambodia, Laos y Vietnam), pero que a partir de 1954 ya no tiene significado político ni constitucional. Geográficamente hablando, Indochina comprende Myanmar (antes Birmania), parte de la Federación de Malasia (Malasia Peninsular), Singapur, Thailandia, Cambodia, Laos y Vietnam, en total más de 2.5 millones de km² y más de 221 millones de habitantes.

Topografía, clima y recursos naturales. El territorio se caracteriza por cadenas de montañas, que se extienden del sureste al noroeste, alcanzando a la costa en las proximidades de la bahía de Annam, pero hay también otras cordilleras menores que irrumpen en diversos puntos y conforman un sistema geológico de múltiples variaciones. A ambos lados de dicha cordillera hay grandes valles que se extienden hasta los deltas formados en las desembocaduras de los dos grandes ríos del país: el Rojo y el Mekong.

Si bien su topografía hace de Indochina un territorio del que no ha sido posible obtener una información más amplia hasta época reciente, le ha servido, en cambio, para defenderse sin grandes esfuerzos de las ambiciones de conquista de sus tres vecinos poderosos: Japón, China y la India. A los pies de las montañas hay selvas inmensas aún no exploradas, y en la región al oeste de Laos viven tribus salvajes que impiden cualquier intento de penetración. El clima es tropical y hay extensas regiones insalubres con focos epidémicos. A la humedad predominante en los valles por las corrientes que los cruzan, hay que añadir la procedente de las lluvias torrenciales que, en la mayor parte de Indochina, se desencadenan durante el verano (estación lluviosa), en contraposición con las escasas precipitaciones del invierno, denominada estación seca, y la carencia de vientos de orientación más o menos regular. Esto quizá explique el lento progreso que se observa en el país a pesar de la fertilidad de la tierra y de sus grandes riquezas naturales. Esa generosidad de los valles de Indochina, cuyas cosechas superan los términos de tiempo que rigen en todas partes, hace que la principal ocupación nacional sea la

Grabados de un templo en Laos.

agricultura, recientemente incrementada gracias a la mecanización de parte de sus labores. El arroz, por ejemplo, constituye un importante renglón en las exportaciones de varios países de Indochina (Thailandia, Myanmar, Vietnam y la República Democrática de Laos). En la península también se cultiva algodón, tabaco, café, té, azúcar, caucho y maíz; pero no se exportan estos productos, excepto los dos últimos.

Entre sus yacimientos minerales se explotan minas de oro, hierro, cobre, plata, cinc, carbón, estaño, tungsteno, cromo, antimonio y manganeso. En la región de Tonkín hay criaderos de gusanos de seda que están intensificando una industria cuyos artículos se califican de insuperables. En la zona de Laos hay grandes bosques de teca, madera muy estimada por su belleza, resistencia y duración. Los troncos bajan llevados por las aguas del río Mekong, hasta el puerto de Ho Chi Minh (antes Saigón), para ser exportados. Se han construido varias represas para combatir la sequía de ciertas zonas agrícolas. Una de las más importantes es la del río Pharang, en la región de Annam, para el riego permanente de una amplia zona. Riqueza importante es la pesca en ríos, lagos y mares costeros, con capturas de tal volumen que abastecen a una población numerosa que consume gran cantidad de pescado y aún dejan un excedente que puede exportarse en los años de normalidad.

División política. La actual división política de la península de Indochina comprende los siguientes estados: Thailandia (60.1 millones de h.), capital Bangkok; la parte peninsular de la Federación de Malasia (17.861,000 h.), capital Kuala Lumpur; Myanmar (antes Birmania, 46.8 millones de h.), capital Yangon; Singapur (3.5 millones de h.), capital Francesa, la cual comprende Vietnam (75.1 millones de h.), capital Hanoi; Cambodia (9.5 millones de h.), capital Pnom Penh; y Laos (5.1 millones de h.), capital Vientiane.

En Indochina hay varias ciudades importantes entre las que se pueden mencionar Haifong (1.583,900 h.), en Vietnam; Ho Chi Minh (4.322,300 h.), también en Vietnam; Mandalay (532,949 h.), en Myanmar; Luan Prabang (68,399 h.), en Laos; y Chiang Mal (164,382 h.), en Thailandia.

Comunicaciones. La conformación topográfica de ciertas regiones de Malasia, con montañas inaccesibles, es un serio obstáculo que entorpece particularmente las comunicaciones, sin embargo existen ya unos 12,675 km de ferrocarriles y alrededor de 274,000 de carreteras. Los ríos, en parte navegables, sirven también para el tránsito y el intercambio comercial entre algunas regiones. De los puertos principales están los de Ho Chi Minh y Haifong (Vietnam), Yangon (Myanmar), Kampong (Cambodia), Kuantan (Malasia) y Bangkok (Tai-

Vista del Templo Angkorvat, Cambodia.

landia). Hay 90 aeropuertos distribuidos entre los diferentes países de la península. En las altas y remotas montañas del interior –hasta de 3,000 m de altitud en Tonkín– se siguen empleando los asnos y las mulas para el transporte de hombres y de diversas clases de mercancías.

Raza, cultura y costumbres. Como su nombre lo indica, Indochina es una mezcla de sus dos grandes vecinos: China y la India, y ello se comprueba con facilidad. Los annamitas, que constituyen como raza 85% de la población de Vietnam, tienen marcadas características del mogol asiático, aunque no en la conformación de los ojos, sino de los pómulos salientes y en su color amarillo algo cobrizo; su idioma es parecido al chino y su religión es una derivación de las doctrinas de Confucio. Los nativos de Cambodia, en cambio, que componen el otro grupo nativo importante, observan el budismo de los indostanos, su cultura es parecida a la de éstos y tienen grandes semejanzas con los siameses; sus danzas religiosas recuerdan a las de la India. Pero es decisiva la influencia de China en Tonkín, donde se trabajan piedras preciosas, metales y bordados con los métodos y habilidades que han hecho famosos a los chinos. En Indochina se estableció una rama del Instituto de Francia, que se denominó Colegio Francés del Lejano Oriente y realizó importantes investigaciones sobre la historia, el arte y el idioma del país. Para ello encontró en Cambodia una riquísima fuente de tesoros arqueológicos, como el admirable templo de Angkor Vat, y en Annam las ruinas de una civilización de hace muchos siglos, que debió ser avanzadísima.

Los alimentos del pueblo son por excelencia el arroz y el pescado. El sistema social de los indochinos es tribal; las tribus están compuestas por varias familias que descienden de un tronco común, y en las cuales la autoridad del padre es suprema, aunque en los últimos tiempos dicha autoridad se ha ido debilitando.

Historia. Indochina fue apenas conocida en la antigüedad. De ella se tuvo noticias a partir de los viajes de Marco Polo, pero sin dedicarle mucha atención. China dominó allí hasta el siglo X y todo lo cubría con su clásico misterio, levantado apenas con los reinos independientes que constituían Annam y Cambodia, el segundo de los cuales fue destruido por Siam (actual Tailandia). Es el misionero francés y obispo de Adran, padre Pigneau de Behaine, el que atrae la atención hacia el país en 1787, al lograr un tratado entre su soberano Luis XVI y un príncipe Nguyen de Cochinchina, pero los sucesos de esa época en Francia impidieron que se perfeccionara el acuerdo aunque el citado obispo no dejó de reclutar voluntarios y armar algunas naves, esfuerzo que fracasó por la oposición del emperador de Annam. Desde entonces hubo siempre en la historia de Indochina algún interés o influencia de aquella potencia europea, incluso en sus luchas internas. Fueron franceses quienes ayudaron al establecimiento de la dinastía de Gia Long, a cuyo término son perseguidos. Esto es lo que dio lugar a las reclamaciones de España y Francia en 1858. Tras de varias incidencias, el 5 de junio de 1862 se entregan al gobierno de París las tres provincias

Corel Stock Photo Library

Villas Boa Dai, Vietnam.

orientales de Cochinchina y sigue el avance colonial hasta que por el segundo tratado de Tien-Tsin, de junio de 1885, Francia queda dueña de los territorios de Annam y Tonkín, a título de protectorados. Por entonces ya habían ocupado los franceses el país de Camboya (Cambodia) y establecido la dominación de Laos (Lao), donde mantuvieron al principio el reino de Luang-Prabang. En 1898 Francia arrendó el puerto chino de Kuang-chen, que, según la administración colonial de la República Francesa, dependía de Indochina.

Casi finalizando la Segunda Guerra Mundial, en 1945, los japoneses ocuparon totalmente Indochina, pero ese mismo año terminó el conflicto y en el mes de agosto volvieron los franceses, quienes, aun reconociendo la república democrática independiente creada por Ho Chi Minh en el norte de Vietnam, tratan de constituir una federación indochina (dentro de la Unión Francesa, pero con autonomía propia) con Annam, Tonkín, Cochinchina, Camboya y Laos. El intento se vino abajo y, en 1954, tras la victoria de los indochinos sobre los franceses en Dien Bien Phu, se llegó a un acuerdo en la conferencia de Ginebra, por el que se delimitaban las fronteras de Viet Nam del Norte y Vietnam del Sur a la altura del paralelo 17; es en ese año y en el siguiente cuando cesa la influencia francesa en Indochina. En 1976 el país quedó oficialmente unido con el nombre de República Socialista de Vietnam. Camboya (actual Cambodia), por su parte. se convirtió en monarquía constitucional dentro de la Unión Francesa en el año 1947, y, en 1955, alcanzó su independencia. Por lo que respecta a Laos adquirió la soberanía en 1949; en 1950 surgió un movimiento comunista y tras diversas vicisitudes este país proclamó la república popular en diciembre de 1975. *Véase* ANNAM; CAMBODIA; COCHINCHINA; LAOS; VIETNAM; TONKÍN.

indoeuropeo. Los pueblos que integran la gran familia indoeuropea se llamán también indogermánicos o arios. Esto en cuanto a la etnografía; por lo que se refiere a la lingüística, indoeuropeo es el término que los investigadores modernos han adoptado para designar a la familia integra-

Bote en el río Perfumes, Hue, Vietnam.

Corel Stock Photo Library

da por los idiomas sánscrito, zendo y persa de Irán, griego, latín, celta, germano antiguo, albanés, armenio y el viejo baltoeslavo de que proceden las lenguas eslavas y de los países bálticos. Todas estas lenguas pertenecen a un tronco común, y no es el sánscrito, como durante mucho tiempo se creyó, la lengua madre de las que con el correr de los siglos se extendieron por Europa occidental y por el Cercano Oriente. El sánscrito, según lo han demostrado los más recientes investigadores, es un idioma hermano de los anteriores. Este parentesco sólo se explica si se tiene presente la idea de un pueblo común, portador de un idioma que se extendió por diversas regiones y fue adquiriendo características especiales con el correr de los siglos. Así lo demuestra la lingüística comparada. Igualmente, se aplica el adjetivo indoeuropeo a cada una de las razas que desde la India se esparcieron por el suelo europeo. *Véase* LENGUA.

indoísmo. *Véase* HINDUISMO.

Indonesia, República de. Estado insular, el más extenso y populoso del sureste de Asia, antes la colonia Indias Orientales Holandesas. Java y Sumatra son las islas principales. Además posee, entre otras, las Célebes y Molucas, Bali, la mayor parte de Borneo, y Timor. Superficie total: 1.919,443 km^2; población: 204.300 habitantes (1997). La capital es Yakarta con 9.160,500 habitantes (1995).

El país es rico en yacimientos petrolíferos, y éstos fueron uno de los motivos del movimiento emancipador, pues los indonesios recibían pocos beneficios de esta

Corel Stock Photo Library

Templo Borobudur, Bali, Indonesia.

riqueza. También hay carbón, estaño, oro, plata, bauxita, manganeso y sal. Los principales productos agrícolas son arroz, maíz, mandioca, soya, judías verdes, té, goma natural y caña de azúcar. Actualmente se ha acelerado la explotación de las grandes selvas. Las industrias se concentran en Java: las primeras son la del tabaco, la alimentaria y la textil.

El arte. La arquitectura budista alcanzó en Java elevados niveles entre los siglos VII y IX. El más célebre monumento religioso es el Borobodur (principios del s. IX), de

forma de campana y 16 m de diámetro. En la parte interior de sus muros está esculpida la historia de Buda. Otro importante monumento budista, el templo de Candi Sewu, data de la primera mitad del siglo IX, y es un gran conjunto consistente en un santuario principal rodeado de numerosas capillas. En cuanto a la pintura, sus temas eran antes dioses y demonios, pero hoy reproduce escenas diarias. La danza, cultivada por todo el pueblo, ha logrado exquisita perfección.

Historia. Los pueblos de la India mantenían desde tiempo atrás relaciones comerciales con el archipiélago. Poco antes de la llegada de los europeos, los musulmanes habían conquistado casi todas las islas, con excepción de Bali. Los portugueses se establecieron en las Molucas, pero también fundaron factorías en las islas mayores, y allí chocaron con ingleses y holandeses. En 1602 se fundó la Compañía Holandesa de las Indias Orientales, cuyos derechos pasaron en el año 1816 a Holanda. Pero la ocupación japonesa durante la Segunda Guerra Mundial dio origen a un gran movimiento nacionalista, cuyo líder, Achmed Sukarno, proclamó la emancipación indonesia al capitular Tokio. En la imposibilidad de recuperar sus colonias, Holanda reconoció al nuevo Estado en diciembre de 1949, pero conservó la parte occidental de Nueva Guinea hasta 1962; Indonesia tomó posesión de ella en 1963.

En 1965 tuvo lugar un golpe de estado comunista, pero fracasó, y dio lugar a una represión que costó la vida por lo menos a 100 mil personas. Achmed Sukarno, primer presidente de Indonesia había adoptado una política dictatorial, y por diferentes

Ceremonia fúnebre, Indonesia.

Corel Stock Photo Library

razones crecía el descontento en el pueblo y el ejército. Fue entonces cuando el general Suharto se hizo cargo del poder, aunque Sukarno siguió actuando como presid2ente. En 1966, cuando Indonesia volvió a ingresar en la ONU, de la que se había retirado el año anterior como protesta ante la constitución de la Federación de Malasia, Sukarno perdió el cargo de presidente vitalicio, y fue sustituido en 1968 por Suharto, quien combatió a la extrema izquierda y trató de atraer capitales extranjeros para enderezar la vacilante economía. En los años siguientes se proyectaron dos planes quinquenales; el primero (1970-1974) se propuso explotar las fuentes de energía y extender las comunicaciones con el objeto de fomentar la industria. El segundo (1975-1979) estaba en gran parte financiado por organismos internacionales. Los resultados obtenidos fueron buenos, aunque el país quedó muy endeudado.

En 1975 estalló la guerra civil en el sector portugués de Timor. Un grupo nacionalista declaró la independencia, pero las tropas de Suharto intervinieron y la isla se convirtió en provincia de Indonesia. En 1983, la ONU reconoció la independencia de Timor Oriental y se reiniciaron las confrontaciones entre los rebeldes y las fuerzas del gobierno. En 1985, Indonesia firmó un tratado con China para reanudar las relaciones comerciales interrumpidas desde 1967. En 1987, Suharto fue reelegido presidente.

En 1988, el gobierno cierra la navegación por los estrechos de Sonda y Lombok, lo que motiva la protesta internacional. En ese año, Indonesia reconoce el Estado de Palestina. En 1990, se reanudan las relaciones diplomáticas con China después de 23 años de haber estado suspendidas. En las elecciones del 9 de

Corel Stock Photo Library

Ladera de un volcán en Indonesia.

junio de 1992, el partido gubernamental renovó la mayoría con 282 de los 400 escaños. Suharto inauguró su sexto mandato presidencial, siendoreelecto el 10 de marzo de 1993. José Alexandre Gusmao, llamado *Xanana*, líder del Fretilin y del Consejo Nacional de Resistencia Maubere, fue condenado a cadena perpetua pese a reconocer la soberanía indonesia sobre Timor Oriental (mayo de 1993), donde se reprodujeron los disturbios (1994). A principios de 1998 empezaron a generar protestas por la larga permanencia del presidente en el poder. El clamor popular llegó a un punto tal que obligó a Suharno a presentar su renuncia el 20 de mayo de 1998, siendo sucedido por el vicepresidente Bucharuddin Jusuf Habibie.

Indostán. Nombre que suele darse a la vasta península de la India comprendida entre el Himalaya, el Golfo de Bengala y el Mar de Omán. La palabra Indostán deriva del río Indo o Hindus, y quiere decir país de los indos o indios, es decir, de los hombres de raza aria que hablan el indostaní. Esta lengua comprende dos variedades llamadas antigua y moderna. La primera se rige por un sistema ario tomado de la primitiva escritura sánscrita, y la segunda posee un alfabeto de origen árabe. Ambas lenguas se subdividen a su vez en numerosos dialectos. El indostaní moderno contiene muchas palabras de origen persa y árabe y se ha empleado mucho tiempo como una especie de *lingua franca* entre los heterogéneos pueblos de la gran península, dividida en las dos repúblicas de la India y Pakistán.

indoxilo. Nombre formado por las primeras letras de *índigo* y las últimas de *hidroxilo*, para designar un compuesto cristalino amarillento (C_3H_7NO) que se obtiene por hidrólisis del indicán, y que, al oxidarse en contacto con el aire, se transforma en añil, muy empleado como colorante. El ácido indoxílico obtenido de la naftalina sirve para fabricar el añil sintético o índigo.

Indra. Principal divinidad védica a quien los vedas consagran gran número de himnos. Su origen es incierto, pero hay quien lo supone hijo del cielo y de la tierra. Es el gran dios de la guerra cuya principal hazaña consiste en la lucha y victoria contra el demonio Vritra. De los relatos védicos parece desprenderse que fue originalmente un personaje histórico que dirigía a los arya contra sus enemigos, convirtiéndose así en el dios nacional de la guerra. Posteriormente su pres-

Grabado antiguo de la región conocida como Indostán, según representación del autor en 1625.

Reynold Eslstracke

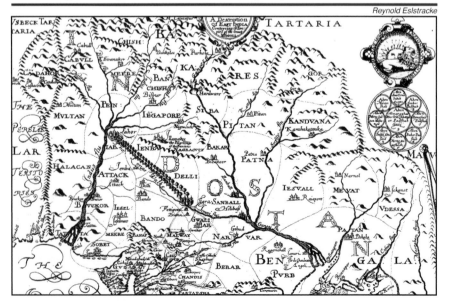

tigio fue decayendo y fue sustituido en el brahmanismo por la trinidad Brahma-Visnú.

inducción. Fenómeno físico mediante el cual cuerpos conductores, colocados en la proximidad de imanes o conductores eléctricos, modifican su estado magnético o eléctrico. Si colocamos un trozo de hierro dulce en las proximidades de un fuerte imán, el hierro adquiere propiedades magnéticas, llamándose a este fenómeno *inducción magnética*. Si suponemos una esfera metálica aislada cargada de electricidad positiva, y colocamos en su proximidad otra esfera igual sin carga eléctrica, la primera actúa sobre la segunda atrayendo los electrones negativos de ésta y repeliendo los positivos al lado opuesto. Si tocamos este lado con el dedo, se establece así contacto con tierra, la electricidad negativa de ésta pasa a la esfera, suprime el estado neutral y establece una carga negativa, debido a la *inducción eléctrica*. A los espacios que están sometidos a los influjos de un imán o un conductor eléctrico se les llama campos de inducción magnética o eléctrica, respectivamente. Si se mueve un conductor eléctrico en un campo magnético o se varía la intensidad de éste, se crea en el conductor una tensión eléctrica, llamándose al fenómeno *inducción magneto-eléctrica*.

Se ha observado que si tenemos un conductor eléctrico recorrido por una corriente y en sus proximidades se coloca otro conductor, cuando se cierra el circuito de la corriente en el primero se crea en el segundo una corriente de sentido contrario, y cuando se interrumpe la corriente en el primero, en el segundo se produce una corriente del mismo sentido que aquél. Arrollando un conductor eléctrico en espiras paralelas como en un carrete, el campo de inducción se manifiesta más enérgicamente en el espacio interno de las espiras, por lo que con los conductores arrollados de esta forma se construyen lo que se llaman *bobinas de inducción*.

La bobina de inducción clásica está formada por un núcleo de hierro dulce alrededor del cual está arrollado un conductor, por el que circula la corriente de una batería, constituyendo el circuito primario de la bobina. Aislado del primario y sobre el mismo núcleo se ha enrollado sobre aquél un conductor en espiras concéntricas que es lo que forma el *secundario* del aparato.

Al circular la corriente por el *primario* crea un campo magnético, convirtiendo el núcleo de hierro en imán, que atrae solamente cuando la corriente circula. Utilizando esta propiedad se ha construido un interruptor magnético, de manera que al ser atraído por el núcleo interrumpe la corriente, para volver a cerrar el circuito al volver a su posición inicial por efecto de un resorte. Mediante este dispositivo se obtienen

rápidamente rupturas y cierres del circuito *primario*, que inducen en el *secundario* una corriente de sentido alternado, o sea, alterna, de mucho mayor voltaje que la primera.

Las bobinas de inducción se emplean en el encendido de los motores de explosión, como por ejemplo los de automóviles, y en infinidad de aparatos electrotécnicos. *Véase* ELECTRICIDAD.

inducción. Aristóteles, el gran filósofo griego, cuyas reflexiones se extienden a todos los problemas del conocimiento humano, aplica el método analítico en su pedagogía a la educación y lo convierte en un sistema de enseñanza que parte del estudio de lo particular para después, por inducción, generalizar, obteniendo definiciones, reglas, clasificaciones, etcétera. Dicho método se utiliza principalmente en la enseñanza primaria, haciendo que el alumno tome parte muy activa en el descubrimiento de las cosas, por lo que recibe también el nombre de método de observación y descubrimiento. Para aplicarlo, se empieza a hacer observar al niño los hechos y caracteres individuales, por ejemplo, de una gallina. Inmediatamente descubrirá qué el animal tiene alas, un pico, dos patas terminadas en dedos y uñas una cola y el cuerpo cubierto de plumas, a más de cómo se mueve, se alimenta, vuela, etcétera. Con estos conocimientos descubiertos por el niño, le será fácil llegar generalizando a los caracteres de las aves y comprender en que se basa una clasificación. Hay muchas materias en cuyo estudio el empleo del método inductivo exigiría demasiado tiempo, como en matemáticas, geometría, álgebra, donde es más eficaz emplear el método deductivo, o sea, empezar por definiciones y principios para pasar luego a los casos particulares.

inductancia. Si se hace circular una corriente eléctrica por un circuito cualquiera se crea un campo magnético asociado al circuito. Las fluctuaciones de la corriente, como pasa en la corriente alterna, determinan fluctuaciones en el campo magnético, que a su vez causan una fuerza llamada *contraelectromotriz*, que se opone al paso de la corriente principal como si fuera una resistencia adicional en el circuito. Dicha fuerza contra electromotriz depende de las características del circuito, de su inductividad, que se mide por su coeficiente de autoinducción, en unidades llamadas *henrios,* y de la frecuencia de la corriente. El producto del coeficiente de autoinducción por la frecuencia es la inductancia del circuito.

indulgencia. Facilidad de perdonar culpas, disimular yerros o conceder gracias. Es la disculpa o perdón concedidos por la Iglesia, de las penas que merecen los pe-

cados y pueden ser parciales o plenarias, temporales o perpetuas, generales o particulares, sin que este perdón exima de toda penitencia absoluta. El objeto de las indulgencias fue suplir a las penitencias omitidas, mal cumplidas o demasiado ligeras en relación con la magnitud de las faltas. Es más bien una conmutación de la pena que una remisión absoluta. Las indulgencias generales obligan a recibir los sacramentos, a dar limosnas y practicar ayunos. Para ganar indulgencia es preciso orar y hacer obras piadosas. Las indulgencias pueden alcanzarse también para los difuntos, pero sólo a modo de intercesión.

indulto. Gracia por la cual la autoridad competente perdona el todo o parte de una pena, o exceptúa o exime a una persona de la ley o de cualquier otra obligación. Es la gracia otorgada a los condenados y que equivale al perdón de la pena que debían expiar. Difiere de la amnistía, que también significa perdón, en que no extingue totalmente los efectos del delito cometido, reduciéndose a anular los que corresponden a la ejecución de la condena cuando ésta se produjo.

indumentaria. *Véase* VESTIDO.

industria. Conjunto de procedimientos que emplea el hombre para transformar las materias primas en objetos útiles para que satisfagan sus necesidades. Todo lo que forma el conjunto de los bienes materiales de la llamada civilización, es producto de la industria: automóviles, casas, barcos, aeroplanos, aparatos de radio, utensilios domésticos, etcétera. El término incluye también actividades como la agricultura, la minería, los transportes, las comunicaciones, etcétera.

En los primeros tiempos, todo hombre debía bastarse a sí mismo; para ello ejercía actividades de muy distinta índole y los objetos construidos de ese modo solían ser toscos. Paulatinamente, ciertos hombres se dedicaron a la construcción de un objeto determinado, y así comenzó la división del trabajo y la organización incipiente de la industria; con ello se consiguió que los objetos hechos por gente especializada en una determinada actividad mejorasen. La verdadera revolución industrial comenzó en el siglo XVIII a raíz de la invención de la máquina de vapor, que permitió montar las grandes fábricas y producir miles de artículos en serie.

En los grandes establecimientos industriales del siglo XX es común la subdivisión del trabajo en la que cada obrero realiza un solo tipo de tarea, a veces simplemente ajustar un tornillo del aparato en construcción. La pequeña industria se caracterizaba por la producción y el capital escasos, y las pocas herramientas. La gran industria,

Hangar de mantenimiento de aviones.

en cambio, reúne grandes capitales, hace uso de toda clase de maquinaria, que pueda simplificar el trabajo o aumentar la capacidad de producción, y fabrica en masa para proveer a las grandes poblaciones.

Todos los países de nuestra época tienden a la industrialización, aun los más atrasados, porque comprenden que de ella depende en gran parte su libertad y la elevación del nivel de vida de la población. La división del trabajo y la industrialización no han penetrado con la misma intensidad en todas las esferas; la agricultura, por ejem-

plo, ha recibido sus beneficios sólo en los países más adelantados.

inercia. Resistencia que en mecánica oponen todos los cuerpos a cualquier variación de movimiento y que se deriva del juego de fuerzas exteriores que se hallan actuando o han actuado sobre ellos. Si se imprime impulso a una rueda, ésta comenzará a girar y tenderá a conservar la acción de este impulso contra toda otra fuerza que trate de aumentarlo o disminuirlo: eso es en virtud de la inercia. La electricidad y la

luz se hallan sujetas a la influencia de la inercia y toda la mecánica racional se apoya en su principio. La mayoría de los inventos no hubieran podido aplicarse de no existir la inercia. El motor de explosión, por ejemplo, supone un tiempo activo –el de la explosión del gas en el cilindro– y tres pasivos –escape, admisión y compresión– la violencia extrema de ese primer movimiento en comparación con los otros tres daría, por resultado, una serie de impulsiones bruscas e intermitentes, sin distribución regular posible para su aprovechamiento, de no llevar el eje motor un volante que absorbe la energía excedente en ciertos momentos y la cede en los tiempos inertes.

Inés, santa. Virgen y mártir oriunda de Roma, que vivió en el tercer siglo de la era cristiana. San Ambrosio señala que su edad era, al morir, de doce años. Narra una tradición piadosa en la cual fue humillada públicamente y ejecutada en Roma por rechazar al hijo pagano del pretor. Su fiesta se celebra el 21 de marzo, fecha en que se bendicen en Roma dos corderos cuya lana sirve para elaborar palios.

Inés de Castro (1320?-1355). Dama española, nacida en Galicia y muerta en Coimbra (Portugal). Su padre la llevó a la corte portuguesa y el infante don Pedro, casado con una prima de Inés, se enamoró de ésta y cuando quedó viudo se casó con ella y legitimó los hijos que habían tenido. Alfonso IV, padre de don Pedro, instigado por los nobles, enemigos de la casa de los Castro, permitió que la asesinasen. Una vez en el trono, don Pedro exhumó el cadáver de Inés le rindió honores reales y le hizo fastuosos funerales. A partir de entonces la leyenda se entremezcló con la historia, y la figura de Inés de Castro sirvió de inspiración a muchos autores. Entre las obras basadas en el sacrificio de esta dama sobresalen *La Castro*, como se conoce generalmente a la obra de Antonio Ferreira, *Tragedia muy sentida e elegante de doña Inés de Castro*; *Reinar después de morir*, famoso drama de Luis Vélez de Guevara, y *Corona de amor y muerte*, de Casona.

infalibilidad. Calidad de infalible. En materia de religión, el Concilio Vaticano de 1870, declaró que la infalibilidad es propia de los pontífices romanos, por lo cual no pueden equivocarse cuando hablan, *ex cathedra,* sobre la fe o la moral, es decir, cuando el romano pontífice en el ejercicio de su cargo de pastor y maestro universal de la Iglesia, y en virtud de su suprema autoridad apostólica, habla con el fin de dar una sentencia definitiva y dirige su enseñanza a toda la Iglesia, pero no es aplicable en cuanto a la conducta ni a las opiniones del papa, que no es infalible y puede equivocarse cuando actúa en privado. El

Planta química.

propósito de la infalibilidad pontificia es el de la custodia y recta definición de la verdad revelada en las Santas Escrituras y constituye una salvaguarda contra el error en cuestiones de dogma y de moralidad.

infancia. Periodo de desarrollo del niño, desde el nacimiento hasta la adolescencia. Algunos tratadistas consideran como infancia solamente desde los primeros años hasta la época escolar, mientras que otros dividen el periodo que va del nacimiento a los doce años, en; *primera infancia* hasta los 3 años, subdividida en tres periodos: el del interés perceptivo, el del interés motor y el del interés glósico o por la palabra; *segunda infancia* de los 3 a los 7 años, llamada *periodo de los intereses concretos*; y *tercera infancia*, de los 7 a los 12 años, caracterizada por la adquisición de conocimientos abstractos.

El niño de la época actual ha nacido en un momento afortunado, pues en ningún periodo de la historia ha habido mayor preocupación ni mayor cúmulo de conocimientos dedicados a su cuidado. Los padres tienen la posibilidad de informarse con respecto al desarrollo de los niños en cualquier etapa de su formación; la ciencia ha hecho contribuciones de valor extraordinario; los sicólogos han estudiado y observado con detenimiento todo el proceso de desarrollo de los niños desde su nacimiento, las anormalidades que presentan, sus reacciones, etcétera, utilizando pruebas determinadas y todo el material que ofrece la ciencia contemporánea: el cine, juguetes de todas clases, aparatos de medida de alta precisión.

Los antropólogos sociales han estudiado el desarrollo infantil en los pueblos primitivos observando las diferencias que existen entre los niños en su medio más natural y los que se desarrollan en las grandes ciudades. Los siquiatras han dado una vital importancia al desenvolvimiento de los primeros años del niño para la evolución posterior del adulto; la legislación en diferentes países, la creación de escuelas maternales, jardines de infantes, etcétera, en fin, innumerables esfuerzos se han aunado para procurar el mejor modo de proteger, vigilar y hacer desarrollar armónicamente a los niños, cambiando totalmente la manera de proceder de otros siglos, en que se dejaba librado al niño a su propia naturaleza o se le imponía una serie de normas y disciplinas, las más de las veces férreas y autoritarias, que sólo conseguían deformar la personalidad en proceso de desarrollo.

Los padres tienen hoy, no sólo el apoyo directo de la ciencia, sino que, por distintos conductos, pueden informarse acerca de los mejores medios de comportarse con sus hijos: artículos en diarios y revistas, programas en radio y televisión, cursos dados

Entrenamiento para un futuro campeón nadador.

en escuelas y universidades, cursos sobre lactancia, higiene y puericultura, en los que se enseña a las madres los mejores procedimientos para la buena educación de sus hijos; distintas organizaciones de carácter social que procuran la formación de asociaciones de padres, etcétera. Así, si bien no en todas partes, sí en las grandes ciudades, donde una serie de circunstancias hacen que el desarrollo infantil sea más difícil y complejo, padres y niños tienen oportunidad de encontrar medios que favorecen y mejoran las condiciones en que la infancia debe formarse.

Índice de las enormes conquistas logradas en el campo de la pediatría es el hecho de que en la Edad Media sólo uno de cada dos niños tenía probabilidades de alcanzar los 10 años; a principios del siglo XX, la mortalidad infantil era de 20 a 25%, mientras hoy que la cifra es mínima en los países más adelantados. Sin embargo por mucho que haya progresado la medicina infantil, es menester instruir adecuadamente a los padres para que sepan desempeñarse como tales. A tal efecto, los gobiernos se preocupan cada vez más de este problema, haciendo obligatorias las vacunas preventivas y multiplicando los dispensarios donde se ayuda y orienta a las mujeres sin recursos. Si bien es cierto que el niño llega al mundo con características determinadas por la herencia, el ambiente ejerce influencia sobre ellos para bien o para mal. Por eso, es indispensable rodear al recién nacido de previsores cuidados que aseguren su bienestar físico y psíquico.

La salud y el estado de ánimo de la mujer próxima a ser madre influyen en el desarrollo del nuevo ser. Deberá ponerse desde el principio en manos del médico, quien, basándose en exámenes periódicos, controlará la forma en que su organismo hace frente a las nuevas exigencias y, mediante adecuada dieta y simples medicamentos, compensará el vital esfuerzo. De primordial importancia es una alimentación equilibrada, que deberá incluir leche, huevos, fruta, verduras, carne, cereales y pan integral. Pero es erróneo creer que debe comer lo suficiente para dos, pues los excesos recargan estómago y riñones, y pueden aumentar innecesariamente el peso. La leche, tan rica en calcio, figurará en primer lugar y deberá consumirse generosamente mientras dure la lactancia. Ciertas dosis de yodo y vitaminas serán probablemente indicadas, y es de rigor la visita al dentista, quien se encargará de desbaratar la vieja teoría, sumisamente acatada por nuestras abuelas, de que cada hijo costaba a la madre la pérdida de una muela. La higiene personal merecerá una mayor atención durante este periodo. Los largos meses de espera resultarán más llevaderos si se adopta una vida lo más normal posible; y con simples distracciones y ejercicios moderados se mantiene el ánimo alegre y optimista.

El recién nacido. El niño recién nacido es un ser desvalido comparado con los hijos de la mayor parte de los animales. Su cabeza, cubierta de vello, es desproporcionadamente grande en relación al cuerpo, pues mide una cuarta parte de la talla total y su circunferencia es mayor que la del tórax. Los brazos son más largos que las piernas, suele estar rojo y congestionado y emite constantes vagidos. Afortunadamente, pronto cae en el sueño, para el cual adopta una extraña posición de origen prenatal, con todos los miembros encogidos. Mide por lo general de 45 a 55 cm de largo, y su peso varía entre los 3 y 4 kg. No obstante, aun habiendo experimentado un gran desarrollo durante la gestación llega al mundo siendo todavía un ser muy indefenso. Respira, mama, digiere, elimina y su sangre circula rápido, aportando a cada órgano los elementos necesarios para su crecimiento; pero sus aparatos sensoriales están aún imperfectos. Medra sumergido en confusas sensaciones de calor y de frío, rodeado por objetos de formas indefinidas, percibiendo, a su parecer, ruidos alarmantes y voces sin sentido.

Alimentación y cuidados. El problema más importante consiste en proporcionar al bebé una alimentación racional que provea al pequeño organismo de cuanto necesita. La naturaleza lo ha resuelto en forma insuperable, dotando a la madre del elemento adecuado para su hijo. Su leche tiene las proporciones justas de las cosas indispensables; está siempre disponible y es de muy fácil digestión. Por ello, ninguna obligación de la madre es tan imperiosa como la de criar ella misma a su niño, y de ser materialmente posible, nada justifica su abandono. La primera leche, llamada *calostro*, presenta características especiales: prepara el estómago del bebé a la más nutritiva y abundante que se presentará bien pronto. Por esta razón, el niño pierde peso al comenzar a alimentarse, pero luego lo recuperará fácilmente. Si la leche de la madre es suficiente, no necesitará otro alimento por varios meses. Sólo en caso contrario debe recurrirse a la evaporada, en polvo o de vaca, preparada de acuerdo con la fórmula que indicará el médico.

Es importante que el bebé se acostumbre a alimentarse a horas fijas, con intervalos de tres, al comenzar y luego de cuatro. Este método fomenta la creación de hábitos regulares, que redundarán en tranquilidad para todos. Si llora mucho durante la espera, puede dársele a beber agua hervida, ligeramente tibia. Cuando está despierto, agita los brazos y piernas en forma casi continua, proporcionándose así el necesario ejercicio, motivo por el cual es perniciosa la costumbre antigua de fajarlo de arriba abajo. El bebé, al tomar alimento, siempre ingiere aire, y por eso es necesario, una o dos veces mientras mama y luego al terminar, que la madre lo apoye en su hombro y le dé ligeras palmadas en la espalda para que lo arroje.

Durante las primeras semanas, el bebé es sumamente débil y al levantarlo en brazos, es menester sujetarle la cabeza y la espalda. Durante 2 o 3 semanas, después del nacimiento, se le aseará con fricciones ligeras de esponja y agua tibia, sin tocarle el ombligo, a fin de permitir que cicatrice completamente. Éste deberá ser minuciosamente desinfectado y se cubrirá con una gasa esterilizada que se mantendrá en su sitio por medio de un ombliguero, hasta que la herida esté completamente curada. Los ojos, nariz y orejas se limpiarán cuidadosamente con algodones y agua hervida o boricada, utilizando un algodón limpio para cada ojo, cada oído y cada orificio nasal.

Lo mismo se hará cuando llegue la ocasión del primer baño total, que en adelante se practicará diariamente, pues representa, además, un placer y un sedante para el pequeño. Este primer baño suele ser motivo de preocupación para la madre inexperta, pero con las modernas bañeras de lona, transformables en mesas de vestir se convierte en una tarea sumamente fácil. Luego de poner el agua a una temperatura agradable, la madre sostendrá al niño colocando el antebrazo izquierdo debajo de la nuca de aquél, y sosteniéndolo por la espalda con la palma de la mano. Queda así libre la derecha para lavar al niño con una toallita o esponja suave. Al principio, el baño no debe durar más de tres minutos, pero cuando el pequeño esté en condiciones de sentarse en la bañera, puede prolongarse hasta ocho o diez minutos. Consecuente con el propósito de inculcarle hábitos regulares, el baño tendrá lugar todos los días a la misma hora.

El aire puro y fresco es indispensable también para el desarrollo del niño, y siempre que el tiempo lo permita se le colocará en su coche cuna en el patio o jardín para que pase allí el mayor tiempo posible. El cuarto donde duerme será bien ventilado, y si es posible estará separado del de las personas mayores. Es importante que se acostumbre a dormir temprano, y sólo se le tendrá en brazos cuando las circunstancias lo exijan. Esas madres que levantan al niño de su cuna apenas lo oyen suspirar, atentan contra la salud del pequeño y contra la suya propia. Los niños sanos y bien alimentados lloran poco, pero un buen llanto de vez en cuando es ejercicio saludable y sedante para los nervios. Es necesario educarlo desde el principio y tener la voluntad firme si se quiere lograr ese objeto, pues naturalmente resulta más fácil hacerle mimos y darle lo que quiere para que se calle. Pero la madre no debe olvidar que la felicidad de su hogar depende en gran parte de la forma en que eduque a su hijo.

La indumentaria ha de ser suficiente, y debe evitarse abrigarlo demasiado. En verano y en los climas templados, se le vestirá con ropas ligeras, reservando las de lana para el tiempo fresco. Importante es el cuidado de la piel, que en el niño es muy delicada y suele sufrir irritaciones a causa de la humedad. Aplicaciones de aceites especiales, talco y, sobre todo, frecuente cambio de ropa, suavizan tal molestia. Los talcos se emplearán con cuidado, procurando que el bebé no los aspire. Gran cuidado hay que tener con los alfileres y otros objetos metálicos, pues por instinto el niño se lleva a la boca cuanto encuentra.

En materia de alimentación, conviene, desde muy temprano, complementar la leche materna con jugos de frutas y aceite de hígado de bacalao; después de los cinco meses, con cocimientos de cereales que serán reforzados más tarde con sopas y purés de verduras. A partir de los nueve meses es oportuno considerar la vacunación contra la difteria y otras enfermedades contagiosas. Hay que tener cuidado

Niños jugando con material didáctico.

Corel Stock Photo Library

al darle chupete al bebé, porque puede ensuciarse y provocar infecciones.

La madre tendrá siempre presente que desde los primeros días el niño reacciona de acuerdo con la forma en que es tratado. La nerviosidad exagerada de las personas que lo atienden afecta su naciente sensibilidad, como también los gritos y ruidos. En la mayoría de los casos su carácter se moldea adaptándose al ambiente y nunca es demasiado pronto para comenzar su educación, la cual debe estar ya razonablemente avanzada al terminar esa primera e importantísima etapa de su vida.

Crecimiento del niño. La personalidad del niño es un proceso lento y gradual, que depende de la maduración de su sistema nervioso. El niño crece por etapas siguiendo un orden natural, se sienta antes de ponerse en pie, balbucea antes de hablar, depende de los demás antes de depender de sí mismo, dibuja un círculo antes de dibujar un cuadrado. Esta serie de hechos o capacidades que el niño va adquiriendo no puede ni debe ser alterada.

Hasta el siglo presente se había dado relativa importancia a los niños en edad escolar; en la actualidad, sin descuidar esta etapa de desarrollo, la sociedad se preocupa con razón de la edad preescolar, es decir, desde el nacimiento del niño hasta que ingresa en la escuela. Los primeros años del niño, tienen una profunda influencia sobre las etapas posteriores. Al finalizar los cinco primeros años de un niño, ya se tiene una idea aproximada de lo que será física y mentalmente; ya se delinea como toda una personita, con un carácter, una manera de reaccionar y una forma de comportarse que lo acompañarán después a lo largo de su vida. El crecimiento normal de un niño se va haciendo por etapas paulatinas, en las que la conducta está íntimamente relacionada con el crecimiento y maduración. Se aprecia bien este proceso armónico de conjunto en las dos adquisiciones de mayor importancia para el bebé: caminar y hablar.

Para que un niño camine necesita el control y fortaleza de los músculos de la cabeza y del tronco para poder mantener la posición erecta, así como la coordinación de todos los músculos, que intervienen en la locomoción. Durante el primer mes, el niño no controla aún sus músculos, sólo consigue cierta fijeza en la mirada; mantiene la cabeza inclinada, y si se le pone en posición vertical, la cabeza cae hacia un costado, duerme durante 20 horas por día y se despierta sólo para comer o cuando algo lo incomoda. Al cuarto mes ya tiene control sobre su cabeza pero aún no sobre su tronco, tratará de levantar la cabeza si se le acuesta boca abajo, una de sus grandes ocupaciones es observarse los dedos de las manos y tratar de apresar objetos y llevárselos a la boca. Al sexto mes se sienta con ayuda de almohadones, le gusta manipular objetos, está siempre inquieto porque le

Actividades infantiles al aire libre.

agrada la movilidad, y puede jugar durante largo tiempo solo, con cualquier objeto; sin embargo, todavía no es capaz de cerrar su mano para usar la cuchara, cosa que podrá hacer al llegar al año, y para llevársela a la boca sin ayuda, tendrá que haber cumplido los dos años. En esa época del sexto mes suele comenzar la dentición que a veces trae aparejadas molestias tales como fiebre, inflamación en las encías, diarrea y el niño babea en abundancia. Al octavo mes, sus miembros están lo suficientemente fuertes para permitirle incorporarse y andar a gatas. Después del noveno mes, el niño intenta ponerse en pie, agarrándose de los barrotes de la cuna o al borde de los muebles; se sienta bien, solo, y ya ha comenzado a dar sus primeros pasos con ayuda. En muchas ocasiones el periodo de gateo dura hasta más del año, pues si el niño ha tenido miedo por algún motivo, se siente más seguro en su posición de cuatro patas y se niega a caminar, o tal vez porque en esa época le es suficiente el desplazamiento que consigue en esta postura. Al año, el niño todavía tiene actitudes de cuadrúmano; no se ha decidido aún a permanecer de pie solo y cuando se le pone en pie se sienta en seguida o busca la posición en cuatro manos, si bien ya con una tendencia a usar los pies en vez de las rodillas para avanzar. A los 15 meses, ya ha conseguido la verticalidad, ha descartado el gateo y anda solo; ha logrado el control de los músculos del cuello, nuca, cabeza, tronco y extremidades y se ha efectuado la coordinación neuromuscular. De ahora en adelante, su impulso locomotor lo llevará a una ejercitación constante de su sistema muscular; al año y medio ya es

capaz de empujar un cochecito, pero todavía no es capaz de pararse en una pierna ni pedalear un triciclo, cosa que consigue poco después, y a los cuatro años ya puede correr, saltar, trepar y correr por las escaleras.

La adquisición del lenguaje, lo mismo que la aptitud para la marcha, se produce en el niño de un modo paulatino. Las primeras manifestaciones con las que el niño se pone en comunicación con su ambiente son los vagidos, a través de los cuales muestra su disconformidad con una situación que lo molesta, generalmente el hambre; al cuarto mes, ya nota los sonidos y reconoce la voz de su madre, ríe y muestra señales de agrado frente a ciertas rutinas, baño, comida; al séptimo mes, comienza a vocalizar, grita con sentido, ríe, llora y disfruta de la compañía de los mayores. Más tarde se inician los balbuceos, a los 10 meses, ya dice *papá y mamá, nene, dada;* al año, aumenta paulatinamente su vocabulario y permanece en su corralito largo tiempo en actividad; al año y medio, señala las cosas que quiere, sabe donde se guardan; comprende bien frases cortas, su vocabulario tiene alrededor de 20 palabras y se acelera tan bruscamente entonces el uso de la palabra, que al finalizar el segundo año ya cuenta con más de 200, aunque mal pronunciadas y con dificultad en algunas letras. Los dos años marcan generalmente el punto crítico en el vocabulario infantil. No todos los niños han adquirido tantas palabras en esa época, muchos empiezan entonces, pero si después del segundo año no dicen ninguna palabra y su balbuceo ha sido pobre, puede tratarse de un defecto o un trastorno nervioso que es necesario atender. A los dos años construye frases cortas y a los cuatro años ya es capaz de construirlas bastante bien.

Diferencias individuales en el desarrollo. Lo que hemos expuesto anteriormente, no se produce en los niños en forma general; las normas de edad son tomadas del término medio de los pequeños que han sido estudiados en grandes grupos. Lo que sí es absoluto, es el proceso de desarrollo; por ejemplo: un niño nunca será capaz de dibujar un cuadrado antes que un círculo y necesita mayor desarrollo mental aún para comprender la estructura de un rombo. Pero estos periodos de desarrollo puede recorrerlos un niño en mayor o menor tiempo, manteniéndose en el plano de normalidad. Una criatura puede caminar sola antes del año y otra igualmente normal hacerlo después del año y medio; puede decir cuatro o cinco palabras antes del año o hacerlo al llegar al segundo, sin pensarse por eso que le falta inteligencia. La diferencia que se nota en la rapidez de desarrollo mental de los diferentes niños se debe a diversas razones. Las de mayor importancia son la herencia y el medio: la herencia se refiere a la transmisión de caracteres físicos y psíquicos de padres a hijos; las características físicas son fácilmente comprobables, se refieren a la estatura, peso, tipo de cuerpo, rasgos faciales, color de la piel y los ojos, etcétera. A veces también se heredan ciertas peculiaridades familiares, malformaciones o anomalías.

Los caracteres síquicos son más difíciles de discernir, pues no pueden considerarse aislados como los rasgos físicos; sin embargo, numerosas investigaciones han demostrado que ciertas aptitudes mentales elevadas se suceden en algunas familias.

Se cita el caso de la familia Porson, famosa por su extraordinaria memoria; muchos artistas famosos han tenido antecedentes de varias generaciones con dotes y aptitudes para pintura o música (Bach, Beethoven, Haydn). Se han realizado estudios sobre familias completas a través de numerosas generaciones que muestran la importancia de la herencia en el futuro de los descendientes. Dos de ellos son muy ilustrativos, el efectuado por Winship en 1900 sobre la familia Edwards, cuyo primer ascendiente, Jonathan, nacido en 1703, fue hombre ilustre; de sus 1,394 descendientes identificados, 13 fueron decanos de facultad, 65 profesores universitarios, 60 médicos, 100 sacerdotes, 10 abogados, 30 jueces, 75 oficiales, 60 escritores preeminentes, etcétera. La segunda familia estudiada por Goddard, en 1912, la familia Kallikak, cuyo primer miembro investigado tuvo descendencia con una deficiente mental, muestra el cuadro contrario. De los 480 descendientes investigados sólo 46 fueron normales, el resto, es decir 434, fueron anormales y tuvieron que ver con la justicia, ya por sus defectos mentales, ya por los morales.

El ambiente en que se educa un niño tiene, junto con la herencia, una influencia decisiva en el futuro desarrollo del mismo; la cultura de los padres, las posibilidades del adiestramiento de sus aptitudes, el afecto o los castigos, todo concurre a que en el niño se forme un carácter determinado. El crecimiento normal de un niño depende en gran medida de la cantidad y calidad de los alimentos que ingiere y por otra parte el desarrollo de sus intereses depende de los juguetes que tenga, de los libros, instrumentos musicales y de las oportunidades que se le proporcionen de practicar trabajo manual y otras actividades pedagógicas. Todo es importante en el desarrollo de una criatura. La falta de los padres, como lo han demostrado las guerras mundiales, es factor de trastornos en la esfera emocional de la infancia; el hecho de no sentirse querido puede deformar el carácter de un niño. Influye también, en la formación del carácter, el lugar donde vive –ciudad o campo–, la capacidad económica de los padres y el tipo de escuela a que concurre.

Crecimiento y conducta. El crecimiento de un niño sigue un orden determinado; como lo hemos expuesto anteriormente, la conducta está íntimamente relacionada con este orden de maduración. Esto se ve claramente en las distintas adquisiciones que va efectuando un niño; no puede tener el mismo comportamiento al año, cuando da sus primeros pasos, que a los tres años cuando ya es capaz de correr y saltar; esto le ha ampliado muchísimo su mundo y le permite investigar y ambular por toda la casa, andar en triciclo, jugar con otros chicos, puede comunicarse con el lenguaje ya adquirido; todo esto le permite una conducta distinta, porque los intereses han cambiado en relación con su capacidad y la ampliación de sus posibilidades. Las diferentes actitudes y los cambios en la conducta del niño están siempre fundadas en alguna razón, en un propósito, que no siempre es fácil de ver o descubrir; la falta de cariño puede ocasionar en un niño una conducta rebelde, indeseable, en su deseo de llamar la atención; su conducta agresiva responde a la falta de seguridad en sí mismo como consecuencia de no sentirse querido.

El exceso de celo materno puede hacer que un niño no sea capaz de vestirse solo, ni lavarse o bañarse hasta muy tarde, lo que le crea un complejo de dependencia que puede hacerle fracasar en la escuela, porque no se siente capaz de realizar tareas en las que no sea ayudado. El progreso paulatino de un niño para que se desarrolle en forma normal necesita de un medio que le sea propicio, de guías que lo ayuden en la ejercitación de sus aptitudes en la medida que su grado de desarrollo lo permite, sin exigirle lo que todavía no es capaz de realizar y fundamentalmente de la comprensión que padres y maestros tengan de sus problemas. El cuidado de un niño debe comenzar desde el momento de la gestación; la medicina ha avanzado mucho en los últimos años en el conocimiento del desarrollo infantil, de las dietas que son necesarias para que el niño crezca en forma armónica, y se tiende a que tanto la madre en la época prenatal, como el niño en los primeros años sean controlados regularmente por el médico, que es quien mejor puede orientar y aconsejar sobre la manera de comportarse y el régimen necesario para el niño.

Los padres y el niño. La cantidad de conocimientos que pueden llegar a los padres sobre la mejor manera de conducir a sus hijos, facilita la tarea educativa que deben realizar y muestran claramente cómo deben comportarse para que los niños se desarrollen dentro de la normalidad, sin demasiadas exigencias que sobrepasen la capacidad física o mental del niño y dándole al mismo tiempo la necesaria ejercitación para que su maduración se produzca en grado paulatino. Los padres demasiado ansiosos quieren generalmente que sus hijos aprendan rápidamente una cantidad de prácticas para las que no están preparados todavía por falta de maduración neuromuscular, lo que produce trastornos en el carácter y el comportamiento de esos niños porque se sienten inseguros, torpes y con falta de confianza en sí mismos. El niño no debe ser apresurado ni deben exigírsele tareas para las cuales no esté preparado tanto por su desarrollo físico como intelectual.

La verdadera labor educativa debe tener presente no sólo la cantidad de problemas que plantea el niño, sino también la mejor forma de hacer llegar a padres y maestros los conocimientos necesarios para que conozcan estos problemas y que puedan darles la solución adecuada en cada caso. La infancia se desarrolla normalmente cuando se aunan las fuerzas de la sociedad, a través de la escuela, con las de la familia, por medio de los padres. *Véanse* ALIMENTACIÓN; ENFERMEDADES DE LA INFANCIA; LECHE; VITAMINA.

infantería. Tropa que sirve a pie en la milicia. La unidad orgánica de la infantería es el regimiento, que se divide en *compañías* y *batallones*, las primeras como unidades administrativas, y los segundos como unidades tácticas. La infantería ha sido la base de las fuerzas armadas, pues hubo infantes desde las primeras luchas entre los hombres. Los egipcios tuvieron ya unidades regladas de infantería pesada con armas defensivas y ofensivas. Un gran progreso en la organización militar de la infantería, fue la falange griega, a la que siguió la legión romana. Durante casi toda la Edad Media estuvo muy postergada la infantería, pues la milicia por excelencia era la caballería, en la que servían los miembros de la nobleza feudal; pero a mediados del siglo XV surgió como fuerza arrolladora la infantería suiza, que armada de largas picas infligió a la orgullosa caballería de Borgoña, considerada como la más poderosa de su tiempo, una serie de derrotas que culminaron en la de Nancy (1477), donde cayeron el duque Carlos el Temerario y sus mejores caballeros. A partir de entonces se afanaron los reyes y príncipes europeos en reclutar mercenarios suizos. Como infantería nacional mantuvo su supremacía la española, que desde las victorias de Fernández de Córdoba en Italia (batallas de Garellano y Ceriñola, 1503) hasta la derrota de los tercios en Rocroy (1643) impuso la ley a Europa. Prestigio comparable, pero menos duradero, ganaron los cuadros de la infantería sueca con Gustavo Adolfo y después de haber pagado este monarca con su muerte la victoria de Lützen (1632) continuaron obteniendo éxitos al mando de sus tenientes y luego del rey Carlos XII. La infantería francesa alcanza su mayor gloria a finales del siglo XVIII con las Guerras de la Revolución y en los primeros años del siglo XIX bajo las órdenes de Napoleón I. Las formaciones prusianas de infantería se habían distinguido ya por su solidez y disciplina en las guerras de Federico II, el genial estratega que reinó de 1740 a 1786, y confirmaron su reputación en la guerra de siete semanas contra Austria (batalla de Sadowa, 1866) y en la guerra con-

Corel Stock Photo Library

Infantes de marina en un bote inflable rígido.

tra Francia (1870-1871). En la Primera Guerra Mundial (1914-1918) la infantería abandona el campo abierto y pasa a operar como fuerza de trincheras ante la evolución de los armamentos, que por su largo alcance obligan a luchar a distancia o al amparo de fortificaciones. En la guerra moderna, el infante ha de manejar, a más de su fusil, ametralladoras, bombas y granadas, explosivos y gases, y defenderse hasta de proyectiles atómicos. Hay infantería *motorizada*, que usa vehículos de motor para cubrir grandes distancias y ace-

lerar sus movimientos, como antes la infantería montada usó el caballo con el mismo fin, originando la caballería.

infantería de marina. Cuerpo militar destinado a extender en tierra la acción bélica de la flota. Antiguamente la marina de guerra circunscribía su actuación a las batallas puramente navales; como complemento de su dotación (oficialidad, maquinistas, marinería, cañoneros, torpedistas, etcétera) poseía cierto número de infantes destinados a custodiar los arsenales y a servir en los diques, puertos y colonias. Hubo un tiempo en que algunos estrategas opinaron que la infantería de marina no tenía razón de ser, fundándose en el hecho de que los marinos de guerra están ya militarizados, pero en la actualidad y, sobre todo, después de las experiencias obtenidas en la segunda conflagración mundial acerca de la llamada *guerra anfibia*, se ha llegado a la conclusión unánime de su gran necesidad e importancia. En Francia, por ejemplo, la infantería de marina adoptó el nombre de infantería colonial, y en el conflicto de 1914 prestaron grandes servicios los famosos fusileros marinos, que desempeñaron el verdadero papel de la infantería.

La táctica contemporánea ha demostrado la conveniencia de someter a una acción conjunta y sincronizada las tres armas: aire, mar y tierra. Como consecuencia, es necesario contar con elementos autónomos que puedan auxiliarse mutuamente en un momento determinado y con independencia de su respectiva especialidad para el logro de los objetivos propuestos. Por tanto, la acción de la flota no puede limitarse al solo campo de la nave, hay que

Soldados de infantería de tierra, ejército estadounidense.

Corel Stock Photo Library

prever que el buque de guerra, después de dominar con su fuego un puerto o un sector de la costa, debe proseguir su acción ofensiva en vez de suspenderla a la espera de otros contingentes de tropas, con el consiguiente retardo en la operación, cuyo éxito se halla en peligro por ese mero hecho. En los desembarcos –tan frecuentes en las grandes guerras continentales–es preciso contar con marinos capaces de establecer, por sí mismos, cabezas de puente y saber mantenerlas hasta permitir que el grueso de las fuerzas penetre en el territorio que se desea invadir.

En Estados Unidos, la infantería de marina ha adquirido gran prestigio y desarrollo, sobre todo como consecuencia de la intervención de ese país en operaciones que se han efectuado en lugares muy alejados de sus territorios. En 1775 dicho cuerpo se hallaba constituido por sólo dos batallones de fusileros, mientras que después de la Segunda Guerra Mundial representa una de las fuerzas más considerables de su armada y alcanza el volumen de varias divisiones, aptas para colaborar eficazmente con el ejército y la aviación.

Además de hallarse destinados a custodiar los destacamentos navales del país, los infantes de marina sirven a bordo de acorazados y cruceros, protegen las vidas y haciendas de los súbditos residentes en el exterior, cumplen funciones policiales y trabajan en los portaaviones de la armada. Sus principales misiones pueden quedar resumidas a lo siguiente: *a)* auxiliar a la infantería y a la aviación por medio de los desembarcos, constituyendo cabezas de puente y defendiéndolas hasta el momento preciso; *b)* adiestrar técnicamente sus equipos para las guerras anfibias o mixtas de mar y tierra, colaborando con la marina y la aviación, y *c)* guardar las bases navales, los diques, los arsenales y realizar cualquier otro servicio especial que pudiera ordenárseles.

España tiene regimientos de infantería de marina desde hace mucho tiempo. Argentina, Brasil, Colombia y Chile fueron los primeros países latinoamericanos que crearon cuerpos de infantería de marina adiestrados en las tácticas modernas de la guerra anfibia. Los infantes argentinos, por ejemplo, son reclutados mediante el sistema del servicio militar obligatorio y prestan servicios, desde los 20 hasta los 22 años de edad, en las bases de Puerto Belgrano, Río Santiago y Puerto Nuevo (Buenos Aires). Suelen efectuar ejercicios y desembarcos en las costas patagónicas y algunos de ellos han llegado hasta la Antártida. *Véase* HOMBRE RANA.

infarto. Infarto general es el resultado de la anemia o falta de sangre en un tejido, debida a la obstrucción de uno o más vasos que irrigan el área afectada. Al obs-

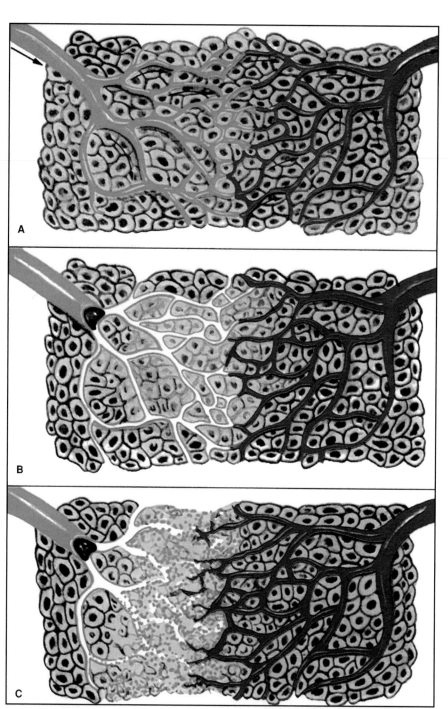

Salvat Universal

Etapas del desarrollo de un infarto en un fragmento de tejido: red sanguínea capilar funcionando normalmente (A); en el centro, oclusión de la rama arterial terminal por un trombo (B); necrosis de las células no irrigadas (C).

truirse la arteria que riega la zona correspondiente, ésta cambia de color y se inicia una fase de destrucción del tejido original con formación de un tejido diferente. Puede haber infarto de pulmón, de hígado, renal y de otros órganos. El infarto del miocardio es la consecuencia de la obstrucción de una arteria coronaria. El área del corazón falta de riego sanguíneo ocasiona una lesión grave en el miocardio que es el mús-

culo y parte fundamental del órgano. Entre los síntomas se destacan, un dolor repentino y violento en el centro del pecho, acompañado de sensación angustiosa de muerte próxima. La cara se vuelve pálida, sudorosa, hay dificultad respiratoria y las extremidades se enfrían. La tensión de la sangre disminuye en varios grados y se establece una insuficiencia cardiaca. A veces hay fiebre ligera y trastornos digestivos.

El diagnóstico se hace evidente cuando al enfermo se le practica un electrocardiograma que refleja el signo del infarto. El tratamiento requiere la llamada urgente del médico que prescribirá como primeras medidas reposo absoluto y medicamentos vasodilatadores.

infección. Alteración de las funciones normales del organismo como consecuencia del desarrollo nocivo de una colonia de microbios o bacterias. Aun cuando el organismo se halla dotado de medios de defensa contra las infecciones, muchas veces resultan insuficientes; ciertos microorganismos que viven habitualmente en el cuerpo pueden, en un momento dado y con la complicidad de un ambiente favorable, convertirse en virulentos. Las infecciones se trasmiten y adquieren por contagio –aire, sustancias o alimentos, contactos con objetos contaminados (vasos, toallas, papeles, ropas, picaduras de insectos, escoriaciones de la piel, heridas, etcétera)– y son muy numerosas. Para combatirlas se impone una higiene rigurosa, esterilización de alimentos y objetos que puedan provocarlas, empleo de desinfectantes y germicidas y, sobre todo, como prevención, las vacunas y los sueros.

infertilidad. Capacidad de lograr concepciones, pero no hijos viables, en contraste con la esterilidad, que es la incapacidad de una pareja para lograr una concepción, después de un año de relaciones sexuales sin protección anticonceptiva. La esterilidad se denomina primaria cuando nunca se ha logrado un embarazo, y secundaria cuando ha habido embarazos previos. Al primer concepto se le denomina infertilidad y al segundo aborto habitual.

Fertilidad es la capacidad de concebir en un lapso definido, mientras que fecundidad extiende este concepto al incluir la capacidad para concebir y lograr un producto vivo. Algunos denominan esterilidad a la incapacidad irreversible o absoluta, e infertilidad a la susceptible de corrección. Cada vez es mayor el número de autores que utilizan estos términos en forma indistinta, haciendo las aclaraciones pertinentes en cada caso.

Infierno. Lugar destinado por la divina justicia para el eterno castigo de los malos. La creencia en una sanción póstuma se encuentra en todas las religiones. Desde el dios vengativo que tortura por una ofensa involuntaria, hasta el acto de suprema libertad en que el alma, una vez liberada del cuerpo, se contempla en el infinito como en un espejo y, al reconocer sus imperfecciones, elige por su propia voluntad la pena que sabe ha merecido, todas las posibilidades y gradaciones de expiación han sido consideradas por el hombre en su afán de

La Divina Comedia / UTEHA

Ilustración de Gustave Doré representando el infierno imaginado por Dante en su poema La Divina Comedia.

descubrir el misterio del más allá. El Dios infinitamente justo de la religión cristiana tiene que castigar, puesto que premia, lo cual torna indispensable el infierno, lugar a donde el réprobo es lanzado después de su muerte para recibir el castigo a que se hizo acreedor por sus pecados. Se cree que la pena consiste en sufrir el tormento del fuego por toda la eternidad. En el infierno rige Satanás o Lucifer rodeado de su corte de demonios o diablos. *Véase* DEMONIOS Y DIABLOS.

infinitivo. Voz que da nombre al verbo y raíz de los accidentes de éste. Es un modo impersonal del verbo que enuncia en abstracto la idea de éste sin expresar número ni persona. Los distintos accidentes del verbo –modo, tiempo, persona, número y voz– son modificaciones diferentes del infinitivo, que consta de presente *(escribir)*, pretérito *(haber escrito)* y futuro *(escribiré)*.

Las formas del infinitivo son: presente *(tener)*, participio *(tenido)* y gerundio *(teniendo)*. El infinitivo presente desempeña función de sustantivo *(comer* poco es saludable); el participio, función de adjetivo (la niña *amada)*, y el gerundio, función de adverbio (salió *cantando)*.

El infinitivo presente, no sólo se usa como sujeto *(comer* poco es saludable), sino que puede desempeñar todas las funciones del sustantivo: predicado nominal (ver es *aprender)*, complemento directo (me gusta *leer)*, complemento indirecto (bebemos vino para *alegrarnos)* y complemento circunstancial (al *pasar* el tiempo se debilitó). Algunos se han sustantivado definitivamente: *pesar, deber,* con sus plurales correspondientes, *pesares, deberes.*

En castellano las conjugaciones se distinguen por la terminación del infinitivo; la primera termina en *ar (amar),* la segunda en *er (temer)* y la tercera en *ir (partir).*

infinito. Es lo que no tiene ni puede tener fin o término. Según los cristianos, la infinitud es índice de la perfección de Dios. Dios sería el ser infinito por excelencia. Lo infinito ha sido considerado por muchos filósofos como inconcebible, pues ¿cómo la mente del hombre, que es finita, podría concebir lo infinito? Otros opinan, en cambio, que la idea de lo infinito surge naturalmente en la mente humana como lo contrario de lo finito. El físico Einstein, por otra parte, afirma que el universo es infinito, pero limitado, o sea, si nos alejásemos constantemente de un punto determinado del universo después de cierto tiempo volveríamos a ese punto de partida. Esto se explica porque, según Einstein, el espacio es curvo y necesariamente todo cuerpo que viaja por el espacio describe una trayectoria curva.

inflación y deflación. Fenómenos económico-financieros provocados por un desequilibrio entre la cantidad de bienes de consumo y el poder adquisitivo de la población.

Hay inflación cuando, escaseando los bienes de consumo, los compradores se los disputan y consienten en pagar por ellos precios elevados.

Ambos fenómenos, en mayor o menor grado, se manifiestan de forma constante en todas las sociedades, pues la situación ideal de un equilibrio perfecto entre la cantidad de productos de consumo y el poder

inflación y deflación

adquisitivo es inalcanzable. Hay, pues, siempre una mayor o menor inflación o deflación.

Pero estos fenómenos son inquietantes y a menudo graves cuando se agudizan y llegan a extremos críticos; se habla entonces de la *incontenible ola de la inflación* o de la gran *deflación* o *depresión*.

La causa inmediata de la inflación es un aumento de la producción mundial del oro o de la circulación del papel moneda inconvertible o moneda fiduciaria garantizada por el Estado, acompañado de un alza progresiva de los precios de los productos de consumo, de la depreciación de la moneda, del éxodo de capitales y de la desaparición del ahorro. La mayor circulación de papel moneda puede obedecer a varias causas: ya a una aceleración del ritmo con que el numerario pasa de mano en mano, de modo tal que una misma cantidad de circulante saca del mercado un mayor número de productos, provocando consiguientemente el alza de precios de los mismos; ya a un aumento del crédito bancario, que tiene el mismo efecto que un aumento real de circulante; ya porque el gobierno de la nación emita mayor cantidad de papel moneda, con el fin de salvar una situación difícil y poder hacer frente a los gastos públicos o con el objeto de crear de intento cierta inflación para combatir la depresión.

Por su parte, la causa inmediata de la deflación es, inversamente, una disminución de la circulación del papel moneda, acompañada de una baja progresiva de los precios de los bienes de consumo. Se origina por la imposibilidad de los productores de colocar sus artículos y mercaderías a precios convenientes. La curva de la economía de un país comienza a descender acentuadamente y, si esta situación se prolonga, pende sobre la nación la amenaza de una gran desocupación y de una miseria general.

Las causas remotas y profundas de la inflación y la deflación residen en la propia evolución económica de una comunidad y en la repercusión que sobre ella tienen los acontecimientos internacionales y, sobre todo, las guerras mundiales, que provocan estas perturbaciones económicas en todo el planeta.

En la inflación, como hemos dicho, se da el caso de que la circulación del dinero ha experimentado un aumento. Este aumento se registra cuando los compradores, disponiendo de dinero o crédito en abundancia, adquieren los productos ofrecidos en el mercado. Tal situación crea un clima de prosperidad. Como la oferta no alcanza a satisfacer la creciente demanda, se instalan nuevas fábricas, nacen nuevas industrias, hay una expansión general del comercio, poniéndose así en movimiento los capitales que antes estaban inmoviliza-

dos. Esto a su vez provoca un alto grado de ocupación de obreros, quienes, con el dinero recibido en pago del salario, adquieren más mercaderías. Resulta entonces que el esfuerzo para afrontar una demanda creciente tiene por consecuencia un aumento real de la demanda. Como el mercado es comprador, los precios suben. Y al aumentar los precios de los productos, los obreros que los fabrican exigen salarios más altos y mejoran su nivel de vida aumentando los precios y la inflación.

Mientras la inflación crece en forma moderada, se mantiene la prosperidad general y de hecho, ésta aumenta progresivamente. Tal situación es, pues, deseable, y en muchas ocasiones se ha expresado la opinión de que la condición ideal del mercado sería una leve y permanente inflación: el acrecentamiento de la producción de mercaderías y artículos trataría de hacer frente a la demanda en aumento, sin lograrlo por completo. Esto significaría un mejoramiento progresivo y constante del nivel de vida de la población. Hay dinero, holgura, comodidad para vivir y trabajar. Las industrias se expanden, la ciencia experimental y nuevas aplicaciones prácticas, el país progresa.

Pero cuando la inflación crece desmesuradamente, la situación cambia. El progreso inflacionista tiene entonces por causa circunstancias de excepción, como la guerra o grandes convulsiones sociales. Al estallar una guerra, toda la capacidad productiva de una nación se destina a la fabricación de armamentos. De modo que en el mercado se registra una acentuada escasez de bienes de consumo. Por otra parte, todos los hombres y mujeres hábiles de la nación trabajan en la producción de armamentos o en otros servicios útiles, y el gobierno, para afrontar esos gastos públicos extraordinarios, se ve obligado a emitir papel moneda en grandes cantidades. Los obreros que fabrican armamentos y los que recogen cosechas ganan buenos salarios, pero no pueden adquirir los productos necesarios porque éstos faltan en el mercado y sus precios ascienden en proporciones casi fantásticas. Los comerciantes obtienen beneficios enormes y se generalizan las operaciones ilegales del *mercado negro*.

La inflación es, pues, una situación económica anormal, de desequilibrio, que favorece a los que tienen deudas y perjudica, en cambio, a los asalariados o a las perso-

Diversos tipos de inflorescencia.

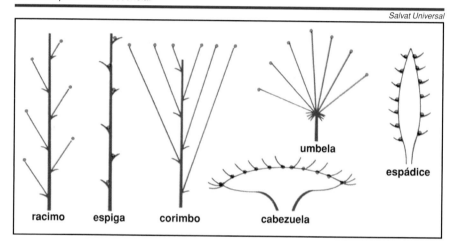

Salvat Universal

racimo · espiga · corimbo · cabezuela · umbela · espádice

nas que viven de rentas fijas. Los jubilados, por ejemplo, que reciben una mensualidad dada, no pueden ya adquirir con ella los productos que antes compraban. Por lo demás, los precios que pagan los asalariados por las mercaderías suben más rápidamente que los sueldos que perciben, de modo que, en términos generales, su situación sufre grandes perjuicios debido al retraso producido en el reajuste equitativo y periódico de sus jornales respecto al alza del costo de la vida.

Finalmente, el proceso económico de la inflación se detiene. Llega un momento en que el suministro de productos iguala o sobrepuja los recursos de los compradores. Comienza entonces el proceso inverso: la deflación. Generalmente, ésta es una consecuencia natural de la inflación. En el caso de las inflaciones provocadas por guerras, que son las más acentuadas, el proceso se detiene porque, en la posguerra, el gobierno cesa de pedir a la industria la producción de armamentos en gran escala. La industria producirá en adelante en cantidad proporcional al dinero de que dispongan los consumidores. En estos periodos la circulación de la moneda está a un nivel inferior a lo normal y los industriales, al no poder vender los productos que fabrican, reducen la producción y se ven obligados a menudo a licenciar parte de su personal. Los comercios y lugares de diversión están menos concurridos y necesitan, por tanto, menos personal.

inflamación. Condición patológica localizada en una parte del organismo y caracterizada por el aumento del tamaño y el enrojecimiento de la región afectada, acompañada de una elevación de temperatura, además de la consiguiente lesión en los tejidos u órganos que la padecen.

inflorescencia. Disposición o forma en que aparecen colocadas las flores en las plantas. Cuando el ápice del tallo está ocupado por una flor y las otras brotan a los lados de ésta, el grupo queda limitado y la inflorescencia se llama *definida*, como sucede en el heliotropo y el miosotis. En cambio, cuando las flores nacen lateralmente y el tallo sigue creciendo, de manera que las flores nuevas nacen en el ápice, se llama inflorescencia indefinida.

Se llaman *racimos* cuando las flores pedunculadas nacen a los lados del tallo, como en la vid; *umbelas*, cuando los pedúnculos iguales nacen de un punto, formando las flores una especie de sombrilla, como en la cebolla y la hiedra; y cuando los pedúnculos son desiguales y las flores alcanzan el mismo plano, se les llama *corimbos*.

Las flores sin pedúnculo, cuando nacen en un botón apical, como el trébol o el diente de león, forman la inflorescencia en *cabezuela;* cuando nacen a lo largo del tallo se llaman *espigas*, como las de los cereales; o *amentos*, como en el sauce; y cuando el ápice del tallo está rodeado de una especie de vaina como en la cala, se dice que la inflorescencia es en *espádice*.

información, ciencia de la. Estudio de las formas en que los organismos procesan la información. Abarca tópicos tan dispares como los significados del proceso de la información genética en las células, el uso individual de información respecto al ambiente y los métodos de aprendizaje humano y generación de información. En este último hace mayor énfasis actualmente la ciencia de la información. Esta ciencia integra partes de otras disciplinas como la biología, la física, la computación, la sociología, la sicología y la biblioteconomía.

Usos de la ciencia de la información. En teoría, intenta aumentar el entendimiento de las formas en que la información es generada, almacenada, puesta a disposición y utilizada. En la práctica, busca tomar medidas específicas para implementar estas mismas funciones. Los científicos de esta área pueden comparar métodos alternativos para hacer la información asequi-

ble, como indexar, crear herramientas y métodos para realizar la transferencia de información. Una de las primeras herramientas de este tipo fue el índice *Keyword in Context* (KWIC, por sus siglas en inglés), introducido en 1959 y desarrollado por Hans Peter Luhn y sus colegas de la empresa IBM. En el índice KWIC la computadora es usada para generar entradas por títulos, ahorrando tiempo y costo respecto al trabajo humano, pero perdiendo los beneficios del entendimiento que el humano puede tener sobre el documento. En la diseminación selectiva de información (SDI), se prepara una lista o perfil de temas de interés para el usuario. Entonces se compara con los términos incluidos en el índice de documentos particulares en la literatura real, y el usuario es notificado de aquellos que son idénticos a los del perfil.

El concepto en el que estos y otros nuevos métodos de diseminación de información están basados es la base de datos, un cuerpo de información, usualmente almacenado en computadora, que puede ser buscado y manipulado. Una sofisticada tecnología de base de datos ha sido desarrollada para el *almacenaje y la recuperación de información* y para procesar datos. Cuando grandes cantidades de información deben ser conservadas en forma de páginas –pero de una manera más compacta– se almacena en un microfilme. Esta tecnología, sin embargo, está siendo reemplazada por las capacidades de almacenamiento y proceso de información de las computadoras.

Nuevos descubrimientos. Varios factores han coincidido para cambiar el curso de la ciencia de la información. Entre ellos, las crecientes *redes de computación*. Los usuarios de la red pueden intercambiar información fácilmente desde puntos geográficos distantes. Asimismo, han sido desarrollados métodos para la búsqueda de información que pueda ser almacenada en diversos lugares en la red, y para ver la información recolectada como si formara parte de la misma base de datos. Los usuarios son ayudados en sus búsquedas por un *software*, como *Neural networks* y *Expert systems*, desarrollados por investigadores de *inteligencia artificial*.

El potencial de acceso a los recursos de información a través de computadoras o terminales en casa, bibliotecas, escuelas y universidades, está creciendo rápidamente. Varios sistemas de red permiten a los usuarios tener acceso interactivo a las bases de datos por medio de sus computadoras o sus monitores de televisión, vía servicios en línea como *Prodigy, CompuServe* y *America Online*, o la red de *Internet*. Los usuarios pueden tener acceso a información sobre el clima, negocios u otros asuntos de interés, así como a una amplia gama de otro tipo de datos que un proveedor

quiera hacer accesibles. Esta información no está limitada a textos, también se puede obtener información gráfica. Compañías de entretenimiento han realizado programas piloto para proveer películas y otros videos para los suscriptores que lo demanden.

Las bibliotecas se están convirtiendo en puntos de información así como depósitos de materiales impresos. Una persona puede llamar telefónicamente o ir a la biblioteca para localizar la información acerca de servicios comunitarios, bolsa de valores, etcétera. Si la biblioteca no posee la información, puede entrar en contacto a través de la red con otras bibliotecas o agencias que la tengan.

información, teoría de la. Teoría resultante de un gran número de trabajos iniciados al finalizar el primer cuarto del siglo XX por H. Nyquist y R. W. L. Hartley, principalmente en los laboratorios Bell Telephone; estos trabajos acerca de la utilización óptica de los medios de transmisión de la información han desembocado en una teoría estadística de la comunicación, cuya primera exposición sintética se debe a Claude E. Shannon, ingeniero también de la Bell Telephone. La idea básica de esta teoría es que la información transmitida a través de cualquier medio (teléfono, telégrafo, televisión) se sirve de un determinado canal (línea telefónica o telegráfica, ondas hertzianas) y en términos de un código particular. Los estudios que se realizan se reparten en tres sectores interrelacionados: el estudio de la información propiamente dicha, o cantidad de información; el estudio de las propiedades de los canales de transmisión y, en especial, de las posibles distorsiones a que puede estar sometida la información al ser transmitida a través de ellos, y, finalmente, el estudio de las relaciones entre la información que se desea transmitir y el canal a través del cual debe realizarse, para conseguir resultados óptimos (problemas de codificación, etcétera).

La teoría de la información puede considerarse una teoría de las señales en sentido amplio, que habría de ser posible aplicar en cualquier situación en la que un determinado emisor transmite una señal hasta un determinado receptor. Esto la convierte en una teoría operativa no solamente en los terrenos de la telefonía, la telegrafía o el radar, sino también en campos aparentemente más dispares, como la fisiología del sistema nervioso o la lingüística. De aquí su íntima relación con la cibernética; Shannon ha resaltado en diversas ocasiones la enorme deuda en que se halla la teoría estadística de la comunicación con las ideas fundamentales de Wiener.

Los conceptos básicos de la teoría matemática de la información son extremadamente simples y generales; ello ha dado pie a múltiples tentativas para introducir esta teoría como sustrato formalizado en diversas de las llamadas disciplinas sociales, tentativas que, no han conseguido en la mayoría de los casos los resultados apetecidos. El concepto de información corresponde, por definición, a la designación o elección de uno o varios sucesos entre todos los que integran un conjunto finito de sucesos posibles; en un sistema típico de un sistema de comunicación, esto corresponde al hecho de que la *fuente de información* selecciona el *mensaje* deseado dentro de un conjunto de mensajes posibles (por ejemplo, el envío de un telegrama corresponde a la selección de un texto determinado dentro de todos los textos posibles).

Una vez realizada esta selección, el *transmisor* convierte el mensaje en una señal, la cual es transmitida a través del *canal de comunicación* hasta el *receptor*. Un fenómeno típico que se produce en la comunicación general de información es el que consiste en la adición de determinadas entidades a la señal transmitida, entidades que no habían sido previstas por la fuente de infor-mación y que provocan una serie de modificaciones en dicha señal; a este fenómeno se le conoce con el nombre de *ruido* y consiste en variaciones en el tamaño o el sombreado de una imagen televisiva o en errores de transmisión telegráfica, por ejemplo.

La definición efectiva del concepto de cantidad de información se basa en el hecho ya señalado de que toda transmisión de información reposa sobre una elección. Dentro de la teoría matemática de la información, la palabra información debe ser cuidadosamente distinguida del término significación: la información es la medida de la libertad de elección en el acto de seleccionar un mensaje; en este sentido, el concepto de información se refiere a toda una situación en conjunto y no a los mensajes individuales (como es el caso para el concepto de significación o sentido); la unidad de información corresponde a una situación en que parece conveniente considerar que la medida de la libertad de elección es asimismo una unidad estándar. De acuerdo con esto y en un terreno meramente práctico, una información será tanto más valiosa o interesante cuanto más disminuya el número de posibilidades ulteriores; esto ha llevado a definir la cantidad de información como una función creciente de la razón N/n, donde N es el número de sucesos disponibles y n es el subconjunto designado por la información en cuestión. Por razones de comodidad y con objeto de conferir a la cantidad de información las propiedades de las magnitudes mensurables, esta función creciente se toma como una función logarítmica, de manera que se tiene, por definición, que la cantidad de información correspondiente

a una situación en que se eligen n objetos entre un conjunto de N posibilidades, es:

$$I = k \log \frac{N}{n}$$

donde k es una constante dependiente de la elección de la unidad de medida que se haga. Resulta adecuado considerar que la unidad de información corresponde a una situación en que se elige un suceso de entre dos posibles; esta unidad se denominó en un principio *bit*, como abreviación de *binary digit* (dígito binario), y fue sugerida por John W. Turkey; actualmente se usa también el término *logon*. Medida en bits, la cantidad de información correspondiente a una situación en que la incertidumbre se reduce a la mitad es, pues, igual a la unidad con la que se tiene:

$$1 = k \log \frac{2}{1}$$

De aquí que, si se toma como función logarítmica la correspondiente al logaritmo de base 2, la constante k valga la unidad y se pueda escribir:

$$I = \log_2 \frac{N}{n}$$

entendiendo que I está expresada en bits. En general, la situación que se presenta en la práctica es más compleja que la descrita antes; en la elección de n símbolos independientes o de n mensajes cabe tener en cuenta las distintas probabilidades, p_1, $p_2,..., p_n$, de que cada uno de dichos mensajes o símbolos sean elegidos. Ello conduce a definir la cantidad de información para dicha situación general mediante la siguiente expresión:

$$H = p_1 \log \frac{1}{p_1} + p_2 \log \frac{1}{p_2} + ... +$$
$$+ 1 p_n \log \frac{1}{p_n} = -\sum p_i \log p_i$$

Si en esta fórmula se toman los logaritmos de base 2, el valor de H se expresa en bits. Así definida, la cantidad de información H goza de las siguientes propiedades: *a)* es una función continua de las probabilidades p_i; *b)* Si se tiene que:

$$p_1 = p_2 = ... = p_n = \frac{1}{n}$$

entonces H alcanza su valor máximo, log n, lo cual corresponde al hecho de que la incertidumbre máxima es la que está asociada a una situación en que todos los sucesos posibles son igualmente probables; *c)* H es siempre positiva o nula; esto último sucede sólo cuando todas las p_i, sean igua-

les a 0, excepto una de ellas, la cual habrá de valer la unidad; cuando existe certeza acerca del resultado de una prueba, la información asociada de dicho resultado es nula y solamente lo es en esa circunstancia; *d)* la cantidad de información H(x, y), asociada a la ocurrencia de sucesos x e y, es menor o igual que la suma de las cantidades de información H(x), H(y), correspondientes a cada uno de dichos sucesos considerados por separado; la igualdad solamente se da si los sucesos son independientes estocásticamente, esta propiedad corresponde al hecho de que la incertidumbre de un suceso compuesto es menor o igual que la suma de las incertidumbres correspondientes a cada uno de los sucesos individuales que lo componen; *e)* cualquier cambio que tienda a igualar los valores de las probabilidades p_1, p_2, ... , p_3 tiene como resultado el aumento de valor de H; *f)* la cantidad de información correspondiente a la ocurrencia de dos sucesos, x e y, no necesariamente independientes, es igual a la cantidad de información H(x) correspondiente a la ocurrencia de x más la cantidad de información correspondiente a la ocurrencia de y condicionada a la de x; esta última cantidad de información se define mediante la expresión:

$$H_x(y) = -\sum_{i,j} p(i, j) \log p_i(j)$$

donde $p(i, j)$ es la probabilidad de que se dé conjuntamente la posibilidad i para el suceso x y la posibilidad j para el suceso y; y $p_i(j)$ es la probabilidad condicional de que se dé la posibilidad j para el suceso y en el supuesto de que se haya dado la posibilidad i para el suceso x; la incertidumbre del suceso compuesto x,y es igual a la incertidumbre del suceso x más la incertidumbre de suceso y cuando x es conocido; g) Por último, de *d)* y de *f)* se deduce que H(y) es siempre mayor o igual a $H_n(y)$; y la incertidumbre de y no aumenta nunca por el conocimiento de x; si x e y son sucesos independientes, entonces H(y)= $H_n(y)$.

Se demuestra que las únicas funciones H que cumplen las anteriores propiedades son del tipo H = $-k \sum p_i \log p_i$, donde k es una constante positiva que depende de la unidad de medida elegida. Este tipo de funciones posee la particularidad de ser de la misma forma que la función que mide la en-tropía en ciertas formulaciones de la mecánica estadística; donde *pi* es la probabilidad de que cierto sistema se encuentre en la celda i de su espacio de fases. Esta coincidencia ha dado lugar a que se planteara la identificación de la entropía y la cantidad de información, no solamente a nivel formal, sino también como entidades con igual significación física; la situación ha sido controvertida, y mientras autores como Carnap y Bar-Hillel han sostenido que no podía pensarse en algo más que en la existencia de analogías formales, otros, como von Neumann, se han mostrado partidarios de identificar ambas entidades.

informática. Conjunto de disciplinas científicas y de técnicas cuya finalidad es el tratamiento automático de la información, generalmente por medio de computadoras.

El objeto de la informática es el tratamiento racional de la información, considerada ésta, como el soporte de los conocimientos y de las comunicaciones en los ámbitos científicos, tecnológicos, económicos y sociales. Esta ciencia abarca, por consiguiente todos los campos del saber y de la actividad de los hombres. Su expansión prodigiosa ha requerido de una profundización de sus bases teóricas y su organización en ramas o disciplinas diferentes.

En todas sus aplicaciones, la informática parte de datos disponibles, o sea de una información expresada en forma de símbolos apropiados, y la convierte –por medio de la computadora– en otra información más valiosa porque corresponde a las necesidades que se han de satisfacer: la solución de un problema, órdenes para gobernar una máquina automáticamente, saldo de una cuenta corriente, inventario permanente de las mercancías en un almacén, etcétera.

infrarrojos, rayos. Radiaciones situadas más allá del color rojo del espectro solar. Son invisibles, pero producen calor al chocar con los cuerpos sólidos y se descubren fácilmente con el bolómetro y otros termómetros similares. Cuando se desea tomar una fotografía aérea de regiones cubiertas de nubes se utiliza una película sensible a los rayos infrarrojos, ya que éstos pasan a través de las nubes.

infusión. Acción de extraer de las sustancias orgánicas las partes solubles en agua a una temperatura superior a la del ambiente. En la farmacopea hay infusiones compuestas por las partes solubles de diversas sustancias. Para las de carácter medicinal suele usarse agua destilada, y el grado de concentración de la infusión se regula midiendo la cantidad de sustancia empleada y el tiempo que dura la cocción.

infusorios. Animales unicelulares que viven en el agua y se observan cuando en ella se ponen plantas en infusión, de donde viene su nombre. Tienen forma definida por una membrana exterior con numerosos *ciros* o *pestañas vibrátiles*, cuyo continuo movimiento les sirve para moverse y captar los alimentos. Éstos entran en el cuerpo por una boca rudimentaria y se forma en el interior una burbuja líquida o vacuola digestiva donde se transforman los alimentos y cuyos residuos se expulsan luego al exterior. Cuando las aguas donde viven se secan, se concentran en pequeños corpúsculos, de resistente membrana, llamados *quistes*, y reanudan su vida al encontrar condiciones favorables. Transportados por el viento pueden caer en aguas limpias, lo que permitió creer antiguamente en la generación espontánea.

ingeniería. La ingeniería es la ciencia o técnica que nos enseña a inventar, construir y manejar todo tipo de máquinas, y a trazar y ejecutar cierta clase de obras. Ingeniero es el hombre que ejerce la ingeniería. Los ingenieros proyectan, perfeccionan y enseñan a utilizar, entre otras cosas, máquinas de vapor, motores de explosión, grandes y complicadas instalaciones donde se refina el petróleo, altos hornos de fundición y centrales hidroeléctricas; además, pueden planear y construir edificios, caminos, puertos y canales. La ingeniería dirige las grandes fuerzas de la naturaleza en pro de un mayor bienestar del hombre. Gracias al conocimiento de las leyes que rigen los fenómenos naturales, la ciencia ha conseguido dominar y encauzar esta energía, que el hombre utiliza para satisfacer sus necesidades con menor esfuerzo y mayor provecho. Así, el ingeniero obtiene, por ejemplo, de la catarata que se despeña por las quebradas del monte la fuerza hidroeléctrica necesaria para alumbrar las ciudades vecinas.

Entre las hazañas que los ingenieros han realizado a través de la historia, se pueden mencionar las pirámides de Egipto, la

Art Explotion/Nova Development Corp

Impresionante muestra de ingeniería urbana.

Gran Muralla de China, los jardines colgantes de Babilonia y, ya en nuestros días, el Canal de Panamá, el Canal de Suez, los túneles perforados a través de los Alpes, gigantescos edificios, enormes telescopios para explorar el cielo y poderosos aviones que en breve tiempo permiten transportar con seguridad pesadas cargas a través de largas distancias. Nadie puede contemplar estas extraordinarias obras sin sentirse impresionado por la habilidad y el esfuerzo de sus constructores.

Los ingenieros deben dotar a sus obras de eficiencia y duración, evitando todos los peligros que puedan destruirlas. De modo que, de acuerdo con las características de cada obra, deben ser elegidos los materiales adecuados para que una vez terminada ofrezca toda clase de seguridades a los que hacen uso de ella. Para tal efecto, los ingenieros hacen múltiples y cuidadosos cálculos, exponiendo dichos materiales al máximo de esfuerzo que puedan soportar (grandes pesos, presiones elevadas, tensiones, etcétera) hasta determinar su resistencia.

Para las operaciones que realiza, el ingeniero debe dominar diversas ramas del conocimiento científico: matemática, mecánica, física y química. Su saber lo habilita no sólo para utilizar con exactitud los elementos ya conocidos, sino también para crear e inventar instrumentos y materiales ignorados hasta entonces. Finalmente, el ingeniero debe planear y vigilar el trabajo de cientos de obreros que son los realizadores de sus proyectos.

En tiempos antiguos la ingeniería era un oficio eminentemente práctico, adquirido merced a los afanes, esfuerzos, éxitos y fra-

La ingeniería es esencial en los proyectos habitacionales.

Corel Stock Photo Library

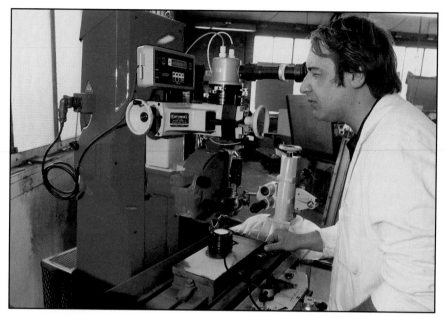

Laboratorio de bioingeniería.

Corel Stock Photo Library

Redujo así la incertidumbre que ante el futuro sufrían sus antecesores. Los primeros hombres que crearon el arco, la flecha, el arado, la balsa, y los que perfeccionaron estos elementos fueron en realidad los primeros ingenieros.

En las civilizaciones antiguas hubo ingenieros muy hábiles. La Esfinge y las pirámides de Egipto así lo atestiguan. Fue necesario transportar y ensamblar grandes bloques de piedra adecuadamente tallados, y todo se realizó merced a la pericia de expertos ingenieros. También la muralla de China, que se extiende por miles de kilómetros, requirió la habilidad y los conocimientos de una adelantada ingeniería. Las ruinas griegas y romanas son impresionantes testimonios de construcciones sólidas y armónicas a las que el tiempo aún no ha podido vencer totalmente. Los pavimentos romanos están intactos y todavía se mantienen en pie los acueductos que por valles y colinas llevaban el agua a las ciudades.

Durante la Edad Media se construyeron magníficos templos cristianos, aunando la gracia con la fortaleza. Al navegar por ríos europeos, hoy se ven en sus márgenes castillos medievales que revelan un gran conocimiento de la ingeniería. A partir del siglo XIX comienza una nueva era de progreso. La vida en épocas anteriores carecía de las comodidades que ahora poseemos. Los transportes eran dificultosos y a consecuencia de ello los viajes se tornaban escasos y caros; muchas regiones del orbe aún no habían sido exploradas.

Desde mediados del siglo XVIII la ingeniería mecánica comienza a desarrollarse rápidamente. En 1769 James Watt inventa la máquina de vapor. Entonces, mediante el

casos de cada ingeniero. Así, a la muerte de un ingeniero se perdía, casi en su totalidad, la experiencia recogida durante toda una vida de trabajo. En nuestros días los estudiantes reciben, en colegios y universidades, una enseñanza que ha acumulado todos los aportes que la ciencia puede ofrecer a través de su historia. Esto significa que el ingeniero no repite las búsquedas y fracasos de otros, sino que recibe el resultado final del esfuerzo colectivo de muchas generaciones.

Historia de la ingeniería. En su origen más remoto, la ingeniería fue una ocupación vinculada con el arte militar. Caminos para la rápida conducción de los ejércitos, puentes destinados a facilitar el paso sobre ríos y arroyos, murallas, fosos, torreones y castillos almenados eran obras típicas de los antiguos constructores, a las que se agregaban máquinas complementarias, arietes, catapultas y otros varios mecanismos de ataque. Se trataba de impedir las invasiones que venían del extranjero.

Luego pasó el ingeniero, en épocas de paz, a defender el suelo natal contra los inconvenientes que la naturaleza opone al progreso y bienestar del hombre. Alzó faros protectores para el navegante en costas borrascosas, puertos de seguro abrigo, diques y embalses reguladores de torrentes, realizó drenajes sanitarios en zonas bajas e inundables. Y así, paso a paso, ampliando su esfera de acción, utilizando toda conquista de las ciencias físicas, el ingeniero se convirtió en un genuino factor de progreso. El hombre primitivo vivió una vida muy peligrosa. En un principio se alimentó y se protegió con lo que la naturaleza espontáneamente le ofrecía; comió

raíces y frutos, bebió el agua de arroyos y fuentes y durmió en cavernas sobre lecho de hojas. Con el tiempo aprendió a mejorar sus condiciones de vida. Descubrió el fuego, plantó y cultivó cereales, domesticó animales construyó canoas y balsas y las dotó de velas para que el viento las impulsara, disminuyendo el esfuerzo y aumentando la rapidez. Gradualmente aprendió a guardar alimentos en épocas de abundancia para utilizarlos en tiempos de escasez, y a almacenar agua para periodos de sequía.

Ingeniero dando servicio de mantenimiento a una locomotora.

Corel Stock Photo Library

uso de esta máquina, se desarrollan nuevas industrias. La ingeniería eléctrica, que no cobra real importancia hasta cerca de 1900, recibió su primer impulso en 1831, cuando Miguel Faraday descubrió que una corriente eléctrica podía ser engendrada en un alambre sin el uso de batería alguna, con sólo moverlo sobre un campo magnético; y viceversa, una corriente eléctrica que pasa a través de un campo magnético mueve el alambre que la conduce. Así nacieron los motores y dínamos eléctricos. El poder de la electricidad reemplazó con ventaja al de la máquina de vapor, ya que los motores eléctricos son pequeños, simples y potentes. La invención del motor de explosión permitió el desarrollo de la ingeniería aeronáutica y automotriz.

En la primera mitad del siglo XX, los progresos de la ingeniería se revelan en el auge creciente de los ferrocarriles, los gigantescos edificios de armazón metálica, los grandes transatlánticos, automóviles y aviones. El poderoso maquinismo se extendió en forma dominadora sobre todas las industrias. Con cada nuevo descubrimiento científico surge así una rama distinta de la ingeniería. El hombre se siente desgraciado si se ve en la necesidad de gastar todo su tiempo en condiciones duras y falto de comodidades, sólo para lograr satisfacer sus necesidades inmediatas. La ingeniería moderna ha permitido utilizar las máquinas para efectuar trabajos que antes se efectuaban a mano, y nos ha permitido ofrecer al jornalero comodidades que hasta hace poco tiempo no podían conseguir los reyes. Incorporando los adelantos que la ingeniería proporciona a la industria, se han podido mejorar las condiciones de vida de los obreros, reduciendo su trabajo a jornadas de menor duración y retribuyendo su labor con salarios elevados. Trabajando menos horas, el obrero goza de mayor cantidad de tiempo libre. La ingeniería ha contribuido al aumento de la seguridad, la salud y el bienestar general del hombre.

Ramas de la ingeniería. Aunque todas las distintas ramas de la ingeniería descansan sobre una base común, es posible clasificarlas por la naturaleza especial de los trabajos que cada una incluye.

Con el término ingeniería se abarcan distintos tipos de actividades. Entre ellas, la división exacta es muy difícil de realizar, porque cada especialidad utiliza, además de los conocimientos propios, lo que las restantes especialidades le brindan. En primer lugar, la ingeniería se divide en dos grandes ramas: ingeniería civil e ingeniería militar. Esta última se ocupa de proveer todo lo atinente a las necesidades de las fuerzas armadas (cuarteles, armas, medios de comunicación, etcétera) en tiempos de paz o de guerra, para mejor defensa del territorio de la nación. La ingeniería civil es la encargada de crear y realizar las obras de

carácter público o privado que la vida civil requiere para su normal desarrollo.

Ingeniería de construcciones. La ingeniería de construcciones, llamada generalmente civil, se ocupa de la proyección y ejecución de edificios y estructuras en general. Rama de la ingeniería civil es la ingeniería vial o ingeniería de caminos, a la que corresponde todo lo referente a la planificación y construcción de todo tipo de vías (carreteras, calles, avenidas, etcétera), de manera que el transporte en general pueda movilizarse entre distintos lugares con rapidez y seguridad. El ingeniero vial debe salvar todos los obstáculos que puedan impedir el libre tránsito de vehículos, tendiendo puentes por encima de ríos y arroyos, barrenando la roca o talando bosques.

Los ingenieros civiles han logrado construir altas torres metálicas, admirables puentes colgantes, edificios de decenas de pisos. Se relacionan también con la ingeniería civil las técnicas de calefacción, refrigeración y ventilación, destinadas a mantener el aire de ambientes confinados en un grado de pureza, temperatura y humedad adecuados, ya sea para disminuir en las habitaciones los rigores de las estaciones o para conservar en buenas condiciones alimentos, medicamentos y otros productos.

Ingeniería mecánica. A la ingeniería mecánica le corresponde la proyección y ejecución de máquinas que transformen la energía en fuerza motriz. Los motores Diesel, los motores de gasolina, los tornos, los sistemas de engranaje, etcétera, han sido concebidos por ingenieros técnicos mecánicos.

Se puede subdividir en ingeniería aeronáutica e ingeniería automotriz. La ingeniería aeronáutica proyecta y construye medios de locomoción aérea, como aviones, dirigibles, helicópteros, planeadores, etcétera. Es una de las ramas de la ingeniería que ha experimentado mayores adelantos; la locomoción aérea motorizada es un producto del presente siglo. Los aviones que originariamente se desplazaban a velocidades no mayores de 60 km/hr, hoy, mediante motores de propulsión a chorro, han superado la velocidad del sonido (1,200 kilómetros por hora).

La ingeniería automotriz se ocupa de la proyección y construcción de medios de locomoción terrestre, como automóviles camiones, tractores, motocicletas y máquinas similares.

En estrecha relación con la ingeniería mecánica se halla la ingeniería naval, que proyecta y construye embarcaciones de todo tipo y calado desde el pequeño bote de motor hasta el gran trasatlántico.

Ingeniería eléctrica. La ingeniería eléctrica se ocupa de la proyección y ejecución de máquinas eléctricas, de fábricas para producir esta energía eléctrica y de

Corel Stock Photo Library

Obra maestra de la ingeniería moderna, carretera construida en terreno agreste del Paso de Grimsel, en Suiza.

su distribución entre los integrantes de la comunidad.

La luminotecnia se encarga de proveer las instalaciones necesarias para iluminar ciudades, puertos, aeródromos, etcétera. Las modernas ramas de la electrónica y la radiotécnica se ocupan de la construcción de aparatos de radiotelefonía, radiotelegrafía, televisión, cinematografía y otros métodos eléctricos de comunicación, es decir, de la transmisión a distancia de la imagen y el sonido. Entre sus grandes conquistas figuran el radar, que permite ubicar con precisión en el espacio objetos muy lejanos al aparato, y las células fotoeléctricas, de muy diferentes usos.

La ingeniería hidroeléctrica planea y construye grandes fábricas que aprovechan el poder de las aguas de ríos y cascadas para generar energía eléctrica. El agua, conducida por diques y canales adecuados, pone en movimiento grandes turbinas que producen la electricidad, la que mediante redes de distribución es llevada luego a todas las ciudades vecinas.

Ingeniería hidráulica. La ingeniería hidráulica tiene por objeto la proyección y ejecución de sistemas para la extracción, conducción y distribución del agua, a fin de satisfacer el consumo de campos y ciudades. La ingeniería hidráulica construye acueductos, bombas de extracción y sistemas de conducción de agua. Se relaciona con la ingeniería sanitaria, a la cual corresponde el planeamiento y la construcción de sistemas de purificación del agua para librarla de productos químicos tóxicos al organismo y de gérmenes portadores de enfermedades. Además, la ingeniería sanitaria se encarga de la eliminación de aguas residuales, por medio de sistemas de cloacas que las arrojan lejos de las poblaciones. Los residuos sólidos (envases, restos de comidas) son adecuadamente recogidos e incinerados en grandes hornos o arrojados en lugares apropiados. Así, la ingeniería sanitaria salvaguarda la salud de los habitantes concentrados en las grandes ciudades. Gracias a ella se han instalado poblaciones en regiones antes totalmente diezmadas por plagas y enfermedades. La ingeniería sanitaria y la ingeniería hidráulica han permitido desecar vastas superficies de tierras pantanosas, construyendo diques, represas y canales para conservar el agua, irrigar los desiertos y hacer de ellos prósperos campos cultivados.

Ingeniería minera. La ingeniería minera proyecta y realiza la extracción de los productos minerales que la tierra guarda en su seno (carbón, petróleo, hierro, cobre, etcétera). Hallado el mineral, se deben ejecutar las operaciones necesarias para extraerlo y transportarlo a las plantas de elaboración; para ello los ingenieros de minas hacen perforar amplias galerías, construir ascensores y tender rieles subterráneos que conducirán el mineral hacia la superficie.

Ingeniería metalúrgica. La ingeniería metalúrgica proyecta y construye las fundiciones donde se purifican los metales y los establecimientos metalúrgicos donde estos metales son industrializados. Esta rama de la ingeniería es muy importante, pues el metal es el material que tiene más diversidad de usos. Los metales se utilizan puros o combinados, según las necesidades de su aplicación. Mediante las aleaciones se consigue obtener materiales de muy variada naturaleza. Entre ellos, el más utilizado es el hierro y su derivado el acero.

Ingeniería química. La ingeniería química tiene por objeto el planeamiento y la construcción de centros industriales donde se elaboran los productos químicos. Por ejemplo, destilerías de petróleo para su transformación en derivados y subderivados de múltiples aplicaciones (nafta, gasolina, kerosene, bencina, etcétera); destilerías de alcohol; laboratorios para la elaboración de productos medicinales, tinturas, ácidos industriales, fertilizantes, materiales plásticos, etcétera.

Ingeniería agronómica. La ingeniería agronómica nos enseña a utilizar los métodos mecánicos de explotación agrícola, es decir, preparación del campo, cultivo, irrigación, cosecha y transporte de los productos, realizados por medio de máquinas, tales como tractores, cosechadoras, enfardadoras, etcétera. El ingeniero agrónomo crea o adapta instrumentos mecánicos que facilitan las labores del agro. Con la aplicación de la ingeniería agronómica en la agricultura se logra bajar el costo de cereales y hortalizas, aumentando la producción con disminución del trabajo, lo que acrecienta las ganancias del hombre de campo y hace prosperar la economía del país.

Ingeniería militar. Los conocimientos que brindan las distintas ramas de la ingeniería civil son también utilizados con propósitos militares. La ingeniería metalúrgica produce acero suficientemente resistente como para ser empleado en la construcción de cañones. La mecánica crea armas y vehículos. La ingeniería química fabrica explosivos de gran poder. Así, el ingeniero militar requiere para sus fines propios los esfuerzos de todos los ingenieros especializados en las distintas ramas de esta ciencia. *Véanse* CAMINO; CONSTRUCCIÓN; ELECTRÓNICA; INDUSTRIA; MECÁNICA; METALURGIA; MINERÍA; TÉCNICA.

Ingenieros, José (1877-1925).

Médico, escritor y sociólogo argentino. Se especializó en antropología criminal y patología mental. Jefe de clínica de enfermedades nerviosas y profesor en la facultad de medicina de Buenos Aires, enseñó también sicología experimental en la de filosofía. En 1905 fue como delegado al Congreso Internacional de Sicología reunido en Roma y allí conoció a Lombroso y a William James. De regreso a su país, dirigió el Instituto de Criminología de Buenos Aires. En 1911 volvió a Europa, donde residió hasta 1914 ampliando sus estudios y escribiendo varios libros. Entre sus obras cumple mencionar: *La psicopatología en el arte* (1902), *La simulación de la locura* (1903), *Rehabilitación de los alienados* (1904), *La simulación en la lucha por la vida* (1904), *El hombre mediocre* (1911), *Las fuerzas morales* y *Sociología argentina.* Uno de los más grandes maestros que ha tenido la juventud argentina, contribuyó a interesarla en el estudio de las ciencias. Su influencia logró también elevar el nivel de las instituciones hospitalarias. Como sociólogo, luchó por mejorar las condiciones de la clase obrera.

ingeniería de materiales.

Producción de materiales cuyas propiedades cumplan con los requisitos que demanda una aplicación específica. Las propiedades de cualquier material son el resultado de su estructura molecular, es decir, la forma en que los átomos que forman el material se han agrupado y ordenado. Alternativamente, la estructura molecular puede estar determinada por la historia de las transformaciones del material. Esta compleja relación entre la estructura, la transformación y las propiedades, sienta las bases para la estrecha relación entre la ingeniería de materiales y la metalurgia.

Los materiales de ingeniería están clasificados en varios grupos: metales, cerámicas, polímeros, semiconductores, intermetálicos y compuestos. Los materiales que están dentro de cada grupo tienen propiedades diferentes y únicas que provienen de las diferencias en su estructura molecular y en sus enlaces atómicos.

Metales. Por lo general, los materiales clasificados como metales son muy duros, tienen mucha fuerza, son buenos conductores eléctricos y térmicos y tienen buena ductilidad, así como resistencia a impactos. Por lo tanto, los metales son aplicables a estructuras de carga pesada que deben ser resistentes a rompimientos o fracturas. Asimismo, gracias a su gran conductividad eléctrica, el alambre de cobre es utilizado como conductor eléctrico.

Cerámica. La mayoría de los materiales de cerámica son compuestos de átomos metálicos unidos a un elemento no metálico, como el oxígeno. El mecanismo de la aleación de cerámica produce materiales que tienen mucha fuerza. Sin embargo, como las aleaciones se rompen bajo presión, los materiales cerámicos, como el ladrillo, vidrio, cerámica, porcelana, refractarios y abrasivos, tienden a ser frágiles y a tener baja conductividad eléctrica y térmica. Hoy en día existen nuevas técnicas que producen cerámicas más fuertes, con mayor absorción de energía y resistencia a la temperatura. Éstas se usan en componentes de motores de jets y otras piezas que soporten altos impactos, como las cabezas de martillo que al golpear no hacen chispas.

Polímeros. Estos materiales son estructuras gigantes de moléculas orgánicas, hechas por un proceso llamado polimerización. El hule, los plásticos y muchos tipos de adhesivos son polímeros. Éstos tienen muy baja conductividad eléctrica y térmica, poca fuerza y no son adecuados para ser utilizados a altas temperaturas. Son ligeros de peso, resistentes a la corrosión y relativamente baratos. La mayoría de ellos son aislantes eléctricos, aunque ya han sido desarrollados polímeros conductores.

Semiconductores. Utilizados para hacer componentes electrónicos de estado sólido, los semiconductores son sustancias cuya capacidad para conducir electricidad recae en algún lugar entre los conductores eléctricos, como el cobre, y los no conductores, como el vidrio o el marfil. Entre los materiales semiconductores se encuentran el silicio, el germanio y otros compuestos, como el arseniuro de galio. La conductividad de un aparato hecho de semiconductores puede ser controlada, por lo que son utilizados en transistores, diodos y circuitos integrados.

Intermetálicos. Un componente intermetálico está hecho de dos o más elementos que, juntos, producen una nueva sustancia que tiene su propia composición, estructura cristalina y propiedades. Los materiales intermetálicos se encuentran a menudo en aleaciones comunes como partículas muy finas de impureza distribuidas al azar. Una concentración mayor de partículas sirve para reforzar la aleación, haciéndola más resistente a la deformación. Los compuestos intermetálicos, a diferencia de la mayoría de los metales y aleaciones, permanecen duros a altas temperaturas, pero a temperaturas normales casi siempre son muy frágiles.

Compuestos. Los compuestos se producen cuando dos materiales se combinan para crear otro con propiedades que no pueden ser obtenidas en los originales. Los compuestos ofrecen combinaciones inusuales de dureza, fuerza, peso, resistencia a altas temperaturas y corrosión y conductividad. Las combinaciones pueden ser metal-metal, metal-cerámica, metal-polímero, cerámica-polímero, cerámica-cerámica o polímero-polímero. El concreto y la fibra de vidrio son ejemplos típicos de compuestos.

Inglaterra. *Véase* GRAN BRETAÑA

inglés, idioma. Lenguaje nacido y desarrollado en las Islas Británicas y hablado actualmente por unos 440 millones de personas. Es la segunda lengua más hablada del mundo después del chino. Es la lengua nativa de los estadounidenses y de los ingleses, canadienses, australianos, neozelandeses y de otros países de la Comunidad Británica de Naciones, y ha sido aprendido como segundo idioma por muchos millones de personas pertenecientes a todos los países, razas y civilizaciones.

El idioma inglés está formado por una serie de aportes diversos. Su origen más remoto se halla en los diversos dialectos célticos hablados por los antiguos habitantes de las Islas Británicas. Los romanos y los teutones introdujeron posteriormente sus idiomas, pero la verdadera historia de la lengua británica comienza en el año 450 de nuestra era y se divide en tres periodos.

1. El inglés antiguo o anglosajón abarca aproximadamente hasta fines del siglo XI. En este largo periodo Inglaterra fue invadida y colonizada en los siglos V y VI, por tribus germánicas que hablaban varios dialectos procedentes del idioma teutónico, que a su vez forma parte de la gran familia lingüística indoeuropea. El idioma de los anglos y los sajones, tribus germánicas, predominó sobre los restantes dialectos y se mezcló con el latín hablado por los romanos en el continente europeo. Hacia el año 850 penetraron en Inglaterra los daneses, que también aportaron gran número de voces y giros al idioma de los anglosajones.

2. El inglés medio abarca desde 1066 hasta 1500, aproximadamente. La primera fecha marca la conquista de Inglaterra por Guillermo, duque de Normandía. A partir de este momento el idioma francés comenzó a ser usado por las clases superiores, los tribunales y las escuelas. El idioma de los ingleses, en pleno proceso de formación, absorbió gran número de vocablos cultos de origen francés, mientras se desarrollaban tres dialectos: el del *norte*, el del *centro* y el del *sur*. Chaucer, el primer poeta británico, escribió sus *Narraciones de Canterbury* en el dialecto del *centro*, que así se convirtió en el más difundido y en el padre del inglés moderno.

3. El inglés moderno nació junto con el Renacimiento, hacia el año 1500. En esta época las tendencias humanistas introdujeron numerosas palabras latinas, griegas e italianas, y en los siglos sucesivos los mercaderes ingleses y los colonizadores enviados por la Corona a los más diversos sitios del mundo adoptaron innumerables vocablos, que en su mayoría han pasado luego a los restantes idiomas occidentales.

A pesar de que su caudal lexicográfico supera el medio millón de palabras, el idioma inglés utiliza en la práctica un número mucho más reducido. Shakespeare, por ejemplo, escribió sus dramas y comedias con 15 mil vocablos; un periodista puede trabajar cómodamente con unas 3 mil palabras; y el idioma simplificado, denominado inglés básico, sólo utiliza las 850 palabras más frecuentes en el inglés cotidiano.

inglés básico. Idioma simplificado compuesto de 850 palabras y algunas reglas gramaticales de la lengua inglesa. Fue ideado entre 1925 y 1932 por C. K. Ogden, profesor de la Universidad de Cambridge, y recomendado como idioma auxiliar por el Consejo Británico. El inglés básico es uno de los intentos más serios que se hayan realizado para crear un idioma internacional. Sus defensores sostienen que posee la gran ventaja de ser una simplificación de una de las lenguas más importantes del mundo moderno, y no una invención artificial como el esperanto y otros idiomas similares.

El vocabulario ideado por Ogden consta de 600 palabras *que significan cosas* (sustantivos), 150 vocablos *que expresan cualidades* (adjetivos) y 100 palabras *para operaciones* (verbos, pronombres, conjunciones, artículos, etcétera). Todos estos términos son de uso corriente en el idioma inglés, y el que los ha aprendido puede seguir ampliando su vocabulario con palabras que figuran en los léxicos suplementarios; éstos constan de 100 palabras adicionales para cada rama de la ciencia y la técnica, y de algunos vocablos de uso corriente.

Sin embargo, al disponer de un número precario de términos, el inglés básico obliga a utilizar circunloquios artificiales para expresar ideas comunes; por otra parte, no logra eliminar las dos dificultades tradicionales del idioma inglés: la pronunciación y la ortografía. Por estas razones, la Asociación del Lenguaje Auxiliar Internacional recomienda utilizar, en reemplazo del inglés básico, algunos de los idiomas artificiales formados sobre la base de raíces latinas que todos los pueblos occidentales comprenden con facilidad. A pesar de su relativo valor como idioma auxiliar, el inglés básico conserva toda su utilidad como instrumento sencillo para el aprendizaje de la lengua inglesa.

Ingres, Jean-Auguste-Dominique (1780-1867). Pintor francés. Tocaba el violín con cierto talento y la frase *el violín de Ingres* se usa comúnmente para designar las habilidades que, al margen de sus ocupaciones habituales, desarrollan algunos hombres. Fue discípulo de David. Estuvo en Roma, donde estudió atentamente los cuadros de Rafael. En esa ciudad vivió en la mayor pobreza, ganando algún dinero con retratos al lápiz. En París, aunque atacado por los críticos, alcanzó a triunfar en los salones oficiales. Sus cuadros no tienen un colorido notable; en cambio, es extraordinaria la perfección clásica de su dibujo. *La fuente, Odalisca, El baño oriental* y algunos retratos son sus obras más conocidas.

injerto. Unión de partes de dos plantas que se sueldan en una sola. En los bosques muy espesos, los árboles movidos por el viento suelen rozar sus cortezas y al mantenerse inmóviles algún tiempo con las heridas juntas, se sueldan sus troncos o ramas realizándose un injerto natural. Esta propiedad de las plantas ha sido practicada para mejorar las variedades cultivadas, combinando las propiedades de unas y otras.

Los injertos se practican generalmente para obtener plantas que son difíciles de reproducir por semillas, para acelerar el plazo de producción de los frutales y también para combinar las condiciones de cultivo obteniendo plantas más resistentes a los agentes climáticos y parásitos o enemigos, como se hace con las vides para hacerlas más resistentes a la filoxera. Las épocas de fructificación también se cambian por injerto y se mejoran los frutos, injertando, por ejemplo, brotes de variedades cultivadas en pies salvajes de la misma especie. Sobre un solo pie se pueden injertar algunas variedades de una planta y obtener sobre el mismo manzano, por ejemplo, cinco clases de manzanas. Lo más corriente es injertar plantas leñosas y sobre todo árboles frutales, pero también se practican injertos en arbustos, y hasta en matas, como el tomate y la patata y en multitud de plantas que los jardineros cultivan por sus flores; para que dos plantas se puedan in-

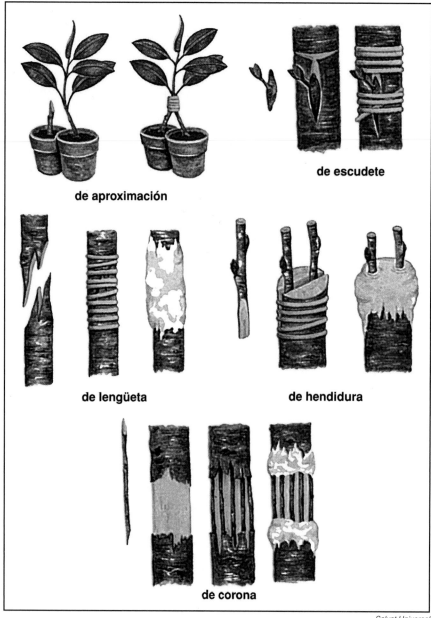

de aproximación

de escudete

de lengüeta

de hendidura

de corona

Salvat Universal

Diversos tipos de injertos.

jertar han de ser variedades de la misma especie, o especies muy similares. Las ciruelas se injertan con melocotones. Los naranjos con limoneros, pero no los manzanos con los perales.

En términos generales el injerto consiste en hacer prosperar un pequeño *vástago o púa* de una planta, sobre otra que se llama *patrón o pie de injerto*. Hay tres clases principales de injertos: por aproximación, de púas y de escudete. Cada una de estas clases tiene múltiples variedades que dependen de las plantas y regiones en que se hacen.

El injerto *por aproximación* es una aplicación del injerto natural, que se practica artificialmente con dos plantas que se aproximan y se les hace un corte lateral en sus troncos de manera que sus heridas se puedan adosar, uniéndolas por una ligadura de lienzo o rafia. Cuando la soldadura se ha realizado, se corta la parte foliar de la planta que hace de patrón. No es un tipo de injerto económico por necesitarse dos plantas para cada operación. Para otras clases de injerto se cortan los vástagos o púas de los brotes jóvenes de plantas de mediana edad. Se cortan en invierno o principio de primavera y han de tener una o más yemas sanas. El *injerto de púa* se realiza generalmente en árboles de cierta edad, cortándose el patrón transversalmente, y en la sección se hace un corte diametral que deje vacía una especie de

cuña de 3 a 4 cm de profundidad. En la punta inferior del vástago se dan dos cortes que formen una cuña del mismo ángulo que la ranura del patrón. Se colocan dos de estos vástagos o púas de manera que coincidan las capas de *líber* y *cambium* y se ligan, protegiendo los cortes con vendas y betún de injertar.

El injerto de *escudete* o *yema* se realiza con brotes producidos en el mismo año, cuyo extremo interior se corta en cuña y se inserta en una incisión en forma de T, practicada lateralmente en el *patrón* mediante dos cortes que han de profundizar hasta el leño. El brote se mantiene firme con ligaduras, y cuando ha prendido y tiene bastantes hojas se corta el patrón por encima del injerto.

Otra modalidad del injerto es la que se conoce como injerto de corteza, que se practica en árboles grandes, y consiste en cortar un trozo de corteza cuadrangular donde haya una yema joven y despegarla del árbol llevando consigo la zona de líber y cambium. En la planta que ha de recibir el injerto se corta un trozo de corteza igual al primero, colocando en su lugar el injerto. Los injertos se practican al principio de la primavera, pero se pueden realizar hasta mediados de verano. También se realizan injertos de tejidos animales, como músculos, piel, huesos, etcétera, en distintos animales y en el hombre mismo. Modernamente los cirujanos realizan injertos de tejidos para ayudar a la cicatrización de grandes heridas, utilizando partes del cuerpo del mismo enfermo o de otras personas. Se hacen injertos óseos para facilitar la soldadura de fracturas y también en cirugía plástica.

Inmaculada Concepción. Dogma de la Iglesia católica, que afirma que la Virgen María, Madre de Dios, fue concebida sin pecado original *por singular gracia y privilegio de Dios Omnipotente, atendidos los méritos de Jesucristo, salvador del género humano*. El 8 de diciembre de 1854, Pío IX dio cuerpo a esta creencia proclamando solemnemente el Dogma de la Inmaculada Concepción de María. Con ello recogió los anhelos del mundo católico, el latido de la tradición y la creencia de la Iglesia que, de acuerdo con los textos evangélicos, se había desarrollado a través de los siglos en las doctrinas de los papas, en la devoción del pueblo y en la institución de la Fiesta de la Inmaculada.

inmigración y emigración. Movimientos internacionales de la población que forman el fenómeno de las *migraciones* humanas, de gran importancia demográfica y cultural. Los países que tienen gran cantidad de habitantes en una superficie reducida de terreno suelen favorecer la emigración, que es la salida de una parte de su población hacia otras tierras; las naciones nuevas, que poseen grandes territorios y pocos habitantes, fomentan la inmigración de individuos y familias procedentes del extranjero. Los movimientos migratorios se han repetido, con características variables, a través de toda la historia. En la antigüedad y en la Edad Media, las oleadas migratorias siguieron una ruta bastante regular que las llevaba a buscar mejores condiciones de vida. Empujados por la marcha de los mogoles hacia el oeste, los hunos ejercieron presión sobre pacíficas poblaciones del oriente europeo (*los bárbaros* de los cuales nos habla la historia), que se lanzaron, en gigantesco movimiento, a menudo adquiriendo aspecto de invasión, sobre el mundo grecorromano. Visigodos, ostrogodos, vándalos, suevos, alanos, cimbrios, teutones, escandinavos, anglos, sajones, y más tarde árabes y turcos, participaron en estas migraciones que fueron un factor en la formación de las nacionalidades europeas. Llegada la Edad Moderna, a las causas sociales de las invasiones antiguas se unieron factores religiosos, como los que impulsaron a los emigrantes hugonotes, puritanos y judíos, o simplemente personales, como los que movieron a muchos españoles e italianos que se embarcaron hacia el Nuevo Mundo. El gigantesco cataclismo de la Segunda Guerra Mundial originó grandes desplazamientos de población parte de los cuales lograron emigrar a América. La Alemania nazista y la Unión Soviética organizaron grandes migraciones compulsivas de trabajadores, fenómeno nuevo en la historia.

Las migraciones pacíficas pueden ser realizadas en forma individual o colectiva; las de este último tipo comprenden diversas cantidades de familias de una misma región que llegan para colonizar zonas fértiles de países poco poblados. En algunos países latinoamericanos existen colonias judías, italianas, galesas, checas y polacas que viven en zonas rurales. El apogeo de la inmigración contemporánea se extendió desde 1850 hasta 1939, año en que estalló la Segunda Guerra Mundial. En ese lapso emigraron de las naciones europeas 65 millones de personas que buscaron nuevo hogar en Estados Unidos, Canadá, Argentina, Australia, Brasil, Nueva Zelanda y en los demás países latinoamericanos.

En general, los inmigrantes prefirieron los países de clima templado y ambiente similar al europeo, y convirtieron a Estados Unidos y Argentina en gigantescos crisoles humanos.

Las constituciones de los países americanos establecieron una política *de puertas abiertas* en materia inmigratoria, pero en la práctica las restricciones han ido en constante aumento. Para solucionar el grave problema planteado por las trabas opuestas a la inmigración, las Naciones Unidas han iniciado una activa campaña que cuenta con el apoyo de muchos países latinoamericanos, cuyo desarrollo económico y social exige el potencial humano y la experiencia técnica que suelen tener los inmigrantes europeos. *Véase* POBLACIÓN.

inmortalidad. Vida eterna del alma humana. La creencia en la inmortalidad, íntimamente unida a la idea de Dios y a la de premio y castigo, es común a casi todas las religiones, pues responde al más hondo afán del hombre. Para algunas religiones el alma va pasando de un cuerpo a otro hasta su completo perfeccionamiento, pudiendo en ciertos casos regresar al mismo que dejó, lo que impone la necesidad de embalsamarlo y protegerlo de toda profanación. Para otras, liberada de su envoltura carnal, va al cielo a recibir el premio o al infierno a sufrir el castigo. También los filósofos, apoyándose en argumentos metafísicos y morales, se han inclinado en su mayoría a aceptar la inmortalidad. Lo cierto es que la desproporción entre la brevedad de la existencia terrestre y la magnitud de las aspiraciones del espíritu del hombre, hace difícil al ser humano admitir que todo pueda terminar con la muerte.

inmuebles. *Véase* BIENES.

inmunidad. Estado refractario o de resistencia que oponen los animales a la acción patógena o tóxica de los agentes infecciosos o parásitos, por medio de la cual se hacen inmunes a ellos. Puede ser congénita o natural, producto de distintos mecanismos de defensa que posee el organismo, tales como la barrera epitelial y las mucosas que cierran el paso a materias infectantes; el jugo gástrico, que por su acidez mata a distintas bacterias; la fagocitosis y las propiedades bactericidas de la sangre. La inmunidad adquirida torna refractarias a una infección a las personas que ya la padecieron, así ocurre con la fiebre tifoidea y las fiebres eruptivas. Esto sirve de base a una nueva rama de la terapéutica, la *inmunología*, inaugurada científicamente con la vacunación de Jenner; la segunda etapa de la inmunidad adquirida artificialmente fue la vacunación de Pasteur contra el cólera de las aves de corral, peste, rabia, carbunco, difteria y tétanos. Unos autores atribuyen el mecanismo inmunizante a las células, otros a los líquidos (fagocitosis o humores bactericidas), y otros a un proceso disolvente de la bacteria con sustancias específicas.

También se denomina inmunidad a la exención de ciertas cargas, gravámenes o penas, que se concede a determinadas personas, o a algunos lugares. Así, por ejemplo, los diputados representantes o miembros del poder legislativo de una nación, gozan de la inmunidad parlamentaria. La inmunidad diplomática beneficia a los representantes diplomáticos de un país extranjero en sus actuaciones oficiales y aun en las personales, existen normas de reciprocidad.

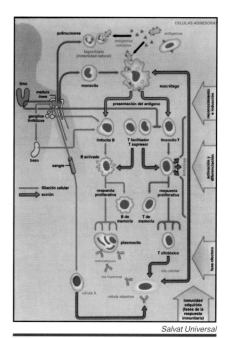

Salvat Universal

Cuadro general de los procesos inmunitarios del organismo.

Inocencio II. Pontífice de la Iglesia católica. Cuando en 1130 murió el papa Honorio II, el canciller del Sacro Colegio procedió a la elección del nuevo pontífice con el solo concurso de los cardenales allí presentes, siendo elegido Gregorio Papareschi, que tomó el nombre de Inocencio II. Pedro de León logró atraerse a los cardenales disgustados por el procedimiento, que lo eligieron papa con el nombre de Anacleto II. Inocencio se refugió en Francia, de donde regresó en 1138 para volver a ocupar la silla papal en 1143.

Inocencio III (1160-1216). El papa y político Inocencio III descendía de la ilustre familia de los Conti y vio la luz en Agnani. Estudiante de teología en París y de derecho en Bolonia, a su regreso a Roma fue designado cardenal (1190) y pocos años después era elegido papa (1198). Pronto se impuso por su sabiduría, tenacidad y realismo, y con él culmina y se cierra la era de esplendor del poder pontificio iniciada por Gregorio VII. Mantuvo el principio del poder temporal del papado sobre Roma y los vasallos de la Iglesia; intervino en la sucesión a la corona de Alemania, decidiéndose por Otón IV, a quien excomulgó y depuso un año más tarde, y sometió, bajo pena de excomunión, a Felipe Augusto de Francia, que había repudiado a su esposa Ingelburga, y a Juan de Inglaterra.

Inocencio III

Inspiró e impulsó la cruzada contra los albigenses y preparó la Cuarta Cruzada contra los turcos. Celebró el IV Concilio Ecuménico de Letrán, que constituyó la apoteosis de su pontificado.

inocentes, Degollación de los.

Según el Evangelio de San Mateo (II, 16), al saber el rey de Judea, Herodes I, que había nacido un niño que sería el rey de los judíos y a quien los tres Reyes Magos ya habían rendido pleitesía, pensó que le iba a arrebatar el trono. Montó entonces en cólera y ordenó que fueran degollados todos los menores de dos años. La muerte de tantos inocentes se conmemora el 28 de diciembre por las iglesias católica, anglicana y griega ortodoxa.

Inönü, Ismet (1884-1973).
Militar y político turco. Estudió en la Escuela de Artillería, de la que salió a los 22 años con el grado de capitán. Siguió un curso de Estado Mayor. En 1908 participó en la pacificación de Palestina. Durante la Primera Guerra Mundial ascendió a coronel. En 1920 se unió a la política de Mustafá Kemal (Kemal Ataturk) en la lucha por la independencia de Turquía. Firmó el Tratado de Lausana (1922-1923) como ministro de Negocios Extranjeros. Proclamada la república, fue elegido presidente del Consejo de Ministros. En 1938, al morir el presidente Kemal Ataturk, la Asamblea Nacional lo designó por unanimidad presidente de la República. Fue reelegido en 1943 y otra vez en 1946. En 1950, tras la derrota del partido popular, del que era jefe desde 1938, cedió la presidencia a Celal Bayar, jefe del Partido Demócrata, y él pasó a dirigir la oposición. En 1960, después del golpe de Estado, volvió a sonar su nombre en la política de Turquía y al año siguiente formó gobierno para dimitir en 1962. Otra vez formó gobierno en 1963 y de nuevo dimitió en febrero de 1965.

Inquisición.
Tribunal eclesiástico establecido para reprimir los delitos contra la fe. Los antecedentes de la Inquisición se remontan al año 1184, cuando por el Concilio de Verona empezaron a actuar conjuntamente las jurisdicciones eclesiásticas y civiles para la extirpación de las herejías. El incremento de éstas en el siglo XIII, especialmente las de los valdenses y albigenses en el sur de Francia, dio origen al Tribunal de la Inquisición, instituido por el papa Gregorio IX en 1231 y confiado a franciscanos y dominicos. En España, donde la Inquisición medieval había sido importada del mediodía francés en tiempos de Jaime I, bajo los Reyes Católicos sufrió una transformación, motivada por las actividades de los judaizantes o falsos conversos, muchos de los cuales ocupaban cargos de responsabilidad. Por una bula de Sixto IV, en 1478 quedó autorizada la creación del Santo Oficio, con el que la Inquisición tomaba un nuevo sesgo, encaminado a reprimir la superstición y la hechicería y salvaguardar la unidad de la fe. El tribunal del Santo Oficio podía imponer cualquier pena, excepto la de muerte, que a su indicación era dictada por el poder civil. En este último caso, el reo era condenado a la hoguera, y la sentencia se ejecutaba en un solemne acto público llamado *auto de fe*. La Inquisición se extendió a ciertas partes de América, y subsistió, aunque débilmente, hasta 1834. Hoy, el Santo Oficio es una congregación de la Curia romana y tiene a su cargo, como misión más importante, la de combatir la literatura perniciosa, contra la moral o contra los dogmas de la Iglesia. *Véase* ÍNDICE.

inscripción.
Escrito breve, grabado generalmente en piedra o metal, que se destina a fijar en el recuerdo hechos, nombres o fechas de especial significado. Sus orígenes se remontan al nacimiento mismo de la escritura, época en la cual no se disponía de los modernos sistemas de difusión. La epigrafía, ciencia que estudia las inscripciones, constituye así un valioso auxiliar para interpretar el grado de adelanto de los pueblos, cuyas leyes, religión y cultura se reflejan en las inscripciones. Aparte de las existentes en medallas y monedas, éstas suelen encontrarse en grandes monumentos o en lápidas funerarias.

Escudo del Tribunal de la Santa Inquisición en Nueva España.

Iglesia de Santo Domingo, México